ACONSELHAMENTO PSICOLÓGICO NUMA PERSPECTIVA FENOMENOLÓGICA EXISTENCIAL

UMA INTRODUÇÃO

Fundamentos de Psicologia

ACONSELHAMENTO PSICOLÓGICO NUMA PERSPECTIVA FENOMENOLÓGICA EXISTENCIAL

Uma Introdução

COORDENAÇÃO

HENRIETTE TOGNETTI PENHA MORATO

Professora-Doutora e Pesquisadora do Departamento de Psicologia da Aprendizagem, do Desenvolvimento e da Personalidade do Instituto de Psicologia da Universidade de São Paulo (IPUSP). Coordenadora do Laboratório de Estudos e Prática em Psicologia e Fenomenologia Existencial do IPUSP
E-mail: hmorato@usp.br

CARMEM LÚCIA BRITO TAVARES BARRETO

Psicóloga Clínica. Doutora em Psicologia pela Universidade de São Paulo. Professora Adjunta da Universidade Católica de Pernambuco (UNICAP) Vinculada à Graduação e ao Programa de Pós-Graduação em Psicologia Clínica. Coordenadora do Laboratório de Psicologia Clínica Fenomenológica Existencial (LACLIFE — UNICAP). Membro do Laboratório de Estudos e Prática em Psicologia Fenomenológica Existencial (LEFE — USP)
E-mail: carmemluciabarreto@hotmail.com

ANDRÉ PRADO NUNES

Mestre em Psicologia Escolar e do Desenvolvimento Humano pela Universidade de São Paulo. Membro e Pesquisador do Laboratório de Estudos e Prática em Psicologia e Fenomenologia Existencial da Universidade de São Paulo. Professor Membro Colegiado do Curso de Pedagogia da Universidade Camilo Castelo Branco
E-mail: andrepn@usp.br

EDITORES DA SÉRIE

EDWIGES FERREIRA DE MATTOS SILVARES
Professora Titular do Departamento de Psicologia Clínica do Instituto de Psicologia da USP.
Orientadora e Supervisora no Curso de Graduação junto ao Departamento de
Psicologia Clínica e no Programa de Pós-Graduação em Psicologia Clínica do Instituto de Psicologia da USP

FRANCISCO BAPTISTA ASSUMPÇÃO JUNIOR
Professor Livre-Docente pela Faculdade de Medicina da USP.
Professor Associado do Departamento de Psicologia Clínica do Instituto de Psicologia da USP

LÉIA PRISZKULNIK
Professora-Doutora do Departamento de Psicologia Clínica do Instituto de Psicologia da USP.
Docente do Curso de Graduação em Psicologia do Instituto de Psicologia da USP.
Docente e Orientadora do Programa de Pós-Graduação em Psicologia Clínica do Instituto de Psicologia da USP.
Psicanalista

GUANABARA KOOGAN

- **Atendimento ao cliente: (11) 5080-0751 | faleconosco@grupogen.com.br**

- Direitos exclusivos para a língua portuguesa
  Copyright © 2009, 2023 by
  EDITORA GUANABARA KOOGAN LTDA.
  Uma editora integrante do GEN | Grupo Editorial Nacional
  Travessa do Ouvidor, 11
  Rio de Janeiro – RJ – CEP 20040-040
  www.grupogen.com.br

- Editoração Eletrônica: Anthares

- Ficha catalográfica

CIP-BRASIL. CATALOGAÇÃO NA FONTE
SINDICATO NACIONAL DOS EDITORES DE LIVROS, RJ

A167

Aconselhamento psicológico numa perspectiva fenomenológica existencial : uma introdução / coordenação Henriette Tognetti Penha Morato, Carmem Lúcia Brito Tavares Barreto, André Prado Nunes ; editores da Série Edwiges Ferreira de Mattos Silvares, Francisco Baptista Assumpção Junior, Léia Priszkulnik. - [Reimpr.]. - Rio de Janeiro : Guanabara Koogan, 2023.
il. - (Fundamentos de psicologia)

Inclui bibliografia
ISBN 978-85-277-1556-0

1. Aconselhamento. 2. Psicoterapia centrada no cliente. 3. Psicologia fenomenológica. 4. Psicologia existencial. I. Morato, Henriette Tognetti Penha, 1949-. II. Barreto, Carmem Lúcia Brito Tavares. III. Nunes, André Prado. IV. Série.

09-0975.   CDD: 158.3
                                   CDU: 159.923

COLABORADORES

Albenise de Oliveira Lima
Professora da Graduação e do Mestrado em Psicologia Clínica da Universidade Católica de Pernambuco (UNICAP). Doutorado em Família e Saúde pela Universidade Católica de Bilbao, Espanha. Vinculada ao Laboratório de Pesquisa em Família e Interação Social da Universidade Católica de Pernambuco (UNICAP) Desenvolvendo Pesquisa Sobre Família em Situação de Risco e Vulnerabilidade Social
E-mail: albenise@unicap.br

Ana Maria Monte Coelho Frota
Psicóloga. Professora Adjunta do Departamento de Economia Doméstica da Universidade Federal do Ceará. Mestre em Educação. Doutora em Psicologia pelo IPUSP. Psicoterapeuta Existencial Fenomenológica
E-mail: anafrota@ufc.br

Ana Maria de Santana
Psicóloga Clínica no Âmbito da Saúde Pública. Mestrado em Psicologia Clínica pela Universidade Católica de Pernambuco (UNICAP). Vinculada ao Laboratório de Psicologia Clínica Fenomenológica Existencial (LACLIFE — UNICAP), Desenvolvendo Pesquisa Sobre a Prática Psicológica em Saúde Pública
E-mail: sant.anm@terra.com.br

André Prado Nunes
Mestre em Psicologia Escolar e do Desenvolvimento Humano pela Universidade de São Paulo. Membro e Pesquisador do Laboratório de Estudos e Prática em Psicologia e Fenomenologia Existencial da Universidade de São Paulo. Professor e Membro do Colegiado do curso de Pedagogia da Universidade Camilo Castelo Branco
E-mail: andrepn@usp.br

Barbara Eleonora Bezerra Cabral
Especialista em Saúde Mental em Contextos de Saúde Pública. Mestrado em Psicologia Clínica pela Universidade Católica de Pernambuco (UNICAP). Vinculada ao Laboratório de Psicologia Clínica Fenomenológica Existencial (LACLIFE — UNICAP). Docente do Colegiado de Psicologia da Fundação Universidade Federal do Vale do São Francisco (UNIVASF)
E-mail: bebcabral@hotmail.com

Carlos Frederico de Oliveira Alves
Psicólogo Clínico. Sanitarista Especialista em Saúde Pública. Professor Universitário. Mestre em Psicologia Clínica pela Universidade Católica de Pernambuco (UNICAP). Professor da Faculdade Integrada Tiradentes de Maceió, AL (FITS), e do Centro de Estudos Superiores de Maceió (CESMAC). Psicólogo da Universidade Estadual de Ciências da Saúde de Alagoas (UNCISAL) e do Programa de Medicina Física e Reabilitação da Secretaria Municipal de Saúde de Maceió, AL
E-mail: fredpsi@bol.com.br

Carmem Lúcia Brito Tavares Barreto
Psicóloga Clínica. Doutora em Psicologia pela Universidade de São Paulo. Professora Adjunta da Universidade Católica de Pernambuco (UNICAP) Vinculada à Graduação e ao Programa de Pós-Graduação em Psicologia Clínica. Coordenadora do Laboratório de Psicologia Clínica Fenomenológica Existencial (LACLIFE — UNICAP). Membro do Laboratório de Estudos e Prática em Psicologia Fenomenológica Existencial (LEFE — USP)
E-mail: carmemluciabarreto@hotmail.com

Carolina Bacchi
Doutora em Psicologia Clínica pelo Wright Institute. Professora Universitária e Psicoterapeuta. Atualmente Reside na Califórnia, onde Leciona para Alunos de Doutorado em Psicologia Clínica e Atende Adultos, Crianças e Adolescentes em Consultório Particular. Desenvolve Pesquisas na Área de Criatividade em Atendimento Clínico, Principalmente na Interface entre Psicanálise, Arte e Literatura
E-mail: carolbacchi@yahoo.com

Célia Maria Souto Maior de Souza Fonseca
Professora na Área de Avaliação Psicológica. Mestre em Psicologia Clínica pela Universidade Católica de Pernambuco (UNICAP). Membro do Laboratório de Família e Interação Social. Membro do Grupo de Pesquisa do CNPq — Família e Interação Social. Professora da UNICAP nas Áreas de Avaliação Psicológica e Psicologia da Organização e do Trabalho na Orientação de Monografias. Pesquisadora da UNICAP — Área de Família e Interação Social
E-mail: celiasoutomaior@yahoo.com.br

Cristina Maria Souza Brito Dias
Psicóloga Clínica e da Família. Doutorado na Universidade de Brasília. Coordenadora do Laboratório de Família e Interação Social. Professora e Pesquisadora da Universidade Católica de Pernambuco (UNICAP)
E-mail: cristina_britodias@yahoo.com.br

Darlindo Ferreira de Lima
Mestre em Psicologia Clínica pela Universidade Católica de Pernambuco (UNICAP). Vínculo com o Laboratório em Psicologia Clínica (LABCLIN — UFPE). Professor Assistente Colegiado da Fundação Universidade Federal do Vale do São Francisco (UNIVASF)
E-mail: darlindo.ferreira@univasf.edu.br

Eda Marconi Custódio
Professora-Doutora e Pesquisadora do Departamento de Psicologia da Aprendizagem, do Desenvolvimento e da Personalidade do Instituto de Psicologia da Universidade de São Paulo (IPUSP). Curso de Psicologia da Universidade Metodista de São Paulo
E-mail: edamc@cebinet.com.br

Elaine T. Dal Mas Dias
Doutora e Mestre em Psicologia Escolar e Desenvolvimento Humano pela Universidade de São Paulo (USP). Psicóloga pela Universidade de Mogi das Cruzes (UMC). Professora do Programa de Pós-Graduação em Educação e do Curso de Psicologia da Universidade Nove de Julho (UNINOVE)
E-mail: elaine.mas@uninove.br

Gohara Yvette Yehia
Mestre e Doutora pelo PEPG em Psicologia Clínica da PUC–SP. Colaboradora do LEFE — USP
E-mail: gohara1@terra.com.br

Heloísa Antonelli Aun
Psicóloga e Mestre em Psicologia pelo IPUSP. Colaboradora do LEFE — USP. Coordenadora Social da OSCIP Brasil Habitat — Projeto e Implantação
E-mail: heloaun@hotmail.com

Henriette Tognetti Penha Morato
Professora-Doutora e Pesquisadora do Departamento de Psicologia da Aprendizagem, do Desenvolvimento e da Personalidade do Instituto de Psicologia da Universidade de São Paulo (IPUSP). Coordenadora do Laboratório de Estudos e Prática em Psicologia e Fenomenologia Existencial do IPUSP
E-mail: hmorato@usp.br

Josélia Quintas Silva de Souza
Psicóloga da Saúde. Mestre pela Universidade Católica de Pernambuco (UNICAP). Vinculada ao Laboratório de Psicologia Clínica Fenomenológica Existencial (LACLIFE — UNICAP). Docente da Faculdade Frassinetti do Recife (FAFIRE). Coordenadora do Curso de Pós-Graduação em Psicologia Clínica em Hospitais da FAFIRE. Psicóloga do Centro de Tratamento de Queimados do Hospital da Restauração, PE
E-mail: joseliaquintas@yahoo.com.br

Lucyanna de Farias Fagundes Pereira
Psicóloga Clínica. Mestre em Psicologia Clínica pela Universidade Católica de Pernambuco (UNICAP). Vinculada ao Laboratório de Psicologia Clínica Fenomenológica Existencial (LACLIFE — UNICAP)
E-mail: lucyannafarias@hotmail.com

Marcus Túlio Caldas
Psicólogo Clínico. Doutor pela Universidade de Deusto, Espanha. Membro do Laboratório de Psicologia Clínica Fenomenológica Existencial (LACLIFE — UNICAP). Vínculo com o Laboratório de Estudos e Prática em Psicologia e Fenomenologia Existencial da Universidade de São Paulo (LEFE — USP). Professor Adjunto I do Curso de Psicologia da Universidade Católica de Pernambuco (UNICAP)
E-mail: marcus_tulio@uol.com.br

Maria Luisa Sandoval Schmidt
Professora Livre-Docente e Pesquisadora do Departamento de Psicologia da Aprendizagem, do Desenvolvimento e da Personalidade do Instituto de Psicologia da Universidade de São Paulo (IPUSP). Coordenadora do Serviço de Aconselhamento Psicológico e do Laboratório Imaginário do IPUSP
E-mail: maluschmidt@terra.com.br

Marígia Ana de Moura Aguiar
Pós-Doutorado pela Universidade de Birmingham, Reino Unido. Professora Aposentada da Universidade Federal de Pernambuco (UFPE). Professora Adjunta da Universidade Católica de Pernambuco (UNICAP). Pesquisadora do CNPq. Bolsista de Produtividade em Pesquisa
E-mail: marigia@hotlink.com.br

Marina de Ulhôa Flosi Mendes
Psicóloga Especialista nas Áreas Clínica e Jurídica. Mestre em Psicologia do Desenvolvimento Humano pela Universidade de São Paulo. Professora Supervisora na Área Clínica e da Psicologia Jurídica da Universidade Paulista (UNIP). Professora e Subcoordenadora do Curso de Especialização em Psicologia Jurídica do Instituto Sedes Sapientiae. Professora e Assessora Técnica da Comissão de Desenvolvimento Profissional dos Psicólogos do Tribunal de Justiça de São Paulo (Proteção à Infância). Psicóloga Judiciária do Tribunal de Justiça do Estado de São Paulo, na Vara da Infância e Juventude e da Família e Sucessões do Fórum de Pinheiros
E-mail: marinaufm@hotmail.com

Marina Halpern-Chalom
Psicóloga e Mestre em Psicologia pelo Departamento de Psicologia da Aprendizagem e do Desenvolvimento Humano da USP. Professora da Universidade Paulista das Disciplinas de Oficina de Criatividade e Plantão Psicológico. Atua Também na Área Clínica
E-mail: mhchalom@uol.com.br

Patrícia Wallerstein Gomes
Psicóloga Clínica e da Educação. Mestre em Psicologia Clínica pela Universidade Católica de Pernambuco (UNICAP). Vinculada ao Laboratório de Psicologia Clínica Fenomenológica Existencial (LACLIFE — UNICAP). Professora Adjunta I da Universidade Católica de Pernambuco (UNICAP)
E-mail: patriciawg@oi.com.br

Rodrigo Giannangelo de Oliveira
Psicólogo e Mestre em Psicologia pelo Instituto de Psicologia da USP. Psicoterapeuta de Orientação Fenomenológica Existencial. Plantonista e Supervisor de Atendimentos em Plantão Psicológico no LEFE — USP Desde 2002. Colaborador do Instituto Gestalt de São Paulo,

onde Leciona em Cursos de Pós-Graduação. Diretor Geral da Faculdade de Tecnologia Álvares de Azevedo (FAATESP)
E-mail: rodrigo.go@ig.com.br

Severino Ramos Lima de Souza
Formado em Psicologia Clínica e Psicologia Institucional. Mestre em Psicologia Clínica pela Universidade Católica de Pernambuco (UNICAP). Professor da Faculdade Frassinetti do Recife (FAFIRE). Psicólogo da Fundação da Criança e do Adolescente (FUNDAC–PE). Psicoterapeuta
E-mail: sevlima@yahoo.com.br

Suely Emilia de Barros Santos
Formada em Psicologia Clínica e Social. Mestre em Psicologia Clínica pela Universidade Católica de Pernambuco (UNICAP). Professora/Supervisora da Faculdade do Vale do Ipojuca (FAVIP). Psicoterapeuta Associada da ONG A-colher
E-mail: suemilia@uol.com.br

Tatiana Benevides Magalhães Braga
Psicóloga pela Universidade de São Paulo. Doutoranda em Psicologia Escolar e do Desenvolvimento Humano pelo Instituto de Psicologia da Universidade de São Paulo (IPUSP). Psicóloga Clínica na Casa de Saúde Nossa Senhora de Fátima e em Consultório. Docente da Universidade Nove de Julho. Pesquisadora e Supervisora Clínica do Laboratório de Estudos e Prática em Psicologia e Fenomenologia Existencial (LEFE — USP)
E-mail: tatibmb@gmail.com

Virgínia Teles Carneiro
Psicóloga Clínica. Mestre em Psicologia Clínica pela Universidade Católica de Pernambuco. Vinculada ao Laboratório de Psicologia Clínica Fenomenológica Existencial (LACLIFE — UNICAP) e ao Laboratório de Estudos e Prática em Psicologia Fenomenológica Existencial (LEFE — USP). Professora da Universidade Estadual da Paraíba
E-mail: virginiateles@gmail.com.

Walter Cautella Junior
Psicólogo, Doutorando e Mestre em Psicologia pelo IPUSP. Colaborador do LEFE — USP. Coordenador de Serviços Multidisciplinares da Casa de Saúde Nossa Senhora de Fátima
E-mail: wcautella@ig.com.br

Wilma Magaldi Henriques
Professora Supervisora de Estágios da Universidade de Mogi das Cruzes. Especialista em Psicanálise pelo Instituto Sedes Sapientiae. Mestre em Psicologia Clínica pela PUCAMP e Doutora em Psicologia pelo IPUSP
E-mail: wilmamagaldi@hotmail.com

ACONSELHAMENTO PSICOLÓGICO NA PERSPECTIVA FENOMENOLÓGICA EXISTENCIAL

Pareceristas (*Ad hoc*)
que colaboraram na seleção de capítulos

Profª Drª Ângela Nobre de Andrade
Universidade Federal do Espírito Santo – UFES

Profª Drª Heloísa Szymanski
Pontifícia Universidade Católica de São Paulo – PUC-SP

Prof. Dr. Roberto Novaes de Sá
Universidade Federal Fluminense – UFF

APRESENTAÇÃO DA SÉRIE

É com imenso prazer que apresentamos a **Série Fundamentos de Psicologia**. Ela consiste em textos básicos destinados ao aluno de Curso de Graduação, de Curso de Especialização ou de Curso de Pós-Graduação em Psicologia de qualquer Universidade do país. Esses textos encontram-se organizados de maneira prática, acessível e com sugestões de aprofundamento nos temas estudados de maneira a dispor ao leitor um guia de leitura para um curso acadêmico na área.

A obra visa, principalmente, a estruturação de um núcleo básico de pensamento, objetivando o conhecimento e a compreensão do campo em estudo, de modo a otimizar o ingresso do leitor nesse campo.

Como a finalidade desta Série não é substituir os textos clássicos, mas sim orientar e sistematizar a compreensão dos principais temas estudados, uma maior reflexão, visando o aprofundamento deles, é recomendável. Assim, leituras complementares são sugeridas pelos diferentes autores a cada título.

O projeto, aparentemente simples, envolve grande parte da temática de relevância na área da Psicologia. Assim, engloba seu conhecimento enquanto história, fundamentos, epistemologia e ética, a Psicologia do Desenvolvimento e da Aprendizagem, a Análise Experimental do Comportamento, a Etologia, a Psicopatologia nos aspectos clínicos e estruturais. Várias especificidades da área, como a Psicologia do Excepcional e a questão da deficiência física, mental e sensorial, a Psicologia dos processos cognitivos, a Psicologia dos processos sensoriais, a Psicologia da Personalidade, a Neuropsicologia, a relação Psicologia

e doenças somáticas, bem como a Psicologia e Morte, são igualmente contempladas. Do ponto de vista das diferentes escolas de pensamento, procura ainda abordar seus fundamentos, uma introdução à Psicanálise, envolvendo as idéias de Freud, Jung, Klein, Winnicott, Lacan, Reich, uma introdução à Terapia Comportamental-Cognitiva e à Gestalt-Terapia, como também os modelos fenomenológicos e processos grupais e familiares. Busca ainda caracterizar, mesmo que de maneira geral, um panorama atual da Psicologia Social, da Psicologia Institucional, da Psicologia do Trabalho e das Organizações, bem como a interface Psicologia e Religião. Finalmente, o projeto propõe um último volume referente a questões específicas de cada um dos temas desenvolvidos, visando uma avaliação sistemática delas. O objetivo é facilitar o estudo do leitor iniciante em cada uma das áreas contempladas.

Todos os temas são desenvolvidos por especialistas com capacidade reconhecida nacional e internacionalmente.

É um trabalho de fôlego, sem similar na literatura nacional, e visa suprir uma lacuna existente em nosso mercado editorial.

Esperamos que seus objetivos sejam alcançados com o agrado de todos.

Profª Drª Edwiges Ferreira de Mattos Silvares
Prof. Dr. Francisco Baptista Assumpção Junior
Profª Drª Léia Priszkulnik

PALAVRAS INICIAIS

Historicamente, o campo de Aconselhamento Psicológico (AP), foi uma das áreas de atuação que, juntamente ao diagnóstico psicológico e à orientação profissional, garantiu a prática profissional do psicólogo, em 1962, com a lei 4.119. Desde o seu início, compreendido como prática psicológica restrita à solução de problemas de ajustamento, o AP foi se constituindo direcionado tanto para a vertente de instituições de ensino quanto para a vertente das instituições e organizações sociais e empresariais. Nesta direção, sofreu grande influência dos processos de diagnóstico que ofereciam subsídios para a "orientação" do bom conselheiro, enquanto a psicoterapia, ação clínica de tratamento, era exercida exclusivamente pelos médicos por excelência.

A publicação, em 1942, do livro *Counseling and Psychotherapy*, de Carl Rogers, possibilitou um deslocamento progressivo da abordagem psicométrica no processo de aconselhamento, que passou a ser centrado na pessoa do cliente e na relação cliente–conselheiro. Estavam, então, lançadas novas bases para a ação do psicólogo que, gradativamente, foi se vinculando à prática psicoterapêutica. Inicialmente, essa prática encontrava-se marcada pelo modelo médico e vinculada a aspectos técnicos e científicos, voltada para o atendimento individual dirigido às classes média e alta. Só a partir da década de 1980, quando da inserção do psicólogo na rede pública de saúde, a ação desse profissional passou a abarcar uma população de baixo nível socioeconômico.

As práticas psicológicas tradicionais foram gestadas em diferentes países da Europa e dos Estados Unidos, assumindo a influência da composição de forças do tecido social e cultural do país de origem e marcadas pela esperança na ciência como conhecimento que solucionaria os problemas humanos. Diante de tal contexto, a prática psicológica apresenta-se respaldada por diversas teorias e sistemas psicológicos.

Enquanto alguns buscavam desconhecer a singularidade do sujeito, ressaltando sua realidade independente apoiada no modelo científico de ciência, outros reconheciam e sublinhavam a especificidade do sujeito e desenvolveram um conhecimento que buscava a articulação entre processos cognitivos e outras dimensões das práticas sociais. No entanto, ao permanecerem no eixo da polaridade sujeito/sociedade e natureza, tentavam anular a possibilidade de uma medida comum entre o mundo dos sujeitos e dos objetos.

É essa impossibilidade de purificação entre humanos e natureza que é apontada, segundo Latour, no seu livro *Jamais Fomos Modernos*, de 1994, pelas filosofias que vieram depois das consideradas modernas e que representam um momento de transição. Trata-se de momento norteado pela crença de que o sujeito falante é incomensurável ao objeto natural e à eficácia da técnica, necessitando de uma expansão pelo território da hermenêutica.

Tal compreensão norteia as reflexões dos diversos autores que compõem o presente livro. Partem da prática psicológica em instituição, campo inicial e privilegiado da constituição do Aconselhamento Psicológico, e vão descobrindo e (des)construindo essa prática, apontando para a necessidade de outras modalidades além da psicoterapia. Em tal percurso abdicam da necessidade de compartimentalização e cisão acerca do que é o homem, dirigindo-se para uma compreensão do ser humano ancorada na possibilidade de cuidado de si, partindo da atenção psicológica compreendida como intervenção clínica, socialmente contextualizada e engendrada a partir de um encontro intersubjetivo.

Nesse contexto, um livro que ressalte e marque a relevância do Aconselhamento Psicológico como um campo fundamental, histórica e socialmente no Brasil e no contexto mundial, torna-se desejável e necessário. Firma-se por ele um comprometimento para a formação de profissionais preocupados com a seriedade e a importância da contextualização histórica, social e cultural de sua formação e para professores de graduação que busquem propiciar uma formação ancorada na tradição e rigor da Psicologia.

A partir da tradição constitutiva do campo de Aconselhamento Psicológico, o presente livro apresenta a aproximação cuidadosa desse campo com a perspectiva fenomenológica existencial, apontando para a constituição de um novo olhar clínico investigativo, que busca interrogar ao próprio fenômeno o que necessita ser desvelado. Desse modo, a ação clínica, ao aproximar-se da condição humana apresentada por Heidegger, busca propiciar que o cliente se torne narrador de si mesmo pela escuta atenta (atenção psicológica) do psicólogo, que cuida de exercer um dizer encarnado, afinado pelas interpelações do cliente gestadas numa trama de relações significativas constituídas pelo próprio mundo.

A ação clínica assim compreendida rompe com o modo de contato construído numa concepção técnico-explicativa, constituindo-se numa disponibilidade para acompanhar o outro (cliente) em seu cuidar das suas possibilidades mais próprias, dispondo delas livremente e com responsabilidade. Nessa direção, envolve-se com um procedimento co-humano criativo, não-apreensível por teorias que descendem do subjetivismo e do conceito cartesiano de mundo.

Do livro

É nessa direção que os diversos autores deste livro empreendem suas reflexões, transitando por aspectos teóricos, metodológicos e de pesquisa. A organização do livro segue essa estrutura temática: agrupa os capítulos de modo a facilitar uma compreensão do olhar fenomenológico existencial para a prática psicológica, ampliando, também, a compreensão instituída pelo Aconselhamento Psicológico. Ao mesmo tempo, revela como o Aconselhamento Psicológico pode se aproximar dessa perspectiva pela metodologia de investigação de psicólogos sobre a prática ou pela pesquisa interventiva refletindo a prática ou, ainda, pelas teorizações fundamentadas nessa prática. Ou seja, partindo sempre do questionamento da prática, todos (ou a maioria) dos trabalhos resultaram de teses de doutorado e dissertações de mestrado de 2000 a 2006, defendidas nos Programas de Pós-Graduação em Psicologia da Universidade de São Paulo e da Universidade Católica de Pernambuco.

Nesse sentido, o bloco "Teoria" é constituído por quatro capítulos que trabalham a historicidade, a contextualização e a amplitude do campo de Aconselhamento Psicológico. O texto de Maria Luisa Schmidt revela o elemento fronteiriço constituinte do campo de AP. O texto de Henriette Morato discute cuidadosamente as implicações das reflexões entre compreensões de Rogers e Gendlin, autores fundamentais para AP. O texto de Carmem Barreto ressalta as contribuições do pensamento heideggeriano, apontando para a ampliação do pensar a clínica psicológica via fenomenologia hermenêutica. Por último, o texto de Marcus Túlio Caldas apresenta as contribuições do pensamento fenomenológico existencial para a compreensão da psicopatologia.

No bloco "Reflexão e Pesquisa", o capítulo de Gohara Yvette Yehia faz uma articulação entre o AP e o Psicodiagnóstico Colaborativo, ressaltando a possibilidade de interlocução entre essas práticas psicológicas. O texto de Virgínia Carneiro traz uma reflexão crítica sobre a articulação entre teoria e prática no contexto de formação do psicólogo clínico. Nessa mesma direção, os textos de André Nunes e Tatiana Braga revelam uma perspectiva de formação crítica por meio de um laboratório universitário com projetos de extensão e a Atenção Psicológica como um estágio clínico de graduação. Já os textos de Heloísa Aun e Rodrigo de Oliveira apresentam uma modalidade de prática no campo de AP, conhecida como Plantão Psicológico, que se instituiu a partir de pesquisas interventivas demandadas, respectivamente, pelas instituições da FEBEM e da Secretaria de Segurança do Estado de São Paulo. Ainda em textos complementares, porém diversos, os capítulos de Walter Cautella Junior e Josélia Quintas trabalham a perspectiva de Plantão Psicológico a partir de pesquisas interventivas em instituições hospitalares de São Paulo e Recife. Por sua vez, o texto de Darlindo Lima contempla a dimensão da escuta como dispositivo de cuidado, nutrida por diversos contextos culturais.

O último bloco, "Metodologia", apresenta trabalhos de perspectivas teóricas variadas, mas cuja investigação e colheita das experiências foram realizadas a partir de uma escuta e de um modo fenomenológico existencial. Assim, o capítulo de Barbara Cabral faz a ligação entre as reflexões sobre o Plantão Psicológico e as pesquisas desenvolvidas em instituições com programas de saúde pública, discorrendo sobre as possibilidades metodológicas de pesquisa nessa perspectiva. Também contemplando o questionamento da modalidade de Plantão Psicológico como abertura à experiência de si mesmo, Marina Halpern-Chalom encaminha-se pela metodologia fenomenológica recorrendo ao contar histórias como esclarecimento da demanda de dizer de si.

Nesse bloco ainda, Ana de Santana apresenta a experiência de pacientes usuários de serviços de Saúde Mental, visando ressignificar a prática clínica psicológica na unidade ambulatorial, enquanto Carlos Frederico Alves revela as experiências dos cuidadores que trabalham em serviços de saúde. O texto de Lucyanna Pereira discute a fala clínica em terapia e como essa fala pode ser acolhida em uma pesquisa fenomenológica existencial. Por outro lado, Carolina Bacchi e Wilma Henriques mantêm-se na perspectiva dos estágios clínicos de formação,

iniciada por Lucyanna, porém discutindo não a atitude do aluno, mas o fenômeno de espelhamento e a supervisão clínica, respectiva e complementarmente.

Por sua vez, acompanhando possibilidades metodológicas, os textos de Ana Frota, Elaine Dias, Célia Fonseca e Severino de Souza trabalham e articulam, em diversas perspectivas e contextos, o complexo fenômeno da adolescência em nossa sociedade. Já o texto de Marina Mendes apresenta uma elaborada discussão sobre a prática do psicólogo em instituição jurídica sob o olhar fenomenológico existencial. Suely Santos percorre a experiência de ser ex-esposa, vinculando a perspectiva fenomenológica existencial e a sociodramática enquanto modalidade de prática clínica. Por fim, o texto de Patrícia Wallerstein apresenta uma necessária reflexão sobre a Gestalt-terapia por suas rupturas e continuidades, propiciando frutíferas idéias sobre movimentos aproximados ao campo de AP, através de revisões críticas metodologicamente encaminhadas.

Da proposta

Contemplando temáticas e leituras atuais da prática psicológica, o presente trabalho procura abrir outras perspectivas para reflexões pertinentes ao fazer da Psicologia compromissada com o humano e seus desafios existenciais. Parafraseando Hannah Arendt (*Homens em Tempos Sombrios*. São Paulo: Companhia das Letras, 1987), é preciso "estar disposto a arriscar a vida", pois "somente podemos ter acesso ao mundo público, que constitui o espaço propriamente político, se nos afastarmos de nossa existência privada" (p. 73-74). É essa a proposta deste livro.

Dando voz àquilo que exercemos como trabalho, a prática psicológica, procuramos abrir espaços que, ao mesmo tempo, contemplem uma singularidade e uma pluralidade de olhares no coletivo de nosso pertencimento: o campo do Aconselhamento Psicológico como lugar legitimamente próprio de um fazer profissional ético e político. Afinal, o mundo atual pode ser compreendido como uma "administração doméstica coletiva", um "conjunto de famílias economicamente organizadas", uma "família sobre-humana" (Arendt, 1987, p. 38).

Contudo, este trabalho contempla uma dimensão que não se limita apenas a essa familiaridade. Para Arendt (1987, p. 45-46),

> Na medida em que se constroem corpos políticos sobre a família e são compreendidos como uma imagem dela, considera-se que os parentescos podem, por um lado, unir os mais diversos e, pelo outro, permitir que figuras semelhantes a indivíduos distingam-se umas das outras [...] Em ambos os casos, a ruína da política resulta do desenvolvimento de corpos políticos a partir da família, a que nossa vida está unida.

Para não agirmos nessa direção antipolítica apontada por Arendt, recorremos à multiplicidade mesma da Psicologia em suas teorias e técnicas para sugerir outra possibilidade de compreensão do fenômeno humano: a ótica fenomenológica existencial. Por ela é possível ocorrerem reflexões que percorrem encontros com o estrangeiro que somos em nossa própria cultura e em nossa humanidade de homens entre homens.

Preocupados com o desalojamento da prática psicológica *em tempos sombrios* do humano, dedicamos este livro a todos os psicólogos entre o passado e o futuro, para criarem ações pertinentes em seu fazer. Abandonar seguranças e arriscar-se à imprevisibilidade foi o desafio que aqui deixamos testemunhado. Porém, esperamos apresentar possibilidades para agir em Psicologia como início para experienciar outras formas no ofício de psicólogos.

PREFÁCIO

Como destaca a Profª Dra. Henriette Morato na apresentação deste livro, o que norteia e singulariza a obra na diversidade de suas contribuições é o diálogo entre o campo do aconselhamento psicológico e a perspectiva fenomenológica existencial. Essa aproximação tem como conseqüências uma compreensão da irredutibilidade da existência humana às objetivações técnico-científicas e uma maior abertura dos modelos de práticas psicológicas, já que essas, ao encontrarem sua fundamentação na noção essencial de cuidado, prescindem de formatações rígidas que compensem a falta de uma identidade intrínseca. Nesse sentido, faremos algumas considerações sobre as noções de "existência" e "cuidado", oriundas da fenomenologia hermenêutica de Heidegger, e seus possíveis desdobramentos no âmbito da clínica. Essas palavras iniciais não devem ser tomadas como alguma espécie de introdução teórica aos trabalhos aqui publicados, não apenas pela sua insuficiência óbvia, mas também porque adentrar nos campos tanto da fenomenologia quanto das práticas psicológicas nunca se dá pela mera intelecção lógica de conceitos. Nosso objetivo é apenas convidar o leitor a uma atitude mais propícia ao espírito da obra.

O nome de Heidegger suscita, nos colóquios intelectuais cotidianos, uma aura caricatural de complexidade e hermetismo, às vezes utilizada para mitificações motivadas pelo prazer narcíseo e outras para detrações que passam completamente ao largo de seu pensamento. Seria irresponsável negar as dificuldades inerentes à compreensão de sua obra, tanto aquelas circunstanciais para leitores que não dominam sua língua original e não possuem uma formação filosófica sistemática, quanto aquelas essenciais, relativas à radicalidade própria de seu pensamento. Entretanto, não devemos confundir a dificuldade intelectual, no sentido mais corrente de complexidade lógica e conceitual, que costumamos atribuir à lógica, às matemáticas e às ciências, com a dificuldade própria ao pensamento filosófico autêntico, pois esta diz muito mais respeito às nossas próprias dificuldades existenciais de experimentar modos mais livres e singulares de ser e olhar. A aproximação das práticas psicológicas com o pensamento heideggeriano tem prescindido, algumas vezes, de uma conceitualidade mais rigorosa, cedendo diante daquelas dificuldades circunstanciais por nós já apontadas, mas também é verdade que construções conceituais rigorosas, complexas e elegantes podem ser totalmente estéreis, de uma perspectiva clínica, se perderem de vista a co-pertinência entre ser e pensar. Apesar das falsas aparências, Heidegger está muito longe de ser um cultor da erudição vazia e do elitismo intelectual:

... qualquer pessoa pode seguir os caminhos da reflexão à sua maneira e dentro dos seus limites. Por quê? Porque o homem é o ser (Wesen) que pensa, ou seja, que medita (sinnende). Não precisamos portanto, de modo algum, de nos elevarmos às 'regiões superiores' quando refletimos. Basta demorarmo-nos (verweilen) junto do que está perto e meditarmos sobre o que está mais próximo: aquilo que diz respeito a cada um de nós, aqui e agora... (Heidegger, 2000, p. 14)

O maior testemunho do quanto Heidegger tinha em alta conta o diálogo de seu pensamento com a clínica foram os seminários de Zollikon, ministrados por ele periodicamente, durante cerca de 10 anos, para um grupo de médicos e estudantes, sob a organização do psiquiatra suíço Medard Boss. Nesses encontros, o filósofo se propôs a árdua tarefa de iniciar seus interlocutores, treinados na tradição técnico-científica de abordar a realidade, no exercício de um novo olhar para o sentido dos entes, principalmente daquele ente cujo significado deveria estar sempre em questão nas práticas psicológicas: o próprio homem. Para desconstruir a atitude científica, Heidegger aborda os fenômenos do tempo, do espaço e da existência humana, mostrando como sua objetivação científica entulha o acesso ao seu modo de ser mais essencial, fazendo com que nos contentemos com meras representações arbitrárias e distantes do "mundo da vida", para usar a expressão de seu mestre Husserl.

Não é por acaso, nem por algum interesse particular pela antropologia filosófica, que a obra mais famosa de Heidegger, *Ser e Tempo*, cuja motivação fundamental é a "questão do ser", acaba se constituindo em uma investigação ontológica criteriosa sobre o modo de ser deste ente que somos nós. *Ser e Tempo* aborda a questão do ser por um caminho distinto daquele que foi privilegiado pela tradição: não pergunta o que é o ser, mas interroga, sim, o seu sentido. O objetivo da ontologia, que era, para a metafísica, determinar os entes em seu ser substancial simplesmente dado, em sua qüididade, transforma-se, com Heidegger, em uma questão hermenêutica.

Se a tradição ocidental consagrou a definição grega do homem como "o ser vivo dotado de fala", traduzindo-a posteriormente como "animal racional", e se toda predicação pressupõe uma habitação prévia no sentido do ser, podemos pensar, então, o traço essencial e diferenciador do modo de ser do homem, como a sua referência originária ao ser. Este ente, que somos nós, assume, portanto, o lugar de primeiro interrogado com relação à questão do ser. Nossa existência factual já é sempre tacitamente pré-ocupada com tal questão nas relações com os entes que nos vêm ao encontro e consigo mesma. Por isso, o projeto de *Ser e Tempo* tem como tarefa inicial de uma ontologia geral a "analítica da existência humana", isto é, a explicitação das estruturas ontológicas do modo de ser do homem.

Essa referência originária do homem ao ser não se restringe, para Heidegger, ao âmbito da mera representação dos entes. A condição ontológica de possibilidade de representar e de formular juízos verdadeiros ou falsos sobre os entes repousa, antes, no fato de que ser homem já é, desde sempre, existir na presença dos entes. A existência, entendida como o modo específico de ser do homem, é a própria abertura de sentido em que algo como um ente por si subsistente pode se dar. Existir já é, ontologicamente, um "ser-junto-às-coisas" e um "ser-com-os-outros". "Existência" ("ec-sistência", no sentido de ser para "fora"), "ser-aí" (*Dasein*) e "ser-no-mundo" não são apenas novas designações para enfatizar o caráter relacional de um sujeito entendido como unidade substancial, ontologicamente separada dos objetos que apreende; expressam uma compreensão completamente diferente acerca do modo essencial de ser do homem como puro relacionar-se com o que lhe vem ao encontro enquanto alguma coisa. Uma bola de bilhar que se choca contra outra se relaciona com esta, produzindo, entre outras conseqüências, a mudança de sua trajetória; mas não diríamos que essa bola se relaciona com a outra "enquanto" uma bola de bilhar, ou sequer diríamos que ela se relaciona com a outra bola enquanto alguma coisa, seja lá o que for. Adotando uma perspectiva da física moderna, podemos dizer que tudo no universo se encontra de alguma forma relacionado; no entanto, apenas o homem se relaciona com as coisas enquanto coisas, só o existir humano se relaciona com o ser coisa das coisas. Existir é ser na abertura de sentido em que as coisas se desvelam como coisas.

Nesse nível de experiência do ser homem, não é suficiente para Heidegger a noção de intencionalidade apenas enquanto a propriedade fundamental da consciência de estar sempre dirigida para um objeto. Ele nos propõe um deslocamento da imanência da "consciência" para o aberto da "ec-sistência". A fenomenologia de Heidegger não é, portanto, idealismo transcendental no sentido de Husserl, mas sim hermenêutica. O sentido que se desvela através do homem nunca se dá a partir de algum *a priori* transcendental; ele só é na medida em que se desvela historicamente. Não se trata somente de uma consciência que é sempre "consciência de", mas de um existir concreto que é sempre um "ser-junto-às-coisas" e um "ser-com-os-outros". Posição estranha e surpreendente, tanto para a nossa atitude cotidiana quanto científica de compreender a realidade, pois isso significa que o mundo não está aí simplesmente pronto à espera de ser descoberto nem é arbitrariamente produzido pelo sujeito. Homem e mundo são co-originários.

Em *Ser e Tempo*, Heidegger (1989, § 41 e 42) opta por uma palavra bastante significativa para condensar essa dinâmica ontologicamente estruturante da existência que é o "já ser desde sempre no mundo enquanto ser-junto-a e ser-com": utiliza ele o termo "cuidado" (*Sorge*), deixando claro que não devemos entendê-lo em um sentido ôntico como cuidar bem ou descuidar de algo. Somente porque somos entes cujo modo de ser é ser-junto-a, desvelando o sentido daquilo que nos vem ao encontro, podemos ser cuidadosos ou descuidados no sentido ôntico habitual. Um sistema eletrônico de vigilância não pode cuidar bem nem mal das coisas que supostamente protege, pois ele simplesmente não se relaciona com as coisas enquanto coisas. O cuidado, como estrutura ontológica da existência, é cuidado pelo ser enquanto tal, naquela compreensão já referida aqui de que apenas na livre abertura de sentido que constitui o ser-no-mundo podem se dar as coisas, os outros e a própria existência a si mesma. Em uma carta publicada em 1947 com o título *Sobre o Humanismo*, Heidegger exprime de forma poética a mesma idéia dizendo: "O homem é o pastor do Ser" (1967, p. 51). Se mesmo as coisas apreendidas como simplesmente

subsistentes dependem do ser-junto-a da existência para se desvelar desse modo, então sua verdade, isto é, o seu modo de ser desveladas, não jaz em nenhuma suposta qüididade, indiferente ao modo como o homem se coloca ao lado delas como desvelador. A verdade dos entes, seu modo de aparecer, é correlativa ao "olhar pré-compreensivo" com o qual o ser-aí humano lhes co-responde. É a essa dimensão ontológica de pré-compreensão, dotada sempre de tonalidades afetivas, que se refere o cuidado existencial.

Para cuidar de alguém no sentido de piedosamente lhe oferecer esmolas, é preciso que nosso "olhar" já tenha previamente encontrado essa pessoa como desvalida. Conta a tradição budista que Sidharta Gautama, após a iluminação, costumava estender sua tigela de mendicante aos mendigos que encontrava no caminho. Esse relato não quer nos mostrar uma atitude descuidada da parte de Gautama para com seus próximos, como poderia interpretar uma compreensão estreita. Ao contrário, ela nos aponta para aquela dimensão mais originária do cuidado como desvelamento de sentido. Através da compreensão da natureza insubstancial e incondicionada do ser, Buda podia dar, através do seu olhar, um "nascimento" mais elevado para aquelas pessoas. Ao invés de vê-las apenas como seres necessitados e dependentes, a tigela estendida em sua direção era um convite para que elas pudessem experienciar em si mesmas a possibilidade da doação.

Entendido como um modo desvelador de olhar, no qual já sempre nos encontramos, o cuidado possui uma relação intrínseca com a verdade e a liberdade. Os limites das nossas possibilidades específicas de cuidar são os limites da nossa própria existência enquanto abertura de sentido. Tudo aquilo que vem à luz através do nosso olhar se insere na "paisagem" existencial que sempre carregamos conosco. Se a nossa "visão" está limitada à mesma paisagem em que o outro é prisioneiro de suas identificações restritivas e geradoras de sofrimento, nosso cuidado por ele, por mais empenhado e bem intencionado que seja, só poderá confirmar essas identificações. Na medida em que habitamos uma paisagem mais livre e aberta, poderemos compreender sua experiência como uma verdade parcial, convidando-o a liberar a partir de si mesmo outras possibilidades de ser. Não podemos decidir voluntariamente sobre nosso modo ontológico de cuidar, como supostamente fazemos em relação aos modos ônticos, mas entendemos que os cuidados psicológicos se diferenciam em relação a outras modalidades do cuidar por voltarem a sua atenção para esse âmbito constituinte de sentido, e não apenas para os significados já constituídos.

Se as práticas psicológicas, na diversidade de suas realizações factuais, são modos do cuidado e se, para a perspectiva fenomenológica existencial, o cuidado pertence à constituição ontológica do existir humano, então essas práticas não retiram sua condição interna de possibilidade de nenhuma teorização científica ou de procedimentos técnicos estruturados, mas, sim, da própria constituição fundamental da existência. Na realidade, o modo técnico-científico de desvelar os entes já é um modo específico do cuidado, que, embora possa ser, eventualmente, de utilidade terapêutica, encobre por sua natureza própria aquele âmbito essencial e não-objetivável da existência do qual depende em última instância. Nenhum modo ôntico específico do cuidado, por mais cientificamente embasado que seja, pode pleitear a posição de fundamento das práticas psicológicas, pois isso seria limitar arbitrariamente o horizonte de sentido da existência, ocultando-lhe a liberdade essencial que pode produzir ou curar todos os sofrimentos humanos.

Roberto Novaes de Sá
Professor do PPG Psicologia UFF

Referências Bibliográficas

HEIDEGGER, M. *Seminários de Zollikon*. Rio de Janeiro: Petrópolis, Vozes, 2001.

_____. *Ser e Tempo*. Partes I e II. Rio de Janeiro: Petrópolis, Vozes, 1989, 1990.

_____. *Serenidade*. Lisboa: Instituto Piaget, 2000.

_____. *Sobre o Humanismo*. Rio de Janeiro: Tempo Brasileiro, 1967.

CONTEÚDO

METODOLOGIA

CAPÍTULO I

O Nome, a Taxonomia e o Campo do Aconselhamento Psicológico

María Luísa Sandoval Schmidt

I

O pirata é sempre o outro. Em estudo sobre representações da pirataria, Sheila Maria Doula (1997) mostra como para os ingleses os piratas eram franceses, portugueses, espanhóis e holandeses, assim como para cada um deles eram piratas os outros.

Essa interpretação do jogo identitário no imaginário sobre a pirataria presta-se a uma analogia com o jogo identitário encetado por discursos e práticas psicoterápicos.

A classificação de teorias, métodos e técnicas psicoterápicas, na tentativa de organizar a percepção de um terreno de discursos e práticas extremamente diversificado, participa da cena em que identidades teóricas e profissionais se afirmam por oposição a outras. Subjaz ao trabalho de definição e delimitação de cada modelo psicoterápico um duplo movimento representado, por um lado, pelo esforço de compactar coerência por meio da exclusão das ambigüidades e ambivalências da teoria e da prática e da mútua implicação de ambas na clínica e, por outro, pela projeção dessas ambigüidades e ambivalências em outro modelo. Trata-se de legitimar a pureza de um modelo, criando, simultaneamente, as imagens do falso modelo e da apropriação espúria do modelo puro.

Bruno Latour (1994), no ensaio *Jamais fomos modernos*, numa abordagem antropológica da sociedade ocidental moderna, descreve a constituição do moderno e sua crise, denunciada pelo fracasso das tarefas de emancipação, no plano político, e de domínio da natureza, no plano científico. A hipótese central do ensaio trabalha a separação entre práticas de purificação, partindo natureza e cultura em práticas de tradução, estabelecendo mediações entre ambas e fazendo proliferar híbridos de cultura e natureza. Em suas palavras:

A hipótese deste ensaio – trata-se de uma hipótese e também de um ensaio – é que a palavra "moderno" designa dois conjuntos de práticas diferentes que, para permanecerem eficazes, devem permanecer distintas, mas que recentemente deixaram de sê-lo. O primeiro conjunto de práticas cria, por "tradução", misturas entre gêneros de seres completamente novos, híbridos de natureza e cultura. O segundo cria, por "purificação", duas zonas ontológicas inteiramente distintas, a dos humanos, de um lado, e a dos não-humanos, de outro. Sem o primeiro conjunto, as práticas de purificação seriam vazias ou supérfluas. Sem o segundo, o trabalho de tradução seria freado, limitado ou mesmo interditado. O primeiro conjunto corresponde àquilo que chamei de redes, o segundo ao que chamei de crítica. O primeiro, por exemplo, conectaria em uma cadeia contínua a química da alta atmosfera, as estratégias científicas e industriais, as preocupações dos chefes de Estado, as angústias dos ecologistas; o segundo estabeleceria uma partição entre um mundo natural que sempre esteve aqui, uma sociedade com interesses e questões previsíveis e estáveis, e um discurso independente tanto da referência quanto da sociedade. Enquanto considerarmos separadamente estas práticas, seremos realmente modernos, ou seja, estaremos aderindo sinceramente ao projeto da purificação crítica, ainda que este se desenvolva somente através da proliferação dos híbridos (LATOUR, 1994, p. 16).

Uma segunda hipótese é a de que a exclusão dos híbridos e a impossibilidade de pensá-los tornam sua proliferação possível.

O dispositivo de purificação recobre o saber moderno disciplinar, bloqueando a compreensão dos híbridos e, pode-se dizer, a construção de saberes híbridos. Como escreve Latour:

Nossa vida intelectual é decididamente mal construída. A epistemologia, as ciências sociais, as ciências do texto, todas têm uma reputação, contanto que permaneçam distintas. Caso os seres que você esteja seguindo atravessem as três, ninguém mais compreende o que você diz. Ofereça às disciplinas estabelecidas uma bela rede sociotécnica, algumas belas traduções, e as primeiras extrairão os conceitos, arrancando deles todas as raízes que poderiam ligá-los ao social ou à retórica; as segundas irão amputar a dimensão social e política, purificando-a de qualquer objeto; as terceiras, enfim, conservarão o discurso, mas irão purgá-lo de qualquer aderência indevida à realidade – *horresco referens* – e aos jogos de poder. O buraco de ozônio sobre nossas cabeças, a lei moral em nosso coração e o texto autônomo podem, em separado, interessar a nossos críticos. Mas, se uma naveta fina houver interligado o céu, a indústria, os textos, as almas e a lei moral, isso permanecerá inaudito, indevido, inusitado (LATOUR, 1994, p. 11).

O intento de Latour, por meio da pesquisa, é "reatar o nó górdio atravessando, tantas vezes quantas forem necessárias, o corte que separa os conhecimentos exatos e o exercício do poder", descrevendo tramas, apoiado na noção de tradução ou rede (Ibid., p. 9). Trata-se da proposição de investigações que dizem respeito à natureza ou ao conhecimento em seu envolvimento com coletivos e sujeitos.

A menção ao ensaio de Latour tem, nesse contexto, o sentido de explicitar uma apropriação "caseira" de suas idéias que ajuda a focalizar o campo do Aconselhamento Psicológico pelo viés do problema da taxonomia das teorias e práticas psicoterápicas. Pois é possível, talvez, apreender os esforços de distinção e classificação dessas teorias e

práticas como fazendo parte do engenho purificador que se instala, também, no interior de cada disciplina. Na contrapartida, suas idéias convidam à tentativa de leitura da dimensão híbrida de discursos e práticas instituídos sob o nome Aconselhamento Psicológico.

Um propósito avizinha-se: o de interpretar ou apreender a constituição do Aconselhamento Psicológico, procurando ver o que a entrada de Carl Rogers desacomoda na ordem das classificações, tanto das linhas teóricas quanto nas diferenciações entre orientação, Aconselhamento e psicoterapia. Trata-se, por outro lado, de entender o hibridismo de suas práticas mais do que sua pureza.

II

O nome "Aconselhamento" é o assunto ou tema que apresenta os alunos de graduação ao Aconselhamento Psicológico na primeira aula da primeira disciplina da área no Instituto de Psicologia da USP.

Um desconforto que, vez ou outra, a equipe do SAP experimentou em relação ao nome "Aconselhamento" é também experimentado pelos alunos.

À representação prescritiva, próxima àquela dos manuais de instrução, com a qual muitos alunos se aproximam da palavra conselho, intenta-se opor o conselho como derivado da sabedoria sintetizada nas narrativas tradicionais que, pelo trabalho de reflexão e sua conexão com a experiência de um leitor ou ouvinte, se consagra ou vem à tona (BENJAMIN, 1936; 1985).

O verbo aconselhar abriga tanto os sentidos de mostrar, indicar, sugerir, recomendar, orientar, quanto o de uma troca de idéias e opiniões, numa situação em que vários indivíduos se reúnem para ponderar e decidir com prudência sobre algum assunto de seu interesse.

Aconselhamento, genericamente, recobre, ainda, o espectro de significados que vai da indicação da conveniência, necessidade ou desejabilidade de algo, da recomendação ou sugestão ao intercâmbio de idéias e opiniões no contexto de uma reunião de debate e discussão. Na esfera da Psicologia ou da Pedagogia, contudo, o Aconselhamento nomeia "o auxílio ou orientação que um profissional (pedagogo, psicólogo, entre outros) presta ao paciente nas decisões que este deve tomar quanto à escolha de profissão, cursos, entre outras, ou quanto à solução de pequenos desajustamentos de conduta" (HOUAISS, 2001).

Essa definição de dicionário, bem como a imagem, muitas vezes perturbadora para os alunos, de uma prática psicológica obrigada a fornecer "solução de pequenos (ou grandes) desajustamentos de conduta" ou direções claras para decisões a serem tomadas por um "paciente", tem raízes na teoria e nas práticas iniciais do Aconselhamento Psicológico e permanece em tensão com uma trajetória de desdobramentos, apropriações e ressematizações que as descolam para outras regiões, em tese, menos prescritivas.

Ruth Scheeffer (1976), num livro de referência para o ensino de Aconselhamento Psicológico no Brasil, empreende uma síntese "das contribuições mais proeminentes sobre o assunto", à época até meados dos anos 70.

No prefácio, duas informações se destacam: "a emergência de posicionamentos teóricos" da massa de conhecimento acumulado na prática do Aconselhamento Psicológico, bem como das pesquisas, e a localização das teorias traço e fator e centrada no cliente como tradicionais do campo que, naquele momento, se expandia e se afirmava por meio da proliferação de outras tantas abordagens tais como o Aconselhamento existencial, a teoria comportamental e a multidimensional de Carkhuff.

O livro é exemplar em seu esforço para definir e defender a distinção entre Aconselhamento Psicológico e psicoterapia e para sistematizar as diferentes teorias em torno de um mesmo conjunto de elementos: concepção de natureza humana; objetivos do Aconselhamento; papel do conselheiro; atitudes mais indicadas para produzir um processo "eficaz" e técnicas.

É tentador interpretar esse livro de Scheeffer como parte do afã disciplinar que, nos anos 70, no ambiente acadêmico brasileiro, seguindo as tendências americanas e européias, dava continuidade ao projeto das ciências humanas que requeria, por um lado, sua afirmação como ciências e, por outro, um aprofundamento das especificidades de objetos e métodos, recortando "os canteiros de obra" de cada uma delas: Antropologia, Sociologia, Psicologia.

Há, além disso, a implicação das divisões disciplinares na institucionalização de áreas de atuação profissional. No Brasil, por exemplo, a Lei 4.119, que regulamenta a profissão de psicólogo, designa como suas funções o diagnóstico psicológico, a orientação e seleção profissional, a orientação psicopedagógica e a solução de problemas de ajustamento. Como se vê, a psicoterapia não foi contemplada pela lei. E aqui, como nos Estados Unidos, a lei espelha as disputas com a medicina.[1]

A apresentação sistemática e consistente de teorias de Aconselhamento psicológico feita por Scheeffer (1976)

responde pela sua migração da esfera da prática eclética de vários indivíduos, com ou sem formação profissional específica, como padres, educadores, enfermeiros, pais, amigos, entre outros, para a esfera de uma atividade controlada pelos dispositivos científicos. Mas, paralelamente, desenha um espaço para o exercício profissional, relativamente exclusivo do psicólogo, na medida em que institucionaliza e legitima a autoridade do especialista contra a do "leigo".

A atribuição de tradicionalidade a duas teorias, traço e fator e centrada no cliente, por sua vez, apóia a rede na qual se busca entender o campo do Aconselhamento Psicológico.

III

A teoria traço e fator é considerada ponto inicial da afirmação do Aconselhamento Psicológico como prática especializada e área de atuação e conhecimento da Psicologia.

Nasceu estreitamente ligada à orientação vocacional e à psicometria, principalmente aos estudos e às pesquisas sobre testes vocacionais.

Duas concepções são centrais nessa teoria: a de que cada indivíduo é portador de um conjunto de capacidades e potencialidades passíveis de medição objetiva, as quais podem ser correlacionadas com habilidades e características exigidas por diferentes profissões, derivando daí sua íntima proximidade com o desenvolvimento dos testes psicológicos, bem como com a orientação vocacional e profissional; a de unidade entre organismo e ambiente, com reconhecimento da influência do ambiente e do grupo social no indivíduo, remetendo à função de ajustamento do Aconselhamento (SCHEEFFER, 1976).

Enlaça, na ordem das divisões disciplinares, Educação e Psicologia, propondo uma prática cujos objetivos são educacionais e normativos e cujas técnicas combinam a aplicação de testes psicológicos com a sugestão e a persuasão exercidas pelo conselheiro sobre o orientando.

O conselheiro assume, sem pudor, o lugar e o papel de modelo, veiculando normas de conduta, valores sociais e hábitos de cidadania, atuando de forma diretiva e ativa na avaliação e no julgamento do aconselhando.

Essa atuação baseia-se na confiança no poder da educação como meio para atingir a "boa adaptação" social do jovem e na crença no valor preditivo dos testes de aptidões e de personalidade.

---

[1] O Ato Médico, atualmente em discussão, é mais um capítulo dessa disputa, neste caso envolvendo não só a Psicologia, mas outras áreas como Enfermagem, Fisioterapia, Fonoaudiologia, Nutrição e Terapia Ocupacional.

Concebido como processo de aprendizagem, o Aconse-lhamento supõe a necessidade de auxílio para o desenvolvimento das potencialidades de cada indivíduo, e esse auxílio funda-se nas informações que o conselheiro ameaha por meio do diagnóstico do indivíduo e de seus conhecimentos sobre o contexto social. As informações em torno das quais se processa o Aconselhamento fazem apelo a um trabalho racional-cognitivo de convencimento por parte do conse-lheiro e de aceitação por parte do aconselhando.

Scheeffer (1976), comentando Williamson (1965), um dos autores mais influentes da teoria traço e fator, explicita de maneira clara essa ênfase na dimensão racional-cogni-tiva. Ela escreve, glosando Williamson:

> É preciso que se reconheça "o fato de que o ho-mem não é apenas um animal que sente, mas é também um animal que pensa, e o seu pensa-mento pode ser distorcido pelos sentimentos" (WILLIAMSON, 1965, p. 210). Dessa forma, não somente é necessária a assistência ao aconse-lhando no sentido de ajudá-lo a se sentir bem, mas é função igualmente necessária ajudá-lo a pensar bem. O Aconselhamento é, essencialmente, uma relação de "pensamento". É racional, porque aplica o raciocínio humano aos problemas do desenvol-vimento humano. Contudo, se as emoções inter-ferem na racionalidade, é necessário que sejam manejadas antes de se tornar possível o raciocínio (SCHEEFFER, 1976, p. 30).

Trata-se, parece, de uma racionalidade a serviço do controle emocional demandado pela "boa adaptação".[2]

Priorizando a adaptação e o ajustamento do indivíduo à sociedade e, especialmente, às instituições escolares e ao mundo do trabalho, a teoria traço e fator define o Aconselhamento como distinto da psicoterapia. Segundo Scheeffer:

> o uso do termo clínico em Aconselhamento não manifesta uma tentativa de identificação com a

psicoterapia, pois, do ponto de vista da teoria tra-ço e fator, essas duas atividades apresentam ca-racterísticas claramente diversas. É uma preocu-pação dos adeptos dessa teoria demonstrar os as-pectos mais amplos, abrangentes e educacionais do Aconselhamento, que integra, no seu contexto, orientação educacional e vocacional, dinâmica da personalidade e de relações interpessoais (SCHE-EFFER, 1976, p. 25).

Essa definição do Aconselhamento num âmbito mais abrangente do que aquele das psicoterapias compreendidas como tratamento das "doenças mentais" tem importância estratégica na constituição de práticas psicológicas que contornam, por assim dizer, o embate com as práticas médicas. Essa maior abrangência assinala, outrossim, uma vocação para ler e responder a demandas institucionais e sociais que configuram de modo plural as tarefas do psicó-logo e acenam para uma colaboração desse profissional com outros de áreas aparentadas.

Porém, a vocação institucional e o aceno à colaboração multiprofissional recebem a forte coloração autoritária dos dispositivos teórico-práticos da teoria traço e fator. Legi-timada pela ideologia cientificista de controle e manipu-lação do desenvolvimento humano, essa teoria, no que diz respeito aos métodos de trabalho e ao poder do especialista, faz jus à representação prescritiva que o nome Aconselha-mento suscita.

IV

A publicação, em 1942, do livro *Counseling and Psychotherapy*, de Carl Rogers (1974), deu visibilidade aos primeiros passos da criação da teoria centrada no cliente.

Rogers formou-se em agronomia e, em seguida, iniciou estudos teológicos para tornar-se pastor evangélico, logo desistindo, desgostoso com as ortodoxias. Interessou-se, então, por Psicologia, obtendo o doutorado nessa área em 1931, na Universidade de Columbia.

Entre 1928 e 1940 trabalhou como psicólogo no Rochester Guidance Center, em Nova York, no Departa-mento de Prevenção de Violência contra a Criança. Nesse período de sua iniciação profissional como psicólogo, atuou de acordo com o modelo hegemônico de Aconse-lhamento baseado na teoria traço e fator.

[2] É interessante a analogia possível entre essa posição da teoria traço e fator sobre uma espécie de aprendizagem emocional e aquela representada, mais recentemente, pelo "movimento" chamado "Inteligência Emocional". Um exame crítico dessas idéias e práticas é feito por Maria Helena de Souza Patto (2000) e impressiona como o argumento do combate a "'um indi-vidualismo exacerbado' que acarretaria isolamento e deterioração das re-lações sociais" por parte dos mentores da inteligência emocional encontra simetria nas concepções da teoria traço e fator. Diz Scheeffer (1976) sobre o Aconselhamento de base traço e fator: "No Aconselhamento, é preciso considerar-se a sociedade, a fim de se proteger contra o perigo de facilitar o desenvolvimento do individualismo extremo e da individualidade anti-social" (p. 28).

É preciso esclarecer, mesmo que grosseiramente, o tipo de dinâmica existente entre as práticas de Aconselhamento e a psicanálise americanas. O Aconselhamento, como já foi dito, comportava uma intensa atividade diagnóstica, baseada na psicometria. O diagnóstico tinha posição central nos processos de Aconselhamento, servindo à obtenção de informações que subsidiavam a ação do conselheiro no "bom direcionamento" das escolhas e condutas de seu aconselhando. O mesmo aparato diagnóstico servia à diferenciação entre indivíduos que podiam se beneficiar do Aconselhamento e aqueles que, sendo portadores de "distúrbios" mais graves, necessitavam de tratamento. O tratamento era realizado por psicanalistas, que, no caso americano, eram predominantemente médicos.[3]

A formação psicológica contemplava, mesmo para os não-médicos, o estudo da psicanálise, embora, na prática, aos emergentes psicólogos estivessem destinadas as tarefas diagnósticas.

Rogers situa-se, no começo de sua carreira, de acordo com uma ordem de territorialidades na qual espaços profissionais tradicionais como os da Medicina e da Educação entravam em contato com novas especialidades em formação. É comum a interpretação da Psicologia como sendo uma dessas novidades que tanto se inspira ora no modelo médico, ora no modelo educacional, quanto com eles rivaliza na tentativa de estabelecer-se como disciplina e profissão autônomas (ROSENBERG, 1987; ANTUNES, 1998).

A teoria traço e fator articulou a vertente experimental dos estudos psicométricos a um conjunto de práticas de atendimento que guardava uma espécie de distância ótima em relação às práticas médicas e, ao mesmo tempo, apropriou-se de uma prática costumeira, enraizada no senso comum, como é o ato de aconselhar, atribuindo-lhe a aura de cientificidade. Com isso, recortou uma região onde o psicólogo poderia se instalar.

Nessa região Rogers se instala. E ela mesma será transformada pela emergência da teoria centrada no cliente.

Uma crescente insatisfação com os procedimentos e resultados do Aconselhamento que vinha praticando, associada ao testemunho de alguns efeitos positivos, porém "colaterais", de sua presença acolhedora e respeitosa em relação à necessidade que alguns pais das crianças atendidas tinham de simplesmente falar, foram disparadores de deslocamento nos focos da atuação de Rogers. A prioridade conferida pela abordagem psicométrica ao problema, ao instrumental de avaliação e aos resultados foi substituída pela focalização da pessoa do cliente, da relação cliente-conselheiro e do processo. Esses deslocamentos escoram a edificação teórica rogeriana.

Um primeiro período de elaboração de suas idéias e propostas psicoterápicas correspondeu àquele da publicação do livro *Counseling and Psychotherapy*, identificado, convencionalmente, como a fase da psicoterapia não-diretiva.

A expressão "não-diretividade", controvertida e polêmica na década de 40, desperta, ainda hoje, debates acalorados nos círculos de gente ligada às práticas psicoterápicas quando entendida como sinônimo da ausência de interferência do psicoterapeuta ou conselheiro no *setting* terapêutico.

É conveniente, talvez, compreendê-la no contexto hegemônico dos usos autoritários e prepotentes da teoria traço e fator como uma reação ou uma contraposição à diretividade na condução das práticas de Aconselhamento.

A esse sentido reativo agrega-se outro, afirmativo, de posicionamento do psicoterapeuta ou conselheiro como ouvinte interessado e compreensivo que, por meio da técnica da reflexão, queria propiciar que a esfera de exploração pessoal do cliente ou aconselhando se configurasse o mais proximamente possível de suas vivências e percepções atuais e conscientes. Como explica Ruth Scheeffer:

> A função do aconselhador consistia na criação da atmosfera permissiva, não-autoritária e de não-diretividade, no sentido de proporcionar ao cliente completa liberdade para estabelecer o seu próprio andamento e direção. Pela sua atividade não-intervencionista, visava o aconselhador liberar o aconselhando de suas defesas. As respostas do aconselhador, para complementar tais objetivos, eram clarificadoras e de aceitação (SCHEEFFER, 1976, p. 44).

Instrumento da não-diretividade do conselheiro, a técnica da reflexão foi objeto de pesquisas empíricas realizadas por Rogers e seus colaboradores, que lançavam mão do registro em áudio de sessões para posterior análise das

---

[3]Essa dinâmica das relações entre psicanálise e psicometria também esteve presente no processo de institucionalização da profissão de psicólogo no Brasil. Havia, inclusive, antes da regulamentação da profissão, a figura do psicometrista: um protopsicólogo. Essa dinâmica atribuía um caráter técnico à atividade do psicólogo, que, nesse sentido, agia como uma espécie de auxiliar do médico que estava autorizado a tratar. Na situação americana, é conhecida a controvérsia de Freud com os psicanalistas americanos. Em 1927, Freud os excluiu da Associação Internacional de Psicanálise em razão de sua (dos americanos) não-aceitação dos chamados psicanalistas leigos, ou seja, não-médicos. A análise da "psiquiatrização" da psicanálise americana é feita por Maud Mannoni (1982).

respostas dos conselheiros e seus efeitos sobre a "qualidade das verbalizações" do cliente.

O modelo positivista de pesquisa, a atenção aos conteúdos semânticos da comunicação entre conselheiro e cliente e o interesse pragmático em provar a eficácia da técnica da reflexão obscureceram as dimensões político-ideológicas que a terapia não-diretiva ensaiava colocar em pauta.

Ocupado em produzir as comprovações científicas da eficiência da não-diretividade, Rogers assistiu à "behaviorização" da técnica da reflexão que culminou com a proposição, não por parte dele ou de seus colaboradores mais próximos, de padrões de respostas e a publicação de verdadeiras cartilhas ou manuais sobre como atuar de modo não-diretivo. Alvo de caricaturas e piadas que associavam a não-diretividade à mera repetição, pelo terapeuta, das palavras do cliente ou aos acenos de cabeça acompanhados de um "hum, hum", a técnica da reflexão foi colocada, por Rogers, sob suspeição, iniciando um segundo período de seus trabalhos teóricos.

A crítica ao esvaziamento da técnica da reflexão vinha sendo feita, também, por Rogers, discutindo a presença pessoal do psicoterapeuta, por meio da noção de autenticidade ou congruência. Tratava-se de chamar a atenção para as condições subjetivas do conselheiro ou psicoterapeuta como antídoto à objetivação no uso da reflexão.

A partir de 1957, na esteira da crítica à técnica e da tematização da congruência, Rogers passou a elaborar aquilo que viria a ser um dos pilares de suas formulações teóricas: as atitudes básicas e sua relação com a criação de um clima ou atmosfera facilitadores do crescimento e do desenvolvimento humanos, dando origem à psicoterapia centrada no cliente.

A pressuposição da existência de potencialidades naturais que se desdobram a partir de certas condições favoráveis, pressuposição presente na teoria traço e fator, traduz-se, em Rogers, no conceito de tendência atualizante que, justamente, se refere à tendência, nos seres vivos, para realização ou atualização de potencialidades, em níveis cada vez maiores de integração e complexidade.

Rogers pergunta-se sobre as condições necessárias e suficientes para que a atualização da tendência à maior complexidade e integração dos organismos ocorra nos seres humanos.

Essa interrogação, sustentada na observação clínica e em pesquisas empíricas, chega à equação básica segundo a qual a presença de atitudes – empatia, congruência e aceitação incondicional positiva –, no ambiente psicosso-cial, é condição necessária e suficiente para a ocorrência da aprendizagem subjacente ao crescimento e à mudança (JORDÃO, 1987; MORATO, 1987; ROGERS, 1966; WOOD, 1994).

A equação básica construída no e para o contexto de atendimento individual psicoterápico é transposta, posteriormente, para as esferas da educação, dos pequenos grupos, das comunidades de aprendizagem, da intervenção institucional e das experiências com grupos transculturais, marcando, a partir dos anos 70, a passagem para a fase da chamada abordagem centrada na pessoa. Essa passagem indica, na trajetória de Rogers, um gradual interesse por fenômenos coletivos, com o simultâneo reconhecimento dos limites da psicoterapia individual como depositária de ideais de transformação social.

Em relação ao campo do Aconselhamento Psicológico tal como vinha sendo pensado e praticado pelos seguidores da teoria traço e fator, a projeção de Rogers e de suas obras complica a faina taxonômica. Como explana Scheeffer:

> A doutrina de Rogers não somente destruía as diferenças entre Aconselhamento e psicoterapia como também oferecia pela primeira vez aos aconselhadores uma técnica não-psicanalítica, possível de ser por eles aprendida e utilizada, permitindo-lhes uma alternativa para a abordagem traço e fator, liberando-os no sentido de uma atuação mais ampla. Se, por um lado, é inegável o valor da contribuição de Carl Rogers ao considerar como sinônimos Aconselhamento e psicoterapia, por outro ocasionou, nessa área, confusão que perdura até à atualidade (SCHEEFFER, 1976, p. 15-16).

No plano do exercício profissional, a referência de Scheeffer à liberdade "para uma atuação mais ampla" pode ser interpretada como uma abertura para a atuação mais propriamente clínica de psicólogos, até então barrada pela "psiquiatrização" da psicanálise.

Rogers, ao empreender os distanciamentos teórico-práticos no âmbito do Aconselhamento Psicológico, põe em pauta questões importantes para a redefinição da área e para a compreensão de algumas linhas de institucionalização da profissão de psicólogo.

O lugar da aprendizagem no entendimento da psicoterapia e, em decorrência, o transporte de achados da clínica para outras esferas da atividade humana são uma dessas questões. Outra alude ao poder do especialista.

Rogers (1966), no livro *Psicoterapia centrada no cliente*, define a psicoterapia como um processo de aprendizagem e enfatiza a relevância da psicoterapia para a compreensão da aprendizagem.

> La rica experiencia terapéutica puede contribuir en gran medida a nuestro conocimiento de lo que es el aprendizaje significativo, y también puede ganar mucho con la integración de los conocimientos anteriores acerca del aprendizaje y los hechos conocidos con respecto a la terapia. Luego, en el estado actual de las ciencias psicológicas, nos encontramos con muchas más preguntas que respuestas en lo referente al proceso y el contenido del aprendizaje que tiene lugar en la psicoterapia (ROGERS, 1966, p. 123-124).

O comentário faz menção a uma aprendizagem de natureza significativa: uma aprendizagem que integra dimensões afetivas e cognitivas, uma "verdadeira" aprendizagem ou, ainda, uma aprendizagem "quente". Para Rogers,

> a aprendizagem significativa é facilitada na psicoterapia e ocorre na relação terapêutica, promovendo experiências profundas e não-cumulativas que ensejam mudanças (ROGERS, 1977, p. 258).

O conceito de aprendizagem significativa define a psicoterapia como processo de aprendizagem sem, contudo, caracterizá-la como prática pedagógica, e, de maneira sincrônica, a sinaliza como lugar de uma "descoberta" que interessa à Educação, à Medicina, ao manejo de conflitos interpessoais e interculturais, a grupos gerenciais e inter-raciais, entre outros.

Nessa perspectiva, há um transbordamento daquilo que era, e é ainda, muitas vezes, considerado clínico e um apagamento das fronteiras, aparentemente bem delimitadas, da psicoterapia e do Aconselhamento. Sinteticamente, a separação se dava por meio da localização da psicoterapia no eixo saúde/doença mental, perseguindo objetivos "curativos" e do Aconselhamento no eixo adaptação/desadaptação social, abraçando objetivos educacionais. Sem se identificar com objetivos educacionais, a proposta rogeriana também se distancia do modelo médico-curativo: não busca nem ensinar, nem curar, mas propiciar uma experiência de aprendizagem auto-reveladora e produtora de mudanças na consciência e na conduta.

Rogers não se perguntava se a psicoterapia centrada no cliente promovia a cura de neuroses obsessivas, a resolução de problemas conjugais ou a reversão de um estado psicótico. Diversamente, era norteado, em suas investigações, por perguntas sobre a natureza ou a qualidade do processo psicoterapêutico, suas características intrínsecas, direções e pontos de chegada: em suma, fundamentalmente, focalizava as dimensões comunicacionais e interpessoais, bem como os movimentos de mudança (ROGERS, 1977). Suas respostas a essas questões provocam, por um lado, como já se disse, o esmaecimento das fronteiras entre Aconselhamento e psicoterapia e, por outro, evidenciam a abrangência da aprendizagem significativa, ampliando e diversificando o Aconselhamento baseado na teoria centrada no cliente para além das práticas psicoterápicas.[4]

A concepção de relação de ajuda, na qual a entrevista psicológica figura como uma dentre outras tantas possibilidades, qualifica um largo espectro de contextos duais, grupais e institucionais, bem como de atuações profissionais e "leigas", como potencialmente promotoras de aprendizagem significativa, desde que pautadas pela presença das atitudes básicas.

Os escritos de Rogers, no decorrer de algum tempo, foram cada vez mais se dirigindo a um público diversificado de leigos e especialistas de várias áreas. Nesse tipo de divulgação, nota-se seu interesse pela multiplicação das relações de ajuda, intra e extraprofissionais. Suas idéias, servindo à institucionalização de uma clínica ampliada que os psicólogos reivindicam para si, acenam, no entanto, para a participação relativamente igualitária de leigos e profissionais ligados aos assuntos humanos, na construção de práticas propícias à aprendizagem significativa.[5]

Nessa perspectiva, introduz-se o questionamento sobre o poder do especialista.

O facilitador que configura, para Rogers, o papel do conselheiro ou psicoterapeuta pode ser ou não o especialista, uma vez que sua função é informada pela capacidade de viver e traduzir em palavras e gestos, enfim, pela sua presença pessoal, as atitudes básicas. O facilitador é um questionador do poder do especialista: primeiro, por ser um protagonista intercambiável nas relações interpessoais

---

[4] Alberto Segrera e Mariano Araiza (1993) defendem que a teoria de relações interpessoais de Rogers ocupa lugar central em sua obra, sendo a psicoterapia uma modalidade, entre outras, de relação interpessoal.

[5] Jacques Rhéaume, da Universidade de Quebec/Canadá, pesquisador filiado ao movimento de sociologia clínica que busca articular pesquisa e intervenção na esfera da Sociologia, computou, em curso ministrado no VIII Colóquio Internacional de Sociologia Clínica e Psicossociologia (BELO HORIZONTE, 2001), as idéias de Rogers no rol das influências exercidas sobre o movimento.

de ajuda e, segundo, por permitir pensar o poder nessas relações.

O pensamento político rogeriano está circunscrito às relações interpessoais: elas são compreendidas, também, como relações de poder, e o poder é compreendido como efeito dessas relações. Para Rogers:

> Política, no uso psicológico e social atual, refere-se a *poder e controle:* o grau em que a pessoa deseja, tenta obter, possuir, compartilhar ou delegar poder e controle sobre outros e/ou si mesma. Refere-se às *manobras, às estratégias e táticas, institucionais ou não,* pelas quais tal poder e controle sobre a própria vida e a de outros é procurado, obtido – ou compartilhado, ou abandonado. Refere-se ao *locus* do poder de tomar decisões: quem toma as decisões que, consciente ou inconscientemente, regulam ou controlam os pensamentos, sentimentos ou comportamentos de outros ou de si mesmo (...) Em resumo, é o processo de obter, compartilhar ou abandonar poder, controle, tomada de decisão (ROGERS, 1978, p. 14).

O facilitador define-se, politicamente, pela busca de compartilhar e/ou abandonar o poder de controle e tomada de decisão.

A radicalidade da posição de Rogers sobre o poder dos especialistas, limitando-o ao oferecimento de condições propícias ao desencadear de processos de aprendizagem e mudança, bem como sua inabalável confiança nas capacidades auto-reguladoras e autodeterminantes de indivíduos e grupos, é, talvez, um dos aspectos mais expressivos de sua influência cultural nas áreas da Psicologia e da Educação.

Na Psicologia, essa radicalidade faz com que abdique da construção de teorias de personalidade,[6] de desenvolvimento psicológico ou psicopatológicas.

Na Educação, reverte no chamado para que professores e educadores abandonem o intento de ensinar, tornando-se facilitadores da aprendizagem. Para Rogers, "as pessoas teriam de reunir-se se quisessem aprender" (Id., 1977, p. 255).

Esse posicionamento representou um contraponto às tendências autoritárias, concebidas no *boom* da psicometria, que aliavam a crença num saber objetivo à ação coercitiva e disciplinar no trato com a clientela.

Na configuração do campo do Aconselhamento Psicológico, a política das propostas rogerianas ajuda a associá-lo a práticas democráticas por meio da crítica ao poder do especialista e seus dispositivos de conhecimento.

V

É relativamente usual interpretar a entrada de Rogers no Aconselhamento Psicológico pelo viés da ruptura com a teoria traço e fator e suas práticas. Esse foi, também, o enfoque da seção anterior.

Pode ser interessante, contudo, examinar certas confluências que apontam para problemas pertinentes, genericamente, ao projeto de uma Psicologia científica. Nas zonas de contato ou fricção entre diferentes linhas teóricas parece que as questões ou impasses da disciplinaridade se tornam mais evidentes.

Há pelo menos três temas problemáticos, e inter-relacionados, que se abrem a partir do exame dos primórdios do Aconselhamento Psicológico: a concepção de homem que o dota de potencialidades que requerem algum tipo de ajuda para se desenvolverem ou atualizarem; a idéia – emergente, à época, na Psicologia de um modo mais geral e presente nos representantes das teorias de Aconselhamento Psicológico – de uma relação indivíduo/ambiente que precisaria ser levada em conta nas teorias e práticas psicológicas,[7] o tipo de vocação institucional das práticas de Aconselhamento.

O pressuposto das potencialidades humanas e sua correlação com formas de intervenção disciplinar têm forte enraizamento na psicometria e sustentaram a instituição do Aconselhamento Psicológico associado à orientação vocacional. Nas palavras de Scheeffer, caracterizando a teoria traço e fator:

---

[6]Rogers elaborou uma teoria de personalidade associada a uma teoria da mudança. Uma síntese dessa teoria aparece no capítulo XI do livro *Psicoterapia centrada no cliente,* de 1966. Porém, a ênfase do conjunto de suas obras recai sobre a natureza da experiência da aprendizagem significativa e sobre as condições psicossociais que requer.

[7]Dante Moreira Leite (1987), no livro *Psicologia e literatura,* escrito originalmente como tese de livre-docência apresentada em 1964, aponta a interação organismo-ambiente como uma das "contribuições significativas" da Psicologia daquela época, superando as teorias que "tendiam a pensar o comportamento como atividade *espontânea* do organismo". (p. 21). Williamson (1950), distinguindo três fases do Aconselhamento Psicológico, o aconselhamento como orientação vocacional, como psicoterapia e como interação social no desenvolvimento da personalidade, aponta a centralidade da teoria do campo de forças de Kurt Lewin e sua concepção de homem-em-sociedade na constituição da terceira fase que se anunciava na ocasião.

As potencialidades humanas podem ser diagnosticadas através de mensurações objetivas, tendo como resultado uma descrição objetiva dessas potencialidades. Cada pessoa representa um padrão único e organizado de capacidade e potencialidades, identificáveis através de testes objetivos, cientificamente construídos. Para a maioria dos indivíduos, essas capacidades são estáveis, após o período da adolescência, e quando é atingida a maturidade. Essas capacidades são identificadas e medidas antes do início do treinamento formal ou informal e do ingresso no mundo do trabalho. Quando as características são descritas nas mesmas unidades e nos mesmos termos que os requisitos das profissões, torna-se possível a comparação entre as duas. É possível, mediante processo que envolve certa complexidade, baseado na comparação de homens e de profissões, obter-se um grupo homogêneo de critérios ocupacionais que possa ser utilizado como padrão para o Aconselhamento de estudantes, anteriormente a seu ingresso no mundo do trabalho (SCHEEFFER, 1976, p. 28).

Com a ampliação do Aconselhamento de linha traço e fator para âmbitos mais largos do que o ocupacional ou vocacional, na fase que Williamson (1950) chama de "Aconselhamento como interação social no desenvolvimento da personalidade", a análise de "informações externas" obtidas pelo conselheiro por meio de testes psicológicos, registros anedóticos, fichas e depoimentos de terceiros permanece central para traçar um diagnóstico das potencialidades e limitações do aconselhando. Diagnóstico que, por sua vez, informará o Aconselhamento propriamente dito que visa "à reeducação na qual o aconselhando aprende a aplicar os conhecimentos adquiridos" e autorizará o conselheiro a lançar mão do conselho direto, da persuasão e da explanação para induzir uma tal aprendizagem. Faz parte desse processo que se apóia no diagnóstico a elaboração de planos ou projetos de ação, bem como o acompanhamento e controle de sua execução (SCHEEFFER, 1976).

A lógica das potencialidades serve, ideologicamente, aos propósitos de instalação de uma ciência psicológica que aspira à previsão, ao controle e à manipulação dos fenômenos humanos. Como termo "quase biológico",[8]

a potencialidade postula um conjunto de características, atributos, interesses e habilidades intrínsecas do indivíduo que, por sua estabilidade e padronização, pode ser objetivado e correlacionado à conduta atual e futura de um indivíduo. Essa mesma objetivação dá suporte e justifica a intervenção autoritária e onipotente do conselheiro.

Maria Helena Souza Patto (2000), no artigo "Para uma crítica da razão psicométrica", fazendo apelo às idéias de Michel Paty e Michel Foucault, denuncia os testes como indicadores da adesão a normas e valores dominantes e como modos de verificar o grau de submissão dos indivíduos aos poderes instituídos.

Essas funções do diagnóstico desveladas pela crítica casam de modo coerente com a visão de Aconselhamento cunhada pela teoria traço e fator, no espírito de uma Psicologia instrumental. Convém examinar a definição de Williamson, para quem:

> That part of modern education referred to as *counseling* is one of the personalized and individualized processes designed to aid the individual to learn school subject matter, citizenship traits, social and personal values and habits, and all the other habits, skills, attitudes, and beliefs which go to make up a normally adjusting human being. Broadly speaking, it is the function of counseling to assist the adolescent in high school and college to learn effective ways of identifying and then achieving desired and desirable goals, often in spite of certain obstacles to such learning. Counseling aids individuals to eliminate or to modify those disabilities which act as obstacles to learning, through the building up of basic skills, including reading and social adjustment. (...) In this sense, counseling is as fundamental a technique of assisting the individual to achieve a style of living satisfying to him and congruent with his status as a citizen in a democracy as are the instructional techniques used by the teacher, in classroom and laboratory, to achieve stipulated academic or education goals in the field of knowledge (WILLIAMSON, 1950, p. 2-3).

Auxiliando a educação, o Aconselhamento defendido por Williamson propunha um controle "pente-fino", individual, sobre os jovens estudantes, agindo como "reforço escolar" na aprendizagem de valores, atitudes, habilidades e metas "desejadas e desejáveis" para a adaptação social,

---

[8] Expressão usada por Maria Helena Souza Patto (2000).

ou seja, aqueles e aquelas dominantes na sociedade norte-americana de então.

A noção de potencialidade migra para a teoria centrada no cliente sob a forma da tendência atualizante. Nesse caso, não se trata de uma virtualidade cujo destino deve ser encaminhado e controlado no rumo de uma adesão à "boa socialização", preenchida de conteúdos tomados ao *status quo,* mas da atualização ou realização de uma tendência natural dos organismos vivos à maior integração e complexidade.

De cunho biologista, essa noção, em Rogers, pressupõe em contrapartida a existência de um ambiente psicossocial favorável ao crescimento e ao desenvolvimento "naturais". O ambiente humano, contudo, não é uniforme ou constantemente favorável ao desenvolvimento, justificando a investigação em torno daquelas condições psicossociais em cuja presença o crescimento e o desenvolvimento podem ocorrer de um modo saudável, potencializando uma tendência positiva que não encontra oposição senão fora dos organismos humanos.

As potencialidades humanas, caras à Psicologia de um modo geral, encenam, aqui, o tema da oposição indivíduo e sociedade. A exigência da vida social para o desenvolvimento do indivíduo, idéia à qual aderem a teoria traço e fator e a centrada no cliente, consubstancia-se num cuidado, ajuda ou assistência que, na primeira, visa direcionar e formatar as ditas potencialidades "brutas" e, na segunda, constituir um refúgio protegido para a expressão daquilo que o indivíduo "realmente é".

Em ambas, o cuidado, a ajuda ou a assistência oferecem-se como modelos de relação social na qual indivíduo e sociedade se reconciliam. Esses modelos tomam, de um lado, o indivíduo que procura ajuda por sentir-se desadaptado ou desconfortável, atribuindo, em alguma medida, a responsabilidade por essa desadaptação ou desconforto a si mesmo e, por outro, ao ambiente – definido pelas esferas das relações familiares, escolares e de trabalho –, que pode ser formador/deformador ou facilitador/ameaçador. O indivíduo apto a receber ajuda psicológica por meio do Aconselhamento é, portanto, aquele que não apresenta graves problemas de instabilidade emocional ou em suas potencialidades e cujo ambiente pode dar suporte à sua adaptação. Rogers, discutindo os limites da consulta psicológica, localiza esses limites nas condições de vida e nos recursos e desejos do cliente:

> Uma tal verificação implica a necessidade de fazer uma apreciação da capacidade do paciente para enfrentar a sua situação, antes de considerá-lo apto para receber assistência através da consulta psicológica. A importância de uma tal decisão é, por vezes, atenuada pelo facto de que a maior parte dos estudantes ou dos empregados, por exemplo, dispõem de uma certa capacidade, devido à própria natureza de sua situação, para lidar efetivamente com ela. Por fácil que seja uma decisão desse gênero em inúmeros casos, devemos reconhecer que se trata de uma decisão, para que no caso de um indivíduo altamente instável, ou no caso de uma pessoa completamente cercada por circunstâncias adversas, não esperemos que a consulta psicológica consiga o impossível (ROGERS, 1974, p. 74).

Do lado da instabilidade do indivíduo estão a psicose e a delinqüência, do lado das circunstâncias adversas, o desemprego, o ambiente familiar hostil, a pobreza.

Esse modo de enfocar os limites do Aconselhamento que Rogers compartilha, nos anos 40, com a teoria traço e fator tem influência na maneira como se conduziu a taxonomia das práticas psicológicas, separando o campo da normalidade psíquica daquele das patologias. E permite definir o Aconselhamento Psicológico como afeito ao atendimento de indivíduos "normais", deixando a patologia para as psicoterapias de base psicanalítica, ao mesmo tempo em que se recomendam o assistente social e a intervenção ambiental para lidar com as "condições de vida adversas".

O "tratamento indireto" ou a intervenção ambiental iluminam a maneira como as teorias iniciais de Aconselhamento Psicológico contornam uma possível crítica à sociedade, concebendo-a, implicitamente, como um organismo em funcionamento harmônico, uma espécie de fundo homogêneo e "bom" contra o qual se projetam os ambientes adversos, disfuncionais. O indivíduo, por seu turno, como já foi apontado, é portador de potencialidades que incluem sua maior ou menor capacidade para lidar com ambientes adversos. Separa-se indivíduo e ambiente para colocá-los numa relação que interessa aos dispositivos de saber e intervenção psicológicos, conferindo-lhes uma certa especificidade facultada pelo indivíduo. O desemprego, o ambiente familiar hostil ou a pobreza só dizem respeito à Psicologia na medida em que aparecem num indivíduo que, devido às suas inabilidades, precisa de ajuda para enfrentá-los. Não se trata de compreender as raízes societárias do desemprego, da hostilidade familiar ou da pobreza, mas de intervir localmente no ambiente ou de deslocar o indivíduo de seu ambiente, visando à mudança do indivíduo.

Rogers (1974), em *Counseling and Psychotherapy*, informa que o tratamento indireto ou a intervenção ambiental:

> compreende o tratamento dos problemas individuais através da acção do ambiente. São inúmeras as formas que esse tratamento pode assumir. Pode incluir todos os meios possíveis pelos quais o ambiente físico e psicológico do indivíduo o pode levar a uma adaptação satisfatória. Para um será o internamento numa casa de repouso, para outro a mudança de escola, para um outro ainda a transferência de um serviço industrial para outro, enquanto que para uma criança pode implicar tirá-la à família e colocá-la num lar ou noutra instituição. (...) Se essas alterações forem bem estabelecidas e habilmente executadas, podem ser extremamente eficazes na alteração de atitudes, comportamento e adaptação do indivíduo. (...) Deve salientar-se que um tratamento deste gênero supõe um objectivo desejável e socialmente definido. Assim, um rapaz delinquente será colocado num lar porque (1) a sociedade insiste em que não pode tolerar a sua conduta e (2) tendo em vista os factos deste caso particular, a colocação no lar parece ser o meio mais eficaz de alterar as suas atitudes e condutas. É apenas no caso do criminoso, do psicótico, do anormal ou do indivíduo que por outras razões é incapaz de assumir a responsabilidade de si mesmo que podemos usar livremente esses meios de agir sobre os indivíduos adultos (ROGERS, 1974, p. 25-26).

A intervenção, como se vê, recai, sobretudo, no indivíduo. Ao focalizar o indivíduo, da forma como o faz nessa fase instituinte, o Aconselhamento Psicológico produz não só especificidade de objeto, mas, ainda, o reconhecimento e a legitimação da sociedade norte-americana como modelar e uma Psicologia, necessariamente, conformista em relação a esse modelo.

Estudantes e empregados de indústrias e empresas foram a clientela privilegiada pelo Aconselhamento Psicológico, e Rogers (1974), no livro *Counseling and Psychotherapy*, destaca as clínicas de orientação pedagógica, a consulta psicológica a estudantes, os serviços de higiene mental para adultos (especialmente na abordagem dos problemas conjugais), a assistência social, as relações humanas em empresas e o domínio militar como situações que se beneficiam do atendimento por ele proposto.

Esses espaços assinalados por Rogers, reforçados pela estreita relação entre as práticas da teoria traço e fator e as instituições educacionais e de produção, patenteiam, aparentemente, uma vocação institucional do Aconselhamento Psicológico diversa daquela da clínica psicológica praticada em consultórios, nos moldes do exercício profissional autônomo.

Sua inserção em instituições educacionais, clínicas de orientação pedagógica e setores de indústrias e empresas[9] apoiou-se, contudo, numa transposição do modelo clínico de consultório, dando corpo a uma prática que é mais propriamente identificada como uma Psicologia *em* instituições do que como uma Psicologia institucional. Nela, o psicólogo "aplica" recursos teóricos e técnicos do psicodiagnóstico e das psicoterapias (incluídos aí a entrevista psicológica, o Aconselhamento, a orientação) ao indivíduo que *está* na instituição:

> O objeto de intervenção do psicólogo, nesta perspectiva, é o indivíduo destacado da instituição, que em si é orgânica, e cuja preservação exige adequação, seleção, normatização. Esta organicidade é entendida como justaposição de indivíduos "parte-extraparte", que não constituem e nem são constituídos pelas relações institucionais (GUIRADO E SCHMIDT, 1987, p. 70).

O Aconselhamento Psicológico, ao constituir-se em um campo específico de atuação do psicólogo, sob a influência do pensamento norte-americano, recortou a especificidade de sua abordagem do indivíduo contra o pano de fundo de instituições sociais, e da própria sociedade, como todos orgânicos e harmônicos nos quais o indivíduo emerge como portador de sintomas e/ou capacidades pessoais.

Foi preciso esperar pela década de 60 para que a crítica a essa perspectiva deslocasse, no trabalho institucional, a especificidade psicológica para a esfera das relações institucionais. Tratou-se de um conjunto de propostas abrigadas sob os termos Psicologia institucional e análise institucional, articulando psicanálise e materialismo dialético (BLEGER, 1976), Psicologia Social, sociologia e pedagogia (LAPASSADE, 1977; LOURAU, 1975), sociologia,

---

[9] Williamson (1950) atribui o surgimento mais remoto do Aconselhamento Vocacional ao trabalho de psicólogos industriais, nos Estados Unidos, logo após a Primeira Guerra Mundial.

Psicologia e psicanálise (GUIRADO, 1987), entre outras. Essas propostas foram concebidas por autores europeus e latino-americanos.

Carl Rogers, autor que interessa particularmente ao Aconselhamento Psicológico de cunho humanista que se firmou no Instituto de Psicologia da USP, continuou fiel às suas concepções sobre o lugar das relações interpessoais e do poder pessoal nas instituições, salientando o indivíduo *nas* instituições.

VI

As universidades norte-americanas foram um terreno de experimentação das práticas de Aconselhamento Psicológico, acostumadas à existência de centros de atendimento psicopedagógico destinados aos estudantes.

Rogers atuou nesses centros e na formação de psicólogos nas Universidades de Ohio, Chicago e Wisconsin, participando da habitual associação entre Aconselhamento Psicológico e instituições de ensino, tanto no atendimento direto aos estudantes que buscavam ajuda nos referidos serviços quanto no transporte de suas idéias para o ensino de Psicologia.

A atuação de Rogers na esfera universitária transcorreu entre os anos de 1940 e 1963, período que corresponde à criação e consolidação de suas teorias e práticas de Aconselhamento Psicológico e psicoterapia alojadas na designação psicoterapia centrada no cliente que privilegia o *setting* dual (psicoterapeuta/conselheiro-cliente) e os grupos de encontro, formados, em geral, por 8 a 12 pessoas e um facilitador com especialização em Psicologia ou outra área próxima.[10]

Após esse tempo nas universidades, foi para La Jolla, Califórnia, integrando o Western Behavioral Sciences Institute, e por volta de 1969 criou, junto com colegas, o Center for Studies of the Person, ao qual permaneceu ligado até a sua morte. Seu afastamento das universidades coincidiu com a expansão de seus interesses em direção aos experimentos com grandes grupos e grupos transculturais, bem como pela Educação. Essa expansão ficou conhecida como Abordagem Centrada na Pessoa.

No Brasil, como já foi dito anteriormente, a Lei Federal 4.119 regulamentou a profissão de psicólogo em 1962. Como aponta Sylvia Leser de Mello:

Tomada em seu sentido mais amplo, a legislação reconhecia a importância social das técnicas psicológicas, instituindo uma longa formação universitária como requisito ao exercício profissional. Ao preceder a própria constituição dos quadros profissionais, era também o objetivo da lei estimular, de um lado, a criação de Cursos de Psicologia e, de outro, a fluência de candidatos a esses cursos, oferecendo, a uma profissão que apenas nascia, condições satisfatórias de exercício e segurança para os profissionais (MELLO, 1975, p. 15).

Em 1970, funcionavam três cursos de Psicologia na cidade de São Paulo: São Bento, Sedes Sapientiae e Universidade de São Paulo. Esses cursos, entre eles o do recém-criado Instituto de Psicologia da USP, que aqui importa mais de perto, instituíram as clínicas-escolas, que visavam oferecer estágio supervisionado aos estudantes de Psicologia, ao mesmo tempo em que davam corpo a um tipo de serviço de extensão universitária.

Sem a tradição norte-americana dos centros universitários de atendimento psicopedagógico, as clínicas-escola, em São Paulo, e particularmente no IPUSP, constituem uma referência importante para mapear o lugar do Aconselhamento Psicológico na ordem das áreas de formação e exercício profissional e para uma compreensão da recepção das idéias rogerianas no circuito universitário paulistano.

É digno de destaque o fato de que, no IPUSP, exista um Serviço de Aconselhamento Psicológico, desde seu início orientado pela teoria rogeriana e estruturado como clínica-escola, ao lado de outros serviços, também estruturados ao modo de clínicas-escolas, como a Clínica Psicológica e o Serviço de Orientação Profissional.

Esse fato evidencia a recepção, pela USP, do Aconselhamento Psicológico como área diferenciada em relação à clínica psicológica e à orientação profissional e, de modo simultâneo, como uma área identificada com as abordagens humanistas.

Com a proliferação das faculdades de Psicologia na cidade de São Paulo, a partir do final dos anos 70 e nos anos 80, a singularidade do SAP tornou-se mais patente, pois a tendência dessas faculdades foi, e é ainda, a de incorporar o Aconselhamento Psicológico à clínica-escola "unificada", caracterizando-o, contudo, como linha psicoterápica.

Diferentemente dos Estados Unidos, onde existiam Centros ou Serviços de Aconselhamento Psicológico nas

---

[10]Os grupos de encontro também estão na base das propostas de ensino voltadas para a formação de psicoterapeutas, nas quais se buscava uma integração das dimensões teóricas, práticas e pessoais implicadas numa tal formação.

universidades, a tendência, no Brasil, foi a de associar, no âmbito acadêmico, o Aconselhamento Psicológico à psicoterapia e, no caso da USP, à psicoterapia rogeriana.

Convém abordar essa redução problemática do Aconselhamento Psicológico à psicoterapia no contexto desta discussão sobre a taxonomia que espreita uma visão de Aconselhamento Psicológico como fronteira.

VII

Ruth Scheeffer (1976), no livro anteriormente citado, dedica um capítulo introdutório ao debate sobre as diferenças entre Aconselhamento Psicológico e psicoterapia. Fazendo o inventário da posição de diversos autores sobre a questão e expondo os diferentes critérios para tal distinção – definições das práticas, seus objetivos, características da clientela, ambiência institucional, técnicas, tipo e formação do profissional –, defende a necessidade e a pertinência de alguma delimitação mais clara entre os dois campos. Conclui pelo estabelecimento de um quadro no qual o Aconselhamento Psicológico aparece numa das pontas, qualificado como "assistência na maximização dos recursos pessoais e na realização de opções", e a psicoterapia, na outra ponta, como "eliminação de psicopatologias e reestruturação da personalidade". O quadro prevê, ainda, uma zona de intersecção entre ambas, confluindo para a "redução de discordâncias psicológicas". Pouco esclarecedor em relação àquilo que efetivamente se praticava, e se pratica, sob os nomes Aconselhamento Psicológico e psicoterapia, o quadro de Scheeffer fornece, contudo, um pretexto para que a autora exponha uma certa lógica disciplinar que interessa aqui colocar em exame. Logo abaixo do quadro e à guisa de fechamento do capítulo, ela escreve:

> A sobreposição, mesmo ocasional, de Aconselhamento e psicoterapia sugere algumas considerações com relação ao treinamento e à formação profissional dos que trabalham nessas atividades, pois se, por um lado, pode-se encontrar em tratamento psicoterápico indivíduo cuja problemática se resume a sua insatisfação profissional, é possível que se encaminhe para Aconselhamento, interpretado como insatisfação profissional, um caso de profunda e mesmo perigosa depressão. Embora não se almeje que todos os que trabalham em Aconselhamento e em psicoterapia sejam peritos em ambas as áreas, é recomendável que a formação

> desses profissionais se realize no sentido de proporcionar sólida base psicológica e competência em alternadas metodologias de diagnóstico e de assistência psicológica, a fim de que seja proporcionado ao cliente o tipo de ajuda que corresponda às suas necessidades reais (SCHEEFFER, 1976, p. 23).

A ênfase recai sobre a capacidade da ciência psicológica de realizar uma competente peritagem da clientela, distribuindo-a entre as formas de assistência conforme "suas reais necessidades". A lógica disciplinar insinua que a solidez dos conhecimentos psicodiagnósticos, que devem ser "adquiridos" pelos profissionais em sua formação, prescreve a assistência adequada para cada caso.

A essa lógica agrega-se todo um imaginário em torno do Aconselhamento e da psicoterapia, que os autores resenhados por Scheeffer ajudaram a consagrar. Do lado do Aconselhamento, clientes menos perturbados, com problemas específicos, relativamente "menos comprometidos" em sua estrutura de personalidade, atendidos em instituições não-médicas. Do lado da psicoterapia, clientes mais perturbados, portadores de psicopatologias, "mais comprometidos" em sua estrutura de personalidade, atendidos em instituições médicas (hospitais, clínicas e consultórios). O Aconselhamento caracterizado como prática educativa, preventiva, de apoio situacional, centralizado nos aspectos saudáveis, nas potencialidades e nas dimensões conscientes e "mais superficiais" da clientela, requerendo tempos abreviados. A psicoterapia definida como tratamento de problemas emocionais e patologias, de caráter remediativo ou reconstrutivo, focalizando o inconsciente e as dimensões "mais profundas" do indivíduo, demandando tempos prolongados.

Rogers teve o mérito de realçar a natureza do encontro pessoal e intersubjetivo como tendo prioridade sobre as metodologias psicodiagnósticas, as técnicas psicoterápicas e a formação instrumental, nas relações de ajuda. Esse tipo de inversão de prioridades permite enfocar a atenção, o respeito e a compreensão pela experiência do outro como o fundamento da assistência psicológica. Esse modo de perspectivar o atendimento psicológico torna possível, por exemplo, confiar aos estagiários de graduação o atendimento de uma sala de espera repleta de clientes que não estão "arrumadinhos" nas gavetas do imaginário disciplinar. Desse ângulo, acolher a insatisfação profissional ou a depressão que um cliente abre em seu sofrimento é mais importante do que saber se ele é um "caso" para Aconselhamento ou psicoterapia.

Não se pode, no entanto, ser ingênuo quanto à "conveniência profissional" desse gênero de distinção e sobre os efeitos de dominação e regulamento que produzem sobre as relações concretas entre aqueles que se dispõem a cuidar e aqueles que buscam cuidado.[11] Esses efeitos incluem, entre outras coisas, a obrigatoriedade, para os clientes de muitas clínicas-escolas, de se submeterem, indiscriminadamente, a certos procedimentos de diagnóstico e triagem para, posteriormente, receberem atendimento.

Oswaldo de Barros Santos, em livro publicado em 1982, participa da tentativa de esclarecer as diferenças entre diagnóstico, orientação, Aconselhamento Psicológico e psicoterapia.

Para esse autor, as técnicas de psicodiagnóstico experimentaram seu apogeu entre os anos 20 e 60, do século XX, devido ao estudo dos testes psicológicos. Porém, o aperfeiçoamento e a "sofisticação" dos dispositivos psicodiagnósticos não foram acompanhados, na mesma medida, por uma sofisticação dos modos de intervir, ajudar, tratar ou prevenir aquilo que o psicodiagnóstico "detectava". Nos anos após o término da Segunda Guerra Mundial, a psicoterapia, na Europa e nos Estados Unidos, ainda

segundo Oswaldo de Barros, ganhou maior destaque em decorrência da necessidade de tratar os ex-combatentes e seus familiares. Paralelamente, críticas epistemológicas, filosóficas e políticas incidem sobre a validade das medidas psicológicas e sobre as implicações éticas de sua utilização em nome do interesse de instituições educacionais, políticas ou empresariais. Nesse contexto, a clínica psicológica teria substituído, pouco a pouco, o diagnóstico por via dos testes pelo diagnóstico por via de entrevistas e observações clínicas, o chamado diagnóstico dinâmico.

Central para esse afastamento do psicodiagnóstico dos testes é toda a teorização sobre a entrevista psicológica como situação, a um só tempo, de intervenção e investigação. José Bleger (1977), num texto que se tornou referência sobre o tema, escreveu que:

> La entrevista es un instrumento fundamental del método clínico y es – por lo tanto – una técnica de investigación científica de la psicología. En cuanto técnica, tiene sus propios procedimientos o reglas empíricas con los cuales no sólo se amplía y se verifica el conocimiento científico, sino que al mismo tiempo se lo aplica. Como veremos, esta doble faz de la técnica tiene especial gravitación en el caso de la entrevista porque – entre otras razones – identifica o hace confluir en el psicólogo las funciones de investigador y de profesional, ya que la técnica es el punto de interacción entre la ciencia y las necesidades prácticas; es así que la entrevista logra la aplicación de conocimientos científicos y al mismo tiempo obtiene el posibilita llevar la vida diaria del ser humano al nivel del conocimiento y la elaboración científica. Y todo esto en un processo ininterrumpido de interacción (BLEGER, 1977, p. 9).

A investigação diagnóstica dinâmica foi e continua sendo decisiva para a aceitação ou recusa de um cliente em psicoterapia.

Rogers (1974), em *Counseling and Psychotherapy*, expõe um conjunto de circunstâncias em que uma psicoterapia "direta" torna-se impossível, impondo-se um tratamento indireto ou pelo ambiente. São elas:

> 1. Os fatores constituintes da situação do indivíduo são tão hostis que ele não os pode enfrentar mesmo com a modificação das atitudes e da compreensão. Experiências destrutivas na família ou no grupo social, um ambiente negativo, juntan-

---

[11] A supervisão de equipes multiprofissionais de diferentes equipamentos de saúde mental que conduzi junto à Secretaria de Saúde do Município de São Paulo na época da gestão de Luiza Erundina fornece um bom exemplo desse tipo de efeito. Numa sessão de supervisão, uma terapeuta ocupacional trouxe sua aflição e seu incômodo com o fato de ter estabelecido uma relação, segundo ela, próxima à psicoterapia, com uma mulher que freqüentava o Centro de Convivência, instalado num parque no qual trabalhava. Tratava-se de uma mulher que vinha ao Centro de Convivência constantemente num estado delirante e que tinha elegido a terapeuta ocupacional como sua interlocutora. Tendo, inicialmente, tentado encaminhá-la para um ambulatório de saúde mental, sem sucesso, a terapeuta passou a sentar-se ou caminhar, longamente, com a mulher, conversando ou, simplesmente, fazendo-lhe companhia. Após um período desses encontros, a terapeuta notou mudanças positivas na mulher e, tentou, de novo, encaminhá-la, desta vez, para uma UBS (Unidade Básica de Saúde), onde poderia seguir um tratamento psicoterápico. A mulher, contudo, recusava-se a seguir as sugestões da terapeuta ocupacional e permanecia a ela vinculada, num processo de conversação bastante produtivo do ponto de vista da redução de seus delírios e da retomada de cuidados consigo mesma. Pressionada pelo organograma do Programa de Saúde Mental que planejava uma certa circulação ideal dos pacientes pelos equipamentos em função de seus "progressos" e "retrocessos" psicológicos e pela "irregularidade" profissional de sua atuação, a terapeuta ocupacional trouxe a questão para discutir no grupo de supervisão. Esse episódio mostra, por um lado, como a clientela estabelece vínculos e espaços de cuidado à revelia do planejamento institucional e, por outro, como os profissionais se vêem tolhidos pelas fronteiras formais das disciplinas e dos planejamentos. No grupo, foi possível mostrar a essa terapeuta ocupacional que nem ela nem a mulher a quem vinha acompanhando estavam inadequadas. Inadequados eram o planejamento e a ordem disciplinar que não levavam em conta a natureza do vínculo por elas estabelecido.

do-se às suas deficiências de saúde, capacidades e aptidões, tornam a adaptação muito improvável a não ser que o meio se altere.

2. O indivíduo é inacessível à consulta psicológica, falhando uma razoável oportunidade e os esforços na descoberta de quaisquer meios pelos quais possa exprimir os seus sentimentos e problemas.

3. O tratamento eficaz pelo ambiente é mais simples e mais eficiente do que o método terapêutico direto. Provavelmente esta condição prevalece apenas quando a situação de origem do problema é quase inteiramente ambiental – uma orientação escolar inadequada, um lugar de residência desfavorável, uma chefe irritável e incompetente ou qualquer outro factor do meio que é responsável pelo problema.

4. O indivíduo é demasiado jovem ou demasiado velho, ou demasiado instável para um tipo de terapia directa (ROGERS, 1974, p. 88).

Rogers explicita critérios que formam uma espécie de senso comum ou conhecimento tácito das práticas psicoterápicas. Embora não da maneira radical que irá assumir em escritos posteriores, aqui já se insinua a prevalência da condição de vida e da posição existencial como decisivas para a adesão à consulta psicológica. Na contrapartida, como já se disse antes, a natureza e a qualidade do encontro entre aquele que oferece e aquele que busca ajuda psicológica têm maior implicação na eficácia da ajuda do que a adoção de uma linha teórica ou a prévia clarificação psicodiagnóstica ou psicopatológica.

De volta ao livro de Oswaldo de Barros (1982), convém examinar suas definições de orientação, Aconselhamento e psicoterapia. Do ponto de vista psicológico, para esse autor orientar significa "facilitar o conhecimento e a análise de caminhos ou direções para a conduta, com base em referenciais pessoais e sociais". Aconselhar, por sua vez, equivale a um "processo de indicar ou prescrever caminhos, direções e procedimentos ou de criar condições para que a pessoa faça, ela própria, o julgamento de alternativas e formule opções". A psicoterapia é, por último, o "tratamento de perturbações da personalidade ou da conduta através de métodos e técnicas psicológicos" (Ibid., p. 6).

Decisivas nessas definições são, mais uma vez, as noções de normalidade e anormalidade, saúde e doença psíquicas ou mentais. O objeto ou alvo da assistência psicológica na normalidade e na saúde é a escolha, na anormalidade e na doença, são as perturbações da personalidade e da conduta. A referência, no caso da orientação ou do Aconselhamento, é o próprio indivíduo e seu ambiente ou o conselheiro e seus valores; na psicoterapia, são os métodos e técnicas psicológicos.

A tese que defende Oswaldo de Barros parece ser a de que orientação, Aconselhamento e psicoterapia, assim definidos, respondem pela sofisticação nos modos de intervir, ajudar, tratar e prevenir, recortando especificidades da assistência psicológica. Essa "sofisticação" tem como suporte a atividade psicodiagnóstica, formal ou informal, na qual repousa a classificação dos indivíduos na linha da normalidade à anormalidade que, por sua vez, organiza as práticas psicológicas e as competências profissionais em terrenos idealmente assépticos ou "puros". Concretamente, as práticas discursivas e de atendimento não cessam de misturar conhecimento acadêmico e senso comum, "profissionalismos" e "pessoalismos", desejos de cura e adestramento de condutas, ideais libertários e sanções autoritárias, prescrições normativas e oportunidades de autoconhecimento e conhecimento do mundo, em doses maiores ou menores, com menor ou maior conhecimento de que o fazem.

VIII

Na classificação das práticas psicológicas, o Aconselhamento Psicológico cultivado pelo SAP já reproduziu e legitimou, em outros tempos, a "clássica" divisão entre Aconselhamento Psicológico e psicoterapia e suas correspondentes representações sobre a saúde e a doença, a escolha e o tratamento, os tempos breves e os prolongados, por um viés peculiar. Dos anos 70 até final dos 80 e começo dos 90, sua clientela era predominantemente de pessoas cujas "queixas" eram consideradas "leves" e as condições de vida menos precárias. O perfil, por assim dizer, da clientela, adequava-se à visão que se tinha do Aconselhamento Psicológico do SAP como um tipo de psicoterapia de linha humanista, centrada no cliente, voltada para o atendimento de pessoas que não apresentavam patologias ou "graves transtornos emocionais" e que buscavam "conhecer-se melhor". Retinha-se, nessa imagem, o apagamento das linhas de separação entre psicoterapia e Aconselhamento Psicológico empreendido por Rogers e, ao mesmo tempo, atribuía-se à clínica psicológica por ele proposta aquelas características que tentavam distinguir o Aconselhamento Psicológico da psicoterapia:

tempo abreviado de atendimento, inserção em instituição educacional, clientela "sem comprometimentos na estrutura de personalidade", atendimento focalizado na escolha ou crises situacionais.

A oposição entre uma psicoterapia "profunda", identificada com a psicanálise, e uma psicoterapia "superficial", identificada com a abordagem centrada no cliente e, por contiguidade, ao Aconselhamento Psicológico, faz parte, ainda, das representações em circulação no Instituto de Psicologia da USP. Alunos de graduação que iniciam estágios em Aconselhamento Psicológico no 4º ano expressam esse tipo de concepção.

As transformações do projeto do SAP feitas a partir do final dos anos 80 e começo dos 90 foram acompanhadas de um movimento de reapropriação e ressignificação do campo do Aconselhamento Psicológico.

Nesse movimento, a noção de fronteira mostrou-se útil na retomada problemática e problematizadora da permanência do nome Aconselhamento Psicológico para designar aquilo que o SAP vinha praticando e na reivindicação de uma identidade não-aprisionada aos estereótipos agregados ao Aconselhamento Psicológico e à abordagem centrada no cliente.

A noção de fronteira, no contexto de estudos sobre as diferenças culturais, refere-se a um "momento de trânsito em que espaço e tempo se cruzam para produzir figuras complexas de diferença e identidade, passado e presente, interior e exterior, inclusão e exclusão" (BHABHA, 2001, p. 19). Na fronteira aparecem as figuras híbridas que procuram articular sua diferença e legitimar sua expressão "a partir da periferia do poder e do privilégio autorizados" (BHABHA, 2001, p. 20).

Essa caracterização ajuda a esclarecer a construção identitária de um grupo de trabalho com múltiplas inserções institucionais – o Instituto de Psicologia, a Universidade de São Paulo, o circuito acadêmico brasileiro, a Psicologia como disciplina e profissão, entre outras – e com um passado ou uma tradição ligados à constituição do campo do Aconselhamento Psicológico nos Estados Unidos e à sua transposição para o ambiente brasileiro e, mais particularmente, para uma universidade paulistana.

A formação identitária, nesse caso como em muitos outros, é uma negociação complexa que, por meio de antagonismos e filiações, busca legitimar práticas e discursos de caráter híbrido se comparados à lógica classificatória disciplinar. Há inúmeros pontos de flexão dessa identidade que se processa "entre-lugares". O mais evidente é aquele que se situa entre a clínica psicológica e a educação.

Rollo May (1982), em livro publicado originalmente em 1967, localizava o campo do Aconselhamento Psicológico "entre os problemas da personalidade, para os quais há necessidade de um terapeuta, e os problemas de imaturidade ou carência de instrução, para os quais há necessidade de um educador" (Ibid., p. 9).

A aparente simplicidade dessa solução que se consagrou ao longo dos anos como um dos modos de definir o âmbito do Aconselhamento Psicológico, encobre a dificuldade de apreender, teórica e praticamente, isso que se projeta "para além" da clínica psicológica e da educação. Pois não se trata, meramente, de visualizar uma passagem entre o exercício da clínica e da educação, conforme uma interpretação das necessidades do "freguês". Trata-se, sim, de um terceiro termo, Aconselhamento Psicológico, que, ao se assentar entre "os problemas de personalidade" e "os problemas de imaturidade", não cuida nem de um nem de outro, mas, em tese, de alguma outra coisa.

Essa argumentação, que pode parecer retórica ou lógica, serve à percepção de como esse tipo de concepção destina o Aconselhamento a uma região onde algo pode aparecer, insinuar-se, delinear-se sem que, de antemão, se saiba o quê. Essa concepção localiza-se na fronteira ou no "entre-lugares" como espaço no qual a experiência de indivíduos ou grupos pode apresentar-se "fora", ou a uma certa distância, das leituras classificatórias ou "classificantes". A apropriação que aqui se faz de uma definição, até certo ponto tradicional, do Aconselhamento Psicológico enfatiza, propositalmente, aquilo que nela não está explícito, ou seja, seu caráter de abertura para a singularidade, diversidade e pluralidade das demandas da clientela. A essa abertura corresponde o esforço de responder às demandas considerando, por um lado, as dimensões psicossocioculturais das mesmas e, por outro, valendo-se dos recursos psicossociais da clientela.

Esses dois aspectos sugerem outras "qualidades fronteiriças" do Aconselhamento Psicológico praticado no SAP: o apelo ao estudo interdisciplinar, principalmente no que diz respeito à Antropologia, Sociologia e Filosofia, visando à interpretação dos fenômenos socioculturais que se constelam nas demandas por ajuda psicológica e a interlocução com os saberes próprios da clientela.

A metáfora do Aconselhamento Psicológico como prática de fronteira indica uma disposição e uma aspiração, nem sempre realizadas ou realizáveis, portanto um modo de perspectivar o trabalho a partir de uma posição instável, que procura articular o instituído e o instituinte; o conhecido e o desconhecido; os saberes psicológicos e os de outras áreas, os saberes populares e o senso comum. Nessa perspectiva, tomam corpo as práticas de atendimento e de ensino que têm como promessa a criação de condições favoráveis à emergência da aprendizagem significativa,[12] nas quais o "especialista" se introduz como facilitador. O Aconselhamento Psicológico é, então, concebido como o campo de invenção das práticas que, na singularidade das situações, propiciem a expressão do vivido de indivíduos e grupos e sua elaboração compreensiva. Deslocando-se, constantemente, do lugar de quem tem o poder e o controle dos processos formativos desencadeados no atendimento à clientela e no ensino, o facilitador é guiado pela confiança na autodeterminação e auto-regulação de indivíduos e grupos, procurando constituir a facilitação como uma ambiência na qual a apropriação de percepções, idéias, sentimentos, explicações, mudanças, decisões e escolhas é possível e desejável. As noções de facilitação e de facilitador servem tanto ao contexto da ajuda psicológica quanto ao do ensino de Psicologia e correspondem ao oferecimento de um tempo e um espaço nos quais a elaboração da experiência da clientela e dos alunos é testemunhada e legitimada por meio da escuta e do diálogo.

O plantão psicológico, até onde se sabe uma invenção dos primeiros adeptos da psicoterapia centrada no cliente em São Paulo, configurou-se, inicialmente, como oferecimento de uma acolhida psicoterapêutica à margem dos dispositivos psicodiagnósticos e burocrático-administrativos dos serviços e consultórios de Psicologia. Sua radicalização na abertura para a diversidade, pluralidade e singularidade das demandas da clientela ocorreu numa circunstância para a qual concorreram a crítica à forma de atendimento que vinha se cristalizando no SAP, a maior afluência de clientes, a desarticulação dos serviços de saúde mental na cidade de São Paulo e o agravamento das condições de vida socioeconômicas das populações de baixa e média rendas.

Nessa circunstância, mudam os dispositivos de proteção e exposição do serviço às demandas da clientela e muda a clientela. A maior exposição do serviço aos pedidos de amparo da clientela tem como contrapartida a flexibilidade nos modos de responder cuja construção depende da escuta e do diálogo empreendido com cada cliente. A escuta e o diálogo associam cliente e conselheiro na consideração atenta, respeitosa e prudente daquilo que é vital para aquele que busca auxílio: o sofrimento e sua ancoragem na história e situação de vida; os modos de enfrentamento desse sofrimento mobilizados até então pelo cliente; as expectativas e esperanças depositadas no cuidado psicológico. Essa interlocução é o próprio trabalho por meio do qual o cliente pode esclarecer sua demanda e o conselheiro situar-se em relação a ela.

As entrevistas do plantão podem ser pensadas, talvez, como espaço e tempo de mediação e trânsito de identidades e diferenças, inclusões e exclusões, passado e presente, interior e exterior, na medida em que procuram transpor a proteção do psicodiagnóstico e da triagem, expondo-se à plasticidade dos encontros.

Neles, as identidades profissionais dos estagiários confrontam-se com a multiplicidade de expectativas e representações da clientela sobre psicólogos, podendo desalojar ambos de regiões familiares de reconhecimento e estranhamento ou recusa de diferenças pessoais, sociais e culturais. Diferenças de posição social, inserção em "subculturas" e lugares institucionais estão implicadas nas possibilidades e limites que cada estagiário e cada integrante da equipe têm de testemunhar a experiência de um cliente e este de se sentir ouvido e testemunhado.

A divisão da Psicologia em subáreas de produção de conhecimento e atuação profissional que se reproduz, no IPUSP, na própria organização departamental – Psicologia da Aprendizagem, do Desenvolvimento e da Personalidade;[13] Psicologia Clínica; Psicologia Social e do Trabalho; Psicologia Experimental – é questionada em seus aspectos rígidos e excludentes. Uma desacomodação de pré-concepções e estereótipo que essa divisão enseja pode acontecer,

---

[12]A aprendizagem significativa, em Rogers, como já apontado anteriormente, refere-se a um tipo de aprendizagem "quente", integrando dimensões cognitivas e emocionais. Cabe, porém, citar a definição que Musil (1994) oferece do que seja significativo, a qual acresce densidade e "rigor literário" àquela de Rogers. Musil escreve, no livro *Da estupidez*, que: "O significativo associa a verdade que nós podemos perceber nele às qualidades do sentimento que têm a nossa confiança para dele extrair o completamente novo, que é ao mesmo tempo compreensão e decisão, uma obstinação retemperada, qualquer coisa que dispõe de um conteúdo *ao mesmo tempo* mental e psíquico e que 'exige' de nós ou dos outros um certo tipo de comportamento; poder-se-ia pois dizer, e no que diz respeito à estupidez isso é essencial, que o significativo é acessível tanto ao aspecto racional como ao aspecto afectivo da crítica. O significativo é, também, ao mesmo tempo, o contrário da estupidez e da brutalidade; e o mal-entendido geral que permite hoje aos afectos asfixiar a razão, em vez de lhe dar asas, fica abolido na noção de significativo." (p. 35.)

[13]O SAP é um serviço desse departamento que tem duas características que devem ser destacadas por interessarem ao enredo da presente discussão: trata-se do departamento historicamente identificado com a área de Psicologia educacional e escolar que, ao mesmo tempo, vem, nas últimas décadas, tentando manter e legitimar a pluralidade de linhas de pesquisa e abordagens teóricas, bem como de áreas de atuação que, pouco a pouco, foi se configurando como sua feição singular.

pois as entrevistas de plantão mobilizam os conhecimentos e as experiências dos estagiários nas diferentes subáreas, oferecendo-se como oportunidades de conexão das mesmas em resposta às demandas da clientela.[14] Temas e objetos de estudo recortados pelas especificidades das subáreas da Psicologia, bem como das ciências humanas, ingressam nas discussões em sala de aula e nas supervisões de estágio pela mão das entrevistas de plantão que não cessam de interrogar as insuficiências desses recortes. O desenho dessas junções adere a um estilo mais errante do que sistemático, operando a bricolagem de elementos que constelam localizações teórico-práticas e pontos de vista que, freqüentemente, procuram desconstruir "convenções" clínicas no olhar e na escuta, assim como atitudes e valores preconceituosos, aproximações moralizantes e normativas e avaliações patologizantes em relação à clientela.

A experimentação, para os estagiários, de um estilo próprio ou do apoderamento de um saber-fazer profissional acontece nessa região de fronteira ou "entre-lugares" em tensão com matrizes identitárias modelares, calcadas na figura do perito, do *expert*, do especialista que outras práticas de ensino oferecem. Nessa experimentação repousam as chances de invenção de outras matrizes identitárias cuja figura problematizadora é, nesse caso, a do facilitador, ressignificado, nas entrevistas de plantão, como mediador de identidades e diferenças.

Palco em que se encontram e se confrontam representações e práticas do senso comum, das culturas populares e da academia envolvendo o sofrimento psíquico, as entrevistas de plantão cobram uma "atitude antropológica" de consideração dessas diferenças e sua valorização deve ser buscada no sentido e nos efeitos que fazem e produzem na clientela e nos cuidadores. Com isso, intenta-se a transformação de uma mentalidade que reconhece as diferenças sociais, culturais e pessoais pelo crivo da hierarquização. O desafio, nesse caso, é permitir o reconhecimento das assimetrias de posições e lugares sociais, culturais e institucionais entre aqueles que pedem ajuda e aqueles que a tornam disponível, sem, contudo, transformá-las em signos de superioridade ou inferioridade social, cultural ou pessoal. O intento é, ainda, de empreender um deslocamento em relação à hegemonia dos saberes científicos no trato com o sofrimento psíquico e a loucura, considerando que as práticas populares e o senso comum também sedimentam modos de sentir e de pensar esses acontecimentos e a eles destinam formas de cuidado.[15] Nessa direção, entende-se que as formas de cuidado especializadas têm lições a aprender com as formas populares e vice-versa. Mas, mais que isso, trata-se de conceber as entrevistas de plantão como construções de formas de cuidado ou modos de perspectivá-lo que resultam da negociação entre práticas e discursos especializados e não-especializados dos quais são porta-vozes tanto aqueles que atendem quanto aqueles que são atendidos.

A construção de modos de cuidar dá-se num espaço de intimidade e privacidade que abre feições da cidade e jeitos de habitá-la: cada cliente é um mensageiro cuja comunicação, ao investir na apresentação de si mesmo, apresenta a trama de relações sociais nas quais sua existência ganha sentido. Portanto, o acolhimento e o esclarecimento das demandas da clientela ensejam, além da pergunta sobre quem se é, aquela sobre onde se está. Situar-se como tarefa em que estão envolvidas as relações de cuidado supõe menos a localização num mundo externo ou interno e mais a movimentação entre esses "mundos". O reconhecimento e estranhamento do próprio e do alheio, a aproximação e o afastamento de coisas e pessoas, valores e senti-

---

[14]Em 1999, o SAP iniciou uma parceria com o Centro de Psicologia Aplicada ao Trabalho (CPAT), serviço ligado ao Departamento de Psicologia Social e do Trabalho do IPUSP, por meio da qual se vem pesquisando o tema da clínica psicológica, trabalho e desemprego. O intento, com essa parceria, é adensar o conhecimento sobre os modos de enfrentamento das dificuldades no trabalho e do desemprego por parte da clientela e aprender, criticamente, as formas de acolhimento que o SAP oferece às experiências de trabalho e desemprego da clientela. Na abordagem dessa temática, teórica e praticamente, impõe-se superar a visão "estratigráfica" (GEERTZ, 1989) que designa o social, o econômico e o cultural como panos de fundo do psicológico, localizando o desemprego como fenômeno econômico-social e que, especialmente nas teorias e práticas psicoterápicas, atribui ao conceito de trabalho um lugar periférico na definição de homem. (SCHMIDT E SATO, 2001.)

[15]Em comunicação pessoal, Francine Saillant, antropóloga canadense dedicada ao estudo da saúde, fez uma observação sobre as práticas de cuidado em seu país que interessa ao tema em pauta. Com um serviço público de atendimento à saúde eficiente e extensivo a toda a população, o Canadá, durante pelo menos 40 anos, foi substituindo as práticas de cuidado ditas populares ou tradicionais pelo atendimento especializado. Com a hegemonia do atendimento especializado, as práticas tradicionais foram, pouco a pouco, desaparecendo, deixando de ser transmitidas de uma geração a outra. Nos últimos anos, com o avanço das reformas neoliberais naquele país que, entre outros efeitos, desmontaram os serviços públicos de saúde, a atenção às práticas tradicionais emerge em resposta às necessidades de cuidado da população. Num estudo comparativo sobre as funções da mulher no cuidado com a saúde, empreendido por Francine na cidade de Québec e regiões ribeirinhas do estado do Pará, no Brasil, a pesquisadora notou a maior presença de práticas tradicionais no Brasil e relacionou-a ao maior abandono das populações dessas regiões por parte dos serviços públicos. Com essa observação se quer destacar o papel que as práticas de cuidado tradicionais ou populares desempenham num país em que o estado de bem-estar social não chegou a se constituir e no qual grande parte da população, para o bem e para o mal, tem que se haver com seus problemas de saúde sem o auxílio especializado.

mentos constituem o trabalho de situar-se que as entrevistas de plantão procuram facilitar. Nessa medida, elas podem ser apreendidas como oportunidade de mediação entre as representações ou imagens por meio das quais o indivíduo se define e compreende e aquelas que ele atribui ao mundo no qual vive. Essa mediação é particularmente relevante no caso de uma clínica que se pretende social, pois a hegemonia das representações ideológicas, ao atribuírem ao sofrimento psíquico explicações patológicas e individualizadas, tendem a suscitar, nos indivíduos que sofrem, culpa e depreciação, ao mesmo tempo em que encobrem as determinações sociais do sofrimento.[16]

Cada entrevista, mas especialmente a primeira, não está comprometida com a idéia de continuidade de um atendimento nos moldes psicoterápicos, mas com aquela de desdobramento que supõe um esclarecimento da demanda e seu cotejamento com as respostas abertas no diálogo com o cliente e sua avaliação sobre elas. Os desdobramentos são, também e então, mediações entre práticas especializadas e populares, entre recursos institucionais, comunitários, familiares e pessoais, entre expectativas e possibilidades efetivas de encaminhamento, entre a condição de vida do cliente e sua implicação no sofrimento que se apresenta por meio da queixa psicológica.

Na medida em que o cliente não está excluído da consideração e ponderação sobre aquilo que melhor atende, dentro dos limites dos recursos disponíveis, à sua demanda, ele se torna co-responsável pelos prolongamentos que seu pedido de ajuda produz.

O engajamento do cliente e do conselheiro na apreciação, muitas vezes difícil e dolorosa, de uma história que está sendo contada sintetiza o sentido que se quer atribuir ao Aconselhamento Psicológico: não o de uma prescrição sobre a continuidade dessa história, mas o de testemunho de sua construção.

Por isso, torna-se possível uma analogia com a elaboração e transmissão da experiência pessoal e coletiva que enlaça conselho e narrativa. A comutação dos lugares de protagonista, narrador e ouvinte a que a tradição das narrativas esteve acostumada serve de inspiração à teorização e à prática de um Aconselhamento Psicológico que, empreendendo a crítica de sua instauração moderna, procura reinventar modos de cuidado apoiados na experiência. Trata-se de uma analogia que atualiza o significado tradicional do conselho como aquilo que é "tecido na substância viva da existência" ou, melhor, da coexistência. Mas o faz, ou tenta fazê-lo, no contexto de práticas de atendimento psicológico que nascem sob a égide do saber especializado e sob o signo do poder da ciência que tendem a desautorizar e desapropriar a experiência de cidadãos comuns. Percebe-se, então, a qualidade transitória de uma prática que deve à especialização seu surgimento e que investe na superação dessa mesma especialização para conferir autoridade à experiência.

---

[16]Em pesquisa realizada sobre queixas da clientela do SAP relacionadas com insatisfação no trabalho e desemprego, revelou-se o modo como parte dessa clientela atribuía exclusivamente a si mesma os motivos de seus problemas nessa esfera (SCHMIDT E SATO, 2001). Por outro lado, tanto nos especialistas quanto na clientela é possível identificar posições polares que ora tomam o desemprego ou as dificuldades no trabalho como fruto de peculiaridades do indivíduo – dinâmica de personalidade, problemas motivacionais, conflitos inconscientes, bloqueios emocionais, entre outras – ora como fruto dos determinantes socioeconômicos que tornam o indivíduo uma "vítima do sistema". As figuras polares da culpabilização e da vitimização exemplificam, nesse caso, a relevância da função de mediação que as entrevistas psicológicas são convocadas a exercer, na perspectiva de uma clínica social.

REFERÊNCIAS BIBLIOGRÁFICAS

ANTUNES, MAM. **A Psicologia no Brasil: uma leitura histórica sobre sua constituição**. São Paulo: Unimarco Editora/Educ, 1998.

BHABHA, HK. **O local da cultura**. Belo Horizonte: Ed. UFMG, 2001.

BENJAMIN, W. (1936). O narrador: considerações sobre a obra de Nicolai Lekov. In: **Obras escolhidas: magia e técnica, arte e política**. São Paulo: Brasiliense, 1985. V. 1.

BLEGER, J. **Psicohigiene y Psicología institucional**. Buenos Aires: Paidós, 1976.

_____. La entrevista psicológica: su empleo en el diagnóstico y la investigación. In: **Temas de Psicología: entrevista y grupos**. Buenos Aires: Nueva Visión, 1977.

DOULA, SM. **Piratas: discursos e silêncios**. Tese de Doutorado da Faculdade de Filosofia, Letras e Ciências Sociais da Universidade de São Paulo, área de Antropologia Social, 1997.

GEERTZ, C. O impacto do conceito de cultura sobre o conceito de homem. In: **A interpretação das culturas**. Rio de Janeiro: LTC, 1989.

GUIRADO, M. **Psicologia institucional**. São Paulo: EPU, 1987.

GUIRADO, M; SCHMIDT, MLS. Psicologia institucional: em busca da especificidade de atuação do psicólogo. In: Guirado, M. **Psicologia institucional**. São Paulo: EPU, 1987.

HOUAISS, A. **Dicionário Houaiss da língua portuguesa**. Rio de Janeiro: Editora Objetiva, 2001.

JORDÃO, MP. Reflexões de um terapeuta sobre as atitudes básicas na relação terapeuta-cliente. In: ROSENBERG, RL. (org.) **Aconselhamento psicológico centrado na pessoa**. São Paulo: EPU, 1987.

LAPASSADE, G. **Grupos, organizações e instituições**. Rio de Janeiro: Francisco Alves, 1977.

LATOUR, B. **Jamais fomos modernos: ensaio de antropologia simétrica**. Rio de Janeiro: Editora 34, 1994.

LEITE, DM. **Psicologia e literatura**. São Paulo: HUCITEC/ Editora Unesp, 1987.

LOURAU, R. **A análise institucional**. Petrópolis: Vozes, 1975.

MANNONI, M. **A teoria como ficção**. Rio de Janeiro: Campus, 1982.

MAY, R. **A arte do Aconselhamento Psicológico**. Petrópolis: Vozes, 1982.

MELLO, SL. **Psicologia e profissão em São Paulo**. São Paulo: Ática, 1975.

MORATO, HTP. Abordagem centrada na pessoa: teoria ou atitude na relação de ajuda? In: ROSENBERG, RL. **Aconselhamento psicológico centrado na pessoa**. São Paulo: EPU, 1987.

MUSIL, R. **Da estupidez**. Lisboa: Relógio D'Água Editores, 1994.

PATTO, MHS. **Mutações do cativeiro: escritos de Psicologia e política**. São Paulo: Hacker Editores/Edusp, 2000.

Regulamentação da Profissão de Psicólogo. Decreto nº 53.464 de 21/1/1964. Regulamenta a Lei 4.119 de 27/8/1962, que dispõe sobre a profissão de psicólogo.

ROGERS, CR. **Psicoterapia e consulta psicológica**. Lisboa: Moraes Editores, 1974. (Título original **Counseling and Psychotherapy**, 1942).

_____. **Psicoterapía centrada en el cliente**. Buenos Aires: Paidós, 1966.

_____. **Tornar-se pessoa**. São Paulo: Martins Fontes, 1977.

ROSENBERG, RL. **Aconselhamento psicológico centrado na pessoa**. São Paulo: EPU, 1987.

SANTOS, OB. **Aconselhamento psicológico e psicoterapia: auto-afirmação – um determinante básico**. São Paulo: Pioneira, 1982.

SCHEEFFER, R. **Teorias de Aconselhamento**. São Paulo: Atlas, 1976.

SCHMIDT, MLS; SATO, L. Atendimento clínico e desemprego: uma experiência de integração. **Anais do VIII Colóquio Internacional de Sociologia Clínica e Psicossociologia**. Belo Horizonte, 2001.

SEGRERA, A; ARAIZA, M. Propuestas para un modelo centrado en la persona de solución de conflictos. In: MCILDUFF, E; COGHLAN, D. **The person-centered approach and cross-cultural communication: an international review**. v. Dublin: Center for Cross-Cultural Communication, 1993.

WILLIAMSON, EG. **Counseling adolescents**. New York: McGraw-Hill, 1950.

_____. **Vocational counseling: some historical, philosophical, and theoretical perspectives**. New York: McGraw-Hill, 1965.

WOOD, JK (org.). **Abordagem centrada na pessoa**. Vitória: Editora Fundação Ceciliano Abel de Almeida, 1994.

QUESTÕES COMENTADAS

1) Qual o significado da conceituação de Aconselhamento Psicológico como prática de fronteira?

R: A conceituação de Aconselhamento Psicológico como prática de fronteira indica uma qualidade presente desde os tempos inaugurais da área: aquela de desafiar ou afrontar a ordem disciplinar. Assim, historicamente, o Aconselhamento Psicológico pode ser apreendido como prática intersticial por constituir-se entre o modelo médico e a educação e por ser capaz de acolher, num primeiro momento, a ação de vários e diferentes profissionais tais como educadores, psicólogos, assistentes sociais, religiosos, entre outros, configurando-se como área multiprofissional.

A atualização da vocação fronteiriça do Aconselhamento Psicológico aponta uma disposição e uma aspiração, nem sempre realizadas ou realizáveis, portanto, um modo de perspectivar o trabalho clínico e educacional a partir de uma posição, instável, que procura articular o instituído e o instituinte; o conhecido e o desconhecido; os saberes psicológicos e os saberes de outras áreas, os saberes populares e o senso comum. Nessa direção, tomam corpo as práticas de atendimento e de ensino que têm como promessa a criação de condições favoráveis à emergência da aprendizagem significativa, nas quais o "especialista" se introduz como facilitador. A aprendizagem significativa refere-se a um tipo de aprendizagem que integra dimensões afetivas e cognitivas, remetendo aos processos de apropriação e atribuição de sentido das experiências de indivíduos, grupos e coletivos.

2) Qual a participação de Carl Rogers na construção do campo de Aconselhamento Psicológico?

R: Rogers, posicionando-se criticamente em relação à teoria traço e fator que havia informado a instituição de um campo profissional de Aconselhamento Psicológico, opera uma espécie de "revolução" nesse campo. Seus escritos e suas propostas de atuação vão propiciar um Aconselhamento Psicológico focalizado na pessoa do cliente, na relação cliente-conselheiro e no processo de aprendizagem significativa e de mudança, em oposição à abordagem psicométrica do problema, do instrumental de avaliação e dos resultados professada pela teoria traço e fator. Num certo sentido, Rogers retira o Aconselhamento Psicológico da esfera dos testes e do diagnóstico de habilidades, características de personalidade, motivações e interesses como base para a formulação de pautas de conduta e escolhas educacionais, vocacionais e profissionais, e o faz ingressar na esfera das relações de cuidado mais próximas de um sentido amplo de clínica. Ou seja, para ele, crescer ou amadurecer, educar-se e mudar são processos que requerem facilitação por meio de um conjunto de atitudes e não a direção autoritária das orientações fundamentadas em instrumentos de medidas. Priorizando a aprendizagem significativa e a mudança, Rogers, ainda, desfaz os limites e diferenciações entre psicoterapia e Aconselhamento Psicológico e contribui, também, para a legitimação do exercício clínico de psicólogos.

3) Qual o lugar do Plantão Psicológico no campo do Aconselhamento Psicológico?

R: O Plantão Psicológico pode ser pensado como modalidade de prática de Aconselhamento Psicológico. Foi inventado pelos primeiros estudiosos da psicoterapia centrada no cliente em São Paulo, com o propósito de receber a clientela que buscava ajuda psicológica sem recorrer ao psicodiagnóstico e afastando os dispositivos burocrático-administrativos dos serviços e consultórios psicológicos, que exigiam, muitas vezes, inscrições, triagens e baterias de testes que criavam um lapso entre o momento em que o cliente fazia o movimento de procurar ajuda e aquele de poder, finalmente, ser escutado.

Aos poucos, o Plantão Psicológico foi sendo tematizado como uma abertura para a diversidade, a pluralidade e a singularidade das demandas dirigidas ao atendimento psicológico.

Se o Aconselhamento Psicológico é prática de fronteira, no sentido de que ali algo pode se apresentar pela primeira vez sem o peso das divisões disciplinares e das classificações psicopatológicas, o Plantão Psicológico é uma modalidade dessa prática que concretiza, radicalmente, essa abertura para a construção de formas de cuidado que respondam às singularidades daqueles que solicitam ajuda. Valorizando a plasticidade dos encontros, o Plantão Psicológico pode sustentar o diálogo entre saber acadêmico e senso comum, interior e exterior, identidades e alteridades, passado, presente e futuro.

CAPÍTULO II

ATENÇÃO PSICOLÓGICA E APRENDIZAGEM SIGNIFICATIVA

Henriette Tognetti Penha Morato

Compreender como a pessoa percebe a si e ao mundo era uma questão que sempre perpassou a Psicologia, fazendo-se presente em autores que percorreram o campo do Aconselhamento Psicológico. Para Rogers, tal questionamento manifestou-se por uma disposição fenomenológica para a compreensão de como era o referencial interno daquele que procura pelo psicólogo.

Segundo Rosenberg (1977), foi essa investigação que abriu uma nova maneira de se enfocar a personalidade e sua adequação, denominada por Rogers de congruência interna. Para Gomes (1983), em um estudo minucioso da teoria da experienciação de Gendlin, basicamente foi a partir do conceito rogeriano de congruência que Gendlin sugeriu reformulações à Terapia Centrada no Cliente. Segundo esse autor, Rogers (1959) já havia levantado dúvidas se sua maneira de enfocar os fenômenos da subjetividade ainda estaria impregnada de uma orientação lógico-positivista, mas não havia levado adiante tal reflexão.

Gendlin, por sua vez, compartilhava com Rogers tal intenção de desenvolver, com maior especificidade, os constructos de sua Teoria de Personalidade, e passou a expressar o conceito de *self* através da compreensão de um *processo de experienciação*: como são sentidas as experiências vividas. Assim, ressaltou que, sendo central a congruência entre o *self* (o que é experienciado conscientemente) e o organismo (o que não tem consciência), tornava-se difícil perceber fenomenologicamente o que ocorre no sujeito se para isso se recorria a um conceito não-fenomenológico. Desse modo, Gendlin, conforme citado por Gomes (1983, p. 4), numa carta pessoal, disse:

Minha contribuição era formular a teoria conforme linhas fenomenológicas. (...) Ao invés de ver "congruência" como uma comparação entre conteúdos-de-conciência e conteúdos-de-organismo, eu formulei como sendo a maneira do processo de experienciando,[1] portanto, consciente e observável.

GENDLIN: O SENTIDO DA EXPERIÊNCIA

Experienciando, para Gendlin (1962), é uma dimensão subjetiva de eventos; refere-se ao que a pessoa "conhece" intimamente. Ela vive "em seu experienciando subjetivo e olha o mundo a partir dele e através dele" (GENDLIN, 1962, p. 228). Reconhecendo a importância teórica dessa reformulação, abre-se um parêntese para enveredar pelo trajeto teórico da proposta de Rogers, a fim de melhor compreender o processo de experienciando. Não será explorá-lo enquanto fundamentações filosóficas dessa

---

[1] O termo em inglês é "*experiencing*", portanto gerúndio, e sua tradução correta seria experienciando. Traduzi-lo por *experienciação*, portanto como substantivo, pode alterar o significado que Gendlin quer transmitir, pois substantivar pressupõe criar uma entidade, um conceito. Isso se desvia da intenção de Gendlin, que fala em modo de processo, e assim está se referindo a movimento, ação. Nesse sentido, um gerúndio de verbo é o mais próximo, pois se refere àquilo que está ocorrendo, a uma fluidez, correspondendo mais ao sentido que Gendlin (1962) procura transmitir sobre "*experiencing*" em seu livro *Experiencing and the Creation of Meaning*. O termo é uma criação com novo sentido, e essa é a proposta de Gendlin. A partir de agora será conservado em sua forma originária, como proposto por seu próprio autor (GENDLIN, 1964).

teoria, como já o fizeram Cury (1987), Gomes (1983) e Morato (1987), mas sim compreender como tal processo permite repensar a ênfase nas atitudes básicas como condições de facilitação da ação psicológica.

Antes de definir "experienciando", Gendlin (1962) procura observar como tal processo se apresenta. Experienciando seria um fenômeno subjetivo que se refere a um sentimento de quem está vivendo uma experiência. Diz respeito a um fluir contínuo de sentimentos com alguns conteúdos explícitos, ou seja, algo dado no campo fenomenal de cada sujeito (GENDLIN, 1962, p. 230).

É possível, também, clarificar como se manifesta o experienciando pela diferença que apresenta em relação à conceitualização. Ambos podem ocorrer simultaneamente ou não. Se ocorrem simultaneamente, ambos são vistos como uma unidade e não podemos distingui-lo; experienciando apresenta-se, nessa situação, como o "significado para nós dos conceitos" e os "conceitos conceituam o experienciando" (GENDLIN, 1962, p. 230).

Mas, também, pode ocorrer termos um sentimento forte sem que saibamos o que seja; nesse caso, ocorre o experienciando sem conceitualização. Outras vezes, falamos de um sentimento que tivemos ontem mas que hoje não sentimos mais; é uma conceitualização com pouco experienciando para conceitualizá-la.

Partindo das suas observações clínicas e de seus estudos filosóficos, Gendlin diz que o experienciando é sugerido como um "fluxo de sentimento, concretamente sentido, para o qual você pode, a cada momento, atentar internamente..." (GENDLIN, 1962, p. 3), mas para o qual as ciências humanas dificilmente fazem uma referência direta. Sempre foi conceitualizado, mas nunca estudado diretamente e, assim, buscar responder como o experienciando se relaciona com operações conceituais (simbolização) e com definições operacionais (comportamento observável).

O que Gendlin procura ressaltar, enfatizando essa diferença entre experienciando e conceitualização, é que o processo de experienciando é fator de mudança, ou melhor, abertura de possibilidades outras. Em muitas situações, sendo terapia uma situação possível, sujeitos podem ter conhecimento intelectual sobre o que lhes ocorre (conceitualização), mas isso é completamente diferente de como está ocorrendo e mudando o experienciando. Em outras palavras, conhecer (conceitualização) é diferente daquilo que está sendo sentido, ou seja, de como se está percebendo e refletindo através do que se está experienciando no momento. Isso pode ser observado no processo terapêu-

tico: quantas vezes o cliente está sabendo o que lhe ocorre mas sem que, efetivamente, ocorram mudanças na maneira como se sente. Somente quando o cliente se refere diretamente ao que está sentindo no momento é que outras possibilidades se abrem. Somente quando há referência direta ao que se está experienciando é que de fato pode ocorrer mudança terapêutica. Para clarear esse fenômeno é que ele propõe uma nova maneira de compreensão para mudanças da personalidade: o processo de experienciando em relações interpessoais (GENDLIN, 1964).

Por tais reformulações é possível compreender a influência que Gendlin exerceu tanto na mudança de visão de ciência de Rogers, permitindo uma ponte entre o positivismo lógico e a visão fenomenológica, como na mudança quanto à orientação de pesquisa, até então ancorada em escalas de medições. Abrem-se outros modos de investigação para a compreensão da experiência humana como aprendizagem de significados e apreensão do sentido do viver humano.

Pelo próprio título de seu livro *Experiencing and the Creation of Meaning* (1962), Gendlin oferece já uma pista para a relação buscada entre o experienciando e as conceitualizações por ele originadas, revelando como aquilo que é experienciado em nível pré-lógico ("*preconceptual experiencing*") funciona juntamente com símbolos lógicos, embora um não possa substituir o outro. Assim o experienciando funciona na formação de significado, mas não pode ser revelado se operarmos somente no nível lógico. "Significado se constitui pela interação entre o experienciando e algo que funciona simbolicamente. Sentimento sem simbolização é cego; simbolização sem sentimento é vazia" (GENDLIN, 1962, p. 5).

Atualmente, evidencia-se isso através do relativismo de formas culturais que são refletidas pela variedade de esquemas filosóficos, artísticos, religiosos, sociais, rituais, valorativos, científicos. As freqüentes e rápidas mudanças culturais mostram que teorias somente lógicas não podem explicar a complexidade das mudanças humanas, a menos que se proponham relacionar significado e experienciando, para que se possa compreender a vida como é vivida.[2] Da mesma forma que significado está relacionado a fluxo

---

[2]Capra (1987), em *O Ponto de Mutação*, aponta essa mesma questão da urgência de se redimensionar as ciências, incorporando a subjetividade ("experienciando") do cientista, para que sejam compreendidas as questões do viver do homem contemporâneo. Para isso, baseia-se nas concepções da física moderna, a partir dos novos problemas por ela levantados pela Teoria da Indeterminação.

de sentimentos, os comportamentos concretos (verbal e outros) também envolvem relações e ordens mais amplas e diferentes do que as da lógica; assim, a experiência, não pode ser ignorada.

Um conceito que ocorre em dado momento no pensamento não é somente um padrão lógico e suas implicações. Também envolve um *experienciando sentido* (*felt experiencing*) do significado, podendo conduzir, no momento seguinte, a conceitos radicalmente diferentes, novas diferenciações de significado, contradições na lógica e, mais ainda, comportamentos humanos "previsíveis" (GENDLIN, 1962, p. 6).

Para Gendlin, o experienciando é a própria referência direta "de um indivíduo para o que é dado fenomenologicamente a ele como *sentido* (*felt*). Refere-se a um fluxo de sentimento no presente imediato que orienta sua conceitualização e conduz a significado", como coloca Gomes (1983, p. 5). É a partir e pela referência direta ao que está ocorrendo e sendo sentido (*felt datum*) que mudanças ocorrem. Não são conceitualizações que levam a mudanças; é essa resposta corporal, algumas vezes pré-conceitual, manifestada em diferentes reações, que leva a mudanças e a significados.

Gomes (1983) aponta que o experienciando, referido como um sinal corporal de um fluxo de sentimento, pode ser evidência objetiva de algo subjetivo; é "*o encontro da objetividade e subjetividade no qual uma intersubjetividade constitui significados privados que podem ser comunicados e compreendidos como válidos*" (p. 7). Por essa via ressalta-se a fenomenologia em Gendlin. Acompanhando Merleau-Ponty por Frayze-Pereira (1984), compreende-se a subjetividade como se constituindo em relação a outra subjetividade. Nessa medida, a intersubjetividade ocorre inicialmente ao se perceber outra sensibilidade e depois outro pensamento. Pela transitividade entre um corpo e outro, através da visão, gestos e sons, revelam-se a expressividade e exteriorização de interioridade. Dá-se a ver a dimensão invisível do pensamento e da linguagem, revelando a reversibilidade entre o som (palavra) e o sentido (significado), pois homens se relacionam pelos signos: a palavra fica "*a meio caminho entre o sentido e o pensado*" (p. 145), pois não há nem fato puro nem idéia pura, mas simplesmente a "mescla e reversibilidade de sensibilidade e idealidade" (p. 145). Se a intersubjetividade ocorre pela possibilidade de comunicação de significados, estes, pertencendo ao subjetivo, devem ter referência direta ao que está ocorrendo.

Não podemos conhecer o que um conceito "*significa*" ou usá-lo *significativamente* sem o "*sentir*" de seu signifi-

cado. Nenhuma quantidade de símbolos, definições ou algo similar pode ser usada no lugar do *significado sentido*. Se não temos *o significado sentido* do conceito, não atingimos o conceito: só será um ruído verbal. Nem podemos pensar sem significado sentido (GENDLIN, 1962, p. 5-6). A partir dessas colocações, Gendlin se propõe a examinar como o *significado sentido* (*felt meaning*) relaciona-se com significados articulados (cognição), partindo de filósofos como Husserl, Sartre, Merleau-Ponty (GENDLIN, 1962 e 1963) e Heidegger (GENDLIN, 1978/79) em especial.

O experienciando é um dado corporal que se refere ao que é sentido subjetivamente na condição de situado no mundo, segundo os fenomenólogos; ou seja, a condição humana mostra-se como *experienciando-em situações*. Isso diz respeito a como a pessoa se sente de certa maneira em certas situações, tanto internas quanto externas, com outros (GENDLIN, 1973 e 1978/79). Ao mesmo tempo em que se está experienciando – em situações, há uma compreensão desse experienciando; ou seja, é mais que somente um estado, pois revela também se o que está ocorrendo está indo bem ou mal de acordo com certos propósitos. Podemos não saber precisamente o que está ocorrendo, mas sentimos que está acontecendo alguma coisa que depende tanto de nós quanto da situação mesma.

Dessa forma, há uma compreensão implícita e ativa de um processo ocorrendo, embora não cognitiva no sentido usual do termo, pois não pode nem ser pensada nem tampouco sentida[3] (*"sensed" ou "felt"* para Gendlin [1978/79, p. 45]) com atenção. Há uma complexidade implícita. A relação entre dado corporal e a compreensão complexa, em se articulando, vão levar ao *significado sentido* (*"felt meaning" ou "felt sense" ou "experiencing meaning"*). Esse significado pode, então, ser comunicado porque sua articulação em linguagem já está também implicada no experienciando. O experienciando ocorre em situações; refere-se a que sua organização ocorra tanto pela história evolucionária do corpo quanto pela cultura e situações, em parte organizadas pela linguagem.

Assim, a "*linguagem está já envolvida na experiência*" (GENDLIN, 1973, p. 292). Se não houver referência a um "sentido emocional" (*"emotional sense"*), preenchendo padrões sonoros verbais, o padrão seria vazio. Gendlin coloca tal questionamento ao apresentar as posições de Merleau-Ponty e Husserl de como o *sentido experiencial* guia

---

[3]Gendlin emprega várias expressões para referir-se ao experienciando; por exemplo *"felt" ou "sensed"*, pois em inglês, segundo WEBSTER (1974), ambos referem-se aos dados percebidos através das sensações e que podem ser conscientizados.

nossa linguagem (GENDLIN, 1973, p. 286). Podemos aprender os sons de uma palavra de uma língua estrangeira; mas eles não nos dizem nada enquanto não forem relacionados (fizerem eco) com um "sentido emocional" em nós; somente com esse sentido poderemos saber como empregá-los em situações. *"Experiência, linguagem e situações estão assim inerentemente conectadas"* (GENDLIN, 1973, p. 286), conduzindo, portanto, a significados sentidos.

BEFINDLICHKEIT: UMA CONDIÇÃO DE SER

Procurando expressar mais adequadamente o significado de experienciando, Gendlin (1978/79) busca em Heidegger o significado do conceito de *Befindlichkeit* e a sua implicação para a Psicologia. Por ser austríaco, Gendlin pode aventurar-se pelas sutilezas da língua alemã para melhor compreender esse conceito filosófico e poder relacioná-lo ao psicológico.

Assim, apresenta *Befinden* como um verbo que pode ter três alusões: "Como vai você?", ou "Como você está se sentindo?", ou "Como você está?" Dependendo do seu emprego, tal verbo pode significar indagação que levaria a uma resposta de reflexividade sobre, respectivamente, "Como você se encontra em relação a si mesmo?", ou "Como você está sentindo sentimentos?", ou "Como você está se situando?" Em outras palavras, é um verbo cujo significado conduz a pessoa indagada a necessariamente procurar a si mesma, a como está se percebendo entre coisas que a ela chegam e como por elas é tocada, ou melhor, a situar-se entre as circunstâncias de seu viver.

Seria, pois, *Befindlichkeit* um conceito heideggeriano para expressar o modo de existência da condição humana e de seu modo de sentir emoção, afeto ou sentimento. Diz respeito à nossa condição própria de ser humano, de sentirmos (*to sense*) *"a nós mesmos vivendo em situações com outros, com uma compreensão implícita do que estamos fazendo e com uma comunicação entre nós sempre já envolvida"* (GENDLIN, 1978/79, p. 45). É um conceito que diz respeito a um ser (o humano) que é seu próprio *relacionando-se*. Essa condição de *sendo-aqui-no-mundo-com-outros* diz algo que é interno e externo ao mesmo tempo.

Dessa forma, *Befindlichkeit* é um conceito que diz respeito ao modo relacional, presente antes mesmo que seja possível fazer-se qualquer distinção entre interno e externo. Não é nem um conceito interacional nem intrapsíquico, embora diga de ambos. Dessa forma, *Befindlichkeit* é visto

por Gendlin como um conceito que precede e elimina a distinção entre dentro e fora, tanto quanto entre mim (*self*) e outros, entre afetivo e cognitivo. Assim, Gendlin explora também que tais mudanças básicas nas espécies de conceito devem afetar toda ciência e não somente a Psicologia, pois implica que *Befindlichkeit* pode ser um conceito também visto como uma nova metodologia.

Considerar o modo de existir de ser humano como um *Befindlichkeit* é uma maneira diferente de se abordar a condição humana; nem por sistemas nem por conceitos, mas também por ambos; ou seja, por processo.[4] Se faz parte da condição de ser humano estar aberto para ter acesso ao que ocorre em si-em-situações-com-outros, *Befindlichkeit* refere-se, pois, a uma disponibilidade para acesso a si e a outros com compreensão ativa e implícita do que está ocorrendo, bem como da articulação dessa compreensão para comunicação com outros e ouvir o que deles volte; com isso, nova abertura ocorre. Esse é um processo relacional e de relacionais, simultâneo, da condição de ser humano que possibilita abertura e acesso para outras formas de relações e relacionamentos, e, portanto, outras possibilidades e/ou mudanças podem ocorrer. Na mesma direção, Gendlin (1978/79) recorre a *Befindlichkeit* para compreender o conceito de sentimento, emoção ou afeto e como abordá-los em psicoterapia. Reencontra aí, também, o sentido de experienciando.

Experienciando é o processo que se refere aos modos de os sentimentos ocorrerem sendo afetados no e com o mundo. Assim, é uma situação de afetar-se e ser afetado. É um modo de ser reflexivo, que revela como a pessoa é pela sua possibilidade de ver-se em atuando. Dessa forma, a autenticidade da pessoa é compreendida como sendo por seus aspectos bem como pelo *seu sendo no mundo e com outros*. A pessoa não é mais nem as possibilidades de ser nem a potencialidade para atualizar-se, mas sim a possibilidade de, lançando-se, ou seja, ser o que já é e como já é. Sendo o móvel e o movente simultaneamente, revela-se a si mesmo.

Mas, além de situar-se no espaço, o experienciando compreende uma relação de tempo; tempo não-linear, *"mas um voltar atrás que é também um ir para frente, e a única maneira autêntica de ir em frente"* (GENDLIN, 1978/79, p. 60). Encontrando-se a si diante de si mesma

---

[4]Processo vem do latim *processus*, derivado do verbo *procedere*, que se compõe de *pro* (em frente, adiante) + *cedere* (ir a partir de). Processo, assim, significa o ato de ir adiante a partir de algo; pode dizer respeito a possibilidades como mudança de modos de ser (WEBSTER, 1974).

pelo experienciando, a pessoa se situa como também tendo sido afetada, pois que, ser uma pessoa que vive experienciando implica, também, ser o próprio tendo sido. Relaciona-se, assim, o "ir para trás" como o "trazer de volta" para "ir para frente". "Ir para trás" é também trazer de volta si mesmo diante de si, e somente fazendo assim a pessoa se defronta com sua autêntica possibilidade de lançar-se; "*assim um presente é feito no qual alguém está pronto para agir autenticamente*", pois "*(...) somente posso apoderar-me do sendo o que já sou, através de ir encontrando a mim mesmo em meu* **Befindlichkeit** *e movendo para adiante este ir para trás e encontrar-me* (self-finding)" (GENDLIN, 1978/79, p. 61).

Como somos o "*vivendo-em*" eventos "*com-outros*", nosso "*sendo*" circula nos eventos e é dispersado pelo que acontece; é também o "*sendo-no*" que acontece. "*Somente em encontrando a nós mesmos podemos constantemente nos confrontarmos, para que haja um presente no qual nossa capacidade para ser é cada vez mais nossa. Isso é autenticidade*" (GENDLIN, 1978/79, p. 62).

Como "*sendo-com*" é um aspecto de "*sendo-no-mundo*", situações do "*sendo*" também são situações com outros. Assim, ouvir um ao outro é inerente ao "*sendo-com*". É através do ouvir (*hearing*) que o falar vai se constituir; assim como é através do escutar (*listening*) que se manifesta a condição existencial de "*ser-aberto*" como "*sendo-com*". "*Na verdade, o escutar constitui o primitivo sendo-aberto autêntico do existir*", [5] diz Heidegger[6] em *O ser e o tempo*, conforme citado por Gendlin (1978/79, p. 62).

Dessa forma, ouvir é possível, pois existe uma compreensibilidade implícita que o possibilita, compreensibilidade essa que também está implicada numa possibilidade de ser articulada mesmo antes de ser interpretada. E o falar seria a articulação dessa compreensibilidade. Para Gendlin, essa "compreensão" implícita no **Befindlichkeit**, de que fala Heidegger, é o sentido implícito do que experienciamos, algo muito mais anterior àquelas pré-figuras que nós geralmente chamamos para designar "compreensão". Do mesmo modo, a "articulação" a que Heidegger se refere diz respeito a ter interligações interligadas, dando condição de estrutura, de sendo estruturado (como um esqueleto) ao falar posterior. **Befindlichkeit**, compreensão e comu-

nicação são, pois, pré-condição original de como os seres humanos são "*sendo-com*".

Se o ouvir e o escutar o outro faz parte do "*sendo-com*", que possibilita a abertura do ser para o seu viver, está aí também implicado que a compreensibilidade não significa, somente, que o ser possa compreender implicitamente aquilo que faz; diz respeito, também, a que ele compreenda o que os outros fazem, e que são compreensíveis uns aos outros. A base da comunicação está, pois, no fundamento do ser como "*sendo-com*", na sua condição de comunicabilidade da compreensibilidade, articulada para revelamento. Caso contrário, não haveria nem mundo, nem situação para o ser "*ser-em*" (GENDLIN, 1978/79).

Dessa forma, para Gendlin, é a partir do delineamento do **Befindlichkeit** que Heidegger aponta a condição estrutural pré-ontológica do sendo-no mundo humano. E diz que é a partir de "**Befindlichkeit-ear**", ou seja, a partir do que é vividamente sentido diretamente, que se pode chegar a uma afirmação ontológica, quer dizer, a algo que já se compreendeu antes de um modo pré-ontológico. Ao mesmo tempo em que se compreende algo que está se fazendo, também se compreende implicitamente "*a própria maneira de ser humano, sendo-no-mundo, sempre em meio a situações, com o 'como se é', completamente aberto a eventos e em desempenho, no próprio viver como processo*" (GENDLIN, 1978/79, p. 54).

Se essa é a nota filosófica de Heidegger para **Befindlichkeit**, o experienciando é a nota psicológica para Gendlin a fim de se compreender o *significado sentido ou o sentido sentido*: compreender experiencialmente é "*compreender a inerente relação entre viver sentimentos, compreensão e cognições de quaisquer espécies*" (GENDLIN, 1978/79, p. 55). Dessa forma, significado sentido – ou sentido sentido – vai sendo formado, na complexidade relacional do experienciando; ou seja, é na interligação simultânea implícita entre o que é sentido, compreendido e articulado que o sentido se cria/mostra.

Significados não são nem conceitos em si nem experiência em si. Eles vão ocorrendo no processo de relação do experienciando. E é dessa forma que o experienciando se torna para Gendlin um modo de se compreender o processo de viver e de mudanças, seja em psicoterapia, na Psicologia ou em ciência. O experienciando ocorre a partir da disponibilidade original de abertura do **Befindlichkeit** e de sua compreensibilidade e comunicabilidade implícitas; refere-se ao sentimento de alguém de estar tendo experiência; diz respeito ao fluxo constante do que é vivido, do que somos, percebemos e a que procuramos

---

[5]Tradução livre da autora: "*Indeed, listening constitutes the primary authentic being-open of Dasein.*"
[6]HEIDEGGER, M. **Sein und Zeit**. Tübingen: Max Niemeyer Verlag, 1927, p. 163.

dar um significado. Isso porque, como já vimos, aquilo que é sentido tem uma compreensão implícita e pode ser articulado.

Dessa forma, significado não está à parte, mas sim implícito no que sentimos. E é por isso que temos, às vezes, a sensação de "saber algo" mas ainda não o compreender totalmente. Para que esse "saber algo" possa compreender-se, é preciso expressar-se; e é nessa relação entre experienciando e sua expressão que o significado ocorre. Gomes (1983) aponta que é através do interjogo entre *o significado sentido ("feltsense", felt-meaning)* e o *sentido articulado (símbolos, conceitos)*, no processo de experienciando (atenção à relação móvel-movente entre *felt sense* e símbolos), que surge a criação de significado (novidade) como transformações nas inter-relações entre *significado sentido* e símbolos. Nesse modo de ver, símbolos são empregados por Gendlin (1962, p. 103) num sentido amplo: referem-se tanto a símbolos verbais quanto a pessoas, situações, coisas, atos ou palavras, incluindo também espécies de símbolos não-verbais, ou seja, aquilo que vagamente reconhecemos como "um" sentimento. É, pois, por sua função simbólica que símbolo pode relacionar-se ao significado sentido e assim "chamar" por seu reconhecimento.

Evidencia-se, então, o caráter de reflexividade do experienciando, que agora pode ser compreendido como o "trazendo de volta", "indo para trás" "para levar adiante". É a possibilidade "*da consciência para refletir sobre si mesma como um self corpóreo e aí descobrir significado*" (GOMES, 1983, p. 134), sendo significado o experienciando como instância de si mesmo.

Se o processo de experienciando é a condição básica para a criação de significado, na medida em que reflete sobre o sendo-no-mundo-com outros, diz respeito, assim, à apreensão do ser como corpo sentindo em situações, de modo pré-verbal e pré-conceitual, para sua expressão do viver. Mas essa corporeidade que sente ao mesmo tempo compreende o que sente e pode articular esse sentir, diferenciando-o e especificando-o.

Dessa forma, aquilo que é sentido primeiramente como um movimento interno vago, confuso, pode, se houver um acompanhar com referência direta a ele, ir se diferenciando gradualmente. No silêncio, fica circular, envolvido em si mesmo, e a compreensibilidade do que é sentido pode permanecer implícita e difusa.

Mas, sendo o ser também *sendo-com*, é através da comunicabilidade implícita que isso que está sendo sentido pode expressar-se, criando assim a possibilidade de explicitação do que está sendo sentido – o significado sentido – através da descrição verbal. É na relação de *sendo-com* que esse significado vai se tornando mais claro, preciso, e se transformando, na medida em que o *sendo-com* vai trazendo outras possibilidades de relações entre o que está sendo sentido, compreendido e articulado, diferenciando-o entre outros modos de sentir.

O experienciando é um modo de ser que diz respeito ao sentido existencial do viver humano, referindo-se a todas as situações desse viver: sentimentos, pensamentos e linguagem enquanto ações. "*Experienciando não é um predicado. É demonstrável, mas não é demonstração; pode ser conceitualizado, mas não é um conceito*" (GENDLIN, 1962, p. 202). Ele se refere *ao modo como* ocorrem as experiências humanas, mas não diz *o que* elas são. Ele diz o "como" ocorrem experiências implícitas que vão se diferenciando na medida em que vão sendo explicitadas.

Experienciando refere-se ao trânsito do vivendo possibilidades através do viver *em* e *com*. Referindo-se ao "como" e não ao "o quê", o experienciando é lógico, embora não diga respeito à estrutura da lógica. Mudanças são mostráveis em seu próprio acontecer e não mostradas em si. Por outro lado, o experienciando pode ser também um método de investigação em qualquer campo, já que "curioseando" e investigando são também expressões do modo de vivendo-em-com, referindo-se a situações em que esse vivendo ocorre. Pois é a partir da referência direta (*felt-sense*) ao experienciando, no qual um significado está implícito, que este pode, pela expressão, ir caminhando, mudando: "*significado sentido explica pensamentos, valida observações, dirige ações, intenciona palavras no discurso*" (GOMES, 1983, p. 128). Conceitualiza novos significados (como numa linguagem de ciência), mas também, tendo essa organização anterior, a referência direta "*traz significado às cores, formas, sons, volumes, movimentos como na linguagem das artes*" (GOMES, 1983, p. 128).

É a partir da referência direta ao experienciando (*felt sense*), ou seja, com o significado experiencial de sendo-no-mundo, que Gendlin se preocupou com o processo de psicoterapia: uma situação em que o vivendo-em-com se expressa. É a partir das contribuições gendlinianas que se pode compreender como Rogers (1959) referia-se a estado de consciência ao conceituar a congruência ou abertura completa à experiência: por congruência, dizia respeito à comparação entre as experiências percebidas pelo *self* e as experiências organísmicas.

Percorrendo o caminho através do pensamento de Gendlin, no entanto, congruência pode ser compreendida agora como o significado experiencial de ser-no-mundo,

Ou seja, "*uma referência direta, própria do indivíduo ao que é fenomenologicamente dado a ele como sentido*" (GENDLIN, 1962, p. 243), guiando conceitualizações que conduzem a significado. E "*uma referência direta (que eu também chamo de 'sentido sentido' ou 'significado sentido'[7]) é tanto sentida quanto articulada. Há organização deste viver antes e sem reflexão*" (GENDLIN, 1978/79, p. 56). É um "ir para trás" para "trazer-se a si" e "ir adiante": um encontrar-se, uma autenticidade.

Experienciando autenticidade não é somente sentir uma emoção; é uma referência diretamente sentida que implicitamente implica significado. "Diz" algo acerca do que se sente. Experienciando diz do trânsito contínuo de sentimentos, simultaneamente orgânico e espaço-temporal, que implica alguns poucos conceitos explícitos. É fluição de sensação, emoção e sentimento que continuamente ocorre no campo fenomenal de um sujeito, não importando *o que* possa ser apontado especificamente como ocorrendo. É possível de ser referido diretamente pelo sujeito em seu campo fenomenal (GENDLIN, 1962, p. 244).

Segundo Gomes (1983, p. 128), Gendlin teria reformulado o conceito de congruência de Rogers, eliminando tanto seu caráter simplista de comparação de conteúdos quanto a concepção de ajustamento ótimo como "seguir os sentimentos". É impossível um indivíduo acompanhar balanceadamente cada aspecto de sua experiência respondendo congruentemente ao fluxo dos sentimentos. Além de simplista, tal concepção denota "*implicações anti-sociais e antiintelectuais, confundindo caprichos com sentimentos*" (GOMES, 1983, p. 128). Para Gendlin, o sentimento que um indivíduo "'segue' otimamente está na consciência e implicitamente contém significados sociais, morais e intelectuais" (GENDLIN, 1962, p. 255), pois significado está implícito no sentido sentido. Dessa forma, congruência envolve experienciando consciente implicitamente significativo. Refere-se a uma relação entre símbolos e experiência emocional ainda não formada. Autenticidade envolve um experienciando simbolizado comunicável.

ENCONTRANDO A AÇÃO PSICOLÓGICA FUNDANTE

É importante ressaltar que essa reformulação teórica foi surgindo a partir da prática do "Schiz Project", realizado com pacientes internados, do qual Gendlin também

participava. Com esse trabalho, Rogers e seus colaboradores sentiram necessidade de compreender melhor tanto o processo terapêutico ocorrido no cliente psicótico quanto de explorarem e compreenderem o processo de facilitação do terapeuta com esses clientes. O encontro terapêutico com esquizofrênicos, "quietos" e pouco motivados, levou os psicólogos implicados nesse projeto a experienciarem intensamente essa atuação e a questionarem a maneira de estabelecer contato com esses clientes (ROGERS, 1976).

O contato "silencioso" do esquizofrênico possibilitou a esses terapeutas/pesquisadores buscarem a pessoa oculta e não-revelada do esquizofrênico através de si mesmos. Provocados a irem ao encontro da expressividade de si próprios, mergulharam no âmago do drama da solidão humana. Buscando compreender o outro, encontravam a si mesmos. Por essa experiência, reformularam a questão da congruência como atitude facilitadora, ressaltando, agora, a autenticidade do profissional como o elemento significativo para a eficácia terapêutica.

Segundo Gendlin (1976), o terapeuta autêntico não precisa aguardar passivamente (não-diretivamente) pelo cliente. Ao contrário, pode encontrar em sua experiência do momento um reservatório sempre presente, ao qual pode recorrer e com o qual pode iniciar, aprofundar e continuar o contato terapêutico, mesmo com uma pessoa não-motivada, silenciosa ou interiorizada (GENDLIN, 1976, p. 140). Aproveitar do próprio experienciando, ou seja, ser autêntico, significa tornar-se expressivo para facilitar o contato com o esquizofrênico, à maneira como se faz com um bebê. As expressões do terapeuta se voltam para a relação, aprofundando-a: no contato, verbalizar o seu lado que sente, ou seja, a ressonância tonal provocada pelo outro é ação clínica iniciadora para ir buscar o significado daquilo que se apresenta como incomunicável (FÉDIDA, 1986).

Se o contexto da intersubjetividade revela-se na situação de relação com o outro, é aí que se apresentam possibilidades de convivência com afetos: faz-se possível "ouvi-los" com outro sentido, nomeá-los e simbolizá-los. Telles (1979) coloca que o primeiro momento que ocorre no contato é direto: uma fusão. Partindo do interesse próprio por encontrar algo, o sujeito identifica-se com ele para apreendê-lo em sua própria interioridade. O sentido de uma situação registra-se imediatamente nos sentimentos do sujeito. Essa comunicação é captada também de uma forma direta pelo interlocutor. No nível dos sentimentos

---

[7]Referência a si próprio de Gendlin.

e emoções, os interlocutores reagem mútua e imediatamente.

É nesse sentido que pode ser compreendida a função de comunicação da experiência emocional. Essa é a condição do trabalho terapêutico: a partir das pistas de suas próprias reações emocionais ao que o paciente expressa é que se torna possível compreendê-lo para além do vivido. Assim, os sentimentos e emoções do terapeuta passaram a expressar uma função receptora da maior importância para os analistas como uma experiência compreensiva daquela vivida pelo paciente.

Aqui surge uma divergência. Embora reconhecida a relevância da experiência emocional do analista, é muito discutida a maneira de como utilizá-la como instrumento (THOMSON, 1983). Mas, de qualquer forma, é sempre um trabalho muito cuidadoso e acurado instrumentalizar-se para a recepção da experiência do paciente. É uma atividade que exige muita atenção e cuidado, pois pode prender-se numa estereotipia do analista (seus pontos cegos, seu próprio padrão repetitivo de lidar com afetos ainda não-trabalhados) e assim ficar comprometida a compreensão do paciente.

Provocar emocionalmente é uma forma direta de comunicação do outro para poder ser apreendido aquilo que ainda não tem expressão verbal. Refere-se a uma maneira de encontrar meios para expressar-se e desenvolver-se que, por ainda não saber dizer-se, se comunica para, sendo compreendido, poder entender-se. Diz respeito a experiências emocionais pré-verbais, buscando expressar-se para compreender-se: forma de comunicação primitiva e direta, como a de um bebê. Nessa medida, solicita do terapeuta uma recepção também direta: é uma forma de comunicação encarnada, recebida experiencialmente pelo terapeuta muito intensamente. Para tanto, essa experiência interior tem que estar muito bem afiada para poder afinar-se.

Por um lado, é na sintonia emocional com a experiência do paciente que o terapeuta vibra sua própria experiência, e é essa possibilidade que também o habilita a compreender e poder comunicar essa compreensão como possibilidade de expressão da experiência. Ou seja, é pela comunicação emocional direta que se abre a possibilidade de uma compreensão empática.

Por outro lado, é nessa mesma sintonia que pode ocorrer mascaramento. Estando em contato profundo com outro vibrando, essa vibração não necessariamente precisa ser sentida como contra; ou seja, nem sempre a experiência emocional do terapeuta é contrária ou inversa

à do paciente. Fédida (1986) aponta que há "primeiro e antes de tudo uma transferência", nem igual, nem inversa, mas distinta. É nesse sentido que ele inclui a empatia,[8] não como "*sentir com*" nem "*como se*", pois não é um sentir, mas um ressentir. É uma ressonância, mas não de mesma ordem. Se assim o fosse, a empatia seria uma condição decorrente da psicopatologia do analista e de seus restos não-resolvidos que surgiriam a partir da contratransferência.

Fédida não somente exclui a intersubjetividade do encontro analítico, através da identificação projetiva, como também transcende esse processo, quando evoca a função receptora do analista e/ou empatia para outra dimensão que a da contratransferência. É a qualidade abrangente dessa receptividade, "que lembra a dimensão estética existencial do encontro humano" (FÉDIDA, 1986, p. 624), uma "ressonância tonal" aos afetos de vestígios arcaicos, muito próximos aos somáticos, a fim de que se possa requalificá-los e nomeá-los mais distintamente.

Esse encontro tão profundo e significativamente transformador demanda uma qualidade do terapeuta para acolher e promover uma relação de revelação de intimidade e afetos, tão primitivos como um mito. Demanda uma compreensão e escuta quase do infantil, do pré-verbal, para que esse impronunciável, sendo acolhido e ouvido, possa se dizer. É nesse sentido e desse lugar de encontro existencial qualitativamente compreensivo que é possível compreender-se o acolhimento aos sonhos: o dar ouvidos ao infantil, a compreensão empática do original íntimo se transformando na relação. Ou seja, a condição de presença com compreensão cuidadosa do terapeuta é transformadora. Essa qualidade de escuta e ato de compreensão, simultaneamente oferecidos, possibilita a "*cura*" (cuidado) da *pro-cura re-petida*: é na situação de se sentir compreendido numa relação que o sujeito pode revelar-se, compreender-se e redimensionar seu próprio lugar.

É também dessa perspectiva fenomenológica de encontro compreensivo que Shlien (1987) procura o sentido da relevância do ato de compreensão na situação terapêutica: nem contratransferência, nem transferência, mas originalância[9] ou "primeiros amores". Para esse autor,

---

[8]Na etimologia de empatia, encontra-se: empatia = *en + pathós*; *en* = *em/dentro*; *pathós* = sofrimento, sentimento, desordem, elemento na experiência ou na representação artística, evocando compaixão, emoção; *emoção* = *e + movere*; *e* = completamente; *movere* = em movimento (WEBSTER, 1974).

[9]Em inglês: *originalance*. O sufixo *ancia* vem do latim *antia*, que significa instância de uma ação ou instância de uma qualidade ou estado. (WEBSTER, 1974).

o original se repete para reencontrar o gesto de amor transformador – a compreensão. Nesse sentido, a transferência não seria um repetir a mesma experiência, mas sim uma nova experiência, buscando a mesma condição de humano. Assim, há a historicidade do ser humano criando solo para a ocorrência da experiência não somente como revivência, mas também como algo novo, pela possibilidade da situação de compreensão presente. É, então, um experienciando, sendo aqui no mundo com outros, indo para trás para levar adiante criando sentido, como coloca Gendlin (1978/1979).

É através da expressão autêntica do terapeuta, através do contato com o fluir das próprias emoções e sentimentos nessa relação com o outro que a compreensão empática pode manifestar-se não apenas com esquizofrênicos, mas com qualquer ser humano. Trata-se de uma compreensão não verbal, mas subverbal. Isso porque grande parte da vivência desses clientes lhes parece incomunicável; por natureza, isolam-se das outras pessoas. O verbal (o que é dito) revela-se como uma parte pequena, até mesmo bizarra, proveniente da confusão interior e de significação incomunicável.

Pela incomunicabilidade e isolamento do esquizofrênico, o psicólogo busca reagir a partir de como emoções estão sendo experienciadas em si mesmo, e não somente através do conteúdo verbal. Não que este esteja abolido. Apenas é abordado diferentemente; parte-se do que está sendo vivido, do qual decorre uma pequena verbalização. Parte de algo sentido, com significação conceitualmente vaga, mas experienciada concretamente pelo cliente. O psicólogo procura seguir o fluxo das emoções vividas pelo outro, de sentimentos com sentido pré-conceitual que o psicólogo também não sabe o que é, mas ao qual procura dirigir sua palavra. Buscar conduzir expressão para essa experiência, sempre presente, possibilita o estabelecimento de *"comunicação dos sentidos mais profundos de onde surgem as verbalizações"* (GENDLIN, 1976, p. 145). É a possibilidade de compreensão empática por comunicação na relação subverbal.

Mesmo quando o silêncio está presente, é possível expressar algo que revele o fluxo do sentimento, criando dessa maneira uma relação subverbal importante. Suportar esses momentos e expressar algo percebido restabelece o contato, *"pois como é que nossa interação pode tornar-se afetuosa, íntima e pessoal, se um de nós não fizer isso?"* (GENDLIN, 1976, p. 146). É esse contato subverbal que possibilita que a emoção vivida seja liberada. As palavras são apenas mensagens dessa experiência íntima sendo comunicada, ou seja, *"apenas simbolizações de experiência"* (GENDLIN, 1976, p. 148).

É preciso reconhecer que nenhum substituto, cognitivo e abstrato, empregado para compreender o fluxo de emoções, é efetivo se não houver referência direta ao que está sendo sentido. É necessário buscar o melhor emprego das palavras para compreendê-lo, de modo a que o experienciando do psicólogo se dirija ao experienciando do cliente e nele intervenha. Essa maneira diz respeito a como a expressividade do profissional pode atuar para a ocorrência de comunicação subverbal, criando possibilidade de expressividade para o cliente. A compreensão empática diz, ao mesmo tempo, de ação sobre a própria pessoa e a mais intensa maneira de agir, expressa na comunicação da compreensão.

Revela-se, assim, o paradoxal interjogo das atitudes terapêuticas básicas apresentadas por Rogers, que Pagés (1976, p. 37) procura expressar ao observar *"como o aprofundamento da experiência de si e o comprometimento nesta experiência estão necessariamente ligados ao interesse e à comunicação pelo outro"*. Partindo da condição ***Befindlichkeit,*** dizendo respeito à autenticidade que se compreende e comunica (congruência anteriormente em Rogers), caminhamos para a compreensão empática comunicável. É esta que gera, enquanto ação, a possibilidade concreta de relação. Assim vista, compreensão é primordialmente a geradora de mudança. Mas, ao mesmo tempo, *"as outras formas de ação, se não derivassem da primeira, ou se não a preparassem, pareceriam agitação"*, conclui Pagés (1976, p. 37).

É possível resgatar em Rogers a sua redefinição de empatia, partindo do experienciando como um constructo útil. *"Não a chamaria de 'um estado de empatia', pois acredito que ela seja mais um modo do que um estado"* (ROGERS, 1977, p. 73). Empatia seria para Rogers, apoiado em Gendlin, *"ressaltar com sensibilidade o 'significado sentido' que o cliente está vivenciando num determinado momento, a fim de conduzi-lo a focalizar este significado até chegar à sua vivência plena e livre"* (ROGERS, 1977, p. 72). E, assim, *"passamos a ser um companheiro confiante dessa pessoa em seu mundo interior"* (ROGERS, 1977, p. 73).

Isso implica que estar com o outro dessa maneira refere-se a dispor-se a correr riscos e deixar de lado, na ação, nossos próprios pontos de vista e valores, para partilhar o *mundo do outro* sem preconceitos. Num certo sentido, significa *"pôr de lado"* nosso próprio eu (ROGERS, 1977, p. 73). Contudo, como homens apenas coexistem partilhando mundo, não se pode abandonar a si mesmo nessa relação (*pôr-se de lado*), mas sim buscar estar suficientemente ancorado em si mesmo para não se perder no mundo possivelmente estranho ou bizarro que o outro apresenta, podendo, assim, voltar sem dificuldades ao próprio mundo compartilhado quando assim o desejar.

Essa revisão teórica gerou possibilidades de compreensão sobre as chamadas "condições de facilitação de crescimento" que dizem respeito às atitudes do facilitador. Mas quais as mudanças que ocorrem naquele que está sendo ajudado, a partir dessas atitudes?

Rogers (1977, p. 86) afirma que, quando alguém se sente compreendido de modo sensível, ele próprio pode abrir-se compreensivamente em relação a si mesmo e a outros. Sentir-se atentamente ouvido por alguém compreensivo numa situação possibilita ao outro ouvir-se a si mesmo em relação ao que experiencia, ainda que vago quanto ao seu significado. Tornando-se compreensivo para si mesmo, sente-se autêntico em relação a si mesmo. Ou seja, ser empaticamente compreendido possibilita o abrir-se a si mesmo, podendo tornar-se um facilitador para outros.

Dessa forma, a compreensão empática é uma ação para possibilitar o conduzir-se adiante do ser humano. Nesse sentido, as atitudes do psicólogo ou de qualquer profissional de saúde e educação precisam ser consideradas cuidadosamente. Elas se referem à própria condição de trabalho daquele que se oferece como agente de mudanças para aquele que se dispõe a abrir-se a outras possibilidades de viver; cuidar de quem cuida envolve atenção extrema, delicada e amorosa. Envolve valores, sentimentos e conhecimentos assumidos como trabalho. Diz respeito a uma entrega desveladora solitariamente desvelada.

Considerá-la por sua aparente simplicidade já revela a ambigüidade implícita expressa na condição de ser homem. Verdadeiro falso brilhante para quem teme a ousadia fronteiriça da ação de cuidar. Seu **aparente** esquecer-se de si e abrir-se à compreensão do outro é expressão da verdadeira coragem da disponibilidade confrontando contradições constantes. É assumir-se autenticamente, encontrando-se e vivendo o angustiante paradoxismo da parcialidade: solidões solidárias, como aponta Pagès (1976). As atitudes básicas revelam, através de seu processo entrelaçado, a condição de existência humana para a aprendizagem do viver.

Contudo, como essa condição se apresenta em situações, por vezes autenticidade, compreensibilidade e comunicabilidade podem não ser notadas tão claramente. Rogers (1977, p. 87) aponta que, nas relações cotidianas, ser

genuíno, revelar ao outro "onde estamos" emocionalmente, possa ser mais significativo; nas relações não-verbais (pai/mãe e bebê, terapeuta e cliente psicótico), disponibilidade e interesse assim como acolhimento e compreensão oferecem um clima solidário, possibilitando a exploração de outras possibilidades; nas situações de mágoa, confusão, medo, dúvida quanto ao próprio valor, incerteza quanto a si mesmo, a compreensão empática sensível e solidária pode ser preciosa. Há que ser cuidadoso para trabalhar consigo, quando se trabalha com um outro que também está "trabalhando" para cuidar de si como trabalho. Sensibilidade e atenção para abrir possibilidades para aprendizagem são atitudes[10] ou disposições humanas, apropriadas no ofício do psicólogo.

ABRINDO POSSIBILIDADES À AÇÃO PSICOLÓGICA: DA EXPERIÊNCIA À APRENDIZAGEM

Apesar de o período de Wisconsin ter propiciado fecundidade teórica por um lado, por outro também significou rupturas decisivas. Rogers (1977) aponta que foi uma experiência dolorosa a crise desencadeada na equipe do "Schiz Project". Huizinga (1984, p. 12) comenta que até mesmo os resultados da pesquisa chegaram a ser roubados e houve necessidade de serem refeitos, por haverem gerado conflitos quanto à autoria para publicação.

Gendlin, entrevistado por Lietaer (1984, p. 516-517), refere-se ao período de Wisconsin e do projeto com esquizofrênicos como muito produtivo do ponto de vista da experiência terapêutica, de progressos na pesquisa (foram elaboradas Escalas de Processo de Experienciando) e na reformulação de aspectos centrais da teoria. No entanto, afirma ter sido também uma época de conflitos tempestuosos, pela inabilidade na condução dos problemas administrativos ao nível estrutural, revelando uma crise ética significativa dentro da equipe de trabalho que conduziu à sua ruptura. Enquanto Rogers, desiludido, partiu, em

---

[10]Francês, do italiano *attitudine* (influência no significado de *atto* aot, ação, do latim *actus,* que vem de *agire,* agir): atitude, tendência natural, do latim tardio *aptitudin-*, aptidão. Diz de disposição primeiramente ancorada em emoção e afeto, expressada como possibilidade e não como crença.
Inglês medieval, do latim medieval *aptitudo,* do latim tardio, *aptus* apto- + *-tudo* -tude – **apropriado.**
Do latim tardio *appropriatus,* particípio passado de *appropriare,* do latim *ad-* + *propriare,* **apropriar-se,** ou seja, **tornar-se próprio.**
Próprio: uma tendência ou inclinação para aprender e compreender a si mesmo e aos outros: **atenção apropriada.**

1966, para o Western Behavioral Science Institute, em La Jolla, Califórnia, e para a Abordagem Centrada na Pessoa, Gendlin permaneceu em Chicago, desenvolvendo a Terapia Experiencial e o Método da Focalização, cuja proposta consiste em explorar o fenômeno subjetivo do cliente no processo de experienciando, no qual o terapeuta assume um papel muito mais diretivo e técnico, pela ênfase no aspecto semiótico da linguagem (GENDLIN, 1984).

Na Califórnia, Rogers encontrou a Psicologia humanista. Com essa visão de ciência humana mais condizente com a experiência, Rogers vai adiante buscando novas ampliações para seu trabalho. Em 1968, juntamente com Coulson, criou o Centro de Estudos da Pessoa: um espaço próprio a partir do qual pôde experimentar outros caminhos: uma equipe de trabalho se constituiu e se desenvolveu de modo muito particular, mas extremamente coerente e influente. O próprio Rogers (1977) considera a importância dos aspectos interpessoais desse grupo fundamental para o trabalho e o desenvolvimento de projetos e expansões. Organizam-se como uma comunidade, onde trabalham em conjunto ou individualmente, respeitando os próprios interesses. O diretor exerce sua autoridade nas funções de rotina. Os problemas são discutidos abertamente, como condição de apoio ou crítica. Rogers (1983) admite que trabalhar numa equipe que possa considerar "como seu grupo de referência, um grupo sem fronteiras formado por amigos e colaboradores" (ROGERS, 1983, p. 21), significou um dos fatores fundamentais para correr riscos e ousar o desconhecido no qual se lançou a Abordagem Centrada na Pessoa. Sentia-se ancorado e encorajado para aventurar novos desafios como expandir os princípios de seu trabalho além da clínica: educação, organizações, família, grupos, comunidades de aprendizagem.

Huizinga (1984) aponta três fatores que determinam a mudança da Terapia Centrada no Cliente para a Abordagem Centrada na Pessoa:

- atenção ao experienciando do psicólogo e do cliente;
- em vez de acentuar as diferenças entre cliente e psicólogo, o acento é colocado no que eles têm de comum: ambos são indivíduos com suas próprias experiências;
- alargamento das características de uma relação terapêutica, como mais geralmente aplicável a todas as relações inter-humanas.

Decresce o interesse limitado no contato a dois para desenvolver-se um interesse específico em "encontro" em grupos maiores e na significância política de seu trabalho

(HUIZINGA 1984, p. 7). Cria-se assim uma abordagem:[11] uma maneira inicial de, em tomando contato com, compreender e comunicar como ocorre a complexidade da experiência humana na diversidade de situações.

Dessa forma, a Abordagem Centrada na Pessoa constituiu-se como fronteira para novas descobertas, ampliando suas atividades para aprender através das diferentes ocorrências do fenômeno humano: facilitar relacionamentos em situações educacionais, sociais, conjugais, familiares, organizacionais, científicas, de expressão e criatividade, em comunidade, criando situações para que mudanças pudessem ocorrer. Ao mesmo tempo, abriu possibilidades para compreender a experiência humana em transformação: aprendendo com a experiência como expressão da experiência humana. Ampliando-se, distanciou-se e guardou aproximações com a Terapia Centrada no Cliente. Nem diferentes, nem diferenciadas, mas, sem dúvida, distintas em suas áreas de atuação. Uma abordagem ambígua: é agente de mudança social, é educacional, é clínica e consultório, é política. Assim, buscando-se como uma prática radical e revolucionária em várias áreas, a Abordagem Centrada na Pessoa abriu possibilidades para interdisciplinaridade.

É pela sintonia com essa referência direta à Abordagem Centrada na Pessoa e seu lugar fronteiriço enquanto prática que outros espaços surgiram para buscar reencontrar o lugar aparentemente ambíguo da prática em Aconselhamento Psicológico e possíveis ressignificações teóricas através da experiência do psicólogo pesquisada na prática mesma. É a partir dessa abertura que um lugar para investigações acerca do humano constitui-se como fronteiriço para aprendizagem, perseguindo a trilha da curiosidade e da dúvida para conhecer.

Se vista em seu estágio inicial e, portanto criativo, toda ciência encontra sua origem na experiência entre o cientista e suas indagações no mundo. Mesmo em estágios posteriores, de intelectualização e conceitualizações, encontram-se componentes afetivos no caminhar da ciência. É assim que ética está nela implícita. Mais ainda, a questão da comunicação acerca do investigado está também implicada na ciência: comunicação consigo e com outros, guiada por valores culturais e sociais, inseparáveis da experiência vivida. A ciência funda-se na experiência imediata do

---

[11]Abordagem – do latim *appropriare*, que se compõe de *ad* (para) + *pro-pe* (perto; *pro* também antes); em francês, *approche*; em inglês, *approach*. Significa modo de tomar passos preliminares para conhecimento ou experiência de algo (WEBSTER, 1974).

homem cientista. Somente é possível sua comunicação se partir da linguagem privada e pessoal, primeiramente, para depois haver uma linguagem teórica, refletindo a compreensão da realidade. Realidade essa em que o cientista mesmo se inclui.

Ciência é o produto que se inicia na experiência de um homem interessado em aprender na/com a realidade. O cientista que quer conhecer a realidade viva da experiência humana não pode ser um legista, pois negaria aquilo que se propõe a conhecer. Não pode se abster de redimensionar-se: atento ao real de que a ciência que faz não é conhecimento puro, mas que diz respeito a uma "*comunicação concreta e recíproca entre homens, empenhada na ação, carregada de valores, pesada de conseqüências sociais*" (PAGÉS, 1976, p. 36), diante da complexidade de um "objeto" que também produz acontecimentos para serem compreendidos.

Desse modo, um laboratório universitário, através tanto de suas variadas propostas de ação quanto de formação de sua equipe de docentes, técnicos, colaboradores e alunos, deixa transparecer o que poderia parecer uma agitação sem sentido, uma falta de ancoragem e de definição, a almas, olhos e mãos não atentamente interessados em buscar o que dizem suas diferentes atividades enquanto prática. Uma escuta cuidadosa pode revelar, no entanto, tal laboratório como um organismo vivo, conduzindo-se como um lugar de aprendizagem: pessoal e profissional da equipe, dos alunos estagiários ou colaboradores e da comunidade e instituições com quem trabalha.

Em gestos, revela preocupação com situações de vida mais justas para pessoas, instituições, sociedade e ciência. É, ele mesmo, uma informal organização formal, na qual os membros da equipe têm, como comunalidade básica, o interesse pela aprendizagem. Um grupo de trabalho que aprendeu a relacionar-se abertamente, baseado em confiança, respeito, liberdade e responsabilidade com envolvimento. Uma equipe que não é somente um grupo de trabalho descaracterizado em identidade e mantido enquanto grupo somente por necessidades funcionais. Autenticidade e compreensão para aprendizagem são os valores básicos que foram pontuando o crescimento dos membros de sua equipe. Alteridade e diferença se fizeram presentes ao longo da história desse laboratório, pontuando as transformações de cada um e da equipe como um todo. Desencontros, rupturas, desmembramentos ocorreram na medida em que as atividades se diversificavam e os interesses particulares não diziam respeito a essas especificidades. Contudo, essas transformações, ao mesmo

tempo em que marcavam diferenças, foram possibilitando a criação de um corpo para os membros como grupo.

Lugar partilhado por quem se dispõe a encarar contradições, um laboratório universitário permite trocas significativas, pessoais e profissionais, aprimorando comunicação, e possibilita experiência de aprendizagem única: o próprio reconhecimento e engajamento da equipe enquanto profissionais singulares e enquanto coletivo. Um verdadeiro processo de aprendizagem significativa é o que mostra esse lugar de trabalho (produção teórica) e ação (experiência pela prática): um grupo respeitoso ao jeito de ser de cada membro e da comunidade atendida, garantindo o acolhimento da alteridade, pelo pertencer com envolvimento. Amparando, ampara-se e pode ousar riscos e aprender pelo fio da sintonia de aprender realizando.

APRENDIZAGEM SIGNIFICATIVA

Fundamental no exercício de profissionais de saúde e educação é abrir possibilidades a modos como o sujeito se apresenta disponível no mundo, ou seja, ressignificar significados como possibilidade de outro sentido. Diz respeito à reflexão **na** experiência e não **sobre** a experiência. É no próprio fluxo de "estar ocorrendo experiência" que são buscados significados ao sentido do que é experienciado, já que uma revisitação ao vivido acontece no próprio experienciando e não posteriormente. Aprendizagem é educativa quando a atenção para o fato permite reflexão ocorrendo *na* experiência, através de ações realizadas e não em função de leituras sobre fatos vivenciados. Milton Nascimento aponta: *"Fé cega, faca amolada"*, cuja derivada primeira poderia ser: "Compreensão cega, faca amolada", e a derivada segunda: "Experiência cega, faca amolada." *Aprender significativamente* é próprio à condição humana.

Conhecer a experiência de profissionais que atuam na interface de ambas as práticas implica proporcionar um lugar para que esses profissionais, contando de seu fazer, possam refletir a respeito de seu papel como cuidadores de saúde e educação, e não como meros técnicos ou tecnocratas em dispositivos institucionais específicos. Um lugar de fala, que se constitua, também, como uma forma de cuidar de quem cuida, ou seja, de quem toma o cuidado do outro como sua principal atribuição, pode partir da aprendizagem significativa.

Caminhando nessa direção, mas por outro enfoque, a metodologia do depoimento como registro da experiência origina e embasa a possibilidade de análise de uma pesquisa interventiva com tais profissionais. De acordo com Schmidt (1990, p. 79), a "*qualidade de recolhedor da experiência ancora-se no trabalho do pesquisador-escritor, envolvido na busca da alteridade e compromissado com a invenção da linguagem que comunique o encontro – suas vibrações, suas aberturas, seus silêncios*". Desse modo, a execução de uma ação assim direcionada significa um *recolher* de depoimentos e experiências, buscando compreensão. A apresentação do *acontecimento* é uma forma de recontar aos grupos a história que eles próprios contaram, de forma que pudessem dela se apropriar com um outro *sentido*.

Assim, adotar um modo fenomenológico existencial de pesquisar implica compreender que aquilo que acontece durante o desenrolar da pesquisa se constitui na interface entre sujeito, mundo e outros. Tal relação somente poderá ser compreendida pela própria condição humana de mútua afetação e interpenetração. O pesquisador passa a ser *narrador* da experiência vivida entre ele e os grupos/narradores, considerando-se que, a ele, se abre como factível apenas uma das interpretações possíveis do real; quer dizer, "*não é uma façanha lógico-conceitual, mas uma possibilidade de compreensão*", como aponta Critelli (1996, p. 136).

Buscando refletir sobre as articulações possíveis entre saúde e educação para promover a formação/capacitação de profissionais dessas áreas, opta-se por abrir situações de compartilhamento de experiência tanto ao que se denominou *supervisão de apoio psicológico*, já anteriormente realizado junto a educadores de rua (LILIENTHAL, 1997) como a *oficinas de criatividade* com educadores de uma instituição para aplicação de medidas socioeducativas a adolescentes em conflito com a lei (LILIENTHAL, 2004). Ambas seriam possibilidades de *ir adiante*, "um passo a mais" rumo à compreensão do sentido como aprendizagem significativa.[12]

Essas modalidades de prática psicológica citadas surgiram de pedidos vindos de instituições como forma de cuidado a seus profissionais. Foram situações propostas para eles falarem de sua prática, de sua experiência de cuidar do outro, para refletir sobre suas formas de cuidado, aproximações e diferenças entre elas. Foram, também, oportunidades para compreender o sentido de prática em instituição, visando sua articulação com o sentido ético e político desse fazer. Era um lugar para que as histórias da prática cotidiana pudessem ser contadas, as dificuldades diárias comunicadas, as conquistas faladas, e, assim, ressignificadas:

> A formação de profissionais de saúde e educação é tarefa complexa que envolve três aspectos básicos e específicos: teoria, prática e processo de desenvolvimento pessoal, que necessitam estar integrados e harmonizados entre si. Considerando que esses profissionais têm em si mesmos seu mais importante instrumento de trabalho, surge a questão de como propiciar a integração da teoria com a experiência da prática e do desenvolvimento pessoal. (MORATO e SCHMIDT, 1999, p. 117)

Desse modo, a forma de propiciar uma coexistência/encontro, a que se referem as autoras, oferece-se através de uma situação metafórica daquela vivida no cotidiano de trabalho de profissionais de saúde e educação, garantindo um espaço para conversarem acerca de suas atividades, visando rever suas atuações pela sua expressividade pessoal. Caminhando pelo fio da experiência, abrem-se possibilidades de outros modos para se encontrarem *em situações*. Tais grupos prestam-se como laboratórios, nos quais os profissionais podem *experimentar-se* através de outras formas de intervenção, encontrando-se, assim, **suas** formas mais próprias e pertinentes de encarar os percalços que se apresentarem. Enfatizei a palavra *suas*, pois o encontrar respostas (*responder a*) ao que surge é singular, dizendo respeito a como cada um se encontra no mundo, constituindo-se por seu modo de singularização. Não existindo certeza de encontrar-se respondendo no mundo, resta ao profissional encontrar-se a si mesmo, dentre a multiplicidade de possibilidades de respostas, qual a mais apropriada à sua forma de ser, através de *encontrar-se*, com sua *compreensão* e com sua *fala*, **na** experiência:

> A ocorrência de *aprendizagem significativa* depende da criação da criação de condições facilitadoras propiciadas por um certo contexto sociopsicológico. Rogers (1978), através de grupos de encontro e das comunidades de aprendizagem, forneceu as

---

[12] A supervisão de apoio psicológico é feita a partir da reflexão sobre questionamentos e dificuldades profissionais, visando uma atuação de ajuda mais disponível e receptiva por parte dos profissionais. Já a oficina de criatividade é um espaço de elaboração da experiência pessoal e coletiva usando recursos expressivos (movimento corporal, atividades de expressão plástica e de linguagem). Ambas são conduzidas por facilitadores com formação em Psicologia. A constituição dessas práticas implica, também, a criação de espaços de supervisão para esses facilitadores. Nenhuma das duas apresenta-se como supervisão técnica específica para atuação profissional, mas sim como espaço para elaboração da experiência profissional. (MORATO, 1999, p. 37.)

bases para experiências inaugurais no campo da *aprendizagem significativa*. Os grupos de encontro consistem na convivência autogestionada de um grupo de seis a oito pessoas que se reúnem, semanalmente, durante uma hora e meia a duas horas, com a finalidade de conversarem sobre suas experiências pessoais e profissionais, conflitos e dificuldades na esfera do relacionamento interpessoal. As sessões do grupo são acompanhadas por um facilitador que, normalmente, é um especialista em assuntos humanos com formação em psicoterapia. (MORATO e SCHMIDT, 1999, p. 118)

Esses grupos-protótipo, concebidos por Carl Rogers, como citado por Morato e Schmidt, foram os precursores daqueles aos quais hoje se recorre como oferecimento de prática psicológica. Apresentam uma descrição do contexto sociopsicológico para a ocorrência de aprendizagem significativa, das quais destaco a convivência autogestionada. Por ela, seria possível propiciar aos membros do grupo a possibilidade de encontrarem-se em possíveis desentendimentos, diferenças e conflitos, encontrando-se um *supervisor de apoio* que não opera pela expectativa de sua intervenção como resolução de pendência; ele não age, como ocorre na maior parte das instituições, sendo um "superior-juiz": não sugere, nem impõe, ou decreta, julga e sentencia o que deve ser feito. Ou seja, os participantes podem experienciar o encontro na alteridade entre homens, encontrando-se, *na experiência mesma do experimentando*, alternativas para o encaminhamento da pendência.

Se quisermos tomar a experiência como matéria-prima na formação de profissionais das áreas de saúde e educação, faz-se necessário restituir o valor da narrativa e da existência de uma comunidade democrática de ouvintes e falantes como condição para uma proposta educacional compatível e que indique um caminho na contracorrente do ensino pautado pela transmissão de informações. Nesse contexto, o grupo de encontro, aqui abordado, apresenta-se como uma possibilidade de insurreição às formas convencionais de distribuição dos lugares de fala e escuta na relação professor-aluno e, ao mesmo tempo, à crescente informatização do ensino, que tem como efeito a restrição da comunicação oral e a supressão do espaço dos relatos como forma de transmissão do saber. (MORATO e SCHMIDT, 1999, p. 127)

Apesar de Morato e Schmidt (1999) estarem discutindo a questão numa situação de um grupo de estudantes de Psicologia ainda na universidade, tais observações são pertinentes ao âmbito da pós-formação de profissionais de saúde e educação em geral. Dizem respeito a um modo possível de ação via modalidades de prática psicológica em situações existenciais contextualizadas. Abrem a possibilidade de uma compreensão de clínica outra e atual.

A experiência profissional como supervisor de grupos vem mostrando que os alunos e participantes chegam com repertórios de expressão, idéias e ações e de vocabulário cada vez mais restritos. Apresentam-se como que murchos, desgastados, desbastados, cansados. Suas *falas* parecem estar destituídas da *voz do dono*; mas, pelo *cultivo do falar*, apresentam-se sensivelmente outras. Seria isso ao que se refere como sendo aprendizagem significativa?

Aprendizagem significativa designa o processo de constituição e apropriação de um "saber fazer/saber dizer", correspondendo, dessa forma, à experiência. O conceito de *aprendizagem significativa* compreende, portanto, a aprendizagem como processo de manifestação de vida, de desenvolvimento e expressão viva da necessidade de crescimento presente nos organismos. Nesse contexto, os processos de aprendizagem revelam-se como possibilidades de compreensão e conhecimento e, portanto, de atribuição de significado para relações e situações vividas pela pessoa, seja consigo mesma, seja com o mundo, ou com os outros. São essas as condições da existência humana que refletem a qualidade da expressão/comunicação como criação de significado, partindo do *significado sentido* como referência que permite o ultrapassamento para novas possibilidades, num processo de aprendizagem *quente*, por assim dizer. (MORATO e SCHMIDT, 1999, p. 128-129)

Assim, a *aprendizagem significativa* refere-se à criação ou resgate de sentido para "falas" a partir da própria experiência, geralmente esquecida ou como "em branco", conduzindo-as a caírem num lugar comum do "falar por falar". Na ausência de situação para a ocorrência de criação de *significado sentido*, falas não se dirigem para a abertura a outras possibilidades, articulações, sentido. No dizer de Gendlin (1973, p. 287), ocorre fala por transições entre o *ir para frente, voltar, ir para trás, para novamente ir para frente*:

(...) o próximo passo pode emergir através de uma conexão experiencial. A forma como experienciamos a situação pode nos levar ao próximo passo que faça sentido, mas que não poderia suceder o anterior de qualquer uma das outras formas. Muitas vezes isso ocorre sem que demos especial atenção, mas algumas vezes paramos para referir diretamente o experienciar. Referência direta é ela própria uma mudança, que então leva à próxima mudança. Obviamente não há formulação final dos modos pelos quais as mudanças do experienciar podem superar uma formulação. Poderíamos discriminar mais tipos de mudanças subseqüentes, ou utilizar outras referências para distinguir os tipos. Nossa nova "base" não é uma lista qualquer, mas o funcionamento experiencial-funcional mais amplo. (...) Podemos justapor outros modelos e abordagens com resultados diferentes, mas ainda assim estaremos na experiência que estiver ocorrendo. (...) O tipo de transição a que denomino **"referência direta"** é ela própria um tipo de simbolização. Ela extrai (cria, encontra, sintetiza, diferencia...) um "isto" que não era um isto, antes. Quando parecemos encontrar algo que "estava" lá, na realidade já nos movemos adiante. Não necessitamos de uma equação falsa. Nenhuma equação é possível entre implícito e explícito. O que importa é a maneira pela qual o próximo passo **parte** (continua, leva adiante, faz sentido a partir) daquilo que o precedeu.[13]

A *aprendizagem significativa em ação*, por outro lado, também pode se referir ao fenômeno vivido em supervisões de apoio psicológico a instituições, e que passou a ser denominado *espelho mágico*. Surgiu a partir de experiência vivida, relatada a seguir:

Era o ano de 1994. Recordo-me com clareza do momento em que a noção 'Espelho Mágico' nasceu. A equipe que desenvolvia o trabalho de Supervisão de Apoio Psicológico com Educadores de Rua estava composta de oito pessoas, quase que amontoados na pequena sala de nossa supervisora, procedendo a uma supervisão. Tratávamos de uma intrincada questão de relacionamento dentro de uma das Casas Abertas que atendíamos. A supervisão estava truncada, não fluía, pois nós não estávamos conseguindo nos comunicar, devido a diferenças pessoais existentes em nossa própria equipe. Os ânimos estavam acirrados quando, de repente, a supervisora, aos gritos com sentido de "Eureca!", bradou: "Gente! Pára, gente!! Nós estamos fazendo igualzinho a eles!" Ao mesmo tempo, longo silêncio, risos soltos e uma sensação de alívio permitiram reconhecer, em nós mesmos, sem palavras, o que estava ocorrendo no grupo sobre o qual discutíamos. Pusemo-nos, então, a falar de nosso próprio grupo, o de supervisão, assim tematizando e esclarecendo nossas próprias questões, como meio de compreender o grupo de Educadores. Perplexos, na visita seguinte à Casa Aberta em questão, tivemos condições de compreender e dizer, com relativa facilidade, o que, na semana anterior, havia sido tão intrincado e paralisante. Ao perceber essa mesma situação como outra, concluímos que havíamos feito uma experiência de aprendizagem para a situação em questão, uma vez que a havíamos experienciado, em outro momento, entre nós. Com certeza não era a **mesma** situação, mas a passada pudera abrir recursos para a atualmente vivida. Com o tempo, pudemos explicitar como nossa reconfiguração provocava nos grupos, com os quais trabalhávamos, uma reconfiguração que, guardadas as devidas proporções, apresentava-se com caráter muito semelhante à nossa. (LILIENTHAL, 2004, p. 96-97)

Visto por outra perspectiva, pode-se compreender como uma modalidade de prática psicológica, proposta como situação para a ocorrência de *aprendizagem significativa*, revela a diferença do *trabalho num grupo autogerido* **versus** o *trabalho num grupo com (in)gerência externa*. Pode atentar para algo que se evidencia durante essa prática: a ambigüidade de profissionais com respeito à sua instituição e a seu próprio trabalho por ela criticado. Essa questão vai ao encontro do pensamento de Bauman (1999), ao afirmar que a ambigüidade ocorre *"quando os instrumentos lingüísticos de estruturação se mostram inadequados"* (p. 10), pensamento esse válido tanto para os profissionais quanto para a instituição.

Ressalta-se, todavia, que as modalidades de prática psicológica nesses contextos encaminham-se por um mesmo modo de compreensão: aquele que, na pós-moder-

---

nidade, se convencionou denominar *(falta de) qualidade de vida*, um modo *pós-modernizado* de falar de educação. Ou seja, falar de *qualidade de vida* da maneira usualmente empregada por certas técnicas nesses contextos é falar *sobre* a experiência e não *na* experiência.

No trabalho de formação como capacitação para profissionais de saúde e educação, muitos deles, tidos como *experts* em termos de teoria e prática, são levados de roldão pelas águas de suas atividades profissionais. Falta-lhes fé[14] em sua própria experiência: não se fiaram na *experiência humana* diante de alteridades, com as quais entraram em contato, lhes permitiram conhecer e serem por elas marcados. Assim, não podem compreender a si próprios, arremessando a responsabilidade de fracassos e descontentamentos profissionais sobre a alteridade ela mesma. Em suma, falta-lhes a possibilidade de *aprenderem significativamente* a encontrar-se com questões emergidas a partir de si mesmos em suas práticas profissionais. Afinal, é possível dizer como foi a apreensão da experiência, a comunicação da afetação, bem como dissertar e encontrar o sentido da experiência, na medida em que se articula o que é explícito (teórico) com o que já é tácito (vivido) em qualquer ação em situação de trabalho.

Em Oficina de Criatividade (LILIENTHAL, 2004), ficou evidente que profissionais de instituição para adolescentes infratores se preocupam com a *educa-são* e integridade dos internos, embora isso tenha sido pouco referido. Tal fato poderia expressar a necessidade de resgatarem a si próprios em primeiro lugar (*Befindlichkeit*), para, a partir daí, poderem dispor-se ao outro. Contudo, ao dizerem dos possíveis reflexos das oficinas em suas vidas, mencionaram uma relevância para encontrarem-se pessoal e *profissionalmente*, ainda que sem referência direta aos internos. Isso leva a refletir que, possivelmente, o *espelho mágico* tenha

maior amplitude do que se poderia imaginar, atingindo outros âmbitos da vida dos educadores.

Torna-se difícil delimitar as fronteiras entre *aprendizagem significativa* e *espelho mágico*, uma vez que ambos parecem dizer respeito ao *Befindlichkeit*. Foi sendo perdido o modo de ser na *forma de experienciar o mundo*, mostrando que a relação atualmente existente entre saúde e educação passa longe de suas proposições originárias, em nome de um tecnicismo considerado *o correto*.[15]

Observar o sentido de *correto* permite percorrer caminhos hilários, já que seu étimo remete ao que é *emendado, refeito, corrigido*, ou seja, uma *verdade emendada*. Já a observação do étimo grego da palavra remete à *condução* de algo, *condução* que pode ou não ser correta. De qualquer forma, reitera a *mudança de significado* que a translação de termos do grego para o latim provocou *ao como é o sentido da experiência de mundo vivida*. E assim a *correção* terá que ser emendada e refeita até que ocorra uma *aprendizagem significativa*, que abre ao homem a possibilidade de aprender a *experiência do mundo como é por ele vivido*.

O *ir para frente, voltar, ir para trás, para novamente ir para frente* apresenta-se tecendo *o* e tecido *pelo fio de solicitude (ser solícito e solicitado a)* encontrado, como abertura para a possibilidade da criação de algo mesmo/outro. Desse modo, pelo fio da sintonia da aprendizagem significativa, modalidades de prática psicológica apresentam-se como **atenção**: disponibilidade solicitamente inclinada à experiência vivida. Ou seja, nas palavras de Gendlin (1962, p. 5): *"Sentimento sem simbolização é cego; simbolização sem sentimento é vazia."*

---

[14]Fé = lat. *fides, éi* 'fé, crença (no sentido religioso), engajamento solene, garantia dada, juramento (na linguagem do direito).

[15]Correto = lat. *correctus, a, um* 'emendado, refeito, corrigido', do part. pas. do v. *corrigere* 'pôr direito o que está torto, emendar'. Reg- = elemento de composição; é a tradução do gr. *hé orthê* (*ptôsio*); de resto, *rectus* tem todos os sentidos de *orthós*, com todos os empregos deste; *rector, oris* 'condutor, piloto, cocheiro, guia, diretor, chefe' (fr. meridional *ritú*, esp. *rector*, port. *reitor*), *rectrix, icis* 'diretora, senhora, a que governa, dirige', *rectura, ae* 'direção em linha reta'. (DEH)

REFERÊNCIAS BIBLIOGRÁFICAS

CRITELLI, DM. **Analítica do sentido: Uma aproximação e interpretação do real de orientação fenomenológica**. São Paulo: Educ/Brasiliense, 1996.

CURY, VE. **Psicoterapia centrada na pessoa: evolução das formulações sobre a relação terapeuta-cliente**. São Paulo, 1987. 96 p. Dissertação (Mestrado). Instituto de Psicologia da USP.

Dicionário Eletrônico Houaiss da Língua Portuguesa. Rio de Janeiro: Objetiva, 2001.

FÉDIDA, P. Introdução a uma metaPsicologia da contratransferência. Trad. Ana Maria Amaral. **Revista Brasileira de Psicanálise**, 20: 613-629, 1986.

FRAYZE-PEREIRA, JA. **A tentação do ambíguo; sobre a coisa sensível e o objetivismo científico: estudo e crítica.** São Paulo: Ática, 1984. 240p. (Ensaios, 104.)

GENDLIN, ET. **Experiencing and the creation of meaning; a philosophical and psychological approach to the subjective.** New York: The Free Press of Glencoe, 1962. 302p.

_____. A theory of personality change. In: WORCHEL, P. & BYRNE, D. (eds.). **Personality change.** New York: John Wiley & Sons, 1964. p. 102-148.

_____. Experiential phenomenology. In: NATANSON, M. (coord.). **Phenomenology and the social sciences.** Evanston, Ill.: Northwestern University Press, 1973.

_____. Comunicação subverbal e expressividade do terapeuta: tendências de terapia centralizada no cliente no caso de esquizofrênicos. In: ROGERS, CR & STEVEN, B. (org.) **De pessoa para pessoa; o problema de ser humano, uma nova tendência na Psicologia [Person to Person; the problem of being human].** Trad. Miriam L. Moreira Leite e Dante Moreira Leite. São Paulo, Pioneira, 1976. p. 137-148 (Novos Umbrais).

_____. Befindlichkeit: Heidegger and the philosophy, of psychology. **Review of Existential Psychology and Psychiatry** 16(1-3): 43-71, 1978/1979.

_____. The client's client: the edge of awareness. In: LEVANT, RF & SHLIEN, JM. (ed.). **Client-centered therapy and the person-centered approach; new directions in theory, research, and practice.** New York: Praeger Publishers, 1984. p. 76-107.

GOMES, WB. **Experiential psychotherapy and semiotic phenomenology: a methodological consideration of Eugene Gendlin's theory and application of focusing.** Illinois: Southern Illinois: University at Carbondale, 1983. 248p. Tese (Doutorado).

_____. Psicologia humanista, humanismo e humanizações. In: **Simpósio Vivência Acadêmica: O Enfoque Centrado na Pessoa".** São Paulo, 1º a 4 jul. 1986. Cadernos USP. São Paulo, Codac – USP, março 1987. p. 62-74.

HUIZINGA, J. Developments in life and work of Carl Rogers. In: **The First International Forum on the Person-Centered Approach.** Oaxtepec (Mexico), jun. 24- jul. 04, 1984. Proceedings. Mexico, Centro de Difusión y Extensión Universitarias – Universidad Iberoamericana, 1984. p. 411-434.

LIETAER, G. On client-centered and experiential psychotherapy: an interview with Eugene Gendlin. In: **The First International Forum on the Person-Centered Approach.** Oaxtepec (Mexico), jun. 24, jul. 04, 1984. Proceedings. Mexico, Centro de Difusión y Extensión Universitarias – Universidad Iberoamericana, 1984. p. 511-534.

LILIENTHAL, LA. **A Gestaltpedagogia sai às ruas para trabalhar com crianças e educadores de rua.** Dissertação de Mestrado. Instituto de Psicologia da Universidade de São Paulo. São Paulo: 1997.

_____. **Educa-são: uma possibilidade de atenção em ação.** Tese de Doutorado. Instituto de Psicologia da Universidade de São Paulo. São Paulo: 2004.

MORATO, HTP. **Eu-supervisão: em cena uma ação buscando significado sentido.** Tese de Doutorado. Instituto de Psicologia. São Paulo: Universidade de São Paulo, 1989.

_____. Serviço de Aconselhamento Psicológico do Ipusp. In: MORATO, HTP. (Org.) **Aconselhamento Psicológico Centrado na Pessoa – Novos desafios.** São Paulo: Casa do Psicólogo, 1999.

MORATO, HTP; SCHMIDT MLS. Aprendizagem significativa e experiência: um grupo de encontro em instituição acadêmica. In: MORATO, H.T.P. (org.). **Aconselhamento Psicológico Centrado na Pessoa – Novos desafios.** São Paulo: Casa do Psicólogo, 1999.

PAGÉS, M. **Orientação não-diretiva em psicoterapia e em Psicologia social [L'orientation non-directive em psychothérapie et en psychologie sociale].** Trad. Agenor Soares Santos. Rio de Janeiro: Forense Universitária; São Paulo: Edusp, 1976. 228p.

POLONYI, M & PROSCH, H. **Meaning.** Chicago, The University of Chicago Press, 1975. 246p.

SCHMIDT, MLS. **A experiência de psicólogas na comunicação de massa.** Tese de Doutorado. Instituto de Psicologia da Universidade de São Paulo, 1990.

ROGERS, CR. **Sobre o poder pessoal.** São Paulo: Martins Fontes, 1978.

_____. A theory of therapy, personality, and interpersonal relationships, as developed in the client-centered framework. In: KOCH, S. (org.). **Psychology: a study of a science. Study I. Conceptual and systematic.** Vol. 3; Formulations of the person and social context. New York: McGraw-Hill Book Co., 1959. p. 184-256.

ROSENBERG, RL. Terapia para agora. In ROGERS, C. R. & ROSENBERG, RL. **A pessoa como centro.** São Paulo, EPU/Edusp, 1977, 228p.

THOMSON, PG. Sobre a função receptiva do analista [On the receptive function of the analyst]. Trad. Cecília Montag Hirchzon e Chulamit Terepins. **Revista Brasileira de Psicanálise**, São Paulo, 17: 83-132, 1983.

QUESTÕES COMENTADAS

1) Como pode ser compreendido o "experienciando" a partir de Gendlin?

R: Experienciando, para Gendlin (1962), é uma dimensão subjetiva de eventos; refere-se ao que a pessoa "conhece" intimamente. Ela vive "em seu experienciando subjetivo e olha o mundo a partir dele e através dele" (GENDLIN, 1962, p. 228). Reconhecendo a importância teórica dessa reformulação, abre-se um parêntese para enveredar pelo trajeto teórico da proposta de Rogers, a fim de melhor compreender o processo de experienciando. Experienciando seria um fenômeno subjetivo que se refere a um sentimento de quem está vivendo uma experiência. Diz respeito a um fluir contínuo de sentimentos com alguns conteúdos explícitos, ou seja, algo dado no campo fenomenal de cada sujeito.

É possível, também, clarificar como se manifesta o experienciando pela diferença que apresenta em relação à conceitualização. Ambos podem ocorrer simultaneamente ou não. Se ocorrem simultaneamente, ambos são vistos como uma unidade, e não podemos distingui-lo; experienciando apresenta-se, nessa situação, como o "significado para nós dos conceitos" e os "conceitos conceituam o experienciando". Mas, também, pode ocorrer termos um sentimento forte sem que saibamos o que seja; nesse caso, ocorre o experienciando sem conceitualização. Outras vezes, falamos de um sentimento que tivemos ontem, mas que hoje não sentimos mais; é uma conceitualização com pouco experienciando para conceitualizá-la.

O que Gendlin procura ressaltar, enfatizando essa diferença entre experienciando e conceitualização, é que o processo de experienciando é fator de mudança, ou melhor, abertura de possibilidades outras. Em muitas situações, sendo terapia uma situação possível, sujeitos podem ter conhecimento intelectual sobre o que lhes ocorre (conceitualização), mas isso é completamente diferente de como está ocorrendo e mudando o experienciando. Em outras palavras, conhecer (conceitualização) é diferente daquilo que está sendo sentido, ou seja, de como se está percebendo e refletindo através do que se está experienciando no momento. Isso pode ser observado no processo terapêutico: quantas vezes o cliente está sabendo o que lhe ocorre mas sem que, efetivamente, ocorram mudanças na maneira como se sente. Somente quando o cliente se refere diretamente ao que está sentindo no momento é que outras possibilidades se abrem. Somente quando há referência direta ao que se está experienciando é que de fato pode ocorrer mudança terapêutica. Para clarear esse fenômeno é que ele propõe uma nova maneira de compreensão para mudanças da personalidade: o processo de experienciando em relações interpessoais.

2) Discorra acerca do *Befindlichkeit*.

R: ***Befindlichkeit*** um conceito heideggeriano para expressar o modo de existência da condição humana e de seu modo de sentir emoção, afeto ou sentimento. Diz respeito à nossa condição própria de ser humano, de sentirmos (*to sense,*) "*a nós mesmos vivendo em situações com outros, com uma compreensão implícita do que estamos fazendo e com uma comunicação entre nós sempre já envolvida*" (GENDLIN, 1978/79, p. 45). É um conceito que diz respeito a um ser (o humano) que é seu próprio *relacionando-se*. Essa condição de *sendo-aqui-no-mundo-com-outros* diz algo que é interno e externo ao mesmo tempo. Dessa forma, ***Befindlichkeit*** é um conceito que diz respeito ao modo relacional, presente antes mesmo que seja possível fazer-se qualquer distinção entre interno e externo. Não é nem um conceito interacional nem intrapsíquico, embora diga de ambos. Dessa forma, ***Befindlichkeit*** é visto por Gendlin como um conceito que precede e elimina a distinção entre dentro e fora, tanto quanto entre mim (*self*) e outros, entre afetivo e cognitivo.

Assim, Gendlin explora também que tais mudanças básicas nas espécies de conceito devem afetar toda a ciência e não somente a Psicologia, pois implica que ***Befindlichkeit*** pode ser um conceito também visto como uma nova metodologia. Considerar o modo de existir de ser humano como um ***Befindlichkeit*** é uma maneira diferente de se abordar a condição humana; nem por sistemas nem por conceitos, mas também por ambos; ou seja, por processo. Se faz parte da condição de ser humano estar aberto para ter acesso ao que ocorre em si-em-situações-com-outros, ***Befindlichkeit*** refere-se, pois, a uma disponibilidade para acesso a si e a outros com compreensão ativa e implícita do que está ocorrendo, bem como da articulação dessa compreensão para comunicação com outros e ouvir o que deles volte; com isso, nova abertura ocorre. Esse é um processo relacional e de relacionais, simultâneo, da condição de ser humano que possibilita abertura e acesso a outras formas de relações e relacionamentos, e, portanto, outras possibilidades e/ou mudanças podem ocorrer.

Na mesma direção, Gendlin (1978/79) recorre a ***Befindlichkeit*** para compreender o conceito de sentimento, emoção ou afeto e como abordá-los em psicoterapia. Reencontra aí, também, o sentido de experienciando.

3) A que se refere *aprendizagem significativa*?

R: *Aprendizagem significativa* designa o processo de constituição e apropriação de um "saber fazer/saber dizer", correspondendo, dessa forma, à experiência. O conceito de *aprendizagem significativa* compreende, portanto, a aprendizagem como processo de manifestação de vida, de desenvolvimento e expressão viva da necessidade de crescimento presente nos organismos. Nesse contexto, os processos de aprendizagem revelam-se como possibilidades de compreensão e conhecimento e, portanto, de atribuição de significado a relações e situações vividas pela pessoa, seja consigo mesma, seja com o mundo, ou com os outros. São essas as condições da existência humana que refletem a qualidade da expressão/comunicação como criação de significado, partindo do *significado sentido* como referência que permite o ultrapassamento para novas possibilidades, num processo de aprendizagem *quente*, por assim dizer.

Assim, a *aprendizagem significativa* refere-se à criação ou resgate de sentido para "falas" a partir da própria experiência, geralmente esquecida ou como "em branco", conduzindo-as a caírem num lugar comum do "falar por falar". Na ausência de situação para a ocorrência de criação de *significado sentido*, não se dirigem para a abertura a outras possibilidades, articulações, sentido. No dizer de Gendlin, não ocorre fala por transições entre o *ir para frente, voltar, ir para trás, para novamente ir para frente*. Ou seja, o próximo passo pode emergir através de uma conexão experiencial. A forma como experienciamos a situação pode nos levar ao próximo passo que faça sentido, mas que não poderia suceder o anterior de qualquer uma das outras formas. Muitas vezes isso ocorre sem que demos especial atenção, mas algumas vezes paramos para referir diretamente o experienciar. Referência direta é ela própria uma mudança, que então leva à próxima mudança.

Obviamente não há formulação final dos modos pelos quais as mudanças do experienciar podem superar uma formulação. Poderíamos discriminar mais tipos de mudanças subseqüentes, ou utilizar outras referências para distinguir os tipos. Nossa nova "base" não é uma lista qualquer, mas o funcionamento experiencial-funcional mais amplo. Podemos justapor outros modelos e abordagens com resultados diferentes, mas ainda assim estaremos na experiência que estiver ocorrendo. O tipo de transição a que denomino **"referência direta"** é ela própria um tipo de simbolização. Ela extrai (cria, encontra, sintetiza, diferencia) um "isto" que não era um isto antes. Quando parecemos encontrar algo que "estava" lá, na realidade já nos movemos adiante. Não necessitamos de uma equação falsa. Nenhuma equação é possível entre implícito e explícito. O que importa é a maneira pela qual o próximo passo **parte** (continua, leva adiante, faz sentido a partir) daquilo que o precedeu.

CAPÍTULO III

A Ação Clínica e a Perspectiva Fenomenológica Existencial*

*Carmem Lúcia Brito Tavares Barreto*** · *Henriette Tognetti Penha Morato****

A ocupação do espaço psicológico pelos diversos sistemas e projetos não gerou proposta integrada conceitual e teoricamente. Os sistemas de pensamento foram surgindo quase ao mesmo tempo, configurando propostas diversas para uma apreensão teórica com pretensões epistemológicas de demarcação do "psicológico". Embora dirigidos a preocupações aparentemente excludentes – o comportamento manifesto ou a experiência imediata do sujeito –, tais sistemas não se apresentavam tão independentes assim uns dos outros. Para além das diferenças, fazia-se presente, reiteradamente, a necessidade de confirmar a legitimidade de cada uma das posições particulares a fim de os diversos sistemas se tornarem habitantes apropriados do mesmo espaço psicológico como campo de conhecimento comum.

No entanto, a unificação do campo de saberes psicológicos apresentou-se utópica diante da dispersão e fragmentação dessa área de conhecimento. Segundo Penna (1997), um novo processo de dispersão acrescentou-se ao que já dominava o campo do saber psicológico, com o processo de multiplicação de novas disciplinas como resultado do desdobramento de domínios tradicionais. Atualmente, as preocupações centralizam-se na coerência interna das produções teóricas e nas possibilidades de articulações transdisciplinares com suas implicações éticas e políticas.

O panorama contemporâneo, ainda dominado pela necessidade moderna de sínteses e respostas definitivas para as questões centrais da Psicologia, depara-se com a fragmentação dos saberes psicológicos e aponta para a necessidade de revisitar as grandes contribuições das escolas e sistemas psicológicos, sem os vieses de uma compreensão já comprometida com as definições teórico-sistemáticas desenvolvidas a partir delas. Tal posição legitima a atitude de retomar a contribuição de um determinado autor sem a obrigação de manter-se fiel à "escola" derivada da sua orientação e idéias psicológicas, possibilitando a elaboração de outras compreensões contidas em sua proposta e que permaneciam veladas pela imposição de interpretações que se tornaram sistemáticas.

É nesse contexto que a Fenomenologia e o Existencialismo marcaram de diferentes modos, direta ou indiretamente, a psiquiatria, a Psicologia e, particularmente, o campo das práticas psicológicas. Mas, antes de explicitar essas diferentes formas de influência que culminaram com a elaboração da perspectiva fenomenológica existencial em Psicologia, uma breve contextualização da idéia de matrizes psicológicas, elaborada por Figueiredo (1996), poderá ajudar nessa reflexão, apontando para um lugar próprio que essa perspectiva ocupa na Psicologia, para além do plano dos projetos e sistemas psicológicos. Por tal razão, optou-se por delinear as matrizes, que permitem trabalhar além das teorias e sistemas – maneira mais adequada e esclarecedora para se abordar a perspectiva fenomenológica existencial, tão acriteriosamente confundida com

---

*Este capítulo foi extraído de Barreto, CLBT: *Ação Clínica e os Fundamentos Fenomenológicos Existenciais*, 2006. Teste de Doutorado em Psicologia Escolar e Desenvolvimento Humano. São Paulo: Instituto de Psicologia da Universidade de São Paulo. O texto recorre à apresentação da pesquisadora principal, referindo-se à sua própria experiência no desenrolar da pesquisa; então, por vezes, o tempo verbal aparece na 1ª pessoa do singular.
**Pesquisadora principal.
***Orientadora da pesquisa.

a Psicologia humanista, com a Abordagem Centrada na Pessoa e a Gestalterapia.

Sinteticamente, as matrizes do pensamento psicológico têm por proposta compreender as concepções de homem, de mundo e de objeto da Psicologia que estão por trás dos diferentes projetos e sistemas psicológicos. Tal atitude almeja olhar os projetos e sistemas de Psicologia buscando tanto compreender as possibilidades de dispersão do campo da Psicologia quanto identificar algumas confluências e diferenças inconciliáveis.

Apresentam-se em dois grandes grupos. No primeiro, encontram-se as matrizes cientificistas, que, por desconhecerem a singularidade do sujeito, assumem, predominantemente, o modelo das ciências naturais. Buscam a ordem natural e comportamental dos fenômenos psicológicos e partem do pressuposto de que existe uma "verdade" que pode ser indicada por evidências e demonstrações, confirmando assim a predominância do método científico. Assumem um realismo ontológico que defende a crença na realidade independente do sujeito que a conhece. Essa seria a matriz dos projetos do Estruturalismo, do Funcionalismo e do Comportamentalismo.

Num segundo grupo, encontram-se as matrizes românticas e pós-românticas, que reconhecem e sublinham a especificidade do sujeito. Elas reivindicam a independência da Psicologia diante das demais ciências, procurando novos cânones científicos que a legitimem. Denunciam a insuficiência dos métodos das ciências naturais para o estudo dos fenômenos psicológicos, privilegiando a experiência subjetiva antes de qualquer racionalização e objetivação.

Nesse grupo, há uma perspectiva mais vitalista e naturalista própria das Psicologias humanistas. Há, também, as matrizes compreensivas, que congregam as raízes estruturalistas da Psicologia da forma e da psicanálise, e a matriz fenomenológica existencial. Ambas buscam encontrar respostas para o problema da verdade e se apresentam como ciências compreensivas.

Nessa direção convém, recorrendo a Dilthey (1883-1911), distinguir as ciências históricas, fundamentadas no método compreensivo-hermenêutico, das ciências naturais, baseadas, por sua vez, no método explicativo das ciências causais com a elaboração de leis gerais – distinção que postula diferentes orientações ontológicas e epistemológicas. Assim, Dilthey definiu as ciências naturais como ciências explicativas, ressaltando o fato de estarem submetidas à previsão e ao controle. Quanto às históricas, consideradas ciências do espírito, não se submetem a um processo objetivador, pois seus sujeitos não são passíveis de autoneutralização.

Por essa perspectiva, sua meta é a comunicação. Os atos comunicativos seriam atos de indivíduos históricos e culturalmente datados numa articulação entre biografia individual e formas culturais, o que demandaria atitude compreensiva como forma de desvelar a experiência vivida que se manifesta pelos ou nos atos comunicativos. O sentido que os sujeitos atribuiriam ao mundo e às experiências vividas e expressas em seus atos comunicativos constituiria o objetivo das ciências do espírito.

Enquanto os estruturalismos buscaram enfrentar a questão de como fundamentar uma interpretação da verdade por meio do rigor metodológico, empenhando-se na formalização dos conceitos e dos procedimentos analíticos, a perspectiva fenomenológica existencial, de cunho heideggeriano, vai desenvolver-se como uma crítica à metafísica, suporte para a constituição da ciência e da técnica moderna. Tal crítica foi dirigida aos significados legados pela metafísica para o homem, o mundo, o pensamento, o ser, a verdade, o tempo, o espaço, entre outras dimensões. Assim, antes de produzir um método, engendrou nova ontologia, visando a outra via de conhecimento fundada na episteme fenomenológica.

Diante de tal cenário, seria possível dirigir questionamentos à prática psicológica refletindo-a como ação que poderia escapar do domínio da técnica, enveredando por outros caminhos, afastando-se de procedimentos prescritivos voltados para o tratamento e a cura? Será que as considerações críticas, feitas por Heidegger, à ciência moderna e aos pressupostos norteadores da constituição da Psicologia científica poderiam subsidiar tais reflexões sobre as práticas psicológicas?

Heidegger (1966) considera a ciência um dos fenômenos essenciais da Idade Moderna e a técnica mecanizada, o resultado mais visível da essência da técnica moderna. Por conseqüência, toda atividade do homem moderno e contemporâneo está afinada por um único diapasão: a razão tecnológica. Nossa cultura está dominada por essa perspectiva, e, no sentido corrente, apreende-se a técnica na sua dimensão instrumental, possibilitando à ação humana atingir determinados fins regidos pelo princípio de causalidade. Isso significa que assumimos o real e a natureza como grande fundo de reserva, disponível para extração e obtenção, transformação e acumulação, sob o comando da previsão e do cálculo.

Por sua vez, a compreensão da condição humana proveniente do modo de pensar heideggeriano levanta questionamentos sobre o mostrar-se do ser-homem e o acesso que este exige a partir de sua singularidade, denunciando a insuficiência do conhecimento científico-natural para compreender o ser-homem específico. O ser exige uma identificação própria, o que não significa abandonar a ciência, mas "chegar a uma ação refletida, conhecedora com a ciência e verdadeiramente meditar sobre seus limites" (HEIDEGGER, 2001, p. 45).

No entanto, os conhecimentos científicos naturais foram aplicados à Psicologia sem nenhuma consideração à especificidade do ser-homem. Tal aplicação pode responder pelo suceder e pelas mudanças no psíquico, mas não pelo que é o psíquico. Essa resposta não se fundamenta no princípio da causalidade – idéia que faz parte da estrutura do ser da natureza. Os fenômenos psíquicos, para serem vislumbrados, exigem outro modo de aproximação: supõem, segundo Heidegger, a motivação, que "se refere à existência do homem no mundo como um ente que age, que tem experiências" (HEIDEGGER, 2001, p. 51). Assim, apesar de o ser humano constituir-se como ser de necessidade enraizado no mundo natural e de estar inserido numa sociedade e afetado pelas condições socioculturais, ele pode ir além da necessidade que o atravessa e além das determinações socioculturais. Pode reposicionar-se diante daquilo que chega até ele, seja pela natureza, seja pelo social, já que o modo de se abordar o ser humano não é pelo princípio da causalidade, e sim pela motivação – o que motiva o gesto.

As ciências naturais estão atreladas a "premissas" que deduzem as coisas por meio de conclusões. Por tal concepção, o ponto de partida das ciências naturais é a relação lógica entre premissa e conclusão. Mas esse acesso de observação atende à exigência da singularidade do ser-homem?

Ao levantar esse questionamento, Heidegger recorre à distinção entre premissa e suposição e indica que essa última, por não derivar da relação lógica entre premissa e conclusão, pode atender às exigências da singularidade do ser-homem. Para ele, "na suposição a observação científica do respectivo âmbito é *fundamentada* no suposto. Aqui não se trata de uma relação lógica, mas sim *ontológica*" (HEIDEGGER, 2001, p. 57, grifos do autor). Na relação ontológica, o ponto de partida é o pressuposto – trata-se de uma circunstância, não de um fundamento lógico –, ele é a razão de ser (*rato essendi*), mas não a causa. Nas ciências naturais, o âmbito objetivo já é preestabelecido, o que não acontece com o ser, que, embora possa ser pré-clareado, não pode ser espacialmente pensado, pois não é um ente.

Diante do exposto, delineia-se a impossibilidade de vislumbrar o ser pela ciência natural, a partir de premissas deduzidas por conclusões causais. O ser, por não depender da vontade do homem, não pode ser estudado pela ciência. Assim, como pensar a ação clínica, intervenção própria do psicólogo, limitada unicamente pelos ditames das ciências naturais (ônticas) que ainda predominam nas ciências humanas? Os pressupostos ontológicos, via método fenomenológico, por meio da hermenêutica, poderiam ampliar a intervenção clínica do psicólogo, permitindo o acesso ao sentido do existir em uma existência particular? Sendo assim, a situação clínica demanda compreensão das dimensões ônticas e ontológicas, assentando-se no trânsito – possível convergência – entre essas duas dimensões?

Na busca desse outro modo de pensar a ação clínica é que me debruço sobre o pensamento heideggeriano, considerando não somente a crítica que apresenta a razão tecnológica, mas também o modo como pensou o ser do homem em sua analítica da existência.

Ao considerar o desamparo e a angústia como estruturas ontológicas do modo de ser do homem (*Dasein*), compreende que o ser humano está lançado em um mundo inóspito na condição de exilado, acossado para dar conta do seu acontecer humano. Tais estruturas, consideradas por Heidegger existenciais, não podem ser explicadas por mecanismos psicológicos, já que, como estruturas ontológicas fundamentais do homem, são as condições de possibilidade do acontecer dos fenômenos psicológicos.

Compreensão assim permite dizer que o sofrimento humano, apesar de sua manifestação na esfera do psicológico, demanda abertura à dimensão originária, ou ontológica, do acontecer humano. Tal dimensão leva a ir-se para além do nível das técnicas e das teorias psicológicas fundadas em pressupostos metafísicos da subjetividade; aponta para a emergência de uma ação clínica que transite entre a compreensão psicológica dos fenômenos clínicos e a ontologia existencial ao modo de Heidegger. Sendo assim, poderia ser constituída por uma abertura do olhar clínico que, "afinado" por preocupações filosóficas acerca do homem, vislumbrasse outra ótica no horizonte no qual o ser humano fosse compreendido na condição de ser-no-mundo-com-os-outros. Tal possibilidade – já não subordinada a pressupostos ontológicos metafísicos – talvez apontasse um "novo paradigma" para a Psicologia clínica, no sentido específico de Thomas Kuhn.[1]

---

[1] A noção de paradigma utilizada é a de Kuhn (1970) em seu livro *A estrutura das revoluções científicas*. Para Kuhn (1970), uma disciplina científica é definida por seus paradigmas, que são "realizações científicas universalmente reconhecidas que, durante algum tempo, fornecem problemas e soluções modelares para uma comunidade de praticantes de uma ciência" (KUHN, 1970, p. 13).

No mesmo rumo dessa reflexão, encontro questionamentos semelhantes em outros autores. Loparic (1997), por exemplo, ao questionar a metapsicologia freudiana, apresenta a necessidade da desconstrução heideggeriana da Psicanálise, ressaltando que "os pontos de vista metapsicológicos não são 'hauridos originária e genuinamente' da estrutura do ser do ser humano, mas das teorias metafísicas" (LOPARIC, 1997, p. 12, aspas do autor). Na mesma linha de pensamento, Loparic atribui à obra de Winnicott o estatuto de revolução paradigmática:

> [...] Winnicott modificou também a matriz disciplinar. Ele rejeitou ou modificou significativamente o emprego de conceitos fundamentais tais como sujeito, objeto, relação de objeto, pulsão (vontade, impulso), representação mental, mecanismo mental, força pulsional. No seu lugar e no da teoria do desenvolvimento sexual, ele colocou a teoria do amadurecimento humano, assim como uma série de conceitos básicos novos a serem usados, doravante, no estudo de problemas antigos. (LOPARIC, 1997, p. 58)

Medard Boss (apud HEIDEGGER, 2001, p. 7), inquieto com os rumos da psiquiatria clássica e preocupado com o "extremo perigo no qual se encontra o próprio ser-humano do homem atual", que não pode ser captado com a ajuda das atuais ciências da medicina, Psicologia e sociologia, inicia uma reflexão, objetivando romper com o modo de pensar ocidental moldado por Descartes. Nessa linha de pensamento, encontrou amparo no pensamento de Martin Heidegger, que não só reconhecia o perigo em que o espírito tecnocrata colocara o homem, mas também apontava para outra possibilidade de relacionamento com a realidade. Assim, começou uma formação filosófica com Heidegger a qual teria tornado possível, segundo o próprio Boss (1977, p. 8), "a remodelação da teoria e prática terapêutica dentro da minha atividade médica, para a análise do *Dasein*". Nos seminários de Zollikon,[2] Boss (apud HEIDEGGER, 2001) busca uma abertura para a discussão dessa temática. Heidegger (2001) inicia a discussão, explicitando, graficamente, a compreensão da existência humana, constituída como *Dasein* em contraposição às representações da psique, da consciência e do eu, presentes na Psicologia e na psiquiatria clássicas.

Na Fig. 3.1, a seta vinda de um espaço aberto, vazio, em direção a um horizonte semifechado, significa a tentativa de apontar a diferença conceitual entre a sua ontologia do ser humano e a proposta pela metafísica. Referindo-se à forma gráfica, Heidegger (2001, p. 33, grifos do autor) diz:

> A finalidade deste desenho é apenas mostrar que o existir humano em seu fundamento essencial nunca é apenas um objeto simplesmente presente num lugar qualquer, e certamente não é um objeto encerrado em si. Ao contrário, este existir consiste em 'meras' possibilidades de apreensão que apontam ao que lhe fala e o encontra e não podem ser apreendidas pela visão ou pelo tato. Todas as representações encapsuladas objetivantes de uma psique, um sujeito, uma pessoa, um eu, uma consciência, usadas até hoje na Psicologia e na psicopatologia, devem desaparecer da visão daseinsanalítica em favor de uma compreensão completamente diferente. A constituição fundamental do existir humano a ser considerada daqui por diante se chamará 'Da-sein' ou 'ser-no-mundo'.

Os elementos contidos nesse texto indicam os aspectos centrais da estrutura ontológica *de ser do ser humano* proposta por Heidegger, em contraposição à objetivação naturalista vinculada à metafísica da subjetividade presente nos projetos de constituição da Psicologia como ciência independente.

Tais considerações apontam para a possibilidade de outra compreensão da ação clínica do psicólogo. Nessa

---

[2] Seminários realizados em Zollikon (1959-1969) por Heidegger e editados por Medard Boss em número superior a 20. Contaram com a participação de 50 a 70 estudantes e assistentes de psiquiatria. No conjunto desses eventos, Heidegger propunha buscar a possibilidade de os seus *insights* filosóficos ultrapassarem as salas dos filósofos, beneficiarem pessoas que necessitassem de ajuda, enquanto Boss propunha buscar fundamento sólido para uma compreensão satisfatória de seus pacientes e de seus mundos.

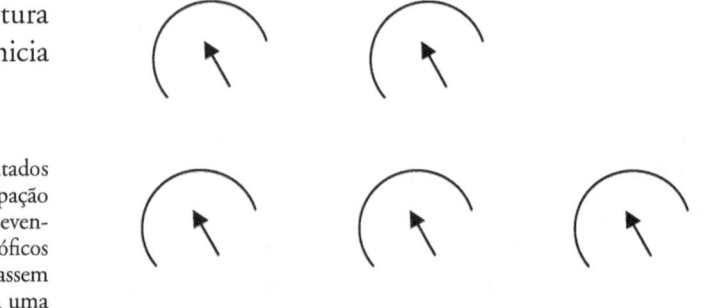

Fig. 3.1

direção serão visitadas as principais contribuições para a consolidação da perspectiva fenomenológica existencial como ciência compreensiva, e que poderão respaldar a ação clínica do psicólogo.

O pioneiro a se ocupar com as ciências compreensivas por sua vivência na prática clínica, mais precisamente na psicopatologia e na psiquiatria, foi Karl Jaspers (1883-1969), seguidor da mesma tradição de Dilthey quanto à distinção entre explicação e compreensão. Trabalhou com o método fenomenológico de Husserl na dimensão descritiva dos fenômenos da consciência e propôs enfocar a "captação" e a "descrição" dos estados psíquicos vividos pelos pacientes. Assim, atentou para a complexidade da psicopatologia, reconhecendo que os fenômenos humanos não só são explicáveis por meio do modelo explicativo causal da ciência natural, mas também compreensíveis e interpretáveis, a fim de se estabelecerem conexões de sentido entre os fenômenos, de modo a tornar acessível sua lógica interna.

É com relação a essa última dimensão da sua psico-patologia que, segundo Cardinalli (2004), Jaspers considerou sua proposta uma "Psicologia compreensiva", já que, além da descrição fenomenológica da vivência dos pacientes, também buscava o que denominava "conexões do psiquismo". Sendo assim, sua contribuição foi bastante significativa para a constituição da matriz fenomenológica existencial do pensamento psicológico, sobretudo por enfatizar a busca de fundamentos filosóficos considerados mais pertinentes à compreensão do acontecer humano em lugar dos fundamentos oferecidos pelas ciências naturais. Questionou, então, o modelo explicativo causal proposto pela ciência natural para o estudo dos fenômenos humanos e encontrou, na perspectiva fenomenológica, possibilidades para o esclarecimento e a descrição daquilo vivido e experienciado pelo paciente.

Ludwig Binswanger (1881-1966) foi outro estudioso inquietado por sua prática clínica a dirigir-se à perspectiva fenomenológica existencial. Seus primeiros trabalhos sofreram influência da fenomenologia husserliana quando se voltou ao estudo da descrição e da compreensão das vivências patológicas relativas aos estados de consciência. Mais tarde, já sob a influência de Heidegger, inaugurou novo modo de abordar os fenômenos patológicos, denominado existencial ou daseinsanalítico, e ocupou-se em estudar o projeto de mundo dos pacientes.

Ele denominou Análise Existencial a escola de pensamento que desenvolveu (no livro *Existência*, de Rollo May, 1976) e apontou a *Análise do ser*, de Heidegger, como a

base filosófica e as diretrizes metodológicas de sua proposta. Descontente com o atrelamento da psiquiatria clássica às ciências naturais e reconhecendo o caráter específico da existência humana, apoiou-se na "desconstrução" empreendida por Heidegger da idéia fundamental da episteme metafísica para considerar que a divisão do mundo em objeto e sujeito trazia sérios danos à psiquiatria; qualificou-a inclusive de "câncer da ciência". Na verdade, desejava suprimir essa divisão no pensamento psiquiátrico. Para isso chegou a fazer uma descrição daseinsanalítica de numerosos casos de esquizofrenia, apoiando-se na apresentação heideggeriana da estrutura da existência como ser-no-mundo,[3] a qual lhe permitiria superar não só a velha dicotomia entre sujeito e objeto, mas também o *defeito fatal* de toda a Psicologia representado pela manutenção da referida dicotomia.

Baseado em tais pressupostos, compreendeu a doença mental como modificações da estrutura fundamental do ser-no-mundo e apontou a importância das dimensões de espacialização e temporalização da existência para a compreensão das enfermidades mentais, que, por sua vez, passariam a ser descritas como flexões da estrutura ontológica do ser.

Ao assumir tal fundamento, encaminhou a prática da análise existencial à compreensão da espacialização e temporalização, contextualizando a concepção de mundo que orienta uma forma determinada de existência ou sua configuração individual. Nesse enfoque, a ação clínica objetivava proporcionar ao próprio sujeito compreensão do seu modo de ser-no-mundo, abrindo-lhe possibilidades para novas formas de existir, e devolver-lhe a capacidade de dispor das possibilidades próprias e mais autênticas. Assim, o objetivo da perspectiva analítica existencial não era a cura nem fazer uma adaptação tranqüila, mas propiciar ao cliente a autocompreensão e, por ela, uma atitude de responsabilidade e preocupação para com a própria existência.

Em seus estudos sobre as formas da existência – *Dasein* – esquizofrênica, Binswanger buscou, além da descrição clínico-psiquiátrica da sintomatologia dos casos estudados, a compreensão existencial-analítica das transformações dos modos da existência humana em geral. Seu objetivo era retirar a esquizofrenia do juízo de valor biológico e da

---

[3]De acordo com Nunes (2002), ser-no-mundo pertence ao *Dasein*, "a relação com o mundo é um engajamento pré-reflexivo, que se cumpre independentemente do sujeito por um liame mais primitivo e fundamental do que o nexo entre sujeito e objeto admitido pela teoria do conhecimento" (p. 14).

perspectiva médico-psiquiátrica da doença e da morbidez. Buscava transportar a compreensão da esquizofrenia "para o quadro mais amplo da estrutura existencial ou do ser-no-mundo, cujo *a priori* foi 'trazido à luz' por Heidegger em sua analítica existencial" (BINSWANGER, 1977, p. 9).

Nesse processo investigatório, ocupou-se com a estrutura ôntica de determinadas formas e transformações existenciais, destacando três estruturas distintas do ser-aí frustrado: extravagância, excentricidade e amaneiramento. Preocupado com as peculiaridades essenciais de cada uma, apresentou-as da seguinte forma:

> Para facilitar a compreensão, observe-se de antemão que ressaltamos como essencial para a *extravagância* a desproporção entre a "amplidão da experiência" e a "elevação da problemática" da existência humana, ou, para falar com Ibsen, a desproporção entre a elevação da capacidade de *construir* e a da própria capacidade de *subir*. Para a excentricidade, porém, consideramos essencial a desproporção dos contextos referenciais mundanos no sentido do "através" ("Quere"). O que se mostrou essencial para o amaneiramento foi, por sua vez, o sentimento desesperado e medroso de não poder ou não saber, ser-se-a-si-mesmo, juntamente com a busca de apoio numa imagem (*Vor-Bild*) e tomada ao domínio público da "Gente" (*Man*) e a hiperenfatização dessa imagem modelar com o fim de *ocultar* o desenraizamento, o mundo inseguro e a situação de ameaça da existência. Para terminar, observemos mais uma vez expressamente que o decaimento no sentido de Heidegger desempenha papel decisivo em *todas* as nossas formas de existência frustrada. (BINSWANGER, 1977, p. 11-12)

Para acompanhar o modo de Binswanger interpretar a analítica do *Dasein*, é necessário analisar a "ampliação" que apresentou da perspectiva heideggeriana. Ele acrescentou à estrutura de ser-no-mundo (*cuidado*) a estrutura de ser-no-mundo-além-do-mundo (*amor*). Tal ampliação contemplaria a necessidade de complementar o "cuidado" (*Sorge*), vislumbrado por ele como "sombria finitude", por meio de um tratado sobre o amor, compreendido como "abertura eterna" da existência humana não proporcionada pela resolutidade antecipada da morte do ser-no-mundo. Essa preocupação indica, por si só, que a dimensão de "cuidado" – compreendida por Heidegger em sentido estritamente ontológico, ou seja, a constituição fundamental da existência humana – foi considerada em seu significado puramente ôntico. O cuidado como condição constituinte fundamental (ontológica) do existir humano não exclui as diversas formas de relações afetivas, como as inclui, constituindo-se a condição fundamental de todas as possibilidades de comportamento concreto.

Essa ampliação e a psiquiatria analítica, de Binswanger, foram duramente criticadas por Heidegger. Nos Seminários de Zollikon (2001), quando se referiu ao "mal-entendido produtivo" de Binswanger, Heidegger apontou que o *Dasein* não tem nada a ver com postura solipsista; ele é determinado como ser-uns-com-os-outros original. Ao fundamentar sua crítica, considerou que:

> O mal-entendido de Binswanger não consiste tanto em que ele quer complementar o "cuidado" pelo amor, mas, sim, no fato de que ele não vê que o *cuidado* tem um sentido existencial, isto é, ontológico, que a *analítica do Dasein* pergunta pela constituição fundamental *ontológica* (existencial) e não quer simplesmente descrever fenômenos ônticos do *Dasein*. Já o projeto abrangente de *ser-homem* como *Dasein* no sentido ek-stático é ontológico, pelo qual a representação do ser-homem como 'subjetividade da consciência' é superado. Este projeto torna visível a *compreensão do ser como constituição fundamental do* Dasein". (BINSWANGER, 2001, p. 142, destaques do autor)

Reconhecido o erro, Binswanger parou de qualificar as pesquisas em andamento de "daseinsanalíticas" e voltou à posição defendida por Husserl, que mantinha a noção de consciência subjetiva existente primordialmente em si. Nessa posição, deu outro nome à nova orientação de pesquisa que desenvolvia: "fenomenologia antropológica".

Apesar das críticas, os estudos de Binswanger impulsionaram outros psiquiatras e psicanalistas – entre os quais Medard Boss (1903-1990) – a se aproximarem da analítica existencial, de Heidegger, para o estudo das patologias psiquiátricas. Certamente existia, desde o início, uma diferença importante entre suas motivações: enquanto Binswanger dirigiu-se para o pensamento de Heidegger por um "impulso científico", e não por interesse de ordem terapêutica, Boss orientou sua escolha, sobretudo, por preocupações terapêuticas.

Graças ao acompanhamento pessoal de Heidegger desde 1947, Boss encaminhou-se para um pensamento fundamentalmente novo na psicopatologia, o qual abriu novos caminhos para a aproximação da medicina e da Psicologia. Essa orientação foi, antes de tudo, nova abordagem de ordem fenomenológica do conjunto de fenômenos considerados normais e patológicos do existir humano. Sua proposta: "ver sem deformações aquilo que se mostra a nós de si-mesmo" –, aparentemente simples, mas de difícil consecução, pois exige de nós um "desaprender" das exigências científicas de nossa cultura ocidental, conforme muito bem nos diz Fernando Pessoa:

> Mas isso (triste de nós que trazemos a alma vestida!),
> Isso exige um estudo profundo,
> Uma aprendizagem de desaprender
> E uma seqüestração na liberdade daquele convento
> De que os poetas dizem que as estrelas são as freiras eternas
> E as flores as penitentes convictas de um só dia,
> Mas onde afinal as estrelas não são senão estrelas
> Nem as flores senão flores,
> Sendo por isso que lhes chamamos estrelas e flores. (ALBERTO CAEIRO apud FERNANDO PESSOA, 1952, p. 48)

Insatisfeito com a prática da psiquiatria clínica, Boss partiu para um questionamento crítico das teorias psicológicas e psiquiátricas que mantinham os fundamentos da ciência da natureza, buscando encontrar, na ontologia heideggeriana, possibilidades mais adequadas para compreender o acontecer humano.

Por essa forma de pensar, a condição humana de existir, originalmente fundada na fluidez constante e na mutabilidade, não pode ser reduzida à natureza humana, ou seja, à simples presença entificada do ser. Constitui-se como *Dasein, ser-aí* lançado no mundo, um *ter-que-ser*, cujo modo de ser não é o da realização, mas o da possibilidade como abertura para o ser no horizonte da temporalidade.

Assim, Boss foi elaborando sua contribuição com a fenomenologia hermenêutica no campo da medicina e, especialmente, da psicopatologia e Psicologia. Por esse caminho, foi confirmando seu afastamento da metaPsicologia freudiana e assumindo o universo da fenomenologia existencial. Durante tal processo, reviu os funda-

mentos epistemológicos das psicoterapias vigentes, inclusive da psicanálise freudiana. Considerou que todas eram ainda tributárias de um embasamento científico técnico demais para apreender a condição da existência humana, que demandava ser compreendida, e não explicada, por pressupostos naturalistas e cientificistas.

Boss (1977), ao elaborar críticas às idéias das teorias psicológicas vigentes, reconheceu a inconsistência da mentalidade dinâmica dominante, que, ao objetivar o homem, priorizava a explicação dos fenômenos psicológicos a partir de determinações causais genéricas. Propôs, então, o abandono das mencionadas teorias psicológicas e sugeriu nova perspectiva para a psicoterapia na medicina clínica, norteada pela preservação "do devido respeito diante da autenticidade e originalidade dada de cada fenômeno humano. Temos que permitir que exista o que se manifesta, como aquilo que ele mesmo revela" (BOSS, 1977, p. 25).

Nas suas críticas, alegava que os psicólogos baseavam as determinações em conceitos que partiam da compreensão de sujeito separado de mundo: o sujeito *em si* encaminhando-se para os objetos do mundo a fim de compreendê-los e conhecê-los. Ele refutava tal compreensão, porque sua experiência imediata mostrava não ser necessário esse sair do interior de uma psique por não existir tal interior. Não existe sujeito separado de mundo: "já nos encontramos 'fora', estirados na abertura deste âmbito do mundo, aberto e aclarado a nós, na compreensão do encontro comum" (BOSS, 1977, p. 38).

Com o intuito de fundamentar sua posição, Boss recorreu aos estudos realizados sob a orientação de Heidegger, nos famosos Seminários de Zollikon (1959-1969). Neles, a ciência, enquanto modelo epistemológico dominante, fora criticada por não levar em conta a diferença ontológica entre ser e ente, ponto de partida da perspectiva heideggeriana. Para a ciência, o âmbito objetivo já estava previamente estabelecido e só o método científico proporcionaria a verdade objetiva. Mas tal concepção não se aplicava ao ser, que, não sendo nenhum ente, não pode ser vislumbrado pela ciência, pois exige identificação própria, "não depende da vontade do homem e não pode ser estudado pela ciência" (HEIDEGGER, 2001, p. 45).

Assim, Boss, após analisar as teorias psicanalíticas e psiquiátricas clássicas e questionar-lhes os fundamentos filosóficos para pensar o acontecer humano, procurou explicitar a natureza existencial do fenômeno psicológico, articulando-a à compreensão do existir humano como

Dasein. Comparou, ao modo de Heidegger, a "essência" da existência humana com uma clareira que consiste em um poder ver o que vem ao seu encontro. Assim, o existir humano é um "*ek-stare*", que, como abertura iluminadora, está em livre relação com o que se oferece na abertura iluminadora de seu mundo. Ao mesmo tempo, o existir humano se apresenta primordialmente como ser-em-relação e vive o tempo que lhe é dado, situando-se em relação ao que aparece, correspondendo-lhe seja no modo da percepção ou da ação.

Sob esse ângulo, desenvolveu reflexões em torno da angústia e da culpa, por considerá-las os fenômenos humanos mais significativos e dominantes na vida dos seres humanos, em razão da sua significância no processo do adoecimento e no terapêutico. Como forma de confirmar tal lugar significativo, apontou que a presença dos referidos fenômenos nos processos de adoecimento era já reconhecida desde o final do século anterior, tanto nos "sinais ruidosos e obstinados das histéricas" quanto nos quadros de fobias, nas neuroses obsessivas e, principalmente, nas "indisposições depressivas" e melancolias.

Partindo de sua experiência clínica, observou a incidência cada vez maior de pessoas sofrendo de vaga opressão e de tédio diante da vida, diferentemente da predominância dos grandes fenômenos histéricos presentes nas neuroses manifestas desde a época de Charcot e Freud até a Primeira Guerra, seguidas das neuroses orgânicas que falavam a linguagem dos distúrbios funcionais: cardíacos, gástricos, intestinais. A neurose do tédio ou vazio, que denominou "neurose do futuro imediato", estava associada à prepotência atual da tecnologia, revelando que o distúrbio da abertura para o mundo do ser-aí (*Dasein*) seria em verdade o tédio. Nessa condição, as pessoas permaneciam indiferentes a tudo, sentiam o tempo comprido:[4] o passado, o presente e o futuro pareciam não ter mais nada a dizer, o que revelava um significativo comprometimento da temporalidade na neurose de tédio. Nela, "todo tédio comum, desde logo, inclui aquilo que exprime a própria palavra, um sofrer do tempo vagaroso, uma secreta saudade de estar abrigado num lugar tão almejado quando inacessível, ou por uma pessoa querida e distante" (BOSS, 1977, p. 17).

Ao lado de tais reflexões, Boss alertava para o perigo de o espírito tecnocrata continuar aprisionando os pensamentos e as ações clínicas que, desde Freud, priorizavam os nexos causais psicodinâmicos dos fenômenos psíquicos, colocando em segundo plano a compreensão a partir dos fenômenos observados. Por esse caminho, a Psicologia, a psicoterapia e a psicopatologia continuariam comprometidas com o pensamento técnico de Freud, pois, mesmo ao substituírem "psique" por alma, sujeito ou pessoa, não estariam rompendo com o pensar tecnológico que objetivava o ser humano. A angústia e culpa continuavam entendidas como "defeitos" do aparelho psíquico que impedem o funcionamento adequado das estruturas psíquicas e das organizações sociais; devem, portanto, ser eliminados. Tal crítica estendia-se também às teorias psicológicas acerca da personalidade, as quais, orientadas pelo modelo de operação mental da ciência da natureza, enfatizavam a ordem cronológica dos fenômenos como cadeia causal.

Boss (1977) reconhecia que essa compreensão implicaria perder de vista os próprios fenômenos da existência humana que não pudessem ser apreendidos, unicamente, pelas explicações causais genéricas psicodinâmicas. Sugeria, assim, a necessidade de nova reflexão para o campo da Psicologia, da psicoterapia e da psicopatologia, possível de se resumir na seguinte proposta: desistir de decompor o ser humano com a ajuda das teorias psicológicas vigentes, buscando-se recuperar o devido respeito à autenticidade de cada fenômeno humano. Para isso, seria necessária uma atitude que não explicasse *a priori* os fenômenos psicológicos, abrindo-se mão do pensar analítico e da tentativa de encontrar possíveis causas por detrás dos fenômenos. Apontava, assim, para a constituição de novo olhar clínico investigativo que buscaria interrogar os próprios fenômenos de angústia e culpa sobre o que expusessem imediatamente.

Por tal compreensão, Boss (1977) percebeu que a angústia e a culpa propõem algumas questões fundamentalmente próprias, de cuja resposta depende a compreensão do sentido dessas manifestações: "cada angústia humana tem um 'de quê', do qual ela tem medo, e um 'pelo quê', pelo qual ela teme. Cada culpa tem um 'o quê' que ela 'deve', e um 'credor' ao qual ela está devendo" (BOSS, 1977, p. 26, destaques do autor).

Nesse sentido, analisou as situações geradoras de angústia apresentadas pelas teorias psicológicas, mostrando que, para além de todas as significações e explicações possíveis, a angústia é inerente à vida, traz à luz o medo pelo *estar aí* e o medo da destruição de *estar-aí*. Do mesmo modo, desmontou as compreensões psicologizantes sobre a culpa, indicando que se baseavam na "aplicação errônea daquela operação mental científico-naturalista a qual quer

---

[4] Etimologicamente, a palavra alemã *Langweule*, tédio, se decompõe em *Lang* (comprido) e *Weile* (o tempo, a duração).

declarar como sendo anterior à causa efetiva do posterior só pelo fato de ter surgido antes" (BOSS, 1977, p. 29). Para isso, partiu da significação arcaica alemã da palavra "culpa" (*Schuld*) – "aquilo que carece e falta" – para considerar a experiência de culpa também como algo próprio, originário da condição humana. Segundo ele mesmo afirmou:

> o ser humano é essencialmente culpado e assim permanece até a morte, pois sua essência não se realiza antes de ele ter levado a termo todas as possibilidades de explorações provenientes de seu futuro e antes de ele ter deixado desabrochar os âmbitos do mundo que aparecem na luz de sua existência. Mas, o futuro do ser humano, ele só o alcança completamente no momento da morte. (BOSS, 1977, p. 40)

Encaminhava-se, assim, para outra reflexão de Psicologia e de psicoterapia denominada *Daseinsanalyse*, fundada nas seguintes considerações:

> Por tudo que vimos até agora, fica claro o domínio quase total, no campo da Psicologia, psicopatologia e psicoterapia, da mentalidade dinâmica que objetiva o homem e que opera em cadeias de causa e efeito; também não resta dúvida quanto a sua inerente inconsistência e falta de base. Com a apressada elaboração de forças e causas que atuam por detrás dos fenômenos, desde logo perdemos os próprios fenômenos da vida. [...] Ao contrário, partindo-se da coisa em si, desde logo, é bem provável que os fenômenos do nosso mundo, cada vez mais desfraldados, saibam nos dizer mais, e mais detalhada e distintamente sobre sua essência. Por isso, temos também que nos guardar de querer sempre explicar *a priori* os fenômenos de angústia e culpa humanos, em nosso pensar analítico, com quaisquer causas meramente supostas por detrás deles. Antes interroguemos os próprios fenômenos intactos de angústia e culpa sobre o conteúdo que expõem imediatamente. (BOSS, 1977, p. 25-26)

Conforme Boss (1977) argumentava, tanto as teorias psicológicas quanto a metaPsicologia freudiana, fundamentadas no modo técnico-científico-natural, através de cadeias causais dinâmicas, originaram práticas psicoterapêuticas que ignoravam "sentido e meta; constituindo-se em aplicação de uma ciência sobre o homem no trata-

mento de doentes" (BOSS, 1977, p. 52). Tais práticas, segundo o autor, não conseguiriam cumprir as esperanças nelas depositadas, pois necessitavam de uma "correção fenomenológica" das interpretações teóricas decorrentes, para se afastarem das antigas técnicas psicanalíticas, por meio das quais a *superestrutura secundária da metaPsicologia freudiana* poderia distorcer a prática clínica.

Assim, propôs uma prática psicoterápica que buscaria levar o cliente a participar da compreensão da sua condição humana básica numa relação em que o terapeuta, por uma "ação de cuidado preocupada", compreendesse a "essência" singular de cada cliente. Denominou essa dimensão da relação terapêutica "eros psicológico", que "ainda não foi descrito suficientemente do ponto de vista científico-fenomenológico nos compêndios de psicoterapia" (BOSS, 1977, p. 43). Acreditava, ainda, não ser possível chegar ao "eros psicológico" por meio de reflexão teórica, mas, sim, da experiência imediata de análise didática.

Então, para ele, a prática psicoterápica precisaria envolver-se com um procedimento co-humano criativo, não-apreensível por teorias que descendessem do subjetivismo e do conceito cartesiano de homem e de seu mundo. Para se alcançar essa nova compreensão, seria preciso dar um salto indispensável: do subjetivismo e psicologismo abstrato das ciências humanas, derivadas do pensamento moderno, para uma atitude de abertura ao mundo que ampara e guarda seu aparecimento. Tal salto romperia com as interpretações teóricas fundamentadas na Psicologia subjetivista, possessiva e tecnicista e assumiria o modo de ver e conhecer fenomenológico, segundo o qual a prática psicoterápica diria respeito:

> ao fato de ela mesma ser livre e de permitir aos homens tornarem-se livres dentro dela. Como psicoterapeutas queremos, no fundo, libertar todos os nossos pacientes para si mesmos [...]. Com a libertação psicoterápica, queremos levar nossos pacientes "apenas" a aceitar suas possibilidades de vida como próprias e dispor delas livremente e com responsabilidade. Isso quer dizer também que nós queremos que eles criem coragem de levar a termo suas possibilidades de relacionamento co-humanos e sociais de acordo com a sua consciência intrínseca e não como pseudoconsciência imposta por qualquer um. (BOSS, 1977, p. 61)

Visitadas as principais contribuições para a constituição da perspectiva fenomenológica existencial em Psicologia, retomo os questionamentos iniciais que apontavam para a necessidade de outras possibilidades e concepções de clínica psicológica e ensaio algumas reflexões que foram se configurando diante da perplexidade do acontecer da singularidade humana, a qual põe em xeque a universalidade do conhecimento psicológico na situação clínica.

Cada ser humano é único e singular; exige do profissional de Psicologia abertura ao inusitado, à reinvenção da sua forma de trabalhar, à revisitação da teoria psicológica e da concepção de subjetividade que sustentam sua proposta de intervenção clínica.

Além desse registro singular da experiência de cada cliente, o acontecer humano demanda do clínico acolher a constituição originária do homem, pois nela pode vir à luz todo e qualquer fenômeno afetivo-emocional.

Assim, a ação clínica pode ser repensada como um espaço aberto, condição de possibilidade para a emergência de uma transformação não produzida, mas emergente em forma de reflexão, aqui compreendida como quebra[5] do estabelecido e condição necessária para novo olhar poder emergir. Esse novo olhar, ao desalojar o homem da sua habitual relação com o mundo e a consciência, abre um espaço que só aparece quando o habitual é desconstruído e o homem (*Dasein*) se descobre entregue à tarefa inexorável de *"ter-que-ser"*. Essa quebra do habitual pode vir a acontecer quando o homem começa a ceder ao apelo dos traços fundantes e constitutivos (ontológicos) do nosso modo de ser. O apelo aparece nas brechas da nossa existência superficial via "acontecimentos" que, ao provocar ruptura e transição, destroçam e fundam mundos. Tal rompimento possibilita mudança e transformação ao abrir a crise que aniquila e leva o "aí" a constituir-se outro.

Acompanhar o cliente nessa passagem significa assumir a tarefa de tornar explícita, para o cliente, a posse do sentido de sua dor e das suas possibilidades negadas. Nessa compreensão, não há nenhum direcionamento, mas a quebra das habitualidades abre fissuras que são o fôlego de possíveis mudanças, transformando o acontecer clínico em experiência em ação, constituída por "aceitar simplesmente aquilo que se mostra no fenômeno do tornar presente e nada mais" (HEIDEGGER, 2001, p. 101).

Apesar de tal atitude, resgatar o simples requer a silenciosa vigília em que ele se manifesta. Essa vigília pode retirar o homem da submissão ao universo-já-dado, que, assumido como natural e único possível onde tudo é explicado e tem um fim já estabelecido, oferece ao homem a "garantia" de manipulação e controle, defendendo-o de não se confrontar com o espaço vazio onde precisa se inventar, arriscar, comprometer e construir. Condição que desvela a irremediável contingência da existência humana e a inevitável ambivalência de todas as opções, identidades e projetos de vida; contingência e ambivalência que desvelam o provisório da condição humana, a qual a mentalidade moderna buscou suprimir, gerando uma verdadeira "intolerância" a tudo o que não pode ser definido, classificado, ordenado. Em tal condição, o existir, convertido em objeto, desenraíza-se de si mesmo, "na medida em que, sob o signo da eficiência e da 'consumação do ser', o homem se desencarrega, se desempenha do existir" (CRITELLI, 1988, p. 85).

A ação clínica, transitando entre o ôntico e o ontológico, teria como tarefa intervir nessa "tragédia" e dar oportunidade ao poder-ser por meio do apropriar-se da propriedade e da impropriedade, próprias da condição humana, na busca de existir com serenidade, numa constante abertura ao mistério. De acordo com Heidegger (1957, p. 25), "a serenidade em relação às coisas e a abertura ao segredo são inseparáveis. Concede-nos a possibilidade de estarmos no mundo de um modo completamente diferente".

---

[5]Para Heidegger (1960, p. 68), a "Reflexão é o valor de se converter no mais discutível, a verdade dos próprios axiomas e o âmbito dos próprios fins".

REFERÊNCIAS BIBLIOGRÁFICAS

BARRETO, CLBT. **A ação clínica e os pressupostos fenomenológicos existenciais**. 2006. 215f. Tese de Doutorado em Psicologia – Universidade de São Paulo. São Paulo: 2006.

BINSWANGER, L. **Três formas de existência malograda: extravagância, excentricidade, amaneiramento**. Rio de Janeiro: Zahar, 1977.

BOSS, M. **Angústia, culpa e libertação: ensaios de psicanálise existencial**. 2ª ed. Tradução de Bárbara Spanoudis. São Paulo: Duas Cidades, 1977.

CARDINALLI, IE. **Daseinsanayse e esquizofrenia: um estudo da obra de Medard Boss**. São Paulo: Epuc: Fapesp, 2004.

CRITELLI, MD. O des-enraizamento da existência. In: DICHTCHEKENJAN, MF. (org). **Vida e morte: ensaios fenomenológicos**. Educ/Brasiliense: Editora C.I., 1988.

FIGUEIREDO, LC. **Matrizes do pensamento psicológico**. 4ª ed. Petrópolis: Vozes, 1996.

HEIDEGGER, M. La época de la imagen del mundo. In: **Sendas perdidas**. Buenos Aires: Lousada, 1960.

_____. **Seminários de Zollikon**. Publicado por BOSS, M. São Paulo: Educ; Petrópolis: Vozes, 2001.

LOPARIC, Z. Winnicott e Melaine Klein: conflitos de paradigma. In: **Catafesta**. N. 7. p. 33-45, 1997.

NUNES, B. **Heidegger e ser e tempo**. Rio de Janeiro: Zahar, 2002.

PENNA, AG. **Introdução à Psicologia fenomenológica**. Rio de Janeiro: Imago, 2001.

PESSOA, F. **Obras completas de Fernando Pessoa**. 2ª ed. Lisboa: Ática, 1952.

QUESTÕES COMENTADAS

1) É possível pensar a ação clínica do psicólogo desvinculada da noção de técnica moderna enquanto modo histórico de produção da verdade?

R: Partindo de uma reflexão crítica da história da Psicologia, percebe-se de imediato a impossibilidade de unificação do campo dos saberes psicológicos. O panorama contemporâneo, ainda dominado pela necessidade de sínteses e respostas definitivas, aponta para definições teórico-sistemáticas sobre as questões centrais da Psicologia e da prática psicológica, esta fundada no conhecimento científico-natural e na noção de técnica engendrada pelos diversos sistemas e projetos da Psicologia científico-natural.

É nesse contexto que as considerações críticas, feitas por Heidegger, à ciência moderna e aos seus pressupostos poderiam subsidiar uma reflexão sobre a possibilidade de outra compreensão da ação clínica do psicólogo.

Tal reflexão aponta para repensar a ação clínica como exercício de uma abertura fenomenológica ao sentido dos entes, principalmente daquele cujo sentido deveria estar sempre em questão na clínica, o próprio homem. Sendo assim, a ação clínica busca o desenvolvimento de um método, distinto do método científico-natural, compreendido como atitude serena de disposição à abertura ao fenômeno, que não exclui por princípio possibilidade alguma, nem mesmo aquela da intervenção técnico-científica, embora já descaracterizada em sua pretensão de hegemonia e de verdade absoluta.

2) Como o pensamento de Heidegger exerceu influências no campo da Psicologia e, mais especificamente, na compreensão da ação clínica do psicólogo?

R: O pensamento de Heidegger exerceu uma influência mais direta na Psicologia e psiquiatria através do longo relacionamento do filósofo com o psiquiatra Medard Boss, que desenvolveu um projeto visando a articular a compreensão e a prática psicológica com o seu pensamento.

Boss encaminhou-se para um pensamento fundamentalmente novo na psicopatologia, abrindo novos caminhos para a Psicologia. Essa orientação foi, antes de tudo, uma abordagem de ordem fenomenológica do conjunto de fenômenos considerados normais e patológicos do existir humano. Apresentou como proposta orientadora "ver sem deformações aquilo que se mostra a nós de si-mesmo" – aparentemente simples, mas de difícil consecução, pois exige um "desaprender" das exigências científicas de nossa cultura ocidental.

Para desconstruir esse modo técnico-científico de abordar a realidade, no exercício de uma abertura fenomenológica ao sentido dos entes, assume, sob orientação de Heidegger, uma outra compreensão do tempo, do espaço e da existência humana.

Em tal perspectiva, tenta mostrar como a objetificação científica obstrui o acesso ao modo de ser mais essencial do homem, levando a representações arbitrárias e distantes do "mundo da vida". Para isso, seria necessária uma atitude que não explicasse *a priori* os fenômenos psicológicos, abrindo mão da tentativa de encontrar possíveis causas por detrás dos fenômenos. Assim, apontava para a constituição de um novo olhar clínico interventivo que buscaria interrogar os próprios fenômenos de angústia e culpa – compreendidos por Boss como originários da condição humana – sobre o que expusessem imediatamente.

3) Como pensar a ação clínica do psicólogo numa perspectiva fenomenológica existencial?

R: A ação clínica do psicólogo nessa perspectiva precisaria envolver-se com um procedimento co-humano criativo, não-apreensível por teorias que descendessem do subjetivismo e do conceito cartesiano de homem e de mundo. Para tal, seria necessário desvincular-se do subjetivismo e psicologismo abstrato das ciências humanas e assumir uma atitude de abertura ao mundo que ampara e guarda seu aparecimento.

Assim, a ação clínica pode ser repensada como espaço aberto, condição de possibilidade para a emergência de um novo olhar que desaloja o homem de sua habitual relação com o mundo e a consciência, no qual o homem (*Dasein*) se descobre entregue à tarefa inexorável de "poder-ser", permitido por meio do apropriar-se da própria condição humana de existir.

CAPÍTULO IV

PSICOPATOLOGIA, FENOMENOLOGIA E EXISTÊNCIA

Marcus Túlio Caldas

A psicopatologia é o ramo da ciência que pretende estudar o ser humano em seu adoecimento, gerando assim um conjunto de conhecimentos a esse respeito (DALGA-LARRONDO, 2000).

Jaspers (1913) a situa entre as ciências básicas, que, servindo de apoio à psiquiatria, se relacionaria à prática profissional, ampliando enormemente seus efeitos sociais. Essa ligação histórica com a medicina conduziu a psicopatologia a freqüentemente se debruçar sobre o patos humano a partir de uma referência de doença mental. Em função disso, procurou o que seria essencial à doença mental, causas, formas de manifestação, mudanças estruturais e funcionais associadas a ela (DALGALARRONDO, 2000). Entretanto, apesar dessa íntima vinculação com a tradição médica, esse campo de conhecimento tem se caracterizado pela multiplicidade de perspectivas teóricas, algumas em franca oposição. Portanto, a partir do modelo de homem ou de questão que se proponha, poderemos ter uma psicopatologia descritiva, médica, dinâmica, comportamental-cognitiva, categorial, psicanalítica, dimensional, biológica, sociocultural, operacional-pragmática, fenomenológica existencial ou fundamental. Algumas dessas abordagens permitem um diálogo mais próximo, enquanto outras terão de ser capazes de se abrir ao conflito de idéias se quiserem continuar contribuindo para esse campo de conhecimento.

Buscando uma compreensão mais próxima da existência humana, em que o homem não é visto primordialmente a partir de suas dimensões biológicas e psicológicas, e sim como existência singular, lançado a um mundo fundamentalmente humano e histórico, se constroem as contribuições fenomenológicas e existenciais ao pensamento psicopatológico (CARDINALLI, 2004; DALGALAR-RONDO, 2000).

Pensamento revolucionário, baseado nas abordagens filosóficas fenomenológica e existencial, traz para o primeiro plano a especificidade do existir humano, a compreensão da vivência em seu sentido amplo. A partir daí, permitiu uma mudança de paradigma a respeito não só das patologias mentais como de seus aspectos interventivos (CARDINALLI, 2004).

Apoiados a princípio no pensamento de Husserl e em seguida na obra de Heidegger, diversos autores se propuseram a repensar a psicopatologia como um todo, assim como os métodos de tratamento incluindo a psicoterapia e a psicanálise.

Ellenberger (1967) propõe que, a partir das perspectivas assumidas pelos diversos autores, podemos situar historicamente o movimento fenomenológico existencial em três momentos principais:

- a fenomenologia descritiva: a descrição que o paciente faz de suas experiências subjetivas ou vivências é o foco de atenção;
- o método genético-estrutural: a busca é de um "fator genético", ou seja, de um denominador comum que ajudaria a entender e reconstruir a unidade fundamental da consciência;
- a análise categorial: a análise de certas coordenadas, a casualidade, a materialidade e, mais importantes, o tempo definido como temporalidade e o espaço como espacialidade, permitiriam ao pesquisador uma

reconstrução perfeita e detalhada do mundo interior de seus clientes.

Em função da importância dos autores implicados em cada uma dessas perspectivas, detalharemos a seguir suas mais relevantes contribuições.

FENOMENOLOGIA DESCRITIVA

Jaspers (1913) é o pioneiro na aplicação de conhecimentos fenomenológicos à pesquisa em psiquiatria, e principal representante da perspectiva descritiva em psicopatologia fenomenológica. O autor subverteu o modelo de construção da psiquiatria clínica, que naquele então se apoiava quase exclusivamente no estudo empírico dos sintomas e em análises discriminativas a partir de estudos de caso considerados exemplares. Seu método, ousado para a época, propôs abordar o fenômeno psíquico mórbido a partir das experiências subjetivas dos próprios pacientes, de suas vivências. Entretanto, para que o pesquisador possa penetrar nas vivências de seus clientes é necessário que ele se coloque em ressonância empática com o que é revelado. Daí a busca de descrições minuciosas, sistemáticas, intensivas, e a necessidade de delimitar, distinguir, precisar e apresentar de forma clara, concreta e objetiva os fenômenos vividos pelo paciente (MELO, 1979).

O objetivo seria estabelecer as variações de quantidade e qualidade, conexões de parentesco, derivações, ou seja, apreender o compreensível dos fenômenos psíquicos mórbidos. Esse caminho levou o autor a indagar sobre as relações entre o conteúdo e as funções, ou, dito de outra maneira, entre o ato psíquico intencional e o ato em si, devolvendo à psicopatologia a possibilidade de responder a uma série de questões clínicas que estavam pendentes.

Melo (1979) aponta que entre as mais importantes estão os conceitos de reação, processo e desenvolvimento, sintomas primários e secundários, delirante e deliróide. As noções de reação, processo e desenvolvimento foram desenvolvidas como uma tentativa de compreensão das relações que os homens estabelecem com a sua própria biografia, a possibilidade de se opor a ela ou de ter seu curso vital alterado por circunstâncias outras. À capacidade de compreender o desabrochar de uma personalidade em suas conexões histórico-vitais o autor chamou desenvolvimento, relacionando-o, quando perturbado, a procedimentos de psicoterapia. Quando esse movimento, o desenvolvimento, sofre uma ruptura incompreensível, chamada pelo autor de processo, não há mais possibilidade de acesso à sinto-

matologia psíquica pela abordagem psicoterápica, havendo então a necessidade de tratamento médico. No sentido da singularidade humana, o processo é o momento do novo, do surpreendente, de uma nova experiência trazida pela patologia. Menos estudada, a reação dispensaria a atenção médico-psicológica em função de ter sua resposta comportamental, inclusive sua sintomatologia, limitada temporalmente ao elemento desencadeador.

Como podemos observar, fundamentais no sistema de pensamento de Jaspers são as relações que ele estabelece entre o compreensível, portanto passível de ser reduzido a relações, que como salienta, são sempre não-causais e sim motivacionais, e o impenetrável, o incompreensível, o irredutível, abordado a partir de modalidades de explicações causais, que podem ser conhecidas ou não.

Seguindo na mesma linha de reflexão, o autor associa o incompreensível ao primário, ao irredutível no sentido fenomenológico. Considera então que as experiências humanas dessa ordem têm como causa alterações somáticas, apesar das manifestações comportamentais e/ou afetivas com que se expressam. Conseqüentemente, a toda possibilidade de compreensão se associam o secundário, o derivável, o psíquico, o constituinte da trama biográfico-humana.

A partir do comentado anteriormente foi feita uma completa revisão dos conceitos em psicopatologia. Como exemplo podemos citar a diferença que se estabeleceu entre o deliróide, experiência extravagante, porém compreensível, e, portanto, acessível ao homem normal, e o delírio, freqüentemente compreensível em seu conteúdo, apesar de incompreensível em sua forma, e como tal inacessível à experiência do homem normal.

O caminho aberto por Jaspers foi seguido por outros pesquisadores, que de acordo com o momento histórico e suas próprias perspectivas, propuseram novas possibilidades de compreensão. Em seguida examinaremos como pesquisadores, utilizando como método a "análise estrutural" e a "análise categorial", examinaram os estados de consciência.

FENOMENOLOGIA GENÉTICO-ESTRUTURAL

Trata-se da tentativa de estabelecer conexões e inter-relações entre o arsenal de dados que a observação fenomenológica permite, de maneira tal que certa estrutura ou molde geral espontaneamente se destaque de modo a mostrar-se perceptível e acessível à observação do pesquisador. Ao fazê-lo, a partir do conteúdo total dos dados da consciência, realizará o que Minkowski chamou de "análise estrutural" e Von Gebsattel, "consideração ou abordagem construtivo-genética" (ELLENBERGER, 1967).

Apesar das semelhanças de suas contribuições e da importância que concedem ao tempo-espaço, ou melhor, à temporalidade e à espacialidade, desenvolveram suas respectivas reflexões sem influência mútua (MELO, 1979). Tal fato foi entendido por Tatossian (2006) como sinal de maturidade.

Em função da importância da temporalidade e da espacialidade para os autores que estamos acompanhando, vamos nos debruçar mais detidamente sobre essas categorias.

Segundo Ellenberger (1967), o fluir da vida sentida como energia vivencial espontânea está no centro do fenômeno da temporalidade. Acrescenta ainda que tal fluir é contínuo, independe de outros acontecimentos simultâneos, ou seja, é vivido como algo que pertence ao indivíduo por direito próprio.

Entre os elementos que interessam no estudo do tempo está a velocidade com que cada indivíduo o experimenta, e que ocupa por sua vez um papel importante em psicopatologia, como comentaremos adiante.

Igualmente referido pelos pesquisadores é o tempo vivido na forma de um fluxo contínuo, automático e irreversível: passado, presente e futuro.

Para Ellenberger (1967), o presente, o agora perene, é a experiência da consciência da atividade própria e do impulso interior a atuar. O passado é visto como algo que nos deixa, embora ainda esteja ao nosso alcance através da memória. Quanto ao futuro, certeza da morte, abertura, projeção, expectação.

Apesar de experimentar-se passado, presente e futuro isoladamente, todos constituem uma unidade estruturada que Minkowski (ELLENBERGER, 1967, p. 139), considerando-os fenômenos constitutivos do tempo, entendeu da seguinte maneira:

- passado remoto: zona das antiguidades e das questões em declínio;
- passado mediato: zona da nostalgia (saudade);
- passado imediato: zona do arrependimento;
- presente: zona atual;
- futuro imediato: zona da expectativa e da atividade;
- futuro mediato: zona do desejo e da esperança;
- futuro remoto: zona da súplica e da ação ética.

A capacidade de experimentar cada um desses lugares em nossa experiência temporal é provavelmente a responsável pelo sentimento de sentido da vida.

Importante em psicopatologia, se deve acrescentar ao tempo pessoal o tempo social, histórico e cósmico.

Tatossian (2006) lembra, a respeito do tempo, a dificuldade em colocá-lo em termos estritamente fenomenológicos. Mesmo para autores identificados com essa perspectiva, freqüentemente ocorrem áreas de confusão com o tempo psicológico consciente e o pensamento existencial. Afirma que o tempo a considerar "[...] é um tempo vital, um tempo pático e não gnóstico, o movimento mesmo do devir imanente ao desdobramento do viver no fundamento da pessoa. Forçosamente inconsciente, confunde-se com o poder-viver" (TATOSSIAN, 2006, p. 141).

O mesmo autor traça uma linha entre o tempo vivido e sua necessidade de superá-lo, indo até a gênese subjetiva do tempo vivido, a sua constituição na e pela subjetividade, passando da fenomenologia descritiva à fenomenologia genética, podendo assim "ver as alterações basais que, através daquelas do tempo vivido, conduzem aos distúrbios clínicos do tempo" (TATOSSIAN, 2006, p. 153).

Assim, a estrutura temporal fundamental, que comporta a apresentação, a retenção e a protensão, não guarda relação com as noções de passado, presente e futuro, implicado na verdade com um presente "denso", a que caberia o nome devir:

> Mas a protensão não é mais que a condição de possibilidade da expectativa ou do futuro e não se confunde com eles, e a mesma coisa acontece em relação à retenção, quanto à lembrança e ao passado. O que a experiência encontra depois da redução é um presente 'denso' que não é o presente pontual como término de uma série passado-presente-futuro, pois é ele que serve de base à construção dessa série. (TATOSSIAN, 2006, p. 154)

Acredita ainda o autor que a experiência do tempo é somente a possibilidade, imaginária, que a humanidade atualiza para escapar à impermanência do devir, "[...] pois a experiência do devir é aceitação de que as coisas e nós mesmos passamos, quer dizer, a experiência da morte, embora a construção do tempo e da história que se funda aí sirva para lutar contra ela e para recusá-la" (TATOSSIAN, 2006, p. 154).

Intimamente relacionado com a questão anterior, em mais de um sentido, o espaço, aqui vivido como espacialidade, deve ser considerado com a mesma importância da temporalidade.

Alonso-Fernández (1976) assinala a profunda importância antropológica da espacialidade, ao considerar que o espaço humano supera a condição de ambiente, constituindo um mundo instrumental e um mundo co-humano ou compartido.

O mesmo autor comenta que a espacialidade como cenário categorial de nossa existência se contrapõe à temporalidade como base fundamental de nosso ser.

Ao contrário do que se pensava anteriormente, a vivência de espaço se dá de forma unitária e global, suas variáveis básico-dinâmicas são a aproximação, o afastamento, a distância, o estreitamento e a dilatação, tornando-se o seu eixo vertical fundamental para a existência humana.

Binswanger (1967) chamou de espaço sintônico ou pático aquele setor do mundo exterior em que o eu assume uma participação vital. Estando relacionado ao estado afetivo, que é uma forma de estar no mundo, se encontra absorvido pelo elemento noético na vida cotidiana.

Assim como nossos estados afetivos, também nosso corpo organiza o espaço. Conhecido como espaço organizado, depende da mobilidade do corpo para organizar-se em seu eixo vertical, suas partes altas e baixas, sua postura ereta, e com a ajuda dos órgãos sensoriais orientar-se nas dimensões espaciais.

Concluiremos nossas reflexões sobre a espacialidade com a interessante observação de Merleau-Ponty (2006, p. 337): "O que garante a um homem a sua saúde mental contra as manias e alucinações não é a sua comprovação da realidade, e sim a estrutura de seu espaço."

Após esses sábios comentários dos autores anteriormente citados, podemos, enfim, nos debruçar sobre o trabalho de Minkowski, começando por suas pesquisas sobre a melancolia.

Melo (1979, p. 194) aponta como fundamentais em sua metodologia:

> 1º) concentração da análise nos fenômenos da expressão, buscando discernir aí os fatores essenciais de significação, em meio à quantidade de 'elementos parasitas' de que se acham cercados, na consciência individual, elementos que conspurcam e poluem, conseqüentemente, a sua pureza original, nascente, equivalendo essa operação, como é de ver, a uma autêntica *Wesenschau* (visão das essências); 2º) a colocação, em primeiro termo, da temporalidade, ou melhor, da estrutura temporoespacial, que constitui, em seu sentir, o pano de fundo a que intimamente se liga toda e qualquer significação; 3º) a preocupação de perquirir e enuclear, abrindo caminho através do espesso emaranhado dos revestimentos circunstanciais e

contingentes, que deformam e mascaram os conjuntos psicopatológicos, o por ele próprio denominado distúrbio gerador, tido por central e único, em seu gênero, para cada um dos complexos fenômenicos referidos.

Minkowski (1967) realizou suas primeiras descobertas fenomenológicas em condições bastante curiosas. Após a Primeira Guerra Mundial, em situação material bastante precária, aceitou acompanhar diuturnamente um paciente melancólico, com intensas idéias delirantes de culpa que se acompanham de ameaça de castigo iminente. Ao argumentar uma vez mais com o seu paciente, questionando o castigo que nunca ocorria, recebeu a aparentemente singela resposta: "Admito que até agora você sempre tem tido razão, porém isso não prova que terá amanhã" (MINKOWSKI, 1967, p. 169).

Portanto, tratava-se de uma profunda transformação da estrutura temporal, uma típica e especial malformação do tempo vivido. O tempo não é mais vivido como uma energia propulsiva bloqueando o acesso ao futuro, estagnando o presente, provocando, enfim, que a atenção do melancólico se volte para o passado, única possibilidade de vivência temporal.

A estagnação do tempo vivido retira do vivido temporal um vivido de poder, e assim impossibilita o "poder de transformar o mundo pela ação e a si mesmo pelo alargamento da pessoa" (TATOSSIAN, 2006, p. 127). O mesmo autor observa ainda que a experiência do melancólico é a de não-poder comer, pensar, trabalhar, fazer amor, porém dolorosamente registrar e lutar sempre contra o inacabamento obrigatório das ações.

Minkowski (1967) passou a considerar que os fenômenos fundamentais e constitutivos da vida expressam sempre um índice temporal, espacial ou temporoespacial, o que o levou a caracterizar as diversas estruturas temporoespaciais especiais, existentes em cada forma de patologia.

Em relação à esquizofrenia, o autor chamou a atenção para a perda do contato vital com a realidade, identificando nessa condição o que chamou de racionalismo e geometrismo mórbido, desorganização típica que se traduz no apego irresistível à simetria espacial (ELLENBERGER, 1967; MELO, 1979).

Von Gebsattel (1967) pensa que o método fenomenológico, além de permitir a visão das essências, também possibilita estabelecer relações entre os sintomas clínicos somáticos e psíquicos, graças à profunda unidade ontológica primordial do homem.

Os estudos de Von Gebsattel sobre a melancolia se aproximam, em suas conclusões, aos de Minkowski, conforme observado anteriormente. Por isso optamos por apresentar seu clássico trabalho sobre o mundo dos neuróticos obsessivos.

O autor aponta para a dupla natureza do sintoma obsessivo, a princípio o "psiquismo perturbador" e, reagindo a este, o "psiquismo defensivo", no qual ocorreriam os principais atos compulsivos. Relacionada intimamente à sintomatologia "perturbadora", teríamos a experiência de não conseguir dar por concluído um ato, o que por sua vez leva a um sacrifício do futuro com uma ancoragem no passado. Assim o compulsivo termina por fazer o que não pretende, por não conseguir alcançar o que se propõe. Conclui em relação a isso que a falta de liberdade pertence à essência dessa situação.

Situando-se no "psiquismo defensivo", observa o autor a ausência de uma articulação interior histórico-vital, o que produz uma ruptura entre ação e realização, que explicaria a dificuldade para começar algo novo e terminar o começado.

A experiência de estagnação-contaminação está relacionada à falta da entrega generosa e purificadora às forças do futuro, e a sensação de estar sujo, à culpa de não conseguir se liberar do passado. A estagnação é onipotente no mundo dos obsessivos, o que leva à deformação e ao empobrecimento na atitude receptiva e expressiva. Tal estado de coisas termina por dar ao mundo um caráter fisionômico, mágico, animista, principalmente em um setor definido, relativo ao formal-informal, gerando o que Von Gebsattel chama de antieidos, um "contramundo" de formas decadentes e de poderes destrutivos. Dessa maneira, o mundo do obsessivo se caracteriza pela supressão do ingênuo, do óbvio e do natural.

FENOMENOLOGIA CATEGORIAL

Ellenberger (1967) sugere os estudos de Binswanger, Straus, Fischer, assim como alguns trabalhos de Minkowski e Von Gebsattel, como estando incluídos nesse item.

Straus (1967) se insere no mesmo movimento de Minkowski e Von Gebsattel ao identificar as alterações da estrutura temporal na melancolia. Acrescentou que o transtorno essencial nessa condição não é só a lentificação do devir subjetivo, e sim autêntica retroatividade de vivência do tempo, algo como um refluxo ou inversão da corrente temporal da intencionalidade. Comentando sobre o fenômeno alucinatório, o autor reflete sobre a experiência sensorial. Considera que esta não se afirma por um raciocínio posterior ou valorização conceitual de certos dados, e sim pelo seu caráter de imediaticidade e em conseqüência das relações com quem a recebe, sem atentar para as conexões que estabelece com outros fenômenos. Assim, existe um comércio organizado de coisas:

> O comércio organizado de coisas, assim como o intercâmbio racional de idéias, exige certa neutralidade em relação ao objeto. Existem coisas que não estamos dispostos a vender e assuntos sobre os quais não podemos falar. Inclusive dentro da faixa da normalidade existem condições nas quais, em função dos muitos interesses pessoais, não conseguimos nos entender com o outro. Em algumas situações psicopatológicas, nas psicoses, se perde toda possibilidade de con-versar (no sentido de con-versar, ou seja, não conseguir encontrar juntos uma versão). Já não experimentamos o mundo de uma maneira neutra, que nos permitiria, distanciados do objeto, trocar de lugar com o outro para mudar seus pontos de vista e assim realizar uma ação em comum. Nesse caso foi abolida a 'sinkenesis'. (STRAUS, 1967, p. 197)

Nosso mundo cotidiano se organiza a partir do que é gerado pela experiência sensorial e de acordo com as características das modalidades (auditivas, visuais, etc.). A distorção das modalidades se relaciona diretamente com o fenômeno alucinatório. Quando as relações entre o eu e o mundo se alteram em profundidade, podem ocorrer as mais graves perturbações. Tais perturbações podem ser muitas e diversas, ocorrem na periferia ou no centro. Considerando que a experiência do real e a experiência sensorial são a mesma coisa, o outro é real enquanto é capaz de me afetar. Observando o *delirium* alcoólico, o autor identifica uma modalidade característica de deformidade visual. Enquanto a função visual é estabilidade e identificação, o *delirium* alcoólico se caracteriza exatamente pelo oposto: instabilidade e falta de identificação. Tal instabilidade termina por afetar a estrutura espacial como um todo e as coisas em particular. A audição de vozes constitui, por sua vez, uma alteração básica do modo de ser-no-mundo, em que o outro, apesar de percebido com certeza, se mostra de maneira misteriosa e incompreensível, como demonstra o fato de os pacientes escutarem vozes e responderem a elas, não se preocupando com o fato de não visualizarem quem as emite. O autor lembra que na esquizofrenia as vozes perseguem, dão ordens, ridicularizam e gracejam, permitem que os pacientes reflitam, porém que não se sintam livres.

> Ao paralisar-se a ação mudam-se os limites que separavam o outro do ser sensível. Nós, quando falamos de alucinações, estamos convencidos de que a voz que o paciente escuta é a sua própria. Sente algo que pertence a ele como se pertencesse a outro. Eu chamo de meu o que está à minha disposição, o que se submete à minha vontade, o que me pertence, e também o que eu produzo ou produzi; e, inversamente, aquilo a que eu pertenço, o que tem direitos concretos sobre mim, enfim, definindo-o esquematicamente, aquilo sobre o qual tenho poder imediato de produção ou de disposição. Essa mudança fronteiriça entre o meu e o seu que acontece na audição de vozes aponta também para uma mudança na esfera da liberdade; assinala uma alteração fundamental na implicação da pessoa. (STRAUS, 1967, p. 209)

Seguindo um pouco mais além, o autor chama a atenção para os automatismos do pensamento nesses pacientes, que indicam uma visão de mundo carente de liberdade e espontaneidade. O fato de que seus pensamentos sejam audíveis ou de que seja possível ler sua mente aponta para a queda das barreiras que salvaguardam sua intimidade, assim como sua existência singular.

Embora caracterizado por Ellenberger (1967) como fazendo parte desse grupo, Binswanger ocupa na história da psicopatologia fenomenológica existencial um lugar que escapa às tentativas de classificação, tanto pela riqueza de suas contribuições como por seu percurso peculiar. Introdutor das idéias de Heidegger no pensamento psicopatológico, chegou a fundar a escola Daseinsanalítica, afirmando sua afinidade com o pensamento desse filósofo. Posteriormente, após propor alterações no pensamento heideggeriano, mais especificamente a substituição da noção de cuidado pela de amor, em respeito à sua experiência clínica, retorna ao pensamento de Husserl, mas especificamente Husserl tardio ou transcendental (TATOSSIAN, 2006).

Ao apresentar a *Daseinsanalyse* em artigo de 1946, republicado em 1967, o autor a caracteriza como um sistema antropológico de investigação científica que busca a essência do ser humano. Rende homenagem a Heidegger, em quem se inspira, destacando a importância da concepção de ser-no-mundo, condição essencial que determina a existência em geral.

Esclarece, enfaticamente, que não se trata nem de uma ontologia, nem de uma filosofia, muito menos, portanto, de uma antropologia filosófica. Sua proposta é a de, a partir de achados efetivos sobre formas e configurações da existência tal como se apresentam na realidade, organizar uma ciência com fortes características empírico-fenomenológicas, portanto relacionada à observação "ôntica".

Em contraste com a observação puramente biológica, apresenta duas vantagens; a primeira, substituir o conceito, vago segundo o autor, de vida pela de estrutura existencial, com todas as suas possibilidades de exploração em seus aspectos de ser-no-mundo e ser-para-além-do-mundo. A segunda, deixar que a existência fale por si mesma, que se mostre. Como a linguagem é onde se expressa grande parte dos fenômenos a serem interpretados, será através de seus conteúdos significativos, infinitamente variados, que se revelarão os projetos ou planos dos seres humanos, seres de mundo, de projetos e de linguagem. Ressalta que, além dos importantes estudos realizados até então sobre espacialidade e temporalidade, é necessário considerar a luz, a sombra, a materialidade do mundo em questão, e, sobretudo, o projeto dos seres humanos que convivem nele.

Assim resume o autor o papel que espera que ocupe o seu método, contrastando-o com as perspectivas psicopatológicas vigentes:

> A análise existencial não é uma psicopatologia, nem uma exploração clínica nem uma classe de investigação objetivante. Seus resultados não podem ser construídos a partir da psicopatologia como está hoje desenvolvida, com conceitos tais como de organismo ou de aparelho psíquico. Isto tem levado a uma grande simplificação e redução, em virtude dos quais os fenômenos analítico-existenciais observados têm sido despojados de grande parte de seu conteúdo fenomênico aos quais se aplicam estes conceitos e por enriquecer e aprofundar estes mediante aqueles. No sentido de uma maior sofisticação, a análise existencial satisfaz as demandas do público que deseja obter uma visão mais profunda da natureza e origem dos sintomas psicopatológicos. Se nesses sintomas reconhecemos 'experiências que comunicam' – quer dizer, transtornos e dificuldades em mudar –, devemos fazer tudo que seja possível para investigar suas causas, aprofundando no fato de que os enfermos

mentais vivem em mundos diferentes dos nossos e que nisso reside sua dificuldade. Por isso o principal objetivo da psicopatologia deve ser alcançar um conhecimento e uma descrição científica desses mundos, uma tarefa que só se pode realizar com a ajuda da análise existencial. Esta não só explica cientificamente o abismo que separa nosso mundo do dos enfermos mentais e que torna tão difícil a comunicação entre ambos, se não que ademais estende cientificamente a ponte que os une. Já não nos encontramos detidos diante da linha divisória entre a vida psíquica com a qual podemos ter empatia e com a qual não podemos ter empatia. Muitos relatos de casos particulares provam que nosso método supera as primeiras esperanças em estabelecer contato com os pacientes, em penetrar na sua biografia e em compreender e descrever seus projetos de mundo ainda em casos em que isso parecia antes impossível. (BINSWANGER, 1967, p. 259-260)

Binswanger não foge da tradição dos autores em fenomenologia existencial, e a partir de um estudo de caso, publicado em 1931-1932, revela ao meio científico da época sua perspectiva para a mania. Analisando uma cliente de 48 anos de idade, maníaco-depressiva, tomando inclusive sua produção textual, conclui que o sintoma que melhor caracteriza o mundo do maníaco é a fuga de idéias, compreendido a partir de sua "antropologia filosófica" como "saltante" e "turbilhonante", de acordo com a possibilidade de uma fuga ordenada ou desordenada, respectivamente. Ocupando um espaço sem barreiras, a distância, assim como o relevo dos objetos, sofre um desgaste contínuo, terminando por perder-se em um mundo ora muito vasto ora muito pequeno, fluido, de objetivos rapidamente mutáveis. Daí o freqüente incômodo que essas pessoas provocam, que, com sua ingenuidade invasiva, desconhecem o sentido do pudor, físico ou corporal, "um espaço 'tão fácil' não pode ser abordado a não ser no 'otimismo do humor' porque perfeitamente não-problemático: tudo aí é luminoso, colorido com tons alegres, tudo aí é ligeiro, volátil, fugaz" (TATOSSIAN, 2006, p. 149). Portanto um mundo sem resistência, densidade, transparente, cômodo, rápido e elástico, em que até o pensamento dispensa a sua forma natural de construção penosa e progressiva.

É porque o maníaco é puro presente, porque não encontra "defesa" num passado sólido e num futuro efetivamente projetado, que ele é o que o mundo (material) faz dele, que ele é esse mundo. Entregue a um presente inautêntico porque descentrado da estrutura global do tempo pessoal, o ser-no-mundo maníaco é existência lúdica ou, se se quer evitar apreciação moral que implica a noção de eu, ele é festa, festa da Presença, festa fora do tempo e do espaço sério da vida propriamente pessoal. Mas, como em toda festa, a morte se esconde sob a exaltação da vida e, aqui, o-ser-no-mundo melancólico sob o ser-no-mundo maníaco. (TATOSSIAN, 2006, p. 149-150)

Preocupado com os "artifícios teóricos" que a partir de dados diagnósticos buscam "explicar" a esquizofrenia, o autor empreendeu grande esforço, em uma obra que é representativa de uma fase de seu pensamento, espécie de síntese de seus trabalhos sobre a psicose: Três formas da existência malograda. Publicada na Alemanha em 1956, trazia uma nova possibilidade de compreender o fenômeno esquizofrênico, pretendendo desalojar o autismo como sintoma esquizofrênico cardinal. Binswanger (1977) acreditava que se estava diante de questões antropológicas, aspectos fundamentais do ser humano, apenas tangenciados pela clínica psiquiátrica da época, que, porém, diziam respeito a toda Presença humana. Utilizando uma linguagem mais próxima do coloquial, o autor definiu a extravagância, a excentricidade e o amaneiramento como transformações do ser-no-mundo, ameaças imanentes a toda Presença humana.

A extravagância diz respeito à presunção, ou seja, à busca de uma ascensão vertical, sem uma base de experiência para tal. A conseqüência é permanecer suspenso ou cair, que em vários estudos de caso conduzidos pelo autor resultou em autismo (isolamento), delírio ou suicídio. Uma das características da extravagância é a ruptura de toda comunicação existencial.

Só pode extravagar e enrascar-se o alpinista que não tem uma visão de conjunto da estrutura do despenhadeiro que está escalando. Assim também, só pode extravagar e enrascar-se psíquica e espiritualmente a pessoa que não tem nenhum discernimento da estrutura da "hierarquia" das possibilidades da existência humana em geral e que, na ignorância delas, se põe a subir cada vez mais alto. Portanto, a extravagância jamais pode ser compreendida a partir da subjetividade apenas, mas somente na conjunção da subjetividade (transcendental) com a objetividade (transcendental). (BINSWANGER, 1977, p. 20-21)

Nessa condição, o autor sugere:

> O que chamamos de terapia, no fundo, consiste tão-somente em levar o doente até um ponto onde ele consiga 'ver' como está constituída a estrutura total da existência humana ou do 'ser-no-mundo' e em que ponto dela extravagou. Ou seja: resgatá-lo da extravagância, trazendo-o de novo 'à terra', que é o único ponto a partir do qual se pode tentar uma nova partida e uma nova escalada. (BINSWANGER, 1977, p. 21)

Após examinar detidamente em diversos contextos: psicopatológico, na linguagem cotidiana, antropológico e ontológico, o uso do conceito de excentricidade, o autor declina pela perspectiva heideggeriana da utensilidade, sobretudo sob a forma negativa da resistência e das dificuldades de utilização.

> É apenas a partir dessa homogeneidade da significação antropológica que se tornam compreensíveis a possibilidade e, mesmo, a obviedade da transposição, para o ser humano enquanto uma pessoa viva, de todas as expressões próprias à 'matéria morta'. Por outro lado, compreendemos agora também por que jamais encontramos no vocabulário clínico da excentricidade expressões provenientes da esfera da existência ou da comunicação e, naturalmente, antes de mais nada, da liberdade, da consciência moral, do amor, etc. O próximo é, de fato, compreendido aqui unicamente a partir do trato com ele, mais precisamente a partir da perturbação, dificuldade ou impossibilidade desse trato, e de sua redução diagnóstica a determinadas peculiaridades e propriedades da pessoa com que se trata: à sua inaptidão para o trato ou dificuldade no trato, à sua resistência, impenetrabilidade ("dureza", "rigidez", "frieza"), suas contradições, seu caráter arredio, sua imprevisibilidade. Daí originam-se expressões como ininfluenciável, incorrigível, estudado, sem naturalidade, sem espontaneidade, meticuloso, intransigente, fanático, incapaz de discutir, caprichoso, irritável, fantasioso, associal e, sobretudo, autista. (BINSWANGER, 1977, p. 44)

Obviamente, tal fato no mundo humano significa ter se chegado ao fim de alguma coisa.

> Aqui também alguma coisa 'atravessa-nos' sempre, em cada caso, ou 'caminho', damos de encontro com um obstáculo, com uma dificuldade ou perturbação. Em lugar da dificuldade, perturbação ou malogro da atividade de lidar com ou trabalhar manualmente o mundo ambiente, surge a dificuldade ou impossibilidade de lidar lingüisticamente com o mundo comum, bem como a de sua elaboração lingüística ou 'pessoal', em suma, a dificuldade ou impossibilidade do entendimento mútuo. (BINSWANGER, 1977, p. 44)

Do ponto de vista ontológico, nos encontramos na seguinte situação:

> Depois de tudo o que vimos até agora, não podem subsistir mais dúvidas quanto a essa significação. A compreensão ontológica subjacente a todas essas expressões é a compreensão do ser, mas não do ser entendido em primeira linha como subsistência, nem, sobretudo, entendido como ser-aí e ser-com, mas sim como disponibilidade [...]. (BINSWANGER, 1977, p. 45)

O mundo é a princípio preocupação prática e utilitária, utensílios que uma vez descobertos remetem imediatamente a outros em uma cadeia sem fim (a cadeira remete ao quarto, que por sua vez remete à casa, que por sua vez remete à floresta que forneceu a madeira, ao marceneiro que realizou a obra e assim sucessivamente), freqüentemente fazendo referência àquilo-que-é-bom-para. Entretanto "a descoberta da Presença como tal e do modo de ser da simples 'substância' própria ao interesse puramente do conhecimento é muito mais tardia" (TATOSSIAN, 2006, p. 70-71).

Portanto, a excentricidade traz consigo a profunda distorção do primado da utensilidade, estendendo-a para o outro e para si mesmo, em detrimento da compreensão do ser como subsistência, ou, muito menos, como ser-aí e ser-com (BINSWANGER, 1977).

Binswanger ilustra suas observações sobre a excentricidade com uma série de estudos de caso. Comentaremos brevemente o caso do pai esquizóide que presenteia a filha cancerosa com um caixão na noite de Natal, colocando-o inclusive sob a árvore enfeitada. Desejando comunicar-se com sua filha, pretendendo um presente que lhe fosse útil, pode-se afirmar que, sem qualquer má intenção, associa noite de Natal, necessidade e presente. Corroborando o comentado anteriormente, o excêntrico desconhece o modo de ser da simples substância, os limites das totalidades naturais finalizadas, ou seja, sua natureza e objetivo, distorcendo profundamente as transcendências subjetiva e objetiva, em favor da primeira.

Comentando sobre o amaneiramento, a última das três formas de existência malograda, o autor, seguindo a mesma metodologia utilizada para o estudo das duas formas anteriores, observa a associação da palavra alemã *Winden* com o francês *guinder*, que igualmente se correspondem com o guindar em português, elevar-se, erguer-se, porém à custa de algo, uma maneira empolada, afetada, graças a um outro que o suspende, mas que não lhe dá um solo.

A partir da análise do caso de Jürg Zünd, dividido em três mundos, em nenhum dos quais consegue "lançar raízes", associado à sensação de se sentir exposto, despido, descoberto pelo olhar dos outros, o autor irá fazer uma série de conjecturas, uma vez que considera esse caso paradigmático da situação de amaneiramento. A impossibilidade de formar um "estilo de vida" próprio, seu medo do ridículo público e de uma súbita queda na escala social, levam a que busque "abrigamento", segurança, chão. Pretende, na imitação da maneira aristocrática de parentes, passar despercebido, sentindo-se seguro finalmente. Porém, nas palavras do próprio paciente, "a máscara" que escolheu por provocar nele uma postura estereotipada, contraída, o contrário da desenvoltura, chama mais atenção do que nunca. Sem solução, interna-se em um asilo, vivendo ali toda a sua vida, apesar de ter conseguido o título universitário de doutor.

Após uma longa digressão a respeito do maneirismo no mundo das artes, e da tentativa de estabelecer pontes com o amaneiramento, sob uma inspiração existencialista, observa ser o último fenômeno algo de ordem do fracionamento, da divisão do ser-aí. Haveria uma oposição entre algo interno e central e algo externo e periférico. Evidentemente, a partir daí não se pode mais falar em crescer, enraizar-se e medrar. A segurança procurada de uma fuga desesperada de uma atmosfera "de inquietante estranheza não-encoberta e de angústia manifesta" leva a perder-se na "gente", "decair no sem-fundo". Desesperadamente procurando um chão, para poder com "desmedido atrevimento" levantar-se pisando firme no solo, só consegue, por fim, encontrar-se com a inautenticidade da "gente". A brilhante análise de Binswanger sobre o amaneiramento, seu aspecto de divisão do ser-aí, além do mergulho profundo na "deca-

dência" de seus aspectos mais externos, são certamente uma das mais penetrantes observações da esquizofrenia na história da psicopatologia.

Apesar de suas preocupações não estarem relacionadas à psicopatologia, seus interesses eram prioritariamente a psicoterapia. Boss terminou por conduzir suas pesquisas no sentido de repensar questões fundamentais nessa área.

Vinculado inicialmente à *Daseinsanalyse* binswangeriana, rompe teoricamente com esse autor, preocupado com as críticas que lhe foram feitas pelo próprio Heidegger (CARDINALLI, 2004).

Desenvolve a partir daí sua própria perspectiva daseinsanalítica, com a qual pensou a psicanálise, a psiquiatria e a Psicologia da época.

Seus estreitos laços, inclusive de amizade, com o filósofo Martin Heidegger levaram a que fosse um atento observador da obra desse último e a tenha considerado em profundidade, apesar das críticas de que foi alvo.

O autor questiona a concepção de que partem as teorias psiquiátricas clássicas e as psicanalíticas, que em seu modelo de ciência concebem o homem de modo análogo aos objetos da natureza (BOSS, 1977; CARDINALLI, 2004). Criticando a preocupação com a determinação causal, genética e motivacional de que estão impregnadas essas ciências, propõe que se esclareça inicialmente o fenômeno humano, de maneira tal que a patologia possa se mostrar em suas implicações verdadeiramente humanas. Apesar de manter durante toda a sua obra uma referência fecunda com a psicanálise, reflete freqüentemente no sentido de uma retomada da autonomia e das possibilidades esquecidas de ser de seus pacientes. Como ilustrativo do comentado anteriormente, acreditamos ser interessante, nas próprias palavras do autor, refletirmos sobre sua proposta de neurose de tédio:

> Hoje, todavia, angústia e culpa ameaçam se esconder mais e mais sob a fachada fria e lisa de um tédio vazio e por trás da murada gélida de sentimentos desolados de completa insensatez da vida. Em todo caso, o número crescente daqueles doentes que só sabem se queixar da insensatez vazia e tediosa de suas existências não deixa mais dúvida em nenhum médico psiquiatra de que o quadro patológico que poderia ser chamado neurose do tédio, ou neurose do vazio, é a forma de neurose do futuro imediato. Nela se abrange um tédio que necessita encobrir angústias e sentimentos de culpa particularmente sinistros.

Todo tédio comum, desde logo, inclui aquilo que exprime a própria palavra, um sofrer do tempo vagaroso, uma secreta saudade de estar abrigado num lugar familiar tão almejado quando inacessível, ou por uma pessoa querida e distante. Mas no grande e profundo tédio das atuais neuroses do vazio se esconde uma tal saudade; se esta não fosse repelida e reprimida com extrema força, ela deixaria eclodir o reconhecimento da perda de todo e qualquer enraizamento. As conseqüências desse reconhecimento implicariam uma extrema angústia e um profundo sentimento de culpa, por se ter perdido em tal abismo extremo. Por isso o tédio que reina na existência dos atuais neuróticos freqüentemente encobre seu próprio sentido utilizando-se do ruído dominante das atividades ininterruptas, diurnas e noturnas, ou do embotamento das mais diversas drogas e tranqüilizantes. (BOSS, 1977, p. 17)

A essa expressão de manifestação da culpa e da angústia associa a prepotência atual da tecnologia, que seria também a responsável pelo "silêncio" das outrora ruidosas e dramáticas manifestações da histeria, que hoje se "escondem" no corpo, nos chamados fenômenos psicossomáticos.

Entretanto, estaria nas próprias possibilidades do existir humano a superação desses afetos. Em relação à angústia:

Também parece pertencer à vida humana esse contrapoder à angústia, que se manifesta nos fenômenos do amor, da confiança e do 'estar abrigado'. Não a coragem. Esta só está onde ainda domina a angústia. A coragem pode enfrentar a angústia. Onde não há angústia a ser superada, não é preciso coragem. Mas onde reinam o amor, 'o estar-abrigado' e a confiança, toda angústia pode desaparecer. (BOSS, 1977, p. 33-34)

Considerando a angústia estreitamento da existência:

Do mesmo modo, se poderia mostrar àqueles que amam despertos e adultos a essência do estar-aí humano na abertura de seu amor, e numa forma que abrange mais e mais sinceramente do que seria possível aos que estão envolvidos pelo angustioso cotidiano. Não está a palavra alemã *Angst* ligada à latina *Angústia* e à grega *Ancho*, à estreiteza, ao apertado e estrangulado? Portanto, parece que o próprio nome, angústia, indica que o estar-aí, quando está em consonância com a angústia, só pode ser visto como algo estrangulado. De fato, a angústia do ser humano atual costuma retroceder tanto sua autocompreensão e limitá-la de tal forma, que ele compreende a si próprio apenas como uma gota d'água solitária, trêmula, suspensa no ar; mas o oceano, do qual ele provém e ao qual ele pertence, devido à sua essência, este ele não pode nem suspeitar? Ao contrário, na condição do amor, o estar-aí está aberto a uma experiência totalmente diferente, experiência que permite reconhecer aquilo que os seres humanos normalmente chamam de morrer, como sendo contrário do não-poder-mais-estar, como sendo um íntimo abrir-se e aprofundar-se no amado como um todo. Por conseguinte, a angústia cotidiana dos seres humanos pode ser anulada na experiência amorosa do pertencer imediato a um fundo basilar inabalável. Ela pode até dar lugar a uma expectativa alegre, porque, na experiência do amor, o morrer da condição físico-psíquica da vida trivial, diária, é entendido como sendo bem diferente de uma destruição, como sendo uma passagem para uma experiência mais rica e mais aberta. (BOSS, 1977, p. 35-36)

Portanto, a angústia, do mesmo modo que o amor, pode levar o estar-aí humano à possibilidade do maior e do mais rico, assim como do totalmente diferente.

Compreendendo a culpa como aquilo que carece e falta, ela só poderá ser tomada em face da plenitude e realização da existência humana:

[...] nossa experiência mais original e concreta nos permite entender que a condição básica do ser humano é que nem uma clareira, da qual os fenômenos de nosso mundo necessitam para poder aparecer e ser dentro dela. Em outras palavras, de acordo com a nossa percepção imediata, o ser humano se mostra como sendo aquele ser, do qual o nosso mundo precisa como o âmbito de claridade necessário para poder-aparecer, para poder-ser. Justamente é este deixar-se-necessitar, e nada mais, que o ser humano "deve" àquilo que é e que há de ser. É por isso que todos os sentimentos de culpa baseiam-se neste ficar-a-dever. (BOSS, 1977, p. 39)

Portanto, a característica básica da liberdade humana e a liberação da culpa estão intimamente associadas:

> Mas se ele assume livremente seu estar-culpado diante das possibilidades vitais dadas a ele, se ele se decide, neste sentido, a um ter-consciência e um deixar-se-usar adequado, então ele não mais experimenta o estar-culpado essencial da existência humana como uma carga e uma opressão de culpa. Carga e opressão serão superadas pela vontade que deixa feliz de estar à disposição, sem reservas, de todos os fenômenos, como seu guardião, como seu âmbito aclarador de aparecer e desfraldar. Ao estar-solicitado e ao estar-chamado por tudo aquilo que quer aparecer na luz de sua existência, abre-se também ao ser humano o inesgotável sentido de sua própria existência. (BOSS, 1977, p. 40)

Boss (1977), em artigo intitulado "O modo-de-ser esquizofrênico à luz de uma fenomenologia daseinsanalítica", afirma que a perturbação fundamental na esquizofrenia é a privação da possibilidade existencial que permite com que nos coloquemos de modo livre e independente perante ao que se nos apresenta, a abertura; que ficaria comprometida de duas maneiras, por ele denominadas "des-limitação" e "limitação".

> Na des-limitação do existir humano patológico, nesse mundo superaberto com o qual existe o doente em dado momento, algo extremamente intenso e rico, algo que até então nunca tinha sido percebido quer pelo doente quer por pessoas sadias, pode forçar sua entrada. É como se lhes tivessem tirado o filtro protetor que livra o homem cotidiano dito "sadio" da invasão do poderoso nada. Os homens sadios estão bastante protegidos e os esquizofrênicos estão insuficientemente protegidos, mas não contra um nada anulador. Contra aquele que apenas se chama nada porque é totalmente diferente de todo ente configurado, mesmo de um ente superior. Este nada é idêntico ao ser em si. O ser como tal, o nada ou o encoberto reinam numa plenitude que deixa provir de si tudo que terá que ser: tanto o ente que chamamos de existência humana como qualquer outro 'ente' que pode chegar a sua própria presença na abertura da existência. (BOSS, 1977, p. 15)

Essa experiência humana é a responsável por uma variedade de "sintomas" vividos na esquizofrenia, desde o perceber as cores dos objetos que o cercam mais vívidas e intensas, até o misticismo eufórico de sentir-se o salvador do mundo.

Entretanto, outra experiência também é possível na esquizofrenia:

> Há um grande número de esquizofrênicos, diferente desses cuja abertura existencial parece excessivamente des-limitada. Nestes outros, a mesma característica fundamental da existência humana se realiza de início como fechamento patológico da abertura existencial. Com freqüência é possível observar gradativamente o fechamento esquizofrênico do âmbito do mundo moderno. O estreitamento existencial crescente mostra-se de tal modo que um determinado doente de início não suporta mais nenhum homem ao seu redor. Até as solicitações dos amigos começam a se tornar uma exigência insuportável, mesmo para aquele anteriormente mais sociável. (BOSS, 1977, p. 15-16)

Além de poder ser vivido como um fechamento social, como uma recusa de contato com os outros, a mesma experiência poderá ser também vivida espacialmente, com a sensação de "um espaço que se fecha". Alguns pacientes, no relato do autor, chegaram a ficar profundamente restritos em seus deslocamentos, mesmo em seu ambiente doméstico.

Em relação ao outro grande grupo de patologias, a neurose, ou mesmo ao modo de existir saudável, o autor não estabeleceu rigorosamente diferenças significativas. De maneira simples, caracterizou o modo saudável como aquele que apresenta maior liberdade e capacidade para realizar suas próprias possibilidades (CARDINALLI, 2004). Conseqüentemente a neurose ocuparia, nesse sentido, um espaço intermediário entre o modo de ser-saudável e a psicose, com sua abertura para o mundo possível, porém restrita.

O pensamento de Heidegger continua sendo uma fonte fértil de inspiração para os pesquisadores na perspectiva fenomenológica existencial. Nesse sentido, concluindo esse recorrido no pensamento fenomenológico existencial, citamos o trabalho do professor Joelson Tavares Rodrigues, que, preocupado com as manifestações da angústia na contemporaneidade, na forma de terror, medo e pânico, se debruça sobre as reflexões heideggerianas a respeito do ser, da existência e da técnica. A partir de sua experiência clínica, fornecendo um amplo painel sobre os recursos técnicos modernos, o autor reflete sobre o ser-para-a-morte, o futuro desconhecido e a nossa condição humana de sermos lançados. Observa que, como em outros momentos da história, surgem novas patologias, sintomáticas da falência de um modelo de sociedade que busca na tecnologia a tentativa de negação de sua condição humana.

Ao concluir este trabalho, espero que hajam ficado claras as principais linhas de pensamento e autores que contribuem para a riqueza de uma psicopatologia que busca ser verdadeiramente humana. O freqüente uso de termos herdados do classicismo psiquiátrico não pretende apontar

para uma diferença insuperável entre os "mundos" humanos e sim facilitar a comunicação e permitir o diálogo, tão necessário nesse campo. A tensão que percorre toda a história da psicopatologia fenomenológica existencial, em seus choques com a perspectiva naturalista e mesmo entre seus próprios autores, objetiva mais enriquecimento desse campo do que uma suposta supremacia, sempre ingênua.

É o que podemos observar nos últimos trabalhos comentados, em que a fenomenologia existencial se associa com as ciências humanas, sempre atenta ao desafio lembrado por Kierkegaard e que nunca pode ser esquecido: o que é afinal um homem?

REFERÊNCIAS BIBLIOGRÁFICAS

ALONSO-FERNANDEZ, F. **Fundamentos de la psiquiatría actual**. Madrid: Editorial Paz Montalvo, 1976.

BINSWANGER, L. La escuela de pensamiento de análisis existencial. In: MAY, R, ANGEL, E, ELLENBERGER, HF. (eds.). **Existencia: nueva dimensión en psiquiatría y Psicología**. Madrid: Editorial Gredos, 1967. p. 235-246.

BINSWANGER, L. **Três formas da existência malograda: extravagância, excentricidade, amaneiramento**. Rio de Janeiro: Zahar Editores, 1977.

BOSS, M. **Angústia, culpa e libertação**. São Paulo: Livraria Duas Cidades, 1977.

BOSS, M. O modo de-ser-esquizofrênico à luz de uma fenomenologia daseinsanalítica. **Daseinsanalyse**, São Paulo: nº 3, 1977, p. 5-27.

CARDINALLI, IE. **Daseinsanalyse e esquizofrenia**. São Paulo: Educ-Fapesp, 2004.

DALGALARRONDO, P. **Psicopatologia e semiologia dos transtornos mentais**. Porto Alegre: Artmed, 2000.

ELLENBERGER, HF. Introducción clínica a la fenomenología y al análisis existencial. In: MAY, R, ANGEL, E, ELLENBERGER, HF. (eds). **Existencia: nueva dimensión en psiquiatría y Psicología**. Madrid: Editorial Gredos, 1967. p. 58-104.

GEBSATTEL, VEV. El mundo de los compulsivos. In: MAY, R, ANGEL, E, ELLENBERGER, HF. (eds.). **Existencia: nueva dimensión en psiquiatría y Psicología**. Madrid: Editorial Gredos, 1967. p. 212-225.

JASPERS, K. **Psicopatologia geral: Psicologia compreensiva, explicativa e fenomenologia**. Rio de Janeiro–São Paulo: Atheneu, 1987.

MELO, ALN. **Psiquiatria: Psicologia geral e psicopatologia**. Rio de Janeiro: Civilização Brasileira-Fename, 1979.

MERLEAU-PONTY, M. **Fenomenologia da percepção**. São Paulo: Martins Fontes, 2006.

MINKOWSKI, E. Hallazgos en un caso de depresión esquizofrênica. In: MAY, R, ANGEL, E, ELLENBERGER, HF. (eds.). **Existencia: nueva dimensión en psiquiatría y Psicología**. Madrid: Editorial Gredos, 1967. p. 163-168.

RODRIGUES, JT. **Terror, medo, pânico: manifestações da angústia no contemporâneo**. Rio de Janeiro: 7 Letras, 2006.

STRAUS, EW. Estesiología y alucinaciones. In: MAY, R, ANGEL, E, ELLENBERGER, HF. (eds.). **Existencia: nueva dimensión en psiquiatría y Psicología**. Madrid: Editorial Gredos, 1967. p. 177-203.

TATOSSIAN, A. **A fenomenologia das psicoses**. São Paulo: Escuta, 2006.

QUESTÕES COMENTADAS

1) É sabido que as contribuições da abordagem fenomenológica existencial à psicopatologia se fazem através de uma miríade de autores e de perspectivas teórico-práticas. Ellenberger, em um esforço para organizar esse campo, propôs, a partir de certos critérios, uma classificação. Comente sobre isso.

R: Ellenberger propõe que a partir das perspectivas assumidas pelos diversos autores podemos situar historicamente o movimento fenomenológico existencial em três momentos principais:

- a fenomenologia descritiva: a descrição que o paciente faz de suas experiências subjetivas ou vivências é o foco de atenção;

- o método genético-estrutural: a busca é de um "fator genético", ou seja, de um denominador comum que ajudaria a entender e reconstruir a unidade fundamental da consciência;
- a análise categorial: a análise de certas coordenadas, a casualidade, a materialidade e, mais importantes, o tempo definido como temporalidade e o espaço como espacialidade permitiriam ao pesquisador uma reconstrução perfeita e detalhada do mundo interior de seus clientes.

Apesar dos méritos inegáveis do autor em seu esforço classificatório, vários pesquisadores poderiam estar incluídos em mais de uma categoria simultaneamente. Portanto, a classificação proposta deve, como todo sistema organizado, ser tomada com cuidado.

2) O conceito de amaneiramento, desenvolvido por Binswanger, é reconhecido como uma importante contribuição à compreensão da psicose esquizofrênica. Em que consiste?

R: Comentando sobre o amaneiramento, o autor observa a associação da palavra alemã *Winden* com o francês *guinder*, que igualmente se correspondem com o guindar em português, elevar-se, erguer-se, porém à custa de algo, uma maneira empolada, afetada, graças a um outro que o suspende, mas que não lhe dá um solo.

A partir da análise do caso de Jürg Zünd, dividido em três mundos, em nenhum dos quais consegue "lançar raízes", associado à sensação de se sentir exposto, despido, descoberto pelo olhar dos outros, o autor irá fazer uma série de conjecturas. A impossibilidade de formar um "estilo de vida" próprio, seu medo do ridículo público e de uma súbita queda na escala social levam a que busque "abrigamento", segurança, chão. Pretende, na imitação da maneira aristocrática de parentes, passar despercebido, sentindo-se seguro finalmente. Porém, nas palavras do próprio paciente, "a máscara" que escolheu por provocar nele uma postura estereotipada, contraída, o contrário da desenvoltura, chama mais atenção do que nunca. Sem solução, interna-se em um asilo, vivendo ali toda a sua vida, apesar de ter conseguido o título universitário de doutor.

Após uma longa digressão a respeito do maneirismo no mundo das artes, e da tentativa de estabelecer pontes com o amaneiramento, sob uma inspiração existencialista, observa ser o último fenômeno algo de ordem do fracionamento, da divisão do ser-aí. Haveria uma oposição entre algo interno e central e algo externo e periférico. Evidentemente, a partir daí não se pode mais falar em crescer, enraizar-se e medrar. A segurança procurada de uma fuga desesperada de uma atmosfera "de inquietante estranheza não-encoberta e de angústia manifesta" leva a perder-se na "gente", "decair no sem-fundo". Desesperadamente procurando um chão, para poder com "desmedido atrevimento" levantar-se pisando firme no solo, só consegue, por fim, encontrar-se com a inautenticidade da "gente". A "máscara", aspecto da fantasia, adquire nessas condições o caráter de si-mesmo, em um profundo e grave deslocamento para a periferia. É esse fracionamento do ser-aí e o "confundir-se" com a máscara, "a gente", a periferia do si mesmo que fazem esse trabalho fundamental na observação da esquizofrenia.

3) Medard Boss, a partir das idéias de Heidegger, desenvolveu o conceito de neurose de tédio, considerado bastante atual em seus comentários sobre a modernidade e a técnica. Comente sobre esse importante conceito.

R: Sob o domínio da técnica em sua forma de tecnologia, os modos-de-ser fundamentais da angústia e da culpa humanos têm sido "esvaziados", vividos mais e mais sob a fachada fria e lisa de um tédio vazio e por trás da murada gélida de sentimentos desolados de completa insensatez da vida. Em todo caso, o número crescente daqueles doentes que só sabem se queixar da insensatez vazia e tediosa de suas existências não deixa mais dúvida em nenhum médico psiquiatra de que o quadro patológico que poderia ser chamado neurose do tédio, ou neurose do vazio, é a forma de neurose do futuro imediato. Nela se abrange um tédio que necessita encobrir angústias e sentimentos de culpa particularmente sinistros.

Todo tédio comum, desde logo, inclui aquilo que exprime a própria palavra, um sofrer do tempo vagaroso, uma secreta saudade de estar abrigado num lugar familiar tão almejado quando inacessível, ou por uma pessoa querida e distante. Mas no grande e profundo tédio das atuais neuroses do vazio se esconde uma tal saudade; se esta não fosse repelida e reprimida com extrema força, deixaria eclodir o reconhecimento da perda de todo e qualquer enraizamento. As conseqüências desse reconhecimento implicariam uma extrema angústia e um profundo sentimento de culpa, por se ter perdido em tal abismo extremo. Por isso o tédio que reina na existência dos atuais neuróticos freqüentemente encobre seu próprio sentido utilizando-se do ruído dominante das atividades ininterruptas, diurnas e noturnas, ou do embotamento das mais diversas drogas e tranqüilizantes.

4) Minkowski, Von Gebsattel e Straus foram pioneiros na observação das alterações do espaço vivido nas diversas patologias. Entretanto, é na melancolia que essas contribuições se fizeram mais patentes. Em que consiste?

R: Ocorre na melancolia uma profunda transformação da estrutura temporal, uma típica e especial malformação do tempo vivido. O tempo não é mais vivido como uma energia propulsiva bloqueando o acesso ao futuro, estagnando o presente, provocando, enfim, que a atenção do melancólico se volte para o passado, única possibilidade de vivência temporal.

A estagnação do tempo vivido retira do vivido temporal um vivido de poder, e assim impossibilita o poder de transformar o mundo pela ação e a si mesmo pelo alargamento da pessoa. A experiência do melancólico é a de não-poder comer, pensar, trabalhar, fazer amor, dolorosamente, entretanto, registrar e lutar sempre contra o inacabamento obrigatório das ações.

Assim o transtorno essencial nessa condição não é só a lentificação do devir subjetivo, e, sim, autêntica retroatividade de vivência do tempo, algo como um refluxo ou inversão da corrente temporal da intencionalidade.

Capítulo V

Entre Psicodiagnóstico e Aconselhamento Psicológico

Gohara Yvette Yehia

Os leitores deste livro perguntar-se-ão: um texto a respeito de psicodiagnóstico em um livro que trata de Aconselhamento Psicológico e, mais especificamente, que apresenta algumas questões acerca de plantão psicológico? Sim, é possível encontrar interlocuções entre essas práticas psicológicas. Antes, porém, quero apresentar, a quem não o conhece, o psicodiagnóstico colaborativo.

Começarei com um brevíssimo histórico. O diagnóstico psicológico tradicional, tributário do modelo médico, conferiu aos psicólogos o uso privativo dos testes psicológicos, e continua tendo um papel importante na prática e treinamento psicológicos, sendo que os instrumentos diagnósticos mais freqüentemente utilizados têm permanecido estáveis ao longo de décadas.

A psicometria contribuiu muito para o desenvolvimento do psicodiagnóstico, tendo sido fortemente influenciada pelo paradigma científico dominante no século passado. Buscava-se a exatidão dos dados coletados e compreendia-se o homem como uma soma de características ou de fatores passíveis de mensuração. Assim, o método quantitativo consistia na base de sustentação para o estudo, a investigação e a prática da Psicologia.

A introdução das técnicas projetivas de avaliação, sob influência da psicanálise, fez com que, ao longo dos anos, a ênfase passasse de uma atividade eminentemente quantitativa para outra de caráter interpretativo.[1] Ao mesmo tempo, a entrevista psicológica cresceu como instrumento de pesquisa.

No que se refere à relação psicólogo/cliente, de início o psicólogo buscava a precisão da informação. Na medida em que se apoiasse em um referencial teórico (em geral a psicanálise), que orientava tanto a interpretação como a relação, ao findar o processo não ficavam claros o que havia realmente sido observado e o que havia sido implantado no observado.

Assim, de qualquer forma, seja com os testes de nível intelectual, mais diretamente associados à tradição psicométrica, seja com os testes projetivos e a entrevista, procedimentos decorrentes dos conhecimentos trazidos pela psicanálise, encontramos o psicólogo enveredando por algo já constituído (as teorias e as técnicas), a partir do que se investigava o objeto de estudo, com o qual não podia se envolver sob risco de perder a precisão dos resultados.

Essa situação acarretava uma relação de poder entre o psicólogo, detentor do saber, e o cliente, que se colocava e era colocado na posição de receptor passivo das informações às quais o psicólogo chegasse após a realização dos testes e entrevistas.

Autores de orientação humanista, como Cain e Fischer, criticavam os psicodiagnósticos realizados nos moldes tradicionais, por não levarem em conta influências culturais, étnicas, econômicas e sociais nos distúrbios apresentados pelos clientes. Para esses autores, psicodiagnósticos tradicionais enfatizavam patologia em vez de saúde, identificavam o que havia de "errado" (em relação a uma norma) e apresentavam, muitas vezes, as conclusões diagnósticas de forma intelectualizada e distante da realidade de vida do

---

[1] Não nos esqueçamos do recrudescimento da atitude positivista defendida pelo CRP e CFP, exigindo revisão e validação dos testes utilizados no Brasil e proibindo o uso de alguns testes projetivos, ignorando aquilo que se entende por atitude e atividade clínica dificilmente sujeitas a validação.

cliente, enquadrando-o nos padrões impostos pela teoria de referência do profissional e tornando-o vítima passiva de reducionismo.

Seria de esperar, diante de tantos senões, o abandono dessa prática. Entretanto, não é o que se observa. A busca de resgate dessa atividade tradicional do psicólogo mereceu um investimento que resultou em teses de doutorado e dissertações de mestrado (ANCONA-LOPEZ, 1987; CUPERTINO, 1990; YEHIA, 1994; CORREA, 2004; DONATELLI, 2005; MAICHIN, 2006).

Desde 1990, Strydom (1990) sugeria que o "diagnóstico" ou "formulação do problema" fosse uma *ação mutuamente negociada e não a ação de um cientista estudando dados neutros"*(p. 102). A tarefa do profissional foi por ele redefinida, transformando-se na *"busca de se chegar a uma compreensão mútua, junto com o cliente ('fazendo com que os fatos signifiquem algo'), em vez de perseguir a informação precisa"*(p. 103). O psicodiagnóstico, sob essa ótica, passa a constituir-se em uma situação em que o cliente é considerado um parceiro ativo do processo. O psicólogo procura facilitar mudanças positivas, possibilitar uma gama maior de escolhas, estimular o viver com novas perspectivas.

A principal contribuição do psicodiagnóstico, que passarei a chamar de psicodiagnóstico colaborativo, está na reavaliação das atitudes do cliente e do psicólogo nesta situação: o psicólogo está mais interessado em acompanhar seu cliente a engajar-se em um processo contínuo de *autodiagnóstico* em vez de se limitar a compreender sozinho o problema. Conseqüentemente, o cliente torna-se um *parceiro* ativo e envolvido no diagnóstico e na solução de seus problemas, adquire maiores possibilidades de continuar acessando o significado de suas experiências, transformando-o em *conhecimento pessoal*, que pode ser utilizado na solução de problemas presentes ou futuros.

DOS PROCEDIMENTOS UTILIZADOS

No que diz respeito aos procedimentos utilizados para realizar o psicodiagnóstico colaborativo, eles são os mesmos daqueles com os quais estamos habituados no psicodiagnóstico tradicional: entrevistas (com os pais e a criança), anamnese, observação lúdica, testes (de nível intelectual, psicomotores, projetivos).

Mas então o que muda? Volto a insistir: muda a atitude do psicólogo ao estar com o cliente nessas situações, assim como a compreensão daquilo que está sendo vivenciado.

Geralmente, quando os pais marcam uma consulta com o psicólogo, fazem-no a partir de um encaminhamento de um agente da comunidade. É raro que a procura seja espontânea. Isso ocorre por diversos motivos, entre os quais a resistência da família em considerar-se incapaz de lidar sozinha com as dificuldades de suas crianças. Também, a família pode atribuir os problemas apresentados pela criança a uma fase, esperando que se resolvam com o tempo. Assim, penso que há algo na experiência atual dos pais que os leva à decisão de procurar um profissional nesse momento. Mesmo dizendo-se perdidos, não sabendo o que está acontecendo, eles têm uma compreensão (pré-reflexiva)[2] desse filho e de sua relação com ele. Essa compreensão pertence a uma tradição, expressa em suas crenças, nas "teorias" que constroem para si mesmos a respeito de "filho" e dessa criança em particular, e que estabelecem a maneira como se relacionam com ela.

O psicólogo tem conhecimentos a respeito de desenvolvimento (não nos esqueçamos que vivemos numa determinada época, em determinada cultura, que colaboram para estabelecer referências em relação ao crescimento dos indivíduos), pode ter experiência de mãe (ou pai), leu a respeito de aspectos específicos do desenvolvimento, tem lembrança de outros casos. Tudo isso lhe permite redimensionar a queixa dos pais, questioná-los de maneira a que se possa chegar a um consenso inicial a respeito do que os preocupa e do que precisa ser pesquisado (dito de outra maneira, qual é a demanda dos pais ao procurarem o profissional).

Entendo criança como "um sistema aberto", podendo constantemente "observar a atividade de circuitos ligando pais e filhos através de projeções, identificações e contágios fantasmáticos" (CRAMER, 1974, p. 55). Quando os pais chegam a um psicólogo é porque há um curto-circuito a que podemos denominar "crise". Portanto, o trabalho inicial é o de compreender o significado do desencadeante da crise e a preocupação correspondente, e pensamos que um acontecimento só existe a partir do sentido a ele atribuído, precipitando a preocupação e, conseqüentemente, a crise.

Há mais um aspecto de que gostaria de tratar aqui: o contrato de trabalho com o psicólogo. Quando os pais procuraram o psicólogo, sabem o que esperar dele? Sabem em que consiste um atendimento psicológico? Quais

---

[2]Por pré-reflexiva entende-se aquilo que na literatura também é chamado de compreensão intuitiva, que é a compreensão que se dá no cotidiano, na posição natural, antes de qualquer reflexão.

seus alcances e limites? Estão dispostos a colaborar ou imaginam que é ao psicólogo que cabe a tarefa de resolver o problema?

Nossa tradição médica e mesmo a psicológica, na qual o profissional assume a responsabilidade pela condução do processo, os balizamentos do mesmo, os exames a serem efetuados, as conclusões às quais se chega, influem grandemente na postura dos pais. Estes atribuem o saber e o poder ao profissional, colocando-se na posição de receptores incapazes e impotentes ou, defensivamente, na posição de desafiadores provocativos, dependendo de como costumam lidar em sua vida com figuras de autoridade.

Uma vez que o trabalho ao qual me proponho é um trabalho compartilhado, a atividade dos pais é tão importante quanto a do psicólogo. Cabe assim, no início do trabalho, explicitar esses pressupostos com o intuito de chegar àquilo que constitui o "contrato de trabalho", ou seja, às condições mínimas para que possamos (pais e psicólogo) compreender o que está acontecendo. Sabemos que, mesmo concordando aparentemente com os termos do contrato, os pais possivelmente continuem jogando o jogo à sua maneira. Cabe então trabalhar com eles sua forma de lidarem com a situação, assim como entender os fatores atuais que limitam sua disponibilidade para se abrirem para assuntos mais pessoais.

Também, agora, precisamos mencionar algo a respeito do modo como utilizamos os testes psicológicos. Recusar a aplicação dos testes psicométricos, como fazem alguns psicólogos de abordagem psicanalítica e os humanistas, parece uma atitude extremada. A rejeição de instrumentos que se encontram à disposição do psicólogo pode levar à rejeição de possibilidades de interação com a criança em situações propostas pelo teste e que reproduzem algumas daquelas que ela vive em seu dia-a-dia. Assim, o psicólogo aproveita as situações propostas pelo teste, considerando-as metáforas de situações vividas pela criança em seu dia-a-dia escolar, familiar e social, e trabalha com ela a partir de sua maneira de lidar com os estímulos. Os resultados numéricos servem como referência para uma classificação em relação àquilo que seria esperado para a idade da criança; entretanto, a relação com ela e a forma como lida com as situações propostas pelo teste, suas inseguranças, a maneira como soluciona os problemas apresentados e sua postura em geral são extremamente importantes para a compreensão da mesma.

No que diz respeito aos testes projetivos, provindos da tradição psicanalítica, há a suposição de que:

o material do teste serve a uma projeção global numa linguagem indireta e codificada proveniente da tentativa de organização secundária das representações inconscientes reativadas por um estímulo portador de uma problemática latente. Ao longo de um movimento regressivo, esta linguagem indireta é uma verdadeira criação projetiva, pois permite o aparecimento, em diferentes níveis, (...) os processos primário e secundário da função projetiva do sujeito testado (NGUYEN, 1989, p. 107).

Não é esse o modo pelo qual considero os testes "projetivos", quando os utilizo. Em vez disso, penso que as imagens propostas pelo teste colocam a criança diante de uma situação geradora de possibilidades metaforizadoras a partir das quais ela revela seu estilo de construção do mundo, seu "projeto de mundo".

Além disso, outro aspecto importante é o fato de que o psicólogo conversa com a criança a respeito de suas observações, relacionando a situação presente às que ela vive em seu cotidiano. Assim, os resultados dos testes são integrados no todo, na compreensão global da criança, e é esta que orienta as sugestões quanto ao "que pode ser feito".

Dois outros procedimentos freqüentemente utilizados no psicodiagnóstico interventivo (a visita escolar e a visita domiciliar) foram focalizados na tese de Correa (2004) e na dissertação de mestrado de Maichim (2006).

Para a visita domiciliar, combina-se com os pais e a criança uma data e hora, quando a maior parte da família possa estar presente. Isso permite que o psicólogo conheça as pessoas que não costumam vir às consultas, conversar com elas e saber como as idas ao psicólogo estão sendo vistas por eles. Também lhe dá a possibilidade de conhecer o espaço do qual a criança dispõe na casa e, por extensão, na família: se tem brinquedos, onde estão guardados, como é o quarto onde dorme. O psicólogo também pode observar como se dão as relações entre os membros da família. Trata-se de uma observação direta que, às vezes, é diferente daquela que é percebida a partir das falas da mãe ou da criança.

Quanto à escola, sabemos que é onde a criança passa parte do seu dia e muitas vezes é o disparador do encaminhamento ao psicólogo. Também lá é importante marcar data e hora para a visita. Como diz Maichim (2006), é na escola que a criança estabelece várias relações com os outros e constitui nova rede de significados. A compreensão das relações da criança com o(s) professor(es) colegas e outros profissionais da escola pode ampliar o olhar do psicólogo sobre ela. Outro aspecto que é importante conhecer é a relação que os pais estabelecem com a escola e as expectativas que têm em relação a ela.

DA ABORDAGEM

A perspectiva fenomenológica existencial é o referencial de fundamento dessa clínica, pois considera que a condição constituinte da existência do ser humano é relacional, ou seja, revela-se no encontro com o outro. São as situações de encontro intersubjetivo que propiciam, no cotidiano da vida, mudanças para o desenvolvimento e a aprendizagem do ser humano, bem como as formas de convivência no mundo e com os outros, vendo e sendo visto, ouvindo e sendo ouvido (FIGUEIREDO, 1995).

O homem só é capaz de chegar ao outro pela palavra, vale dizer, a cultura, e nesse âmbito encontram-se sempre usos, costumes, preceitos e normas, ou seja, todo um corpo moral normativo. Nessa medida, o comprometimento social implicado na prática de orientação fenomenológica existencial é uma dimensão que não pode ser negada nem recusada por profissionais engajados em promover o desenvolvimento pessoal e profissional de pessoas.

Essas práticas, sob ótica fenomenológica existencial, devem ampliar o espectro de ação humana para que se possa lidar responsavelmente com a pluralidade da condição pós-moderna da vida do homem e seu sofrimento. A abordagem fenomenológica existencial constitui-se, inicial e predominantemente, numa vertente filosófica que possibilita reflexões acerca do fazer clínico em geral e da atividade psicodiagnóstica em particular.

No psicodiagnóstico tradicional, o papel do psicólogo consistia basicamente na intermediação do contato do cliente com o próximo atendimento (psicoterapia, ou outro considerado necessário) quando, então, a intervenção poderia realizar-se e os benefícios começarem a se dar. Atualmente, propõe-se considerar o psicodiagnóstico infantil ou de qualquer faixa etária, em qualquer abordagem que ocorra, como uma prática interventiva. De fato, de modo semelhante ao descrito por Ancona-Lopez (1995), considero que o psicólogo deve exercer seu papel toda vez que for intimado a tal, em qualquer situação clínica que se lhe apresente. Assim, a intervenção psicológica pode e precisa dar-se desde os primeiros contatos com o cliente, independentemente do nome que seja dado aos mesmos, tornando o atendimento significativo para ambos.

Sabemos que a atividade do psicólogo deve ser orientada por certo saber, sem o que seu fazer não se distinguiria de qualquer outro, guiado pelo senso comum. Entretanto, a aderência estrita a uma determinada teoria psicológica, utilizada como crivo para a compreensão do fenômeno a ser compreendido, acaba por enrijecer o contato, enquadrando o cliente em categorias limitadas e limitantes.

Nessa medida, antes de qualquer teoria psicológica, o psicólogo precisa privilegiar a compreensão da experiência dos pais e da criança. É a partir dela que pode procurar mostrar outras possibilidades de compreensão, que podem originar-se na própria experiência do psicólogo ou em seus conhecimentos oriundos do campo da Psicologia.

Como a abordagem fenomenológica existencial ofereceu-me aberturas em relação a essas questões e como podemos, a partir desses conhecimentos, pensar a atividade do psicólogo no psicodiagnóstico?

Quando pais vêm nos procurar, em geral o fazem a partir de uma queixa a respeito do filho. Assim, de algum modo, eles vêm nos falar de algo que se passa com o filho que, aparentemente, se constitui no fenômeno a ser estudado.

Heidegger aponta que a fenomenologia é um *método* de pesquisa que se propõe a desvelar *como* o fenômeno se mostra a nós. Aqui cabe esclarecer que esse método não existe pronto, mas deve ser adaptado a cada fenômeno que se busque compreender. A fenomenologia é uma investigação a respeito de como as coisas *são* isso ou aquilo para nós. Dessa maneira, a partir de uma postura fenomenológica, procuraremos não simplesmente descrever o fenômeno (ou seja, descrever seus atributos), mas explicitar o modo como ele nos aparece, isto é, trazer à luz aquilo que acontece e se dissimula em todo fenômeno, ou seja, explicitar nossa compreensão pré-reflexiva de seu modo de se mostrar. Assim, no psicodiagnóstico, a proposta não é descrever os atributos, as características da criança ou da família, mas explicitar, trazer à luz aquilo que acontece, que faz com que a criança, a mãe, a dinâmica familiar apareçam dessa ou daquela maneira.

O objetivo do trabalho de compreensão psicodiagnóstica não é falar das "propriedades" dos entes (pais ou filho), no sentido de descrevê-las cientificamente à luz de alguma teoria psicológica, mas identificar com eles (pais e filho) os espaços abertos, as frestas, aquilo que não é fechado e repetitivo, voltando-se para os modos possíveis de essa família estar-no-mundo com outros. É nesse sentido que o trabalho se torna interventivo.

Na tradição filosófica ocidental, supõe-se que a relação mais primitiva que possa existir com o mundo é a do conhecimento. O sujeito relacionar-se-ia com os objetos através do conhecimento. Heidegger mostra, a partir da analítica existencial, que, mesmo antes de o conhecimento poder se dar, há uma dimensão pragmática. De fato, lidamos com o mundo, com os entes intramundanos, numa atitude natural, desde o momento em que nele somos "jogados" numa abertura não-escolhida. Não escolhemos nascer desse pai e dessa mãe, nesse século, nesse país, nem estamos sempre nos perguntando sobre o significado de cada ente com o qual nos defrontamos ou das atitudes que tomamos para lidar com ele. Lidamos, portanto, com o mundo a partir de uma compreensão, guiada por uma "disposição afetiva", um humor.

Desse modo, ser-no-mundo é estar engajado no mundo, lidando com os entes, numa rede de remissões que implica uma interpretação de como as coisas são para nós, numa atitude natural, pré-reflexiva. É apenas quando algo se rompe nessa rede de remissões que nos detemos e, então, podemos tentar descrever, explicar, entender por que algo está funcionando ou não, e de que modo isso está ocorrendo. Compreender é, assim, uma absoluta necessidade, pois sem a compreensão não poderíamos ek-sistir, ou seja, lançarmo-nos para fora em direção às possibilidades.

Somos-no-mundo, e, segundo Heidegger, não existe nenhuma possibilidade de um homem existir que não seja no mundo. Qualquer ser aí, qualquer presença, antes de tudo, é sua própria abertura. Essa abertura não é escolhida nem indeterminada. É uma abertura que tem contornos e na qual fomos jogados. De fato, não escolhemos a época, nossos pais, nossos irmãos, o momento de vida de cada um deles (isso se constitui na "facticidade", segundo Heidegger).

O mundo de cada um de nós é a abertura através da qual outros entes nos vêm ao encontro, isto é, podem se mostrar e ser interpretados.

Essas idéias estão ancoradas numa noção fundamental da fenomenologia: a intencionalidade, entendida, a partir de Heidegger, como abertura ao outro. O objeto da consciência é um objeto intencional, ou seja, os objetos da nossa consciência sempre têm um sentido, mesmo que este não seja diretamente experienciado e requeira reflexão para ser apreendido. As pre-senças são aberturas determinadas que implicam perspectivas que são transmitidas, ensinadas, aprendidas. Perspectiva é o ângulo a partir do qual um sistema de remissão se apresenta para alguém.

O filho, quando trazido ao psicólogo pelos pais (inicialmente via fala/queixa), é interpretado por eles dessa ou daquela maneira. Sabemos que, antes de chegar ao psicólogo (ainda associado à anormalidade em nossa

cultura),[3] os pais, relacionando-se com o filho desde sua concepção, já experimentaram vários modos de ação que agora se mostram infrutíferos, e o fato de finalmente virem em busca de uma ajuda mostra que houve um rompimento de expectativas. Estas nem sempre estão claras, mas relacionam-se com o projeto de vida dos pais, com sua compreensão de si mesmos e sua própria satisfação como pessoas. Os pais têm uma compreensão pré-reflexiva desse filho e de sua relação com ele. Essa compreensão pertence a uma tradição, expressa em suas crenças, nas "teorias" que constroem para si mesmos a respeito de "filho", e dessa criança em particular, orientando a maneira como se relacionam com ela.

Assim, é importante que o psicólogo possa ajudar os pais a explicitarem essa compreensão, gerando, se possível, a estranheza, através da qual, talvez, possa ocorrer a abertura para outras possibilidades de compreensão. Além disso, essa explicitação da compreensão dos pais também permitirá que vá se desvelando aquilo que lhes diz respeito enquanto pessoas que são, uma vez que, como já dito, suas expectativas em relação ao filho também dizem respeito ao seu próprio projeto de vida. Também é importante que o psicólogo tenha claro a partir de que ponto de vista está falando e esteja aberto à estranheza, àquilo que na fala do outro, e na própria, gera incertezas.

Uma situação comum a qualquer atendimento psicológico é a entrevista. No psicodiagnóstico realizamos entrevistas com os pais, com a criança e, eventualmente, com a família. O objetivo nas entrevistas com os pais é possibilitar-lhes certo distanciamento daquilo que eles vêm vivendo, numa atitude "natural", para que possamos passar a considerar os pressupostos que orientam sua compreensão do filho, que, muitas vezes, por não serem conhecidos, quando explicitados, podem gerar "estranheza" e abertura para outras possibilidades de compreensão, articuladas através da fala, que revela como são interpretadas as coisas vividas. Interpretar fenomenologicamente é permanecer no mesmo plano do fenômeno. Não buscamos algo que está atrás do que se mostra, mas algo que está presente embora oculto. É explicitar o que está implícito cada vez que um fenômeno se mostra, ou seja, explicitar as situações e possibilidades de ocorrência.

O fenômeno não se mostra se não houver uma palavra que o diga. A fala, assim, é revelação, revelação tanto para

---

[3] Quando falamos de "anormalidade" é a partir das idéias ainda dominantes em nossa cultura e que vêm de uma tradição positivista. Assim, espera-se que a criança atinja um determinado tamanho, esteja numa determinada série escolar, aprenda as coisas que lhe estão sendo ensinadas, enfim, corresponda às expectativas que a sociedade na qual vive estabelece.

mim como para o outro. É nela que aparece um determinado fenômeno: como o mundo aparece para um determinado sujeito. Ela dá a conhecer ao outro como o mundo se mostra a mim. Mas ela também, naquele que fala, como bem apontou Merleau-Ponty (1971), *"não traduz um pensamento já feito, mas o realiza"*, já que *"o próprio sujeito pensante está numa espécie de ignorância de seus pensamentos enquanto não os formulou para si"* (p. 188).

Por sua vez, o psicólogo compreende as palavras dos pais na medida em que o vocabulário e a sintaxe são conhecidos por ele. Entretanto, os falantes não se comunicam com *"representações ou com um pensamento, mas com um sujeito falante, com certo estilo de ser e com o 'mundo' que ele visa"* (MERLEAU-PONTY, 1971, p. 194). A língua é "a tomada de posição do sujeito no mundo de suas significações. 'Mundo' quer dizer que a vida 'mental' ou cultural empresta à vida natural suas estruturas e que o sujeito deve estar fundamentado no sujeito encarnado. O gesto fonético realiza, para o sujeito falante para os que o escutam, certa estruturação da experiência, uma certa modulação da experiência" (MERLEAU-PONTY, 1971, p. 203-204). Assim é que, pela fala, acedemos à experiência do sujeito e à nossa própria. É nessa troca de experiências que ocorre a compreensão do fenômeno.

Compreender é uma absoluta necessidade. A partir da compreensão é que podemos desenvolver uma atividade interpretativa. Na interpretação é que elaboramos de modo articulado o reconhecimento de um ente com o qual já estamos em contato a partir da compreensão prévia. A interpretação pode, às vezes, transformar a compreensão prévia, abrindo novas possibilidades.

Desse modo, em um atendimento na perspectiva fenomenológica existencial, passamos por momentos de envolvimento existencial e de distanciamento reflexivo que se alternam, embora não sejam completamente separados.

Aqui, retomo as palavras de Ancona-Lopez (1996), que propõe considerar a ocasião em que o cliente procura o psicólogo como um momento em que, de algum modo, ele se sente limitado em suas possibilidades.[4] As entrevistas psicológicas podem tornar-se uma oportunidade para que entre em contato com o campo no qual circunscreveu sua vida e com o fato de que este não seja definitivo nem o único possível, ajudando-o a abrir frestas em seu campo atual, vislumbrando abertura para outras possibilidades.

Em outro texto (YEHIA, 1994), retomando palavras de Gilliéron (1990), eu dizia que há algo na vivência dos pais que os leva à decisão de procurar o profissional nesse momento, o "desencadeante da crise" é algo que é preciso reconhecer, e que às vezes diz respeito à criança e outras, a eles mesmos.

Heidegger (1989), no parágrafo 26, de *Ser e tempo*, fala da presença dos outros, presença essa que se abre para nós originalmente na medida em que nos ocupamos. Nunca se mostra nem um ser nem um modo de ser isolado. Todo ser é sempre ser-com. Mesmo na solidão e no isolamento, a presença é sempre co-presença, o mundo é sempre mundo compartilhado, o viver é sempre con-vivência. O outro aparece na borda de nossas ocupações: facilitando, ajudando, propiciando, dificultando nossa existência.

Heidegger fala de modos deficientes de ser-com como, por exemplo, a indiferença e a solidão, e de modos positivos de ser-com, através da pre-ocupação, quando podemos substituir o outro (fazendo por ele, tornando-o ou sendo dependente dele), nos antepor ao outro, quando lhe devolvemos suas ocupações, sua independência e responsabilidade. A consideração pelo outro, ou seja, a apreensão dos modos de relações, é guiada pela compreensão e pela tolerância. O distanciamento em relação ao outro acontece pelo fato de vivermos a maior parte do tempo no cotidiano, no impessoal.

Quando apreendo um ente, eu implicitamente o apreendo na trama em que ele faz sentido (filho significa tal ou qual, portanto ajo com ele de tal ou qual modo). O lidar com outras presenças se dá na apreensão não-temática do social. O saber existencial precede qualquer conhecimento do outro enquanto outro. O pré-conhecimento do outro se dá junto a mim. Eu sou-com, sabendo do outro. Saber do outro é saber de si.[5]

---

[4]Aqui, quando falo de cliente, entendo, inicialmente, os pais que vieram procurar o psicólogo. Sabemos que essa procura é inicialmente motivada por algo que está acontecendo com o filho. Sabemos também que os comportamentos da criança desenvolvem-se a partir de sua relação com o mundo. Os pais são, nesse momento, os representantes da criança e são eles que devem apropriar-se da queixa em relação ao filho, podendo compreender o que, nela, lhes diz respeito enquanto pessoas e o que pode estar limitando suas possibilidades de relacionamento com o filho.

[5]Ressalta-se aqui uma questão imposta pela fenomenologia. Segundo Morato (1989, p. 89), "Frayze-Pereira (1984), criticando por um lado a negação de fatores subjetivos imposta pelo objetivismo científico, sem, contudo privilegiar o subjetivismo por outro, esclarece que a intersubjetividade é a possibilidade que cria a perspectiva de abertura para outras experiências possíveis. E, ancorado em Merleau-Ponty, diz que a intersubjetividade é corpórea antes de ser espiritual, pois primeiro se percebe uma outra sensibilidade e depois um outro pensamento. Outro caráter que também marca a intersubjetividade é a transitividade (reflexividade) de um corpo a (e) outro, instaurada pelos sensíveis (visão, gestos e sons), revelando a expressividade e exteriorização de interioridade; abre-se, assim, a 'dimensão invisível do pensamento' (p. 144) e da linguagem, pois existe ainda a reversibilidade entre o som (palavra) e o sentido (significado). 'A relação entre os homens dar-se-á agora através de signos, ficando a palavra a meio caminho entre o sentido e o pensado (...) Em parte alguma haverá esses fetiches que são o fato e a idéia pura, mas mescla e reversibilidade de sensibilidade e idealidade'" (p. 145).

Quanto mais eu estiver no impessoal, no cotidiano, mais distante do outro estou. Muitas mães, quando perguntadas sobre como vêem o filho, limitam-se a repetir o que a professora, os vizinhos ou outros dizem dele. De fato, o *eu* no cotidiano tem a ver com "a gente", "a turma", e não com "eu". No cotidiano, as tendências são: medianidade, nivelamento, cujos resultados são uma retirada completa de cada presença do encargo de pensar, sentir, agir, que são delegados ao impessoal. A maior parte do tempo somos no impessoal e, portanto, na tolerância, pela qual compreendemos que as coisas são como são, não nos preocupam; apenas lidamos com elas, a partir daquilo que todo mundo sabe e faz. Sair do modo impessoal, apropriar-se, envolve uma atividade desconstrutiva.

É por essa compreensão que qualquer contato é interventivo.[6] Na relação entre psicólogo e cliente, a intervenção, durante as entrevistas, visa fazer com que os pais saiam do impessoal e possam apropriar-se de sua relação com o filho e consigo mesmos.

Na situação terapêutica, há momentos em que o terapeuta substitui, ou seja, retira do outro o "cuidado", toma-lhe o lugar nas ocupações, assume a ocupação que o outro deve realizar. Mas também há momentos em que devolve as ocupações ao outro, liberando-o em sua liberdade para si mesmo. Assim, como terapeutas, podemos pensar com o cliente, sentir com ele, apresentar-lhe outras possibilidades de compreensão. Outras vezes, podemos questioná-lo, fazendo com que faça uso de sua liberdade e criatividade para buscar outras possibilidades.

Muitas vezes, é difícil vermos aquilo que está muito próximo de nós, quer dizer, nós mesmos, nosso filho. Através da intervenção do psicólogo, pode criar-se um distanciamento que permite um outro olhar para aquilo que conhecemos aparentemente tão bem. Esse distanciamento pode gerar estranheza e, assim, abrir para outras possibilidades de compreensão. Desse modo, aspectos da experiência dos pais e do filho que pareciam naturais e com os quais se lidava de alguma maneira podem ser retomados de outro ponto de vista. Como disse um pai, ao findar o trabalho de psicodiagnóstico, "eu já sabia tudo o que nós conversamos... apenas não conseguia enxergar..."

Neste sentido é que considero extremamente importantes não apenas as entrevistas com os pais, mas também os contatos com a criança, pois, do mesmo modo que

fazemos com os pais, podemos conhecer essa criança, compreendê-la, percebê-la em seu desempenho nas atividades propostas (observação lúdica, testes psicológicos). Essa compreensão permitir-nos-á, ao ser compartilhada com os pais, oferecer outro ponto de vista para aqueles aspectos que eles também percebiam, mas para os quais não conseguiam encontrar um sentido. É nessa troca entre psicólogo e cliente que pode ocorrer a compreensão daquilo que motivou a busca pelo psicólogo.

Muitas vezes, esse trabalho acaba sendo suficiente. Depois de 10 a 12 sessões intercaladas entre pais e filho, os primeiros relatam mudanças na compreensão desse último e, conseqüentemente, conseguem também mudar de atitude em relação a ele e a si mesmos. Essas mudanças permitem-lhes prosseguir sua jornada sem necessitarem de outro acompanhamento. Quando isso não é possível, pelo menos temos pais mais motivados, por compreenderem melhor o significado daquilo que está acontecendo, para realizarem o tratamento eventualmente sugerido pelo psicólogo para si mesmos ou para a criança.

FOLLOW-UP

Passados seis meses a um ano da realização dos psicodiagnósticos, realizaram-se entrevistas de *follow-up* de modo a focalizar os desdobramentos da experiência vivida pelos pais, com a finalidade de conhecer sua fecundidade.

Percebemos, no que diz respeito à compreensão do filho e ao modo de se relacionar com ele, que o trabalho permitiu desdobramentos, sendo bastante profícuo.

Entretanto, mais do que os desdobramentos do trabalho realizado, a própria entrevista de *follow-up* constitui-se em um procedimento bastante útil em Psicologia clínica: ela propicia aos clientes uma pausa reflexiva para se confrontar com seu momento atual de vida. Ela também se revela uma mostra da disponibilidade do psicólogo para com o cliente, mesmo depois de encerrado um trabalho. Abre espaço para possíveis retornos e possibilita um redirecionamento do encaminhamento.

INTERLOCUÇÕES ENTRE O PLANTÃO PSICOLÓGICO E O PSICODIAGNÓSTICO INTERVENTIVO

É possível estabelecer um diálogo entre essas práticas quando pensamos no início do relacionamento entre o

---

[6]Intervir quer dizer *vir por entre*. Nesse sentido, se há a reflexividade entre homens, ou seja, se estou aberto ao mundo e ao outro, sendo por eles provocado e afetado, não há como em um encontro qualquer entre homens não acontecer uma *inter-venção*. É por essa via que se compreende qualquer contato entre psicólogo e cliente como interventivo.

psicólogo e o cliente que vem buscar atendimento. Para que os pais possam se apropriar de sua demanda, a ação clínica do psicólogo é importante no sentido de clarear expectativas, delimitar papéis e envolver os participantes numa proposta de trabalho.

Se pensarmos em termos da ansiedade do cliente em relação aos problemas que vem enfrentando, muitas vezes o confronto com os pressupostos que o trazem e que orientam sua compreensão de uma situação pode conduzi-lo a melhor agir em relação a ela, reorientando sua demanda.

Tanto o plantão psicológico como o psicodiagnóstico colaborativo partem de uma perspectiva fenomenológica existencial, o que leva a uma semelhança no que diz respeito à atitude diante do cliente e à concepção de saúde e doença. Ambas as práticas propõem-se a estimular os aspectos saudáveis presentes na experiência do sujeito, a não classificar ou rotular.

A partir da compreensão fenomenológica existencial, a atitude do psicólogo mostra acolhimento ao cliente ao modo de ser entre humanos, buscando compreendê-lo, respeitando seus limites e procurando ampliar suas possibilidades. Por essa perspectiva, ainda, apresenta-se

um método de pesquisa para trabalhar com o fenômeno, entendendo-o como aquilo que se mostra, desvelando aquilo que faz com que ele apareça dessa ou daquela maneira, ou seja, torna-se possível explicitando os pressupostos que orientam a compreensão daquilo que está sendo focalizado.

Sabemos da importância do "lidar", nível mais básico da relação com os entes com os quais nos mantemos em contato para usá-los, defendermo-nos deles, mas não, nesse momento, conhecê-los. Os entes nos vêm ao encontro no cotidiano como tendo um uso, um significado dado por sua relação com as funções que têm para nós. Quando algo perde o sentido, a função, o valor, criando-se um buraco na rede de remissões à qual pertencia, criam-se possibilidades de aparecimento de outra rede de remissões.

Penso que é o que acontece com os pais quando procuram o psicólogo para compreender o que está acontecendo com o filho, com a pessoa que procura o plantão psicológico porque também não entende o que está acontecendo consigo mesma, com o psicólogo quando questiona seu modo de estar com o outro, buscando novas formas de trabalhar.

REFERÊNCIAS BIBLIOGRÁFICAS

ANCONA-LOPEZ, M. **Atendimento a pais no processo psicodiagnóstico infantil: uma abordagem fenomenológica.** Tese de Doutorado. São Paulo: PEPG-PUC-SP, 1987.

ANCONA-LOPEZ, S. Psicodiagnóstico processo de intervenção? In: **Psicodiagnóstico: processo de intervenção.** São Paulo: Cortez, 1995.

_____. **A porta de entrada – da entrevista de triagem à consulta psicológica.** Tese de Doutorado. São Paulo: PUC-SP, 1996.

CORREA, LCC. **Visita domiciliar: recurso para a compreensão do cliente no psicodiagnóstico interventivo.** Tese de Doutorado. São Paulo: PEPG-PUC-SP, 2004.

CRAMER, B. Interventions thérapeutiques brèves avec parents et enfants. **Psyhiatrie de l'Enfant** XVII (1): 53-117, 1974.

CUPERTINO, CMB. **Teoria e prática do processo psicodiagnóstico fenomenológico: uma análise dos desencontros.** Dissertação de Mestrado. São Paulo: PEPG-PUC-SP, 1990.

FIGUEIREDO, LC. **Revisitando as psicologias: da epistemologia à ética nas práticas e discursos da Psicologia.** Petrópolis: Vozes; São Paulo: Educ, 1995.

FRAYZE-PEREIRA, JA. **A tentação do ambíguo; sobre a coisa sensível e o objetivismo científico: estudo e crítica.** São Paulo: Ática, 1984. 240 p. (Ensaios, 104)

GILLÉRON, E. Guérir en quatre séances psychothérapetiques? Changement initial et psychothérapie analytique. **Psychothérapies** no. 3, 135-142, 1990.

HEIDEGGER, M. **Ser e tempo.** 3.ª ed. Petrópolis: Vozes, 1989.

MAICHIM, V. **Visita escolar: um recurso do psicodiagnóstico interventivo na abordagem fenomenológico-existencial.** Dissertação de Mestrado. São Paulo: PEPG-PUC-SP, 2006.

MERLEAU-PONTY, M. **Fenomenologia da percepção.** São Paulo: Livraria Freitas Bastos, 1971.

MORATO, HTP. **Eu-supervisão: em cena uma ação buscando significado sentido.** Tese de Doutorado. Instituto de Psicologia. Universidade de São Paulo, São Paulo: 1989.

NGUEYN, KC. Le Test projective: voir, imaginer, fantasmer 1. La Création projective. In: REVAULT D'ALLONES, C. **La demarche clinique en sciences humaines.** Paris: Bordes, 1989.

STRYDOM, J. The negotiation of meaning in psychotherapy: implications for assessment and diagnosis. **South African Journal of Psychology** 20(2): 99-104, 1990.

YEHIA, GY. **Psicodiagnóstico fenomenológico existencial: espaço de participação e mudança.** Tese de Doutorado. São Paulo: PEPG-PUC-SP, 1994.

QUESTÕES COMENTADAS

1) Diga quais as semelhanças e diferenças entre o psicodiagnóstico tradicional e o colaborativo.

R: As semelhanças são que os procedimentos são os mesmos; entrevista, testes, entrevistas devolutivas. Já as diferenças encontram-se principalmente de atitude do psicólogo: não é ele mais o único detentor do saber, já que o paciente tem um saber que deve ser considerado; desfaz-se a relação de poder dada pelo saber; o cliente é um parceiro informado; o trabalho desenvolve-se numa base colaborativa.

2) Fale um pouco da perspectiva fenomenológico-existencial no psicodiagnóstico.

R: Heidegger aponta que a fenomenologia é um *método* de pesquisa que se propõe a desvelar *como* o fenômeno se mostra a nós. Aqui cabe esclarecer que esse método não existe pronto, mas deve ser adaptado a cada fenômeno que se busque compreender. A fenomenologia é uma investigação a respeito de como as coisas *são* isso ou aquilo para nós. Dessa maneira, a partir de uma postura fenomenológica, procuraremos não simplesmente descrever o fenômeno (ou seja, descrever seus atributos), mas explicitar o modo como ele nos aparece, isto é, trazer à luz aquilo que acontece e se dissimula em todo fenômeno, ou seja, explicitar nossa compreensão pré-reflexiva de seu modo de se mostrar.

O objetivo do trabalho de compreensão psicodiagnóstica não é falar das "propriedades" dos entes (pais ou filho), no sentido de descrevê-las cientificamente à luz de alguma teoria psicológica, mas identificar com eles (pais e filho) os espaços abertos, as frestas, aquilo que não é fechado e repetitivo, voltando-se para os modos possíveis de essa família estar-no-mundo com outros. É nesse sentido que o trabalho se torna interventivo.

Heidegger mostra, a partir da analítica existencial, que, mesmo antes de o conhecimento poder se dar, há uma dimensão pragmática. De fato, lidamos com o mundo, com os entes intramundanos, numa atitude natural, desde o momento em que nele somos "jogados" numa abertura não-escolhida. É nisso que se constitui nosso conhecimento intuitivo.

Não escolhemos nascer desse pai e dessa mãe, nesse século, nesse país, nem estamos sempre nos perguntando sobre o significado de cada ente com o qual nos defrontamos ou das atitudes que tomamos para lidar com ele. Lidamos, portanto, com o mundo a partir de uma compreensão, guiada por uma "disposição afetiva", um humor.

Desse modo, ser-no-mundo é estar engajado no mundo, lidando com os entes, numa rede de remissões que implica uma interpretação de como as coisas são para nós, numa atitude natural, pré-reflexiva. É apenas quando algo se rompe nessa rede de remissões que nos detemos e, então, podemos tentar descrever, explicar, entender por que algo está funcionando ou não, e de que modo isso está ocorrendo. Compreender é, assim, uma absoluta necessidade, pois sem a compreensão não poderíamos ek-sistir, ou seja, lançarmo-nos para fora em direção às possibilidades.

Somos-no-mundo, e, segundo Heidegger, não existe nenhuma possibilidade de um homem existir que não seja no mundo. Qualquer ser aí, qualquer presença, antes de tudo, é sua própria abertura. Essa abertura não é escolhida nem indeterminada. É uma abertura que tem contornos e na qual fomos jogados. De fato, não escolhemos a época, nossos pais, nossos irmãos, o momento de vida de cada um deles (isso se constitui na "facticidade", segundo Heidegger).

O mundo de cada um de nós é a abertura através da qual outros entes nos vêm ao encontro, isto é, podem se mostrar e ser interpretados.

Essas idéias estão ancoradas numa noção fundamental da fenomenologia: a intencionalidade, entendida, a partir de Heidegger, como abertura ao outro. O objeto da consciência é um objeto intencional, ou seja, os objetos da nossa consciência sempre têm um sentido, mesmo que este não seja diretamente experienciado e requeira reflexão para ser apreendido. As pre-senças são aberturas determinadas que implicam perspectivas que são transmitidas, ensinadas, aprendidas. Perspectiva é o ângulo a partir do qual um sistema de remissão se apresenta para alguém.

O filho, quando trazido ao psicólogo pelos pais (inicialmente via fala/queixa), é interpretado por eles dessa ou daquela maneira. Sabemos que, antes de chegar ao psicólogo (ainda associado à anormalidade em nossa cultura), os pais, relacionando-se com o filho desde sua concepção, já experimentaram vários modos de ação que agora se mostram infrutíferos, e o fato de finalmente virem em busca de uma ajuda mostra que houve um rompimento de expectativas. Estas nem sempre estão claras, mas relacionam-se com o projeto de vida dos pais, com sua compreensão de si mesmos e sua própria satisfação como pessoas. Os pais têm uma compreensão pré-reflexiva desse filho e de sua relação com ele. Essa compreensão pertence a uma tradição, expressa em suas crenças, nas "teorias" que constroem para si mesmos a respeito de "filho", e dessa criança em particular, orientando a maneira como se relacionam com ela.

Assim, é importante que o psicólogo possa ajudar os pais a explicitarem essa compreensão, gerando, se possível, a estranheza, através da qual, talvez, possa ocorrer a abertura para outras possibilidades de compreensão. Além disso, essa explicitação da compreensão dos pais também permitirá que vá se desvelando aquilo que lhes diz respeito enquanto pessoas que são, uma vez que, como já dito, suas expectativas em relação ao filho também dizem respeito ao seu próprio projeto de vida. Também é importante que o psicólogo tenha claro a partir de que ponto de vista está falando e esteja aberto à estranheza, àquilo que na fala do outro, e na própria, gera incertezas.

3) Quais as interlocuções entre o plantão psicológico e o psicodiagnóstico colaborativo?

R: É possível estabelecer um diálogo entre essas práticas quando pensamos no início do relacionamento entre o psicólogo e o cliente que vem buscar atendimento. Para que os pais possam se apropriar de sua demanda, a ação clínica do psicólogo é importante no sentido de clarear expectativas, delimitar papéis e envolver os participantes numa proposta de trabalho.

Se pensarmos em termos da ansiedade do cliente em relação aos problemas que vem enfrentando, muitas vezes o confronto com os pressupostos que o trazem e que orientam sua compreensão de uma situação pode conduzi-lo a melhor agir em relação a ela, reorientando sua demanda.

Tanto o plantão psicológico como o psicodiagnóstico colaborativo partem de uma perspectiva fenomenológica existencial, o que leva a uma semelhança no que diz respeito à atitude diante do cliente e à concepção de saúde e doença. Ambas as práticas propõem-se a estimular os aspectos saudáveis presentes na experiência do sujeito, a não classificar ou rotular.

A partir da compreensão fenomenológica existencial, a atitude do psicólogo mostra acolhimento ao cliente ao modo de ser entre humanos, buscando compreendê-lo, respeitando seus limites e procurando ampliar suas possibilidades. Por essa perspectiva, ainda, apresenta-se um método de pesquisa para trabalhar com o fenômeno, entendendo-o como aquilo que se mostra, desvelando aquilo que faz com que ele apareça dessa ou daquela maneira, ou seja, torna-se possível explicitando os pressupostos que orientam a compreensão daquilo que está sendo focalizado.

Sabemos da importância do "lidar", nível mais básico da relação com os entes com os quais nos mantemos em contato para usá-los, defendermo-nos deles, mas não, nesse momento, conhecê-los. Os entes nos vêm ao encontro no cotidiano como tendo um uso, um significado dado por sua relação com as funções que têm para nós. Quando algo perde o sentido, a função, o valor, criando-se um buraco na rede de remissões à qual pertencia, criam-se possibilidades de aparecimento de outra rede de remissões.

Penso que é o que acontece com os pais quando procuram o psicólogo para compreender o que está acontecendo com o filho, com a pessoa que procura o plantão psicológico porque também não entende o que está acontecendo consigo mesma, com o psicólogo quando questiona seu modo de estar com o outro, buscando novas formas de trabalhar.

CAPÍTULO VI

COMO NOS TORNAMOS PSICÓLOGOS CLÍNICOS?*

Virgínia Teles Carneiro

Assim como o corpo – respondiam os doutos – assimila e retém as diversas diferenças vividas durante as viagens e volta para casa mestiçado de novos gestos e de novos costumes, fundidos nas atitudes e funções a ponto de fazê-lo acreditar que nada mudou para ele, também o milagre laico da tolerância, da neutralidade, indulgente, acolhe, na paz, todas as aprendizagens, para delas fazer brotar a liberdade de invenção e, portanto, de pensamento.

Michel Serres

Talvez alguém já tenha se perguntado algo semelhante, de diferentes formas: "como posso aprender a ser psicólogo clínico?"; "quais habilidades tenho que desenvolver?"; "como saber se o que faço é específico da Psicologia e não de outra área?". São inquietações comuns a pessoas em processo de formação que, ouso dizer, não costumam ser tranquilizadas com facilidade.

Falo com propriedade sobre o assunto por esse desassossego também ter me acompanhado durante minha formação em Psicologia, o que fez emergir meu tema para pesquisa, quando ingressei no curso de mestrado. Algo me moveu na direção de compreender melhor como nos tornamos psicólogos clínicos, porém não em termos burocráticos e institucionais. Não que a burocracia e a instituição não façam parte desse processo (e como fazem!), mas o chamado ao qual atendi foi a parte obscurecida

no oficial e tão luminosa no oficioso: a experiência como fenômeno humano, algo que acontece em torno do dizível e do indizível, que nos permeia de forma articulada, como peças de uma engrenagem.

O presente capítulo deriva de minha dissertação de mestrado, cuja pesquisa foi norteada, justamente, pela questão "como nos tornamos psicólogos clínicos?" (CARNEIRO, 2006). A pesquisa iniciou com uma busca intensa e interna de como olhar melhor para essa questão, de forma que ela pudesse ser vista em suas várias facetas. Como uma viajante que pára em determinados trechos do caminho, me deparei com a formação em Psicologia, pois olhar para a Psicologia clínica provoca esse espelhamento. Nesse sentido, comentar acerca da estrutura curricular dos cursos de Psicologia faz-se necessário, na medida em que fornece um contexto para a questão norteadora.

A referida estrutura vem sendo reavaliada há algum tempo. Sabe-se do grande esforço efetuado para encontrar meios de adequar a formação acadêmica à realidade fora dos muros da universidade. Os alunos têm conhecimento de que a reforma curricular está em andamento, porém muitos terminam o curso sem terem, de fato, vivenciado essas mudanças.

Dessa forma, a pesquisa em campo da qual surgiu o presente capítulo foi realizada num período (ano 2005) em que o currículo se apresentou defasado, contendo diversas teorias e correntes psicológicas que pareciam não se articular, além de refletirem a falta de disciplinas que demandem a prática e não apenas a teoria.

Essa realidade, que persiste até hoje, parece não ser exclusiva da região pesquisada (João Pessoa/PB). De modo

---

*Artigo originado da dissertação de mesmo título sob orientação do Professor Marcus Túlio Caldas.

geral, percebe-se que, embora haja uma certa diversidade curricular, no que se refere aos tipos de disciplinas oferecidas pelas instituições formadoras, há um modelo comum que obedece a uma concepção de ciência dominante na contemporaneidade. É dado um privilégio ao conhecimento num nível informativo e cumulativo, através de disciplinas essencialmente teóricas, que funcionam como se fossem uma aproximação sucessiva da verdade científica e uma etapa preparatória para a aplicação da prática em Psicologia.

Esse modelo não é uma exclusividade do curso de Psicologia, visto que a universidade desde a modernidade é prioritariamente dedicada à pesquisa, colocando a racionalidade técnica e eficiente como base para essa instituição. Schön (2000, p. 19) afirma que, no início do século XX, houve uma corrida das várias profissões para a obtenção de prestígio através do meio acadêmico, de modo que o currículo normativo incorporou a idéia de que "a competência prática torna-se profissional quando seu instrumental de solução de problemas é baseado no conhecimento sistemático, de preferência científico". Conseqüentemente, a norma curricular foi estabelecida de modo a seguir uma ordem: primeiramente a ciência básica, em seguida a ciência aplicada e, por último, o ensino prático, no qual se presume que os alunos possam finalmente desenvolver suas habilidades aplicando o conhecimento acumulado nos anos anteriores.

Além de confirmar a cisão entre a teoria e a prática, essa estruturação curricular implicitamente carrega a noção da necessidade de um conhecimento prévio para uma posterior atuação. Esse adiamento da prática dificulta a possibilidade de construir um saber engendrado com a experiência. Há uma lacuna entre o conhecimento ensinado e a descoberta de si mesmo, que o processo ensino/aprendizagem contém.

Em se tratando da Psicologia, vale lembrar que ela tem-se configurado, no decorrer de sua história, como uma ciência abrangente em termos teóricos e metodológicos. Vemos-nos diante de diversas correntes psicológicas, que ora se complementam, ora se contradizem.

É atravessado por essa multiplicidade que o estudante de Psicologia precisa cumprir a exigência de ter uma filiação teórica e uma coerência lógica que o direcionem para o momento final do curso, que é o do estágio supervisionado, onde ele acredita que poderá pôr em prática o conhecimento acumulado nos anos anteriores.

Isso remete à expectativa que o momento da *prática* carrega. É a partir desse instante que se abre a possibilidade

de o aluno compreender que a inclusão de sua subjetividade em sua prática será o principal elo com a teoria. Dito de outra forma, ele perceberá que o principal instrumento de trabalho do psicólogo é ele próprio.

Sabe-se que a teoria e a prática se encontram associadas em qualquer área de atuação, ora se corroborando, ora se desafiando. A prática acontece como um ponto de mutação, pois o aluno compreende que sua inserção transforma seu campo de atuação ao mesmo tempo em que ele próprio é transformado. À medida que passa a se incluir no universo teoria/prática, pode dar um novo significado a ambas.

Portanto, a prática do psicólogo clínico não supõe uma neutralidade, e sim uma instrumentalização por parte desse profissional, instrumentalização essa que acontece através do seu fazer e da sua reflexão sobre esse fazer.

No contexto da formação em Psicologia, o espaço oficial para realizar essa reflexão, no sentido etimológico da palavra, como um "fazer retroceder", é a supervisão. Nesse sentido, o espaço da supervisão faz-se necessário, como vemos em Morato (1999, p. 71):

> Sem dúvida, é na consecução dessa prática que a transmissão dos conhecimentos e ensinamentos teóricos e técnicos é garantida. Surgem os impasses e entrecruzamentos com a questão da formação de psicólogos, reconduzindo a outras articulações entre teoria e prática na Psicologia clínica. É através da supervisão e no exercício de estágios profissionalizantes que o ofício e a aprendizagem dos conceitos teóricos e do manejo das técnicas se efetivam. Nesse contexto é que reside a possibilidade de mais uma vez a prática poder ser traída na especificidade do seu fazer e tornar-se incongruente com seus fundamentos originários.

A supervisão torna-se essencial para a formação do psicólogo clínico, visto que se tornou o único espaço *oficial*, dentro do curso de Psicologia, em que o aluno tem a possibilidade de refletir sobre o *seu* próprio fazer, e não sobre o fazer de *outro*. É a partir daí que há uma abertura para um verdadeiro engendramento teórico. Verdadeiro porque próprio, porque implica uma descoberta: na descoberta de si mesmo, provocada pelo processo ensino-aprendizagem.

Com esse discurso, não pretendo colocar a prática num lugar privilegiado, em detrimento da teoria, senão estaríamos caindo no mesmo erro de novamente separar uma da outra, ou de meramente inverter a ordem do que deve ser mais importante. Reflito apenas que a prática abre possibilidade para se compreender a teoria de um outro lugar, como veremos posteriormente.

Pensar a estrutura do curso de Psicologia me serviu como *contexto* para entender melhor como nos tornamos psicólogos clínicos. Pude bifurcar os caminhos da busca, de modo a encontrar ressonâncias de minha compreensão em vários autores, o que me ajudou a trilhar os caminhos a seguir.

A EXPERIÊNCIA VISTA COM OUTROS OLHOS

Foi lendo Figueiredo (1993, p. 91) que encontrei um eco ou talvez uma nomeação para algo que, mesmo sem conseguir dizer, eu já havia descoberto: "Na verdade creio que quanto mais conta a experiência, quanto mais tempo no exercício da profissão, mais as variáveis pessoais vão pesando na definição das práticas e das crenças dos psicólogos."

O autor faz referência a um cientista e filósofo húngaro, chamado Michael Polanyi (1891-1976), para falar de um tipo de conhecimento silencioso que carregamos conosco e que, em especial nas academias, não é valorizado.

Michael Polanyi foi um renomado cientista que teorizou no campo da epistemologia, procurando superar a dicotomia entre o conhecimento subjetivo e o objetivo. Para ele, conhecimento e conhecedor são inseparáveis, mesmo no cientista que acredita manter a neutralidade em suas descobertas.

Para desenvolver uma teoria que se opõe à visão objetivista do conhecimento, o autor utiliza, como ponto de partida, conceitos da Psicologia da Gestalt. Segundo Davidoff (2001), os psicólogos da Gestalt (palavra alemã que significa forma, padrão ou estrutura) acreditavam que as experiências trazem consigo uma característica de totalidade. Eles posicionavam-se contra a prática de outras abordagens teóricas que reduziam experiências complexas a elementos simples, dando ênfase aos significados que os seres humanos impõem aos objetos e acontecimentos de seu mundo, o que chamavam de experiência subjetiva. Através de estudos acerca do movimento aparente (o movimento é percebido, quando, na verdade, nada está se movendo, como acontece no cinema, em que várias fotografias se apresentam rapidamente, dando a ilusão de uma ação contínua e ininterrupta), demonstraram que o todo é diferente da soma de suas partes. Estas, por sua vez, devem estar contextualizadas no todo do qual fazem parte, em termos de seu lugar e função.

Baseado nisso, Polanyi (1958) acredita na existência de um processo de funcionamento perceptivo que possibilita ao sujeito a apreensão de um objeto de seu campo visual, retendo-o como um sistema integrado, ainda que suas qualidades sensoriais mudem. Porém, o sujeito não permanece consciente de todas as partes que se articulam no todo, pois elas funcionam de modo *tácito*.

A frase mais famosa do autor, *"we can know more than we can tell"* (nós podemos saber mais do que podemos dizer), de certa forma resume suas idéias, como bem expõe Saiani (2004, p. 52):

> [...] Eventos corporais dos quais não podemos tomar consciência focalmente por meio da introspecção são utilizados de modo subsidiário na estruturação de um objeto integrado na percepção focal. Portanto, quando vemos um objeto contra um fundo, executamos um ato mental, em termo do qual o todo funciona de modo subsidiário. Alguns dos indícios que utilizamos na percepção não são notados, e não podem sê-lo. No entanto, uma vez que participam, de modo subsidiário, na estruturação de um objeto integrado, podemos dizer que 'sabemos mais do que podemos relatar'.

Tendo essa noção como base, Polanyi (1975) afirma que os processos, tanto do conhecimento quanto da ciência, não ocorrem através da conquista impessoal de objetividade abstrata e neutra. Desde a seleção de um problema até a verificação de uma descoberta, tais processos são enraizados em atos pessoais de *articulação tácita*; não se fundamentam em operações explicitamente lógicas.

Essa articulação tácita do conhecimento possui dois níveis que a compõem: o subsidiário (ou proximal) e o focal (ou distal). Apesar de se preocupar mais em descrever o conhecimento tácito do que propriamente defini-lo, em seu livro *The tacit dimension* (1983), Polanyi afirma que podemos identificá-lo com "o entendimento da entidade abrangente constituída pelo termo proximal e pelo distal" (POLANYI, 1983 apud SAIANI, 2004, p. 55).

Assim, mesmo quando não estamos explicitamente focalizando a atenção em algo determinado, permanecemos conscientes desse algo. Vejamos o exemplo de um violonista. Ao tocar o instrumento, o seu foco não está nas regras que lhe foram passadas explicitamente durante sua aprendizagem. À medida que ganha mais experiência, é como se cada vez mais se integrasse com o instrumento e cada vez menos prestasse atenção ao movimento correto das mãos. Seus olhos, ouvidos, mãos atuam harmonicamente ao tocar uma melodia. O instrumento é incorporado, como se fosse uma extensão do próprio corpo. E se, por algum motivo, focalizar apenas os movimentos das mãos, correrá o risco de se atrapalhar na execução da melodia. Porém, as regras aprendidas no início de sua aprendizagem não foram esquecidas; elas estão lá, operando tacitamente, ou silenciosamente. Mas, se as partes forem focalizadas, perder-se-á o todo.

Com essa concepção de articulação entre duas dimensões do conhecimento, Polanyi se dedicou ao ser humano que faz ciência. Ele aproximou a ciência do ser humano, tentando compreender o funcionamento dos mecanismos deste último, numa tentativa de superação da dicotomia entre o objetivo e o subjetivo na construção do conhecimento. Para ele, a ação de fazer ciência está impregnada por uma paixão intelectual, composta por aspectos que, apesar de inefáveis, devem ser valorizados como essenciais nesse processo de busca e de solução de um problema.

A preocupação central de Polanyi era com o modo de fazer ciência e com o vicejo de totalitarismos, que o fizeram criar uma nova epistemologia, numa tentativa audaciosa de compreender o "mundo científico". Suas idéias ganharam destaque em áreas como sociologia do conhecimento, filosofia da ciência e, mais recentemente, em administração e na educação.

Acredito que a teorização acerca do conhecimento tácito pode ser fecunda também para a Psicologia, mais especificamente a Psicologia clínica. Inclusive algumas teorizações têm sido realizadas nesse campo, numa tentativa de compreender melhor como se dá a articulação entre a teoria e a prática clínica, como veremos mais adiante.

Figueiredo (2004) se baseia em Polanyi (1958) para questionar se a valorização excessiva dos conhecimentos focais e explícitos, em especial dos conhecimentos teóricos, é suficiente para atendermos à demanda que chega até nós psicólogos, produtores de conhecimentos e professores de Psicologia.

O autor afirma que, comumente, há uma necessidade de pertencimento por parte dos psicólogos a uma determinada escola, linha ou abordagem, como se esse pertencimento lhes desse o suporte necessário para a sua prática. Porém, a adesão a determinada abordagem teórica diz muito pouco da *efetiva* atuação profissional, pois, dentro da Psicologia clínica, há um constante processo de incor-

poração, imposto pelo conhecimento tácito, incorporação tanto das experiências quanto das informações teóricas de diferentes correntes, já que comumente os psicólogos estão sempre transitando, mesmo que de forma não-assumida, entre outras abordagens. Acerca disso, ele afirma:

> [...] a atividade profissional do psicólogo requer uma *incorporação* dos saberes psicológicos às suas habilidades práticas que mesmo o conhecimento explícito e expresso como *teoria* só funciona enquanto *conhecimento tácito*; o conhecimento tácito do psicólogo é o seu saber de ofício, no qual as teorias estão impregnadas pela experiência pessoal e as estão impregnando numa mescla indissociável; esse saber de ofício é radicalmente pessoal, em grande medida intransferível e dificilmente comunicável. (FIGUEIREDO, 1993, p. 91, grifos do autor)

Para o autor, há, na verdade, um grande ganho em manter uma *tensão* entre os conhecimentos tácito e explícito teórico, o que significa desalojar ora a prática, que pode já estar automatizada, ora o conhecimento teórico, que poderá, então, impor desafios à prática. Pois o conhecimento explícito teórico nunca poderá ser perfeitamente convertido na prática, assim como a prática nunca será uma reprodução da teoria. Apesar de não serem coincidentes, a teoria e a prática devem manter uma relação de pertinência. Figueiredo (2004) coloca o conhecimento tácito como o saber de ofício do psicólogo, mas não retira a importância do conhecimento teórico explícito, atribuindo a este último duas importantes funções:

> Ao participar dos processos de *focalização*, as teorias estariam colaborando na tarefa de dar inteligibilidade à experiência, engendrando figuras a partir dos elementos dessa experiência. [...] Estou propondo *que a segunda função da teoria seja a de abrir no curso da ação o tempo da indecisão, o do adiamento da ação, tempo em que podem emergir novas possibilidades de escutar e falar*. Para tal, porém, é necessário que a teoria esteja "agindo em silêncio" e de forma a "fazer silêncio", aquele silêncio que é a condição primeira de uma verdadeira escuta do novo. [...] É nesse sentido que o investimento em pesquisas eminentemente clínicas e que o investimento em uma formação intensamente prática – nos treinos – devem ser contrabalançados pelo investimento em pesquisas eminentemente

teóricas e numa formação teoricamente exigente. (FIGUEIREDO, 1993, p. 125, grifos do autor)

As contribuições de Polanyi (1958) e de Figueiredo (1993; 2004) me ajudam a compreender melhor a questão da experiência como fenômeno humano. Tendo como pano de fundo a relação entre as dimensões tácita e explícita do conhecimento, pode-se afirmar que, a partir da expressão da sua própria experiência, o psicólogo pode começar a compreender a sua prática psicológica e clínica. Dito de outra forma, existe um saber de ofício que passa pela experiência pessoal. Essa articulação entre experiência, prática e teoria conduz o psicólogo clínico ao seu saber de ofício, a um engendrar que abre a possibilidade de seu *fazer-saber*. Desse modo, o saber de ofício do psicólogo clínico está intimamente relacionado a uma prática que se refere a um fazer e a um olhar para o que foi feito, para então começar a se dar conta do *seu próprio* saber-fazer.

Uma forma conveniente de representar essa mediação, de acordo com Figueiredo (2004, p. 126), são as narrativas históricas e as narrativas dramáticas: "Historiais e todo o conceitual elaborado e usado nas histórias de caso e nos relatos de sessão parecem colocar-se no nível ótimo de tensão entre tácito e explícito."

Novamente encontramos a supervisão, que constitui uma situação e local onde se pode compreender o *fazer-saber* clínico, através de um olhar singular e próprio para a ação realizada. Esse olhar permite que emerjam descobertas e impasses, não apenas com relação à prática, mas também com relação à própria teoria. Agora, a teoria poderá ser compreendida e questionada de um outro ângulo, de forma apropriada e não sob o ponto de vista exclusivo dos autores. Nessa perspectiva, o conhecimento é organizado *no* e *pelo* indivíduo, e não *para* o indivíduo; vai sendo elaborado de uma outra forma que não aquela estritamente racional, que sempre imaginamos quando vislumbramos o conhecimento. A experiência torna-se a principal fonte para a ocorrência de uma aprendizagem que seja significativa para o sujeito.

Nesse processo, há uma articulação de dimensões afetivas e cognitivas que poderão gerar novos significados. Como afirma Eugene Gendlin (1973), o momento de criação de sentido marca a presença do fenômeno da aprendizagem na experiência humana como forma de *transformação*. Denomina *significado sentido* o momento de criação no qual dimensões cognitivas e afetivas se integram, num processo chamado também de *aprendizagem significativa*.

Aprendizagem significativa foi um conceito desenvolvido pelo psicólogo norte-americano Carl Rogers, em meados da década de 60. Em seu livro *Tornar-se pessoa* o autor assim define o conceito (1961, p. 253):

Por aprendizagem significativa entendo uma aprendizagem que é mais do que uma acumulação de factos. É uma aprendizagem que provoca uma modificação, quer seja no comportamento do indivíduo, na orientação da ação futura que escolhe ou nas suas atitudes e personalidade. É uma aprendizagem penetrante, que não se limita a um aumento de conhecimentos, mas que penetra profundamente todas as parcelas da sua existência.

Nesse ponto, o autor chama a atenção para o fato de esse tipo de aprendizagem envolver "todas as parcelas de sua existência", contemplando, nesse processo, não apenas a dimensão cognitiva, mas também a afetiva. Enquanto o modelo de ensino técnico-formal valoriza a repetição de informações, na aprendizagem significativa o criar e o experienciar possibilitam uma forma própria de se elaborar o saber.

Sempre preocupado em compreender melhor os fenômenos da subjetividade, Rogers une-se a outros teóricos, na tentativa de desenvolver seus constructos com maior especificidade. Dentre eles, destaca-se o já citado Eugene Gendlin, psicólogo e filósofo austríaco, posteriormente naturalizado norte-americano. Gendlin busca colaborar com a teoria de Rogers, formulando-a conforme linhas fenomenológicas, trazendo uma grande contribuição através da noção de *experiencing* (GENDLIN, 1962), que pode traduzir-se por *experienciando*.

Para Gendlin (1973), o experienciando tem um modo próprio de organização que se diferencia do raciocínio lógico e científico. Por esse motivo é que é tão difícil de ser estudado pelas ciências humanas, já que estas se dedicam a conceitualizações, enquanto o experienciando se refere ao modo como as experiências humanas ocorrem e não ao que elas são. Dessa forma, o conhecer pela conceitualização é diferente do conhecer pelo "sentido", pelo *como* se está experienciando em determinado momento.

Gendlin busca compreender a relação entre o experienciando e as conceitualizações, ou seja, como o que é experienciado num nível pré-reflexivo funciona e se liga com as simbolizações lógicas. Percebe que ambos se relacionam mutuamente sem que haja substituições, dando origem à formação do *significado*. "Significado é formado na interação entre o experienciando e algo que funciona simbolicamente. Sentimento sem simbolização é cego; simbolização sem sentimento é vazia" (GENDLIN, 1962, p. 5).

Buscando apoio em outros filósofos para melhor articular suas idéias, Gendlin encontra em Martin Heidegger (1889-1976) a conceituação de *Befindlichkeit*, que se torna útil para o aprofundamento de suas proposições acerca do experienciando e sua implicação para a Psicologia. Para Heidegger (2004), *Befindlichkeit* é um existencial ontológico, que significa modo de encontrar-se. De acordo com Morato (1989), Gendlin apresenta *Befinden* como um verbo alemão que pode significar três expressões: "como vai você?", "como você está se sentindo?" ou "como está você?". Nesse sentido, *Befinden* remete a pessoa a um olhar para si própria, numa busca tanto interna quanto de sua situação no mundo.

Heidegger (2004) acredita que a predestinação do homem é o ser de abertura (ser-aí) e o ser de relação (ser-com), que o coloca no mundo juntamente com outros seres e entes. *Befindlichkeit*, ou o modo de encontrar-se, constitui a primeira abertura para o ser-aí. Existimos numa disposição afetiva, num "*befindlichkeit*" que nos dota de uma compreensibilidade anterior à dimensão cognitiva e da consciência. Desse modo, o ente não pode ser reduzido e fragmentado em mundo interno e/ou externo, pois o mundo é vivido, é experiência e existência, e, por esse motivo, irredutível. Destarte, experienciando tem um caráter reflexivo, pois se refere a uma situação de afetar-se e ser afetado *no* e *com* o mundo.

A contribuição de Gendlin acerca de como se processa a criação de sentido pelo experienciando é de grande valia para se compreender o fenômeno da aprendizagem significativa, pois o significado sentido diz respeito a um momento de criação no qual se encontram articuladas dimensões cognitivas e afetivas. Como explica Morato (1999, p. 36-37):

> Na concepção de Gendlin, a aprendizagem significativa é uma ação compreensivamente articulada, permitindo ao homem aberturas ou mudanças pela experiência de encontro consigo mesmo, com o mundo e com outros homens. Uma tal compreensão possibilita que se aprenda nas situações experienciadas, nas quais, podendo "trazer-se de volta" (atualizar o passado) para, lançando-se adiante (projetando-se ao futuro), transformar-se. Nesta perspectiva, compreender algo na própria ação propicia, ao mesmo tempo, uma compreen-

são de si e de seu modo de ser humano em meio a outros. Dessa forma, aprendizagem significativa é criação de sentido, no qual afeto e cognição articulam-se abrindo espaço para aproximações entre pedagógico e psicológico.

Trazendo as contribuições de Gendlin e Rogers para a minha pesquisa, pode-se pensar que a ação clínica proporciona o acesso para a aprendizagem significativa, por ser característica da clínica a abertura à experiência, o que exige não apenas uma apropriação de conhecimentos adquiridos, mas também uma abertura para o pré-reflexivo.

Nesse sentido, é próprio da clínica uma ação "compreensivamente articulada", uma aprendizagem autodescoberta que seja assimilada na experiência. A prática clínica nos possibilita descobrir o nosso próprio fazer clínico, e não o fazer de outro. Ao aprendermos essa profissão, não importando o quão separada de nossa vida cotidiana queiramos que ela pareça, aprendemos novas maneiras de usar tipos de competências que já possuímos. De certa forma, podemos afirmar que a prática clínica não se ensina diretamente. Porém, não podemos afirmar que ela não se aprende.

Chegamos a um paradoxo: um principiante na prática clínica, inicialmente, não entende exatamente o que precisa aprender, que habilidades necessita desenvolver. Porém, a única forma de aprender é educar a si mesmo, trilhar um caminho próprio, e o primeiro passo a ser dado é começar a fazer o que ainda não compreende. Assim, abre-se a possibilidade da criação de uma rede de novos significados e de uma compreensão de que a clínica se faz num trânsito *entre* a teoria e a prática.

Além disso, há espaços indeterminados que só vislumbramos através da prática: espaços de incerteza e de singularidade. É essa zona de trânsito entre esses espaços que talvez precise ser mais explicitamente contemplada pelas instituições formadoras, como uma tentativa de capacitar pessoas a lidar com demandas reais da contemporaneidade, que nos concernem enquanto psicólogos. Constantemente, nos deparamos com situações únicas, que transcendem as categorias das teorias e das técnicas existentes, forçando-nos a tratá-las não como problemas mecânicos a serem resolvidos pela aplicação de uma das regras de nosso estoque de conhecimento profissional. É nesse momento que o profissional vê testada a sua capacidade própria de improvisação, o que exige uma incorporação dos conhecimentos teórico-técnicos.

Se voltarmos o olhar para a história da Psicologia, desde o seu nascimento como ciência até os dias atuais, encontraremos uma Psicologia que, buscando se naturalizar, acabou se desnaturando. Uma Psicologia que, assentada em Descartes (1596-1650), evidencia uma dicotomia entre o intelecto especulativo e o intelecto prático: o primeiro leva, através do método dedutivo, ao *cogito ergo sum* (penso, logo existo), verdade indubitável em que se assenta a ciência moderna; o segundo é aquele que direciona a atividade humana, por intermédio da aplicação teórica, aos fatos objetivos. Acompanhada pela influência de Descartes na filosofia moderna, nessa tendência a compreender a teoria como distinta da prática, a Psicologia se organiza como produtora de conhecimento e, posteriormente, como atividade formativa.

Assim, temos, como pano de fundo da formação do psicólogo um ideal tecnocrático, no qual o que impera é a ética da eficácia. De forma diluída recebemos, durante nossa formação em Psicologia, a necessidade do autocontrole e da previsibilidade. Não há lugar oficial para o imprevisível. Mas como expurgar o que não podemos antecipar se lidamos com o que há de mais inacabado: a experiência de ser humano?

Vislumbrando a formação em Psicologia clínica, o estudante chega ao final do curso com a esperança de poder aplicar todo o conhecimento acumulado nos anos anteriores. Aí é surpreendido exatamente com o que não pode predizer: o outro, que demanda as mais diferentes formas de atenção e cuidado, e ele próprio, pois, ao se dispor a atender essa demanda, se arrisca a encarar a sua subjetividade inserida no seu fazer.

Permeada por todas essas teorizações, me dispus a ouvir, de outros, como é a experiência de se tornarem psicólogos clínicos. Conto agora como aconteceu esse momento de escuta, em que pude transitar pelas compreensões de outros e misturá-las às minhas, numa tentativa de me aproximar da experiência como condição humana.

MÉTODO: O CAMINHO PERCORRIDO

No presente estudo, a palavra metodologia condiz com a compreensão do método fenomenológico sugerido por Merleau-Ponty (1999), o qual afirma que a palavra *método* quer dizer *caminho*. Com base nisso é que entendemos que *metodologia* significa *dizer do caminho*; do caminho que se faz ao caminhar. Nesse sentido, caminho é o que se apresenta para o pesquisador como possibilidade de ação.

Optou-se pela utilização de dois recursos fundamentais, a saber, a *fenomenologia existencial*, baseada nos pensamentos de Martin Heidegger e Merleau-Ponty, e a *narrativa*, orientada principalmente por Benjamin.

De acordo com Critelli (2006), autora que se baseia na fenomenologia existencial de Heidegger, é da nossa condição humana fabricar o sentido de ser. Pois o homem é um constante vir-a-ser que foi jogado num cenário já configurado, cabendo-lhe dar sentido à própria existência. Ou seja, o homem está inserido em uma teia de relações, no mundo, sendo ser-com-outros e se colocando no mundo, dando sentido a este, a ele próprio e aos outros. Ao recorrer a um modo fenomenológico existencial de pesquisar, é necessário flexibilidade, pois se presume a compreensão de que tudo se forma e se transforma na relação sujeito-mundo, sujeito-objeto, na mútua interpenetração e afetação de ambos, o que é próprio da condição humana.

A pesquisa realizada teve como questão norteadora "como nos tornamos psicólogos clínicos?". Resolveu-se, então, escutar estagiários de Psicologia clínica, para avaliar o modo como articulam diferentes dimensões do saber no processo de se tornarem psicólogos. A opção pelo estagiário em Psicologia clínica justifica-se por ser o período de estágio uma época de abertura para a prática profissional e, também, para si mesmo. É quando o "quase profissional" terá que oficialmente olhar para a sua prática e para si mesmo, já que é obrigatória a passagem pela supervisão. Foi com essas pessoas, que estavam vivenciando esse momento, em que o trânsito de seu *fazer-saber* estava "à flor da pele", que busquei compreender a questão que norteou a pesquisa.

Considerou-se adequada a utilização de relatos verbais, metodologia que está em consonância com o que Walter Benjamin, escritor alemão que viveu de 1892 a 1940, chama de *narrativa* (1985), por ser um método em que o pesquisado, ao contar a sua história, narra acontecimentos e afetos que dizem respeito ao seu percurso no sentido de suas vivências. Através da linguagem, o pesquisado desvela sua experiência e, ao mesmo tempo, faz do pesquisador um partícipe dessa experiência, visto que o pesquisador se dispõe a colher as experiências e não a coletar informações e explicações.

Atentando para o público-alvo e a questão envolvida, pensou-se que a realização de grupos, em que os participantes pudessem estar reunidos e compartilhando suas experiências, era a melhor alternativa. Tal escolha está em consonância com Benjamin (1985), quando afirma que a palavra, nos grupos, se distribui mais equitativamente, além de abranger uma multiplicidade de marcas da narrativa.

Para a constituição dos grupos, foram elaborados três critérios básicos: a) participação voluntária; b) exemplaridade dos participantes: estagiários que estivessem envolvidos em grupos de supervisão diferentes e c) os estagiários já deveriam ter iniciado a prática clínica e se submetido à supervisão de seus atendimentos.

O convite foi efetuado em duas instituições de ensino superior, localizadas em João Pessoa-PB, a saber, a Universidade Federal da Paraíba/UFPB e o Centro Universitário de João Pessoa/Unipe, as quais serviram também de local para a realização dos grupos. No total, participaram da pesquisa oito estagiários, cada grupo contando com a presença de quatro deles. Foi realizado um encontro com cada grupo, visto que as discussões foram bastante produtivas e suficientes para o cumprimento dos objetivos do estudo, não sendo necessário um segundo encontro grupal.

A colheita das narrativas ocorreu em dois momentos. No primeiro, foram realizados os grupos, que iniciaram pela seguinte pergunta deflagradora: *Vocês poderiam contar como é que está sendo a experiência de estarem se tornando psicólogos clínicos, a partir de agora, em que vocês estão efetivamente na prática clínica?*

Após terem ocorrido os grupos, as discussões foram transcritas e as narrativas lapidadas, para que a comunicação do sentido fosse facilitada, processo chamado *literalização*.

O segundo momento de colheita de narrativas caracterizou-se por uma entrevista individual com cada um dos participantes, quando foi oferecida a leitura do texto referente à discussão em grupo, seguida da seguinte pergunta: *Com relação à discussão sobre a sua formação em Psicologia clínica, você tem algo a acrescentar ou corrigir?* Portanto, foi oferecida a oportunidade de acrescentar ou modificar algo dito por eles na situação em que estavam reunidos com os outros participantes. Esse momento se caracterizou como a possibilidade de autenticação daquilo que foi construído no grupo, podendo constituir-se como oportunidade para pensar o coletivo e expressar o singular.

Todas as comunicações foram registradas em áudio, para que assim houvesse uma maior aproximação da experiência, tal como foi contada pela pessoa que a vivenciou, tendo sido obtida autorização verbal e por escrito para a utilização do conteúdo. Durante todos os momentos

da pesquisa em campo, seja nos grupos ou nas entrevistas individuais, permiti me incluir como participante, demonstrando minhas afetações e minha compreensão do que estava sendo dito. Olhando a pesquisa como uma ação clínica e não como algo objetivado, fez parte do meu papel de pesquisadora não dirigir as comunicações para um lugar premeditado, e sim deixar que as experiências de outros emergissem e se desvelassem, para que então pudessem unir-se às minhas experiências, e, por fim, o caminho percorrido fosse marcado por várias pegadas. Nesse sentido, a interpretação mostrada a seguir foi feita a partir do engendramento entre as narrativas das experiências dos participantes e o quanto me afetaram ao entrar em contato com elas.

Ressalto, portanto, a característica circular do meu modo de interpretar nessa pesquisa, pois não ajustei o meu pensamento a procedimentos que seguissem uma direção em linha reta que, ao avançar, me levaria a algum lugar. Assim, a questão que me interpela serve como abertura para novas questões que, por sua vez, abrirão caminho para o surgimento de outras, provocando um engendramento contínuo.

UMA INTERPRETAÇÃO

Contar com a companhia dos interlocutores proporcionou, através da escuta da experiência, *uma* interpretação de como é o vir a ser psicólogo clínico. É importante frisar que a descrição que se segue é apenas uma forma de compreender, entre as diversas possibilidades. Mostrarei pequenos trechos das discussões, juntamente com o meu posicionamento, em que faço articulações e questionamentos. Nesse sentido, a interpretação que aqui se apresenta rompe a imparcialidade entre pesquisador e pesquisado.

Tanto na busca de recursos teóricos quanto na escuta dos interlocutores, aparecem referências a aspectos estruturais do curso de Psicologia, a começar pelo próprio currículo do curso. Percebe-se a insatisfação dos participantes da pesquisa com as disciplinas oferecidas, com relação tanto ao conteúdo quanto à própria forma com que são organizadas. Os relatos revelam a falta de uma clara articulação entre as disciplinas, além da separação entre teoria e prática. Parece que essa desarticulação gera uma espécie de "falta de território" nos alunos. É como se todo o conhecimento fosse se acumulando sem encontrar uma destinação.

Surge a (des)esperança com relação à reforma curricular, como algo esperado que parece nunca chegar.

Acho que há uns dois anos eu estava muito frustrada com meu curso... Quase jogo pra fora meu curso... Porque eu não via sentido nele. Porque a gente entra em Psicologia... Passa pelas mãos de vários professores... Algumas disciplinas a gente não aprende praticamente nada se não for atrás... Mas como é vasto o campo que pode ter a atuação do psicólogo... Como a Psicologia se divide... Como tem várias abordagens... Mas se parar para pensar, você vê que não sabe praticamente nada! A gente começa a ver Psicologia mesmo na metade do curso. Porque antes é tudo muito abstrato... Foi como eu... Eu pouco antes quase deixo o curso de Psicologia porque não tinha motivação...

Eu penso o seguinte: que a prática já deveria ter começado há mais tempo... Muitas vezes eu chego na sala e até brinco assim: "tudo que sei é que nada sei..." Porque lidar com pessoas é uma responsabilidade muito grande... Por isso a prática deve ser feita dentro da clínica há mais tempo... É muito bom estar vivenciando a prática clínica, infelizmente agora, literalmente no final do curso...

Você vê que desde que a gente entrou no curso se fala em reforma curricular. A minha supervisora diz que desde a época dela tem isso. Eu conversei com uma coordenadora de curso e ela me disse: "O que você passa... Passa-se aqui... Passa-se nas demais universidades federais." Então é uma coisa muito difícil... Envolve tanta coisa... É tanta complexidade... É difícil a gente romper com isso... Exige muito mais do que a nossa luta... Nossa luta enquanto estudantes.

Envolvidos nessas questões de insatisfação com o currículo, surge a noção de que o processo de aprendizagem é compartilhado e ao mesmo tempo solitário. Ocorre um "trazer para si mesmo" a responsabilidade acerca de sua própria formação. O ingresso na prática parece provocar esse olhar para si mesmo e, concomitantemente, um certo direcionamento acerca da própria formação. Fica a pergunta: há um limite de responsabilidades entre o aluno e a instituição com relação à carência de teoria e prática que os estudantes normalmente sentem?

O que eu pude refletir depois do atendimento é realmente essa questão... de saber que o que eu sei até agora é muito pouco... Que é um processo contínuo realmente... Você tem que explorar mais... Tem que estudar... E isso tem que partir de você. Realmente universidade nenhuma vai poder suprir essa questão [...] Mas é muito gratificante estar atendendo... É uma experiência realmente muito diferente do que a gente vê... Não tem nada que chegue tão perto, que a gente possa experienciar quando a gente tá lá... Eu acredito que tanto teoria quanto prática têm que ser revistas.

O momento da prática gera expectativas, dando uma conotação de legitimação ao que foi aprendido nos anos anteriores. A prática parece abrir a possibilidade de descobertas nos alunos, não apenas acerca da Psicologia clínica em si, mas também de aspectos pessoais, que se desvelam a partir da abertura à experiência de prestar atenção e cuidado ao outro. De certa forma, é um encontro com o inesperado que, ao exigir improvisação e invenção, propicia uma abertura para o pré-reflexivo. Nesse sentido, a clínica provoca uma aprendizagem autodescoberta, assimilada à experiência. A prática possibilita que cada um possa se perceber fazendo, a partir da forma como estão fazendo. E essa "forma" parece dizer muito da experiência de ser humano de cada um, e não apenas do que foi aprendido durante o curso. Nota-se, portanto, a surpresa dos alunos ao se sentirem implicados com o próprio fazer.

[...] há dois anos eu me encontrava totalmente frustrada e hoje eu estou apaixonada pelo meu curso... Impressionante... Cada dia mais eu quero estar mais próximo... E aprender mais... Estudando... Aperfeiçoando-me... Para poder ajudar... Quando a gente começa a praticar mesmo... Quando começa a ver o curso realmente... Porque antes a gente vê muita coisa que eu acho que não tem muito a ver... Mas como é rico... Como a gente cresce... Como está sendo importante! Eu vejo como é maravilhoso... E o que eu estava perdendo, entendeu? Mudou totalmente minha visão... É como se antes não tivesse nada! Nada! E depois da prática... Eu estou fascinada com meu curso...

Porque é uma coisa que a gente não conhece durante todo o curso... O que é impressionante, porque a gente passa o curso todo sem saber o que é uma clínica, o que é clinicar. Acho que até mesmo no estágio a gente fica sem saber... Vai descobrindo realmente quando começa a atender... Você vê o que é clínica... O que é atender... O que é escutar. Você estuda, estuda, estuda... Aquela coisa de ouvir profundamente... A escuta profunda... A importância de estar ali com seu cliente no atendimento só para ele... E a gente sabe que muitas vezes não consegue... Às vezes se desconcentra... Às vezes se vê nele...

A prática clínica parece oferecer uma outra possibilidade de compreensão do que seja a ação clínica, compreensão esta que exige uma implicação subjetiva no próprio fazer. Dessa forma, a prática clínica se mostra como uma importante via para a aprendizagem significativa.

Acompanha a própria maturação da gente... Porque eu penso no começo do curso como eu era... Eu não pensava nessas coisas... Acho que chegou a hora de dizer: "pronto agora é tua hora de se preparar..." Exige isso... A prática faz com que... Não sei... Acho que a prática faz com que você enxergue as coisas de uma outra forma. [...] Move você a buscar mais, a conhecer mais, a estar preparado realmente... O que mexe comigo é isso... Preocupar-me com a minha formação.

A prática clínica ganha destaque na constituição do "ser-próprio" do psicólogo, pois redimensiona a percepção anterior e denota a implicação com o fazer, o que parece abrir um caminho à frente e um rumo dentro da própria formação. Nesse contexto, em que os alunos se referem com tanta ênfase à prática, onde está a teoria? Talvez já tenha recuado para uma dimensão silenciosa ou tácita e, finalmente, sido incorporada.

Eu acho que nenhuma teoria é capaz de dar conta... Porque é uma complexidade... Não tem aquela coisa de dizer: "Ah, nessa sessão eu posso utilizar isso ou aquilo de determinada teoria." Eu acho que com o tempo você vai criando um caminho que é teu... Eu acho que é no dia-a-dia mesmo... É na prática que você vai por um caminho... Através das suas leituras, do que você ouve dos outros profissionais... Dos outros colegas de supervisão... Eu acho que é um processo inacabável para qualquer um. Não há uma neutralidade. O trabalho... é mais uma transferência sua... Tem algo ali... O

desejo mesmo, que está te movendo. Então isso diz muito de você... Algo muito particular seu... Fala-se muito na questão da reprodução... Isso acontece muito... Mas com o tempo, com os anos, com a maturidade, com a prática é que você vai imprimir um estilo próprio seu. Acho que é por aí... Eu vejo assim.

A gente mesmo tendo estudado fica num impasse... É quando o paciente traz problemas que vêm de encontro à tua subjetividade. Tem problema que você transfere... Eu estou atendendo [...] vítimas de abuso sexual. A secretária até diz: "Doutor, pode entrar o próximo paciente?" E eu digo: "Não, espera aí um pouquinho..." Porque eu estava completamente desorganizado! Então são essas questões que vão surgir sempre... Às vezes a subjetividade do paciente está implicitamente ligada à tua subjetividade... Aí como é que você transfere, contratransfere... Mas são coisas que eu acho que só a prática vai fazer com que a gente possa elaborar essas questões. Agora a gente está recém-começando...

A teoria serve como referência e não como um "porto seguro", onde se pode chegar e estacionar. Quando tenta descrever como funciona o conhecimento tácito, Polanyi (1958) afirma que é uma entidade abrangente que envolve tanto os indícios subsidiários quanto as partes focalizadas. Há certos particulares (prática, leitura, supervisão, convivência com outros profissionais) que fazem um sentido inteligente de forma abrangente. Como se formassem um significado que pode ser criado ou captado, pois, como explica o referido autor, a ação humana é que integra os indícios subsidiários e o que é focalizado.

Para Figueiredo (1993), a experiência aparece com lugar de destaque, uma vez que, quanto mais tempo de prática, mais as experiências vão interferindo no modo de cada um fazer a sua ação clínica. Assim, experiência pessoal e teoria mesclam-se de forma indissociável.

Nesse contexto de articulação entre teoria e prática, a supervisão mostra-se como contexto fundamental para que os alunos possam, finalmente, se perceber como partes integrantes de tudo aquilo que foi aprendido. O momento da supervisão permite (ou exige) que o aspirante a psicólogo clínico se interprete como futuro profissional. A supervisão possibilita que o estagiário perceba a forma como ele próprio pratica a Psicologia clínica. Ele se transforma no espaço em que há uma constante relação entre os conhecimentos aprendidos e a prática *realizada por ele, e não por outro*, provocando a incorporação de um saber e fazer próprios.

Isso ficou muito evidente na supervisão que eu e as meninas temos... De valorização ao estilo pessoal mesmo... Que a teoria muitas vezes não dá conta da realidade... Utilizar a intuição mesmo... Para intervir tem que ousar, se atrever de vez em quando... Para dar conta de uma demanda...

Se você não tiver um bom analista para você elaborar as suas questões e não tiver uma boa supervisão para elaborar os problemas do paciente e os seus, que estão implícitos, aí você fatalmente vai naufragar. Porque é como se a gente entrasse no oceano... navegando no barco sem bússola, sem nada... Porque você vai se perder!

Juntamente com a supervisão, o trabalho pessoal de elaboração das experiências ganha lugar de destaque. Os alunos reconhecem a importância disso e identificam a psicoterapia e a análise (dependendo do referencial teórico) como constituindo a principal modalidade para esse fim.

Se olharmos a história da supervisão, veremos que ela surge como uma exigência para a formação do analista (lembrando que a prática da psicoterapia nasceu na medicina – psicanálise – e não na Psicologia), havendo uma preocupação com a delimitação dos espaços correspondentes à análise e à supervisão. Nos tempos atuais, parece que ainda há essa tentativa de distinguir os conteúdos que podem ou não ser "trabalhados" na supervisão e na psicoterapia/análise. Em que medida essa fronteira está bem delimitada? O fato de buscar a elaboração pessoal em outro espaço e com outro profissional provoca a cisão da experiência?

Não tem essa coisa de ver a experiência que eu estou vivendo... Isso você vai ver na tua análise [...] Às vezes o supervisor, quando você está relatando um caso, aponta: "Olha, eu acho que quando o seu cliente lhe falou alguma coisa, mexeu com você. Veja isso aí." Aqui você não vai ver isso [...] Então é algo que eu vou trabalhar fora...

Se tiver outra prática que substitua a psicoterapia, então eu quero conhecer. Mas eu acho que

a maneira de você se conhecer é essa... é através da psicoterapia... é começando a entrar naqueles recantos mais íntimos do seu ser e trazer à tona para discutir aquilo com alguém... Um profissional que vai lhe orientar...

A referência à importância da psicoterapia/análise como via de elaboração de experiências pessoais traz essa modalidade para dentro da formação do psicólogo clínico. A psicoterapia/análise está indubitavelmente presente no contexto de construção do vir-a-ser do psicólogo clínico. Como isso ocorre? Há uma prática comum, nos cursos de Psicologia, de associar o período de estágio supervisionado ao período em que o aluno deve ou pode estar em processo psicoterápico/analítico. No caso das instituições pesquisadas, ambas exigem, como pré-requisito, que o aluno esteja em psicoterapia/análise para que possa iniciar sua prática clínica. Que repercussões isso pode gerar dentro de um contexto de formação e de construção de si mesmo como profissional?

Dentro desse contexto de formação, há muito a ser interrogado. Pois é de lá que estão saindo os futuros profissionais que realmente "fazem" a profissão de psicólogo. Algo importante que foi percebido é a compreensão da clínica psicológica como algo que corresponde a uma ética de eficácia e eficiência.

[...] depois que comecei a atender reconheci que não posso resolver os problemas dos outros. Mesmo com toda essa boa vontade... com toda essa preparação... Eu sou impotente muitas vezes para resolver todas as questões... Isso me deu uma certa frustração... Eu saber que o paciente está aqui... Eu saber que estudei tanto... me preparei tanto... E eu não posso ajudar... Isso realmente me causou uma certa frustração...

A gente tem que buscar leitura, principalmente teórica... Subsídios para colocar naquele caso... Dar um andamento, dar uma continuidade... [...] Que a gente resolva. Tem que resolver, e não estar ali por estar.

Qual a idéia do papel do psicólogo clínico que está sendo transmitida para os estudantes? Afinal, qual a nossa função como psicólogos clínicos? A clínica se constitui como uma ação de atenção e cuidado ou como tratamento em busca da cura? Acredito serem estas questões relevantes, dignas de investigação e melhor compreensão, que parecem ser básicas para todas as interrogações do presente estudo.

ACOLHENDO AS APRENDIZAGENS

Diante do exposto, parece que se tornar psicólogo clínico é um vir a ser que envolve uma gama de elementos que de forma reconhecida e oficial ou não atuam misturadamente: o conteúdo teórico, as conversas "desinteressadas", a prática clínica, a supervisão, a aprendizagem significativa, que envolve a atribuição de sentido e a descoberta de si próprio, entre outros.

Podemos até afirmar que a experiência de aprender a ser psicólogo clínico envolve a nossa própria condição de sermos seres de projeto. Há um ponto de partida, mas não há um fim certo. Há uma destinação que nos guia para onde imaginamos que vamos chegar. Ou seja, de concreto mesmo, só há o lugar de onde estou partindo e o horizonte que vislumbro poder alcançar.

Destarte, conhecer mais de perto essa experiência nos mostra quão tortuosos são os caminhos a serem trilhados e quão magnífica pode ser a aprendizagem. A pesquisa demonstrou o encanto que a experiência de aprender a ser psicólogo clínico provoca, principalmente por explicitar o processo de descoberta de si e do outro, numa ação em que está diretamente implicada a inserção subjetiva do (aspirante a) profissional.

Acredito que é de grande valor tentar compreender como ocorre o processo de nos tornarmos psicólogos clínicos, para que possamos encontrar questões que sejam realmente merecedoras de ser interrogadas. Na base de nossa construção, estão outras perguntas, já conhecidas, mas que acredito que ainda mereçam nossa atenção, como "qual a nossa função como psicólogos?" e "qual a especificidade de nossa ação?".

De acordo com Schön (2000, p. 15), a nossa educação profissional encontra-se constantemente em crise de confiança, permeada pela visão de que o que os aspirantes a profissionais mais precisam aprender as escolas profissionais parecem menos capazes de ensinar, o que o faz indagar:

> Na topografia irregular da prática profissional, há um terreno alto e firme, de onde se pode ver um pântano. No plano elevado, problemas possíveis de serem administrados prestam-se a soluções através da aplicação de teorias e técnicas baseadas em pesquisa. Na parte mais baixa, pantanosa, pro-

blemas caóticos e confusos desafiam as soluções técnicas. A ironia dessa situação é o fato de que os problemas do plano elevado tendem a ser relativamente pouco importantes para os indivíduos ou o conjunto da sociedade, ainda que seu interesse técnico possa ser muito grande, enquanto no pântano estão os problemas de interesse humano. O profissional deve fazer suas escolhas. Ele permanecerá no alto, onde pode resolver problemas relativamente pouco importantes, de acordo com padrões de rigor estabelecidos, ou descerá ao pântano dos problemas importantes e da investigação não-rigorosa?

Diante do exposto, vemos o quanto as "soluções" técnicas têm sido colocadas em questão. Talvez uma saída possível seja não apenas o resgate da improvisação (mesmo porque de forma marginal isso ocorre), mas principalmente a adoção da incerteza e da improvisação como oficiais e necessárias na prática clínica. Estar diante do outro, que demanda atenção, exige estarmos atentos também a nós mesmos, à nossa capacidade de criação e reinvenção de novos significados em nossa prática.

Assim, talvez valha a pena considerarmos não apenas como melhorar o uso de conhecimentos técnicos e teóricos, mas, principalmente, como podemos aprender *a partir de cuidar melhor de como se faz*, de como nos fazemos criadores e inventores, do como damos conta das zonas incertas e "pantanosas" da prática.

Foi com esse olhar que citei Serres (1993), no começo do capítulo. Tornarmo-nos psicólogos clínicos nos mostra a experiência como fenômeno humano. Incorporamos as vivências das diferentes jornadas que fazemos durante a vida. As marcas deixadas em nós misturam-se e fundem-se de tal forma que, sem nos darmos conta, vamos nos tornando quem somos. Assim, nossa condição humana impõe: lança-te! Acolhe as aprendizagens e lança-te!

TÓPICOS ORIENTADORES DE ESTUDO

- A relação entre teoria e prática clínica;
- A importância da supervisão no contexto de formação em Psicologia clínica;
- Michael Polanyi e o conhecimento tácito;
- A contribuição de Polanyi para a Psicologia clínica;
- Teorização acerca da aprendizagem significativa;

- A prática clínica como via de aprendizagem significativa;

- A fenomenologia existencial como recurso metodológico em pesquisa.

REFERÊNCIAS BIBLIOGRÁFICAS

BENJAMIN, W. **Obras escolhidas**. 7ª ed. São Paulo: Brasiliense, 1985. 256 p.

CARNEIRO, VT. **Tornando-se psicólogo clínico**. Dissertação (Mestrado). Universidade Católica de Pernambuco: Unicap, 2006.

CRITELLI, DM. **Analítica do sentido: uma aproximação e interpretação do real de orientação fenomenológica**. 2ª ed. São Paulo: Educ - Brasiliense, 2006.

DAVIDOFF, L. **Introdução à Psicologia**. 3ª ed. São Paulo: McGraw-Hill do Brasil, 2001.

FIGUEIREDO, LC. Sob o signo da multiplicidade. **Cadernos de Subjetividade**, São Paulo, n. 1. p. 89-95, 1993.

_____. **Revisitando as Psicologias: da epistemologia à ética nas práticas e discursos psicológicos**. 3ª ed. rev. e amp. Petrópolis: Vozes, 2004.

GENDLIN, ET. **Experiencing and the creation of meaning**. New York: The Free Press & Glencoe, 1962.

_____. Experiential phenomenology. In: NATALSON, M. (org.) **Phenomenology and the social sciences**. Evanston: Northwestern University Press, 1973.

HEIDEGGER, M. **Ser e tempo**. 13ª ed. Petrópolis: Vozes, 2004.

MERLEAU-PONTY, M. **Fenomenologia da percepção**. 2ª ed. São Paulo: Martins Fontes, 1999.

MORATO, HTP. **Eu-supervisão: em cena uma ação buscando significado sentido**. Tese (Doutorado). São Paulo: Instituto de Psicologia, Universidade de São Paulo; 1989.

_____. (org.) **Aconselhamento psicológico centrado na pessoa: novos desafios**. São Paulo: Casa do Psicólogo, 1999.

POLANYI, M. **Personal knowledge: towards a post-critical philosophy**. Chicago: The University of Chicago Press, 1958.

POLANYI, M; PROSCH, H. **Meaning**. Chicago: The University of Chicago Press, 1975.

ROGERS, C. **Tornar-se pessoa**. Lisboa: Moraes Editores, 1961.

SAIANI, C. **O valor do conhecimento tácito: a epistemologia de Michael Polanyi na escola**. São Paulo: Escrituras Editora, 2004.

SCHÖN, DA. **Educando o profissional reflexivo: um novo design para o ensino e a aprendizagem**. Porto Alegre: Artmed, 2000.

SERRES, M. **Filosofia mestiça**. Rio de Janeiro: Nova Fronteira, 1993.

QUESTÕES COMENTADAS

1) Baseando-se em Michael Polanyi, o que se entende por conhecimento tácito?

R: Michael Polanyi dedicou-se mais à descrição do funcionamento do conhecimento tácito do que propriamente à sua definição. Tomando como base a Psicologia da Gestalt, o autor afirma que, quando focalizamos a atenção em algo, há sempre indícios subsidiários que cercam e contextualizam para que esse algo possa ser, além de sentido, percebido e compreendido. Assim, nosso corpo assimila mais do acreditamos ter percebido, e dessa forma sabemos mais do que podemos relatar.

O conhecimento tácito possui dois componentes, chamados subsidiário e focal. Ambos relacionam-se de forma funcional, de modo que, quando algo é percebido, há uma articulação entre o que é focalizado e os pormenores que o cercam. Isso possibilita uma significação num padrão amplo. Essa significação não ocorre de maneira automática, pois há um terceiro componente responsável pela articulação dos outros dois: a ação humana. É o homem que faz a relação entre o que é focalizado e o que serve como subsídio para essa focalização. Dito de outro modo, há a inserção subjetiva do ser humano em todo esse funcionamento. Assim, nossa percepção, apesar de ser uma ação natural, não é imparcial, pois há uma influência mútua entre nossos mecanismos perceptivos e as experiências de nossa história pessoal.

2) Como ocorre a relação entre teoria e prática num contexto de formação em Psicologia clínica?

R: Teoria e prática precisam articular-se de modo a manterem uma tensa relação de pertinência (FIGUEIREDO, 2004). Tensa porque ambas precisam desafiar-se. A prática jamais será uma transferência completa da teoria, assim como a teoria nunca será uma reprodução do que acontece na prática. A prática contempla zonas de incerteza e imprevisibilidade que não fazem parte da teoria. A teoria, por sua vez, apresenta certezas que poderão não surgir na prática. Porém, não podemos dizer que uma não faz referência à outra.

Nos cursos de Psicologia, há uma tendência à valorização de teorias, visto que a maior parte do tempo de formação é dedicada a elas. Percebe-se que os estudantes normalmente sentem uma grande expectativa para a chegada do momento da prática, geralmente os estágios supervisionados, que ocorrem no último ano de curso. Os alunos imaginam que poderão "aplicar" o saber teórico adquirido nos anos anteriores, como se conhecer a teoria desse toda a segurança necessária para a ação. Porém, ao ingressarem na prática, os alunos percebem que a teoria não é automaticamente aplicável. Prática e teoria não se articulam por si sós, pois o principal elo entre ambas é o próprio estudante.

A inserção subjetiva do aluno em sua prática possibilitará uma outra compreensão tanto dos ensinamentos teóricos como de sua ação clínica. A aprendizagem tornar-se-á apropriada e significativa. Assim, prática e teoria mantêm uma relação desafiadora de pertencimento na medida em que representam pólos diferentes, mas compreensivamente articulados.

3) Que contribuição a teoria de Michael Polanyi pode trazer para o contexto de formação em Psicologia clínica?

R: Polanyi (1958) se preocupa com o homem que faz ciência. Através da teorização acerca do conhecimento tácito, afirma que o cientista possui uma forma sofisticada de perceber o mundo, visto que sua riqueza de saberes lhe possibilita utilizar vários indícios subsidiários em suas pesquisas. Porém não há imparcialidade e neutralidade no cientista, desde a opção por uma teoria até o momento de uma descoberta científica, pois o componente essencial para a atribuição de significado ao mundo que o cerca é a ação humana.

Trazendo as contribuições do autor para a Psicologia clínica, vislumbramos a relação entre a teoria e a prática clínica. Ao afirmar que o conhecimento tácito é formado pelos componentes focal e subsidiário, Polanyi nos diz que, quando focamos atenção em algo, há sempre indícios subsidiários que o cercam e contextualizam. Porém, se mudarmos a atenção, logo o que foi focado anteriormente passa a se tornar indício subsidiário, pois nossa atenção é seletiva. Uma coisa não pode ser focal e subsidiária ao mesmo tempo. Assim, o momento da prática clínica contempla a ação do psicólogo como o seu focal. Nesse sentido, a teoria só será realmente útil se funcionar como um indício subsidiário que servirá como um fundo silencioso. Devemos visualizar os elementos conhecidos, mas não devemos olhar para eles diretamente, e sim deixá-los serem vestígios norteadores para o que ainda não conhecemos.

É nessa direção que a formação em Psicologia clínica necessita contemplar novas formas de compreender a prática, pois talvez a hipertrofia do explícito teórico não seja suficiente para atender à demanda que nos concerne como psicólogos.

Nesse contexto, a supervisão acaba sendo o único espaço oficial para que o aluno possa refletir e compartilhar suas articulações tácitas. É válido, portanto, repensar não só a estrutura do curso, pois apenas a mudança da ordem dos fatores não alterará o resultado final. A teoria de Polanyi (1958) nos ajuda a compreender que é preciso repensar como a teoria e a prática se articulam e como ambas podem estar disponíveis no contexto de formação, de modo que o estudante possa valorizar o seu conhecimento tácito, sua experiência, como fator chave para sua ação presente e profissional futura.

CAPÍTULO VII

ENTRE APRENDIZAGEM SIGNIFICATIVA E METODOLOGIA INTERVENTIVA: PRÁXIS CLÍNICA DE UM LABORATÓRIO UNIVERSITÁRIO COMO ACONSELHAMENTO PSICOLÓGICO*

*André Prado Nunes*** · *Henriette Tognetti Penha Morato*****

APRESENTAÇÃO

A Organização do Laboratório Universitário

O presente artigo discute o modo como um laboratório universitário construiu e efetuou Projetos de Atenção Psicológica clínica em instituição, no campo de Aconselhamento Psicológico.

O Laboratório para Estudos e Prática em Psicologia Fenomenológica Existencial (LEFE) é um laboratório universitário que presta serviços no campo de Psicologia a instituições e organizações com atuação nas áreas de saúde e educação. Atualmente há projetos voltados à segurança pública e à justiça.[1] Em sua organização, ele conta com uma coordenadora, responsável pelo grupo de estudos, publicações, organização e participação em eventos, orientação de trabalhos e supervisão clínica da equipe de seniores, além de ser co-responsável por dois grupos nacionais de pesquisa. A equipe de seniores é, atualmente, constituída por psicólogos formados, co-responsáveis pelo grupo de estudos e ocupando as funções de supervisores clínicos e supervisores de campo nos Projetos de Atenção Psicológica em Instituição. Cada projeto possui um supervisor clínico geral, e há, pelo menos, um supervisor de campo em cada Projeto. Esse supervisor intervém no espaço mesmo do Plantão Psicológico, que é uma modalidade de prática disponibilizada pelo laboratório e que ocorre em um dia diferente do da supervisão geral.

A equipe de seniores trabalha com o estágio supervisionado da equipe de juniores, estudantes de graduação em Psicologia[2] e de psicólogos formados sem experiência nos projetos. Desse modo, o estágio desses integrantes constitui-se em Plantão Psicológico na Instituição, Supervisão no momento do Plantão e, posteriormente, no grupo de supervisão do projeto, além de participação em grupos de estudo e atividades de pesquisa.

Além da modalidade de prática denominada Plantão Psicológico, o laboratório também intervém via modalidades de Supervisão de Apoio Psicológico, para profissionais na área de saúde e educação, e Oficinas de Recursos Expressivos, com atividades lúdicas e educativas propiciando situações de aprendizagem, promotoras de saúde e educação para o desenvolvimento pessoal e social.

*Capítulo originado de Nunes, AP. **Entre aprendizagem significativa e metodologia interventiva: a práxis clínica de um laboratório universitário como aconselhamento psicológico**. Dissertação (Mestrado em Psicologia Escolar e Desenvolvimento Humano). São Paulo: IPUSP, 2006.
**Pesquisador principal.
***Orientadora da pesquisa.

[1]Um desses projetos, especificamente aquele dirigido à segurança pública, foi apresentado em dois Simpósios Internacionais de Iniciação Científica, promovidos pela USP e CNPq, sendo agraciado em ambos com o título de Menção Honrosa.

[2]A equipe de seniores instituiu-se de um grupo de estudos entre a coordenadora e seus orientandos de doutorado, mestrado e iniciação científica, mais ou menos constante desde a criação do LEFE, mas consolidado em 2002. Daí o nome *seniores*: os mais antigos no que diz respeito à experiência em questão, cumplicemente pactuados a levar adiante essa proposta e colaborar para a formação de *juniores* da graduação, especialização e pós. Constituiu-se essa equipe como o primeiro grupo de multiplicadores formado pelo LEFE (AUN, 2005).

Após essa breve apresentação da organização formal do laboratório, é pertinente delimitar o contexto em que esse laboratório se insere no supracitado campo de prática, pesquisa e estudos: o Aconselhamento Psicológico.

Aconselhamento Psicológico nos Contextos Norte-americano e Europeu

Em seu início, o termo Aconselhamento Psicológico remete a uma determinada prática constituída nos contextos europeu e norte-americano no começo do século XX. Nesse período, o termo utilizado era somente "Aconselhamento" ou "*counseling*", e era considerado parte de um processo mais amplo, juntamente com outros elementos como a informação ocupacional, a coleta de dados individuais, a aplicação de testes psicométricos, a colocação e o acompanhamento. Seguindo as considerações históricas de Oswaldo de Barros Santos (1963), um dos responsáveis pela introdução do Aconselhamento Psicológico no território nacional, esse processo mais amplo poderia ser denominado orientação profissional, se compreendido num contexto europeu, ou somente orientação, sem nenhuma adjetivação, caso o contexto fosse norte-americano.

Um marco para o surgimento do campo de Aconselhamento Psicológico foi o Serviço de Orientação Profissional, fundado por Frank Parsons em 1909, nos Estados Unidos. Esse trabalho de orientação profissional, no qual o "Aconselhamento" se inseria, ocorreu primeiramente no campo das profissões, das indústrias e empresas, para depois se expandir rapidamente para a área educacional e escolar. Essa expansão possibilitou que a orientação passasse a ser compreendida como um determinado processo que pode ocorrer em diferentes contextos.

No campo das profissões, a tendência inicial foi a de configurar a orientação profissional de modo a sobrepor o interesse social e coletivo ao interesse pessoal, se necessário com medidas coercitivas. Nesse sentido, pode-se argumentar que a orientação profissional, inicialmente, esteve pautada num caráter de ajustamento do indivíduo às normas e regras sociais e às gerências econômicas (SCHEEFFER, 1976).

Por sua vez, a inserção da orientação no contexto educacional norte-americano visava justamente lidar com as falhas na formação do aluno diante de um sistema excessivamente autoritário e formal, "dando aos adolescentes oportunidades de expressão individual e de serem social e economicamente aproveitados na medida de suas capacidades" (SANTOS, 1963, p. 4). Ou seja, pode-se argumentar que a orientação no contexto norte-americano iniciou a sua trajetória buscando manter, em seu processo, a tensão entre os interesses pessoais e os interesses coletivos e sociais na questão do "ajustamento", independentemente da área de sua aplicação. Ainda assim, a conceituação de Aconselhamento no processo de orientação mantinha como um de seus objetivos o "ajustamento atual e remoto do indivíduo ao seu meio em termos de aprendizagem" (SCHEEFFER, 1976, p. 25). O Aconselhamento fazia parte de um processo de aprendizagem mais amplo, cujos indicadores baseavam-se no reconhecimento de que os valores dos padrões progressistas[3] vigentes (SCHMIDT, 1999), muitas vezes representados pelo orientador, forneceriam maior segurança e preservação ao indivíduo ajustado, diminuindo o sofrimento e marcando a sua "maturidade".

A partir desse panorama inicial da constituição do campo de Aconselhamento Psicológico, pode-se considerar que os serviços de orientação profissional e educacional, embora diferissem nos contextos norte-americano e europeu, marcaram uma aplicação da Psicologia aos contextos industriais e educacionais no início do século XX. Esses serviços de orientação foram das primeiras áreas na qual a Psicologia passou a ser aplicada fora do contexto laboratorial.

Quando o termo "Aconselhamento Psicológico", ou "Counseling Psychology", surgiu com maior ênfase a partir de 1951, significou uma ruptura aos "antigos conceitos e métodos originários da orientação profissional e modelada por Parsons e seus seguidores" (SANTOS, 1963, p. 16). Tal termo indicou uma preocupação dos pesquisadores em se considerar a prática de Aconselhamento um processo que compreende um todo em si e não somente uma parte da orientação. Outra preocupação foi a de atentar para eficácia do trabalho terapêutico não somente na resolução de problemas focais, mas para o comportamento do sujeito como um todo. A partir dessas propostas, o Aconselhamento Psicológico poderia relacionar-se com a orientação, mas não necessariamente fornecendo as bases para que tal prática passasse a se constituir como um campo específico para atuação profissional.

Dentro da especificidade desse campo de atuação profissional, a prática de Aconselhamento, inicialmente um

---

[3]A primeira década do século XX marcou o início do Movimento Progressista. Neste, o capitalismo *laissez-faire* foi sucedido pela contenção e pela regulamentação das grandes empresas e do mercado. O sentimento crescente de revolta do cidadão comum e das denúncias das condições de trabalho foi acompanhado de uma filosofia democrática que enaltecia os direitos individuais e melhores condições de bem-estar social.

meio de aplicação de teorias de personalidade e aprendizagem com fundamentação psicométrica e laboratorial, vai também podendo ser compreendida e diferenciada como um campo de ação clínica. Ou seja, um campo que produz conhecimentos próprios, a partir de sua prática. Nessa vertente do Aconselhamento Psicológico (AP), Carl Rogers (1902-1987) foi o autor que iniciou a trajetória de teorizações possíveis sobre tal prática, compreendida também como lugar de construção de conhecimento.

A Constituição do Aconselhamento no Contexto Nacional

No Brasil, a constituição do campo de Aconselhamento Psicológico trilhou uma trajetória diferenciada dos contextos norte-americano e europeu. Assim como nesses outros contextos, tal campo de prática psicológica teve seu início a partir da prática de orientação em 1924. É importante frisar que a profissão de psicólogo ainda não era regulamentada por lei, e a prática de orientação era exercida por outros profissionais.

Em 1962, o Curso de Graduação em Psicologia foi regulamentado pelo Conselho Federal de Educação. Entretanto, a imagem da Psicologia perante a sociedade ainda necessitava de maior reconhecimento, pois era freqüente a sua associação com "um conjunto de especulações e atividades misteriosas ou literárias, pouco válidas ou profundas, que aparecia como intruso à filosofia, à educação, à medicina, e que por elas, portanto, era antagonizado, com maior ou menor intensidade" (ROSENBERG, 1987, p. 2).

Na Universidade de São Paulo, tal curso se tornou um departamento da Faculdade de Filosofia, Letras e Ciências Humanas da Universidade de São Paulo (FFLCH-USP), localizada numa das regiões centrais da cidade de São Paulo. O professor Oswaldo de Barros Santos ficou responsável pelas aulas de Aconselhamento Psicológico (AP), colocadas no currículo acadêmico como "apêndice das técnicas de exame psicológico" (ROSENBERG, 1987, p. 2).

A inclusão da disciplina de Aconselhamento Psicológico não foi facilmente aceita pelos acadêmicos devido ao seu caráter profissionalizante, adquirido nas atividades de orientação executadas nos diversos estados, e a partir do qual ela pôde se diferenciar (ROSENBERG, 1987). Destarte, os profissionais de AP desse período travaram dupla luta no reconhecimento de sua prática: a legitimação da Psicologia como profissão distinta e autônoma[4] em relação às ciências naturais e às outras ciências sociais e humanas e a afirmação da prática de Aconselhamento Psicológico como modo de atuação legítimo do psicólogo.

Em 1966, criou-se o Serviço de Psicologia do Grêmio, precursor do Serviço de Aconselhamento Psicológico da Universidade de São Paulo (SAP-IPUSP). Tal nome se devia ao fato de que ele ocorria no cursinho para vestibular do Grêmio da FFLCH-USP. Rachel Lea Rosenberg (1931-1987), coordenadora do serviço nessa época, afirmou que o Serviço de Psicologia do Grêmio "levou-nos a acreditar, definitivamente, num novo modelo clínico de Psicologia que ultrapassava o consultório para chegar à comunidade" (ROSENBERG, 1987, p. 3). O sentido mais consistente dessa afirmação, inclusive com relação ao restante de seu capítulo, é o de que os profissionais de Psicologia possam "ultrapassar" o que está instituído, criando e legitimando outros modos possíveis de atuação na comunidade. Ou seja, Rachel buscou marcar, por ações no cotidiano das relações em comunidade e em instituição, o reconhecimento da profissão de psicólogo, e também a construção de uma alternativa de Aconselhamento Psicológico como prática legítima do psicólogo.

Em 1968, teve início o Serviço de Aconselhamento Psicológico (SAP), no então recente Instituto de Psicologia da Universidade de São Paulo. Não mais subordinado à FFLCH-USP, o Instituto foi fundado num período delicado da história nacional, que foi o regime político da ditadura militar.[5] Na constituição do SAP-IPUSP, a disciplina de Aconselhamento Psicológico passava a subordinar-se ao Departamento de Psicologia da Aprendizagem, do Desenvolvimento e da Personalidade (PSA), não mais tomada como apêndice das técnicas de exame psicológico (EISENLOHR, 1997). Assumiu-se formalmente a vertente da Terapia Centrada no Cliente como norteadora da compreensão de AP na Universidade de São Paulo. Outra marca diferencial dessa proposta foi a abertura propiciada aos alunos para atendimento a clientes ainda na graduação. Embora atualmente essa proposta se encontre presente na maioria dos cursos de graduação em Psicologia, na época ela rendeu discussões sobre as possibilidades de formação em Psicologia e a "confiança" depositada no aluno (ROSENBERG, 1987).

O objetivo principal do estágio era a relação *psicólogo-cliente*, tomada como básica a qualquer atendimento, e

---

[4]Não confundir autonomia com independência, uma vez que a Psicologia recorre a outras ciências, mas o faz de forma particular, própria.

[5]Período da política brasileira no qual os militares governaram o país e que vai de 1964 a 1985. Ele é caracterizado pela falta de democracia, supressão de direitos constitucionais, censura, perseguição política e repressão aos que eram contra o regime.

daí a equivalência à clínica geral médica. Em acordo com tal abordagem, o grupo do SAP afirmava que um "aprofundamento vivenciado dessa relação pessoal" e distinta forneceria uma formação consistente e um atendimento de qualidade (Ibid., p. 2). Uma outra justificativa para tal abordagem do SAP surgia de que o cliente era colocado em evidência mais do que o problema, e isso requisitava a atuação do próprio aluno, mais do que o emprego de um instrumento.

Nesse sentido, a formação ética passava pelos valores humanitários compartilhados pela equipe e condizentes com a proposta de Rogers. A consideração e o respeito pelo contexto particular de cada sujeito e pela singularidade de seu sofrimento não deveriam nunca ser sobrepostos em nome de uma técnica "neutra" ou de uma teoria "universal". Desse modo, a proposta de Rogers era mais compreendida como uma plataforma para o pensar do que uma técnica ou uma teoria à disposição do psicólogo. Isso estava de acordo com muitas idéias do autor (ROGERS, 1994) acerca, inclusive, de sua própria abordagem e implicava uma legitimação teórica para criar alternativas de atuação profissional condizentes com o contexto no qual se inseriam. Portanto não havia um "modelo" pronto de serviço de Aconselhamento Psicológico, aplicável independentemente da instituição e do contexto.

A partir de reflexões constantes da prática e de pesquisas acerca da população atendida (ROSENBERG, 1987) (EISENLOHR, 1997) (MORATO, 1999), foi configurado um esquema de "Plantão Psicológico", inicialmente apresentado como um desafio do SAP para responder às demandas individuais no momento de seu surgimento como queixa aos profissionais do serviço. Nesse sentido, o cuidado já era oferecido sem a necessidade da elaboração de um diagnóstico tradicional e de um encaminhamento atrelado ao Plantão. Na perspectiva de uma intervenção norteada pelos referenciais do cliente, radicalizou-se a questão do poder do especialista no atendimento,[6] abrindo espaço para o diálogo, mais do que para a orientação. Assumia-se, como ação efetiva do psicólogo, a responsabilidade do cliente para cuidar do seu sofrimento, implicando na busca por ajuda a sua efetiva participação no processo.

Essa proposta de Plantão Psicológico foi possível devido à articulação entre a Abordagem Centrada na Pessoa (ACP)

e as pesquisas referentes à contextualização da população atendida. Nesse sentido marcou-se uma diferenciação inicial da prática de Aconselhamento Psicológico no contexto brasileiro.

Com o esforço intenso de uma equipe iniciada por Oswaldo de Barros Santos e mantida por Rachel Rosenberg, a alternativa de Aconselhamento Psicológico efetivou-se no coletivo como possibilidade concretizada de atendimento psicológico ao cliente a partir da consideração e respeito pelo seu referencial.

Entretanto, como serviço em instituição, aos poucos a sua capacidade dinâmica e criativa foi se perdendo na institucionalização de modos inicialmente contestadores. A isso também se relacionou um aumento expressivo no contingente populacional atendido, o que levou a uma regionalização do serviço para melhor qualidade do serviço (EISENLOHR, 1997).

Diante dessa perspectiva, na década de 90, a equipe do SAP, coordenada por Henriette Morato, buscou efetuar uma retomada dos elementos instituintes do SAP desde a sua formação. Isso também se referiu ao momento de reflexão da produção latino-americana na Abordagem Centrada na Pessoa, de modo que:

> Trata-se, hoje, de inventar e avaliar criticamente formas de atuação junto às instituições e comunidades existentes e cujas demandas nos chegam pelos mais variados caminhos. No bojo desta passagem dos encontros de comunidade para o encontro com as comunidades e instituições está posta a tarefa de retomada da reflexão teórica que implica, também, uma retomada crítica das proposições de Rogers, bem como no recurso a outras fontes.[7]

Apontava-se assim para a necessidade de uma revisão crítica da Abordagem Centrada na Pessoa e, sobretudo, do próprio campo de Aconselhamento Psicológico, na busca por intervenções mais pertinentes tanto no trabalho em instituição quanto nos atendimentos oferecidos à comunidade.

Nesse contexto, surgiu o Laboratório para Estudos e Prática em Psicologia Fenomenológica Existencial. Diferentemente do SAP-IPUSP, esse laboratório construiu outros modos de interlocução com sua prática no campo de Aconselhamento Psicológico.

---

[6] Informação impressa fornecida por Schmidt na mesa-redonda "Aspectos Teóricos implicados nas práticas da Abordagem Centrada na Pessoa" sob título: "Utopia, Teoria e Ação: Uma leitura da ACP". Evento: SAP-IPUSP-30 anos em 1999.

[7] Idem nota 6.

Após essa apresentação da constituição do campo de Aconselhamento Psicológico nos contextos nacional e internacional, assim como de sua trajetória contextualizada até o presente momento, em que a revisão crítica da ACP ainda se coloca como questão, essa outra via construída pelo laboratório pode ser pertinentemente revelada. Entretanto, será discutida primeiramente a metodologia de pesquisa trabalhada para a (re)construção dessa via em suas rupturas e continuidades.

METODOLOGIA

Em um modo de pesquisa no qual o próprio pesquisador também se insere como um interlocutor de experiências, a abordagem ou *démarche* clínica de pesquisa, conforme compreendida pelo psicossociólogo André Levy (2001), pode ser de grande auxílio. Para esse autor, o clínico nas ciências humanas trabalharia principalmente no campo, buscando teorizações a partir de uma ação situada, pautada não somente numa compreensão de problemas demandados, mas também em sua compreensão pelos seus interlocutores. Desse modo, o conhecimento é construído a partir da ação com o outro, que, por sua vez, se apresenta como sujeito em posição[8] e pela autenticidade de palavra (AUN, 2005).

Para um trabalho no campo junto aos interlocutores, é preciso que o pesquisador se desloque do já conhecido e formalizado como conhecimento, possibilitando abertura para aquilo que é imprevisto e inesperado (LÉVY, 2001). Por esse prisma, uma teoria nunca se esgotaria no seu olhar/dizer sobre o fenômeno, pois, estando inserida numa trama de significados e assuntos humanos, ela se submete a um jogo de construção e desconstrução de modos possíveis de compreensão marcados por um coletivo e por uma historicidade. Por outro lado, o seu caráter de previsão e controle dos fenômenos pode abrir-se numa perspectiva de atenção para o que aparece em situação.

Por essa via da trama de significados e assuntos humanos, Critelli (1996), articulando uma metodologia possível de aproximação fenomenológica existencial, marca a interdependência entre o homem e o mundo, presumindo que esse homem – enquanto ser singular e plural – e os seus estados de ânimo constituem peça fundamental na engre-

nagem que produz conhecimento e ciência. A condição ontológica do ser humano ocorre numa coexistência; ou seja, tanto a subjetividade como a alteridade constituem-se e revelam-se por encontro entre outros.

A partir dessa delimitação inicial de *démarche* clínica, pode-se revelar também um outro aspecto dessa abordagem de pesquisa: diz respeito ao conduzir-se ao longo de uma trajetória. O deslocar-se do pesquisador não ocorre apenas na explicitação de seu espaço de pertencimento, assumindo-se como participante, mas se desenvolve, simultaneamente, numa temporalidade. Atentar para a construção do conhecimento em situação é privilegiar como ocorreu o **como** investigativo. Por sua vez, esse **como** segue uma temporalidade marcada pela busca de sentido, como possibilidade de orientar uma compreensão. Desse modo, o sentido de algo está na ação que o reitera enquanto passado, ou seja, no movimento do pensamento que busca repetir o caminho trilhado.

A idéia de percorrer um caminho por entre vestígios, no qual o pesquisador esteja presente e implicado, pode se aproximar da concepção de um trabalho cartográfico (ROLNIK, 1987). Numa tal compreensão, o próprio pesquisador, buscando investigar trilhas no terreno do vivido, faz uma trilha com suas pegadas e olhares, constituindo também a paisagem que busca observar, descrever e compreender. Observar aqui é um modo de compreender no qual a própria percepção do pesquisador é considerada. Assim disposto, o trabalho cartográfico encontra-se em sintonia com a *démarche* clínica de pesquisa de orientação fenomenológica existencial.

Assim, para refazer uma trajetória que se pretende, ao mesmo tempo, singular e coletiva, procurou-se realizar uma cartografia do laboratório a partir de seus integrantes.

A opção por se colher um depoimento da coordenadora do LEFE visa apresentar uma narrativa da constituição desse laboratório. A narrativa se apresenta como registro da experiência, sendo, por excelência, a forma de sua construção e da construção da memória. Ela se desenvolve numa temporalidade, enquanto articulação tempo-espaço, oferecendo-se como objeto de um movimento histórico de sedimentação e reconstrução, capaz de dar significado e contextualização ao vivido. Nesse sentido, o trabalho com a narrativa encontra-se em sintonia com a proposta cartográfica de investigação numa abordagem clínica de orientação fenomenológica existencial.

Após a elaboração dessa narrativa, o pesquisador se dirigiu aos estagiários dos projetos de atenção psicológica do LEFE, com o intuito de descobrir as contribuições possí-

[8] O posicionamento do sujeito refere-se aqui a uma atitude em relação a si mesmo e ao outro no contato estabelecido e não a uma postura rígida e reificante, aprisionando as possibilidades de dispor-se em situação, o que geralmente também pode ser designado por posição.

veis que esse laboratório possibilitou à formação de seus alunos. Dentro desse universo de possibilidades, a intenção do pesquisador foi revelar um modo de prática clínica em instituição que vem se realizando pelos integrantes desse laboratório. Ou seja, a partir dos relatos de experiências singulares e coletivo, abre-se a possibilidade de se organizar uma metodologia própria da ação clínica em instituição.

Por essa via, a interlocução se apresentou como modo mais pertinente de se colher os relatos de experiência. A interlocução possuiria um foco clínico, pois visa um aprofundamento reflexivo a partir da questão inicial disparadora, que o pesquisado poderia nunca ter tido, não fosse pela situação de interlocução, revelando, desse modo, essa situação como também uma construção de conhecimento (BOURDIEU, 1997).

Posto isso, a estratégia, entendida como uma provocação ao outro para despertar seu depoimento, foi lançar a seguinte pergunta disparadora aos estagiários: **Como você percebe que o LEFE contribuiu, ou não, para você organizar uma compreensão de uma prática clínica em instituição?**

Apresentado o modo de colheita de interlocuções com os pesquisados e da construção da narrativa da coordenadora/fundadora do laboratório, o pesquisador partiu para a construção de um mosaico de experiências como possibilidade de análise, tendo como fio condutor a busca de sentido. Desse modo, a análise pode ser compreendida como uma interpretação possível a partir das compreensões prévias e atualizadas na situação de pesquisa.

Embora marcada por uma originalidade e uma ousadia, essa construção metodológica, apesar de recorrer a autores e reflexões de áreas como a filosofia e a psicossociologia como perspectivas pertinentes para o pensar e construir conhecimento, fundamenta-se basicamente no fenômeno da aprendizagem significativa como experiência propriamente humana, a partir de Gendlin (1976). Refletindo acerca desse fenômeno, esse autor resgata a relevância do sentido experiencial para a formulação de significados articulados, ao mesmo tempo em que explicita a significância da linguagem em nosso *experienciando*, ou seja, o fluxo sensível e concreto para o qual se pode atentar a cada momento.

Por essa perspectiva, um contexto metodológico, como o aqui discutido, possibilita a construção de conhecimentos e teorizações que não se apresentam como idéias *fora do lugar*,[9] ou seja, desvinculadas de uma experiência contex-

tualizada, prestando-se, apenas, a servirem para posições e reconhecimento sociais e não, efetivamente, como ferramentas/procedimentos/metodologia para o pensar acerca do que é propriamente o modo humano de ser (FIGUEIREDO, 1995).

CONSIDERAÇÕES POSSÍVEIS DA CARTOGRAFIA REALIZADA NO LABORATÓRIO

O laboratório trilhou um outro caminho possível no campo de Aconselhamento Psicológico, marcando continuidades e rupturas. Uma importante ruptura que se apresentou foi com a noção de processo psicoterapêutico como única possibilidade de clínica efetiva para o sujeito. E por esse sujeito pode-se compreender tanto os usuários das modalidades de prática clínica psicológica em instituição quanto os alunos de Psicologia e sua formação, assim como os docentes responsáveis por essa formação.

Essa ruptura não visa a um desmerecimento do processo psicoterapêutico, mas à abertura de uma possibilidade outra, socialmente engendrada nos trabalhos e pesquisas em instituição.

Uma das continuidades percorridas está relacionada à compreensão de uma práxis psicológica em instituição, revelando a pertinência e a possibilidade de constituição de modalidades de prática psicológica que renunciam à necessidade de conceber um modo de subjetivação destacada e desvinculada dos aspectos institucionais, culturais e sociais, inclusive, do contexto concreto e real no qual ela se presentifica. Ou seja, abdica da necessidade de estratificação, compartimentalização e cisão de uma compreensão acerca do ser humano como possibilidade de cuidado e atenção ao próprio ser humano. Isso se encontra presente nas experiências vividas de não-dualidade entre sujeito e instituição, nos atravessamentos revelados pelo sujeito em suas ações:

> (...) eu vivi situações muito importantes... Em particular... houve uma... onde eu atendi o líder da casa... o líder dos adolescentes... Ele se dirigia para todo mundo... porque como líder ele circulava... Mas... o dia em que ele quis de fato falar... ele procurou a mim... Na instituição onde há uma cultura de hierarquia... isso transborda para a situação clínica também... Afinal... eu também era a "líder do grupo da USP"...

---

[9] *Fora do lugar* refere-se àquilo que não contempla o que se pretende pesquisar para conhecer: o humano.

(...) Ele pediu para falar comigo no dia em que ele perdeu o pai... e nós ficamos... literalmente!... no centro do pátio!!... Eu sentada numa cadeira e ele agachado no chão... Ele não disse uma palavra... somente chorou agachado... Não havia circulação de pessoas naquele dia para mim... O pessoal estava sendo atendido... e não se ouvia ruído nenhum!... Se houvesse... eu não estava ouvindo... Foi o máximo da privacidade total no espaço total público!!!...

(...) Isso acaba por revelar um sujeito que é atravessado o tempo todo... e há coisas que eu não sei dele nesses atravessamentos...

(...) A cultura institucional atravessou e possibilitou essa situação... Nessa situação clínica... a estrutura organizacional da instituição aparece... Não é a pressão! ...é diferente... O sujeito traz a cultura institucional... uma cultura que aparece através do sujeito... que é a daquela instituição... Inclusive mostrando o tipo de líder que ele é... que não precisava se mostrar... e por isso tinha o respeito de todos...

Se, por um lado, essa perspectiva produz uma fragilidade na autonomia do sujeito, ao apresentá-lo constituído por outros atravessamentos, por outro lado não nega a possibilidade de um situar-se desse sujeito nessa condição e da realização de ações reflexivas e apropriadas.[10]

Desse modo, o laboratório busca romper com uma visão romântica do sujeito, no sentido de que sua constituição e destinar-se independeriam do contexto e dos atravessamentos que o constituem. Por outro lado, também busca se afastar de um pólo disciplinar de compreensão do sujeito. Mesmo atravessado e constituído por aspectos, em grande parte, anteriores e externos à sua existência, dos quais os conhecimentos não lhe são pronta e integralmente dados, a questão do sentido lhe é apresentada como tarefa para realização, sendo esse um constante movimento de destinar-se que demanda um responder autêntico e singular (CRITELLI, 1996).

Dispõe-se, assim, de uma compreensão do sujeito com aproximação da filosofia fenomenológica existencial, aproximação essa que foi um ancoradouro possível para reflexões já em andamento pela equipe do laboratório, que

nela encontraram uma fundamentação possível para a compreensão de ser. Essa possibilidade de compreensão do sujeito encontra-se intimamente vinculada com o espaço no qual foram possíveis o seu surgimento e elaboração: as modalidades de prática psicológica em instituição, denominadas por Plantão Psicológico e Supervisão de Apoio Psicológico.

Embora as modalidades de prática psicológica possam se revelar como serviços às instituições, o que fundamentalmente as constitui é uma ação clínica que configura um espaço clínico na relação com os sujeitos dentro da instituição. O termo "Serviço de Plantão Psicológico", por exemplo, é utilizado para marcar um espaço de reconhecimento e legitimação desse lócus dentro da instituição, referente ao atravessamento dos projetos por pertencerem a uma instituição universitária. Ou seja, uma instituição dentro de outra instituição. Entretanto, foi se percebendo que para preservar e cuidar do espaço clínico nessas modalidades elas não poderiam se dispor somente como serviços: tal termo implica uma série de burocratizações e institucionalizações que dificultam o olhar e a escuta que circulam, questionam e intervêm:

Eu acho que após a Cartografia... em algum momento... é necessária uma formalização... por uma questão de legitimação do espaço e de dizer que nós estamos ali para eles naqueles horários... Isso pode ser mudado... mas é necessário formalizar... É até para você criar uma constância por onde as pessoas possam se referenciar... e você inclusive...

(...) Teve uma época... na Polícia Militar... em que nos deixaram de procurar (...) a gente já estava tão tomada pela instituição... (...) você está absorvendo coisas da instituição... e já não há um espaço entre você e a instituição por onde você consiga passar por um estranhamento para poder questionar... Quando você naturaliza tudo... as coisas se repetem... ou simplesmente não acontecem... Era um espelhamento entre o serviço e a instituição...

Ou seja, o termo marca um determinado atravessamento, mas é imprescindível que o psicólogo tenha esclarecido como aquilo que fundamenta a sua ação, ali, está marcado por uma imprevisibilidade e pode assumir diversas formas, que em nada se aproximam à configuração de um serviço:

---

[10]O termo apropriação se refere a ações que se tornam próprias e legítimas para o sujeito no responder aos seus anseios e não no sentido de uma adequação irrefletida ao que se revela "aí" disposto.

Eu estava lá... como Plantão... o tempo todo... nas mínimas conversas... nos espaços mais informais... A disponibilidade do psicólogo faz toda a diferença... Como eu estava inclinada de fato... os sujeitos percebiam e por isso se dirigiam... para falar... marcado por uma necessidade de escuta e acolhimento desse dizer... impregnado de um desamparo e de um sofrimento... E não necessariamente de um pedido de atendimento individual!

Constituídas fundamentalmente por essa ação clínica, as modalidades de prática psicológica não se atêm somente à perspectiva do atendimento individual, embora ele possa, também, ocorrer. A ação clínica que as fundamenta é marcada, sobretudo, por uma prontidão de sentidos do psicólogo, que pode ou não intervir naquele momento:

Eu lembro de um atendimento... na Polícia Militar... em que veio um policial falar de uma experiência de uma criança ter morrido numa ocorrência... E... nesse momento... tinha outros policiais em volta... e se formou um grupo discutindo a morte de pessoas numa ocorrência... Aquilo se transformou... pela própria ação das pessoas... em algo coletivo... a partir do Plantão... de algo que foi emergindo na hora!

As conversas informais, os olhares, o silêncio e o não-dito são constitutivos dessa ação clínica em situação, e não somente o atendimento individual com o cliente. As intervenções podem ser pertinentemente feitas nessas diversas formas que o Plantão assume. Por outro lado, o atendimento individual pode encontrar-se desvinculado de um esquema processual, sem, contudo, perder a sua efetividade terapêutica, visto que o sujeito a quem esse atendimento se dirige pode ser compreendido como não-processual: ele pode se desvelar na emergência da situação, na ocorrência de um acontecimento tendo o presente como trânsito desses acontecimentos:

Quando você está lá... (...) não necessariamente a pessoa vem com uma questão para ser conversada... Ela pode vir trazendo qualquer coisa... e a sua escuta está lá... aberta. (...) Por exemplo... nessa mesma unidade... um menino veio conversar comigo a respeito do tambor e as coisas estavam muito confusas para ele... Essa confusão de adolescente... não de psicose!... porque as coisas quando aparecem já vêm com um nome tachado...

Então... aquele tambor no colo dele já se chamava tambor... porque alguém o havia chamado disso... mas se poderia chamar de cadeira... E não era que tinha cara de tambor mesmo??! (...) não sei se era uma angústia para ele... um sofrimento... Não sei se ele iria até uma clínica psicológica para falar sobre isso... Não!! Não iria... Ele só fez isso... porque eu estava lá disponível para ele!... É uma demanda diferente... não é uma pessoa que está há vários dias pensando num sofrimento... sem dormir... e decide procurar um atendimento psicológico...

Uma outra situação foi a do menino que costumava ser atendido por uma mesma plantonista... Um dia em que ela não pôde ir... e ele chegou para mim e disse: "Senhora!... Eu quero falar... Aquela não veio hoje... então... você está aí... e eu quero falar com você... Mas eu vou falar de onde eu parei com ela... Se quiser saber o que aconteceu antes pergunte a ela... porque vou daqui para frente"... Então... a questão de vínculo também se quebrou!!!

Desse modo, o espaço do Plantão passa a ser a referência para o sujeito: referência que é dada pelo Plantão, mas também é construída pelo cliente e, destarte, móvel e provisória. O atendimento psicoterapêutico processual não é descartado, mas também não é dado como condição única de cuidado para o sujeito: ele pode ser fruto dos encaminhamentos possíveis, construídos a partir da relação no espaço clínico e da construção de uma demanda específica para tal fim.

Aqui se pode atentar, mais particularmente, para a compreensão dessa ação clínica, proposta e efetivada nos projetos, como revelada pela narrativa: partindo de uma compreensão presente na etimologia grega da palavra clínica (*klinein*), surge a ação de "inclinar-se para" disponibilizando atenção e cuidado para o sujeito em situação. A atenção encontra-se contemplada na prontidão do olhar e da escuta que, situando o psicólogo, possibilita que ele situe o sujeito demandante por cuidado. Por sua vez, o cuidado contempla o encaminhar uma comunicação rumo a sentido, orientando significados que possibilitam o questionamento, a reflexão e o situar-se do sujeito na direção do *bem-estar*. O bem-estar aqui, estaria intimamente relacionado à saúde, no sentido de propiciar meios para que o sujeito trace um caminho pessoal e original em sua existência (ALMEIDA, 1999). Desse modo, bem-estar não é compreendido como um ponto de chegada estático definido, mas se refere à possibilidade de trânsito, movimentação e deslocamento do ser nas suas condições delimitadas concretamente.

Revela-se também a questão do pedido, queixa e demanda apresentados por esse sujeito. O pedido é o enunciado que abre espaço para uma intervenção do psicólogo. Embora também nele se encontre um lugar predeterminado para esse profissional, isso se relaciona com julgamentos e experiências anteriores ou mesmo concepções estereotipadas e irrefletidas, pelas quais o profissional deve estar atento, mas não deve pautar suas ações por essa direção. Elas revelam o lugar inicial onde o psicólogo se encontra para o cliente, a partir do qual ele pode revelar outras possibilidades de intervenção para o cliente.

A queixa é aquilo de que, no enunciado, se reclama e se apresenta, inicialmente, como foco de sofrimento ou interrogação. Vale lembrar, aqui, que, por essa flexibilidade do Plantão Psicológico, o sofrimento presente nos pedidos ou queixas muitas vezes não é aquele encontrado na clínica tradicional. Ele pode ser um questionamento, uma curiosidade, uma aproximação e não, necessariamente, estar vinculado à dor, mas vincular-se-ia à possibilidade de interlocução e diálogo para a condução de uma experiência vivida significativamente, no sentido de um olhar dentro da instituição que singulariza o sujeito, legitimando um cuidar de si.

Já a demanda é algo que não se encontra presente nesses enunciados iniciais. Tampouco ela se encontra "escondida" em algum sítio inconsciente. Ela é construída no diálogo com o psicólogo e pode assumir diversas expressões, pois se vincula ao olhar e à escuta que singulariza o sujeito. Pode-se considerar que a **queixa** seria compreendida como a **emergência** de um sinal de crise, na formulação preconcebida tanto de um problema quanto do "espaço psicológico" a ele reservado. Por sua vez, a **demanda** seria compreendida como a **urgência** por uma atenção psicológica, não concebida *a priori*, para construção de sentido possível, através da investigação cuidadosa da situação de crise (MORATO, 1999).

Contextualizando a relação entre queixa e demanda, embora houvesse uma compreensão da instituição como o lugar[11] das relações institucionalizadas e, desse modo, desvinculadas de um sentido presente para os sujeitos na instituição, a coordenadora revela um outro atravessamento da instituição para além dessa compreensão: houve uma demanda presente na instituição para que os psicólogos melhorassem a visão da instituição perante outros órgãos, representantes da comunidade e da sociedade. Essa demanda estaria vinculada aos altos escalões que compõem e coordenam a instituição e não se revelaria nas relações institucionalizadas. Algumas experiências apresentadas revelam que, quando essa demanda é descoberta e apresentada aos seus destinatários, o pretenso interesse pela ajuda psicológica se esvai e o projeto finda. O que não impede que um conhecimento e um registro dessa comunicação possam ser elaborados e discutidos, visando intervenções posteriores e compreensão da prática.

Marca-se, aqui, justamente, um limite e uma pertinência para essa ação clínica dos projetos de Atenção Psicológica: atenção psicológica para o sujeito em instituição como possibilidade de bem-estar contextualizado, por meio de um cuidado a um sujeito atravessado por aspectos culturais e institucionais que se revelam pela escuta e olhar do profissional. A instituição ou organização que não possibilitar uma atenção, mesmo que minimamente, às singularidades presentes em seu contexto não leva adiante a condução do pedido de ajuda nessa perspectiva.

Desse modo, o posicionamento clínico em instituição não se refere a promoções de espaços de mudança social e nem a trabalhos de fortalecimento do ego ou centramento do sujeito (MORATO, 1999; MACHADO, 2001). Implicado numa abertura ao outro em sua radical alteridade, não há garantias de sucesso ou fracasso ou mesmo previsibilidade no posicionamento clínico. As mudanças ocorrem, mas não são controláveis, uma vez que o imprevisto é fundamental na ação clínica. Tal imprevisto se remete a situação de crise e, embora "escape" dos mecanismos de controle e predição, pode ser cuidado como construção de sentido na ação clínica. Controle e cuidado não se encontram necessariamente interligados. Priorizar o cuidado implica, na abordagem clínica proposta, uma atitude ética básica perante o outro, norteando a ação do psicólogo.

Essas considerações possibilitam uma compreensão da **cartografia** nesses projetos. Como revelado na narrativa, a cartografia se configura como um conhecer e um dar-se a conhecer, como possibilidade de passar pela experiência e ser por ela marcado. Embora ela possa se constituir como uma etapa inicial de intervenção em cada projeto, ela não se encerra nessa etapa, configurando-se para o psicólogo como uma atitude cartográfica constante e presente, que ele carrega desde que entra no contexto da instituição,

---

[11] O termo "lugar" aqui, assim como na narrativa apresentada, não se refere necessariamente ao espaço físico da instituição.

atitude esta que possibilita e engendra ações clínicas pertinentes, contextualizadas e reflexivamente refletidas.

Por outro lado, a metodologia interventiva como pesquisa se refere à possibilidade de pesquisar essa alternativa de prática psicológica em instituição. Ela surge das reflexões produzidas no espaço de supervisão e possui a intenção de comunicar uma experiência vivida, revelando-se como intervenção ao possibilitar novas reflexões na clínica em construção.

Nesse sentido, o laboratório, assim como a universidade pública na qual se insere, coloca-se como local privilegiado para contribuições efetivas visando ao exercício do bem-estar em comunidade numa ação ética reflexiva e contextualizada através de projetos de extensão universitária (MORATO, 1999; SANTOS, 1999). As contribuições remetem a uma articulação entre a universidade e a comunidade, construindo alternativas de "aplicação" da Psicologia que não expurguem o senso comum referente a uma compreensão da "realidade social" por seus próprios cidadãos. Desse modo:

> A universidade deve ser um ponto privilegiado de encontro entre saberes. A hegemonia da universidade deixa de residir no caráter único e exclusivo do saber que produz e transmite para passar a residir no caráter único e exclusivo da configuração de saberes que proporciona. (SANTOS, 1999, p. 224)

Assim, não se tratava de abandonar os saberes científicos, criados e reproduzidos na universidade, mas de redimensionar a sua "aplicabilidade" num contexto ético, tanto na formação universitária quanto na prestação de serviços, visando à construção de saberes contextualizados. A participação da universidade torna-se uma via para a realização de estratégias que abarquem a melhoria de políticas públicas.

Desse modo, opta-se pelo termo práxis psicológica e não prática, pois se visa marcar o caráter eminentemente ético desse trabalho na comunidade. Ético porque diz respeito a um posicionamento perante esse sujeito ou instituição demandante, que visa a um cuidado efetivo e responsável das singularidades ali presentes, no sentido do bem-estar. Parte desse posicionamento revela-se na consideração de que esses projetos de extensão universitária implantam serviços, marcando-se como presença: uma constância e uma permanência nessas instituições, e não intervenções pontuais, predeterminadas e, enfim, distantes da realidade vivida pelos sujeitos nesse contexto.

Nesse sentido, a abordagem clínica distancia-se de uma concepção de clínica pautada na conduta médica clássica, ou seja, o que no campo da Psicologia se compreende por diagnóstico, entrevista e testes projetivos. Ela é concernente a numerosas disciplinas das ciências humanas e não somente às profissões de tratamento (LÉVY, 2001). Ela pode se referir a dois aspectos distintos e complementares: a intervenção como um modo particular de resposta a um pedido de ajuda e a prática de pesquisa. Esta última não precisa necessariamente relacionar-se com uma demanda, mas pode se implicar diretamente nos processos de mudança empenhados (LÉVY, 2001). De qualquer modo, o pesquisador assume a sua posição como co-instituinte do saber, questionando-se e ao outro para direcionamento ao sentido, possibilitando conhecimento.

Essa possibilidade no campo de Aconselhamento Psicológico ainda se mostra recente e em construção, embora bem fundamentada em suas orientações e lugar de pertencimento na área de Psicologia. Mostra-se extremamente pertinente uma continuidade dessa investigação de práxis psicológica em instituição no campo de Aconselhamento Psicológico. Essa continuidade de investigação marca a construção de um conhecimento socialmente engendrado e de uma possibilidade de formação e atuação profissional em Psicologia, na medida em que se exploram as possibilidades de ação clínica para o sujeito em instituição, pelo cuidado e atenção ao seu desamparo e sofrimento. Desse modo, mais do que a construção de uma alternativa, por meio de uma criação, o que marca uma pertinência para essa *invenção* no campo de Aconselhamento Psicológico é o ânimo para ousar e bancar o conflito entre diferenças quaisquer.

REFERÊNCIAS BIBLIOGRÁFICAS

ALMEIDA, FM. Aconselhamento Psicológico numa visão fenomenológico-existencial: cuidar de ser. In: MORATO, HTP. **Aconselhamento Psicológico centrado na pessoa: novos desafios.** São Paulo: Casa do Psicólogo, 1999. 442p.

AUN, HA. **Trágico avesso do mundo: narrativas de uma prática psicológica numa instituição para adolescentes infratores.** Dissertação (Mestrado em Psicologia). 136 f. São Paulo: Instituto de Psicologia, Universidade de São Paulo, 2005.

BOURDIEU, P. (Coord.) **A miséria do mundo**. 3ª ed. Petrópolis: Vozes, 1997.

BRAGA, TBM. **Práticas psicológicas em instituições e formação
em Psicologia: possibilidades de reflexões sobre o sentido da
prática**. Dissertação (Mestrado). São Paulo: Instituto de Psicologia da Universidade de São Paulo, s.n., 2005. 179p.

CRITELLI, DM. **Analítica do sentido: uma aproximação e
interpretação do real de orientação fenomenológica**. São
Paulo: Educ: Brasiliense, 1996. 142p.

EISENLOHR, MGV. **Formação de alunos em Psicologia:
uma possibilidade para educadores**. Dissertação (Mestrado)
– Instituto de Psicologia, Universidade de São Paulo, São
Paulo, 1997. 225p.

FIGUEIREDO, LCM. **Modos de subjetivação no Brasil e
outros escritos**. São Paulo: Editora Escuta, 1995.

GENDLIN, ET. **Experiencing and the creation of meaning:
a philosophical and psychological approach**. New York:
Free Press, 1976. 271p.

LÉVY, A. **Ciências clínicas e organizações sociais: sentido e crise
do sentido**. Belo Horizonte: Autêntica/Fumec, 2001. 225p.

MACHADO, MNM. Três cenários da prática psicossociológica.
In: ARAÚJO, JNG, CARRETEIRO, TC. **Cenários sociais
e abordagem clínica**. São Paulo: Escuta; Belo Horizonte:
Fumec, 2001. 268p.

MAHFOUD, M. A vivência de um desafio: Plantão Psicológico.
In: ROSENBERG, LR. (Org). **Aconselhamento Psicológico centrado na pessoa**. São Paulo: EPU, 1987. 94p.

MORATO, HTP. **Aconselhamento Psicológico centrado na
pessoa: novos desafios**. São Paulo: Casa do Psicólogo, 1999.
442p.

MORATO, HTP, NUNES, AP, BRAGA, TBM. **Espelho
mágico: transformações num serviço de Plantão Psicológico na Polícia Militar do Estado de São Paulo**. São
Paulo: IPUSP, 2001. 74p. (Relatório Técnico de Iniciação
Científica.)

ROGERS, CL. **Abordagem centrada na pessoa**. Vitória:
Fundação Ceciliano Abel de Almeida/Ufesp, 1994. 312p.

ROLNIK, SB. **Cartografia sentimental da América: produção
do desejo na era da cultura industrial**. 188 p. Tese (Doutorado em Psicologia). São Paulo: Pontifícia Universidade
Católica de São Paulo, 1987.

ROSENBERG, R. Funcionamento de um Serviço Universitário
de Aconselhamento Psicológico. Separata. **Alter – Jornal de
Estudos Psicodinâmicos**, Brasília, vol. 2, n. 1, p. 6, jan.,
1972.

_____. **Aconselhamento Psicológico centrado na pessoa**.
São Paulo: EPU, 1987. 94p.

SANTOS, BS. **Pela mão de Alice: o social e o político na pós-
modernidade**. 5ª ed. São Paulo: Cortez, 1999. 348p.

SANTOS, OB. **Psicologia aplicada à orientação e seleção
profissional**. São Paulo: Livraria Pioneira Editora, 1963.
230p.

SCHEEFFER, R. **Teorias de Aconselhamento**. São Paulo:
Atlas, 1976. 208p.

SCHMIDT, MLS. Aconselhamento Psicológico e instituição:
algumas considerações sobre o Serviço de Aconselhamento
Psicológico do IPUSP. In: MORATO, HTP. **Aconselhamento Psicológico centrado na pessoa: novos desafios**.
São Paulo: Casa do Psicólogo, 1999. 442p.

QUESTÕES COMENTADAS

1) Como ocorreu a inserção do Aconselhamento Psicológico no contexto nacional, tendo como parâmetro a Universidade de São Paulo?

R: No Brasil, a constituição do campo de Aconselhamento Psicológico (AP) trilhou uma trajetória diferenciada dos contextos norte-americano e europeu. É importante frisar que a profissão de psicólogo ainda não era regulamentada por lei e a prática de orientação era exercida por outros profissionais. Os profissionais de AP desse período travaram dupla luta no reconhecimento de sua prática: a legitimação da Psicologia como profissão distinta e autônoma em relação às ciências naturais e às outras ciências sociais e humanas, e a afirmação da prática de Aconselhamento Psicológico como modo de atuação legítimo do psicólogo.

A proposta de Rogers (Terapia Centrada no Cliente) era mais compreendida como uma plataforma para o pensar do que uma técnica ou uma teoria à disposição do psicólogo. Isso estava de acordo com muitas idéias do autor (ROGERS, 1994) acerca, inclusive, de sua própria abordagem e implicava uma legitimação teórica

para criar alternativas de atuação profissional condizentes com o contexto no qual se inseriam. Portanto, não havia um "modelo" pronto de serviço de Aconselhamento Psicológico, aplicável independentemente da instituição e do contexto.

A partir de reflexões constantes da prática e de pesquisas acerca da população atendida, foi configurado um esquema de "Plantão Psicológico", inicialmente apresentado como um desafio do SAP para responder às demandas individuais no momento de seu surgimento como queixa aos profissionais do serviço. Nesse sentido, o cuidado já era oferecido sem a necessidade da elaboração de um diagnóstico tradicional e de um encaminhamento atrelado ao Plantão. Entretanto, como serviço em instituição, aos poucos a sua capacidade dinâmica e criativa foi se perdendo na institucionalização de modos inicialmente contestadores. Apontava-se assim para a necessidade de uma revisão crítica da Abordagem Centrada na Pessoa e, sobretudo, do próprio campo de Aconselhamento Psicológico, na busca por intervenções mais pertinentes tanto no trabalho em instituição quanto nos atendimentos oferecidos à comunidade.

2) Por que o autor optou em sua metodologia em trabalhar com a interlocução entre o depoimento da coordenadora do laboratório universitário, entrevistas dos estagiários dos projetos de atenção psicológica e a própria experiência do pesquisador?

R: Tendo como bases o fenômeno da aprendizagem significativa, o trabalho cartográfico e a *démarche* clínica de pesquisa de orientação fenomenológica existencial, o clínico nas ciências humanas trabalharia principalmente no campo, buscando teorizações a partir de uma ação situada, pautada não somente numa compreensão de problemas demandados, mas também em sua compreensão pelos seus interlocutores. Desse modo, o conhecimento é construído a partir da ação com o outro, que, por sua vez, se apresenta como sujeito em posição e pela autenticidade de palavra. Por esse prisma, uma teoria nunca se esgotaria no seu olhar/dizer sobre o fenômeno, pois, estando inserida numa trama de significados e assuntos humanos, ela se submete a um jogo de construção e desconstrução de modos possíveis de compreensão marcados por um coletivo e por uma historicidade. Por outro lado, o seu caráter de previsão e controle dos fenômenos pode abrir-se numa perspectiva de atenção para o que aparece em situação.

Em um modo de pesquisa no qual o próprio pesquisador também se insere como um interlocutor de experiências, o deslocar-se do pesquisador não ocorre apenas na explicitação de seu espaço de pertencimento, assumindo-se como participante, mas se desenvolve, simultaneamente, numa temporalidade. O próprio pesquisador, buscando investigar trilhas no terreno do vivido, faz uma trilha com suas pegadas e olhares, constituindo também a paisagem que busca observar, descrever e compreender. Assim, para refazer uma trajetória que se pretende, ao mesmo tempo, singular e coletiva, procurou-se realizar uma cartografia do laboratório a partir de seus integrantes.

A opção por se colher um depoimento da coordenadora do LEFE visa apresentar uma narrativa da constituição desse laboratório. Após a elaboração dessa narrativa, o pesquisador se dirigiu aos estagiários dos projetos de atenção psicológica do LEFE com o intuito de descobrir as contribuições possíveis que esse laboratório possibilitou à formação de seus alunos. Dentro desse universo de possibilidades, a intenção do pesquisador foi revelar um modo de prática clínica em instituição que vem se realizando pelos integrantes desse laboratório. Por essa via, a interlocução se apresentou como modo mais pertinente de se colher os relatos de experiência. A interlocução possuiria um foco clínico, pois visa a um aprofundamento reflexivo a partir da questão inicial disparadora, que o pesquisado poderia nunca ter tido, não fosse pela situação de interlocução, revelando, desse modo, essa situação como também uma construção de conhecimento.

3) Qual é a noção de ação clínica e sua relação com a cartografia e metodologia interventiva como pesquisa?

R: A partir da pesquisa realizada, surge mais uma contribuição para a possibilidade de constituição de modalidades de prática psicológica que renunciam à necessidade de conceber um modo de subjetivação destacada e desvinculada dos aspectos institucionais, culturais e sociais, inclusive do contexto concreto e real no qual ela se presentifica. Isso se encontra presente nas experiências vividas de não-dualidade entre sujeito e instituição, nos atravessamentos revelados pelo sujeito em suas ações. Se, por um lado, essa perspectiva produz uma fragilidade na autonomia do sujeito, ao apresentá-lo constituído por outros atravessamentos, por outro lado não nega a possibilidade de um situar-se desse sujeito nessa condição e da realização de ações reflexivas e apropriadas.

Dispõe-se, assim, de uma compreensão do sujeito com aproximação da filosofia fenomenológica existencial, aproximação essa que foi um ancoradouro possível para reflexões já em andamento pela equipe do laboratório, que nela encontraram uma fundamentação possível para a compreensão de ser.

A partir dessa compreensão de sujeito, a ação clínica é marcada por um "inclinar-se para", disponibilizando atenção e cuidado para o sujeito em situação. A atenção encontra-se contemplada na prontidão do olhar e da escuta que, situando o psicólogo, possibilita que ele situe o sujeito demandante por cuidado. Por sua vez, o cuidado contempla o encaminhar uma comunicação rumo a sentido, orientando significados que possibilitam o questionamento, a reflexão e o situar-se do sujeito na direção do *bem-estar*. O bem-estar, aqui, estaria intimamente relacionado à saúde, no sentido de propiciar meios para que o sujeito trace um caminho pessoal e original em sua existência, referindo-se, sobretudo, à possibilidade de trânsito, movimentação e deslocamento do ser nas suas condições delimitadas concretamente.

Por sua vez, a cartografia se configura como um conhecer e um dar-se a conhecer, como possibilidade de passar pela experiência e ser por ela marcado. Ela configura-se para o psicólogo como uma atitude cartográfica constante e presente, possibilitando e engendrando ações clínicas pertinentes, contextualizadas e reflexivamente refletidas.

Já a metodologia interventiva como pesquisa se refere à possibilidade de pesquisar essa alternativa de ação clínica em instituição. Ela surge das reflexões produzidas no espaço de supervisão e possui a intenção de comunicar uma experiência vivida, revelando-se como intervenção ao possibilitar novas reflexões na clínica em construção.

CAPÍTULO VIII

O Sentido da Prática Clínica para uma Clínica do Sentido: A Formação no Contexto da Atenção Psicológica em Instituições*

*Tatiana Benevides Magalhães Braga*** · *Eda Marconi Custódio****

Este capítulo pretende apresentar uma abordagem fenomenológica existencial da formação em Psicologia, a partir de experiências de Plantão Psicológico. No entanto, para entender como essa compreensão se desenvolveu, faz-se necessário considerar alguns aspectos referentes à constituição histórica dessa perspectiva para a formação em Psicologia, situando-a no contexto do desenvolvimento das ciências, no próprio contexto da Psicologia e no contexto brasileiro. Inicialmente, é preciso apresentar a perspectiva epistemológica (ou seja, o modo como se entende que uma metodologia é apropriada para a construção de conhecimento) da fenomenologia, que permeia essa compreensão e a prática de formação. É necessário ainda acompanhar alguns aspectos do percurso da Psicologia e de seu ensino no Brasil, a fim de situar o modo de constituição dessa formação. Finalmente, é preciso apresentar o contexto no qual esse modo de olhar e trabalhar, bem como a presente pesquisa, foi desenvolvido, tornando compreensível o percurso de aprendizagem e formação doravante abordado e articulando a formação com as dimensões de pesquisa e práxis presentes na Psicologia enquanto ciência e profissão. Em seguida, serão expostos alguns momentos da trajetória de formação de alunos de graduação na prática de Plantão Psicológico em projetos de Atenção Psicológica em Instituições e tecidas considerações sobre suas experiências.

UMA PERSPECTIVA PARA O CONHECIMENTO EM PSICOLOGIA

A trajetória da Psicologia se deu com a configuração de diversas correntes epistêmicas que constituíram diferentes relações com o ideário moderno (FIGUEIREDO, 1995). A instauração do método como eixo de constituição de referências e idéias sobre a realidade impôs uma perspectiva de cisão, tanto entre o conhecimento e a realidade quanto entre mente e corpo. No plano dos sujeitos, operou-se a divisão entre sua parte coerente e racional e sua parte imprevisível, "emocional" e sensível (FIGUEIREDO, 1995). Nesse contexto, também a narrativa, como forma artesanal de comunicação e construção da experiência, perde seu espaço e legitimidade como meio de conhecimento e aprendizagem, sendo substituída pela informação – precisa, técnica, impessoal e generalizável (BENJAMIN, 1985).

Nos percursos de oxigenação de significações e sentidos em ciências humanas, uma literatura crescente, sobretudo desde o início do século XX, buscou resgatar a profunda articulação entre a construção de saberes, práticas e concepções humanas e os contextos de organização social, política, subjetiva, econômica e cultural. Várias correntes de pensamento em ciências humanas resgatam, em diversos momentos históricos, a articulação entre saberes e práticas e as organizações de vida humanas, buscando desnaturalizar aquilo que foi reificado historicamente (ARENDT, 2001; HEIDEGGER, 1927:1998; COIMBRA, 1992; MERLEAU-PONTY, 1974, 1990; BENJAMIN, 1985; SOUZA, 1992).

*Condensação de Braga, TBM, 2005.
**Pesquisadora principal.
***Orientadora da pesquisa.

A constituição e o ensino da Psicologia como ciência estiveram ligados a esse desenrolar, e diferentes perspectivas sobre o saber resultaram em diferentes articulações entre teoria e prática. No processo de institucionalização da ciência psicológica e de sua transmissão sistematizada, o paradigma lógico-positivista muitas vezes ganhou hegemonia, fomentando a cisão entre aspectos da experiência humana e freqüentemente redundando na desarticulação e descontextualização de práticas e metodologias no tocante a peculiaridades das situações sociais e existenciais concretas (SOUZA, 1992; FERREIRA NETO, 2004).

Freud, ao inaugurar a psicanálise, questiona o paradigma exclusivamente biológico, propondo uma nova forma de escuta e novos paradigmas (ROMERO, 1993). A interface de aspectos biológicos e sociais no laboratório de Psicologia fundado por Wundt (BRAGA, 2005), as noções de psicopatologia apresentadas por Jaspers (1985) e a idéia de percepção como ação total, formulada pela Psicologia da Gestalt (MERLEAU-PONTY, 1990), propõe rompimentos com o paradigma positivista, buscando uma compreensão mais ampla do sujeito. Rogers (MORATO, 1999), no Aconselhamento Psicológico, Winnicott (1984) e Moffatt (1985), em Psicanálise, e Basaglia (1982), no campo da Saúde Mental, também se dedicaram a reconfigurar pressupostos, visando a um olhar articulado à experiência e ao contexto de atuação. Assim, pode-se relacionar a questão da metodologização ao percurso histórico da Psicologia, considerando um duplo movimento de constituição de sistemas teóricos e abordagens da prática pertinentes a seus contextos socioculturais e de institucionalização desses mesmos sistemas, levando à sua aplicação técnico-reprodutiva.

ENSINO, PRÁTICA E PESQUISA EM PSICOLOGIA: ALGUMAS CONSIDERAÇÕES SOBRE O CONTEXTO BRASILEIRO

No Brasil, a Psicologia se constituiu fortemente vinculada a um ideário de controle e adaptação do indivíduo. O contexto histórico-social de repressão e aculturação do período colonial, a formação acadêmica européia e a cultura jesuítica levaram a um direcionamento das idéias psicológicas ao ajustamento social (BRAGA, 2005; ANTUNES, 2001; MASSIMI, 1990). Embora também se constituíssem idéias que confrontavam os interesses metropolitanos, como estudos sobre educação e sobre a relação entre prática médica e saber psicológico (ANTUNES, 2001), as idéias de ajustamento e adaptação, favorecidas

pelo aparato governamental e pela concepção positivista do conhecimento, eram hegemônicas.

Durante a transferência da Corte portuguesa para o Brasil, ocorreu a criação de cursos superiores que desprivilegiavam a produção de saber em prol da reprodução do conhecimento europeu e do desenvolvimento do ensino secundário privado pela Igreja católica (MASSIMI, 1990). Na constituição de instituições brasileiras, a partir do Império, o pensamento psicológico esteve atrelado à medicina e à educação. Nessa última, o prisma pedagógico de caráter adaptativo influenciou o pensamento psicológico, conduzindo-o ao ajustamento disciplinar, à análise de métodos técnicos de ensino, ao conhecimento estrutural do educando e à formação do educador, forjando uma acepção da Psicologia como instrumentalizadora da adequação social. Constavam nas concepções e na prática psicológica da época estudos sobre o favorecimento do ócio pelo clima brasileiro e sobre técnicas de utilização do castigo como instrumento educativo.

A partir da Primeira República, inicia-se uma assistência em saúde mental, porém sob um prisma higienista de terapêutica ao comportamento desviante, considerado favorecedor do desenvolvimento social (ANTUNES, 2001; AMARANTE, 1998). É nessa acepção que o saber psicológico vai sendo compreendido: em sua interface com as práticas educativas, adquire um papel profilático, enquanto nas práticas em saúde mental assume um papel terapêutico no reajustamento comportamental para a constituição de "um povo forte mental e fisicamente" (ANTUNES, 2001, p. 29).

A instituição da ciência psicológica e seu ensino sistematizado, vinculada ao discurso higienista e influenciada por fatores socioeconômicos ligados à posição geopolítica brasileira enquanto colônia, levou ao atrelamento da Psicologia à educação e à saúde mental, visando o controle e a normatização social (ANTUNES, 2001), ao privilégio da reprodução do conhecimento europeu, muitas vezes de modo descontextualizado e ideológico (MOFFATT, 1985), e a um ensino profundamente hierarquizado (COIMBRA, 1992). Assim, embora ocorressem outras práticas, elege-se em geral a perspectiva normativa no desenvolvimento do ensino e pesquisa em Psicologia: o início do ensino de Psicologia nas escolas normais, em 1928, é marcado pelas idéias higienistas e disciplinares.

No movimento de criação de propostas que questionavam as noções de adequação e tecnização, alguns autores buscaram outros modos de compreensão das questões subjetivas, educacionais e de saúde. Dentre esses, destacam-se Helena Antipoff (1931, 1944: 2002), que, relacionando as questões educacionais ao contexto social, se torna precursora da Psicologia de campo, e Ulisses Pernambucano (1943), que cria o movimento psiquiátrico do Recife, ressaltando a noção de crise como situação existencial, em contraposição às idéias adaptativas, sendo precursor da antipsiquiatria no Brasil.

Ainda assim, com a institucionalização das práticas e o complexo histórico-social de divisões e desigualdades gerado na colonização, dá-se a perpetuação de respostas técnicas a problemas sociais. Nesse processo, comparecem Psicologia e educação sob um prisma adaptativo, de tal forma que, nos anos 50, Anita de Castilho e Marcondes Cabral (1950:2004) descreve o Brasil como um país composto de três raças – negra, indígena e ariana – das quais apenas a ariana compõe-se de pessoas com criatividade, e considera a miscigenação produtora de indivíduos desviantes (autistas e ciclotímicos). O texto de Cabral, expoente da Psicologia na época, expressa os preconceitos presentes no contexto social brasileiro e apresenta a forma de consideração do desenvolvimento: a adoção de medidas higienistas profiláticas, via educação, e terapêuticas, via saúde mental. Também a *Revista Brasileira de Estudos Pedagógicos*, veículo oficial da pesquisa e prática nacional em educação, privilegia soluções técnicas para questões de escolarização geradas em esferas políticas e sociais, percorrendo teorias tecnicistas e modelares, como a Teoria da Carência Cultural (SOUZA, 1992). No contexto de abertura democrática do fim dos anos 50 e início dos 60 se formam, de modo mais articulado, experiências inovadoras que propõem a estreita vinculação entre condições sociais e práticas e reflexões teóricas, como as de Paulo Freire (1985) e as do Centro Popular de Cultura da UNE e da Civilização Brasileira (COIMBRA, 1992), no campo da educação, abortadas com o golpe militar de 1964.

Antes da regulamentação, a profissão de psicólogo se desenvolvia principalmente em instituições voltadas à saúde mental e à educação, onde trabalhavam psicólogos formados no exterior ou profissionais de educação, filosofia e ciências sociais que faziam aplicações de Psicologia. Nessa origem, tem-se a vinculação do exercício profissional às instituições que historicamente promoveram uma Psicologia do ajustamento, na terapêutica da doença mental e na profilaxia educacional da conduta, refletindo a tradição constituída desde a colônia. Por outro lado, tem-se a transdisciplinaridade da profissão, em que confluem saberes de áreas diversas, admitindo várias perspectivas epistêmicas e leituras da dimensão humana e permitindo atuações críticas em contextos sociopolíticos favoráveis.

Paradigmáticos das questões de orientação política e epistêmica da Psicologia são os embates em face do currí-culo e dos cursos de Psicologia após a regulamentação da profissão, em 1962, que ainda influenciam os cursos e os problemas atuais da formação. Em relação ao currículo, este apresentou poucas alterações desde sua criação, em 1962, até 1999, e uma estrutura em que teoria e prática se mostram muitas vezes desarticuladas: a prática é vista como mera reprodução do conhecimento instituído, havendo em certos momentos, até mesmo, formações diferenciadas – Psicologia aplicada e formação teórica e de pesquisa (COIMBRA, 1992). Outro aspecto a destacar é a realização, na ditadura militar, de mudanças no currículo pelo Ministério da Educação, restringindo o conteúdo de ciências humanas, em especial filosofia e sociologia, em prol das ciências biológicas, e a inclusão da disciplina "Psicologia Comunitária", visando criar técnicas de controle de massas (CARPIGIANI, 2000). Em 1969, a reforma universitária permitiu grande e desordenada expansão de cursos de Psicologia pelas faculdades particulares: em 1970, nos cursos da rede privada, havia um aumento superior a 100%, muitas vezes com precárias qualidade e formação (CARPIGIANI, 2000).

O currículo mínimo de Psicologia de 1962 apenas alterou-se com a proposta para o curso de Psicologia da Comissão de Especialistas instituída pelo Ministério da Educação, tendo por base a Lei de Diretrizes e Bases da Educação de 1996 (LDB/1996). Essa proposta, embora avance buscando aproximar a formação em Psicologia das demandas e da realidade brasileira, fazendo várias referências à cidadania e à sociedade, prioriza modelos de investigação e conhecimento instrumental baseados nas ciências naturais e concebe a construção do saber como produção de instrumentos para o controle da realidade (FERREIRA NETO, 2004). Além disso, embora atualmente a maioria das clínicas-escola atue junto a uma clientela de baixa renda, muito da estrutura dos estágios e dos modos de intervenção descontextualizados se mantém, gerando uma compreensão por vezes simplista e parcial dos problemas enfrentados pela população atendida, seja qual for sua classe social, e, por outras, volvida à eficácia pautada pelo mercado no atual gerenciamento privado da educação superior (FERREIRA NETO, 2004) e não por uma prática crítica. Os desafios da formação em Psicologia no Brasil passam não apenas pelo foco em determinado perfil socioeconômico da clientela, mas por uma sempre difícil preservação da inventividade e da criação como propulsoras de novos meios de atuação, compreensão e transformação da realidade. Se o percurso da Psicologia no Brasil foi marcado pelo viés adaptativo e atualmente encontra-se atrelado a questões de eficácia mercadológica, isso se faz vinculado às condições políticas e sociais do país que, pouco pautadas em relações sociais democráticas, restringiram uma perspectiva cidadã (ARENDT, 2001) para o desenvolvimento de conhecimentos, ensino e práticas reflexivas em questões humanas.

Psicologia e Redemocratização: Em Busca de Articulações Teórico-práticas Contextualizadas

A partir do final dos anos 70 e início da década de 80, no bojo do movimento de redemocratização do país, questionam-se muitos pressupostos e práticas em saúde e educação: inicia-se um movimento pela qualidade de atendimento em saúde pública e, com ele, a reforma psiquiátrica (AMARANTE, 1998) e a crítica às práticas educativas pela análise histórico-social do fracasso escolar (SOUZA, 1992); resgatam-se ainda as abordagens que propõem a articulação social da prática pedagógica. Datam ainda desse período as discussões e elaborações de propostas de reestruturação do currículo por professores e estudantes de Psicologia. Esses espaços, pouco consensuais quanto à formação, se vinculavam também a várias faces da luta pela redemocratização (COIMBRA, 1992; FERREIRA NETO, 2004).

Ao longo da década de 80, por um lado, ocorre a ampliação de vagas para psicólogos na rede pública, em resposta à demanda social pela qualificação e multiplicação do atendimento em saúde (ANDRADE & MORATO, 2004). Por outro lado, se intensificam questionamentos no tocante à formação do psicólogo, calcada na orientação diretiva com referência ao procedimento correto e centrada na figura do especialista (ANDRADE & MORATO, 2004). Nesse contexto, muitos relatos de atividades de formação apresentam o enriquecimento das práticas de estágio em Psicologia, de modo que o atendimento se desviava do contexto em que as queixas ao psicólogo haviam sido formuladas. Romero (1993) aponta a institucionalização no ensino de psicanálise; Souza (1992) relata a adoção do mesmo diagnóstico (problemas psíquicos) e mesmo procedimento (atendimento para a criança e orientação para a mãe) para a maioria das crianças com queixa escolar; Godoy (1985), ao descrever o sistema de estágio numa instituição formadora, expõe filas de espera, paralelas a um excedente de alunos sem estágio, verificadas porque os clientes não atendiam às especificações da instituição quanto à queixa, considerada inadequada

para o atendimento do alunado, inviabilizando muitos atendimentos e estágios.

No emaranhado de diferentes perspectivas epistemológicas, sociopolíticas e culturais, presentes nos percursos de enriquecimento e oxigenação de diferentes abordagens da Psicologia, há a retomada da necessidade de recontextualização e reinvenção da atuação teórico-prática. Entre as reformulações de concepções e práticas realizadas na teia de mudanças históricas, políticas, sociais e culturais muitas vezes voltadas para discursos socialmente marginalizados, destacam-se as que elaboraram suas propostas a partir da própria experiência, articulando prática e pesquisa na cesura de novas significações e na reflexão de abordagens possíveis. Nessas propostas, os modos de intervenção favorecem a articulação dos fenômenos, práticas e experiências humanas aos contextos em que ocorrem, resgatando inclusive experiências anteriores, como as de Freire (1985) e Pernambucano (1943). Busca-se, assim, enredar teoria, pesquisa, ensino e prática no próprio contexto sociossubjetivo de constituição da demanda, de modo a reinventar o fazer psicológico.

Nessa direção, Vaisberg (2003) aponta a necessidade de reinvenção no atendimento em saúde mental, questionando pressupostos comuns em psicoterapia: uma técnica que zela por uma sala específica como *setting* para o atendimento, a preferência por um trabalho de regularidade mínima semanal, teorizações estritamente psicopatológicas ou centradas em atitudes padronizadas. Isso paralelamente ao sofrimento humano em múltiplos lugares e formas, cuja população, em geral, enfrenta diversas dificuldades para chegar ao consultório, devendo se adequar a um sistema já existente para conseguir atendimento psicológico. No atendimento a instituições que gerou a interrogação desses paradigmas, inaplicáveis em seus contextos, Vaisberg (2003) propõe novos meios de intervenção, a fim de possibilitar uma práxis clínica mais contextualizada "que não opera clinicamente por meio de intervenções interpretativas e sim pela via da sustentação do encontro terapêutico" (p. 95).

Nas conexões entre intervenção e construção de saber em Psicologia, Szymanski & Cury (2004) articulam Psicologia, educação, formação e pesquisa, em experiências de pesquisa e intervenção participativa. Atendendo uma clientela cujas vivências diferem do que é veiculado pela cultura dominante, partem da própria experiência desta, resgatando aptidões e recursos negados. O resgate da contextualização na experiência (FREIRE, 1985) possibilita articular teoria e prática também na formação, a partir da experiência dos estagiários dessa prática. Por essa via, procura-se integrar pesquisa, intervenção e formação em Psicologia, considerando que pesquisas, no contexto de implementação de práticas educativas e clínicas em instituições, possuem caráter de intervenção e geram o delinear de metodologias de pesquisa próprias aos fenômenos estudados. Resgata-se o viés experiencial e inventivo da formação, que se dá junto à constituição de conhecimento em pesquisa, possibilitando rearticular prática psicológica, formação e pesquisa, que se encontram, desde a origem, entrelaçadas. Segundo as autoras (SZYMANSKI & CURY, 2004):

> (...) o ato de pesquisar guarda semelhança tanto com o processo da psicoterapia como com o educativo, considerados como um esforço disciplinado e apaixonado do cliente/educando pelo autoconhecimento em direção à autonomia pessoal e conhecimento do mundo. (SZYMANSKI & CURY, p. 356)

Em trabalhos em que "o rigor dos procedimentos e a construção do conhecimento científico" se aliam à "responsabilidade social de oferecimento de serviços de qualidade para a população" (Ibid.), têm-se forjado metodologias de pesquisa e intervenção articulando-se teoria, prática e formação. Essa empreitada não significa um abandono da fundamentação já construída nos diversos campos da ciência psicológica, mas a admissão de uma abertura para emergências e especificidades variadas em cada contexto e para transformações históricas, sociais e culturais neles ocorridas.

É nesse bojo que se constituiu o Plantão Psicológico. Criado no Brasil no momento histórico da legitimação da Psicologia como profissão, questionava alguns conceitos institucionalizados presentes na prática psicológica de então, sendo também um modo de contemplar condições precárias de atendimento. Embora a idéia de poucos encontros terapêuticos já tivesse sido utilizada, por exemplo, por Winnicott (1984), no Brasil tendia-se para o padrão de atendimento já citado na descrição e crítica por Vaisberg (2003), que privilegiava a parcela economicamente mais favorecida da população (COIMBRA, 1992). Assim, a proposta de Plantão, sem encontros posteriores preestabelecidos, e cujo horizonte é o clareamento de uma demanda, apontou inovações, bem como se mostraram inovadoras as propostas de psicoterapia breve e de grupos de encontro, no mesmo período.

No IPUSP, essa prática foi implantada de modo pioneiro por Raquel Rosenberg e Oswaldo de Barros Santos, a partir das idéias de Carl Rogers (MORATO, 1999), visando contemplar uma demanda por atendimento num contexto de precariedades estruturais e organizacionais. Assim, o Plantão se constituía em sua origem como criação de ação contextualizada em Psicologia, rearticulando prática e pesquisa e inovando também no campo do ensino, já que considerava os alunos como parte integrante da equipe responsável pelo funcionamento das atividades.

A PERSPECTIVA DA ATENÇÃO PSICOLÓGICA EM INSTITUIÇÕES COMO MOVIMENTO DE REINVENÇÃO TEÓRICO-PRÁTICO-PEDAGÓGICA

Na trajetória do Plantão Psicológico no IP-USP, as próprias demandas levaram à necessidade de desconstrução e reinvenção. O pensamento humanista de Carl Rogers (MORATO, 1999), bem como o próprio Plantão Psicológico, apresentou contradições, voltando-se, por vezes, à institucionalização de fazeres ou a uma orientação positivista e, por outras, à experiência no questionamento dessas mesmas orientações. Essa prática, embora cada vez mais difundida, muitas vezes foi assimilada em termos de um novo modelo. Em decorrência, a formação nessa prática volveu para o ensaio de uma padronização, com o risco de reduzir o encontro terapêutico a orientações preestabelecidas, em detrimento da construção de referências a partir da experiência do contato clínico, no diálogo intersubjetivo nele estabelecido e do contexto de sua prática.

O delineamento social de novas demandas gerou transformações e questionamentos que direcionaram uma articulação intensa entre o desenvolvimento teórico-prático e o contexto de atuação, a partir da experiência clínica efetivamente vivida no percurso do Aconselhamento Psicológico no IPUSP. A partir dos anos 90, a demanda por atendimento não era mais apenas individual, mas de instituições, sobretudo ligadas a direitos básicos da população, que buscavam auxílio para seus participantes. Foram se constituindo, então, uma práxis e reflexão sobre a prática pelas experiências nessas instituições (MORATO, 1999).

Visando situar a formação no âmbito dos projetos de Atenção Psicológica em Instituições, serão esboçados alguns aspectos desses projetos, pelos quais se criaram novas configurações dos estágios de formação, realçando-se aspectos das experiências de Plantão Psicológico que os alunos abordaram nos depoimentos, como os problemas relativos ao ser para além do conceito (HEIDEGGER, 1927:1998), à percepção e construção do real (MERLEAU-PONTY, 1990) e à constituição do mundo humano (ARENDT, 2001).

Ponderando a especificidade de demandas geradas em vários contextos e coerentemente com a reorientação teórico-prática daí advinda, o Laboratório de Estudos e Prática em Psicologia Fenomenológica Existencial (Lefe) buscou articular formação em Psicologia, pesquisa e oferta de serviços à população a partir modalidades de prática clínica em diferentes instituições. Os projetos de Atenção Psicológica em Instituições se constituem partindo da cartografia enquanto método que, simultaneamente, detecta a paisagem e abre passagens por entre ela (MORATO, 1999). A cartografia é um meio de investigação e construção de caminhos que se faz em conjunto com o território: delineando o território, ela o transforma pelos rastros e trilhas deixados pelo cartógrafo. Nesse enfoque, ocorreram as primeiras experiências de Plantão Psicológico em instituições (MORATO, 1999), com articulações próprias aos contextos de atuação, abrindo perspectivas para refletir as práticas clínicas e tramando enlaces entre prática, pesquisa e formação. Adversamente a um campo de observação isento da presença dos que nele intervêm, considera-se essa presença e atuação modificadora das relações e promotora da exclusão/aparição de fenômenos, em meio ao cotidiano social, institucional e subjetivo. A concepção da perspectiva clínica como uma *démarche* pela Psicologia Social Clínica (LEVY, 2001) resgata a etimologia do termo clínica, que em sua origem latina significa "*inclinar-se sobre*", como cuidado e atenção a um fenômeno que se desvela, mostrando-se ponto de articulação entre a prática clínica e seu contexto social, enquanto lócus pelo qual as constelações do contexto institucional, social e relacional podem ser contempladas e compreendidas.

Em sua especificidade clínica, o Plantão Psicológico, enquanto modalidade de prática, e a Atenção Psicológica, enquanto escopo teórico-metodológico de compreensão da prática psicológica, se tramam na inventividade do encontro terapêutico em sua interface de prática investigativa, que interroga sentidos a partir de afetações e vivências subjetivas enlaçadas nas situações de existência. Nesse prisma, o Plantão Psicológico em instituições transcende a área clínica e tangencia outras áreas do saber (sociologia, filosofia, etc.). Outrossim, no próprio âmbito clínico, reconfigura concepções da prática clínica tradicional. O trabalho nas instituições aponta o mister de se voltar o atendimento não só para clientes individualmente, mas ainda para demandas da população em termos de promoção de saúde. Atenta-se a uma reorientação dirigida à consideração dos sujeitos sociais em sua trama de relações, suas alterações e recontextualizações, próprias das relações humanas.

O Plantão Psicológico assinala-se, como modalidade da Psicologia clínica, pela solicitude àquele que procura auxílio psicológico, porém sem um enquadramento prévio, ou seja, espaço, tempo e configuração predefinida do encontro, que se delineia por uma escuta clínica. A implantação do serviço inicia-se pela cartografia, a partir do pedido formal feito pela instituição. Pelo reconhecimento da demanda, o Plantão transforma-se em cada instituição, buscando novos meios de criar um espaço de escuta da subjetividade e abrindo-se para outras formas de ajuda terapêutica: atendimentos em locais abertos, em grupo, atendimentos em conjunto com outros profissionais, à comunidade que procura os serviços institucionais, etc. Estas se fizeram pela via da atenção clínica em cujas situações surgiram, permitindo o clareamento de demandas e relações ocorridas no cotidiano das instituições.

Essas atuações podem ainda ser designadas Plantão Psicológico, pois este não é concebido como uma forma rígida de ação terapêutica, mas como modalidade de prática psicológica calcada na abertura ao outro, na qual a concepção do *setting* se faz por uma atitude de solicitude, que ganha corpo à medida que se singulariza em cada contexto. Constrói-se um entrelaçamento profundo entre intervenção, pesquisa e construção de referenciais teóricos. Nesse sentido, a atuação nas instituições, em sua interface com a pesquisa, articula o Plantão Psicológico à cartografia, por um olhar clínico que contempla imprevistos que a alteridade pode revelar, abrindo-se para a multiplicidade intersubjetiva.

Alguns norteadores do Plantão Psicológico foram comuns aos projetos nas diversas instituições, como a circulação dos plantonistas-psicólogos nos espaços da Instituição, a ausência de número predefinido e obrigatoriedade de atendimentos e a definição de uma constância temporal para facilitar a organização e inserção do projeto e criar uma historicidade e confiabilidade na instituição, delimitando-se períodos de funcionamento semanal a partir do que a cartografia mostrou mais propício a cada contexto. Essas balizas visavam criar uma referência e manter certa liberdade de atuação na instituição, sem que a práxis clínica se reduzisse a um padrão técnico. A não-fixação num espaço físico *a priori* permitiu abarcar demandas por atenção psicológica advindas de diversos atores e contextos institucionais e de várias divisões de papéis. Porém, a solicitude evocada nessa atitude inicial só se efetivava na relação interpessoal com os plantonistas, à medida que questões e aclaramentos sobre o sentido da "atenção psicológica" naquele contexto eram abordados.

PERCEBER, COMPREENDER, EXPRESSAR: ENCONTROS TEÓRICO-PRÁTICOS NA FORMAÇÃO CLÍNICA[1]

Na conjuntura de pesquisa e intervenção participativa das experiências de Atenção Psicológica em Instituições, a prática do Plantão possibilitou refletir sobre as concepções clínicas, em seu sentido amplo de cuidado ao outro próprio da atuação psicológica, pelo desenvolvimento de novos modos de atuação. Na oferta de estágios extracurriculares a alunos de qualquer ano de graduação que atuam, desde o início do estágio, no Plantão Psicológico em instituições, busca-se possibilitar uma formação no âmbito dessas práticas que integre teoria, pesquisa e prática clínica.

A proposta que vem sendo articulada, então, elege a exposição de uma perspectiva, e não de uma teoria, como contato inicial dos alunos com o trabalho. Esta é realizada por meio de instrumentos indiretos,[2] discutindo a questão das perspectivas para o conhecimento válido na modernidade, visando um duplo resgate: da dimensão experiencial do saber e da flexibilização para novos prismas possíveis. As questões teóricas são discutidas, conforme se coloquem pela prática, em supervisão, que se constitui ainda como momento de cartografia, compreendendo a própria pesquisa e construção de saber. Ocorre também em

outros espaços formativos – congressos, vivências, encontros de projetos em que participam supervisores, alunos de graduação e pós-graduação, professores, técnicos –, e os alunos refletem teoricamente e expõem os próprios trabalhos de pesquisa-intervenção. Recorre-se, ainda, a notas do trabalho em diários de bordo, que são registros pessoais da experiência.[3]

Os estágios são também estágios em pesquisa interventiva, articulando-se, pela via do Plantão Psicológico, o trânsito transdisciplinar entre ensino, pesquisa e extensão de serviços à comunidade. Ao atar realização de estágio em Plantão Psicológico e execução de pesquisa interventiva na mesma prática, essa proposta atenta para os vínculos entre teoria, pesquisa e prática, bem como permite aos alunos uma referência experiencial das conexões, entre ação e investigação clínica. Essa abordagem se coaduna à perspectiva mesma concebida na Atenção Psicológica em Instituições: na interface entre investigação em pesquisa e orientações da práxis, abre-se o compreender do fazer clínico como voltado à interrogação do sentido, em sua dupla dimensão de direção norteadora e afetabilidade que, enquanto investigação clínica, é em si mesma rearticulação de teoria, pesquisa e prática.

Inspirado nessa compreensão clínico-pedagógica esboçada, que se propõe inovadora e questionadora da organização predominante da formação em Psicologia, o presente capítulo buscará refletir sobre o âmbito pedagógico e de proposta de formação do trabalho de Atenção Psicológica em Instituições. Para tanto, explora a elaboração e transmissão da experiência clínica de alunos de graduação, tomando como ponto de partida o Plantão Psicológico nos projetos de Atenção Psicológica em Instituições e acompanhando o percurso de aprendizagem e o processo de formação desses alunos nessa modalidade de prática no campo do Aconselhamento Psicológico.

Algumas Interfaces da Trajetória

O acompanhamento do percurso de aprendizagem dos estagiários em Plantão Psicológico desvelou construções, desconstruções, releituras, conexões, manobras e passagens, num movimento em espiral, em que os alunos circulam em temas pertinentes à prática clínica e seus meios de compreensão, enquanto processo de aprendizagem, aprofundando e reinterpretando certos aspectos cada vez que abordam

---

[1] Por exceder o objetivo e o espaço deste texto, coleta e análise de dados não serão discutidas. Observa-se, porém, que as citações foram extraídas de depoimentos de alunos, a partir de uma pergunta disparadora e aprofundadas em entrevistas cujas questões se criaram nas lacunas do próprio relato. Esse todo foi cerzido e literalizado, perfazendo um único depoimento. Assim, a construção do material de análise e a própria análise foram realizadas na perspectiva de um diálogo com o material e da constituição conjunta de um conhecimento sobre o mundo e do mundo humano (CRITELLI, 1996; ARENDT, 2001, MERLEAU-PONTY, 1974), e considerando a rememoração como modo de tessitura da história (GAGNEBIN, 1994; BENJAMIN, 1985).

[2] O filme *Instinto*, de Jon Turteltaub, e o texto "Filosofia mestiça", do filósofo Michel Serres.

[3] Para um maior aprofundamento sobre os diários de bordo, consultar Morato (1999).

um tema. Estes, por sua vez, se remetem e articulam à própria historicidade dos alunos, situando o estágio de Plantão Psicológico num percurso acadêmico, relacional e vivencial.

Esses manuseios constituem a composição de um olhar no qual articulações teórico-práticas permitam um fazer instituinte, contemplando desafios vividos na prática. Trata-se de um olhar que privilegia a reorientação do percurso, e não sua direção definitiva. Por isso, o aprender nessa proposta se mostra rico em reflexões: na ampliação de novas direções e aspectos, na assunção da condição de desalojamento e incompletude, na tessitura de sentido como condições humanas e do clínico em instituições.

Falar da experiência implica considerar, de antemão, que o vivido não será abarcado em sua totalidade: os fios da rememoração se retecem, compondo um outro tempo, em que a origem simbólica se apresenta. Considera-se ainda que as interfaces expostas sejam fruto de reflexões e articulações posteriores à coleta de depoimentos e buscaram articular alguns aspectos retomados constantemente no relato da experiência de formação. A apresentação como interfaces do aprender clínico foi uma escolha didática, para tornar inteligível e comunicável a experiência, preservando, no entanto, sua intrincada miríade fenomenal.

Esse aprender se constitui como constante tessitura de significações da e na relação terapêutica, que, como a cerzidura de Penélope e a própria condição humana, é retecida constantemente, e muitas vezes mostra-se inacabada. Desse modo, como as citações dos depoimentos almejam ilustrar, aspectos abordados são reconsiderados e reorientados conforme a experiência se desenrola, assumindo novas faces e descortinando novos sentidos e modos de considerar o trabalho e o conhecimento em Psicologia. Esse desenrolar será abordado a fim de se articular uma leitura possível da trajetória de compreensão da prática. Nessa empreitada, a reconsideração da prática psicológica enquanto clínica, não como campo de atuação, mas no sentido amplo de voltar-se ao cuidado e ao olhar específicos às relações e contextos humanos, permeia depoimentos e reflexões.

Desconstruir – Crise e Desalojamento

Quando você começa a estudar como é que se atende, você estuda conceitos (...) e você começa a ter um monte de *a priori*, e esses *a priori* na maioria das vezes são derrubados nos estágios que a gente faz. No Plantão, na instituição...

(...) a prática que eu tinha na graduação (...) estava toda balizada por onde deveria seguir, então você tinha (...) ganchos... na (...) disciplina, no curso... Que você voltava essa experiência para um determinado fim... Já pressuposto. (...) acho que quando apareciam coisas que se enquadravam nessa expectativa (...) Tudo bem. Agora, quando apareciam coisas que não se encaixavam, eu acho que é aí que essa aprendizagem começava.

(...) num primeiro momento era muito importante para mim estar fazendo um atendimento com uma pessoa singularmente ali (...) que tinha a ver com a minha experiência na graduação. Quando isso não começou a ocorrer, eu comecei a entrar numa crise e... também assim, de apreender qual que era a proposta do projeto de que esses atendimentos poderiam ocorrer de outras formas.

(...) tive que me deparar com os outros projetos, que eu não conhecia, e aí eu tentava estabelecer algumas semelhanças...

Mas precisa de umas construções e umas desconstruções... a todo momento. Tanto teóricas, quanto práticas, quanto pessoais.

Na rememoração da experiência, os alunos abordam a trajetória de sua formação como uma construção e situam a prática em instituições como um direcionamento ao longo de seu percurso. Em princípio, a percepção da situação clínica na instituição, cuja baliza é a própria afetabilidade, é tida como uma perda de referências desalojante, na qual os significados já construídos por meio de conceitos teóricos, práticas e discursos ocorridos em outros contextos formativos não contemplam a experiência que se desenrola. Apresenta-se um momento de crise em seu sentido etimológico, no qual há uma perda de referências que orientem um caminho a seguir, já que as referências até então construídas não se mostram pertinentes para orientar o vivido. Os momentos de crise e busca de significações das vivências são, gradualmente, reconhecidos como parte de um movimento de compreensão que por vezes se volta a conceitualizações e à aplicação da teoria e em seguida se depara com a dificuldade de se contemplar a experiência pelo conceito.

Na medida em que se configuram as vivências e seus espaços de discussão, nos quais a experiência pode ser compartilhada (supervisão clínica, vivências, congressos e encontros formais e informais), novas junções entre vivências, teoria, prática, pesquisa e aprendizagem vão se construindo. Essas articulações reconfiguram os modos de compreender a experiência, ampliando os recortes e reflexões possíveis e reorientando a própria prática. Novas práticas, como participações em projetos em outras instituições ou reconfigurações no modo de atuação em uma mesma instituição, vão desvelando novos meios de compreensão. Nessas situações, apresentam-se outros momentos de crise, nos quais a necessidade de constante retomada das próprias perspectivas se manifesta: circular em diferentes contextos do fazer refere-se a uma ampliação e rearticulação da bagagem vivencial, de modo a reconhecer especificidades e aproximações das formas de a prática clínica mostrar-se em cada contexto. Tateando espaços fronteiriços pela diversificação dos contextos, os alunos recircunscrevem seu próprio espaço, abarcando nele a vivência de crise como condição da abordagem clínica.

Nesses espaços, o aprender se apresenta como tessitura de sentido para a prática, sentido este imbuído de uma afetabilidade: o modo como a experiência afeta aquele que a vive se dispõe como o primeiro modo de abertura e percepção da situação clínica – de inclinação à escuta e à interrogação das subjetividades nas instituições, às relações em seu âmbito, às falas e ações proferidas no espaço que é cerzido pela presença do psicólogo.

Pode-se articular essa vivência ao próprio contexto em que a prática se dá. Em uma conjuntura de formação na qual, muitas vezes, a aplicação teórica na experiência prática é predominante, a construção de um olhar que abarque e reconheça a afetabilidade e o sentido passa pela assunção de um "não-saber". Por outro lado, o Plantão Psicológico nas instituições se configura como uma abordagem de abertura aos atores institucionais, para o imprevisto e imprevisível, sem estruturas fixas, e, nesse sentido, como uma situação de desalojamento. Assim, a prática do Plantão Psicológico em Instituições implica remeter-se à perspectiva de crise e desamparo, reconsiderando-a como condição e como bússola, e admitindo momentos de crise como pertinentes ao trabalho, possibilitadores de releituras e transformações e impulsionadores da pesquisa que se desenvolve juntamente à intervenção.

Nos projetos de Atenção Psicológica em Instituições, a dimensão de pesquisa que ocorre integrada à prática também se relaciona à ausência de interpretações *a priori*, já que se propõe a constituir e investigar formas contextualizadas de intervenção a partir de um olhar clínico e cartográfico, em que a inserção nas instituições se dá na via do interrogar pelas demandas nelas constituídas. Nessa trama entre dimensões da atitude clínica, da aprendizagem e da pesquisa, emerge o aspecto da constatação de um desconhecimento próprio à atitude de abertura na direção de um autoconhecimento e conhecimento do outro. Ou seja, reconhecer a crise como condição é admitir que só se pode conhecer o que é desconhecido, tanto numa dimensão de pesquisa quanto de aprendizagem. O assumir esse olhar sob a crise como condição de trabalho realoca o sentido do encontro terapêutico, sem vistas a um fim pautado por conceitos já instituídos (objetivos predefinidos ou uma teoria prévia que defina todas as possibilidades). Embora abarque expectativas, esse olhar apenas sinaliza uma abertura para significados e sentidos a serem cerzidos em diversas dimensões: a prática nas instituições, momentos de cartografia e pesquisa, momentos de supervisão.

Re-conhecer: Deixar-se Afetar e Tecer Espaços de Pertencimento

(...) todas as supervisões que a gente tem aqui (...) todo mundo pergunta... "O que é que você sentiu na hora em que estava atendendo?" Ou... "Como é que você se sentiu quando a pessoa respondeu isso ou aquilo?..." E você se ter como referência na hora do atendimento é uma coisa que ninguém ensina (...) O que eu senti só é importante aqui. Em outras supervisões nunca foi. E é o que mais me instrumentaliza... Porque a partir do que eu senti e percebi eu vou poder intervir...

(...) o que mais me faz entender... são as conversas, tanto com (...) meus supervisores, quanto com meus colegas (...) na supervisão... da aula... Tem umas discussões que a gente tem, ou tem um trabalho que a gente faz... discussões... Com meus amigos... conversas, no geral... Conversa quando sai do plantão, começa o plantão...

...as pessoas precisam de uma figura de referência (...) quem está atrás de mim (...) eu posso confiar (...) Me suprem de cuidados, e eles só conseguem fazer isso porque a gente é uma equipe, e que vai suprir um ao outro de cuidados e assim por diante.

(...) dessa experiência clínica, isso estar sendo legitimado como... relevante numa supervisão... e eu poder estar sendo cuidado. Então não só um olhar visando um cliente, ou o caso, mas como essas coisas estavam me afetando (...) esse foi o modo como as coisas foram mudando... Acho que teve o cuidado das pessoas em justamente não me atropelar... E (...) dizendo que também já passaram por isso... Ou que não passaram (...) Trocando essas coisas eu conseguia... Estar trabalhando comigo essas experiências... Então eu acho que é um trabalho em conjunto, mas também um trabalho solitário...

(...) no começo você só recebe, porque você não se autoriza a falar, você desce do jeito que (...) a pessoa estava. E aí na hora que você chega lá e tem a supervisão, a pessoa vai nomear tudo aquilo que você está sentindo... E aí, pronto: você vai ver que da próxima vez dá para você chegar lá e fazer isso com a pessoa, que vai ser suficiente.

A partir da vivência de crise, a construção de um pertencimento nos espaços de discussão possibilita reorientar e tecer as experiências e torna-se um referencial que sustenta a criação de sentidos, deixando fluir novos significados e interpretações e novas articulações entre concepções já construídas, constituindo conexões e percursos teórico-práticos. A configuração da equipe como espaço de disponibilidade ao aluno e de escuta de sua experiência ocorre pelas inter-relações no grupo, pautadas por múltiplos dizeres, e possibilita um espaço de pertencimento e testemunho integrante da ação clínica: pela circulação da palavra na pluralidade de tramas de signos e significados, se desconstroem lugares rígidos de saber. Reconhecer o desalojamento como implicado no movimento de busca de sentido permite alçar a afetabilidade como via de construção de sentidos que não se afiguram a priori na situação clínica, mas se mostram no fluxo da experiência em sua multiplicidade de acepções possíveis, expressas e tecidas no diálogo e na intersubjetividade.

A relação terapêutica torna-se algo a ser construído, na abertura ao desconhecimento do que se desenrolará – na inserção na instituição, no Plantão Psicológico. A crise se reapresenta como questão e condição cara à relação clínica: pessoas, instituições, relações institucionais, grupos, se apresentam a partir das possibilidades dadas por seu modo

de ser, e seu encontro com elementos do mundo, inclusive o clínico, se constrói a partir desse mostrar-se. O olhar clínico parte do interrogar esse modo de apresentar-se e a atitude clínica se dispõe como movimento pela apreensão da própria afetabilidade e percepção, expressas nos espaços de discussão: a valorização da própria vivência ganha importância como eixo no qual significações podem ser construídas.

Esse olhar vai se constituindo como configuração perceptiva, alinhavada aos múltiplos engendramentos dos que participam do contexto das relações clínicas, e às interpretações que daí derivam, não como causalidade, mas como genealogia do ser e fazer presentes. Expressar a prática vai se referindo não apenas ao cliente/instituição, mas à própria afetabilidade diante de um outro, de um contexto, do mundo: perceber como se é afetado é o primeiro recurso alçado para perceber o próprio campo experiencial,[4] já que não se apresentam conceituações a priori para compreender aquilo que é vivido na instituição.

Os espaços para falar e ouvir tornam-se território de questões, reflexões e novas construções de sentido. Neles, ocorrem reconfigurações do significado e direcionamento atribuído às experiências e à sua expressão, acompanhando passagens e desvios pertinentes ao processo de aprendizagem. Não se mostram resultados, mas uma apreensão afetivo-cognitiva que volta a atenção ao olhar e interrogar. Do desalojamento sentido emerge a afetabilidade como abertura para perspectivas pertinentes de expressão e nomeação da experiência, em articulação com outras experiências e experiências de outros.

Nessa compreensão se orienta a questão do cuidado, nas inter-relações com outros, para o diálogo sobre a experiência. Percebem-se os espaços desse diálogo como lugares em que a afetabilidade tem legitimidade, possibilitando o trânsito do sensível ao significado, na construção de conhecimento na aprendizagem e na pesquisa. Desse modo, a contextualização do saber se dá experiencialmente e na própria atuação, apontando reflexões pertinentes à atualidade do trabalho: dimensões afetivas, sociais, éticas, políticas não são percebidas como anexas, mas como permeando todas as relações, inclusive a atuação clínica e a configuração dos espaços pedagógicos.

---

[4]A expressão campo experiencial refere-se não apenas à experiência em sua dimensão afetiva, mas procurando abarcar o homem em sua dimensão totalidade, nas inter-relações entre significados, sentidos, concepções, corporeidade e historicidade que se entrelaçam na compreensão humana do mundo. Sobre a percepção como totalidade, consultar MERLEAU-PONTY, M. (1974: 1990).

Nessa via, articulam-se escuta e expressão na situação clínica à abertura para perceber o outro e os outros não apenas no que é dito, mas a partir de todo o desenrolar do encontro, na multiplicidade do que aí é expresso. A partir da percepção de sua afetabilidade pelo outro, configurada no testemunho e na solicitude clínica, faz-se o trânsito pelo sentido. A circuncisão do espaço terapêutico dá-se na multiplicidade de possibilidades humanas da esfera intersubjetiva, na tessitura de "pontes" de diálogo entre eu-outro, através das quais passagens e travessias de afetos, significações e dimensões da existência podem ocorrer.

A experiência do aprender clínico tem também, em sua legitimação, outros como testemunhas, tanto na equipe de trabalho enquanto espaço pedagógico quanto na situação clínica enquanto experiência da prática. A afetabilidade, vivida como solicitude na esfera intersubjetiva, é experienciada também como cuidado, nos espaços de supervisão e discussão, em que a percepção das impregnações do vivido vai se constituindo como instrumento clínico e possibilitando que questões e problemas levantados não digam respeito apenas ao outro, mas afigurem um pertencimento coletiva enquanto facetas de questões e possibilidades humanas, numa mesma sociedade e mundo humanos. Nessa reorientação, uma das dimensões iniciais ocupada pelos espaços de discussão é a identificação: perceber a própria ação clínica pertinente e a um grupo, e construir conexões entre suas apreensões e as de outros. Escutar outras experiências configura-se expressão da própria experiência: ouvir a experiência de outros, que alude à própria experiência, mostra-se um *se ouvir* na experiência de outros. Pela relação entre experiência e criação de significado, os alunos reconhecem o espaço da intersubjetividade como uma esfera de comunicação pré-objetal e não conceitual, na qual o sentido pode ser apontado e nomeado pela fala, mas não pode ser apreendido em totalidade. O trânsito de afetos, significados e sentido na linguagem emerge como referencial próprio do fazer clínico e como um *voltar-se*: abertura para deixar-se afetar pelo outro e afetá-lo de modos tecidos no próprio diálogo, na multiplicidade do espaço intersubjetivo.

Dizer: Rememorar a Experiência e Construir a Própria Palavra

Por que aqui eu não consegui encaixar meus guias no estágio? (...) primeiro de tudo... A gente começa com o estágio. A gente não aprende nenhu-ma teoria antes de ir para o Plantão (...) A gente começou a dar plantão seis meses antes de ter a teoria...

Aí você chega lá com os seus *a priori* e você vai percebendo que isso começou a ser derrubado... E aí tem que explicar, depois...

(...) como foi eu na supervisão percebendo isso? (...) poder estar sendo compreendido por outras pessoas (...) Então você podia... Trazer por inteiro as coisas que você estava anunciando, porque quando você estava no plantão (...) A gente estava atento, a gente estava numa prontidão que se dava a todo tempo, que não era uma questão de "Ah, eu só vou estar assim quando o fulano vir..." Tinha umas comunicações que... Aconteceu o tempo inteiro...

No projeto, foi uma coisa que não me foi dada (...) eu tive que criar. Coletivamente? Sim, coletivamente, não foi uma coisa de criação solitária, mas... as pessoas também estavam buscando sua própria construção.

Se ele experimentar, ele vai saber, aí vai ficar claro, mas se ele não experimentar não vai saber, e não vai adiantar eu falar...

Se, a princípio, os espaços de formação se configuram como espaços de escuta, vão gradualmente se tornando lugares de fala e diálogo acerca da experiência. Essa realocação não ocorre numa definição formal, mas se constrói ao longo do fazer. Pelo acolhimento e legitimação nesses espaços, as experiências clínicas podem se articular, considerando-se seus modos aproximação e entrecruzamento. Nesse processo, ressalta-se a necessidade de um olhar solícito, próprio da clínica, se compreendida como um *inclinar-se* para o cuidado.

Os alunos voltam-se, então, à rememoração da própria experiência, na perspectiva da abertura para significados e sentidos a serem construídos com outros. Isso é possibilitado pelo reconhecimento da inapreensão do real em si mesmo, legitimando articulações realizadas nos espaços de prática e formação – a tessitura de uma compreensão com o outro vai se fazendo a partir da atenção a um "algo" não-compreendido. Essa articulação permite resgatar a própria fala, e interlocuções com falas de outros, como eixos nos quais um saber pode se constituir. É nesse momento que o *status* das falas se expõe de maneira dialógica: "autorizados a falar", e ainda embebidos do desalojamento oriundo da dificuldade de significar a experiência, os alunos rearticulam a fala como construção com outros.

A integração de afeto e fala, como interfaces do percebido, vai se tramando nos espaços clínico-pedagógicos, e se mostra eixo de significação do sentido na situação clínica, tornando comunicável a experiência. Nesse movimento, interpretações expressas como construções deixam em suas conexões "aberturas" nas significações, de modo que a comunicação exposta se faz uma leitura possível, mas passível de releituras. A aprendizagem clínica transita assim da escuta para uma reorientação dos espaços clínico-pedagógicos, com a valorização do contar a própria experiência, legitimado como busca de significações para o encontro terapêutico.

Esse relato vai compondo a busca por novos modos de compreensão que abarquem o vivido e possibilitem sua significação e reflexão, bem como o acolhimento e a troca de referências, tecendo junções entre afetações vividas e contexto vivencial. Essas articulações permitem construir novas referências, que não se colocam apenas como conceitos, mas configuram aberturas para diversos meios de contemplar e apreender a alteridade (a relação com o outro, com o contexto social e institucional), fazendo-se a investigação clínica.

Essa fala opera no trânsito das apreensões do encontro clínico à construção de significados e sentidos, e é uma faceta da própria dinâmica dialógica da situação clínica. A tessitura entre afeto e palavra favorece a compreensão desse movimento, em sua condição de intersubjetividade, e confere legitimidade à fala de quem o viveu. Nesse sentido, a compreensão construída a partir da própria percepção nos encontros clínicos está ligada à disponibilização de um espaço de acolhimento no qual o diálogo com outros possa rearticular as afetações emergidas nesses contatos, permitindo um reconhecimento interno e auto-apropriado: uma fala apenas conceitual não contempla a atitude clínica, mostrando-se redutora da multiplicidade apresentada no contato com outros.

Olhar e fala remetem à própria percepção como captora de saberes e de linguagens, expressos em nível pré-verbal, enlaçados por excelência às experiências humanas e cuja legitimidade vai sendo resgatada no espaço clínico-pedagógico. Os alunos criam meios próprios de falar da atuação clínica e seus entrecruzamentos e desse aprender não-infor-

mativo, que de início se expressa em nível pré-verbal e vai sendo nomeado no percurso de aprendizagem. Essa dimensão narrativa, por meio das vivências nos espaços de formação, vai sendo realçada pelos alunos também na atuação clínica: o lugar do psicólogo vai se situando como lugar de escuta e articulação da experiência daquele que é atendido.

Expõe-se assim o conhecer em seu sentido etimológico, de algo gerado na fusão com o mundo (MORATO, 1999), articulando aprendizagem e pesquisa, e o espaço intersubjetivo como tessitura, em que significados são construídos pela percepção dos modos de mostrar-se dos sujeitos nesse espaço. Nessa acepção, a experiência constitui ponto de convergência na construção das significações, nas relações terapêuticas no plantão e pedagógicas nas supervisões e discussões com pares. Vivenciar, ouvir e falar do vivido vão se compondo como narrativa do cotidiano da prática clínica e permitem ao aluno ir aprendendo-a como encontros intersubjetivos, permeados por diversos atravessamentos, e que apontam questões, interrogações diante do outro e do mundo a partir de si mesmo. O encontro com outros na relação clínica – no contexto tanto pedagógico quanto terapêutico – emerge como espaço vivencial e dialógico: espaço para viver a experiência intersubjetiva terapêutica e, ainda, para elaborar a experiência vivida.

Compreender – Entender e Abarcar

Você não tem... um fim específico. Você pode até esperar que algumas coisas aconteçam, Mas... (...) em outras experiências eu conseguia fazer isso... (...) uma das coisas que mudou foi o meu jeito de olhar a situação... Eu continuo esperando, mas agora espero sabendo que não vai ser possível... (...).

... No atendimento, em vez de simplesmente falar, você vai deixar aquilo entrar para devolver o dele (...) a pessoa que vem ser atendida está uma gosma, ela não consegue entender nada do que está acontecendo, é uma coisa meio de passagem (...) ela entra em você em alguns lugares... Isso ressoa junto com o seu e você separa: meu, dele, meu, dele, meu, dele... Aí você se sente autorizada a dizer para ele o que é dele (...) E a supervisão vai fazer isso comigo... Do mesmo jeito que eu faço isso para o cliente.

... Você também aprende a fazer um movimento interno, a ter um olhar, que você foi formando nesse processo, e as coisas podem até pegar, mas ficam mais claras, ou ficam claras mais rápido, você tem mais jogo de cintura, uma habilidade clínica mesmo.

... o grupo ter um acolhimento que possibilita eu "me lançar"... eu me inseri como plantonista, estagiário... De um projeto (...) que estava propondo determinada prática clínica... E a forma como eu iria ser ensinado ou aprender (...) Era diferente (na instituição), quer dizer: eu ia lá desde o início quebrar a cara! (...) no sentido de se abrir para uma coisa que não conhecia (...) fazia sentido para mim, essa era a referência (...) num sentido que vai muito além do verbal.

Situando as vivências como eixo inicial de atribuição de significados e sentido por meio da linguagem, os alunos rearticulam os momentos de aprendizagem. Significados e reflexões têm aspectos relacionados à vivência pessoal, que transitam na prática clínica em nível tácito, conectando-se às aberturas para percepções e significações na esfera intersubjetiva, e aspectos vinculados a referências construídas teoricamente, na linguagem, como viabilizadoras de reflexão e interlocução, consigo e com outros, de modo a circunscrever o próprio campo de atuação e situar a prática. Ao relatar essas experiências, os alunos também consideram a importância de reflexões teóricas que não se dão apenas no âmbito psicológico, mas que consideram outros modos de saber – questões sociais, políticas, históricas – que atravessam as instituições e que, se nem sempre se colocam na fala de sujeitos específicos atendidos, se expressam e se desvelam nas situações do cotidiano das instituições. Assim, refletir sobre tais questões é, ainda, meio de compreensão de afetos e significações expressos e sentidos nas relações ocorridas na atuação clínica.

Pelo redimensionamento das conexões entre experiência e linguagem, no qual a linguagem expressa articulações da experiência, podem-se dimensionar referências (teóricas, sociais, pessoais), significados e sentido da prática. Nesse processo, se ressalta a vivência institucional como significativa, em sua abertura direta ao desalojamento e à afetabilidade, atentando e fazendo emergir o trânsito de afetos e referências como condição da prática clínica. Dessa forma, ocorre a rearticulação do lócus da teoria como instrumento para o pensar e tecer sentido, efetivando o trânsito entre percebido – tácito – e significado articulado – explícito – na construção de um saber de ofício.

Na consideração do encontro terapêutico em sua intersubjetividade, valoriza-se o interrogar, enquanto modo de perceber e dialogar com o outro, como matéria-prima para a aprendizagem e prática clínicas. Esse olhar tem como horizonte a relação terapêutica em sua multiplicidade e se torna, para os alunos, fundante dos espaços de significação e teorização. Ele vai se diferenciando de um olhar para a conceitualização redutora daquele que é atendido – o encontro não é um "caso", mas abarca uma relação, paradigmática de modos de se relacionar no mundo.

Pela compreensão e expressão do trânsito de sentidos do encontro clínico, a partir da afetabilidade, emerge a questão do trânsito pessoal dos afetos provocados no encontro clínico. Esse trânsito, pelas significações refletidas nos espaços de discussão e diálogo, pode ser integrado como experiência pessoal de articulação entre sentido e significações. Enreda-se um movimento de passagem do sensível para o nomeado, de fluidificação de significados, nas dimensões pessoal e intersubjetiva, como duas ocasiões do trânsito por um sentido. Nesse movimento, cerzem-se os momentos de aprendizagem, que circunscrevem a elaboração tácita da prática clínica nos espaços de reflexão, em uma interpretação vivida das questões sociais, psicológicas, institucionais, éticas.

Contemplar: Teorizações

... O plantão (...), e atenção, soa para mim como (...) atitude: você está lá dando margem para que um atendimento aconteça (...) é dar margem para que a pessoa chegue até você independente de ela pedir (...) ou não. Atenção é assim a partir do momento que você está lá com esse olhar, com esse objetivo, com essa intenção, você já está em atenção...

... Para você ir compreendendo, você também precisa ir construindo um modo de se ver psicólogo, e aí tem muito a ver com o modo como você percebe o outro e você mesmo... E acho importante também buscar... Coisas que falem desse jeito.

Agora eu acho que ando muito mais no caminho de entender aquilo que eu faço primeiro, para de-

pois buscar uma teoria. Construir a minha explicação (...) você vai vendo que vai ter umas horas
que não vai encaixar, não vai encaixar, não vai encaixar... Puxa, então pára e pensa: "O que eu faço
ali?" (...) Antes o que eu faria seria tentar pegar a
teoria e colocar na prática, agora eu tento... quando comecei a fazer isso, tive que ir... da prática para
a teoria... Teorizar aquilo que aconteceu....

... A partir do momento em que eu fui falando
da minha experiência, através dos trabalhos que
eram feitos em faculdade, fui entendendo de outra forma...

A partir da cerzidura entre afetabilidade e significação,
a teorização é reorientada, atuando mais como eixo de
reflexão e referenciação do que de conceitualização
rígida. Desse prisma, ela se refere à busca de contornos
e ao desenvolvimento de uma crítica sobre a prática, em
vez da afiguração precisa dos fatos ocorridos na relação
terapêutica. A linguagem clínica situa-se como recurso
para o pensar, apontando sentidos possíveis aos encontros intersubjetivos, e as teorias não se configuram num
estatuto de verdade, mas numa dimensão de produção
humana – histórica, social, experiencial e contextualmente
implicada. Essa orientação da teoria possibilita articulá-la
mais integradamente à experiência, e ambas se afiguram
como concepções enredadas no percurso de aprendizagem.
O trânsito pela multiplicidade das experiências clínicas
torna-se matéria-prima na consideração de várias esferas
de relação: entre sensível e palavra, si mesmo e outros,
teoria e prática, aprendizagem e pesquisa. Constitui, ainda,
uma trama que cartografa a dinâmica dessas conexões e
situa ação e teorização clínica num lugar, um tempo, uma
situação social.

Nesse trajeto, ressalta-se a abertura cognitiva e sensível
para apreender aquilo que no contexto interventivo se
manifesta. Numa atenção para o "entre", para a dimensão
dialógica do encontro intersubjetivo, torna-se possível
compreendê-lo clinicamente. O processo de aprendizagem
mostra-se um movimento de desconstrução: partindo de
pré-concepções, abre-se para sua ressignificação pelas
vivências, nas quais o percebido ganha lugar. Doravante,
essas percepções e vivências se constituem matéria-prima
na articulação de significados, na aprendizagem, via teorização, e na própria ação clínica. A aproximação teórica se

faz pela reflexão sobre a experiência, realocando o que se
situava distanciado.

Concebendo a fala como meio de articular sentidos
na elaboração da experiência, a reflexão teórica se afigura
como um novo movimento de ressignificação. A princípio,
o espaço de diálogo sobre a experiência clínica é tido como
espaço para "ouvir", e vai se tornando espaço para relatar a
experiência e, por meio do outro, cerzir significações para
afetos e percepções. Nesse decorrer, as conexões e o trânsito por significados e sentidos são permeados pelo dimensionamento da fala em múltiplas esferas – no relatar, no
compreender, no refletir –, criando e favorecendo novos
espaços de articulação teórico-prática. Compreender a
teoria como via para percorrer reflexões permite abranger
novas interlocuções, referenciando a prática por uma apropriação teórica da experiência.

Pela ressignificação dos espaços de articulação teórica e
da referenciação, pela experiência, das articulações entre
teoria e prática, é possível realocar tanto a esfera teórica em
que se desenvolve a prática quanto as próprias leituras de
teorias. Os alunos, então, podem expressar uma compreensão própria dos referenciais teóricos, em cuja perspectiva
desenvolvem sua prática, delineando a Atenção Psicológica
a partir da abertura para a afetabilidade na ação clínica, que
possibilitará, no encontro com o outro, a constituição de
espaços intersubjetivos, próprios à rearticulação de significados e à construção de sentido.

Essa acepção da teoria como instrumento de construção de sentido ressignifica a perspectiva para a ação
clínica: resgatando a legitimidade do sensível, vai possibilitando aos estagiários ampliar os modos de interlocução
e compreensão da experiência entre sujeito e contexto,
entre as vivências na situação clínica e suas articulações
com outras esferas da existência – sociais, econômicas,
culturais –, entre questões subjetivas e institucionais. Por
um lado, as afetações sentidas, mais evidentes nas instituições, podem mostrar-se vias para a compreensão dos
atores institucionais, e da relação que estabelecem com o
espaço clínico oferecido. Por outro lado, essas apreensões
possibilitam novos dimensionamentos e falas: a vivência
no âmbito das instituições é percebida como abertura do
olhar, pela afetabilidade que ela provoca e que, se permeia
a clínica, torna-se num enredar que clama por elaboração
de sentido, nessa conjuntura específica.

Por meio dessa ampliação de perspectiva, os alunos
relatam uma fluidificação do trânsito pelas interfaces do
contexto clínico, nas esferas da afetabilidade, do relato da
vivência, do trânsito por múltiplos apontamentos ocor-

ridos na experiência, da interlocução com compreensões sentidas por pares. Configura-se um movimento de elaboração de sentido, pertinente tanto à aprendizagem quanto à prática clínica: a interlocução entre significação e tessitura de sentido e afetabilidade mostra-se rearticuladora das acepções teóricas em sua vinculação à experiência vivencial e é passível de reelaborações. Nesse novo momento, as articulações teóricas realizadas pelos alunos são compreendidas também como um relato de experiência, expressando o estreitamento das possibilidades de articulação entre teoria e prática, como articulação entre saber e experiência, e não como uma fala heterônoma.

A possibilidade de articular o próprio conhecimento confere também outra dimensão ao questionamento: o interrogar o encontro e o que dele se constrói passa a ser compreendido como um instrumento para a constante articulação. Assim, conforme compreensões se fazem possíveis, novas questões se configuram. A apropriação da trama de compreensões, pela articulação teórico-experiencial, favorece um estreitamento entre os alunos e seus interlocutores, horizontalizando essa interlocução e situando-a mais proximamente ao contexto dialógico. Os alunos expressam um momento da fala no qual a legitimidade do dizer já foi construída e a busca é por uma reflexão constante, cujo mister foi apontado pela ascensão do espaço clínico como um espaço de desalojamento e não saber, que permite uma ação crítica de si mesma. Apropriando-se da compreensão do encontro intersubjetivo como um vir-a-ser, construído em seu próprio acontecer, a aprendizagem se faz na emergência de conexões entre essa acepção e a própria construção de um modo de ser, enquanto profissional da prática clínica. Reconhecer-se ou não em teorias dá-se a partir das possibilidades de nomear o sensível e o sentido no encontro, articulando significados possibilitados pelas compreensões e pelas percepções sentidas no contexto experiencial, abrangendo uma apropriação.

ALGUMAS CONSIDERAÇÕES: APRENDIZAGEM NA FRONTEIRA ENTRE CLÍNICO E PEDAGÓGICO

Os caminhos expressos pelos alunos apontaram para construções e desconstruções de compreensões possíveis, num movimento que acompanha as questões humanas (HEIDEGGER 1927:1998; ARENDT, 2001). Pode-se articular esse movimento realizado pelos alunos ao próprio percurso de constituição histórica da metafísica, no qual o

método, em sua iniciativa de tornar públicas as compreensões do ser, se mostrou muitas vezes impróprio para a contextualização do relacionar-se, do conhecer e do existir humano, gerando crises das quais decorreram buscas por novas formas de compreensão. Entre essas crises, emerge a que constituiu a Psicologia como ciência, e novamente construções e desconstruções acompanham o trajeto da Psicologia científica, num entrecruzamento de muitos matizes entre o discurso psicológico e sua aproximação e distanciamento daquilo que é propriamente vivido no contexto em que ocorre. As construções, reorientações e multiplicidades significativas se apresentam em aspectos históricos, sociais, subjetivos, em dimensões da realidade e da condição humana, e participam do movimento de aprendizagem como sua própria condição de possibilidade e início.

No resgate da experiência de aprendizagem por meio das narrativas, buscou-se uma compreensão possível do caminho de apropriação de uma prática clínica na construção de modos pertinentes de ser e fazer. Nesse percurso, inicialmente também emerge a crise, compreendida como um momento de suspensão no qual o seguir cotidiano perde sua direção, rompendo com a absorção e naturalização do cotidiano, apresentada em face da situação institucional e da ausência, própria da modalidade de Plantão Psicológico, de um fazer predefinido que possibilite sua reprodução técnica.

Desvelando a angústia (HEIDEGGER, 1927:1998), a crise possibilita o encontro consigo mesmo, resgatando uma propriedade. A vivência de crise relatada pelos alunos levou à desconstrução de uma fala na impropriedade (HEIDEGGER, 1927:1998), tal como a teoria vinha sendo vivenciada, desarticulada do exercício pessoal da experiência. As experiências iniciais no Plantão Psicológico na perspectiva da Atenção Psicológica em Instituições, vividas como um relançar-se na angústia, permitiram resgatar a inventividade e abertura que o estranhamento e interrogar do mundo engendram.

O relançar-se na angústia pela crise fez-se num contexto cujos espaços pedagógicos, de supervisão e discussão, são percebidos como espaços de pertencimento, abrindo uma perspectiva de apropriação das compreensões que emanam das relações estabelecidas nos contextos de aprendizagem e atuação. Esses espaços emergem como lugares aptos a possibilitar a construção de sentido, enquanto perspectiva para compreender e nortear o trabalho. Os relatos e as narrativas no cotidiano da prática vão circunscrevendo uma perspectiva de atuação e, ao mesmo tempo, mantendo uma abertura a múltiplos entrecruzamentos e reflexões, configurando o campo clínico e dimensionando-o, também, em suas interfaces institucionais, políticas, sociais, culturais. A fala é considerada em seu aspecto de simbolização e abertura, conforme aborda Merleau-Ponty (1975): "a palavra não se assemelha ao que designa" (p. 120), mas "nomeia, isto é, apreende em sua natureza e coloca ante nós, a título de objeto reconhecível, o que aparecia confusamente" (p. 119).

Considerando-se que "não é nem o corpo, nem a consciência que produz o desenvolvimento, mas é a existência entendida como o conjunto das configurações das condutas possíveis para um indivíduo num dado momento" (MERLEAU-PONTY, 1990, p. 5) e que "a percepção do outro não é somente a operação dos estímulos exteriores, ela depende também (...) da maneira pela qual estabelecemos nossas relações com os outros" (p. 295), significados e afetabilidades se fazem em trânsito na relação eu-outro, abarcando modos pré-verbais de compreensão e atravessamentos de diversos aspectos, e a aprendizagem no campo clínico pode ser compreendida a partir de uma inter-relação cognitivo-afetiva.

Essa construção realizada pela fala vai tornando os espaços pedagógicos lugares de referência por sua perspectiva dialógica. Em seu sentido etimológico, dialogia compõe-se de *die,* que significa dois, e *logos,* que significa dizer. Refere-se, portanto, ao falar e ouvir compartilhado, em que se abre a possibilidade de uma tessitura de significados. Nesse espaço em que as falas podem transitar, é possível também a tessitura de novas interpretações, como possibilidades de orientar a compreensão.

Ao construir um campo de dialogia no qual se pergunta pelo ser, o próprio espaço pedagógico encontra interface com o campo clínico, possibilitando uma aprendizagem experiencial, no si-mesmo, da articulação entre disposição e compreensão pela linguagem. Isso porque também o campo clínico se constitui como abertura, como espaço de questionamentos, no qual as articulações possíveis acerca da experiência daquele que atende não se encontram predefinidas. Nesse sentido, há também no espaço pedagógico a abertura para um não saber, pelo qual interpretações e articulações podem ser tecidas, o que se evidencia considerando-se que o contexto no qual o espaço pedagógico se insere é também um contexto de pesquisa e um contexto de atuação concreta junto a instituições, no qual os desafios e questões acompanham o desenrolar das transformações nele ocorridas e seu entrecruzamento com o meio social mais amplo.

Desse modo, a aprendizagem vai se construindo no desvelar, através da experiência, de diversas dimensões de pertinência – a um grupo, às questões sociais e institucionais que se apresentam, à afetabilidade provocada pelo outro, a formas de compreender a prática –, tornando-se própria e significando-se na medida em que considera a multiplicidade de esferas compreendidas na construção de compreensões e interpretações. É no encontro consigo que a compreensão do encontro com o outro na ação clínica vai se tecendo, constituindo-se em uma experiência auto-apropriada do fazer clínico. Nessa direção, podem-se compreender o aspecto pedagógico e o aspecto terapêutico como duas interfaces do movimento de cuidar de ser sobre o qual o campo clínico se debruça no sentido de possibilitar e favorecer o projeto de si-mesmo. O percurso de aprendizagem apresentado pelos depoentes aponta para uma interface entre o aspecto clínico e o pedagógico dessa prática e para uma dialogia que se apresenta não apenas no encontro com outros – a instituição, o cliente, o supervisor, os pares –, mas que também se mostra na articulação entre teoria e prática. Nesse sentido, a horizontalidade dessas esferas permite uma constante rearticulação do próprio percurso de formação e das compreensões e interpretações construídas ao longo dessa trajetória, favorecendo a apropriação de um saber.

Nessa direção, cabe resgatar os direcionamentos e questões da formação em Psicologia. Uma perspectiva em Psicologia que tenha por objetivo o favorecimento da autonomia dos sujeitos enquanto agentes de mudança social e a integração das questões e problemas que se desenvolvem na malha social deverá tomar por base o estabelecimento de modos de relação – tanto no campo clínico quanto no campo pedagógico – nos quais múltiplas expressões das experiências possam ser ouvidas, tecendo um cuidado da subjetividade que considere seu múltiplo engendramento, no qual questões afetivas, de gênero, sociais, culturais, etárias, econômicas, políticas, não são acidentais, mas participam concretamente das questões psicológicas, pedagógicas e de atuação clínica. É por meio do entrelaçamento dessas questões em experiências de abertura a múltiplos modos e contextos de atuação que novas relações teórico-práticas são engendradas, permitindo a criação de novos artifícios, a ampliação das reflexões, a formulação de novas questões de pesquisa.

A escuta dessas experiências do ponto de vista do aluno, questionando o saber centrado na figura do especialista, abre ainda a questão das relações pedagógicas como importante eixo experiencial, no qual uma consideração da legitimidade à fala de quem viveu a experiência favorece o estabelecimento de relações dialógicas também entre psicólogo e clientela, teoria e prática, Psicologia e outros modos de saber. Uma formação atenta não à flexibilização como simples diversificação técnica e eficácia mercadológica, mas como real dimensionamento e crítica do múltiplo engendramento da clínica, considerando-a também em seus atravessamentos e conseqüências éticas, políticas, sociais e culturais, implica uma reconsideração do sensível, da experiência, das condições concretas do contexto e das possibilidades de reflexão do aluno enquanto co-participante de uma prática em construção, e implica uma reconsideração da clientela – pessoas e instituições – naquilo que ela pode trazer de singular, instigante e diverso. Abre-se um questionamento e reflexão numa perspectiva ética e política, dos modos de subjetivação e constituição da experiência contemporânea em seus múltiplos contextos.

REFERÊNCIAS BIBLIOGRÁFICAS

AMARANTE, P. **Loucos pela vida: a trajetória da reforma psiquiátrica no Brasil**. Rio de Janeiro: Fiocruz, 1998.

ANDRADE, AN; MORATO HTP. Para uma dimensão ética da prática psicológica em instituições. **Estudos de Psicologia**. Natal, v. 9, n. 2, p. 345-353, 2004.

ANTIPOFF, H. **Helena Antipoff: textos escolhidos**. São Paulo: Casa do Psicólogo, 2002.

ANTUNES, MAM. **A Psicologia no Brasil: leitura histórica sobre sua constituição**. São Paulo: Unimarco: Educ, 2001.

ARENDT, H. **A condição humana**. Rio de Janeiro: Forense Universitária, 2001.

BASAGLIA, F. Psiquiatria alternativa: contra o pessimismo da razão, o otimismo da prática. In: **Conferências no Brasil**. São Paulo: Brasil Debates, 1982, 3ª ed.

BENJAMIN, W. **Obras escolhidas**. v. 1. São Paulo: Brasiliense, 1985.

BRAGA, TBM. **Práticas psicológicas em instituições e formação em Psicologia: possibilidades de reflexões sobre o sentido da prática**. Dissertação (Mestrado) São Paulo: IPUSP, 2005, 179p.

CABRAL, ACM. A Psicologia no Brasil. In: ANTUNES, MAM (org.). **História da Psicologia no Brasil: primeiros ensaios**. Rio de Janeiro: Ed. Uerj: Conselho Federal de Psicologia, 2004.

CARPIGIANI, B. **Psicologia: das raízes aos movimentos contemporâneos**. São Paulo: Pioneira, 2000.

COIMBRA, C. **Gestores da ordem: algumas práticas "psi" nos anos 70 no Brasil**. Tese (Doutorado) São Paulo: IPUSP, 1992.

CRITELLI, DM. **Analítica do sentido: uma aproximação e interpretação do real de orientação fenomenológica**. São Paulo: Educ: Brasiliense, 1996.

FERREIRA NETO, JL. **A formação do psicólogo: clínica social e mercado**. São Paulo: Escuta; Belo Horizonte: Fumec/FCH, 2004.

FIGUEIREDO, LC. **Revistando as Psicologias: da epistemologia à ética das práticas e discursos psicológicos**. São Paulo: Educ; Petrópolis: Vozes, 1995.

FREIRE, P. **Por uma pedagogia da pergunta**. Rio de Janeiro: Paz e Terra, 1985.

GAGNEBIN, JM. **História e narração em Walter Benjamin**. São Paulo: Perspectiva; Campinas: Fapesp/Unicamp, 1994.

GODOY, M. **Supervisão no curso de Psicologia: análise de um caso clínico**. Dissertação (Doutorado) São Paulo: IPUSP, 1985.

HEIDEGGER, M. **Ser e tempo**. Petrópolis: Vozes, 1998. Trad. Marcia Sá Cavalcanti Schuback, 2ª ed.

JASPERS, K. **Psicopatologia geral**. 2ª ed. Rio de Janeiro: Atheneu, 1985.

LEVY, A. **Ciências clínicas e organizações sociais: sentido e crise do sentido**. Belo Horizonte: Autêntica/Fumec, 2001.

MASSIMI, M. **História da Psicologia brasileira: da época colonial até 1934**. São Paulo: Editora Pedagógica e Universitária, 1990.

MERLEAU-PONTY, M. **Merleau-Ponty na Sorbonne: resumo dos cursos – Psicossociologia e Filosofia**. Campinas, SP: Papirus, 1990.

_____. **O homem e a comunicação**. Rio de Janeiro: Edições Bloch, 1974.

MOFFAT, A. **Psicoterapia do oprimido**. São Paulo: Cortez, 1985.

MORATO, HTP. **Aconselhamento psicológico centrado na pessoa: novos desafios**. São Paulo: Casa do Psicólogo, 1999.

PERNAMBUCANO, U. A ação social do psiquiatra. **Neurobiologia**, v. 6, n. 4, p. 53-160, 1943.

ROMERO, MLC. **Transmissão-difusão da psicanálise: considerações a partir do delineamento de sua presença nos cursos de Psicologia na região do Triângulo Mineiro – Brasil Central**. Tese (Doutorado). São Paulo: IPUSP, 1993.

SOUZA, MPR. **A queixa escolar e a formação do psicólogo.** Tese (Doutorado) São Paulo: IPUSP (1992).

SZYMANSKI, H; CURY, VE. A pesquisa intervenção em Psicologia da educação e clínica: pesquisa e prática psicológica. **Estudos de Psicologia (Natal).** Natal, v. 9, n. 2, p. 355-364, 2004.

VAISBERG, TMJA. Ser e fazer: interpretação e intervenção na clínica winnicottiana. **Psicologia USP.** vol. 14, n. 1, p. 95-128, 2003.

WINNICOTT, DW. **Consultas terapêuticas em psiquiatria infantil.** Rio de Janeiro: Imago, 1984.

QUESTÕES COMENTADAS

1) Quais as implicações da racionalidade metodológica da era moderna na constituição da Psicologia como ciência?

R: A Psicologia se constituiu como ciência a partir de rupturas, contraposições, afirmações ou asseguramentos da racionalidade moderna. Essa racionalidade permeou o processo mediante o qual o método veio a se tornar o escopo da veracização e da legitimidade dos discursos, constituindo as ciências modernas. Nesse processo, configurou-se também um determinado tipo de subjetividade, a do sujeito autônomo e coincidente consigo mesmo, que no âmbito científico desembocou no ideal de sujeito do conhecimento, ou sujeito epistêmico, que se pretendia plenamente neutro, objetivo, autônomo e conhecedor pela razão.

Assim, o método operou uma cisão entre o sujeito do conhecimento e o mundo a ser conhecido, bem como entre as facetas racionais, lógicas e claras do sujeito, mediante as quais ele realizava seu convívio público, e sua faceta irracional, obscura, "emotiva" e contraditória, que passou a ser desconsiderada e excluída por condutas de ascese, numa cisão entre mente e corpo. A crença desse ideal de subjetividade entrou em crise quando – por razões históricas, econômicas, culturais, sociais – se tornou evidente que os aspectos que não se encaixavam nas classificações e operações de assepsia não haviam sido excluídos dos sujeitos, que assim não eram tão plenamente coincidentes consigo mesmos e racionais como o método pretendia. É como resposta a essa crise na moderna subjetividade privatizada que surgem os diversos sistemas psicológicos.

A Psicologia é, assim, enquanto ciência, uma resposta moderna a um problema moderno, forjado pela tentativa de objetividade plena e universal tanto no âmbito social e subjetivo quanto no epistemológico. As diversas teorias, sistemas e perspectivas em Psicologia se posicionam de diferentes lugares em relação ao sujeito racional, por vezes afirmando-o, por outras criticando sua possibilidade de existência e propondo distintas formas de abordar essa cisão. Muitas vezes, abordagens que afirmam a autonomia do sujeito tendem a produzir respostas exclusivamente técnicas às questões subjetivas, desconsiderando o contexto em que foram engendradas.

2) Quais as influências das relações sociais e políticas no contexto histórico brasileiro para a produção e transmissão de saberes em Psicologia?

R: O contexto histórico brasileiro foi marcado pela colonização e por poucos períodos democráticos. Assim, por um longo período da história, as idéias psicológicas foram constituídas e utilizadas na legitimação e no subsídio da marginalização e do controle social. No nível "profilático", elas serviam a uma profilaxia do ajustamento, pela via da educação: a disciplina escolar, a instituição de métodos técnicos de ensino, a compreensão do educando a partir da idéia de uma estrutura a ser conhecida, a centralidade da formação e da atuação do educador e a hierarquização profunda das relações ensino-aprendizagem forjaram uma acepção da Psicologia como instrumento da adequação social. Constavam nas concepções e na prática psicológica do Império, por exemplo, estudos sobre o favorecimento do ócio pelo clima brasileiro e sobre técnicas de utilização do castigo como instrumento educativo. Nesse rastro histórico, outro fator relevante foi o privilégio da reprodução do saber europeu, muitas vezes descontextualizada no tocante à realidade brasileira.

A partir do começo do século XX, teorias tecnicistas, muitas vezes de cunho higienista, culpavam unicamente a atuação individual do aluno pelos problemas de ensino. Embora se constituíssem propostas que questionavam as noções de adequação e tecnização, como a de Helena Antipoff, na década de 50, que relacionava questões educacionais e contexto social, e a de Paulo Freire, no início dos anos 60, que constituía uma articulação entre teoria, prática e concepção política na educação, perpetuaram-se respostas técnicas a problemas sociais. Assim, em 1950, Anita de Castilho e Marcondes Cabral ainda consideraram que apenas a raça ariana compõe-se de pessoas com criatividade e que a mestiçagem produz indivíduos desviantes (autistas e ciclotímicos), corroborando ainda a adoção de medidas higienistas profiláticas, via educação, e terapêuticas, via saúde mental. Também a *Revista Brasileira de Estudos Pedagógicos*, veículo oficial da pesquisa em educação, privilegia soluções técnicas a questões de escolarização geradas em esferas políticas e sociais, percorrendo teorias tecnicistas e modelares, como a Teoria da Carência Cultural.

Por outro lado, as idéias psicológicas estavam presentes em uma terapêutica do comportamento desviante, por meio do início do atendimento em saúde mental, destinado não apenas aos que atualmente são denominados "doentes mentais" mas a todos os indivíduos socialmente marginalizados. Nessa conjuntura, o atendimento servia tanto ao reajustamento social quanto à instituição e ao favorecimento de práticas de exclusão. As concepções em torno da saúde mental apenas encontraram transformações efetivas com o início da reforma psiquiátrica, na década de 80, em conjunto com o processo de redemocratização do país. Nesse contexto, até a regulamentação da profissão, muitas práticas em Psicologia eram desenvolvidas por profissionais com outras formações ligados a tais instituições.

Na hegemonia de uma visão adaptativa e na restrição do espaço a propostas inovadoras e democráticas, o ensino e a pesquisa, tanto em Psicologia quanto em educação, ocorreram em grande parte de modo desatrelado, influenciando tanto a transmissão de saberes psicológicos em diversos contextos quanto a formação dos cursos de Psicologia no país. São aspectos exemplares dessa conjuntura: as poucas modificações no currículo em Psicologia desde a regulamentação da profissão, em 1962, muitas das quais relacionadas a intervenções do governo no período da ditadura militar, a separação entre instituições produtoras e reprodutoras do conhecimento, o privilégio de certas modalidades de atendimento que se referenciavam no modelo de clínica liberal (determinado número de sessões por semana, pagamento, período de processo pré-terapêutico definido, etc.), a prioridade de modelos de investigação baseados nas ciências naturais e da construção do saber como produção de instrumentos para o controle da realidade na proposta para o curso de Psicologia da LDB de 1996, entre outros.

Tais eventos desvelam um ensino, uma Psicologia e um cuidado em saúde marcados pela hierarquia, pela descontextualização e pela desarticulação entre teoria e prática, que têm como base o caráter normativo pelo qual foram historicamente compreendidos e constituídos. Assim, os desafios na formação em Psicologia no Brasil passam pela preservação da inventividade e da criação como propulsoras de novos meios de atuação, compreensão e transformação da realidade, o que é dificultado pelas concepções adaptativas constituídas historicamente e presentes e atualizadas em muitos discursos no interior das instituições, que encontra conexões com as condições políticas e sociais do país, que, pouco pautadas em relações sociais democráticas, restringiram uma perspectiva de cidadania enquanto possibilidade de construção coletiva e dialógica de conhecimentos, ensino e práticas reflexivas em questões humanas.

3) Apresente a proposta de ensino na perspectiva da Atenção Psicológica em Instituições e articule-a ao modo como se deu o movimento de aprendizagem dos alunos nessa perspectiva.

R: Do ponto de vista do ensino, a proposta em questão reconfigurou a oferta de estágios extracurriculares a partir do Plantão Psicológico, numa concepção de clínica como voltar-se ao cuidado e ao olhar específicos às relações e contextos humanos, como estágios em plantão psicológico e em pesquisa, articulando-se o trânsito entre ensino, pesquisa e extensão de serviços à comunidade. Configuram-se também outros espaços formativos: congressos, vivências, encontros de projetos em que todos participam (supervisores, alunos de graduação e pós-graduação, professores, técnicos). Ao atar realização de estágio em Plantão Psicológico e execução de pesquisa interventiva na mesma prática, essa proposta permite aos alunos uma referência experiencial das conexões entre ação e investigação clínica. Alunos de qualquer ano de graduação atuam no Plantão Psicológico em instituições desde o início do estágio, e elege-se a exposição de uma perspectiva, e não de uma teoria, no contato inicial dos alunos com o trabalho. Esta é realizada por meios indiretos (um filme e um texto filosófico), discutindo as perspectivas para o conhecimento válido na modernidade, a fim de resgatar a dimensão experiencial do saber e a multiplicidade de olhares possíveis. As questões teóricas são discutidas em supervisão conforme se apresentem pela prática, que também constitui um momento de cartografia, que abarca a própria pesquisa e construção de saber. Recorre-se, ainda, a anotações do trabalho em diários de bordo, que são registros pessoais da experiência, nos quais é possível uma primeira narrativa desta.

Na interface de investigação e prática, os alunos vão percebendo a interrogação do sentido, em sua dupla dimensão de direção norteadora e afetabilidade, como atributo fundamental do fazer clínico. A investigação clínica mostra-se rearticulação entre teoria, pesquisa e prática e o percurso do aprender, assim como prática e pesquisa, norteiam-se pelo interrogar pelo sentido. Tal investigação apresenta rupturas, releituras, conexões, circulando pelos temas atinentes à prática clínica e sua compreensão, permitindo reinterpretá-los a cada narrativa. Inicialmente, a clínica na instituição se mostra como *crise* no sentido etimológico: uma perda desalojante de referências que orientem um caminho a seguir, pois os significados construídos não contemplam a experiência atual.

Do desalojamento sentido emerge a afetabilidade como abertura para modos próprios de expressão e nomeação da experiência. Os momentos de crise e busca de significações são, gradualmente, reconhecidos como parte de um movimento e exercício de compreender. Ao se configurarem as vivências e os espaços clínico-pedagógicos em que elas podem ser compartilhadas, articulam-se questões, reflexões e novas conexões entre vivência, teoria, prática, pesquisa e aprendizagem, que acompanham passagens e desvios próprios à aprendizagem, em novas construções de sentido, pelo espelhamento de olhares e narrativas. A experiência articula-se a outras experiências e experiências de outros, favorecendo o trânsito do sensível ao significado. Crise e interrogar pelo sentido se mostram nas interfaces de aprendizagem e pesquisa, como bússola que possibilita releituras e transformações, impulsionando a pesquisa desenvolvida junto à intervenção.

Em cada contexto, novos períodos de crise levam à reconfiguração da bagagem vivencial, do significado e direcionamento das experiências e sua expressão: o aprender se apresenta como tessitura de sentido, em que afetar-se é um modo inicial de abertura, de inclinação à escuta e à interrogação das subjetividades e das instituições, das falas, relações e ações ocorridas no espaço cerzido pela presença do psicólogo. Essa dinâmica está permeada pela proposta, pois o Plantão Psicológico nas instituições se constitui como abertura a atores sociais, para o imprevisto e o imprevisível, sem estruturas fixas e, nesse sentido, como cenário de desalojamento, que implica assumir a ausência de um saber preconcebido como condição para construir um olhar para a intersubjetividade na pesquisa de modos contextualizados de intervenção. A cesura do espaço terapêutico dá-se na multiplicidade da esfera intersubjetiva, na tessitura de "pontes" de diálogo eu-outro, pelas quais ocorrem travessias de afetos, significações e dimensões da existência.

Se inicialmente os espaços de discussão têm uma dimensão de identificação (os alunos percebem a própria ação clínica como pertinente a um grupo e escutam outras experiências como expressão da própria experiência), ao longo do fazer os espaços de formação tornam-se lugares de fala da experiência. Os alunos voltam-se à rememoração das próprias vivências, numa abertura para significados e sentidos a serem construídos com outros. Ao se reconhecer a inapreensão do real em si, as articulações realizadas nos espaços de prática e formação são legitimadas, permitindo resgatar a própria fala, na interlocução com falas de outros, como eixo de constituição de um saber. O *status* das falas se expõe de maneira dialógica: "autorizados a falar", embebidos do desalojamento oriundo da dificuldade de significar a experiência e da afetabilidade provocada por ela, os alunos rearticulam a fala como construção com outros – as falas sobre a experiência deixam em suas conexões "aberturas" nas significações e a expressão ocorrida se faz uma leitura possível, passível de releituras.

Ao considerar as vivências como eixo de significados e sentido expressos pela linguagem, os alunos rearticulam a aprendizagem numa dupla dimensão: em conexões com a vivência clínica pessoal, que transitam tacitamente na prática, junto a percepções e significações no encontro clínico, e em conexões com referências teóricas, construídas na linguagem e viabilizadoras de interlocução e reflexão, circunscrevendo o olhar e o campo de atuação. No relato das experiências, salientam-se ainda reflexões teóricas que não se dão apenas no âmbito psicológico, mas implicam outros modos de saber (sociais, políticos, históricos) que atravessam as experiências dos sujeitos sociais e que, se nem sempre se expressam na fala de uma experiência específica, se desvelam nas situações do cotidiano das instituições. Refletir sobre tais questões é, ainda, meio de compreender afetos e significações expressos e sentidos na atuação clínica.

Dessa forma, o lócus da teoria rearticula-se como instrumento para pensar e tecer sentido, num trânsito entre percebido – tácito – e significado articulado – explícito – que compõe um saber de ofício. A partir da cesura entre afetabilidade e significação, a

teorização atua como eixo de reflexão e referenciação, de busca de contornos e de desenvolvimento de uma crítica sobre a prática, e não como conceitualização rígida e afiguração precisa dos fatos. O trânsito pela multiplicidade das experiências clínicas torna-se matéria-prima na consideração de várias esferas de relação: entre sensível e palavra, si mesmo e outros, teoria e prática, aprendizagem e pesquisa. Constitui, ainda, uma trama que cartografa a dinâmica dessas conexões e situa ação e teorização clínica num lugar, um tempo, uma situação social. A aproximação teórica se faz pela reflexão sobre a experiência, realocando o que se situava distanciado, e, nessa ressignificação, é possível realocar ainda as próprias leituras de teorias. Configura-se um movimento de elaboração de sentido, próprio tanto à aprendizagem quanto à pesquisa e prática clínica: a interlocução entre significação, tessitura de sentido e afetabilidade rearticula muitas vezes as acepções teóricas em reelaborações, expressando um estreitar da articulação teoria-prática como conexão entre saber e experiência, e não como fala heterônoma.

O interrogar o encontro clínico passa a ser compreendido como meio para a articulação teórico-prática, possibilitando interpretações e trazendo novas questões de aprendizagem e pesquisa. Na articulação teórico-experiencial em que as compreensões se referem aos próprios alunos, há um estreitamento entre eles e seus interlocutores, horizontalizando essa interlocução e aproximando-a da esfera dialógica. No momento em que a legitimidade do dizer foi construída, as interrogações se fazem na necessidade de reflexão constante sobre o cotidiano de novos encontros intersubjetivos, apontada no espaço clínico enquanto espaço de desalojamento, que permite uma ação crítica de si mesma, na construção de um modo de ser, enquanto profissional da prática clínica. Reconhecer-se ou não em teorias dá-se a partir das possibilidades de nomear o sensível e o sentido no encontro, articulando significados possibilitados pelas compreensões e pelas percepções sentidas no contexto experiencial, abrangendo uma apropriação.

CAPÍTULO IX

ATENÇÃO PSICOLÓGICA EM INSTITUIÇÃO: PLANTÃO PSICOLÓGICO COMO CARTOGRAFIA CLÍNICA*

*Heloísa Antonelli Aun*** · *Henriette Tognetti Penha Morato*****

A prática psicológica em instituição diz de demandas variadas que, de certa forma, perpassam por uma atenção psicológica. O termo *atenção* começou a ser utilizado por nosso laboratório, o Lefe, por sua amplitude de significados:[1] concentração, zelo, dedicação, disposição, mostrar, alertar, olhar, ouvir, sentir e, sobretudo, cuidado. De origem no latim, *atenção* remete à *aplicação do espírito*, compondo-se por a (para, em direção a) e *tendere*, com sentido semelhante a clinicar: inclinar-se.

A atenção se faz clínica pela atitude de inclinar-se ao outro. Dessa forma, desde a porta de entrada de uma instituição, a atenção psicológica se apresenta em pequenos contatos despretensiosos, fazendo-se escuta clínica: um modo de ser psicólogo clínico em meio às relações entre sujeitos no cotidiano social. A partir desses contextos, percebe-se que o contexto institucional apresenta-se como uma organização social. Assim, a prática clínica acompanha esse modo de apresentação, infiltrando-se entre relações para oferecer atenção e cuidado àquele que adoece pela e/ou na rede social. Isso porque a instituição não comunica seu sofrimento; ela é falada, ou seja, é sujeito ou ator social, parte constituinte e constituída pela organização social quem solicita uma ação clínica. Nesse sentido, não se pretende que tal prática atue na análise ou transformação institucional, mas sim se compreende a intervenção clínica e social *na* instituição: um ser e estar inserida no contexto, silenciosamente intervindo e transformando sem ferir a rotina instituída.

Nesse contexto, no enredo de uma prática psicológica contextualizada em instituições, a perplexidade, o mistério e a curiosidade tornam-se fundamentais para que se possa ir pelos vestígios deixados por atores institucionais. Trata-se de vestígios que apontam ao psicólogo o passo a ser dado a seguir, revelando uma prática em constante *destinar-se*.

Buscar o desenredo de uma prática psicológica em instituições permite perceber uma possível articulação entre três modos de leitura: *social*, *Psicologia* e *clínica*. Num relance inicial, *social* poderia ser compreendido como o meio que se interpõe entre *Psicologia* e *clínica*, constituindo um enredamento que possibilitaria uma prática real, contemplando toda a pluralidade e singularidade de ser *humano*, já que implicaria *con-viver* entre homens. Atento, o *clínico* considera o *social* ao mesmo tempo plural, como o fundo de um quadro, e singular, na figura que se mostra. Dessa forma, olhar o humano como *co-existente* é poder também *con-figurá-lo*. Uma ação *social* e *clínica* revelar-se-ia como *clínica* pelo modo de convivência, atuando em situação, junto ao ator social e à instituição na qual se insere, pelo modo de se compreender ser a prática psicológica como uma ação em ação.

*Este capítulo foi extraído de Aun, HA: *Uma Crônica Inviável como o Trágico Avesso do Mundos dos Homens: Narrativas de uma Prática Psicológica numa Instituição para Adolescentes Infratores*, 2005. Dissertação de Mestrado em Psicologia Escolar e Desenvolvimento Humano. São Paulo: Instituto de Psicologia da Universidade de São Paulo. O texto recorre à apresentação da pesquisadora principal, referindo-se à sua própria experiência no desenrolar da pesquisa; então, por vezes, o tempo verbal aparece na 1ª pessoa do singular.
**Pesquisadora principal.
***Orientadora da pesquisa.
[1] *Dicionário Houaiss da Língua Portuguesa* (http://houaiss.uol.com.br, consultado em maio/2005).

Por essa perspectiva, há a Psicossociologia,[2] nascida, principalmente, de sociólogos afetados pela incômoda forma de compreender os atores sociais aos quais se referem. Para Sévigny (2001), a abordagem experimental é de grande acréscimo para a ciência; entretanto, pouco colabora com os sujeitos de quem fala. Dessa forma, a abordagem clínica, pelo modo de estar *junto ao leito*, além de fazer suas teorias a partir de uma ação situada, contribui para mudança social, na medida em que suas reflexões são compartilhadas e debatidas com atores sociais que vivem as relações pensadas pelos protagonistas da ciência.

Nesse sentido, fazendo uma distinção entre as abordagens experimental e clínica das ciências humanas, Robert Sévigny (2001) refere-se ao termo *clínica*, expresso em chinês por dois caracteres: "perto de" ou "em face de" e "leito". Contudo, para além de próximo ao leito, "o clínico em ciências humanas se coloca também '**junto** ao leito': ele trabalha principalmente **no campo**" (p. 17, destaques nossos). Seu olhar dirige-se não apenas à compreensão de problemas demandados, mas também à sua compreensão pelos seus interlocutores. Dessa forma, "**junto**" e "**no campo**", o clínico constrói e comunica seus conhecimentos.

Na singularidade do campo, Sévigny (2001) compreende a clínica como decorrente não de uma teoria particular, mas sim de uma abordagem particular. Nessa perspectiva, as teorias são uma via de conhecimento e ação, na qual o fio condutor é a própria situação de intervenção. O conhecimento é construído a partir da ação com o outro. Para Lévy (2001), destacando a não-dominação de saber do clínico, na abordagem clínica em ciências humanas, esse outro se apresenta como sujeito em posição e pela autenticidade de palavra. Por essa ótica, distancia-se da triplicidade na medicina clássica: diagnóstico, prognóstico e prescrição, pois, intransferível e dificilmente comunicado (FIGUEIREDO, 1993), o fazer do ofício do psicólogo é seu próprio conhecimento, no qual as teorias estão impregnando e impregnadas misturadamente em nossa ação.

Tal direção, perseguida por algumas ciências humanas, inspiradas na perspectiva fenomenológica, contribuiu para "reinserir o sujeito e a relação intersubjetiva no ato do conhecimento, quer dizer, no movimento que permite a um sujeito apreender, ou 'compreender' uma totalidade significativa, na qual ele mesmo está incluído" (LEVY,

2001, p. 12). Solicita ao clínico não apenas um deslocamento de um turista, mas um caminhar de um viajante-marinheiro, entrelaçando-se nas narrativas dos nativos. Assim, para Levy, a abordagem clínica:

> supõe uma *démarche*, da parte do terapeuta, interventor ou pesquisador, caminhando às cegas, nesse "espaço" que lê conhece pouco ou nada, e esforçando-se para escutar aqueles que tenta compreender, especialmente em seus esforços para dar sentido a suas condutas e aos acontecimentos que tecem sua história. O lugar do trabalho clínico corresponde a uma situação concreta e um tempo vividos – e não uma atopia, como desejariam as ciências positivas. (p. 20)

O termo *démarche* manteve-se em francês na versão brasileira dos textos desse autor. O substantivo *démarche*, em português, seria *modo de andar, passo*. Do francês antigo (BURTIN-VINHOLES, 1953), o verbo *démarcher* comporta especificidades desse *andar: dar os primeiros passos (a criança)*. Ou, ainda, para o Dicionário Larousse (1968), *démarcher* seria *fazer marcas com os pés*.

Como compreender "*démarche* clínica"? Para além de elaborações teóricas, ao pesquisador/terapeuta:

> [...] é-lhe necessário facilitar e tomar parte da construção do sentido dado pelos sujeitos a sua própria história, e, para isso, ser capaz de admitir o mais inverossímil, o mais inesperado, o mais incompreensível, resistir, pois, a qualquer tentativa de reduzi-lo ao já conhecido, ou ao já visto, ou rejeitá-lo como sem interesse. Para isso, ele deve saber que ele é mesmo, enquanto sujeito, com sua complexidade e suas zonas de sombra e questionamentos próprios, o agente desse trabalho. (LEVY, 2001. p. 21)

O sentido/significado de *démarche* clínica como *primeiros passos de uma criança* parece comunicar um dispor-se para uma clínica que solicita o espantar-se, resgatando a atenção curiosa de uma criança a cada novo espaço que se dá a conhecer. Fala, também, da perplexidade de uma aprendizagem, feita através da experiência e do gozo de cada conquista: passo a passo. Marcando suas pegadas e deixando-se marcar pelo território, a *démarche* clínica seria a ação conduzida pela atitude do clínico, em relação tanto a seus interlocutores quanto a seu saber e sua elaboração.

---

[2] Em 2001, no VII Colóquio Internacional de Sociologia Clínica e Psicossociologia, realizado em Belo Horizonte, aproximamo-nos de alguns pensadores, principalmente franceses, também debruçados ao entrelaçamento entre clínica e social.

A CARTOGRAFIA: O POSSÍVEL DESVELAR DE UM MODO

A "cartografia se faz ao mesmo tempo em que o território" (ROLNIK, 1989, p. 6). Diferentemente do mapa, que contorna territórios já estabelecidos, a cartografia atravessa o tempo, nasce dos movimentos geográficos da terra, acompanha e se faz nas transformações da paisagem, criando história. Dessa forma, o cartógrafo não pretende estabelecer verdade; "tem a pele marcada por todos os encontros que faz em seu nomadismo" (p. 10), vive buscando alimentos para compor cartografias, descobrir afetos e criar linguagem e sentido em redes de expressões mescladas, que percorrem seu corpo no encontro com os corpos que pretende entender.

De acordo como Morato (1999, p. 63), "O cartógrafo quer participar, constituir realidade. Seu movimento é de entrega para descobrir e inventar. Seu corpo é deixado vibrar nas várias freqüências possíveis para encontrar sons, canais de passagem, carona para viver a existência". No trançar de corpos, cartografar é dar voz, aquela que parte da reflexividade de nosso olhar com muitos outros. E, num tear constante, a instituição se desvela em cada gesto, em cada palavra, em cada sensação de incômodo ou constrangimento.

Como registro de viajante que desvela territórios, a cartografia também solicita um diário de expedição, um diário de bordo. Entre o olhar e ser visto, num emaranhado de sensações, de que se faz o diário, a cartografia se anuncia. Para Rolnik (1987, p. 6), "o diário de expedição registra e, ao mesmo tempo, inventa as cartografias que vai descobrindo". Permanecer atento, registrando o tão complexo encontro com o outro e, assim, inventando a cartografia. E, na medida em que se emaranha pelas redes instituídas, o clínico é convocado a responder por seu próprio sentido.

Segundo Guimarães Rosa (1962), rede são buracos atados por fios, do mesmo modo que a demolição é a construção de um terreno, que tecidos para remendos são comprados pela cor dos buracos. Quer dizer, o sentido da anedota é comunicado pelo humor, cuja propriedade é de revelar a "graça" que grassa na linguagem: a sabedoria de abrir outras perspectivas possíveis para o sentido do real, ao encaminhar-se pela desconstrução do lógico como única verdade (MORATO, 2002). Convocado por seu próprio sentido no des-velar de redes, fazendo-se marcar, a cada passo, o viajante a terras desconhecidas também

deve receber o cuidado clínico em sua peregrinação. Como atenção àquele que oferece seus pés, a prática psicológica em instituição também convoca um supervisor de campo.

A supervisão de campo apresenta-se sempre próxima ao clínico-viajante. Mas não apenas como um campo de apoio ao cuidador no campo, mas de cuidado ao campo. Com o olhar externo para as relações internas instituídas, uma especificidade de tal supervisão está numa visão ampliada que também auxilia o respeito e cuidado com a rotina da instituição, permanecendo atenta aos impasses e intracruzamentos da intervenção clínica.

Diário de Bordo: Registro e Narrativa

Não, não é fácil escrever. É duro como quebrar rochas.
Mas voam faíscas e lascas como aços espelhados.
Clarice Lispector

Diários são marcas em forma de escrita – depoimentos rememorados. Escrever é comunicar, é narrar. Um Diário de Bordo é feito por um protagonista, a próprio punho, disposto a compartilhar uma experiência. Comunicando algo vivido e sentido, um diário é como um tecer de muitas histórias interligadas. Histórias estas também tecidas por entre outras narrativas. Mas narrar é também deixar sangrar, recordando palavras que se deixaram marcar como estilhaços de vidro ainda cortantes.

Nas palavras de Clarice: *"Não, não é fácil"*, porém faz-se necessário lançar *"faíscas e lascas como aços espelhados"*: narrar é preciso. A narrativa é necessária; é história, e história, para ser história, precisa ser contada, compartilhada. E o compartilhar, o dizer, é a própria condição do existir do ser homem. *Não, não é fácil.* Não é fácil porque não são quaisquer faíscas e lascas que voam pela recordação; são faíscas e lascas como aços espelhados. Aços que, pela característica de espelhados, contemplam o refletir, o mostrar, o anunciar, o denunciar: o mundo em torno, os outros, nós mesmos.

Assim, Diários de Bordo não são apenas possibilidade de restituição da historicidade de uma pesquisa; são, também, o narrar a biografia da experiência de um profissional, na perspectiva de quem comunica como ocorreu o revelar-se do outro a esse profissional/pesquisador. Embora única, sua biografia contempla as diversas outras que a ela se entrelaçaram. É desse modo que tal forma de registro transpassa um simples relatório descritivo; diz da experiência vivida de cada um, sem que nela tudo se exiba pelo "mesmo estatuto; os 'agoras' cercam-se dos 'já não' que assinalam o que há de trânsito e pode haver de perda e de imprevisto" (FIGUEIREDO, 1997, p. 10), desvelando o modo de ser humano numa temporalidade outra, não-cronológica. Escrever diários são momentos de criação de sentido, testemunhando-se como registro plural e único.

A Psicologia clínica remete à narrativa de sujeitos sociais como registro dessa experiência, plural, única, extemporânea *a posteriori*. "Tendo como fonte o vivido ou a experiência direta", a narrativa "torna todos, e cada um, autoridade, no sentido de que cada um, e todos, enquanto portadores do vivido, estão autorizados a falar: faz circular a palavra, concedendo a cada um e a todos o direito de ouvir, de falar e protagonizar o vivido e sua reflexão sobre ele" (MORATO e SCHMIDT, 1999, p. 127). Contudo, para Figueiredo (1998), a questão crucial posta por Benjamin diz da precariedade da experiência como narratividade, tanto como sabedoria transmissível quanto como vivência íntima afetiva. Mas, ainda que considerando tal problematização da presentificação da realidade na experiência do "contar", seria possível tomar um Diário de Bordo como a autenticação de cada autor, marcada a próprio punho em sua narrativa, do plural e único vivido e sentido.

Privilegiando a experiência humana como criação de sentido para o sujeito, e considerando sua constituição em situações, uma forma de contemplá-la é por diários de bordo como depoimentos colhidos através da sua escrita. Para isso, recorre-se à narrativa como forma de expressão afinada com a pluralidade de conteúdos da situação e da temporalidade outra, apresentando-a como possibilidade para elaborar e comunicar (SCHMIDT, 1990) o sentido da experiência vivida, a partir de evocação ambígua de si em si mesmo, entre as brechas de ausências presentes (FIGUEIREDO, 1998).

Um diário é narratividade, o modo próprio de se dizer do homem, lançando-se de seu repouso em direção ao sentido de si mesmo, como ação de dizer. Diferentemente da narrativa oral, o diário de bordo imprime marca dos vestígios do vivido pelo escrever. Para Amaral (2000), uma escritura torna-se independente de seu autor e, ao mesmo tempo em que marca essa ausência, funda um outro tipo de presença: a possibilidade de se dar a ver como sentido originário. Dessa forma, o texto pode ser compreendido como trânsito: nem passado nem presente; é possibilidade, aguardando trilhas outras a serem abertas, futuras interpretações, como outras marcas possíveis a serem deixadas.

É precisamente pelas aberturas deixadas por cada diário lido que se fez um convite para basear o método desta investigação: *in* (por dentro) + *vestigium* (vestígios). Já do grego *méthodos*, método refere-se ao caminho trilhado para encontrar algo. Dessa forma, pretendo percorrer os traços de diários de bordo, *per-correr* os riscos: correr risco.

Durante um curso ministrado no Instituto de Psicologia da UERJ, René Lourau (1993) expôs algumas considerações sobre sua investigação acerca do Diário da Pesquisa. Segundo o autor, o reconhecimento e validação da instituição acadêmico-científico de um pesquisador tornam inseparáveis a pesquisa de sua redação. Entretanto, essa escritura marginal – o diário –, que restitui "não o *como fazer* das **normas**, mas o *como foi feito* da **prática**" (p. 77, destaques do autor), é excluída da produção de um texto que precisa ser legitimado institucionalmente. Isso acontece porque o diário seria aquele que denuncia a intimidade do autor e, portanto, deve ser recusado pela ciência. Dessa forma, "a escrita quase obscena, violadora de neutralidade" (p. 71), foi nomeada por Lourau como *fora do texto*, uma redação marginal, uma escrita colocada *fora de cena* da oficial escritura.

Em suas investigações, Lourau (1993), ao ler os diários secretos de Wittegenstein, publicados clandestinamente, notou que trechos de suas obras publicadas foram derivados ou são passagens inteiras dessas anotações. Ao se referir ao *Diário* de Ferenczi, publicado meio século depois de sua escrita, comenta como continha relatos impressionantes que surpreenderam a própria psicanálise, instituição baseada em *não-ditos* ou *inter-ditos*. "Em seu diário, Ferenczi diz coisas que não deve dizer" (p. 73). Escrito em seu último ano de vida, o diário anunciava um distanciamento de Freud e desvelava seus sentimentos e dúvidas em sua experiência com a análise mútua. Lourau (1993) ainda adverte que:

> A vivência mais íntima do pesquisador se encontrar em contradição com seu texto institucional, ou com as suas posições políticas, é algo muito incômodo. Então é preciso salvar a imagem não-contraditória do pesquisador e, conseqüentemente, da pesquisa. É preciso negar a contradição existente nele, em nós e em todos. É preciso, ainda, recorrer à lógica identitária, numa óbvia recusa a quaisquer análises desnaturalizadoras (institucionais). (p. 73)

Tal lógica identitária é resultado da tradição científica ocidental, na qual se criaram as diversas crenças daquilo que seria o ser, confinando o mundo numa única interpretação, estreitando sentidos, limitando possibilidades do pensar, do indagar, indicando uma verdade única e absoluta (HEIDDEGER, 1927). Para Nancy Unger (1991), o Ocidente, na história do conhecimento, opera uma ruptura que aprisiona o sentido no significado, o múltiplo no uno, instalando uma dicotomia entre homem (sujeito) e mundo (objeto). Tal *de-cisão* histórica exclui a ambigüidade tensional inevitável entre razão e mistério, ciência e poesia, negando, por anulação, a incerteza como também possibilidade verdadeira.

A perspectiva fenomenológica existencial encontra, pela tensão, um modo de recuperar o olhar da perplexidade: a irrupção do oculto, do mistério insondável, enigmaticamente provocando o descentramento desse olhar. Olhar de espanto encontrando híbridos, mesclados e mestiços fora e dentro de si mesmo. Segundo Figueiredo (1995), desvela o olhar plural, que toca e é tocado, simultaneamente vê e é visto por todos iguais/diferentes: reflexividade plural-única, expondo toda a singularidade como sujeito, captando-se pela diversidade da alteridade.

Ao recorrer a Diários de Bordo como vestígios pelos quais se percorre uma *investigação*, recuperam-se modos constituintes de subjetivação singularizada. Como num jogo de espelhos, busca-se uma reflexão compreensiva do sentido operante nos autores/atores participantes do espetáculo, partindo do próprio encontrar-se (experienciação e elaboração da experiência) para comunicar o vivido como um acontecimento. Recupera-se o sentido da experiência através da narrativa, também como forma de comunicação social e transmissão de saberes coletivos, através da qual a palavra circula sem o aprisionamento da fala especializada (BENJAMIN, 1985).

O diário é um exercício cotidiano de escrever sobre o cotidiano. É o momento de escritura aberto para o singular, para a criação – construção e desconstrução. É um jogo reflexivo de espelhos. No romance de Lewis Carroll, o espelho mágico de Alice permite o andar no sentido inverso, o se perder na própria identidade ou na busca de uma redireção. Mas qual o inverso de um jogo de espelhos? Ao mirar espelhos, não será somente contemplada nossa imagem: "vemos refletidos nós e outros, ou melhor, em nós os outros e nos outros nós mesmos". Uma mistura que aponta para a comunicação e diz de um "entrelaçamento entre observador e imagem, nós e os outros, e da disposição estética das mútuas mudanças, resultantes" (MORATO et al., 1999. p. 232).

E é nesse jogo de imagens que surgem as lascas de aços espelhados, referidas por Clarice para a ação de escrever...

Entretanto, devo acrescentar que muitas lascas tornaram a voar no momento de revisitar:

O que são diários? São uma ou duas, às vezes nove, dez páginas escritas. São muitos... são densos. Alguns escritos à mão, outros impressos em folhas de rascunho: rascunhos... rascunhos de medos... desabafos... encontros... rascunhos de um grito. Tenho aqui esparramadas centenas de folhas... milhares de palavras! Como podem dizer tanto? Entre linhas tenho ora um nó na garganta, ora um sorriso nostálgico.

Coragem a nossa! Como pudemos propor ao outro (tantos outros) a entrada neste labirinto!

Começo com as primeiras impressões. Trilha sonora: *Pulp Fiction*.

Agora, a trilha sonora de *Blue* traz o som do grito embotado daqueles que passaram pela unidade invasora de todos os territórios. Sentimento: culpa![3]

Denunciador de angústias e momentos de desamparo na e da prática, o diário relata sentimentos e dúvidas provocados pela arriscada experiência do encontro. Assim, recorrer aos diários de viagens para reconstituir a experiência vivida da prática abre brechas para se mostrarem, em entrelaçares espelhados, também os lugares por onde protagonista/viajantes, deste e de outros tempos, passaram e as aventuras que viveram.

OS TERRITÓRIOS DE UMA EXPERIÊNCIA

... no grupo [...] temos referido muito mais a nós mesmos na entrada em um trabalho tão peculiar. Assistimos ao filme *Instinto* e lemos a parte do livro *Filosofia mestiça*, de Serres. Pudemos discutir basicamente da possibilidade de abertura para experiências desconhecidas. Toda a discussão a respeito de abertura para a experiência me assustava. Não apenas a mim, sentia a aflição também em alguns de meus colegas. Talvez um medo de sentir-se nu ou ingênuo e ser atacado por isso.

---

[3]Trata-se de um diário do reencontro com diários, um de muitos que, no fazer de minha dissertação, eram inventados na experiência do retorno do viajante.

No decorrer da escrita/narração de minha dissertação, utilizei como utensílios poemas, contos, longas-metragens e outros; tudo como forma de comunicar, clarear ou aproximar o leitor/ouvinte da minha compreensão. Dessa forma, aproximei minha narrativa da prática realizada em supervisões ou nos próprios diários, já que utilizávamos esse modo de expressão para buscar uma compreensão do que parecia ser incomunicável. Assim também introduzimos cada estagiário/plantonista no campo: um conto, um filme. Ao longo deste capítulo, será por esse caminho que pretendo introduzir o leitor para a prática aqui referida. O conto é *Laicidade*, de Michel Serres, e o filme, *Instinto*.

Dessa forma, oscilando nos papéis de leitor/ouvinte ao revisitar diários/narrativas e de autor/narrador na construção de novas escrituras, feitas através de um mosaico de diários escritos por diferentes narradores/autores em diferentes tempos, apresentarei impressões mescladas e marcadas, mas que compartilham o impacto inicial do primeiro contato com a Febem. Minha intenção foi fazer um novo diário contemplando diferentes experiências vividas por cada sujeito; visando contemplar a experiência de contato com o estranho, ele mesmo e em nós, sua apresentação se fará por uma polifonia de vozes que dizem o singular do que foi visto e vivido, como que um mosaico para conduzir ao sentido desse trabalho na Febem, partindo de olhares laicos desse contexto institucional.

O Filme

No caminho, passamos por um portão de grades e vimos os meninos em fila. Ouvimos um burburinho... Cobri meus ombros.

Instinto (EUA, 1999) conta a história de dois cientistas: um antropólogo e um psiquiatra. Depois de estar desaparecido em matas africanas, onde realizava estudos com primatas, o antropólogo Dr. Ethan Powell, preso por ter assassinado três homens e acusado de comportar-se com violência *desumana*, aguarda julgamento em um manicômio judiciário, imerso num silêncio autista. Instigado com a repercussão que o caso requer e vislumbrando na história do antropólogo uma possibilidade para alavancar sua carreira, o psiquiatra Dr. Theo Calder se oferece ao desafio. Inicia-se, assim, pela relação estabelecida entre ambos, a compreensão de uma outra articulação: cientista e conhecimento.

Esse filme foi revisitado por nós em vários momentos do trabalho. Entretanto, deixo aqui as primeiras marcas deixadas por ele: a forma como acontecia a relação "médico-paciente" pareada a *flashbacks* do relato do Dr. Powell aproximando-se dos gorilas. Para tal, destaco a narrativa cientista-antropólogo:

> Lá estava ele: o gorila africano, o líder! Há meses observava este grupo... mas nunca assim de perto... tão perto!... Foi magnífico! Assustador e magnífico!!! Pensei que minha presença os deixasse nervosos... Mas não era isso... A câmera fotográfica os perturbava... Parei de usá-la... E... foi então... que os vi pela primeira vez... Será que sentiam a minha falta à noite?... este homem que os observava fora do grupo?... Eles pensariam em mim?... Eu pensava neles e sentia a falta deles... Eu gostava deles!... Até precisava deles! A cada dia... pareciam permitir que me aproximasse mais... Fiquei feliz com a minha lenta jornada ao encontro deles... Senti-me privilegiado... Senti-me como se estivesse voltando para algo que eu perdera há muito tempo e que só agora me lembrava... De repente... aconteceu: eu não estava mais fora do grupo!... Pela primeira vez... eu estava entre eles!... [...] Não "um deles"!... não um gorila... Você não vê?? Aceitaram um homem!... [...] Aceitaram um ser humano entre eles!...

Essa narrativa conta a recuperação do olhar com os próprios olhos, curioso e instigado, que o aproxima do que se dá a conhecer, e o olhar mediado por lentes de máquina fotográfica que parece guardar uma distância protetora na medida em que assusta o outro. A curiosidade conduz o cientista a resgatar seu modo próprio de ser no mundo "a olho nu", *"como se estivesse voltando para algo que eu perdera há muito tempo e que só agora me lembrava"*. Algo que a ele demanda que suspendesse a intermediação, seu instrumento de trabalho, entre si mesmo e o que se propunha a conhecer, para trazer de volta algo perdido no homem: seu *Instinto* para conhecer, conhecimento tácito?

Primeira ida à Febem... Logo quando chegamos.

A parada no portão: tivemos que parar o carro, mostrar as bolsas – mostrar RG, abrir o porta-malas do carro (que eu não havia nunca imaginado) – e depois no outro portão – detector de metais e nada mais – não me surpreenderam muito, era a segurança do local.

O espaço físico me surpreendeu. O prédio tinha pintura recente com cores diferentes do cinza que eu imaginava (variando do bege ao azul), paredes limpas, nenhuma marca impressiva, nenhum cadeado gigante, nenhum tipo de barras... interessante ver como o estereótipo de uma cadeia é forte em meu imaginário e, de repente, quando me vejo dentro de uma que se parece uma escola, acredito de imediato que os internos são bem tratados e levam uma vida tranqüila. Estranho pensamento? Visão deturpada? Acho apenas ignorância. No sentido de nunca ter imaginado outra Febem além daquela que vemos toda semana no *Jornal Nacional.*

Na ausência de *"cadeados gigantes"*, a primeira ida a uma unidade de internação foi marcada, quase que antes mesmo da entrada, por um choque de *"cores"*, causada pela tensão entre o que imaginávamos e o que encontramos. *"Estranho pensamento? Visão deturpada?"* Qual o limite para encontrar nosso olhar limitado? Num primeiro momento, as possibilidades foram o confronto entre as *"cores"*, previamente atribuídas pelo imaginário, e a estranheza e o incômodo provocados pelo colorido real. Estariam tais estereótipos indicando a tensão própria do significado de uma instituição para jovens infratores: *"cadeia* ou *escola"*? Descobrir as lentes, usadas inicialmente, e por essa descoberta poder suspendê-las, possibilitou encontrar o *"azul"* e o *"amarelo"* de uma escola, embora pudesse não ser evitada a visão das *"cores sem vida"* do cenário.

Hoje em dia eu penso na Febem ainda cinza e cor de cimento... Por isso... é muito estranho lembrar de todas essas cores... Acho que tem a ver mais com a sensação geral do lugar... as *vibes* do lugar... sabe?... vibrações... do que o prédio em si.

Tiradas as lentes, é possível ver o real, não só depois de um tempo. A primeira vez, a primeira visita, sempre será uma primeira tatuagem, embora não pintada por cores:

...pelo caminho notei que estava olhando, mas não via. Depois de uma parada triunfal, comecei a perceber que, mesmo sabendo o que era uma Febem, aquela que eu queria "imitar", em nada me serviria caso acontecesse alguma coisa. Foi aí que eu me relaxei e comecei a ver o que estava

acontecendo à minha volta: um monte de meninos curiosos em saber quem eu sou, como sou (fisicamente) e por que estou ali.

Como compreender essa "experiência do antropólogo" e dos estagiários? De que se trata abolir lentes para ver melhor aquilo que se mostra e que nos provoca a contatar para conhecer? A entrada em unidades de internação na Febem aconteceu com este cuidado: atenção à máquina fotográfica existente em cada um, para colocá-la *fora da ação.* Compreender e explicitar o olhar, encontrando em si expectativas, experiências passada, preconceitos... os lugares por onde andou. Conhecer através do olhar do outro e do próprio olhar com toda carga valorativa. Ser estrangeiro em seu próprio país... Ser um estrangeiro em si.

Holzer (1998) aponta para a tragédia de nossa história e geografia terem sido pautadas pela visão do estrangeiro diante da voz emudecida dos nativos. A narrativa do Dr. Powell aponta a possibilidade de nos aproximarmos do outro/diferente também como outro/diferente, com todo o envolvimento, energia e lembranças que a prática absorve de nós. Dar voz aos nativos, cuidando para não fazer do outro estrangeiro em seu próprio país.

O Conto

Alguns meninos estavam vendo desenho animado na TV. Que cena! "Os pedrinhas se divertem", segundo Paco... Só eles? Paco também estava lá. Quem são estes meninos afinal? Começamos a falar de dobradura em papel. Quando eu cantei baixinho: "cai, cai, balão", ele olhou para mim e continuou a cantiga. Contou que quando estava na creche ouvia muitas cantigas. Começamos a relembrar algumas... Ninguém pode imaginar o que é um cara da malandragem e do crime cantando: "o sapo não lava o pé. Não lava porque não quer. Ele mora lá na lagoa. Não lava o pé porque não quer". Paco parecia uma criança e lembrava da mãe cantando para ele. Até que chegamos às histórias infantis. Começou a contar a história da Chapeuzinho Vermelho: "... aí o Lobo colou na Chapeuzinho... o Lobo pegou uns atalhos e chegou antes. Aí o Lobo Mau xepou a vovozinha..." e ele contou a dos três porquinhos: "Os dois porquinhos na galinhagem e outro lá no maior trampo, fazendo a casa de tijolo... etc." [...] E pensamos como todos os acontecimentos daquela manhã – o desenho animado, o pátio que se parecia com a creche, as cantigas, as histórias... – eram coisas que a gente carrega com a gente na memória...

Para Morato (1999, p. 63), "o cartógrafo marca sua pele através dos encontros que fez em sua peregrinação", das *coisas que a gente carrega com a gente na memória*. Pele tatuada... assim como um casaco Arlequim. Personagem da história de Serres (1991), Arlequim é um imperador que, ao voltar de uma inspeção a terras lunares, comunica a seu povo que em cada lugar visitado tudo é como o globo terráqueo. Mas as roupas e o corpo do imperador anunciam o inverso:

> Estupor! Tatuado, o Imperador da Lua exibe uma pele multicor, muito mais cor do que pele. Todo o corpo parece uma impressão digital. Como um quadro sobre a tapeçaria, a tatuagem – estriada, matizada, recamada, tigrada, adamascada, mourisca – é um obstáculo para o olhar, tanto quanto os trajes ou os casacos que jazem no chão. Quando cai o último véu, o segredo se liberta, tão complicado como o conjunto de barreiras que o protegiam. Até mesmo a pele de Arlequim desmente a unidade pretendida por suas palavras. Também ela é um casaco de arlequim. (p. 3)

O clássico Arlequim é também aquele que carrega as marcas, os traços. Personagem da *comedia dell'arte*, antiga comédia italiana do século XVI, "*Arlecchino*" tem rosto mascarado e traje multicor feito de retalhos. É um malandro apaixonado, um inconveniente engraçado, um brigão brincalhão; é o próprio conflito que não consegue desvincular a confusão de seus desejos, projetos e possibilidades. Cada cartógrafo pretende ser esse Arlequim confuso e marcado.

"Emprestando seu corpo ao mundo é que o pintor transforma o mundo em pintura" (MERLEAU-PONTY, 1963, p. 278). Cada narrador, autor desses diários, impactado, diz desse outro que o invade ao mesmo tempo em que se oferece também como denúncia da afetabilidade dos instituídos da instituição. Parece uma tarefa infinita desentranhar sentido de toda a narrativa desses diários. Um mosaico que, como registro de interpretações do vivido, solicita realização de sentido, aberturas de trilhas e clareiras. Interpretar esse casaco de arlequim seria trazer à luz o olhar oculto – seria como que percorrer um labirinto de sombras espelhadas ou espelhos sombreados.

Segundo Benjamin (1985), a narrativa constitui-se pela articulação entre situação, linguagem e afeto, como um gesto que diz ao outro sem intenção explicativa. O narrar não comporta, assim, um ponto de chegada; apresenta-se como uma rede que se abre e se constrói – uma rede de sentidos; é abertura para possibilidades de interpretação e, dessa forma, um utensílio a ser revisitado pelo ouvinte. Assim, o autor, compreendendo a narrativa em seu entrelaçamento entre a fala e a escuta, encontra no mercador/marinheiro o viajante que se abre a outras possibilidades e aventuras a serem narradas ao camponês sedentário. Mas como usam a língua para se contarem pela linguagem? Assim, como viajantes, mestiçados pelo encontro de outras culturas, diários de bordo se dizem por fala híbrida, tão presente nos trechos apresentados ao longo deste capítulo.

A Clínica Ampliada

Um portão muito alto separava os dois lados do mundo, e havia uma campainha que avisava a nossa chegada. Assim que o portão se abriu... minha respiração ficou suspensa por uns instantes... olhares e um silêncio mortal nos seguiam... só o meu olhar que não achava referência!

Dois lados do mundo... A Febem era quase que um outro mundo que precisaria ser desvendado. Um outro mundo instigante e ameaçador. Na busca de algo para nos sustentar e proteger, tínhamos como objetivo primeiro encontrar a referência de nosso olhar em nós mesmos, permanecendo atentos a cada uma de nossas sensações, formando como que uma *rede de cuidado*. E assim poder olhar para fora, caminhar, estranhar, surpreender-nos, percorrer cada vestígio, *investigar*...

O Plantão Psicológico na Febem foi constituído através da atitude de um cartógrafo e atenção de um clínico. Éramos *cartógrafos clínicos* num contexto em constante transformação. Somente uma prática psicológica socialmente inserida poderia acompanhar a instabilidade institucional, propondo uma ação clínica flexível a novas invenções. Dessa forma, o Plantão Psicológico acontecia como intervenção clínica contextualizada e engendrada a partir do encontro intersubjetivo criado por nossos olhares cartográficos na instituição.

Chegamos lá alguns minutos mais cedo. A funcionária encarregada de nos encaminhar à apresentação ainda não havia chegado. Ficamos esperando no pátio. Lá, estavam cerca de meia dúzia de meninos... uns jogavam pingue-pongue, outros assistiam, outros lavavam seus pertences. Era uma manhã fria e, dessa forma, nos sentamos na parte do pátio onde batia o sol. Ficamos lá alguns minutos e ninguém se aproximou... meninos ou funcionários. Algumas vezes devolvíamos a bolinha de pingue-pongue que desviava até nós... mas nenhum contato era feito... nenhum sorriso ou palavra de um formal agradecimento... nada. Senti-me invasora! Às 10:20, minha supervisora estava impaciente. Acredito que eu também, não pelo atraso da funcionária, mas pela situação de exclusão a que estávamos confinados.

Em um lugar de vigilância e controle, con-vivendo a *exclusão confinada* de um estrangeiro, propusemos a inclusão de um espaço em que adolescentes e funcionários pudessem refletir sobre suas experiências sem a ameaça de relatórios, denúncias, críticas ou juízos de valor. Nosso sigilo e constância construíram a confiança necessária para a aproximação de adolescentes e funcionários, para que coisas pudessem ser ditas, regras pudessem ser contestadas. Era o momento em que ator instituído podia dar espaço ao sujeito que pensa, sonha, ama, odeia...

Ele falava das brincadeiras que faziam uns com os outros... algumas muito agressivas!!... outras que ele não entende e até fica sem jeito para contar! Estava se referindo às brincadeiras de toques... Nesses toques, eles chegam a acariciar o corpo do outro, mas sempre fazendo comentários engraçados e eliminando qualquer possibilidade de um desejo. Diz ele que não participa dessas brincadeiras... mas, também, nem comenta nada com ninguém. Frisou que se sente diferente dos demais. Acrescentou que até pode fazer as mesmas coisas que eles fazem "porque se eu não for igual... o mínimo deslize... sou mandado para o seguro!". Enfatizou o quão difícil é ter que deixar de fazer as coisas de que gosta para não criar problemas. Isso vai de uma simples roupa vestida... até o diálogo com os funcionários. Tudo é vigiado com os mínimos detalhes. Parecia se referir a essa situação de uma forma bem triste... angustiada... Chamou

minha atenção quando disse: "Eu não posso ser do jeito que eu sou... eu me obrigo a esquecer um monte de coisas para sobreviver!"

[...] E ele disse que, enquanto está conversando com alguma de nós, aproveita o momento para "esvaziar", para ouvir coisas diferentes, sentir-se ele mesmo... acha fundamental ter esse espaço (o plantão) e apoderar-se dele para que não perca o sentido das coisas.... sentido do mundo lá fora... do mundão!

O plantão se tornava um tempo para lembrar num espaço que obrigava a todos "*esquecer um monte de coisas para sobreviver*". A Febem escancarava a não-privacidade e o aprisionamento do sujeito em nome da sobrevivência de um ator institucional. Clinicar em tal contexto era também cuidar do privado no espaço público.

Uma coisa me chamou muito a atenção: a mudança dele quando está perto de outros meninos... Ele me pareceu ficar mau! Quando estávamos sozinhos, me falava como seria difícil não voltar para o crime... que ele sempre dizia que não voltaria porque era isso que as pessoas queriam ouvir... Mas, falando a verdade, ele não sabia o que iria acontecer. Quando os outros meninos se aproximavam... ele mudava o tom da voz!... e falava "é vou arrumar uma pistola e vou partir pra roubos maiores..." As coisas mudavam!, e ele já tinha a certeza da permanência no crime!

Parecer outro quando em grupo é um fato comum, ainda mais quando se trata de adolescentes. Mas clinicar inserido no cotidiano da unidade era a real possibilidade de comunicar nossa visão a respeito do fato, para que o sujeito pudesse compreender a forma como responde às mais variadas situações.

... Já esteve em LA [Liberdade Assistida] e foi quando conversava com uma psicóloga. Disse que quando conversava com ela ele não era ele mesmo... tinha que fazer um tipo de "menino santo" para ela não escrever nada para o juiz. Perguntei a ele, com um tom irônico, se ele tinha voltado para a Febem por causa da psicóloga. Ele riu e disse:

– Não!... Foi por outro BO [Boletim de Ocorrência]!!!

Então, começou a falar das diversas condutas que ele tinha que seguir quando está na frente de uma ou de outra pessoa, do juiz, da psicóloga, da namorada, da mãe, etc... Nunca é ele mesmo.

– Será que esta não é uma atitude normal? Sabe, existe um animal que quando um agressor se aproxima ele...

– O camaleão, senhora?

– Sim, ele mesmo! Ele muda de cor... quando está numa árvore, fica da cor dela se acha que alguém vai atacá-lo!

Ele então começou a fazer as associações, dizendo que sabia o que determinada pessoa deveria e queria ouvir... e fala de um jeito que também respeita o modo de ser da outra pessoa (Ex.: Não falar com gíria para a mãe).

– E isto não é se tornar da mesma cor? Aqui na Febem mesmo. Quando vocês entram vocês têm que aprender a falar a linguagem daqui de dentro... e isso não seria se tornar da mesma cor?

– É verdade, senhora! Como o camaleão!!! Mas... e a minha cor?

– É... de que cor de fato a gente é, né!?... Será que é possível saber?...

Quando chegavam a nós com "*cores*" semelhantes, ou seja, em grupo, ampliávamos o atendimento a todos, com o cuidado para não expor ninguém. Conduzíamos para a discussão de algum tema levantado pelos adolescentes. Assim, rodeávamos assuntos diversos, e clinicar era ampliar olhares de um grupo.

– De uma maneira ou de outra todos estão aqui pois estão devendo para a justiça! – disse um dos meninos.

– Justiça? Vocês devem para a justiça? Mas quem é esta tal desta justiça?

– O juiz!!!... é para ele que a gente deve!! – respondeu um outro.

– Pra ele? Mas o juiz é só a profissão do cara, ele está lá fazendo o papel dele.

– É, senhora, a gente deve para a sociedade, não para a justiça – pensou o primeiro.

– Pra sociedade... então eu me libero!! Eu também sou sociedade! – respondeu bem rápido um outro menino. E assim foi iniciada uma longa conversa sobre sociedade e liberdade... foi bem legal!

Em espaço público, os atendimentos também eram enriquecidos por fatos que aconteciam ao redor.

Um adolescente se aproximou. Está com o pé engessado e começou a falar da dificuldade que teve para ser levado para o pronto-socorro. Segundo ele, demoraram três dias para o levarem. Acharam que ele iria fugir... ele ficou muito irritado com a desconfiança deles. Ficou criticando os funcionários, dizendo que eles são todos iguais, são maus e que não querem o bem-estar do menor.[...] Até que apareceu um funcionário que levou um copo de água e um remédio para que o adolescente tomasse. O discurso dele e a ação do funcionário foram muito contraditórios... a cena foi tão engraçada que quando os nossos olhares se cruzaram, não pudemos deixar de dar risada da situação.

Os funcionários trabalhavam em turnos, e os adolescentes poderiam ser transferidos ou libertados. Nem sempre encontraríamos os mesmos personagens do dia anterior. Essa não-possibilidade de um outro encontro fazia dos encontros no plantão momentos únicos para clinicar, encerrados naquele mesmo dia. Dessa forma, cada novo/outro encontro revelava uma clínica ampliada, criando outras formas de compromisso entre o sujeito e os outros ou entre ele e ele mesmo, desmistificando para nós a questão do vínculo da clínica tradicional.

Eis que um adolescente se aproxima de mim, não era nenhum daqueles que costumava se aproximar quando eu entrava no pátio.

Franzino, pequeno, mas rápido, não perdeu um segundo para dizer:

– Senhora! Aquela "japonesinha" não veio hoje!?

– Não, né!? Você está vendo ela por aqui?

– É que eu costumo falar com ela... quando quero conversar...

– Bem... Ela não veio... Você queria conversar com ela hoje?

– Queria... Mas como ela não está aqui... e... eu quero falar... vou falar com a senhora mesmo... mas... eu vou falar de onde eu parei de falar com ela... porque quero ir adiante... Não vou começar de antes... Se a senhora quer saber o que eu falei antes com ela... a senhora pergunta pra ela... Hoje eu vou daqui pra frente.

E eu, surpresa, sem ao menos saber o nome dele, passei a ouvir o que ele tinha para contar...

A confiança e constância de nosso trabalho tornavam toda a equipe como referência de cuidado, na qual o vínculo poderia existir. E o plantão mostrava como a possibilidade do privado (intimidade) podia ser respeitada no próprio espaço público.

Um dia, ao chegar na "gaiola", um funcionário se aproximou de mim e disse: "O Tabuada quer falar com a senhora. Acho que ele precisa hoje... ele recebeu a notícia da morte do pai."

Não me surpreendeu essa aproximação do funcionário, pois já havia percebido que Tabuada era um líder na "casa", gozando de estima por parte dos funcionários, pelo seu poder de negociação para apaziguar tensões entre adolescentes e "funças". De certa forma, fazia sentido, sendo ele o líder, escolher a mim, a "chefona" dos plantonistas, para conversar durante o plantão, falando de sua vida.

Assim que cruzei a grade da gaiola para o pátio, vi Tabuada encostado num canto, sozinho, mas com uma roda de meninos um pouco afastada perto dele. Ao me ver, Tabuada se aproximou e pediu para falar comigo. Não sei bem de onde, se por adolescente ou funcionário, uma cadeira apareceu para eu sentar, colocada no centro do pátio. Sentei-me enquanto Tabuada se agachou próximo aos meus pés. De cabeça baixa, com voz cortada, disse que seu pai havia morrido. Foram as únicas palavras que ele pronunciou pela próxima hora e meia. Sempre de cabeça baixa, fazendo rabisco com o dedo na terra do pátio, começou a chorar... chorar... chorar... E eu, sentada naquela cadeira, no centro do pátio de uma unidade da Febem, com adolescentes e funcionários todos ao redor, me mantive junto a ele em seu choro. Foi e continua sendo de uma intensidade muito grande a recordação dessa situação. Em um contexto tão público, de tamanha exposição, repleto de gente, o atendimento mais íntimo e privado que me aconteceu.

Foram tão grandes o envolvimento e a sensação de intimidade a dois, que quando chegou a hora de término do plantão e Tabuada se levantou, com os olhos vermelhos e bastante molhados, me agradeceu e se despediu, me dei conta de que estavam todos ali e eu nem havia percebido. Foi tamanho o respeito de adolescentes e funcionários pela dor de

Tabuada e sua necessidade de ficar junto a alguém que não houve nenhum cruzamento de pessoas durante a hora e meia em que ficamos juntos. O pátio parou de circular para dar a privacidade de que Tabuada precisava.

O tempo formador de confiança do plantão era a própria constância, construída através de uma forma de clinicar coexistindo. É como se o plantão, para acontecer, precisasse também estar instituído no tempo e espaço da instituição. Os laços de uma tal co-existência eram construídos pela história dos *psicólogos da USP* com a Febem, pela história do plantão no tempo na instituição; tempo para que a palavra circulasse e, através dela, a confiança nascesse.

Rede de Cuidado

Mas, finalmente, entramos no pátio. Quer dizer, abriram a porta, eu pus a cara ali e vi um pátio escuro, cheio de ladrão (desculpa!... foi essa minha impressão... por causa da estrutura do lugar... lembrou cadeia!). Uma apreensão que tomou conta do meu estômago... Mas passou na hora que a supervisora de campo falou: "Cola em mim." Fui andando ao lado dela... cumprimentei os meninos e comecei a me sentir mais à vontade...

Mas num tal jogo de imagens, que se cruzam e entrecruzam, que se perdem e se intercalam, tornou-se fundamental um cuidar ainda mais atento ao cuidador: alguém com mais experiência na instituição e não apenas na prática de Plantão, para que pudesse também estar inserido na situação clínica do pátio, mas prioritariamente debruçado aos plantonistas. Desse modo, constituiu-se o **supervisor de campo**. Transitando entre funcionários, adolescentes e plantonistas, ele articula seu fazer pelos olhos atentos numa visão ampliada por lente grande angular, oferecendo-se como cuidador para cuidar de cuidadores.

Estavam todos ao meu redor... e já não conseguia ver os outros plantonistas no pátio. Faziam uma porção de perguntas, falavam uma série de coisas... não conseguia ouvi-los! [...] Minha atenção estava completamente voltada em mim!!!... Não sei como, mas de repente apareceu a supervisora de campo!! Ela dizia para os meninos que eu não conseguiria ouvi-los dessa forma e pediu para que fossemos ao banco, nos sentássemos em roda e aí sim eu poderia dar atenção a todos... Confesso que ainda estava com medo e não queria ficar só... quando vi, a supervisora nos levava para sentarmos junto com outra plantonista, que estava sozinha no banco ao lado do refeitório. Começamos então a conversar com os meninos... eu e ela!...

Coexistir nesse espaço público ampliava, também, nosso *setting*. Estar no pátio era, também para nós, solidão, medo, desilusão, rivalidade, perda. E a supervisão de campo se portava como um refúgio, um porto seguro, funcionando como um vértice na rede de cuidado instaurada por nós.

A importância da presença do supervisor de campo torna-se evidente quando se vive a experiência de estar em campo sem ele [...]. O supervisor de campo acaba ocupando o lugar de "quem cuida": além de dar plantão e cuidar de adolescentes e funcionários, cuida também da gente... Isso lhe dá um lugar diferenciado, e sua ausência deixa um vazio que é sentido pela equipe...

Assim como o plantão surgia como invenção, ser supervisor no campo criava formas de cuidado e atenção aos plantonistas. Era na situação de campo que ações de cuidado eram solicitadas: clinicar junto, entrar em rodas que cercavam, principalmente as plantonistas mulheres, para ajudá-las a saírem da situação de falação e pressão dos adolescentes. O supervisor de campo está em plantão no tempo e no espaço do plantão. Circulando pelo pátio, seus olhos desdobravam-se entre olhos dos plantonistas e as ocorrências da instituição. Ao notar algum sinal de um possível pedido de ajuda por parte dos plantonistas, aproximava-se, silenciosamente, dispondo-se como sua dupla, para poderem se experimentar plantonistas em meio a situações contendo valores e ações.

Estar no campo, com a equipe do plantão, não resguarda o supervisor de solicitações de adolescentes e funcionários. Nesses momentos, seu clinicar acontecia, mas esclarecendo que estar ali era como prioridade aos plantonistas, podendo interromper a conversa a qualquer momento. Muitas vezes, clinicava andando pelo pátio, dependendo da situação, para encaminhar essa pessoa aos plantonistas. Também aproximavam-se do supervisor alguns meninos com dificuldades para se dirigirem ao plantão, solicitando ajuda para se aproximarem.

Quando passava por cada uma das meninas, Catura se aproximou. Enquanto andava comigo, ele falava do quanto tinha ficado mal desde o último dia de visita. É que Catura descobrira que sua mãe na verdade é sua irmã... e dizia estar com raiva... mas muita raiva com isso. Conversei um pouco com ele... mas iam surgindo mais e mais coisas na cabeça dele que eu, andando no pátio, não conseguiria cuidar!!! Então disse algo assim:

– Jorge, eu estou vendo que você tem um monte de coisas para conversar... Já tentou falar com algumas das plantonistas? Acho que elas poderão dar maior atenção a você do que eu! Você não acha?

– É, senhora... eu tentei falar com a D. Fernanda... mas ela estava conversando com o mano lá.

– Veja, a Fernanda realmente está lá conversando com alguém... mas a Marina não!... Você prefere esperar a Fernanda?

– Não, não, senhora... Não tinha visto a Marina aí! Vou colar lá! Obrigada, senhora!

Próximo ao plantonista, o supervisor de campo era o olhar externo para as relações internas do pátio da unidade. Tal visão ampliada auxiliava o respeito e cuidado com a rotina da unidade, permanecendo atenta aos impasses e entrecruzamentos do plantão na instituição, como, por exemplo, fazer cumprir normas que se renovavam na inconstância institucional. As constantes mudanças da unidade solicitavam um olhar atento à rotina que se transformava a cada semana.

A unidade, nestes últimos dias, estava bem complicada!!! Era como se nossos limites estivessem sempre sendo testados!! Irritante!!! Agora a casa já estava completamente diferente, mas... tinha constrangimento no ar... e já não sabia como agir!!! Ficamos esperando, na "gaiola", a supervisora de campo conversar ou, talvez, negociar com os coordenadores de turno o melhor modo de acontecer o plantão. Achei até que naquelas condições não ia dar... Como os meninos poderiam chegar até nós se mal podiam circular no pátio??!!!! Antes de entrarmos, a supervisora de campo disse de algumas normas que teríamos que cumprir: permanecer sentadas e todas apenas em um lado do pátio. Disse ainda: "Quanto às regras impostas aos adolescentes... eles mesmos sabem bem delas! Não se preocupem!!"

Estávamos meio constrangidas... sei lá... mais quadradas talvez... regradas!!... Mas o plantão foi acontecendo!!! Os meninos chegavam até nós circulando no pouco espaço que tinham... mas chegavam... às vezes era até uma situação cômica... trágica... mas cômica!

Sem perder o foco de que estávamos em um ambiente hostil, permanecer atenta ao campo significava, também, notar movimentos estranhos que indicassem que o clima estava tenso e decidir pela retirada (ou não) dos plantonistas do pátio.

A supervisora nos chamou para que saíssemos do pátio. Ficamos, um tempo, sentadas do lado de fora, sem entender o que estava realmente acontecendo!... Só tinham nos dito que um menino estava desde as 5 horas dentro do "banheiro das necessidades"; pois estava achando que iria ser levado de bonde, e não para o PS como os monitores estavam dizendo. Estar ali, do lado de fora, só ouvindo as vozes, foi angustiante: não sabíamos o que estava acontecendo e ficávamos imaginando as possibilidades... rebelião?... apenas uma forma de chamar atenção?...

Havia dois grupos de plantão, atuando no mesmo tempo e espaço: um destinado a funcionários e outro a adolescentes.[4] Por um lado, essa forma de trabalhar viabilizava o acontecimento do plantão, por outro, reproduzia a dinâmica cindida da unidade. Dessa forma, a figura do supervisor de campo funcionava como uma quebra em tal modo instituído, já que ele circulava entre os plantões. Essa situação, aparentemente ambígua, de estar em um ambiente de rivalidade e não escolher nenhum lado foi compreendida por todos na unidade, na medida em que tanto funcionários como adolescentes procuravam o supervisor de campo também para conversar.

Assim, o Plantão Psicológico, ampliando-se a todos os atores institucionais, recebia novas demandas abrindo outras possibilidades para ação clínica. A prática psicológica, que também se revelava em forma de Supervisão de Apoio Psicológico,[5] oferecido para agentes de educação, técnicos e coordenadores de turno, tornou-se um espaço para acolhimento de questões e sofrimento, tanto pessoais quanto profissionais e situacionais, por parte de todos os atores institucionais. Compreendendo que tal supervisão se propunha a apresentar um olhar possível para as diferentes posições, garantindo o sigilo de cada um, empenharam-se em abrir-se ao diálogo entre si, possibilitando uma maior compreensão entre a maioria dos atores/personagens dessa instituição.

Quando a água do mar bate no rochedo, quem sai mais machucado? A água do mar que se quebra ou o rochedo que se desgasta, também perdendo sua forma? Nem a água do mar, nem o rochedo... O caranguejo que está entre os dois é aquele que se machuca mais...

Essa foi a forma encontrada por um agente de proteção para expressar o modo como ele se percebe dentro da instituição em que trabalhava. Ou melhor, assim parece todo o quadro humano da Febem, pintado por ele, mas reiterado por todos que se dispõem a realizar trabalhos ou empreender seu ofício nessa instituição: "caranguejos" internos, "caranguejos" educando, supervisionando, oficinando, dirigindo e disciplinando...

As supervisões eram encontros desse tal mar de "caranguejos" perdidos, sem apoio, entre a água do mar e o rochedo. Foram momentos de reconhecimento do outro como também caranguejo, e de possível aproximação, principalmente entre técnicos (psicólogos e assistentes sociais) e agentes de educação (psicólogos e pedagogos), antes com procedimentos e atitudes bastante divergentes entre si, levando-os a se abrirem à escuta entre todos aqueles que tinham maior contato com os adolescentes: agentes de educação e de proteção, que espelhavam nas relações institucionais o próprio maniqueísmo da sociedade para com esses atores de ato infracional:

A situação da supervisora, lá dentro, é complicada... Ela pipoca por todos... os meninos do Seguro, os Sangue-Bons, os "Funça", e dessa vez teve até mãe!!... É muito interessante!... Todos a viam conversando com um e outro e... mesmo assim... todos se aproximaram dela!! Situação atípica num meio naturalmente persecutório... principalmente com a tensão aumentada... quando a desconfian-

---

[4]Repartir a equipe de plantão foi uma decisão tomada por dois motivos principais: a rivalidade entre adolescentes e funcionários, indicando a inviabilidade de apenas um mesmo grupo aos dois; não havia cultura para ser oferecido um espaço para e por funcionários, pois, sendo a Febem destinada ao atendimento socioeducativo aos adolescentes, contava com um histórico de ONGs somente propondo trabalhos aos adolescente, ou a funcionários, desde que objetivasse exclusivamente o melhor desempenho destes aos adolescentes.

[5]Ver mais detalhadamente a prática de Supervisão de Apoio nos Caps. VII e XIX.

ça aumenta ainda mais!! Só que, como ela mesma fala, aí a "cadeia pesa" para ela...

Transitando pela rede social instaurada na instituição, quando a *cadeia pesa*, perpasso por situações desalojadoras. Mas, são momentos como esses que nos re-voltam e nos movimentam à busca de significação do sentido de nosso fazer clínico: nossa prática. Porque se para nós, humanos, o sentido está adiante da vida, é em nome dele, do sentido, que o nosso tempo de humanos é percebido como um tempo sempre designado a algo: tempo do existir como acontecimentos a suportar, isto é, a acolher, a escolher, cuidar, para ser *psicólogo clínico como, onde e quando puder...*

UMA POSSÍVEL CLÍNICA CARTOGRÁFICA

Doeu ouvir aquilo. Doeu muito. Doeu profundamente... Choramos em silêncio, imersos naquela dor indescritível... Depois de enxugar aquelas lágrimas que não podiam aparecer ali, ele falou que estava se sentindo muito sozinho, pois nem com o pai podia conversar direito na visita – ele temia ser ouvido por algum outro menino.

Vigiados e contidos na dor, *a-riscados* a serem *riscados* do sistema, agentes de proteção e adolescentes formam o quadro humano do pátio da instituição, revelado pela real caricatura da interdição e exclusão. Nesse meio interditado, clinicar revela-se possibilidade de dizer. Essa situação real, da qual urge um sofrimento, é, para Barus-Michel (2004), o próprio campo de um trabalho clínico contextualizado.

De acordo com a autora, o clínico é requisitado por um apelo, nem sempre mudo ou incluído na dor, mas um enigma a ser investigado. O apelo dos personagens do pátio revelou-se pela interdição instituída da palavra. No pátio, estavam o desamparo e a solidão dessa organização, alastrados em e por todos os protagonistas, que compartilhavam aquele espaço público específico. Os atores que nele circulavam solicitavam um interlocutor externo à aniquilação instituída da "cultura-Febem".

Em nome desse apelo, o Plantão Psicológico, a adolescentes e funcionários de pátio, pretendia uma ação dirigida mais apropriadamente ao que parecia ser solicitado. Isso porque, como prática psicológica, o plantão possibilitaria

o que Pagès (2001) compreende como um momento de "socialização da palavra", tornando-a pública entre o narrar e o ouvir, embora tal publicização do inter-ditado solicitasse o silêncio do sigilo e, dessa forma, podendo ser feita apenas por duetos.

O plantão encontrava-se como o sujeito **presente na**, embora **oculto da** instituição. Como "sujeito oculto", transgredia não apenas a ordem do interditado, mas, também, o próprio modo instituído de como aconteciam relações, na medida em que circulava entre atores "rivais", questionando um modo cindido de funcionar entre eles.

Na rivalidade do pátio, o plantão era compreendido por todos como o cuidado ao sofrimento humano. Mostrava-se como *interlocutor silencioso* que, por um lado, guarda sigilosamente a história de cada um, enquanto, por outro, sua presença escancarava a dor de *todos*, asilada em máscaras cuidadosamente criadas para sobreviver. Dessa forma, para funcionário ou adolescente, *seguro* ou *sangue-bom*, o plantão acontecia a todos no mesmo espaço e tempo, denunciando e tornando público o humano existente para e em cada grupo rival, subvertendo uma ordem instituída. E, de repente, percebíamos relações de cuidado ao outro na direção ao avesso do comum:

Uma agente de educação telefonou e recebemos a notícia da morte de um agente de proteção... foi assassinado com um tiro no meio da testa... esta é uma marca de queima de arquivo. Não se sabe se teve alguma ligação com a Febem, mas... tem como não pensar nisso?? Meninos e funcionários diziam que ele tinha um bom relacionamento com os meninos... tinha? com todos??? não dá para saber!! É muita violência... dentro e fora... Eu, minha coordenadora e os plantonistas dos funcionários fomos para a unidade... era um plantão "extra". Estava preocupada com a reação dos meninos, já que estaríamos fazendo "regalias aos funcionários"... mas qual foi a minha surpresa?!!... chegando lá, alguns se aproximaram e diziam: "Estão aqui por causa da morte do Sr. K, né?!... Fala lá com os funcionários, senhora, eles estão precisando mais do que a gente."

Aparentemente bem instituídos, aproximavam-se com narração e história, olhar e postura semelhantes. Era comunicação carregada e fala extremamente explicativa, um dizer cheio de justificativas, para nada dizer ou pensar: "o quê" e "como" é comunicado são tão semelhantes que, num primeiro relance, encontramos um único "quem". Parece uma forma imprópria de falar: discursando o institucional, não há necessidade de compreensão. Esse falar, revestido de autoritarismos e verdades, que ninguém interroga, ao mesmo tempo em que os desapropria os protege, os situa:

> Um menino chegou e puxou papo, dizendo que já estava cansado de ficar ali, que estava ficando muito triste, não sabia o que fazer para a tristeza passar. Eu perguntei quais eram os planos dele para quando ele saísse e ele disse que queria estudar e sair dessa vida. Perguntei o que exatamente ele pensava em fazer e ele disse que queria trabalhar em qualquer coisa ("pobre não escolhe não, senhora"). Perguntei se ele achava que voltaria a roubar, e ele disse que se tivesse necessidade novamente roubaria. Discutimos que necessidade era essa (de ter um tênis bom, de marca), e eu fui jogando com o que ele estava me dizendo, e ele se contradizia, e reclamava que não sabia responder até que me disse: "A senhora está me dando uma surra nas idéias!"

Se essa fala, carregada e repetitiva, era uma maneira de alojar-se, o plantão pretendia dar uma "*surra nas idéias*": o desalojamento para que, voltando a essa falação, o fizesse com mais propriedade e autenticação, abrindo outras possibilidades de escolhas, um olhar mais ampliado de si e do mundo onde vive e/ou trabalha. Dessa forma, a *surra nas idéias* é o desencontro momentâneo com a "idéia" instituída, que não precisa ser compreendida, propondo-se como instrumento para a emergência de um dizer próprio, escancarando sofrimento e desamparo da tamanha ausência de si por um tal pensar instituído.

> Conversei com um funcionário, dizendo que o plantão para ele... é que ele não estava na hora da apresentação. "Por mim, não se preocupe, se quiser ficar só com os meninos não tem problema", foi a resposta dele. "Eu não me importo, eu não existo."

Remetendo à perda de sentido e desordem das emoções, o sofrimento está, principalmente, na impossibilidade de dizer-se em palavras, podendo, assim, compreender-se e ir adiante perante o inóspito causticante da vida. É nessa perspectiva que sofrimento pode ser a manifestação da perda de sentido (BARUS-MICHEL, 2001). Dizer-se,

através da "linguagem poética", ou seja, aquela que não pretende explicar, mas busca o interlocutor em seu espaço de liberdade, é o modo como o sujeito poderia dedicar-se a esse *sentido*, possibilitando *encontrar-se* em sua própria historicidade, pelo fluxo de experiência como abertura ao que a ele se apresenta nas situações vividas (POMPÉIA, 2000).

Dessa forma, faz-se o que Barus-Michel (2004) nomeia como uma "clínica *do* sentido". O trabalho clínico tem no sentido um fio condutor, "que é transmitido, que muda e desaparece, mas também pelo qual somos apanhados ou do qual nos apoderamos, que criamos ou perdemos, e que escapa a qualquer influência" (p. 9). Se o trabalho clínico é contextualizado, nosso *fio condutor* era o olhar cartográfico constante, no qual a prática acompanhava transformações do campo, nas quais o *sentido* coletivo constantemente se perde nos limites das cenas institucionais.

É nesse contexto que a prática psicológica em instituições demanda não se iniciar por uma cartografia, mas manter-se cartógrafo e, ao mesmo tempo em que inventa territórios, amplia seu olhar e intervenção para além do pedido inicial de ajuda, feito apenas por um ator institucional e, em geral, ocupando nela um lugar gerencial, abrindo brechas para que essa queixa primeira emerja por entre todos que constituem e são constituídos pela organização social, fazendo-se urgência demandatória de cada sujeito social.

Quem poderia imaginar que uma tal reflexão pudesse se apresentar por aqueles que, como cartógrafos, se deixaram tatuar pelos novos territórios, embarcando rumo à Febem, levando, como instrumentos à mão, apenas a discussão de um filme e de um conto? Tal forma de inaugurar a invenção da cartografia dizia, de modo simples, do olhar e do cuidado ao outro e a nós mesmos, fazendo-se uma possível via de acesso à compreensão da atitude clínica para clínicos em formação. Dessa forma, o filme *Instinto* e o conto *Laicidade* tornaram-se um "rito de passagem", criado pelo Lefe a cada entrada de novos estagiários em outros/mesmo campo de trabalho.

Afinal, na investigação em ciências humanas, há uma relação especular, na qual "o clínico não é estranho àquilo que busca compreender e talvez não esteja senão à procura de si mesmo e de se surpreender através do que supõe diferente" (BARUS-MICHEL, 2004, p. 69). Como sujeito e ator social, o clínico coloca-se como interlocutor estrangeiro a ser afetado pelo campo e também dizer do clamor em suas próprias emergências e urgência, através das relações sempre inaugurais por sua intervenção.

Ainda na perspectiva de relação especular, nossa supervisão era como um jogo de "espelho mágico",[6] na qual a compreensão do vivido e sentido, através da narrativa da experiência cartográfica e clínica, construía e desconstruía os outros mesmos caminhos da prática. Nossos momentos de supervisão eram possibilidades para emergirem questões a partir de nossos olhares para fora e para dentro. Num entrelaçar de encontros entre o estrangeiro e nativo em nós, a supervisão nos colocava na justa medida de cada um: um viajante[7] não-acidental. Através da ação especular pelo jogo de "espelho mágico", cada olhar atento a nós mesmos dizia, ele próprio, de próprias nuances institucionais ainda não percebidas por nós em campo.

Por outro lado, quando o incômodo impregnava boa parte das narrativas durante a supervisão, colocando-nos como estranhos estrangeiros no mesmo outro campo e demandando uma interrupção do trabalho, dizia respeito a ir pelo avesso do "espelho mágico". Afinal, "brincar" com espelhos em uma instituição coberta de ações e relações interditadas solicitava da supervisão um olhar acerca

da realidade ainda mais atento às interdições do grupo no próprio grupo. Percebemos que, nessas ocasiões, era como se um clamor não-silenciado urgisse em nós, sinalizando que outras cartografias precisavam ser inventadas, demandando uma ação clínica cartográfica para interromper nosso "encantamento", capturados que por vezes nos encontrávamos na instituição. Foi desse modo que o próprio Plantão Psicológico foi se apresentando como ação clínica reveladora da necessidade de cada outra investigação cartográfica na mesma instituição, ou seja, ele abria a si mesmo como uma ação clínica cartográfica.

Cuidando de si, o Plantão Psicológico revelava o cuidado na e pela instituição, com respeito e compreensão pelo espaço de cuidado para o outro e para si mesmo. O cuidado para com nossa própria equipe mostrava, através de tais interrupções, o cuidar de ser como fundamental *para ser e estar com*. Espelhando no reverso, o momento do plantão tornava-se também o cuidado da instituição com ela mesma, já que cuidar da privacidade do outro era cuidar também de sua própria intimidade (AUN, 2005). Instaurava-se, mesmo que momentaneamente, uma rede de cuidado: uma atitude de solicitude entre todos, por todos e por cada um, a marcar-se como experiência vivida, em cada um dos personagens/protagonistas dessa prática.

[6]Supervisão como "espelho mágico" é proposta por Morato *et al.* (1999).
[7]Schmidt (1999) compreende o trabalho em instituição através de um diálogo do filme *O céu que nos protege*, que distingue o turista (pensa em voltar assim que chega) e o viajante (pode não voltar).

REFERÊNCIAS BIBLIOGRÁFICAS

AMARAL, ACL. Sobre a memória em Jacques Derrida. In: NASCIMENTO, E; GLENADEL, P. (org.). **Em torno de Jacques Derrida**. Rio de Janeiro: 7 Letras, 2000. p. 31-43.

AUN, HA. **Trágico avesso do mundo: narrativas de uma prática psicológica em uma instituição para adolescentes infratores**. Dissertação (Mestrado). Psicologia Escolar e do Desenvolvimento Humano. São Paulo: Universidade de São Paulo, 2005. 136p.

BARUS-MICHEL, J. Intervir enfrentando os paradoxos da organização. In: ARAUJO, JNG; CARRETEIRO, TC. (org.). **Cenários sociais**. São Paulo: Escuta, 2001. p. 171-186.

_____. **O sujeito social**. Minas Gerais: Edipuc-MG, 2004. 312p.

BENJAMIN, W. Magia e técnica, arte e política. In: **Obras escolhidas**. V.I. São Paulo: Brasiliense, 1985.

BURTIN-VINHOLES. **Dicionário: francês-português; português-francês**. 13ª ed. Porto Alegre: Editora Globo, 1953.

FIGUEIREDO, L. C. Sob o signo da multiplicidade. In: **Cadernos de Subjetividade**. São Paulo: PUC-SP, n. 1, p. 86-95, 1993.

_____. **Revisitando as Psicologias: da epistemologia à ética nas práticas e discursos da Psicologia**. Petrópolis: Vozes; São Paulo: Educ, 1995.

_____. **Questões ontológicas (e pré-ontológicas) na pesquisa dos processos de singularização**. São Paulo: 1997. 21 p. Mimeo.

_____. Temporalidad y narratividad en los procesos de subjectivación de la clínica psicoanalítica. In: RVALETTI, ML. (org.). **Temporalidad. El problema del tiempo en el pensamiento actual**. 1ª ed. Buenos Aires: Lugar Editorial, 1998. p. 271-282.

_____. Cidade de Deus, tragédia brasileira. In: **Cadernos de Psicanálise**. Rio de Janeiro, v. 25, n. 16, p. 181-199, 2003.

HOLZER, W. **Paisagem e lugar; um estudo fenomenológico sobre o Brasil do século XVI**. Tese (Doutorado em Geografia). Faculdade de Filosofia, Letras e Ciências Humanas, Universidade de São Paulo, São Paulo: 1998. 233p.

LÉVY, A. **Ciências clínicas e organizações sociais**. Belo Horizonte: Autêntica; Fumeg, 2001.

LOURAU, R. **Análise institucional e práticas em pesquisa**. Rio de Janeiro: Uerj, 1993.

MORATO, HTP (org.). **Aconselhamento psicológico centrado na pessoa: novos desafios**. São Paulo: Casa do Psicólogo, 1999.

_____. Rede de apoio em saúde mental. Supervisão como aprendizagem: articulando novas significações (disciplina de pós-graduação). São Paulo: IPUSP, 2002 (comunicação oral).

MORATO, HTP; SCHMIDT, MLS. Aprendizagem significativa e experiência: um grupo de encontro em instituição acadêmica. In: MORATO, HTP (org.). **Aconselhamento psicológico centrado na pessoa: novos desafios**. São Paulo: Casa do Psicólogo, 1999, p. 117-130.

MORATO, HTP *et al.* Supervisão de apoio psicológico: espelho mágico para desenvolvimento de educadores de rua. In: MORATO, HTP (org.). **Aconselhamento psicológico centrado na pessoa: novos desafios**. São Paulo: Casa do Psicólogo, 1999. p. 177-186.

PAGÈS, M. O sistema sociomental-hospitalar. In: ARAUJO, JNG; CARRETEIRO, TC (org.). **Cenários sociais**. São Paulo: Escuta, 2001. p. 245-260.

POMPÉIA, JA. Uma caracterização da psicoterapia. **Revista da Associação Brasileira de Daseinsanalyse**. São Paulo, nº 2000, p. 19-30, 2000.

ROLNIK, SB. **Cartografia sentimental da América: produção do desejo na era da cultura industrial**. Tese (Doutorado em Psicologia). Pontifícia Universidade Católica de São Paulo, São Paulo: 1987. 188p.

ROSA, JG. **Primeiras estórias**. 49ª ed. Rio de Janeiro: Nova Fronteira, 1962. 236p.

SCHMIDT, MLS. **A experiência nos meios de comunicação de massa**. Tese (Doutorado em Psicologia). Instituto de Psicologia, Universidade de São Paulo, São Paulo. 1990. 212p.

SERRES, M. **Filosofia mestiça**. Rio de Janeiro: Nova Fronteira, 1991. 190p.

SÉVIGNY, R. Abordagem clínica nas ciências humanas. In: ARAÚJO, JNG; CARRETEIRO, TC (org.). **Cenários sociais**. São Paulo: Escuta, 2001. p. 15-33.

UNGER, NM. **O encantamento do humano: ecologia e espiritualidade**. 2ª ed. São Paulo: Ed. Loyola, 1991. 94p.

QUESTÕES COMENTADAS

1) Como Diários de Bordo podem auxiliar uma prática psicológica em instituição?

R: Diários de Bordo são depoimentos rememorados e comunicados através de narrativas escritas. Um diário de bordo é feito por um protagonista disposto a compartilhar sua experiência, narrar sua biografia na prática, revelando-a ao mesmo tempo em que a si mesmo. Embora única, sua biografia contempla as diversas outras que a ela se entrelaçaram, e, desse modo, tal forma de registro transpassa um simples relatório descritivo; diz da experiência vivida de cada um.

Um diário imprime marcas dos vestígios do vivido pelo escrever, é narratividade, e, assim, o modo próprio do homem de se dizer, lançando-se de seu repouso em direção ao sentido de si mesmo, como ação de dizer: recuperam-se modos constituintes de subjetivação singularizada.

Como num jogo de espelhos, busca-se uma reflexão compreensiva do sentido operante nos autores/atores participantes do espetáculo, partindo do próprio encontrar-se (experienciação e elaboração da experiência) para comunicar o vivido como um acontecimento. Recupera-se o sentido da experiência através da narrativa, também como forma de comunicação social e transmissão de saberes coletivos, através da qual a palavra circula sem o aprisionamento da fala especializada (BENJAMIN, 1985).

O diário é um exercício cotidiano de escrever sobre o cotidiano. O diário restitui não o *como fazer* das **normas**, mas o *como foi feito* da **prática**. É o momento de escritura aberto para o singular, para a criação: uma mistura que aponta para a comunicação e diz de um "entrelaçamento entre observador e imagem,

nós e os outros, e da disposição estética das mútuas mudanças, resultantes" (MORATO *et al.*, 1999. p. 232).

Denunciador de angústias e momentos de desamparo na e da prática, o diário relata sentimentos e dúvidas provocadas pela arriscada experiência do encontro. Assim, recorrer aos diários de viagens para reconstituir a experiência vivida da prática abre brechas para se mostrarem, em entrelaçares espelhados, também os lugares por onde protagonista/viajantes, deste e de outros tempos, passaram e as aventuras que viveram.

2) Qual a função do chamado *supervisor de campo* na prática psicológica em instituição?

R: O supervisor de campo é alguém com mais experiência na instituição e não apenas na prática, para que possa não apenas estar inserido na situação da na prática psicológica em instituição, mas principalmente e prioritariamente debruçado aos profissionais que nela atuam, no caso da prática explicitada no texto, os chamados plantonistas. Transitando entre os diversos atores institucionais, ele articula seu fazer pelos olhos atentos numa visão ampliada por lente grande angular, oferecendo-se como cuidador para cuidar de cuidadores.

São formas de cuidado e atenção aos plantonistas, possibilidade de ter, no campo, um refúgio, um porto seguro, funcionando como um vértice na rede de cuidado instaurada. O supervisor de campo está em plantão no tempo e no espaço do plantão. Circulando pelo pátio, seus olhos desdobram-se entre olhos dos plantonistas e as ocorrências da instituição. Ao notar algum sinal de um possível pedido de ajuda por parte dos plantonistas, aproxima-se, dispondo-se como sua dupla, para poderem se experimentar plantonistas em meio a situações contendo valores e ações.

O supervisor de campo configura-se como o olhar externo para as relações instituídas, como visão ampliada que auxilia o respeito e cuidado com a rotina institucional e atenta aos impasses e entrecruzamentos do plantão na instituição, como, por exemplo, fazer cumprir normas.

3) Como a *cartografia* pôde auxiliar no *Plantão Psicológico*?

R: Somente uma prática psicológica socialmente inserida poderia acompanhar a instabilidade institucional, propondo uma ação clínica flexível a novas invenções. Dessa forma, o Plantão Psicológico acontecia como intervenção clínica contextualizada e engendrada a partir do encontro intersubjetivo criado por nossos olhares cartográficos na instituição. O movimento do cartógrafo é de entrega para descobrir e inventar; não pretende estabelecer verdade, vive buscando alimentos para compor cartografias, descobrir afetos e criar linguagem e sentido em redes de expressões mescladas, que percorrem seu corpo no encontro com os corpos que pretende entender. E, num tear constante da reflexividade de nosso olhar com muitos outros, a instituição se desvela em cada gesto, em cada palavra, em cada sensação de incômodo ou constrangimento.

Nesse sentido, a prática psicológica em instituições demanda não se iniciar por uma **cartografia**, mas manter-se cartógrafo e, ao mesmo tempo em que inventa territórios, amplia seu olhar e intervenção para além do pedido inicial de ajuda, feito apenas por um ator institucional e, em geral, ocupando nela um lugar gerencial, abrindo brechas para que essa queixa primeira emerja por entre todos que constituem e são constituídos pela organização social, fazendo-se urgência demandatória de cada sujeito social.

A prática psicológica em instituição constitui-se através da atitude de um cartógrafo e atenção de um clínico. Como *cartógrafo clínico* num contexto em constante transformação – a instituição e suas relações instituídas –, cada diário de bordo dava voz aos atores da prática psicológica, inventando novas cartografias tanto à prática como ao contexto ao qual estava inserido.

CAPÍTULO X

Uma Experiência de Plantão Psicológico à Polícia Militar do Estado de São Paulo: Articulando Compreensões*

*Rodrigo Giannangelo de Oliveira*** · *Henriette Tognetti Penha Morato****

APRESENTAÇÃO DO TEMA

Há tempos os serviços públicos em saúde mental brasileiros mostram-se escassos e precários. Mesmo os planos de saúde que ofereçam cobertura para atendimentos psicológicos ainda não têm grande abrangência. Em geral, apenas os mais caros permitem esse benefício.

Desde sua fundação, em 1999, o LEFE-USP (Laboratório de estudos e prática em Psicologia fenomenológica e existencial da USP) tem investigado e colocado em ação projetos de prática psicológica clínica em contexto institucional que buscam se afirmar como alternativas efetivas para o abismo entre o fazer psicológico e a sociedade. Oferecendo atendimentos gratuitos aos sujeitos que se relacionam com essas instituições (funcionários e/ou usuários e seus respectivos familiares), esses projetos têm buscado alargar a abrangência do acesso à atenção psicológica.

O presente capítulo se vale de uma experiência de prática psicológica em instituição para realizar algumas considerações pertinentes a esse campo. Durante três anos, uma equipe de psicólogos e estagiários ligados ao LEFE-USP, da qual fazia parte o autor deste capítulo, ofereceu, a dois Batalhões da Polícia Militar do Estado de São Paulo, um serviço de plantão psicológico dirigido aos policiais e seus familiares.

Para ilustrar as condições em que o projeto ocorreu, será apresentado um breve histórico. Posteriormente, algumas questões que surgiram no cotidiano dessa prática, ou que se expressaram em depoimentos dos usuários do serviço, serão objeto de reflexão no intuito de investigar outras possibilidades de compreensão para esse projeto de prática psicológica em instituição.

HISTÓRICO DO PLANTÃO PSICOLÓGICO À POLÍCIA MILITAR

Embora a equipe do LEFE tenha implantado serviços de plantão psicológico em dois Batalhões da Polícia Militar de São Paulo, esta exposição se restringirá a descrever a primeira dessas implantações. A configuração de um serviço de Psicologia em instituição tem certas características que tornam cada projeto único, mas é possível dizer que o modo de compreensão envolvido pode ser expresso a partir de uma experiência particular.

O contato entre o LEFE-USP e a Polícia Militar se iniciou no ano 2000, com um pedido dirigido pelo Conseg (Conselho Comunitário de Segurança) da região em questão. Inicialmente, solicitava-se uma avaliação do nível de estresse da corporação. Nesse momento, a coordenação do LEFE constituiu uma equipe, que passou a refletir sobre algumas possibilidades de resposta ao pedido recebido.

Algumas considerações se fazem pertinentes nesse ponto do percurso. Todos os projetos de prática psicológica em instituição já empreendidos pelo LEFE se iniciaram por um *pedido* vindo da própria instituição. Os sujeitos que elaboram e encaminham esse tipo de pedidos geralmente exercem função ou cargo de comando, já que apenas nesse

*Texto extraído de Oliveira, RG, 2005.
**Pesquisador principal.
***Orientadora da pesquisa.

nível hierárquico pode-se ter a autonomia e a autoridade necessárias para idealizar e efetivar projetos que alterem o cotidiano da instituição. Assim, é preciso considerar, antes de responder ao pedido, a impossibilidade de saber se os demais sujeitos institucionais estão implicados efetivamente nele.

De fato, como aponta Prilleltensky (1994), raramente os psicólogos consideram, no trabalho com organizações sociais, os conflitos gerados pela distribuição desigual do poder e pela hierarquia. Quando solicitados a intervir numa organização, costumam agir como se todos os participantes fossem apenas colaboradores em busca de um objetivo comum, não percebendo as contradições entre seus interesses, metas e expectativas. Nesse sentido, efetivar, em uma organização social, o pedido de alguém que exerce função de comando sem dar atenção aos demais "pedidos" que possam ser expressos faz com que a prática psicológica se coloque exclusivamente a serviço dos interesses do poder instituído.

Em direção semelhante, sugere Lévy (2001) que o pedido efetivado pela organização social pode ter o sentido de uma "(...) metáfora do que não pode ser expresso" (p. 23), ou seja, pode ocultar algo naquilo que explicita, e, portanto, precisa ser refletido.

Assim, o primeiro momento da prática psicológica em instituição se constitui de um período de conhecimento mútuo entre os atores institucionais e a equipe de psicólogos/estagiários. A esse momento os profissionais do LEFE dão o nome de *cartografia*. A partir da *cartografia*, é possível compreender a *demanda* dos sujeitos institucionais por atenção psicológica, o que pode muitas vezes diferir grandemente daquilo que foi expresso no *pedido* inicial. Por demanda compreende-se o pedido que os próprios sujeitos fazem, quando lhes é oferecida a oportunidade. Na identificação da demanda percebe-se o que os sujeitos da instituição esperam da prática psicológica e como querem que ela aconteça.

Estas reflexões se fazem necessárias para situar o primeiro momento do trabalho da equipe do LEFE junto à Polícia Militar. Após diversos dias de encontros na instituição, em que a equipe de psicólogos e o contingente de policiais deram-se a conhecer, foi possível pensar o pedido de avaliação do estresse de outra maneira.

Os policiais pareciam já saber muito sobre o estresse de sua situação profissional. Em várias conversas, diziam das severas obrigações, das situações de risco de morte, do contato com a miséria humana, e deixavam claro o quanto era difícil conviver com essa realidade opressora.

Para que, então, avaliar algo que já se conhece?

Talvez para referendar, pela palavra de especialistas, algo que até então se mostrara "apenas" na dimensão da experiência.

A seguinte análise de Critelli (1996), refletindo sobre o pensamento ocidental moderno (a que Heidegger chamou metafísica), aponta para a mesma direção, expressando uma compreensão histórica para essa subestimação da experiência em favor dos conceitos e das explicações racionais:

> (...) depois de Platão ter instituído o conceito (uno, eterno, incorruptível) como o lugar de manifestação da verdade de tudo o que é; depois de Aristóteles ter estabelecido que ao intelecto pertence esta função de conhecimento; e depois de Descartes ter modulado este intelecto como Cógito (...), parece-me que o Ocidente moderno aceitou esta via como a única perspectiva adequada, viável e válida para a aproximação entre homem e mundo, para seu saber a respeito de tudo com que se depara, **inclusive ele mesmo** (p. 12 e 13) [destaque nosso].

Assim, o sentido que se mostrou à equipe de psicólogos apresentava uma requisição de outra ordem. Em vez de avaliação, talvez fosse mais pertinente oferecer àqueles policiais a oportunidade de retomarem-se como sujeitos, validando as afetações engendradas por essa condição.

Nessa perspectiva, sugeriu-se a implantação de um serviço de plantão psicológico. Durante determinado período da semana, uma dupla de psicólogos/estagiários colocar-se-ia à disposição naquela Companhia, de maneira a que os policiais pudessem procurar atendimento se assim o desejassem.

REFLEXÕES SOBRE O PLANTÃO PSICOLÓGICO À POLÍCIA MILITAR

Em outro trabalho, foi possível expressar a compreensão de que:

> (...) a rotina de trabalho do policial militar inclui uma extensa gama de atividades, desde o atendimento a ocorrências sociais (realização de partos, contenção de indivíduos alcoolizados, mediação de brigas), realização de rondas ostensivas com vistas à prevenção da criminalidade, até o enfrentamento em casos de roubo, seqüestro, tráfico de drogas. (OLIVEIRA, 2005, p. 63)

Na direção sugerida por Heidegger, que afirma que "O *stress* tem o caráter fundamental de solicitação de um *ser interpelado*" (2001, p. 165 [grifos do autor]), é possível vislumbrar um outro significado para o estresse aludido pelo pedido inicialmente dirigido à equipe de trabalho do LEFE. Estresse é o termo que se refere às solicitações (no caso, excessivas) às quais o sujeito é chamado a corresponder diante do mundo. Enquanto solicitação, pode ser compreendido como fruto da condição ek-stática humana, "(...) parte da constituição da essência do homem ek-sistente" (HEIDEGGER, *op. cit.*, p. 163).

Assim, o plantão psicológico oferecido à Polícia Militar pode revelar o sentido de espaço de reflexão, no qual se dá atenção à forma como o sujeito se conduz pelas solicitações enquanto ser que vive no modo da existência. Em outros termos, "(...) atenção ao modo de ser do homem como cuidado de si e trânsito pelas interpelações dos entes que lhe fazem frente" (OLIVEIRA, *op. cit.*, p. 65).

Entretanto, as mesmas condições podem ser pensadas em relação aos plantonistas. Inseridos na mesma estrutura ek-sistente, é preciso que tenham um espaço de atenção às suas próprias interpelações no cotidiano do trabalho que realizam.

Esta consideração é peculiarmente importante porque, nas duas Companhias em que o plantão psicológico foi implantado, houve momentos em que a procura pelo serviço cessou, levando os plantonistas a passar por momentos de tédio. A primeira intenção da equipe, nesse momento, foi tentar identificar o que na instituição estaria provocando aquela situação. O policial teria vergonha de se expor, por ser visto procurando atendimento? Seria a rigidez institucional a responsável? Pesaria a dificuldade de se admitir frágil?

Procurava-se apenas *no outro* o motivo que fazia com que, em alguns momentos, o serviço parecesse perder sua efetividade. Contudo, é possível dizer que essa maneira de responder ao desconforto tinha um sentido específico. Todas as questões formuladas eram de fato pertinentes, mas talvez seu foco pudesse ser dirigido para outro lado. A equipe de plantonistas havia se *institucionalizado*, e, portanto, se tornara passível das mesmas críticas que dirigia à instituição.

Apenas a partir das reflexões propiciadas pela supervisão foi possível perceber, nesse e em outros episódios semelhantes posteriores, os efeitos da força coerciva que a instituição exercia sobre os plantonistas, convidando-os a partilhar de seus princípios e valores.

Envoltos pela instituição, e refletindo-a, como um espelho, os plantonistas atravessaram, em mais de uma oportunidade, uma crise de função e efetividade, análoga e similar à crise aludida pelos policiais em relação ao seu próprio cotidiano profissional. Abertos para esse sentido, conseguiram novamente transitar pela instituição como *força instituinte*, e não como *coisa instituída*. Nesse momento, foi possível compreender que, a despeito da possibilidade de qualquer alívio momentâneo, a sucessão de crises atravessada sinalizava a necessidade de dirigir uma interrogação aos usuários do serviço, a quem a prática se destinava. Em outros termos, a prática só poderia ter um sentido para a equipe de plantonistas se desvelasse um sentido para aqueles a quem se dirigia.

Enfim, foi preciso permitir que os próprios policiais explicitassem sua posição pessoal sobre o serviço, através de depoimentos. Foram entrevistados quatro policiais, dois de cada uma das Companhias em que o serviço era realizado. A situação de depoimento

> foi criada para propiciar a apresentação de uma narrativa, pela qual o sujeito possa ir tecendo um sentido para o serviço de plantão psicológico, fazendo uso da compreensão prévia que ele já tem, para que dela algo possa ser interpretado. Ao narrar, o sujeito pode retomar a si mesmo numa perspectiva historial e significativa do vivido. Assim, colocando a experiência em trânsito pela linguagem, o sujeito resgata, na sua própria história, a compreensão do vivido como referência que redimensiona a sua situação, reabrindo possibilidades futuras e permitindo novas perspectivas para o próprio sofrer. (OLIVEIRA, 2005, p. 71)

De fato, conforme aponta Gendlin (1978/1979), numa aproximação possível dos existenciais heideggerianos com a clínica psicológica, a condição humana se apresenta no mundo a partir de três disposições: a forma como se encontra no mundo e situa a si mesmo (*Befindlichkeit*); a *compreensão* implícita, anterior à cognitiva, que surge desse encontrar-se; e a *fala*, possibilidade de comunicar essa compreensão prévia.

Busca-se, portanto, permitir que o depoente explore, a partir da pergunta dirigida pelo entrevistador, sua experiência na temática sugerida (no caso, o serviço de plantão psicológico) e explicite o sentido por ela revelado. O depoimento visa à comunicação das compreensões do sujeito em relação à situação considerada, em busca de um sentido.

Por outro lado, a experiência de plantonista, propiciando suas próprias compreensões prévias, também permite que se investiguem novos sentidos para o serviço. Portanto, a partir desse ponto, a intenção é articular as compreensões expressas pelos policiais às compreensões colhidas durante a experiência de plantonista, realizando algumas considerações pertinentes ao campo da prática psicológica em instituição, em especial à modalidade plantão psicológico.

ARTICULANDO COMPREENSÕES POSSÍVEIS

Ao longo da colheita dos depoimentos, foi possível perceber que o serviço de plantão psicológico se mostrava, na fala dos policiais, ambivalente. Ao mesmo tempo em que aparecia como possibilidade de um necessário resgate do sujeito e da narrativa de suas correspondências às interpelações do mundo, revelava-se também como algo potencialmente perigoso. Propondo-se a dar atenção ao sujeito em sua especificidade, e não tomá-lo apenas como caso específico de uma situação geral, o plantão psicológico se tornara tão libertador quanto assustador.

O resgate do sujeito implica a retomada da responsabilidade diante da própria existência. Pode-se dizer que esse fato se mostra de maneira especialmente notável numa instituição como a PM, em que todos são "uniformizados" em torno de um ideal supostamente comum. Na propriedade do sujeito, retoma-se a possibilidade de fazer escolhas, e salienta-se a necessidade de responsabilizar-se pelas conseqüências delas.

A primeira escolha pela qual o cliente do plantão psicológico na Polícia Militar precisa se responsabilizar, enquanto sujeito, é o próprio ato de ter procurado o serviço. Nas palavras do depoente 03,

Eu acho que esse serviço... apesar de muitos policiais precisarem... mas não terem coragem... ... Por isso eu fiz uma pergunta para você sobre a gente poder ter outro lugar... porque tem gente aqui que a gente sabe... já foi o meu caso... de precisarem... mas às vezes... até por vergonha de falarem "ah, por que está precisando de um psicólogo...?"... as pessoas confundem... psicólogo... psiquiatra... loucura...

Na mesma direção, no depoimento 02,

... tem aqueles que têm vergonha... ficam acanhados... se tivesse a iniciativa de alguém... de apoiar... aí muita gente seria ajudada.

O desafio inicial era admitir para si mesmo, e depois coletivamente, a vontade de ser atendido. Como a equipe de plantonistas se colocava sempre em algum lugar "público" da instituição, ainda que os atendimentos propriamente ditos pudessem ser realizados em ambientes mais restritos, era difícil que alguém procurasse o serviço sem ser visto pelos colegas.

A situação de exposição configurava-se como dificuldade, obstáculo a ser superado. Um trecho do depoimento 04 talvez sugira um encaminhamento a essa questão:

... a gente está sempre na posição de ter que resolver as coisas... Quando você quer alguém que resolva para você... não tem a quem recorrer...

O policial militar tem a função socialmente atribuída de manutenção da ordem. Em última análise, ele é sempre aquele que ajuda, presta assistência, *resolve as coisas*. É possível dizer que o policial não tem o costume de estar "do outro lado", sendo aquele que pede ajuda. Contudo, essa compreensão talvez ainda não contemple a questão.

A ordem resiste às afetabilidades, mantendo-se como verdade por si e em si mesma. Mantê-la parece algo difícil para um ser ontologicamente afetável, como o humano. O extremo da ordem é uma utopia. As sociedades humanas convivem com a simultaneidade das forças de ordenação e de (re)criação, instituídas e instituintes, apolíneas e dionisíacas.

Assim, para que seja possível contemplar a função militar, de defender a ordem incondicionalmente, a instituição cumpre um papel preponderante. Se os sujeitos humanos não podem representar a ordenação impoluta da própria ordem, a instituição precisa fazer isso por eles. Assim, lançada absolutamente por sobre os frágeis humanos, incapazes daquilo que ela representa, a instituição cria em si "meros indivíduos" (FIGUEIREDO, 1995). Insinua-se, assim, o soterramento do sujeito.

Ainda no depoimento 04,

A vida pessoal da gente fica muito... em segundo plano... você fica muito vinculado à polícia... acaba deixando muitas coisas da sua vida pessoal em segundo plano...

Compreendida dessa maneira, a situação do policial não implica apenas estar pouco acostumado a pedir ajuda;

ele sequer se sente autorizado a pedi-la. Para cumprir seu serviço de combate à desordem e ao caos, a forma como a instituição militar está organizada não permite que o policial reclame para si direitos de sujeito.

Contudo, a prática do plantão psicológico, inserida no cotidiano do trabalho do policial, sugere a possibilidade de legitimação de sua experiência enquanto sujeito, viabilizando sua expressão na relação com o plantonista. Talvez por isso, essa prática possa ter um caráter ameaçador. O policial sabe que, embora seja atraente e necessária, a possibilidade de colocar-se como sujeito não é aquilo que a instituição espera dele.

Por outro lado, sabe que é aquela instituição que paga seus salários, garantindo a manutenção de sua sobrevivência. Sabe também, e essa talvez seja a questão principal, que ocupa uma determinada posição dentro da estrutura institucional e que isso, de alguma maneira, faz dele *alguém*. Inserindo-o numa teia de funções, cargos e hierarquias rigidamente articulada, a PM priva o sujeito de si, mas lhe garante, em contrapartida, um lugar institucional de pertencimento.

Essa talvez seja uma compreensão relevante para a questão da dificuldade em procurar o plantão psicológico, tantas vezes expressa pelos policiais, tanto nos depoimentos como no dia-a-dia do serviço. A partir dela, também é possível buscar um significado para o relato contido no depoimento 01,

> ... mas eu mesma falar dos meus problemas eu quase não falo. Então... é isso.
> É como se... eu não quisesse misturar os meus problemas particulares com os problemas que eu tenho aqui na Cia... profissionais... Eu tento não misturar.
> Esse serviço é oferecido num local de trabalho. Me faz pensar algo que... se você vem em... um lugar de trabalho então tem que ser... como eu posso falar isso para você...? Que você está aqui e que o trabalho é para melhorar o nosso ambiente de trabalho... a nossa vida social aqui no trabalho... não a vida particular.

Por ser oferecido em um "lugar de trabalho", o serviço, na visão da policial, deveria ater-se a questões profissionais. Em outras palavras, pode-se dizer que, para ela, o plantão psicológico se configurava como espaço aberto aos seus "problemas" enquanto policial militar, e não enquanto sujeito.

Além disso, agora também é possível dizer que, enquanto prática psicológica, a "avaliação de estresse", inicialmente requisitada, se adapta muito bem às características e aos objetivos institucionais. Organizando os indivíduos em torno de um "problema" comum, os resultados da avaliação possivelmente forneceriam uma classificação dos policiais ao longo de um contínuo de maior ou menor estresse. Efetivar-se-ia, novamente, a tendência de trocar a singularidade pelo pertencimento a uma categoria, dessa vez com o aval de uma equipe de especialistas.

No entanto, retomando a já citada ambivalência dos policiais em relação ao serviço, a mesma possibilidade de resgate do sujeito em sua narrativa, que tinha um aspecto assustador, também se apresentava "(...) tentadoramente necessária" (OLIVEIRA, 2005, p. 118). Da mesma depoente que afirmou compreender o plantão como apoio que se restringia a questões profissionais, depois de lhe ser dito que o serviço também estava aberto a questões "pessoais", foi possível colher:

> Por exemplo... eu tenho dificuldade com um certo sentimento meu. Por exemplo... eu sou uma pessoa assim muito insegura. Eu tenho um relacionamento onde eu tenho muito ciúme... e eu queria trabalhar isso. Tem como?

E, ainda,

> Então eu acho importante o trabalho de vocês e acho que tem que ser divulgado e esclarecido. Eu acho que vocês deviam pegar e falar com o pessoal assim... "a gente está aqui para...". Apesar que vocês fizeram isso... não foi? Até fizeram...

Ela propõe que o serviço seja mais bem divulgado, para que todos saibam a que se destina. Porém, logo em seguida, admite que isso já havia sido feito. Dessa forma, é possível dizer que, em seu depoimento, a policial expressa uma compreensão que não condiz com aquilo que ela já "sabia" sobre o plantão psicológico.

Essa aparente contradição pode se dar porque o "saber" envolvido nesse episódio não era dado pela experiência. Antes de iniciar a implantação do serviço, a equipe de plantonistas esteve em algumas reuniões e preleções, apresentando-se e explicando como aconteceria o plantão psicológico. Contudo, conforme revela o trecho de depoimento anterior, tal *explicação* não bastou para que a policial *compreendesse* o uso que poderia fazer do plantão. Assim, sugere-se que, para seus usuários, o sentido do plantão psicológico não está no entendimento cognitivo da situação, mas também se refere à dimensão da experiência. Como a policial não havia, até aquele momento, procurado atendimento, pode-se dizer que de fato ela não "sabia" nada sobre o plantão, mesmo estando devidamente *informada* sobre ele.

Na dimensão da experiência, já tematizada anteriormente, através dos existenciais *afetabilidade-compreensão-fala*, pode acontecer uma aprendizagem outra, que mescla o saber cognitivo às impressões e afetabilidades pessoais. Pode-se dar, portanto, a aprendizagem enquanto conhecimento tácito (FIGUEIREDO, 1993). Como tatuagem, o conhecimento tácito se inscreve no sujeito, e passa a fazer parte dele.

Por esse motivo, é também na dimensão do conhecimento tácito que se dá a relação plantonista-cliente no plantão psicológico. O espaço aberto pelo plantão permite, a partir da publicização dos sujeitos (ARENDT, 2003), uma experiência significativa que, mobilizando o tácito, desvela sentidos.

Na prática, os policiais perceberam essa característica de diversas maneiras diferentes. No depoimento 02,

> Eu acho que conversando a gente vai entendendo como é a situação. (...) A gente conversando... abrindo o jogo... abre a mente da gente... a gente pensa mais...

Expresso de outra forma, no depoimento 03,

> Aí... numa outra vez a gente conversou... aí eu fui interrompida... eu sou da administração... me chamaram... e depois desse dia a gente não conversou mais... Mas o pouco que eu conversei com ela já

me deu outra visão para o que eu estava passando... Eu acho que me ajudou bastante...

Outra compreensão possibilitada por essa experiência de plantão psicológico em instituição diz respeito ao cuidado com os plantonistas. Como abordado anteriormente, o plantonista se apresenta como ser afetável, assim como seu cliente. Na relação propiciada pelo plantão, o cliente pode ter compreensões suscitadas, para as quais encontrará atenção por parte do plantonista, em busca de sentido. Porém, também o plantonista precisa encontrar um espaço de reflexão para suas próprias compreensões, e a supervisão costuma ser o espaço privilegiado para esse cuidado.

Vale dizer que, também na supervisão, a atenção precisa contemplar a experiência do plantonista, e não seus "saberes teóricos" sobre o plantão psicológico. Em outros termos, precisa se dar com especial atenção ao tácito envolvido no trabalho do plantonista. Dessa maneira, a supervisão cuida da equipe de plantonistas durante toda a realização do trabalho, inclusive nos momentos de tédio, paralisia e desânimo que surgem na interface com a instituição.

Este capítulo teve a intenção de explorar algumas compreensões possíveis sobre o campo da prática psicológica em instituição, deixando-se acolher por reflexões propiciadas pela orientação fenomenológica existencial, a partir de uma experiência de plantão psicológico realizada na Polícia Militar do Estado de São Paulo. Por deixar algumas questões relevantes ainda por desenvolver, espera-se que este trabalho possa suscitar outras iniciativas, no intuito de dar maior consistência ao campo teórico da prática psicológica em instituições.

REFERÊNCIAS BIBLIOGRÁFICAS

ARENDT, H. **A condição humana**. Rio de Janeiro: Forense Universitária, 2003. 352p.

CRITELLI, DM. **Analítica do sentido: uma aproximação e interpretação do real de orientação fenomenológica**. São Paulo: Brasiliense, 1996. 140p.

FIGUEIREDO, LC. Sob o signo da multiplicidade. In: **Cadernos de subjetividade**. São Paulo: PUC/SP, n. 1, p. 89-95, 1993.

_____. **Modos de subjetivação no Brasil e outros escritos**. São Paulo: Escuta, 1995. 156p.

GENDLIN, ET. *Befindlichkeit*: Heidegger and the Philosophy of Psychology. In: **Review of Existential Psychology and Psychiatry**. 16(1-3), p. 43-71, 1978/1979.

HEIDEGGER, M. **Seminários de Zollikon**. Petrópolis: Vozes, 2001. 311p.

LÉVY, A. **Ciências clínicas e organizações sociais**. Belo Horizonte: Autêntica / Fumec, 2001. 224p.

OLIVEIRA, RG. **Uma experiência de plantão psicológico à Polícia Militar do Estado de São Paulo: reflexões sobre sofrimento e demanda**. Dissertação (Mestrado), Instituto de Psicologia da Universidade de São Paulo: 2005. 136p.

PRILLELTENSKY, I. **The Morals and Politics of Psychology: psychological discourse and the status quo**. New York: State University of New York Press, 1994. 283p.

QUESTÕES COMENTADAS

1) É possível refletir que o "comando" de uma instituição conhece, de maneira privilegiada, muitas das necessidades de sua instituição. Por que, então, se afirma que um pedido por atenção psicológica vindo dos responsáveis por esse "comando" não deve ser efetivado diretamente, e pede uma reflexão anterior por parte dos profissionais da Psicologia?

R: Em geral, todo projeto de prática psicológica em instituição inicia-se por um *pedido* vindo da própria instituição. Os sujeitos que elaboram e encaminham esse tipo de pedido geralmente exercem função ou cargo de comando, já que apenas nesse nível hierárquico se pode ter a autonomia e a autoridade necessárias para idealizar e efetivar projetos que alterem o cotidiano da instituição. Contudo, resta a questão: esse pedido ressoa a demanda dos demais sujeitos institucionais?

Não atentar a essa reflexão pode significar um mero colocar-se a serviço do poder instituído e da manutenção do *status quo* institucional, contribuindo para o emudecimento dos demais atores institucionais.

2) Como se configura e qual a intenção de uma "cartografia institucional"?

R: A cartografia se constitui de um período de conhecimento mútuo entre atores institucionais e equipe de profissionais da Psicologia, visando ao aclaramento da demanda por atenção psicológica que se explicita nas vozes desses atores institucionais. Essa demanda pode, muitas vezes, divergir daquilo que foi expresso no *pedido* inicial. Na identificação da demanda, também se busca compreender o que os sujeitos da instituição esperam da prática psicológica e como querem que ela aconteça.

3) O que é possível refletir sobre a "institucionalização da equipe de trabalho" a que se refere o texto?

R: Um projeto de prática psicológica em instituição deve prever um espaço de cuidado para a equipe de profissionais da Psicologia no qual se dê atenção à forma como os sujeitos vêm se conduzindo pelas solicitações que lhe fazem diante do cotidiano desse trabalho. Em outros termos, os atendentes estão inseridos na mesma estrutura ek-sistente dos atendidos, e, portanto, é preciso que tenham um espaço de atenção às suas próprias interpelações. Em determinados momentos do trabalho explicitado no texto, a equipe de plantonistas se *institucionalizou*, cedendo, irrefletidamente, aos efeitos da força coerciva que a instituição exercia, convidando-a a partilhar de seus princípios e valores. Apenas a partir das reflexões propiciadas pela supervisão foi possível novamente transitar pela instituição de forma instituinte, e não instituída.

4) Por que motivo, embora atraente, o plantão psicológico no projeto exposto pelo texto também podia adquirir, para seus usuários, um aspecto ameaçador?

R: Para cumprir seu serviço, a forma como a instituição militar está organizada não permite que o policial reclame para si direitos de sujeito, e é justamente a isso que o plantão psicológico se refere. Inserindo o sujeito social numa teia de funções, cargos e hierarquias, rigidamente articulada, a PM aparta o sujeito de si, mas lhe garante, em contrapartida, um lugar institucional de pertencimento. Nesse sentido, o plantão psicológico ameaça a renúncia que torna possível esse pertencimento.

5) A partir do texto, o que é possível dizer sobre a "aprendizagem" que pode ocorrer no plantão psicológico?

R: Na dimensão da experiência, em que o humano se apresenta nos existenciais *afetabilidade-compreensão-fala*, pode acontecer uma aprendizagem outra, que mescla o saber cognitivo às impressões e afetabilidades pessoais. Uma aprendizagem enquanto conhecimento tácito que se inscreve no sujeito, como tatuagem, e passa a fazer parte dele. É na dimensão desse conhecimento tácito que se dá a relação plantonista-cliente no plantão psicológico.

O espaço aberto pelo plantão permite, a partir da publicização dos sujeitos, uma experiência significativa que, mobilizando o tácito, desvela sentidos.

Capítulo XI

Uma Prática Psicológica Inclusiva em Hospital Psiquiátrico: do Cuidado de Ser ao Resgate de Cidadania*

*Walter Cautella Junior** · Henriette Tognetti Penha Morato****

Este capítulo intenta abordar a construção de uma prática psicológica em hospital psiquiátrico de curta permanência, destinado ao atendimento de pessoas do sexo feminino em quadro agudo do que se convencionou chamar na modernidade de "doença mental".

Ao entrar no universo institucional psiquiátrico, impactou-me a condição existencial dessas mulheres. No convívio diário com elas, saltava aos olhos justamente aquilo que se apresentava como a ausência de um existir autêntico. Suspensas no tempo, afastadas do compartilhamento e vivendo em um presente caótico e eternizado, o isolamento vivido por elas parece não ser definido tão-somente pelas paredes dos recintos que são levadas a ocupar na situação de crise. Mais intensa e dolorosamente que uma situação dada por um local, impunha-se, no contato com elas, sua condição de insustentabilidade de ser. Tocado pela condição de excluído, assumi que minha função primordial na instituição era tentar promover situações que pudessem proporcionar uma possibilidade de relação desse sujeito consigo mesmo, com os outros e com o mundo que o cerca. Minha convicção é de que,

dessa forma, tornar-se-ia possível um resgate de cidadania desse indivíduo institucionalizado. Para que fosse possível a construção de uma prática psicológica potencialmente inclusiva e promotora de resgate de cidadania, acreditei necessário estudar o movimento de exclusão do divergente.

O PROJETO EPISTEMOLÓGICO DA MODERNIDADE COMO DETERMINANTE DA RELAÇÃO EXCLUDENTE COM O DIFERENTE

Ao longo da história da humanidade a loucura foi assumindo várias concepções. Dependendo do momento, foi adquirindo formas e sentidos diversos que refletem um estado da sociedade e da cultura. Partindo da análise histórica da loucura, desenvolvida por Foucault (1987), é possível acompanhar os vários deslocamentos na interpretação e relação instituída com o fenômeno.

No período histórico da Idade Média, a relação da sociedade com a loucura se mostrava relativamente pacificada. Percebida na opinião do senso comum como um erro, era compreendida enquanto experiência ilusória perante a vida, levando a julgamentos perturbados e atitudes descabidas. Desse modo, a loucura só recebia uma atenção especial quando tais atitudes eram vividas, pela sociedade, como ameaçadoras. Diante do fenômeno, desenvolvia-se uma ação associada à abertura de espaços nos quais a loucura pudesse se manifestar e o erro ser corrigido, mas que não implicavam caráter excludente.

---

*Este capítulo foi extraído de Cautella Junior, W: *Uma Prática Psicológica em Instituição Psiquiátrica: Atenção à Inclusão e Cidadania*, 2003. Dissertação de Mestrado em Psicologia Escolar e Desenvolvimento Humano. São Paulo: Instituto de Psicologia da Universidade de São Paulo. O texto recorre à apresentação da pesquisadora principal, referindo-se à sua própria experiência no desenrolar da pesquisa; então, por vezes, o tempo verbal aparece na 1ª pessoa do singular.
**Pesquisador principal.
***Orientadora da pesquisa.

Foi a partir do Renascimento que começou haver um sistemático e progressivo processo de exclusão do divergente. Isso começou a acontecer porque certos métodos de sustentação existencial, que eram extremamente eficazes na Idade Média, começaram a perder a eficiência nesse novo período histórico. Na Idade Média, a relação com o mundo era marcada pela segurança e o conforto de uma vida coletiva, solidamente assentada nas tradições e na crença em entidades poderosas que exigiam a completa submissão, pois eram donas do destino desse homem medieval. Com o advento do Iluminismo, tais estruturas de sustentação existencial não eram mais suficientes para permitir um viver pacificado. Percebendo-se desprovido e desprotegido perante o universo de possibilidades e incertezas de seu destino, o homem da modernidade precisou desenvolver recursos próprios para lidar com tal situação. Nesse contexto, o homem foi lançado em uma condição de desesperança que evidenciou e ampliou o seu desamparo existencial que, segundo Kierkegaard (1969), define a condição essencial do homem como tal. Essa situação propiciou um progressivo movimento de introspecção via racionalidade, dado que a subjetividade se apresentou como única arma para controlar a angústia e preservar a identidade e existência humanas; ou seja, a razão oferece-se como único método possível para sustentação existencial.

Todavia, tal método não se mostra suficientemente coeso e eficaz para dar conta de todas as dúvidas e incertezas que ameaçam a presença do homem no mundo. Como defesa a esse ataque lesivo à integridade da existência humana pacificada, podemos afirmar que a modernidade criou um método de sustentação que se predispõe a excluir tudo que não é contemplado pela razão. É nesse contexto que o louco, entre os outros "desviantes", passou a ocupar um lugar central nesse processo de expurgo.

DA RACIONALIDADE EXCLUDENTE A UMA POSSIBILIDADE PERSPECTIVANTE ACERCA DA INCLUSÃO

O predomínio da racionalidade científica, que leva a percepção do mundo a ser submetida a um método que se pretende universalizador e unitário, não passa incólume por certas tendências que começaram a tomar força e a se manifestar na primeira metade do século XX. Podemos creditar a determinados fatos históricos, como a ascensão do nazismo, a Segunda Guerra Mundial, o milagre econômico no pós-guerra, o stalinismo, certa responsabilidade na criação de uma conjuntura propícia para que se pudesse assumir uma percepção do mundo que levasse ao questionamento, com grande ênfase, do projeto epistemológico da modernidade. A situação do mundo no século XX parece confirmar que todo milagre tecnológico surgido a partir do Iluminismo não liberta o homem de se defrontar com as impossibilidades de resolver o paradoxo de sua existência.

Encontrando solo fértil, já que adubado pelo desencanto com as condições do mundo no pós-guerra, começam a germinar certas linhas de pensamento que questionam a racionalidade como método de sustentação existencial. Essa nova ótica admite o mundo real como naturalmente incongruente, indeterminado. Os termos lógicos, tão caros aos projetos racionalistas, passam a demarcar como que posições estáticas na opinião dessa nova concepção. Embora a lógica desempenhe e represente um indiscutível valor para o desenvolvimento científico, não permite a expressão e compreensão do fluxo constante do existir.

Essa mudança paradigmática abre possibilidades para alterações nas atitudes e nos espaços cotidianos humanos, promovendo assim mudanças em vários aspectos da vida e da forma de compreensão de seu contexto. No que diz respeito à questão central deste trabalho, isto é, uma ação de cuidado psicológico, visando ao resgate da cidadania do indivíduo institucionalizado e ao aprimoramento no trato com a vida, encontra-se ela diante da abertura de um universo de possibilidades a partir dessa nova posição epistemológica. Presumindo que o projeto epistemológico da modernidade surge como tentativa de controle da natureza, que exclui o diferente e incerto, essa outra perspectiva, defendendo a fusão entre corpo e mente e a singularidade do existir no confronto com a imponderabilidade do destino, abre espaço para uma relação mais humanista com a loucura.

Surge a possibilidade de se considerar o diferente não mais como um elemento ameaçador, porém como alguém que vive a sua singularidade no seu percurso existencial. É bem verdade que tal singularidade ainda representa um estado de malogro na busca de seus ideais e no trato com a realidade como ela é. No entanto, estrutura-se a possibilidade de uma relação inclusiva com a pessoa em situação crítica, visto que esse novo paradigma contempla a ambigüidade humana.

Assim, iniciou-se o pensar acerca da possibilidade de uma ação terapêutica eficiente e não-excludente. Essa nova proposta tem suas bases remotas na experiência pioneira de Conolly (BASAGLIA, 1985), que desenvolveu na Inglaterra uma comunidade terapêutica que visava tratar a loucura através da Laborterapia e não do modo asilar. A partir dessa experiência, novas práticas foram surgindo, e dentre elas podemos ressaltar a importância de Maxwel Jones (BASAGLIA, 1985) e, mais recentemente, de Franco Basaglia (1985) com a experiência no Hospital de Gorizia (Itália).

De posse dessa contextualização, resgatando a marca do momento histórico e da cultura, retorno, agora, à minha experiência.

A PRÁTICA EM AÇÃO

Durante meu percurso na construção da prática psicológica aqui relatada, fui tocado por alguns aspectos da proposta de Franco Basaglia. Psiquiatra italiano de grande expressão no século XX, desenvolveu uma concepção que nega a instituição psiquiátrica e seus conceitos fundamentais. Na verdade, Basaglia é o elemento mais recente em um movimento que teve vários representantes. As concepções de Basaglia são francamente políticas. Acreditou que a loucura seria uma resposta do indivíduo ao sistema. Na sua concepção, a função do hospital psiquiátrico é receber aqueles que não se adaptam às normas determinadas pela sociedade. Na instituição, acaba se expressando a nítida divisão entre os que têm poder e os que não têm. Dessa forma, todo ato terapêutico em um hospital visa atenuar as reações dos excluídos em relação aos excludentes.

A influência da obra de Basaglia em minha prática precisa ser relativizada. Afasto-me, tanto quanto possível, do caráter radical que foi dado ao ato terapêutico. No entanto, alguns de seus princípios parecem ter imensa relevância se nos propusermos a uma intervenção psicológica que vise instrumentalizar a pessoa no trato com o mundo e introduzi-la novamente no jogo social. Semelhantemente a Basaglia, também considero a manifestação da loucura uma resposta do indivíduo ao sistema. Não só ao sistema, mas a toda a realidade apreendida em um dado momento. Não podendo lidar com um contexto que é vivido como inóspito, a pessoa tende a desenvolver uma forma malsucedida de existir como solução.[1]

Ao contrário de Basaglia, não chego ao extremo de propor a extinção dos hospitais psiquiátricos. No entanto, acredito na necessidade de transformá-los em institui-

ções de curta permanência, e que devam funcionar como espaços para a instrumentalização de um viver saudável – com bem-estar. Sua utilização estaria condicionada a casos específicos, quando for impossível a abordagem em espaço externo. Quando a institucionalização é inevitável, devem ser utilizados todos os recursos disponíveis pelas várias disciplinas que ocupam o espaço hospitalar (Psicologia, terapia ocupacional, serviço social, psiquiatria, etc.).

Não desejando ser tão radical quanto a experiência de Gorizia, fui levado a buscar uma conciliação entre seus pressupostos e minha realidade institucional. Propus-me a desenvolver uma presença psicológica que pudesse facilitar um movimento inclusivo e de resgate de possibilidades para um existir autêntico. Configurar um ambiente marcado por relações positivas que visam tornar mais equivalentes as relações de poder e, portanto, mais permissivo para um movimento de vir a ser esboçava a possibilidade de incluir o hospital, mesmo com suas características, como um espaço de resgate de cidadania e da aptidão natural de viver para viver.

Embora sabendo do pouco interesse da instituição em negar seu mandato social, principalmente por não se permitir refletir sobre ele, propus-me a uma reestruturação profunda da postura psicológica. Baseando-me na demanda emergente dos usuários, que se mostravam carentes de possibilidades pela confluência de fatores vivenciais e, ao mesmo tempo, sedentos de se apropriarem de sua existência de maneira autêntica, comecei a buscar uma relação com os internos que fosse facilitadora na construção de espaços de questionamento que levassem à percepção de seu lugar na própria vida. A partir do sentido pessoal dado à sua condição presente, acredito que podem questionar o lugar social que lhe é atribuído, por lhes ser possível perceber os processos intrínsecos do viver que os levaram a essa forma imprópria de ser.

Retornando aos escritos de Basaglia, ele afirma que qualquer ação psicoterápica é barrada pela estrutura hospitalar, que tenta manter o sistema, ou pela estrutura humanista paternalista, que não acredita na possibilidade de escolha do interno (BASAGLIA, 1985). Assim, qualquer ação terapêutica deve ser feita fora do ambiente opressor. Obviamente, a estrutura hospitalar oferece certa resistência para uma ação inclusiva, assim como uma ação paternalista e tutelar acaba atrofiando as possibilidades de autogerenciamento do interno.

Por outro lado, é inquestionável que o hospital ainda mantém uma função necessária e específica na constelação de suportes assistenciais. Quem teve a oportunidade de

---

[1]Esse tema será mais bem abordado adiante em: Algumas breves considerações acerca de como compreendo o comportamento divergente.

conviver com alguém em quadro agudo de desorganização sabe da necessidade de um ambiente protetor. Partindo do pressuposto de que o momento de crise gera uma ruptura desestabilizadora na linha de continuidade existencial do indivíduo e de sua família, torna-se necessário constituir um lugar de acolhimento para essa pessoa. Esse acolhimento cria condições propícias para que a família também possa se reorganizar e ser assistida nesse momento de convulsão existencial, para, mais tarde, poder receber seu membro de maneira mais habilidosa e pertinente.

Acentuo que estou sempre me referindo ao hospital de curta permanência como mais um recurso em um projeto terapêutico amplo. A própria concepção de Basaglia contempla tal possibilidade. Desde a experiência radical de Gorizia, há a possibilidade de utilizar um hospital de referência para os momentos mais agudos. Desse modo, o hospital nunca deixou de ser uma instituição necessária, ainda que em momentos específicos. Nesse sentido, no contexto ao qual me refiro, faz-se imperativa a construção de uma ação visando ao preparo inclusivo e de elaboração da vivência dentro do ambiente hospitalar, mesmo que o contexto do hospital não se apresente favorável.

Quando o interno abandona os muros da instituição, principalmente se essa tiver sido de curto prazo, como o hospital referente à minha experiência, pode se deparar com ações preconceituosas que poderão tentar levá-lo à adaptação, tutelamento e/ou à própria exclusão. No entanto, partindo do pressuposto de que a ação do hospital para com o interno acaba refletindo a posição da sociedade em relação à doença, posso concluir que tais tendências exclusivas já se encontrem presentes, de forma insidiosa, na relação do hospital com o interno e nas ações decorrentes.

Assim configurado, o contexto hospitalar acaba contribuindo para a manutenção dessa forma malograda do ser doente. Inúmeras vezes presenciei o retorno de pacientes ao hospital, não por recaída de seus sintomas, mas sim por uma inabilidade no trato com o contexto familiar e social quando da sua volta ao "mundo da sociedade". Nesse sentido, podemos pensar se o hospital tem se permitido desempenhar um papel mais condizente com a manutenção da doença, indo na corrente contrária de seus objetivos terapêuticos. Ou seja, o hospital estaria se revelando um espaço pouco propício para que os pacientes psiquiátricos possam desenvolver suas potencialidades para gerenciar seus conflitos e levar adiante sua vida como indivíduos e cidadãos. Não se sentindo preparados para o confronto com a realidade, devido a uma internação

que não contempla tal perspectiva, o retorno ao hospital, como volta ao refúgio, passa a ser uma, ou talvez a única, possibilidade de sustentação existencial desse paciente. Conseqüentemente, e concomitantemente à falta de suporte externo para as pessoas recém-saídas da internação, creio ser esse um dos motivos possíveis mais evidentes para as reinternações. O hospital, por sua visão positivista e segmentada sobre a doença e, talvez também, por sentir ameaçados seus fins tecnoeconômicos, opta por negligenciar esses aspectos. Começa a revelar-se, nos atos de cuidado hospitalar ao paciente psiquiátrico, a diferença entre procedimentos norteados por objetivos (reverenciadores de uma tecnicidade) e não por princípios (reverenciadores de uma ética).

Mediante essa experiência, comecei a buscar uma forma de também configurar o hospital como um espaço promotor de uma ação de cuidado que facilitasse uma relação mais habilidosa do interno diante das várias situações de exclusão e adaptação com as quais, forçosamente, se deparará a partir de sua marca como institucionalizado. Comecei a acreditar na possibilidade de utilizar a relação cliente-hospital no intuito de proporcionar melhor instrumentação na sua relação com o mundo. Ou seja, a partir da explicitação e da conseqüente reflexão sobre os aspectos deletérios implícitos na relação instituição-cliente, facilitar a tomada de consciência de uma condição imposta e a não-aceitação tácita ou passiva desta.

Comecei a vislumbrar a possibilidade de transformar um pretexto de adverso em aliado. Nessa atuação, não rompo com a lógica social e nem da instituição, mas a questão é escancarar a realidade como ela é ao paciente, para que ele possa nela sobreviver, respondendo de modo habilidoso às injunções e concepções sociais limitantes, limitadoras e limitadas. Oferecer-lhe uma possibilidade de se perceber sendo no mundo, ambos sendo como são e o que são. Apresentar-lhe esse modo como a real condição humana.

Retornando a Basaglia, ele nunca negou o conceito de doença mental, ou, pelo menos, nunca o fez de forma explícita, porém criticou a relação que se instaura com o sujeito/paciente nesse momento de sua vida. Na verdade, dentro do hospital psiquiátrico, pelo seu caráter médico-tecnológico, o relacionamento acaba se fazendo com a doença e não com as pessoas. A proposta de que as relações na instituição sejam marcadas por uma tensão recíproca para que se rompam os laços de autoritarismo, como proposto por Basaglia (1985), parece fundamental para a construção de um ambiente inclusivo a partir do contexto do hospital. Tal proposta acaba exigindo uma relação assentada na particularidade de cada caso. Isso significa assumir a singularidade do estar doente e de todos os processos sociais relacionados à construção dessa forma malsucedida de se estar no mundo. A partir disso, torna-se possível construir o rosto do interno para que ele possa ocupar um lugar na sociedade. O processo de "coisificação" causado pela doença não pode ser ampliado por relações desfavoráveis dentro do hospital. Se cada membro da equipe terapêutica tentasse desenvolver uma relação de cuidado que buscasse construir um espaço propício para o emergir das possibilidades tolhidas, abrir-se-ia um universo de possibilidades no sentido do resgate da cidadania.

Isso está longe do estabelecimento de um "institucionalismo frouxo". Não nego os papéis dentro da instituição; na verdade, acredito na possibilidade de serem atenuadas as relações decisórias unilaterais, que priorizam a supremacia de um sobre o outro, desde que se mantendo as especificidades. Isto é, descobrir modos de ações terapêuticas pertinentes e específicas de cada competência, através da experiência do próprio usuário, acompanhando-o no percurso árduo de fazer suas próprias escolhas. Creio que assumir tal proposta, no âmbito institucional, prescinde da construção de uma visão específica do ser em crise. É este o sentido deste trabalho: transitar entre a compreensão da forma malograda do ser[2] "doente" e a da "doença" como forma malograda de ser.[3]

ALGUMAS BREVES CONSIDERAÇÕES ACERCA DE COMO COMPREENDO O COMPORTAMENTO DIVERGENTE

Foi abordada, até aqui, a relação da sociedade com o diferente. No tocante à questão da exclusão e da diferença, foi dada maior ênfase ao "louco",[4] pois é sobre ele que recai meu interesse de estudo. Vimos como, por motivos particulares e específicos, a sociedade tende a excluí-lo. Conseqüentemente, ele vive uma existência tolhida nas suas possibilidades.

Uma leitura mais atenta do fenômeno deixa transparecer que o universo de impossibilidades vivido pelo "louco" não pode ser creditado exclusivamente a uma reação societária. As ações sociais, os meios de produção e o projeto epistemológico assumido, entre outros, podem contribuir decisivamente no processo de instalação do comportamento divergente e na atitude excludente. No entanto, seria simplista creditar exclusivamente a esses aspectos a invenção da loucura.

Embora tais reações possam dificultar o livre fluir das possibilidades do divergente, a experiência mostra que os impedimentos também são de outra ordem. Os avanços ocorridos na Psicologia, sociologia, antropologia, psiquiatria e outras disciplinas afins, juntamente com a contribuição da filosofia conduzindo a uma visão crítica acerca de teorias possíveis, permitem-me acreditar que o comportamento divergente é fruto de uma complexa interação entre os fatores do meio externo e vicissitudes individuais desenvolvidas na acontecência do existir. É no transitar pela existência que a pessoa vai adquirindo recursos para lidar com a realidade e a imponderabilidade do destino, de maneira singular. Esses recursos, quando usados de maneira habilidosa,[5] tendem a conduzir a pessoa a uma existência coerente com seus próprios ideais. Quando esse intento não é alcançado, presenciamos a construção de formas divergentes de colocar-se na vida. Dizendo de outra forma, diante das várias injunções da realidade, a pessoa precisa responder de maneira habilidosa/pertinente. A construção do comportamento divergente seria conseqüência de não saber lidar com o seu contexto existencial e, perante a afetabilidade desagregadora que surge nesse confronto, resolvê-la através da única forma possível no momento. Desse modo, penso deixar evidente que não considero o "louco" um excêntrico ou revolucionário possuidor de um lugar privilegiado entre sábios transformadores.

Assim, reconhecendo que a loucura faz parte integrante do desenvolvimento da civilização e que sua compreensão varia de acordo com a cultura e o momento histórico, senti-me compelido a desenvolver uma forma particular de compreender essa manifestação, tendo claro que só através dela é possível uma ação fidedigna à condição humana.

Do ponto de vista psicológico, a relação de cuidado busca centrar-se na relação intersubjetiva para poder compreender o modo como a pessoa se relaciona com o mundo e consigo mesma, sendo os comportamentos divergentes articulação direta e conseqüente dessa complexa interação. Nossa atuação recai nas formas singulares de

---

[2] *Ser* como substantivo.
[3] *Ser* como verbo.
[4] O termo "louco" é aqui utilizado no intuito de afastar-se de uma compreensão exclusivamente médica do fenômeno que predomina na modernidade.

[5] O termo "habilidosa" aqui se refere à atitude atenta e cuidadosa conduzindo a um agir pertinente.

relação com o mundo, com as pessoas e com seu universo interno, que conduzem a uma maneira especial de existir.[6] Se essas relações tornam-se mais pertinentes no sentido de um viver pacificado, observaremos alterações do modo de ser no mundo com os outros. A atenção psicológica seria, portanto, a promoção de um espaço em que as relações e a escuta visam à construção e ao manejo mais pertinente das ferramentas que podem permitir um existir mais criativo e realizador.

Essa maneira de conceber o ato psicológico é intimamente influenciada pelos escritos de Binswanger. Para ele, "o homem não deve ser compreendido em termos de alguma teoria, mas, sim, através do modo como este se revela diretamente ele mesmo" (BINSWANGER; BOSS, 1974).

Na convivência diária com as pessoas internadas, essa singularidade no existir torna-se tão evidente que qualquer ação baseada em uma técnica preconcebida mostra-se canhestra. A realidade me conduziu a considerar a técnica dentro do sentido grego de sua concepção antiga, ou seja, *techné* como as várias formas e maneiras de se conceber uma arte. Presenciando esse modo especial de colocar-se no mundo, foi possível perceber certas peculiaridades.

Ainda tendo por base os escritos de Binswanger (1977), que compreende a doença como uma existência malograda, tais pessoas parecem manifestar um desconforto e um sofrimento em estar no mundo. Fica evidente o quanto a maioria dos internos está incapaz de contatar com a sua "realidade" e transformá-la para uma existência mais amena. Diante dessa impossibilidade, desenvolvem formas malsucedidas de se colocarem na vida, ou então começam a afastar-se e a falsear sua experiência de maneira a diminuir seu desconforto da realidade, vivida como inóspita. O malogro existencial e o isolamento evidenciam a carência no arsenal de recursos para o trato com a vida.

Dito isso, conclui-se que a relação entre cuidador e cuidado precisa constituir-se com o objetivo primeiro de atenuar o isolamento e propiciar a manifestação e a construção de instrumentos mais aptos no trato com a realidade. Isso começa a ocorrer quando o interno aceita o convite para recontar sua história de maneira a construir uma nova relação com a experiência vivida. Essa construção se faz a partir de uma relação com características especiais. Na configuração de um espaço seguro, longe do caráter

explicativo científico, estabelecido em algumas psicoterapias, livre das pressões adaptativas impostas pela sociedade e tendo claro que o nosso interesse recai no encontro de duas pessoas em um mundo que é representado, naquele momento, pelo hospital, potencializa-se a possibilidade do resgate de aptidões perdidas e da construção de novas habilidades. Esse encontro existencial acaba proporcionando a oportunidade de ressignificação da sua experiência de vida e do confronto com o novo. Essa relação *sui generis* tem o intuito de proporcionar ao indivíduo a percepção clara de onde, quando e em que medida lhe resultou impossível realizar a plenitude de sua humanidade (RAMADAM, 1982). Trata-se de evidenciar onde a pessoa se perdeu a si mesma no seu projeto existencial.

A ruptura desse projeto de vida é, por vezes, presumida como uma quebra significativa da linha de continuidade existencial. Olhando a questão por essa ótica, podemos afirmar que esse momento de ruptura parece levar a uma desestruturação progressiva e profunda da identidade, aqui entendida como uma tarefa de integração dos vários "eus": aquele que foi, aquele que é agora e aquele que deseja ser no futuro.

Essa ruptura da malha existencial, com a conseqüente desestruturação da identidade, tem o poder de lançar o indivíduo em uma situação de inacessibilidade, na qual pode perder o contato com a lógica compartilhada, prevalecendo o delírio como estrutura de sustentação existencial. Quanto mais profunda e marcante é a incapacidade de interagir, de maneira benéfica, com o mundo, amplia-se o nível de isolamento. Pode chegar ao extremo de isolar-se, a ponto de o mundo externo ser totalmente tomado pelos símbolos, que são criados particularmente e essencialmente pelo divergente. A interpretação delirante do mundo e a conseqüente distorção de sua postura existencial ficam sendo as únicas soluções possíveis no confronto com uma realidade vivida como inóspita.

Tal solução, concomitantemente à reação societária diante do divergente, amplia os níveis de isolamento preconizados. Moffatt (1983) traz importantes contribuições no que se refere à desestruturação da identidade e o conseqüente afastamento das estruturas de compartilhamento. Segundo ele, a percepção é um processo pontual; porém, o homem, em seu longo desenvolvimento, conseguiu estabelecer pontes entre esses vários pontos perceptuais, criando a ilusão do tempo. Ele sabe de onde veio, onde está e para onde deseja ir. Assim, cria-se uma linha de continuidade existencial que sustenta a identidade e permite a construção de estruturas de compartilhamento como a

---

[6]Segundo Almeida (1999), existir é responder àquilo que é dado.

cultura.[7] Diante de situações agudas, essa linha de continuidade temporal pode se romper. Quando isso ocorre, o individuo é lançado em um vazio paralisante, ficando alheio de si e do mundo. Nessa perspectiva, os comportamentos divergentes seriam tentativas infrutíferas de voltar ao convívio compartilhado.

Olhar o fenômeno por esse enfoque temporal aponta a importância do futuro no processo de adoecer. Enquanto na química e na física um fato é quase sempre determinado pelos eventos que o precederam, nos seres humanos o comportamento presente depende não somente do passado, mas também da orientação para os acontecimentos futuros (FEIFEL, in ROLLO MAY, 1980). A ruptura dessa linha temporal coloca o indivíduo defronte de uma situação de desesperança que amplia seu desalojamento. Resgatar a identidade e o compartilhamento passa necessariamente pelo resgate da capacidade de conceber sucessões, de organizar uma história com sentido, utilizando para isso todos os fatos que ocorreram no viver. Essa organização deve dar subsídios para que o sujeito possa lançar-se ao futuro a partir de um novo projeto existencial. De posse de uma possibilidade de futuro, fica mais pertinente a organização do presente. Compreender a crise como uma ruptura da continuidade existencial implica considerar a dimensão da temporalidade na experiência humana. Nessa perspectiva, transpor a crise e resgatar a saúde (bem-estar) diz respeito a rearticular e ressignificar presente, passado e futuro.

Compreendendo a divergência pela crise, aparentemente, por mais autores que se deseje visitar, essa condição de malogro na busca de seus ideais se expressa de maneira inequívoca na perda de capacidade de se governar por suas próprias leis ou a partir de sua vontade própria. Nesse momento agudo, fica evidente o embotamento da capacidade pessoal de estabelecer normas próprias na condução de seu destino. A pessoa fica sem opções, restringindo-se a condições limitadas e definidas pela sua forma malograda de se colocar no mundo. Tal condição mostra-se como uma prisão, onde o indivíduo acaba vivendo sob o jugo de sua incapacidade de optar e arbitrar. Diante dessa condição, Sonenreich & Bassit (1979), com o olhar médico sobre o fenômeno, vão caracterizar a doença mental como uma "patologia da liberdade". Segundo eles, o doente mental não age, é agido. Ele não consegue fazer diferente diante das exigências que o ato de viver impõe, ficando preso a estruturas de funcionamento limitantes.

Essa incapacidade em intervir e alterar seu contexto, de desenvolver uma relação pacificada com aquilo que se mostra intransponível no momento ou mesmo imutável, parece ser multicausal. Por mais que o homem tente estabelecer uma relação de casualidade direta, o malogro no trato com a existência mostra-se fruto de um processo histórico singular. Se no percurso existencial a pessoa não teve relações pessoais e experiências constituintes que possibilitassem o movimento no sentido da criação de maneiras habilidosas de lidar com sua angústia e eterno desalojamento, a tendência é que sua existência se manifeste de maneira pouco produtiva para a obtenção de seus ideais quando confrontada com a amplidão de possibilidades imposta pela realidade. Assim, o comportamento divergente acaba se estabelecendo sem correspondência com o normal, ou seja, não é nem ausência nem exagero de uma função normal. Tais manifestações seriam modos de ser totalmente novos e autônomos.

Tal imobilidade no encaminhamento de seus conflitos promove conseqüências de peso. Ela acaba favorecendo a ação de tutela exercida pela família, pelo médico e, em última instância, pela sociedade. Se a pessoa, por uma incapacidade sazonal, se ausenta de seu lugar de mando na condução de sua vida, abre-se espaço para que outra pessoa ocupe esse lugar. A experiência tem mostrado que na maioria das vezes a condução é feita não se levando em conta os propósitos desse que se encontra nesse lugar deficitário. Conseqüentemente, além da perda de autonomia que vem implícita na condição aguda de sua existência, agrava-se a perda de sua cidadania pela constante ação de tutela imposta pela sociedade.

Percebe-se que para o lugar do divergente converge uma série de tensões, tanto internas como externas, que contribuem para a perda de autonomia, da cidadania e da capacidade de apropriação e cuidado de si.

REINVENTANDO A PRÁXIS NA INSTITUIÇÃO

Incomodado e constrangido com o modo conservador de prestação de serviço aos usuários da rede de saúde mental em hospital, empreendi algumas mudanças perante o meu trabalho. Desse modo, o atendimento psicológico na instituição começou a se configurar para mim como

---

[7]Para Moffatt: "(...) a cultura nada mais é do que um conjunto de teorias, normas, ciclos, símbolos, etc. que nos asseguram uma plataforma imaginária que avança sobre o futuro, palavra que é simplesmente o nome de um enorme déficit de informação. A cultura tem como finalidade a ordenação da realidade e a defesa da continuidade do eu" (1983, p. 53).

lugar de possibilidades para o usuário e sua família. Acontece através da construção de vários espaços, nos quais se tenta privilegiar a ampliação do diálogo do usuário consigo mesmo e com o mundo que o cerca, de maneira que possa desenvolver uma compreensão melhor de seu lugar no mundo e uma resposta mais criativa diante dele. Basicamente, procuram-se criar condições propícias para que o usuário possa começar a retecer a malha existencial rompida no momento da crise. Espaços e situações são abertos para que, através de uma relação positiva e de disponibilidade, a realidade possa ser apresentada como é. Desse encontro assistido com a interpretação pessoal do real podem surgir novas possibilidades existenciais.

Assim, o serviço de Psicologia tenta desenvolver esses propósitos através dos grupos de atenção psicológica, atendimentos individualizados e plantões psicológicos. Tais modalidades funcionam de maneira interligada e não-excludente, ou seja, cada usuário pode beneficiar-se de todas ou de apenas algumas. A intenção é configurar uma abertura de possibilidades, através da qual a pessoa possa sentir-se envolvida pela proposta do serviço de Psicologia, transitando por essas aberturas na medida de sua conveniência e interesse.

Os grupos de atenção psicológica ocorrem diariamente, existindo a possibilidade de o usuário ser atendido até três vezes por semana. Constitui-se como grupo aberto, composto por aproximadamente dez pessoas, podendo esse número variar de acordo com o ritmo da demanda no hospital. Cada setor possui seus grupos e os usuários sabem de seus horários, administrando assim, na medida do possível, o próprio comparecimento.

Os atendimentos individuais acontecem a partir de um pedido explícito da pessoa e se estruturam de acordo com a conveniência da demanda. Geralmente, é no plantão psicológico ou no grupo de atenção psicológica que se estrutura o pedido para o atendimento individual.

O plantão psicológico surgiu a partir da necessidade de se dar uma resposta criativa às demandas emergentes em curto espaço de tempo. Como foi dito no início deste trabalho, o hospital em questão é de breve permanência. Nessa perspectiva, a proposta básica dessa prática psicológica caracteriza-se como um espaço aberto para acolhimento da pessoa que procura ajuda psicológica em situações de dificuldade ou crise, sejam elas de qualquer ordem ou motivação.

Merece uma consideração a dimensão que essa última modalidade de atendimento psicológico assumiu na rotina do hospital. O plantão psicológico acabou ocupando um lugar central dentro da proposta do serviço de Psicologia. Isso não ocorreu somente pela eficácia em acolher a demanda no momento da situação crítica, abundante no contexto hospitalar, mas também porque se configura como um espaço privilegiado para a elucidação da demanda e o seu encaminhamento específico. Acontecendo diariamente, o plantão psicológico se oferece como serviço diante de uma necessidade emergente; assim o interno pode procurar o atendimento psicológico sem nenhuma burocracia (CAUTELLA, 1999). O usuário pode utilizar desses espaços de acordo com sua conveniência, não sendo obrigatório o seu comparecimento. Dessa forma, esse espaço transcende o aspecto terapêutico e pode servir como porta de entrada para outras modalidades de atendimento existentes no hospital, mesmo para aquelas que escapam à alçada do psicólogo, como terapia ocupacional, serviço social, atendimento médico especializado, etc.

Acredito que tal postura trabalha no sentido do exercício da livre escolha, do resgate da cidadania e do cuidado de si mesmo. Isso porque o serviço de Psicologia não assume responsabilidades em relação a alta hospitalar, licenças semanais ou transferências de setor. Desse modo, tal postura tem o intuito de proporcionar um contexto no qual o interno possa escolher participar com isenção dos espaços propostos. O seu comparecimento deve ser pautado pela identificação de uma demanda interna, e não por pressões institucionais (CAUTELLA, 1999).

Quando o usuário não possui crítica de seu estado e, portanto, não consegue identificar sua demanda para atendimento psicológico, ele é convidado a comparecer aos grupos. Nessa situação, trabalha-se no intuito de, a partir da experiência do usuário, construir um sentido para sua participação no serviço. Tal sentido, na maioria das vezes, não está associado ao já realizado diagnóstico médico; é, antes, uma porta de entrada para o resgate de sua experiência nesse momento de convulsão existencial. Com o tempo, a tendência é de haver uma ressignificação de sua internação e das possibilidades terapêuticas oferecidas. A participação nos espaços disponibilizados acaba contribuindo para a construção de uma melhor análise de sua condição existencial.

Como já dito, o comportamento divergente é um fenômeno de repercussão social. Assim, parece-me pertinente que esse espaço de reflexão e acolhimento também possa ser estendido aos familiares dos internos. Mediante isso, constituiu-se um plantão psicológico no qual os parentes podem articular-se de maneira mais produtiva em relação a essa situação de crise e às suas conseqüências na dinâmica familiar. Três vezes por semana, o familiar ou responsável pode beneficiar-se desse espaço de acolhimento e ressignificação. O atendimento é feito da maneira menos burocratizada possível. Basta que se dê o nome na recepção e dentro em pouco será atendido.

CONSIDERAÇÕES POSSÍVEIS

No decorrer deste trabalho, o interesse de estudar uma prática psicológica em instituição psiquiátrica com atenção à inclusão e à cidadania foi sendo desvelado. Em particular, alguns conceitos, como **cuidado de si**, **autonomia** e **cidadania**, foram se evidenciando. E isso não parece casual nem coincidência. Afinal, durante os vários anos de prática psicológica em hospital psiquiátrico, foi possível constatar que tais modos de ser se apresentam como fundantes para a conquista de um existir pacificado.[8] À medida que a pessoa vai se apropriando de tais modos, ampliam-se possibilidades para múltiplas percepções, abrindo, dessa feita, um universo de outras tantas possibilidades no sentido do bem viver. Dizendo de outro modo, a realização existencial[9] pode intimamente associar-se à forma como a pessoa se apropria e faz uso dessas possibilidades.

Minha experiência junto às pessoas institucionalizadas tem possibilitado compreender como o movimento de inclusão ao contexto social na verdade é um caminho de sucessivas aberturas a trilhas possíveis. Cada uma delas relaciona-se às seguintes, e a antecessora se oferece como sustentação às posteriores. É desse modo que ocorre um início de resgate e aprimoramento do cuidado de si, abrindo-se possibilidades para uma forma de ser autônoma, que pode conduzir ao resgate de cidadania.

Voltando à questão que abre esta discussão, o cuidar de si, considero a visão de Almeida (1999), ao afirmar que o ser do homem se constitui no cuidado. Não é algo que podemos ou não ter diante de uma dada situação, mas se refere à constituição ontológica do humano. **"O homem não tem cuidado, é o cuidado"** (ALMEIDA, 1999, p. 46). Sendo a angústia o temor de ver aniquilado o ser-aí, o homem se apresenta ao mundo sempre cuidando da sua existência de maneira a preservá-la. A forma que responde

àquilo que se apresenta tem sempre em seu âmago o cuidar de ser. Na verdade,

> [...] o cuidado, enquanto totalidade estrutural primordial do ser-no-mundo, encontra-se anterior a toda posição ou conduta particular do ser-aí de um modo existencialmente *a priori*. Isso quer dizer que o cuidado sempre se acha em qualquer conduta fáctica realizada pelo homem. (ALMEIDA, 1999, p. 57)

Trazendo a questão para a temática abordada neste trabalho, fica sendo implicitamente fundamental, para toda prática psicológica em instituição, criar situações que possam promover relações que facilitem o surgimento de uma tal condição, debilitada ou construída de maneira avessa ao seu real jeito de ser. Nesse sentido, a manifestação do comportamento divergente pode ser compreendida como um modo malogrado do cuidar de ser. Na impossibilidade de desenvolver um cuidado de si próprio, o sujeito se afasta das possibilidades de realização/apropriação, ou seja, perde a possibilidade de exercer a autonomia. Deixando de realizar essa possibilidade, priva-se ao acesso à condição de conduzir sua existência. Dizendo de outra forma, encontra-se prejudicado em sua cidadania.

Dessa forma, resgatar a possibilidade do cuidar de si pode ser o ponto de partida para qualquer ação do divergente dirigida, a partir de uma autonomia, para a cidadania. Tendo dito isso, passo a descrever como compreendo a questão da autonomia.

O termo autonomia deriva do grego *auto-nomia (lei própria)*, basicamente significando independência, autodeterminação, direito de se autodirigir. Na maioria dos dicionários filosóficos ou políticos, autonomia é concebida como a competência que tem uma pessoa ou uma organização de se auto-regular através de suas próprias regras. Ou seja, é a possibilidade ou capacidade de reger-se por si só. Na verdade, são vários os significados atribuídos à questão da autonomia, variando de acordo com o olhar que se propõe a estudá-la. Em uma breve excursão sobre o tema, é possível perceber que autonomia estaria relacionada a: autodeterminação, direito de liberdade, privacidade, escolha individual, livre vontade, comportamento gerado pelo próprio indivíduo e a possibilidade de ser propriamente uma pessoa (BEAUCHAMP E CHILDRESS, 1994). Nessa perspectiva, questiono-me se seria possível, partindo do cuidar de si, compreender autonomia como autenticidade.

---

[8] O termo "existir pacificado" não se refere a uma condição de "plenitude" ou de "ausência de sofrimento", mas sim à possibilidade de apropriar-se da vida com serenidade.

[9] "Realização existencial" refere-se à possibilidade de a pessoa transitar pela vida pautada pela apropriação dos próprios anseios e aspirações.

Autenticidade seria a possibilidade de se transitar pela vida conduzindo-se por uma forma de ser que leva em conta como você se encontra em relação a si mesmo (ou seja, *Befindlichkeit,* para GENDLIN [1978/1979]). No contato consigo mesmo, lançado no mundo e sentindo a si mesmo em situação, implica poder colocar-se no viver de forma que leve em consideração essa complexidade. Essa possibilidade diverge da busca da independência, proposta pelas correntes racionalistas. Isso porque se torna pouco possível tal condição, visto que ser no mundo é ser com tudo e com os outros. A partir dessa abertura, como uma possibilidade de acesso a si mesmo, poder lançar-se é compreendido como podendo pautar-se por aquilo que faz sentido para si no momento presente. O que estou dizendo é do ser humano, sabendo de onde vem e onde está, ter a possibilidade de poder lançar-se à sua destinação como pode e como percebe ser mais próprio para si, reconhecendo as imposições de perspectivas outras que não a sua própria, escolhendo o que lhe faria sentido.

Retornando à prática psicológica proposta neste trabalho, as situações de atendimento buscam recorrer ao elemento relacional da condição humana (ser-com) para propiciar a experiência da autenticidade. O respeito ao sujeito, nesse caso no contexto hospitalar, torna-se o principal aspecto na constituição de uma situação propícia à atenção e cuidado para uma forma autêntica de ser daquele que é atendido.

Assim, a ação do psicólogo procura ir além do estreito campo do atendimento à pessoa internada, passando a buscar, também, mudanças no modo como a equipe do hospital se dirige ao interno. A possibilidade de resgatar a autenticidade se torna factível diante de uma outra compreensão do "ser divergente", por parte da equipe profissional no ambiente hospitalar. Se no contato com o outro a divergência não assusta, podem-se estabelecer relações facilitadoras para que a autenticidade possa emergir.

Uma pertinência possível da autenticidade, como possibilidade de mudança no modo de viver de um usuário de hospital psiquiátrico, reside em como o seu resgate possibilita outras formas de ação para aquelas formas malogradas de existir. A autenticidade, podendo facilitar a conquista do bem-estar, leva-me a afastar-me de uma visão ideológica e saturada de ficções românticas e idílicas, que poderiam confundir autenticidade com o malogro existencial. Conviver com o outro na autenticidade de seu modo de ser não significa, correlatamente, compreender o malogro, no trato com a vida, como forma autêntica de ser. Necessariamente, a divergência não implica um modo autêntico de ser. Divergência pode surgir como um modo possível de sustentar a existência perante a condição de desalojamento.

Lançado no mundo e em confronto com a sua própria vida e consigo mesmo, o divergente cria um simulacro existencial (CAUTELLA, 2003) como forma de sobrevivência. Esse simulacro, em parte, nasce da impossibilidade de conviver com sua alteridade, ou seja, dos modos divergentes de habitar o si-mesmo, desalojando-o. Novas possibilidades existenciais podem surgir a partir do momento em que tais divergências internas possam ser incorporadas, resgatando uma forma autêntica de ser. No modo autêntico, o divergente pode realizar sua possibilidade de ser divergente dos outros sem que isso seja um simulacro existencial. Considerando-se a autenticidade como uma forma de ser implicada em uma ética como morada (FIGUEI-REDO, 1996), que tenta reduzir os riscos no confronto com a inospitalidade do mundo, pode surgir uma forma de ser divergente, porém não, necessariamente, malograda. A partir do momento em que a divergência seja incorporada e aceita como minha forma possível de ser, posso me instrumentalizar para um conduzir próprio pela vida, com ação pertinente. Desse modo, ser autêntico é poder realizar a possibilidade de também ser divergente do outro e do outro em mim. Nesse sentido, ser autêntico implica o contato com a alteridade.

Considerando-se não mais a autonomia, mas sim a questão da autenticidade, como condição humana implicada no modo de ser com outros, conduz a refletir-se outro termo relevante para este trabalho. Torna-se necessário pensar a autenticidade de um sujeito não dissociada da sua situação de cidadão, ou seja, de ser no mundo com os outros.

Na contemporaneidade, muito tem sido dito sobre cidadania, papel arduamente pretendido por todos. No entanto, é necessário tecer algumas considerações em relação a tal conceito.

Segundo o *Dicionário Aurélio Básico da Língua Portuguesa* (BUARQUE DE HOLANDA, 1988), cidadania "é a qualidade ou estado de cidadão". Entende-se por cidadão "o indivíduo no gozo dos direitos civis e políticos de um Estado, ou no desempenho de seus deveres para com este".

Resgatando o sentido etimológico do termo, "cidadão" deriva da palavra latina *civita,* que significa cidade. Seu correlato grego é *politikós,* ou seja, aquele que habita na cidade. Embora pareça haver uma origem comum entre o significado romano e o grego sobre cidadania, os sentidos atribuídos diferem radicalmente. Na Roma antiga, cidadania estava atrelada à esfera social, enquanto na Grécia antiga reportava-se à esfera política.

No conceito de cidadania da Roma antiga, ser cidadão não era uma situação natural, mas sim um *status* a ser conquistado pela submissão a um grupo de normas que regulamentava a ocupação do espaço social para convivência delimitada. O cidadão era aquele que *tinha* o *direito* de *pertencer*. Nesse caso, cidadania está relacionada a uma posse. Pode ser vista como uma propriedade, algo que se possui como um bem concreto e que é adquirido. Construído ou conquistado. Tal modo de conceber e organizar as relações entre as pessoas tornou-se o germe da obra original e imperecível dos romanos – o direito. Desse modo, o conceito de cidadão, na modernidade, parece ter derivado da concepção romana. Assim, o verbete citado aponta para a circunstancialidade de tal situação, distinguindo entre os "direitos" e "deveres" dos homens para poderem possuir cidadania. Na Roma antiga e na modernidade, cidadania é um beneplácito social.

Na concepção grega, cidadania é uma condição natural. Diferentemente da concepção romana, na qual ser cidadão é uma posição conquistada, no olhar grego, estando lançado na esfera pública, o homem já é e sempre foi cidadão. Portanto, nesse enfoque, cidadania é uma condição política. Diz respeito à Ação (ARENDT, 2002), visto que convoca o homem a experienciar e a agir dentro das possibilidades apresentadas pela sua condição de habitante do mundo. Essa é a perspectiva de Arendt. Ao refletir o sentido de Vida ativa, ou seja, a atividade do homem no mundo junto com os outros, ela enumera três atividades fundamentais: **Labor**, **Trabalho** e **Ação**.

O **Labor** é uma atividade assinalada pelas necessidades dos processos biológicos. É uma atividade que o homem compartilha com os animais, estando relacionada com a manutenção da espécie. Vem daí o termo *Animal laborans* (ARENDT, 2002).

O **Trabalho**, ao contrário do **Labor**, não está, necessariamente, contido no repetitivo ciclo vital da espécie. É no **Trabalho** que o *Homo faber* (ARENDT, 2002) cria coisas através da matéria-prima extraída da natureza. Por essa condição, o homem cria um mundo de objetos compartilhados por outros homens. Refere-se à capacidade humana de transformação da natureza quando lançado no mundo.

A **Ação** seria a única atividade que se exerce diretamente entre os homens sem a mediação das coisas ou da matéria. Diz respeito à condição humana de pluralidade, visto que são os homens, e não o homem, que habitam o mundo. Essa pluralidade é condição fundante para toda a vida política.

Se no **Labor** o homem revela suas necessidades fisiológicas e no **Trabalho** ele expressa sua capacidade criadora, é na **Ação** que ele apresenta a si mesmo. É por ela que toma vulto a liberdade, visto a capacidade do homem, por essa condição, de conduzir-se ao seu próprio destino, manifestando, assim, sua forma única de expressão do existir. É no campo das ações que se torna possível resgatar o significado para a vida humana e, a partir disso, revelar-se como uma forma de ser única.

No campo da **Ação**, são as palavras e os atos que nos inserem no mundo humano. A condição fundante do homem diz respeito a agir; e as palavras são o que gera a distinção (diferença entre os homens). Nela efetiva-se a condição humana da pluralidade, isto é, do viver como ser distinto e singular entre iguais.

O resgate da cidadania do divergente, agora compreendida como habitar um espaço político na acepção grega do termo, inaugura-se através da recuperação dos atos e das falas. Não me refiro a uma fala performática, destituída de sentido para aquele que fala, nem a uma ação que perdeu seu caráter específico, transformando-se em um mero ato. Dizendo de outro modo, o resgate da condição política do divergente implica o trânsito pelas dimensões humanas da impropriedade (BOSS, 1977) para a propriedade e a possibilidade de ser de forma autêntica no mundo.

Nessa perspectiva, minha ação profissional visa restituir a voz ativa e a ação do sujeito na instituição. Por estar implicada em uma rede complexa de aspectos de diferentes esferas e dimensões intra e inter-humanas, a intervenção psicológica busca favorecer a criação de "espaço público", aqui compreendido na acepção grega do termo, no qual as palavras e as ações possam transitar livremente. Isso não significa o favorecimento de uma "postura mais ativa" no seu cotidiano, meramente reivindicadora, inconseqüente ou pueril. Falar e agir como expressão da condição política de sujeito implica encontrar-se a partir de um "espaço de separação e recolhimento, como proteção" (FIGUEIREDO, 1996), ou seja, uma morada que o acolhe para um lançar-se adiante.

No decorrer destas considerações, vem sendo elaborada uma ressignificação para certos termos, propiciando aberturas possíveis para a compreensão de como pode acontecer a inclusão do divergente ao jogo social. Procede, agora, uma articulação das possibilidades descortinadas para a prática psicológica em instituições.

A possibilidade de o divergente ocupar o seu lugar no mundo inicia-se no cuidado de si. A partir desse compromisso ontológico consigo mesmo, que, muitas vezes, se faz de maneira debilitada ou de forma pouco pertinente ao seu real propósito, abrem-se possibilidades múltiplas no sentido do bem-estar. O cuidado de si torna-se fundamental para um compromisso, pessoal e intransferível, no sentido de cuidar de ser. Ou seja, a partir do cuidar de si, o homem é convocado no agir, como projeção para seu destino, a abrir possibilidades de ser que permitam um estar possível e próprio no mundo com outros. É por esse dirigir-se que se desvelam as possibilidades de inclusão.

O homem, quando lançado no mundo, se defronta com a sua condição de desalojamento e finitude. Tendo como única certeza o inevitável encontro com a morte, é tomado pela angústia, fundante de sua forma de ser. É da relação com a morte, que nos é imposta como verdadeira e inevitável, que pode surgir a possibilidade de uma "verdadeira vida". Na impossibilidade disso, surgem formas malogradas de ser.

Na in-pertinência no encontro com a angústia, dada a possibilidade da morte e desalojamento, o homem vive na impropriedade (BOSS, 1977). Mantendo-se distanciado de si mesmo, sobrevivendo e não existindo, ele malogra no compromisso consigo mesmo, criando um simulacro existencial. Assim, não há espaço para a autenticidade, visto a impossibilidade, quando nesse estado, de transitar pela vida conduzindo-se por uma forma de ser que leva em conta como o sujeito se encontra em relação a si mesmo. Nessa situação, não se apropria de uma ética protetora, valores subjetivos e próprios que podem conduzir à propriedade e à existência realizada. Autenticidade, portanto, afasta-se do conceito de autonomia, prevalecente na modernidade e compreendido como independência e auto-realização. Compreendendo o homem como lançado no mundo junto com tudo e os outros, torna-se pouco possível, uma forma de ser autônoma.

Assim, o estabelecimento de relações que pretendam o resgate de possibilidades existenciais do divergente institucionalizado pode partir de uma concepção na qual autenticidade ocupe o lugar da autonomia. Ou seja, não é a independência e a auto-realização que podem conduzir ao bem-estar, mas sim a possibilidade de viver a partir de uma ética cuidadora, mesmo que essa forma de ser possa se apresentar aos olhos do mundo como divergência. Desse modo, explicita-se uma diferenciação entre divergência e simulacro existencial.

A divergência pode ser um simulacro existencial, como também pode apresentar-se como uma forma autêntica de ser no mundo. No primeiro caso, a divergência expressa um sofrimento e uma impropriedade, que surgem na in-pertinência para responder às injunções do viver. No segundo caso, expressa a alteridade do indivíduo, construída no percurso histórico de sua existência, permitindo um existir pacificado, mesmo que "fora das normas".

Voltando à questão do simulacro existencial, expressão do sofrimento e da impropriedade no ser no mundo, torna-se, neste momento, possível realizar algumas reflexões em relação a uma questão levantada anteriormente: quem exclui e quem é o excluído, a partir de qual perspectiva? Nela implica-se a complexidade do processo de exclusão. Poderia ser repetitivo se, a partir das concepções aqui abordadas, pudéssemos apontar o responsável pelo processo de expurgo. Ao ocupar o seu lugar no mundo, o divergente passa, necessariamente, pelo resgate da autenticidade, fundamentada por uma ética pessoal protetora, e do homem como ser político, afastando-se do conceito de cidadania moderno, que condiciona o pertencimento do homem à esfera social através de uma normatização. Todo esse movimento de desconstrução levou a uma possível conclusão: autenticidade e cidadania, como aqui compreendidas, são condições *sine qua non* do homem, e não posições que dependem da conformação a normas preestabelecidas de virtudes ou sociais. A partir disso, toda prática psicológica, discutida neste trabalho, afasta-se de uma intervenção adaptativa. Na verdade, busca resgatar habilidades pertinentes ao humano para que o sujeito em sofrimento possa resgatar seu lugar de habitante do mundo, mesmo divergindo de normas universais preconcebidas.

Nessa perspectiva, o fenômeno da exclusão aponta uma complexidade que, muitas vezes, é negligenciada pelos vários segmentos da sociedade, envolvidos por ele. Nele está implícito o enredamento de vários mecanismos arcaicos que ocorrem no contato com o diferente.

Se no início deste trabalho foram apontados os mecanismos que podem atuar no movimento de exclusão do divergente, colocando a sociedade e os hospitais como algozes, tento trazer, agora, uma outra perspectiva. Identidade e diferença são nossas primeiras formas de ser no mundo; assim, dependendo da marca de ausência, provocada pela ruptura da ilusão eu-mundo, articulam-se inúmeras possibilidades de como eu posso lidar com o diferente. Através da alteridade pode-se tecer uma outra compreensão possível para o fenômeno, e, quem sabe, um encaminhamento para a convivência pacífica.

Alteridade aqui é compreendida como uma emergência no contato com o mundo circundante, que denuncia que nem tudo é o que eu sou e nem todos são como eu sou (BRANDÃO, 1986). O outro nos desvela. O que não posso ver de mim mesmo, por comodidade ou necessidade de sustentação existencial, o outro pode fazer presente pela e na sua forma de ser. Isso acontece porque o diferente, na sua estranheza, aponta outras possibilidades de ser, até então obscurecidas, causando um descentramento. Tal percepção, surgida na relação com o outro, provoca uma afetabilidade que abre a possibilidade de um modo particular de como tal relacionamento poderá acontecer. Mediante a angústia causada pela revelação de mim mesmo na presença de tudo aquilo que não sou eu, pode surgir a necessidade de se construírem mecanismos defensivos para apaziguar o descentramento causado, mecanismos esses já apresentados, como: a necessidade de dominar, através de uma relação explicativa com o fenômeno, ou a exclusão concreta do divergente. No confronto com a estranheza do diferente, a sociedade tende à exclusão pelo que ele explicita sobre sua própria condição.

Por essa perspectiva, o divergente ocupa o lugar de vítima, sendo sua falha existir em uma sociedade que não consegue sustentar a perplexidade causada por uma relação que denuncia o estranho em si mesmo. Estimulados por essa visão segmentada, que não leva em conta a complexidade da questão, surgiram vários princípios norteadores e organizações que se autonomearam "defensores" dos divergentes. Na verdade, tal postura, mesmo que imbuída de real boa vontade, parece reforçar a identidade, costumeiramente atribuída ao divergente, de alguém frágil, inimputável, incapaz e desprotegido, perpetuando sua marginalidade.

Por outro lado, uma outra perspectiva pode revelar outras possibilidades de compreensão. Quando o divergente, no contato com a angústia existencial e o desalojamento pela exposição ao real inóspito, constrói uma forma possível de ser que o lança para fora da cultura e do compartilhamento, pode estar revelando a exclusão de si mesmo. Dizendo de outro modo, quando, como única forma possível de sustentação existencial, o divergente assume uma forma malograda de ser (simulacro existencial), está se apresentando ao mundo como já excluído. Dessa forma, o movimento de exclusão pode ser apontado como fenômeno, porém não-específico de apenas um dos envolvidos em uma relação. Isso porque, quando o

divergente se exclui, fazendo-se perceber pelo outro como divergente, impõe ao outro, de forma arbitrária, a posição de algoz. A imposição do papel de excludente ou exclusor, normalmente atribuído à sociedade e aos hospitais psiquiátricos, mostra-se tão autoritária e desrespeitosa quanto o inverso. Se o divergente encontra-se prejudicado, isso implica estar em contato com um agente prejudicador, sobre quem pode recair a carga da responsabilidade do ser prejudicado. Nesse caso, é a sociedade que se torna vítima do divergente, e este, seu algoz. Afastar-se de posições maniqueístas torna-se fundamental para não promover uma intervenção psicológica dirigida ao divergente institucionalizado a partir de uma compreensão ingênua do fenômeno. Há que se cuidar da prática psicológica em instituição.

Por outro lado, a alteridade, promotora da exclusão, também pode abrir outras possibilidades para a inclusão. Sendo a alteridade a possibilidade de ver o outro em mim mesmo, estar sob o signo dessa multiplicidade pode proporcionar outras formas de relação com o estranho em mim, podendo conduzir, assim, a outras possibilidades existenciais. Através do que vejo de mim no outro, quando ele reflete minha imagem nele espelhada, posso abrir-me para que aquilo que me constitui, minha cultura, minha forma de ser, quem eu sou no mundo com os outros, possa ser revisitado e ressignificado. Quando o outro se apresenta na divergência, convoca-me ao deciframento; nesse decifrar, meus modos de ser ocultos podem vir à luz, podendo abrir possibilidades múltiplas para o aparecimento de formas mais habilidosas de colocar-se nos acontecimentos do existir. Desse modo, excluir o divergente pode restringir possibilidades de elaborar modos de ser no mundo.

Considerando a autenticidade uma forma fundante de ser como sou no mundo com os outros e possível promotora de bem-estar, torna-se necessário que modos de ser obscuros possam ser desvelados pela presença do outro/diferente. Conduzir-se pela exclusão do divergente implica não poder deparar-se com a multiplicidade de modos de ser possíveis do homem, abertura necessária à autenticidade. Com isso não está sendo considerada uma soberania e total transparência do ser; porém o trânsito pela pluralidade pode conduzir a uma forma pacificada de ser no mundo, através do poder dispor-se a perceber como é ser e como cuidá-lo entre os outros.

A alteridade, mobilizadora de ações e reações, é também o que permite a construção do psicológico. Ou seja,

[...] é da possibilidade da existência do Outro e do seu reconhecimento pelo Eu que a própria Psicologia é possível, pois não há experiência da subjetividade, portanto não há campo especificamente psicológico, anterior à experiência da intersubjetividade. (FRAYZE-PEREIRA, 1995, p. 12)

Nessa perspectiva, é possível pensar o quanto a prática psicológica funda-se pela alteridade. Sendo o psicólogo um profissional do encontro, ter e estar com o outro na sua alteridade faz parte de seu cotidiano (FIGUEIREDO, 1993). Apesar de toda produção teórica que pode fundamentar o momento do encontro, na verdade, o que se apresenta é a disponibilidade para entrar em contato com a alteridade,

> nas suas dimensões de algo desconhecido, desafiante e diferente; algo que nos outros nos obriga a um trabalho afetivo e intelectual; algo que no outro nos pro-pulsiona e nos alcança; algo que do outro se impõe a nós e nos contesta, fazendo-nos efetivamente outros que nós mesmos. (FIGUEI-REDO, 1993, p. 93)

A condição do homem no mundo é a da pluralidade (ARENDT, 2002), o homem não pode ser sem mundo e sem os outros (HEIDEGGER, 1998). É, portanto, na possibilidade de assumir sua autenticidade no espaço público, lançado em um mundo de pluralidade, que o homem se faz homem. Assim, o resgate da condição de bem-estar só pode acontecer através/no convívio com os outros. É no exercício de seu ser político, condição inalienável do sujeito, que se resgata sua cidadania, aqui compreendida pela acepção grega do termo. Afastando-se de uma concepção normativa, que entende cidadania como um direito outorgado, pode tornar-se possível a convivência pacífica com o divergente. Este, assim como todos, já é e sempre foi "cidadão".

Penso o quanto o contato com o divergente no âmbito hospitalar me mobilizou na construção de uma prática psicológica para o resgate de uma condição de bem-estar, através do meu desejo de pertencer, desvelado pelo outro que não eu mesmo. Pertencer realizando meu ser político pela ação do meu ser ético, na esfera do trabalho do meu *homo faber*, conduz-me à minha prática.

Compreender minha prática através da compreensão comunicada do outro que a utiliza como ferramenta à mão pode significar um prefácio para a legitimação de mudanças na atenção e cuidado ao humano em intenso sofrimento e destituição de si mesmo.

É por essa perspectiva que penso que a intervenção psicológica na instituição psiquiátrica, aqui abordada, propõe, nesse jogo de espelhos e de sucessivos descentramentos, a explicitação do mundo como ele é, para que, a partir disso, o divergente possa posicionar-se de maneira mais habilidosa. Quando se afasta do simulacro existencial e resgata sua autenticidade, torna-se necessária a construção de habilidades que permitam ao divergente lidar com as ações e reações que, inevitavelmente, desperta nos outros. Tais manifestações não podem e não devem ser empecilhos para o emergir de uma forma de ser autêntica, visto ser essa uma condição e não um direito que depende do beneplácito alheio.

A inclusão do divergente ao jogo social não deve ocorrer apenas por compaixão. Na verdade, incluí-lo é também cuidar da própria condição de homem no espaço político, na medida em que, através de um trânsito como esse, se fomenta a possibilidade de sujeitos livres e, conseqüentemente, a própria democracia. Viver em uma sociedade que admite a existência de sujeitos que não têm raízes, ou seja, não têm no mundo um lugar reconhecido e garantido por si mesmo e pelos outros, torna-se socialmente perigoso. Isolamento e desenraizamento, como o explicitado pela condição do divergente ao perder seu lugar no espaço privado da ética e no político, podem permitir, no âmbito social, a base para o surgimento e a manutenção de formas coercitivas de poder (ARENDT, 1979) e práticas de saúde e educação que, orientadas por essa moral, se oferecem como serviços de atenção e cuidado ao sujeito ético e ser político.

Mediante a complexidade do fenômeno, torna-se necessário estabelecer um espaço amplo para reflexão. Sociedade, divergentes e instituições que os acolhem, a partir de suas experiências e particularidades, poderiam cooperar no sentido da criação de uma infra-estrutura de acolhimento e apoio a esses sujeitos. Tal necessidade ressaltou-se pelas reflexões suscitadas por este trabalho, a partir de depoimentos dos próprios usuários. Dizendo de seu modo de encontrar-se situado dentro da instituição hospitalar, apontam para a responsabilidade de todos no processo de inclusão e de resgate do lócus político do indivíduo institucionalizado.

Uma ação civil responsável e comprometida poderia se preocupar em criar uma rede social de apoio, na qual o hospital, assim como outras instituições asilares, poderia inserir-se de forma diferente de como o faz hoje. A experiência direta e as reflexões aqui apresentadas podem ser indícios de como a falta de suporte social pertinente para o acolhimento do louco pode se mostrar preponderante para o retorno ao hospital. Desacolhido e desrespeitado, desautorizado pessoal e profissionalmente, egressos preferem retornar ao lugar onde puderam, pela atenção e cuidado de prática responsável, constituir-se morada de si próprios. Nesse sentido, a pressão pela tentativa de se reduzir o número de leitos hospitalares, como método para acabar com a exclusão, tem se mostrado simplista e tendenciosa, desconsiderando o sujeito asilado como possível de fazer escolhas e reconhecer situações para bem-estar. Na verdade, tal medida tem promovido efeitos contrários ao pretendido, colocando o hospital como única referência de acolhimento para o próprio louco e sua família, legitimando-lhes ser esse o espaço para se cuidar de ser.

Dessa forma, recebendo clientes que poderiam se beneficiar de outros aparelhos terapêuticos, instituições asilares oferecem abordagens, muitas vezes, não-condizentes à demanda do cliente, considerando-se sua singularidade. Nessa situação ocorre uma sobrecarga dos profissionais, que, não tendo outras opções, são obrigados a se desdobrar para dar conta da multiplicidade de demandas, afastando-se até mesmo de sua especificidade. Como conseqüência desse contexto, corre-se o risco de uma prática hospitalar sem qualidade, que se reflete na prática pública de saúde como uma banalização da internação.

Não pretendo com estas considerações negar a necessidade dos hospitais. Busco, antes, que se questione a prática vigente, a partir dessa ressignificação de ser divergente, para que possa abrir possibilidade de reinvenção às instituições asilares: nem algozes sem complacência, ou seja, exclusores das diferenças e, assim, passíveis de banimento, nem tampouco vítimas dos programas e políticas públicas ideologicamente inclusores do divergente e exclusores do asilador. Proponho com esses questionamentos outras possibilidades de compreensão para a prática psicológica em instituições asilares para saúde mental, considerando-se essa perspectiva de resgate da autenticidade e do lócus político do ser divergente como condição da alteridade própria do humano.

Em outras palavras, quem exclui e quem é excluído depende da perspectiva de onde se está. Mas quem, de fato, pode ter certeza de qual perspectiva é aquela de onde se fala?

REFERÊNCIAS BIBLIOGRÁFICAS

ALMEIDA, FM. Aconselhamento psicológico numa visão fenomenológica existencial: cuidar de ser. In: MORATO HTP (org.). **Aconselhamento psicológico centrado na pessoa; novos desafios**. São Paulo: Casa do Psicólogo, 1999.

ARENDT, H. **As origens do totalitarismo: totalitarismo, o paroxismo do poder**. Rio de Janeiro: Editora Documentário, 1979.

_____. **A condição humana**. 10ª ed. Rio de Janeiro: Forense Universitária, 2002.

BASAGLIA, F. **A instituição negada; relato de um hospital psiquiátrico**. Rio de Janeiro: Edições Graal, 1985.

BEAUCHAMP, TL; CHILDRESS, JF. **Principles of biomedical ethics**. New York: Oxford Press, 1994.

BINSWANGER, L; BOSS, M. Análisis existencial y análisis de *dasein*. In: MILLON, T (org.). **Psicopatología y personalidad**. México: Nueva Editora Interamericana, 1974.

BINSWANGER, L. **Três formas de existência malograda**. Rio de Janeiro: Zahar, 1977.

BOSS, M. **Angústia, culpa e libertação: ensaios de psicanálise existencial**. 2ª ed. São Paulo: Livraria Duas Cidades, 1977.

BRANDÃO, CR. **Identidade e etnia**. São Paulo: Ed. Brasiliense, 1986.

BUARQUE DE HOLANDA, A. **Dicionário Aurélio básico da língua portuguesa**. Rio de Janeiro: Editora Nova Fronteira, 1988.

CAUTELLA Jr, W. Plantão psicológico em hospital psiquiátrico. In: MORATO, HTP (org.). **Aconselhamento psicológico centrado na pessoa: novos desafios**. São Paulo: Casa do Psicólogo, 1999. p. 161-175.

_____. Plantão psicológico em hospital psiquiátrico: novas considerações e desenvolvimento. In: MAHFOUD, M (org.). **Plantão psicológico: novos horizontes**. São Paulo: Companhia Ilimitada, 1999. p. 97-114.

_____. **Uma prática psicológica em instituição psiquiátrica: atenção à inclusão e à cidadania**. Dissertação (Mestrado), São Paulo: Universidade de São Paulo, 2003.

FEIFEL, H. Morte – variável relevante em Psicologia. In: MAY, R (org.). **Psicologia existencial**. 3ª ed. Porto Alegre: Editora Globo, 1980.

FIGUEIREDO, LCM. Sob o signo da multiplicidade. **Cadernos de subjetividade**, São Paulo, n. 1, p. 79-85. PUC-SP, 1993.

_____. **Revisando as Psicologias: da epistemologia à ética das práticas e discursos psicológicos**. 2ª ed. Petrópolis: Educ-Editora Vozes, 1996.

FOUCAULT, M. **História da loucura na idade clássica**. 2ª ed. São Paulo: Editora Perspectiva, 1987.

FRAYZE-PEREIRA, JA. A questão da alteridade. **Psicologia USP**. São Paulo: v. 5. nº 1/2, p. 11-17, 1994.

GENDLIN, ET. *Befindlichkeit*: Heidegger and the philosophy of psychology. In: **Review of Existential Psychology and Psychiatry**. 16 (1-3): 43-71, 1978/1979.

HEIDEGGER, M. **Ser e tempo**. Petrópolis: Editora Vozes, 1998.

KIERKEGAARD, SA. **Tratado do desespero**. Brasília: Editora Brasília, 1969.

MOFFATT, A. **Terapia de crise: teoria temporal do psiquismo**. 2ª ed. São Paulo: Cortez Editora, 1983.

RAMADAM, Z. Análise existencial: visão crítica. **Temas: teoria e prática do psiquiatra**. São Paulo, V. 23: 91-108, abr. 1982.

SONENREICH, C; BASSIT, W. **O conceito de psicopatologia**. São Paulo: Manole, 1979.

QUESTÕES COMENTADAS

1) Descreva sucintamente como o processo epistemológico da modernidade foi determinante para a relação de exclusão com o diferente.

R: No período histórico da Idade Média, a relação da sociedade com a loucura se mostrava relativamente pacificada. Foi a partir do Renascimento que começou haver um sistemático e progressivo processo de exclusão do divergente. Isso começou a acontecer porque certos métodos de sustentação existencial, que eram extremamente eficazes na Idade Média, começaram a perder a eficiência nesse novo período histórico. Na Idade Média, a relação com o mundo era marcada pela segurança e o conforto de uma vida coletiva, solidamente assentada nas tradições e na crença em entidades poderosas que exigiam a completa submissão, pois eram donas do destino desse homem medieval. Isso mantinha relativamente pacificada a angústia existencial perante a imponderabilidade do destino. Com o advento do Iluminismo, tais estruturas de sustentação existencial não eram mais suficientes para permitir um viver pacificado. Percebendo-se desprovido e desprotegido diante do universo de possibilidades e incertezas de seu destino, o homem da modernidade precisou desenvolver recursos próprios para lidar com tal situação. Nesse contexto, o homem foi lançado em uma condição de desesperança que evidenciou e ampliou o seu desamparo existencial. Essa situação propiciou um progressivo movimento de introspecção via racionalidade, dado que a subjetividade se apresentou como única arma para controlar a angústia e preservar a identidade e existência humanas; ou seja, a razão oferece-se como único método possível para sustentação existencial. Todavia, tal método não se mostra suficientemente coeso e eficaz para dar conta de todas as dúvidas e incertezas que ameaçam a presença do homem no mundo. Como defesa a esse ataque lesivo à integridade da existência humana pacificada, podemos afirmar que a modernidade criou um método de sustentação que se predispõe a excluir tudo que não é contemplado pela razão. É nesse contexto que o louco, entre os outros "desviantes", passou a ocupar um lugar central nesse processo de expurgo.

2) Quais foram as mudanças paradigmáticas mais importantes para que houvesse uma possibilidade de inclusão do divergente no século passado?

R: Podemos creditar a determinados fatos históricos, como a ascensão do nazismo, a Segunda Guerra Mundial, o milagre econômico no pós-guerra, o stalinismo, certa responsabilidade na criação de uma conjuntura propícia para que se pudesse assumir uma percepção do mundo que levasse ao questionamento, com grande ênfase, do projeto epistemológico da modernidade. A situação do mundo no século XX parece confirmar que todo milagre tecnológico surgido a partir do Iluminismo não liberta o homem de se defrontar com as impossibilidades de resolver o paradoxo de sua existência. Encontrando solo fértil, já que adubado pelo desencanto com as condições do mundo no pós-guerra, começam a germinar certas linhas de pensamento que questionam a racionalidade como método de sustentação existencial.

Tal mudança paradigmática abre possibilidades para alterações nas atitudes e nos espaços cotidianos humanos, promovendo assim mudanças em vários aspectos da vida e da forma de compreensão de seu contexto. No que diz respeito à questão central deste trabalho, isto é, uma ação de cuidado psicológico, visando ao resgate da cidadania do indivíduo institucionalizado e ao aprimoramento no trato com a vida, encontra-se ela diante da abertura de um universo de possibilidades a partir dessa nova posição epistemológica. Admitindo que o projeto epistemológico da modernidade surge como tentativa de controle da natureza, que exclui o diferente e incerto, essa outra perspectiva, defendendo a fusão entre corpo e mente e a singularidade do existir no confronto com a imponderabilidade do destino, abre espaço para uma relação mais humanista com a loucura. Surge a possibilidade de se assumir o diferente não mais como um elemento ameaçador, porém como alguém que vive a sua singularidade no seu percurso existencial.

3) O processo de exclusão do divergente pode ser creditado exclusivamente a uma reação societária? Disserte sobre isso.

R: Apesar de a sociedade ter motivos particulares e específicos para a exclusão da divergência, levando o divergente a uma existência tolhida nas suas possibilidades, uma leitura mais atenta do fenômeno deixa transparecer que o universo de impossibilidades vivido pelo louco não pode ser creditado exclusivamente a uma reação societária. As ações sociais, os meios de produção e o projeto epistemológico assumido, entre outros, podem contribuir decisivamente no processo de instalação do comportamento divergente e na atitude excludente. No entanto, seria simplista creditar exclusivamente a esses aspectos a invenção da loucura.

Embora tais reações possam dificultar o livre fluir das possibilidades do divergente, a experiência mostra que os impedimentos também são de outra ordem. Os avanços ocorridos na Psicologia, sociologia, antropologia, psiquiatria e outras disciplinas afins, juntamente com a contribuição da filosofia conduzindo a uma visão crítica acerca de teorias possíveis, permitem-me acreditar que o comportamento divergente, e, conseqüentemente, o processo de exclusão, é fruto de uma complexa interação entre os fatores do meio externo e vicissitudes individuais desenvolvidas na acontecência do existir.

4) Como pode ser compreendida a construção do comportamento **divergente**?

R: O comportamento divergente pode ser compreendido como um modo autêntico de habitar o mundo. Ao longo do seu processo histórico, o indivíduo conseguiu desenvolver recursos para lidar com as exigências do existir e com a afetabilidade que surge no encontro com o mundo de maneira a construir uma condição de bem-estar. No entanto, essa maneira particular de lidar com as cobranças do existir se apresenta aos outros como um modo divergente. Esse tipo de manifestação não merece nenhuma atenção especial dos profissionais de saúde mental, visto estar explícita uma condição de bem-estar. Fica claro que toda prática psicológica apresentada neste capítulo se afasta de uma intervenção adaptativa.

Por outro lado, o comportamento divergente pode ser compreendido como um "simulacro existencial". Ou seja, ao longo de sua história, o indivíduo não conseguiu desenvolver recursos para lidar com o mundo e com os afetos provenientes, fracassando na construção de uma existência pacificada. Estando nessa situação, desenvolve um modo malogrado de habitar o mundo marcado pela ruptura da linha de continuidade existencial. Tal ruptura o leva a uma queda em um vazio paralisante, que o coloca alheio a todas as estruturas de compartilhamento como o tempo e a própria cultura. As tentativas de retorno às estruturas compartilhadas se apresentam como comportamentos divergentes, ou, utilizando uma nomenclatura da modernidade: "doença mental". Nesse contexto de inabilidade e exclusão, o indivíduo perde a capacidade de fazer escolhas, ficando prisioneiro de seu modo malogrado de ser, e, conseqüentemente, perde sua cidadania, aqui entendida como o resgate das falas e dos atos. Toda ação de cuidado para com esse indivíduo deve ter por base a abertura de espaços e situações, onde, através de relações positivas, a realidade é apresentada, e do encontro com ela o divergente possa construir habilidades para lidar com as exigências do exis-

tir e com os afetos que surgem desse encontro com o mundo, podendo construir uma existência pacificada.

5) Como pode ser compreendido o regate da cidadania do indivíduo institucionalizado? Disserte sobre isso.

R: A inclusão social do indivíduo institucionalizado na verdade é um caminho de sucessivas aberturas a trilhas possíveis. Cada uma delas relaciona-se às seguintes, e a antecessora se oferece como sustentação às posteriores. É desse modo que ocorre um início de resgate e aprimoramento do cuidado de si, abrindo-se possibilidades para uma forma de ser autônoma, que pode conduzir ao resgate de cidadania.

A possibilidade de o divergente ocupar o seu lugar no mundo inicia-se no cuidado de si. A partir desse compromisso ontológico consigo mesmo, que, muitas vezes, se faz de maneira debilitada ou de forma pouco pertinente ao seu real propósito, abrem-se possibilidades múltiplas no sentido do bem-estar. O cuidado de si torna-se fundamental para um compromisso, pessoal e intransferível, no sentido de cuidar de ser. Ou seja, a partir do cuidar de si, o homem é convocado no agir, como projeção para seu destino, a abrir possibilidades de ser que permitam um estar possível e próprio no mundo com outros. É por esse dirigir-se que se desvelam as possibilidades de inclusão.

O resgate do cuidado de ser abre a possibilidade do resgate da autonomia. No entanto, autonomia, nesse processo, pode ser compreendida como autenticidade. Ou seja, não é a independência e a auto-realização que podem conduzir ao bem-estar, mas sim a possibilidade de viver a partir de uma ética cuidadora, mesmo que essa forma de ser possa se apresentar aos olhos do mundo como divergência, explicitando-se, desse modo, a diferença entre divergência e simulacro existencial.

Considerando-se não mais a autonomia, mas sim a questão da autenticidade, como condição humana implicada no modo de ser com outros, torna-se necessário pensar essa condição não dissociada da sua situação de cidadão, ou seja, de ser no mundo com os outros. A partir do resgate da autonomia, torna-se possível resgatar a condição de cidadão. Nesse caso, cidadania é entendida como o resgate das falas e dos atos. Ou seja, não uma fala performática, destituída de sentido para aquele que fala, nem uma ação que perdeu seu caráter específico, transformando-se em um mero ato. Dito de outro modo, o resgate da condição política do divergente implica a saída da impropriedade e a possibilidade de ser de forma autêntica no mundo.

Percebe-se que o resgate da cidadania e a inclusão no jogo social são um processo que começa no resgate do cuidado de ser, abrindo a possibilidade de resgatar um modo autêntico de habitar o mundo que, conseqüentemente, pretende resgatar as falas e os atos do divergente, ou seja, sua condição política, como propõe Arendt.

CAPÍTULO XII

VIVIDAÇÃO E SITUAÇÃO-LIMITE: A EXPERIÊNCIA ENTRE O VIVER E O MORRER NO COTIDIANO DO HOSPITAL

Josélia Quintas Silva de Souza · Henriette Tognetti Penha Morato

Neste capítulo, produzido a partir da nossa dissertação de mestrado,* procuramos retratar o cotidiano do Centro de Tratamento de Queimados (CTQ) do Hospital da Restauração, na cidade do Recife, PE, ambiente da nossa prática institucional. A realidade hospitalar e as experiências dos participantes desse cenário crítico envolvem a situação-limite entre o viver e o morrer do paciente e as ações dos profissionais cuidadores para o tratamento necessário. Refletimos sobre o sofrimento do paciente grande queimado, no momento em que se encontra, seus recursos psicológicos diante do trauma sofrido e como suporta e enfrenta o desafio, junto à equipe de saúde, de cicatrizar a sua pele danificada pela ação do calor.

Para compreendermos como essa experiência acontece, buscamos uma metodologia fenomenológica existencial e através de entrevistas fomos percorrendo o caminho dos participantes desse *drama-limite*, que cunhamos vivid**ação**, para em seguida articularmos ao que nos dizem os estudiosos do "cuidado" sobre o tema aqui apresentado.

O adoecimento agudo, como uma queimadura, coloca o ser/paciente em uma situação de (des)continuidade existencial que chamamos crise, pela experiência do trauma e pelo alto grau de morbidade e mortalidade que a patologia impõe. Cabe ressaltar que tais reflexões poderão se ampliar para qualquer outra situação-limite de adoecimento, na qual o paciente precisará buscar forças para suportar um

tratamento, (re)conhecer-se em seu sofrimento e compreender o sentido dado por ele à experiência vivida.

Portanto, este capítulo é muito mais que um relato de experiências, é um convite à reflexão sobre a nossa tarefa de existir enquanto ser-no-mundo e o sentido da nossa existência como cuidado. Para tal, procuramos contextualizar a situação percorrendo os caminhos da medicina e da Psicologia até a contemporaneidade, fazendo articulações entre as narrativas dos participantes desse estudo e o diálogo com teóricos do cuidado, finalizando com a compreensão do pensamento heideggeriano importante para a atualização das nossas práticas/ações como cuidado em instituições de saúde.

A MEDICINA E A PSICOLOGIA: PROCURANDO O SENTIDO DE SAÚDE NA ATUALIDADE

Há milênios que a história do pensamento humano teve como grande questão o conhecimento de si mesmo. Iniciamos, então, com um breve histórico das influências sofridas nos vários campos do saber e, em especial, na medicina e na Psicologia, que, articuladas, poderão clarificar o sentido de saúde na atualidade e como a nossa prática em hospitais possibilitou a compreensão da complexidade humana fugindo da dicotomia saúde-doença, mental-orgânico, sensível-cognitivo.

Magee (1999) afirma que na história da humanidade a procura do conhecimento sobre a existência humana sofreu desdobramentos e transformou-se nos diversos períodos

---

*"Vivid**ação** na pele restaurada: limite entre o viver e o morrer do paciente grande queimado e o cuidado da equipe hospitalar", orientada pela Profª Drª Henriette Morato e co-orientada pela Profª Drª Albenise Lima; defendida em 2003, no Programa de Pós-Graduação em Psicologia Clínica da Universidade Católica de Pernambuco – Unicap.

e civilizações. Desde a Antiguidade, os diferentes povos empreenderam conhecimentos sobre o ser humano e a existência. O modo de viver e pensar do mundo ocidental sofreu influência da cultura grega, conservando as bases e princípios fundamentais de pensamento para a produção de conhecimento.

Segundo Brandão (2000), na Grécia antiga encontramos o pensamento mítico-poético, no qual as forças divinas influenciam a vida dos homens. Lembramos Homero, 907 a.C., como um poeta da existência escolhido pelos deuses do Olimpo. Outro representante do pensamento mítico grego do fim do século VII a.C. foi Hesíodo, que apresenta a genealogia dos deuses do Olimpo e a função do trabalho cotidiano dos mortais.

Buscando ainda uma compreensão para as aflições humanas na tradição, no período pré-helênico encontramos a doença e a cura como fenômenos sob desígnios espirituais ou de deidades. A deusa Hygieia tinha o poder da cura, sendo representada pelo simbolismo da serpente e do visco como sua panacéia. Com as mudanças do sistema sociopolítico da Grécia antiga, a deusa Hygieia (de onde provém higiene ou saúde) passou a ser filha de Asclépio, o deus da cura, que na mitologia está relacionada ao visco e às serpentes enroladas numa vara (vara de Asclépio), conhecida até hoje como símbolo da medicina. Os médicos gregos eram conhecidos como os filhos de Asclépio, dentre os quais destaca-se Hipócrates, maior representante da medicina grega, lembrado, tradicionalmente, no juramento da profissão médica.

Segundo Capra (1995), nos princípios da medicina hipocrática há uma ênfase ao bem-estar do indivíduo e aos fatores ambientais que interferem no aparecimento das doenças.

> (...) as doenças não são causadas por demônios ou forças sobrenaturais, são fenômenos naturais que podem ser cientificamente estudados e influenciados por procedimentos terapêuticos e pela judiciosa conduta da vida de cada indivíduo. (CAPRA, 1995, p. 304)

Hipócrates, portanto, já nessa época (400 a.C.) articulava uma visão biopsicossocial, atribuindo ao médico a tarefa de ajudar as pessoas oferecendo condições favoráveis à cura. Para ele, a saúde dependia de um estado de equilíbrio entre influências ambientais, modo de vida e outros componentes da natureza humana – *pathós* –, ou seja, humores e paixões que devem estar em equilíbrio.

Outro nome da medicina na Antiguidade foi Galeno, que estudou a anatomia do sistema nervoso, classificando as doenças entre causas físicas e mentais. Nos séculos VII e VI a.C. houve mudanças sociais e políticas, afastando gradativamente o pensamento mítico para dar espaço a um pensamento mais teórico e racional, marcando o nascimento da filosofia. Os principais filósofos desse período, entre outros, foram: Tales, Pitágoras, Parmênides e Heráclito. Preocuparam-se com a natureza, tentando encontrar o elemento básico – *physis* –, que quer dizer físico, ou seja, diz respeito à espécie de vigor, através do qual tudo acontece e está em constante mobilidade. Desse modo, cada filósofo partia de elementos como a água, a terra, o ar e o fogo, numa tentativa de compreender a origem das coisas.

Passando ao século de ouro da filosofia, encontramos Sócrates, Platão e Aristóteles, que faziam reflexões procurando compreender o homem. Sócrates coloca o homem como centro, marcando esse período com a questão da veracidade dos fatos e a consciência da ignorância, colocando em discussão a idéia das certezas. Platão, discípulo de Sócrates, traz um pensamento dualista, e dividiu a realidade em dois mundos: o das idéias, que era superior e perfeito, e o do sensível, das coisas transitórias e efêmeras.

Segundo Carpigiani (2000), o filósofo, Aristóteles (384 a.C.–322 a.C.) marcou a história quando afirmou que não existem dois mundos separados e que cada ente possui em si mesmo as duas coisas: razão e subjetividade. "Aristóteles foi o criador da lógica como instrumento do saber em qualquer campo do conhecimento", aponta Chauí (1994, p. 41). Para essa autora, o pensamento aristotélico é classificado de forma resumida em metafísica e teologia, e, a partir daí, derivam os outros conhecimentos: as ciências produtivas, entre elas a medicina; as ciências práticas, como a ética e a política, e finalmente as ciências teóricas, contemplativas ou teóricas, que são as que estudam as coisas que existem independentemente do homem, como as coisas da natureza e as divinas. Aqui está a Psicologia, vista então como estudo da alma.

Caminhando ainda na história da filosofia, chegamos à Idade Média, com o Cristianismo e sua verdade inquestionável, apoiado em dogmas, dispersando o pensamento até então desenvolvido, dando lugar à fé e ao poder de Deus. Com o Renascimento faz-se uma releitura da filosofia greco-romana. Há uma intensificação da expressão do humano, pelas artes, literatura, ciências, e pelo conhecimento de forma mais ampla. Encontramos na ciência moderna grandes nomes como Copérnico, Newton e Bacon, que evolui para grandes racionalistas, entre eles Descartes e depois Spinoza e Leibniz, os filósofos da razão.

Descartes marcou a modernidade com o pensamento cartesiano na sua busca pela certeza absoluta como base de todo conhecimento. Para ele, o conhecimento absoluto é adquirido pela razão (*cogito*). Apresenta o paradigma do dualismo, da dicotomia corpo/mente. Sua idéia inovadora colocou corpo e mente de forma distinta e apontou a capacidade de pensar do ser humano como função da mente interagindo com o corpo, influenciando posteriormente o desenvolvimento da Psicologia.

Na assistência à saúde esse período de dualismo foi negativo, pois colocou médicos e outros profissionais de saúde cuidando do corpo e os psicólogos e psiquiatras ocupando-se da cura da mente, sem considerar o ser que adoece, fechados em suas especialidades.

Como movimento de reação ao racionalismo, evidenciou-se o empirismo, cujo fundador foi Locke. Segundo Magee (1999), a marca do seu pensamento foi que o homem vive as experiências e a partir daí acontece a reflexão.

Desse modo, o empirismo foi decisivo para o desenvolvimento da Psicologia ao ocupar-se do estudo das sensações com uma metodologia desenvolvida inicialmente em laboratórios de fisiologia, dada a realidade científica positivista da época. Na medicina, pesquisas já apontavam para a influência de fatores ambientais na saúde dos organismos vivos.

Seguindo o percurso, no início do século XIX o médico e fisiologista W. Wundt funda a Escola Estrutural e o primeiro Instituto de Psicologia Experimental do mundo, iniciando assim os estudos científicos de laboratório em Psicologia. Como reação ao movimento estrutural e saindo do laboratório, surgem novas linhas de pensamento, entre elas a Escola Funcional, representada por William James, que se dedicou à dinâmica da mente, tendo como metodologia a introspecção. Segue-se o Behaviorismo, que marca o estudo do comportamento humano através de atos observáveis e comprovados experimentalmente, evoluindo em sua proposta e permanecendo até hoje como uma das grandes escolas de Psicologia.

Desse modo, os métodos clínicos foram se ampliando e novos pensamentos foram se apresentando, como a Gestalt, a Psicologia humanista, que se opunha tanto ao Behaviorismo quanto à psicanálise, que, então, se desenvolviam de forma paralela. Assim, a Psicologia, no âmbito da prática clínica e nas diferentes abordagens, foi se delineando até a contemporaneidade.

Em tal percurso, a prática clínica, delineada pela Psicologia humanista, retomou o caminho da filosofia com as influências filosóficas de Leibniz, passando pela compreensão fenomenológica de Husserl (1859-1938), e existencial humanista com Kierkegaard (1813-1855), Nietzsche (1844-1900) e posteriormente Heidegger (1889-1976) num dos maiores movimentos intelectuais do século XX. Em Heidegger, com o método fenomenológico encontram-se os fundamentos de um novo pensar e de uma nova forma de fazer na clínica psicológica. Heidegger marcou seu pensamento com uma releitura da tradição filosófica, questionando a metafísica, no estudo da relação sujeito/objeto.

Diante do exposto e tentando compreender o sentido da saúde na atualidade, a medicina, que seguiu o modelo biomédico tradicional, com uma concepção mecanicista e organicista da vida, reduziu a saúde a um funcionamento mecânico com um olhar limitado (corpo e doença), deixando de lado o paciente como ser humano.

Atualmente, esse paradigma foi modificado e ampliou a base conceitual de saúde e doença, integrando à sua prática outros profissionais de saúde, transcendendo as barreiras disciplinares, tornando-se uma ciência mais coerente e dando lugar a uma visão mais dinâmica do sujeito e uma outra concepção do seu estar-no-mundo. Assim, o fenômeno da doença e da cura orgânicas já é visto pelo ângulo da singularidade, considerando reações diversas em diferentes pacientes em suas dimensões biopsicossociais.

A Psicologia, por sua vez, seguiu sua trajetória também modificando sua visão de homem e fugindo do paradigma da ciência clássica. Ampliou sua atuação para além da prática clínica tradicional, desenvolvendo um novo modo de fazer clínica, como no hospital, trabalhando junto a uma equipe interdisciplinar, exercendo o cuidado, numa compreensão desse ser e de suas angústias, e contextualizando cada situação. No campo hospitalar, a Psicologia ocupou espaços nas enfermarias considerando o modelo biopsicossocial, afastando-se do antigo paradigma que era a atenção ao mundo psíquico com ênfase na doença mental. Hoje, ressaltamos que o fazer psicológico clínico envolve o humano em sua singularidade e complexidade, atentando para a demanda que parte do sofrimento do paciente que procura a instituição.

Como conseqüência desse novo modelo, a prática clínica psicológica hospitalar enfatiza o sofrimento humano em situação de crise e, dada a peculiaridade da situação, tem caráter preventivo. Lembrando Chiattone (2000, p. 125), citamos seu pensamento:

> Portanto, para atingir plenamente sua função preventiva, o psicólogo no contexto hospitalar deve dedicar particular importância ao diagnóstico precoce dos transtornos psicológicos de pacientes e familiares. Em prevenção, ele não deve esperar pelo encaminhamento dos pacientes internados, mas, sim, "estar juntos deles" em trabalho diário de decodificação de suas dificuldades.

Por essa compreensão, a prática clínica psicológica em instituições reinventou as ações próprias da clínica tradicional, fugindo dos modelos assistenciais, inserindo-se às equipes de saúde e realizando sua prática no ambiente das enfermarias, onde tudo acontece. No âmbito hospitalar, o psicólogo realiza ações adequadas a esse novo campo de atuação, fazendo adaptações metodológicas por não ser psicoterapia, e sim atenção psicológica. Atua na tríade paciente, família e profissionais de saúde modificando, portanto, antigos paradigmas da metafísica, que fragmenta o homem e separa corpo/mente, para intervir nas dimensões biopsicossociais do sujeito enfermo. Assim, nos aproximando da dor/sofrimento do paciente, e do saber de outros profissionais, podemos compreender de forma mais profunda o sofrimento humano, pelo viés do cuidado e avançar no conhecimento, criando novos paradigmas, próprios ao nosso momento atual.

NOSSO CENÁRIO E A QUESTÃO: O CENTRO DE TRATAMENTO DE QUEIMADOS – CTQ – DO HOSPITAL DA RESTAURAÇÃO

O Hospital da Restauração, campo do presente estudo, é o maior hospital geral da rede pública do estado de Pernambuco, cuja missão institucional é o atendimento de grandes traumas e procedimentos de emergência, entre os quais as queimaduras, em especial o grande queimado.[1] Nosso Centro – CTQ – é classificado pelo Ministério da Saúde como de alta complexidade, cenário onde foi desenvolvida a presente pesquisa. No hospital saímos do olhar da patologia mental, próprio da Psicologia e da psiquiatria, para compreendermos o humano, ampliando para o sofrimento do sujeito-em-situação.

Assim, na doença, no limite entre a vida e a morte revela-se a nossa condição humana de finitude, que é para todos, que desaloja e nos (re)tira, enquanto profissionais de saúde, do lugar do suposto saber. Por tudo isso, e olhando em outra dimensão, o hospital é um lugar onde se exerce o cuidado, a possibilidade de acolher e favorecer nessas pessoas a potencialização de seus recursos para lutar e, quem sabe, se recuperar.

O CTQ do Hospital da Restauração possui 40 leitos, invariavelmente ocupados. Esse é um lugar que poucos suportam. Quem trabalha com queimados assiste, talvez, ao extremo do sofrimento humano trazido pela doença aguda, na qual a dor e morte são percebidas como ameaça constante. O homem na sua condição de total fragilidade, pelo adoecimento e desamparo que a situação pode provocar. Isso porque sofrimento e morte se revelam em cada paciente como possibilidade mais real, tanto pelo ambiente da enfermaria, no convívio com os demais queimados, quanto pela experiência com a sua própria dor e necessidades do tratamento. O trauma e a situação de crise, acompanhados do fator *imprevisto*, favorecem reação emocional indutora de mais angústia e estresse.

A queimadura, conforme alguns autores (GOMES, SERRA e PELON, 1995; GOMES, SERRA e MACIEIRA, 2001), é uma patologia grave, de evolução rápida e prognóstico imprevisível. Dependendo da profundidade e extensão das lesões, destrói partes do corpo: pele, músculos, tendões e ossos, podendo provocar deformidades e até mutilações. Além disso, o odor, a infecção, o debridamento das lesões[2] e as enxertias cutâneas[3] requisitam por demais a tolerância dos pacientes diante dessa experiência, sobrepondo-se ainda a morte, anunciada e presenciada, pelos óbitos ocorridos na enfermaria.

O paciente grande queimado é um paciente de alta complexidade e precisa de força para suportar seu sofrimento, para olhar seu corpo ferido e desfigurado. Nesse estado, encontra-se duplamente desamparado: adoecido e sem pele, agoniza em sua fragilidade; está propenso a infecção e sepse,[4] porque, sem pele, ele não se defende, corre risco de morte. Os primeiros oito ou 10 dias do

---

[1]Paciente de trauma por termoagressão, de alta complexidade.

[2]Procedimento cirúrgico diário ou em dias alternados, realizado sob analgesia e sedação durante a balneoterapia, para a retirada de tecido desvitalizado.
[3]Transferência de pele sadia de uma região doadora, do mesmo paciente, para uma área receptora danificada pela queimadura.
[4]Quando a infecção sai de um ponto localizado e se generaliza por todo o corpo, numa conjunção de fatores que leva o paciente a uma desorganização ou falência total de múltiplos órgãos.

pós-trauma são decisivos para determinadas intervenções médicas, sendo de fundamental importância o controle das alterações funcionais orgânicas e o bom suporte nutricional e emocional para melhorar a função imunológica reduzida pelo trauma.

A condição de queimado requer força diante da fragilidade em que o paciente se encontra; por que uns superam e outros não? Como o sujeito/vida encontra-se nesse movimento de quase morte? E, ainda, que força motiva a nossa equipe, no atendimento a esses pacientes? O que se passa com os que se dedicam a uma atividade de assistência a pessoas tão graves, tão feridas e sofridas? As questões existenciais se confrontam com estímulos próprios da situação, e nesse movimento de forças nos perguntamos ainda: como o fazer clínico, no âmbito da atenção psicológica em hospitais, poderia despertar algo produtor de sentido, que contribui para o enfrentamento e a superação da condição de grande queimado através da cicatrização de sua pele?

Nas situações de adoecimento agudo como a queimadura, o sujeito precisa (re)organizar-se para minimizar a angústia que se mostra mais intensa diante das rupturas próprias do acontecimento, que é notadamente uma situação crítica. O trauma sofrido de forma abrupta pode afastar e dificultar a capacidade do paciente de lidar com o problema. Nesse momento, e em meio a tantas solicitações da equipe, nos dispomos como escuta, numa atenção psicológica que poderá ser facilitadora de reflexões sobre a experiência vivida, acionando mecanismos que possibilitem sua auto-regulação. Isso porque o paciente tomado pela angústia poderá estar paralisado pelo fato de não se reconhecer em seu próprio corpo e de não sobreviver ao trauma. Tal ação poderá levá-lo a encontrar respostas criativas e solucionadoras, ressignificando a experiência, tornando-se mais confiante, participativo e colaborativo com o seu tratamento.

PROCURANDO UMA COMPREENSÃO SOBRE A ANGÚSTIA E A MORTE NO CONTEXTO HOSPITALAR

A desordem provocada no sujeito, por um trauma agudo e súbita hospitalização, é potencialmente capaz de paralisar sua força de sustentação, podendo interferir em seu tratamento, pela sua incapacidade de lidar com o acon-

tecimento traumático. Ao confrontar-se com tal situação, a angústia, já inerente à condição humana, confunde-se com a condição real de ameaça e aniquilamento provocadora de mais angústia e sofrimento.

Esse evento de tamanho sofrimento tem indicação de urgência psicológica e pede novas estratégias por parte do paciente para encontrar sentido para a sua luta contra a enfermidade e sua sobrevivência. As técnicas de auxílio em crise, que são os quadros de catástrofes do eu, conforme afirma Moffatt (1987), exigem uma forma de enquadramento situacional aberta, na qual o psicólogo se inclui num campo de forças situacional confuso e complexo, como as enfermarias de um hospital. Nesse contexto, procuramos considerar as experiências do paciente e o modo como ele enfrenta e suporta o tratamento necessário.

No nosso cotidiano, procuramos trabalhar a verdade no sentido da razão, tendo como estratégia básica o manejo da incerteza e os vínculos de confiança nos membros da equipe. Quando o paciente entra em contato com sua situação poderá enfrentá-la melhor, procurando respostas criativas e alternativas diante do acontecimento. Por isso, é importante compreendermos a experiência presente e a integração das nossas ações considerando o ser/paciente como unidade.

Desse modo, pensamos vividação como um movimento que objetiva despertar padrões de enfrentamento que favoreçam a suportabilidade da situação-limite na qual o paciente se encontra.

Procuramos, com a atenção psicológica, restaurar a ordem rompida pela situação de crise e de incertezas, numa tentativa de possibilitar a potencialização de recursos normalizadores e reintegrativos da experiência, capazes de reduzir os efeitos do estresse, do trauma e das rupturas próprias da hospitalização. O grande queimado pode apresentar reações distintas pela sua singularidade, como forma de expressar o insuportável; muitas vezes, pedem para morrer como recusa ao tratamento, prolongado e extremamente doloroso, ou querem ir embora, minimizando o seu quadro, tentando fugir do insuportável. Querem também afastar-se não só do seu tratamento e das normas institucionais, mas do confronto com o sofrimento dos demais pacientes e dos acontecimentos na enfermaria.

Através da escuta e do acolhimento da dor e do sofrimento do grande queimado e da disponibilidade da equipe cuidadora, fomos construindo algumas compreensões sobre vividação e, desse modo, procuramos compreender, na experiência do paciente que está no limite entre o viver e o morrer, como ele enfrenta o desafio do tratamento, como acontece sua recuperação e qual a experiência dos profissionais de saúde cuidadores.

Para melhor compreendermos a (des)estabilização do paciente nas situações consideradas "limite", encontramos em Rocha (2000), no pensamento psicanalítico, que Freud, numa fase final, em 1926, no livro sobre *Inibição, sintoma e angústia* e na *32ª Conferência da Nova Série de Conferências Introdutórias à Psicanálise,* considerou que a angústia não é apenas "uma transformação da libido recalcada, mas que também poderia ser um elemento estruturante do existir humano, abrindo-lhe uma função defensiva, durante os perigos que ameaçam a existência" (FREUD, 1926, p. 13). E que, como afirma Rocha (2000), Freud, apesar de não aprofundar a questão, pensou na nossa dimensão existencial e tocou no enigma da angústia, um dos problemas mais difíceis da existência humana.

Passando do conceito freudiano e caminhando para o humanismo existencialista de Viktor Frankl (1989; 1990; 1991; 1992), parece ser possível o sujeito superar o caos apoiado na esperança. Esse pensador, médico e psicoterapeuta existencialista enfatiza a busca do sentido diante do sofrimento extremo, acreditando ser o sofrimento um modo de crescimento e amadurecimento. Dentre seus conceitos fundamentais, enfatizamos a *vontade de sentido,* a motivação primária da vida humana e que tem poder de transformação inexplicável, sendo, segundo ele, o que há de mais genuíno no homem.

A noodinâmica (dinâmica existencial) acontece num campo polarizado de tensão, no qual em um pólo estaria o sentido a ser realizado e no outro, a pessoa que pretende alcançá-lo. Para ele, essa dinâmica é pessoal e transitória, e não se trata do sentido da vida de modo geral, mas do *sentido específico* dado a determinadas situações em determinados momentos da existência do sujeito, em nosso estudo: o trauma físico, a hospitalização e o comprometimento em todas as dimensões da vida cotidiana do paciente.

Frankl descreve a sua experiência como sobrevivente no campo de concentração de Auschwitz, na qual suporta o sofrimento encontrando sentido na dor. Acredita que o homem pode encontrar caminhos e assumir atitudes diante das situações, sendo responsável por elas e pela sua própria vida. Destaca três possibilidades fundamentais que dão sentido à vida: o trabalho, o amor e o sofrimento.

Caminhando nessa perspectiva, o *otimismo trágico* de Frankl (1991-1992), defende que o sujeito é capaz de permanecer otimista diante das adversidades da existência, transformando criativamente situações de sofrimento em algo positivo ou construtivo. Para esse autor, o mais importante é *saber como sofrer e como enfrentar* quando a situação é inevitável, e que a esperança é o que ajuda o homem a continuar vivo, apesar do sofrimento.

Refletindo sobre o sofrimento do paciente grande queimado e o *otimismo trágico* de Frankl, achamos que faz sentido o que chamamos de vivid**ação**: ações facilitadoras da recuperação da saúde e da vida. "*Se o paciente quiser e colaborar, se a equipe fizer todo o possível, tudo dará certo*", acreditamos.

Na filosofia contemporânea, encontramos em Heidegger (1999) a angústia como ponto central da existência humana. Introduziremos algumas de suas idéias fundamentais, para chegarmos à compreensão do seu pensamento.

Em *Ser e tempo* (1927), esse filósofo amplia a visão de homem racional para aprofundar-se na questão das suas condições existenciais. Pensa o problema do ser, da existência e de sua verdade, interrogando sobre a dimensão existencial humana e o sentido de ser. Faz-se necessário, então, conhecermos um pouco sobre o complexo pensamento de Heidegger.

Em sua analítica existencial, fala sobre *ser* e *ente*: tudo o que *é* é *ente*; no entanto, *o ser não é um ente* e sim *um modo de ser de um ente* particular que é o *Dasein = ser-aí.* No modo de pensar de Heidegger, o ser é puro mostrar-se como fenômeno. Faz, então, a descrição fenomenológica da estrutura ontológica[5] do *Dasein,* identificando existenciais. São existenciais co-originários: *ser-no-mundo, facticidade* e *disposição afetiva.*

Ser-no-mundo ou *existência* é o *modo de ser* do *Dasein;* todos os entes são, mas só o homem existe, só ele sabe que é! Assim, o *modo de ser do Dasein* é abertura para o ser, melhor dizendo, compreensão de ser do homem. Ser, portanto, no plano ontológico, significa pura possibilidade de ser, a nossa condição de projeto irrealizável.

A *facticidade* é outro existencial, no qual ser *Dasein* é ser jogado-aí, é ser-no-mundo, e expressa a unidade da existência. Por essa compreensão, não existem homem e mundo e, sim, ser-no-mundo, inserido num mundo pré-significado; somos lançados e não fazemos nenhuma escolha. Ser *facticidade* é cair na cotidianidade, no mundo do impessoal, de todo mundo. Para Heidegger, somos projeto situado histórica e culturalmente, e isso é *factici-*

---

[5]Tudo que se refere ao ser; à nossa condição humana.

dade. Para ele, mundo não é um lugar, um mundo físico, mas uma rede de significados que ganha sentido à luz do projeto que cada um é. Um conjunto de aspectos históricos, sociais, econômicos fala de um contexto em que o ser é lançado e em que, a partir da *facticidade,* pode encontrar suas infinitas possibilidades. Assim, *ser único e singular, ser de abertura e possibilidades.*

Avançando um pouco mais, para Heidegger o *Dasein* é *ser-em* e *ser-com,* os seres humanos são o seu *estar-no-mundo-com-os-outros: ser de abertura e de relação.* (*Ser-em* = *abertura para ser* e *ser-com* = *ser de relação.*) Assim: *o ser-em é o ser da ocupação = Besorgen = ocupar-se,* e o *ser-com* é o *ser da preocupação = Fürsorge = preocupar-se.*

Nesse sentido, no exercício de viver, somos *ser de relação* com as coisas e com os outros homens, e na tarefa de existir somos o *ser da ocupação* e o *ser da preocupação,* respectivamente, *ser-em* e *ser-com.*

Em *Ser e tempo* (op. cit.), Heidegger discute a existência finita, fala da nossa condição ontológica de ser finitude radical, somos, portanto, ser-para-a-morte.

Para Heidegger, viver autenticamente é conviver com a nulidade, e há sempre uma possibilidade aberta de sermos mais propriamente. A angústia leva o homem a uma compreensão de si mesmo, à possibilidade de suportar *ser finitude radical,* e, sendo *ser-para-a-morte,* dá sentido à vida, num viver mais autêntico. No entanto, diz ele, fugimos constantemente e nos refugiamos na cotidianidade, na impropriedade que é inevitável, por não suportarmos nos assumir plenamente em nossa mortalidade.

Seguindo seu pensamento, nos encontramos sempre numa disposição ou tonalidade afetiva – *Benfindlichkeit* –, modo de ser originário, refere-se a como os humanos são. E diz que o termo está ligado às circunstâncias de vida, como o medo, o tédio e a angústia. Chama atenção de que, por sermos disposição da angústia, estar angustiado pode ser uma disposição de determinado momento, como em caso de doenças e hospitalização.

Por tudo isso, e pensando no hospital e na situação do grande queimado, a experiência de angústia emerge quando o paciente percebe-se em perigo. Essa experiência é vivida concretamente, na qual o paciente, em sua fragilidade e numa situação-limite, se depara com sua *nulidade.* A angústia torna-se exacerbada, sua finitude não pode ser negada, está presente no cotidiano da enfermaria, na *presença–ausente* da morte, quando não na *presença–presente* na morte de outros pacientes.

E, assim, na angústia de ser e no adoecimento, há uma quebra da familiaridade com o cotidiano, mobilizando a

experiência de estranheza e a fragilidade inerente à nossa condição humana. Nesse contexto, a angústia de *não-se-sentir-em-casa* confunde-se com a situação real e a ameaça de aniquilamento provocada pelo trauma sofrido, podendo dificultar a compreensão e o enfrentamento da situação. E, citando Heidegger (2000, p. 254), "o não sentir-se em casa deve ser compreendido, existencial e ontologicamente, como o fenômeno mais originário".

No modo de pensar heideggeriano, a tarefa de ser do homem é o cuidado, que implica a possibilidade de ressignificação da existência de modo mais autêntico. Encontrar-se como cuidado abre, portanto, a possibilidade de existir com sentido, dada a nossa condição de finitude. Por essa compreensão, tentamos conviver com a angústia do limite de ser, que é a possibilidade de não ser, transformando-a em sentido de ser pelo cuidado.

No hospital, vivemos a experiência da luta constante pela vida e a possibilidade de morte e, assim, em permanente contato com a angústia e o desamparo. Convivemos com a angústia em seu duplo sentido: paralisante para o paciente e mobilizadora de cuidado para a equipe, e, nesse movimento, a doença e o doente nos aproximam da morte e fazem-nos compreendê-la como uma possibilidade, entre tantas do existir humano.

Nessa perspectiva, ficamos, então, entre a inospitalidade e a familiaridade, que, segundo Heidegger, transforma a angústia paralisante em produtora de sentido, ou libertadora, um modo de encontrar-se como cuidado pelo confronto com a finitude e que, no hospital, se revela por *ocupação* e *preocupação* em curar.

Pensando na clínica psicológica, temos a tentativa de transformar a angústia, por um lado, em sentido da existência através do cuidado, e, por outro lado (o do paciente), em força mobilizadora capaz de dar sentido para suportar e superar o trauma sofrido. Por meio da escuta e do acolhimento, nos exercitamos na experiência de alteridade, cuidando de nós e dos outros, dando sentido à nossa vida.

UMA METODOLOGIA CLÍNICA ATRAVÉS DA ANGÚSTIA E DA MORTE

Procurando compreender melhor a vividação, passamos a uma breve apresentação da metodologia utilizada neste estudo, que nos aproximou do que emergia daquela situação expressa pelo paciente em seu sofrimento e pelo movimento de todos da equipe de saúde, na intenção de cuidar e resgatar a saúde perdida pelo trauma vivido.

Participaram quatro pacientes, internados no CTQ do Hospital da Restauração, diagnosticados como "grande queimado", que sofreram queimaduras acidentais, de ambos os sexos, na faixa etária de 20 a 40 anos e que não apresentavam outras doenças de base.[6] Isso porque queríamos compreender o enfrentamento do trauma como decorrência de circunstâncias da vida, isto é, como acontecimento. Ouvimos as suas histórias e o que eles experienciaram nos momentos mais críticos, da hospitalização até a recuperação. Superada a fase aguda da queimadura, estando num momento de cicatrização, pedimos aos pacientes que respondessem a uma pergunta disparadora, que nos revelou o recorte do seguimento de vida, relativa e provisória que foi a experiência de ser grande queimado e ter superado uma situação-limite.

Tentando ainda encontrar respostas para as nossas inquietações, fomos ao encontro dos colegas, "profissionais-chave" no tratamento do paciente queimado. Participaram seis cuidadores: um cirurgião, um clínico intensivista, uma enfermeira, duas auxiliares de enfermagem e uma fisioterapeuta. Queríamos conhecer o que eles percebem que se passa com os pacientes no limite entre o viver e o morrer. Realizamos entrevistas abertas, a partir de uma pergunta disparadora, que nos possibilitou também apreender o sentido de cada depoimento. Transitando por esses relatos, à medida que os escutávamos, identificamos em nós o mesmo movimento desesperado de acreditar e cuidar do outro, apostando em suas possibilidades de reagir ao trauma e sobreviver.

Nosso caminho possibilitou-nos encaminhar o sentido do fazer psicológico e compreender o outro em um momento crítico, de ameaça e sofrimento intenso. Ao mesmo tempo, ouvindo nossos colegas de trabalho, ocupamos o mesmo lugar que eles, revelando-nos o sentido de ser psicólogos/cuidadores.

Foram, no total, dez depoimentos, gravados e realizados no próprio contexto hospitalar, com Termo de Consentimento Livre e Esclarecido – TCLE – e projeto aprovado pelo Comitê de Ética em Pesquisa do Hospital da Restauração. Seguimos os parâmetros de uma pesquisa qualitativa, em busca da nossa grande interrogação: como o paciente grande queimado vive a experiência da vivid**ação**? Por que uns morrem e outros não?

Procuramos uma compreensão do cotidiano hospitalar junto ao paciente grande queimado, no limite entre o viver e o morrer, respaldadas no método fenomenológico, que nos possibilitou reflexões, mostrando-nos o caminho de como a experiência, nesse contexto, acontece. Assim, o olhar fenomenológico foi um desafio no desvelamento da experiência do paciente e das ações clínicas de todos os cuidadores a eles dirigidas. Escutá-los e mergulhar com eles nesse mistério, tentando compreender o que se passava na experiência do ser-em-situação, colocou-nos igual a eles, e, nesse sentir com o outro, afetando-os e sendo afetados, procuramos o sentido do enfrentamento em situações de extrema aflição e fragilidade.

Critelli (1996, p. 134) aponta para a questão do olhar interrogador do pesquisador, afirmando que aquilo que ele quer compreender "também deve ser interrogado fenomenologicamente, em busca de sentido".

Durante as entrevistas, seguindo os vestígios das narrativas, pudemos acompanhar e acolher as experiências de cada um, tentando compreendê-las e perseguindo a busca dos seus diferentes sentidos.

O termo vivid**ação** é um neologismo que cunhamos, referindo-nos ao conjunto de ações, entre elas o *movimento* do paciente, também fundamental para o seu tratamento e sua recuperação. Consideramos que para conhecermos tal movimento precisávamos ouvir suas narrativas, por acreditarmos que cada ser doente e sua doença têm estreitas relações com seu jeito de ser e com a sua historicidade. Perguntávamos se a superação poderia acontecer por um movimento, desse paciente, de empenho para a sua cura, e não somente em decorrência das ações da equipe cuidadora.

Trabalhamos com o auxílio das narrativas; o paciente é um narrador e as narrativas têm como fonte a experiência elaborada no vivido da situação, *articulando afeto e cognição.*

Walter Benjamin (1985) define o narrador como um sábio e a arte de narrar como uma forma de *intercambiar experiências* através da comunicação. Carvalho (1999, p. 372), citando Benjamin, destaca as formas de comunicação das narrativas:

> Benjamin elucida ainda a inteireza do narrador, que unia sua corporeidade àquilo que comunicava. Como ainda não havia uma forte cisão entre movimento corporal e pensamentos, entre trabalho manual e intelectual, a comunicação era mais inteira. Nesse sentido é que Benjamin nos fala de

---

[6]Uma patologia já instalada, anterior ao trauma.

uma comunicação que ocorria artesanalmente, já que envolvia um movimento integrado que unia mãos, olhos e alma.

Desse modo, a escuta clínica no hospital mostra-se importante na comunicação oral com o paciente, por favorecer a elaboração de suas questões e experiências pessoal e coletiva, possibilitando a compreensão do sentido dado à vida. O paciente, durante as entrevistas terapêuticas, pode contar como foi afetado, compreendendo e ressignificando seu adoecer. Perguntamos ao paciente, já num momento de cicatrização: **De tudo que você passou até agora, poderia me falar sobre a sua experiência de recuperação?** A pergunta disparadora não aponta uma direção, apenas serve de encaminhamento a uma reflexão por querer circunscrever o narrador na esfera da sua experiência, norteando o que gostaríamos de compreender.

Seguimos com os depoimentos dos profissionais-chave, com a seguinte pergunta disparadora: **Em sua experiência com o paciente grande queimado, o que você percebe que se passa com ele, na situação-limite entre o viver e o morrer?**

De posse de todos os depoimentos, passamos a fazer uma "leitura" do todo das narrativas. Escutamos várias vezes, sentindo o que nos foi comunicado, para em seguida transcrever os relatos orais, sob forma de um texto escrito, tentando modelar não só a trajetória do paciente, do trauma à recuperação, como também os conteúdos das falas dos depoentes da equipe implicada na situação. Fizemos leituras cuidadosas procurando apreender o sentido ali revelado. Retomamos os contatos com os participantes entrevistados, apresentando-lhes seus relatos, já textualizados, para que legitimassem as entrevistas como depoimentos.

Finalmente, passamos a dialogar com os depoimentos, buscando o que eles poderiam nos revelar sobre a vividação, fazendo reflexões acerca dos sentidos das narrativas. Que direção cada paciente, em sua singularidade, pode dar à sua situação? O modo de enfrentar uma situação-limite é um guia de sentido a que os seres humanos recorrem para superar um trauma como o de ser grande queimado? Como a equipe que cuida percebe o paciente em seu sofrimento?

Envolvemo-nos, mais e mais, em nossas reflexões acompanhadas dos nossos participantes; com e por eles queremos compreender suas experiências, pensando nos modos de enfrentamento, vontade de sentido, angústia, desamparo, existência, cuidado, esperança, recuperação...

pensando na vida... na morte! Procuramos compreensão no que nos dizem Frankl e Heidegger, e fomos fazendo articulações... buscando sentido!

COMPREENDENDO A CRISE: O SENTIDO DADO À SITUAÇÃO VIVIDA

Passamos então a refletir cuidadosamente sobre o que nos comunicaram os participantes dessa pesquisa e o que nos revelaram os depoimentos por eles oferecidos, para encontrarmos o sentido atribuído às experiências de sofrimento e recuperação. Em cada depoimento, tanto dos pacientes quanto dos profissionais, emoções explícitas ou veladas sugerem-nos o sentido dado à situação, fazendo-nos pensar que este poderia estar num conjunto de ações e de vontade que possibilitaria a vividação.

As obras de Viktor Frankl acompanharam-nos, oferecendo âncora para a compreensão do sofrimento humano nas situações críticas e a possibilidade de superá-las. O que esse autor descreve, em sua obra *Em busca de sentido* (FRANKL, 1991), é muito semelhante ao que observávamos/sentimos/acompanhamos cuidando dos nossos pacientes. Sua narrativa nos é familiar... fala da existência nua e crua, da condição humana diante do caos. Fazemos nossas articulações nos apoiando na crença das *estratégias de preservação*, do que resta de vida e das chances de sobreviver, suportando o insuportável, as ameaças de um trauma tão violento quanto as queimaduras.

Enfatizamos que no tratamento das queimaduras graves tudo leva o paciente a desistir de lutar, pela situação de dor intensa. Qualquer mobilização parece impossível de suportar, apresenta-se estranho para si mesmo e para os outros, perdendo a familiaridade e procurando algo para se apoiar. O confronto com seu corpo ferido, sangrando, desfigurado, ardendo como fogo, visto que cada curativo deixa o corpo mais ferido, porque é preciso limpar a ferida, retira desse ser, tomado pelo problema, a capacidade de refletir, de encontrar sentido no sofrimento... Lentamente, vão lutando conosco, superando seus limites, oscilando entre sua fragilidade e a busca de sentido.

Para Frankl (1991, p. 75), "sobreviver é encontrar sentido na dor", e cita Nietzsche: "quem tem por que viver agüenta quase todo como". Ouvindo o sofrimento deles nos perguntamos: o modo como direcionaram cada encontro terapêutico possibilitou-lhes a compreensão da sua dor, despertando sentido? Os sentimentos, que inicialmente parecem vagos, sufocadores e incompreensíveis, aos poucos vão se tornando mais nítidos... parece que esse é o movimento de todos que cuidam, cada um com sua tarefa. Estamos ali para cuidar e cuidando podemos despertar vontade de sentido?

Frankl (1991) reforça essa idéia quando fala das reações psicológicas em três fases distintas: choque e desespero; apatia e insensibilidade emocional e o momento após a liberdade (alta hospitalar).

Num primeiro momento, o pavor da situação faz com que os pacientes percam a capacidade de avaliar o grau de dependência e a gravidade da situação. Pedem para morrer ou querem fugir do sofrimento, pensando em voltar para casa. Chamamos esse momento o *momento da virada,* em direção à compreensão das necessidades do momento e da luta para sua recuperação. Eles precisam participar responsabilizando-se por parte do tratamento; é necessário compreender. Mas a dor continua e o mal-estar permanece, não percebem nenhuma melhora... oscilam entre suportar e não suportar.

O interesse religioso, segundo Frankl (1991), é outra *estratégia de preservação* bastante utilizada pelos sujeitos em situação de aflição, como refúgio que abriga a angústia e o desamparo. Esperam o "milagre" e tendem a se acomodar. Outras formas de preservação são a apatia e a indiferença, que indicam (des)esperança: "a pessoa vai aos poucos morrendo interiormente" (FRANKL, 1991, p. 29). Em sua teoria, fala de alternativas, como forma de suprir a necessidade de amparo: o amor, a lembrança de alguém, o refúgio no passado alimentam a esperança e ajudam a escapar do "vazio" do momento atual. Também, no hospital, recorremos à força da vida, à lembrança de um filho, da família, ou procuramos na história pessoal dificuldades já superadas, indicando a transitoriedade da vida e lançando-os à responsabilidade com seu tratamento e como mais um recurso determinante de vivid**ação**.

Esse autor chama a atenção para a importância da liberdade interior como uma conquista. Na vida, diz ele, manter a liberdade interior, mesmo diante do sofrimento, mostra que a pessoa pode ser mais forte que os acontecimentos externos, ou seja, enfrentar a dor – mesmo que a situação leve à morte – de cabeça erguida e com dignidade. Afirma que só sobrevive às situações-limite quem não se entrega espiritual e humanamente, acreditando na *"existência provisória",* na questão da esperança e da solidariedade para ultrapassar o sofrimento. Nessa perspectiva, se o paciente (des)acreditar que pode superar, poderia não

reagir ao sofrimento e entregar-se à morte? Frankl (1991, p. 75) enfatiza esse aspecto dizendo:

> Quem conhece as estreitas relações existentes entre o estado emocional de uma pessoa e as condições de imunidade do organismo compreenderá os efeitos fatais que poderá ter a súbita entrega ao desespero e ao desânimo.

Evidentemente que essa citação nos remete a muitos dos nossos pacientes que sobreviveram, mas impõe-se mais intensa a lembrança daqueles que, independentemente do que queriam ou do que pudemos fazer por eles, se foram com a morte... Permanecem nossas inquietações; as situações se repetem dia a dia, anos a fio. Na prática, vimos que os modos de enfrentamento nem sempre se oferecem como possibilidade para evitar a morte. Queimaduras semelhantes, na etiologia, na profundidade, na extensão das áreas queimadas, os mais diversos acidentes; explosão com pólvora, gás butano, explosão com álcool, gasolina, tíner, piche, as mais diversas complicações orgânicas! Tudo tão igual e ao mesmo tempo tão distinto... O mesmo modo de tratamento clínico/cirúrgico, um saber que não se sabe, porque nada é igual. Seguimos o seu percurso sem saber aonde vamos e se conseguiremos concretizar o ideal de cura. Cada queimadura tem um nome, é própria de cada paciente. Cada paciente é único, singular, no seu sentir, com suas oportunidades, possibilidades... impossibilidades.

Questionamos: estamos no hospital para cuidar, e, cuidando, poderemos despertar vontade de sentido?

Seguimos com uma síntese do que dizem/sentem os pacientes ao responder a nossa pergunta disparadora.

- **Em primeiro lugar Deus; com Jesus a gente vence; o pai maior Deus.**
- **A medicina; vocês me ajudando, forçando tudo; o carinho da equipe; a senhora passando segurança; levou-me a acreditar que era possível; a solidariedade das pessoas; a sinceridade da equipe; vocês cuidaram de mim.**
- **Depois eu; quando me senti mais confiante pude acreditar; senti muito medo – cresci como ser humano, mudei muitas coisas; sofri muito, hoje não tenho medo de mais nada.**
- **A família; os amigos; minha vida lá fora.**

Por outro lado, trazemos na lembrança um paciente, entre outros, acidentado por choque elétrico, 50% de área corpórea queimada, 12 dias de luta e de hospitalização. Evoluiu com extrema dificuldade e complicações próprias da patologia. Nos primeiros dias, estava atento às necessidades do tratamento, tinha compromisso com a vida, lutava junto com todos. No quinto dia fez questionamentos sobre o tempo, começou a mostrar-se inquieto e poliqueixoso. Reconhecia-se como grave e afirmava que cada dia estava piorando. Dizia: **"estou todo quebrado... estou pior... muita sede... muita sede..."** Estaria até aqui lutando pela vida? Foi agravando, e parecia não ter mais força para lutar... a equipe não consegue se afastar. É o nosso (des)espero... empenho máximo, tudo sob controle... sob controle? Este é o momento da virada (da gravidade à recuperação)?

Encontrava-se a cada dia mais grave, era estimulado por todos no sentido da luta, das necessidades do momento. Em nossos encontros, já não conseguia falar sobre sua vida, sobre seu filho que ia nascer, seus projetos, visita dos familiares... já não importava... apenas o sofrimento, grande cansaço, pela dificuldade respiratória, pelas complicações orgânicas, pelo (des)espero? Nesse estado de comprometimento, enfatizava: **"secura por dentro"** – pela condição de grande queimado ou pela ausência de possibilidade de vida?

Agravando-se mais e mais, foi sedado e intubado, muitas complicações em seu quadro geral. A equipe continuava sua luta, não medindo esforços... o paciente já não participava! Muitos outros conseguem sair do quadro, os colegas continuavam tentando, não desistiram. O limite da medicina, o limite do paciente, a morte escapa da nossa vontade, da vontade do paciente... Como tudo aconteceu? E a vivid**ação**?

Nosso paciente foi a óbito de madrugada. Mais um... e tantos outros se foram... No dia seguinte... fica a certeza de *"dever cumprido"*, e, no rosto de todos, a sensação de impotência, o desgaste, a luta, a nossa fragilidade, o que escapa do nosso controle. Saímos do lugar do poder, do lugar do saber, e ficamos ali, vazios, humanos, apenas humanos. Só nos resta continuar, recomeçar a cada dia a nossa tarefa, cuidando dos nossos pacientes e felizes com a possibilidade de poder cuidar e, muitas vezes, comemorarmos a vida, com a recuperação dos nossos pacientes.

Retomando o pensamento de Frankl (1991), a última fase descrita por ele: a pós-libertação (sobrevivência). Para ele, ainda representa um momento de grande sofrimento, devido às "marcas e perigos psicológicos", a consciência da *imprevisibilidade* da vida, semelhantemente ao que acontece no hospital: por ocasião da alta hospitalar, somos todos sobreviventes!

Concluindo nossas reflexões à luz do *otimismo trágico* de Frankl, passaremos a uma breve compreensão do que pensam/sentem os colegas, profissionais-chave. Colocamos como título de cada depoimento uma frase que nos indica o jeito de ser/pensar/sentir de cada um dos participantes.

- **Quando o paciente não quer, mesmo que se invista 100%, não adianta!** Essa recuperação independe da equipe, é única e exclusivamente crédito do paciente. A equipe entrou com a informação e com os recursos técnicos e o paciente com a re-ação...
- **Aquele que tem motivação lá fora e encontra motivação aqui dentro... aí ele acredita e sai!** O acidentado que ficou nesse limite, entre o viver e o morrer, eu acho que em todos... é a mesma coisa... se ele não analisar a vida... as coisas dele lá fora... às vezes ele não está entendendo a dinâmica do tratamento ainda... mas, depois que ele começa a entender, passa a aceitar.
- **O que eu noto é um exagerado pessimismo, não é? Talvez até um modo de se relacionar.** Do ponto de vista técnico, a gente vê o seguinte: a idade, a área queimada, a profundidade, etc. influenciam na perspectiva de você recuperar esse paciente ou não... Tem alguns pacientes, que na realidade eu já vi alguns... que do ponto de vista clínico ele estava estável, não tinha nada que justificasse ele não ter uma boa evolução... ele não tinha nada!... tudo controlado!... tudo o que é de mais avançado usamos aqui... a gente faz e o paciente não responde!
- **Eu jamais vou falar sobre o que aconteceu com ele, sobre a dor dele...** Para mim ele não vai se lamentar... primeiro porque eu não vou dar brecha para ele se lamentar, e segundo que a gente vai falar da novela, do futebol, de uma roupa nova.
- **Ele vai ver que tem que reagir, que tem uma solução, que ele não está só naquela luta...** É importante considerar a mínima coisa... a mínima coisa... a atenção constante conta muito! Você tem que conscientizar ele disso: que ele vai sobreviver... se ele conseguir se conscientizar... aí...é 100%... Para a gente e para ele! Porque... tem aquele paciente que quer viver, está crítico, mas ele melhora... cheio de queimadura, do pé à cabeça, mas, quando a gente conscientiza ele, aí ele sai!...
- **O relacionamento com o paciente é muito importante... a dor é mais psíquica.** E então começamos a mostrar para ele que vamos fazer o melhor que pu-

dermos para salvar a sua vida... que estamos do lado dele para ajudá-lo no que for possível e... começamos a fazer com que ele perca aquela ansiedade... e aquela... aquela angústia...e sinta segurança naquilo que estamos fazendo. E, muitas vezes, ele fica calmo!

Assim, cada colega nos apontou um olhar que nos despertou muitos sentidos. Assumimos o lugar de cuidadores, cada um deles sou eu também! Nosso olhar e o dos nossos pacientes nos dizem que algo interfere na recuperação: Deus, a solidariedade, a responsabilidade da equipe, a responsabilidade do paciente, da família, enfim, de todos! Apontamos o lado positivo de encaminhar a vida... Mas uns sobrevivem e outros não! A gravidade existe e não existe, porque confiamos na vontade de sentido, no poder transformador, acreditamos em vividação.

Outros questionamentos vão surgindo..., refletimos: viver é sobreviver às dores, é resistir e lutar. No hospital, a tragédia de cada paciente é também a de todos nós; o sofrimento e a dor são para todos. A esperança aparece como a força para continuarmos lutando, pela possibilidade de mudança e alívio para as nossas aflições, como afirma Frankl, no *otimismo trágico*. Temos ainda tantas interrogações... nossas inquietações nos pedem mais respostas para a vividação, seguimos, ainda, tentando compreendê-la à luz de Heidegger.

A TRAMA TRÁGICA À LUZ DE HEIDEGGER: FINITUDE E CUIDADO

Em nossas reflexões, debruçados nos depoimentos de cada participante, a vividação já teria resposta satisfatória no *otimismo trágico* de Frankl e estaria, então, elucidada. No entanto, cuidado e finitude ainda nos provocam indagações, e outra perspectiva de interpretação nos aparece como possível... Passamos agora a reinterpretar as compreensões anteriores à luz do que nos diz Heidegger, fazendo uma outra escuta, ao sabor de saber do não saber.

Retomamos, assim, o nosso percurso a partir da Grécia antiga, no século VI (420 a.C.), resgatando a história na tradição mítica. Em Atenas, segundo Vernant (1888), a *tragédia* foi um outro gênero literário, um novo tipo de espetáculo que nas festas públicas mostrava a experiência humana cotidiana, suas condições sociais e psicológicas. Sua forma de apresentação é a narrativa, e conta do coletivo experiencial, em sua dimensão humana.

Num enfoque psicológico, a *tragédia* mostra o que se passa com o *herói e seus atos,* e a sua comunicação com o público, trazendo também a responsabilidade, que aparece quando a *ação* humana é objeto de reflexões. Na cena trágica, temos dois elementos: o *herói* e o *coro* – representado pela coletividade. Percebemos então o caráter ambíguo da tragédia, isto é, de um lado, o *coro* e, do outro, o *herói*, levando-nos a pensar na prática clínica e nas questões que permanecem atuais, como o pertencimento e a possibilidade de ouvir o singular e o universal. A obra trágica exprime-se na forma do drama, pela tensão que se instala entre os dois elementos da cena trágica: o *herói* e o *coro*.

Seguindo o mesmo pensamento, Louraux (1992) lembra-nos que drama aqui é compreendido como uma ação, um acontecimento, como experiência vivida, que na maioria das vezes referia-se a *patos* (sofrimento ou experiência de dor). Diz ela:

> É por ter sofrido que se compreende, mas tarde demais, se é verdade que a revelação só ocorre no fundo do desastre. E começamos a nos perguntar: quem tira proveito do ensinamento do patos trágico? O espectador, talvez, embora não seja um herói; mas essa restrição perde sua importância se é verdade que, ao submeter o herói ao patos, a tragédia atua na redução de toda distância entre o homem ordinário e o *aner* de exceção, entre a condição mortal e a guinada heróica, em seu excesso, até dar a entender que o herói vale por qualquer homem. (LOURAUX, 1992, p. 27)

Na tragédia, portanto, a possibilidade de compreendermos a complexidade humana que é representada pelo herói. Ele provoca o espectador, que pode perceber e se identificar com o drama, uma vez que retrata o homem e o humano. Os termos *brotós, ánthrōpos* e *aner* são, na cena trágica, condições próprias da existência humana, ou seja: o homem finito, o homem como ser social e o homem viril, respectivamente. É nesse cenário que a vida humana, desde a Antiguidade e sempre, se enuncia.

Nesse sentido, e refletindo na trama trágica do paciente grande queimado, o herói/paciente também fala da tragédia cotidiana. E, querendo ouvir ainda mais, tentamos compreender com um novo olhar o que nos dizem os participantes deste estudo.

Pensando em vividação no plano do simples vocabulário, poderia referir-se a um movimento ou a um conjunto de ações do paciente e da equipe, acreditando que vontade e força são decisivas para a recuperação do paciente, inclusive nas situações-limite. Frankl nos estimula *a não-angústia pela não-imortalidade,* afastando-nos da angústia existencial, enquanto atuando na solidariedade, com *suposta serenidade,* tal a "suposta" serenidade da equipe. Seria, então, possível sobreviver, caso a vivid**ação** fosse apenas vontade de sentido de vida!... seria a saída!... Se conseguirmos salvar... estamos todos salvos!

Voltando a ouvir Vernant (1988), lembramos que homem e ação se delineiam não como realidade a ser definida ou descrita, mas como enigma nunca esgotado, e assim abre-se a possibilidade de uma outra compreensão: vivid**ação** tem um duplo sentido!

A dimensão existencial do desamparo e sofrimento humano revela-se, agora, pela angústia da morte, como uma condição inexorável que escapa além da vontade do sentido de vida de qualquer mortal – ser humano.[7] Por essa compreensão, a doença apresenta-se como experiência da fragilidade do corpo, e a vida, sendo chama, aponta para a morte como um fato, provocando mais a nossa angústia de sabermos de *ser-para-a-morte.*

Desse modo, descortina-se o duplo sentido de vivid**ação**: como recuperação da vida sadia e como esforço para manter-se no ser. Passamos, então, a compreendê-la como a vontade de viver, na recuperação, e como uma das possibilidades de saída da morte. Para a equipe, que tem como aliadas a ciência e a técnica, outra possibilidade de saída. No entanto, agora não podemos deixar de considerar a morte como uma das possibilidades de impossibilidade de vivid**ação**.

Na tentativa de ressignificar vivid**ação** à luz de Heidegger, agora a compreendemos como mais uma possibilidade, enquanto a morte **é**. Assim, os depoimentos se mostram com outro sentido:

- "(...) **quando o paciente não quer, mesmo que a equipe invista 100%, não adianta!**" (...).
- "(...) **O que eu noto é um exagerado pessimismo, não é? Talvez um modo de se relacionar... (...)**".
- "(...) **aquele que tem motivação lá fora e encontra motivação aqui dentro... aí ele acredita e sai**" (...).
- "(...) **Eu jamais vou falar sobre o que aconteceu com ele, sobre a dor dele**" (...).
- "**Ele vai ver que tem que reagir, que tem uma solução, que ele não está só naquela luta**" (...).

- "(...) **O relacionamento com o paciente é muito importante, a dor é mais psíquica**" (...).
- "**Deus, a medicina, o carinho da equipe, a solidariedade, a sinceridade, quando pude acreditar, a família, os amigos...**"

No hospital, em contato permanente com os (sofre)dores, somos o tempo todo afetados pela angústia e desamparo do paciente. A condição do (do)ente aproxima-nos da finitude e da morte como acontecimento, em sua concretude na concepção existencial de Heidegger.

Assim, as narrativas, agora à luz da angústia em Heidegger, revelam que a morte, presença-presente nos acontecimentos da enfermaria, é real e pode ser sentida nos diferentes modos de ser de cada paciente/membro da equipe, ou seja, com um modo que fala da angústia do confronto com a possibilidade da impossibilidade de *poder-ser,* ou *já-não-ser:* a angústia inevitável, embora própria de *ser-para-a-morte,* que somos todos nessa existência, afinal, carregamos sempre conosco nossa própria nulidade existencial.

Nos fragmentos de narrativas de pacientes, notamos:

- "(...) **me sinto só... quero sair daqui... é porque estou sozinho... quero saber... estou angustiado... Isso fica na cabeça da gente... o sentimento é muito forte... o que aconteceu?... por que comigo?**"
- "(...) **o acidente, não gosto de lembrar... dá medo... doutora, quando eu entrei aqui... eu pensei não sair...**"
- "(...) **vocês estão perdendo tempo... perdendo tempo... eu não vou melhorar!**"
- "(...) **eu realmente senti medo... você pensa que a gente chega aqui depois de morrer...**"

Na tentativa de compreender mais a questão, o trauma e a hospitalização são acontecimentos da vida cotidiana, e cada ser humano utiliza seus recursos ou modos de enfrentamento no mundo, na vivid**ação**, revelando sua singularidade. No entanto, esses modos não se oferecem como possibilidade de impossibilitar a morte! Na prática, vemos que pacientes deprimidos sobrevivem, suicidas sobrevivem e também morrem, pessoas com vontade de sentido de vida lutam e sobrevivem, mas também muitos lutam e morrem independentemente dos seus humores e credos... A tonalidade afetiva pode parecer como uma possibilidade de saída, e na verdade não é!

Heidegger, pensando sobre o homem e sua existência angustiada por ser um *ser-para-a-morte,* nos faz compreender também que, ao se confrontar com um adoecimento grave, o paciente pode se perceber com essa vulnerabilidade que é a mais *original, radical e extrema* e que coincide

---

[7]Ser aqui empregado como verbo/ação.

com a concretude da fragilidade física em que se encontra. E assim, no hospital, a descontinuidade existencial provocada pelo imprevisto faz emergirem a angústia originária e a percepção da finitude humana. Com isso queremos dizer que a equipe se surpreende e vivencia um sofrimento, na maioria das vezes velado, no encontro com a dor do outro e a finitude da vida.

> (...) a fragilidade do paciente desperta essa percepção na equipe, ainda que em instantes, porém de modo tão intimamente afetado, no extremo da afetabilidade pela concretude crítica, dando-se conta da sua condição como impossibilidade de ter à mão a finitude que lhe escapa. A equipe se defronta com a perda do controle daquilo que acredita: seu poder de controlar a morte. (SOUZA, 2003, p. 129)

Trazemos fragmentos de narrativas: **"(...) veja: está todo mundo cuidando da parte física do doente, e a parte física está falhando... e aí é grave e vai... vai e começa a dar pra frente. O que foi que se passou? E outros não conseguem... vai embora! (óbito)"**

"Eu nunca descobri, do ponto de vista clínico, porque estava tudo certo com ele... e ele não responde... (...) Não entendo... o que esse cara tem!... (...) aí complica... porque clinicamente esse cara não tem nada que o levasse a isso, até a morte!"

Compreendemos, então, que na cotidianidade da existência, sobretudo no hospital, vivemos na impropriedade, abrigando a angústia no suposto saber/fazer. Essa angústia, que poderia ser paralisante, transforma-se em sentido de ser pelo *cuidado*. Esse movimento é uma possibilidade de conviver serenamente com a angústia da finitude humana. Revela-se, finalmente, a vivid**ação**, *pela imponderabilidade do incontornável, no limite com que o outro se apresenta e com que nos apresentamos entre todos* (Ibid., p. 130).

No pensamento heideggeriano, *cuidado* é o modo de aplacar o sofrimento de ser-para-a-morte. *Ser-em* implica múltiplas ocupações, por ser *cuidado* a estrutura geral da existência humana. Por outro lado, *ser-com* é o ser da preocupação, que nada mais é que ocupação dirigida para o outro, isto é: cuidar do outro, cuidar daquilo que escolhemos para nossos cuidados. Acreditamos assim que em nosso cotidiano nas enfermarias somos cuidadores por assumirmos, com nossos pacientes, atitudes de solicitude, preocupação e responsabilidade – o outro em Heidegger.

Seguimos refletindo sobre o que nos dizem as narrativas, revelando sentidos e ressoando a outra dimensão da nossa prática. Um dos depoimentos mostra a compreensão do sentido do trabalho da equipe junto ao depoente: **"(...) é a medicina... não é?... foi muita dor!... É assim mesmo! Vocês cuidaram de mim..."** Nossa compreensão, à luz de Heidegger, agora aponta novo sentido: afetado pelo cuidado recebido, cuidou da sua condição como ambigüidade. Cuidado e cuidando de si apontam outro sentido à nossa prática, qual seja: o cuidado como modo de ser na angústia, respondendo ao que nos afeta e tomamos para a nossa responsabilidade. Por essa compreensão,

> na trama trágica do paciente grande queimado, somos espectadores do que ele nos aponta diariamente: que ainda é tempo para olhar a nossa própria trama. Só à luz da morte a vida fez sentido. (...) por sermos finitude radical, encontramos em nossas atividades, isto é, em nossas tarefas cotidianas, um modo de preencher o vazio do nada que somos. (SOUZA, 2003, p. 132)

E assim, ao lado e cuidando do paciente, passamos a elaborar a experiência da nossa fragilidade, de como a vida é um sopro, só nos restando compreender a morte como possibilidade que valoriza a vida e que, num instante, tudo pode findar:

> O findar implicado na morte não significa o ser e estar-no-fim da pré-sença, mas seu ser-para-o-fim. A morte é um modo de ser que a pré-sença assume no momento em que é. (HEIDEGGER, 1999, p. 26)

Tudo isso nos leva a uma ressignificação do sentido da existência do ser-aí, dos relacionamentos, da convivência *(ser-com)*, das atitudes *(do ser-si-mesmo)* que só a perspectiva do *ser-para-a-morte* pode despertar. Uma compreensão não para a vida cotidiana, mas que diz respeito ao viver mais autêntico, encontrando sentido no exercício da alteridade.

Procurando entender alteridade: a palavra vem do latim – *alter* – e significa outro, condição de fazer-se diferente. Nossa tarefa ética é o cuidado que diz respeito também a uma equipe, que não é apenas solidária e assistencialista, mas que consegue ter a coragem de ser si mesmo cuidando do outro. Coragem de enfrentar a dor, a deformidade e a morte do outro, que aponta para a nossa condição humana.

Em Heidegger e na convivência com os (sofre)dores, compreendemos o sentido da solicitude e da serenidade, ou seja: solicitude serena, diferente de solidariedade na perspectiva do humanismo existencialista de Frankl. Desse modo, ser solícito significa dispor-se solicitamente, disponivelmente, respondentemente ao que lhe é solicitado. Cuidado também na prática hospitalar é solicitude; desvelo, preocupação absorvente com aquilo que demanda cuidado constante, o paciente.

Cuidando dos nossos pacientes, na *tarefa-de-ser*, muitas vezes comemoramos a *tarefa-de-viver*, através da recuperação deles... consagrando a morte apenas como possibilidade de cuidado como **ação** àqueles a quem ela se apresenta como concretude. Vivid**ação**, portanto, diz respeito a ser possibilidade como momento de passagem para poder ser. Vivid**ação** é ação vívida, cheia de vida, pela possibilidade de contato com o limite. Finalmente, vivid**ação** é coragem para dispor-se como *ser-para-o-fim*. O paciente, em sua fragilidade, reflete aquilo que é digno de atenção, para ser cuidado, mostrando-nos do que devemos cuidar...

Cuidar também pode ser uma ação capaz de acolher com dignidade a morte digna de um paciente cuidado. Podemos transformar o poder da equipe pelo *salvar*, para *saudar* o paciente com o real da condição de vida e de morte de cada um e de todos nós. Mistério milenar: a morte vem sempre um dia... permitindo que o enigma permaneça.

Nossas reflexões, enfim, apontam para reconduzir a angústia, à luz de Heidegger, através da alteridade respeitosa, respondente e solícita. Um modo de poder ser serena e corajosamente e permanecer sendo pelo cuidado ou vivid**ação**.

REFERÊNCIAS BIBLIOGRÁFICAS

BENJAMIN, W. **Magia e técnica, arte e política.** São Paulo: Editora Brasiliense, 1985.

BRANDÃO, JS. **Mitologia grega.** 14ª ed. Petrópolis: Vozes, 2000, v. I.

CAPRA, F. **O ponto de mutação.** São Paulo: Ed. Cultrix, 1995.

CARPIGIANI, B. **Psicologia: das raízes aos movimentos contemporâneos.** São Paulo: Pioneira, 2000.

CARVALHO, CPC. Oficina de narrativas: mosaico de experiências. In: MORATO, HTP (coord.). **Aconselhamento psicológico centrado na pessoa: novos desafios.** São Paulo: Casa do Psicólogo, 1999. p. 369-380.

CHAUÍ, M. **Convite à filosofia.** São Paulo: Ática, 1994.

CHIATTONE, HBC. A significação da Psicologia no contexto hospitalar. In: ANGERAMI, VAC (org.). **Psicologia da saúde: um novo significado para a prática clínica.** São Paulo: Pioneira, 2000. p. 73-165.

CRITELLI, DM. **Analítica do sentido.** São Paulo: Educ-Brasiliense, 1996.

FRANKL, VE. **Em busca de sentido: um psicólogo no campo de concentração São Leopoldo.** São Paulo: Sinodal/Vozes,1991.

_____. **Dar sentido à vida: a logoterapia de Viktor Frankl.** Petrópolis: Vozes, 1990.

_____. **Psicoterapia para todos.** Petrópolis: Vozes, 1992.

_____. **Um sentido para a vida: psicoterapia e humanismo.** São Paulo: Santuário, 1989.

GOMES, DR; SERRA, MC; PELLON, MA. **Queimaduras.** Rio de Janeiro: Revinter, 1995.

GOMES, DR; SERRA, MC; MACIEIRA, L. **Condutas atuais em queimaduras.** Rio de Janeiro: Revinter, 2001.

HEIDEGGER, M. **Ser e tempo.** Petrópolis: Vozes, 1999 (Partes I e II).

_____. Conferências e escritos filosóficos. In: **Os pensadores.** Tradução e notas de Ernildo Stein. São Paulo: Nova Cultural, 1999.

LOURAX, N. A tragédia grega e o humano. In: NOVAES, A (coord). **Ética.** São Paulo: Companhia da Letras – Secretaria Municipal de Cultura, 1992.

MAGÉE, B. **História da filosofia.** São Paulo: Loyola, 2002.

MOFFATT, A. **Terapia da crise: teoria temporal do psiquismo.** São Paulo: Cortez, 1987.

ROCHA, Z. **Os destinos da angústia na psicanálise freudiana.** São Paulo: Escuta, 2000.

VERNANT, JP; NAQUET, PV. **Mito e tragédia na Grécia antiga.** São Paulo: Brasiliense, 1988.

QUESTÕES COMENTADAS

1) Como propomos uma reinvenção da Psicologia clínica tradicional no contexto hospitalar, e em situações críticas?

R: A Psicologia naturalmente seguiu a mesma trajetória das ciências clássicas; aos poucos seus métodos foram se ampliando, e o pensamento científico desenvolvido por outros teóricos, na atualidade, aponta para uma nova compreensão do ser humano, em sua humanidade. Assim, essa compreensão do humano não mais se restringe às dualidades físico/psíquico, orgânico/mental ou interior/exterior. Ampliamos nossos conceitos e passamos a compreender o sujeito não como um corpo fragmentado e, sim, numa visão unificante, nos aproximando do *ser* em seu contexto, numa certa situação, com sua dinâmica singular, com reações diversas, sem enfatizar a patologia como determinante da situação/problema, construindo-se então um sentido próprio de cada sujeito/paciente.

Pensando no ser que adoece, acreditamos que não existe uma causa única para um problema, e sim um conjunto de causas que interagem mutuamente, que são fenômenos de natureza biopsicossocial. Atuando no hospital intervimos nas dimensões biopsicossociais do sujeito enfermo, não nos limitando ao antigo paradigma do mundo psíquico e da doença mental, e, junto à equipe interdisciplinar, nos dedicamos à questão do sofrimento humano, à experiência vivida pelo paciente e suas possibilidades de enfrentamento da situação. No hospital não fazemos psicoterapia; o paciente não buscou o psicólogo, e, portanto, nos dispomos a ser facilitadores da compreensão da crise, pelas reflexões provocadas no encontro psicólogo/paciente. Oferecemos uma *Atenção Psicológica* que envolve a escuta e a valorização da demanda do sujeito-em-situação que na maioria das vezes é indutora de mais angústia e estresse.

Não buscamos a cura, nem a resolução dos seus problemas, e, se necessário, fazemos encaminhamento pós-hospitalar para um acompanhamento psicológico mais sistemático. Nessa perspectiva, o foco da atenção psicológica no hospital, não deve ser aquilo que *pensamos* ser a queixa principal, ou seja, a doença, a cirurgia, a mutilação, a relação com a equipe de saúde ou as rupturas próprias da situação, e sim: *Quem é o paciente? Quais as suas queixas? Como ele pode enfrentar e suportar suas dificuldades?*

A demanda do paciente, que necessariamente pode não ser a hospitalização e a doença, aparece pela expressão de um sofrimento. Este tanto pode dizer do adoecimento quanto da sua própria existência, das suas ocupações e preocupações – no sentido heideggeriano – da condição humana biopsicossocial, que urge por uma escuta.

Assim, a prática clínica psicológica em hospitais foge dos modelos assistenciais antigos para reinventar ações adequadas ao contexto – enfermarias onde tudo acontece – e, nos aproximando da dor/sofrimento do paciente, dos familiares e finalmente da nossa própria dor, compreendemos o sofrimento humano pelo viés do cuidado, uma possibilidade de acolher considerando o sofrimento do outro. Adotamos, então, um novo paradigma que favorece a potencialização de recursos próprios para o enfrentamento e... a superação, com a travessia/tratamento e, talvez, a recuperação da saúde. Através das ações e intervenções psicológicas, o paciente poderá encontrar respostas criativas e solucionadoras, ressignificando a experiência e encontrando sentido.

2) O que nós psicólogos encontramos no pensamento heideggeriano que nos inspira para a atuação em hospitais junto à equipe interdisciplinar?

R: Heidegger nos provoca quando questiona sobre o sentido do ser, de sua existência no mundo e com os outros. Ser psicólogo clínico em hospitais requer uma desvinculação das técnicas e dos enquadramentos da clínica tradicional. Nossa atuação se efetiva por uma disposição natural de *atenção e ação* para cuidar do outro em sofrimento, junto ao trabalho incansável da equipe interdisciplinar.

No pensamento filosófico de Heidegger encontramos respaldo para o cuidado, o acolhimento na relação com o outro, o compartilhar com o paciente de suas condições existenciais. Para esse filósofo, *o ser é puro mostrar-se como fenômeno.* Sua estrutura ontológica revela os existenciais co-originários: *ser-no-mundo, facticidade* e *disposição afetiva*, já discutida em nosso capítulo. Assim, a rede de significados é própria de cada paciente e ganha sentido à luz do projeto de ser que cada um é com suas infinitas possibilidades.

No entanto, como uma das possibilidades concretas do ser, Heidegger aponta para existência finita, para a nossa finitude radical, para o ser-para-a-morte que somos. No hospital, por sermos disposição da angústia, estar angustiado nesse momento, por se perceber em situação de perigo, leva o paciente a viver concretamente o ser-para-a-morte que é, provocando mais angústia e estranheza – de não-se-sentir-em-casa –, compreendido como fenômeno mais originário, segundo o pensador citado.

Portanto, privilegiamos o doente, e só ele poderá dar sentido à ação psicológica que lhe é oferecida. A demanda parte do seu próprio sofrimento e de como ele apreende a possibilidade de se beneficiar do atendimento nesse momento de crise. O paciente poderá apresentar diversas alterações de humor e comportamento diante da hospitalização, dependendo do modo de ser, das circunstâncias, do que esta provoca nesse ser/paciente. Assim, a sensibilidade em lidar com o humano está acima de qualquer técnica, atentando para as múltiplas demandas e para cada nova situação que se apresenta.

Nesse sentido, nosso objetivo junto ao paciente é o de procurar redimensionar a situação a partir de reflexões sobre a existência angustiada e em sofrimento. Por essa razão, acreditamos que a compreensão do momento vivido e a expressão dos sentimentos presentes possibilitarão o melhor enfrentamento e ajustamento criativo às necessidades do tratamento. Podemos reinventar modos de atuação nesse contexto, com criatividade e ética, no sentido de liberar no paciente forças preservadas e até desconhecidas, entrando em contato com seu lado saudável e o fluir da sua capacidade de auto-regulação. É necessário que o paciente encontre sua capacidade de resolver seus próprios problemas, que reconheça seus recursos de comando para que possa, portanto, experienciar e se apropriar de sua condição atual. Se isso for possível, entrando em contato com sua fragilidade, com a necessidade de ser amparado e tratado pela equipe de saúde, para manutenção da sua capacidade de reagir à situação, poderá se reconhecer sem situação de cuidado e vê-la como possibilidade de lidar com o sofrimento e os desequilíbrios próprios do momento que vivencia.

A atenção psicológica em hospitais objetiva principalmente *prevenir* que o paciente evolua de modo complicado dos pontos de vista emocional e existencial, comprometendo assim seu processo de recuperação ou de compreensão das dificuldades a serem enfrentadas durante o tratamento e a hospitalização.

Finalmente, aprendemos com Heidegger que as situações críticas como o adoecimento podem ser abertura para novas possibilidades se o sujeito puder olhar para o que o *desaloja* e *paralisa*, pela proximidade concreta com a finitude do ser, buscando novas possibilidades de superação do momento através do cuidado recebido e cuidando de si.

3) O que vivid**ação** despertou como sentido dado à atenção psicológica nas situações-limite no campo hospitalar?

R: O campo hospitalar apresenta-se como possibilidade de ações em saúde propícias ao acolhimento e ao cuidado do paciente, dada a fragilidade humana exacerbada pela situação de adoecimento. É uma oportunidade de escuta do sofrimento num contexto que não aquele da prática clínica convencional e curativa que é a psicoterapia. Essa nova perspectiva de atenção à saúde tem despertado interesse dos programas do Ministério da Saúde, pelo reconhecimento da necessidade de se olhar o sofrimento além do *corpo/doente* e da patologia apresentada.

Essa nova dimensão sobre a saúde focaliza o *ser que adoece* de forma ampla, considerando os inúmeros fatores que interferem no cotidiano da população, culminando na demanda hospitalar. Havia uma crença de que, se o paciente quiser e se tudo for feito pela equipe em direção ao seu tratamento, tudo dará certo! O paciente se recupera; as *estratégias de preservação* seriam fundamentais para a evolução do quadro, o paciente se responsabiliza e nos responsabilizamos também!

Vivid**ação** foi o termo cunhado para retratar as ações da equipe e o movimento do paciente em busca da recuperação e do cuidado. O sentido dado a vivid**ação** apontava para a responsabilidade, para a existência nua e crua, para a condição humana diante do caos... Apoiamo-nos na crença das *estratégias de preservação* de V. Frankl, do sobreviver e de suportar o insuportável. E nos perguntávamos: o modo como direcionamos a nossa atenção ao paciente possibilita abertura de sentido? Cuidando podemos despertar a vontade de sentido e a recuperação do paciente? Evitamos que ele se entregue e desista? Na prática constatamos que os *modos de enfrentamento e as estratégias de preservação* nem sempre se oferecem como solução. Pensamos então nas oportunidades, nas possibilidades... e nas impossibilidades!

Assumimos o lugar de cuidadores, e acreditávamos que algo poderia interferir na recuperação da saúde, acreditamos no poder transformador, na vontade de sentido, acreditamos em vivid**ação** como a solução, como modo de sobreviver, de resistir e de lutar. Isso muitas vezes aumentava nossa angústia, nos encaminhava à obstinação ou ao distanciamento, em busca de sentido e de concretizar o nosso objetivo: salvar o paciente.

4) Qual é, finalmente, o duplo sentido da vivid**ação**?

R: Refletindo sobre os depoimentos de cada participante da nossa pesquisa, articulados ao pensamento de V. Frankl, algumas outras indagações foram surgindo e solicitando mais atenção. Heidegger, com a analítica existencial, despertou-nos para as questões fundamentais do homem: o cuidado e a finitude.

Pensando na tragédia grega e nas suas narrativas como forma de apresentação, o *herói* e o *coro* – o singular e o universal – revelam o caráter ambíguo e o drama que se instala pela tensão entre ambos, experienciada com sofrimento – *patos*. Lourax chama atenção a que o *patos trágico*, assistido pela coletividade, coloca o *herói* no lugar de qualquer espectador humano! Ser vivente como na cena trágica, em condições iguais e possíveis a outro homem qualquer.

Desse modo, à luz de Heidegger, a dimensão existencial humana de ser-para-a-morte no hospital revela-se como verdade inexorável, passando a vivid**ação** a ser também vista como uma das possibilidades da existência de todos: a angústia e o sofrimento do paciente nos aproximam da finitude e da morte como acontecimento anunciado, presente e concreto diante de nós.

Assim, compreendemos o duplo sentido da vivid**ação**: como recuperação da vida sadia – uma das possibilidades de salvar, a saída para a morte, e, vista por outro ângulo, segundo Heidegger, o da angústia originária e a percepção da nossa finitude. Nosso sofrimento como membros de uma equipe cuidadosa é velado pelo saber/fazer e agora desvelado pela angústia originária e inevitável: a finitude humana. Então, o cuidado como *modo de ser na angústia* nos chama para aquilo que tomamos para a nossa responsabilidade, nas tarefas do cotidiano, na impropriedade, procurando alucinadamente preencher o vazio do *nada* que somos. Por instantes nos aquietamos na existência autêntica e encontramos sentido no exercício da alteridade. O sentido da nossa existência está, portanto, na tarefa ética de ser cuidado, cuidando do outro para permanecermos sendo, como cuidado, como solicitude, desvelo e preocupação.

Vivid**ação** agora tem um duplo sentido, quer dizer, ação vívida e, principalmente, coragem para dispor-se como ser-para-o-fim, acolhendo com dignidade a morte digna de um paciente cuidado.

Capítulo XIII

Os "Sentidos" da Escuta Fenomenológico-existencial

Darlindo Ferreira de Lima · Gohara Yvette Yehia · Henriette Tognetti Penha Morato

INTRODUÇÃO

O objetivo deste capítulo será procurar compreender como se dão os sentidos da Escuta através da experiência de ministros religiosos cristãos.[1] A emergência desses sentidos nos convida para participar do movimento desafiador de ir ao encontro do desconhecido que, de alguma forma, já possui sempre um enraizamento histórico-social-cultural.

O contato com o saber-fazer clínico passa, impreterivelmente, pelo **escutar**. Perguntamo-nos, muitas vezes, como os terapeutas conseguiam "ouvir aquelas coisas" a respeito do sofrimento das pessoas. Esse "ouvir" parecia situar-se em um registro diferente. A Escuta, então, começou a delinear-se como um devir, uma postura de colocar-se disponível, aberto para acolher os sons e para algo mais (sentido) que se faça presente na relação com o outro.

Pensar a Escuta a partir da perspectiva fenomenológico-existencial nos remete à necessidade de tentar situá-la em outros contextos históricos, em que não existia ainda o psicólogo clínico como hoje o conhecemos. Assim, promoveremos alguns recortes da prática da Escuta, uma espécie de historicização, procurando entendê-la em alguns momentos históricos até como contemporaneamente é situada. Em seguida, iremos trabalhar os conceitos de **escuta** e **cuidado**, procurando tecer reflexões sobre algumas de suas implicações no campo psicológico.

[1]Este capítulo compreende uma síntese da dissertação de mestrado na UNICAP, cujo título foi "Compreendendo o sentido da Escuta". Acrescentamos ainda algumas novas reflexões que se incorporam às inquietações iniciais, sobretudo a partir das nossas pesquisas mais recentes sobre o tema.

A ESCUTA HISTORICAMENTE SE CONSTITUI...

Religare: Religando o Homem ao Transcendente

Em épocas mais remotas, nas quais não havia uma sistematização maior da linguagem, seja pela escrita ou por qualquer outro conjunto de signos, a tradição oral torna-se a principal possibilidade de compartilhar os acontecimentos do grupo social. Escutar, nessas sociedades, parece sugerir um ato social importante, um momento privilegiado de entrar em contato com sua identidade grupal, com os segredos de seus ancestrais narrados pelos mais velhos sobre os deuses, mitos, heróis, etc., como também de suas aventuras e desventuras no mundo.

Achterber (1996) nos aponta, a título de exemplo de sociedades arcaicas, para a figura do xamã como elemento primordial no grupo. Sociedades arcaicas são aqui entendidas como as primeiras organizações sociais ligadas a épocas nas quais se vivia em grupos organizados. O xamã, a princípio, era tomado por sua função de "curador", mas não se limitava apenas a esse lugar:

> O xamã é o mais antigo profissional do mundo... era, originalmente, artista, dançarino, músico, cantor, dramaturgo, intelectual, poeta, bardo, embaixador, **conselheiro** de chefes e reis, ator e palhaço, curador, prestidigitador, malabarista, jogral, cantor de música folclórica, meteorologista, artesão, herói cultural, trapaceiro, transformador. (p. 18)

Em suas múltiplas atribuições, o xamã parece ser portador de uma flexibilidade e leveza para entrar em contato com as diversas dimensões do divino e do humano, tornando-o habilitado num Escutar nômade. Nesse contexto, Escutar nos indica movimento de tessitura de opostos, de ligação de domínios, cujo tempo e espaço são, através das narrativas, a própria matéria-prima daquele que ouve.

Nesse mesmo sentido, os escritos de Lévi-Strauss (1973) a respeito da eficácia simbólica sustentam a posição de que há uma tentativa constante de ligação entre os mundos do pré-simbólico, vivenciado por intermédio dos ritos e mitos primitivos, com o simbólico, dando um significado, uma forma representacional, e, com isso, produzindo certa eficácia. Liga, assim, uma dada vivência, acontecimento, a todo um mundo de significado. Ao que tudo indica, ao mesmo tempo em que o sentido de ser se instala pela palavra, faz parte desse processo o Escutar-ser Escutado, numa tessitura delicada de suas nuances diferenciadas. Essa disposição da escuta configura-se bem diferente no âmbito da cultura grega, sobretudo se pensarmos sua importância para todo o mundo ocidental.

Delfos e a Aquisição de um Saber de Si

Quanto ao domínio da Escuta no mundo helênico, Rocha (1999) entende que a civilização grega pode ser compreendida em três grandes períodos: Grécia arcaica (VIII–VI a.C.), Grécia clássica (V–IV a.C.) e Grécia helenística (II–I a.C.), atrelados a questões éticas fundamentais. Na cultura helenística, a postura ética foi primordial para dar surgimento à democracia; a forte religiosidade do povo grego, de certa forma, divinizava o logos, procurando situá-lo como interseção possível entre o mundo dos homens e dos deuses. Nessa medida, a razão se situava na dimensão da tradição, visto que a vida só teria sentido a partir da valorização dos grandes feitos dos heróis e reconhecimento do domínio público.

Para situarmos a Escuta nesse contexto, partiremos do exemplo de Delfos como símbolo significativo de toda uma visão de mundo existente nessa cultura. Delfos corresponde a uma localidade na Grécia onde se encontram os templos erguidos em homenagem ao deus Apolo. Neles, havia oráculos com o poder de predizer o futuro. Afirma a história que logo na entrada de um dos templos estava escrita a seguinte frase: Conhece-te a ti mesmo. Pítia, uma espécie de sacerdotisa, responsável pela formulação da questão ao oráculo, incumbiu-se de eleger Sócrates o homem mais sábio da Grécia. Esse título foi dado ao filósofo por afirmar em seus discursos "saber que nada sabe".

Parece-nos, assim, que a relação que os gregos mantinham com o oráculo, via sacerdotisa, assume o lugar simbólico da Escuta de si. A indicação do oráculo do conhece-te a ti mesmo remete-nos a entender seu significado como Escuta de um conhecimento de si, uma espécie de conhecimento encapsulado, que, de alguma forma, preexiste aos indivíduos nessa sociedade. Esse saber de si não pode ser confundido com um saber sobre si, pois nesse contexto cultural ainda não se havia formado a noção de sujeito como nós a entendemos a partir da modernidade. Ou seja, conhecer-se, nessa última perspectiva, implicaria autoconstituição. Tomando cuidado com o rigor conceitual, podemos compreender que, na gênese do povo grego, a relação constitutiva do indivíduo parece sinalizar uma aproximação maior com a cultura e não com o "eu" já existente e que temos que dar conta por meio do descobrimento de si.

> A relação consigo é isomórfica à relação de domínio, hierarquia e autoridade que regula, por um lado, a relação entre homem e mulher e entre governador e governado, por outro. O governo de si, a administração da casa e o governo da pólis constituem três práticas do mesmo tipo. (ORTEGA, 1999, p. 74)

A Escuta na cultura grega se configura como um dado lugar – etos – de saber de si, de conhece-te a ti mesmo, para que o cidadão grego possa, enfim, saber como lidar com os demais companheiros da pólis. Compreendemos, assim, que parece haver uma relação vincular entre esse saber de si e um saber para o outro, para a pólis. A compreensão da Escuta, enraizada na tradição, transitava livremente no âmbito das práticas de si que habitavam o cotidiano do povo grego. O sentido da maior forma de compreensão diz respeito a uma "ética da pólis", ou seja, pela qual se apreenda o indivíduo como eminentemente um ser social, que existe e se constitui num campo de ações políticas. A relação da Escuta com a ética no mundo grego, com o tempo, tornou possíveis o aparecimento de toda uma forma de lidar com o sujeito e a produção do conhecimento na época moderna.

Um Saber: Produção de Conhecimento

A Escuta na modernidade passa fundamentalmente pela trajetória da produção de um dado saber. Focaremos nossa reflexão a partir da noção de experiência na modernidade. Assim, será possível sinalizar a forma pela qual esse homem moderno se constitui na cultura, como também a Escuta toma lugar de relevância, a ponto de criar-se uma gama de especialistas com seus métodos científicos prontos para garantir aos sujeitos modernos o mínimo de segurança.

Há uma discussão generalizada sobre o conceito de modernidade, seus alicerces conceituais, suas implicações, e até mesmo sobre sua finalização ou perpetuação na contemporaneidade, sobretudo a partir dos interessantes debates que se ampliam nas mais diversas áreas (LYOTARD, 1979; HABERMAS, 1989; RORTY, 1989; VATTIMO, 1987).

Bauman (1998) situa as conseqüências da falência ou não do projeto moderno e, portanto, da racionalidade como pólo fundante da humanidade – de uma verdade única e absoluta. Compreende a modernidade como uma perspectiva sociocultural que penetrou em nosso cotidiano através de crenças, comportamentos, atitudes, pensamentos – intencionais e não-intencionais –, auto-referendando-se como próprio objeto de reflexão. Dessa feita, ao nomearmos modernidade, estamos nos referindo a uma sociedade com características próprias, dentre outras, marcadamente individualistas.

É possível compreendermos a modernidade como uma época em que se desenvolve, no âmbito das vivências cotidianas do sujeito, o esvaecimento na crença de um Deus provedor de segurança, propiciando concomitantemente a sensação de poder e controle, oriundos principalmente dos avanços tecnológicos. A ciência se torna uma espécie de conhecimento sinônimo da verdade. Essas transformações promovem o deslocamento do eixo norteador do sujeito da tradição, para centralizar-se na razão que se torna, quase exclusivamente, o meio-fim da própria existência moderna.

Assim, a compreensão da experiência moderna pode ser lida a partir de duas vertentes de explicação: por um lado, como um intervalo, um tipo de vazio inócuo, o qual é preenchido pelo significado. Por outro lado, como um tipo outro de matéria-prima que serve para modelação hermenêutica dos especialistas da ciência (psiquiatras, psicólogos, etc.), verdadeiros "artistas" de um saber seguro (científico), que tenta reduzir ao máximo o desconforto proveniente das incertezas que a vida moderna teima em impor.

Walter Benjamin (1985), um dos expoentes da Escola de Frankfurt, aponta algumas considerações acerca da constituição da experiência sobre o sujeito narrador na modernidade. Ressalta o lugar de destaque ocupado pela tradição, pois parece apontar para o declínio da tradição como uma das questões responsáveis pelo fenômeno de desenraizamento do sujeito diante dos seus referenciais identitários. Experiência deve ser entendida a partir do que Schmidt (1990) compreende, ou seja, por atividade de elaboração, de envolvimento com o vivido, que possibilita sua própria transmissão, bem como a vinculação do homem ao mundo.

Na experiência, a relação com a temporalidade dá-se de outra forma, visto que se pode entrecruzar passado e futuro numa dimensão presente, pois lembranças e projetos guardam em si uma "aura" que nos atrai para penetrar numa atenção que demanda envolvimento e distanciamento simultâneos.

Assim, falar de experiência do sujeito moderno será dizer como este lida com o tempo e espaço: há uma automatização que o preserva dos choques, dos descentramentos promovidos pela influência do processo de "tecnização" do mundo, principalmente via contínua inserção da tecnologia na vida cotidiana.

Portanto, podemos compreender que ser moderno será viver numa sensação contínua de transitoriedade, de falta de ligação com as coisas, de elaboração de sentidos, remetendo a uma inexorável e permanente crise. A cultura moderna parece não colocar à disposição dos sujeitos tanto meios quanto tempo suficientes para possibilitar a elaboração e o labor que os acontecimentos da vida demandam no que diz respeito à sua simbolização. Em detrimento de uma experienciação, o homem moderno se encontra fixado a uma vivência transitória, superficial e desenraizadora.

Essa contextualização do sujeito na modernidade ajuda-nos a entender que Escutar o outro, no mundo moderno, indica-nos a possibilidade, dentre outras coisas, de "enquadrar" esse outro num mundo de referência, cuja noção de verdade pertence aos representantes de um dado conhecimento – científico – que o legitimam.

Será, portanto, na interface da própria constituição do sujeito que a Escuta se apresenta como um dispositivo, não só para a produção de um saber de si, como na civilização grega, mas também como uma produção de um saber sobre si que se tece nas práticas do cuidado. Pois, num mundo em que cada vez mais se barganha a perda da liberdade em nome de uma pseudo-segurança, a necessidade de estabilidade e segurança se impõe justamente por sua falta, sentida inexoravelmente em tudo que se faz; nesse contexto, resta-nos entender que Escutar é uma forma de cercar-de-si, ou seja, produzir um conhecimento para autocontrole e autoconhecimento.

Entre o Cuidado e o Saber de Si

Birman (2000), tomando Foucault como referência, tematiza a questão do cuidado e do saber de si como parte integrante de um mesmo conjunto de práticas que o levam a questionar como nos constituímos – por intermédio dos processos de subjetivação – enquanto cultura contemporânea. Essas questões também nos levam inevitavelmente a refletir sobre a prática da Escuta, na tentativa de desvelar seu lugar nessa complexa rede de inter-relações poder/saber, sujeito/cultura.

Tratar a Escuta a partir do cuidado e do saber de si – Escutar como um cuidar: entre o cuidado e o saber de si – advém de nossa aproximação com as perspectivas filosóficas de Heidegger e Foucault. O *entre* o cuidado e o saber de si nos remetem a questionar os agentes de enunciação que, pela prática de seus discursos, ajudam a construir os dispositivos presentes nos processos de subjetivação. A Escuta nessa dimensão é tratada como um dispositivo de cuidado, que inexoravelmente está em relação com a construção de um saber de si, portanto relacionado à estetização da existência.

Merquior (1985, p. 190) ajuda-nos a compreender a noção de dispositivo para Foucault quando assinala que "dispositivo consiste em estratégias de relações de forças que sustentam tipos de saber e por eles são sustentadas". Assim, a Escuta como cuidado pode começar a ser compreendida como uma ação cuja teleologia é sua própria existência como dispositivo. Portanto, ao nos referirmos a dispositivo, estamos longe de querer dar uma idéia de relação objetiva, de técnicas ou outro artifício que limite a uma relação sujeito-objeto. Pelo contrário, antes de tudo, dispositivo aqui só faz sentido numa relação de co-constituição, como devir, possibilidade na qual não há o previsível nem anterior e posterior, ou seja, não se configura como uma questão de construção, mas sim de constituição.

Nesse sentido, a Escuta pode ser apreendida entre as perspectivas de Heidegger – dimensão ontológica – e Foucault – dimensão etopoética, numa confluência de campos de forças imprevisíveis. Vivemos numa cultura que privilegia a utilidade da visão em detrimento de todas as outras formas de percepções.

Mas como a Escuta se engendra nesse processo? Se na modernidade havia a crença na verdade da ciência e na razão instrumental como ponto fundamental para a libertação dos sujeitos, na contemporaneidade assistimos à radicalização do processo de falência desse projeto. Dessa forma, parece que a Escuta também se descentra, sobretudo da figura de uma única pessoa, ou mesmo de um único propósito. A multiplicidade da Escuta pulveriza-se em diversos elementos que a cultura coloca à disposição dos sujeitos (religião, ciência, filosofia, arte, etc.).

Nessa direção, podemos colocar-nos ao lado da perspectiva foucaultiana, desde a arqueologia do saber, passando pela genealogia do poder e chegando à estética da existência, em que a questão fundamental para o homem é apreender sentido para sua existência. Os dispositivos usados para tanto são variados, mas os objetivos parecem continuar os mesmos nas diversas épocas da história: constituir sentido, dar forma e significado, estetizar seu existir.

NA BUSCA POR REFERENCIAIS...

A Escuta como Dispositivo de Cuidado

Se a Escuta pode ser compreendida como atitude de cuidar-de-ser (habitar), o que esse dispositivo põe em ação? A resposta passa impreterivelmente pela voz silenciosa da angústia libertadora.

Parece que nas diversas etapas da história sempre houve a demanda de ser escutado, seja pelo xamã, pelos oráculos ou mesmo pelas tecnologias de si. A base dessa demanda parece situar-se no campo ontológico da constituição do homem.

Para Heidegger (1999), a angústia caracteriza-se como disposição ontológica privilegiada para termos a possibilidade de vir-a-ser-próprios; torna-se uma espécie de voz silenciosa que permanentemente pede passagem àquilo (sentido) que se pode configurar como fala.

Será no âmbito do cuidado que se estabelecerão várias formas de tratar a **escuta**, a qual poderá se apresentar como dispositivo de cuidado, dando possibilidade ao homem de cuidar de si, encontrar outra forma de ser-no-mundo, procurando estetizar seu existir, criando um outro etos. Outra forma se articula no campo do biopoder e das práticas do cuidado de si como estratégias de controle e racionalização, cujo objetivo último parece apontar para a criação de uma sociedade de controle.

A noção de cuidado toma foco principal por situar o tipo de relação que o homem pode manter consigo e com o mundo, sem nos esquecermos de que será nela que construiremos os alicerces de uma ética plausível para a própria existência ou sua dissolução.

A Noção de Cuidado

A angústia, como um fenômeno existente na dimensão das vivências cotidianas do ser humano, promove uma aproximação da compreensão do cuidado, pois constitui disposição fundamental para apropriação-de-si-no-mundo. Nos momentos em que nos propomos a cuidar de outrem, estamos, de alguma forma, atualizando **o procurar por**.

Mas quais as raízes constitutivas que a angústia possui para que se configure nessa companheira inseparável do humano? Boss (1975, p. 27-28) dá-nos uma pista quando afirma que:

> Estas chamadas angústias internas das crianças e dos adultos fóbicos também são sempre medos da destruição e do não-poder-mais-ser deles próprios... ela (angústia) é sempre medo da morte, medo pelo estar-aí (*Dasein*) e medo da destruição deste.

Etimologicamente, a palavra cuidado pode ser compreendida, a partir de Boff (2001, p. 91), como uma derivação da palavra latina *cura*, que em sua forma mais arcaica tomava a nomenclatura de *coera*, amplamente usada numa dimensão relacional de amor fraternal. Assim, cuidado é uma forma situada da cura, pois só se pode cuidar de alguém se esse alguém estiver no mundo e for importante para quem cuida. Cuidado como atitude de "desvelo, solicitude, diligência, zelo, atenção, bom trato" é constitutivo do *Dasein*.

Heidegger (1999) apanha o homem numa dimensão ontológica, já que sua preocupação central, antes de tomá-lo meramente como um ente entre outros, se dirige à relação indissolúvel homem-ser. O termo *Dasein* é utilizado para referir-se ao homem, cuja tradução *ser-aí* expressa a relação anteriormente apontada. Por esse viés, é um modo de ser que sempre é num dado mundo e tempo, inexoravelmente tendo que responder ao ser. Como *Dasein*, o homem tem que lidar com sua mundaneidade e com os outros entes do mundo, chamados *intramundanos*, ou seja, tem que aprender a lidar com sua condição de estar-lançado no mundo com as coisas e os outros.

Heidegger (op. cit., p. 92) criou o conceito de *existenciais* para designar as estruturas ontológicas do *Dasein*. *Ser-em* diz respeito à constituição ontológica do *Dasein*, ou seja, "*ser-em* é, pois, a expressão formal e existencial do ser do *Dasein*, que possui a constituição existencial de *ser-no-mundo*": só há possibilidade de entender-se o

homem havendo um mundo que lhe possibilite aparecer. Diz Barbosa:

> O homem não 'é', primeiramente, para depois criar relações com um mundo, ele é homem na exata medida de seu ser-em, isto é, na exata medida em que possui um mundo ou abre sentido para um mundo. Não existe anterioridade entre esses dois movimentos. (BARBOSA, 1998, p. 4)

Na medida em que ser-no-mundo implica inapelavelmente ser junto a outros, *ser-com* diz respeito também à constituição ontológica do *Dasein*. Assim, qualquer dicotomia sujeito e objeto torna-se secundária.

Heidegger, segundo Barbosa (op. cit.), aponta-nos três modos de ser-em: disposição, compreensão e discurso. Daremos ênfase à disposição, pois se constitui o existencial fundamental para entendermos o que a perspectiva heideggeriana quer delinear como angústia. A disposição, enquanto condição do ser-no-mundo, remete à abertura originária constitutiva do *Dasein*, a qual sempre se dá afetivamente. Existir já compreende apreender afetivamente o mundo: o eu é ferido pelo mundo, ao qual se refere. Diz Almeida:

> Os estados de ânimo sempre nos colocam diante do mundo e o único que nos coloca diante de nós mesmos é a angústia. Dessa maneira, o temor abre-nos para o mundo e a angústia, para nós mesmos. A angústia abre o ser-aí numa dimensão em que ele apreende o que lhe é mais fundamental, que é seu modo de aparecer no mundo como cuidado. A angústia abre-nos para nosso modo mais elementar, originário de ser, que é o cuidado. (1999, p. 51-52)

Por conseguinte, a angústia é a disposição fundamental justamente por remeter sempre o *Dasein* a sua abertura constitutiva, originária, apontando-lhe que a vida lhe é dada sob seus cuidados. É só nesse recolher-se em sua abertura que o homem se lança às suas possibilidades mais próprias.

A partir desse contexto, Almeida (1999, p. 59) pontua que "o cuidado é, ao mesmo tempo, a forma ou a estrutura fundamental do homem... e também o próprio obrar, agir que o homem realiza..." Ontologicamente, enquanto a primeira possibilita ao homem lidar com sua condição de estar-lançado-no-mundo, a segunda trata das ações humanas em seu projetar-se: ou seja, "o cuidar enquanto agir perfaz a possibilidade do cuidar enquanto origem" (Ibid.). Nessa medida, o homem não tem, porém é cuidado.

Etopoesis e o Cuidado

Michel Foucault (1926-1984) pensou acerca do cuidado, entendendo que seria importante a ponte com a dimensão sócio-histórica, que implica levar em consideração a construção do saber e as várias formas de poder.

Para Pinto e Silva (op. cit.), há no pensamento de Foucault uma inquietação de fundo que persistiu como contraponto aos desvios promovidos pelas mudanças de métodos e objetos de estudo; sua principal inquietação foi a de discutir a existência de um sujeito ético, mais especificamente, procura desconstruir a perspectiva de sujeito criado a partir de Descartes.

Foucault (1997), em seus cursos no Collège de France, começa a introduzir a discussão sobre a biopolítica, entendida como o conjunto de intervenções racionalizantes propostas pelos governos para lidar com os problemas da população: saúde, natalidade, higiene, etc. Inicia a discussão de como as práticas e os discursos orientados por um controle externo ou interno ajudam a construir a vida dos sujeitos.

Ao analisar a questão do cuidado na Grécia clássica, mostra a existência de uma intersubjetividade agonística, compreendida como uma forma de ser pensada a partir da perspectiva socrático-platônica, que torna inseparáveis as dimensões ética, política e filosófica. A história das práticas do cuidado de si, levantada pelas reflexões de Foucault, mostra-nos que nos dois primeiros séculos da era cristã houve uma mudança significativa na relação do cuidado de si. Se na Grécia clássica a prática do cuidado de si se encontrava atrelada ao cuidado do outro, nessa fase da era cristã, possivelmente pela miscigenação que é promovida pela entrada da influência da cultura romana, o cuidado de si não é mais pressuposição do cuidado do outro. O cuidado de si tautologicamente torna-se fim em si mesmo.

Foucault (1985) toma a questão da discussão sobre a sexualidade para mostrar como, a partir das práticas discursivas, foi possível surgir o que chama de biopoder. A tomada da confissão pelo cristianismo é uma espécie de pré-história das tecnologias do eu, muito em uso na Idade Moderna como dispositivos de controle sobre a vida dos sujeitos. Ao se inserir a necessidade da prática da confissão, criou-se um outro lócus para a verdade do sujeito; esta se encontrava no interior do próprio sujeito, que, ao dizê-la, dela se apropriava.

A principal conseqüência dessa prática foi a interiorização do controle, posto que, longe da tradição ou de qualquer outro preceito da época, poderia insubordinar-se às normas, mas nada fugiria à própria consciência. Com isso, nascem a culpa e o pecado como moderadores das práticas e costumes. Como o próprio Foucault afirmou, o homem passou a ser um "animal confessante".

As práticas de cuidado de si na modernidade, passando pelos preceitos cristãos, parecem servir para criar um sujeito dócil e passivo, ganhador da premiação máxima, que diz respeito a uma vida "normal", cheia de garantias e certezas.

Subjacente a toda crítica realizada a partir dos discursos sobre a sexualidade, parece existir uma discussão sobre a constituição do sujeito ético. Assim, mesmo que a sociedade moderna possua uma vasta gama de estratégias de controle, implementadas pela relação saber/poder, o indivíduo dependerá sempre do outro para se constituir sujeito. Este, na perspectiva foucaultiana, não é sinônimo de um *sub-jectum*, ou seja, de uma substância que se sujeita a algo ou alguém; pelo contrário, será sempre alguém que procura dar forma à sua existência por meio de ações (prática) e discurso (enunciação).

E ASSIM FOI NO CAMINHO E CAMINHAR...

A metodologia usada dá-se na ótica fenomenológica existencial. Para tanto, dispomos da narrativa como instrumento de acesso ao campo fenomenológico do outro. A narrativa é aqui tomada em sua dimensão criativa, que se perfaz no tempo de sua própria construção, ou seja, narrar será tomado aqui como testemunho vivo da experiência.

A noção de experiência para Benjamin (1985) constitui-se numa forma de apreensão reflexiva do vivido em seu fluxo temporal. A narrativa será o meio que possibilitará essa apreensão, ou seja, configuração das pluridimensionalidades que compõem o mundo existencial desse sujeito (biológico, social, cultural, psicológico, etc.). Os relatos de um sujeito que narra sua história assumem lugar de depoimento, de um testemunho do seu vivido que será capaz, ao ser dito, de elaborar, reelaborar e, ao mesmo tempo, transmitir a experiência do narrador.

Os depoentes foram três ministros religiosos cristãos: um padre, um pastor presbiteriano e um atendente espírita kardecista. O critério para escolha dos colaboradores foi o da prática da escuta no seu cotidiano religioso. Após os primeiros contatos, realizou-se uma entrevista aberta. Esta se iniciou a partir de uma pergunta disparadora: Como é escutar em sua prática?

O primeiro foi o pastor presbiteriano, o segundo foi o padre, e, por fim, realizamos a entrevista com a atendente espírita. Após a colheita dos relatos, trabalhamos a linguagem oral a partir de um processo de literalização, que consiste basicamente em transformar os depoimentos orais em linguagem escrita. Mas como isso se sistematizou?

Primeiro transcrevemos, o mais fielmente possível, o conteúdo das fitas para o papel. A seguir realizamos algumas intervenções na narrativa. O objetivo foi procurar resguardar a dimensão intencional da narrativa e livrar os textos de vícios de linguagem ou erros comuns na linguagem oral. A terceira etapa consistiu na literalização ou textualização, suprimiu-se a pergunta no sentido de fundir as respostas num texto único. A quarta fase foi a transcrição, ou seja, momento de recriação do texto do narrador, que guarda em si os elementos que irão compor o sentido geral da narrativa. A conferência, como última fase desse processo, consiste na revisão final em conjunto (pesquisador e narrador) do conteúdo e da forma das narrativas. A conferência termina pelo acordo entre as partes com referência ao texto; não houve sugestões de modificações.

Nos três depoimentos foi realizado o mesmo procedimento, ou seja, uma leitura superficial, depois uma leitura passo a passo de cada parágrafo, colocando na cor vermelha aspectos das narrativas que nos convocavam e nos afetavam.

Num segundo momento, realizamos uma reescuta de nossa leitura, agora levando em consideração as primeiras anotações em vermelho. Nele, procuramos nos soltar mais do literal, fazendo protoarticulações com o que estávamos nos apropriando e com os autores com quem estávamos dialogando em nossas leituras teóricas. Da mesma forma que na primeira leitura, fizemos anotações em cada parágrafo. Usamos novamente uma cor para diferenciar, dessa vez a cor verde.

Pois bem, após estar com as literalizações, foi montada uma tabela com três colunas, referente a cada um dos colaboradores, com as nossas anotações, que foram realizadas com cores distintas, uma espécie de mosaico de experiências. Mais do que colocar lado a lado ou intercalar cores e leituras/escutas, a criação do mosaico possibilitou a tessitura da linha que une as diversas dimensões dos depoi-

mentos. A partir daí, os temas foram emergindo, remetendo-nos à entrada em uma nova fase... a análise.

A análise se inicia com a configuração dos temas que emergem de nossa relação com os depoimentos. Os temas são aqui compreendidos como dimensões da experiência que perpassam as narrativas dos três depoentes. É importante ressaltarmos que a terceira e quarta fases, quais sejam, a fase de montagem do quadro e a de aproximação das dimensões da experiência, correspondem efetivamente ao processo de nos tornar narradores da experiência; nesse momento, ocorre o amalgamento da nossa experiência às experiências dos depoentes.

Por fim, a quinta e última etapa de análise compreende a possibilidade de comunicação da escuta da nossa experiência amalgamada à experiência dos depoentes. Será a apropriação de nossa posição como narradores de nossa experiência, apresentada por meio dos temas e suas articulações. Há uma comunicação da escuta afetada constituindo um sentido propiciador de compreensão.

Retornamos ao ponto de partida: mas o que escuta a escuta? Propomo-nos no próximo momento circular na dimensão da escuta da voz silenciosa, da angústia que pede passagem por meio da linguagem como condição ontológica do humano na constituição de sentido.

CARTOGRAFIA DA COMPREENSÃO DA ESCUTA

Topografias de um Território

A partir do trabalho de análise do material da pesquisa, emergiram três temas que se apresentaram como pontos de um relevo, uma espécie de interseção entre as narrativas pesquisadas: a questão da demanda: a escuta como dispositivo de cuidado; por uma tentativa de (in)definição: escutando o escutar; aspectos constitutivos da escuta: no meandro.

Demanda: A Escuta como Dispositivo de Cuidado

A primeira consideração a ser realizada diz respeito àquilo que leva os sujeitos a procurar os ministros religiosos. Os depoentes parecem sinalizar que as pessoas, ao procurarem a escuta, visam a algo mais do que apenas falar: buscam a relação com outras pessoas.

Como aponta Critelli (1988), a partir da modernidade, acentuou-se o fenômeno do desenraizamento da existência, perceptível mais ainda na contemporaneidade. Tal desenraizamento, a que o homem parece estar submetido cultural e ontologicamente, implica estreitamento de possibilidades para viver momentos de maior apropriação do sentido de ser humano. Na medida em que a cultura se oferece como meio constitutivo e constituinte do humano, produtora e produto simultaneamente, essa condição implica possibilitar modos de acolhimentos ao desamparo do homem, a fim de que este possa perceber-se ancorado para seguir seu destinamento em significados emergentes em seu existir, ou seja, reconhecer-se como sujeito singular no processo de constituição de subjetividades pelas referências da alteridade:

A pessoa vem dizer a história porque está angustiada e quer encontrar um ombro amigo para se libertar daquele problema. (S.I.C.)

Há um reconhecimento, por parte dos nossos depoentes, de que o motivo fundamental que leva as pessoas a procurá-los, demandando ajuda, diz respeito a algo que as faz sofrer; ou seja, é o sofrimento humano, em suas mais diversas formas e dimensões, que leva as pessoas a procurarem a escuta.

Assim, da mesma forma que são escutadas, podem também falar, ou seja, aponta para a existência de uma ligação de interdependência entre escuta-fala. Nesta, há uma tensão ao mesmo tempo complementar e antagônica; é a possibilidade concreta de se aproximar ou distanciar da angústia que faz com que as pessoas procurem ou não pela escuta.

A palavra parece configurar-se para o pastor em duas dimensões: primeiro como ensinamento de Deus – a Bíblia; segundo como o processo de enunciação, dizer-se ao falar e com isso poder constituir-se. Curar-se, nesse contexto, parece ter a conotação de apreender-se nos ensinamentos de Deus e no dizer para si, pois só assim será possível estar com o outro que o procura.

O padre remete à angústia o foco principal daquilo que traz o homem à necessidade de ser escutado. Há uma interferência e participação de uma outra pessoa para que se suporte o sofrimento. A afetação se apresenta como um requisito que possibilita no encontro com o outro tocar naquilo que está por trás das palavras, ou seja, naquilo que ainda não tomou forma na consciência.

A atendente espírita enfatiza a questão das implicações que esse encontro com o outro provoca. Aponta-nos a escuta como momento em que as pessoas se desvelam e falam coisas que possivelmente não contariam a mais ninguém, talvez nem a si próprias; por isso, procuram por outrem. Isso nos faz ver que há, na atendente espírita, uma disponibilidade significativa para ir ao encontro do sofrimento do outro. Possivelmente será isso que faz com que se procure a escuta, ou seja, poder estar-com-outro mesmo que seja na dimensão da dor.

Em geral chegam para nós pessoas que estão completamente desajustadas e às vezes o desajustamento é completo: na família, no emprego, na sociedade...

Em algumas ocasiões a gente sente que a pessoa não quer enveredar por isso (falar da religião), quer dizer o que quer, quer desabafar por desabafar, mas não quer resolver determinadas angústias radicalmente.

As pessoas chegam ali depois que elas já foram a muitos outros lugares.

A procura pelos ministros religiosos parece fazer parte de um itinerário que as pessoas percorrem na busca de sentido para aquilo que sentem e que, de alguma forma, pede passagem, seja pela somatização ou por qualquer outra forma de sofrimento. Portanto, criar oportunidade de falar, desabafar, tentar se livrar do sofrimento – geralmente acompanhado de um forte sentimento de angústia – parece se configurar como lugar híbrido, ou seja, lugar mestiço de encontro-desencontro.

Os ministros religiosos compreendem que é necessário se comprometer com o que se fala. Não bastaria apenas falar sobre as coisas que nos fazem sofrer, mas se comprometer em experimentá-las no âmbito da fala, deixando-se tocar por elas e permitir se transformar a partir delas.

Embora seja possível realizar uma diferenciação quanto às demandas – espirituais e psicológicas – e sejam reconhecidas muitas como pertinentes ao campo da Psicologia, os ministros religiosos parecem entender que o apenas dizer não contempla a raiz do sofrimento; este passa pela angústia que brota da condição humana, que encontra alternativa ou não no mundo para lidar com seus elementos constitutivos.

Escutando o Escutar: Uma Tentativa de (In)definição

A tarefa de tentar apreender como os ministros religiosos cristãos definem a escuta apontou-nos uma série de aspectos que, a princípio, nos aproximaram daquilo que entendemos como escuta terapêutica:

É ajudar a pessoa no sentido primordial da vida... Tudo parte da palavra.

Não dá para gente só escutar, só ouvir! De vez em quando a gente precisa também dar uma mãozinha no que a pessoa está dizendo... abrir um pouco mais aquela coisa que está dizendo, aquela angústia.

Não é só a questão da gente levar o atendimento fraterno para o trabalho, assim, do amor, do envolvimento de caridade mesmo, de poder ouvir as pessoas e poder manter aquele intercâmbio.

Os depoentes indicam-nos que escutar remete a um processo que vai além do mero ouvir o que o outro traz. A escuta parece situar-se como um acontecimento que se constrói a partir da constituição primária de uma relação de reciprocidade. Disponibilizar-se a estar-com-outro.

Isso remete à possibilidade de entrar em contato com a angústia do outro e seus impasses, ou seja, de alguma forma nos tocarmos no encontro com o outro. A dor e o sofrimento decorrentes devem ser levados em consideração.

Um dos pontos principais no contexto da escuta dos ministros religiosos é compreendê-la como possibilidade, para além da dimensão moderna da técnica, de agenciamento de sentido para os sujeitos.

Heidegger (1999) constitui-se em um interlocutor constante. Para ele, a angústia é dispositivo central para apropriação do homem de sua condição ontológica. Os ministros religiosos parecem sinalizar para essa dimensão ontológica da angústia quando a trazem nessa forma de relação específica da escuta.

De outra perspectiva, Foucault (1997), ao debater o biopoder das técnicas do cuidado de si, sobretudo a questão da confissão no cristianismo, que insere dentro do homem a culpa e a transgressão, aborda a noção de subjetivação de sujeito eminentemente ético. Não, como muitos entendem, uma sujeição a outrem, pelo contrário,

uma prática de intervir no mundo com a busca de uma forma estética para a existência.

Portanto, parece que na escuta está a ponta do fio que nos leva ao processo de subjetivação, vir-a-ser e ao próprio cerne do escutar. Na escuta, há uma dimensão hermenêutica, que se atualiza infinitamente na busca de conhecer aquilo que ainda está no registro do desconhecido. Escutar será, assim, acolher e trabalhar, de alguma forma, as implicações da angústia constitutiva do humano. Essa situação de escuta promove uma relação de "entrosamento", uma experiência possibilitadora de emergência de sentido e ressignificação.

Meandros da Escuta

No momento em que se está escutando, há toda uma vivência de compreensão-desconstrução de sentidos, afetos, crenças, enfim, de tudo que está estabelecido como pronto e disposto como real. Os depoentes apontam-nos para essa direção quando, a partir da compreensão da escuta como relação de afetação, nos fazem pensar sobre a condição humana em suas múltiplas formas de sofrimento. Não se trata de um sofrimento abstrato, que se trabalhe apenas no mundo das idéias, mas, pelo contrário, um sofrimento concreto ali à sua frente.

Mas, se a pessoa tem a razão de viver, essa motivação, ele é útil à vida, é útil à sua família, ele é útil à comunidade, então isso ajuda ao tratamento de saúde dele, ajudando a cura das suas enfermidades. O sentido de viver.

Tem essa história de que é sempre o encontro com o outro, uma experiência, é sempre uma experiência nova... É essa novidade que pode envolver, que pode levar a uma orientação, a uma escuta que às vezes a pessoa diz uma coisa, mas ela não disse aquilo.

... amadureci muito, pois você conviver com o problema do outro, do próximo, você olhar para ele e dizer que ele tem problemas que você nunca imaginava que uma pessoa pudesse ter; a vivência que se tem num trabalho como esse é imensa.

A primeira coisa a ser levada em consideração será essa disponibilidade para cuidar, entendida como uma atitude diante do outro e do mundo. Tal atitude parece vir acompanhada de uma carga de afetividade apreendida de forma positiva por aquele que escuta, o prazer de ajudar, assim como também negativa, a dificuldade de se deixar tocar pela dor do outro.

A possibilidade de curar parece ser trazida principalmente pelo pastor. É visível que aqui o pastor está se referindo a um modelo de cura ligado à noção médica tradicional, ou, simplesmente, ao tratamento da enfermidade. Mas também conseguimos compreender que, se articularmos o significado de cura para esse depoente com a noção de cura em Heidegger, ou seja, cuidado, é possível enxergarmos uma sinalização para a necessidade de estar-junto-a como condição facilitadora de emergência de sentido. Assim, busca-se, através do outro ou mesmo via relação com o divino, o "sentido de viver".

O padre parece dar ênfase à dimensão relacional da escuta; toma a relação que aí se estabelece para situar a escuta como essencialmente possibilidade de encontro com o desconhecido. A escuta demanda uma disposição e atenção no fluxo de vivência e no conteúdo da fala daquele que sofre. Essa disponibilidade e atenção levam o padre a sentir a necessidade de cuidar-se para cuidar de outros, não deixando passar a angústia que o sofrimento do outro lhe suscita.

A atendente espírita parece apoiar-se na própria experiência para situar a escuta como vivência de compartilhar o sofrimento daquele que demanda ajuda. Nessa dimensão da escuta, há o reconhecimento de que a vivência da escuta é concretizada a partir da relação intensa que se mantém com o sofrimento humano.

A afetação que se dá na escuta não passa despercebida nos depoimentos dos ministros religiosos, a qual se torna presente, sobretudo de maneira ambígua, numa espécie de síntese entre prazer e dor. A escuta configura-se como uma disponibilidade de ouvir o apelo proveniente da angústia do poder vir-a-ser-si-mesmo, encontrando na figura do pastor a "caixa de ressonância" desse processo ontológico.

No cerne da questão da escuta estão implicadas dimensões que se justapõem, complementam, contradizem e distanciam. Se, por um lado, há o reconhecimento dos ministros religiosos de que, de alguma forma, essa escuta é gratificante e prazerosa, também existem dificuldades, sobretudo ao lidarem com a dimensão transferencial que se estabelece nessa relação. Ao mesmo tempo em que se questiona sobre o que se configura como ajuda efetiva, cuidar do outro parece não ser tão fácil como aparentemente se pode pensar. Doar-se a ponto de não ser assistencialista, reconhecendo a potencialidade de transformação do

outro, reconhecer-se religioso numa atividade que também pertence ao mundo dos especialistas "psi" são contradições que são enfrentadas a cada nova escuta.

À Guisa de Reflexões

Ao nos aproximarmos do final deste trabalho, cujo objetivo foi compreender os sentidos da escuta, indicaremos alguns sentidos que nos pareceram pertinentes.

A partir de nosso encontro com os ministros religiosos (o pastor, o padre e a atendente espírita), compreendemos que os sentidos da escuta foram se desvelando como uma forma de relação ontológica de cuidado, possibilitando a emergência de significações e ressignificações àqueles que se encontram envolvidos nessa prática. Compreendemos que a prática da escuta esteve presente, desde o antigo xamã até os dias atuais, ocupando vários lócus e suas configurações específicas, ambos caracterizados como pontos estratégicos de ligação dos sujeitos com a coletividade.

Mas, parece que a possibilidade de manter a escuta como espaço de troca, simbólica e afetiva, predominantemente ligada à tradição e aos valores coletivos, foi se perdendo com o passar do tempo. Viver num mundo cada vez mais regido pela imagem e pela solidão dialógica implica a perda gradual da escuta como criação e re-ligação.

A questão central diz respeito a poder compreender a escuta como uma relação propiciadora de sentido. Quando nos encontramos frente a frente com um outro, não há, *a priori*, um sentido pronto. Este se vai constituindo, em trânsito, no aqui e agora, da própria relação de escuta, na apropriação do cuidado que se instaura.

A angústia em sua forma paralisante é passível de ser apreendida no dizer daquele que procura por escuta, que é condição para desvelamento de sentido. A escuta põe em movimento essa angústia amorfa, sem sentido, sem forma, sem uma estética. Ou seja, por intermédio dessa escuta, é possível imprimir-se movimento libertador. Nesse contexto, escutar diz respeito à relação catalisadora de sentido, na qual as questões trazidas pelo sujeito começam a se dinamizar e tomar novas direções. O cuidar de si cuidando do outro configura outro sentido para os envolvidos na relação de escuta.

Por um lado, a escuta dos ministros religiosos é regida por dogmas e pré-conceitos; por outro lado, parece constituir-se como dispositivo cultural promotor de cuidado. Assim, apresenta-se como relação propiciadora da emergência de sentido, dinamizada pela possibilidade de transitar na dimensão da relação ética. Os ministros, a partir do seu referencial, procuram encontrar, junto daquele que lhe demanda cuidado, um outro lugar no mundo, ou uma outra forma de encarar o seu sofrimento.

Parece-nos que, mesmo numa perspectiva dogmática religiosa, a escuta de alguma forma escapa ao engessamento e abre brechas para as afetações, possibilitando que os sujeitos se percebam e reflitam sobre si e as coisas do mundo. Nesse sentido, é possível, então, compreender a escuta como condição de cuidado, que se nutre, e reciprocamente é nutrida, por diversos contextos culturais.

No âmbito da prática dos ministros religiosos, parece-nos que a escuta se situa num espaço intermediário entre uma perspectiva religiosa e uma perspectiva terapêutica (cuidado). Isso porque a escuta/fala dos ministros religiosos apresenta a propriedade de apresentar-se constitutivamente como cuidado nas relações com aqueles que demandam ajuda. Os ministros religiosos parecem transitar constantemente entre as dimensões religiosa e terapêutica da prática da escuta.

Desse modo, pela sua indissociabilidade, a escuta/fala dos ministros religiosos traduz-se, entre outras coisas, como possibilidade para elaboração da situação de sofrimento, contribuindo para dar contornos ao que se apresenta amorfo. Há uma potencialização para desvelamento de sentido, ainda que seja a questão dogmática religiosa a matriz hermenêutica possível para compreensão dos fenômenos.

É possível compreender que o sentido emergente dessa perspectiva potencializadora da escuta aponte para a questão da própria constituição do sujeito no mundo, ou seja, como o sujeito se encontra buscando um dado etos no mundo contemporâneo. Tal busca diz respeito, significativamente, à procura de um lugar que se constitui somente *na* e *pela* relação com o outro. Nesse sentido, a Escuta propicia abertura de possibilidades para que os sujeitos encontrem uma morada viável e mais apropriada para seu modo de ser no mundo, dispondo dos elementos da cultura e dos seus próprios questionamentos existenciais.

REFERÊNCIAS BIBLIOGRÁFICAS

ACHTERBER, J. **A imaginação na cura**: xamanismo e medicina moderna. São Paulo: Summus, 1996.

ALMEIDA, FM. Aconselhamento psicológico numa visão fenomenológica existencial: cuidar de ser. In: MORATO, HTP (org.). **Aconselhamento psicológico centrado na pessoa: novos desafios.** São Paulo: Casa do Psicólogo, 1999. p. 45-60

AMATUZZI, MM. **O que é ouvir**. Estudos de Psicologia, v. 2, nº 02, 65-78, 1990.

BARBOSA, MF. **A noção de Ser no mundo em Heidegger e sua aplicação na Psicopatologia**. Ciência e Profissão, vol. 03, nº 18, 1998.

BAUMAN, Z. **O mal-estar da pós-modernidade**. Rio de Janeiro: Jorge Zahar, 1998.

BENJAMIN, W. **Obras escolhidas**. São Paulo: Brasiliense, 1985.

BIRMAN, J. **Entre o cuidado e saber de si: sobre Foucault e a psicanálise**. Rio de Janeiro: Relume-Dumará, 2000.

BOFF, L. **Saber cuidar: ethos do humano – compaixão pela terra.** Petrópolis: Vozes, 1999.

BOSS, M. **Angústia, culpa e libertação: ensaios de psicanálise existencial.** Trad. Bárbara Spanoudis. São Paulo: Duas Cidades, 1975.

CHIZZOTI, AT. **A pesquisa em ciências humanas e sociais**. São Paulo: Cortez, 1995.

CRITELLI, DM. **Analítica do sentido. Uma aproximação e interpretação do real de orientação fenomenológica.** São Paulo: Educ/Brasiliense, 1996.

DEBORD, G. **A sociedade do espetáculo**. Trad. Estela dos Santos Abreu. Rio de Janeiro: Contraponto, 1997.

EIZIRIK, MF. **Ética e cuidado de si: movimentos da subjetividade.** Educação, subjetividade e poder. v. 1, nº 4, 1997. p. 36-43.

FIGUEIREDO, LC. **Revisitando as Psicologias: da epistemologia à ética das práticas e discursos psicológicos.** São Paulo: Educ; Petrópolis: Vozes, 1996.

FOUCAULT, M. **Resumos do Collège de France** (1970-1982). Rio de Janeiro: Jorge Zahar, 1997.

_____. **História da sexualidade III: o cuidado de si.** Rio de Janeiro: Graal, 1985.

FREUD, S. O mal-estar na civilização. In: **Obras completas**, v. XXI, Rio de Janeiro: Imago, 1974.

HABERMAS, J. **Consciência moral e agir comunicativo**. Rio de Janeiro: Tempo Brasileiro, 1989.

HEIDEGGER, M. **Ser e tempo**. 8ª ed. Petrópolis: Vozes, 1999.

LELOUP, JY. **Cuidar do ser**. Petrópolis: Vozes, 2000.

LÉVI-STRAUSS, C. **Antropologia estrutural**. Rio de Janeiro: Tempo Brasileiro, 1973.

LIMA, DF. Compreendendo o sentido da escuta. Tese de Mestrado em Psicologia Clínica. Recife: Universidade Católica de Pernambuco, 2001.

LYOTARD, JP. **La condition postmoderne: rapport sur savoir.** Paris: Minué, 1979.

MERQUIOR, JG. **Michel Foucault ou o niilismo da cátedra.** Rio de Janeiro: Nova Fronteira, 1985.

MORATO, HTP (org.). **Aconselhamento psicológico centrado na pessoa. Novos desafios.** São Paulo: Casa do Psicólogo, 1999.

MORIN, E. **Ciência com consciência.** Rio de Janeiro: Bertrand Brasil, 1995.

ORTEGA, F. **Amizade e estética da existência em Foucault.** Rio de Janeiro: Graal, 1999.

PINTO e SILVA, E. Ética, loucura e normalização: renovação da prática clínica a partir de um diálogo entre a psicanálise e Michel Foucault. **Psicologia Ciência e Profissão**, 21(4): 16-25, 2001.

ROCHA, Z. O desejo na Grécia antiga. **Revista Latinoamericana de psicopatologia fundamental**, vol. II, nº 4, 1999.

RORTY, R. **Contingency, irony, and solidarity.** Cambridge: Cambridge University Press, 1989.

SCHMIDT, MS. **A experiência de psicólogas na comunicação de massa.** Tese de Doutorado. São Paulo: IPUSP, 1990.

SOUZA, SC. **A ética de Michel Foucault: a verdade, o sujeito, a experiência.** Belém: Cejup, 2000.

VATTIMO, G. **O fim da modernidade: niilismo e hermenêutica na cultura pós-moderna.** Lisboa: Presença, 1987.

QUESTÕES COMENTADAS

1) Como se situa a Escuta a partir de uma perspectiva histórica?

R: A escuta remonta à própria idéia de hominização. Desde que o homem inicia as primeiras experiências em sociedade e se utiliza da linguagem como forma de comunicação e constituição de mundos simbólicos, há necessidade de pensar-se a existência da escuta. Neste trabalho, fizemos o recorte em quatro momentos: nas primeiras organizações sociais (tribos indígenas); na Grécia, como modelo e berço da cultura ocidental; nas sociedades modernas industriais e, por fim, na contemporaneidade pós-industrial. Nas primeiras organizações, fundamentalmente a escuta serve como ação de religação entre o mundo dos deuses e seus símbolos com o mundo da natureza.

A cultura grega, como uma prática cotidiana que organizava de alguma forma um conhecimento de si, situava todos aqueles que escutavam numa ação de conhecimento de si. Já na modernidade, a escuta vai caracterizar-se como prerrogativa do conhecimento científico que a aprisiona numa dimensão, segundo Foucault, do biopoder, ou seja, um saber que um outro irá dizer sobre mim. Por fim, a escuta na pós-modernidade pode ser entendida como dispositivo de cuidado. Uma forma de cuidar de si, ao mesmo tempo em que cuidar se torna o próprio fundamento do ser-no-mundo-com-os-outros.

2) Qual a metodologia usada na pesquisa a partir da experiência da Escuta dos ministros religiosos cristãos? Como se deu?

R: A metodologia foi a partir da ótica fenomenológica existencial. A narrativa de Walter Benjamin nos ofereceu um campo fértil para trabalharmos com e na experiência. Como na perspectiva fenomenológica o importante é tentar o desvelamento do fenômeno, o manejo da metodologia foi se configurando no próprio percurso da pesquisa. A idéia de colheita de dados, em detrimento de coleta que apenas passivamente obtém o dado numa relação sujeito-objeto, foi se configurando aos poucos. Ao mesmo tempo, o procedimento de construir um mosaico com a literalização, ou seja, a transformação dos relatos orais em literários, propiciou o aparecimento de algumas tematizações. Essas diversas formas indicavam um processo de atravessamento das narrativas dos ministros. Deixar transcorrer uma questão e tentar escutá-la numa ação contínua... Afinal, o que a escuta escuta? O grito silencioso da angústia daqueles que se põem em andamento numa relação com o outro foi uma das dimensões compartilhadas pelos ministros.

3) A que remete a idéia de Escuta como dispositivo de cuidado?

R: Numa dimensão heideggeriana, a escuta como dispositivo do cuidado põe-se como tarefa existencial, já que remete à condição do *Dasein*, como sempre sendo-no-mundo-com-outros. Escutar é deixar ressoar até que se dê a possibilidade da emergência de um outro sentido. A angústia é a disposição ontológica fundamental que nos remete às dimensões próprias ou impróprias da nossa existência.

CAPÍTULO XIV

TECENDO SENTIDOS PARA UMA AÇÃO TERRITORIAL EM SAÚDE A PARTIR DO PROGRAMA SAÚDE DA FAMÍLIA*

*Barbara Eleonora Bezerra Cabral*** · *Henriette Tognetti Penha Morato*****

A ORIGEM DA QUESTÃO E O CAMINHO POR ELA APONTADO: UMA BREVE CARACTERIZAÇÃO DA PESQUISA

Ao iniciar um trabalho de pesquisa[1] no campo da atenção em saúde no contexto da saúde pública, havia um foco que foi se revelando ao longo do trajeto do estudo: compreender a ação territorial em saúde, realizada através do Programa Saúde da Família – PSF, estratégia adotada desde 1994 como eixo organizador da atenção básica à saúde no Brasil. O interesse voltava-se à atuação não apenas das equipes do referido programa, mas também dos profissionais que se conectavam com as mesmas, de modo a exercer uma intervenção conjunta na comunidade ou em nível de assessoria.

Como bússola na realização da viagem, configurou-se a seguinte questão: *Como poder refletir acerca da prática de profissionais de saúde pública, engajados em estratégias de ação no território, através do Programa Saúde da Família,* *como geradora de um sentido ético e político, partindo da compreensão e experiência desses profissionais?* Tal questão revelava o objetivo de problematizar as possibilidades de um sentido ético – referente ao modo de cuidado empreendido – e político – em função de ser um programa público, destinado ao cuidado da população –, dessa ação em saúde, que se desenvolve num dado território, como intervenção em saúde pública. Assim, buscávamos compreender o sentido dessa ação tal como construído pelos próprios profissionais nela envolvidos.

Lançarmo-nos nessa viagem caracterizou-se como um exercício de construção contínua, desde o polimento da questão, definição de objetivos, pesquisa bibliográfica, elaboração de metodologia, trabalho de campo, análise, até a escrita final do que foi sendo desvelado a partir do contado com as narrativas colhidas dos colaboradores da pesquisa. Adotamos um modo fenomenológico de pesquisar, que permitia extrair da experiência vivida em cada etapa a matéria-prima para o delineamento e finalização da pesquisa.

Esta pesquisa foi gestada sem a intenção ou pretensão de que os depoimentos de profissionais de saúde colhidos pudessem ser generalizados à prática na ação territorial em saúde no PSF. Isso se deve especialmente ao fato de se tratar de uma pesquisa orientada por uma atitude fenomenológica existencial, qualitativa em sua condição mesma de existência e, portanto, despreocupada com a representação do todo de uma experiência, com caráter universal. Contudo, acreditamos que a singularidade de uma experiência se inter-relaciona, de algum modo, à experiência de outros envolvidos no mesmo tipo ou campo de prática. O grupo

*Este capítulo foi extraído de Cabral, BEB: *Cartografia de uma Ação Territorial em Saúde: Transitando pelo Programa Saúde da Família*, 2004. Dissertação de Mestrado em Psicologia Clínica. Recife: Universidade Católica de Pernambuco. O texto recorre à apresentação da pesquisadora principal, referindo-se à sua própria experiência no desenrolar da pesquisa; então, por vezes, o tempo verbal aparece na 1ª pessoa do singular.
**Pesquisadora principal.
***Orientadora da pesquisa.
[1]Este trabalho corresponde à dissertação de Mestrado em Psicologia Clínica, intitulado "Cartografia de uma ação territorial em saúde: transitando pelo Programa Saúde da Família", Unicap, 2004, base para a construção deste capítulo.

de colaboradores desta pesquisa, constituído aleatoriamente, tornou possível a expressão da singularidade de várias experiências de sujeitos engajados, ainda que de formas diferentes, ao PSF. Desse modo, torna-se importante reiterar não ter havido uma preocupação em determinar o caráter universal da experiência de estar envolvido numa ação territorial em saúde pública através do PSF, mas a aposta de que, a partir da tentativa de compreensão das experiências dos colaboradores participantes, em que se revelariam aspectos singulares da prática, algo do modo como essa ação se organiza em outros contextos poderia ser apontado.

Dois utensílios principais foram utilizados na condução da questão: o modo de compreensão da fenomenologia existencial, baseada no pensamento de Heidegger, que estrutura a proposta da Analítica do Sentido (CRITELLI, 2006), e a metodologia dos relatos orais ou narrativas.[2] Os interlocutores foram nove profissionais de saúde pública do município do Cabo de Santo Agostinho – PE envolvidos na ação territorial em saúde através do PSF. A escuta das narrativas desses profissionais aconteceu em dois momentos: uma discussão grupal com todos os participantes e, posteriormente, uma entrevista individual, proporcionando espaço para que os profissionais falassem de sua prática e experiência nesse modo de atuação. Destacamos que a própria metodologia revelou-se promotora de experiência aos participantes, na medida em que propiciou reflexão sobre a forma de cuidar, gerando sentido para o fazer. É nessa perspectiva que se caracterizou como uma pesquisa interventiva, como proposto por Lévy (2001).

Ora, a proposta consiste em apresentar algumas considerações a respeito dessa ação territorial em saúde com base no que foi produzido nos encontros com os interlocutores da pesquisa. Pensamos que a realização de pesquisas vislumbra, como um dos seus objetivos principais, compreender determinados fenômenos para que possa haver intervenções. O que é intervir senão buscar dar novas destinações a algo, interferir no seu rumo, empreender mudanças, imprimir outros sentidos, armar e desarmar velhas/novas tramas?

Tais considerações brotaram particularmente diante e dentro da *questão em ação* – momentos em que se processou

a colheita das narrativas –, em que pude, enquanto pesquisadora/clínica/psicóloga, me situar na discussão da prática com atores/autores da ação territorial em saúde. Acreditando que o sentido orienta a ação, surgindo ao que se faz, a atenção à saúde com qualidade pode brotar de uma práxis com caráter ético (cuidado de si e do outro) e político (produção de saúde). Dito de outro modo, as considerações delineadas apontam para a viabilidade de um sentido da ação territorial em saúde, voltado tanto para o cuidado do outro, perpassando o cuidado do próprio profissional (eixo ético) quanto para a promoção de saúde, enquanto programa público, para a coletividade, estando o profissional situado em relação ao contexto em que atua (eixo político).

Nessa perspectiva, as reflexões a seguir têm um propósito de provocar os atores/autores da ação que se constitui no cenário da saúde pública, sejam eles gestores ou trabalhadores dos serviços e programas públicos de saúde, à construção de sentidos com caráter ético e político. O profissional de Psicologia está situado nesse cenário, e é cada vez mais expressiva sua presença nas equipes de saúde nas redes públicas de serviços/programas. Destacamos a importância de que o esforço crítico em torno desse fazer ocorra já nos contextos de graduação. As reflexões a seguir configuram um resumo da cartografia produzida a partir do contato com os interlocutores da pesquisa e de suas narrativas, então colhidas.

AS COMPREENSÕES PRODUZIDAS A PARTIR DA QUESTÃO EM AÇÃO

Tratando-se de uma estratégia que propõe uma aproximação dos profissionais de saúde com as pessoas da comunidade em que se atua, uma vez que a intervenção ocorre no lócus de existência dessas pessoas, no território, marcado pelos modos de relação dessas pessoas, o PSF traz a perspectiva do ***vínculo com a comunidade*** como um aspecto fundamental e diferencial do trabalho realizado. Ao longo da discussão grupal, a compreensão desse aspecto revelou-se em diversas configurações. Percebemos que talvez vínculo não seja a palavra mais expressiva para traduzir a relação de aproximação e presença, por meio da qual o profissional envolvido no PSF pode se constituir como referência na comunidade em que trabalha. Compreendemos que, nessa perspectiva, tecnicizar o vínculo é imponderável, pois ser-com-outros, con-viver é algo próprio da condição humana. A aproximação pode

---

[2]A proposta metodológica do trabalho foi discutida detalhadamente no artigo "Considerações metodológicas a partir da formulação de uma questão para pesquisa", CABRAL, BEB e MORATO, HTP in Interlocuções, ano 3, nº 1/2, 2003.

ou não produzir laços; não há uma forma de garantir isso através de uma técnica específica.

Estar próximo da comunidade possibilita que se delineie uma relação de pertencimento do profissional naquela trama de relações que vai sendo tecida na convivência. O vínculo, em sua ambigüidade, encanta ao mesmo tempo em que aprisiona. Caso se torne mera estratégia de trabalho, pensamos que tende a aprisionar. Tanto os profissionais quanto a comunidade se tornam enredados nessa relação que pode se constituir. A aproximação pode pro-mover uma relação de confiança, sem que se possa usar isso como técnica. A partir do relato do grupo, compreendi que, ainda que se pretenda usar o vínculo como estratégia, a possibilidade de susto/perplexidade está presente nessa relação que se constrói, particularmente por ser uma relação entre humanos. Existem um retorno do usuário, uma confiança depositada, a tal ponto que impacta o profissional, que provoca mudança, e é imprescindível que ele se situe nessa relação.

A dinâmica dos diversos sentidos associados à palavra vínculo perpassou toda a discussão do grupo. Entretanto, pareceu se impor o que é da ordem da ação cotidiana: a compreensão de vínculo revelada predominantemente se relaciona a essa presença do profissional na comunidade, no contato com os usuários, que possibilita que ele seja tido como referência, a partir da criação de uma relação de confiança, ou seja, de tessitura conjunta. De qualquer forma, ainda se percebeu em alguns momentos a compreensão do vínculo como uma necessidade em termos de estratégia, tal como posto nas diretrizes oficiais do programa.

Recorrer à compreensão heideggeriana de técnica pode abrir outras possibilidades de sentido para esse ponto. Heidegger (2002) aponta o sentido originário de técnica como *techné*, que remete ao fazer do artesão, ao fazer das belas-artes, pertencente à *poiesis* (produção). Por esse prisma, a técnica se revela algo mais que um simples meio ou instrumento. Ela se caracteriza como uma forma de desvelamento, aproximando-se do sentido grego de verdade, como *alethéia*. Nesse sentido, a verdade é algo que se produz na medida do desvelamento, não se deixando aprisionar em um sentido único, correto. Para esse filósofo, a essência da técnica implica desvelamento, pois neste se funda toda pro-dução, nele repousa a possibilidade de toda elaboração produtiva. Apenas resgatando-se esse sentido originário de técnica, não centrando apenas no desvelamento no modo de exploração – que se tornou dominante na técnica própria da era moderna, associada à necessidade

de controle –, acreditamos ser possível utilizar o termo técnica de modo coerente com a dinâmica de relações que se estabelece no contato entre profissionais de saúde e pessoas da comunidade.

Compreendemos que, inserido nessa teia de relações, o profissional estranha e se estranha no contato com os usuários. É um universo outro que se descortina para ele. O profissional é reconhecido nessa relação com o usuário. Esse reconhecimento acaba por se constituir em uma espécie de gratificação. Pensamos no jogo dinâmico do ser-com-outros, que implica essa necessidade de reconhecimento mútuo. Eu reconheço e constituo o outro na mesma medida em que ele me reconhece e me constitui. Isso fascina e assusta ao mesmo tempo. Aqui se trata da *alteridade* enquanto acontecimento. A alteridade é constitutiva do si próprio, como aponta Figueiredo (1998), e a noção de acontecimento a partir de que pode ser compreendida se refere à "ruptura na trama das representações e das rotinas" (p. 66). Assim, a alteridade é algo que irrompe e pega de assalto. O outro, na verdade, me mostra outras possibilidades de mim mesmo, e isso pode assustar. Por ser constitutiva da subjetividade, a alteridade emerge a cada encontro entre seres humanos, em cada um desses seres. O encontro traz possibilidade de transformação para quem dele participa, uma vez que, através dele, a multiplicidade constitutiva do ser humano tem a oportunidade de se apresentar. Como compreendemos, qualquer prática no campo da atenção à saúde, em que está envolvida diretamente ação entre humanos, precisa se alimentar da multiplicidade e da alteridade, fenômenos próprios da condição de ser gente.

Estando ali, disponível para esse contato, o profissional cria a possibilidade de ser incluído naquele grupo. O sentimento de *pertencimento* vem a partir da legitimidade que o outro vai lhe conferir. Uma vez conquistado isso, o próprio trabalho pode se desenrolar de uma maneira mais tranqüila. O profissional poderá, inclusive, dar sugestões mais pertinentes, que possam fazer sentido para os usuários na condução de suas histórias.

Considerando essas questões, compreendemos que os usuários precisam ser percebidos como estando implicados nesse processo, uma vez que não estão isentos de responsabilidade. Essa responsabilidade está posta na perspectiva da *co-laboração do usuário* com a equipe de saúde. Por ser participante desse processo, o usuário terá condição de reconhecer o programa como algo que produz benefícios, ou bem-estar. O re-conhecimento público do programa acontece a partir dos usuários. Sem esse re-conhecimento, dificilmente o sentido irá ser tecido, inclusive para os próprios profissionais de saúde.

Contudo, no dizer do grupo pude perceber as dificuldades dos profissionais na relação com os usuários. Em alguns trechos da discussão, mostrou-se essa possibilidade da instalação de um clima de tensão entre a equipe e a população, de ameaça mútua, de medo do que o outro possa fazer. De um lado, a comunidade ameaça denunciar por mau atendimento; de outro, o profissional se protege como pode: registra no prontuário, impõe limite, indica que algumas pessoas fazem uso inadequado do PSF, tendo maus hábitos. O território é também um campo possível de guerra... Esse cenário aponta a dificuldade de um efetivo encontro desses atores/autores no sentido da construção de uma ação coletiva de fato. A compreensão disso precisa ser perpassada pela análise do contexto sócio-histórico-político do nosso país, destacando os modos de produção de subjetividade aqui engendrados. Que grau de possibilidade de negociações, de diálogo, têm os nossos sujeitos sociais? Nossa cultura é marcada historicamente por relações de autoridade e submissão. Ação conjunta, portanto, implica um aprendizado contínuo para todos os envolvidos. É dessa produção coletiva que poderão surgir o sentido próprio do que necessita ser um serviço público e a construção de sua política apropriada.

Pensamos ser importante considerar que a população tem expectativas em relação a qualquer serviço de saúde, naturalmente pautadas em um modelo de atuação tradicional. Em geral, o que se espera é atenção imediata, consultas do médico, prescrição de medicação. Como as equipes darão conta de imprimir uma nova lógica de trabalho, baseada na promoção à saúde? A pressão da comunidade para funcionar de uma determinada maneira não deve ser fácil de tolerar. Disso se conclui que o PSF está sendo gerado no seio desse contato da equipe de saúde com a comunidade e precisa desse envolvimento da comunidade no delineamento de seu funcionamento.

A implantação do PSF precisaria, portanto, englobar um processo continuado de aproximação e conversação com a população de usuários a ser atendida por determinada equipe. Uma implantação verticalizada poderá provocar um enorme descompasso entre as expectativas dos usuários, das equipes de PSF e dos núcleos gestores. Esse é um dos componentes de um risco real: as equipes atuando dentro de um modelo/modo convencional, sem conseguir implementar o que se preconiza para uma equipe de PSF. Estranhamente, as unidades de PSF acabam se assemelhando às unidades tradicionais de saúde: filas para marcação, predo-

minância de atendimentos na própria unidade, ênfase no modelo assistencial-curativo e tantas outras características. Parece que esse descompasso está imperando na ação real do PSF, tal como relatado pelo grupo escutado. Mas a ação dentro do PSF pôs em marcha um processo inexorável e incontestável: os profissionais de saúde estão, de fato, bem mais próximos da comunidade de usuários (ao menos em termos físicos) e durante um tempo maior. Há necessidade de se permitirem as mudanças e arranjos que a própria experiência está mostrando na prática.

Se a comunidade não está junto construindo o PSF, no sentido de uma ação mais direcionada à produção de bem-estar, isso revela que não houve uma pre-ocupação mais específica para contemplar esse aspecto durante a fase de implantação do programa. É importante atentar que atualmente se vive um momento de expansão do PSF em todo o país. O contexto se caracteriza, portanto, como de transição. A população convive tanto com unidades tradicionais, prestando serviço de atenção básica, muitas vezes junto com a oferta de especialidades (psiquiatria, dermatologia, neurologia e outras), quanto com unidades de PSF que pretendem dar conta da atenção básica. Pensamos que se faz urgente não apenas a incorporação da preocupação, mas a execução de estratégias de aproximação com a comunidade antes da implantação das equipes e, obviamente, continuar esse processo de conversação ao longo da sua existência, para a consolidação do trabalho da equipe naquela comunidade. Um PSF caracterizado por uma ação mais próxima do que se deseja, significando efetivamente uma reversão do "modelo" assistencial em saúde, não ocorre sem essa aproximação profícua dos profissionais com os usuários que serão atendidos pelo programa. Esse aspecto contempla a diretriz do controle social, presente na política de saúde do SUS, referente à participação democrática da comunidade no direcionamento e na avaliação contínua dos serviços de saúde.

Na proposta do PSF, aponta-se como inadequado assumir uma função assistencialista, porém o risco de isso acontecer como única ação é real. Assim, não nos parece impertinência referir que a *ação real* está se conformando desse modo. Pode haver uma sutil porém significativa diferença no modo de aproximação entre equipe e usuários: a equipe de PSF pode estimular uma relação de *dependência* ou se tornar *referência* para os usuários. Compreendemos que a equipe de PSF precisa assumir esse papel de referência, servindo como suporte em momentos em que o usuário sinta necessidade de refrescar os pés na caminhada da sua vida, mas sem descuidar que ser referência é manter-se apenas como "uma pousada" durante esse caminhar do usuário, e não seu suporte constante.

Entretanto, parece que a **ação real** no PSF, real no sentido de possível, é a voltada para a emergência, a remediação, a atenção imediata. Como o modelo curativo parece ainda se impor de modo predominante, a atenção básica empreendida está direcionada para o efeito da não-saúde, para a queixa (emergência), e não para a causa, para o que origina, para a demanda (urgência). Há que se considerar que, via de regra, essa é a solicitação, ao menos aparente, da população. O que se percebe, a partir disso, é que há uma dissonância entre o PSF oficial – o das diretrizes e objetivos claramente postos nos documentos do Ministério da Saúde – e o oficioso – o que se desenvolve cotidianamente na ação dessas equipes.

Que **promoção à saúde** é possível nesse contexto? Falar de saúde, apenas, de "atitudes saudáveis", dar as informações necessárias sem que se esteja conectado com a realidade dessas pessoas poderá garantir ao profissional a *ilusão* de uma missão cumprida. No entanto, a aproximação e o encontro com a população terão sido relegados a um segundo plano. Enquanto profissional, posso me situar de diferentes maneiras diante do contato com a comunidade de usuários: – ou me dispondo a uma abertura para compreender essa realidade, para me deixar afetar por ela e daí inventar e produzir as formas e as estratégias possíveis, junto com essas pessoas, para que algo em termos de produção de vida ocorra; ou fazendo de conta que promovo saúde. Acreditamos que a intervenção do profissional de saúde não pode se caracterizar como pertinente se não houver essa disponibilidade para estar próximo e se deixar afetar pela condição existencial das pessoas com as quais entra em contato.

Compreendemos que para promover bem-estar é necessário que o profissional se mova do lugar de suposto saber/poder e encontre outros referenciais de vida, de saúde, de pessoa, que façam parte do cotidiano daquela população de que se dispõe a *cuidar* e que, via de regra, contrastam com os seus. Isso se caracteriza como um desafio diário, particularmente para o profissional de nível superior, uma vez que a própria população pode reforçar esse lugar privilegiado. Ir de encontro ao outro e se afetar pela estranheza, que também lhe é própria e o habita, é o que vai abrir possibilidade para que o profissional crie e descubra sentido para o seu trabalho, um sentido pertinentemente cravado na convivência e enraizado na prática cotidiana.

A criação de **sentido para o trabalho** se gera na medida em que é possível ter um retorno da ação realizada no contato contínuo com o usuário. O contato com o outro possibilita ao profissional resgatar o fio para a elaboração do sentido do próprio fazer. Sentido esse para um fazer ancorado numa atitude *ética*, atravessada pela dimensão do cuidado, e *política*, pela dimensão da ação e responsabilidade para com a produção coletiva de bem-estar.

Nessa produção de sentido para o fazer, acreditamos que está implicado o **cuidar de quem cuida**. A ação entre homens só pode ser cuidada pelos próprios homens. Eles próprios são criadores da ação – não meramente executada, mas fabricada – e, portanto, os únicos que podem lhe garantir algum sentido.

Pensamos que solicitar das equipes que assumam a responsabilidade sanitária, envolvendo uma atitude de cuidado em relação a todas as necessidades que brotam a partir do momento em que se situam na comunidade, remete à percepção de que essas equipes vão precisar de um suporte para que possam se re-conhecer e firmar, com propriedade, no terreno em que vão agir. Que tipo de suporte, de que modo? Pensamos que podem ser vários, contanto que extrapolem a busca de garantir um trabalho feito com precisão. Um modo que vá além de uma supervisão com caráter técnico, pois se trata da con-vivência entre humanos. Daí tudo pode emergir... Como diziam os antigos navegadores, não há precisão na vida como há na navegação. De fato, a realidade mostra que existir não é exato. Não há técnica, por melhor e mais correta que seja, que responda à imprevisibilidade e ao imponderável, marcas constantes da existência humana, mesmo que não se perceba ou deseje.

A garantia de espaços para reflexão em torno do fazer minimiza o risco de uma prática automatizada, robotizada. Escapar desse automatismo do fazer constitui, a meu ver, um desafio a ser enfrentado cotidianamente por todos que *agem*, em seus processos de trabalho, no contato com outros humanos, no sentido de garantir-lhes um cuidado, seja de que ordem for.

Resgatar a compreensão de *ação* proposta por Arendt (2001) ilumina esta discussão. A autora, analisando a condição humana e destacando o que ela caracteriza como *vida ativa*, designa três atividades fundamentais próprias do humano: *labor, trabalho* e *ação*. O **labor** corresponde ao processo biológico do corpo humano, relacionando-se à manutenção da vida pela satisfação das necessidades vitais e tendo a própria vida como condição. Essa atividade humana se relaciona, portanto, à sobrevivência. O **trabalho** produz um mundo artificial, tendo como condição a mundaneidade da existência. Com o trabalho de suas mãos, o

Homo faber transforma o mundo, ou melhor, fabrica uma infinita variedade de coisas que acabam por constituir o artifício humano. O homem, nessa perspectiva, é um fabricante de utensílios. A **ação** é exercida diretamente entre os homens, correspondendo à condição humana da pluralidade e tornando real o homem, por meio de seus feitos, gestos e discursos. A pluralidade é especificamente a condição de toda a vida política. De acordo com Arendt (2001), *"a pluralidade humana, condição básica da ação e do discurso, tem o duplo aspecto de igualdade e diferença"* (p. 188). Assim, a pluralidade humana é paradoxalmente constituída de seres singulares.

Por meio de palavras e atos, os homens se inserem no mundo humano. Essa inserção funciona como um segundo nascimento, no qual o homem confirma e assume o fato original e singular do aparecimento físico. Através da ação e do discurso, os homens se manifestam uns aos outros enquanto homens, e não como mera existência corpórea. Isso não é da ordem da necessidade, como no caso do labor, e nem se rege pela utilidade, como no trabalho. O agir tem caráter de iniciativa, da qual ser humano algum pode se abster sem deixar de ser humano:

> Agir, no sentido mais geral do termo, significa tomar iniciativa, iniciar (como o indica a palavra grega *archein*, "começar", "ser o primeiro", e, em alguns casos, "governar"), imprimir movimento a alguma coisa (que é o significado original do termo latino *agere*). (ARENDT, 2001, p. 190)

Arendt (2001) destaca que, por ser capaz de agir, pode-se esperar do homem o inesperado; ele é capaz de realizar o infinitamente improvável. Porque cada homem é singular na coexistência. Na condição da pluralidade, o homem vive como ser distinto e singular entre iguais. Desse modo, a ação é a atividade que mais caracteriza o humano, por confirmá-lo em sua humanidade. Estando relacionada diretamente à comunicabilidade entre homens, a ação é pautada na convivência, sendo, portanto, sempre ação entre homens, sempre ação conjugada. Cada um traz a sua peculiaridade para a ação e o resultado final é imprevisível. Disso decorre a incompatibilidade da ação com a técnica, se esta for compreendida no modo da exploração.

Considerando o contexto da ação territorial como intervenção em saúde, que tem como eixo o Programa Saúde da Família e propõe uma estratégia diferenciada no campo da atenção à saúde, o profissional é lançado no terreno das relações entre homens propriamente, no campo da ação, em um território específico que é para ele desconhecido.

Consideramos que ele não poderá se reduzir a um mero "técnico", um especialista, que utiliza o saber científico para promover saúde para a população. O universo da comunidade e a vida no território não são de modo algum previsíveis e controláveis a partir de um olhar "tecnicista". Diante da proposta de uma maior aproximação da equipe de saúde com a comunidade, implicada no Programa Saúde da Família, a dimensão do cuidado, crucial nas práticas de saúde, possivelmente assume características peculiares. É na convivência que a prática vai se delineando. A pluralidade se exacerba a seu ponto máximo: o profissional de saúde precisa se inserir na dinâmica daquela comunidade. Consideramos que ser-com-outros se revela condição fundamental, tanto pelo modelo de trabalho em equipe quanto pela proximidade com os usuários, que são aspectos enfatizados nesse programa.

Na problematização em torno do cuidado ao cuidador está implicada a discussão em torno da supervisão de equipes de trabalho, sejam elas as do campo da saúde ou da educação. Percebi que o ***sentido de supervisão*** também se transmutou ao longo da discussão acontecida como parte da metodologia. Não pareceu haver uma con-sonância em relação a qual deve ser o caráter de uma supervisão. Clara-mente se fez referência a uma supervisão de caráter técnico, com o objetivo de garantir a execução de uma tarefa de modo preciso/correto, o que costuma ser o sentido usual para essa palavra e, mais que isso, para práticas nessa área. Nessa perspectiva, supervisão acaba se ligando, assim, à cobrança de atitudes e produção. Contudo, também foi apontado um outro sentido importante, relacionado com o cuidado pessoal de quem atua, estando envolvido na prática cotidiana. Nessa perspectiva, pensamos que a reflexão sobre a prática exercida e sobre o envolvimento de cada um nessa ação está implicada. A partir da disposição em cuidar da prática, consideramos importante pensar sobre esses sentidos de supervisão, os tipos de supervisão possíveis, os tipos desejados, as formas de garantir algum modo de supervisão e, ainda, os atores responsáveis pela supervisão.

Na perspectiva de supervisão, enquanto cuidado em relação à prática e aos próprios profissionais de saúde, que se entregam em uma relação de suporte/ajuda ao outro, consideramos que qualquer estratégia de supervisão demandaria resguardar a oportunidade para a narrativa da experiência de estar engajado na ação, produzindo-a com as próprias mãos e subjetividades. É nesse sentido que retomo o sentido da *supervisão de apoio psicológico*, proposto por Morato (1999) e Bacchi (1999), como espaço de narrativa e elaboração de experiência entre o fazer e o agir. Nessa perspectiva, a supervisão possibilita um mover-se adiante a partir da elaboração da experiência. Afinal, como pensar em bem-estar sem a ação do mover-se adiante?

Nesse ponto da trajetória há um aspecto curioso a considerar, do qual não poderei me furtar diante das pro-vocações feitas por mim mesma no momento de interlocução com a narrativa grupal. De que modo os profissionais que chegam para desenvolver ações conjuntas com as equipes de PSF – como é o caso de alguns colaboradores da pesquisa[3] que não faziam parte propriamente das equipes de PSF – podem se situar diante da necessidade ex-pressa pelos profissionais das equipes por cuidado? Será que o contato com essas equipes, por não estarem no dia-a-dia envolvidos nessa ação, não poderia se configurar como momentos de supervisão, nessa perspectiva de abrir espaço para as narra-tivas dos profissionais, para o conto de uma prática, para poder traduzir o que está para ser dito? Pensamos que, minimamente, cabe a esses profissionais "externos" relatar o sofrimento que escutam das equipes de PSF – porque escutam, de fato, pelo que foi comunicado no grupo – à Secretaria de Saúde, além de buscar co-laborar na cons-trução de estratégias para promover esse cuidado.

Pensamos que também se apresenta a perspectiva do papel (ou seria da atitude, de acordo com o que venho apresentando?) da chamada "equipe de supervisão" do PSF[4] no município em questão, além do posiciona-mento da Secretaria Municipal de Saúde, diante do *grito* dessas equipes por cuidado. Percebemos, até mesmo por minha própria experiência de atuação no campo da saúde pública, que esse não é um ponto simples. Contudo, por isso mesmo precisa ser enfrentado, tornando-se objeto de reflexão contínua, especialmente com o envolvimento de quem está compondo essas equipes de PSF e de quem está atuando conjuntamente com elas.

Nessa preocupação com o cuidado ao cuidador, também se insere a questão da ***formação profissional***. Enfatiza-se a importância da reformulação crítica dos cursos de graduação, talvez apontando para uma necessidade de

introduzir a reflexão em torno de uma prática plural, ou na perspectiva de uma *clínica ampliada*, como vem sendo freqüentemente caracterizada a atuação visada nesse campo da saúde pública. Tal expressão aponta para a integrali-dade da atenção, indo além dos sintomas, na perspectiva da promoção à saúde (CAMPOS, 2003).

Compreendemos que, por mais bem elaborada que seja uma grade curricular, e passos nessa direção são funda-mentais, a tônica da formação precisa ser a do limite da atuação. Nem o saber nem a prática dão conta de suprir as necessidades por intervenções reais apropriadas, ainda que se considere o campo da prática sempre como da ordem do imprevisível, do inusitado, pois essa é uma marca da vida. O saber nem o fazer podem garantir o controle da realidade em todas as suas facetas, e a formação profis-sional precisaria deixar claro que o controle é imprati-cável, é simples ilusão. O preparo necessário não pode ser compreendido como a habilitação *plena* para dar conta de tudo que surge na prática, no campo do real, a partir de receitas prescritas em manuais.

Em se tratando de cursos de formação universitária em saúde, urge a reformulação crítica das grades curriculares, com disciplinas mais voltadas para a realidade socioeco-nômico-cultural do Brasil. Em sua maioria, é nesse chão que os profissionais que saem da universidade exercerão sua prática. Assim, torna-se fundamental que comecem a se apropriar das características e necessidades da população que aqui vive, com a perspectiva das reais possibilidades e limites de sua intervenção. Os profissionais que hoje se formam estão pouco ou nada familiarizados e/ou prepa-rados para atuação no contexto das políticas públicas. Esse desconhecimento lhes obstrui oportunidades de trabalho nesse campo, ou, se as conseguem, podem acabar por dar andamento a uma prática dissonante das necessidades próprias da realidade dos usuários do sistema público. Pensamos que um dos grandes problemas do PSF atual-mente se localiza no perfil de alguns profissionais, que estão a desempenhar seus papéis de modo ainda centrado no "modelo" curativo. Assim, ao mesmo tempo em que se deve *cuidar* de quem está se graduando, muita atenção deve ser dispensada ao aprimoramento dos que já estão atuando.

Nesse ponto de reflexão, é interessante atentar ao contraponto a seguir. Em estudo recente, Nobre (2006) indica que a maioria das pesquisas sobre práticas psicoló-gicas em saúde pública conclui que a formação acadêmica não prepara o profissional para a atuação nesse campo, no sentido da ausência de conteúdos teórico-práticos especí-

---

[3]Havia, no grupo de pesquisa, um representante do Projeto Saúde, Arte, Educação (Sarte), voltado para auxiliar as equipes de PSF na construção de estratégias de promoção à saúde na comunidade, e um representante da equipe de saúde mental do município, que se propunha a prestar uma assessoria a essas equipes nas intervenções em saúde mental no território.
[4]Essa equipe de supervisão do PSF corresponde a um grupo de profissio-nais ligados à Coordenação do Programa Saúde da Família, tendo como função monitorar e acompanhar o desenvolvimento do trabalho de cada equipe de PSF.

ficos. A autora propõe, entretanto, uma outra perspectiva de compreensão: aponta o aspecto de que a genealogia de práticas destoantes no contexto público está:

> ... no excesso de 'conteúdos disciplinares', que con-formam posturas também disciplinares ou especialistas, descartando conteúdos, considerados menores, porém múltiplos e complexos, que não são transmissíveis ou não são comportáveis na relação vertical professor-aluno. (NOBRE, 2006, p. 33)

Pensamos estar implicada nessa compreensão a idéia de que, além dos conteúdos, e talvez, muito mais que isso, importa que se analise criticamente o modo de ensino, atentando-se aos aspectos relativos a atitudes dos futuros profissionais no momento da atuação. A autora indica que se trataria da experimentação de outros modos de ser/estar como profissional, que ocorre a partir do aprendizado cotidiano, começando inclusive na ruptura da relação vertical tradicional professor-aluno, que é também uma reprodução das relações verticais de poder próprias de regimes de tradição autoritária, como é o caso do Brasil.

Esse questionamento sobre o modo de formação profissional também se dirige aos cursos técnicos de formação de auxiliar/técnico de enfermagem. No caso dos agentes comunitários de saúde (ACSs),[5] há que se prestar atenção às capacitações realizadas. Esses profissionais devem ser alvo de investimentos contínuos, uma vez que são os da "linha de frente", estando mais tempo em contato com os usuários, dialogando, orientando, dando informações. Consideramos imprescindível garantir espaços para reflexão em relação à prática, além de cursos sobre aspectos mais do que somente técnicos do trabalho. Os ACSs, em particular, transitam mais freqüentemente na comunidade, fazendo parte do cotidiano das famílias da área, convidados que são a entrarem em suas casas e partilhar de sua intimidade. Isso precisa ser bem cuidado para poder ser criada uma ambiência pertinente em seu processo de apropriação do trabalho.

O grupo de discussão re-velou inúmeras **críticas ao PSF**, da forma como ele vem acontecendo. Um dos

pontos críticos se refere à formatação das prioridades para a ação, baseada principalmente em critérios epidemiológicos e estatísticos. Isso me parece importante para qualquer programa público de saúde, mas destacamos que não podem ser os únicos balizadores da prática situada no contexto da saúde pública.

É importante perceber que a imagem passada para o próprio profissional e para a população do PSF é a de um programa que vai além do usualmente conhecido, no sentido de seu diferencial como promotor de um contato, ou seja, do encontro entre o profissional e a população, permitindo e estimulando essa aproximação que educa e produz bem-estar. Entretanto, esses aspectos parecem ficar apenas no nível da aspiração, sendo distorcidos quando se trata da prática real.

Podemos pensar que tais contradições se relacionam com o fato de o PSF ser um programa elaborado em gabinete governamental – ainda que tenha sido elaborado a partir da experiência em curso do Programa de Agentes Comunitários de Saúde –, enquanto programa de saúde pública como uma política para ação, ou seja, como política pública. Posto atualmente como programa diretor da organização da atenção básica à saúde no SUS, mostra-se extremamente coerente, bem sistematizado, com objetivos claros. Contudo, o seu teste está acontecendo na prática, sendo justamente nesse campo do real e do possível que são reveladas e apontadas as suas limitações e/ou distorções. Consideramos que o programa traz possibilidades reais e efetivas de intervenções na vida das comunidades, que podem gerar modificações no sentido da produção de vida, um processo de busca contínua de *bem-estar*, ou estar bem (e não seria esse um movimento que sinaliza saúde?). Entretanto, algo parece estar entravado...

Percebemos que essa proposta do PSF traz vários aspectos ainda na forma muito mais de idéias, ou melhor, ideais. Parece haver uma dicotomia entre os *autores* do programa, ou seja, os que o elaboraram e acertaram os detalhes finais da "cartilha" para a sua execução, e os *atores*, ou seja, os que estão efetivamente na lida cotidiana da ação territorial em saúde, em contato contínuo com os usuários do sistema. Ali, no campo da ação territorial em saúde, se apresentam dores, cores, odores e horrores. Ali, o programa tem sua viabilidade posta à prova. Percebemos que a compreensão em torno da proposta precisa ser construída e discutida a partir desse embate cotidiano: de como a ação no PSF vem ocorrendo e se fazendo, da forma possível, envolvendo gestores, executores e usuários. Todos, em alguma

---

[5] Agente comunitário de saúde (ACS) é um profissional de nível médio, componente essencial da equipe de PSF, e um dos requisitos para sua seleção é residir na comunidade em que irá atuar. Ele tem como função primordial fazer visitas domiciliares sistemáticas, acompanhando as necessidades em saúde das famílias sob sua responsabilidade, funcionando freqüentemente como elo principal entre médico e enfermeira e a comunidade.

medida, precisam se assumir como autores e atores dessa produção coletiva.

Para falar de resultados, consideramos ser crucial ir além de indicadores baseados apenas em critérios estatísticos. Essa costuma ser a linguagem utilizada quando se pretende implementar um processo avaliativo no campo da saúde. E as cobranças costumam vir também nessa lógica. Ainda não se lança mão, na ação cotidiana, de recursos de avaliação que abordem também aspectos qualitativos. Novamente entra em cena a dicotomia entre quantidade e qualidade. Compreendemos que, muitas vezes, para se falar de qualidade, os pressupostos são respaldados em aspectos quantitativos. Questiono se um precisa necessariamente excluir o outro. O fato é que se vive em uma ditadura da quantidade como eficiência e/ou eficácia, e a justificativa disso pode ser extrapolada a uma conjuntura socioeconômico-cultural.

Essa discussão pode ser iluminada com base no panorama do ideário neoliberal, predominante no cenário da contemporaneidade. Schmidt (2003) aponta a preponderância da política econômica sobre a política social como um aspecto desse ideário. O financiamento para a área da saúde, um braço vital da política social, padece da escravidão aos marcadores e indicadores e do achatamento de recursos. A lógica de financiamento é toda baseada em produtividade e aspectos quantitativos. Assim, o montante de recursos destinados a cada município depende do número de equipes de PSF instaladas e da produção dessas equipes, produção esta baseada nas prioridades determinadas pelo Ministério da Saúde. Nesse contexto, percebemos como natural a compreensão de que é prioritário atender a totalidade de usuários hipertensos naquele território específico, em detrimento muitas vezes de uma qualidade do momento especial do contato com e entre cada um. Destaca-se, entretanto, que a qualidade desse atendimento não deixa de ser igualmente exigida.

Uma reflexão parece se impor: o SUS traz uma proposta democrática, de acesso igualitário e universal aos serviços de saúde, estando, portanto, na contramão da proposta neoliberal que se consolida no país e no mundo, de caráter claramente excludente. É muito delicado construir esse SUS "sonhado" com escassez de recursos, com a preponderância da lógica econômica e de mercado, que se impõe tão fortemente. O PSF, por exemplo, é um programa público que tenta sobreviver em uma sociedade capitalista. E os riscos de distorção são inúmeros, porque esse é um paradoxo fundamental. Há aspectos do seu funcionamento, especialmente no que tange à lógica de financiamento,

que se contrapõem à sua proposta de programa popular, voltado para a promoção à saúde da população. Existe uma cobrança de produtividade técnica em nível federal, demandando do município um jogo de flexibilidade para dar conta de cumprir os parâmetros e garantir, ao mesmo tempo, qualidade no atendimento à população.

Enfim, considerando a repercussão desses aspectos na ação cotidiana dos profissionais de saúde pública, percebemos que todos *sofrem* com essa dicotomia entre qualidade e quantidade, e entre ideal e real. E o trabalho acaba saindo prejudicado, uma vez que termina sem ser avaliado e reconhecido de modo pertinente e apropriado. Aqui uma questão é apontada: o sofrimento próprio do trabalho... Se os profissionais dizem de falta de sentido no trabalho, o que, de fato, tentam comunicar? Dizem de atos ou de ações? De qualquer modo, está instaurada uma crise na realidade real do PSF: crise como ausência de sentido, promovendo sofrimento ou (pasmem!) mal-estar, impregnado que está por contradições tanto técnicas quanto ideológicas.

Esse sofrimento foi expresso nas linhas e entrelinhas do grupo de discussão. Esses atores da saúde perfilam essa ação com suas próprias mãos e, assim, imprimem uma marca autoral no que é produzido. São também autores desse programa, escrito cotidianamente. Por estarem dia a dia no contato com a comunidade, são tocados pela experiência dos usuários e fazem sua própria experiência. Há uma expectativa em relação à prática que desenvolvem, ou melhor, há diversas expectativas, por vezes antagônicas, em relação a sua atuação. Estão em jogo suas próprias expectativas, as expectativas da Secretaria de Saúde, as expectativas do Ministério da Saúde, as expectativas dos colegas da rede de saúde e/ou de serviços públicos, as expectativas dos usuários, as expectativas do ideário de uma posição político-partidária como governo. Como podem se situar diante disso? Como cuidar do sentido? Pensamos que essas perguntas devem ecoar para todos os envolvidos com essa ação territorial em saúde. Obviamente, não há respostas prontas. Há tão-somente a necessidade de resgatar ou produzir continuamente sentido para o que se faz, tendo clareza de aonde se quer chegar e de como é possível realizar isso.

Grandes desafios estão postos para as equipes de PSF, que estão efetivamente no calor da ação cotidiana. Pensamos que não se trata da mera definição do *papel das equipes*. Torna-se fundamental uma reflexão contínua sobre essa prática. A situação na ação é construída ao longo da trajetória. Como falar de atitudes saudáveis para alguém que mora à beira de um esgoto, por exemplo? Ou que não tem água potável em casa? Como se situar diante da situação de extrema pobreza de grande parte dos usuários atendidos? Como se posicionar diante da violência presente nos contextos de vida com os quais os profissionais se deparam, e dos quais, inclusive, podem ser vítimas? De que modo articular os outros setores das políticas públicas? Esse programa expõe ainda mais as situações absurdas de miséria de grande parcela do povo brasileiro. Como o profissional poderá deixar de se posicionar em relação a essas questões? Como poderá fazer o seu trabalho em saúde sem estar atento a todas essas dimensões concretas da vida das pessoas que são por ele atendidas?

Tenho a impressão de que a **compreensão de saúde** precisa ser radicalmente assumida como sendo integral e dinâmica nessa prática diária no território. No entanto, percebemos a indicação de que a compreensão do profissional a respeito de saúde e doença – e aqui me incluo –, ao se engajar na ação propriamente, ainda não é suficientemente abrangente para acolher a multiplicidade e complexidade da experiência humana. Também não cabe que continue sendo puramente centrada em modelos biológicos, organicistas. O período é de transição e de abertura para a necessidade de olhares complexos, interdisciplinares, sem resvalar para a ilusão de totalitarismo explicativo ou interventivo. A experiência humana é complexa e não há disciplina que possa tomá-la por inteiro a partir de um modelo explicativo, nem mesmo articulação de ciências que possa dizer do *sentido* dessa experiência. De qualquer forma, está posta a necessidade do contato, do estar-com, entre profissionais e destes com a comunidade.

Empreendo uma breve apreciação do conceito de saúde proposto pela Organização Mundial da Saúde (OMS), que a define como um **estado** de completo **bem-estar** físico, mental e social, e não simplesmente ausência de doença ou enfermidade, sendo direito humano fundamental e dependente de ação intersetorial (OMS, 1978). Aí está claramente delineado o aspecto biopsicossocial da saúde, que, ao menos em tese, deve nortear a construção das práticas sanitárias. Com tal ênfase, aponta-se para a necessidade de as políticas públicas de saúde, os modelos assistenciais, e, anterior a isso, a formação dos profissionais de saúde se fundamentarem em uma compreensão dinâmica do ser humano.

Não obstante a ressalva de que saúde não é meramente ausência de doença ou enfermidade contida na definição da OMS, ou talvez, por conta dela, percebemos que tal compreensão de saúde ainda resvala para uma dicotomia entre saúde e doença. Como uma das heranças do projeto científico da modernidade, que acentua as oposições binárias, impõe-se o hábito de compreender o mundo a partir de uma concepção dualista: corpo-mente, essência-aparência, razão-emoção, sujeito-objeto, doença-saúde. Como regra geral, perpetua-se pensar que, no jogo das polaridades, há mútua exclusão, de forma que apenas um dos pólos pode se evidenciar de cada vez.

Atualmente, no campo da saúde pública, muitas referências são feitas ao *processo* saúde-doença, o que imprime de fato um caráter mais dinâmico à compreensão da saúde. Talvez isso ocorra em face do apelo da contemporaneidade para o abandono das oposições binárias, cujos elementos devem passar a ser entendidos como coexistentes, interdependentes, semelhante à concepção oriental de mundo, que se refere a um equilíbrio dinâmico de opostos.

Em relação à noção de bem-estar empregada na definição, torna-se importante destacar que estados são transitórios. Especialmente se referindo à condição humana, a própria experiência indica a impossibilidade de uma estabilidade permanente, até porque a estagnação e cristalização podem ser tomadas como sinais de que algo não vai bem. Da mesma forma, uma instabilidade permanente tem conseqüências danosas para a vida de uma pessoa. Daí a necessidade de estabilidades provisórias. Seguindo essa linha de raciocínio, torna-se um tanto incoerente apostar em um estado de **completo** bem-estar.

Saúde vem do latim **salus**, que significa condição benéfica, de bem-estar, de segurança (WEBSTER, 1974). Está relacionada à cura (**healein**, em inglês antigo), como promoção de integridade e/ou cuidado. Morato (2003)[6] observa que, possivelmente por esse sentido originário do termo saúde, tenha se originado dele a palavra **saudação**, como forma de demonstrar respeito e reconhecimento ao outro. Nessa perspectiva, a autora aponta que **saúde** se aproxima de **clínica** e de **cuidado**, considerados tarefas cotidianas e pertinentes ao universo do fazer psicológico no âmbito da saúde.

O Dicionário Aurélio (FERREIRA, 1986) também aponta a origem latina de **saúde**, a partir de **salute**, que significa salvação ou conservação da vida. Esse é o termo que se usa no brinde ou para cumprimentar alguém. Na saudação, geralmente perguntamos "Como vai você?" Isso poderia indicar o conhecimento implícito que temos de

---

[6]Trabalho apresentado no IV Congresso Norte-Nordeste de Psicologia, em maio de 2003, João Pessoa, PB, sob o título "Sofrimento e exclusão: questão ética ou política?" (no prelo).

que a vida das pessoas pode assumir diferentes configurações. A vida é mutável em seus estados. Assim, mudança pode ser reconhecida como sinal de vida. Para a conservação da vida, ou seja, para a saúde, a transformação é ingrediente fundamental.

A primeira definição para **saúde** que encontramos nesse dicionário é "estado do indivíduo cujas funções orgânicas, físicas e mentais se acham em situação normal". Nisso percebemos um paradoxo. Normal remete a uma norma, ou seja, o que se estabelece como parâmetro para a realização ou avaliação de algo. Evidencia-se, assim, o caráter cultural de uma norma – já que é estabelecida –, e não é difícil imaginar os perigos da vinculação da saúde com normalidade. Para citar um exemplo, basta lembrar das atrocidades cometidas contra pessoas com transtornos psíquicos, vítimas de exclusão em instituições psiquiátricas, por serem consideradas *desviantes*. Estabelecer padrões para o estar bem e para o ser saudável pode provocar (e de fato vem provocando) diversas distorções e muito sofrimento aos que, porventura, escaparem da regra. A imposição rígida de padrões de normalidade tolhe a multiplicidade de ser.

Enfim, essas reflexões sobre a compreensão de saúde são importantes ao se tentar compreender a atuação dos profissionais na ação territorial em saúde, em que são convidados ao trabalho em equipe para dar conta de fenômenos relativos ao processo saúde-doença da população.

Há um ponto de discussão em relação à *interdisciplinaridade*, que de certo modo se tornou consenso quanto a ser a forma mais indicada para se realizar um trabalho de atenção à saúde. Isso pelo cruzamento e transversalidade de vários olhares diante da complexidade do fenômeno humano que a prática interdisciplinar possibilita. O fato é que tal modo ainda consiste em um desafio na prática cotidiana em saúde.

No caso do PSF, em que se constitui uma equipe para dar conta da ação territorial em saúde, há muita dificuldade na sintonia dos profissionais que integram as equipes, e ainda dos que chegam para realizar uma ação conjunta. O que se percebe é que facilmente o trabalho pode se tornar apenas multidisciplinar, com o usuário passando pelo circuito agente comunitário-enfermeiro-médico-auxiliar de enfermagem-equipe de saúde bucal sem que haja realmente uma apropriação da equipe em relação à sua situação-problema e dinâmica de vida. Consideramos importante levar em conta, ainda, as relações de poder que podem se estabelecer, gerando falta de sintonia na atuação da equipe. Na equipe, todos os profissionais têm poder, de ordens diferentes. O profissional de nível superior, pela própria questão da formação, costuma se impor. Os ACSs, pelo intenso conhecimento que têm da área e por suas relações com a comunidade. O auxiliar de enfermagem estaria no "entre"? Essa equipe precisa estar muito harmonizada para ser legitimada na e pela comunidade que atende. Pensamos na importância de se lançar um olhar contínuo sobre esse aspecto das relações interpessoais nas equipes de trabalho, pois essa poderia ser a passagem/trânsito para uma real ação interdisciplinar e não multi ou pluriprofissional.

A segmentação da saúde parece ainda ser regra na prática; sua integração surge, apenas, como destinação. O que pode ter sido uma estratégia operacional, para dar conta da atenção à saúde – e aqui me refiro à criação dos diversos departamentos, programas e/ou divisões da saúde pública: bucal, mental, DST/AIDS, da mulher, atenção básica e outros –, acabou por gerar um problema de difícil solução. Na verdade, difícil é a tarefa de reatar as pontas, de seguir retecendo essa prática em saúde, ou, para ser mais condizente com a ação real, a prática no campo das políticas públicas.

Na ação territorial em saúde, a partir do PSF, cujo sentido se buscou compreender nesta pesquisa, um aspecto sobressaiu: *a articulação entre saúde e educação*. A compreensão do grupo revelou uma prática em saúde que se propõe educativa. Algo em termos de mudança de comportamento dos usuários atendidos é vislumbrado pelos profissionais envolvidos nessa ação. Mudança de comportamento na direção de práticas mais saudáveis. Saúde e educação se misturam nessa ação territorial em saúde. Ainda assim, percebemos que a perspectiva educativa do programa se situa principalmente em um nível de aspiração. A ação possível, como já foi contundentemente pontuado, tem se situado na ordem da assistência imediata, da atenção remediativa à queixa. Os profissionais alegam que há pouco tempo e falta de preparo para incorporar práticas educativas à ação cotidiana.

Especificamente em relação ao aspecto educativo, percebemos que a atuação dos profissionais resvala para a transmissão de informações ou regras para uma vida saudável, sem uma consideração do contexto de vida desses usuários. O conhecimento da realidade dessas pessoas pode acontecer mais facilmente, pela lógica de funcionamento das equipes de PSF, que estão lotadas na própria comunidade. Entretanto, isso não garante que a prática exercida estará pautada nessa condição de realidade.

Nesse sentido, consideramos pertinente a proposta de Campos (2003) de reconhecer que a gestão e as práticas profissionais nos sistemas de saúde têm um potencial não apenas terapêutico, mas também pedagógico, uma vez que podem modificar sujeitos e padrões dominantes de subjetividade. O método de co-gestão nomeado Paidéia – noção grega que indica a formação integral do ser humano –, sugerido por esse autor e posto em prática em Campinas-SP, propõe *"reorientar as práticas de saúde voltando-as para ampliar a capacidade de análise e de co-gestão dos Sujeitos"* (p. 16). Em alguma medida, não se trata das possibilidades de articulação entre educação e saúde? Ainda segundo esse autor,

> co-produzir Sujeitos, com capacidade de análise e de co-gestão das próprias vidas e das instituições, é coisa para humanos. Todo dia, toda hora, fazemos isso; alguma coisa entre a constituição de pessoas dependentes ou autônomas. A clínica, a saúde pública, a gestão produzem modos de ser. É uma constatação empírica. (CAMPOS, 2003, p. 16)

A partir de todas essas considerações, uma questão central se impõe em relação ao PSF: quais as suas possibilidades de destinação? Novamente, consideramos que não há resposta pronta para essa questão. Por ser uma estratégia relativamente recente no campo público da assistência à saúde, e tendo um objetivo maior extremamente ousado, o de reverter a lógica do "modelo de atenção à saúde", enfatizando a promoção à saúde, o PSF ainda está longe de ser *óbvio* para todos os envolvidos nessa rede de saúde, ou melhor, nessa rede pública de serviços. Volto a enfatizar a importância de se considerar o momento atual como de transição de "modelos" de atenção, implicando, portanto, a necessidade de tolerância[7] histórica, tolerância com a história e conosco mesmos, protagonistas em trânsito da história.

A compreensão do "modelo" proposto precisa ser debatida e incorporada por gestores, profissionais da saúde, profissionais de outros campos das políticas públicas e pela comunidade. Acreditamos que compreensão e incorporação não se veiculam de modo verticalizado, por portarias, decretos ou leis. A tradição normativa da saúde pública não tem dado conta de organizar por si só o funcionamento do sistema público de saúde. Tanto que se percebe facilmente a discrepância entre "modelos" propostos, com

base no ideal, e a ação concreta, a exemplo do Programa Saúde da Família. Há que se produzir sentido para uma atitude (ética) na ação (política), e isso demanda atenção e cuidado, como se faz como história humana: transitando pela *humanidade do homem* enquanto condição.

Os sujeitos sociais/históricos são aqueles que põem em funcionamento esse sistema de saúde, assim como todos os dispositivos (negócios/con-cordância) referentes ao con-viver entre homens. Certamente, isso não ocorre *meramente* a partir da ativação de sistemas operacionais, como no caso de máquinas. Na situação da saúde pública, trata-se de humanos elaborando propostas para cuidar de humanos, de humanos cuidando de humanos. O grande "alvo"/***destinação*** é construir um "modelo"/***modo*** "assistencial"/***cuidador*** que responda às necessidades de promoção de saúde/bem-estar para todos os envolvidos, inclusive os profissionais que prestam o serviço. Assim, quero tornar explícito que, mais do que a incorporação de um ideal, todo esse processo refere-se à construção de um modo de cuidar, não como uma política pública simplesmente, mas como um agir politicamente referente ao privado do homem: sua humanidade.

Compreendemos que não é coerente buscar implementar um programa público de saúde, voltado para fora, para o bem coletivo, esquecendo esse público interno, qual seja, os profissionais/atores que põem em prática o programa, dis-pondo-se numa ação para uma destinação. Há uma questão ética implicada nesse programa de política pública: o cuidar do outro não prescinde desse cuidar de si. Não adianta criar um belo programa com a proposta de alinhavar o público à custa de desfiar o privado. O programa não acontece de modo interessante se não há esse cuidado com as equipes, com os profissionais envolvidos nessa ação. Ética/atitude própria, privada (e não ideal), está implicada na política/ação para uma destinação/sentido/ programa no público.

Ao longo da construção dessa pesquisa, percebi que qualquer programa de política pública, para ser pertinente e apropriado ao coletivo, e assim público, precisa de muito mais que uma formatação cuidadosa em termos de seus objetivos e proposta metodológica. Isso porque a realidade não é formatada, os profissionais não são formatados, e muito menos a população de que se pretende cuidar. Nesse sentido, reafirmo a idéia de que no campo da saúde, um *território* de encontro entre sujeitos, precisa-se de muito mais que *simplesmente* técnicas de trabalho. A disponibilidade/inclinação para essa contínua construção e reflexão é oxigênio para manter a vitalidade da ação.

---

[7] Do latim *tolerare*, dizendo respeito a *carregar/conduzir adiante*.

SENTIDOS PARA A AÇÃO EM SAÚDE: TEIA EM PERMANENTE CONSTRUÇÃO

Como já destacado, as considerações aqui apresentadas anteriormente brotaram das afetabilidades produzidas no contato com profissionais que fazem essa ação em saúde e suas narrativas. Essas afetabilidades permitiram desvendar fios de sentido criados por esses interlocutores para sua ação cotidiana, ao mesmo tempo em que as pesquisadoras também fabricavam compreensões.

Ao final do trabalho de pesquisa, precisando concluir uma tarefa que parecia não se render a um fim, fomos nos apercebendo de que vislumbrar terra à vista – ou seja, desvendar alguns nexos e fios dessa complexa trama – poderia não significar certezas. Pelo contrário, concluir este trabalho traduziu – ou transportou – mais e mais questionamentos em relação ao ponto de partida. Não obstante essa constatação, identificamos aí a fecundidade de um trabalho de pesquisa: outros rumos se colocam à vista, num processo infindável de busca e construção de compreensões, interpretações, sentidos, que jamais poderão aprisionar a experiência, mas sim contorná-la ou potencializá-la, a partir das elaborações tecidas em torno dela... E isso não implica a impossibilidade de gerar considerações pertinentes em relação ao tema em questão, a partir dos dados construídos/colhidos, tal como se buscou fazer neste texto.

De uma prática podem surgir sentidos diversos, e o conhecimento sobre a mesma precisa assumir o caráter de criação, como é próprio da experiência, que não se atém ou fixa a representação alguma... Os sentidos possíveis para a ação em saúde pública precisam se gestar nessa perspectiva de encontro entre todos os envolvidos na ação, sendo todos atores e autores, em alguma medida, profissionais e população alvo do cuidado, cujos saberes/fazeres se misturam, havendo aí a possibilidade de se preservarem mutuamente, ou, ainda, de se potencializarem reciprocamente; esse é um dos maiores desafios.

Os "especialistas" em saúde pública freqüentemente se desalojam, ao atuarem no território, além das quatro paredes de um consultório, pois estar nesse campo aberto convoca a uma ação conjunta, a uma aceitação da afeta-bilidade recíproca própria de ser entre seres. Isso pode se complicar se ficam presos aos seus saberes e conhecimentos científicos nesse contato com os outros de que devem cuidar. Pensamos que reconhecer a capacidade criativa desse encontro é um dos caminhos para a construção de sentidos éticos e políticos para a ação territorial em saúde, sentidos que se distanciariam de um modo normativo, autoritário, culpabilizador, como muitas vezes tem sido a marca da intervenção de profissionais de saúde. Esse modo de cuidado via PSF, a partir da aproximação entre profissional e usuário que o Programa traz como premissa, convoca todos a outras atitudes. Necessariamente aí se implica o resgate da dimensão ética e política da atuação profissional, que marca um modo de estar no mundo. A serviço de que estão as nossas práticas? Essa é uma questão fundamental aos que estão envolvidos na ação territorial em saúde, todos humanos, humanos que lidam com outros humanos na sua ação cotidiana.

Resgatando Arendt (2001), pode-se afirmar que agir é iniciar... E assim o campo está continuamente aberto à construção de sentidos, engendrando outras práticas que possam se aproximar das reais necessidades que se apresentam no cotidiano do trabalho em saúde pública. Isso requer a valorização dos encontros entre os envolvidos e um contínuo processo de abertura e lapidação de canais de comunicação. Embora não seja o foco deste escrito, consideramos fundamental destacar a necessidade de atenção ao contexto socioeconômico-histórico-cultural em que se forjam as políticas públicas, arena de intensos debates e interesses conflituosos. Daí a retomada de perguntas importantes: políticas públicas a serviço de quem? Como são postas em prática? A compreensão de saúde e bem-estar defendida se forja na perspectiva de quem?

A *teia*, como metáfora para esse constante movimento metamórfico de construção de sentidos para a ação em saúde, aponta para essa complexidade, em que existem diversos pontos de articulação, assim como lacunas, indicando perspectivas e interesses variados. A atitude fenomenológica existencial, assumida na pesquisa que embasou as compreensões produzidas e aqui expostas, compromete-se justamente com o desvelamento infindável dessa teia de sentidos em permanente construção.

REFERÊNCIAS BIBLIOGRÁFICAS

ARENDT, H. **A condição humana**. 10ª ed. Rio de Janeiro: Forense Universitária, 2001.

BACCHI, C. Supervisão de apoio psicológico: espaço intersubjetivo de formação e capacitação de profissionais de saúde e educação. In: MORATO, HTP (org.). **Aconselhamento psicológico centrado na pessoa: novos desafios**. São Paulo: Casa do Psicólogo, 1999. p. 205-217.

CAMPOS, GW. **Saúde Paidéia**. In: Coleção Saúde em Debate, nº 150. São Paulo: Hucitec, 2003.

CRITELLI, DM. **Analítica do sentido: uma aproximação e interpretação do real de orientação fenomenológica**. São Paulo: Educ – Brasiliense, 2006.

FERREIRA, ABH. **Novo Dicionário Aurélio da Língua Portuguesa**. 2ª ed. Rio de Janeiro: Nova Fronteira, 1986.

FIGUEIREDO, LC. A questão da alteridade nos processos de subjetivação. In: KOLTAI, C (org.). **O estrangeiro**. São Paulo: Escuta – Fapesp, 1998. p. 61-75.

HEIDEGGER, M. A questão da técnica. In: HEIDEGGER, M. **Ensaios e conferências**. 2ª ed. Petrópolis: Vozes, 2002. p. 11-38.

LÉVY, A. **Ciências clínicas e organizações sociais: sentido e crise do sentido**. Belo Horizonte: Autêntica – Fumec, 2001.

MORATO, HTP. Aconselhamento psicológico: uma passagem para a transdisciplinaridade. In: MORATO, HTP (org.). **Aconselhamento psicológico centrado na pessoa: novos desafios**. São Paulo: Casa do Psicólogo, 1999. p. 61-88.

NOBRE, AA. Genealogia das práticas psicológicas em Unidades Básicas de Saúde de Vitória/ES. In: **Anais do VI Simpósio Nacional de Práticas Psicológicas em Instituição**. Vitória: ANPEPP, 2006. p. 32-37.

ORGANIZAÇÃO MUNDIAL DA SAÚDE. Declaração de Alma Ata. Conferência Internacional sobre Cuidados Primários de Saúde, URSS, 1978. In: **Revista da Promoção da Saúde**. Brasília, ano 1, nº 1, 1999. p. 35-36.

WEBSTER'S New Collegiate Dictionary. Springsfield: C&C Merriam, 1974.

QUESTÕES COMENTADAS

1) Identifique no texto alguns aspectos que caracterizam sua base fenomenológica existencial.

- Ênfase na singularidade da experiência;
- Despreocupação em generalizar;
- Não-delimitação de hipótese do estudo, centrando no delineamento de uma questão norteadora da pesquisa;
- Presença do pesquisador/autor no texto, com reconhecimento da afetabilidade própria da condição humana;
- Modo de interpretação das narrativas, produzindo-se compreensões não a partir de categorizações, mas do desvelamento dos nexos/sentidos.

2) Ao se analisar o aspecto do *vínculo* no contato dos profissionais de saúde com a população, recorre-se à compreensão heideggeriana de técnica. Como se faz essa articulação?

- Crítica à noção de vínculo enquanto "estratégia" ou "técnica" (na perspectiva de controle e precisão);
- Destaque para o sentido originário de técnica como *techné* (fazer do artesão, criação, produção, *poiésis*);
- Vínculo compreendido na dinâmica do ser-com-outros, pela aproximação e presença;
- Desvelamento (*alethéia*) enquanto possibilidade para a construção de referência do profissional/equipe na comunidade, e não de dependência das pessoas em relação ao PSF.

3) O desvelamento de **sentido** é uma questão crucial na perspectiva fenomenológica existencial. No texto em tela, há uma preocupação com o sentido ético e político construído pelos profissionais de saúde em torno de sua ação no território. Comente a compreensão de sentido nessa linha de investigação/intervenção clínica a partir das características apontadas no texto.

- Sentido como direção, norte, destinação;
- Não é único, tampouco tem caráter universal;
- Não é fixo, estando em produção contínua;
- Singular, portanto permeado pela subjetividade;
- Sentido brota da *práxis*, ao mesmo tempo em que orienta a ação;
- Constituído na dinâmica de ser-com-outros;
- Ligado à experiência e podendo se revelar a partir da narrativa (conto e elaboração de experiência);
- Não aprisiona a experiência, mas a contorna e/ou potencializa, particularmente via processo de elaboração sobre a própria experiência.

CAPÍTULO XV

METODOLOGIA DE ANÁLISE QUALITATIVA: DESENHOS INTERMEDIANDO A COMPREENSÃO*

*Marina Halpern-Chalom*** · *Henriette Tognetti Penha Morato*****

A expressão não esgota o vivido, apenas aponta para ele, criando um significado, atribuindo um sentido. Leme[1]

Este trabalho versa sobre a criação de uma metodologia de análise qualitativa. Foi elaborada diante de uma pesquisa sobre a experiência de clientes em busca de atendimento psicológico em um serviço de Plantão Psicológico, para os quais foi oferecida, também, a narrativa de um conto tradicional (CHALOM, 2001). Assim, o texto recorre à apresentação da pesquisadora principal, referindo-se à sua própria experiência no desenrolar da pesquisa; então, por vezes, o tempo verbal aparece na 1ª pessoa do singular.

Os participantes deram um depoimento sobre a experiência vivida após um dos eventos: atendimento em Plantão Psicológico; sessão de história; sessão de história seguida de atendimento em Plantão Psicológico; ou sessão de Plantão Psicológico seguida de sessão de história.[2] No presente trabalho, enfocarei o método de análise desenvolvido para ampliar a compreensão destes depoimentos, que foram colhidos com o intuito de permitir ao pesquisador acessar esse universo singular, bem como propiciar a reflexão sobre a experiência em Plantão e/ou ouvindo histórias. Apresentarei, também, o seu desenvolvimento por figurar como percurso percorrido, podendo ser exemplar na apropriação de um trajeto de elaboração de experiências e construção de conhecimento.

O método que será apresentado, apesar de ter sido elaborado a partir de depoimentos, pode ser utilizado para qualquer tipo de aprofundamento e análise qualitativa. Propõe-se a ser uma forma de criar elos de sentido, procurando promover novas compreensões entre expressão e significação do pesquisador e da relação entre ele e aquilo a que se propõe a refletir:

> A reflexão opera sobre a vivência como o artífice sobre o diamante bruto. Lapidando e polindo a matéria bruta do vivido, a reflexão atribui sentido às vivências, articulando-as entre si e alçando-as à categoria de experiência. Dito de outra maneira, elaborando aquilo que vivemos, vemos ou ouvimos, correlacionando dados diversos obtidos na trajetória de nossas vidas, a reflexão cria elos de sentido. (SCHMIDT, 1990, p. 1)

É comum comunicações e percepções do mundo ocorrerem de formas repetitivas e automatizadas, reproduzindo padrões e caminhos. Entrar em terrenos pouco explo-

---

* Pesquisa realizada por Halpern-Chalom, M: *Contar Histórias e Expressar-se: Aprendizagem Significativa e Plantão Psicológico Abrindo Possibilidades para a Clínica*, 2001. Dissertação de Mestrado em Psicologia Escolar e Desenvolvimento Humano. São Paulo: Instituto de Psicologia da Universidade de São Paulo.
**Pesquisadora principal.
***Orientadora da pesquisa.

[1]Leme faz, nesse trecho, uma leitura sobre a obra de Mauro Martins Amatuzzi – *O resgate da fala autêntica.* Campinas, SP: Papirus, 1989.

[2]Esta pesquisa visou refletir sobre semelhanças/diferenças entre abordagens diversas (plantão/narrativa de conto tradicional) diante da busca por ajuda psicológica. Acabou por explicitar como cada um desses eventos chega aos clientes e, dessa forma, as características, especificidades e possíveis alcances de cada um. Além disso, permitiu reflexões sobre a associação da Psicologia a recursos usados no campo das artes, bem como a produções artísticas, como catalisadores de processos psíquicos. Para aprofundar esses temas, ler Halpern-Chalom, M. (2001).

rados ou questionar aqueles pelos quais se costuma passar implica contatar o desconhecido, que se define na medida do caminhar. Exige observação no sentido de "VIVÊNCIA de uma situação, contato, comunicação com o que é observado" (MACHADO, 1989, p. 332, destaque da autora), de forma a possibilitar ver além do imediato e condicionado. Propõe um olhar atento e não perdido. Esse processo desestabiliza, pois desorganiza o conhecido, ao mesmo tempo em que permite novas configurações.

Para chegar a essa metodologia, foi percorrido um caminho inusitado, que será apresentado no relato do percurso da pesquisadora rumo a ela. Esse caminho, por sua vez, pode ser significado enquanto experiência existencial e, nesse sentido, servir enquanto possibilidade de percurso. Ambas as trajetórias, percurso pessoal e sua compreensão reflexiva, serão apresentados a seguir na ordem inversa à sua ocorrência.

O PROCESSO, EM PROCESSO: APRESENTANDO UM PROCESSO DE ELABORAÇÃO A CAMINHO DESSA METODOLOGIA DE ANÁLISE

Saí, andei, não sei, fio que numa propositada, sem saber.
Guimarães Rosa, "Curtamão" [3]

Realizei este trabalho a partir da experiência de clientes no Serviço de Plantão Psicológico da Universidade de São Paulo. Dirigi-me ao trabalho com as entrevistas pretendendo acessar a experiência do cliente no Serviço, partindo do que ele havia me relatado a esse respeito. Pretendia expressar algo da minha experiência pelo contato com a comunicação feita na entrevista, visando, dessa forma, iluminar a questão da prática do psicólogo e suas possibilidades de ajuda.

Entretanto, ficava-me a questão: como fazer isso? Como delas me aproximar, facilitando a emergência daquilo que fica implícito, e comunicar o que percebo? Deparei-me com dificuldades para empreender esse processo na prática, que me fizeram patinar por algum tempo. Contudo, uma coisa parecia fazer-se sempre presente: há algo inexplicável que acompanha a experiência. Nesse sentido, pesquisado

e pesquisador se relacionam na recriação e compreensão de sentidos.

Tive que empreender um longo percurso de passar da teoria para a prática. Não havia modelos norteadores, somente uma postura de trabalho: a fenomenológica. Dessa forma, estava lançada para a minha própria criação.

Iniciei e descartei inúmeras tentativas para análise dos depoimentos que resultavam em palavras vazias, que pareciam relatórios clínicos sobre o movimento dos clientes, ao invés de um diálogo sensível com o que ali se passara. Percebi-me recorrendo a teorias que aparentemente conseguiam iluminar o escuro no qual me encontrava, enquanto, na realidade, camuflavam uma não-aproximação com a comunicação feita pelos clientes. Essas teorias preenchiam lacunas da dificuldade de diálogo com os depoimentos. Como disse Rosa (1985, p. 42), "*olhos põem as coisas no cabimento*".

Várias análises foram feitas, várias análises foram descartadas. Fiquei muito tempo tentando, trabalhando, refazendo. Diante da escuridão, brotava algo a que me agarrava. Acreditava, desconfiava. Era somente diante do testemunho de outrem que conseguia ressignificar e questionar aquilo que vinha produzindo.

A plena verdade de uma fala não existe no momento de sua pronúncia. Ela aguarda uma resposta na reciprocidade de uma relação, quando então surgirá em seu significado pleno. (LEME, 1998, p. 57)

Em momentos como esses, revia o sentido da análise que, muitas vezes, sem que percebesse, se havia perdido em teorizações. Mas como não teorizar? Como dialogar com as entrevistas? Seria o caso de redescobrir a roda? Outra vez o caos, o escuro e novas tentativas de encontrar caminhos. A cada momento, a dúvida e a esperança de que algo floresceria.

Apesar da dificuldade e dos vazios em que ficava ao deparar-me com o meu encaminhar/desencaminhar, foi justamente atravessando esses momentos que possibilidades se abriram para ressituar meu olhar e compreender, permitindo uma leitura nova, inclusive de teorias. Pude encontrar uma maneira própria de dialogar com os depoimentos. Eu e eles numa fala pessoal, com a teoria atravessando a fala e não falando por ela. Afinal, teorias fazem parte do meu universo e, pela sua reflexão, possibilitam o meu compreender o mundo, bem como me permitem partilhar linguagens comuns com outros.

---

[3]Rosa, G.J. (1985) – *Tutaméia: terceiras histórias.* p. 42.

O olhar (Logos) não é individual, exclusivo a um indivíduo. Ainda que seja o indivíduo concreto quem olha e vê, seu olhar é composto por todo o referencial das relações significativas do mundo em que habita. (CRITELLI, 1996, p. 57)

Despojada da pretensão de dar respostas que, segundo Arendt (2000, p. 13), só podem se basear no consenso de muitos e nunca "em considerações teóricas ou na opinião de uma só pessoa, como se se tratasse de problemas para os quais só existe uma solução possível", fui compreendendo que não havia um caminho, mas o meu caminho.

Inspirada no trabalho de Regina Machado, com quem eu realizara o curso "A arte de contar histórias",[4] experimentei aproximar-me dos depoimentos através de mim mesma. Resolvi recorrer a elementos da metodologia que ela desenvolveu para trabalhar o ensino da arte com professores de arte-educação.

Uma de suas propostas é confrontar o que é observável. Na sua prática, esse confronto do observável dá-se entre os contos, com os quais ela trabalha, e as imagens internas que esses dados objetivos evocam no contador de histórias/professor de arte-educação.

O trabalho criador é fruto desse confronto, é uma síntese que resulta em uma terceira coisa, que não é a simples soma ou justaposição entre a ordem objetiva e a subjetiva, mas abarca-as e as alquimiza na obra criada, uma realidade única em si mesma. (MACHADO, 1989, p. 360/361)

No dilema da prática desta pesquisa, poderia eu recorrer à analogia dessa metodologia, pela qual o confronto com o que é observável dar-se-ia entre os depoimentos e as imagens internas que tais dados objetivos evocam em mim, pesquisadora? Ousei experimentar.

Num primeiro momento, tentei de uma forma intuitiva, como fizera nas outras tentativas, somente com o diferencial de que, agora, dou-me conta de que percorria etapas do processo de realização do real (CRITELLI, 1996, p. 69). Procurei mergulhar na "respiração", "ritmo" e conteúdo dos depoimentos, além de uma imersão no universo simbólico e afetivo de suas narrativas e nas possibilidades que elas expressam. Início que se deu como *desvelamento*. Criei uma outra forma de aproximação com os depoimentos, que

passou a ajudar-me a traduzir afetações provocadas pelo material clínico contido nos depoimentos. Passei à *revelação*. Veio a seguir o *testemunho*: diante do testemunho de outros, percebi que havia encontrado um caminho. Para tanto, vali-me de "recursos expressivos" que acabaram sendo fundamentais na elaboração desta dissertação. Revelaram-se recursos facilitadores para o contato, expressão e compreensão do material coletado. Tais recursos garantiram a possibilidade de expressar aquilo que afeta a partir de outras formas de comunicação, no caso, a gráfica, e que, muitas vezes, sem o auxílio de um intermediário, não consegue ser traduzido. Esses recursos se revelaram instrumento para ajudar no mergulho nos depoimentos, ajudar a perceber o seu colorido afetivo; forma de interação com os mesmos. Antes disso, eram meras entrevistas, que insistiam em permanecer como um agrupamento de palavras cujo inexplicado, que as acompanha, ficava pouco acessível ao diálogo e à compreensão.

A partir dessa experiência, fiz uma leitura sobre a experiência vivida como um percurso de mergulho no desconhecido a partir do qual se pode emergir com a confiança de que é possível lançar-se naquilo que não se conhece e sair transformado:

Compondo

Marina Halpern-Chalom

No começo o branco
O vazio...

Notas descombinadas
passam em revoada

São muitas
São todas...
Como o sol que a tudo banha.

Mas é num galho que o pássaro pousa.
Algumas notas pintam o branco.

E no diminuto,
lentamente,
as cordas ressoam a comunhão
de instrumento e expressão.
Encontro e paixão, revelação.

De nota em nota
o coração se transfigura
em partitura
e acompanha a revoada
espalhando-se aos sete ventos.

4 Realizado na Escola de Comunicação e Artes da Universidade de São Paulo (Eca-USP) em 1999.

O PROCESSO, EM PROCESSO: REFLETINDO SOBRE O PROCESSO DE ELABORAÇÃO DE EXPERIÊNCIAS

Assenta-nos bem à modéstia achar que o novo não valerá o velho; ajusta-se à melhor prudência relegar o progresso no passado. (ROSA, 1985, p. 76)

O mais seguro é usar as [palavras] usadas, não sem um certo perigo cunham-se novas. Porque, aceitas, pouco louvor ao estilo acrescentam, e, rejeitadas, dão em farsa. Ousemos, contudo; pois, o Cícero diz, mesmo aquelas que a princípio parecem duras vão com o uso amolecendo. (ROSA, 1985, p. 81)

Em se tratando de lançar-se ao desconhecido, ao não saber, há algo que se mantém comum, e, nesse sentido, pode ser ou tornar-se conhecido: estar vivendo um processo existencial. Apesar e independentemente das diferenças entre o conteúdo das vivências pessoais, todos passam por processos comuns ou similares, os quais os contos tradicionais tematizam. Apesar de, por exemplo, os medos entre as pessoas serem diferentes, é comum a todas terem medo. Apesar de as trevas e o caos serem vivenciados por todos, o que lança cada um nessa condição varia. Nesse sentido, ter consciência de estar vivendo um processo é o que pode vir-a-ser conhecido no desconhecido e, nesse sentido, dar-lhe suporte.

Segundo Figueiredo (1994, p. 152), o processo é detonado por um acontecimento que é a própria "ruptura e transição mesmas". Algo é desconstruído, e essa desconstrução, como tudo, implica um risco de desestruturação, que parece ser o que afasta a maioria das pessoas da possibilidade de lançar-se nele. Há um momento de imersão no caos até que uma ordem possa tomar forma. Momento de incompreensão, de trevas, de "não saber". A sustentação dessa realidade pode permitir o surgimento da luz, a constituição de algum saber: ordenar e nomear, sem explicar, possibilitam a saída da experiência do caos pela elaboração da experiência.

INTERMEDIANDO A COMPREENSÃO COM RECURSOS GRÁFICOS: UMA NOVA METODOLOGIA DE ANÁLISE

O entrevistador, por um lado, deixa de ser aquele que olha para o entrevistado contemplando-o como um mero objeto de pesquisa, por outro ângulo, ele próprio deixa de ser um observador da experiência alheia e se compromete com o trabalho de maneira mais sensível e compartilhada. (BOM MEIHY, 1996, p. 28)

Essa metodologia tem como pano de fundo as compreensões de que "a *elaboração é resultado da variedade de exploração*" (MACHADO, 1989, p. 337, destaque da autora) e de que:

o real se "entremostra" **apenas como enigma** implicando simultaneamente excesso de sentido e vazio de sentido; como enigma, o **real demanda** (o que Laplanche chama de) **tradução;**. (FIGUEIREDO, 1994, p. 157, destaques do autor)

Nesse sentido, essa metodologia propõe uma forma de facilitar traduções daquilo que se apresenta não como as únicas possíveis, porém de forma significativa, já que impressas pela experiência do pesquisador.

Para tanto, após transcrever e textualizar[5] os depoimentos, estes foram divididos em oito partes. Tal divisão baseou-se na proposta de Machado (1989)[6], arte-educadora que, para o ensino e o estudo de contos tradicionais, propõe, entre outras estratégias, a divisão do texto em oito partes e a realização de um desenho síntese de cada parte. Visa à observação de cada trecho e, em cada um, à discriminação daquilo que é central e do que é secundário, na percepção do aluno. Explora, assim, a significação através da síntese.

Utilizando essa proposta, procurei definir as partes nos depoimentos que analisei a partir de mudanças na tonalidade afetiva e/ou assunto no seu fluir. Foi um critério que criei a partir de um primeiro mergulho no fluxo narrativo das entrevistas. Percebi que havia momentos em que o assunto mudava e outros em que a tonalidade afetiva se transformava, e resolvi usá-las como critério de divisão do texto. Seguindo essa intenção, ao longo da análise, opções de divisão foram feitas e revistas.

Em seguida, procurei mergulhar em cada parte, deixar-me imprimir e permitir o fluxo de sensações, sentimentos e

---

[5]Procedimento baseado na proposta de João Carlos Sebe Bom Meihy (1996), feita em seu *Manual de História Oral*.
[6]Machado remete ao trabalho *A monografia do conto*, de Nicia Grillo, sua inspiração e escolha por esse tipo de divisão de texto. Nesse trabalho, a autora "introduz a idéia da divisão da história em oito partes e as sucessivas sínteses em desenhos" (MACHADO, 1989, p. 326).

pensamentos que elas me traziam, e traduzir cada mergulho com uma imagem. Em seguida, desenhei essa imagem – um desenho foi feito para cada oitavo de entrevista.

Através desse recurso, procurei encontrar uma forma de reinterpretar o relato oral; como diz Queiroz (1988, p. 16), "desenho e palavra escrita constituem uma reinterpretação do relato oral". Nesse sentido, procurei trabalhar a matéria-prima de minha própria experiência, mergulhando a "coisa narrada" na minha própria vida para transmiti-la: forma artesanal de comunicação (BENJAMIN, 1994, p. 205).

> O que existe é, na realidade, uma interação geradora de sentidos, ou, se quisermos, uma interação de sentidos, geradora de mais sentido. (AMATUZZI apud LEME, 1998, p. 56)

Os depoimentos referiam-se à experiência dos clientes diante das situações especiais oferecidas pela pesquisadora no Serviço. Dessa forma, versaram sobre eventos diferentes, uma vez que houve quem ouviu histórias, quem foi ao Plantão, quem ouviu histórias e depois foi ao Plantão e vice-versa.

A intenção dos desenhos e da minha análise era dar ênfase ao movimento e à forma de expressão das comunicações feitas pelos clientes no depoimento, dando menor atenção ao seu conteúdo. Nessa tarefa, alguns desenhos ficaram mais satisfatórios enquanto expressão da minha intenção do que outros. Entretanto, percebi que eram indissociáveis, conteúdo e forma, e, em alguns depoimentos, pareciam colados, pois a

> escolha do modo de expressão não é reflexiva, mas espontânea, confunde-se com a própria expressão e lhe determina o sentido. (AMATUZZI apud LEME, 1998, p. 55)

Mantive a proposta auxiliada por essa compreensão. Dessa forma, procurei acompanhar o processo de elaboração dos clientes em seus depoimentos. Em alguns casos, mais de um desenho foi produzido para cada trecho, a fim de, mais precisamente, expressar sua compreensão.

Em seguida, procurei transpor a expressão gráfica para a verbal/escrita, na tentativa de expressar, dessa outra forma, a compreensão do movimento do cliente em cada trecho da entrevista. Utilizei o desenho enquanto intermediário entre minha expressão verbal/escrita e a do cliente no depoimento. A cada intermediação, algo se perde e algo se acrescenta. A cada testemunho algo se oculta e algo se

desvela. Sendo o fenômeno um todo inatingível, este é o fluxo próprio de sua manifestação:

> Coisa alguma pode, de si mesma, mostrar-se na sua totalidade, na sua inteireza, na sua patência definitiva. Isto, também, porque a coisa se mostra, sempre, para um certo olhar.
> (...) Para a fenomenologia o ser (...) não está na coisa, mas na trama de significados que vão se articulando entre os homens, articulando os homens entre si e com a própria coisa. É neste entrelaçamento entre os homens, no seu falar a respeito do mundo e no seu relacionar-se com todas as coisas, que um ente ganha a possibilidade de ser aquilo que é e como é. (CRITELLI, 1996, p. 61-62)

Dentro desse contexto, fui dialogando com os depoimentos. Apesar de, como mencionei, alguns trechos terem suscitado mais de um desenho, escolhi apresentar apenas um deles e incorporar as qualidades reveladas pelos outros ao trecho escrito. Cada um privilegiava algum aspecto ou compreensão da comunicação realizada, e nenhum a esgotava.

Ao longo da análise dos depoimentos, a partir do diálogo estabelecido entre o trecho do depoimento, o desenho e a expressão escrita, interpretações foram se seguindo e sendo lapidadas, revistas, acrescentadas e/ou descartadas. Nesse fluxo e, dessa forma, a análise foi sendo configurada.

Os desenhos revelaram-se uma forma de aproximação, trabalho e análise com os depoimentos e não das entrevistas. Desse modo, foram inseridos no trabalho para permitir que o processo de elaboração dessa metodologia pudesse ser compartilhado. Contudo, apenas um dos desenhos de cada trecho será apresentado, significando uma síntese possível: aquela que mais me ajudou na compreensão e aproximação do trecho do depoimento em questão. Para fazer tal escolha, permiti-me questionar o desenho/síntese cada vez que imagens pareceram se adequar melhor ou já não representar mais a compreensão que se formava, ao mesmo tempo em que, em algumas ocasiões, resolvi parar de "trocar" os desenhos por tratar-se de um processo infindável de evocação de imagens. Ou, dito de outro modo, o desenho escolhido foi aquele que "pode valer pelo muito que nele não deveu caber" (ROSA apud MORATO, 1999, p. 421).

O eco que os desenhos possam, ou não, fazer em cada leitor deve ser dimensionado em função da proposta de serem recursos para facilitar a expressão: permitir a criatividade e a fluência do pesquisador – sem rigor estético – enquanto possibilidade de estabelecer um diálogo vivencial e vivo com os depoimentos.

Um exemplar de compreensão interativa ocorreu no atendimento em Plantão de Dália, 13 anos. O depoimento será apresentado textualizado e na íntegra. Posteriormente, apresentarei a compreensão interativa. Nela, é apresentada a ação, que ocorreu entre o mostrar-se do material e a afetabilidade da pesquisadora por essa "mostração". Isso será exposto, inicialmente com um comentário inicial.

Em continuação, figurarão seus respectivos oitavos, constituídos de trecho do depoimento, desenho e análise de cada um. Finalizando, é apresentada uma possível síntese de como foi compreendida a experiência do cliente.

Proponho-me a tal com o intuito de refletir que, para realizar trabalhos em profundidade, é necessário disposição e criatividade. Trabalhei com algo que se apresentava no momento mesmo de sua ocorrência: a riqueza, possibilidades e simplicidade do processo de elaboração de uma experiência vivida, acontecendo. Passemos a ele.

Dália

Foi legal... vir aqui... Foi bom... A plantonista é simpática... tal... Antes de vir... eu achava que eu fosse num consultório: que fosse um por vez... ela fosse ficar perguntando coisas e eu fosse ter que responder... da minha história... sabe? Como passa na televisão... Assim... que ficam perguntando um montão de coisas e você tem que responder... desde que você era pequena... Mas não foi assim... Eu não sei explicar como foi... mas eu me senti bem... foi legal... Também não consigo pensar em nenhuma imagem que explique o que senti.
Uma situação que passo que é parecida com esta daqui é... assim... quando eu vou... nos consultórios... fazer exame de vista... Uma vez eu fui... e foi parecido: o médico ficava fazendo umas perguntas... queria saber as coisas... e eu sempre tinha que responder... Então foi parecido: primeiro ela falava comigo depois chamava a minha mãe...
Desta vez foi diferente da vez do exame da vista... porque... desta vez... falei de uma porção de coisas... e da outra vez falei do exame... que é muito diferente um do outro...
E-la[7] me acon-selhou a ir em outro lugar... Agora eu vou ver se eu consigo parar de gague-jar... Porque... o exame de vista é mais fácil: só tem

que fazer uns tes-tes lá... ele pergunta as coisas e você tem que responder... Aqui não... aqui tem que falar uma coisa... assim... diferente... do que acontece no dia-a-dia...
Eu achei que o atendimento foi normal... Achei rápido... Como é que eu vou explicar... Foi sério... assim... uma coisa que não me deu muita vergonha de falar... Eu achava que eu ia ter que falar coisas... mas as perguntas que ela fez foram bem normais... Ela não perguntou nada que eu tivesse vergonha...
Acho que consegui falar da minha experiência aqui...
Sobre o convite de ouvir a história... eu não sei se eu gostaria de ouvir a história... porque eu não sei que tipo que é a história... se eu vou gostar... se não vou... Entendeu? Mas minha mãe disse que temos que ir embora...

Vendo Dália em Botão

Inicialmente, a fala de Dália pareceu superficial: respostas curtas às perguntas da entrevistadora, afigurando não ter contribuído no processo de elaboração de sua experiência. Contudo, ao longo do trabalho, o esforço e a seriedade, o processo e o ritmo de Dália puderam ser percebidos. A sua sensibilidade e percepção do vivido foram se evidenciando. O seu jeito de falar, talvez em função de sua idade, havia deixado essa primeira impressão.

Cultivando Dália

(I). Foi legal... vir aqui... Foi bom... A plantonista é simpática... tal...

Fig. 15.1

---

[7]Os hifens no meio das palavras indicam momentos em que Dália gaguejou.

No início, Dália respondeu de forma aparentemente descomprometida sobre sua experiência no Plantão. Falou de uma sensação boa, de forma vaga. Estava chegando, situando-se.

(II). Antes de vir... eu achava que eu fosse num consultório: que fosse um por vez... ela fosse ficar perguntando coisas e eu fosse ter que responder... da minha história... sabe? Como passa na televisão... Assim... que ficam perguntando um montão de coisas e você tem que responder... desde que você era pequena...

FIG. 15.2

Esperava estar diante de um especialista, como psicólogo, que para ajudá-la necessitaria de informações a seu respeito. Como numa sala de interrogatório, responderia questões, pois o outro é que precisava saber as "coisas de sua história".

Denotam preocupação, ansiedade diante do novo. Através de uma imagem conhecida e, portanto, familiar, preencheu, ainda que de forma instável, o buraco deixado pela expectativa do desconhecido.

Essa é a sua atitude diante do estranho? Tratava-se de um lugar estranho e de uma situação que foi vivida como ansiogênica e, portanto, desconfortável.

FIG. 15.3

(III). Mas não foi assim... Eu não sei explicar como foi... mas eu me senti bem... Foi legal... Também não consigo pensar em nenhuma imagem que explique o que senti.

Reconheceu que não aconteceu o que tinha por expectativa. Abriu-se algo diferente, novo, inesperado, e, portanto, difícil "traduzir" em palavras o que se passou. Faz referência a algo que parece ser uma *vivência de sensação*. Adquiriu valor simbólico, permanecendo viva no mundo de Dália, mas sem nome ou referência. Não foi associada a nenhuma vivência anterior, não pertencendo ao conhecido. Terreno diferente com paisagem pela primeira vez vista, que ela não soube nomear.

(IV). Uma situação que passo... que é parecida com esta daqui é... assim... quando eu vou... nos consultórios... fazer exame de vista... Uma vez eu fui... e foi parecido: o médico ficava fazendo umas perguntas... queria saber as coisas... e eu sempre tinha que responder... Então foi parecido: primeiro ela falava comigo depois chamava a minha mãe...

FIG. 15.4

Como reconheceu algo diferente, apesar da dificuldade de pôr em palavras, buscou clarear e nomear a experiência, através da lembrança de vivências que considerou semelhantes. Nessa tentativa, aproximou duas situações vividas em seu aspecto formal (ir a consultórios; profissional falar com ela e em seguida chamar a sua mãe). Comparou terrenos, como se percebesse que ambos são pedaços de terra, têm fronteiras delimitadas. Vivência de ser conduzida por outro. Dália pareceu ficar atenta ao que era esperado dela, para responder adequadamente. Talvez, visando a esse mesmo fim, tenha deixado lacunas que permitiram à mãe imprimir suas próprias marcas, desresponsabilizando-se.

(V). Desta vez foi diferente da vez do exame da vista... porque... desta vez... falei de uma porção de coisas... e da outra vez falei do exame... que é muito diferente um do outro...

E-la me acon-selhou a ir em outro lugar... Agora eu vou ver se eu consigo parar de gague-jar...

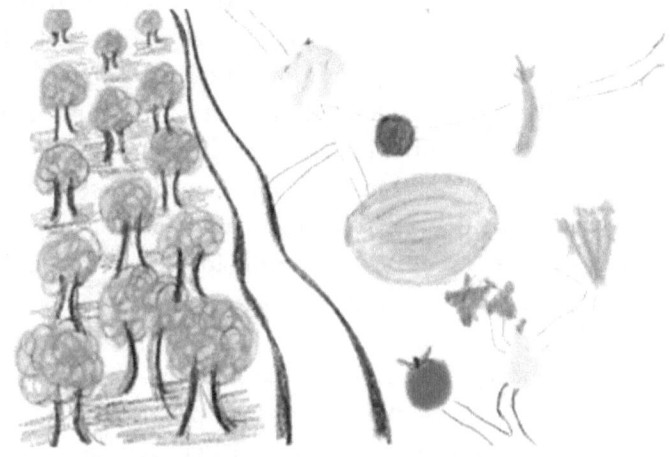

FIG. 15.5

Fez uma comparação com algo concreto e conhecido que é o buscar ajuda para problemas de "saúde". Contextualizar sua vivência a partir dessa comparação a ajudou a ultrapassar o reconhecimento das fronteiras dos terrenos e começar a se dar conta de que há diferenças entre eles. Tentou demarcá-las.

Passou de uma *vivência de sensação* com conotação positiva, de algo difícil de expressar e, conseqüentemente de reconhecer, para algo que ficou um pouco mais tangível. A conotação afetiva difícil/fácil de suas vivências, suscitada pelo que "tem que falar em cada lugar", configurou-se como um delimitador importante para ajudar nessa discriminação. Dália pareceu ser envolvida pelas sensações que as situações lhe despertaram, e foi aos poucos nomeando seu afetamento.

(VI). Porque... o exame de vista é ma-is fácil: só tem que fazer uns tes-tes lá... ele pergunta as coisas e você tem que responder... Aqui não... aqui tem que falar uma coisa... assim... diferente... o que acontece no dia-a-dia...

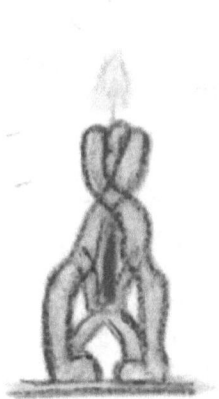

FIG. 15.6

Aproximou-se um pouco mais de sua vivência e do reconhecimento existencial de sua experiência. Falara de semelhanças e diferenças formais: ir aos consultórios buscar ajuda para problemas que se manifestam no corpo. Referiu-se a diferenças experienciais: como viveu essas buscas, como se começasse a reconhecer e nomear os tipos diferentes de solo e de plantas que brotam nos diferentes terrenos.

(VII). Eu achei que o atendimento foi normal... Achei rápido... Como é que eu vou explicar... Foi sério... assim... uma coisa que não me deu muita vergonha de falar...

Eu achava que eu ia ter que falar coisas... mas as perguntas que ela fez foram bem normais... Ela não perguntou nada que eu tivesse vergonha...

FIG. 15.7

Falou do acolhimento sentido. Diferentemente de sua expectativa, pareceu ter se sentido respeitada, confortável e acolhida. Percebendo o espaço, pôde se colocar de forma distinta, estabelecendo um tipo de relação mais direta com suas próprias questões. Foi acolhida e valorizada em sua experiência.

Essa sensação, expressa de forma vaga desde o início da entrevista, ganhou contorno mais claro. Não é mais tão desconhecido e assustador. Uma pequena porta se entreabriu, ainda que não fosse possível vislumbrar o que se situava atrás dela.

(VIII). Acho que consegui falar da minha experiência aqui...

Sobre o convite de ouvir a história... eu não sei se eu gostaria de ouvir a história... porque eu não sei que tipo que é a história... se eu vou gostar... se não vou...Entendeu? Mas minha mãe disse que temos que ir embora...

FIG. 15.8

Finalizando o depoimento, recolocou seu desconforto diante do estranho e novo: insegurança e fechamento. O limite foi dado pela mãe, que, ao mesmo tempo em que aplacou a ansiedade diante do desconhecido, dizendo que precisavam ir embora, evitou que ela tivesse que enfrentá-lo, deixando-a com a vontade e necessidade real de enfrentamento desatendida. Isso, além de não a ajudar a aprender a lidar com a situação, tende a reforçar e intensificar seus sintomas de ansiedade (manifestos com a gagueira).

Após esse trabalho, foi feita uma compreensão do depoimento, relacionada com o tema do trabalho que figurará a seguir.

Apreciando o Desabrochar de Dália

Dália parecia evitar o novo, talvez por sua dificuldade em compreendê-lo. São os terrenos desconhecidos, ainda não-explorados, que desconfortam, pois desalojam, deixando sensações difíceis de nomear e expressar. Ir ao Plantão foi um exemplo desse tipo de situação à qual Dália foi exposta, na qual talvez tenha se sentido sozinha. Possivelmente por isso procure evitar situações que evoquem essa sensação, podendo ser o motivo pelo qual ela não se abriu a ouvir a história. Não sabia se ia gostar, não tinha a menor idéia do que poderia encontrar, teria que, novamente, se abrir ao desconhecido.

Entretanto, ao mesmo tempo em que se tranqüilizou por não ter que enfrentá-lo, se encolheu por não o fazer. Nesse sentido, pareceu ter necessidades e curiosidades que caminharam junto com sua insegurança e medo. Temendo o desconhecido, recorreu à mãe, e esta deu o limite, falando que precisavam ir embora. Dessa forma, ela compactuou com a insegurança e com o medo da filha diante do novo – ao dizer que não sabia se ia gostar, conformando-se em não assistir à história. Dália ficou protegida desse contato e sua ansiedade foi aplacada, apesar de haver passado a impressão de que sua vontade, apesar de melindrosa, foi

frustrada. "Não sei se ia gostar, mas minha mãe falou que precisamos ir embora."

Havia um terreno composto de medos e fantasias diante do que poderia ser um atendimento psicológico: o medo de sentir vergonha, de ter que responder questões que talvez não desejasse, necessidade de se submeter ao desconhecido para lidar com as dificuldades que a levaram a buscar o Serviço. Algo que ela, sozinha, não estava conseguindo resolver. Não tinha controle, nem conhecimento do que ia se passar com ela nesse dia. A realidade foi melhor, mais fácil, rápida e séria do que ela imaginava, do que era sua fantasia. "Foi legal..."

A diferenciação dos tipos de tratamento – que lhe são, agora, conhecidos – para estas duas problemáticas foi ajudando-a a falar do que viveu no Plantão: "aqui tem que falar uma coisa diferente... do que acontece no dia-a-dia". Essa diferenciação marcou uma atitude distinta em relação às próprias questões, e no médico deu informações acerca daquilo que ele pediu e no Plantão narrou algo de sua vida.

A entrevista de Dália pareceu tê-la permitido compartilhar e se relacionar, um pouco mais, com a experiência vivida. Passando de uma experiência enquanto *sensação do vivido* com conotação positiva para algo que foi sendo reconhecido, alojado e expresso. Do vivido para a linguagem, do individual e disforme para o plural, compartilhado, mostrando sua sensibilidade e encolhimento.

Como um artesão que dá forma ao barro na criação de um pote, Dália parece recriar sua possibilidade de estar-no-mundo-com-outros quando dá forma a suas sensações com uma fala nomeadora e "reconhecedora" do vivido. Trata-se do símbolo podendo ser olhado e significado em sua fugacidade, como o barro que guarda todas as possibilidades antes de ser transformado, mas é amorfo. Quando esculpido, muda seu relacionamento e utilização no mundo, mas perde o seu potencial de ser "qualquer coisa". Dália parece que começou a mexer no barro, a experimentar formas. Timidamente.

CONSIDERAÇÕES FINAIS/ ABRANGÊNCIAS

Tem-se, portanto, uma metodologia de análise de depoimentos que se propõe a facilitar o contato com o fluxo, ritmo e tonalidade afetiva do que foi expresso. Para tanto, exige dedicação e disposição do pesquisador para se deixar transformar, disponibilizando uma abertura para o novo naquilo que ele pode perceber do cliente e de si. Refere-se à experiência de criar um caminho com a ajuda de algum intermediário, que, no caso específico, foram os desenhos, e sair do conhecido de modo a poder chegar a algo significativo que ultrapasse o senso comum.

A partir dessa proposta e percurso apresentado, é possível pensar na possibilidade de se utilizarem diferentes recursos que facilitem a elaboração da experiência através da exploração do afetamento na situação. Recursos plásticos, como desenhos, pinturas, ou recursos culturais, como contos, mitos, ou ainda recursos sonoros, como a produção de sons, e recursos corporais, como a produção de movimentos, entre outros, podem configurar-se como elementos para a intermediação da compreensão a serviço da ampliação e flexibilização da relação entre aquele que conhece e o mundo, seja entre cliente e terapeuta, professor e aluno, cada um consigo mesmo.

Por essa experiência de pesquisa, foi possível apresentar como recursos expressivos podem oferecer-se à prática psicológica enquanto elementos para a descoberta do si mesmo e do ser-no-mundo-com outros, condição própria do homem em sua trajetória existencial, quando recorre à clínica para buscar sentido. É através da atitude clínica atenta, de debruçar-se à demanda daquele que pede por esclarecimento de si, que se abre ao psicólogo a possibilidade de recorrer a tais elementos como meio para cuidar da necessidade por expressão de sentido daquele que a ele recorre.

REFERÊNCIAS BIBLIOGRÁFICAS

ARENDT, H. **A condição humana**. Rio de Janeiro: Forense Universitária, 2000.

BENJAMIN, W. O narrador: considerações sobre a obra de Nikolai Leskov. In: **Obras escolhidas**. Vol. 1. São Paulo: Ed. Brasiliense, 1994.

BOM MEIHY, JCS. **Manual de história oral**. São Paulo: Ed. Loyola, 1996.

CRITELLI, DM. **Analítica do sentido: uma aproximação e interpretação do real de orientação fenomenológica**. São Paulo: Educ/Brasiliense, 1996.

FIGUEIREDO, LCM. **Escutar, recordar, dizer**: Encontros heideggerianos com a clínica psicanalítica. São Paulo: Educ/Escuta, 1994.

CHALOM, M. **Contar histórias e expressar-se: aprendizagem significativa e plantão psicológico abrindo possibilidades para a clínica**. Dissertação de Mestrado. Instituto de Psicologia, Universidade de São Paulo, 2001.

LEME, ME. **O corpo-sentido no processo educativo: uma abordagem fenomenológica**. Dissertação de Mestrado. Instituto de Psicologia, Universidade de São Paulo, 1998.

MACHADO, R. **Arte-educação e o conto de tradição oral: elementos para uma pedagogia do imaginário**. Tese de Doutorado. Escola de Comunicação e Artes, Universidade de São Paulo, 1989.

MORATO, HTP (org.). **Aconselhamento psicológico centrado na pessoa: novos desafios**. São Paulo: Casa do Psicólogo, 1999.

QUEIROZ, MIP. Relatos orais: do 'indizível' ao 'dizível'. In: VON SIMSON, OM (org.). **Experimentos com histórias de vida**. São Paulo: Vértice/Ed. Revista dos Tribunais, 1988.

ROSA, G. **Tutaméia: terceiras histórias**. Rio de Janeiro: Nova Fronteira, 1985.

SCHMIDT, MLS. **A experiência de psicólogas na comunicação de massa**. Tese de Doutorado. Instituto de Psicologia, Universidade de São Paulo, 1990. Instituto de Psicologia, Universidade de São Paulo, 2001.

QUESTÕES COMENTADAS

1) Comente, a partir do texto lido, a frase de Guimarães Rosa (1985, p. 42), *"olhos põem as coisas no cabimento"*.

R: A frase sugere uma reflexão sobre um tipo de olhar para o mundo que só vê aquilo que conhece. A autora faz uma crítica aos modelos tradicionais de ensino e aprendizagem que acabam encaixando os olhares no conhecido sem dar espaço a que algo novo possa surgir. A apresentação do percurso da autora na criação de uma metodologia de análise de entrevistas mostra o seu percurso no sentido de ir além do que, inicialmente, conseguia conceber e, portanto, que "punha os olhos no cabimento das coisas".

2) Qual o sentido de apresentar o trajeto exemplar da pesquisadora de construção de uma metodologia qualitativa de análise de depoimentos?

R: A fenomenologia existencial compreende que o conhecimento se faz no encontro entre aquele que vê e o que é visto. Nesse sentido, o conhecimento precisa ser elaborado pelo aprendiz para que ultrapasse a mera repetição de conceitos e possa ser experienciado como uma prática significativa. Partindo dessa compreensão, apresentar o trajeto da pesquisadora é compartilhar o percurso percorrido por ela com suas conquistas e dificuldades, podendo servir de possibilidade de um percurso existencial singular em torno de uma questão específica, porém com características comuns a qualquer percurso de busca: dificuldades e condução adiante. Nesse sentido, pode ressoar e se oferecer como acolhimento para outros percursos criativos.

3) O que significa a elaboração de experiências?

R: Elaborar experiências significa criar elos de sentido entre vivências, ou seja, criar pontes entre o vivido, percepções, sentimentos ou sensações diferentes, compreendendo qual a articulação entre as várias experiências vividas por aquela pessoa inserida em um contexto e época específicos. A elaboração da experiência permite a ressignificação daquilo que é vivido e possibilitando movimento dinâmico à pessoa pela vida, caminhando adiante por entre equilíbrio e desequilíbrio, próprios à ambigüidade humana.

4) Quais são os passos que a autora utilizou para a análise do depoimento apresentado?

R: Dividir o depoimento em oito partes. Perceber as mudanças na tonalidade afetiva do discurso para proceder à divisão. Fazer um desenho síntese de cada parte e, em seguida, um texto de análise de cada oitavo. Por fim, integrar novamente as partes numa compreensão do todo.

CAPÍTULO XVI

A Experiência do Usuário: Via de Ressignificação do Cuidado em Ambulatório Público de Saúde Mental

Ana Maria de Santana

No atendimento psicológico favorecido ao usuário do Sistema Único de Saúde (SUS), em unidades ambulatoriais ou policlínicas, não é raro refletir-se sobre a adequação e a eficácia dos modelos de atuação clínica utilizados para atender à sua demanda. As abordagens teórico-práticas que orientam os procedimentos de cuidado na compreensão e problematização do seu sofrimento não parecem contemplar, satisfatoriamente, as demandas reveladas no processo da assistência psicológica ao usuário. A impressão sentida nesses atendimentos é que a compreensão do psicólogo sobre os infortúnios relatados é atravessada, insistentemente, por um crivo teórico-prático que reduz, e muito, a amplitude das demandas desses pacientes. Estamos convencidos de que os modelos assistenciais vigentes de atuação, instituídos para favorecer a ação clínica do psicólogo nessas unidades, apresentam limitações na abordagem de assuntos ligados à sobrevivência cotidiana do usuário no mundo da vida, vindo apenas a contemplar parte de sua demanda psicológica.

O desamparo, vinculado às graves dificuldades de um viver miserável, no limite da fome, do desabrigo e do desemprego, não é devidamente abordado pelos modelos de compreensão e de prática que referenciam as atuações usuais de psicólogos no âmbito da saúde. Como responder a essa demanda de desamparo e sofrimento do usuário que se faz presente nas suas comunicações? Em que comportaria a ajuda psicológica nesse âmbito?

As unidades ambulatoriais ou policlínicas de saúde são instituições que buscam favorecer a promoção do cuidado em intervenções de média complexidade no âmbito da Rede Pública de Saúde. Em Recife, as policlínicas ofertam serviços voltados para uma atenção especializada para os que residem em áreas não cobertas pelas Unidades de Saúde da Família (USFs) e para pessoas que não conseguem resolução de seus problemas de saúde no âmbito da Atenção Básica.[1] Pelas Diretrizes da Política Nacional de Saúde Mental é na policlínica que deve ocorrer o atendimento especializado em Psicologia. O ambulatório recebe demandas das USFs, centros de atenção psicossocial (CAPS), hospitais psiquiátricos e hospitais gerais. A clientela dos ambulatórios, no campo da saúde mental, é de pessoas que revelam certo grau de complexidade em relação aos seus problemas de saúde, tais como: instabilidade moderada ou grave no comportamento por conta de situação traumática, evolução das patologias, conflito existencial e queixas psicossomáticas.

No ambulatório, percebemos, nas tarefas de promoção do cuidado, a ênfase em intervenções que contemplam e mantêm a vida no seu substrato biológico. Acolhe o enfermo e dele faz uma leitura por signos e sintomas, não realçando a dimensão situacional da existência do paciente. Os procedimentos ambulatoriais instituídos não apreciam, consideravelmente, a narração de histórias de vida contadas pelo paciente. Parece não caber nesse ambiente ouvir as significações elaboradas pelo doente sobre suas experiências vividas.

A doença, como uma experiência de mal-estar, constitui-se situação-problema que altera, drasticamente, as atitudes tomadas na vida cotidiana. Essa experiência demanda

---

[1]Atenção Básica em saúde refere-se ao âmbito de intervenções de caráter preventivo.

medidas normalizadoras e viabilizadoras de recursos que possam transformar a vivência geradora de rupturas em esquemas simbólicos, interpretativos e de reintegração ao viver cotidiano. A enfermidade pode apresentar um caráter relacional que põe em evidência o ser-doente-em-situação e que os modelos culturais ajudam a reorganizar a disposição corporal no enfrentamento da enfermidade. Dessa feita, nas práticas em saúde é preciso estar atento à dimensão sociocultural pela qual o sujeito, na sua vivência de aflição, define, legitima, comunica e negocia significados para o seu sofrimento, em interação com outros. Na situação de enfermidade, é importante possibilitar a comunicação do sujeito sobre a sua experiência de adoecimento. Isso permitiria a compreensão de mecanismos que foram construídos por ele para lidar com a aflição gerada pela enfermidade (RABELO, 1999).

Remetendo ao ambulatório público, observamos que nos procedimentos de atenção realizados junto ao sujeito doente são atribuídos significados cientificamente validados à sua enfermidade, e que nem sempre consideram uma outra possível representação implicada na atribuição que o próprio paciente produz acerca de sua doença. O diagnóstico e o tratamento das patologias graves possuem dimensões desconhecidas para o paciente que, quando não esclarecidas, favorecem vivências ansiogênicas e entraves difíceis ao restabelecimento da saúde. Na assistência ambulatorial, os especialistas comunicam as vicissitudes da enfermidade numa linguagem tão fragmentada que não atende, satisfatoriamente, a necessidade de resposta que o paciente apresenta quando busca atenção para a sua experiência de mal-estar. Nesses procedimentos clínicos, evitam-se esclarecimentos sobre a terapêutica adotada, sobre o grau de morbidade e o prognóstico de sua enfermidade; com isso, dificulta-se a sua experiência encarnada no corpo. Revela-se, assim, uma rede de imbricamento de significados implícitos que, se não explicitados, podem gerar desencontros entre práticas e demandas.

O tratamento e a cura das doenças requerem um exame cuidadoso da realidade do mundo cotidiano vivido pelo paciente. É preciso disponibilidade para escutar as suas metáforas sobre o infortúnio vivido. Dessa forma, estaríamos viabilizando um procedimento terapêutico mais próximo do sujeito, em que o paciente pode transformar a experiência de sentir-se mal em algo que pode ser comunicado, compartilhado e administrado na interação com outros.

Salientando o caráter relacional da experiência de adoecer, encontramos, nesse âmbito, um espaço impor-tante para a ação do psicólogo em ambulatórios públicos. A concepção das práticas psicológicas sob a perspectiva fenomenológica existencial evidencia que a doença não mantém a coerência e a continuidade das narrativas que outorgam o sentido nas vivências complexas e de caos da vida. Alves e Rabelo (1999, p. 173-174) esclarecem que:

> Nas narrativas de aflição, as metáforas desempenham um papel central: constituem estratégias de inovação semântica, que estendem sentidos habituais para domínios inesperados, oferecendo assim uma ponte entre a singularidade da experiência e a objetividade da linguagem, das instituições e dos modelos legitimados socialmente. Tecidas em uma narrativa, as metáforas dão forma ao sofrimento individual e apontam no sentido de uma determinada resolução desse sofrimento: permitem aos indivíduos organizar sua experiência subjetiva, de modo a transmitir aos outros – familiares, amigos, terapeutas – e a desencadear nestes uma série de atitudes condizentes com a nova situação apresentada.

Assim, o doente é sujeito na sua aflição e não se pode contribuir para a alienação de sua experiência de adoecimento. Secundarizar nos procedimentos terapêuticos as suas significações é inviabilizar os recursos próprios que ele possui e dos quais precisa para enfrentar a condição de sofrimento decorrente de sua doença. Por essa compreensão, o psicólogo, no espaço ambulatorial de saúde, pode favorecer o paciente a recontar as histórias de sua vida, de forma a favorecer a compreensão de suas atuais dificuldades, permitindo a continuidade, agora no tempo presente, de suas narrativas sobre as experiências que a doença, na sua instalação, inviabilizou. A atenção psicológica, enquanto processo de conversação, produz mudanças e transformação das histórias narradas, possibilitando o relato de outras. Mais ainda, acolher no espaço ambulatorial as narrativas em primeira pessoa é entender que elas "*representam sistemas de significação complexos e cambiantes*" (GOOLISHIAM, 1996, p. 194), não podendo, assim, ser secundarizadas nos projetos terapêuticos das ações interdisciplinares de ajuda; é narrando que o sujeito enfermo co-explora o que lhe é familiar, desenvolvendo novas complexidades de significado à nova realidade, ajudando, dessa forma, a dar sentido aos processos desalojantes do viver com enfermidade.

Refletindo melhor sobre os modelos assistenciais vigentes de atuação, instituídos para favorecer a ação clínica do psicólogo nas unidades ambulatoriais, entendemos que eles apresentam limitações na abordagem de assuntos ligados à sobrevivência do usuário no tocante a contemplarem um modo de compreensão, ainda que tangencial, no que se refere à experiência e aos *negócios humanos* (BENJAMIN, 1985). Nesse sentido, a dimensão psicológica é apenas parte da demanda do usuário, se perspectivado o sentido da experiência como ação numa condição de sobrevivência no mundo da vida. Assim, na assistência psicológica, o usuário revela uma demanda peculiar e inserida num contexto sociocultural diverso daquele que alicerça nossos aportes teóricos usuais, ou seja, a perspectiva contextualizada de suas necessidades, na qual a qualidade e o modo de vida são determinantes para o compreendermos, não aparece como relevante em nossos procedimentos clínicos atuados junto a ele.

Tal lacuna em nosso fazer é referida por Moffat (1986) como sendo proveniente da importação de modelos de atuação cuja temática está enraizada na cultura pequeno-burguesa européia, na qual, originalmente, esses modelos foram pensados. Desse modo, pouco pode evidenciar e, ainda menos, contribuir nos problemas de quem vive em sociedades latino-americanas como a nossa.

Detalhando a questão, Basaglia e Ongaro (1976) compreendem que as dificuldades não seriam decorrentes da importação, pura e simples, de modelos teórico-práticos, mas da forma colonizada como eles foram e continuam a ser importados. Haveria, nessas modalizações, uma transposição de problemas pertencentes a outras culturas, cujo nível de desenvolvimento, relacionado ao mecanismo de identificação ideológica característico das culturas subordinadas e dependentes das instâncias político-econômicas dos colonizadores, difere do nosso. Os autores afirmam, ainda, que a linguagem intelectual inerente a esses modelos é cúmplice desse processo por ser um produto de assimilação de culturas provindas de realidades diversas. Pertencendo a uma elite restrita, o intelectual possui o privilégio de saber decifrá-la, transformando as *realidades* pela racionalização ideológica. Assim, o poder da teoria contemplaria a ideologia das classes dominantes.

Há um reconhecimento de que as teorias contribuem para as práticas psicológicas, ao revelar nelas a configuração dos fenômenos clínicos, permitindo inserir uma reflexão, uma nova escuta na experiência que possibilita, no curso da ação, a indecisão precursora de novas possibilidades de abordar. As teorias, parafraseando Figueiredo (1996), são

como fundo silencioso para a *escuta* do novo. As práticas, quando estão fundamentadas apenas pelos conhecimentos tácitos, possuidores de uma natureza pré-reflexiva e que se encontram no nível da experiência em que sujeito/objeto não estão diferenciados, não se constituem como objeto de uma reflexão crítica em relação a sua eficácia, podendo ser vulneráveis à mecanização de atitudes. Não obstante, Polanyi (1959) acentua que os sistemas representacionais não podem ser incorporados totalmente às práticas. Devem ser compreendidos como possibilidades abertas dos conhecimentos subsidiários, que contextualizam e servem como fundo para o conhecimento focal, permitindo a figuração e significação do fenômeno visualizado. O conhecimento subsidiário está ligado ao contexto histórico do corpo e do social, viabilizando o sentido da representação e do discurso teórico.

O conhecimento explícito, presente nos dispositivos representacionais de uma teoria, mostra-se reflexivo, objetivador e conversível em representação. Feyerabend (1996) revela que o trânsito entre o conhecimento explícito e o tácito pode ser possível através dos dispositivos representacionais de baixo nível de abstração que sintetizam os elementos da experiência. Esses dispositivos referem-se às listas, esquemas classificatórios, narrativas históricas e dramáticas. Para esse autor, a teoria recusa a complexidade múltipla da experiência, reduzindo-a a conceitos que possuem validade universal, ignorando os fatores sociais e históricos presentes na elaboração de uma representação.

Na prática clínica psicológica, a teoria precisa ter a função crítica de desalojar conhecimentos tácitos impregnados de ações mecanizadas, reintroduzindo nelas o espaço do encontro com o inesperado, o espaço da pesquisa, do pensamento e do afeto. Ela não deve ter a pretensão de verdade, nem tampouco servir como orientação segura para a prática e nem de avaliação para a sua funcionalidade instrumental. A focalização pelas teorias colabora na tarefa da inteligibilidade à experiência, incluindo figuras a partir dos elementos dessa experiência. Abre, no curso da ação, o tempo da indecisão e do adiamento de atitudes, tempo em que podem emergir novas possibilidades de escuta e fala. É necessário que a teoria esteja agindo em silêncio e, de forma a fazê-lo, criar condição primeira de uma verdadeira escuta do novo, mantendo uma tensão pela qual a prática seja um desafio à teoria e que a teoria permita que irrompam problemas para a prática (FIGUEIREDO, 1996).

Desse modo, reportando-se ao âmbito da prática, impõe-se pensar que é preciso atenção à peculiaridade da condição humana na especificidade do contexto socioeconômico-cultural. Isso porque, se nos voltarmos aos trabalhos realizados em nome de e com essa clientela, poderia evidenciar-se a ênfase para uma leitura nosográfica da existência do usuário, desvinculando-a do seu contexto socioeconômico que possibilitaria relacionar a saúde ao exercício da cidadania. Nesse sentido, o saber instituído, envolvendo o fazer na clínica psicológica em policlínicas públicas, precisa estar atento a essa especificidade a fim de não se manter fixado como uma norma organizadora, teórica e técnica, permitindo mecanizações de atitudes, apesar de, via de regra, constituir-se como uma ação clínica.

Morato (1999) chama a atenção para a especificidade originária e germinativa da prática clínica como lugar de acolhimento e de escuta. Essa autora alerta para a necessidade de um fazer que saiba ouvir e ver. Ressalta que a ação que se faz presente na prática é anterior a qualquer referencial teórico que se empreste como modelo para atuação. Essa ação, quando originária, mostra-se iniciadora, decorrente da experiência no contato com o outro, constituinte para a abertura em que se articulam os sentidos do fazer clínico. É no espaço entre humanos que se elaboram o significado e, posteriormente, a tematização do fazer psicológico, viabilizando aberturas e transformações para uma prática clínica pertinente.

A demanda que a comunidade distrital apresenta no atendimento psicológico, na unidade pública de saúde, desafia os nossos modelos instituídos do fazer clínico. Em nossa prática, precisamos permitir que essa demanda tome corpo e direcione um fazer que, tornando-se objeto de reflexão, conduza à construção de novas formas de atuar em saúde mental. Para tanto, esse fazer com eles e através deles deverá advir do saber ouvir e ver. Nessa compreensão, surgiu uma necessidade de *ressignificar* o sentido dado à prática clínica na ajuda psicológica a esses pacientes, para repensar o que esse usuário comunica em sua singularidade e que pode, na sua experiência de atendimento, contribuir para um fazer psicológico pertinente à sua demanda.

Nessa perspectiva, comunicamos uma pesquisa que foi realizada na área de Psicologia clínica e que procurou conhecer, pela abordagem fenomenológica existencial, a experiência do usuário na atenção psicológica que lhe é oferecida na instituição pública de saúde. Este trabalho representou uma iniciativa para articular as referências operacionais que hoje modelizam a ação do psicólogo com a demanda apresentada pelo usuário da rede pública ambulatorial.

Inicialmente o caminho percorrido para entender o fazer clínico psicológico na unidade de saúde perpassou pela narrativa do nosso percurso de atuação no ambulatório, pela qual tivemos o acesso e a possibilidade de elaborar a nossa experiência no convívio com o paciente. Entretanto, isoladamente, o sentido que demos à nossa experiência no atendimento psicológico não contemplava o que buscávamos conhecer. Necessitávamos da significação do usuário sobre a sua experiência de ser assistido na instituição de saúde para entender a prática clínica psicológica realizada no atendimento à sua demanda.

Nesse sentido, as significações do cliente parecem entrelaçar-se ao sentido que o próprio psicólogo busca em sua práxis e que, também, o auxiliam para configurar o fazer clínico no espaço ambulatorial. Procurando um fazer que saiba ouvir no "fazer-com-eles", realçamos a experiência do usuário, procurando uma possibilidade de cartografar o sentido da prática clínica psicológica e sua função na instituição pública de saúde.

A nossa pesquisa, ao buscar descrever o significado da experiência humana, contemplou o trabalho da clínica psicológica. Inspirada na fenomenologia, sua forma de abordar as questões não seguiram uma trajetória contínua. Envolveu saltos, desvios, pelos quais não houve certezas de chegada a uma meta predeterminada. Mediante o que se revelava, as hipóteses iam se formando, permitindo outras formas de se avizinharem dos questionamentos em função dessas novas aberturas.

A via de registro e de comunicação da experiência do usuário foi a narrativa relacionada ao atendimento psicológico. Lembrando Benjamin, as narrativas são vias de acesso para o conhecimento da experiência do narrador. Envolvem "momentos de *insight*, nos quais uma nova articulação de idéias lampeja, introduzindo o saber da descoberta e da novidade em torno de uma experiência passada" (SCHMIDT, 1990, p. 74).

EXPERIÊNCIA COMO POSSIBILIDADE DE FAZER SABER

O conhecimento sobre a experiência do usuário foi compreendido pelas leituras que enfatizaram o vivido como experiência pré-conceitual, no nível das intenções significativas e aquém do significado expresso. A experiência humana envolve um processo de sentimentos no presente imediato que orienta a conceitualização e conduz a significados. Nesse sentido, o significado é formado na interação entre a experienciação e algo que funciona simbolicamente. Conceitualizar envolve um *experienciar* sentido de um significado que poderá se abrir a outros significados (GENDLIN, apud MORATO, 1989). *Experienciando*[2] refere-se a um fluxo contínuo de sentimentos que ocorrem na experiência humana com conteúdos explícitos, podendo ou não ser conceituados (GENDLIN, 1984). Experiência, linguagem e situação estão conectadas, conduzindo a significados sentidos.

O significado sentido é concebido como percepção corporal do sentimento presente na vivência de uma situação. Refere-se a um sentir fisicamente percebido que, contudo, contém, simultaneamente, uma complexidade cognitiva, comunicacional e situacional. O pensamento e o sentimento são produtos do processo experiencial do sujeito e podem ser alterados, mediante uma nova forma de apreender o momento existencial. Dessa forma, a percepção sentida envolve aspectos físicos, sociais e subjetivos (GENDLIN, 1984).

Morato (1989) enfatiza que o significado sentido se forma na complexidade do *experienciando*. É na relação entre o que é sentido, compreendido e articulado que o sentido se mostra. Dessa forma, o significado ocorre nesse processo relacional. O que é sentido tem uma compreensão implícita, podendo ser articulado e contextualizado. Assim, o significado está implícito no que sentimos, dizendo respeito, pois, a uma compreensibilidade, pré-figura, anterior ao que se pode designar por compreensão.

Tendo compreendido a experiência como um processo relacional e articulador entre percepção, comunicação e situação, outra questão se apresenta: *Como estaria sendo registrada*[3] *a experiência humana no contexto sócio-histórico?*

Benjamin (1985) evidencia que o estilo contemporâneo da vida moderna não possibilita à experiência ser um referencial da ação do homem no seu existir. Esse autor alerta sobre a atrofia da experiência nas diversas formas de comunicação do indivíduo com o mundo, tanto na temporalidade quanto no contexto espacial e no universo tecnológico voltado para o desenvolvimento industrial. A experiência, no sentido benjaminiano, é "*incompatível com o registro de automatismo e imediatismo que caracteriza*

a vivência; advém do trabalho da memória, é assunto da tradição" (SCHMIDT, 1990, p. 11); dessa forma, não se perde no contexto em que está inserida.

Na vivência, há uma predominância da atividade intelectual e de consciência. Nesta, não há ensinamentos, nem sugestões, conselhos e afirmativas não-fechadas, como existe na experiência. O homem contemporâneo é o homem da vivência que precisa se adaptar às exigências das condições atuais de tecnicidade do mundo industrializado. Percebe-se uma mudança no modo de vida e nos sistemas perceptivos e mnemônicos do homem moderno como reação à vivência.

Já a experiência tem o seu sentido na existência coletiva. O conjunto das experiências, individual e coletiva, constitui a tradição, preservando as experiências no social (BENJAMIN, apud SCHMIDT, 1990). Os objetos denominados *auráticos* possuem imagens do passado que, quando reconhecidas, transmitem o momento vivido. As representações desses objetos específicos estão na tradição, que garante para o indivíduo o acesso à experiência de seus antepassados através da memória coletiva. Nas festividades e nas comemorações de uma comunidade, há reminiscência do passado coletivo numa fusão com os conteúdos do passado individual. Nesse ponto, a vivência no curso da vida social favorece a emergência da memória involuntária e, nela, a experiência desponta.

A tradição está ameaçada nos tempos modernos e, com ela, o intercâmbio da experiência. A tecnologia no trabalho, na comunicação e na arte, presente no estilo contemporâneo, transformou a percepção do homem sobre o mundo e o modo de relacionar-se com ele. O homem está separado de sua experiência e da experiência coletiva. Nesse contexto, Benjamin (1985) mostra a narrativa como possibilidade de resgatar o contato com a experiência.

A arte de contar história está associada, para esse autor, à transmissão da experiência proveniente da comunidade pré-industrial, centrada no trabalho artesanal. Ela é semelhante a esse trabalho, trazendo a marca do narrador, da sua experiência, descrevendo as circunstâncias do fato que se deu em momento único. O tempo não é visto claramente, estando, contudo, presente nas camadas que se acumulam. A narrativa não traz conclusão, nem tampouco explicação, e por isso oferece-se sucinta e concisa, o fato consumado não aparece; surge de novo como uma nova versão, em uma nova história, porque contém memória de muitos fatos difusos e articulados numa teia complexa da experiência individual e coletiva. A narrativa é uma forma arte-

---

[2]Morato (1989) referiu-se a *experienciando* por achar mais adequado o gerúndio para o que Gendlin chamou de *experiencing*, cuja tradução passou a ser utilizada como experienciação.

[3]Registro diz respeito a autenticação, legitimação da autenticidade da experiência.

sanal de comunicação cuja matéria-prima é a experiência que se sedimenta pelos sucessivos atos de narrar.

Nessa perspectiva da narrativa, o trabalho de pesquisa recorreu à experiência do paciente relativa à assistência psicológica através de seus depoimentos orais. Tais relatos foram concebidos como elementos pertencentes à região dessa experiência, decorrentes do processo vivido e evocado pelo pesquisador ao fazer ao usuário o seguinte pedido: "*Você pode me contar sua experiência de ser atendido em Psicologia neste Posto de Saúde?*"

Schmidt (1990) aponta para a ambivalência de papéis desempenhados pelo pesquisador, quando ele toma como objeto de estudo a experiência do usuário/narrador. Ela afirma que, como ouvinte, o pesquisador acolhe e possibilita o trabalho de elaboração do depoimento. Já como sujeito procura compreender o depoimento, limitando-se a comentar o que foi expresso, relacionado com os constructos teóricos referendados em seus questionamentos. Ressalta, ainda, que, sendo recolhedor da experiência do usuário, como ouvinte, no encontro com ele, o pesquisador não deixa também de ser um narrador que intercambia experiências. A tarefa de interpretar e de comentar sobre a experiência do usuário viabilizará também a comunicação da própria experiência do pesquisador quanto ao tema estudado. Como recolhedor da experiência, o pesquisador/narrador só poderá contar aquilo que nele faz sentido. Nesse aspecto, tal pesquisa remeteu a intersubjetividade como fenômeno viabilizador do procedimento de colheita, e não de coleta, da experiência humana.

RESSIGNIFICANDO A PRÁTICA CLÍNICA PSICOLÓGICA NA UNIDADE AMBULATORIAL

Ouvir o usuário nos seus depoimentos possibilitou uma mobilização para buscas maiores, dessa vez para conhecer o saber instituído da prática psicológica referendado pelos autores e do saber prático da Reforma Sanitária brasileira. Buscava-se, naquele momento da pesquisa, ampliar a compreensão sobre o que foi narrado pelo usuário na configuração do sentido sobre o atendimento psicológico. Tais conhecimentos contribuíram para desvelar dimensões da prática clínica, até então desconhecidas por nós, como por exemplo a ênfase de que, na assistência, a teoria e a técnica instituídas não contornam a ação pertinente ao processo da assistência psicológica nesse contexto.

Na medida em que elaborávamos o trabalho de pesquisa, percebíamos, no decorrer desse processo, fluir, lentamente, um modo novo de conceber a prática psicológica. Surpreendia-nos, e ao mesmo tempo angustiava-nos, que tanto nas leituras dos depoimentos e dos textos teóricos como na escrita dos nossos conhecimentos o fazer clínico psicológico não se revelava com precisão. Nesse momento, começávamos a compreender que a atitude clínica da atenção psicológica não se configura como algo que pode ser apreendido como referência, ou modelo de atuação para um saber fazer. Não percebíamos que estava faltando um componente importante, elucidativo para o entendimento da prática clínica psicológica: o usuário, esse outro, que, recorrendo à assistência psicológica, elabora artesanalmente, com o psicólogo, os procedimentos necessários ao atendimento de sua demanda clínica. Nessa acepção que emergia, demoramos a compreender que não cabia conhecer atitudes clínicas predeterminadas que pudessem assegurar um atendimento psicológico adequado para a população distrital.

Está claro que a ação clínica na assistência psicológica ao usuário da Rede Pública de Saúde é, antes de tudo, originária e decorrente da experiência vivida no contato com ele, sinalizando, portanto, uma abertura para a articulação de sentido sobre o fazer psicológico nesse contexto (MORATO, 1999). Nesse percurso, recorremos ao usuário, novamente, para nos auxiliar na tarefa de ressignificação da ação clínica no ambulatório. Acreditávamos que na interseção dos nossos textos sobre a prática psicológica poderíamos encontrar significados reveladores e significantes do fazer clínico psicológico no ambulatório geral público. Como afirmado anteriormente, o sentido dessa assistência, quando comunicado pelo usuário, poderia favorecer a significação que o próprio psicólogo busca em sua práxis, servindo para configurar o seu fazer clínico com ele.

Nessa disposição, apresentamos um texto síntese elaborado por nós e pelas expressões do usuário tal como comunicadas nos seus depoimentos. O entrelaçamento resultante emergiu em um *intertexto* em que a assistência psicológica na unidade de saúde está configurada pelos significados atribuídos por nós e pela sua clientela. É uma forma de clarificar o que foi dito pelo usuário ao se referir às suas experiências na assistência psicológica e que serve como compreensão desse processo. Sabemos que outros sentidos poderão ser dados, mas o que nesse momento se revela está em consonância com o limite pessoal de nossa escuta à sua fala.

O ATENDIMENTO PSICOLÓGICO NA POLICLÍNICA

O atendimento psicológico no posto de saúde **é uma experiência boa que está sendo muito importante... A terapia é uma fase da vida... um pedaço** dela... **Um espaço em que se pode falar tudo o que vem na mente, até as coisas que se tem medo de falar para as outras pessoas.** Está sendo um espaço de escuta, de acolhimento e de comunicação das falas contidas... **Um lugar para desabafar os problemas,** e que ajuda as pessoas a sair do isolamento.

Um acompanhamento de conversa que alivia melhor a mente, sendo uma **contribuição muito boa e importante** para lidar com as dificuldades de sobrevivência no mundo da vida... Um recurso que auxilia nas vivências de perdas significativas que trazem a tristeza.

É uma **experiência de vida**... associada à liberdade de expressar pensamentos e emoções, viabilizando o **amadurecimento** pessoal e a emergência dos **conflitos que existem** dentro de cada pessoa. **Uma ajuda na comunicação,** servindo para **refletir e se auto-analisar.**

É **um lugar de ouvir também,** que **busca entender a experiência do outro.** Um **lugar de união, de encontro e de confiança,** relacionado a um ambiente que possibilita **luz para a cabeça e força para quem precisa.** [4]

Percebemos por essa significação que a prática clínica no ambulatório público de saúde demonstra ser um recurso importante para o usuário dar sentido às suas experiências e de poder comunicá-las, criando ou legitimando significados sentidos para a sua existência de aflição em cidadania. A ajuda psicológica está associada a um evento marcante, uma *parte* da vida, que favorece certos modos de agir diante das situações e que traz relações de reciprocidade que ajudam a enraizá-lo no seu coletivo.

A comunicação do usuário, no tocante às suas experiências na atenção psicológica numa policlínica da Rede Municipal de Saúde do Recife, revela que o atendimento nesse ambulatório está sendo associado, pela comunidade distrital, a uma assistência que cuida das pessoas quando elas apresentam nervosismo, tristeza, descontrole emocional, sofrimento na vida sexual-afetiva e/ou quando sentem muito medo ou pânico no desamparo vivido na luta para manter a sua sobrevivência. Desse modo, constatamos, nos depoimentos do usuário, recorrendo às suas próprias expressões, que a atenção psicológica nesse ambulatório é vivida como uma experiência de *bem-estar* que permite a escuta de falas contidas. Nesse sentido, a procura pelo atendimento psicológico na policlínica revela ser essa assistência um meio para dar sentido às experiências de vida e poder comunicá-las *em* situações de encontro, criando e legitimando significados para a existência de aflição em desamparo.

Nesse momento, nossa questão acerca do que leva o paciente a buscar o *tratamento* psicológico ambulatorial parece encaminhar-se a uma compreensão possível: buscar a ajuda por sentir uma incapacidade momentânea de se dizer, um apelo de adequação melhor à complexidade móvel de viver. E, pelos depoimentos, os nossos procedimentos parecem estar contribuindo com o usuário para *re-*contar suas histórias vividas, possibilitando novas traduções para as suas dificuldades, dando continuidade, no tempo presente, às suas narrativas.

Em alguns depoimentos o usuário refere-se à atenção psicológica como *experiência de vida.* Tal experiência, na nossa compreensão, perpassa como algo marcante no seu viver; marcante, talvez, pelo fato de lhe proporcionar vivências que lhe possibilitam abertura para trocas de opiniões e de afetos, que contribuem para um dizer a si mesmo no contexto concreto de seu tempo, de seu espaço e no contato com o outro. A atenção psicológica no ambulatório, assim, parece oferecer o que não vem acontecendo em suas trocas afetivas nas interações cotidianas.

O trabalho clínico, mesmo sendo visto como uma situação que pode gerar *conflitos dentro de si*, está sendo experienciado pelo usuário como um espaço significativo para *pôr suas emoções* que não pode manifestar em outros contextos. Nesse sentido, o atendimento psicológico revela-se como possibilidade que não vem sendo contemplada no estilo de vida contemporâneo, por não favorecer brechas para as suas expressões. Ao mesmo tempo, a relação de confiança estabelecida com o outro na assistência grupal vem se constituindo como amparo para as vivências difíceis da sobrevivência.

---

[4]As palavras em negrito foram as expressões retiradas literalmente dos depoimentos.

Entendemos que as práticas psicológicas no ambulatório público estão apontando para reconstruir esse fazer como uma atenção, dado que o contexto institucional pede um olhar mais atento. Isso contribui para que se desconstrua o habitual e o tradicional que não contemplam a experiência da contemporaneidade, promovendo uma desconstrução desse tradicional, abrindo brechas para a invenção de práticas mais pertinentes à demanda e à necessidade tanto dos profissionais que nele atuam quanto da clientela que a eles recorre. Trata-se de um fazer que pede por abertura para a criatividade e a flexibilidade nos procedimentos, podendo garantir uma relação da Psicologia clínica com a sociedade, especialmente com aquelas camadas menos favorecidas, que revelam a conjuntura atual em que vive grande parte de nossa população. O bem-estar das pessoas, ressalta Macedo (1986, p. 4), diz respeito ao clínico. Ela nos acentua que:

> O essencial da atitude clínica, diz Wyatt (1968), é sua preocupação com o comportamento e as necessidades atuais, interesses e apreensões das pessoas na vida diária. A ênfase é na importância da experiência em seus aspectos afetivos e cognitivos, ênfase essa que inclui a pluralidade de experiências, as mudanças no autoconhecimento, a qualidade do pensamento e, sobretudo, os significados que, de acordo com a capacidade de cada um, são dados a essas mesmas experiências, considerando o seu ambiente de vida.

Nesse sentido, percebemos que o atendimento psicológico no ambulatório público vem se configurando numa dimensão não mais de *ajuda*, mas sim de *atenção* psicológica. Nesta, o usuário, procurando entender as suas experiências, é inserido numa escuta que recebe e que se esforça para responder as suas demandas não somente pessoais, mas também constituídas num âmbito coletivo; uma prática que está possibilitando uma ressignificação dessas experiências, permitindo, igualmente, uma avaliação sobre os seus recursos pessoais e da sua comunidade, disponíveis para o enfrentamento da situação-problema.

Estamos convencidos de que é de extrema importância, em nossas ações clínico-ambulatoriais, salientar essa dimensão que gira em torno do viver cotidiano, devendo ser a mesma favorecida nos trabalhos clínicos com essa população. Nesse aspecto, estaremos proporcionando um tipo de ajuda que ressalta o cuidado com a vida *em* situação, sendo o profissional/cuidador norteado por procedimentos de escuta, oriundos do próprio lócus existencial do usuário/cidadão, além de propiciar um espaço para o pertencimento do coletivo. Contudo, em nossas práticas, ainda não estamos nos revelando como *ponte* necessária para o trânsito do doente/desenraizado do seu coletivo para o cidadão/situado em sua comunidade.

Na focalização do mundo que habitamos, rememoremo-nos às indagações iniciais que associam a ajuda psicológica à demanda de desamparo real na vida em cidadania. **Haveria no fazer clínico psicológico uma dimensão que ajudasse no grave infortúnio de viver, freqüentemente, com projetos de vida abortados por falta de saúde, moradia, escolaridade e emprego? No âmbito do atendimento psicológico, o que seria correlato ao cidadão desamparado?**

Sabemos que, hoje, no campo da saúde pública, há um realce muito grande para as práticas que viabilizam a inserção do sujeito na sua comunidade. Parece que a compreensão de cidadão-no-mundo embasa as ações clínicas que norteiam os procedimentos em saúde mental. Inspirado, talvez, pelo saber prático dos movimentos reformistas sanitários, esse olhar demanda abertura para um fazer numa dimensão interdisciplinar, em que precisamos transcender as nossas próprias abordagens de compreensão e de atuação para responder aos fenômenos clínicos revelados no contexto da saúde pública. Abordar a demanda do usuário por um único viés teórico-prático é seccioná-lo em dimensões que levam a uma percepção parcializada de sua vivência como usuário/cidadão.

Macedo (1986) enfatiza que o modelo de atuação clínica tradicional oferece segurança ao psicólogo, em decorrência de ter sido criado no universo existencial desse profissional. A práxis que auxiliou na construção teórica dos modelos assistenciais clínicos em Psicologia, aqui no Brasil, foi desenvolvida num contexto social diverso daquele do usuário, que pertence a uma classe menos favorecida dos pontos de vista socioeducacional e econômico. Dessa feita, Macedo (1986) afirma que *"esse modelo tem levado a uma relação patronal, psicólogo-cliente, calcada no modelo de relação médico-paciente, que foge à essência da atitude clínica, psicológica"* (p. 34). Ela alerta para uma crise de identidade da Psicologia clínica que, hoje, envolve tanto a definição da clientela que assiste quanto a busca de modelos alternativos para o atendimento à demanda que se apresenta nas instituições. Para isso, precisamos nos conscientizar do social e do político que está intrínseco em nossas práticas psicológicas ambulatoriais, e, mais ainda, de uma definição ideológica norteadora dos modelos de ação que possibilitam favorecer uma atenção psicológica ao usuário que nos solicita. Nesses clientes é preciso reconhecer o peso dos fatores sociais na causação de problemas psicológicos.

Estamos aprendendo no cotidiano das práticas que os recursos socioculturais revelados nas experiências do usuário, assim como aqueles que estão presentes na sua comunidade, devem ser acionados como vias importantes para a promoção de sua saúde mental, entendida, aqui, como processo-em-situação, que exige a integração e a comunicação das experiências vividas num mundo com outros. A saúde é decorrente da existência; o cotidiano que a inviabiliza precisa ser evidenciado e repensado em nossas intervenções. Daí a importância de inserir, nas ações clínicas psicológicas em rede pública de saúde, conhecimentos contextualizados acerca da população assistida. Isso requer uma compreensão psicossociocultural da demanda que se revela nos atendimentos. Nesse sentido, a assistência psicológica pode ter a função de potencializar os recursos psicossociais do usuário, o que implica diversificar nortes teóricos e acolher outros, no campo da interdisciplinaridade de saberes.

Os fenômenos com os quais nos deparamos na unidade pública de saúde demandam abertura para o estudo e o trabalho interdisciplinar. Nesse sentido, em nossa experiência, está sendo importante articular qualquer proposta de ação em saúde mental com os movimentos populares que estimulem a convivência, a troca de experiência e a luta pela qualificação da vida. Compreendemos que é de extrema importância que a reinvenção da clínica atinja todas as classes sociais e que a cultura popular possa ser usada como um recurso facilitador das práticas psicológicas.

Schmidt (1999) assinala que os procedimentos clínicos na instituição podem propiciar experiências cognitivo-afetivas de vivências pessoais e também coletivas, sem deixar de perpassar pela singularidade de cada pessoa assistida. Nessas ações, é imprescindível criar modos de atender abertos à pluralidade e à singularidade de assistência, receber e favorecer as demandas constituídas no âmbito social, em que a experiência pode se abrir para o não-planejado, para o desconhecido e o inesperado. Nessa leitura, a instituição pública se oferece como espaço socio-institucional, portadora de condições propícias à elaboração e à comunicação da experiência singular e coletiva dos sujeitos por ela assistidos.

Temos consciência de que não podemos continuar *fazendo saúde* apenas no espaço institucional. Precisamos transcender os nossos muros e recorrer à comunidade, reti-

rando dela os recursos que favorecem a reintegração social do sujeito. Isso porque a comunidade se mostra como um campo complexo que demanda ações de saúde, não apenas para as dimensões secundárias em que as doenças se sinto-matizam, mas para as dimensões que envolvem os níveis primários de prevenção. Na promoção do cuidado em saúde mental, é de extrema importância sairmos da insti-tuição para a comunidade e conhecê-la, a fim de favorecer um fazer contextualizado, em que o referencial da clientela pode mostrar-se como marco das ações que norteiam a atenção psicológica. Compreendemos que isso é extrema-mente pertinente para as nossas práticas clínicas, desen-volvidas no ambulatório público de saúde.

Atualmente, os agentes do Programa de Saúde da Família (PSF) da cidade do Recife levam informações sobre saúde mental à população. Estão sendo treinados para intervir e reconhecer elementos sinalizadores e reveladores de uma demanda para a assistência psicológica e psiquiátrica. Perce-bemos ser esse o início de um trabalho em que a Psicologia clínica estabelece um vínculo importante e germinativo com as classes populares e que, certamente, frutificará pela práxis, ou seja, por conhecimentos mais condizentes sobre a população por ela assistida. Nessa medida, os aconteci-mentos rotineiros que envolvem a relação com o usuário são importantes e devem ser incluídos nas discussões sobre as bases conceituais de atendimentos oferecidos à comu-nidade.

Em consonância com a II Conferência Nacional de Saúde Mental (1994), a reinvenção da clínica ou da assis-tência passa por uma mudança de atitude e de compre-ensão dos técnicos que lidam com o sofrimento psicoló-gico da população distrital. A ênfase é problematizar a clínica quanto à responsabilidade ética de seus trabalha-dores no tocante ao que se espera do atendimento ofere-cido no âmbito da saúde mental. Para isso faz-se necessário ressaltar os marcos conceituais de assistência utilizados na organização dos serviços e aprofundar os conceitos de coletivo, assistência, necessidade e demanda em processo que envolva a inserção da cultura, a interdisciplinaridade e os movimentos populares (MINISTÉRIO DA SAÚDE, 1994).

Caminhando por esse percurso de ressignificação da práxis psicológica em ambulatório público de saúde, não poderíamos deixar de transitar pela dimensão ética do fazer psicológico como via fundante e que pode nortear as ações junto ao usuário. Tal discussão faz-se necessária considerando-se que, no plano etimológico, etos refere-se tanto aos costumes e hábitos como à morada. Etos como morada pode vir a sinalizar a habitação do homem que, nesse abrigo, poderá contemplar o mundo pelas aberturas. Portanto, nesse sentido, ética diz respeito ao habitar o mundo, condição fundante do direito de ser humano.

Na contemporaneidade, marcada por uma crise profunda em todos os âmbitos da vida humana, como atestado por situações da vida política e administrativa, da degradação ambiental, das relações intersubjetivas, dos efeitos iatrogênicos da tecnociência, impõe-se pensar que estamos vivendo uma profunda mudança na qualidade do etos como morada do humano. Tal crise reflete uma outra mais básica e profunda que é a crise ética nas relações humanas. Isto porque "*atinge um órgão vital do corpo social, tratando-se de uma crise do estar junto, dos fundamentos e das condições da vida social e, portanto, das possibilidades da própria vida individual*" (SCHRAMM, 1996, p. 227).

As questões da ética,[5] aplicadas às novas condições de vida que afetam, direta ou indiretamente, a complexa realidade sanitária, vêm demonstrar que a humanidade vive uma cegueira decorrente da ambição, do sentimento de poder e do domínio (MATURANA, 1993). Essa cegueira veicula duplo vínculo que leva aos comportamentos contraditórios em que, por um lado, se busca uma nova ordem mundial que enfatize uma solidariedade antropocósmica e o cuidado com o bem-estar das gerações; porém, por outro lado, assiste-se à realidade de uma ética individualista, pragmática, do "salve-se quem puder", contraditória ao interesse do coletivo.

Hoje vivemos uma situação de *recalcamento* dos vínculos que ligam o si ao outro, indivíduo, comunidade e ambiente. Para Maturana (1993), repensar essas questões é de fundamental importância para os cientistas, uma vez que contornam dimensões da sobrevivência do humano que, se negligenciadas, poderiam levar a uma situação de transformação acelerada e definitiva do mundo natural pela força geológica, que o homem hoje representa para a natureza. Decorre disso o reconhecimento de que precisamos desenvolver um tipo de ética baseada no vínculo

do sujeito com o seu mundo que, vivendo como ser de projeto que transforma o ambiente para sobreviver, possa ser responsável pelas suas realizações e relacionamentos com o outro e com o próprio ambiente natural e social. Demanda-se a ética política do ser humano.

Extrapolando para o campo da saúde na existência, o que está em jogo é a constelação de relações entre vínculos e a possibilidade da vida, relações essas que precisam de cuidado, pois o homem parece estar ultrapassando os limites da prudência que exigem liberdade com responsabilidade nos procedimentos de conhecimento e de ação.

O dispositivo biotecnocientífico, como leitura para o mundo vivido e considerado único saber-fazer, vem sendo a principal causa da perda ou da falta de sentido da nossa experiência cotidiana. As relações pessoais de proximidade e de solidariedade estão sendo substituídas por uma ética intencional e individualista da convicção, ou das últimas finalidades. Dessa feita, parece importante enfatizarmos, sumariamente, a crise da saúde pública por ser o espaço em que estão inseridas as práticas psicológicas que pretendemos compreender.

Schramm (1996) alude que a crise da saúde pública perpassa pela crise do etos, crise aqui entendida no seu sentido original de decisão, e que, na linguagem hipocrática, adquiriu, definitivamente, "*o significado de fase decisiva num processo mórbido, podendo evoluir tanto para a melhora como para a piora do paciente*" (p. 65). Por essa compreensão, o autor adverte que essa crise, sendo vista como processo decisório, leva a uma reflexão e revisão desse contexto. Para ele, a crise da saúde pública é submersível à crise ética, na medida em que seus aspectos inerentes remetem às condições necessárias da vida, tanto na sua dimensão orgânica de sobrevivência como naquela da qualidade de vida. Apresenta esta última como dependente das condições, simultaneamente, humanas e ambientais, individuais e coletivas, reais, simbólicas e imaginárias.

Considerando-se que a saúde pública é o que uma sociedade faz para se sentir saudável (MINAYO, 1992), nesse âmbito compreende-se crise como a incapacidade das sociedades em promover e proteger a saúde das suas populações (FERREIRA, 1992). Hoje, essa crise tem como causa um conjunto de fatores que incluem o contexto econômico, político e social. Esse somatório de fatores, nos seus múltiplos desdobramentos, promoveria a precariedade do exercício da cidadania, tanto nos seus aspectos de participação na *coisa* pública como da responsabilidade individual e coletiva. Tal conjuntura seria sobredeterminada pela insistência dos profissionais dessa área em lidar

---

[5] Ética aparece, em geral, na história da filosofia como a ciência da conduta que se apresenta em duas concepções fundamentais: 1) a Ética considerada como ciência do *fim* para o qual a conduta dos homens se deve dirigir e dos *meios* para atingir tal fim, deduzindo tanto o fim quanto os meios da *natureza* do homem; 2) a Ética considerada ciência do *móvel* da conduta humana, procurando determinar tal móvel com vistas a dirigir ou disciplinar tal conduta. São duas linguagens diferentes, e, enquanto a primeira fala do ideal a que o homem está dirigido pela sua natureza, supondo assim uma essência ou substância do homem, a segunda fala dos motivos ou das causas da conduta humana e pretende se ater ao conhecimento dos fatos (ANDRADE & MORATO, 2004, p. 348).

com a problemática sanitária por um único viés: o teórico-prático disciplinar. No entanto, para Schramm (1996), o campo sanitário implica abordagens disciplinares de forma integrada, sendo esta uma condição necessária para lidar com a complexidade crescente de ações no contexto de saúde.

Nessa compreensão, Ferreira (1992) afirma que o desafio maior da saúde pública seria o de abordar novos problemas ao mesmo tempo em que deve se esforçar para conter os antigos, ainda não-resolvidos. Esse autor critica, também, o modelo biologicista e medicalizante, utilizado em nossas práticas assistenciais, por reduzirem a questão da saúde à doença, defendendo francamente uma abordagem clínica redutora dos problemas coletivos.

Mário Testa (1992) corrobora Ferreira ao dizer que a saúde é uma questão social que envolve a dimensão do poder, da democracia, da participação do social, por ser um processo de construção do sujeito individual e coletivo. Contudo:

> Não se trataria de abandonar a atenção médica, mas de relativizá-la, integrando nas abordagens da Saúde Pública os parâmetros socioeconômicos, assim como os outros parâmetros, pertinentes para qualificar as condições de vida. Somente dessa forma a Saúde Pública adquiriria o seu sentido pleno, sendo, ao mesmo tempo, um campo de profissionalização, um dever do Estado e, sobretudo, um compromisso da sociedade com seus ideais de saúde. (SCHRAMM, 1996, p. 86)

Essa compreensão, traduzida para uma dimensão ética do saber-fazer sanitário, pressupõe o reconhecimento de uma ética da saúde em que nela fossem contemplados não apenas os limites extremos da vida e da morte, mas também os princípios e a prática dos atores e dos assuntos da saúde cotidiana (BERLINGUER, 1993). Implicaria dessa forma o reconhecimento de vínculos existentes entre a vida ela mesma e sua qualidade, considerando esta última como dimensão laica daquilo que afeta o processo de saúde/doença e determina o bem-estar do sujeito e de populações. Em outras palavras, qualidade demanda um contexto de vida como ambiente vivível e uma situação de vida, percebida como totalidade das comunicações e significações simbólico-imaginárias no interior do sistema, entre sistemas e o seu ambiente (SCHRAMM, 1996). Levando em conta essa dimensão, Schramm (1996) ressalta a emergência de um paradigma

bioético, como ponto de vista, específico e unitário, da ética sobre a realidade multidimensional e complexa do campo da saúde pública. A bioética, ao referendar a vida, o primeiro dos direitos naturais humanos, no seu duplo aspecto de bem inalienável e de bem-estar, mostra-se como contribuição importante para o pensar e o agir nos procedimentos clínicos desenvolvidos nas unidades públicas de saúde. Esse paradigma apresenta-se como fundamentação laica da ética e da moral e contribui, de forma específica, para as reflexões atuais das ciências da saúde. Ou seja, ressalta a importância de uma ética *natural*, como universo discursivo para uma ética em saúde, que permite o diálogo entre as ciências naturais que estudam o homem e aquelas sociais e humanas que visam a modos de subjetivação individual e coletivo.

Pelo paradigma bioético, o olhar e as modalidades discursivas possuem uma natureza unicista, holista, pluralista, não necessariamente anteleológica nem antimetafísica, para o campo da saúde. Os problemas dizem respeito à qualidade das vidas individuais, em que a condição ontológica do humano se revela como estando vinculada às demais formas biológicas. É um ponto de vista específico e unitário da ética sobre a realidade multidimensional e complexa do campo da saúde. Nesse modelo, percebemos uma ética *natural* que se propõe a unir vínculos naturais e possibilidades socioculturais, sendo sua eticidade proveniente da vida e tendo como fundamento o embasamento ontológico natural da moral.

A ética *natural*, como ponto de vista pertinente para uma abordagem ética da saúde, tem como objeto a norma humana na articulação complexa do homem, como ser vivo situado e atuante num contexto de como-ser-no-mundo. Mostra-se como ética básica por evidenciar em suas questões, construídas em campo sanitário, a vida em seu aspecto de bem inalienável, aqui entendido como princípio da sacralidade da vida, e de bem-estar para todas as pessoas, este último como princípio de qualidade da vida. Schramm (1996) entende que a ética *natural*, vinda das reflexões das ciências da saúde, mostra-se como contribuição valiosa para o ecumenismo do projeto de ética mundial, atendendo, em parte, à necessidade de uma ética para toda a humanidade.

Nesse aspecto, a eticidade, mencionada pela ética *natural*, relaciona-se mais com a ética da responsabilidade para com as conseqüências do agir do que com a ética da convicção sobre a justeza das ações, submissível à moral. Ética *natural* é, necessariamente, uma moral *encarnada*

(VARELA, 1991), uma competência atuante do próprio agir da norma humana.

A Clínica Psicológica define-se por um dado etos, ou seja, o que define a Clínica é a sua ética: ela está comprometida com a escuta do interditado e com a sua sustentação das tensões e dos conflitos (FIGUEIREDO, 1996). Demanda, por parte do terapeuta, uma qualidade para acolher, ouvir e promover revelações de afetos; compreensão e escuta do pré-verbal para que o impronunciável, acolhido, possa assim traduzir-se, dizer-se (MORATO, 1999).

Figueiredo (1996) lembra que a Clínica nos coloca diante de um outro que, na comunicação de sua história vivida, se apresenta incontornável pelos conhecimentos representacionais advindos da teoria psicológica, promovendo, dessa feita, desalojamentos no psicoterapeuta. Vem revelar, ainda, que *"clinicar é, assim, inclinar-se diante de, dispor-se a aprender-com, mesmo que a meta, em médio prazo, seja aprender-sobre"* (p. 129). Dessa forma, esse autor conduz à reflexão de que a experiência ética, no pensamento levinasiano, se refere a uma vivência que, partindo de um referencial de si-mesmo, de um *em casa* bem instituído, reconheça o outro na sua alteridade irredutível a qualquer conhecimento teórico: *"o outro resistente a qualquer assimilação ao mesmo, refratário ao idêntico articulado num sistema teórico de capturas conceituais e/ou num sistema tecnológico de controle e manipulação de recursos disponíveis"* (p. 130). O sentido ético levinasiano evidencia o valor único do homem: uma morada própria.

A atitude que favorece a Clínica não tem a tarefa de produzir um efeito no outro, mediante um processo planejado, mas sim de uma atitude que possa favorecer o desvelar do que não se mostra por si mesmo. A Clínica mostra que é na ação de clinicar que aprendemos. Sua *técnica* é a de possibilitar o tempo e o espaço de revelação do outro em sua alteridade.

Metaforizando a experiência clínica, na originalidade de sua ética, Figueiredo (1996) diz que o escutar precede o olhar. Na escuta, o silêncio é abertura:

> coloca o que ouve numa posição mais próxima, passiva, padecente. Não necessita de iluminação para o que pode vir a mostrar-se. Os olhos pedem luz para funcionar... se lançam sobre o mundo iluminado à procura, enquanto os ouvidos esperam silenciosamente. (p. 131)

Nesse sentido, enquanto não sairmos do ambulatório para uma atuação efetiva no lócus comunitário, é de funda-mental importância continuar a oferecer espaços de fala nos quais a intervenção terapêutica seria a de posicionar-se perante o usuário e, em face do seu dito, contribuir para que ele possa assumir toda força simbólica de seu dizer, por um posicionamento através do qual fala e ações se equivalem. Ao propiciarmos tais espaços de convivência, estaremos colaborando na formação de constelações de vínculos constitutivos do sujeito/cidadão na sua existência pessoal e coletiva. Dessa forma, estaremos ajudando o enraizamento do homem no seu mundo com outros, condição essa que tem se tornado ausente na população assistida e fonte, a nosso ver, do sofrimento psicológico e do desamparo revelados na clínica dos ambulatórios públicos tão freqüente e intensamente.

Escutar, nos procedimentos clínicos para com esses pacientes, refere-se ao sentido que Paulo Freire (1989) expressa na sua proposta de alfabetização: permitir a emergência da palavra própria no educando. Diz respeito à disposição a um ouvir que possibilita o falar, refere-se a um posicionamento em face dos usuários, ao mesmo tempo em que implica possível desdobramento em termos de ação e novas experiências.

Revendo o que foi dito, percebemos que é no âmbito da nossa experiência com o usuário, vivenciada no encontro da atenção psicológica propiciada e na estranheza que ele produz em nossas interações, que a teoria pode engendrar-se e servir-nos como auxílio no acolhimento e nas possibilidades de respostas à sua demanda.

Nessa perspectiva, revela-se o valor da articulação entre teoria e prática, esta última podendo ser compreendida como experiência. Considerando que, como apresenta Gendlin (1984), compreender é transformar as experiências afetivo-cognitivas em criação de sentido, a partir de vivências sensíveis, e salientando que nas relações entre experiência e discurso representacional é necessário evidenciar a não-coincidência, concluímos com Figueiredo (1996) que a teoria não deve coincidir com a prática clínica. Ao contrário, deveria, antes, pertencer e dizer respeito a ela. Nas práticas psicológicas, e nelas enfatizamos as ambulatoriais, precisamos manter a tensão entre o conhecimento teórico e o tácito, sendo relevante pensar sobre suas distâncias e diferenças.

In-concluindo, haveria, ainda, muitas outras considerações a serem feitas. Contudo, o valor de uma pesquisa também se revela pelas inúmeras possibilidades de aberturas a explorar e investigar. Desse modo, podemos apenas colocar um ponto final neste trabalho apresentando algumas articulações quanto às aprendizagens significativas que ocorreram durante esse processo.

Entendemos que é preciso criar formas de fazer e de pesquisar na Clínica Psicológica em ambulatórios públicos, abandonando ou relativizando antigas fórmulas do paradigma tradicional científico, às quais a Psicologia precisava sujeitar-se: fazia-se pesquisa *sobre* o fenômeno clínico com procedimentos e modelos objetificadores na dicotomia sujeito/objeto inserida na tradição moderna de se fazer pesquisa. Precisamos hoje, devido à complexidade de ações no campo sanitário, e, em específico, no da Clínica Psicológica, criar condições de pesquisa que se aproximem do real desse fazer e que é ação da clínica. Não podemos mais nos manter fixos na produção de conhecimentos *sobre* a Clínica Psicológica. Precisamos, sim, adquirir conhecimentos do que realmente se faz no âmbito da ação psicológica e de como ela é feita nas instituições de saúde pública. Lembrando Morato,[6] *"a pergunta que a Clínica pede é o 'como', sendo essa a nossa questão"*.

---

[6]Aulas no Curso de Mestrado em Psicologia clínica da Unicap, Recife.

Essa autora ainda leva a pensar que, ao nos distanciarmos das referências que nos orientam em nossas práticas, talvez naqueles momentos em que elas já não servem como respostas aos eventos da Clínica, estejamos de fato abrindo possibilidades reais de atendimento às demandas da Rede Pública de Saúde, pois estas nos desalojam do processo clínico teórico-prático. Buscando um outro jeito de olhar, podemos vislumbrar aberturas outras, envolvendo escolhas e outras maneiras de fazer, permitindo clareiras que iluminam o fazer clínico psicológico. É desconhecendo, desalojando-se, que a abertura de novas possibilidades de ação se constitui, ancorando, dessa feita, o trabalho clínico na experiência tanto do usuário quanto do servidor/cuidador. Finalizamos solicitando aos que se *comovem* na assistência em Rede Pública de Saúde a se *locomoverem* para investigar outras dimensões da atenção psicológica que possam contemplar mudanças necessárias ao bem-estar da população assistida.

REFERÊNCIAS BIBLIOGRÁFICAS

ALMEIDA, FM. **Cuidar de ser: uma aproximação do pensamento heideggeriano**. Dissertação de Mestrado. São Paulo: PUC-SP, 1995.

AMATUZZI, MM. **O resgate da fala autêntica**. Filosofia da psicoterapia e da educação. Campinas: Papirus, 1989.

ANDRADE, AN; MORATO, HTP. Para uma dimensão ética da prática psicológica em instituições. In: **Estudos de Psicologia**. Natal: maio/agosto, vol. 9, n⁰ 2, 2004. p. 345-353.

BASAGLIA, FA. **A instituição negada**. Rio de Janeiro: Graal. 1985.

BASAGLIA, F; ONGARO, BF. **La majorité déviant**. Paris VI: Union Générale D'éditions. 1976.

BEAINI, TC. **A escuta do silêncio: um estudo sobre a linguagem no pensamento de Heidegger**. São Paulo: Cortez, 1981.

BENJAMIN, W. **Poesía y capitalismo**. Iluminaciones II. Madrid: Ed. Taurus. Jesus Aguirre, 1980.

_____. **Magia e técnica, arte e política**. Obras Escolhidas. V.I. São Paulo: Brasiliense, 1985.

BERLINGUER, G. **Questões de vida. Ética, ciência, saúde**. Salvador: APCE, 1993.

BERTI, E. **L'etica alla ricerca della persona**. In: Bolonia: **Mulino**, 1991. 336:579-588.

DIMENSTEIN, MDB. O psicólogo nas unidades básicas de saúde: desafios para a formação e atuação profissionais. **Estudos de Psicologia**. Natal: 3(1), 1998. p. 53-81.

FERREIRA, JR. La crisis. **OPS**. 233-236, 1992.

FIGUEIREDO, LC. **Revisitando as Psicologias: da epistemologia à ética das práticas e discursos psicológicos**. 2ª ed. São Paulo: Educ, Petrópolis: Vozes, 1996.

GENDLIN, ET. The client's client: edge of awareness. In: LEVANT, RF; SHLIEN, JM (org.). **Client Centered Therapy and the Person Centered approach: new directions in theory, research and practice**. New York: Pracger Publ., 1984.

GOOLISHIAN, HA. Narrativa e self: alguns dilemas pós-modernos da psicoterapia. In: SCHNITMAN, DF (org.). **Novos paradigmas, cultura e subjetividade**. Porto Alegre: Artes Médicas, 1996. p. 193-203.

GUATARRI, F. **Caosmose: um novo paradigma estético**. Rio de Janeiro: Ed. 34. 1992.

MACEDO, RMS. **Psicologia e instituição: novas formas de atendimento**. São Paulo: Cortez Editora, 1986.

MATURANA, H. O motor do conhecimento é a paixão. Entrevista de Ivana Bentes, **Caderno Idéias/Livros. Jornal do Brasil** 365: 132, 1993.

MINAYO, MCS. **O desafio do conhecimento**. São Paulo: Hucitec, 1992.

MINISTÉRIO DA SAÚDE. **Conferência Nacional de Saúde Mental**. Relatório Final. Rio de Janeiro, 1987.

_____. **Conferência Nacional de Saúde Mental**. Relatório Final. Brasília, 1994.

MOFFAT, A. **Psicoterapia do oprimido: ideologia e técnica da psiquiatria popular**. Trad. Paulo Esmanhoto. São Paulo: Cortez, 1986.

MORATO, HTP (org.). **Aconselhamento psicológico centrado na pessoa: novos desafios**. São Paulo: Casa do Psicólogo, 1999. p. 61-88.

_____. **Eu-supervisão: em cena uma ação buscando significado-sentido**. Tese de Doutorado. São Paulo: Instituto de Psicologia da Universidade de São Paulo, 1989.

POLANY, M. **The study of man**. Illinois: University of Chicago Press, 1959.

PROUST, M. **No caminho de Swann**. Trad. Mário Quintana. Rio de Janeiro: Globo, 1956.

RABELO, MC. **Experiência de doença e narrativa**. Miriam Cristina Rabelo, Paulo César Alves, Yara Maria Souza. Rio de Janeiro: Editora Fiocruz, 1999.

REVERBEL, CMF. Desinstitucionalização: a construção de cidadania e a produção de singularidade. **Psicologia – Ciência e Profissão**, 16, 1996. p. 4-11.

ROLNIK, S. **Cartografia sentimental**. São Paulo: Estação Liberdade, 1989.

ROTELLI, F. et al. **Desinstitucionalização: uma outra via**. São Paulo: Hucitec, 1990.

SCHMIDT, MLS. **A experiência nos meios de comunicação de massa**. Tese de Doutorado. São Paulo: IPUSP, 1990.

_____. Aconselhamento psicológico e instituição: algumas considerações sobre o serviço de aconselhamento psicológico do IPUSP. In: MORATO, HTP (org.). **Aconselhamento psicológico centrado na pessoa: novos desafios**. São Paulo: Casa do Psicólogo, 1999. p. 89-103.

SCHRAMM, FR. **A terceira margem da saúde: ética natural, complexidade, crise e responsabilidade no saber-fazer sanitário**. Brasília: Editora Universidade de Brasília, 1996.

SPINK, MJ (org.). **O conhecimento no cotidiano. As representações sociais na perspectiva da Psicologia social**. São Paulo: Brasiliense, 1993.

TESTA, M. Salud Pública: acerca de su sentido y significado. **OPS** 205-229, 1992.

THIOLLENT, M. **Metodologia da pesquisa ação**. São Paulo: Cortez, 1986.

VARELA, F. **Un know-how per l'etica**. Roma-Bari: Laterza, 1992.

QUESTÕES COMENTADAS

1) A unidade ambulatorial de saúde poderia servir como espaço de comunicação das experiências, singular e coletiva, da população que a ela recorre buscando resposta às suas vivências com enfermidade?

R: A doença como uma experiência de mal-estar constitui-se situação-problema que altera, drasticamente, as atitudes tomadas na vida cotidiana. Essa experiência demanda medidas normalizadoras e viabilizadoras de recursos que possam transformar a vivência geradora de rupturas em esquemas simbólicos, interpretativos e de reintegração ao viver cotidiano. A enfermidade possui um caráter intersubjetivo que põe em evidência o ser-doente-em-situação e os modelos culturais ajudam a reorganizar a disposição corporal no enfrentamento da enfermidade. Dessa feita, nas práticas em saúde é preciso estar atento à dimensão sociocultural pela qual o sujeito na sua vivência de aflição define, legitima, comunica e negocia significados para o seu sofrimento, em interação com outros. Na situação de enfermidade, é importante possibilitar a comunicação do sujeito sobre a sua experiência de adoecimento. Isso permitirá a compreensão de mecanismos que foram construídos por ele para lidar com a aflição gerada pela enfermidade (RABELO, 1999). O tratamento e a cura das doenças requerem um exame cuidadoso da realidade do mundo cotidiano vivido pelo paciente. É preciso disponibilidade para escutar as suas metáforas sobre o infortúnio vivido. Dessa forma, estaremos viabilizando um procedimento terapêutico

mais próximo do sujeito, em que o paciente pode transformar a experiência incoativa* de sentir-se mal em algo que pode ser comunicado, compartilhado e administrado na interação com outros.

Salientando o caráter intersubjetivo da experiência de adoecer, encontramos nesse âmbito um espaço importante para a ação do psicólogo em ambulatórios públicos. A concepção das práticas psicológicas inspiradas nas abordagens fenomenológicas e existenciais evidencia que a doença não mantém a coerência e a continuidade das narrativas que outorgam o sentido nas vivências complexas e de caos da vida. Assim, o doente é sujeito na sua aflição, não se pode contribuir para a alienação de sua experiência de adoecimento. Secundarizar nos procedimentos terapêuticos as suas significações é inviabilizar os recursos próprios que ele possui e dos quais precisa para enfrentar a condição de sofrimento decorrente de sua doença. Por essa compreensão, o psicólogo, no espaço ambulatorial de saúde, pode favorecer o paciente a recontar as histórias de sua vida, de forma a favorecer a compreensão de suas atuais dificuldades, permitindo a continuidade, agora no tempo presente, de suas narrativas sobre as experiências que a doença, na sua instalação, inviabilizou. A atenção psicológica enquanto processo de conversação produz mudanças e transformação das histórias narradas, possibilitando

_____
*Incoativa remete ao começo da ação ou de estado e sua progressão.

o relato de outras. Mais ainda, acolher no espaço ambulatorial as narrativas em primeira pessoa é entender que elas *"representam sistemas de significação complexos e cambiantes"* (GOOLISHIAM, 1996:1994), não podendo, assim, ser secundarizadas nos projetos terapêuticos das ações interdisciplinares de ajuda; é narrando que o sujeito enfermo co-explora o que lhe é familiar, desenvolvendo novas complexidades de significado às novas realidades, ajudando, dessa forma, a dar sentido aos processos desalojantes do viver com enfermidade.

2) Haveria no fazer clínico psicológico uma dimensão que ajudasse no grave infortúnio de viver freqüentemente com projetos de vida abortados por falta de saúde, moradia, escolaridade e emprego? No âmbito do atendimento psicológico, o que seria correlato ao cidadão desamparado?

R: Estamos convencidos de que é de extrema importância, em nossas ações clínico-ambulatoriais, salientar essa dimensão que gira em torno do viver cotidiano, devendo ser a mesma favorecida nos trabalhos clínicos com essa população. Nesse aspecto, estaremos proporcionando um tipo de ajuda que ressalta o cuidado com a vida *em* situação, sendo o profissional/cuidador norteado por procedimentos de escuta, oriundos do próprio lócus existencial do usuário/cidadão, além de propiciar um espaço para o pertencimento do coletivo. Contudo, em nossas práticas, ainda não estamos nos revelando como *ponte* necessária para o trânsito do doente/desenraizado do seu coletivo para o cidadão/situado em sua comunidade. Sabemos que hoje, no campo da saúde pública, há um realce muito grande para as práticas que viabilizam a inserção do sujeito na sua comunidade. Parece que a compreensão de cidadão-no-mundo embasa as ações clínicas que norteiam, atualmente, os procedimentos em saúde mental. Inspirado, talvez, pelo saber prático dos movimentos reformistas sanitários, esse olhar demanda abertura para um fazer numa dimensão interdisciplinar, em que precisamos transcender as nossas próprias abordagens de compreensão e de atuação para responder aos fenômenos clínicos revelados no contexto da saúde pública. Abordar a demanda do usuário por um único viés teórico-prático é seccioná-lo em dimensões que levam a uma percepção parcializada de sua vivência como usuário/cidadão.

Precisamos nos conscientizar do social e do político que está intrínseco em nossas práticas psicológicas ambulatoriais; mais ainda, de uma definição ideológica norteadora dos modelos de ação que possibilitam favorecer uma atenção psicológica ao usuário que nos solicita. Nesses clientes é preciso reconhecer o peso dos fatores sociais na causação de problemas psicológicos. Estamos aprendendo no cotidiano das práticas que os recursos socioculturais revelados nas experiências do usuário, assim como aqueles que estão presentes na sua comunidade, devem ser acionados como vias importantes para a promoção de sua saúde mental, entendida aqui como processo-em-situação, que exige a integração e a comunicação das experiências vividas num mundo interativo com outros. A saúde é decorrente da existência; o cotidiano que a inviabiliza precisa ser evidenciado e repensado em nossas intervenções. Daí a importância de inserir, nas ações clínicas psicológicas em rede pública de saúde, conhecimentos

contextualizados acerca da população assistida. Isso requer uma compreensão psicossociocultural da demanda que se revela nos atendimentos. Nesse sentido, a assistência psicológica pode ter a função de potencializar os recursos psicossociais do usuário, o que implica diversificar nortes teóricos e acolher outros, no campo da interdisciplinaridade de saberes.

Os fenômenos com os quais nos deparamos na unidade pública de saúde demandam abertura para o estudo e o trabalho interdisciplinar. Nesse sentido, em nossa experiência, está sendo importante articular qualquer proposta de ação em saúde mental com os movimentos populares que estimulem a convivência, a troca de experiência e a luta pela qualificação da vida. Compreendemos que é de extrema importância que a invenção da clínica atinja todas as classes sociais e que a cultura popular possa ser usada como um recurso facilitador das práticas psicológicas. Nessas ações, é imprescindível criar modos de atender abertos à pluralidade e à singularidade de assistência, receber e favorecer as demandas constituídas no âmbito social, em que a experiência pode se abrir para o não-planejado, para o desconhecido e o inesperado. Nessa leitura, a instituição pública se oferece como espaço socioinstitucional, portadora de condições propícias à elaboração e à comunicação da experiência singular e coletiva dos sujeitos por ela assistidos.

3) Atualmente, no âmbito das práticas clínicas em ambulatórios públicos de saúde, vem sendo realçada a produção do cuidado, não mais em procedimentos isolados, circunscritos nas modalidades disciplinares, mas em atividades que requerem integração em rede de atenção, o que vem solicitar do psicólogo, enquanto cuidador, articulação permanente e trânsito em campos epistêmicos diversos do seu. Nesse contexto, como a prática psicológica vem sendo revelada nas atividades de promoção à saúde junto ao usuário da Rede de Saúde Mental?

R: No âmbito das práticas de atenção em saúde mental voltadas para o usuário da rede de saúde, vem ocorrendo uma mudança significativa na compreensão e na intervenção aos problemas de saúde vivenciados pela população. Nessas atividades, avistam-se diretrizes de ação, fundamentadas na concepção de saúde como campo transdisciplinar, solicitando dos agentes interventores uma compreensão ampliada de saúde que integra dimensões biológicas, psicológicas, sociais e culturais do sujeito enfermo. Nesse sentido, saúde vem sendo associada ao bem-estar e ao exercício da cidadania. Nos trabalhos desenvolvidos junto à população sanitária, a ênfase é propor intervenções com perspectiva na promoção à saúde e na atitude direcionada à escuta de demandas sociais. Busca-se assim introduzir ações de natureza preventiva e educativa nos procedimentos clínicos em saúde pública, com atividades criativas em torno de recursos teóricos e práticas que não se reduzam ao saber instituído dos especialistas. A clínica que vem sendo desenvolvida no ambulatório não poderia deixar de acompanhar tais mudanças, uma vez que vem formar com outros referenciais a *rede de atenção* em saúde mental.

Em nossa experiência, a prática psicológica vem sendo realçada como recurso significativo de atenção na *rede de cuidado* em saúde mental. Os encaminhamentos para a clínica psicológica ambulatorial provêm tanto dos profissionais que atuam na Atenção Básica em Saúde quanto daqueles que desenvolvem atividades em âmbitos complexos de cuidado, como é o caso dos hospitais, geral e psiquiátrico, e dos Centros de Atenção Psicossocial – CAPS. Na rede de atenção ofertada à comunidade, há uma precisão do saber/ofício do psicólogo junto às demandas clínicas. Nesse contexto, percebemos que a práxis psicológica vem se mostrando avessa aos modelos assistenciais tradicionais e vigentes que nortearam, por muito tempo, a atuação de psicólogos no âmbito da saúde. Ela vem se revelando como zelo junto ao sofrimento de atores sociais, exigindo parcerias com dimensões intersetoriais em saúde. Dessa feita, entendemos que a especificidade originária e germinativa da prática psicológica, como lugar de acolhimento e de escuta, mostra-se como um processo iniciador, decorrente da experiência, o que se constitui como abertura em que se articulam os sentidos do fazer clínico, vindo a contemplar, na instituição ambulatorial de saúde, circulação de afetos, protagonismo do sujeito e vínculos, elementos essenciais na produção do cuidado.

Capítulo XVII

Saúde e Sofrimento do Trabalhador: Experiências e Olhares Acerca do (Des)Cuidado de Cuidadores/ Profissionais de Saúde Mental no Contexto do SUS numa Perspectiva Fenomenológica Existencial*

*Carlos Frederico de Oliveira Alves** · Henriette Tognetti Penha Morato*** · Marcus Túlio Caldas****

O CONTAR DE UM CONTAR

Falar em perspectiva é necessariamente falar em olhar... Falar em olhar é necessariamente falar de posição... Falar acerca de posição é necessariamente falar em escolha... E escolha, por sua vez, nos remete invariavelmente a falar em política. Política não em seu sentido partidário, mas compreendida enquanto ação, que se constrói no entre-homens, movida a escolhas, olhares e busca de perspectivas, sempre sob o viés ético do cuidar de si e de outros.

Foi nesse sentido que partimos em busca da construção deste capítulo, com o objetivo de sintetizar o percurso de um processo iniciado a partir de uma série de inquietações, nascidas desde os primórdios da minha formação profissional no campo da saúde e fruto da observação e con-vivência diária com um alto grau de sofrimento vivenciado pelos profissionais que compõem as equipes de saúde no contexto do SUS e, mais especificamente, as equipes de Saúde Mental no âmbito do Movimento da Reforma Psiquiátrica Brasileira.

O desejo por realizar este trabalho de pesquisa nasceu de uma série de questionamentos surgidos desde a graduação em Psicologia e que têm percorrido todo o meu percurso profissional. Seja no âmbito dos desalojamentos ante a experiência de cuidador[1] ou partir dos relatos de experiência de colegas, cuidadores/profissionais dos diversos campos do saber, sempre me atraiu a atenção compreender como se dá o cuidado daqueles que se dedicam a cuidar de outros como ofício.

Desde os primórdios da minha vida familiar, sempre compartilhei a vivência de um certo grau de angústia, muitas vezes experienciada com intenso sofrimento, por pessoas próximas a mim, que exerciam papéis que possuíam como característica básica de seu fazer o cuidado dispensado a um outro alguém. Profissionais de educação, saúde, assistência social ou religiosa, conselheiros ou, até mesmo, aqueles que dispensavam outras atitudes e ações de cuidado ante quem sofria, mesmo que não estivesse atrelado a um papel institucional delimitado, como é o caso de cuidadores de enfermos, órfãos etc. Pessoas que se dispunham, voluntariamente ou não, a tais atividades, mas que pareciam compreender o cuidado simplesmente como cuidado de outrem e, quase nunca, de si mesmas.

---

*Texto adaptado de Alves, CFO: *Entre o Cuidar e o Sofrer: O Cuidado do Cuidador Via Experiência de Cuidadores/Profissionais de Saúde Mental*, 2005. Dissertação de Mestrado em Psicologia Clínica. Recife: Universidade Católica de Pernambuco. Este texto recorre à apresentação do pesquisador principal, referindo-se à sua própria experiência no desenrolar da pesquisa; então, por vezes, o tempo verbal aparece na 1ª pessoa do singular.
**Pesquisador principal.
***Orientadores da pesquisa.

[1]Cuidador, aqui, no sentido de alguém que, numa atitude clínica, se dispõe a, junto ao outro, escutar suas angústias e acolhê-lo no processo de abertura ao sentido em sua existência.

Percebia claramente que tal fato, geralmente, resultava numa vivência explícita de cuidadores descuidados, dado a um estereótipo de firmeza, bem como a uma postura que sustentava a aparência de força, mesmo em meio a muita fragilidade. Chamava-me a atenção o fato de que a temática do cuidar de si, mesmo estando implicitamente presente nas diversas queixas cotidianas, parecia necessitar ser guardada a "sete chaves", como algo velado, que não podia ser revelado e compartilhado socialmente, sob o risco de denegrir a imagem do cuidador, associando-lhe aspectos de fraqueza e, conseguinte, inutilidade para exercer tais funções.

Nesse contexto, o que se observava era o desenvolvimento de um processo de aumento constante de esforços para superar a dor, visto que o buscar ajuda poderia ser fonte ainda maior do sofrimento vivido, demandando a contínua contenção da dor pelo próprio sujeito. Tal quadro da realidade da experiência do cuidador de conter/esconder de si e dos outros a necessidade de lhe ser dedicada uma atenção, devida e pertinente, resultava em diversas manifestações desse sofrimento, como indícios através de brechas: cuidadores dependentes químicos, deprimidos, isolados, amargurados, insatisfeitos, citando apenas alguns dos muitos quadros que se apresentam, em consonância com os ditos populares: "*faça o que eu digo, mas não faça o que eu faço*" e "*em casa de ferreiro, o espeto é de pau*"!

Na busca por uma ampliação da compreensão desse fenômeno, parti em busca de aproximações com aspectos relacionados a essa problemática que não poderiam ser desconsiderados, tais como a questão do trabalho, do trabalhador, da instituição, do cuidado, do cuidador, das teorias e práticas que permeiam as intervenções em saúde, o público, o histórico etc., enfim, dos diversos aspectos que perpassam a existência humana. Tal processo culminou com a construção da Dissertação de Mestrado em Psicologia Clínica na Abordagem Fenomenológica Existencial, defendida da Universidade Católica de Pernambuco, em 2005, enquanto mais um importante elemento na tessitura de um sentido possível para essas experiências: um sentido sentido, com a afetabilidade do vivido, a compreensão do experienciado e a comunicação do dissertado.

CUIDADO E SOFRIMENTO DO TRABALHADOR: APROXIMAÇÕES DA PRÁXIS DE PROFISSIONAIS DE SAÚDE MENTAL

O sofrimento que emerge do lidar continuamente com fenômenos amplos e complexos como a dor psíquica cons-

titui um aspecto diferenciador da prática dos profissionais de saúde mental. De acordo com Schmidt (2003), esses profissionais recebem, cada vez mais, uma clientela com experiências emocionais e condições de vida que demandam intervenções intensas. Trata-se de questões cujos conteúdos, de caráter bastante mobilizador, sinalizam, principalmente em instituições públicas, para uma espécie de alternativa que permita conviver "*loucamente*" com a turbulenta realidade social com a qual os usuários se defrontam em seu dia-a-dia.

Segundo a autora (SCHMIDT, 2003), tal realidade em quase nada diverge daquela vivida pelos profissionais no que se relaciona a aspectos como sofrimento social e intensificação das vivências de desamparo. Em alguma medida, essas demandas repercutem nos cuidadores, indo de encontro a algumas limitações e fragilidades, provocando neles o surgimento de diversas manifestações de sofrimento e dor.[2]

Nesse sentido, é comum perceberem-se diversas sinalizações de exaustão tanto por vivenciar as mesmas realidades que ocasionam o pedido de ajuda de seus clientes, bem como pelo próprio fato de lidar continuamente com as dores inerentes ao "adoecer dos nervos", o que, muitas vezes, termina por gerar sensações que repercutem como uma espécie de ameaça em vir a não suportar as pressões que emergem nessa relação. Assim, diante desse cenário, geralmente culminam reações de estresse e esgotamento físico, mental e relacional.

O profissional de saúde, mais especificamente no campo da saúde mental, carrega implícita em seu papel a responsabilidade de promover o bem-estar do paciente, mantendo a *calma, o controle e a coerência em suas ações*. Tais fatos levam-no a defrontar-se o tempo todo com a polaridade: expectativa *versus* limitação, além de favorecer um intenso gasto de energia, muitas vezes na busca pela manutenção de estereótipos e representações, reforçando a imagem de uma espécie de *semideus*, forte e imune. Tais representa-

---

[2]Segundo Schmidt (2003), "(...) os profissionais da área de saúde mental deparam-se com a realidade de uma rede pública de atendimento que tende ao desmantelamento, em virtude da retirada de recursos por parte do Estado" (p.65). Continua: "(...) enfrentam, por um lado, a afluência cada vez maior de uma clientela com experiências emocionais e condições de vida que requerem intensos cuidados, pois o agravamento dos danos psicológicos aumenta em estreita relação com a progressiva degradação da condição socioeconômica da população de média e de baixa renda, e, por outro, a desarticulação e descaracterização dos serviços públicos de saúde mental. (...) De um ponto de vista psicossocial, é possível atribuir aos profissionais de saúde mental da rede pública sentimentos que espelham, até certo ponto, aquilo que a própria clientela experimenta: *desamparo, isolamento, cansaço, angústia*" (p. 67 – grifo meu).

ções em muito contradizem suas experiências corriqueiras de impotência, não-saber, fragilidade e desamparo:[3] *"(...) a questão é que eu também sou humana, de carne e osso, e só sabe o que é trabalhar num hospital psiquiátrico a gente que está aqui!"*

Esse fragmento faz parte de um depoimento de uma profissional de saúde mental em uma instituição psiquiátrica, durante um estágio realizado por ocasião da graduação, quando questionada acerca da sua atitude diante de um usuário que acabara de tentar enforcar-se durante um surto psicótico, no qual ela, ao invés de socorrê-lo, ficou paralisada, numa repentina crise de choro, acompanhada por gritos de "socorro" e demonstração de intenso pavor. Relatos dessa natureza remetem às discussões trazidas por Dejours (1992) a respeito do conjunto de estratégias defensivas de que o trabalhador dispõe a fim de controlar o sofrimento relacionado ao trabalho, buscando impedir que este se transforme em patologia. Dessa feita, as exigências de desempenhos produtivos e rendimentos crescentes conduzem a descompensações rápidas, que se desencadeiam como epidemias:

> O pessoal descompensa em crises de choros, dos nervos e desmaios, que atingem, como uma doença contagiosa, toda uma seção de trabalho. Agitada, uma operária começa, de repente, a tremer e a gritar (...) Alguns tempos depois, abandona a função por não mais suportar. (DEJOURS, 1992, p. 120)

Tais vivências de sofrimento, muitas vezes, apontam um caráter patológico, devido a sua intensidade e freqüência, de forma a provocar diversas reações, como a apresentação de sintomas até o desinvestimento no fazer, como via de expressão de sofrimento. A literatura destaca uma série de manifestações comuns aos trabalhadores de saúde diante do sofrimento imposto pelas relações de trabalho: tensão muscular, insegurança, desânimo, isolamento, distúrbios gástricos, aumento na ingestão de substâncias psicoativas, irritabilidade, distanciamento físico (absenteísmo) ou mental (falta de atenção), depressão, medo, ansiedade e suicídio (COVOLAN, 1996; ANGERAMI, 1998; BENEVIDES-PEREIRA & MORENO-JIMÉNEZ, 2002).

Diante de situações dessa natureza, reforçam-se os questionamentos acerca de como acontece *o cuidar* desses cuidadores/trabalhadores de saúde, desde a sua formação, condições de trabalho, suporte institucional de atenção à sua saúde, entre outros aspectos que se mostram relevantes. Aliás, ao discutirmos a saúde dos trabalhadores de saúde, e antes de qualquer outra postulação, cabe-nos refletir, também, a respeito de quais concepções de saúde têm norteado as políticas e práticas de *recursos humanos* no campo das intervenções públicas.

Muitas vezes, fica-nos a impressão de estarmos reproduzindo, no campo da saúde, uma relação mercantilista nos moldes da alienação do trabalho pós-Revolução Industrial, pela qual o trabalhador não pode ter acesso àquilo que "produz", estando alheio a qualquer benefício que seja fruto do seu próprio fazer. É a saúde enquanto *mercadoria: fabricada para o cliente*/usuário e *cara* demais para chegar à mesa e, por que não dizer, à vida daquele que está diretamente ligado ao seu processo de produção. Mais uma vez, a simplicidade do dito popular se mostra a nós como modo de expressão simples e clara daquilo que vivemos no contexto do trabalhar na saúde: *"Em casa de ferreiro: o espeto é de pau!?"*

O trabalhador cuja missão compreende a multiplicação de princípios e práticas produtoras de saúde e bem-estar social muitas vezes encontra-se em conflito, por ter que produzir um discurso puramente teórico – e muitas vezes fantasioso, visto que ele mesmo e sua família representam a própria insalubridade e falta de condições dignas de vida e cuidado de si. Discursos dissociados de uma prática cotidiana terminam por intensificar seu sofrimento, além de comprometer sua atuação, pois, por não se ver incluído na "saúde" que ele cuida, passa a desacreditar naquilo que defende. Ao trabalhador, durante sua prática, restam apenas duas alternativas: ou nega aquilo em que acreditava ao escolher a saúde para campo de atuação, matando os seus sonhos, ou, para manter o sonho diante de uma prática que o contradiz, nega a si mesmo, e adoece.

O que se põe em questão, implícito nestas discussões, nada mais é do que o princípio constitucional que estrutura toda a Reforma Sanitária e a lógica do SUS em nosso país: *Saúde como bem de todos e dever do Estado*. Assim, é preciso que se estabeleça uma revisão dos modos como têm sido historicamente estruturadas as intervenções em saúde em nosso país, principalmente na esfera pública. A saúde do trabalhador parece colocar-se à soleira da porta do sistema que ele mesmo ajuda a construir. É preciso que se escutem os seus gemidos/lamentos e se promova

---

[3]Segundo Sebastiani (apud ANGERAMI, 1998), diante de todas as questões anteriormente expostas, não obstante a pseudo-onipotência dos profissionais de saúde, muitas vezes estes se encontram tão ou mais vulneráveis que seus pacientes, configurando, assim, uma verdadeira população de risco, dada a ocorrência de diversas patologias e desajustes de comportamento.

uma verdadeira união de esforços no sentido de ampliar as discussões e intervenções, tendo em vista a inclusão dessa questão como princípio fundamental, que urge por atenção: a saúde do trabalhador de saúde enquanto manifestação do cuidado dos cuidadores.

A PSICOPATOLOGIA DO TRABALHO: QUANDO A PAIXÃO SE TRANSFORMA EM DOR – O ENRAIZAMENTO DE UMA PROBLEMÁTICA

O cuidador sobre o qual discorremos é um sujeito social permeado e atravessado pela questão do trabalho. Ao discutirmos acerca do sofrimento do trabalhador, percebemos a necessidade da *reimplicação* da relação entre cuidador/ profissional-instituição/trabalho. A partir da aproximação do pensamento e obra de Heidegger, passamos a compartilhar de uma compreensão da existência na qual *ser é ser aí*, preso à existência, *no mundo* e em permanente relação *junto a outros* (ALMEIDA, 1999). Dessa maneira, refletir acerca desse homem, em seu processo de ser-no-mundo-junto-a, sem considerar sua historicidade e contextualização, é incorrer no risco de assumir uma postura reducionista e simplista em quaisquer considerações.

É no histórico que se vivencia e a partir dele que se elabora experiência. Subtrair a historicidade do ser nada mais é do que desenraizá-lo, extirpando qualquer possibilidade de sentido ao seu existir. Somos seres datados num tempo e espaço específicos. É no histórico que nos constituímos e, a partir dele, que nos apropriamos do sentido de, nós também, sermos e fazermos história.

Vivemos dias em que o imediatismo do saber e a fugacidade das relações implicam um sentimento coletivo de não-pertencimento. Esse fenômeno da contemporaneidade tem repercutido nos diversos aspectos constitutivos da trama existencial dos sujeitos de nossos dias, de forma a evidenciarmos uma verdadeira amplificação do sentimento de desamparo e solidão. Dadas as mudanças significativas nos referenciais de tempo e espaço, a vertiginosa rapidez em que se estabelecem as relações sociais e pessoais, as transformações nos paradigmas de comunicação com forte ênfase no caráter visual, instantâneo e, por vezes, superficial, todos esses fatos terminam por promover uma compreensão de temporalidade pautada num compromisso cada vez maior com a rapidez das transformações e

no *adiantar-se* ao tempo como meio de garantir o futuro. Dito isso, observa-se, cada vez mais, um distanciamento do histórico e de atitudes como paciência, contemplação e cuidado de ser (CHAUÍ, 1995; CABRAL, 2004).

Morato (1999) aponta que é olhando e meditando sobre a historicidade que se reafirma o ser histórico. No modo mesmo da experiência, o resgate histórico de acontecimentos vividos ressalta a origem e o passado, não sob um aspecto causal e determinista, mas enquanto um desencadeamento de um processo. Ao discutir Benjamin (1985), reforça:

> Restrito ao imediatismo das situações apresentadas pela vida, o homem moderno automatizou sua forma de viver (...) Perdeu memória e tradição, seu sentimento de pertença coletiva, por priorizar a *vivência* à *experiência* real (...) No universo benjaminiano, a experiência inaugura uma temporalidade outra. Se, por um lado, a vivência opera na imediaticidade do presente, por outro a experiência, originando-se de e patenteando potencialidade, permite que o passado seja revisitado e, assim, atualizado. (MORATO, 1999, p. 62 – grifos do autor)

No que tange à problemática no campo do trabalho, é pertinente observar que, durante toda a sua vida, o homem desenvolve uma relação com essa temática que tende a nortear ou, no mínimo, influenciar intensamente todo o seu percurso. Desde cedo, estabelece-se uma compreensão pautada na consideração do trabalho como seqüência natural de uma vida *"normal"* e *"adaptada"*. A possibilidade de representar um papel profissional faz com que, desde a infância, e, em muitos casos, antes mesmo da concepção e/ou nascimento, se criem uma série de expectativas e direcionamentos que apontam para um rumo profissional específico, como forma de realização familiar e inserção social do futuro cidadão. Desse modo, e observando-se essa conjuntura, não seria precipitado afirmar que a vida psicossocial do indivíduo se estrutura, basicamente, em torno de etapas relacionadas à *preparação para o trabalho, vida profissional ativa* e *aposentadoria*. Além de se tornar uma prioridade para a vida do homem, o trabalho, nessa visão, passa a ocupar *status* de mecanismo de estruturação, devido ao papel, a ele atribuído, de ajustamento e proteção social, configurando-se como meio de constituição de boa parte das identidades, relações sociais, projetos e expectativas de vida.

Ao refletirmos acerca da história do trabalho, percebemos que o mesmo transita entre pólos diversos, configurando-se desde um mecanismo de expressão de individualidade e prolongamento do próprio homem até um instrumento de alienação, controle e segregação social. Com o advento da modernidade, o trabalho deixa de ocupar o lugar de expressão da criatividade e modo de manifestação do humano (*poiésis*) para tornar-se ferramenta de produção em série, tendo em vista a satisfação de necessidades externas e disseminação das práticas de consumo típicas das eras industrial e pós-industrial.

Essas transformações acabam por produzir um sentimento de desapropriação do seu fazer por parte do trabalhador, de modo que ele já não pode mais nem apropriar-se da noção precisa daquilo que produz, nem muito menos sabe se e quando poderá, de algum modo, usufruir do seu próprio produto. Não é apenas o processo de produção que se *esquizofreniza*, cindindo-se em partes distintas e irreconciliáveis. O próprio trabalhador passa a sofrer uma ruptura entre as esferas do fazer, tais como idealizar, construir e usufruir. Nessa direção, o seu trabalho torna-se sem significação, já que a sua responsabilidade na criação se restringiu a uma parcela, aleatória e alienada, do produto final: especializa-se fabricante de partes que não se referem a nenhum todo específico, tal como Chaplin retrata tragicomicamente em seu filme *Tempos modernos*. Tais fatos acabam por culminar num contexto de sofrimento, dada a exacerbação do sentimento de impotência e desvalorização. Perde-se o sentido de ser único e necessário. "Descartáveis, assim como seus produtos!": é desse modo que os trabalhadores passam a se ver.

O avanço industrial e o desenvolvimento científico e tecnológico comprometeram o contato e a relação direta do homem com o produto de seu trabalho, destituindo-o de sentido e atropelando a referência em suas relações. Dadas as aceleradas mudanças, o homem passou a desconectar-se do passado como origem de pertença, vivendo a imediatez do presente numa experiência difusa (...) Na vivência de um presente aterrador e desconectado do passado, sobra ao homem um vazio. Sem perspectivas futuras, vivendo a imediatez, como forma de fuga da finitude dolorosamente pressentida, rompe ligações. Defrontando-se com um presente paralisante, acentua a perda do sentido dada pela continuidade histórica. Descontinuidade de tal ordem passa a conduzir o homem a manifestar

outras formas de distúrbios. (MORATO, 1999, p. 74-75)

Outras questões importantes de serem destacadas nas reflexões acerca dessa problemática relacionam-se ao modo de exploração da mão-de-obra assalariada. As ameaças de perdas consecutivas nos direitos, que constituem uma teia de segurança e sustentação para o profissional; as constantes pressões que emergem de uma lógica capitalista e neoliberal, promovendo o achatamento da classe trabalhadora, aliadas às exigências cada vez maiores para galgar as diversas etapas do circuito de inserção e manutenção no mercado de trabalho; assim como a desumanização e unilateralidade das relações de trabalho, apresentam-se como fatores que reforçam o cenário de pressão em que se encontra a classe trabalhadora. Somam-se a isso conflitos de ordem subjetiva que, muitas vezes, se interpõem no processo, como elementos dificultadores de adaptação a uma determinada rotina proposta, tais como: a dissociação entre expectativa pessoal e realidade organizacional, a subvalorização da historicidade e características individuais no contexto de trabalho, o choque crescente entre as necessidades e anseios do trabalhador e os da instituição em que trabalha, as relações interpessoais pautadas numa lógica de artificialidade, competitividade exacerbada e práticas perversas,[4] contribuem para a constituição de um cenário ideal para o surgimento de um clima institucional doentio e patogênico.

Segundo Dejours (1992), a falta de significação da tarefa, a inutilidade dos gestos, a falta de uma recompensa digna, entre vários outros aspectos, terminam por formar uma imagem narcísica pálida, feia e miserável. Executar uma tarefa sem investimento material ou afetivo exige uma energia para a produção de esforços e de vontade muito além daquela suportada pelo jogo da motivação e do desejo, naturalmente postos em ação pelo prazer de exercitar algo compreendido como significativo. Assim, desencadeiam-se vivências depressivas, alimentadas pela sensação de adormecimento intelectual, falta de sentido

---

[4]Nesse sentido, merecem destaque os estudos de Marie-France Hirigoyen (2002), ao discutir as violências perversas e, muitas vezes, silenciosas que se estabelecem no âmbito das relações humanas. Fenômeno que a autora nomeia de *assédio moral* e que, por sua pertinência no âmbito organizacional, tem merecido destaque na crítica especializada. Por assédio moral, no contexto organizacional, a autora compreende "toda e qualquer conduta abusiva manifestando-se, sobretudo, por comportamentos, palavras, atos, gestos, escritos que possam trazer dano à personalidade, à dignidade ou à integridade física ou psíquica de uma pessoa, pôr em perigo seu emprego ou degradar o ambiente de trabalho" (p. 65).

na tarefa, não-reconhecimento do fazer, conduzindo à falta de resultados satisfatórios e constituindo um processo de *feedback negativo*, através do qual o desgaste promove o desânimo e vice-versa, como um círculo vicioso em que o sujeito se percebe como que submetido.

> O sofrimento começa quando a relação homem-trabalho está bloqueada; quando o trabalhador usou o máximo de suas faculdades intelectuais, psicoafetivas, de aprendizagem e de adaptação. Quando um trabalhador usou de tudo de que dispunha de saber e de poder (...): isto é, quando foram esgotados os meios de defesa (...) a certeza de que o nível atingido de insatisfação não pode mais diminuir marca o começo do sofrimento. (DEJOURS, 1992, p. 52)

A organização e as condições de trabalho, além das constantes vivências de dor, muitas vezes parecem chocar-se frontalmente com a esfera das aspirações, das motivações e dos desejos. O sujeito, então, passa a reavaliar os aspectos negativos do seu fazer, podendo atribuir-lhe, ou não, um caráter penoso e de menos-valia, o que, entre outras coisas, pode gerar respostas desde a frustração, o boicote ou a desistência. Diante desse quadro em que se apresenta o trabalhador, é preciso haver um equacionamento de expectativas e frustrações, de forma a propiciar ao profissional o mínimo de recompensa e satisfação necessária para sentir-se motivado e em condições físicas, sociais e emocionais para a execução significativa de determinada tarefa.

O mesmo trabalho, papel central na vida do indivíduo, até mesmo antes do seu nascimento, aos poucos se transforma em instrumento de tortura. Curiosamente, segundo Bom Sucesso (2002, p. 3), *tripalium* era o nome dado a um "instrumento de tortura utilizado para punir criminosos que, ao perder a liberdade, eram submetidos a trabalho forçado", guardando, para essa autora, relação com a raiz etimológica latina de trabalho. Amor, paixão, vida, necessidade... Sofrimento, dor, medo, pesar... Mais do que faces de uma mesma moeda, aspectos dinâmicos e ativos de uma relação que, ao homem, cabe cuidar.

Trazendo a discussão para o âmbito da saúde pública, percebemos que tal panorama se amplifica, na medida em que, associadas às diversas ações e práticas inerentes ao cuidado em saúde, tais como contato intermitente com o adoecer, com o sofrimento imposto pela série de perdas e limitações a que são expostos os usuários, além da própria temática da morte, a qual pode representar

fonte de sofrimento para alguns profissionais, interpõem-se, nesse cenário, as difíceis condições de trabalho, permeadas por limitações de ordem técnica, de pessoal e socio-administrativa.

Entretanto, é importante observarmos que, diante dessa situação de exposição contínua a sofrimentos de diversas ordens, o próprio trabalhador vê-se diante de um impasse quando o tema em questão é o seu sofrimento e esgotamento ante a realidade vivenciada. Vivemos num sistema social em que a grande maioria das pessoas dispõe apenas de sua força de trabalho para garantir sua subsistência. Nesse cenário, o corpo assume fundamentalmente o lugar de único, e principal, instrumento de trabalho. Nessa ótica, a doença representa, então, uma dupla ameaça: no sentido de afetar tanto sua saúde como sua própria capacidade de produtividade[5] (RODRIGUES & GASPARINI, 1992). Nessa direção é que se põe uma questão: *morrer* pela saúde afetada ou *morrer* por não poder sobreviver de seu trabalho? É nesse contexto de "paradoxo sem saída" que o corpo é investido como referência à fragilidade e vulnerabilidade extrema, por se apresentar como fronteira real de si mesmo no mundo.

Dejours (1992) aponta que algumas práticas institucionais influem no desdobramento do sofrimento do trabalhador e impõem-se frontalmente diante de sua possibilidade de expressão, provocando a estigmatização do sujeito que relata com freqüência sintomas de qualquer ordem. Dessa forma, o estigma incide sobre a identidade social, provocando situações para o "doente" sentir-se desacreditado perante os outros, além de, costumeiramente, sobrecarregar-se com percepções de fraqueza, oportunismo, infelicidade ou frustração, provenientes dessa forma de ser estigmatizado. Assim,

> a punição sistemática é a exclusão imediata do trabalho. Basta acrescentar, a esse mecanismo de exclusão, certas técnicas de seleção de pessoal, para compreender que a seção de trabalho deve assegurar uma verdadeira assepsia mental. (DEJOURS, 1992, p. 120)

Esse processo promove um movimento de 'não falar sobre si', visando fugir desse circuito estigmatizante e

---

[5] A ênfase que recai sobre a dimensão corpórea nessa citação baseia-se, fundamentalmente, no fato de que são essas afecções que, geralmente, despertam no trabalhador a sensação de falência ou comprometimento da capacidade produtiva. Algo como se o sofrimento social e psíquico possibilitasse mais facilmente negar ou despistar o sofrimento, enquanto o "adoecer do corpo" assumisse *status* de *comprovação irrefutável* de que é preciso cuidar-se.

segregador. Mais um círculo vicioso que, aprisionando o sujeito em si mesmo, somente cria mais situações para aniquilamento de si mesmo.

O debruçar cuidadoso sobre a atual configuração do sistema público de saúde de nosso país com certeza nos levaria a perceber que essas questões não são privilégio de um ou outro segmento de atuação ou modalidade profissional e/ou assistencial. Entretanto, uma vez que nos propomos a uma aproximação da questão do sofrimento e cuidado de cuidadores/profissionais de saúde via experiência de trabalhadores que atuam mais especificamente em ações e serviços no campo específico da saúde mental no contexto do SUS, buscaremos enfocar algumas de suas especificidades, como via de expressão do plural a partir de um singular que se mostra.

Segundo Rabin, Felman & Kaplan (1999), existe uma evidência crescente demonstrando que os profissionais de saúde mental, por fatores relacionados à natureza de sua profissão, apresentam-se particularmente vulneráveis ao estresse e a seus efeitos, compondo uma população de risco para o desenvolvimento de quadros patológicos relacionados a seu fazer. Abreu e col. (2002, p. 26) apontam que estudos realizados em psicólogos clínicos norte-americanos e ingleses demonstraram elevados níveis de estresse entre esses profissionais, com ênfase em fatores desencadeantes de estresse como solidão, expectativas excessivas, falta de gratificação, envolvimento excessivo no trabalho e esgotamento pessoal.

Diversos outros estudos no campo da saúde do trabalhador, realizados em sua maioria com psicólogos, nos apontam quadros que inspiram a necessidade de uma atenção específica a essas categorias profissionais. Covolan (1996) apresenta dados situacionais em relação a psicólogos brasileiros, a partir de investigação com 84 profissionais (20 homens e 64 mulheres) na região de Campinas, em São Paulo, com atuação em clínicas privadas, destacando diversas dificuldades que os mesmos apresentam no exercício de sua profissão. São citados pela autora questões de natureza econômica, relacionadas à baixa remuneração; fatores ligados à sobrecarga de trabalho; sentimentos de falta de reconhecimento e recompensa profissional; sentimentos de insegurança, impotência e fracasso diante das demandas apresentadas em sua clínica e sofrimento diante da convivência contínua com a dor do cliente. "A quase totalidade dos psicólogos julgou a (atividade clínica) como estressante, variando de um pouco estressante (61%) a muito estressante (32,1%)" (COVOLAN, 1996, p. 230). Diante desse quadro, a autora destaca a ocorrência

de sintomas freqüentemente encontrados, como tensão muscular, cansaço, desânimo, distúrbios gástricos, respiração ofegante, entre outros com menor ocorrência.

A partir de pesquisa realizada em 1999 com 110 psicólogos de vários estados brasileiros, Benevidez-Pereira & Moreno-Jiménez (2002) apontam a presença de diversas características atribuídas à síndrome de *burnout* nesses profissionais, tais como desinvestimento, evitação e abandono do fazer.

Embora, mesmo em pequena quantidade, ainda encontremos alguns estudos relacionados aos profissionais ditos *psis* (psicólogos e psiquiatras), percebe-se haver certa escassez de estudos referentes à saúde dos profissionais de saúde mental inseridos na rede pública de saúde e, mais particularmente, nas ações contextualizadas no movimento de Reforma Psiquiátrica Brasileira, constituindo esta uma parcela profissional que, embora em significativo crescimento, dadas as novas configurações de assistência à saúde mental, ainda carece de uma reflexão mais exaustiva acerca de sua práxis, seu papel, sua formação, suas implicações e repercussões do seu fazer em seu bem-estar.

Além de psicólogos e psiquiatras, geralmente identificados como profissionais que atuam diretamente no campo da saúde mental, as equipes de profissionais que compõem o cenário atual dos serviços substitutivos de atenção aos portadores de sofrimento psíquico são constituídas, em sua grande maioria, por profissionais diversos como: terapeutas ocupacionais, assistentes sociais, enfermeiros, arte-educadores, professores de educação física, auxiliares e técnicos de enfermagem, atendentes e pessoal de apoio administrativo e auxiliares de serviços gerais. À medida que cresce, em número e complexidade, a formatação das equipes de saúde mental, cresce também a necessidade de uma aproximação de suas especificidades, limites, possibilidades, queixas e demandas, tendo em vista o aprimoramento do sistema de saúde e o aumento na eficácia de suas ações. Assim, este estudo se propôs a debruçar-se sobre a prática desses profissionais, tendo em vista contribuir para a promoção da melhoria do panorama atual das relações de trabalho no âmbito da saúde em nosso país.

A ATENÇÃO À SAÚDE MENTAL NO CONTEXTO DO SUS: REFLEXÕES

Refletir acerca das vivências de cuidadores/profissionais de Saúde Mental inseridos no movimento da Reforma Psiquiátrica Brasileira nos remete inevitavelmente à necessidade de buscar uma compreensão mais ampla do contexto institucional em que esses estão inseridos.

Durante todo o percurso no campo da atenção aos portadores de sofrimento psíquico, identificamos que associada à prática dos profissionais, à postura dos familiares e à própria relação do paciente/usuário com seu adoecer encontra-se uma série de elementos culturais que, de algum modo, facilitam ou dificultam o processo de cuidado. Percebe-se, com clareza, o quanto a teia de representações acerca do fenômeno do "adoecer dos nervos", dita boa parte das práticas e intervenções médicas, sociais, políticas, religiosas, entre outras, levando a doença mental a um *status* bastante peculiar, compartilhado de algum modo com outras patologias historicamente discriminadas, como a lepra (hanseníase), a AIDS (inserindo-se aqui o portador de HIV), entre outras.

É certo que, nessa direção, a instituição de trabalho constitui, na verdade, apenas um dos elementos desse arsenal ideológico, interligado por compreensões de homem e de mundo, sobre as quais se estabelece e pelas quais se dirige.

As Reformas Sanitária e Psiquiátrica Brasileiras: Em Questão a (Des)Construção da Assistência à Saúde Mental no Brasil

A década de 80 é marcada por um processo de redemocratização do país, após duas décadas de regime militar. Nesse contexto, toma forma o Movimento pela Reforma Sanitária, tendo em vista a abertura e o livre acesso da população à assistência à saúde. Tais ações culminam na inclusão na atual Constituição Federal, promulgada em 1988, em seu artigo 196, da noção de saúde enquanto direito de todos e dever do Estado e, em 1990, na aprovação das Leis 8.080 e 8.142, que instituíram o Sistema Único de Saúde, preconizando a criação de uma rede pública e/ou conveniada – de caráter complementar – de serviços de saúde, tendo em vista a atenção integral à população nos níveis de prevenção, promoção e reabilitação.

O SUS é norteado com base em princípios e diretrizes que visam balizar suas ações e contribuir para a conservação de suas bases fundamentais. Nesse sentido, destacam-se temáticas como a *regionalização* – organização dos serviços de acordo com uma área geográfica e população delimitada, *hierarquização* – organização dos serviços nos diferentes níveis de complexidade, de modo a oferecer à população todos os níveis de assistência, e *descentralização* –

administração, controle e fiscalização das ações nas diversas esferas de governo (federal, estadual e municipal) e num mesmo sentido, com ênfase na gestão municipal das ações, além das noções de *integralidade da assistência; eqüidade* – como forma de garantia de atendimento das demandas independentemente da condição de vulnerabilidade social de determinadas regiões e *participação popular* –, tendo em vista o controle social das ações desenvolvidas. Cabral (2004, p. 17) discute que, "apesar de contar com uma legislação avançada e se caracterizar como uma proposta consistente, o SUS tem grandes desafios a enfrentar para se efetivar em todos os seus aspectos".

De fato, percebe-se um grande abismo entre boa parte das propostas e intenções do sistema e aquilo que, de fato, tem sido possível se efetivar no dia-a-dia da saúde pública. Tais considerações são importantes de serem pontuadas, pois o modelo em questão em nosso trabalho está inserido exatamente nesse processo de construção da saúde pública brasileira, de modo a não podermos ignorar suas nuances e seus entraves sob o risco de comprometer nossa compreensão.

Segundo Schmidt (2003), com a aprovação do Programa de Reorientação da Assistência Psiquiátrica Previdenciária do Ministério da Previdência e Assistência Social (MPAS), em 1982 deu-se início à criação de uma política de saúde mental engajada no combate à "cultura hospitalocêntrica" vigente. Se até então a assistência era predominantemente oferecida pela rede de hospitais psiquiátricos privados conveniados, a partir dos anos 80 observa-se o movimento de estruturação de uma rede pública de atenção à saúde mental.

Em 1987, acontecem a 1ª Conferência Nacional de Saúde Mental e o 2º Encontro de Trabalhadores em Saúde Mental. Influenciado pela psiquiatria democrática italiana, o Movimento dos Trabalhadores de Saúde Mental lança o tema: *"Por uma Sociedade Sem Manicômios"*. É nesse contexto de busca de novos paradigmas que surge o Projeto de Lei 3.657/89, do deputado federal Paulo Delgado, que dispõe acerca da extinção progressiva dos manicômios e da criação de recursos assistenciais substitutivos, bem como regulamenta a internação psiquiátrica compulsória. Tal projeto representa apenas o início de uma série de mobilizações desencadeadas em todo o país, que mais tarde culminou num conjunto de leis estaduais e municipais de conteúdos semelhantes. O debate atinge os mais diversos segmentos da sociedade, unindo em torno dessa causa não apenas as equipes técnicas, mas também entidades de usuários, familiares e simpatizantes.

O movimento, nomeado de Luta Antimanicomial, tem na superação do manicômio, não apenas em sua estrutura física, mas, sobretudo, ideológica, seu grande objetivo. Busca-se a desconstrução da lógica manicomial como sinônimo de exclusão e violência institucional, bem como a criação de um novo lugar social para a loucura, dando ao portador de transtorno psíquico a possibilidade do exercício de sua cidadania. Nesse sentido, a reinserção social passa a ser o principal objetivo da Reforma Psiquiátrica, tendo em vista potencializar a rede de relações do sujeito, através do resgate da noção de complexidade do fenômeno humano e reafirmação da capacidade de contratualidade do sujeito, criando assim um ambiente favorável para que aquele que sofre psiquicamente possa ter o suporte necessário para reinscrever-se no mundo como ator social.

Dá-se início à construção de uma rede substitutiva ao hospital psiquiátrico e ao modelo hospitalocêntrico tradicional, a partir da criação de serviços de atenção à saúde mental de caráter extra-hospitalar. Nesse contexto, são constituídos serviços como os Centros de Atenção Psicossocial (CAPS), ambulatórios de saúde mental, hospitais-dia, centros de convivência, residências terapêuticas, entre outros, os quais, a partir de uma abordagem interdisciplinar, visam atender à demanda psiquiátrico-psicológica de uma determinada região geopolítico-cultural.

Segundo Amarante (1992), tais serviços de saúde mental assumem o caráter complexo da denominada demanda psiquiátrica, que é sempre menos uma demanda apenas clínica e mais uma demanda social. Assim, torna-se importante destacar a necessidade da existência de uma visão complexa por parte dos profissionais envolvidos nessas ações, sob o risco de se tornarem reducionistas em suas intervenções, incorrendo num processo de medicalização do social, evidente em todo o percurso histórico da psiquiatria.

Como estrutura básica da nova rede de atenção à saúde mental, os CAPS são responsáveis pela organização da demanda e da rede de cuidados em seu território, ocupando o papel de regulador da porta de entrada e controlador do sistema local de atenção à saúde mental (BRASIL, 2002). Eles são definidos como serviços comunitários ambulatoriais, com a responsabilidade de cuidar de pessoas que sofrem com transtornos mentais, em especial os transtornos severos e persistentes, no seu território de abrangência. Para tanto, devem garantir relações entre trabalhadores e usuários pautadas no acolhimento, vínculo e responsabilidade de cada membro da equipe. A atenção deve incluir ações voltadas aos familiares, objetivando a

reinserção social do usuário, distribuindo-se a partir de três modalidades de assistência: os cuidados intensivo, semi-intensivo e não-intensivo:

> Define-se como atendimento intensivo aquele destinado aos pacientes que, em função de seu quadro atual, necessitem acompanhamento diário; semi-intensivo é o tratamento destinado aos pacientes que necessitam de acompanhamento freqüente, fixado em seu projeto terapêutico, mas não precisam estar diariamente no CAPS; não-intensivo é o atendimento que, em função do quadro clínico, pode ter uma freqüência menor. (BRASIL, 2002 – Portaria 336/GM, Art. 5º, § único)

A formação da equipe técnica tem por base o princípio *da multiprofissionalidade* (idem), devendo ser constituída por médico psiquiatra, enfermeiro, outros profissionais de nível superior, além de profissionais de níveis médio e elementar, a depender de cada situação/população-alvo especificamente.[6]

Busca-se uma assistência caracterizada por um tipo de atenção diária, em que o usuário tenha a possibilidade de encontrar algum tipo de assistência sem necessitar estar internado. A forma de atendimento procura ser específica, personalizada, respeitando as histórias de vida, a dinâmica familiar e as redes sociais, enfatizando-se a busca da cidadania, autonomia e liberdade.

Aos poucos, essas novas formas de assistência têm encontrado respaldo legal e adesão social, estando em pleno processo de expansão. Segundo Schmidt (2003, p. 65), as transformações ocorridas na assistência à saúde mental no Brasil "*têm atingido, de modo positivo, embora ainda longe do desejável, alguns de seus objetivos*", como a diminuição progressiva do número de leitos em hospitais psiquiátricos, a introdução da questão da loucura nos diversos fóruns de discussão social, como conselhos de classe, Ministério Público, Poderes Executivo, Legislativo e Judiciário, organizações da sociedade civil, entre outros.

Entretanto, por se tratar de um modelo em pleno desenvolvimento, pode-se dizer que se vive um complexo processo de transição, em que emergem diversas questões que precisam ser acolhidas e compreendidas em suas nuances, dentre as quais destacamos a vivência dos profissionais engajados em sua construção. Diversas são as

---

[6] Os CAPS são estruturados de acordo com sua a abrangência populacional, sendo nomeados de CAPS I, II ou III.

contradições que se colocam não apenas externamente. Ao contrário, o próprio modelo vive um momento de redefinição de papéis, atitudes e prioridades, percebendo-se cada vez mais uma preocupação com a não-cristalização das ações, o que, definitivamente, culminaria na reprodução do modelo manicomial, excludente e discriminatório, mesmo dentro de instituições abertas.

A Reforma Psiquiátrica Brasileira: Em Questão o Modo da Reconstrução

Talvez pelo fato de ser um movimento recente em pleno processo de construção. Talvez por carregar sobre si uma herança repleta de desvios, uso ideológico e político-econômico da questão da loucura. Ou, ainda, por estar inserido num contexto mais amplo, com uma configuração política e social pautada na exclusão e regida pela lógica do interesse das minorias mais favorecidas, a questão é que se faz necessário um olhar permanentemente atento e cuidadoso com vistas à construção de um outro modo de lidar com o adoecimento psíquico, com o objetivo de não-repetição dos equívocos e mazelas testemunhados historicamente. Nesse sentido, alguns questionamentos são levantados e, deles, emergem questões que nos apontam a importância de uma atitude questionadora que valorize o interrogar, enquanto um *pôr em movimento*, que favoreça a fluidez do processo e abertura constante de outras possibilidades para o fazer clínico.

Durante nossa experiência como trabalhador de saúde no contexto de um CAPS, não foram poucas às vezes em que nos deparamos com problemas e dilemas referentes a própria estruturação da política e modelo assistencial, exemplificados em situações como a necessidade de reinternação de pacientes egressos de hospitais psiquiátricos, devido à falta de garantia de transporte, pelo poder público, para que os usuários tivessem assegurado o seu direito de ir ao CAPS, visto tratar-se de uma serviço aberto, e, ao final do dia, o paciente precisa retornar para casa e vice-versa. Usuários com crises reincidentes após meses de cuidado intensivo da equipe, devido à interrupção da medicação básica e trivial, pois os recursos não chegavam até a farmácia do serviço. Consultas de retorno ao ambulatório após a alta, que não são marcadas por falta de vagas e de profissionais para atender à demanda local, promovendo a descontinuidade do tratamento e seu conseqüente comprometimento. Cancelamento de atividades terapêuticas, porque a alimentação, garantida por lei, muitas vezes

não chegava à unidade de saúde e, por esse motivo, muitos usuários deixavam de comparecer aos grupos. Profissionais recusando ser contratados, pois os salários oferecidos, muitas vezes, não condizem com suas mínimas necessidades e dignidade do trabalho. A falta de uma política de Recursos Humanos no que tange desde a implantação de planos de cargos, carreiras e salários conforme preconiza a legislação do SUS, a realização de concursos públicos, a falta de garantias e direitos trabalhistas mínimos, até a falta de capacitação, suporte e condições dignas de trabalho.

Há pequenas e pontuais exceções... Não podemos negar! Mas, por mais incoerente (ou não) que possa nos parecer, essa é parte da realidade do serviço público em nosso país. Tais questões constituem fonte de sofrimento para aqueles que se dispõem a cuidar e se engajar no sonho de promover uma verdadeira mudança na assistência à saúde pública brasileira.

Este é o contexto do nosso trabalho. De um lado, uma proposta encantadora. De outro, contradições que levantam questionamentos, causam esgotamento e, muitas vezes, matam, ou no mínimo maltratam, aqueles que se dispõem a cuidar, como sua condição e seu ofício.

Assim, buscamos escutar trabalhadores inseridos nesse contexto, tendo em vista compreender como se dá essa relação sofrimento-cuidado em seu fazer cotidiano, bem como quais as repercussões dessas realidades em seu processo existencial.

PESQUISA CLÍNICA: O ATO DE PESQUISAR NA DIREÇÃO DE UM CUIDAR

Pesquisa e Clínica – Clínica e Pesquisa, qual o limite dessa interseção? Qual o sentido de se pesquisar em clínica?

Durante muito tempo, foi comum compartilhar de uma concepção acerca de pesquisa e clínica, baseada em vieses polarizados, cujo distanciamento só se era capaz de superar via mera utilização de uma pela outra. Ou seja, a aplicabilidade dos conhecimentos provenientes da pesquisa na prática clínica ou utilização do *"setting* da clínica" enquanto dado de pesquisa. Interessante que tal associação aponta para a mesma distinção que por vezes se estabelece entre teoria e prática, ser e ente, sujeito e objeto, como entidades distintas, capazes de ser separadas, conhecidas e controladas, até as últimas conseqüências.

Autores como Heidegger (1999), Morato (1989, 1999), Michelazzo (2000), Critelli (1996), Almeida (1995, 1999), entre outros, apontam a possibilidade de se tecerem novos sentidos para a compreensão dessa relação.

Sob essa outra perspectiva, pesquisa e clínica se aproximam cada vez mais, à medida que percebemos que, ao pesquisar, cuidamos de uma questão, damos sentido ao vivido, abrimos espaço para a elaboração de experiências e a emergência de novas possibilidades de criação *(poiésis)*, as quais, muitas vezes, permitirão a promoção de um redirecionamento da existência, com a propriedade de quem, ao viver, não apenas passa pela vida, mas se permite assumir um papel de construção, ressignificação e doação de sentido àquilo que vive: um modo *próprio* de viver.

Ambas, pesquisa e clínica, estão arraigadas numa mesma atitude originária que impulsiona o homem, que move a vida: a busca por sentido. Pesquisa, enquanto busca. Clínica, enquanto cuidado. É ou não é esta a nossa condição? Pesquisar, sob esse prisma, não consiste em buscar encontrar a verdade[7] das coisas, o em si. É abrir-se para a possibilidade de emergência de novos sentidos que dêem conta, de alguma maneira, da tarefa do existir. Pesquisa e clínica dizem de uma ética, de uma morada, de um abrigo, de um cuidado, mas também de uma energia que impulsiona, que oxigena, que dá sentido ao viver.

À medida que se abre espaço para esse processo de apropriação de si mesmo, pode-se, então, dizer que pesquisar é um ato clínico. E clínica, nessa perspectiva, não apenas diz de um ato/ação, mas de um debruçar-se, inclinar-se sobre o outro que sofre, acolhendo sua demanda e permitindo-lhe um olhar sobre si mesmo, em vias de assumir sua própria existência.

A partir desse modo de compreensão, quebram-se as barreiras, as "redomas", a possibilidade de segurança, neutralidade e não-afetabilidade. Não há como sair ileso desse processo. Tocando o outro, também sou tocado. Afetando, também sou afetado. Cuidando, também sou cuidado!

Reportamo-nos a Serres (1993, p. 2-3), na forma de seu personagem Arlequim, imperador fictício que, de volta de uma inspeção às terras lunares, ao ser indagado pelo seu povo acerca do que haveria de novo por onde passara, responde desprovidamente: *"...em toda parte tudo é como aqui..."*. Só não percebia o imperador que, embora tentasse reafirmar a igualdade, fruto da suposta intransponibilidade ao novo, diz o autor, sua roupa mestiça anunciava o inverso do que ele pretendia: *"o lá-fora, então, nunca é como aqui"*. Desesperado pela contrariedade em que se via, o imperador decide, em um ato intempestivo, despir-se totalmente... Surpresa... Espanto... A pele do imperador, tal qual a sua vestimenta, é um envoltório multicor...: *"Até mesmo a pele de Arlequim desmente a unidade pretendida por suas palavras. Também ela"*, diz Serres, *"é um casaco de Arlequim."*

Este é o destino do pesquisador-clínico/clínico-pesquisador: Arlequim, mestiço, múltiplo, variado, um pouco de si, um pouco daquilo e daqueles por onde passou!

Mas, afinal, a partir destas considerações, em que consiste então uma pesquisa?

Pesquisar é movimento, é criação. É colocar-se em busca de novos horizontes, sentidos possíveis, para algo que, num dado momento, mobiliza, instiga, suscita interrogação. Ao pesquisar, transitamos por caminhos diversos. Conhecemos o novo, reaprendemos a olhar para o velho. Aliás, este parece ser um dos grandes segredos: reaprender a olhar! Olhar de um outro lugar, não estanque, estagnado e aprisionador. É oferecer novas possibilidades de se mostrar àquelas questões que pareciam ter perdido todo seu poder de encantamento e diversificação. Pesquisar, desse modo, pode indicar um *per seguir* uma questão. Por onde ela for, no ritmo e modo em que quiser, e puder, se mostrar.

Este é o percurso da nossa questão. Provocados por esses questionamentos, partimos em busca de novos sentidos. Mais do que uma busca por respostas, a pesquisa referida neste capítulo diz de uma intervenção que se constituiu enquanto dispositivo de intervenção. Ao escutar os depoimentos de cuidadores/profissionais de saúde mental, buscamos promover a criação de um espaço de fala/escuta de acolhimento de seus sofrimentos. Ao, após literalização,[8] devolvermos tais depoimentos a cada depoente, tendo em vista sua autenticação, demos oportunidade à apropriação de cada depoente de sua narração enquanto

---

[7] Por verdade, nesse sentido, desejamos fazer um contraponto entre as noções subjacentes ao termo grego *alethéia* e o latino *veritas*. Segundo Chauí (1995, p. 99), "verdade" é uma palavra à qual está atrelada toda uma rede de significações e intencionalidades, a depender do ponto de vista em que é tomada. Enquanto para os latinos – sentido expressado na citação que origina esta nota –, *veritas* significa precisão de um relato, o correto de uma representação, fechamento de sentido; para os gregos, o termo *alethéia* significa desvelamento, mostrar-se, sem aprisionar-se a um sentido único, dando espaço para o constante movimento de criação *(poiésis)*.

[8] A literalização consiste na lapidação das entrevistas, após transcrição, transformando-as em texto, a fim de facilitar a comunicação de sentido.

fragmento vivo de sua história. Ao tecermos nossos comentários, dialogando com o narrado, abrimos oportunidade ao surgimento de outros sentidos possíveis para as experiências vividas, e ao dissertarmos o vivido comunicamos experiência, intervimos no mundo, abrimos possibilidades de novas construções.

Esse percurso nada mais simboliza do que a nossa própria condição humana: afetabilidade, compreensibilidade e comunicabilidade. É por meio da apropriação desse modo de ser-no-mundo que promovemos ética, enquanto cuidado, e política, enquanto transformação.

O MÉTODO FENOMENOLÓGICO EXISTENCIAL: O DIZER DE UM CAMINHAR

Um caminho que se constrói à medida que se caminha...

Talvez essa seja a expressão que melhor resume nossa compreensão acerca do pesquisar em clínica fenomenológica existencial. Trata-se, na verdade, de uma dis-posição que, ao mesmo tempo em que sintetiza um percurso, também se constitui num elo de aproximação e apaixonamento por uma atitude e por um modo de se portar no mundo, não só ao pesquisar, mas sobretudo ao existir. Aliás, pensamos que esta sim compreenda a descoberta de maior significação em todo esse percurso: a fenomenologia existencial engendrando-se como indicativo de uma possibilidade outra de ser-no-mundo-com-outros.

Pesquisar fenomenologicamente é, de algum modo, destituir-se da segurança, do predomínio absoluto da razão, e aceitar o convite para, junto ao fenômeno, tecer, construir, elaborar e criar outras formas possíveis de expressar, de significar, de compreender e de dar-se de si. Dar este que se constitui em via de mão dupla, em que pesquisador e pesquisado, em algum instante, se encontram tão próximos que dificilmente se pode definir com precisão quem é um e quem é o outro. Afetam-se mutuamente. Cuidam de suas existências. Aprendem que no entre-homens é que se constrói sentido. E, de algum modo, mesmo a partir de suas singularidades, exercem a sua condição universal: cuidar-de-si-cuidando-do-outro.

Ao levantar uma questão, sou tomado pelo desejo de buscar compreender aquilo que, de algum modo, me afeta, me mobiliza e me constrange em busca de sentido. Ao partir em busca desse sentido, me disponibilizo a perceber-me mestiço, estrangeiro, viajante. Convido o outro a com-

partilhar da minha inquietação. Sou convidado por ele a com-partilhar da sua experiência. Experiência que, aliás, num certo momento, não é mais dele... muito menos minha... É nossa... do entre-nós, do privado e do público, do individual e do coletivo, do singular e do universal, enfim, do humano.

Dessa feita, partimos para o contato com nossos depoentes/interlocutores. Buscamos uma escuta e um acolhimento dos depoimentos que se configurassem enquanto via de expressão da angústia. Aproximamo-nos dos nossos pares, cuidadores/profissionais de saúde mental. Mais do que um entrevistar, esse momento configurou-se enquanto possibilidade de cuidar de si, de nós e do nosso fazer, em via de propiciar a busca por um modo ético e político de fazer saúde, como nosso ofício e nossa paixão.

É nessa trama existencial que o humano se constitui. Sendo, é constantemente convidado a assumir seu vir-a-ser, a cuidar de seu existir. Uma vez que nos dispomos a buscar compreender como profissionais de saúde mental se percebem nessa tarefa de cuidar-de-si-cuidando-de-outros, não apenas enquanto condição mas também enquanto ofício institucionalizado, nada mais próprio do que escutá-los a contar da sua experiência e acompanhá-los nesse movimento de busca por um sentido possível para seu fazer.

Foi nesse contexto que nos apropriamos das reflexões propostas por Walter Benjamin (1985) acerca da narrativa como via de apreensão de experiência, por meio de depoimentos de sujeitos/interlocutores que, ao narrarem suas vidas, com-partilham de seu existir como estratégia de construção de um viver-com mais próprio.

A narrativa diz de um testemunhar de si. Constitui-se num movimento complexo de idas e vindas, no qual o narrador constrói o que conta, ao transitar entre sua própria experiência e aquela relatada pelos outros de quem também ouviu. Do mesmo modo, ao narrar, transmite, se mostra e convida o novo ouvinte a também inserir-se na trama, incorporando o ouvido/narrado à sua própria trajetória.

A matéria-prima do narrador é a experiência e seu produto, a narrativa. Ele não está interessado em "transmitir o 'puro em si' da coisa narrada como uma informação ou um relatório" (BENJAMIN, 1985, p. 205); antes, imprime na narrativa a sua marca, assim como o oleiro na argila do vaso. A narrativa refere-se a um modo artesanal de comunicação que aos poucos sucumbiu à marca do pragmatismo moderno, de tal maneira que se perdeu, aos poucos, o sentido de se contar história, de se parar para escutar e até de se valorizar o intercâmbio de experiências como tarefa constitutiva. Muito além de, apenas, uma perda do atributo da oralidade via desvalorização de sua importância, a maior perda do homem moderno, no âmbito da narratividade, diz do abandono da capacidade de se implicar naquilo que narra. Para Benjamin (1985, p. 197-198):

> são cada vez mais raras as pessoas que sabem narrar devidamente. Quando se pede num grupo que alguém narre alguma coisa, o embaraço se generaliza. É como se estivéssemos privados de uma faculdade que nos parecia segura e inalienável: a faculdade de intercambiar experiências.

Num contexto de crises éticas e políticas, tanto no âmbito do público como do privado, o homem se viu jogado numa experiência deflagradora de uma degradação do senso de si mesmo, de tal modo que se tornou mais pobre em experiência comunicável. "O homem de hoje não cultiva o que não pode ser abreviado" (BENJAMIN, 1985, p. 206), sobrevaloriza o imediatismo do tempo, sem dar-se conta de que, desse modo, perde-se a si mesmo, correndo em busca de algo que não se sabe, ao certo, o quê. Compromete seu sentido, abdica de seu viver. Abrindo mão de sua tarefa de acolher e significar sua existência, perde-se na cotidianidade, em meio às marcas e registros que, embora não se dê conta, estão lá, em busca de serem apropriados. E a narrativa é um canal privilegiado de apropriação dessas experiências.

O narrador é esse ser narrativo se dando a conhecer. Em sua figura, expressam-se dois modos de ser, em constante aproximação: o *marinheiro viajante* e o *camponês sedentário*. O primeiro – o viajante – pelo seu muito viajar, muito tem a contar: o saber das terras distantes e o estrangeiro que se mostra a conhecer. O outro – o sedentário – diz daquele que ficou, construiu o seu viver, cuidou da sua morada, e, mesmo assim, só que de um outro modo, acumulou experiência, adquiriu sabedoria. Sabe do seu passado, da sua história, do seu parentesco, daquilo que fica e que o identifica.

É desse cruzamento que nasce a arte de narrar. A narrativa é híbrida, tatuada, marcada pelo que sou e pelo que conheço nas viagens que faço. É um contar do outro, do novo, do estrangeiro, ao mesmo tempo em que também é um contar de si, do seu lugar, da sua historicidade. O narrador é um ser que sempre se apresenta no entre. Mestiço... Arlequim... Tatuado por onde passou, identificado por onde partiu. Um mesmo outro... Um outro

mesmo.... Singular e plural, único e coletivo, público e privado.

Narrar é colocar-se na tensão do trânsito; é dialogar entre essas duas dimensões da vida, e é pela interpenetração desses dois modos que se compõe o narrador: o íntimo, o de casa, e o próximo, com o estranho, o estrangeiro e o distante. Esse movimento, de interpenetração, de troca e de mistura, se dá na oficina do artífice, que se dispõe a abrir-se a essas duas dimensões no seu fazer, movido pelo anseio de produzir vida e arte significativa: é a *poiésis* enquanto manifestação do fazer-viver humano.

A escuta do depoimento, nesse sentido, constitui-se enquanto essa oficina. É o ponto de culminância entre os vividos, em via de produção de outros sentidos e de novas experiências. A fala do depoente traz em si a capacidade de, ao ser dita, elaborar, reelaborar e, ao mesmo tempo, transmitir a sua experiência. Segundo Lima (2000), ao narrar sua história, o depoente a experiencia como um fluxo de sentimentos, idéias, crenças e expectativas que vão se configurando e se reestruturando em outros sentidos para sua trajetória de vida. Ao iniciar a narrativa, não se tem um roteiro preestabelecido, menos ainda a certeza de como a terminar; apenas ao final é que se dá conta do que foi narrado e do sentido que dali emergiu.

A narrativa sempre tem em si uma dimensão utilitária. Ao narrar promove-se sentido, cuida-se de ser. Além do quê, abre-se espaço para que outros, agora ouvintes/leitores, passem também a criar suas próprias narrativas. Foi nesse sentido que partimos para o processo de escuta-cuidado. Eu-ouvinte/eu-narrador de mim mesmo e daqueles a quem ouvi. À medida que os movimentos dos pés/pernas superam a barreira do já andado e inauguram o espaço do ainda por andar, nos colocamos à disposição de conhecer o novo que se apresenta pelo caminho que se desenha.

Cartografia de um Percurso: Os Personagens de um Mosaico Vivo

Os cuidadores que nos propusemos a escutar constituem uma classe de profissionais específica como técnicos de saúde mental de serviços substitutivos do SUS, no contexto da Reforma Psiquiátrica Brasileira. Nesse segmento assistencial, encontram-se os CAPS, os hospitais-dia, as residências terapêuticas, além de outras ações de saúde mental junto a programas específicos, tais como a atenção básica, comumente conhecido por Estratégia Saúde da Família (ESF), entre diversas outras inserções possíveis. *Técnico de saúde mental* é qualquer profissional que atua nesse campo específico, independentemente de sua formação acadêmica. Ou seja, médicos, enfermeiros, psicólogos, assistentes sociais, terapeutas ocupacionais, educadores físicos, entre outros. A equipe também é composta por profissionais de nível médio, como auxiliares e técnicos de enfermagem, além daqueles com função burocrático-administrativa, entre outros.

A pesquisa foi realizada em municípios do estado de Pernambuco, cuja descrição damos a seguir. Inicialmente decidimos por entrevistar apenas um profissional, deixando que o próprio depoimento demandasse os subseqüentes, como próximos passos a serem dados no decorrer do percurso. E assim aconteceu.

Realizamos a primeira entrevista com um profissional de nível superior, e logo de início percebemos que o profissional entrevistado atuava, assim como boa parte dos outros profissionais, em mais de um município; logo, ao nos remetermos à sua experiência como cuidador/profissional de saúde mental, comumente eram feitas referências a outros contextos, para além da dimensão municipal específica, de modo a logo percebermos que o que nos era apresentado se aproximava de uma espécie de panorama regional, ou melhor, estadual, da vivência desses profissionais.

O segundo profissional entrevistado, além da função de técnico de nível superior que desempenhava num serviço substitutivo, também ocupava o lugar de gerente de um outro CAPS. Tal fato nos possibilitou obter um depoimento a partir de um olhar/lugar diferente daquele verificado inicialmente. Começavam a se inserir em nossa escuta aspectos diretamente relacionados a questões de cunho gerencial e administrativo dos serviços, de modo a podermos ampliar nossa visão a respeito do sofrimento e cuidado do cuidador. Os depoimentos colhidos terminavam por nos demandar a importância de escutarmos profissionais ligados diretamente às gestões municipais de saúde mental, agora em nível de coordenação.[9] E assim ocorreu. Dessa feita, entrevistamos um coordenador municipal de saúde mental, responsável pela gestão de toda uma rede de serviços em determinado município, de forma a obtermos o mínimo de compreensão acerca da estrutura e das relações que se interpõem no processo diário de trabalho de profissionais inseridos nessa lógica assistencial.

À medida que iniciamos a colheita dos depoimentos, decidimos por não mais fazermos referência às formações específicas dos profissionais entrevistados e nem às cidades em que trabalhavam, visto que, por se tratar de um universo ainda pequeno de serviços e profissionais inseridos nesse contexto, os mesmos ficariam, de alguma maneira, expostos a ser facilmente identificados.

As entrevistas foram gravadas em áudio, em seguida transcritas e literalizadas, com vistas a obter formato de texto, a fim de facilitar a compreensão do leitor. É importante frisar que todos os depoimentos, após literalizados, foram devolvidos a seus depoentes de modo a poderem sugerir correções, apontar questionamentos, e, sobretudo, dar-lhes oportunidade de escutar sua própria fala durante o depoimento como mecanismo de apropriação de sua própria experiência e compartilhamento de novos/outros sentidos que pudessem vir a emergir nesse momento.

Assim se configurou nossa população: 01 (um) técnico de nível superior, 01 (um) gerente/técnico de CAPS e 01 (um) coordenador municipal de saúde mental.

A seguir, apresentaremos, em forma de recortes, alguns trechos dos depoimentos colhidos.[10]

Profissional de Nível Superior

...o que a gente vê é uma universidade que não prepara para você conviver com o diferente... O serviço de saúde que... em módulos históricos... vem aprisionando o sujeito... e toda a sociedade que se acostumou que "lugar de doido é no hospício mesmo"... e... "por que soltar ele de lá?"! Então... eu acho que é uma coisa de muito sofrimento pra gente, pois temos que questionar todos os nossos valores... É uma luta tão grande porque a gente não tem um apoio em termos de formação para passar por este processo...

Estou numa enfermaria de hospital de crônicos! Então... de repente... eu tenho um equipamento supermoderno: uma Residência Terapêutica. Atualizadíssimo... e quando eu entro... sinto o cheiro do hospital psiquiátrico. Vejo os usuários deitados... dormindo... só levantam pra tomar medi-

---

[9] O coordenador municipal de Saúde Mental constitui, nesses contextos, o principal elo de ligação entre o nível gestor das Secretarias Municipais de Saúde e as unidades de saúde correspondentes.

[10] Os depoimentos integrais, bem como nosso dialogar com os mesmos, podem ser encontrados na Dissertação de Mestrado (ALVES, 2005), intitulada: *Entre o cuidar e o sofrer: o cuidado do cuidador via experiência de cuidadores/profissionais de saúde mental.*

cação e voltam pra cama... porque não têm o que fazer. Então... o que é isso?!!! O que é que o profissional vai fazer? Aí pronto... lá vou eu para Retaguarda do PSF... Porque eu acredito na Reforma... mas... de repente... a gente entra em cada situação e vê cada caso... De repente... eu acho que a gente tem uma reforma muito radical, sabe? Que tem algumas coisas que a gente não pode se desfazer... como eu acredito que não pode mesmo! A gente não pode ficar sem emergência psiquiátrica... A gente não pode ficar sem nenhum hospital pra dar apoio a alguns casos... Mas... ao mesmo tempo... é aquele discurso: "*Não, eu tenho que... Eu não vou mais internar...Eu vou evitar internação*". Mas aí... quando a gente vai pra rua... quando a gente chega na área... se vê diante cada situação... que a gente não sabe nem como correr! Então... você vai trabalhar numa retaguarda e não tem um carro pra ir pra comunidade. Você vai trabalhar num distrito sanitário que tem mais de 300.000 habitantes... e você tem uma equipe de três...

Eu não quero desistir não... que eu sou teimosa. São tantas dúvidas... tantas situações... que a gente fica assim... se sentindo mesmo que... a gente está com uma camisa-de-força! *O profissional... com uma camisa-de-força*. Porque ele quer fazer uma coisa, mas a situação não deixa! Não é fácil...!

Também tem o cuidado com a saúde da gente... o manter-se bem para poder cuidar do outro. Mas isso é difícil... também! Você tem que dormir pouco... tem que correr muito. Você não tem tempo pra fazer uma caminhada que você gosta... Não tem dinheiro para ir ao teatro... Não tem dinheiro pra ir ao cinema... Mas... de repente... você se vê amarrado: "*Fim de semana eu vou pra onde?*" Não vou... porque não posso... não tenho dinheiro pra sair!
Então... o mesmo profissional de saúde não tem o direito à saúde...

E sem falar em outra coisa... que é o local de trabalho onde você está! Você vê o local... o serviço caindo aos pedaços... insalubre! É o serviço de saúde insalubre! Onde a gente vê mofo... vê goteira... vê os pedaços da parede caindo... rato correndo

pelo meio do grupo (sorri) – como aconteceu comigo há uns 15 dias... na hora do grupo... passou um rato e eu disse: o que é isto? "É um rato, doutora", me respondeu um dos usuários. Rato... barata... sujeira... E você tem que conviver com isso como se fosse normal e... de repente... tem que dar ao seu usuário noções de higiene... mas você veja onde é que você está metido!

Infelizmente, a gente ainda quer ter plano de saúde, porque o mesmo sistema que a gente está tentando montar... o SUS... a gente não quer ser usuário dele... pelo menos neste momento... do jeito que ele está estruturado.

Gerente de CAPS

(...) A coisa (Reforma) ainda está muito isolada... É um sofrimento muito grande para o profissional que acredita na reforma... está comprometido com a causa...
Você se depara com uma rede de saúde que não está preparada para receber o portador de sofrimento mental como um cidadão... Mas ainda está carregada de preconceito... O que precisa mudar não é só o lugar físico... mas o lugar social da loucura... senão... nós vamos estar reproduzindo a mesma lógica existente. Senão... a gente os tirou dos muros do hospital... mas eles continuam presos.
Aí... a gente sofre... quando tira um paciente do hospital e vai tentar garantir seus direitos lá fora... E se depara com uma estrutura que não está preparada para recebê-los... Isto é uma parte sofrida pra nós... Ter de estar garantindo isto... negociando com cada profissional... tendo que estar sensibilizando o tempo todo... para garantir o que já deveria estar garantido! A gente recebe uma carga muito grande... de cobrança. As pessoas... de repente cobram... pois nós estamos divulgando uma forma de cuidado e... quando o usuário e seu familiar precisam de algum serviço... vêem que a coisa não está como deveria estar.

Sendo gente... por mais que compreenda a causa e a proposta da Reforma como algo importante e fundamental... também tem uma vida... Precisa haver uma doação do profissional... mas uma doação que tem limite... Tem que haver planejamento... condições de trabalho... suporte... pois pra ser um bom profissional... o técnico não tem que estar se matando... pelo contrário... tem que estar bem pra poder cuidar melhor.

O profissional deveria ser mais olhado pelos gestores, tanto em nível municipal e estadual quanto federal. A gente faz um trabalho sério... Não é fácil não... Você se dá muito o tempo todo... e ainda não ser reconhecido?!

A gente que trabalha em equipe e... como não tem garantidos o cuidado e atenção que precisava... termina um cuidando do outro no dia-a-dia. A gente não tem uma supervisão... não tem um espaço para reivindicar e ser escutado... Daí... a gente cria espaços de fala dentro da própria rotina de trabalho, para poder aliviar o sofrimento uns dos outros. Então assim... a gente tenta sobreviver... e fazer com que o trabalho ande nas poucas condições que a gente tem... garantindo entre nós... dentro da própria equipe... essa ajuda.

Coordenador Municipal de Saúde Mental

É muito complicado trabalhar numa condição de muita adversidade... porque aí... a gente tem dificuldades financeiras... dificuldades de recursos humanos... dificuldades teóricas... Alguns CAPS... hoje... sobrevivem... e com uma série de dificuldades! Sobrevivem porque aqueles profissionais que têm uma identidade levam à frente. Se não fossem esses profissionais...

Falta muito... cada um de nós ainda carrega muita insegurança... muito preconceito... Qual é o profissional de saúde do serviço público... hoje... que tem condições de fazer uma terapia... por exemplo... para cuidar de sua saúde mental... de suas emoções... E aí... como é que fica?

Uma outra coisa que complica a situação do trabalhador... o desenvolvimento do CAPS... a sua consolidação... é a falta de uma supervisão institucional. Esta é a grande queixa dos técnicos...porque... às vezes... fica todo muito meio perdido... parece um jogo de sinuca... com as bolas batendo umas na outras. Está todo mundo querendo a mesma coisa... com o mesmo objetivo... mas... às vezes... a coisa empaca e nada consegue ser feito. Daí... uma supervisão... nesta lógica de estar facilitando... clarificando as coisas... seria fundamental.

A verdade é que... a supervisão, que é tão pedida... não acontece!

O gestor maior... no caso do município onde trabalho... acha que isso quem tem que fazer é o coordenador...eu! Mas a lógica da supervisão que a secretaria quer que eu faça... é a lógica de ir lá saber se está faltando algum material... como estão os indicadores... avaliar o serviço... ver produtividade... assiduidade e horário dos técnicos... O que se busca são números... resultados... produtividade... E quando a gente tenta mostrar que, na prática, não é bem assim... não consegue se fazer entendido!

É complicado... O coordenador fica numa situação complicada... A equipe está no dia-a-dia percebendo os problemas... os entraves... vê a necessidade e cobra à chefia... e... quando a gente está na situação de coordenação... vê o pedido da equipe... acha legítimo... sabe que é verdade... mas tem um gestor superior que diz: eu não tenho... eu não vou poder te dar... e você (!) é quem tem que resolver isto, porque você é a coordenadora, é a gerente...!

Quando você apresenta as necessidades... escuta que não tem recursos... não tem dinheiro... Daí você se sente totalmente impotente...

Se hoje o problema não está podendo ser resolvido... vamos continuar tentando... lutando... o que não se pode é matar o sonho...

A verdade é que... a gente tem que sempre estar buscando formas de afrouxar um pouco os cadarços... Se não... a coisa estoura... mas é assim que se constrói...

MAIS QUE UM FINAL... APENAS UM COMEÇO!

Essa foi a expressão encontrada a fim de buscar comunicar que, para além de estudo conclusivo e definitivo, a dissertação aqui sintetizada constituiu-se apenas em um outro ponto de partida. Só que, agora, de um outro lugar... É certo que chegamos a algum lugar... Entretanto, não o percebemos como "ponto final"... Talvez, uma parada para refletir... meditar acerca do encontrado... compartilhar sentido... Mas, marcados por outras tatuagens, somos constantemente convidados a prosseguirmos a viagem.

Pergunto: Como, portanto, se cuidar dos cuidadores?

Nesse instante da trajetória, percebemos que o cuidar do cuidador passa a se configurar um fenômeno amplo, multifacetado, e possível de ser interpretado a partir de diversos lugares e olhares. O cuidado, enquanto tarefa existencial, precisa ser manifestado em todos os âmbitos da vida e das relações para consigo, para com os outros, para com o mundo. Reforça-se a compreensão de que é cuidado – e cuidando – que somos. Desse modo, essa atitude de ocupação e pré-ocupação precisa irradiar as diversas manifestações do fazer humano, tal como pontua Arendt (2001), nas esferas do labor, do trabalho e da ação; do público e do privado.

As práticas clínicas em instituições, principalmente, públicas, têm demandado a necessidade da construção de teorizações que subsidiem o fazer profissional diante do cenário sociocultural da atualidade. Assim, faz-se urgente a necessidade de ampliação das discussões no âmbito da saúde pública, pautadas na abertura e flexibilidade dos profissionais em buscar exercer criativamente uma clínica social com ênfase na inclusão e consideração da indissociabilidade homem-mundo. Nesse contexto, a apropriação da fenomenologia existencial enquanto um modo de se portar perante a vida, aberto ao diálogo com as diversas possibilidades de manifestação fenomenal, sem dúvida constitui uma alternativa coerente para a produção de uma ação clínica cuidadosa diante das demandas que se apresentam no dia-a-dia profissional.

No que se refere à Reforma Psiquiátrica Brasileira, acreditamos que diversas questões precisam estar sendo revisitadas constantemente. Percebo-a sendo um movimento que, originariamente, aponta para uma questão crucial e que precisa ser reescutada: a desinstitucionalização da loucura. Nesse universo, compreendem-se temas correlatos como a superação da lógica preconceituosa e excludente ante a diferença, a busca por uma atitude ética de inclusão e promoção de saúde respeitando as peculiaridades que emergem na diversidade, entre inúmeros outros. Assim, é preciso atentar para o cuidado de não resumirmos desinstitucionalização a desospitalização, reduzindo e comprometendo o sentido ético do movimento.

Durante todo o percurso desta pesquisa, tivemos o cuidado de expor, em diversas situações, um questionamento que surgiu desde os primórdios da minha formação profissional, durante os estágios, e que vem se perpetuando até o atual momento da minha trajetória. Trata-se de discutir o papel e função da supervisão enquanto dispositivo de cuidado junto aos profissionais de saúde e, mais particularmente, junto às equipes profissionais em saúde pública.

A partir das narrativas apresentadas, ratifica-se para mim a impressão – ou até algo mais que uma simples impressão, mas sim a constatação – de que, por vezes, para não dizer "na maioria das vezes", o caráter de supervisão que as instituições imprimem em seus participantes parece ocupar um espaço exclusivamente técnico, reduzindo-se, em alguns contextos, a um caráter tecnicista, reducionista de cunho meramente formal, administrativo, para não dizermos de controle e investigação. Algo da ordem do "supervisionar para verificar se o *trabalho* está de fato sendo realizado".

Curioso é perceber que, mais uma vez, parece haver uma dissociação entre a solicitação dos profissionais e aquilo que é oferecido pela instituição. Pergunto-me em que se fundamenta essa não coincidência nos discursos. É possível que, associada a essa insistente tentativa de compreender supervisão como fiscalização, esteja embutida, entre tantas outras coisas, além de uma visão estritamente tecnicista, focada na produção e produtividade como elementos finais e primordiais, uma espécie de não-compreensão de que os aspectos vivenciais e subjetivos se constituem elementos importantes no processo de cuidado, podendo inclusive converter-se em facilitadores na mesma intensidade e freqüência com que podem atuar como entraves e dificultadores de qualquer processo de trabalho.

Conforme discutido, se o cuidador tem em si o seu mais importante e, por vezes, único instrumento de trabalho, é legítimo dizermos que a não-atenção e o não-cuidado desses aspectos podem pôr em "xeque" os diversos esforços em promover o bom andamento de uma ação e, principalmente, de uma ação em saúde. Assim, o que buscamos apontar é a necessidade de ações que possibilitem a promoção de discussões de questões dessa natureza, tanto nos centros acadêmicos como a partir da própria manifestação articulada de profissionais, usuários e comunidade, a fim de vislumbrarmos a inserção de tais questionamentos na pauta permanente das discussões no campo da formação e gestão em saúde.

Diante de tantos temas e possibilidades de compreensão apontados, deparamo-nos com um questionamento basilar e que funcionou como elemento disparador de todo este processo: Quem cuida do cuidador? Como se cuida do cuidador? E qual o sentido para o cuidador de cuidar de si?

É fato que durante toda essa trajetória muitas outras questões se apresentaram como importantes de ser acolhidas, visitadas e problematizadas. Entretanto, não poderíamos, nesse instante, deixar de retornar ao ponto de partida como via de nos situarmos no andamento atual desta abordagem.

Muito foi ouvido... Muito foi falado... E agora, voltamos a perguntar: Cuidadores descuidados? Por quê? Por quem? E até quando?

Como encaminhar o achado/ouvido sem nos atermos a culpabilizações e responsabilizações simplórias e reducionistas?

Seria o cuidado do cuidador uma questão estritamente ligada ao cuidado de si por parte do profissional, reduzido aos seus aspectos pessoais e subjetivos? Pensamos que não.

Seria a instituição perversa e responsável por todo o sofrimento dos cuidadores/profissionais? Em que medida ela funciona como fonte promotora de opressão e subjugação? Em que medida não estaria sendo posta, unicamente, na posição de perseguidora implacável, de modo a isentar o profissional de suas responsabilidades no direcionamento de sua própria existência?

Estariam os sujeitos (cuidadores/profissionais de saúde) pondo-se e se deixando pôr no lugar de simples objetos de controle e dominação? Sujeitos-objetos?

Ao nos debruçarmos sobre os depoimentos, que muito mais do que coleta de informações se configuram essencialmente como relatos de experiências vividas e, portanto, carregados de afetabilidade, emoção, humor, dor e, sobretudo, vida, podemos perceber o quanto a complexidade do fenômeno que se estabelece no âmbito da relação sofrimento-cuidado termina por gerar um movimento, muitas vezes confuso, conforme relatado pelos próprios depoentes, por ocasião das entrevistas de devolução. Dentre as muitas nuances observadas, destaca-se a posição dicotômica entre aspectos de cunho pessoal (subjetivo) e institucional envolvidos nessa trama.

Em alguns instantes, somos levados a perceber que os discursos dos profissionais se baseiam fundamentalmente em referências ligadas ao **"eu"** (muitas vezes sugerindo uma atitude de *psicologização* da problemática), bem como ao **"ele/ela"**, nos persistentes relatos de descaso institucional para com os profissionais, população e, até, com a

própria coerência entre discursos e práticas relacionados ao próprio objeto que justifica sua existência, a saber, a prevenção e promoção de saúde.

Interessante perceber que esse também foi o nosso percurso ao nos depararmos com essa questão. Ao revisitar os motivos e a abordagem que nos conduziram às primeiras reflexões construídas, percebemos claramente uma forte identificação com a proposta de subjetivização do sofrimento aliada a uma busca pelas suas possíveis causas, estas resumindo-se, a princípio, aos aspectos referentes às contradições socioinstitucionais. Hoje, ao nos debruçarmos novamente sobre essas questões, concluímos que não poderíamos, de modo algum, negar a ocorrência destas duas variáveis – o pessoal e o institucional. Entretanto, percebemos que a abordagem isolada de tais elementos poderia recair num movimento de "caça às bruxas", distanciando-se de uma intervenção complexa e compartilhada.

Aliás, nesse instante, somos convidados a retomar, a partir de um movimento de idas e vindas, algumas questões postas em discussão no início deste capítulo. Mais do que uma pesquisa, este trabalho configura-se como uma pesquisa clínica. Assim, nos perguntamos: Como cuidar clinicamente daquilo que nos foi apresentado?

Somos tomados, mais uma vez, por um questionamento: seria clínico tentar buscar respostas fechadas, identificar culpados e apresentar soluções acabadas? Se assim o fizéssemos, não estaríamos a aprisionar a possibilidade de abertura a novos sentidos possíveis? Ou cuidar clinicamente, nesse contexto, corresponderia a relançar a questão em movimento, problematizar, promovendo novas interrogações? Conclusões? Ou novas questões?

O fato é que, à medida em que nos pusemos a buscar sentido para o cuidar de cuidadores, fomos sendo apresentados e convidados a conhecer mais de perto uma outra dimensão existencial tão pouco falada em nosso dia-a-dia, principalmente no contexto capitalista, individualista e tecnocrata em que vivemos. Trata-se, como pontua Arendt (2001), da dimensão da vida ativa que só se constrói e se torna possível no entre-homens, a saber, a **ação** enquanto **atitude política** e, essencialmente, **coletiva.**

Estranho falar em coletivo, **"em nós"**, em entre-homens, quando presenciamos e, de algum modo, compartilhamos de uma cultura que se pauta na competitividade e na exclusão como balizas mestras de sua ideologia. Afinal, vivemos ou não um capitalismo selvagem, no qual imperam o individualismo e a lei do "levar vantagem" sempre?

Durante os depoimentos, encontramos referências a uma luta dos profissionais para se capacitar para "poder garantir" seu espaço, de modo que alguns, para não dizermos "muitos", se fecham numa atitude exclusivista de negar-se a compartilhar até algumas "descobertas" fruto de seus estudos. Como, portanto, falar em cuidado do cuidador num contexto como esse, principalmente quando refletimos que o cuidado de si sempre carrega implícita a dimensão do cuidado do outro e da pólis?

Mas isso não representa fatos isolados. É notório que as relações contemporâneas têm se pautado, basicamente, no exclusivismo e na individualidade via exclusão da alteridade. A própria formação, tanto em nível familiar quanto profissional, se fundamenta no desenvolvimento de posturas e habilidades que garantem intervenções individualizadas, na lógica do "cada um por si", em que o máximo que se permite é um trabalho 'multiprofissional', a partir da *pseudocooperação* entre individualidades restritas e bem-definidas.

Assim, pensamos que o maior desafio que se nos apresenta diante de tudo aquilo que expomos e a que, também, fomos expostos seja o de buscar **manter a tensão** entre os diversos aspectos e elementos apontados como parte dessa complexa teia que envolve a questão do sofrimento e cuidado do cuidador.

Aliás, trata-se de uma atitude de voltarmos a **atenção para a tensão.** Tensão que estabiliza, na medida em que não se põe a reduzir a complexidade, minimizando ou negando alguns de seus aspectos. Não...! Não podemos negar que há questões de cunho pessoal e subjetivo que marcam profundamente o cenário de descuidado do cuidador e que precisam ser abordadas e cuidadas. Do mesmo modo, não podemos minimizar o aspecto socio-institucional, enquanto gerador e perpetuador de uma série de contradições e sofrimentos, manifestados nos diversos âmbitos das posturas, compromissos e políticas públicas brasileiras. É preciso que seja posta em questão a subordinação à lógica do capital, com correspondente desvio de prioridades e adoção de posturas que, embora denominadas sociais, em muito pouco correspondem a tal nomenclatura.

Mas também e sob essa outra perspectiva é preciso reimplicarmos o papel da dimensão coletiva do ser/fazer e do resgate da noção de cidadania e compromisso social, implicada, sobretudo na não-sujeição, pela qual passamos a ocupar a posição de vítimas, como se nada pudéssemos fazer em prol das mudanças que objetivamos. Às vezes, só buscar culpados nos é confortável, mesmo que seja um "conforto doloroso". A dimensão da ação fala de uma atitude ética e política, que nos move a nos posicionarmos no mundo-junto-a-outros, em via de assumirmos nossa existência com propriedade.

É disso, portanto, que falamos e que buscamos durante todo este percurso. Uma atitude ética, implicada, que, diante da complexidade e da tensão, nos põe em contato com o nosso *vir a ser*, através de um convite permanente, via *dimensão existencial da angústia*, a assumirmos nossa existência *propriamente*, tendo no *cuidado* algo mais do que nosso ofício institucionalizado, mas a nossa disposição existencial fundamental: o cuidado-de-si-cuidando-dos-outros. É preciso reassumirmos a responsabilidade por aquilo que somos e construímos. Sujeitos éticos e políticos, lançados na *facticidade*, é verdade, mas com a possibilidade de construirmos artesanalmente um modo próprio de existir.

Talvez por aí, em busca do resgate da humanidade do homem, em seus aspectos existenciais mais fundamentais, estejamos em vias de uma aproximação para um sentido possível de cuidar de cuidadores, enquanto tarefa e enquanto condição. Cuidado que é perpassado por três aspectos essenciais e indissociáveis: si mesmo/instituição/outro.

Por fim, nos reportamos a Merleau-Ponty (1971), a fim de expressar parte daquilo que passa a balizar esta compreensão de uma possibilidade de ser-no-mundo-propriamente:

> Temos em mãos nossa sorte, tornamo-nos responsáveis por nossa história por meio da reflexão, mas também por uma decisão em que engajamos nossa vida, e nos dois casos trata-se de um ato violento que se verifica ao se exercer. (MERLEAU-PONTY, 1971, p. 18)

REFERÊNCIAS BIBLIOGRÁFICAS

ABREU, KL. et al. Estresse ocupacional e síndrome de Burnout no exercício profissional da Psicologia. In: **Psicologia**: **Ciência e Profissão**. Brasília: Conselho Federal de Psicologia, 2002, nº 2, ano 22.

ALMEIDA, FM. **Cuidar de ser: uma aproximação do pensamento heideggeriano**. Dissertação de Mestrado. São Paulo: PUC-SP, 1995.

_____. Aconselhamento psicológico numa visão Fenomenológica Existencial: cuidar de ser. In: MORATO, HTP. (org). **Aconselhamento psicológico centrado na pessoa. Novos desafios**. São Paulo: Casa do Psicólogo, 1999. p. 45-60.

ALVES, CFO. **Entre o cuidar e o sofrer: o cuidado do cuidador via experiência de cuidadores/profissionais de saúde mental**. Dissertação (Mestrado em Psicologia Clínica) – Universidade Católica de Pernambuco, Recife: Fasa, 2005.

AMARANTE, P. Algumas notas sobre a complexidade da loucura e as transformações na assistência psiquiátrica. In: **Revista de Terapia Ocupacional**. v. 3, n. 1/2, p. 8-16, dez/jan. 1992.

ANGERAMI, VA. **Urgências psicológicas no hospital**. São Paulo: Pioneira, 1998.

ARENDT, H. **A condição humana**. 10ª ed. Rio de Janeiro: Forense Universitária, 2001.

BENEVIDES-PEREIRA, AMT; MORENO-JIMÉNEZ, B. O burnout em um grupo de psicólogos brasileiros. In: BENEVIDES-PEREIRA, AMT. (org.). **Burnout: quando o trabalho ameaça o bem-estar do trabalhador**. São Paulo: Casa do Psicólogo, 2002.

BENJAMIN, W. **O narrador: considerações sobre a obra de Nikolai Leskov**. São Paulo: Brasiliense, 1985. (Obras Escolhidas, v. 1.)

BOFF, L. **Saber cuidar. Etos do humano – compaixão pela terra**. Petrópolis: Vozes, 1999.

BOM SUCESSO, EP. **Relações interpessoais e qualidade de vida no trabalho**. Rio de Janeiro: Qualitymark Ed., 2002.

BRASIL. MINISTÉRIO DA SAÚDE. **Portaria 336/GM**, art. 5º, § único, 2002.

CABRAL, BE. **Cartografia de uma ação territorial em saúde: transitando pelo Programa Saúde da Família**. Dissertação (Mestrado em Psicologia Clínica) – Universidade Católica de Pernambuco, Recife: Fasa, 2004.

CHAUÍ, M. **Um convite à filosofia**. São Paulo: Ática, 1995.

COVOLAN, MA. Stress ocupacional do psicólogo clínico: seus sintomas, suas fontes e as estratégias utilizadas para controlá-lo. In: LIPP, MEN. (org.) **Pesquisas sobre stress no Brasil:**

saúde, ocupações e grupos de risco. 2ª ed. Campinas: Papirus, 2001.

CRITELLI, DM. **Analítica do sentido: uma aproximação e interpretação do real de orientação fenomenológica**. São Paulo: Educ/Brasiliense, 1996.

DEJOURS, C. **A loucura do trabalho: estudo de psicopatologia do trabalho**. Tradução de Ana Isabel Paraguay e Lúcia Leal Ferreira. 5ª ed. Ampliada. São Paulo: Cortez-Oboré, 1992.

HEIDEGGER, M. **Ser e tempo**. 8ª ed. Petrópolis: Vozes, 1999.

HIRIGOYEN, M. **Assédio moral: a violência perversa no cotidiano**. Tradução de Maria Helena Kühner. 4ª ed. Rio de Janeiro: Bertrand Brasil, 2002.

LIMA, DF. **Compreendendo o sentido da escuta**. Dissertação de Mestrado em Psicologia Clínica. Universidade Católica de Pernambuco, Recife: Fasa, 2002.

MERLEAU-PONTY, M. **Fenomenologia da percepção**. Tradução de Reginaldo di Piero. Rio de Janeiro: Livraria Freitas Bastos, 1971.

MICHELAZZO, JC. Heidegger e a questão da técnica moderna. In: CASTRO, DSP et al. (org.). **Fenomenologia e análise do existir**. São Paulo: Universidade Metodista de São Paulo: Sobraphe, 2000. p. 97-116.

MORATO, HTP. **Eu-supervisão: em cena uma ação buscando significado sentido**. Tese de Doutorado em Psicologia. São Paulo: IPUSP, 1989.

_____. (org.). **Aconselhamento psicológico centrado na pessoa. Novos desafios**. São Paulo: Casa do Psicólogo, 1999.

RABIN, S; FELDMAN, D; KAPLAN, Z. Stress and intervention strategies in mental health professionals. **British Journal of Social Psychiatry**, 1999, 159-169.

RODRIGUES, AL; GASPARINI, ACLF. Uma perspectiva psicossocial em psicossomática: via estresse e trabalho. In: MELLO FILHO, J. et al. **Psicossomática hoje**. Porto Alegre: Artes Médicas Sul, 1992.

SCHMIDT, MLS. Políticas públicas e saúde mental. In: TRINDADE, ZA; ANDRADE, AN. **Psicologia e saúde: um campo em construção**. São Paulo: Casa do Psicólogo, 2003. p. 55-71.

SERRES, M. **Filosofia mestiça**. Tradução de Maria Ignez Duque Estrada. Rio de Janeiro: Nova Fronteira, 1993.

QUESTÕES COMENTADAS

1) Segundo os autores, qual panorama contemporâneo constitui a problemática da psicopatologia do trabalho?

R: Em primeiro lugar é discutido que o imediatismo do saber e a fugacidade das relações contemporâneas implicam um sentimento coletivo de não-pertença. Esse fenômeno tem repercutido nos diversos aspectos constitutivos da trama existencial dos sujeitos de nossos dias, de forma a evidenciarmos uma verdadeira amplificação do sentimento de desamparo e solidão. Dadas as mudanças significativas nos referenciais de tempo e espaço, a vertiginosa rapidez em que se estabelecem as relações sociais e pessoais, as transformações nos paradigmas de comunicação com forte ênfase no caráter visual, instantâneo e, por vezes, superficial, todos esses fatos terminam por promover uma compreensão de temporalidade pautada num compromisso cada vez maior com a rapidez das transformações e no *adiantar-se* ao tempo, como meio de garantir o futuro. Dito isso, observa-se, cada vez mais, um distanciamento do histórico e de atitudes como paciência, contemplação e cuidado de ser.

Já no campo do trabalho, não seria precipitado afirmar que a vida psicossocial do indivíduo se estrutura, basicamente, em torno de etapas relacionadas à *preparação para o trabalho, a vida profissional ativa e a aposentadoria.* Além de se tornar uma prioridade para a vida do homem, o trabalho, nessa visão, passa a ocupar *status* de mecanismo de estruturação, devido ao papel, a ele atribuído, de ajustamento e proteção social, configurando-se como meio de constituição de boa parte das identidades, relações sociais, projetos e expectativas de vida. Por outro lado, ao refletirmos acerca da história do trabalho, percebemos que ele transita entre pólos diversos, configurando-se desde um mecanismo de expressão de individualidade e prolongamento do próprio homem até um instrumento de alienação, controle e segregação social.

Com o advento da modernidade, o trabalho deixa de ocupar o lugar de expressão da criatividade e modo de manifestação do humano (*poiésis*) para tornar-se ferramenta de produção em série, tendo em vista a satisfação de necessidades externas e a disseminação das práticas de consumo típicas das eras industrial e pós-industrial.

Essas transformações acabam por produzir um sentimento de desapropriação do seu fazer por parte do trabalhador. O próprio trabalhador passa a sofrer uma ruptura entre as esferas do fazer, tais como idealizar, construir e usufruir. Nessa direção, o seu trabalho torna-se sem significação, já que a sua responsabilidade na criação se restringiu a uma parcela, aleatória e alienada, do produto final. Tais fatos acabam por culminar num contexto de sofrimento, dada a exacerbação do sentimento de impotência e desvalorização.

Outras questões importantes de serem destacadas nas reflexões acerca dessa problemática relacionam-se ao modo de exploração da mão-de-obra assalariada. As ameaças de perdas consecutivas nos direitos, que constituem uma teia de segurança e sustentação para o profissional, as constantes pressões que emergem de uma lógica capitalista e neoliberal, promovendo o achatamento da classe trabalhadora, aliadas a exigências cada vez maiores para galgar as diversas etapas do circuito de inserção e manutenção no mercado de trabalho, assim como a desumanização e unilateralidade das relações de trabalho, apresentam-se como fatores que reforçam o cenário de pressão em que se encontra a classe trabalhadora.

Somam-se a isso conflitos de ordem subjetiva que, muitas vezes, se interpõem no processo como elementos dificultadores de adaptação a uma determinada rotina proposta, tais como: a dissociação entre expectativa pessoal e realidade organizacional, a subvalorização da história e das características individuais no contexto de trabalho, o choque crescente entre as necessidades e anseios do trabalhador e os da instituição em que trabalha, as relações interpessoais pautadas numa lógica de artificialidade, competitividade exacerbada e práticas perversas, e que contribuem para constituição de um cenário ideal para o surgimento de um clima institucional doentio e patogênico.

2) Qual a relação que os autores estabelecem entre pesquisa e clínica?

R: À medida que percebemos que, ao pesquisar, cuidamos de uma questão, damos sentido ao vivido, abrimos espaço para a elaboração de experiências e emergência de novas possibilidades de criação (*poiésis*), as quais, muitas vezes, permitirão a promoção de um redirecionamento da existência, com a propriedade de quem, ao viver, não apenas passa pela vida, mas se permite assumir um papel de construção, ressignificação e doação de sentido àquilo que vive: um modo *próprio* de viver. Sob essa outra pespectiva, pesquisa e clínica se aproximam cada vez mais.

Ambas, pesquisa e clínica, estão arraigadas numa mesma atitude originária que impulsiona o homem, que move a vida: a busca por sentido. Pesquisar, sob esse prisma, é abrir-se para a possibilidade de emergência de novos sentidos que dêem conta, de alguma maneira, da tarefa do existir. Pesquisa e clínica dizem de uma ética, de uma morada, de um abrigo, de um cuidado, mas também de uma energia que impulsiona, que oxigena, que dá sentido ao viver.

À medida que se abre espaço para esse processo de apropriação de si mesmo, pode-se, então, dizer que pesquisar é um ato clínico. E clínica, nessa perspectiva, não apenas diz de um ato/ação, mas de um debruçar-se, inclinar-se sobre o outro que sofre, acolhendo sua demanda e permitindo-lhe um olhar sobre si mesmo, em via de assumir sua própria existência.

A partir desse modo de compreensão, quebram-se as barreiras, as "redomas", a possibilidade de segurança, neutralidade e não-afetabilidade.

A pesquisa referida neste capítulo diz de uma intervenção que se constituiu enquanto dispositivo de intervenção. Ao escutar os depoimentos de cuidadores/profissionais de saúde mental, buscamos promover a criação de um espaço de fala/escuta de acolhimento de seus sofrimentos.

3) Qual a proposta apresentada para se cuidar de cuidadores na área da saúde mental?

R: Em primeiro lugar, o cuidado, enquanto tarefa existencial, precisa ser manifestado em todos os âmbitos da vida e das relações para consigo, para com os outros, para com o mundo. Reforça-se a compreensão de que é cuidado – e cuidando – que somos. Desse modo, essa atitude de ocupação e pré-ocupação precisa irradiar às diversas manifestações do fazer humano: nas esferas do labor, do trabalho e da ação; do público e do privado.

Se o cuidador tem em si o seu mais importante e, por vezes, único instrumento de trabalho, é legítimo dizermos que a não-atenção e o não-cuidado desses aspectos podem pôr em xeque os diversos esforços em promover o bom andamento de uma ação e, principalmente, de uma ação em saúde. Assim, o que buscamos apontar é a necessidade de ações que possibilitem a promoção de discussões de questões dessa natureza, tanto nos centros acadêmicos como a partir da própria manifestação articulada de profissionais, usuários e comunidade, a fim de vislumbrarmos a inserção de tais questionamentos na pauta permanente das discussões no campo da formação e gestão em saúde.

Dentre as muitas nuances observadas, destaca-se a posição dicotômica entre aspectos de cunho pessoal (subjetivo) e institucional envolvidos nessa trama. O fato é que há uma outra dimensão existencial tão pouco falada em nosso dia-a-dia, principalmente no contexto capitalista, individualista e tecnocrata em que vivemos. Trata-se da dimensão da vida ativa que só se constrói e se torna possível no entre-homens, a saber, a **ação** enquanto **atitude política** e, essencialmente, **coletiva**. O cuidado de si sempre carrega implícita a dimensão do cuidado do outro

É preciso reimplicarmos o papel da dimensão coletiva do ser/fazer e do resgate da noção de cidadania e compromisso social, implicada, sobretudo na não-sujeição, pela qual passamos a ocupar a posição de vítimas, como se nada pudéssemos fazer em prol das mudanças que objetivamos. Às vezes, só buscarmos culpados nos é confortável, mesmo que seja um "conforto do-loroso". A dimensão da ação fala de uma atitude ética e política que nos move a nos posicionarmos no mundo-junto-a-outros, em vias de assumirmos nossa existência com propriedade.

É necessária uma atitude ética, implicada, que, diante da complexidade e tensão, nos põe em contato com o nosso *vir a ser*, através de um convite permanente, via *dimensão existencial da angústia*, a assumirmos nossa existência *propriamente*, tendo no *cuidado* algo mais do que nosso ofício institucionalizado, mas a nossa disposição existencial fundamental: o cuidado-de-si-cuidando-dos-outros. É preciso reassumirmos a responsabilidade por aquilo que somos e construímos. Sujeitos éticos e políticos, lançados na *facticidade*, é verdade, mas com a possibilidade de construir artesanalmente um modo próprio de existir.

Talvez por aí, em busca do resgate da humanidade do homem, em seus aspectos existenciais mais fundamentais, estejamos em vias de uma aproximação para um sentido possível de cuidar de cuidadores, enquanto tarefa e enquanto condição. Cuidado que é perpassado por três aspectos essenciais e indissociáveis: si mesmo/instituição/outro.

CAPÍTULO XVIII

CAMINHOS E DESCAMINHOS DA FALA NA CLÍNICA PSICOLÓGICA: UMA PERSPECTIVA FENOMENOLÓGICA EXISTENCIAL

*Lucyanna de Farías Fagundes Pereira** · *Marcus Túlio Caldas***

INTRODUÇÃO[1]

O homem contemporâneo tem marcas. Marcas de experiências, de lutas, de sofrimentos. Marcas de ausência, presença, conquistas, perdas. Marcas que traduzem ou revelam quem ele é, como foi sua história, como é seu vivido, como planeja seu futuro. Sua forma de estar no mundo, seu olhar diante dos acontecimentos e o modo como se relaciona desvelam, para aquele que se dispõe a ouvir, todo o arsenal de conhecimento a respeito de si e daquilo que o cerca, que parece brotar da própria angústia a revelação das dimensões do sofrimento e da fragilidade humana.

Esse retrato de homem que se apresenta à clínica psicológica vem buscar uma imagem de si ao tentar construir-se ou reconstruir-se à medida que participa da compreensão do seu existir. Ele se coloca imerso no trânsito da própria existência, mergulhado, muitas vezes, num *aqui* difícil de ser transposto, "preso no presente indefinido do sofrimento" (BARUS-MICHEL, 2001, p. 21).

A pesquisa que será descortinada buscou, a partir desse homem, uma compreensão. Compreensão de vida, de existência, de modo de ser e de se relacionar. Ele e suas experiências possibilitaram, neste trabalho, uma forma de preenchimento singular, uma maneira de refletir para os leitores um olhar próprio de ver os fenômenos e acolhê-los

*Pesquisadora principal.
**Orientador da pesquisa.

[1]Este capítulo é uma apresentação concisa do conteúdo da Dissertação de Mestrado intitulada *Da experiência da fala de sujeitos usuários na clínica psicológica às suas possíveis repercussões*, defendida em abril de 2006 na Universidade Católica de Pernambuco.

da forma como se apresentaram. Somente a experiência permite revelar outros modos de ver, de sentir e de perceber a realidade a partir do olhar do outro, daquele que efetivamente foi tocado, afetado pela experiência direta. Além disso, falar sobre si abre para a dimensão existencial do homem no mundo fenomenal, dá acesso à sua singularidade, permitindo abarcar a própria experiência como obra aberta (ECO, 1993), enquanto autor e protagonista de sua própria história. Apenas esse sujeito pode se voltar à sua vivência, resgatando a dimensão do vivido e entrando num processo de descoberta de sua própria humanidade.

> Muitas vezes as pessoas nunca tiveram oportunidade de efetivamente dizer sua experiência. Fazem-no então pela primeira vez, e freqüentemente surpreendem-se com o que dizem. A pesquisa fenomenológica é a pesquisa do vivido. (AMATUZZI, 2005, p. 19)

As portas foram abertas. Os ouvidos, postos à escuta. Esta pesquisa foi o espaço de abertura para a construção de reflexões que se apresentam aos pesquisadores como caminhos possíveis para se compreender, na prática, as experiências de pessoas que passaram pela clínica psicológica como clientes. Compreender suas experiências, na clínica, ao falar de si, é buscar outros modos de compreensão, é ir além, é buscar na própria experiência o sentido singular ou plural de um determinado fenômeno; é abrir possibilidades, é permitir que outros modos de ser se apresentem.

Os autores que buscamos para transitar por essa temática, entre eles Safra (2004), Figueiredo (2004) e Heidegger (2003), suscitaram alguns questionamentos que logo foram se acomodando e estruturando a questão da pesquisa: Que sentido aponta a experiência do sujeito ao falar de si? Que possíveis repercussões (dessa experiência) acontecem nos lugares onde esse indivíduo atua? Ouvir as experiências dessas pessoas, compreender o seu vivido e compartilhar momentos tornaram-se o *modo* de agir, o *como* pesquisar, o *caminho* a ser seguido.

METODOLOGIA

Para compreender as experiências desses sujeitos, buscamos na perspectiva fenomenológica existencial o fundamento para nossas investigações. Essa forma particular de pesquisa estuda os fenômenos de uma maneira diferente, procurando ir às próprias causas, abordando os acontecimentos com um "ver fenomenológico" (OLIVIERE, 1985, p. 39), de forma subjetiva e pessoal, o que possibilita interpretar, sentir, vivenciar e experienciar. O sentido[2] da fenomenologia é permitir ver os fenômenos como eles se mostram, tal como se apresentam. Assim, procuramos obter, a partir dos depoimentos dos sujeitos, "uma visão através de seus próprios olhos" (OLIVIERE, 1985, p. 40), aprofundando o significado da experiência humana e procurando interpretar o seu tempo vivido.

Por essa razão, foi possível percorrer a questão norte da pesquisa em direção a uma reflexão acerca da clínica psicológica como um lugar de abertura de possibilidades a uma fala desconstrutora e criadora de sentidos. E, para compreender essa clínica, buscamos nesses sujeitos, a partir de seus depoimentos, a compreensão e a reflexão necessárias para esse fazer clínico. Para que isso se tornasse possível, lançamos mão da narrativa como elaboração e registro da experiência, de acordo com a perspectiva de Walter Benjamin, conforme proposta por Schmidt (2004) como metodologia. A narrativa é, segundo Benjamin (1985), uma forma artesanal de comunicação, em que a experiência do narrador é a matéria-prima a ser trabalhada.

Mais do que isso, abrange dados que se desdobram ao longo da vida, constituindo a forma de construção da experiência e da memória, como também de sedimentação e reconstrução do processo vivido. Isso significa entrar em contato com a experiência vivida, e somente a partir desse encontro é possível ressignificá-la ao ser atravessado pelo processo de des-velamento próprio da abertura do homem diante da busca pela compreensão de si mesmo. A narrativa permite que o viver humano seja permanentemente colocado em evidência.

A opção por essa metodologia se dá devido à importância da relação entre experiência e narrativa. A experiência se refere a uma elaboração do fluxo do vivido que ocorre pela consolidação e incorporação do singular e do plural que compõem a vida do indivíduo, e a narrativa é a forma de expressar essa pluralidade de conteúdos, em constante mutação, no tempo (SCHMIDT, 2004). Isso acontece porque a narrativa abre para a dimensão existencial do homem no mundo fenomenal, para sua singularidade e para suas experiências.

A importância dessa forma de pesquisa se encontra justamente pela evidência atual de desaparecimento da forma de comunicação mais adequada ao ser humano: contar histórias, compartilhar experiências, criar e recriar acontecimentos. É a narrativa, pela sua característica oral, que permite ao homem reconstruir sua história à medida que vai sendo relatada. Por essa razão, a narrativa é um caminho para se chegar à experiência tal qual ela é vivida pelo narrador, com seus valores e percepções presentes naquele momento (BENJAMIN, 1985).

Nesse sentido, foi feita aos participantes da pesquisa uma pergunta ampla e disparadora – *como é/foi para você a experiência de terapia?* –, de forma que deu margens para o sujeito se colocar e responder com liberdade, podendo transitar pelos fatos e acontecimentos vividos. Três pessoas foram convidadas para uma entrevista. Não levamos em conta idade, nem sexo, pois tínhamos o objetivo de colher narrativas acerca da experiência na clínica psicológica, sem especificidades. O acesso a essas pessoas não se estabeleceu via instituição, mas a partir de um contato prévio com colegas de profissão, o que possibilitou a interlocução direta com elas.

Cada uma das pessoas entrevistadas recebeu um nome fictício – Júlia, Solange e Cristina –, com a intenção de preservar-lhes a identidade. Com exceção de Júlia, Solange e Cristina vivenciavam a experiência de terapia pela primeira vez, colocando-se todas elas à disposição para relatar e contribuir para a pesquisa, não havendo nenhum emba-

[2] Na perspectiva fenomenológica existencial, "sentido" é o modo, o como a experiência humana é compreendida da forma como o próprio sujeito a vive: as coisas do mundo – o que são e como são – têm significado para o homem, elas se expressam no ser do homem, dando consistência a ele (ao homem), ao seu fazer e ao seu saber (CRITELLI, 1996). Na psicossociologia clínica, "sentido" faz referência a algo que aponta para uma direção, permitindo ao sujeito compreender a situação em que se encontra, suas interações com os outros, as maneiras de reagir às normas e observar como elas são interiorizadas, reorganizadas, ressignificadas, a ponto de torná-lo mais autônomo em relação às determinações sociais (ENRIQUEZ, apud CASTILHO, 2006).

raço ou constrangimento que viesse a impedir a descrição e a narração das experiências.

Os depoimentos foram gravados em áudio, transcritos e literalizados (ou seja, são corrigidos os vícios de linguagem, concordâncias e tempos verbais, sem alterar as falas e o sentido delas, usando pontuações gráficas para expressar o ritmo da fala do narrador e assim poder permitir a *leitura do leitor* (SOUZA, 2001) com sua própria interpretação), submetendo-os, após, à apreciação dos entrevistados para que autentiquem a sua fidelidade. A interpretação percorreu uma escuta clínica, a partir da qual foi possível uma hermenêutica que, articulada à interlocução com autores que refletem acerca da fala e da clínica psicológica, permitiu uma reflexão crítica.

> (...) Ao tomar a hermenêutica como processo de compreensão de significados ou decifração de um sentido, e que tanto o significado quanto o sentido está relacionado ao seu contexto histórico e situacional, não cabe mais interpretar como explicar princípios, mas interpretar como acompanhar o acontecimento em sua historicidade. Neste sentido, a hermenêutica é o estudo do encontro histórico que apela para a experiência pessoal do que está no mundo. (PALMER, 1999, p. 20)

Assim, compreensão e interpretação são dimensões originárias do estar-no-mundo. Isso quer dizer que o homem é compreensão, é abertura ao ser, ao mundo, interpretando os entes que se mostram a ele dentro do mundo. A compreensão se funde à interpretação: "interpretar não é tomar conhecimento do que se compreendeu, mas elaborar as possibilidades projetadas na compreensão" (HEIDEGGER, 2002, p. 204). Assim, é possível interpretar o fenômeno na compreensão do mundo, isto é, na compreensão do modo de ser próprio do homem.

Ao contar, portanto, sua experiência através da narrativa, o homem está exercitando a sua compreensibilidade, carregando consigo tudo o que lhe constitui em seu estar-no-mundo, articulando, pela linguagem, a compreensão num modo de existência (DUTRA, 2002). Nesse sentido, o método de interpretação – hermenêutica – de Heidegger (2002) se dá a partir da compreensão ligada à pre-sença, ou seja, ao ser-no-mundo, ou ser-aí.

Esta é a finalidade do método: "desvelar um fenômeno que se interroga para vir a compreendê-lo e interpretá-lo" (BRUNS & TRINDADE, 2005, p. 67). É importante acrescentar que na interpretação está implicada e envol-

vida a subjetividade de quem interpreta. Dessa forma, essa abordagem teórico-metodológica é uma possibilidade de compreender e interpretar um fenômeno que se apresente ao pesquisador, já que se busca desvelar aspectos da existência humana que se encontrem velados, ampliando a compreensão existencial humana a que se lançou (BRUNS & TRINDADE, 2005).

O espaço criado para o desenvolvimento desta pesquisa ofereceu aos sujeitos a possibilidade de refletir acerca de suas experiências (em ação, no momento da pesquisa), de forma que suas falas adquirissem a dimensão de cuidado, cuidado de si. O sujeito se revela e se desvela ao contar sua história, tendo sido provocado ao reviver sua experiência. É aí que o sujeito se sentirá impelido a transitar pela sua vida, criando sentidos, construindo caminhos.

Nesses termos, adotar a narrativa como pesquisa fenomenológica é, concordando com Dutra (2002), adotar como horizonte teórico e filosófico a existência, compreendida na experiência vivida. O fenômeno a ser pesquisado nunca se esgota, pois faz parte do campo de possíveis dentro da existência humana mesma, constantemente em processo, em vir-a-ser.

COMPREENSÃO DAS ENTREVISTAS: DIALOGANDO COM OS RESULTADOS

> (...) só depois de umas três ou quatro sessões foi que eu comecei a falar com ela, e eu tinha medo de falar, não era medo de expor, acho que era da sociedade em si (...). (Cristina)

> Ela (uma profissional) me indicou para terapia e faz mais de ano (...) Eu acho bom porque lá eu me solto, lá eu falo coisas que eu não posso... não é que eu não posso, mas eu não devo falar por censura...lá me vem raiva, me vem o choro... (Júlia)

Esses dois fragmentos iniciam a análise da pesquisa para mostrar, de antemão, o retrato de homem que se apresenta à clínica: um alguém marcado por certo sofrimento, permeado por questionamentos, deparando-se, na clínica, com a possibilidade de estar diante de sua existência, desafiando-o a ser ele mesmo e partindo em busca de possíveis sentidos dentro do incompreendido.

Ao longo da história da humanidade, o homem foi sendo moldado e "construído" em meio a uma sociedade utilitarista, voltada para interesses próprios de poder e conquistas científicas. As disputas e competições que promoviam lutas de todos contra todos, numa ininterrupta busca pelo conhecimento (MELLO & COSTA, 1999), colaborou para o esvaziamento do sentido de si e do sentimento de humanidade. A história do homem foi composta por experiências que comprometeram a busca por referências e identificações próprias. Foram acontecimentos que o estimularam a "fugir" de si mesmo, deixando à deriva valores humanos, não permitindo abertura de espaço para sua intimidade, para seu *eu* mais próprio.

A subjetividade moderna foi se constituindo quando começou a mostrar um homem que ainda não sabia quem era, o que precisava fazer ou que direitos lhe eram próprios. Assim, o homem contemporâneo foi surgindo marcado por seus limites, inserido num contexto sociocultural, preso a medos e sofrimentos que não sabia de onde vinham; não sabia qual era o seu lugar, que posição tomar, que escolhas fazer.

> Eu queria ver a vida de uma maneira muito mais otimista (...). Mas é difícil... eu fico olhando meus filhos de uma maneira diferente, como se fosse uma despedida. (Júlia)

As maneiras com as quais costumeiramente o homem se relaciona (NAJMANOVICH, 1996) o impedem de dar sentido às coisas, o que possibilita a construção de patologias, podendo impedir sua corrida pela liberdade e pela responsabilidade para as quais é convidado. Isentando-se de promover mudanças em sua própria vida, o homem delega ao outro (e aí é possível estender à sociedade de uma forma geral) o "poder" de guiá-lo, colocando-se à deriva, à espera da sentença final. O sofrimento humano limita o campo de possíveis dentro da existência, traz angústia, depressão, desmoronamento, sensação de vazio e medo, anunciando uma destruição, uma perda, um sentimento que pode chegar à sensação de morte: a impossibilidade de falar.

Que espaços existem para esse homem se colocar, expressar o que sente, manifestar suas opiniões e seus anseios? E para ancorar seus temores? Dividido entre priorizar suas razões interiores ou submeter-se à sociedade, o homem entra em crise por estar destituído de referências de sentido, descentrado do mundo. A necessidade, agora, é de buscar parâmetros e de compreender o seu modo de existir.

> Lá (na terapia) eu consegui dizer "não" a muita coisa, porque a gente tem uma síndrome lá em casa de ser boazinha com todo mundo, de não dizer "não" a ninguém, você tem que ser para aquela pessoa o que aquela pessoa quer que você seja, você não tem suas vontades (...). Isso foi começando a mudar... me ajudou a ser muito mais feliz... Às vezes eu acho que estou conseguindo encarar melhor (...) Eu estou até me surpreendendo como estou reagindo aos problemas que eu tenho. (Júlia)

A peregrinação do homem em busca de compreender a si mesmo mostrou-lhe realidades que aparentemente reacendiam dores antigas, mas que, na verdade, se se observar cuidadosamente, são atuais. Suas dores comprometem o sentido da vida, e, preso à desordem das emoções e à impossibilidade de colocar-se em palavras, o homem carrega o peso da dor, do conflito que se transforma em crise interior, não passível de ser traduzido ou compartilhado. É o sofrimento inibindo as capacidades dos homens e privando-os de sua linguagem.

Como está amparado por forças que ditam ou regulam seu comportamento, sua expressão, suas decisões, seus pensamentos, o homem se vê diante da existência, impossibilitado de enxergar-se como criador e produtor de sentido, visto que se encontra sujeitado a um sistema que fecha ou esgota o campo de possíveis e da própria criação humana. O ser do projeto encontra sua morada na dúvida, na angústia, no medo, naquilo que não consegue significar.

> Vivemos num tempo atônito que, ao debruçar-se sobre si próprio descobre que seus pés são um cruzamento de sombras, sombras que vêm do passado que ora pensamos já não ser, ora pensamos não ter ainda deixado de ser, ora pensamos nunca vir a ser. (SANTOS apud EIZIRIK, 1995, p. 22)

Essa crise leva o homem a possuir diferentes formas de se apresentar diante do social. Os modos de se estar no mundo muitas vezes exigem do sujeito a sustentação de uma imagem irreal de si, fazendo uso de máscaras socialmente convencionadas para sobreviver. Essa forma de construção subjetiva "congela" o homem em sua capacidade criadora, fecha-o para as possibilidades, arquitetando ao seu redor um espaço "protetor" contra ameaças à sua estrutura. A máscara passou a ser um aspecto inseparável da personalidade: ela é a outra face. Não é por acaso que alguns autores como Augras (1986), Beaini

(1981), Rolnik (1995) e Figueiredo (2002) caracterizam a civilização contemporânea como a cultura da máscara, obrigando os indivíduos a manter uma identidade social como questão de sobrevivência, pois ela isenta o homem de assumir a responsabilidade de buscar a própria identidade. Esse acontecimento possibilita a formação de um profundo vazio existencial, o que torna os sujeitos criadores e mantenedores de personalidades simulacro.

Perdendo-se em sua própria condição, o homem passa a desenvolver um discurso alienado, a linguagem perde o sentido e as palavras deixam de ecoar, instituindo-se, conseqüentemente, o abandono da propriedade de si mesmo. O encontro com a alteridade leva-o a encontrar sentidos para sua existência à medida que vai se destituindo de suas próprias amarras e se deparando com os possíveis caminhos que podem surgir ao permitir deixar-se mostrar inteiro e completamente. Nesse sentido, entregar-se à transformação pelo encontro com a alteridade é uma forma de construir subjetividade, acrescentando a isso a possibilidade de ser afetado e provocado a iniciar um processo de ressignificação de sua situação no mundo.

Assim, o contato com a própria experiência permitiu que Júlia encarasse a si mesma, abrindo caminhos possíveis para que seja permitido desdobrar-se e aí abrir-se para poder dar-se a conhecer. Esse é o sentido de viver experiências, pois o encontro com ela mesma ressignifica o que foi vivido e atravessa o processo de desvelamento próprio da abertura do homem diante da busca pela compreensão de si mesmo.

A tarefa da clínica psicológica é em relação à produção de sentido na terapia e na vida, tendo o terapeuta e o cliente a responsabilidade de procurarem superar a crise contemporânea, que é a da produção de sentido. Safra (2004) já disse que o primeiro passo para a emergência do sentido de si é abrir caminhos na clínica psicológica para escutar esse homem.

Então, se a clínica está comprometida com a escuta do "excluído" (FIGUEIREDO, 2004, p. 39), com o acolhimento da experiência tal como se dá ao sujeito, esse é o caminho que permite retirar o sentido buscado, mergulhando na experiência direta e se deixando atravessar por ela. Isso significa entrar em contato com a alteridade: "fazer uma experiência com o que quer que seja, uma coisa, um ser humano, um deus, isto quer dizer: deixá-la vir sobre nós, para que nos atinja, nos caia em cima, nos transforme e nos faça outro" (FIGUEIREDO, 2004, p. 19/20).

> (...) procurei tudo que era de médico (...) fazia todo tipo de exame (...) tudo foi acontecendo a partir de problemas que eu estava acumulando só para mim, sem poder colocar para fora. (Cristina)

Essa é a expressão do mal-estar do sujeito, que solicita ser escutado numa relação de ajuda, a fim de que seja possível colocar em palavras seu sofrimento e palavras em suas angústias. Colocando o sujeito que sofre na relação, é-lhe permitido dar continuidade a um discurso inacabado ou interrompido, devolvendo-lhe, "dessa forma, a dor suportável, restaurando-lhe a palavra, envolvendo o sofrimento e reabsorvendo-o através do discurso" (BARUS-MICHEL, 2001, p. 31).

Por essa razão, a clínica contemporânea exige do terapeuta posicionamento e manejo em relação ao mal-estar atual que inviabiliza as condições fundamentais para o emergir do sentido de si. É a clínica que exige do profissional uma escuta diferenciada da dor do cliente no momento do seu aparecimento. É ajudá-lo a colocar as questões fundamentais da sua existência em constante processo, mobilizando-as para poder compreender os aspectos paradoxais de seu ser, colocando o sentido de sua própria existência sempre em transformação ao longo da vida (SAFRA, 2004).

> Estou me assumindo... estou me assumindo aos poucos (...) eu tive problemas semana passada, chorei, mas... chorei de cabeça erguida, porque eu fui e tentei resolver o problema (...). Consegui, então sou apta a fazer isso, como qualquer outra pessoa... eu estou me achando assim... o máximo, estou me achando o máximo. (Cristina)

A fala de Cristina resgata a importância da singularidade de si mesma, rompendo com o estabelecido e reiniciando sua história, afirmando-se diante da vida. É um estado que possibilita ao homem ter como destinação o risco, com vistas a seu próprio acontecer humano. Esse é o resgate da liberdade tolhida, da fala escondida, do sentimento sufocado. Desprendendo-se dessas amarras, é possibilitado ao homem "gritar" e se fazer ouvir, atravessando a si mesmo e se entregando a tudo o que lhe solicitava passagem.

Quem entra em processo terapêutico corre o risco do enfrentamento ao se deparar com uma imagem de si até então "protegida" pelo medo de ser revelada. O espelho que reflete essa imagem é a "porta para a visão do outro mundo" (AUGRAS, 1986, p. 59). A imagem refletida oferece ao indivíduo condições de compreensão que se estendem para outros modos de ser, ou seja, ultrapassam os limites do consultório, refletindo mudanças, provocando o aprendizado.

As mudanças que estão ocorrendo estão indo para a minha vida, estou aprendendo a viver, estou aprendendo a crescer. (Cristina)

O consultório era como se fosse um confessionário para mim... eu sabia que ali eu podia falar tudo o que eu quisesse..que só quem ia me escutar era ela. Eu entrava ali, ela fechava a porta, eu não tinha medos, eu não tinha nada. (Solange)

O sofrimento inerente à condição humana manifesta-se na clínica por uma fala destituída de sentido. Por essa razão, a psicoterapia é um contexto significativo que acolhe o sujeito em sua diferença, ao mesmo tempo em que lhe devolve a responsabilidade e a liberdade de escolha. Em seu campo perceptivo, ele pode visualizar o que o aflige, elaborando e operando mudanças no seu modo de sofrimento.

É a travessia humana em busca de sentidos: ao abrir-me para tudo o que germina em mim, para o meu silêncio barulhento, é possível captar o sentido dos sentimentos, a fala do pensamento, a dimensão do ser existindo-no-mundo. É a partir dessa escuta diferenciada que é possível fazer verdadeiramente uma experiência com a linguagem e ser por ela transformado, pois algo passa a criar uma presença e, portanto, uma realidade. Algo passa a ser falado, e a palavra coloca o homem em contato com essa realidade, ela amplia sua visão e modifica sua existência.

Tanto a experiência de Cristina como a de Solange revelaram a importância do contato transformador da escuta pessoal, compreendendo toda a experiência que fazia parte de cada uma e estendendo para a vida afora aquilo que havia sido aprendido. Além disso, o modo como elas se sentiam no contexto do consultório, entregues à experiência, ajudou a desencadear atitudes que eram constantemente colocadas em ação.

Falar de mim foi horrível, foi horrível (...) chorei muito (...) foi um medo, uma curiosidade de saber (como é)... Você nunca teve essa oportunidade de colocar sua vida, principalmente para alguém que você nunca viu na sua vida. (...) Eu nunca tive oportunidade de conversar meus problemas com ninguém. (Cristina)

É essa ebulição que se encontra dentro daquele que passa por essa experiência, gritando/apelando para se presentificar, para ser escutado, compreendido, acolhido. Ao mesmo tempo em que há uma necessidade de se dizer, de se mostrar, de falar, há medo do que o outro pode fazer com essas questões. A clínica é um caminho/espaço de escuta e fala, somente possível quando parte da própria pessoa um querer voltado para esse encontro consigo mesma, para esse risco de olhar para si, provocado pelo olhar do outro, disponível para escutar o seu dizer.

Nesse sentido, a linguagem, enquanto condição humana de ser e de existir no mundo, permite ao sujeito dizer de si, mostrar-se em seu *sendo*. No entanto, longe de ser meramente meio de comunicação ou forma de expressão, a linguagem abre caminho para que o *dizer* responda à revelação do ser implícito na aparição dos entes (HEIDEGGER, 2003). É um dizer que, originalmente, *ouve* o ser. É o silêncio da escuta que traz à palavra, é a escuta do chamado, da quietude do centro que evoca coisa e mundo.

Tratando de dar coerência ao caos das excitações e às exigências que o agitaram, ele tenta, com perseverança, falar. Ser de linguagem, nascido no meio de linguagem, ele encontra sua unidade e continuidade apenas na construção da linguagem: poder reunir os elementos disparadores e contraditórios de sua experiência, para colocar para si, em palavras, para contar a si mesmo, na temporalidade (seu passado, seu presente, seu porvir), na sua relação com os outros. (BARUS-MICHEL, 2001, p. 25)

A fala em processo de libertação se traduz pela escuta do apelo do ser, o apelo que mobiliza a quietude do centro do homem, tornando-o palavra e abrindo espaços para que as coisas e o mundo renasçam e adquiram sentidos. Para habitar na linguagem é preciso assumir as questões de sentido ligadas à abertura do ser-no-mundo, para, então, ser possível estruturar a experiência, definir e redefinir o viver, provocando uma mudança no modo de existir. Será que os homens se encontram preparados para ouvir o apelo do ser e ser por ele transformados?

Quando eu tinha algum sonho (...) que eu tenha falado em medo de ficar trancada, presa no elevador, multidão, eu tenho medo de multidão, me dá falta de ar, eu tenho medo de briga (...) eu ia contando, ia relacionando. (...) Eu deduzi que esse meu medo está todo relacionado a essa época (da infância), então aí chegou... Eu mesma fiz a dedução, ela não fez por mim... eu mesma fiz. (Solange)

O esforço de Solange na terapia foi para aprender a se ouvir, a se escutar. Esse movimento levou-a a construir significados a partir do enfrentamento das situações, descobrindo, na sua busca, revelações que podem ser compreendidas como aprendizagem a partir da sua própria (re)construção experiencial. Ao apresentar à terapeuta sua vida, era devolvida a ela a responsabilidade por si mesma, o que lhe permitiu compreender seus caminhos e mudar suas perspectivas históricas.

Assim, foi reconstruindo suas experiências e retirando de sua fala o meio de acesso a si mesma. As situações surgidas remeteram-na a uma investigação privada – a escuta de si mesma –, o que caracteriza a fala outra, a fala que dá andamento a um processo. Já disse Heidegger (2002) que a escuta é a dimensão mais profunda e mais simples de falar. Isso quer dizer que, ao me permitir me escutar, meu sentir tem a possibilidade de se expressar:

Ela ia dando uns toquezinhos e eu ia desenvolvendo as coisas e desenvolvia com o que vinha na minha cabeça na hora. E eu gosto muito de falar... (Solange)

Eu acho que já descobri uma coisa da minha vida. Assim... ela mexeu numa teclazinha que eu não conseguia me envolver (...). Eu acho que ela conseguiu fazer com que eu enxergasse algumas coisas. (Júlia)

Essa é a necessidade de o homem em se conhecer, de doar sentido à sua busca, é o desejo quase desesperado de acrescentar, junto à compreensão das coisas, a compreensão de si mesmo (SANTOS, 1985). Sentir-se provocado em relação à atitude do terapeuta leva à abertura que permite ao sujeito sair de si, colocar-se e confirmar-se no *entre* da relação, constituindo-se como presença e como sujeito atuante. A relação com o profissional adquire uma significação marcante quando o caminhar junto passa a representar a construção de sentido dentro do incompreendido ou da ordem do indizível.

Cliente e terapeuta estabelecem uma relação de encontro, de abertura de possibilidades, de contato direto entre mundos. A fala é, portanto, *dirigida a* – ao ser tocado, o

cliente se despe, diz de si, dá-se a conhecer, pois é somente nessa fala que o outro, a quem o terapeuta se dirige, se constitui como pessoa e não simplesmente como uma esfera fictícia cujo fato de viver se reduz a ser escutado. Assim, uma fala só será verdadeiramente fala se for *dirigida a*, possibilitando a descoberta do outro (BUBER, 1982).

Foi assim que as pessoas entrevistadas transitaram pelas suas experiências, reconhecendo-se enquanto protagonistas do que construíram. Devolvidas a elas a autonomia e a possibilidade de modificar suas existências, respondem em suas singularidades e se revelam "pelo reflexo do rosto do outro" (SAFRA, 2004, p. 43):

Eu sentia um alívio. Eu me sentia segura de dizer uma coisa a uma pessoa que entendia, eu sabia que ela me entendia, embora mil coisas fossem relacionadas a problema, mas eu tinha certeza de que ela me entendia, então eu falava muito com ela, eu sentia muita segurança. (Solange)

A terapia é um momento que... é a única hora da semana que eu olho para mim, para dentro de mim, para as coisas que mais me doem, para as coisas que mais me machucam e por que me machucam... (Júlia)

Aquilo que dói fala. É o apelo do ser (HEIDEGGER, 2003) que solicita o chamado para a "verdade de mim mesmo" (DUBOIS, 2004, p. 152). É esse dizer íntimo e privado que solicita, pela via do discurso, o testemunho de si, permitindo ao homem desdobrar-se. A aprendizagem aparece como um resgate do desejo de aprender a aprender, colocando o indivíduo em contato direto com sua história de vida. O encontro consigo se dá a partir do momento em que o sujeito permite abrir-se para o mundo e para os outros homens, disponibilizando-se para reconquistar sua experiência individual, o seu "modo singular de existência" (GONDAR, 2003, p. 14):

Antes de falar, o homem terá que deixar-se apelar pelo Ser mesmo, com o risco de sob tal apelo ter pouco ou raramente algo a dizer. Somente assim se restituirá à palavra a preciosidade de sua Essência e, ao homem, a habitação para morar na Verdade do Ser. (HEIDEGGER, 2003, p. 34)

Encontrar-se com a própria história de vida e enfrentar o sofrimento inerente à condição humana de ser e estar no mundo, reconhecendo os próprios erros e as próprias necessidades, são passos no processo de transformação, o início da metamorfose. Esses são pilares de sustentação ao assumir a tarefa de ser si mesmo, destinando-se *para fora*, para a condição de lançado no mundo.

Esse encontro homem-linguagem permite que as coisas se apresentem em seu *é* à medida que se mostram, criando "o mundo segundo o homem e o homem para o mundo" (AMATUZZI, 1989, p. 29). "Cria mundo" quando falar é decidir, quando a fala for o próprio pensamento em ato, quando brota da relação mesma uma fala genuína, destituída do instituído, uma fala aberta e disposta a abarcar toda a ebulição que germina no homem, trazendo-o para fora, despertando nele outras formas de compreensão ao cumprir a fala do sentimento e do pensamento presentes.

Assim, pensamentos e sentimentos pedem passagem por alguma forma de expressão. Eles solicitam uma nomeação e ressoam no homem, chamando à palavra. Nomear é chamar a ser, deixar-se mostrar, presentificar-se, provocando uma evocação daquilo que se encontra a distância para que entre em vigor o que antes se encontrava ausente. Esse chamado é a essência do falar (HEIDEGGER, 2003).

Eu tenho facilidade de falar (...) mas tem muita coisa que fica encoberta que você nem sabe, que você protege inconscientemente... e depois você vai cavando. Tem determinadas coisas que é difícil falar mesmo, que é difícil conviver com isso, mas esse é o caminho, você tem que falar. (Júlia)

Estou adorando (a terapia) porque sinto mais liberdade para falar, que eu era muito receosa para falar, eu tinha muita vergonha, eu era muito tímida (...). E hoje em dia não (...). Estou mais calma, mais pé no chão, sabe, tenho dificuldades, mas vou em frente, quero batalhar para mim... (Cristina)

Mergulhar num processo de autoconhecimento solicita revisitar fatos e ressignificar acontecimentos. Isso desencadeia uma relação autônoma de si para si mesmo. A linguagem é esse caminho, ela coloca o homem na travessia da busca de sentido, para a abertura de regiões de si que permite o surgimento de novas concepções de ser, novas organizações de mundo.

A clínica é modo de inclinação da existência, abrindo o sujeito a um outro que o escute e o confirme no mundo,

a partir do seu desvelamento, da sua revelação. Clínica é, portanto, prática política quando permite ao sujeito abrir-se para novas possibilidades, numa atitude incessante de enfrentamento e mudança no modo de existir: "construir-se a si mesmo é reinventar-se a cada momento" (EIZIRICH, 1995, p. 25).

A terapia proporciona muito sofrimento, proporciona sim... porque mexe com as tristezas, com as neuras, e você mexer, reviver aquilo, embora saiba que (...) tem que ter contato com tudo...eu acho doloroso, quantas vezes não se chora. Com certeza a terapia me abriu para descobertas. (Júlia)

Eu mesma faço minha terapia hoje em dia (...). Eu mesma saio conectando, (...), sempre estou buscando... (Solange)

Você cresce, você cresce fisicamente, você cresce moralmente, você cresce em tudo, em tudo, toda vez você se considerou um zero à esquerda, de repente começa a vencer... isso é muito bom, muito bom, crescer, opinar, poder dizer as coisas (...) (Cristina)

A revelação da singularidade de cada sujeito que se *destina* transparece na clínica como *afetabilidade* que proporciona o trânsito para as experiências desalojadoras e mobilizadoras de novos aconteceres humanos. A busca por compreender o desalojamento que o enfrentamento de si proporciona permeia aspectos da experiência e da aprendizagem que se apresentam como matérias-primas para o crescimento pessoal.

Falar de si mostra a força que existe dentro das pessoas e a potencialização para a mudança. O que fez a terapia ser bem-sucedida para Solange, Júlia e Cristina foi a aprendizagem adquirida ao longo do processo, a construção de sentidos e as mudanças de perspectivas das situações-limite.

Assim, a aprendizagem se revela não como aquisição de informações ou conteúdos, mas tão-somente como possibilidade de o aprendiz ser o verdadeiro sujeito de sua própria experiência, resgatando o desejo de aprender a aprender. Segundo Gendlin (1973), a aprendizagem significativa passa primeiro pelo processo de compreensão e conhecimento para chegar à atribuição de sentido a relações e situações experienciadas.

Entende-se que aprendizagem significativa é uma ação compreensivamente articulada que permite ao homem aberturas e mudanças a partir de experiências de encontro consigo mesmo, com o mundo e com outros homens. Uma compreensão assim permite que se aprenda nas situações experienciadas, nas quais, "podendo 'trazer-se de volta' (atualizar o passado) para, lançando-se adiante (projetando-se ao futuro), transformar-se" (MORATO, 1999, p. 36). Isso significa que compreender algo na própria ação leva à compreensão de si e de seu modo de ser humano. Assim, aprendizagem significativa é criação de sentido, em que afeto e cognição estão articulados, ampliando o campo de aproximação entre pedagógico e psicológico.

Segundo Rogers (1978, p. 258), "É uma aprendizagem penetrante, que não se limita a um aumento de conhecimentos, mas que penetra profundamente todas as parcelas da sua existência". Por isso provoca e redefine o viver.

Apreender os próprios problemas, assumi-los e discutir sobre eles contemplam a dimensão do aprendizado em ouvir a si mesmo, em permitir ser tocado pela afetabilidade própria do contato com a experiência e ser por ela atravessado, marcado, desconstruído. Fazer uma experiência é permitir ser interpelado, acolhido e devolvido à realidade significativa para aí compreender o que foi vivido, sentido, refletido.

É o movimento de trânsito entre desalojamento e alojamento, ao permitir que, pela abertura, o estranho se torne familiar e o indizível se torne dizível, ao mesmo tempo em que arrisca outras tramas de sentido. Ao reconhecer sua história e ao (re)contar sua experiência, o sujeito tem a possibilidade de elaborar e (re)tecer tudo o que foi vivido, refletindo acerca de outros rumos a seguir. Isso significa possibilidade de criação de sentido, inaugurando, no momento da narrativa, outra experiência.

> Eu estou me sentindo bem, todo mundo está notando a diferença em casa, o pessoal, a minha família, meus irmãos, eu estou descobrindo que eu tenho como fazer e estou fazendo. (...) (Cristina)

Companheiro de jornada, o psicólogo se posiciona de forma a manejar a relação terapêutica com cuidado para que o mal-estar, próprio de nosso tempo, não inviabilize as condições para o emergir do sentido de si. Assim, ele cuida para "reconhecer o 'outro' na sua alteridade irredutível a qualquer representação teórica, o 'outro' resistente a qualquer assimilação ao 'mesmo', refratário ao 'idêntico' (...)" (LÉVINAS, apud FIGUEIREDO, 2004, p. 166).

Isso quer dizer que o homem entrou num processo de transformação ao longo de sua história, experienciando, ininterruptamente, sua recriação, conquistando a si mesmo e sua situação no mundo, adaptando-se às novas possibilidades de ser que foram sendo construídas enquanto modos de agir. O homem, portanto, transformou a história na verdade do seu acontecer humano, assumindo a existência segundo o modo da historicidade. O homem é como é, isto é, *encontra-se sendo* devido à *facticidade* de seu passado, estando ainda afetado no tempo presente por tudo o que veio adquirindo como modos de ser (BEAINI, 1981).

Essa afetabilidade contemporânea coloca-o em meio a ambiguidades – entre ser próprio e ser impróprio. Segundo Heidegger (2002), *quem* eu sou responde a partir de um eu mesmo, do sujeito, do próprio. *Quem* é aquele que, independentemente das mudanças de atitude e vivências, se mantém idêntico, embora continue a referir-se enquanto *eu* múltiplo. Por outro lado, é importante afirmar que o *quem* do ser-no-mundo cotidiano pode não ser sempre eu mesmo. Posso me assumir enquanto *eu* e enquanto *não-eu*. E aí Heidegger questiona de forma intrigante: "E se a constituição de ser sempre minha da pre-sença fosse uma razão para ela, na maior parte das vezes e antes de tudo, *não ser ela própria*?" (HEIDEGGER, 2002, p. 166). Em cada contexto, o homem pode se revelar como o seu "contrário". Compreendido nessa direção, o *não-eu* não significa que, em sua essência, esteja desprovido de *eu*, mas, pelo contrário, indica um determinado modo de ser do próprio *eu* – perda de si próprio.

Se *quem* pode adquirir essa característica ambígua, pode igualmente apresentar-se como um *quem* neutro, ou melhor, como *a gente*. Nesse sentido, o impessoal está por toda parte, ele retira a responsabilidade de cada pre-sença e assume tudo facilmente, respondendo por tudo, "já que não há ninguém que precise responsabilizar-se por alguma coisa. O impessoal sempre 'foi' quem... e, no entanto, pode-se dizer que não foi 'ninguém'" (HEIDEGGER, 2002, p. 180).

Ainda assim, segundo esse mesmo teórico, o impessoal não é um nada, ele se revela como "o sujeito mais real" (Ibidem, p. 181) da cotidianidade, não decidindo em nada sobre o seu modo de ser. O *próprio impessoal* é o próprio da pre-sença cotidiana, o que significa dizer que seu sentido é diferente do si mesmo *em sua propriedade*. Ser impropriamente é o modo de ser cotidiano, encontrando o homem disperso na impessoalidade, sem uma direção, perdido de si mesmo.

Dessa forma, "'eu' não 'sou' no sentido do propriamente si mesmo e sim os outros nos moldes do impessoal" (HEIDEGGER, 2002, p. 182). A pre-sença é, portanto, impessoal, permanecendo assim até que abra a si mesmo para descobrir o mundo, para descobrir a si própria, seu próprio ser, para, então, eliminar tudo o que a obscurece e vela.

É isso que se busca na clínica, a abertura do sujeito para regiões de si, a permissão para adentrar em seu ser e resgatar uma fala geradora de novas possibilidades, uma fala-atitude, mobilizadora, investigativa. Uma fala-peregrina, sempre à procura de compreender seu modo de ser e de se mostrar. Uma fala criadora e renovadora, uma fala própria, singular.

Porém, enquanto vive no modo impessoal, o homem alimenta uma dependência em relação aos outros, igualando-se a eles até o ponto de se perceber dominado. Isso significa que ele começa a produzir um discurso pronto, pasteurizado, sem conteúdo próprio, banal e, até mesmo, isento de responsabilidade consigo mesmo. O *outro* dominador é, inclusive, um impessoal, é o próprio do homem em sua existência inautêntica (BEAINI, 1981).

Esse encontro com o outro abre portas de esconderijos, mostra máscaras de dissimulação, desvia o querer mais próprio e iguala o homem a "todo-o-mundo". O homem destituído de seu ser é o homem da linguagem inautêntica do cotidiano – "na qual, fruto de seu tempo, está perdido no palavreado e na opinião de 'todo-o-mundo'; e na linguagem científica – que, buscando dominar o ser, o dissipa, tornando-o nada" (BEAINI, 1981, p. 16).

A sociedade da aparência, da valorização, da forma e da beleza, a sociedade do consumismo, do medo, das doenças psicopatológicas, da fuga de responsabilidades, do desespero, da perdição, do impessoal, da alienação, colocou o homem num caminho em que não é possível reconhecer seu ser. Por essa razão não resta alternativa senão distanciar-se de seu próprio ser e deserdá-lo.

Assim, o discurso da contemporaneidade possui, em sua essência, um modo de ser especificamente *mundano*. O estar-no-mundo cotidiano traz o *falatório* como fenômeno ligado à pre-sença, abordando a *mesma coisa* numa *mesma* medianidade a partir de uma compreensão em comum (HEIDEGGER, 2002). A questão aqui é falar, sem necessariamente haver preocupação com a veracidade de um ponto de referência, pois o que faz sentido é "repetir e passar adiante a fala" (Ibidem, p. 228).

É essa fala sem sustância, reproduzida, que constitui um dos modos de ser do homem, nunca acrescentando

algo verdadeiramente à condição existencial, mas, pelo contrário, alimentando uma compreensão mediana, sem alcançar a possibilidade de compreender a condição originária do que foi falado ou *ouvido dizer*. Assim, o impessoal se mostra pelo *falatório* ao compreender tudo sem ao menos se apropriar da coisa mesma. Por não se apropriar, não corre o risco de fracassar, não assume responsabilidades e elabora uma compreensibilidade indiferente, sem nada excluir, mas também sem nada autenticar (HEIDEGGER, 2002).

O falatório encobre os entes intramundanos, pois se apresenta como modo de ser que não mostra *conscientemente* algo como algo. Ou seja, como não tem fundamento o seu discurso, por transformar a abertura em fechadura, o falatório é por si mesmo fechamento por se abster de aprofundar-se e fixar-se no referencial. Mas este é seu objetivo: "reprimir, postergar e retardar toda e qualquer questão e discussão" (Ibidem, p. 229).

Esse modo de ser já é próprio da pre-sença. Toda nova forma de compreensão e comunicação passa primeiro pelo crivo do falatório, e a interpretação pública é o juiz que sintoniza o modo em que o mundo é tocado pela presença, ou seja, o impessoal determina o que e como se vê (HEIDEGGER, 2002).

O falatório é, portanto, segundo Heidegger (2002), desenraizado, destituído de sentido e sem laços suficientemente fortes que o prendam entre aqueles que sintonizam e convivem no mundo. O falatório tira da presença a condição de resgatar sua originalidade ontológica primordial com seu poder-ser próprio e com outros (co-pre-sença). Por se manter oscilante, a pre-sença confirma a disposição de *não-ser* desenraizado, construindo a "realidade" cotidiana.

Falatório é discurso impessoal e de ninguém, abre caminhos para o cego universal de si mesmo, para o senso comum, onde tudo se compreende e todos são compreendidos de qualquer forma e de qualquer jeito, sem a responsabilidade do dizer algo e do compreender. O discurso próprio e verdadeiro somente pode ser reenraizado no "fazer silêncio", quando há uma apropriação de si enquanto relação própria de si para si e de si para o outro. Retirado o falatório, é permitida a compreensão genuína e restauradas a escuta e a fala em sua singularidade. O discurso singular "me chama para a verdade de mim mesmo" (DUBOIS, 2004, p. 152).

É dessa forma que o homem deve testemunhar aquilo que é, anunciando e enunciando o sentido de si, numa abertura que dá acesso a muitas outras possibilidades de ser em função de si mesmo, para outros e com outros, buscando na linguagem a significância de abertura de si para o mundo, apropriando-se de seu espaço, sem perder de vista sua condição de ser e fazendo uso da fala como sua mais própria morada. Para que isso ocorra, é necessário fazer experiências, ou seja, encontrar caminhos possíveis para que seja permitido ao homem revelar-se.

De acordo com Beaini (1981), o homem não está condenado à banalidade, ao inautêntico ou ao impessoal. Ao assumir-se e escolher-se, ele mesmo busca os reais caminhos de seu ser, abrindo-se para as possibilidades e permitindo a emergência do sentido de si, constituindo-se ao sair de si. É essa a questão que torna a linguagem fundamento da revelação do ser. *Ec-sistindo*, o homem se aproxima do ser e o redimensiona. O mundo se transforma, nesse sentido, na *clareira do ser* que o convida a uma proximidade. Só assim é possível entrar em contato com a verdade de si mesmo que constitui a liberdade de deixar-se o ente, no ato humano, abrir-se ao ser.

> O sentido hoje da minha vida é só de crescer, crescer e viver bem e ser feliz. (Cristina)

> A terapia está me ajudando, mas eu não vou me envolver com a terapia demais, sabe, porque de repente acaba, e aí? Como eu vou resolver? (...) Não vou depender sempre da terapia. (Cristina)

> Eu não fui à terapia buscar cura (...) para os meus problemas. Eu fui buscar... é... me encontrar. Acho isso uma ilusão, eu acho que a gente aprende a lidar, a conviver com os traumas, com as coisas... para mim o efeito foi esse, e eu não tenho nenhuma decepção de ter feito...e eu não volto por isso, porque eu consigo entender alguma coisa, consigo superar aquela angústia (...). O importante é viver o que está agora, o que vem à frente. (Solange)

Para modular a existência, a fala que define e redefine o viver e provoca mudanças no modo de existir é aquela que assume o processo de transição – fala falada para fala falante, ou seja, apropriada e assumida. Nos três relatos apresentados, é possível compreender a dimensão da importância do contato com o sentido de si mesmo, clareando os próximos passos e definindo novas escolhas. Nesses termos, o objetivo da psicoterapia é caminhar para uma fala criadora de sentidos, buscando sua organização e estruturação e, além disso, observando para onde o discurso do cliente o leva, como sua narrativa é estruturada. A compreensão da fala do indivíduo é a ponte para a investigação da sua situação no mundo, como fonte de encontro com o outro e consigo mesmo (AUGRAS, 1986).

Nessa entrega de si para si é possível reconhecer-se enquanto sujeito histórico, munido de um olhar ético e disposto a enxergar valores próprios. Esse acontecimento é possibilitado quando, na clínica, se cuida para que o mal-estar do nosso tempo não inviabilize as condições fundamentais para o emergir do sentido de si. A linguagem acolhe esse indivíduo de forma a colocá-lo no trânsito da transformação por um novo modo de subjetivar-se, buscando novos modos de ser diante das inquietações inerentes à sociedade contemporânea, de forma que chegam a provocar nele uma constante sensação de que algo está fora do lugar ou de foco.

> Investir em mudanças no campo subjetivo é combater práticas de assujeitamento que fecham ou esgotam o campo de possíveis, propiciando a criação de outros possíveis ou mesmo do próprio possível, quando o campo parece esgotado. (GONDAR, 2003, p. 14)

A clínica é o lugar de viver essa experiência com a linguagem, como um meio potencializador de luta contra a ordem do mundo para, então, ser possível criar, dentro desse mundo, "um modo singular de existência" (GONDAR, 2003, p. 14).

O indivíduo precisa, de antemão, ser transparente a si mesmo, precisa dar-se por si mesmo, ao seu modo próprio. A psicoterapia facilita o processo na busca pela compreensão de si, tematizando sentidos e permitindo ao sujeito a saída do enclausuramento – regido por leis da situação no mundo –, colocando-o no trânsito da abertura para si mesmo, para o mundo, para os outros. É a conquista da própria liberdade, da libertação de si, proporcionando reflexão sobre o sentido das coisas e discernindo o mundo da publicidade, da impessoalidade, e buscando resgatar a sua singularidade.

Isso gera possibilidades de encontro com a própria história de vida, adquirindo a importância de ressignificá-la. Por essa razão, é por demais válida a proposta de Benjamin (1994), quando afirma que narrar não é simplesmente falar, mas construir, desconstruir e reconstruir acontecimentos e afetos ligados à experiência do sujeito através da linguagem.

Esse é o sentido da fala criadora, transformadora e mobilizadora. Criação e transformação partem daí, do resgate da experiência, da busca pela compreensão de si mesmo. Isso é modo de enfrentamento diante de uma realidade fragmentada, destituída de sentido, geradora e transmissora de falas medianas, em que prevalecem a univocidade da palavra e a destruição da possibilidade de novas significações (BENJAMIN, 1994).

Segundo Benjamin (1985, p. 253), o "adulto alivia seu coração do medo e goza duplamente sua felicidade quando narra sua experiência". Assim, a narrativa pode se apresentar como clínica, abrindo-se para o sujeito tornar-se narrador ao atravessar o caminho entre o vivido e a experiência. Esse acontecimento redimensiona o sentido clínico de linguagem por abarcar situações em que o episódio narrado é reconstruído à medida que é trazido à tona, criando cada vez mais sentidos e alcançando significados ímpares.

A importância da narrativa está em sua condição única: fazer conexões ao se contar histórias, abrindo o homem e revelando sua experiência ao mundo. É essa a clínica da emergência do sentido, da fala viva e autêntica, comprometida com a experiência da criação/recriação, ressignificação de outro caminhar. Até que ponto, afinal, a clínica está investindo nessa proposta? Ou seja, contribuindo para que essa experiência se transforme em narrativa viva, possibilitando ao sujeito ouvir/dizer, elaborar/refletir acerca de suas experiências?

> O consultório, só de você chegar no prédio, saber que você vai entrar naquela sala, você já vai leve, é como se você fosse levada (...) É esse cuidado, de ser ouvida, você ser ouvida (...) Isso me ajuda a investir na terapia (...) O pessoal da sua família, vendo que você está com problemas, nunca chegou e perguntou: "venha aqui, vamos conversar". É só crítica, crítica, crítica... de repente chegar uma pessoa e eu sei que é o trabalho dela, mas tem tantos que não dão certa atenção (...) Estou me sentindo realizada (...) Um dia eu posso chegar para ela e dizer: hoje é a nossa última sessão, porque eu estou me sentindo bem. (Cristina)

A narrativa abre para a dimensão existencial e para os significados vivenciados pelo sujeito no seu estar-no-mundo. Abre, inclusive, o campo perceptual do indivíduo para tudo o que lhe afeta a experiência no momento. À medida que narra, vai tecendo sentido, construindo

pontes e intercambiando experiências (DUTRA, 2002). Esse movimento abriga a experiência do sujeito na clínica, possibilitando-lhe guarida em livre aparecer. O homem acaba, portanto, afetado, mobilizado e transformado, pois, ao permitir ser atravessado por essa experiência, entra em contato com o sentido de sua fala, em que, no contexto do encontro com o outro em sua alteridade, lhe são mostrados reflexos do lugar que ocupa na contemporaneidade, sua condição de ser e estar no mundo.

O que Cristina pareceu adquirir em seu processo foi a convicção do que estava buscando: aprender a aprender a lidar, aprender a compreender, a ultrapassar, a transcender, a transitar... Escutar a si mesma mostrou a ela que é possível enfrentar questões, reconhecer o peso das coisas, descobrir sua fortaleza. Responsabilizar-se por si mesmo é um caminho possível que coloca o sujeito num processo de transição fala falada – fala falante, num movimento de abertura para desconstruções e reconstruções, num percurso em que era possível conhecer-se ou reconhecer-se, *entregar-se* a uma caminhada sem pausa e sem tempo para fixar-se. É apropriando-se de si mesmo que é possível encontrar meios que facilitem o acontecer humano.

O modo como as entrevistadas relataram suas experiências dá uma idéia de intensidade muito aquém do que é possível apreender por suas palavras. Suas experiências são narradas como se estivessem sendo vividas naquele momento, com toda a riqueza de detalhes, com todas as percepções envolvidas.

> Todo mundo está vendo que eu estou tendo a minha opinião também. Quando eu não ligo, alguém liga para mim, entendeu? Ligam para saber por que eu não liguei... hoje eu vejo todos eles e eles me vêem. Só sei que eu estou bem demais, enquanto eu não conseguir o que eu quero eu vou ficar em terapia. (Cristina)

É fundamental para o cliente uma avaliação madura e concreta de suas ações, alcançando o sentido da própria fala, revelando a disponibilidade em abrir-se a si mesmo. Arriscar-se diante desse encontro pode ser a direção apontada na emergência do seu movimento, nas aberturas e fechaduras de sua experiência, na sua própria forma de aprender a aprender sobre si mesmo. Esse movimento gera novas possibilidades, novas organizações de mundo voltadas para o homem em sua abertura para outros caminhos. Essa é a arte do encontro: a possibilidade de se permitir, de dizer "sim" em meio a tantos "nãos", é a conquista do reconhecimento de ser para si mesmo a condição-chave para transmudar-se, transcender-se enquanto ser do projeto.

Nesse sentido, quando o homem adquire um conhecimento sobre si mesmo, não basta só conhecer, é preciso saber e, mais que isso, saber que se sabe (TEILHARD DE CHARDIN, 1966). A partir daí, passa a fazer algo por ele, efetiva-se enquanto ser de e em relação e avança no sentido de constituir-se no e para o mundo, penetrando nele e confundindo-se com ele.

Por isso é importante viver essa experiência, pois, rumo ao acontecer humano, a narrativa se apresenta como um caminho possível, colocando o sujeito numa atitude incessante de enfrentamento e mudanças no modo de existir. Amatuzzi (1989, p. 37) diz que o objetivo da psicoterapia é "restituir a função da palavra, ou seja, é caminhar de falas secundárias para falas originais", e é nessa perspectiva que o sujeito vai reestruturando seu modo de ser, posicionando-se diante da vida. A fala original caracteriza-se pelo sentido que a pessoa dá a ela mesma e ao que fala; é quando coloca o pensamento em ação e quando seu falar designa o próprio sentimento. Já o falar secundário se volta para um discurso pronto, de antemão recheado de pré-conceitos e ignorância dos próprios sentimentos e pensamentos.

Conceber a fala simplesmente como transmissão de sons que permite a comunicabilidade entre as pessoas é limitar o seu conceito a termos abstratos e técnicos, além de não dar conta da situação psicoterápica, em que a fala estabelece um encontro, um estar-junto-com-outrem. A fala é especificamente humana, proveniente de um sujeito que carrega consigo dimensões históricas, espaciais e temporais, fruto de experiências e significações em sua vida. Por essa razão, é preciso colocar o homem na presença do "agora" (OLIVIERE, 1985, p. 58), em seu tempo vivido, para que seja possível trazer à lembrança acontecimentos com toda a intensidade com que foram vividos naquele momento.

Assim, é importante considerar nesta pesquisa o sentido que cada participante doou aos fatos relatados. O processo de encontro com cada historicidade situou as narrativas em seu tempo e espaço, dando movimento a cada ser que se projetava. Esse movimento é fundamental, principalmente quando se observa que o indivíduo que se apresenta à clínica se encontra desenraizado de si mesmo, coisificado e reduzido, pela tecnologia, a um ser que pensa e produz, limitando suas possibilidades e aumentando seu sofrimento.

Esse sofrimento do homem na contemporaneidade apela por uma necessidade de ser ouvido. Reinvestindo em si mesmo, o indivíduo opera mudanças em sua vida e em seu modo de sofrimento, abrindo-se às possibilidades e aos caminhos que a linguagem se propõe a levá-lo: linguagem enquanto fala em processo de desdobramento, de narrativa viva, aquela que possibilita ao homem transformar-se e ser atravessado por ela.

A clínica coloca o homem nesse processo de transição para outros espaços, para novas ancoragens, para outras direções. A experiência é a mola-mestra desse processo. É ela que vai dizer para onde o sujeito deve seguir. Os sentidos apontados no seu dizer, em sua fala, em sua narrativa, expressões, sentimentos e angústias, vão levá-lo, ou conduzi-lo, a conhecer e a se deparar com outros modos de ser, de viver, de refletir, de construir conhecimento. É sua experiência que vai autenticar a sua peregrinação, o seu investimento, o seu desdobramento, a sua disponibilidade de abertura e reconhecimento do que lhe é singular e plural.

As entrevistas cumpriram o seu papel de refletir a teoria e acrescentar à experiência vivida significados muito distantes da possibilidade de serem traduzidas ou nomeadas pela própria linguagem. As experiências das entrevistadas transcendiam para além daquele momento, as histórias presentificadas ressurgiam com toda a intensidade como foram vivenciadas e emergiam com sentimentos primeiros, emoções em processo de ressignificação, histórias (re)contadas como se estivessem sendo vividas pela primeira vez.

Cada passo dado nos depoimentos despertava a impressão de que algo estava em vias de tornar-se, transformar-se, vir-a-ser. Isso caracteriza o ser diante do mundo, quando se lança em direção do que ainda não é, para o futuro, investindo em possibilidades e criando condições de ser ele próprio. A existência humana já implica emergência contínua de uma evolução que transcenda passado e presente, que sobreviva ao mal-estar do nosso tempo, que amadureça sua condição de ser em função de si mesmo, que acrescente à sua realidade a contemplação do homem em sua necessidade, em sua linguagem, em sua fala.

A narrativa soma à pesquisa de orientação fenomenológica e existencial, acrescenta e enriquece a compreensão da condição humana, mostra meios, partindo da própria experiência, apontando direções possíveis de outros modos de ver o homem, de ver a clínica, de ver o mundo. Narrar é fala viva, é fala em processo, é abertura, é disponibilidade, é afetabilidade, criação, presença, ausência, complementação, falta, é claro, é escuro, velamento, desvelamento, posicionamento, descentramento, permissão, limites, estagnação, andamento, incompletude, ambigüidade, é poder-ser, enquanto pura possibilidade.

O fechamento deste trabalho é abertura para outros acontecimentos, é receptividade para o novo, para o estranho, para o desconhecido, é um movimento que se dispõe a continuar buscando atingir novos objetivos. Assim, é importante levar em consideração o sentido da linguagem para cada um de nós, o que ela representa, para onde ela nos leva, que direção ela nos aponta, que desdobramentos são possíveis quando nos permitimos vivê-la, tê-la como nossa própria morada, como nossa mais genuína forma de expressão e revel-ação.

Se "a fala torna possível o mundo" (AUGRAS, 1986, p. 80), ela nos abre reflexões acerca de nossa situação no mundo, enuncia o sentido do encontro com o outro e restitui o recolhimento do indivíduo para o problema de sua existência, seus dilemas e horizontes desejantes. Para que o homem aconteça em sua própria humanidade, é imprescindível que ele se reconheça enquanto produtor e criador de sua própria peregrinação, amplamente responsável por si, construindo campos de forças de possibilidades de sentido, na emergência mesma do horizonte humano, sendo constantemente marcado por suas experiências.

Assim, imaginamos com estas palavras gerar questionamentos, suscitar reflexões, abrir campos de discussão e produção de conhecimento. A fenomenologia existencial solicita esse chamado, pede provocação e mobilização dos estudiosos para dar andamento e favorecer o crescimento desse modo de ver e de viver a existência humana.

REFERÊNCIAS BIBLIOGRÁFICAS

AMATUZZI, MM. **O resgate da fala autêntica – filosofia da psicoterapia e da educação**. Campinas: Papirus, 1989.

_____. Pesquisa fenomenológica em Psicologia. In: BRUNS, MAT & HOLANDA, AF. (org.) **Psicologia e pesquisa fenomenológica: reflexões e perspectivas**. 2.ª ed. São Paulo: Omega Editora, 2005.

AUGRAS, M. **O ser da compreensão – fenomenologia da situação de psicodiagnóstico**. Petrópolis: Vozes, 1986.

BARUS-MICHEL, J. Sofrimento, trajetos, recursos, dimensões psicossociais do sofrimento humano. In: **Bulletin de psychologie**. v. 54 (2), n. 452, março-abril 2001.

BEAINI, TC. **À escuta do silêncio: um estudo sobre a linguagem no pensamento de Heidegger**. São Paulo: Cortez – Autores Associados, 1981.

BENJAMIN, W. **Obras escolhidas. Magia e técnica, arte e política**. 7ª ed. São Paulo: Brasiliense, 1994.

_____. **Obras escolhidas**. Trad. Sérgio Paulo Rouanet. São Paulo: Brasiliense, v. 1, 1985.

BRUNS, MAT; TRINDADE, E. Metodologia fenomenológica: a contribuição da ontologia-hermenêutica de Martin Heidegger. In: BRUNS, MAT; HOLANDA, AF (org.) **Psicologia e pesquisa fenomenológica: reflexões e perspectivas**. 2ª ed. São Paulo: Omega Editora, 2005.

BUBER, M. **Do diálogo e do dialógico**. Trad. Marta Ekstein de Souza Queiroz e Regina Weinberg. São Paulo: Perspectiva, 1982.

CASTILHO, PT. Acerca da Psicologia social, da análise institucional, da psicossociologia e da esquizoanálise. In: **Psicologia em Revista**. Belo Horizonte, n. 20, v. 12, dez/2006, p. 263-272.

CRITELLI, DM. **Analítica do sentido – uma aproximação e interpretação do real de orientação fenomenológica**. São Paulo: Educ-Brasiliense, 1996.

DUBOIS, C. **Heidegger: introdução a uma leitura**. Tradução Bernardo Barros Coelho de Oliveira. Rio de Janeiro: Jorge Zahar Ed., 2004.

DUTRA, E. A narrativa como uma técnica de pesquisa fenomenológica. In: **Estudos de Psicologia**. Natal, UFRN, n. 2, vol. 7, 2002.

ECO, U. **Interpretação e superinterpretação**. São Paulo: Martins Fontes, 1993.

EIZIRICH, MF. Paradigmas da subjetividade contemporânea. In: **Educação, subjetividade e poder**. Porto Alegre, n. 2, vol. 2, abril/1995, p. 22-25.

FIGUEIREDO, LC. **Revisitando as Psicologias – da epistemologia à ética das práticas e discursos psicológicos**. 3.ª ed. ver. e ampl. – Petrópolis: Vozes, 2004.

_____. **A invenção do psicológico – quatro séculos de subjetivação (1500-1900)**. 6.ª ed. São Paulo: Escuta, 2002.

GENDLIN, ET. Experiential psychotherapy. In: CORSINI, R. (org.) **Current Psychotherapies**. Itasca, Illinois: Peacock, 1973.

GONDAR, J. Clínica, desejo e política. In: MARTINS, A. et al. **Cadernos do Espaço Brasileiro de Estudos Psicanalíticos**. A Clínica como Prática Política. Ano 3, n.º 3, outubro 2003.

HEIDEGGER, M. **Ser e tempo**. 12.ª ed. Petrópolis: Vozes, 2002, vol. 1.

_____. **A caminho da linguagem**. Petrópolis, RJ: Vozes; Bragança Paulista, SP: Editora Universitária São Francisco, 2003.

MELLO, LI; COSTA, LCA. **História moderna e contemporânea**. São Paulo: Scipione, 1999.

MORATO, HTP (org.). **Aconselhamento psicológico centrado na pessoa: novos desafios**. São Paulo: Casa do Psicólogo, 1999.

NAJMANOVICH, D. Novos sofrimentos psíquicos? In: **Cadernos de Subjetividade**. n. 4, v. 1-2, São Paulo/SP-PUC, 1996.

OLIVIERE, DP. **O "ser doente" – dimensão humana na formação do profissional de saúde**. São Paulo: Moraes, 1985.

PALMER, R. **Hermenêutica**. Lisboa: Edições 70, 1999.

ROGERS, CR. **Sobre o poder pessoal**. São Paulo: Martins Fontes, 1978.

ROLNIK, S. **Subjetividade, ética e cultura nas práticas clínicas**. Palestra proferida na mesa-redonda "Psicologia: ética e cultura", no I Congresso Mineiro de Psicologia Universo-Diverso, CRP 4ª Região. Belo Horizonte, 1995.

SAFRA, G. **A pó-ética na clínica contemporânea**. Aparecida: Idéias & Letras, 2004.

SANTOS, B. **Um discurso sobre as ciências**. Porto: Afrontamento, 1985.

SCHMIDT, ML. **Estilos narrativos e pertença social: análise de histórias de vida**. *Online*. Disponível em <http://www.imaginario.com.br/artigo/a0001_10030/a0001-01.shtml> capturado em 07/1/2004.

SOUZA, SRL. **A experiência de adolescentes abandonados e institucionalizados frente ao desligamento institucional**. Dissertação (Mestrado em Psicologia) – Universidade Católica de Pernambuco, Recife, 2001.

TEILHARD DE CHARDIN, P. **O fenômeno humano**. São Paulo: Herder, 1966.

QUESTÕES COMENTADAS

1) Como o método de investigação fenomenológico existencial se apresenta à pesquisa?

R: A pesquisa fenomenológica existencial necessita de um questionamento que provoque o pesquisador à investigação. Isso ocorre quando um fenômeno é interrogado e chamado ao seu desvelamento, à sua compreensão e interpretação. Essa abordagem teórico-metodológica é uma possibilidade de compreender e interpretar um fenômeno que se apresente ao pesquisador, já que se busca desvelar aspectos da existência humana que se encontrem velados, ampliando a compreensão existencial humana a que se lançou.

2) O que é narrativa?

R: É uma metodologia de pesquisa fenomenológica, baseada no registro e na elaboração da experiência vivida, que constitui uma forma artesanal de comunicação em que a experiência do narrador é a matéria-prima a ser trabalhada. A narrativa é uma forma de expressar a pluralidade de conteúdos incorporados à vida do indivíduo ao longo do tempo. Ela é, em outras palavras, de característica oral, permitindo ao homem reconstruir sua história à medida que vai sendo relatada.

3) O que vem a ser aprendizagem significativa?

R: Aprendizagem significativa é uma ação compreensivamente articulada que permite ao homem aberturas e mudanças a partir de experiências de encontro consigo mesmo, com o mundo e com outros homens. É criação de sentido, em que afeto e cognição estão articulados, ampliando o campo de aproximação entre pedagógico e psicológico, caracterizando-se para além da simples aquisição de informações e conteúdos, como possibilidade de resgate do desejo de aprender a aprender. No processo de aprendizagem significativa, compreensão e conhecimento são os primeiros passos que vão dar acesso à atribuição de sentido a relações e situações experienciadas.

4) Como caracterizar o falatório na psicoterapia?

R: Falatório é a compreensão de tudo sem se apropriar ou se aprofundar em nada. No livro *Ser e Tempo* (volume I), Heidegger menciona que o falatório é desenraizado, destituído de sentido, é discurso impessoal e de ninguém, abre caminhos para o cego universal de si mesmo, para o senso comum, onde tudo se compreende e todos são compreendidos de qualquer forma e de qualquer jeito, sem a responsabilidade do dizer algo e do compreender. Toda nova forma de compreensão e comunicação passa primeiro pelo crivo do falatório, ou seja, o impessoal determina o quê e como se vê. Seu objetivo, segundo Heidegger, é reprimir, postergar e retardar toda e qualquer questão e discussão.

CAPÍTULO XIX

O PODER ENCANTADOR E TRANSFORMADOR DOS ESPELHOS: REVELANDO O ESPELHAMENTO EM GRUPOS DE SUPERVISÃO*

*Carolina Bacchi*** · *Henriette Tognetti Penha Morato****

Se quer seguir-me, narro-lhe; não uma aventura, mas experiência, a que me induziram, alternadamente, séries de raciocínios e intuições. Tomou-me tempo, desânimos, esforços. Dela me prezo, sem vangloriar-me. Surpreendo-me, porém, um tanto à parte de todos, penetrando conhecimento que outros ainda ignoram. O senhor, por exemplo, que sabe e estuda, suponho nem tenha idéia do que seja na verdade – o espelho? Demais, decerto, das noções de física, com que se familiarizou, as leis da óptica. Reporto-me ao transcendente. Tudo, aliás, é a ponta de um mistério. Inclusive, os fatos. Ou a ausência deles. Duvida? Quando nada acontece, há um milagre que não estamos vendo.

(GUIMARÃES ROSA, 1988, p. 65)

Este capítulo se inicia com questionamentos decorrentes da possibilidade de iluminar reflexões surgidas na prática de supervisão de apoio psicológico e na busca de compreender o papel do supervisor. As articulações efetuadas, assim, têm início nas associações possíveis de um supervisor em grupos de supervisão buscando por si mesmo na sua atuação clínica.

Dessa forma, foi a partir da realização de grupos de supervisão de apoio psicológico para profissionais de educação, gravados e transcritos para utilização como material em minha pesquisa de mestrado, que pude pensar sobre os efeitos produzidos em grupos de supervisão, assim como sobre o papel do supervisor durante esse processo. A questão primeira que deu origem a essa reflexão dizia respeito à necessidade de compreensão sobre a matéria invisível que circunda a cadeia de relações humanas, que lhes dá sentido e configuração.

A partir da inserção em um projeto que oferecia supervisão para educadores de rua de unidades governamentais, algumas idéias foram se configurando e tomando forma. Esse projeto surgiu da necessidade dos próprios educadores de rua, que vieram solicitar espontaneamente, em 1990, um espaço em que pudessem refletir sobre a sua prática, de forte carga emocional. Os educadores tinham um espaço semanal de supervisão, no qual se enfocava a capacitação teórico-técnica de sua atuação com a população atendida.

No entanto, havia também a necessidade de um espaço para explicitar e compreender os conflitos e emoções decorrentes da experiência cotidiana. Com objetivo de diferenciá-la da supervisão técnica, realizada por um coordenador inserido na hierarquia da instituição, foi dado o nome de "*supervisão de apoio psicológico*" ao trabalho realizado pela Psicologia com os educadores de rua. Visava, primordialmente, à reflexão do profissional diante da sua prática, considerando-o parte integrante do trabalho que realizava. A finalidade não era orientação e sim instrumentalização do profissional, utilizando-se um referencial

*Este capítulo foi extraído de Bacchi, CCA. *Contando um Conto sobre Olhares Espelhados: Uma Possibilidade de Compreensão do Espelhamento em Grupos de Supervisão*, 2000. Dissertação de Mestrado em Psicologia Escolar e Desenvolvimento Humano. São Paulo: Instituto de Psicologia da Universidade de São Paulo. O texto recorre à apresentação da pesquisadora principal, referindo-se à sua própria experiência no desenrolar da pesquisa; então, por vezes, o tempo verbal aparece na 1ª pessoa do singular.
**Pesquisadora principal.
***Orientadora da pesquisa.

fenomenológico. Foi transposta, assim, para o universo da educação, a supervisão, prática comum e legitimada na formação de terapeutas.

PRIMEIRAS REFLEXÕES...

Na supervisão de apoio psicológico, os profissionais de educação tinham condições de reconstruir e ressignificar a experiência vivida na relação com crianças carentes, reencaminhando sua ação educativa. Partindo desses pressupostos, e entendendo a supervisão como um espaço de formação, mostra-se importante situar a necessidade da supervisão na esfera da educação, enfocando o desenvolvimento do educador e do supervisor ao longo desse processo. Nessa perspectiva, considerando a educação como a atividade que permite que o homem possa criar condições para "*habitar*" a sociedade em que vive, revela-se como, com a modernidade, se instaurou uma crise. Isso porque, segundo Arendt (1972), a "psicologização" dos espaços escolares provocou uma perda da especificidade do ato educativo, que passou a ser identificado com o ensinamento de uma habilidade enquanto uma noção estática e predefinida.

No entanto, para a autora, a educação remete à necessidade de resgatar a função da experiência, da ação enquanto ato de representação de si mesmo no mundo. Ou seja, educar refere-se à possibilidade de fazer do indivíduo alguém responsável por si mesmo. Para tanto, o educador se vê diante de uma tarefa delicada, pois embasada no oferecimento de condições favoráveis para o crescimento e o desenvolvimento. O educador precisa dispor-se a criar um clima facilitador para a aprendizagem do educando de algo que o presentifique no mundo. Assim, o ato educativo é um processo que envolve o educador enquanto sujeito afetado por fenômenos, exigindo um espaço de reflexão sobre essa prática e o que ela desperta. Dessa forma, também o educador demanda cuidados para cuidar de outros.

Dessa maneira, a *supervisão de apoio psicológico* se apresenta como possibilidade de dar conta de tal demanda. É uma situação contextualizada que permite ao profissional uma ponderação sobre seu fazer, num momento posterior à ação direta. Situação de aprendizagem significativa na medida em que permite o apropriar autêntico daquilo que se faz. Partindo de sua própria experiência na relação com o educando, o educador se torna disponível a educar.

Da mesma maneira, o supervisor também parte de sua experiência na relação para desenvolver-se. Refletir sobre os processos internos de grupos de supervisão de apoio psicológico permite compreender como ocorrem o desenvolvimento e a formação nesse espaço. Por outro lado, pensar a supervisão como lugar de construção da identidade profissional, através da relação entre supervisor e supervisionando, remete à relação terapêutica como espaço de ressignificação e reorganização das vivências afetivas na apropriação de si mesmo. Assim, compreender a especificidade da relação terapêutica, partindo do contexto do fluxo emocional do indivíduo, é caminho obrigatório para tal articulação.

Como supervisora de grupos de supervisão de apoio psicológico e refletindo sobre contato terapêutico ao cuidador, voltei o meu "olhar" para o desenvolvimento promovido por encontros humanos. Assim, pude refletir sobre relações entre as pessoas, relações sempre permeadas, aprimoradas, desenvolvendo-se mutuamente quando outras relações são estabelecidas. Sim, é no contato, na relação que as significações se apresentam, se impõem com firmeza. Por isso, realizar uma compreensão teórica a respeito de grupos de supervisão de apoio psicológico nada mais é do que ressituar o interesse primordial e inicial por uma profissão na qual o indivíduo e as relações são o principal objeto de estudo, atenção e cuidado.

Foi assim que observei que logo nos primeiros grupos realizados, ao longo dos encontros, delineava-se algo bastante interessante: o movimento e o percurso realizado pelos educadores, na supervisão de apoio psicológico, eram repetidos e revividos pelos supervisores quando estes se reuniam para sua própria supervisão em grupo. E o interessante era que esse fenômeno parecia permitir que supervisores pudessem ressituar-se perante si mesmos e ao grupo de supervisão de apoio psicológico que facilitavam, à medida que se apropriavam das suas intervenções e dos movimentos apresentados pelos dois grupos. Tratava-se, portanto, do manejo dessa entrega subjetiva, não de uma suposta neutralidade teórica. O grupo de educadores parecia fazer, assim, uso da subjetividade do supervisor, pela sua presença autêntica e espontânea. Por outro lado, a subjetividade do supervisor encontrava espaço de expressão em um momento posterior, no grupo de supervisão de supervisores. Era, dessa maneira, do encontro entre subjetividades que nascia o sentido; nesse encontro, a intervenção se construía. Era como se entre os dois grupos se colocasse um grande espelho e ficássemos brincando de produzir imagens, que, encadeadas, se prolongavam no infinito, promovendo o desenvolvimento dos grupos e de cada subjetividade ali envolvida. Sensação de estranheza, de entrada numa sala de espelhos, com imagens que iam se reproduzindo infinitamente, e se modificando/transformando nesse entrelaçamento sucessivo.

Intrigada, resolvi buscar uma compreensão para esse efeito que parecia indicar uma possível opção técnica de intervenção no trabalho de supervisão. A encenação repetida da cena vivida, que sempre incluía a somatória de novos movimentos, permitia reflexões e reposicionamentos. Essas transformações pareciam ser possíveis exatamente nesse espaço imaginário, entre os grupos: espaço virtual e mudo do espelho...

A SUPERVISÃO NOS ESPELHOS...

Dessa forma, meu objetivo inicial se ampliava e incluía um estudo desse fenômeno, a que chamei espelhamento. Como seu correspondente teórico, o conceito de intersubjetividade ressoava interessante, permitindo a compreensão do movimento constante, imediato e cotidiano das subjetividades ali envolvidas.

Portanto, foi na prática de supervisionar e ser supervisionada que entrelaçamentos intersubjetivos puderam se revelar, impondo uma necessidade de compreensão. A imagem em si já se apresentava em toda a sua complexidade, e tento oferecer ao leitor essa imagem poética, vista, sentida, vivida.

Assim, o espaço de supervisão foi se apresentando como momento privilegiado para compreensão da situação clínica, através das reverberações percebidas-sentidas no supervisor durante a supervisão. Assumia importância da capacidade de *rèverie* do supervisor, que poderia sustentar e transformar com sua experiência o que lhe era trazido, no nível emocional, da relação com o supervisionando e deste com o paciente. A supervisão seria, também, o momento de trazer à tona pontos cegos do supervisor e/ou educador, iluminando zonas de sombra daquela relação, permitindo uma continuidade na comunicação realizada.

Problematizando essa perspectiva, Morato (1989) inicia sua tese de doutorado com questões sobre a possibilidade de ensinar o outro a ser, de "*transmitir como ser e não como fazer* [destaques da autora]" (p. 8). O que norteia seu trabalho é a questão de como ensinar o terapeuta a ser terapeuta. Acredita que a construção se dá na possibilidade de criar algo novo, a partir de uma busca interna. Para tanto, o instrumento do supervisor são os sentimentos despertados

nele pelo supervisionando, assim como o instrumento do terapeuta é o que o paciente lhe despertou. Na situação de supervisão, apresenta-se o envolvimento, então, de três subjetividades: a do terapeuta, seu paciente e do supervisor. Ao supervisor cabe a tarefa, nada fácil, de garantir que o seu supervisionando possa construir um estilo pessoal, sem repetir ou copiar o estilo do supervisor. Para isso, o supervisor se vale não só do relato do caso pelo supervisionando, mas também dos aspectos não-verbais comunicados nos encontros de supervisão. Grinberg (1975) coloca que "*(...) a relação entre paciente e o terapeuta se reflete, freqüentemente, na relação entre terapeuta e supervisor*" (p. 39).

Nesse sentido, o enfoque recai sobre as relações que são estabelecidas, seja entre o terapeuta e seu paciente, ou entre esse mesmo terapeuta e seu supervisor. O supervisor pode ter acesso aos movimentos e fenômenos emocionais da sessão quando atento às reações de seu supervisionando na sessão de supervisão, pois são reflexos importantes da relação entre o terapeuta e o paciente. Assim, nessa concepção, a supervisão aparece como um momento posterior ao atendimento clínico profundamente importante, pois os significados das construções psíquicas do paciente se revelam não só a partir de uma outra possibilidade de escuta e de fala, mas também através da comunicação, em nível inconsciente, dos aspectos afetivos da relação/experiência com o paciente. É exatamente a comunicação dessa experiência que facilita ao supervisor a compreensão da relação terapeuta-paciente.

Nesse sentido, o supervisor deve ser capaz de reconhecer e nomear as suas experiências e sensações no contato com o supervisionando, traduzindo-as de forma compreensível, de maneira a construir, com ele, algo novo a respeito da sua (do supervisionando) relação com o paciente. O nível emocional está cotidianamente presente tanto nas sessões terapêuticas quanto nas sessões de supervisão, e é necessário que possa ser clareado e decodificado, como condição facilitadora do processo terapêutico.

Importante enfatizar que essa capacidade de *rèverie* do supervisor deve servir para conter as experiências emocionais não só da relação do supervisionando com seu paciente, mas também da relação do supervisionando com ele. Dessa forma, o supervisor necessita, além de atentar para a relação terapeuta-paciente, articular as experiências vividas na relação supervisor-supervisionando, que trariam aspectos essenciais para a compreensão do caso atendido. A relação entre supervisor e supervisionando ganha, assim, mais vigor e se apresenta como primordial na construção da identidade profissional do terapeuta, assim como na reorganização do atendimento clínico.

A supervisão começa a configurar-se, pois, como um espaço privilegiado na reconstrução e compreensão do contato, do encontro, que pode ser terapêutico ou não. Acaba sendo um lugar privilegiado para que articulações entre prática e teoria possam ser estabelecidas através de um reposicionamento, no qual novas significações são geradas. Assim, pressupõe a transmissão de algo que diz respeito à apropriação interna de um modo de ser.

Supervisão se configura, dessa maneira, enquanto um espaço de aprendizagem de um estilo próprio, pelo qual os entraves vividos na relação com o paciente são desfeitos, gerando novas significações. Vai se delineando, assim, o enfoque na relação terapeuta-paciente a partir da relação supervisor-supervisionando, e da capacidade do supervisor de oferecer uma "leitura" não só do caso discutido, mas também dos movimentos percebidos na própria supervisão para uma aprendizagem de si-mesmo do supervisionando.

Assim, as significações construídas em espaços de supervisão sobre o caso atendido parecem configurar-se a partir da relação entre supervisor e supervisionando, relação na qual a experiência vivida permite a construção de uma auto-imagem profissional, de um lugar profissional do terapeuta diante de sua prática. O supervisor funciona como uma espécie de ambiente facilitador desse processo, envolvido nele diretamente, permitindo que o supervisionando dance por si mesmo, elabore sua própria coreografia de intervenções.

A supervisão, assim, possibilita uma mudança de olhar, um situar-se enquanto espectador, no sentido de que permite a distância e proximidade mínimas necessárias. Etimologicamente, vem do latim: *super* (sobre, por cima de, em cima de, a mais, além de) e *videre* (ver, assistir, observar). Ou seja, observar, ver além de. Já se configura como um olhar que descobre.

Dessa forma e por essa mesma mudança de olhar, constitui-se em momento possível para retomar e traduzir a experiência vivida, gerando significações. Afinal, o sentido se desvela e se apresenta num momento posterior à ação direta.

Portanto, ao transpor para o universo da educação a prática de supervisão, oferecia um espaço-tempo para que o profissional de educação pudesse resgatar a si mesmo no cotidiano de sua atuação. A supervisão assim compreendida aparecia como lugar de aprendizagem experiencial do

cognitivo e afetivo para desvelar sentido. Era, portanto, situação de aprendizagem significativa ou encarnada.

Ao teorizar sobre aprendizagem, Serres (1993) entende o "aprender" como ocorrendo num "espaço de mestiçagem": terreno de mistura e abertura ao outro para, por fim, reencontrar a si mesmo. A aprendizagem parece construir-se num espaço intersubjetivo, espaço do defrontar inusitado oferecido pelo encontro.

OS ESPELHOS DA CLÍNICA

Na clínica, o espelhamento também pode ser percebido e utilizado como ferramenta para o trabalho do psicólogo. Caracteriza-se, assim, pela incessante imbricação entre alteridade e identidade, que se fundam mutuamente a partir desse encontro, não implicando uma inserção descontrolada no próprio universo interno, assim como não implica uma neutralidade absoluta. Acredito tratar-se do manejo de uma entrega de si para que o outro possa fazer uso disso na sua busca por si mesmo. Nesse sentido, não cabe falar de realidade interna ou externa, assim como não cabe falar de realidade do terapeuta ou do paciente.

Entendo que a realidade vivida em sessões de atendimento individual, assim como a vivida em espaços de supervisão, é de outra ordem, ordem essa que inclui os níveis citados, bem como diversos outros, em uma dimensão intersubjetiva. Intersubjetividade como enigma da existência que se situa no fato de que o próprio corpo é senciente-sensível, traduzindo o enigma da constituição do mundo para o sujeito, que não pode mais, para a fenomenologia, ser separado do objeto. O ser humano é, por essa ótica, entendido em uma categoria específica: a de sujeito-objeto. Da mesma forma, as experiências do humano vividas por este na relação com os outros e o mundo podem ser compreendidas em um espaço imaginário, intersubjetivo. Para Merleau-Ponty, o próprio sujeito se funda nessa articulação entre visão e vidente, caracterizado como "aquele que vê se vendo".

Poderia esse processo entre os grupos de supervisão de educadores e supervisores ser observado e compreendido como espelhamento, como espaço intersubjetivo? Poderia configurar-se como uma possibilidade de compreensão da articulação contextualizada de experiências vividas? Daria conta de permitir a compreensão de processos envolvidos em relação de ajuda e cuidado?

Antes de responder a tais questões, convido o leitor a permanecer no universo da clínica com o objetivo de compreender mais profundamente o conceito de inter-subjetividade. A reconstrução que o paciente realiza de si mesmo durante o seu processo de terapia é baseada em uma experiência com o terapeuta, na qual a subjetividade deste assume, também, um papel muito importante.

Isso porque a relação terapêutica caracteriza-se como momento no qual o terapeuta possa se oferecer subjetivamente enquanto presença humana para que o paciente faça uso disso no seu processo de reencontro e construção de si mesmo, sendo muito significativa a zona intermediária e de entrelaçamento subjetivo entre paciente e terapeuta. É nessa zona que comunicações importantes do paciente acontecem, reverberando numa espécie de "afetação" vivida pelo terapeuta no contato com seu paciente.

A especificidade dessa relação não se situa no fato de que ambos são constantemente tocados e afetados pela subjetividade do outro, mas em como o terapeuta pode se utilizar desse movimento como revelador de uma comunicação não-verbal importante para a compreensão de seu paciente. Assim, as oscilações subjetivas que o terapeuta experimenta durante a sessão podem ser indicadores preciosos do clima afetivo vivenciado pelo paciente.

Avaliar se uma comunicação não-verbal realizada na sessão é tradução de abalos e acomodações internas do paciente mostra-se como delicada tarefa que exige um grande potencial de sustentação, acolhimento e decodificação presentes na subjetividade do terapeuta.

Para tanto, a metáfora dos espelhos parece sugerir um caminho possível para a compreensão de tal processo. Muitos são os registros possíveis do espelhamento, desde a imagem que aliena e aprisiona até a possibilidade de reconhecimento, estando o terapeuta submetido a todas elas na relação com o paciente. Pequeno objeto mágico, o espelho parece resvalar sua presença em todas as relações humanas, impondo-se como objeto de imenso valor se usado na medida correta.

Carregando em si tal objeto, o terapeuta oferece-se como espelho para encontrar o espelho de seu paciente. No grupo de supervisão, esse processo parecia ampliar-se infinitamente. Seria esse apenas um jogo de palavras, ou uma tentativa de tradução de um processo um tanto mais complicado?

Brincando de refletir, ora se apresenta como imagem, ora como presença concreta, com tudo de alienante e fantástico que tal brincadeira pode oferecer. O espelho pode revelar não só a própria imagem espelhada, mas deformações e reproduções infinitas do reflexo. O conceito de intersubjetividade aparece, assim, como sustentação da

noção de espelhamento, revelador teórico de tal elemento prático. Assim, a emergência desse espaço intersubjetivo pode ser caracterizada como possibilidade de articulação da experiência vivida, como construção de um sentido terapêutico que se apresenta na relação. Revelar a subjetividade do terapeuta nesse processo é revelar o interjogo intersubjetivo da sessão. Os pensamentos e reflexões suscitados no terapeuta pelo paciente são seu instrumento de trabalho, desde que isso não signifique perder-se nesse processo. Ou seja, na dimensão intersubjetiva da sessão, na qual tocado e tocante se confundem, as transformações são construídas. Esse espaço virtual e impalpável, o *entre* das sessões de terapia e supervisão, apresenta o movimento pelo qual a subjetividade do paciente pode ir delineando um caminho próprio e singular. Apresentá-lo exige coragem e criação de um método que possa ser eficaz. Coragem porque exige a exposição de como se dá o processo, no qual a subjetividade do terapeuta/supervisor se revela inevitavelmente, assim como o caminho que realiza ao abandonar-se no contato com o outro e intervir. Criação porque, assim ocorrendo, apresenta-se sempre "em construção".

Nos grupos de supervisão, tal processo se delineia como o reflexo de uma imagem no espelho, duplo irreal, intocável e percebido. A imagem que reproduz, apresenta, mobiliza, cria questionamentos, é desconstrutiva. Supervisor, supervisionando, clientela articulam-se, interpenetram-se, revelando uma imagem única, um mesmo "corpo". A dimensão de separação entre coisa e sua imagem, entre reflexo e ser, é alterada de forma peculiar. Olhar um dos pólos é olhar o todo, guardando a noção de sua incompletude. Assim, o que se explicita é o processo mesmo, o desenrolar da ação no momento em que ela se deu, para permitir a apropriação de um modo pessoal de construir uma prática: exposição de um estilo de ser supervisor.

ENTRE OS ESPELHOS...

Ainda preso nessa magia dos espelhos, o que se revelou foi o fato de que era **entre** os grupos que o sentido se desvelava. As transformações possíveis em ambos os espaços pareciam ter lugar num espaço imaginário, aquele entre os espelhos da sala onde passeávamos. Tal espaço imaginário se impunha com uma firmeza e, quase impalpável, exigia atenção.

Com isso, começava a esboçar-se que, entre as subjetividades envolvidas no trabalho de supervisão, novas significações eram geradas. Assim, o meu objetivo é realizar um estudo aprofundado desse fenômeno, chamado **intersubjetivo**, que, neste contexto, aparece enquanto opção teórica e técnica de intervenção.

Assim, pode-se pensar a supervisão de apoio psicológico, sob essa ótica, bem como os processos observados em ambos os grupos, pelo qual o que está em jogo é a articulação constante, imediata e cotidiana das subjetividades envolvidas nessas intervenções. Foi na prática de fazer supervisão e de ser supervisionada que se revelou possível observar movimentos e entrelaçamentos intersubjetivos, os quais, num primeiro momento, não podia nomear. A nomeação acabava decorrendo da clarificação das experiências vividas e revividas, minhas e dos outros, num vai-e-vem contínuo, como o incansável movimento da respiração. Ou, como diz Lispector (1988),

> A linguagem é meu esforço humano. Por destino tenho que ir buscar e por destino volto com as mãos vazias. Mas – volto com o indizível. O indizível só me poderá ser dado através do fracasso de minha linguagem. Só quando falha a construção é que obtenho o que ela não conseguiu. (p. 113)

Apresentar esse espaço impalpável, o **entre**, exigiu a criação de um método eficaz. Em ambos os grupos de supervisão (de educadores e de supervisores), tal processo se delineava como vários reflexos imagens no espelho, duplo irreal e intocável. Os efeitos do trabalho, assim, se desenrolavam numa cadeia infinita de reflexos, de imagens especulares que traduziam um movimento reversível. E foi nesses moldes que a técnica se constituiu e a metodologia se engendrou.

Pelas palavras de Guimarães Rosa, dou-me conta do enigma com o qual venho me deparando ao longo desta narrativa. Como comunicar em linguagem de conhecimento experiência de encontro com fenômeno que, por vezes, escapa da razão e parece resvalar a intuição ou a transcendência como a que se refere o autor? Ler seu conto "O espelho" parece remeter ao vivido-experimentado na relação com educadores de uma maneira muito peculiar e significativa. Encontro em Guimarães Rosa, de forma poética, uma referência direta a algumas das sensações despertadas pelo contato. O autor esforça-se para revelar o conteúdo de uma experiência humana universal e praticamente não-compartilhável: o encontro de si enquanto mistério a ser des-velado. Descobri nesse conto uma possibilidade de comunicar o que percebia-sentia.

Tal experiência me levou a buscar na literatura outros recursos para expressar o fenômeno *espelhamento*. Como toda descoberta leva a outras, encontrei muitos autores escrevendo sobre espelhos, em poemas, contos e romances. Alguns são relatados ao longo deste capítulo, numa tentativa de aproximação poética e compreensão do poder encantador e transformador dos espelhos. Os espelhos encontrados pareciam remeter à idéia de encontro de si na imagem especular, outro fugidio que expressa um entrelaçamento entre realidade e ficção. Seria esse um dos encantamentos produzidos pelo encontro com espelhos: uma possibilidade de nascimento, de existência, de reconhecimento de si mesmo?

Buscar na literatura subsídios que explicitem a experiência a que me refiro não decorre de uma simples coincidência estilística. No universo artístico, o humano se apresenta de forma poética, pela qual aquilo, que ainda não foi comunicado, se torna comunicável. Arrigucci (1987) acentua o poder que a literatura possui de acessar e expressar aspectos da experiência humana, até o que o autor coloca como a "manifestação do sentido". Dessa maneira, o sentido se revela nas mais variadas formas de expressão literária, ou mesmo artística, contemplando um universo de significações da experiência de maneira singular e significativa. A literatura permite a imersão em aspectos muitas vezes não-decifráveis da alma humana. Mas, por ora, voltemos aos espelhos.

Manuel Bandeira (1939), no poema "Versos de Natal", nos apresenta o espelho como material concreto que permite uma viagem à infância. Um retorno, pela imagem, aos sonhos infantis como matéria-prima que constitui o homem. No palpável da imagem apresentada, o homem se mostra com todas as marcas acumuladas em sua vida. A magia do espelho não se situa na imagem produzida, mas no "olhar-se" como possibilidade de reconhecimento de si em outras esferas, numa dimensão de tempo que pode ser alterada, trazendo à tona a inocência, a esperança e a vivacidade do próprio autor.

Machado de Assis (1882), no conto intitulado "O espelho", narra a existência de duas almas, partindo da experiência do personagem principal, Jacobina: a exterior e a interior. O personagem narra uma experiência interessante do ponto de vista da época em que o conto está inserido, recorrendo ao espelho enquanto mediador da relação entre as duas almas citadas. O espelho, nesse conto, da perspectiva de um autor do século XIX, reflete a imagem que se apresenta ao exterior, reflete a alma que é vista e nomeada pela sociedade. Reflete, por fim, o lugar social ocupado, que constitui o homem desse século. Construir a própria identidade é a perigosa travessia do indivíduo pela sociedade que habita. O lugar do humano, assim, é possível no entrelaçamento do individual e do social.

No século seguinte, Guimarães Rosa retoma a experiência descrita por Machado de Assis de uma perspectiva diferente, inserida em outro universo de questões. "O espelho" de Guimarães Rosa (1988) descreve a experiência de não-reconhecimento da imagem especular que instaura, de princípio, um enigma, a ser desvelado ao longo do conto. Enigma que advém desse contato consigo que, na verdade, é outro. O espelho reflete a imagem, que é imagem, e não si mesmo. E, no entanto, é também si mesmo, pois é um reflexo, imagem refletida do rosto que se coloca à sua frente. O autor vai construindo um universo de significados com a sua própria imagem, que o assusta, de início, e só aos poucos vai se tornando reconhecível. Desse contato com um outro, que é o mesmo, a identidade vai se constituindo, entre rosto e reflexo, não se situando nem lá nem cá. O conto, assim, traduz, de forma poética, a construção da subjetividade a partir da alteridade. O humano aparece de forma diferente da concepção machadiana, revelando o conceito de homem do século XX, que tem como ponto de partida suas experiências internas e singulares, ancoragem necessária numa sociedade que valoriza e incentiva o individualismo.

Ainda na perspectiva literária, Sabino (1923) em *O menino no espelho*, relata a história de um menino que vive uma situação inédita de encontrar-se consigo-homem ou do homem que se encontra consigo-menino, no jardim de sua casa. O espelho desse menino é a possibilidade de resgatar-se num momento atemporal, de encontrar e reencontrar a si mesmo. Esse é o espelho criado por Sabino: tela sobre a qual o encontro se produz.

Ainda pensando em espelhos, remeter-se a Lewis Carroll (1872) e sua personagem Alice é caminho quase que obrigatório. O *nonsense* presente na obra do autor revela uma infinidade de sentidos através da ausência destes nas inúmeras aventuras de Alice. A busca da identidade da personagem se apresenta em situações inusitadas. O jogo de contrários e inversões presente em toda a história abre a reflexões sobre a construção da identidade, a relação entre os seres, o significado das palavras, a relatividade do tempo e espaço, entre outros. Riquíssima em beleza e genialidade, a travessia de Alice pelo espelho apresenta um universo fantástico de possibilidades de reconstrução daquilo que é primeiramente percebido, de maneira lúdica. No País do Espelho, tudo pode ser possível, revelando a própria amplitude da vida humana.

Já Lispector (1964) parece imprimir aos espelhos uma existência própria, na sua transparência e virtualidade. No seu silêncio, os espelhos concretizam-se como espaço a ser preenchido, produzindo uma infinidade de efeitos. Por esse poder de mostrar aquilo que se coloca à sua frente, os espelhos apresentam-se como uma tela mágica de acesso a grandes indizíveis da alma. Assim, são uma fonte inspiradora da criação humana. Importante de seu conto é o fato de, no além da experiência especular de encontro consigo, a autora ressaltar o efeito multiplicador que um único espelho pode criar, revelando a amplitude de tal experiência, ao mesmo tempo em que situa a vivacidade de sua concretude, que explicita o seu encantamento mudo de recriar, a partir da ausência, novas formas e sentidos.

Todos os espelhos citados, entre tantos outros (havia o da madrasta da Branca de Neve, que lhe permitia ver os acontecimentos e respondia-lhe sobre sua beleza), são aqueles que parecem figurar nos encontros humanos, nas supervisões, nas sessões de terapia. Fala-se desses e de muitos outros, como grandes labirintos mágicos dos parques de diversões. Entrar numa sala de espelhos é algo vertiginoso, no qual as imagens vão se repetindo como num aparecer eterno. A pergunta sobre qual a representação "verdadeira" talvez não se coloque: são todas, e muitas outras.

Os espelhos encantam e seduzem, já nos mostrava Narciso com seu mergulho em busca de si mesmo, na sua paixão desvairada pela própria imagem. Interessante é também situar o poder transformador que essa experiência parece possuir. Em todos os relatos literários citados, algo da ordem de uma transformação interna é vivida pelos personagens, mesmo quando em meio a situações inusitadas e sem sentido. Os espelhos remetem à construção da identidade na relação com a alteridade, ao entrecruzamento da história pessoal e social, à ressignificação do conceito de si mesmo, à reconfiguração do tempo e do espaço. O reflexo, imagem de ilusão que se mostra na superfície dos espelhos, parece ampliar e revelar a constituição do ser e do mundo, num espectro, de certa forma, delimitado. Remete à construção da identidade na relação cotidiana com as coisas, podendo a ressignificação do conceito de si mesmo ocorrer no entrecruzamento da história de si com outras histórias do mundo e de outros no mundo.

Em todos os relatos literários evocados, o poder transformador dos espelhos remete a outra dimensão a partir da poética, sendo os reflexos compreendidos como possibilidades de encontro consigo mesmo e com mistérios da alma humana. A leitura permite novamente o reencontro consigo mesmo através dos personagens, o reconhecimento, em linguagem poética, daquilo que encontrei nos grupos e tentava traduzir. O espelhamento revelado numa imagem evocada pela leitura... Falemos dele, pois, de outro modo.

NOS ESPELHOS DA SUPERVISÃO

O supervisor, dessa maneira, se apresenta como o narrador de um conto, no qual sua experiência é o fio condutor que une os diversos pedaços da teia dispersa, revelada ao longo dos encontros com os educadores.

Portanto, supervisor torna-se também seu objeto de estudo, mediando a experiência do grupo estudado com a esfera mais ampla da sociedade. A narração delineia como ocorreu o processo dessa interrogação e pretende expressar a narração de uma experiência vivida, que, sendo contada, poderia propiciar a construção de um caminho metodológico possível. É do recorte da individualidade do supervisor que a compreensão do espelhamento se torna possível. Isso porque a subjetividade do supervisor está inserida desde o primeiro momento de tentativa de apreensão do grupo, e seu olhar é capaz de apreender uma única dimensão da existência, a do seu ponto de partida. Paradoxalmente, no entanto, as infinitas dimensões não-apreendidas por esse olhar podem ser apreendidas por outros olhares. No entanto, como conceituar tal fenômeno que se pode observar vivendo-sentindo?

É um espelho mágico o próprio objeto de intervenção, esse estranho não-palpável com o qual inevitavelmente me vejo deparada ao realizar minhas intervenções. É esse mesmo espelho que me acompanha o tempo todo, não só na realização de supervisões, mas na supervisão de alunos de Psicologia de quarto e quinto anos e nos atendimentos individuais em meu consultório, enfim, em qualquer encontro humano significativo. A supervisão de apoio psicológico, dessa maneira, aparece como um recorte para iluminar o que acontecia e acontece também em outras relações interpessoais. É fenômeno situado.

A dificuldade reside em como apresentar algo como um "espaço", um "entre", descobrir uma forma de revelar e comunicar. Sentindo-o em diversos níveis, recorrer à imagem de espelhos paralelos foi o *primeiro recurso* imaginado/sonhado. No entanto, permanece uma dúvida: como apresentar as outras possibilidades que ouvia e via na minha experiência como supervisora? Parto dos espelhos planos, mas existem tantos outros...

O efeito produzido parece conter diversos tipos de *espelhamentos*: dos espelhos planos, côncavos e convexos e das diversas brincadeiras que podemos realizar quando nos colocamos entre dois ou mais espelhos. Sim, a prática de supervisão de apoio psicológico remete a uma entrada numa sala de espelhos, com infinitas imagens se produzindo simultaneamente, os reflexos a multiplicarem-se. O *espelhamento* é um conjunto de entrelaçamentos produzidos, que se constitui como instrumento se percebido, revelado e transformado. E nesse movimento de apresentação/revelação o supervisor encontra inevitavelmente a si mesmo. Ou seja, do recorte da própria subjetividade, daquilo que é despertado no encontro com um outro e que pode ser usado e entendido enquanto uma experiência significativa de transformações internas. Como comunicar em linguagem de conhecimento uma experiência de encontro com um fenômeno que escapa à razão e resvala a intuição ou transcendência?

Nos grupos, o espelhamento se expandia e se multiplicava. Era como se entrássemos numa sala de espelhos. A minha condição de testemunhar, de ver refletida a imagem/reflexo, parecia permitir que as singularidades se apresentassem pela teia de atos e palavras que circulavam no grupo. A minha ação parecia implementar algo de novo, dentro de um processo que reverberava em cadeia. O papel do supervisor, assim, revelava-se no relato de uma experiência compartilhada, ato vivo na lembrança e no cotidiano profissional, como testemunho de uma experiência humana.

O CONTO DOS ESPELHOS MÁGICOS

A proposta era contar um grande conto. Um conto sobre espelhos mágicos. Do lugar de narrador que conta uma experiência vivida, que compartilha uma sensação-percepção colocada no mundo como um gesto.

Os espelhos... foram eles o primeiro encantamento produzido. Fui buscar neles a possibilidade de apresentar o meu trabalho na sua singularidade. A imagem que se formava na sala de espelhos dos grupos de supervisão envolvia a mim, os educadores, as crianças, os outros facilitadores, a sociedade. O efeito em cadeia era reproduzido a cada nova intervenção, o que ia configurando uma rede de significados que me apresentava como um dos personagens do conto narrado.

A intenção era compreender como o ser se constitui: o ser educador, o ser supervisor, o ser cidadão, o ser mesmo sendo, em qualquer ato de realização na vida.

O espelho como virtual transparência que, refletindo, produzia o reencontro no ato do encontro consigo mesmo. Pensar nesse movimento especular remete a muitas associações possíveis. Tal efeito *mis-en-abîme* apresenta um infinito de possibilidades que se prolongam no espaço vazio do espelho. Somente alguns pequenos fragmentos puderam ser desvelados, pequenos reflexos, imagens e espectros que originaram e ainda podem originar pensamentos e reflexões.

Contei um conto para expressar o sentido vivido na experiência. Seria essa uma metodologia possível para análise de práticas clínicas e dos fenômenos humanos ali envolvidos?

E permanece o espelho, na sua concretude quieta, esperando novos movimentos na sala vazia. Aguardando novos encontros. Uma grande caixinha de segredos, o espelho é um mediador da experiência de ser: entender o espelhamento como possibilidade de intervenção e recriar a clínica e o espaço de supervisão. Nos reflexos, ao finalizar minhas reflexões, encontro um caminho para admirar e acessar o humano, promovendo modificações. Descobrir a sala de espelhos e descobrir-me e descobrir o que acontecia e o que fazia. Essa virtual transparência especular parece por vezes coincidir com o espaço intersubjetivo, passível de percepção e nem sempre de teorização.

E, assim, espero que muitas perguntas tenham se delineado, reduzindo as certezas de nossa crença ingênua no mundo. Vislumbro novamente o enigma, re-velado. Tinha a intenção de narrar um fato, um conto, compartilhar uma experiência. Quem souber outro final pode continuar esta história ou contar a sua. Sugiro, apenas, que aproveite esse fantástico universo dos espelhos, que apresentam seus reflexos, sempre transformados, transformando-se. Para, assim, sempre contarmos novas histórias...

REFERÊNCIAS BIBLIOGRÁFICAS

ARENDT, H. **A condição humana**. Rio de Janeiro: Forense Universitária, 1987.

_____. A crise na educação. In: **Entre o passado e o futuro.** São Paulo: Perspectiva, 1972.

ARRIGUCCI Jr, D. **Enigma e comentário: escritos sobre literatura e experiência.** São Paulo: Ed. Companhia das Letras, 1987.

ASSIS, M. O espelho. In: **Contos: uma antologia/ Machado de Assis.** Volume I. São Paulo: Companhia das Letras, 1998.

BACCHI, C. **Contando um conto sobre olhares espelhados: uma possibilidade de compreensão do espelhamento em grupos de supervisão.** Dissertação de Mestrado, Instituto de Psicologia da USP, São Paulo, 2000.

_____. Supervisão de apoio psicológico: espaço intersubjetivo de formação e capacitação de profissionais de saúde e educação. In: **Aconselhamento psicológico centrado na pessoa: novos desafios.** São Paulo: Casa do Psicólogo, 1999.

BANDEIRA, M. Verso de Natal. In: **Poesia completa e prosa.** Rio de Janeiro: Ed. Nova Aguilar, 1986.

CARROLL, L. Através do espelho e o que Alice encontrou lá. In: **Aventuras de Alice**. Rio de Janeiro: Fontana/Summus Ed., 1977.

FÈDIDA, P. Entrevista com Pierre Fèdida. In: **Revista ID**, Revista da Sociedade Brasileira de Psicanálise, São Paulo: (15): 59-69, 1998.

FONSECA, AHL. **Grupo: fugacidade, ritmo e forma**. São Paulo: Ágora, 1988.

GENDLIN, ET. **Experiencing and the creation of meaning: a philosophical and psychological approach to the subjective.** New York: The Free Press of Glencoe, 1962.

GRINBERG, L. **A supervisão psicanalítica: teoria e prática.** Rio de Janeiro: Imago, 1975.

LISPECTOR, C. **A paixão segundo G.H.** Edição crítica, Coordenador Benedito Nunes. Florianópolis: Ed. da UFSC, 1988.

LISPECTOR, C. Os espelhos de Vera Mindlin. In: **A legião estrangeira**. Rio de Janeiro: Ed. do Autor, 1964.

MORATO, HTP. **Eu-Supervisão: em cena uma ação buscando significado-sentido.** Tese de Doutorado, Instituto de Psicologia da USP, São Paulo, 1989.

OGDEN, T. Rèverie e Metáfora – algumas reflexões sobre como eu trabalho como analista. In: **Boletim de Novidades da Livraria Pulsional 110**. Tradução de Suzete Capobianco, 1998, p. 56-75.

_____. **Os sujeitos da psicanálise.** São Paulo: Casa do Psicólogo, 1996.

ROSA, JG. O espelho. In: **Primeiras estórias**. Rio de Janeiro: Nova Fronteira, 1988.

SABINO, F. **O menino no espelho**. Rio de Janeiro: Record, 1984.

SERRES, M. **Filosofia mestiça**. Rio de Janeiro: Nova Fronteira, 1993.

QUESTÕES COMENTADAS

1) O que é supervisão de apoio psicológico?

R: A partir da inserção em um projeto que oferecia supervisão para educadores de rua de unidades governamentais, algumas idéias foram se configurando e tomando forma. Esse projeto surgiu da necessidade dos próprios educadores de rua, que vieram solicitar espontaneamente, em 1990, um espaço em que pudessem refletir sobre a sua prática, de forte carga emocional. Os educadores tinham um espaço semanal de supervisão, no qual se enfocava a capacitação teórico-técnica de sua atuação com a população atendida. No entanto, havia também a necessidade de um espaço para explicitar e compreender os conflitos e emoções decorrentes da experiência cotidiana. Com objetivo de diferenciá-la da supervisão técnica, realizada por um coordenador inserido na hierarquia da instituição, foi dado o nome *"supervisão de apoio psicológico"* ao trabalho realizado pela Psicologia com os educadores de rua. Visava, primordialmente, à reflexão do profissional perante a sua prática, considerando-o parte integrante do trabalho que realizava. A finalidade não era orientação e sim instrumentalização do profissional, utilizando-se um referencial fenomenológico. Foi transposta, assim, para o universo da educação, a supervisão, prática comum e legitimada na formação de terapeutas.

É uma situação contextualizada que permite ao profissional uma ponderação sobre seu fazer, num momento posterior à ação direta. Situação de aprendizagem significativa na medida em que permite o apropriar autêntico daquilo que se faz. Partindo de sua própria experiência na relação com o educando, o educador se torna disponível a educar.

2) Como se deu o encontro com o processo de espelhamento em grupos de supervisão?

R: Nos primeiros grupos de supervisão realizados, pude observar que se delineava algo bastante interessante: o movimento e o percurso realizado pelos educadores, na supervisão de apoio psicológico, eram repetidos e revividos pelos supervisores quando estes se reuniam para sua própria supervisão em grupo. E o interessante era que esse fenômeno parecia permitir que supervisores pudessem ressituar-se diante de si mesmos e do grupo de supervisão de apoio psicológico que facilitavam, na medida em que se apropriavam das suas intervenções e dos movimentos apresentados pelos dois grupos. Tratava-se, portanto, do manejo dessa entrega subjetiva, não de uma suposta neutralidade teórica. O grupo de educadores parecia fazer, assim, uso da subjetividade do supervisor, pela sua presença autêntica e espontânea.

Por outro lado, a subjetividade do supervisor encontrava espaço de expressão em um momento posterior, no grupo de supervisão de supervisores. Era, dessa maneira, do encontro entre subjetividades que nascia o sentido; nesse encontro, a intervenção se construía. Era como se entre os dois grupos se colocasse um grande espelho e ficássemos brincando de produzir imagens que, encadeadas, se prolongavam no infinito, promovendo o desenvolvimento dos grupos e de cada subjetividade ali envolvida. Sensação de estranheza, de entrada numa sala de espelhos, com imagens que iam se reproduzindo infinitamente, e se modificando/transformando nesse entrelaçamento sucessivo.

3) De que modo o espelhamento pode vir a ser uma ferramenta para o supervisor em grupos de supervisão?

R: O supervisor de casos terapêuticos deve ser capaz de reconhecer e nomear as suas próprias experiências e sensações no contato com o supervisionando, traduzindo-as de forma compreensível, de maneira a construir com ele algo novo a respeito da sua (do supervisionando) relação com o paciente. O nível emocional está cotidianamente presente tanto nas sessões terapêuticas quanto nas sessões de supervisão, e é necessário que possa ser clareado e decodificado, como condição facilitadora do processo terapêutico. Supervisão se configura, dessa maneira, como um espaço de aprendizagem de um estilo próprio, pelo qual os entraves vividos na relação com a paciente são desfeitos, gerando novos sentidos. Vai se delineando, assim, o enfoque na relação terapeuta-paciente a partir da relação supervisor-supervisionando, e da capacidade do supervisor de oferecer uma "leitura" não só do caso discutido, mas também dos movimentos percebidos na própria supervisão para uma aprendizagem de si mesmo do supervisionando. Assim, o espelhamento de processos vividos nas sessões terapêuticas, que ocorrem na situação posterior de supervisão, pode ser compreendido e revelado.

Ao transpor para o universo da educação a prática de supervisão, o supervisor oferece um espaço-tempo para que o profissional de educação possa resgatar a si mesmo no cotidiano de sua atuação ao mesmo tempo em que atenta para os processos de espelhamento que se revelam nos grupos de supervisão. A supervisão assim compreendida é como lugar de aprendizagem experiencial do cognitivo e afetivo para criar significados. É, portanto, situação de aprendizagem significativa ou encarnada.

Nos grupos de supervisão, tal processo se delineia como o reflexo de uma imagem no espelho, duplo irreal, intocável e percebido. A imagem que reproduz, apresenta, mobiliza, cria questionamentos, é desconstrutiva. Supervisor, supervisionando, cliente-la articulam-se, interpenetram-se, revelando uma imagem única, um mesmo "corpo". A dimensão de separação entre coisa e sua imagem, entre reflexo e ser, é alterada de forma peculiar. Olhar um dos pólos é olhar o todo, guardando a noção de sua incompletude. Assim, o que se explicita é o processo mesmo, o desenrolar da ação no momento em que ela se deu, para permitir a apropriação de um modo pessoal de construir uma prática: exposição de um estilo de ser supervisor.

O espelhamento assim revela-se como uma ferramenta para a compreensão dos processos intersubjetivos que acontecem em grupos de supervisão e através dos quais todas as subjetividades em questão ganham expressão.

4) De que forma o processo de espelhamento em grupos de supervisão e o conceito teórico de intersubjetividade estão articulados?

R: Antes de responder a tal questão, convido o leitor a permanecer no universo da clínica com o objetivo de compreender mais profundamente o conceito de intersubjetividade. A reconstrução que o paciente realiza de si mesmo durante o seu processo de terapia é baseada em uma experiência com o terapeuta, na qual a subjetividade deste assume, também, um papel muito importante.

Isso porque a relação terapêutica caracteriza-se como momento no qual o terapeuta possa se oferecer subjetivamente enquanto presença humana para que o paciente faça uso disso no seu processo de reencontro e construção de si mesmo, sendo muito significativa a zona intermediária e de entrelaçamento subjetivo entre paciente e terapeuta. É nessa zona que comunicações importantes do paciente acontecem, reverberando numa espécie de "afetação" vivida pelo terapeuta no contato com seu paciente.

A especificidade dessa relação não se situa no fato de que ambos são constantemente tocados e afetados pela subjetividade do outro, mas em como o terapeuta pode se utilizar desse movimento como revelador de uma comunicação não-verbal importante para a compreensão de seu paciente. Assim, as oscilações subjetivas que o terapeuta experimenta durante a sessão podem ser indicadores preciosos do clima afetivo vivenciado pelo paciente.

Para tanto, a metáfora dos espelhos parece sugerir um caminho possível para a compreensão de tal processo. Muitos são os registros possíveis do espelhamento, desde a imagem que aliena e aprisiona até a possibilidade de reconhecimento, estando o terapeuta submetido a todas elas na relação com o paciente. Pequeno objeto mágico, o espelho parece resvalar sua presença em todas as relações humanas, impondo-se como objeto de imenso valor se usado na medida correta.

Carregando em si tal objeto, o terapeuta oferece-se como espelho para encontrar o espelho de seu paciente. No grupo de supervisão, esse processo parecia ampliar-se infinitamente. Brincando de refletir, o espelho pode revelar não só a própria imagem espelhada, mas deformações e reproduções infinitas do reflexo. O conceito de intersubjetividade aparece, assim, como sustentação da noção de espelhamento, revelador teórico de tal elemento prático. Assim, a emergência desse espaço intersubjetivo pode ser caracterizada como possibilidade de articulação da experiência vivida, como construção de um sentido terapêutico que se apresenta na relação. Revelar a subjetividade do terapeuta nesse processo é revelar o interjogo intersubjetivo da sessão. Os pensamentos e reflexões suscitados no terapeuta pelo paciente são seu instrumento de trabalho, desde que isso não signifique perder-se nesse processo. Ou seja, na dimensão intersubjetiva da sessão, na qual tocado e tocante se confundem, as transformações são construídas. Esse espaço virtual e impalpável, o *entre* das sessões de terapia e supervisão, apresenta o movimento pelo qual a subjetividade do paciente pode ir delineando um caminho próprio e singular. Apresentá-lo exige coragem e criação de um método que possa ser eficaz. Coragem porque exige a exposição de como se dá o processo, no qual a subjetividade do terapeuta/supervisor se revela inevitavelmente, assim como o caminho que realiza ao abandonar-se no contato com o outro e intervir. Criação porque, assim ocorrendo, apresenta-se sempre "em construção".

CAPÍTULO XX

SUPERVISÃO: LUGAR DE FRONTEIRAS... ATO CLÍNICO EM AÇÃO*

*Wilma Magaldi Henriques*** · *Henriette Tognetti Penha Morato****

> Bifurcar quer dizer obrigatoriamente decidir-se por um caminho transversal que conduz a um lugar ignorado. Sobretudo, jamais tomar a estrada fácil, melhor atravessar o rio a nado.
>
> (SERRES, 1993, p. 15)

ONDE E COMO SE APRESENTA A QUESTÃO

Origem

A inquietação, as buscas e a indagação constantes sempre me constituíram. Na tese, apresentei cenas que mostraram um pouco das minhas lembranças infantis e de minha formação profissional como psicóloga clínica. Um percurso de muitos desalojamentos, transformações e constituição de territórios que foram desde o Behaviorismo Radical, passando pelo Psicodrama, pela Grupanálise, pela Psicanálise e, finalmente, pela Fenomenologia Existencial, na qual encontrei certo alento para minhas inquietações. Nesse caminho, tive oportunidade de ter diferentes supervisores e supervisões que, consideradas as diferenças, vivenciei como experiências que me possibilitaram abrir horizontes, enfrentar o outro no estranhamento que despertava em mim, atribuir sentido a tudo que eu vivia, reinstalar-me enquanto terapeuta e supervisora.

Tais lembranças, narradas com densidade experiencial, ressignificaram-me como uma pessoa em constante busca pelo outro, sempre tocada pelo visível e pelo invisível e sempre em movimento diante da ocultação e do desvelamento. Fui constituindo-me no meu fazer, criando, inventando, buscando-me, encontrando-me, perdendo-me, experienciando-me, e nessas redes de bifurcações é que minha mestiçagem e meu nomadismo constituinte se revelaram, assim como minha ética[1] se constituiu neste saber e neste fazer in-disciplinado e nômade: uma ética como morada tácita.

Questão

Foi esse percurso que permitiu aflorar uma questão que acompanha minha prática. Ou seja, inquieta, não me bastava fazer; precisava compreender o que e como conduzia esse fazer como ação. Assim, acompanha-me

---

*Este capítulo foi extraído de Henriques, WM: *Supervisão: Um Lugar Mestiço para Aprendizagem Clínica*, 2005. Tese de Doutorado em Psicologia Escolar e Desenvolvimento Humano. São Paulo: Instituto de Psicologia da Universidade de São Paulo. O texto recorre à apresentação da pesquisadora principal, referindo-se à sua própria experiência no desenrolar da pesquisa; então, por vezes, o tempo verbal aparece na 1ª pessoa do singular.

**Pesquisadora principal.

***Orientadora da pesquisa.

[1]Cf. Abbagnano (1982). A *ética* aparece na história da filosofia como a ciência da conduta que se apresenta em duas concepções fundamentais diferentes, mas com um ponto em comum, que é o estabelecimento de regras ou leis gerais para a conduta humana. Tais concepções ainda hoje se fazem presentes, confundindo-se com a Moral, como se existissem valores morais para disciplinar a conduta humana. Na tese, utilizei ética no sentido de **etos**, que significa casa, morada, assento, referindo-me a uma concepção de mundo capaz de acolhimento à alteridade e aos conseqüentes acontecimentos desalojadores.

a questão norteadora: o que acontece na relação "entre" supervisor-supervisionando no espaço de supervisão?

No exercício da docência e da supervisão clínica para Cursos de Psicologia do Ensino Superior Particular, uma pré-ocupação foi constante: a supervisão. Com a dissertação *Algumas experiências com grupo de supervisão: um modelo de supervisão no curso de graduação em Psicologia* (1998), enfoquei as angústias vivenciadas pelos alunos de um grupo de supervisão coletiva na sua primeira tarefa clínica. Para compreender as formulações psíquicas[2] ocorridas durante o processo de supervisão, utilizei o método clínico da abordagem psicanalítica e da técnica grupal. No doutorado, já tocada por outras questões, a preocupação foi com o que acontece na relação "entre" supervisor e supervisionando.

Sempre compreendi a supervisão como uma ação (movimento para um ato), que vai além de um modelo de aplicabilidade e de reprodutividade de teorias e técnicas, como um olhar para um fenômeno que aparece para sujeitos contextualizados. Supervisão sempre foi, para mim, um lugar de fronteiras, um lugar entre regiões: entre teoria e prática, entre ação pedagógica e ação clínica. Um lugar que implica mestiçagem,[3] algo que, ao mesmo tempo, constitui e é constituinte de acontecimentos fronteiriços entre regiões, conduzindo todos os que nela se enredam a que também estejam em trânsito entre regiões. Esse foi o sentido para o título da tese: *Supervisão: lugar mestiço[4] para aprendizagem clínica.* Um lugar híbrido[5] por natureza. Um lugar que oferece uma riqueza de acontecimentos, de passagens, de sofrimentos, de exposições, de desalojamento.

Apesar do lugar híbrido e mestiço da minha escrita, não se trata de ecletismo, mas de uma referência tácita a teóricos que escolhi fazendo uso de seus olhares por vários e diferentes lugares como possibilidade de refletir a bricolagem do lugar mestiço, recorrendo à minha compreensão como uma grande lente angular, sempre conduzida pela minha questão. Afinal, dirigir-me para um foco, acompa-

nhada de múltiplos olhares, poderia ser um modo mais pertinente do que a clínica, a supervisão e a contemporaneidade tradicionalmente demandam.

O Caminho

Foi pelo modo fenomenológico de compreender e realizar pesquisa, fazendo e refletindo em ação, buscando sentido, que comecei a "colheita"[6] das minhas observações de algumas supervisões e do relato de seis supervisores de estágio no curso de formação de psicólogo e 36 supervisionandos, a quem pedi: **"Pode me contar como têm sido as suas experiências de supervisão?"** Depois disso, transcrevi, li e reli as narrativas, marcando as palavras-chave, e, finalmente, textualizei, reorganizando os discursos. A cartografia[7] realizada para conhecer onde, nos depoimentos, a questão inquietadora se impunha permitiu a escolha e seleção de alguns depoimentos exemplares do mérito da questão.

O Encontrado

Um dilema se revelava: como fazer uso dos depoimentos de modo que pudessem mostrar o fenômeno "*entre*", a fim de que eu pudesse encaminhar uma interpretação dele por sua mostração? Fui experienciando caminhos até que aconteceu o desvelamento de minha interrogação "no" e "pelo" modo como me disponibilizei para ser afetada e afetar o recolhido: o "entre" buscado manifestou-se por uma experiência mestiça em ação por três cenários, "regiões" pelas quais transitei.

a) **Cuidado como condição:** referindo-se ao gesto acolhedor do supervisor para que o supervisionando se ponha em devir. O "entre" foi se revelando pela via do cuidar-se, sendo cuidado para cuidar. Era um ato clínico acontecendo na formação de clínicos, ou seja, o supervisionando encontrando a si mesmo em presença do cuidado, conduzindo-o a mostrar-se por sua ética (cuidado por um cuidar para se cuidar, condição fundamental para o seu acontecer).

---

[2] Cf. Henriques (1998), "formulações psíquicas refere-se ao conjunto de reações constituídas de emoções intensas e que desempenham um papel determinante na organização do grupo de supervisão, na realização de sua tarefa e na satisfação e necessidades de seus membros".

[3] Cf. Ferreira (1986): "**Mestiçagem**" (de mestiço + agem). S.F. Cruzamento de espécies diferentes. 2. Miscigenação. 3. Conjunto de mestiços.

[4] Cf. Cunha (1986): "**Mestiço:** do lat. tardio *mixticius*, de *mixtu*, "misto" part. pass. de *miscêre* "Misturar"//mestiçagem //mestiçamento. Mesclar, misto."

[5] Cf. Cunha (1986): "**Híbrido:** adj. "resultante do cruzamento de espécies diferentes, que se afasta das leis naturais". Provavelmente do fr. *Hybride*, deriv. do lat. *Hybrida* e, este, relacionado com o gr. *Hýbris-idos*//hibridez/ hibrismo".

[6] Cf. Cupertino (1995): "Colheita" significa "recolher". Diz de atos envolvidos nessa ação: reunir, colher, colocar ao abrigo, debruçar-se sobre eles, envolver-se, misturar-se com eles. Vem de *legere* = dizer, falar e *legen* [al.], palavra homônima de *legere* e é traduzível como: reunir, recolher, "estender diante de si" Para ela, colher e estender são uma mesma coisa, sem que estender seja um "deixar estendido" no sentido de "deixar ir" ilimitadamente, mas de um estender diante de si que conserva a coisa estendida para o desvelamento do recolhido. Foi nesse sentido que o Cap. 4 da tese (A coisa estendida: A tessitura da questão – ato clínico em ação) tratou dos dados "colhidos".

[7] Cf. Andrade e Morato (2004, p. 348): cartografia inclui o acompanhamento, em campo, das vibrações/pulsações, configuradas na práxis cotidiana.

b) **Ancorados na teoria:** nesse cenário, ocorre um fechamento epistemológico com a teoria explicando ou se antepondo ao encontro com o outro. A teoria é um "saber apriorístico sobre" e reduz a experiência a um pensamento representacional. Pela afetabilidade própria ao humano, os supervisionandos reproduziam o modo de ser e de fazer do supervisor, diante da impossibilidade de suportar a diferença e a angústia emergentes no encontro com a alteridade.[8]

c) **A dimensão ética:** duas éticas foram encontradas. Uma delas em depoimentos nos quais os supervisionandos falam de si mesmos, de como a situação de supervisão abre para encontros, nem sempre suaves, nem sempre previsíveis, mas que lhes possibilitam reencontrar modos de sentir e uma maneira própria de estar no encontro. Autenticam-se a ser si mesmos pela ação como um dizer público, diante de outros, o que implica deixar-se ser visto pelo outro e ver-se através do outro: um modo outro de ser si mesmo, como alteridade. Outra, em depoimentos que reduzem a ética ao Código Profissional ou a um pensamento explicativo de relações causais, de normas de atuação e de um distanciamento das emoções vividas pela e na experiência com o outro que passa, quase que exclusivamente, pela via da eficácia competente, para a qual o outro é apenas um objeto para expressar a tecnicidade como cuidado.

Fechando a cortina dos cenários, foi possível compreender que o cuidado, o zelo, a atenção e a pré-ocupação com o supervisionando são condições fundamentais para o acontecer do clínico. O supervisor, ao mesmo tempo em que experimenta a alteridade na presença de seu supervisionando, vive com ele uma comunidade de destino, porque com ele compartilha, solidariamente, das questões do seu destino de psicólogo/terapeuta. Pela via da narrativa, o supervisionando conta sua experiência, e o supervisor, cuidadosa e atentamente, transita por ela: é em meio a esse hibridismo que se encontram múltiplos na singularidade de cada um.

O (In)Concluído

Supervisão é um lugar narrativo continente para a expressão de questionamentos e angústias, onde se configuram afetação e reconhecimento do significado da experiência humana: seja a própria, a do outro ou da relação do ser com o mundo.

Para a alteridade mostrar-se presença, via estranhamento e angústia, faz-se necessário um lugar para acolhê-la como experiência fundante para que supervisor e supervisionando possam abrir-se a um pensamento clínico, instituinte de uma ética. "Aprender com" acontece na fronteira do desequilíbrio, na qual supervisor e supervisionando são demandados a exporem-se abertamente à alteridade: a um outro que é diferente de si mesmo em si mesmo, mas que, ao mesmo tempo em que surpreende, por ser outro, possibilita que com ele se possa aprender. Por essa perspectiva, não há modelo clínico instituído, nem de atendimento, nem de supervisão, que possa contemplar a alteridade ela mesma.

A possibilidade de suportar as diferenças emergentes no encontro abre para o acolhimento, não pela via de um "falar sobre" ou "explicar algo", mas por um moto contínuo à compreensão, a partir da afetação. Revela-se um modo desconstrutivamente reconstrutor de ser, próprio do existir humano: uma ética in-disciplinada, não-apreensível nem pelas teorias nem pelos valores morais dominantes.

É nesse sentido que a aprendizagem acontece em trânsito, ou seja, em passagem pelo lugar mestiço do desalojamento entre o já conhecido e o ainda a conhecer. Refere-se ao aprender no e pelo trânsito, entre os significados e o sentido, disponibilizando-se a se contrariar pela abertura à possibilidade de se surpreender, à criação de um significado sentido (MORATO, 1989). Desse modo, no contexto da situação de supervisão, na qual o intercâmbio entre experiências acontece, via narratividade, deixando a ver a alteridade como estranhamento, desvela-se a aprendizagem significativa como fenômeno constituinte ao fazer de ofício do clínico acontecendo entre supervisor e supervisionando (MORATO, 1989). A supervisão se constitui num ato clínico por excelência, um lugar de fronteiras, um lugar mestiço para aprendizagem clínica.

ONDE SE APRESENTA O OLHAR TEÓRICO QUE VAI ILUMINAR O FENÔMENO DA SUPERVISÃO

Pensar em supervisão é pensar necessariamente nas diferenças, é pensar a intersubjetividade[9] como forma de

---

[8]Cf. Abbagnano (1982. p. 32). Alteridade: o ser outro, o colocar-se ou constituir-se como outro.

[9]Cf. N. Abbagnano (1982), o termo é usado na filosofia contemporânea.

o outro fazer parte de mim e vice-versa. Dessa forma, a intersubjetividade se "entrepôs" como questão para a tarefa proposta na pesquisa.

A Intersubjetividade

Focalizando o fenômeno da intersubjetividade e seu papel no campo das relações pessoais, a condição de existência relacional possibilita mudanças nas pessoas, especificamente por ser essa mesma condição constituinte do existir: possibilidade de afirmação de sua especificidade no encontro com outros, um abrir-se ao outro e sair de si para encontrar-se encontrando. Encontro com a diferença em si mesmo (MORATO, 1996).

Mas, como é possível conhecer o outro? Como sei que existe não apenas eu, mas o resto do mundo? Como consigo perceber que nesse mundo existe uma parte feita de homens como eu, que são sujeitos pensantes, capazes também de refletir, de agir, enfim, de desempenhar-se enquanto sujeitos?

Se partirmos da filosofia moderna, ficará difícil a constatação de que o mundo possa existir independentemente de mim. Tal problema teve suas vicissitudes ao longo da trajetória do conhecimento, desde os gregos, mas não é o propósito deste capítulo retomar essa trajetória do pensamento humano.

Falando especificamente da intersubjetividade, não podemos deixar de reconhecer o avanço empreendido pela fenomenologia de Husserl (1976), que rompeu com a concepção clássica de consciência, como Descartes a havia definido no *Discurso do Método*. Através da dúvida metódica, tal autor chegou à evidência: Penso, logo existo. Esse "eu" cartesiano é puro pensamento, uma *res cogitans*, princípio de todas as evidências. A partir dessa evidência primeira, ele distinguiu as diferentes idéias, mas sem nenhuma garantia de que o que pensamos corresponda a uma realidade fora do pensamento. Para alcançar essa garantia, lançou mão da prova da existência de Deus, que, como perfeição infinita, pode garantir que os objetos pensados por idéias claras e distintas têm realidade. Dentre as coisas do mundo, o meu corpo existe. A natureza do mundo é a matéria e o movimento (*res extensa*), que se opõem à natureza do pensamento (*res cogitans*). A conseqüência é o **dualismo psicofísico** (dicotomia corpo-consciência), que estabelece dois domínios diferentes: o corpo, como objeto de estudo da ciência, e a mente, como objeto de reflexão filosófica.

Husserl, como Descartes, partindo da evidência como critério para alcançar a verdade e praticando a suspensão[10] (ou *epokê*), encontrou algo que não pôde mais ser reduzido ou colocado entre parênteses: **a consciência**. Mas não se trata da consciência de que fala o psicólogo, nome dado a um conjunto de fatos externos e internos observáveis e explicados casualmente. A consciência a que se refere Husserl é o **sujeito do conhecimento como estrutura e atividade universal e necessária do saber; teria o poder de descobrir as essências, as significações produzidas por ela, na qualidade de poder doar sentido ao mundo.** Em outras palavras, a **consciência** é **pura atividade**, ato de constituir essências ou significações, doando sentido ao mundo das coisas, que seria o correlato da consciência: aquilo que é visado por ela e dela recebe sentido, pois a consciência é sempre **consciência de algo**. A isso nomeou **intencionalidade**.

Sendo a consciência sempre **consciência de,** a análise dessa consciência intencional é a descrição das formas como a consciência tematiza seus objetos, ou seja, **a descrição das diferentes formas de relação entre o sujeito e o seu mundo**. Ela é a mediadora entre o sujeito e o mundo, cabendo captar a intencionalidade a partir de suas manifestações corporais, comportamentais e, também, das obras e criações espirituais.

Husserl afirmou que não há a "coisa em-si" como incognoscível. Tudo o que existe é o **fenômeno**, e só existem fenômenos. **Fenômeno** é a presença real das coisas reais diante da consciência; é aquilo que se apresenta diretamente à consciência.

O **eu** vive no mundo, não somente preso àquilo que vivencia no momento; vivencia o passado e faz prospecções para o futuro, devendo dirigir-se ao "mundo da vida", ao mundo da vivência cotidiana imediata, no qual todos vivemos, aspiramos e agimos. Além disso, os seres humanos, embora sejam peculiares, constituem-se **no** e **com** o mundo, possuindo certa "comunalidade", pela

---

[10]Husserl (1976) propõe o **"retorno às coisas mesmas"** como ponto de partida para o conhecimento, só que não se refere a uma realidade em-si, mas como fenômeno. O recurso utilizado é a **redução**. Trata-se de uma mudança de atitude – da atitude natural (que acredita que o mundo existe por si mesmo, independentemente de nossa presença; não refletida, vivida no cotidiano) para a atitude fenomenológica (em que sujeito/objeto como totalidades se revelam como significações). Isso é possível suspendendo ou colocando entre parênteses, fora de ação, a fé na existência do mundo em si e todos os preconceitos e teorias das ciências da natureza que decorrem dessa fé. Não deve s u s p e n d e r somente o mundo, mas o próprio sujeito, tomado como tema de reflexão, deixando aparecer o **eu puro** ou o **"ego transcendental"** como espectador imparcial, apto a apreender tudo o que a ele se apresente como fenômeno.

qual existem uns com os outros, dada a capacidade de se aproximarem e se compreenderem mutuamente em suas vivências.

O mundo recebe sentido não apenas a partir das constituições de um sujeito solitário, mas do intercâmbio entre a pluralidade de constituições dos vários sujeitos existentes no mundo, realizado através do encontro que se estabelece entre eles. Embora não haja precedência do eu sobre o outro, pois, na experiência mesma, o outro já está desde o começo comigo, é possível distinguir o que é meu próprio através de uma experiência direta, minha própria experiência, enquanto a experiência do outro é acessível indiretamente pelo seu corpo animado. Em outras palavras: a experiência do **eu** seria da ordem da presença, ao passo que a experiência do **outro** seria da ordem da apresentação, fazendo-se fenômeno dado à consciência.

A noção de intersubjetividade em Husserl ocupa lugar importante na discussão sobre a possibilidade de se conhecer a experiência que temos de um outro, assim como do mundo objetivo. Só me é dado saber/conhecer o outro como outra consciência, outro eu, a partir de minha consciência intencional. Desse modo, é possível afirmar que, no plano da consciência intencional, o mundo vivido é sempre o mundo vivido de cada um. Assim, a experiência de um sujeito não teria como ser remetida como condição constituinte a um mundo vivido em comum, compartilhado com outros.

Contudo, Husserl contemplava somente o encontro de dois mundos: ao ver o corpo do outro e, nele, certos movimentos, constato a semelhança **do corpo alheio** e **do meu** e, reconhecendo-o como **outra consciência de**, é possível ter acesso a esse outro psiquismo, a essa outra consciência. Trata-se de encontrar a intersubjetividade como **consciência de**, conhecendo-a por uma redução de julgamento, ou seja, pela **supressão do próprio eu** vivido pela experiência imediata.

Merleau-Ponty (1984), interrogando a intersubjetividade, recorreu à compreensão de **Da-sein**[11] (ser-aí) e à percepção estudada pela Psicologia da Gestalt[12]. Pensa o espaço intersubjetivo como aquele em que vidente e visível, tocante e tocado se confundem, traduzindo-se em movimento sempre reversível. A **intersubjetividade**, antes de ser espiritual, é **corpórea**: vejo as coisas porque estou entre elas, porque também sou visível. Há entre mim e o outro uma relação de pertencimento imbricada no mesmo mundo onde experiência e sentido se comunicam. É porque o outro me toca, é porque o outro me faz carinho, é porque o outro olha para mim, é porque o outro se comporta diante do meu corpo que eu sinto esse outro enquanto um outro mesmo.

Perceber o outro é perceber que estou sendo também percebido por esse outro, percebendo o que está se comunicando, fazendo, agindo em relação a mim. Originalmente, passamos meses da nossa vida calados, enquanto só os outros falam; assim, muito antes de sermos falantes, somos falados pelo falar de outros. Portanto, muito antes de sermos falantes, somos ouvintes, e, nessa condição, somos tocados e ditos pelas palavras dos outros. Assim, aprendemos a falar palavras que são as ouvidas da fala dos outros; acontecer como falantes implica ter acontecido como ouvintes.

Enquanto ouvintes, objetos do toque e do movimento corporal alheios, podemos reconhecer a existência desses outros ao mesmo tempo em que esse reconhecimento é solo para meu próprio reconhecimento como um **si mesmo**. Esse outro, que é um sujeito que fala, que se mexe, que pensa, possibilita que, a partir dele, eu possa saber de mim, dando-me conta de minha própria existência. Desse modo, ouvir (ser tocado pelo mundo e pelo outro) abre-me ao meu dizer de mim (ação de também tocar o mundo e o outro): reversibilidade irreversível.

Por esta reflexão, é possível compreender como Merleau-Ponty, começando com Heidegger, abre possibilidades para uma fenomenologia da intersubjetividade como constituição fundante para o conhecimento. Partindo não do sujeito individual e isolado da **consciência de**, inaugura o lugar da **relacionalidade comunicacional**. A fala é o modo de apropriação do sujeito no mundo entre outros. A linguagem não é a expressão de um sujeito que existe independentemente da situação mundana na qual está imerso. Também não é uma representação, mas é expressão de uma forma de relação no mundo com outros. Também não há consciência vazia, mas intencional, dada pela percepção da experiência do vivido existencial como sendo no mundo no modo da con-vivência: interpenetrabilidade inalienável. Buscar compreensão numa fala não é apenas conhecer um sujeito, mas sim mostrar a expressão de um modo

---

[11]Cf. Cf. Feijoo (2000, p. 73): **Da-sein** (**sein** = ser; **da** = aí). Para Heidegger (1989). "**Ser-aí**" significa o ser lançado em um mundo cuja mera presença implica a possibilidade completa e total da existência. Com essa designação, pretendeu substituir a palavra sujeito, que implica um conceito que tende para o fechamento, por um termo que caracteriza o ser em relação, portanto, abertura.

[12]A Psicologia da Gestalt surge na Alemanha entre 1910-1912, contrapondo-se ao estruturalismo e ao behaviorismo, tendo Max Wertheimer, Kurt Koffka e Wolfgang Köhler como principais mentores. O termo *Gestalt* é compreendido como significação contextualizada pela alternância de configurações perceptivas.

possível de relação entre, eu-mundo-com outros, destituindo a dicotomia entre sujeito e objeto.

Nessa mesma direção, Morato (apud. GENDLIN, 1989, p. 81) aponta que a experiência, como modo de ser humano constituinte pela abertura ao mundo, pelo **experienciar em situação**, desvela a intersubjetividade ocorrendo pela possibilidade de comunicação de significados. Contudo, tais significados referir-se-iam diretamente ao que estaria ocorrendo na situação vivida. Desse modo, a autora afirma que:

> Não podemos conhecer o que um conceito "significa", ou usá-lo significativamente, sem o "sentir" deste significado. Nenhuma quantidade de símbolos, definições ou algo similar pode ser usada no lugar de significado <u>sentido</u>. Se não há significado sentido do conceito, não é possível compreender o conceito – (este) aí somente fazendo-se um ruído verbal. Nem se poderia <u>pensar</u> sem significado sentido.

O significado sentido (*felt meaning* ou *experiencing meaning*) se relaciona com a articulação de significados (cognição/pensamento) referindo-se ao que se denomina **experienciar em situação,** sensação corpórea intuitivamente percebida/sentida (*felt sense*, ou seja, sentido sentido), dada pela condição de ser situado no mundo, própria ao humano. Essa condição implica uma compreensão prévia do que está sendo sentido como acontecimento que pode ter efeitos a partir tanto de mim mesmo quanto da situação em que me encontro. Embora implícita (não cognitivamente pensada, nem conscientemente percebida), essa afetação é ativa, pois, articulando-se ao que foi corporeamente sentido, permite abrir-se, ou não, a um **significado sentido** comunicável em linguagem, já implicitamente constituído pelo experienciar como modo de ser: **fazer experiência na intersubjetividade.**

O compartilhar a constituição do mesmo espaço de encontro possibilita aos humanos se reconhecerem singulares, podendo, por isso mesmo, se expressarem e constituírem significados, pois todo sistema de significação, criado pelo corpo histórico-cultural, reporta significados-sentido, produzidos temporalmente em situações intersubjetivas por subjetividades. É por essa perspectiva que a fala pode mostrar a intersubjetividade constituinte do humano como cultura. Na medida em que o indivíduo se exprime, mostra-se uma ação comunicacional, expressando a compreensão implícita da sua condição como co-exis-

tência em situações para criação de significados-sentido de ser homem.

Se as significações percebidas são intersubjetivas, como apreender um acontecimento intersubjetivo? Como desvelar um **entre**? Como encontrar um modo de pesquisar essa intersubjetividade constituinte?

Aprender é se frustrar! Deparar-se com o estrangeiro e criar outros modos – fora do lugar comum – é passar pela multiplicidade de possibilidades que o mundo oferece, onde o sentido é construído nesse espaço intersubjetivo aberto ao inusitado de encontros acontecimentais.[13] A supervisão apareceria não só como um momento de perceber-se no fazer da própria prática, mas também lugar para tornar-se um **terceiro instruído**, encontrando significado-sentido para um **outro próprio si próprio**. O supervisor, fazendo-se presença, ou seja, junto ao outro, ofereceria a si próprio como possibilidade de sustentação/afirmação para o supervisionando fazer experiência e compreender-se como abertura para criar novo significados-sentido. O supervisionando pode, efetivamente, fazer uso daquilo que faz, como faz, atualizando si próprio, apropriando-se de si, sendo atravessado por sua experiência como abertura, para dirigir-se adiante: um novo lugar **em** e **para** si próprio no mundo. O supervisor, por sua vez, por seu olhar singularmente outro nessa mesma situação intersubjetiva, no lugar de ouvinte, pode ir tecendo um fio de compreensão por entre a descontinuidade do que lhe é apresentado pelo supervisionando, permitindo-se sustentar essa fenda como abertura de possibilidades para novos caminhos na direção da experiência de um fazer próprio do supervisionando. É a presença com outro que vai possibilitar um abrir-se à experienciação e instituir outros modos de estar-no-mundo. Tal modo de fazer supervisão exige do supervisor a compreensão dessa situação como clínica.

À medida que o supervisionando pode afirmar o estranho, as rupturas, ele pode experienciar um ambiente que lhe permite "ser" (ser ele próprio), e assim vai se sentindo autorizado a estar ali de forma própria.

Do ponto de vista da supervisão, devemos perceber todas as expressões do espaço intersubjetivo, em que o supervisor possa ser capaz de presentificar o estilo de ser do seu supervisionando, em que ambos (supervisor-supervisionando) possam realizar um encontro caracterizado como espaço "entre" duas pessoas, no qual **não há um e**

---

[13]Forma referida por Figueiredo (1994) à possibilidade de abertura para conhecimento, promovida pela fala como *acontecimental.*

outro, separados, mas ambos relacionando-se e constituindo-se, simultaneamente, nessa relação.

Figueiredo (1996) assinala que o que caracteriza a clínica é a submissão do sujeito a um outro que irrompe e se eleva à sua frente, expressando sofrimento, mas que será também esse mesmo outro que pode assumir diante do sujeito uma posição ensinante. Trata-se da experiência ética por excelência. A partir de um si-mesmo reconhecer o "outro" na sua alteridade: a eleidade do outro transbordando os limites da minha consciência intencional, os limites da minha compreensão e se elevando à minha frente impondo-se a mim.

No trabalho da formação do aluno, é necessário o que Figueiredo e Coelho Jr. (2000) chamam de **olhar de fora do campo**, chamado pelo casal Baranger, na década de 60, de **segundo olhar**. O segundo olhar desobstrui, combate o fechamento do campo; é um olhar de reserva, cuja função é também a de repor em reserva a mente do analista, que, na dinâmica transferencial-contratransferencial, foi excessivamente capturada, sofreu de um "excesso de implicação". O segundo olhar reabre o "aqui e agora" para a sua multiplicidade constitutiva. Assim, a supervisão é como um "olhar de reserva", capaz de repor em reserva o supervisionando, liberando-o de um campo de concentração totalitário.

Na dissertação (1988), salientei que a supervisão é um lugar de compartilhar experiências, é um espaço de co-construção, onde o supervisionando precisa ser sustentado nas suas angústias, onde se criam possibilidades para sua independência. O supervisionando precisa ser "embalado" por esse olhar e escuta de reserva que o bom supervisor deve proporcionar, possibilitando que a supervisão seja um lugar de abertura para a afirmação dos estranhamentos, bem como um lugar de serenidade caracterizado pela capacidade de esperar o inesperado e de sustentar-se na abertura do aberto.

Fèdida (1986, p. 65) salienta que na relação supervisão-supervisionando há um movimento histórico, um momento de historização de si, comparado ao momento da análise pessoal em que a historização de si se inicia com o que poderíamos chamar de constituição do *métier*, ou seja, o momento em que alguém se dirige a outro para iniciar sua primeira supervisão como exigência de sua formação (como se houvesse uma constituição histórica da clínica analítica naquele que está em análise). Isso significa que dois analistas (supervisor-supervisionando) falam juntos, "a palavra de um sempre produz efeitos sobre o outro: uma comunidade analítica é isso". O supervisor deve simplesmente ajudar o supervisionando a encontrar seu próprio estilo, buscando-o na historização de si mesmo, através de seus questionamentos pessoais, do resgate de sua condição de sujeito que sofre, que tem dúvidas e estranhamentos no seu acontecer profissional.

A partir da ótica da fenomenologia existencial heideggeriana, o ser do homem se constitui no cuidado[14] que ocupa lugar central e determinado na estrutura ontológica do ser-aí, que é também o ser-no-mundo que responde aos apelos dos entes que lhe aparecem (intramundanos). O ser-aí jamais pode ser um indivíduo monádico, pois os outros, que com ele estão no mundo, constituem seu próprio eu, portanto, ser-aí é ser-com. O mundo abre-se para o encontrar-se do ser-aí e angustiar-se é um modo de encontrar-se no mundo.

É possível, assim, compreender as buscas, o lançar-se, o angustiar-se de um supervisionando, quando ele depara com a inospitalidade com que o mundo lhe aparece, quando ele imagina que para poder ser depende do que possa aprender e estocar, tendo o supervisor como modelo. Nessa busca, esquece que o homem se constitui nas possibilidades de ser que se mostram através dele mesmo, ou seja, que cada homem só pode ser aquele que ele já é.

Para Morato (1999), são múltiplos os espelhos em que o supervisionado pode mirar-se, e, ao mirá-los, não vê apenas imagens de si mesmo, mas outras imagens. No espelho nos vemos refletidos e vemos aos outros, ou melhor, em nós e nos outros, nós mesmos. Daí a importância da supervisão coletiva, pois o grupo se constitui uma galeria de espelhos.

Sendo o mundo humano essencialmente co-existência, o conhecimento do outro supõe a compreensão ontológica da existência como ser da coexistência. A compreensão de si fundamenta-se no reconhecimento da coexistência e, ao mesmo tempo, constitui-se como ponto de partida para a compreensão do outro. Coexistência é também co-estranheza. O outro se apresenta como que fornecendo um "modelo" para a construção da imagem de um si mesmo. Contudo, por ser outro, ele possibilita revelar que a imagem de si comporta, também, uma parte de si mesmo como alteridade.

---

[14]Cf. Feijoo (2000, p. 83): Cuidado (al. = **sorge**; lat. = *cura*) não se refere a um determinado modo de relação e sim à condição do *da-sein* de ser aberto às possibilidades de relação em suas diferentes modalidades. O cuidado tem um lugar central e determinado na analítica existencial. Partir do homem (*Da-sein*) como cuidado é o modo de romper com a concepção de homem que conhece a verdade na posição de soberano e considerá-lo em uma definição de relação cujo ser é o cuidado, com o mundo, com os entes disponíveis, consigo mesmo, com a verdade.

Por essa compreensão, indago: Como compreender outros sem neles incluir-me e sem que eles não se façam incluídos em mim?

Abrigar a multiplicidade do ser idêntico a si mesmo e outro diferente de si tornou-se uma questão central na minha investigação. Afinal, o modo da coexistência, como condição da humanidade do homem, interpõe-se ao modo de conhecer atravessado por minha própria multiplicidade, ou seja, pelos diversos aspectos com que o outro pode revestir-se dentro de mim.

Na experiência imediata, a descoberta que fazemos da alteridade apóia-se no encontro com o espelho. O espelho é a porta para a visão do outro mundo. Ao olharmo-nos no espelho, podemos não reconhecer a própria imagem, como diante de um enigma: o espelho reflete a imagem que, sendo imagem, não é si mesmo, no entanto, é também si mesmo, pois é o reflexo, a imagem refletida do rosto que se coloca à sua frente.

Ao brincar de me olhar no espelho, às vezes me assusto, mas, às vezes, me reconheço. Vejo a mim e a tantos outros, ao mesmo tempo em que ele me afirma uma realidade que é minha, que é concreta, como um objeto, entre os demais, que aparece no espelho; simultaneamente à minha percepção. Há um reflexo contrapropondo-me à existência de um duplo imaterial, idêntico e, contudo, inverso; pareço ver um outro mundo constituído de tantos outros semelhantes e, simultaneamente, tão diferentes de mim.

Lembro aqui de supervisionandos que relutam em iniciar os atendimentos clínicos, que fogem das supervisões. Mostram um sofrimento que não sabem de onde vem, um sofrimento aparentemente sem *logos*, um corpo estranho não-identificado, algo que interrompe, surpreende, algo que perturba.

Como já disse, Figueiredo (1996) aponta que o que vai caracterizar a clínica é a submissão do sujeito a um outro que irrompe e se eleva à sua frente, expressando sofrimento, mas que será também esse mesmo outro que pode assumir diante do sujeito uma posição ensinante. Assim, a clínica se revela no fazer e no sofrimento de seus atores, mas também nos referenciais identitários. Estarão instituindo uma ética ou apenas reproduzindo velhas práticas e moral vigentes? O próximo passo fará um pequeno percurso por essas questões.

Clínica, Supervisão, Ética e Narrativa

Existe diferença entre clínica e supervisão? Se houver, qual será ela? A clínica não é um trabalho de investigação,

assim como o é o da supervisão? Tanto a clínica como a supervisão não nos remetem às afecções?[15]

A Psicologia clínica aparece no Brasil na década de 50, construindo suas teorias a partir de uma prática e do modelo clínico, este apoiado em um enfoque intrapsíquico e aquela voltada ao atendimento individual, em consultório, de segmentos mais abastados da sociedade. Para Andrade e Morato (2004), nesse contexto, a Psicologia clínica não se revelava como uma prática social. Contudo, na década de 80, com sua ampliação para outros espaços, principalmente pelo espaço de trabalho criado na rede pública, a Psicologia se depara com uma nova realidade. Passa-lhe a ser exigido outro modo de produção de um novo pensamento e de outras formas de se fazer Psicologia.

Vale lembrar aqui que, apesar da ampliação dos espaços de trabalho para o psicólogo no Brasil, ainda há descompasso com a estruturação dos cursos de Psicologia, que obedecem a uma concepção de ciência moderna, pela qual o conhecimento é cumulativo e conduz à verdade científica. Os currículos privilegiam os conhecimentos teóricos, desembocando nos estágios em que se exige uma filiação teórica. A formação do psicólogo está amarrada aos currículos e às teorias e o desempenho se sustenta na busca de formas ideais de ensino-aprendizagem, na crença de que as técnicas possam garantir o "bom diálogo"[16] e, portanto, a transmissão de um saber objetivável. Porém, sabe-se que, na medida em que o ensino se torna rigidamente programado e controlado, não há mais espaço para a criatividade.

A enorme diversidade de práticas clínicas em contextos diferentes e variados faz a clínica apresentar-se por um dado etos[17], ou seja, pela sua ética: comprometida com a escuta do interditado e com a sustentação das tensões e dos conflitos. Trata-se de um acolhimento ao excluído como sustentação da processualidade que impele para o movimento, para as transformações, conforme Figueiredo (1993). Para esse autor, as éticas têm em comum algo a ver

---

[15]Cf. Abbagnano (1982): **afecção** designa todo estado, condição ou qualidade que consiste no sofrer uma ação ou no ser influenciado ou modificado por ela. A palavra *afecção* é empregada por Espinoza para definir o que ele chama de **afectus** e que nós chamamos de emoções ou sentimentos.

[16]Pela *afecção*, Espinoza encaminha a possibilidade de ocorrerem "bons encontros" ou "bons diálogos" entre homens.

[17]Cf. Figueiredo (1993): **etos** refere-se a um conjunto de valores, posturas e hábitos considerados como uma moradia; parte do mundo na qual podemos nos sentir relativamente abrigados, levando-se em conta que o significado etimológico de **etos**, palavra da qual se origina ética, refere-se tanto aos costumes quanto à morada.

com o habitar o mundo. O homem é arremessado num mundo que ele não escolheu, e, aí, ele é a abertura ao que desse mundo lhe vem ao encontro. Considerar o etos como casa, ou morada, é ver nele algo equivalente à moradia de onde se pode contemplar, a uma certa distância, as coisas lá fora, nela podendo receber estranhos, tratar de nossos males, repousar. É primordial sentir-se em casa, onde se criam condições para as experiências de encontro com a alteridade e para os conseqüentes acontecimentos desalojadores. Alteridade, nessa ótica, é ambigüidade, é a percepção do outro, do estranho em mim.

Ao se transmitir um saber, deve-se levar em conta a singularidade de cada um, e apenas no estilo de mestria se pode esperar algo da ordem de uma singularização no processo educativo. Que estilo de mestria seria esse?

Educar vem do latim *educare*, que significa criar, alimentar, adestrar, instruir. Em sua acepção poética, significa moldar, esculpir, escrever, conforme salientou Lajonquière (1999). Considerando isso, o processo educativo atualiza algo da ordem de uma marca que molda, fazendo que aquele que aprende algo não só obtenha o domínio desse algo que pode dizer respeito à natureza, às letras, às virtudes, mas também seja marcado pelo apre(e)ndido no próprio coração da vida.

Como questiona Figueiredo (1993), se o eixo formativo não for bem desenvolvido, que ganhos trará o treinamento habilitante durante a formação? Se o treinamento é oferecido por um mestre que se coloca à disposição com teorias e técnicas prontas e efetivas, impossibilitando o supervisionando de viver a experienciação, ele estará desenvolvendo postura e valores dogmáticos.

Como aponta Morato (1989), na literatura encontram-se vários modelos para supervisão, mas não a preocupação sobre uma teoria da supervisão; "teoria, a bem dizer, ainda não foi feita", assinala Fèdida (1986, p. 65). Muitos profissionais entendem a supervisão como aprendizagem de uma técnica, como mostra Morato (1989, p. 123),

> ...visando a objetivo de transmissão de uma habilidade, uma formação específica que deve ser controlada tanto pessoal quanto profissionalmente por um outro que vê além, quer dizer, para onde o aluno deve ir.

Morato (1999, p. 66) esclarece que técnica vem do grego *techné*, que significa arte, artesanato, criação; "(...) no entanto, a Psicologia, distanciada destes sentidos originários, cindiu-se entre ciência básica e mera aplicabilidade". Desse modo, há supervisores que utilizam a super-

visão como uma técnica na dimensão instrumental, não percebendo que a técnica é um modo do desvelamento, uma forma da apresentação da verdade, como *alethéia*.[18] Enquanto supervisores estiverem presos à concepção da técnica como mero instrumento para atingir determinados fins, continuarão inteiramente cegos à sua origem de mestres.

No mundo pós-moderno, impera a tecnologia educacional que tenta coroar o processo fabril na educação: a técnica é a expressão mais refinada do homem do nosso tempo; a ordem é ser rápido e eficiente. Assim, supervisores que não permitem desalojar-se de um modo tradicional de fazer supervisão, ou até mesmo de pensar a vida em processualidade, mantêm-se numa configuração em que as coisas também não se transformam.

O conhecimento, não necessariamente, se constitui na crença indiscutível de que tudo que é tem uma razão para ser. Quando aprisionados, unicamente, ao conhecimento teórico conceitual, a maior parte do que escutamos em nosso fazer é compreendida ora interpretando por comparação com o quadro referencial de nossa escolha, levando-nos a pôr ordem nas coisas e buscando causas subjacentes ao que nos é dito, ora descrevendo padrões de comportamento e fazendo prognóstico e previsões.

É importante lembrar aqui da contribuição de Polanyi (apud FIGUEIREDO, 1996) na formulação do conceito de conhecimento tácito ou pessoal em oposição ao que chamou de conhecimento explícito. O conhecimento tácito ou pessoal, como pré-reflexivo, desenvolve-se a partir da experiência direta e da ação e está incorporado às capacidades afetivas, cognitivas, motoras e verbais. O conhecimento tácito não é um tipo de conhecimento e sim um processo, não-codificável, aprendido pela experiência e não por teorias. A experiência incorporada, entranhada no corpo, não é totalmente transparente e conversível em teoria. O conhecimento explícito, por sua vez, pode ser formalmente articulado ou codificado; pode ser mais facilmente transferido, ensinado ou compartilhado, mas é abstrato e distanciado da experiência direta. Como

---

[18] *Alethéia* em grego significa verdade; não-oculto, não-escondido, não-dissimulado. Refere-se ao que as coisas são e está nas próprias coisas ou na própria realidade. Por outro lado, verdade em latim é *veritas*: refere-se à precisão, ao rigor e à exatidão de um relato no qual se diz com detalhes, pormenores e fidelidade o que aconteceu, e depende do rigor e da precisão na criação e no uso de regras de linguagem que devem exprimir, ao mesmo tempo, nosso pensamento ou nossas idéias e os acontecimentos ou fatos exteriores a nós. (Cf. Marilena Chauí, 1995, p. 99.)

pesquisadora e supervisora, considero ser necessário, para a formação do aluno e a compreensão do fenômeno clínico, escutá-lo na organização de sua experiência, que traz em seu bojo o espaço da investigação, do pensamento, do encontro com o inesperado.

Como anteriormente dito, podemos reconhecer na exigência de um "olhar de reserva" o que se cria em uma boa experiência de supervisão: o supervisor, na sua "presença reservada", sustenta e acolhe a condição de emergência de vida psíquica de seu supervisionando, mantendo o seu ouvido reservado para o inaudível, sua atenção reservada para o inesperado, sua mente reservada para o devaneio, sua fala reservada para o acontecimental.[19]

A escuta, como tenho aprendido em minhas experiências, é escuta da fala como acolhimento, resposta a algo que se solicita. É deixar-se afetar e se transformar, fazendo da experiência um encontro com o outro na sua alteridade, é deixar-se atravessar por essa fala, acolhê-la na sua estranheza.

O acontecimento, uma das vias do encontro, coloca-nos em contato com a questão da temporalidade e da historicidade existenciais. A fala é um dispositivo acontecimental aberto ao inesperado, ao surpreendente, ao impossível, ao inacreditável e que, enquanto não-antecipável, é a figura paradigmática da alteridade, tendo seu lugar instituído pela perda. Cada acontecimento é abertura que propicia outros acontecimentos e/ou outras configurações. De início, é uma ruptura na trama das representações e das rotinas; é a transição para novo sistema representacional; destroça mundo e funda mundo, portanto há dois momentos em cada acontecimento: **a quebra de sentido** (com a conversão do homem em signo vazio de sentido) e **a reemergência de sentido** (que reconstitui passado e descortina um novo futuro).

De acordo com Figueiredo e Coelho Jr. (2000), é Thomas Ogden quem, na atualidade, tem se aproximado de uma elaboração abrangente das questões da ética e da técnica. A técnica, em vez de sustentar-se por um código, se sustenta na manutenção de uma posição, de um lugar, se sustenta em uma ética. Ele nos fala do que denomina **terceiro analítico**, de um lado, fonte comum e transubjetiva[20] de experiências sensoriais, afetivas e intelectuais dos dois participantes; de outro, o objeto de um confronto, algo a ser desconstruído. Essa dialética de estar com e deixar-se fazer pelo outro mas, sucessiva e simultaneamente, separar-se dele e do campo transubjetivo é garantida pela posição de isolamento pessoal, espaço de experiências incomunicáveis que jamais encontrarão registros intersubjetivos, mas que alimenta o psiquismo.

Não será isso que ocorre no processo de supervisão? Será que é nessa reserva de si que o supervisionando se fará terapeuta, nutrindo-se no campo "transubjetivo"? Figueiredo (2003, p. 40) assinala que:

> para além da clínica psicanalítica e sua ética, descortina-se uma nova militância cultural dedicada a criar territórios existenciais mais ricos, mais diversificados e menos desautorizadores, mais aptos ao acolhimento dos corpos, dos afetos e das linguagens em toda sua multiplicidade indisciplinada.

É importante, ainda, pensarmos no respeito ao estilo pessoal de cada supervisionando, na possibilidade de revelação do ser terapeuta de cada um, na reflexão do aluno estagiário perante a sua prática, no apoio que o supervisionando espera. Como dizem Morato e Schmidt (1995, p. 2), deve-se oferecer:

> uma situação contextualizada para que um profissional resgate sua própria condição de indivíduo com dúvidas e estranhamentos em seu contato profissional de ajuda a indivíduos para que, a partir de seus próprios questionamentos e dificuldades, possa apresentar-se mais propriamente receptivo e disponível em sua atuação de ajuda para encaminhar o cliente e redimensionar-se em sua vida.

Assim, pensar na clínica ou na supervisão é pensar no contato inusitado com as estranhezas. Para Serres (1993), não há aprendizado sem exposição, às vezes perigosa, ao outro: nunca mais saberei quem sou, onde estou, de onde

---

[19]A noção da fala como acontecimento foi apresentada por Figueiredo (1996). É a fala que acontece ao falante e o coloca à escuta, a que nomeia o enigma e o coloca a justa distância, a distância justa para ser algo. A palavra reinante acontece ao falante, abrindo para ele, tanto como para o ouvinte, o horizonte da visibilidade em que os fenômenos se mostram como sendo isso ou aquilo. Mas ela mesma soa como estranha; é dessa palavra indisponível, e por isso liberta das tarefas da representação, comunicação e expressão, que se pode fazer uma experiência. A rigor, diante dessa palavra outra, só o lugar da escuta está desocupado, pois o do falante é ocupado pela fala ela mesma. Nessa medida, o acontecer da fala acontecimental é um momento necessariamente fenomenológico da análise, anterior e distinto de qualquer movimento interpretativo.

[20]Cf. Abbagnano (1982, p. 935), transubjetivo: o mesmo que transcendente. Transcendente: o que está além de um determinado limite, tomado como medida ou como ponto de referência (p. 933).

venho, para onde vou; por onde passar, eu me exponho ao outro, às estranhezas, e com isso me faço outro.

Para pensar na clínica ou na supervisão por esse ângulo, é preciso, como já dito, pensar no cuidado, na "pré-ocupação".[21] Terapeuta e supervisor exercem o pré-ocupar-se quando participam do acontecer daquela pessoa. Participar do acontecer é cuidar, entregando-se às possibilidades de liberdade de escolha daquele que clama pelo seu ser-mais-próprio. Cuidar, assim, constitui-se no exercício da pre-ocupação libertadora com o acontecer. Terapeuta e supervisor prosseguem no cuidado com a pessoa na abertura de caminhos, estabelecendo um movimento como acontecer, como *ec-sistire*.

Se entendermos a supervisão como um espaço privilegiado e compartilhado para reconstrução e compreensão do encontro, onde novos significados são gerados, possibilitando mudanças de olhar, de um olhar que indaga e descobre, espera-se que o supervisionando suporte permanecer no campo da dúvida, para que seja possível a descoberta do novo, havendo um constante movimento de apropriação de si próprio. O saber decorrente dessa experiência caracteriza-se por ser inacabado e incerto.

Para Figueiredo (2003, p. 36), a idéia do fazer sentido é o mesmo que "dar passagem", ou seja: "que os afetos passem às linguagens, que as linguagens passem aos corpos, que os corpos passem aos afetos, que cada um dê passagem aos demais, e assim por diante". Como os significados são sempre produzidos e um acontecimento produz uma infinidade de significados, a existência se situa na abertura do que ainda não é, na abertura do sonhar, sonhar que pode vir-a-ser, desde que encontre terra fértil para acolher a semente, como dizem Pompéia e Sapienza (2004, p. 28):

> a peculiaridade da terra fértil é sua abertura para acolher a semente que cai sobre ela. Esse solo recolhe a semente para que o grão venha a ser, pois uma semente é sempre um poder ser, uma promessa daquilo que ainda não é, mas que poderá ser e chegará a ser quando encontrar a terra fértil.

Não será aquilo que a terra possa querer que ela seja, mas aquilo que ela mesma, semente, já traz como poder-ser.

Pacientes e supervisionandos são como sementes que, quando lançados na direção de um trabalho cuidadoso de um terapeuta ou de supervisor "suficientemente bom",[22] começam a formar raízes e crescer, buscando sentido, compartilhando sonhos, crenças, desejos, tudo aquilo que aponta para o futuro, para um desabrochar, com a presença do outro para sustentar, abarcar e conter as dores e as alegrias das buscas e dos mistérios.

Nesse ponto quero refletir sobre o indizível e sobre o invisível. O indizível, para Figueiredo (1999), são experiências que nos desorganizam e cortam a palavra. O pavoroso, o angustiante, o assustador, mas também o exultante, o maravilhoso e o sublime, são diversos nomes para sugerir o indizível. O indizível nos lança nas trevas de uma solidão incomunicável, portanto, ele não poderia jamais ser concebido, mas apenas experimentado. Acrescenta o autor que "experimentar" já supõe certa organização, certo sentido, certa lógica; o indizível não poderia nada ser senão o limite de toda experiência, o limite de todo sentido, o limite de toda lógica. A vivência do indizível é, assim, apenas a da resistência de algo que não se deixa capturar pelas redes consensuais da linguagem, de algo que desfaz a esperança de consenso.

Figueiredo (2003, p. 128) fala de uma postura primordial, da ordem do invisível, como elemento importantíssimo na constituição do psiquismo, uma das condições para que algo possa vir-a-ser, condição do existir. Trata-se de "um deixar-se colocar diante do sofrimento antes mesmo de se saber do que e de quem se trata", o que implica uma disponibilidade de "deixar-se afetar e interpelar pelo sofrimento alheio no que tem de desmesurado e mesmo de incomensurável, não só desconhecido, como incompreensível".

O supervisor precisa estar disponível para ajudar que aconteçam raízes em todos os processos de singularização, permitindo-se afetar pela alegria das descobertas e sem pressa de afastar o sofrimento e, assim, permanecer junto do supervisionando o tempo necessário para abarcá-lo. A metáfora proposta por Pompéia e Sapienza (2004, p. 66) ajuda a compreender essa experiência:

---

[21]Para Feijoo (2000, p. 79): o ser-com, como ser-no-mundo, se funda no fenômeno do cuidado: preocupação e ocupação. Na preocupação podem-se destacar diferentes possibilidades: a **preocupação substitutiva** *ou* **dominadora,** quando se substitui o cuidado do outro e ocupa-se desse outro. A **preocupação de anteposição** *ou* **libertadora,** a presença enquanto cuidado, mantém-se na cura, volta-se para a existência do outro e não dela se ocupa, mas sim cuida. A convivência recíproca pode acontecer na forma de desconfiança, deficiência ou indiferença, quando o ser-com não se sente tocado um pelo outro, ou pode acontecer como forma de ligação própria, quando o ser-com libera o outro em sua liberdade para si mesmo.

[22]Como referência à maternagem de Winnicott (MORATO, 1989).

(...) o grande carvalho, que se encontra lá no caminho, precisa mergulhar profundamente suas raízes na terra escura. É na obscuridade da terra que ele vai buscar a força que o manterá vivo, que lhe dará condição de expandir sua copa em direção à imensidão do céu.

Trabalho árduo, mas também de exuberância e leveza, é a supervisão, na qual há sempre alguma coisa que recomeça, e as raízes penetram na terra de modo profundo, silencioso e lento. Como lembra Safra (2004, p.24), é partindo da "solidão essencial"[23] que:

(...) o ser humano entra no mundo na condição de exilado surpreendido, acolhido no abraço e no olhar de alguém para que um lugar se estabeleça e um iniciar-se pessoa acontecer.

O supervisionando está lá, precisa ser acolhido, esse é o lugar que se constitui horizonte na sua existência. É preciso encontrar o outro, mas não podemos nos esquecer de que é fundamental o retorno à solidão, é preciso chegar e ir-se, alcançar e recolher.

Ainda para Safra (2004), o percurso do indivíduo por meio das condições necessárias ao acontecer humano permite-lhe apropriar-se de uma ética, a ética do ser. A supervisão, assim como a clínica, é essencialmente ética, pois se caracteriza pelo cuidado que se oferece às condições necessárias ao acontecer humano a partir daquilo que é o ontológico no ser humano. Como referência o autor (2004, p. 28),

É uma clínica que exige que o profissional possa estar situado no registro ético-ontológico, a fim de que possa ouvir a dor de seu paciente no registro de seu aparecimento.

Essa reflexão conduz, mais uma vez, à fala como dispositivo acontecimental, que é a fala que acontece ao falante e o coloca à escuta, a que nomeia o enigma e o coloca a justa distância, a distância justa para ser algo. A fala que responde ao acontecimento terá função fenomenalizadora de dar-ao-que-força-a-passagem vindo ao encontro da **verdade** como *alethéia*, instaurando um jogo de desvelamento e ocultação.

A linguagem do diálogo entre supervisor e supervisionando é como a linguagem do diálogo entre terapeuta e paciente. Tem uma via cuja compreensão é traduzida pela palavra grega **poiésis**, que, para Pompéia e Sapienza (2004, p. 158-161),

significa não só poesia, como também criação ou produção. **Poiésis** é como um levar a luz, é trazer algo para a desocultação. (...) Quando me expresso poeticamente o outro não é obrigado a concordar comigo. (...) Nesta forma de linguagem quem fala é a emoção, não há necessidade de argumentação mediada pela razão.

A clínica e a supervisão estão voltadas à pro-cura da verdade como *alethéia*, da qual podemos nos aproximar pela via poética, pois o esquecido pode ser o recordado. O autor lembra que recordar vem do radical latino **cor'cordis**, que significa coração. Então, recordar é colocar o coração de novo no não-esquecido. Tanto na clínica como na supervisão, o que fazemos é reencontrar a expressão do nosso modo de sentir que, via narrativa, traz o re-cordado e a possibilidade de, através da linguagem poética, podermos reencontrar a verdade.

Às vezes, tanto o paciente quanto o supervisionando perdem o sentido da verdade que liberta e encontram na clínica e na supervisão, pela via da *poiésis*, uma forma de reencontrá-lo. Penso que essa fala faz acontecer e, efetivamente, faz história.

Para Queiroz (1991), embora o relato oral constitua a maior fonte humana de difusão do saber e em todas as épocas a educação humana tenha se baseado na narrativa, ele encerra uma primeira transposição: a da experiência indizível que se procura traduzir em vocábulos, pois a palavra parece ter sido, senão a primeira, pelo menos uma das mais antigas técnicas de transmissão do saber. Mas hoje quase nada do que acontece está a serviço da narrativa, e quase tudo está a serviço da informação. Uma fenda na estrutura de um saber que precisa se reconhecer como incompleto é condição de possibilidade e convite à criação. A escuta e a fala abrem um lugar possível de enunciação para o sujeito, um lugar de criação e transmissão de uma experiência. Nesse sentido, a narrativa não é instrumento para comunicar informações nem um mero relato de fatos. O que ela oferece é um nomear, por meio da palavra, o inominado e proporcionar um movimento que se abre para novas figurações, pontuada por estranhezas e silêncios, condição de toda fala e de toda escuta.

---

[23]O conceito de solidão existencial assinala que há em cada ser humano um cerne que jamais chega à comunicação, sendo a solidão o ponto de partida do acontecer humano (SAFRA, 2004).

Walter Benjamin (1985) mostrou que as narrativas estão em desuso porque estão em desuso as ações da experiência. A arte de narrar foi diluída pelo advento capitalista e pelo surgimento dos novos meios de comunicação, que trouxeram, como conseqüência, uma diminuição da disponibilidade de escuta do homem, que está mais pobre em experiência comunicável; o indivíduo perde a sua própria história porque cada vez menos é capaz de narrá-la. O fim da possibilidade da narrativa é um dos núcleos expressivos do que seria uma reflexão mais abrangente sobre a cultura contemporânea, na qual o que experimentamos é uma miséria simbólica com a prevalência de uma linguagem cada vez mais instrumental.

No fluxo narrativo, o sujeito não fala de si para garantir a permanência de sua identidade, mas, ao contar sua história, se desfaz de representações definitivas e tem a ousadia de afirmar-se na incerteza. Para Benjamin (1985, p. 205),

> Quanto maior a naturalidade com que o narrador renuncia às sutilezas psicológicas, mais facilmente a história se gravará na memória do ouvinte, mais completamente ela se assimilará à sua experiência, e mais irresistivelmente ele cederá à inclinação de recontá-la um dia. Esse processo de assimilação se dá em camadas muito profundas e exige um estado de distensão que se torna cada vez mais raro. Se o sono é o ponto mais alto da distensão física, o tédio é o ponto mais alto da distensão psíquica. O tédio é o pássaro de sonho que choca os ovos da experiência. O menor sussurro nas folhagens o assusta. Seus ninhos – as atividades intimamente associadas ao tédio – já se extinguiram na cidade e estão em vias de extinção no campo. Com isso desaparece o dom de ouvir e desaparece a comunidade dos ouvintes. Contar histórias sempre foi a arte de contá-las de novo... ela se perde porque ninguém mais fia ou tece, enquanto ouve a história...

Benjamin (1985) chama-a de "forma artesanal de comunicação", tecida e trançada lentamente, pois ninguém se torna capaz de transmitir experiência sem antes adquiri-la e incorporá-la à sua própria vida. Aquele que fala e que aceita falar para um outro encontra, pouco a pouco, as vias que farão de sua própria fala a resposta à sua fala; por isso, a tarefa do narrador é reativar no presente as marcas, às vezes imperceptíveis, do passado. A possibili-dade de falar a própria história significa, ainda, a possibilidade que o sujeito tem de reconhecer-se ou estranhar-se dentro dela.

O supervisionando narra ao supervisor o que apreendeu e, sobretudo, o que elaborou de seu encontro clínico. O supervisor escuta o que vai além das palavras, o que surge de estranho no discurso, nos seus tropeços e nos seus silêncios, abrindo possibilidades para que o supervisionando se desfaça de representações definitivas e ouse afirmar-se na incerteza.

Dessa forma, a clínica e a supervisão são conversações terapêuticas que remetem a uma busca recíproca de compreensão e exploração através do diálogo, as quais implicam um processo de "estar ali juntos", pois tanto o cliente fala para o terapeuta quanto o supervisionando fala para o supervisor. Falam um com o outro, não ao outro, dando abertura a novos significados, a novas narrações, a novas realidades. Vale lembrar aqui que a perda da capacidade da conversação e da narração é a impossibilidade de partilhar uma experiência.

A narrativa revela que os fatores experienciais não podem ser ignorados, pois eles conduzem ao significado, conduzem a si próprio, conduzem a um si próprio vivido com o outro. Augras (1986) afirma que a porta de entrada para a realidade da vivência primordial, realidade em si inalcançável, é a significação, o sentido – o meu e o seu – quando se torna, irrevogavelmente, um só no ato da compreensão. Para Morato (1999, p. 434),

> supervisionandos narradores contam suas experiências ao supervisor ouvinte e permitem que este se conduza ao re-encontro de sua atenção. Revelam-lhe sua habilidade de ver e ouvir apoiado na referência direta de sua própria experiência – seu próprio fazer, seu próprio instrumental.

Para essa autora (1989), a supervisão não é lugar para aprender uma forma de trabalhar, ou uma forma de interpretar, mas é o espaço de criação de novas possibilidades de pensar, é o espaço onde se aprende o que já faz parte de nós mesmos. É travessia turbulenta, provocada pelo paradoxo da fala que ora é repetição ora é possibilidade de criação. É no espaço **entre** que nos deparamos a cada momento com o hibridismo, com a mestiçagem de que somos feitos. Nesse encontro, cabe ao professor-supervisor gerar situações de co-existência para constituição da subjetividade profissional. Esta é a tessitura da supervisão: o acolhimento de acontecimentos que possibilitam ressignificações.

Na dissertação mostrei que o supervisor se assemelha ao mestre zen, que abre para o supervisionando um campo de possibilidades, fazendo-o, ao mesmo tempo, entender que tanto a escolha do caminho quanto o processo para vivenciá-lo serão sempre uma vivência solitária. Longe de assemelhar-se a um professor, cuja preocupação é fornecer conteúdos e/ou teorias, o supervisor, tal como o mestre zen, é aquele que conduz o supervisionando a se despojar de todas as fórmulas, a fim de que possa constatar que cada paciente será sempre uma surpresa que exige saber esperar e que possibilita sonhar e poetar.

Na mesma direção, Montrelay (1985) fala de um mestre, em Báli, que guia a aprendizagem de um jovem bailarino colocando-se atrás deste: o mestre passa-lhe a arte de dançar através de situação na qual o jovem bailarino dance por si. Assim precisa ser a supervisão.

A comunicação com o supervisor pode permitir que o supervisionando ouça a si mesmo. Muitas vezes eles esperam por caminhos, por dicas, por respostas, mas também esperam a delicadeza de uma escuta que propicie a abertura de espaço de busca para respostas em si mesmos.

Afinal, aprender é abrir-se ao outro, situação em que se está completamente exposto. Após tal exposição, nunca mais será possível ser o mesmo. Conforme salienta Serres (1993, p. 15-16),

> É deixar-se conduzir por outros, o guia temporário e o mestre conhecem o lugar para onde levam o iniciado, que ainda o ignora, mas a seu tempo o descobrirá. Este espaço existe, terra, cidade, língua, gesto ou teorema. A viagem é para lá (...). O jogo da pedagogia não é jogado a dois, viajante e destino, mas a três. O lugar mestiço intervém aí como soleira da passagem. Ora, quase sempre nem o aluno nem o iniciador, conhecem o lugar e o uso dessa porta.

Para encerrar este capítulo, como aprendiz de poeta, quero descobrir caminhos que possam conduzir-me aos meus sonhos. Com isso, quero dizer que o desfecho encerra e fecha um momento de meditação, mas faz-se abertura para que algo outro comece mais uma vez, como tão bem apontam Pompéia e Sapienza (2004).

REFERÊNCIAS BIBLIOGRÁFICAS

ABBAGNANO, N. **Dicionário de filosofia**. Trad. Alfredo Bosi et al. 2ª ed., São Paulo: Mestre Jou, 1982.

ANDRADE, AN. **A angústia frente ao caos: um estudo genealógico da formação do psicólogo clínico**. São Paulo. Tese (Doutorado). Pontifícia Universidade Católica de São Paulo, Psicologia Clínica, 1996.

ANDRADE, AN; MORATO, HTP. Para uma dimensão ética da prática psicológica em instituições. **Revista Estudos de Psicologia**. UFRN, Natal, 9(2):345-353, 2004.

AUGRAS, M. **O ser da compreensão: fenomenologia da situação de psicodiagnóstico**. Petrópolis: Vozes, 1986.

BENJAMIN, W. (1936). O narrador: considerações sobre a obra de Nikolai Leskov. **Obras Escolhidas** – V. 1. São Paulo: Brasiliense, 1985.

CHAUÍ, M. **Convite à filosofia**. São Paulo: Ática, 1995.

CUNHA, AGC. **Dicionário etimológico Nova Fronteira da língua portuguesa**. Rio de Janeiro: Nova Fronteira. 2ª ed. 3ª reimp., 1986.

CUPERTINO, CMB. **O resgate do marginal: atividades impertinentes para psicólogos em formação**. São Paulo. Tese (Doutorado). Psicologia Clínica. Pontifícia Universidade Católica de São Paulo. Campinas: PUC-Camp, 1995.

DESCARTES, R. **Discurso do método**. São Paulo: Nova Cultural, 1991 (Coleção Os Pensadores).

FÈDIDA, P. Introdução a uma metaPsicologia da contratransferência. Trad. Ana Maria Amaral. **Revista Brasileira de Psicanálise**. São Paulo, 20: 613-629; 1986.

FEIJOO, AMLC. **A escuta e a fala em psicoterapia – uma proposta fenomenológica-existencial**. São Paulo: Vetor, 2000.

FERREIRA, ABH. **Novo dicionário Aurélio da língua portuguesa**. 2ª ed. Rio de Janeiro: Nova Fronteira, 1986.

FIGUEIREDO, LCM. **Revisitando as Psicologias: da epistemologia à ética das práticas e discursos psicológicos**. Petrópolis: Vozes, 1993.

_____. **Escutar, recordar, dizer – encontros heideggerianos com a clínica psicanalítica**. São Paulo: Educ/Escuta, 1994.

_____. Maldiney e Fèdida: derivações heideggerianas na direção da psicanálise. **Cadernos de Subjetividade**. V. 4. Núcleo de Estudos e Pesquisas da Subjetividade, Programa de Estudos Pós-Graduados em Psicologia Clínica da PUC/SP, 1996.

_____. O indizível. Quem diria? **Pulsional – Revista de Psicanálise**. São Paulo: Ano XII, nº 121, p. 32-35, maio 1999.

_____. **Elementos para a clínica contemporânea**. São Paulo: Escuta, 2003.

FIGUEIREDO, LCM; COELHO Jr N. **Ética e técnica em psicanálise**. São Paulo: Escuta, 2000.

FREIRE, P. **Pedagogy of the opressed**. New York: Seabury Press, 1970.

HENRIQUES, WM. **Algumas experiências com grupo de supervisão: um modelo de supervisão no curso de graduação em Psicologia**. Dissertação (Mestrado). Pontifícia Universidade Católica de Campinas, Psicologia Clínica. Campinas: PUC-Camp, 1998.

_____. **Supervisão: lugar mestiço para aprendizagem clínica**. Tese (Doutorado). Instituto de Psicologia, Universidade de São Paulo. São Paulo: 2005. 216p.

HODENDORFF, C. N. V. Cultura é aquilo que fica de tudo que se esquece. **Revista da Associação Psicanalítica de Porto Alegre**. Porto Alegre, nº 16. p. 52-60, 1995.

HUSSERL, E. **A idéia de fenomenologia**. Lisboa: Ed. 70, 1976.

_____. **Méditations cartésiennes**. Trad. de E. Lévinas e G. Peiffer. Paris: Vrin, 1929/1969.

LAJONQUIÈRE, L. **Infância e ilusão (psico)pedagogia**. Petrópolis: Vozes, 1999.

MERLEAU-PONTY, M. (1964). **O visível e o invisível**. Trad. AM. Oliveira e JA. Gianotti. São Paulo: Perspectiva, 1984.

MICHELAZZO, JC. **Do um como princípio ao dois como unidade: Heidegger e reconstrução ontológica do real**. São Paulo: Fapesp, Anna Blume, 1999.

MONTRELAY, M. Entrevistas sobre supervisão. **Revista Pátio**. Paris, n. 2, 65-75, 1985.

MORATO, HTP. **Eu-supervisão: em cena uma ação buscando significado sentido**. São Paulo. Tese (Doutorado). Instituto de Psicologia, Universidade de São Paulo, 1989.

_____. A aprendizagem significativa e supervisão: um recorte possível. **Coletâneas da ANPEPP**: v. 1, n. 9, Campinas: Alínea, 1996.

_____. Um livro pode valer pelo muito que nele não deveu caber. In: MORATO, HTP. (org.). **Aconselhamento psicológico centrado na pessoa – novos desafios**. São Paulo: Casa do Psicólogo, 1999. p. 427-439.

MORATO, HTP; SCHIMIDT, ML. **Aprendizagem significativa**: informação e narrativa. Comunicação apresentada no 25º Congresso Interamericano de Psicologia. San Juan, Porto Rico, julho/1995.

POMPÉIA, JA; SAPIENZA, BT. **Na presença do sentido: uma aproximação fenomenológica às questões existenciais básicas**. São Paulo: Educ, 2004.

QUEIROZ, MIP. **Introdução – relatos orais; do "indizível" ao "dizível". Variações sobre a técnica do gravador no registro da informação viva**. São Paulo: T.A. Queiroz, 1991.

RICOEUR, P. Étique et morale. In: **Lectures I**. Paris: Seuil, 1991. p. 258-270.

RICOEUR, P. **Temps et récit**. Paris: Seuil, 1983.

SAFRA, G. **A Po-ética na clínica contemporânea**. São Paulo: Idéias Letras, 2004.

SERRES, M. **Filosofia mestiça**. Rio de Janeiro: Nova Fronteira, 1993.

QUESTÕES COMENTADAS

1) As instituições de ensino "preocupadas", e, portanto, "ocupadas" com a eficiência dos currículos, têm antecipado prematuramente os estágios, privilegiando a técnica em detrimento de uma formação pluralista, generalista e sem articulação entre teoria e prática no exercício de atividades humanas como clínica, pedagógica, política e ética. Quais as possíveis conseqüências nos processos de supervisão, diante desse panorama?

R: Em tal contexto, os supervisores poderão ficar inteiramente cegos à genealogia da concepção da técnica, esquecendo-se de vê-la nas suas origens do grego *techné*, que significa arte, habilidade, artesanato, não se dando conta daquilo que aponta Michelazzo (1999) como uma forma de apresentação da verdade como *alethéia*. Comportam-se como o mais cartesiano dos modelos racionais.

As supervisões estarão, assim, impossibilitadas da articulação entre teoria e prática, esquecendo-se que prática vem do grego *práxis* (*prassein* = passar através), significando ação, fazer, ignorando que é no contexto das experiências da clínica, enquanto uma prática, que a teoria se engendra e que é através da supervisão que a aprendizagem dos conceitos teóricos e o manejo das técnicas se efetivam.

As ações pedagógicas, políticas e éticas da supervisão, nesse contexto, estarão comprometidas. Acompanhar um supervisionando na sua formação de psicólogo é uma prática que envolve um comprometimento pedagógico, político e ético. Envolve uma ação: um convite ao supervisionando para experienciar e agir e, com liberdade, expressar sua singularidade, contemplando aquilo que implica a zona de trânsito entre o conhecimento tácito ou pessoal (constituído a partir de disposições e habilidades afetivas, cognitivas, motoras e verbais do sujeito, de natureza pré-reflexiva) e o conhecimento explícito (passível de tematização por esforço reflexivo e representacional). Tudo isso fica impossibilitado, pois a ética dominante é a ética da excelência.

2) Discuta, mostrando as possíveis implicações: a prática de supervisão impõe-se como elemento facilitador do processo de compreensão dos fenômenos da intersubjetividade. Supervisores que não permitem se desalojar de um modo tradicional de fazer supervisão, ou até mesmo de pensar a vida em processualidade, ficam numa configuração em que as coisas também não se transformam.

R: Muitos autores apontam falhas do modelo pedagógico na educação (HODENDORFF, 1999; LAJONQUIÈRE, 1999; FREIRE, 1970). Outros autores (MORATO, 1989; FIGUEIREDO, 1995; ANDRADE, 1996) enfatizam a indissociabilidade das dimensões cognitivo-afetivas que constituem os processos de aprendizagem.

A formação de alunos de Psicologia é tarefa complexa, pois, além de envolver a articulação teoria e prática, envolve também o processo de desenvolvimento pessoal, já que esses futuros profissionais se constituem seu próprio instrumento de trabalho. Nesse contexto, é a supervisão que constituirá um lugar de possíveis transformações, um lugar que implica mestiçagem, um lugar de acontecimentos fronteiriços, conduzindo todos que nela se enredam a que estejam em trânsito entre regiões, em constantes desalojamentos. Assim, os supervisores caracterizados nessa questão disparadora anterior não conseguem compreender a supervisão ou até mesmo a vida como um lugar de trânsito, em travessia. A transformação ocasionada pela experiência de tornar-se um terceiro-educado por meio de ter contrariada uma tendência básica, pareada à constituição do conhecimento tendo como base "passar pela experiência" (CUPERTINO, 1995, p. 272), parece, para eles, não se traduzir em aprendizagem, empobrecidos que estão de experiências de contato com o mundo e de se permitirem ser tocados por ele.

Tais supervisores acabam se colocando como donos do saber, como um grande oráculo a ser consultado dentro de seu terrorismo pedagógico. Sua posição profissional os possibilita usufruir de certa satisfação narcísica a ser lida nos olhos complacentes de seus alunos. Impedidos de viver a vida em sua processualidade, não conseguem um estado de abertura que lhes permita transitar entre o conhecimento e o desconhecimento, entre suas próprias convicções e aquelas trazidas pelos seus alunos, revelando assim um modo de ser incapaz de circular, incapaz de se deixar afetar pelo campo fenomenal, o que os leva à desqualificação das experiências e, conseqüentemente, à desautorização de seus supervisionandos, implicando uma legitimação de forças de poder disciplinar.

Tais supervisores revelam-se impossibilitados de deparar-se com o estrangeiro, de passar pela multiplicidade de possibilidades que o mundo oferece, onde o sentido é construído nesse espaço intersubjetivo aberto ao inusitado. Ficam, assim, impossibilitados de abrirem-se à experienciação e instituírem outros modos de estar-no-mundo. Dessa forma, podemos afirmar que com esse modo de fazer supervisão, com certeza, eles não têm uma compreensão da mesma como clínica e, possivelmente, estarão formando psicólogos como se fossem seus clones, impossibilitados que também estarão de abrirem-se ao encontro com a alteridade e seus conseqüentes acontecimentos desalojadores.

3) Fala-se muito de ética no mundo contemporâneo e, mais ainda, de uma "falta de ética", geralmente indicando uma condenação moral diante de fatos que transgridem a forma normativa, o "dever ser" de nossos atos. A institucionalização das profissões define um "código de ética profissional", pelo qual geralmente se misturam delimitações técnicas do campo de atuação com regras de conduta moral, cujo não-cumprimento pode acarretar punições ao profissional ou até mesmo o impedimento ao exercício da profissão e sua exclusão do campo. A partir disso, discuta a questão da ética, recoberta a partir da compreensão da palavra etos.

R: Muitas são as perspectivas e os termos envolvidos na discussão que a questão propõe. Ética, moral e etos são termos implicados e confundidos historicamente e etimologicamente, pois têm a mesma raiz, referindo-se, basicamente, aos hábitos e costumes de um povo. Paul Ricoeur (1991), pensador francês contemporâneo, propõe reservar o termo ética para "o que é estimado bom" e o termo moral para "o que se impõe como obrigatório". Sobre o termo etos precisamos fazer um destaque. Os gregos grafavam-no de duas maneiras: uma se referia ao comportamento que resulta de uma repetição constante dos mesmos atos. É a partir dessa concepção que se pode opor o habitual ao natural (*physis*). O hábito é uma disposição permanente para agir de certa maneira e, nesse sentido, pode aproximar o etos da *hexis* (hábito). A segunda maneira de escrever o etos designa a morada, a casa do homem, a estada permanente e habitual, o abrigo protetor. É por ser o lugar onde os costumes ou os hábitos tomam forma que o etos revela a maneira como uma pessoa ou uma coletividade se acostuma a viver ali.

Assim, pensar a supervisão, assunto discutido no texto, como um lugar de possíveis transformações, um lugar que implica mestiçagem, um lugar de acontecimentos fronteiriços, conduzindo todos que nela se enredam a que estejam em trânsito entre regiões, em constantes desalojamentos, significa estar na contramão do que habitualmente acontece com o ensino da Psicologia e com uma grande parte dos seus supervisores, que têm o seu etos estabelecido na ordem, na disciplina, no fazer instrumental, que trata o outro como objeto, não como sujeito. É assumir outro etos, outra morada, e todos os riscos implicados nesse rompimento. A liberdade do etos, o aberto do etos, consiste em pensá-lo, antes de tudo, como um espaço de inscrição da práxis. Para os gregos, a ética é *praxis*, já que o seu *telos* (objetivo, finalidade) é transformar a natureza e a sociedade, aperfeiçoando-as. É atividade imanente, isto é, tem fim em si própria: nasce e volta-se para o sujeito. Objetificar o encontro supervisor-supervisionando não é demonstração de práxis, pois objetos não demonstram práxis, mas a *techné*, no sentido da técnica ou da aplicação de certos instrumentos para atingir os objetivos.

A ética diz respeito a sujeitos históricos e de linguagem, capazes de agir segundo uma avaliação, considerando projetos futuros formulados a partir de experiências passadas. Um sujeito capaz de mudanças, inserido no tempo e em relação com outros sujeitos, outros que o interpelam e a quem deve responder. Um sujeito que lida com a alteridade, fora de si e em si mesmo. É a narrativa que permite e articula as múltiplas dimensões do sujeito e do campo ético, pois articula a temporalidade humana, dando forma e sentido à experiência humana no e do tempo, conforme Ricoeur (1983).

Disse o filósofo que o papel da alteridade é importante na constituição da ética, "do primado ético do diverso de si sobre o si", que não se afirma pela posse de suas ações, pensamentos, paixões ou experiências, mas pelo despojamento, pela modéstia, que permitem que se admita no outro uma maneira de pensar e agir diferente da que se adota pessoalmente. Em termos da supervisão, trata-se do acolhimento ao modo pelo qual o estagiário se apresenta em sua singularidade, da compreensão e da aceitação da forma como ele elabora e constrói conhecimento a partir de sua experiência de alteridade. Daí se considerar a supervisão um ato clínico, pondo por terra o etos que busca defini-la por procedimentos técnicos. Esse procedimento reduz o fazer dos estagiários a um pensamento explicativo de relações causais, impedindo-os e distanciando-os das emoções vivenciadas pela e na experiência do encontro, e levando-os a uma eficácia competente, para a qual o outro é apenas um objeto para expressão da tecnicidade como cuidado. Nesses casos, a ética é referida ao Código de Ética Profissional, geralmente indicando uma condenação moral diante de fatos que transgridem a forma normativa, o "dever ser" de nossos atos.

CAPÍTULO XXI

Uma Compreensão Fenomenológica da Adolescência a Partir de Narrativas: Winnicott e a Reinstalação do Si-Mesmo*

*Ana Maria Monte Coelho Frota*** · *Henriette Tognetti Penha Morato****

Este capítulo é organizado em duas grandes partes. Na primeira, um resumo das principais idéias teóricas defendidas pela autora, que se construíram no sentido de tentar uma compreensão fenomenológica da adolescência, encaminha-se por questões centrais: (1) seria a adolescência a mesma em todos os tempos e lugares? A partir deste estudo, revela-se nova questão, clamando por ser discutida: (2) como a adolescência é vista por algumas das principais teorias psicológicas? Winnicott surge como possibilidade de discutir a adolescência de modo fenomênico, e vai se configurando a terceira questão: (3) como a adolescência pode ser compreendida, a partir do referencial winnicottiano, sob um olhar fenomenológico? Através desses questionamentos, a possibilidade de reinstalação do si-mesmo mostra-se como uma contribuição dos meus estudos para a construção de uma teoria da adolescência como fenômeno social.

Na segunda parte, trato da pesquisa realizada e que forneceu elementos indispensáveis para este meu estudo. Assim, em um primeiro momento, trato brevemente da metodologia de construção da pesquisa, explicitando o caminho que segui nesse percurso fenomenológico. A seguir, detenho-me na análise das narrativas dos adolescentes entrevistados, escolhendo alguns elementos que iluminem o caminho que se foi revelando no decorrer das reflexões, permitindo uma compreensão fenomênica dessa fase existencial.

I
PERSPECTIVA TEÓRICA: ARGUMENTAÇÃO E LEVANTAMENTO DA PROBLEMÁTICA

A ADOLESCÊNCIA EM DIFERENTES CONTEXTOS HISTÓRICOS

O que é a Adolescência?

Para a maior parte dos estudiosos do desenvolvimento humano, ser adolescente é viver uma série de mudanças físicas, cognitivas, afetivas e sociais que, juntas, ajudam a traçar o perfil dessa população. Nessa perspectiva, a adolescência é compreendida como um período atravessado por crises, que encaminham o jovem na construção de sua subjetividade.

Muitas são as conceituações de adolescência. Muuss (1966), por exemplo, considera que a adolescência pode

*Este capítulo foi extraído de Frota, AMMC. *O Desalojamento e a Reinstalação do Si-mesmo: Um Percurso Fenomenológico para uma Compreensão da Adolescência, a Partir de Narrativas*, 2001. Tese de Doutorado em Psicologia Escolar e Desenvolvimento Humano. São Paulo: Instituto de Psicologia da Universidade de São Paulo. O texto recorre à apresentação da pesquisadora principal, referindo-se à sua própria experiência no desenrolar da pesquisa; então, por vezes, o tempo verbal aparece na 1ª pessoa do singular.
**Pesquisadora principal.
***Orientadora da pesquisa.

ter diferentes definições, exprimindo-se como: um período de transição infantil para a auto-suficiência de adulto; uma situação em que novos comportamentos irão surgir; o tempo compreendido entre os 12 e os 22 anos. Para Osório (1989), a adolescência é uma etapa peculiar ao ser humano, na qual culmina todo processo maturacional biopsicossocial. Já Bloss (1994) compreende a palavra *adolescência* como indicação para os processos psicológicos de adaptação à condição de pubescência.

A adolescência, enquanto associada à puberdade, é universal. Entretanto, não posso falar dela como unicamente direcionada por tal período, uma vez que o significado histórico da adolescência se modifica juntamente com a história da humanidade. Na verdade, a adolescência é uma construção sociocultural, caráter limítrofe esse que também se constrói entre as margens móveis da dependência infantil e da autonomia da idade adulta; da imaturidade sexual e da possibilidade de gerar nova vida; e entre a falta e a aquisição de autoridade e do poder do adulto, que decide as coisas.

Assim, faz-se necessária uma antropologia cultural das diversas sociedades humanas para melhor compreendê-la (LEVI, G.; SCHMITT, J.C. 1996). Partindo da diversidade para conceituações precisas e claras, segue-se o percurso de breve história da adolescência.

Sobre a História do Sentimento e Significado da Adolescência

A tese de Ariès (1978) ressalta que o sentimento de infância é muito recente, datando do século XIX, enquanto o de adolescência é ainda mais novo, aparecendo somente no século passado. Concordando com as teses de Ariès, Badinter (1985) admite não haver nenhuma evidência da existência de um sentimento específico da infância até bem recentemente na história ocidental. Porém, Santos (1996) questiona as teses históricas de compreensão da infância, tal como apresentadas por Ariès, considerando um erro grave estudar as crianças das sociedades passadas da mesma forma que as ocidentais contemporâneas. Alega que o fato de elas serem percebidas de um modo diferente não significa que não fossem vistas como crianças. De fato, parece-me impossível pensar que não existia um sentimento de infância na Idade Média ou que as relações parentais fossem todas elas formais ou cruéis.

Assim, com base nos estudos de Santos (1996), discordo das teses históricas de Ariès. Penso que o sentimento e o significado da infância e adolescência, havendo certamente se desenvolvido historicamente dentro das sociedades, sempre existiram, embora com contornos diferentes. É o que veremos a seguir, a partir de alguns recortes históricos.

Contando a História da História da Juventude: Alguns Recortes Antropológicos

Os jovens na Grécia e na Roma antigas – o ideal de beleza física e moral

Para os gregos clássicos, a vida em sociedade é a *paidéia*, ou seja, a educação que permite o acesso dos jovens a um saber social, base da organização comunitária (SCHNAPP, 1996). Crianças e jovens eram submetidos a um treino rigoroso, com regras particulares, que constavam de caça, corrida, simulacros de combate, exercícios. Essa prática conduz a uma etapa decisiva: a de iniciação. Terminado o período de treinamento, o jovem passava a ostentar o estatuto de cidadão integral, podendo formar uma família, participar da vida política, assumindo um *status* mais valoroso, de maturidade.

Desse modo, mesmo àquela época, já era possível pensar em uma adolescência, enredada em modo peculiar, revestida que era por valores próprios à *paidéia*.

Os jovens italianos na Idade Média: a idade da irresponsabilidade torna-se a idade dos amores corteses

Ao descrever a juventude da IM italiana, Crouzet-Pavan (1996) a apresenta como tresloucada, sem limites e irresponsável. A partir de tais características, o patriciado, visando sua própria sobrevivência, percebeu ser imprescindível trazer os jovens para perto. Para tanto, com a intenção de discipliná-los, incluiu-os desde cedo na vida política. Apesar disso, os *giovani*[1] não podiam deliberar sobre nenhum assunto. Nos jovens, então, se depositou a cultura italiana medieval, violenta e cruel. Contudo, com o século XIII, infiltra-se na sociedade italiana a cavalaria, e com ela a dignidade cavalheiresca. A nova ordem passa a enquadrar a juventude dentro de um ideal cortês, modificando todo um sistema de valores e, com ele, a função social atribuída à juventude.

A juventude caminha pelo tempo: entre os séculos XV e XIX – a proximidade com a modernidade

---

[1]Designação em italiano para adolescentes, correspondente a *teens* em inglês, na atualidade.

A era industrial possibilitou a institucionalização da adolescência como um momento especial do desenvolvimento humano, uma vez que mais crianças puderam entrar na escola e continuar seus estudos até bem mais tarde. Por conta disso, torna-se difícil, na contemporaneidade, estabelecer o início da fase de juventude (SCHINDLER, 1996). Não negando tal dificuldade, parte-se de algumas assertivas ao se refletir sobre o assunto: puberdade e adolescência não se confundem; a idade cronológica deixa de ser apontada como o marco delimitador entre as idades desenvolvimentais; não se pode falar da existência de claros rituais demarcatórios entre os estágios da vida.

Desse modo, apresenta-se um pouco da caminhada histórica da adolescência no Ocidente (SCHINDLER, 1996): Com o início do século XV, adolescência era sinônimo de tumulto e baderna. O século XVI também viveu grandes momentos de tensão entre os mundos juvenil e adulto. O poder dos adultos parecia ser questionado pelos jovens através "das ocupações simbólicas de espaço". Por essa época, ao mesmo tempo em que os adultos reprimiam os grupos juvenis, acabavam também por lhes dar certo apoio, ao adotarem-se, muitas vezes, atitudes como aquelas de "ouvidos de mercador". No século XVI, o surgimento da cavalaria e da cortesia foi básico para introduzir um novo sentimento e significado ao *ser jovem*: dignidade, fortaleza e coragem. Por outro lado, nos séculos XVII e XVIII, o serviço militar nem sempre precedia o ingresso no mundo do trabalho, enquanto, ao mesmo tempo, a infância tampouco era totalmente excluída do trabalho; assim, trabalhar não era um marco característico. Nas últimas décadas do século XIX, pregava-se o renascimento das nações através das novas gerações. Os jovens foram os principais protagonistas das campanhas nacionalistas ao configurar-se um divisor entre estudo e trabalho.

Com a era industrial do século XIX surgiu a juventude operária, que não se beneficiou, como os jovens burgueses, de um tempo de latência, sendo temida pela vagabundagem, libertinagem e pelo espírito contestador (PERROT, 1996). Vale a pena chamar atenção para o fato de que, mesmo em um período de tempo cronológico tão pequeno, como entre o final do século XIX e o começo do século passado, a moral ética do grupo etário dos jovens pôde se transformar tanto, passando de uma moral subalterna ao sistema produtivo a uma mais belicosa e mais ciente dos seus direitos.

A juventude na modernidade – século XX: adolescência como fase de crises, tempestades e tormentas

A virada do século XX trouxe consigo a invenção da adolescência representada como uma fase de tempestades e tormentas e como germe de transformações. O movimento juvenil de 1968 (Paris), o movimento *hippie* da década de 60 e o festival de Woodstock (EUA) contribuíram para formar um discurso sobre o que é *ser adolescente*, instituindo o modelo masculino, da classe média, como modelo privilegiado.

Nos Estados Unidos, a evidência dessa fase, como distinta e problemática do desenvolvimento, surgiu com Stanley Hall em 1904. Contudo, a maturação plena da adolescência enquanto construção teórico-social ocorreu após a Segunda Guerra Mundial.

Os jovens brasileiros: e deles, o que dizer?

Após a década de 40, quando a adolescência firmou-se como um grupo etário particular, vários movimentos sociais passaram a fervilhar no mundo todo. Já no início dos anos 50, iniciou-se um movimento operário forte que tomou um grande impulso de crescimento. A partir dos anos 60, aumentou significativamente o número de jovens nas escolas e universidades. Ao mesmo tempo, o lazer passou a ser mais valorizado e a adolescência já era tida como uma época de vida privilegiada. Ao final dessa década, o surgimento do movimento *hippie* possibilitou acentuar-se tal visão através da forte "onda" de psicodelismo e amor livre, além de grandes e ruidosas manifestações contra a guerra do Vietnã, pelo mundo todo.

No Brasil, a partir da década de 60, o movimento de sindicalização fez-se cada dia mais forte. As elites culturais brasileiras formaram as esquerdas representativas de um foco de resistência ao governo populista e ao regime militar. Acompanhando uma tendência mundial, parecia haver, também aqui, uma movimentação da juventude contra tudo que parecesse cerceador da liberdade de expressão e dos direitos políticos. Desse modo, o movimento de contestação política e social era marcadamente constituído por jovens estudantes secundaristas ou universitários. A produção artística de então era extremamente rica: muito se fazia, dizia e criava, apesar, e talvez por isso mesmo, da proibição explícita feita pelo regime militar. Para Abramo (1994), a partir de então, "plasma-se uma noção de juventude com um conteúdo de rebeldia, contestação e utopia, que permanece como uma imagem mítica desses anos" (p. 41).

Por toda a década de 70, o movimento de ampliação da contracultura juvenil continuou expandindo-se. Mas, como a história não pára, na década de 80 houve uma fragmentação dos movimentos juvenis. Grandes mudanças surgiram no plano político, o mesmo acontecendo no espectro público da juventude brasileira. Assim, o movimento estudantil perdeu expressividade, e o consumo de determinados bens culturais, oferecidos pelo mercado, passou a tornar-se um valor maior. Quando a indústria do consumo instala-se como moral ética e social da modernidade, fica difícil romper com ela. Fica difícil criar. E essa dificuldade de criação se reflete na juventude contemporânea, o que já foi denunciado por Ferreira (1992).

Afinal, a Adolescência se Repete no Tempo?

Bornheim (1992) alerta para a destituição de um quadro de universais concretos, que poderiam ser classificados sob o rótulo geral de valores político-religiosos, todos eles centrados na esfera ontoteológica. Porém, ele não acha que o conceito de universal esteja destinado a desaparecer. Na verdade, ele abandona o esteio dos valores religiosos e o substitui pelo espaço e pelo tempo, pela geografia e pela história. Agora o homem vê a si próprio não "apenas como partícipe de um momento político determinado ou como instante de uma cultura: ele se sabe agora pertencente à história da humanidade, do próprio envolver cósmico" (p. 260). Isso significa dizer que algo se mantém no tempo e no espaço, que diz respeito à própria condição humana.

Partindo dessa perspectiva apontada por Bornheim, admito que a adolescência se reveste de características nitidamente históricas, entrelaçada à historicidade da existência, configurando-se numa construção social que se destaca, enquanto momento diferenciado entre a infância e a maturidade. Não posso mais falar de uma "natureza biológica do adolescente", uma vez que afirmei a importância da historicidade para a construção do significado e sentimento da adolescência.

Talvez cada adolescência possa ser compreendida como um fenômeno pré-reflexivo, único e **particular,** indicando uma univocidade primária, "a densidade do vivido, inesgotável em seu silêncio" (DRAWIN, 1988, p. 246), somente ocorrendo numa relação indissociável com a história e o contexto sociocultural, próprios da cada época histórica. Enquanto trato desse fenômeno, recorro a teorias científicas sobre a questão investigada, nesse caso, à importância da historicidade para a compreensão do fenômeno da adolescência.

O nível da reflexão pela cisão entre consciência e fenômeno, traduzida numa teoria científica da subjetividade, comporta uma exigência de **universalidade,** impondo uma interrogação acerca de sua condição e possibilidade. Entretanto, em um nível mais compreensivo, seria possível pensar na **singularidade** de cada adolescente, mediatizada por minha leitura da expressão vivida por cada sujeito. Nessa direção, e respondendo à indagação inicial, poderia afirmar que a adolescência não se repete no tempo, mas que implica um signo da humanidade.

É dessa proposta que o texto se acerca. Como tratam da adolescência alguns teóricos da Psicologia? O que dizem acerca da crise que atravessa esse momento da vida?

A CRISE ADOLESCENTE SOB O OLHAR DE DIVERSAS TEORIAS: UMA LEITURA FENOMENOLÓGICA EXISTENCIAL

As Teorias Psicanalíticas Sobre a Adolescência e a Centralidade da Crise Adolescente

TEORIA DA RECAPITULAÇÃO DO DESENVOLVIMENTO PSICOSSEXUAL DE ANNA FREUD: CRISE NA RECAPITULAÇÃO DO COMPLEXO EDÍPICO

Anna Freud (1974) acredita que a adolescência é uma fase da vida repleta de conflitos e que as *convulsões psíquicas* dessa etapa podem tanto ser decorrentes do funcionamento das glândulas sexuais quanto um sintoma da vida psíquica. Para a autora, após a passagem pelo turbilhão conflituoso do Édipo, as crianças passam por um momento extremamente calmo, sem urgências sexuais e libidinais, que é quebrado pela puberdade. Desse modo, pontua Anna Freud (1973), a puberdade, considerada tradicionalmente o tempo de formação da pulsão sexual, não é mais que um segundo começo para um desenvolvimento iniciado no nascimento, que parou no fim do primeiro período da infância.

Assim, o adolescente revive a fase genital, já tendo passado pela resolução do complexo de Édipo. Desse modo, enquanto nas fases oral, anal e fálica os instintos são fortes e urgentes e o ego é fraco, na fase genital o ego já deve ser mais forte e dotado da capacidade de manter o equilíbrio entre as duas forças urgentes: do instinto e das pressões sociais. Ao mesmo tempo, o superego já foi internalizado, o que conduz a criança a exercer por ela mesma a função de repressora dos próprios desejos instintivos. Ocorre que nem sempre o ego é bastante forte nem o superego foi internalizado de modo a controlar a pulsão instintiva, o que facilita o surgimento das crises.

Assim, acabada a paz gozada na latência, os jovens adolescentes vivem uma transformação de seus impulsos agressivos, que se tornam maiores. Suas traquinagens tornam-se, por vezes, atos de vandalismo. Para Ana Freud, o adolescente reprime, desloca, nega, inverte os instintos e reverte-os contra o ego, produzindo fobias, sintomas histéricos e subjugando a ansiedade por meio de pensamentos e comportamentos obsessivos. O jovem revive seu amor incestuoso pelo pai/mãe e teme poder, de fato, concretizar seu desejo edípico. Assim, o ego não mais pode se aliar ao id na busca de satisfação. Na verdade, o adolescente necessita de mecanismos de defesa bastante fortes que representem a idéia de luta do ego contra o afeto doloroso ou insuportável do id.

Anna Freud descreve o adolescente de uma forma patologizante, agente passivo de crise, abrindo muitas possibilidades de instaurações de neurose e psicoses. Em nenhum momento a autora parece pensar em crise no sentido de possibilidade de crescimento e amadurecimento. Alguns autores contemporâneos como Ozella (1998), Clímaco (1991), Santos (1996), Bock (1997), entre outros, questionam a visão preconceituosa da adolescência como etapa de crises e turbulências psíquicas.

Na verdade, se a adolescência é pensada como fenômeno que comporta, além da dimensão biológica, a esfera do social, do psicológico e do cultural, torna-se impossível pensá-la como universal e naturalizante. Seguindo tal reflexão, faz-se necessário criticar a descrição que a autora em análise faz da adolescência por supervalorizar a dimensão biológica do desenvolvimento humano em detrimento das outras.

TEORIA DE DESENVOLVIMENTO PSICOSSOCIAL DA IDENTIDADE DE ERICK ERICKSON: CRISE DA ADOLESCÊNCIA COMO MORATÓRIA SOCIAL

Erikson formulou uma teoria menos mecanicista do que a freudiana, e menos centrada na patologização. Negando a supremacia biológica, afirma a necessidade de contextualização histórica da adolescência. Na sua compreensão,

portanto, a adolescência não pode jamais ser pensada como um fenômeno universal no tempo e no espaço.

É, por outro lado, possível encontrar em Erikson elementos da teoria de Anna Freud, em especial a idéia de certa recapitulação de fases anteriores do desenvolvimento, assim como a ênfase na importância desse momento existencial para o processo continuado de crescimento. Porém, diferentemente, não apresenta a adolescência como uma fase de "tempestades e tormentas", mas sim como *um* dos períodos de crise, cuja resolução pode indicar um resultado mais, ou menos, favorável.

Erikson (1976) não podia aceitar a determinação metapsicológica das pulsões instintivas para o desenvolvimento do homem, já que, para ele, a importância da cultura é essencial. Desse modo, sua compreensão do desenvolvimento humano somente pode ser feita quando inserida dentro de um contexto histórico. Segundo ele, o organismo segue uma escala predeterminada pela prontidão humana, que o impele em direção a um círculo cada vez mais amplo de indivíduos e instituições. Esse processo ocorre por fases, que acabam por converter-se em crises, uma vez que "o crescimento e consciência incipiente numa nova função parcial vão de par com uma mudança na energia instintiva e, no entanto, causam também uma vulnerabilidade específica" (p. 93), gerando crises peculiares a cada estágio.

Segundo Erikson, parece ter acontecido na modernidade a instalação de uma ética social que acaba por se preocupar muito mais com o "ter coisas" do que com o "ser". Essa nova ética traz consigo uma conjuntura na qual não existe lugar para o que é dolorido e uma construção lenta e artesanal da subjetividade, fato este que se confronta com o existir humano, o qual é um ter que cuidar de si, demorado e sem destino prévio. Para a perspectiva fenomenológica existencial, o homem é um ser de cuidado, oscilando sempre entre a possibilidade de se diluir na continuidade do ser ou se aproximar de sua condição de humano (HEIDEGGER, 1989).

De qualquer forma, o que Erikson define por crise aponta para uma mudança radical da perspectiva de Anna Freud, nem sempre sendo sinônimo de patologia; concebe-a como possibilidade de transformação/mudança, que pode ser sadia e revigorante. Faz questão de ressaltar que a adolescência não é uma doença, mas uma crise normativa, ou seja, uma fase normal do desenvolvimento, como todas as outras o são. Seus conflitos maiores dão-se pela aparente flutuação de robustez do ego e podem ser vividos com tranqüilidade. É uma crise reversível, ou, melhor dizendo, transponível. O que a torna particular e única é a busca central de uma identidade mais pessoal, assim como uma grande abundância de energia acessível, a ser usada, preferencialmente, de modo criativo.

TEORIA DOS LUTOS DE ARMINDA ABERASTURY: A CRISE NO LUTO PELO CORPO INFANTIL, PELOS PAIS DA INFÂNCIA E PELA IDENTIDADE DE CRIANÇA

Para a autora, o epicentro da crise adolescente ultrapassa os limites do incesto, apontando para um desprendimento dos pais e um encaminhar-se em direção ao mundo externo. Aberastury (1983) não se fixa na recapitulação do Édipo. Ao contrário, avança no sentido de compreender como se dão o desprendimento dos adolescentes de seus pais e a consecução de uma identidade adulta. Entrar no mundo dos adultos, fato tão desejado quanto temido, significa para o adolescente a perda definitiva de sua condição de criança.

As modificações que ocorrem nessa fase, em correlação às corporais, levam a criança a manter uma relação nova com o mundo e com seus pais. Ela vive elaborando os **lutos** que sofre nesse momento: pela relação com os pais da infância, pelo corpo e pela identidade infantis. Com o advento da puberdade e de todas as modificações corporais que se fazem presentes, de modo incontrolável, as crianças vêem-se usurpadas de sua condição infantil. Têm que aceitar um novo **corpo** e suas mudanças secundárias, e, com elas, a evidência de um novo *status* e de uma definição sexual demandam serem assumidas. As mudanças no corpo do púbere obrigam o adolescente a desprender-se do corpo infantil, levando-o a buscar a capacidade de encontrar um novo lugar no mundo. Outro luto a ser elaborado na adolescência é o **luto pela identidade e pelo papel infantil**, promovendo uma confusão entre esses, uma vez que o jovem já não é mais uma criança, mas ainda não é capaz de lidar e assumir sua independência adulta.

Os processos grupais e de oscilação entre dependência e independência dos pais levam o jovem a viver uma confusão de identidade. Seus pensamentos passam a funcionar de acordo com as características grupais, o que lhe possibilita certo apoio no caminho de individuação e de separação dos pais. Se tudo corre bem, o adolescente vai aceitando a perda pelo corpo e papel infantis e pela imagem que tem de si mesmo. Isso iniciaria o terceiro luto, que é o **luto pelos pais da infância.**

Para Aberastury, a adolescência é um período difícil, doloroso e confuso, revelando uma crise que, longe de ser patológica, aponta para um desprendimento da condição infantil. A família, de um modo mais restrito, e a cultura, de forma mais abrangente, poderão fazer demorar ou precipitar o amadurecimento e a elaboração dos lutos.

Desse modo, toda adolescência leva uma marca individual e outra cultural, histórica e social. Embora se perceba a experienciação dos lutos para o adolescente, seria temerário afirmar sua normalização para a totalidade dos jovens, mesmo que dentro de um mesmo espaço geográfico e um tempo histórico, uma vez que não existe uma única forma de a adolescência ser vivida.

A SÍNDROME DA NORMAL ANORMALIDADE DE MAURÍCIO KNOBEL: A CRISE REVELADA EM SINTOMAS

Knobel trabalhou boa parte de sua vida com Aberastury, defendendo idéias semelhantes às dela. Partindo da aceitação inicial da vivência dos lutos, e apesar de acreditar que o elemento sócio-histórico influi como um determinismo nas manifestações adolescentes, o autor ainda diz existir um elemento psicobiológico que lhe dá características universais: o redespertar da sexualidade, agora no nível de maturidade genital.

Segundo Knobel (1981), existe uma base em todo o processo da adolescência que é especial, própria e peculiar a essa idade: situação que obriga as pessoas a reformular os conceitos que têm a respeito de si mesmas e que as leva a abandonar sua auto-imagem infantil e a projetar-se no futuro de sua vida adulta. O adolescente estaria deixando sua condição de dependente dos pais e da família para lançar-se na construção de si mesmo, como adulto e responsável. Esse processo será vivido na e pela cultura e história de cada um.

Para Knobel (1983), vivenciando os lutos adolescentes, os jovens acabam por desenvolver uma série de sintomas que, considerados fora desse contexto, poderiam ser diagnosticados como um quadro patológico. Desse modo, o anormal seria a presença de um equilíbrio estável durante o processo de adolescer. Knobel também permite compreender a adolescência como um processo que se quer universal e patologizante. Essa aparência, que seria contraditória à sua compreensão sobre a importância da contextualização histórica e social para o adolescer humano, é percebida por mim através da idéia de "síndrome da adolescência normal" nesse momento da vida por ele defendida. Segundo Knobel, o "normal" é que os jovens vivam uma "síndrome" na adolescência, caracterizada pela experienciação de alguns "sintomas".

Nesse sentido, outro aspecto que merece ser assinalado é o caráter patológico que atribui a essa fase do desenvolvimento humano, dadas tais denominações. O autor descreve uma sintomatologia da normal-anormalidade adolescente como refiro a seguir: busca de si mesmo e da identidade, tendência grupal, necessidade de intelectualizar e fantasiar, crises religiosas, deslocalização temporal, evolução sexual desde o auto-erotismo até a heterossexualidade, atitude social reivindicatória, contradições sucessivas em todas as manifestações de conduta, separação progressiva dos pais e constantes flutuações do humor e do estado de ânimo.

Apresentados alguns olhares acerca da compreensão de crise, elemento central nas teorias que tratam da adolescência, a partir do referencial psicanalítico, outras óticas poderiam ser consideradas. Assim, o conceito de crise será apresentado por uma perspectiva fenomenológica.

Discutindo a Noção de Crise a Partir de uma Perspectiva Fenomenológica Existencial

Como discutido, a compreensão básica que norteia o estudo da adolescência não consegue desvencilhar-se da noção de sofrimento e vulnerabilidade, dados como próprios desse período. A perspectiva de crise aponta para um desvio da normalidade, trazendo implícita uma ordem social que não deve ser questionada ou alterada. Para esse olhar, as crises trazem no seu bojo o germe da transformação, o qual, quase sempre, não é bem-vindo. Pelo contrário, a crise é entendida como um processo de desarrumação interna, como um acontecimento temido e evitado. Porém, a partir de uma ótica fenomenológica, o homem é precisamente isto: um ser que lançado no mundo que necessita cuidar de si, ou, como diria Heidegger (1989), um ser para a morte. Envolvido pelo cuidar, o homem oscila entre a possibilidade de se diluir na continuidade ou se aproximar de sua condição de humano. Enquanto a primeira possibilidade é cotidianamente comum, a segunda é sempre trabalhosa e dolorida, demandando dor, medo, tempo e criatividade.

A partir dessa compreensão de homem, é possível afirmar que a noção de crise, entranhada nas teorias aqui discutidas, poderia ocultar uma crise que está para além da psicológica e emocional, embora também as contemple.

Segundo elas, a crise é apresentada como desvio ou perigo do curso "natural" do desenvolvimento, que deve ser retomado a qualquer custo.

Por essa razão, nesse momento, novos elementos são introduzidos para discutir a noção de crise por outra perspectiva. Moffat (1982) apresenta crise como uma conseqüência da destruição da trama de constituição da continuidade do eu no tempo linear. Para ele, a pessoa em crise descobre que o tempo objetivo não existe, sendo uma criação cultural que visa assegurar a noção de continuidade do ser no tempo. Desse modo, a crise se manifesta pela invasão de uma experiência de paralisação na continuidade da vida. O psiquismo humano, a partir dessa perspectiva, passa a ser compreendido como resultante de uma construção imaginária humana, chamado tempo cronológico. Assim, o que adoece, no estado de crise, é o processo de viver.

O tempo para Moffat (1982) não é o linear e sim uma temporalidade circular. O tempo é um processo contínuo de mudança da realidade, que regride e progride ao mesmo tempo. É tal circularidade, via cultura, que organiza percepções da realidade e controla a continuidade da identidade através de transformações a que os humanos são submetidos ao longo da vida. A crise pode ser percebida como uma fratura na continuidade do ser, e não como uma conseqüência mecânica de um fato ocorrido no passado. Desse modo, a importância da percepção diferente da vida, do mundo e de si mesma, proporcionada pela adolescência, se revela de uma importância até maior do que as experiências infantis.

Os homens estão sempre envolvidos em atividades que lhes dão a impressão, até certo ponto salutar, de uma continuidade linear no tempo. Somente através de uma quebra no processo de continuidade é possível provocar uma descontinuidade na rotina diária, e isso é percebido como a geração de uma crise. No entanto, a contemporaneidade está diretamente envolvida nesse processo massificante e massificador de individualização, anônimo e construído sem rompimentos significativos. A integração histórica do eu é dificultada a todo o momento. O script da vida, que é proposto culturalmente, quase sempre é factual ou instrumental, gerando mais e mais homens robôs. A isso também se alia o medo de cair no vazio, experienciado como "ficar louco". Esquece-se que "estar sadio não é ser normal (adaptado)" (MOFFAT, 1982, p. 74) e que cada homem tem um destino único, apesar de tão semelhante. Evitam-se as crises, as descontinuidades do ser, ao invés de torná-las passaportes para uma retomada histórica da construção de uma identidade mais própria.

A vida tem fraturas e etapas, algumas suaves, outras traumáticas. A adolescência é uma delas, podendo ser vivida suavemente ou de modo traumático. Na adolescência sadia, o que estaria fragmentado não seria o eu, mas o segmento do eu pelo qual o sujeito se percebe. Aqui a possibilidade de quebra com o *script*, cultural e familiar é evidente. A adolescência abre a possibilidade de, através de esquemas daquilo que se é e a partir dos quais a realidade é lida como imprevisível e mutável, possibilitar, também, a capacidade de enfrentar o futuro, criando-o ou recriando-o.

O adolescente pode trazer algo novo para si e para o mundo. A crise da adolescência pode ser vista como uma quebra, como uma descontinuidade na linearidade do tempo. Assim, ela pode ser brindada como uma possibilidade de rompimento com a construção de um sujeito mecânico e objetificado. Pode ser brindada como uma possibilidade de tomar a vida nas próprias mãos, em comunhão com os outros. Portanto, não precisaria ser evitada, nem considerada patológica.

Afinal, o que Dizer da Crise Adolescente?

A noção de crise que perpassa cada um dos discursos dos autores estudados é parte constitutiva da compreensão da adolescência por eles defendida, tornando-se importante de ser compreendida a fim de que a aprendizagem das teorias não se dê de um modo introjetivo e sim significante. Dentro do referencial fenomenológico, a crise pode ser percebida como uma fratura na continuidade do ser, e não como uma conseqüência mecânica de um fato ocorrido no passado. A adolescência permitiria inaugurar uma nova subjetividade, tornando possível ser por si-mesmo. Assim, não precisaria ser nem evitada, nem considerada patológica (FROTA, 2001).

A TEORIA DE AMADURECIMENTO DE DONALD WINNICOTT E A REINSTALAÇÃO DO SI-MESMO POSSIBILITADA PELA ADOLESCÊNCIA

Para Winnicott, a compreensão do desenvolvimento humano somente é possível quando se leva em conta o processo de amadurecimento psíquico. Para ele, o nascimento não concede à criança o estatuto de humano; somente lhe possibilita iniciar sua construção, que é um processo longo e interminável. A instalação do si-mesmo inaugura um ser psiquicamente vivo. Essa conquista advém de uma série de conquistas menores, e se mantém pela vida inteira. Com a continuidade do amadurecimento, a adolescência se coloca como uma possibilidade de alargamento do si-mesmo. Esse momento pode ser tomado como uma re-instalação do si-mesmo, mais um passo importante e determinante em direção à independência e ao crescimento pessoal.

A noção de amadurecimento psíquico de Winnicott será aprofundada, enfatizando-se a reinstalação do si-mesmo. Como contribuição pessoal à teoria winnicottiana, proponho o advento da adolescência como um momento possibilitador da reinstalação do si-mesmo.

A Teoria de Amadurecimento de Winnicott

O PROCESSO DE AMADURECIMENTO: PONTO NUCLEAR DO PENSAMENTO WINNICOTTIANO

Winnicott (1996) destaca a necessidade de compreensão do processo de amadurecimento humano como básico para conhecer, prevenir e curar as patologias psíquicas. Na teoria winnicottiana (1990), o sinal positivo de saúde é um moto-contínuo de crescimento, uma mudança emocional na direção do desenvolvimento, seja ele no sentido da integração, orientado da dependência para a independência, em termos de instintos, ou, ainda, em matéria de riqueza de personalidade. O crescimento emocional ocorre por fases, através de um processo de idas e vindas, incessante e até a morte. Assim, qualquer estádio do desenvolvimento é alcançado e perdido inúmeras vezes.

Os estádios de desenvolvimento vão sendo vividos e contribuindo para a construção do sujeito. Algumas conquistas só podem ser realizadas depois de outras, dadas como condição de possibilidade. Porém, nenhuma tarefa conquistada oferece segurança ou título de garantia de boa saúde psíquica. Em qualquer momento pode-se retornar a fases mais precoces, por tensão, ou deslocar-se para a frente. Além disso, as tarefas jamais se completam. Desse modo, a adolescência pode ser compreendida como uma reencenação de fases anteriores, embora com peculiaridades próprias, assim como uma experiência a ser repetida no futuro.

Toda a movimentação do desenvolvimento emocional aponta para uma integração do ser, uma caminhada para uma independência relativa, a ser conquistada na maturidade, um amadurecimento dos instintos e um enriquecimento da personalidade. A constituição do ser humano é, toda ela, atravessada por uma tendência à integração do ser, busca contínua e precária. Segundo Winnicott, seria o que de mais humano o homem teria.

A NATUREZA HUMANA NA SUA TENDÊNCIA À INTEGRAÇÃO

A teoria de amadurecimento de Winnicott (1982) sustenta-se na crença da existência de uma tendência inata ao amadurecimento e à integração num todo unitário, entendida como a mais importante herança do ser humano. Nesses termos, Winnicott (1982) fala de algo universal na espécie humana: uma tendência inata em direção ao desenvolvimento, à integração e à independência. Contudo, essa é somente uma tendência, que pode ser, ou não, atualizada, não dependendo da alçada genética e sim do mundo social, real e externo.

Na teoria winnicottiana, o termo amadurecimento diz respeito ao viver humano, ao sentimento de ser real e de existir num mundo real; ou seja, algo que está muito além de um viver biológico, somente. O ambiente favorável torna possível o progresso continuado dos processos de maturação, mas o ambiente não faz a criança. Na melhor das hipóteses, possibilita a concretização do potencial do bebê. O homem não é determinado ao nascer. Ele é lançado no mundo, um vir-a-ser incompleto e aberto. Não há nenhuma substancialidade na natureza humana tal como Winnicott a concebe, e não há forças dotadas de metas que lhe sejam intrínsecas. Na verdade, a existência humana não está fundada em nenhuma certeza, a não ser na virtualidade de uma tendência em direção a uma integração que pode conduzir à saúde e à continuidade do ser.

No início de seu amadurecimento, o bebê vive num estado de não-integração. Com o passar do tempo, e se tudo correr bem, a criança vai vivenciando tarefas e conquistas que a aproximam de uma integração do ser. Mas o amadurecimento não é linear e não é regido pela noção de progresso, pois não consiste em chegar a lugar nenhum. Consiste em possibilitar ao sujeito instalar seu si-mesmo, em construir um senso de realidade, em possibilitar uma habitação no mundo real. Mas como se inicia?

O INÍCIO DE TUDO: A GESTAÇÃO, O PARTO E O ESTÁGIO DA DEPENDÊNCIA ABSOLUTA

No início, existe um "simples estado de ser e uma consciência incipiente da continuidade de ser e da continuidade do existir no tempo" (WINNICOTT, 1990, p. 157). Com o bebê recém-nascido não existe uma integração, um vínculo entre o corpo e a psique ou uma realidade não-eu. Na verdade, nem existe um eu. O nascimento é uma experiência importante para o amadurecimento, uma vez que é uma atividade criativa e originária do bebê.

As primeiras experiências do bebê são muito importantes para seu amadurecimento sadio. Quanto a essa questão, Winnicott (1975, 1982, 1983, 1990, 1996) elabora seus constructos teóricos, que passo a narrar: a expressão **primeira mamada teórica** diz respeito às experiências iniciais de muitas mamadas concretas. Logo após a primeira mamada teórica o bebê já dispõe de material para poder criar. Ela é importante por estabelecer o primeiro contato com a realidade e a constituição do si-mesmo. São três as tarefas do bebê nesse momento, assim como são três as da mãe.

A primeira tarefa do bebê é a **busca da conquista de uma integração temporal e espacial**. À mãe corresponde um cuidado específico: o *holding* (WINNICOTT, 1997, 1983). Para o bebê recém-nascido, o *holding* físico é a única forma que a mãe tem de demonstrar amor, estendendo-se aos cuidados mais gerais, seja pela regularidade do ambiente, seja pela sustentação da situação no tempo, ou ainda pela disponibilidade tranqüila de estar lá e ser descoberto.

Na medida em que a mãe está presente para atender às necessidades de seu bebê, e na proporção de sua necessidade, inicia-se um ser humano. Esse processo de temporalização e espacialização fornece o "sentido ao sentimento de eu e justifica a percepção de que dentro daquele corpo existe um indivíduo" (WINNICOTT, 1990, p. 46). O bebê é temporalizado num sentido subjetivo. Por isso é importante que o tempo objetivo e cronológico não seja intrusivo ao seu ritmo natural.

A segunda tarefa é a **personalização ou alojamento da psique no corpo**. Aqui se inicia a capacidade de estabelecer relações objetais. Mais uma vez a mãe é essencial. É importante que ela tenha em mente o bebê inteiro, pois é essa noção que ela vai passar ao filho, que se vê aos pedaços. A tarefa da mãe agora vai ser o **handling**, o manejo. Segurar firmemente o bebê, acariciá-lo e tocá-lo delicadamente favorecem a localização do bebê no próprio corpo.

Finalmente, a terceira tarefa é o início do contato com a realidade, o início das **relações de objeto**. Para Winnicott, ao nascer, o bebê não tem um sentido de internalidade e de externalidade que permita relacionar-se com objetos, uma vez que, de início, ele não tem sequer um si-mesmo. Para conquistá-lo, ele precisa primeiro construir um senso de realidade do mundo subjetivo. Para tanto, é necessário que a criança tenha a ilusão de que cria aquilo de que necessita, no momento exato em que necessita. Então, a **apresentação do mundo e dos objetos** ao filho é a terceira tarefa da mãe. Com o tempo, o bebê sente confiança em que o objeto do desejo possa ser encontrado, e isso significa que, aos poucos, pode tolerar a ausência desse objeto.

Porém, o bebê nesse estádio da primeira mamada teórica ainda não pode dizer "eu sou", pois não teve um nascimento psíquico. O si-mesmo, que é resultado de uma série de experiências aglutinadoras, ainda não se instalou. Tal instalação, se tudo ocorrer bem, acontece no próximo estágio, que passo a apresentar a seguir.

OS ESTÁGIOS DA DEPENDÊNCIA RELATIVA: A INSTALAÇÃO DO SI-MESMO

O que mais distingue esse estágio do descrito anteriormente é que agora se inicia uma fase de desadaptação gradual da mãe às necessidades do filho, assim como a desilusão do bebê, que deixa para trás não a ilusão da criação, mas a onipotência da criação. O sentimento de que o mundo pode ser recriado permanece para sempre, ou deveria permanecer. Nessa perspectiva, o sentimento de realidade estaria originariamente ligado à realidade subjetiva, à capacidade de criar. Nesse período se iniciam os processos intelectuais que ajudam os bebês a lidar com a desadaptação materna. É sobre as bases de uma compreensão intelectual que as defesas para as intrusões começam a operar.

Para Winnicott (1975), existe um espaço entre a dependência absoluta e o mundo subjetivo e a dependência relativa e o mundo objetivo, ao qual nomeia **transicional**. Elegendo um objeto **transicional**, o bebê tenta prolongar a onipotência originalmente satisfeita pela mãe suficientemente boa. Aos poucos, o objeto **transicional** perde o significado, embora seja importante por introduzir na vida do bebê a atividade simbólica.

Aos poucos, através da desadaptação lenta e progressiva, o bebê começa a habitar o espaço **transicional** e a transitar entre os mundos subjetivo e objetivo. A partir de certo momento, não determinado *a priori*, não bastam nem o sentido do mundo subjetivo nem o do campo *transicional*. Ele parte na conquista do sentido da realidade compartilhada ou externa. Para tanto, é necessário que sejam levadas em conta as características da natureza do objeto, e não basta somente a passagem do tempo: é necessário que o próprio bebê atribua a esse objeto seu estatuto de externalidade.

Quando o bebê já é capaz de dizer "eu sou", desenvolve-se, a partir de agora, um sentimento de responsabilidade pela experiência instintiva e pelos conteúdos do eu, assim como um sentimento de independência em relação ao que está fora. Esse é o estágio do **concernimento**. A principal tarefa dessa época é o bebê poder fazer reparações ao que julga poder destruir. Já concernida, a criança habita seu próprio corpo e é capaz de fazer uso dos objetos: houve o nascimento psíquico.

OS ESTÁGIOS RUMO À INDEPENDÊNCIA RELATIVA

Mais ou menos aos dois anos a criança entra na fase fálica; por manter uma relação triangular com os pais, continua precisando ser amparada. A compreensão winnicottiana da formação edípica é também processual: somente quando é capaz de usar os objetos, a criança pode manter uma relação triangular. À medida que a criança se torna capaz de aceitar responsabilidade pela fantasia do impulso instintivo, e que a crueldade cede lugar à preocupação e à culpa, ela pode experimentar o complexo edípico e tolerar a ambivalência das relações triangulares.

Já concernida, e com psiquismo pulsional, a criança entra na latência. Ela se prepara para o próximo estádio, quando a integração do ego é intensamente exigida e seu comportamento social e afetivo é bastante participativo. A criança já está emocionalmente estruturada numa unidade que lhe permite ver a si e aos outros como pessoas totais. Porém, com o advento da puberdade, a tranquilidade da latência é quebrada. As transformações físicas podem, de fato, representar uma quebra na continuidade da vida, e as investir de um poder desalojador do si-mesmo.

Tal qual Winnicott a descreve, a adolescência traz consigo algumas alterações importantes para o processo de amadurecimento. Em primeiro lugar, potencializa um poder de dominar e de destruir que é extremamente assustador. Em segundo, repete as angústias dos estádios precoces do desenvolvimento. Além disso, o adolescente padece do sentimento de irrealidade, e sua luta, nesse momento, é para sentir-se real.

Já a adultície impõe três importantes tarefas ou realizações. A primeira delas é manter-se criativo e vivo até a morte. A segunda consiste em aceitar a imperfeição, a impotência e a finitude. Por fim, a tarefa de poder envelhecer e morrer (WINNICOTT, 1990).

A Adolescência como Reinstalação do Si-mesmo

Com a entrada na adolescência, todos, menino e menina, revivem as experimentações e lealdades cruzadas que surgiram criativamente no jogo familiar. Mas aqui a excitação não decorre somente dos medos, mas também das experiências libidinais novas e intensas que a puberdade libera. Além disso, o adolescente parece viver a possibilidade de encenar uma forma diferente de estar e de se-ver-no-mundo. Algo como se ele se reinstalasse no mundo, agora de um modo diferente do da criança. Essa minha tese é corroborada por Winnicott (1996), na sua fala a seguir: "Quando chega a adolescência, os meninos e meninas emergem de um modo irregular e desajeitado da infância e da dependência, em direção ao estado de adulto" (p. 122).

De modo semelhante ao que acontece com a criança, o adolescente busca constituir seu si-mesmo. O que importa salientar aqui é que, diferentemente da criança, o adolescente é capaz de se perceber como um sujeito isolado, e disso decorre grande distinção entre eles. A partir dessa percepção, os adolescentes vêem-se de modo diferente e passam a entender o mundo e as pessoas de um outro modo.

O fato é que a dependência inicial continua a ter significado durante toda a vida, em especial na adolescência, mesmo que ela possa se mostrar de modo disfarçado. As tarefas permanecem as mesmas da infância, mas, à medida que cresce e se desenvolve, o ser humano se torna cada vez mais engajado na verdadeira luta que é a vida. Assim, as tarefas acabam se configurando de modo díspar para fases diferentes. Passa-se, agora, a discutir um pouco as peculiaridades da adolescência, a partir de Winnicott.

PUBERDADE E ADOLESCÊNCIA: DOIS LADOS DE UMA MESMA MOEDA?

Segundo Winnicott (1982), puberdade e adolescência não se superpõem, embora uma e outra estejam muito ligadas. A puberdade está diretamente relacionada ao crescimento físico e ao amadurecimento sexual, enquanto a adolescência constitui um período em que o indivíduo se torna adulto, através do crescimento emocional. Dentro dessa perspectiva, é possível passar pela puberdade sem tornar-se um adolescente, uma vez que essa determinação do amadurecimento emocional é virtual, podendo não acontecer efetivamente.

Aos 11 anos, as crianças defrontam-se com a puberdade e com as novas idéias que pertencem a esse período. Ao mesmo tempo em que se vêem habitadas por fortes desejos instintivos, estão descobrindo uma capacidade para assumir uma responsabilidade pessoal e começar a lidar com maior potencial de destruição, de reparação e de construção. Para Winnicott (1997), mesmo as crianças saudáveis, capazes de enfrentar as difíceis mudanças associadas à adolescência e ao próprio amadurecimento pessoal, podem ver eclodirem na adolescência algumas dificuldades. Não há como escapar das ansiedades decorrentes dessa passagem, que será tão mais suave quanto o sujeito tiver tido sucesso na instalação do si-mesmo na primeira infância.

A ADOLESCÊNCIA SEGUNDO A PERSPECTIVA WINNICOTTIANA

Segundo Winnicott (1994a), existem alguns aspectos que caracterizam a adolescência como um estágio diferenciado do amadurecimento. Primeiro surge uma potência que pertencia ao domínio da fantasia e que agora pode tornar-se real: o poder de destruir e de matar, a possibilidade de prostituir-se, drogar-se, engravidar, fazer escolhas na vida e ter que arcar com suas conseqüências. Em segundo lugar, as angústias vividas nesse momento repetem as angústias dos estágios precoces, uma vez que aqui parece se inaugurar uma nova subjetividade. Porém, é uma inauguração de algo que, para se fazer, necessita já ser. Somente quem teve um nascimento psíquico anterior pode, na adolescência, viver um novo nascimento, uma reinstalação do si-mesmo.

Então, no sentido de quem busca se reinstalar no mundo, o adolescente é um ser isolado, assim como o foi o bebê. Somente quando se define uma subjetividade própria, o adolescente é capaz de manter uma relação verdadeira consigo, com o mundo e com os outros. E, para esse processo de construção, ele necessita estar isolado, buscando saber de si.

Winnicott (1994a) revela outro aspecto pelo qual o adolescente repete os padrões dos estágios precoces: ele padece de um sentimento grande de irrealidade, e sua luta principal diz respeito a sentir-se real. A traição a si mesmo, desse modo, seria insuportável, e por isso é difícil para o adolescente fazer conciliações ou aceitar falsas soluções.

Crescer significa ocupar o lugar do genitor, o que traz embutido o germe de um ato de violência. O adolescente é como uma criança pequena, que luta pela instalação no mundo, mas que tem que lidar com instintos extremamente importantes. Desse modo, ele oscila entre a dependência infantil e a maturidade adulta, indo e voltando diversas vezes nesse processo de ser na vida.

A partir das vastas implicações do novo e rápido avanço em termos de encontrar e enfrentar o mundo, pode-se afirmar que atualmente há a recorrência de uma necessidade de manter aberto um caminho de volta à dependência. Nessas idas e vindas da dependência à independentização, o ambiente facilitador é inquestionavelmente importante, sugere Winnicott (1993).

O fato tão difundido de que a adolescência traz sofrimentos poderia ser explicado pela própria imaturidade dos jovens, pelas mudanças que a puberdade traz, pelas idéias novas que tomam o jovem de paixão e pela desilusão pessoal ao perceber como, de fato, são o mundo e as pessoas. Além da imaturidade, o idealismo também pode ser apontado como uma das características mais importantes da adolescência, segundo a perspectiva winnicottiana.

O brincar criativo é mais uma das características do adolescente sadio. É na brincadeira que o indivíduo pode ser criativo e utilizar sua personalidade integral. E é esse poder criativo que permite ao homem criar o mundo, "reinventá-lo". O adolescente pode tomar posse desse poder de um modo muito especial por poder experienciar diversas formas de estar na vida. No entanto, contrariamente, existe um relacionamento de submissão com a realidade externa, em que o mundo, em todos os seus pormenores, é reconhecido apenas como algo a que se ajustar, exigindo adaptação. A submissão traz consigo um sentido de inutilidade e está associada à idéia de que nada importa e de que não vale a pena viver. É isso que parece acontecer com a maior parte das pessoas que, ajustadas à sociedade e ao que é esperado delas, não conseguem sair da continuidade, aproximando-se do que mais próximo seria sua marca pessoal (FROTA, 2001). É, pois, o viver criativo que traz o sentimento de que a vida é real ou significativa, e não a submissão a uma realidade objetiva.

Gradativamente, à medida que vão se reinstalando no mundo, rapazes e moças adquirem um senso de si-mesmo mais forte e um possível sentimento de ser. Não existe um fazer antes de um ser, pelo menos não de um modo mais próximo do verdadeiro si-mesmo.

Outro aspecto importante para a compreensão da adolescência, ressalta Winnicott (1994a), é a característica da moralidade nessa época. A moralidade do adolescente é muito rígida, feroz, até. Nesse sentido, parecem ser três as necessidades do jovem. Em primeiro lugar, a necessidade de evitar falsas soluções. Em segundo, a de desafiar. Por fim, a indispensabilidade de espicaçar constantemente a sociedade para, mais uma vez, mostrar-se como outro que não ela. Ao mesmo tempo, fica claro que compete aos adultos a tarefa de enfrentar o desafio proposto pelos jovens, e manter-se firme, servindo de resistência ao que se delimita como um outro si-mesmo.

Parte das dificuldades que surgem na adolescência deriva de problemas ambientais, afirma Winnicott (1994c). Esse fato serve apenas para enfatizar a vital importância do ambiente e da família para aquela imensa maioria de adolescentes que, de fato, chega à maturidade adulta. A tarefa dos pais inclui a aceitação do desafio de ser por si-mesmo, assumido pelos filhos, assim como o de estar presente para uma necessidade de retorno à dependência infantil, expressa pelos jovens, os quais oscilam entre um tímido ou agressivo gesto de maturidade e uma necessidade urgente de se refugiar num ninho protetor. E, desse modo, o adolescente defronta-se consigo mesmo, cada vez mais intimamente. Na verdade, ele não visa uma licença para ser por si mesmo. Ele busca é descobrir-se, encontrar caminhos que o conduzam ao seu ser verdadeiro.

A Reinstalação do Si-mesmo: Uma Condição Humana Possibilitada pela Adolescência

O bebê instala-se no mundo a partir da sua relação com uma mãe suficientemente boa, podendo abrigar a afirmação "eu sou". No momento em que ele é capaz de fazer essa proposição, está evidenciando seu nascimento psíquico. A partir de então, existe como uma pessoa que tem dentro e fora, um eu e um não-eu.

Quanto mais imaturo, mais à mercê das intrusões ambientais o bebê se encontra; e mais dependente dos cuidados maternos. Aos poucos, esse si-mesmo se fortalece, dando uma idéia de individualidade. Mas essa individualidade está profundamente ligada à confirmação dos pais, da família e da sociedade, em qualquer idade, e com peculiaridades próprias ao desenvolvimento alcançado. Se tudo correr bem, o poder pessoal é conquistado pelos jovens, o si-mesmo é construído de dentro para fora.

Parece caber às situações disruptivas o papel de desestabilizar, de romper com a noção de continuidade e de igualdade que a vida possa estar apresentando. Elas podem ser de várias naturezas: fisiológicas, afetiva, financeira, social, e não parecem ter em si um valor determinante aprioristicamente.

As situações disruptivas, desalojadoras, contêm o germe da possibilidade de des-instalar o indivíduo, possibilitando uma reinstalação. Elas podem gerar crises que, aqui, não assumem a pecha de negativas ou patológicas, postas de antemão. As crises podem ser extremamente positivas, assim como podem iniciar um processo patológico. Nada existe definido *a priori*, uma vez que tudo é construído na relação com o outro e com o mundo.

A reinstalação do si-mesmo é um processo que parece se inaugurar com o rompimento dos absolutos da infância e se estender pela vida inteira. Na verdade, nada parece ser determinante nessa reinstalação do si-mesmo, uma vez que ela é somente uma possibilidade, podendo ser, ou não, vivenciada. Reinstalar o si-mesmo pode ser entendido como um processo, no qual, finalmente, o indivíduo se percebe como isolado dos pais e da família, compreendendo-se como um ser de cuidado, habitando num mundo, num movimento constante de escoamento no tempo.

O adolescente pode inaugurar uma subjetividade na qual amplia as fronteiras do si-mesmo, vendo-se como indivíduo, responsável por cuidar de si e do outro. Desse modo, segundo minha compreensão, a adolescência pode constituir-se em um momento fundante na busca de um lugar próprio para uma instalação no mundo, lócus multifacetado, fragmentado, com marca própria. Então, parece tornar-se possível pensar a adolescência como um momento existencial processual, quando se reinstala o si-mesmo e se inaugura nova subjetividade, que se constituíra no sentido da maturidade.

II
A NARRATIVA DA VIVÊNCIA ADOLESCENTE –
A REINSTALAÇÃO DO SI-MESMO COMO POSSIBILIDADE
DE EXISTÊNCIA

METODOLOGIA DA PESQUISA

Walter Benjamin foi um crítico do projeto da modernidade que acabou por moldar o homem e levá-lo a um conseqüente e progressivo distanciamento de si mesmo. Com a era moderna, a existência única cede lugar à serial. E foi isso que, na opinião de Benjamin (1993), aconteceu com a arte na época da reprodutibilidade técnica. Para ele, o que se atrofia na obra de arte é sua aura. Com a perda da aura, perde-se a essência da obra de arte. O mesmo parece ter acontecido com o homem da modernidade. O homem parece, também ele, ter perdido sua aura, tendo se transformado em um autômato, regido pela busca de objetividade e adaptação.

Na verdade, a modernidade predispõe o homem a buscar a distração, a informação, o distanciamento de si mesmo. Assim, muito do que se troca no cotidiano diz respeito aos outros e não à própria pessoa, e isso inibe a possibilidade de ascensão da memória involuntária e o predomínio da memória voluntária, intencional. É no âmbito dessa discussão que Benjamin acena para a possibilidade de, através da narrativa, ser novamente possível entrar em contato com a sabedoria retirada da experiência. A narrativa seria a forma artesanal de comunicação, aquela que é capaz de transmitir algo que supera a informação.

O narrador figura entre os mestres e os sábios. Sua sabedoria decorre da porta que se abre à memória involuntária, que se encontra ligada à experiência, à linguagem poética, conseguindo romper com a vida intelectual e consciente, autômata e adaptada ao projeto da modernidade, sendo, assim, capaz de trazer consigo elementos universais. Por isso, propõe-se uma passagem viva para o passado, possibilitando perceber a aura de uma coisa ou fenômeno. Além disso, a experiência plena, transmitida pela narrativa, só é alcançada pela referência à sua existência coletiva; o que significa dizer que, enquanto escuto a experiência de narradores, escuto também uma coletividade inteira.

Na narrativa, o extraordinário e o miraculoso são contados com grande exatidão, mas o conteúdo psicológico da ação não é imposto ao leitor. Ele é livre para interpretar a história como queira, e, com isso, o episódio narrado atinge uma amplitude que não existe na informação. O ouvinte é chamado a refletir sobre o sentido das palavras narradas. Assim, enquanto na informação a experiência não encontra abrigo, é via narrativa que ela pode surgir.

Para esse autor, a verdade é outra que a apregoada pelo positivismo. A verdade é o que é testemunhado, veracizado e legitimado pela comunidade de iguais. Assim, seu conceito de verdade rompe com o defendido pela modernidade, contemplando o mesmo sentido de *alethéia*. Desse modo, uma pesquisa que se pretende voltada para a experiência implica colocar em cena a estrutura das narrativas, o que difere radicalmente da informatização do saber, como requerida e propiciada pela articulação entre ciência e tecnologia. Nessa perspectiva, posso começar a reconhecer ser a experiência a via que pode me conduzir à compreensão do fenômeno adolescer, através dos depoimentos de adolescentes/narradores.

Porém, mesmo dentro da fenomenologia, existem divergências quanto ao modo de buscar o desvelamento de um fenômeno. Assim, enquanto Husserl buscava apreender dos fenômenos sua essência, compreendida como algo que não se perde, pois que independe do intérprete, Heidegger quer compreender a vida e seus fenômenos desde si mesmo, quer participar e não "suspender" o próprio viver.

Heidegger propõe uma *epoké* da própria consciência. Em lugar da consciência, da intencionalidade, agora o que mais importa é *o Dasein*, o ser-aí, que acaba por levar ao domínio da existência mesma. Isso caracteriza um rompimento da hermenêutica ontológica de Heidegger com a fenomenologia transcendental de Husserl. De um modo geral, a hermenêutica supera a fenomenologia em um ponto: descobre que existe um estrato mais original que a subjetividade transcendental. Foi o que aconteceu comigo e, conseqüentemente, com este trabalho. A realidade aqui é buscada como um fenômeno que se desvela na sua própria existência, já que existe uma fidelidade radical à ontologia, e somente a partir daí posso pensar em chegar a uma compreensão do ser-no-mundo, ao pertencimento em um âmbito dado de sentido. Além disso, para a hermenêutica ontológica, a redução fenomenológica não é adequada, por deixar de lado o modo-de-ser, preocupando-se tãosomente com o conteúdo. Agora fica claro que, ao se fazer uma redução fenomenológica, prescinde-se da existência, o que seria contraditório com a orientação buscada.

Portanto, a tese metodológica da hermenêutica, adotada neste estudo, investe-se da tarefa de recolher algo que já está aí, retirando a primazia absoluta do método, assim como da subjetividade. Aqui chego a Gadamer (1977), que propõe uma hermenêutica na qual a compreensão de um fenômeno se encontra inteiramente entremeada pelo outro, e pelos "preconceitos", que também fazem parte desse outro. Trata-se, enfim, da procura ou construção de novos contextos, capazes de dar novos sentidos a novos elementos. É com esse olhar, que pretendo hermenêutico ontológico, que me debruço quer sobre os textos teóricos, quer sobre as narrativas dos sujeitos.

De volta à metodologia escolhida para esta pesquisa, me volto à discussão das técnicas de captação dos depoimentos. No Brasil, a técnica de história de vida ainda permanece pouco explorada e, portanto, pouco valorizada. A técnica dos relatos orais, diferentemente da análise quantitativa, trouxe consigo a possibilidade de reaparecimento da aura dos fenômenos, e, com ela, toda uma riqueza cultural e sabedoria da humanidade. Cabe a ela a maior fonte de conservação e difusão do saber, feita através das narrativas. Porém, alerta Queiroz (1988), ao operar a passagem do oral para um signo (palavra ou escrita), instala-se um novo intermediário: o ouvinte, o qual, ao voltar a narrar uma mesma história, imprime nela sua marca, deixando de ocupar o lugar de quem escuta para assumir o de quem narra.

Escolho o depoimento como instrumento deste estudo, uma vez que ele caracteriza "o momento de contato do pesquisador com uma esfera circunscrita da experiência do narrador" (SCHMIDT, 1990, p. 73). É exatamente esta a minha intenção: conhecer a experiência dos depoentes quanto à questão investigada. Colho, então, o relato de cinco adolescentes/narradores. Quero conhecer como é, para cada um deles, ser adolescente.

A primeira intenção é de, por intermédio dos depoimentos pessoais, chegar à maneira pela qual jovens de diferentes camadas sociais estão experimentando as mudanças proporcionadas pela adolescência. Querendo escutar dos depoentes como é, para eles, ser adolescente, a "pergunta de corte" ressalta o elemento fundamental e comum pelo qual devem passar todas as entrevistas: a experiência.

Assim sendo, sou guiada por meu próprio interesse ao procurar os narradores. Com isso, deixo claro que o objetivo é conhecer mais de perto a realidade que busco compreender: a experienciação da adolescência. Todos os depoimentos foram gravados e, posteriormente, transcritos. Como passo seguinte, as narrativas são textualizadas. A partir disso, Bom Meihy (1991) propõe que a textualização recrie a atmosfera da entrevista, procurando trazer para o leitor o mundo de sensações e sentimentos do narrador. Acompanhando estes, e transcriando as narrativas, espero que o leitor passe a fazer parte da trama, passando a ocupar, além do lugar de ouvinte, também o de narrador.

Segundo Schmidt (1991), a pesquisadora é, na verdade, uma recolhedora da experiência. Assim, como um ouvinte, propicia e acolhe o trabalho de elaboração do outro. E, como sujeito, que busca compreender, reserva-se o papel de comentar "os resultados e segurar alguns fios teóricos desenrolados desde a busca da pesquisadora em comunicar sua experiência de encontro com o outro. Nesse momento, ela ocupa, também, o lugar do narrador" (p. 78-9). É isso que espero ter feito com os depoimentos aqui apresentados. Espero que eles estejam vivos, que possam trazer o calor do relato aos leitores, que, a partir desta leitura, possam fazer parte desta narrativa, tal qual me torno parte da narrativa de meus depoentes/narradores.

Para tanto, escuto o relato de cinco jovens que contam como é, para cada um deles, ser adolescente. O sentido buscado é o da explicitação da qualidade de suas experiências. É a partir de seus relatos que começo a perceber que, apesar de suas peculiaridades e particularidades contextualizadas por grupos socioculturais diversos, algo se mantém comum.

E, com essa perspectiva, submerjo nos depoimentos, para que a adolescência se dê a conhecer através dos relatos de seus protagonistas. As narrativas se oferecem com uma riqueza imensa ao mostrar a experiência de ser adolescente. Para esta leitura, evidencio possibilidades de reflexões sobre as questões que permeiam minhas vivências com o tema. Em alguns momentos, é como se os narradores refletissem por mim as questões que, há tempos, eu me formulo. Noutros, apontam outras vias de aproximação e desvelamento do tema. De qualquer maneira, abrem minha visão para a compreensão da adolescência a partir de um olhar fenomenológico-existencial.

Para sabermos do que falo, voltemos-nos à análise de alguns aspectos da narrativa de nossos protagonistas.

ANÁLISE DAS NARRATIVAS

Beatriz

A primeira adolescente entrevistada foi Beatriz. Sua mãe é manicure e o pai, metalúrgico. Com dois irmãos, cursava a 2ª série do 2º grau numa escola pública municipal, no turno da noite. A partir da fala dessa jovem discuto a tensão existente entre universalidade e singularidade no fenômeno da adolescência, estabelecendo um diálogo rico entre a teoria estudada e sua experiência de ser adolescente.

Para Beatriz, a despedida da infância se iniciou quando ela percebeu que tinha que entender a vida por si mesma. O modo de se ver, e ao mundo, também mudou. Beatriz fala da possibilidade de compreender a adolescência como um momento único no desenvolvimento humano, momento este em que começa a pensar o mundo e a própria vida de um modo absolutamente diferente da criança. A sensação de desamparo na qual ela se vê lançada aproxima-a da real condição humana de fragilidade e da inospitalidade do mundo, que agora passa a fazer parte do modo de ser dessa jovem. Beatriz reinaugura-se, construindo uma nova subjetividade. Para tanto, parece ser retirada de um lugar calmo e seguro, lançada num tempo de descobertas angustiadas: vê-se sozinha no mundo, tendo que cuidar de si e do outro. Percebe que não é mais a mesma, mas muitas, sendo a mesma. Ressalta: "Na infância a gente vê as coisas acontecerem e não liga, porque a gente não sabe realmente o que está acontecendo. Quando a gente já está entendendo um pouco o mundo, então a gente já percebe que é diferente de quando a gente está na infância."

Beatriz parece falar de coisas particulares, contextualizadas e históricas. Quando fala de sua vida, de suas obrigações, de coisas que lhe dão prazer, fala do que se faz presente no seu modo específico de existência, em um momento histórico e particular; e do que poderia ser universal, ela parece acenar para um modo diferente do infantil de ser e estar no mundo; um modo que vai se construindo aos poucos, que não é determinado por idade cronológica ou mudanças pubertárias, mas está mais voltado para uma relação estreita com uma nova subjetividade, com um novo modo e se perceber e ao mundo. Porém, o modo como ele se faz concreto, este é histórico, particular, pois que essencialmente passível de acontecer. Veja o que ela afirma: "Acho que tenho um lado adulto e um adolescente. Sou um pouco dos dois. Acho legal ser assim porque a gente toma conhecimento da vida. Toma conhecimento das coisas que, quando for realmente adulta, vai ter que fazer."

Compreendo a adolescência como um fenômeno social, já significado socialmente. Portanto, ao definir a adolescência, seja de qual adolescência falo, dou a ela um significado social, fruto de uma interpretação da realidade.

É possível, então, pensar de modo claro e seguro que a adolescência existe enquanto fenômeno construído historicamente. Assim, para realmente compreender o modo de ser e viver do adolescente, é necessário saber a que adolescente me refiro, contextualizando-o no seu tempo e no seu espaço.

Na busca de encontrar algo peculiar ao fenômeno da adolescência, deparo-me com o "sentido de conquista e o reconhecimento de si", citado por Eisenstadt (1976), assim como com o "poder dispor de si mesmo", referido por Platão (1987). O que talvez possa dizer de uma universalidade seja o sentido dessa busca de reconhecimento de si como um outro, diferente e múltiplo, uma vez que o processo de tomar posse da própria existência somente pode ser na e pela história.

Talvez o que mais distinga a adolescência da adultície seja não mais somente olhar para a condição de ser humano, mas reconhecê-la como tal e viver a partir dela. Desse modo, cuidar da própria vida inclui saber de si como humano, saber do mundo como inóspito, saber da vida como ciclo finito, tomar as rédeas do próprio viver.

Maíra

Também com 17 anos, Maíra tem uma condição social muito distinta da de Beatriz: mora com os pais em um apartamento na Zona Sul de São Paulo, estuda em uma escola particular e tem tudo que deseja no plano material.

Maíra fala de sentimentos muito semelhantes aos que Beatriz revela no seu depoimento: também se descobre como um ser-no-mundo, tendo que cuidar da própria existência. Descobre e vive os prazeres e dores que isso lhe proporciona. Toma como um dos seus objetivos de vida ser por si-mesma, e conta das dificuldades que se colocam a ela. Dá-se conta da sua condição de humana: frágil, insegura, mortal. Reflete: "Muita gente fala para mim: parece que você está procurando problemas. Não é que procure, é que tem. E eu tenho que resolver estes problemas (...) Na infância a gente não percebe as coisas. Na adolescência é diferente (...) É difícil, entregaram em minhas mãos."

Maíra ensina, com sua narrativa, e de forma belíssima, a necessidade de olhar para cada adolescente como uma pessoa única. Ela não pode falar de adolescentes, mas somente de si, não pode falar de todos, uma vez que não existe uma única adolescência. É como ela assegura: "Não sei o que é ser adolescente. Não é ser adolescente... é minha

vida... assim como é diferente a vida de outro adolescente. Não vejo que é tudo igual."

A partir de então, me volto ao estudo das teorias que tratam da adolescência. Sabendo que as teorias trazem em si a "leveza da falsidade" (PESSANHA, 1998), debruço-me no que elas dizem sobre o tema, em especial na reflexão acerca da crise que se pensa ser central nessa etapa da vida. Assim, percebo que Anna Freud considera a entrada na adolescência como uma quebra do sossego e tranquilidade da infância e o início de novas crises psíquicas. Aproxima a compreensão da adolescência com crises, e parece perceber nestas um sentido de patologia. Para Aberastury a adolescência é um período difícil, doloroso e confuso, revelando uma crise que, longe de ser patológica, aponta para um desprendimento da condição infantil. Knobel descreve o adolescimento humano de modo muito fenomênico. Questiono, contudo, o sentido de patologização que parece perpassar a terminologia que ele usa. Na verdade, a noção de crise que alinha as três teorias aponta para um desvio da normalidade, que não posso aceitar, uma vez que parece ocultar uma crise que está para além da psicológica e emocional. A crise, como a entendo, deve ser vista como uma fratura na continuidade do ser, e não como uma consequência mecânica de um fato ocorrido no passado. Assim, ela deve ser brindada como uma possibilidade de rompimento com a construção de um sujeito mecânico e objetificado. Como afirma Maíra: "Está difícil segurar a barra, mas eu acho que tem que ser assim mesmo."

Maíra considera a adolescência distinta da infância e afirma: "Nessa idade tudo que acontece tem um peso muito grande (...) Você pesca as coisas no ar e isso já lhe marca (...) Não tive crise na adolescência. Tive uma crise, mas depois passou (...) gente percebe que não é nada disso, depende de como você encara."

Adney

Tem 17 anos, filho de pais evangélicos, faz parte de um projeto social desenvolvido pela USP; é o terceiro filho de oito irmãos.

Em vários momentos da sua fala, Adney diz de uma temporalidade circular. Ao mesmo tempo em que retorna à condição de dependência infantil, assegura uma possibilidade de viver uma independência relativa. Afirma: "Eu tenho medo de perder meus pais, meus irmãos (...) Sabe, você não ter aquele carinho na hora de dormir, aquelas brincadeiras com os irmãos?"

Para Adney a adolescência é um momento muito bom da vida, muito cheio de prazer, apesar de também trazer dores: "A adolescência ensina a viver. Ensina a pensar!", assegura o jovem. Poder viver a vida mesma, a vida real, é muito gratificante para ele, mais ainda quando é vivida sem uma gravidade tamanha quanto a dos adultos aparenta ser. Adney aprende com a vida, como se ela fosse uma escola que o preparasse para viver de modo mais maduro. Diferentemente da criança, ele se vê como estando no mundo, fazendo parte dele, e aí quer deixar sua marca. "Penso em ir tomando uns alicerces para poder cuidar da vida (...) Poder ter certeza de que, quando acordar, meus filhos vão ter o que comer. Isso me preocupa muito, muito mesmo."

É possível perceber as idas e vindas do rapaz entre a dependência e a busca de uma independência, mesmo que relativa. Revela certa nostalgia pela passagem do tempo da adolescência, que lhe parece uma época muito boa da vida. É como se identificasse, com o passar do tempo, uma perda de leveza, um acréscimo na seriedade e gravidade do viver. Ele diz: "Adolescente solteiro zoa (...) quando você chega aos 23 anos... vai trabalhar vagabundo."

Adney percebe que o mundo é real, e que está vivendo no mundo, devendo, para isso, cuidar da própria vida. Vive um desligamento progressivo dos pais e família, mas a ela pode retornar sempre que necessita. Ao mesmo tempo, experiência uma saída para o mundo, sentindo-se parte dele.

Segundo Winnicott, a constituição do ser humano é, toda ela, atravessada por uma tendência à integração do ser, busca contínua e conquista precária, sempre estando por ser acabada. Quando o bebê tem condições de viver no interior da sua psique, quando ele tem um dentro e um fora, e tem mundos interno e externo, é possível falar de instalação do si-mesmo. E somente quem pôde instalar-se no mundo pode, na adolescência, reinstalar-se. Para que se reinstale o si-mesmo, parece ser necessário que aconteça uma quebra na ilusão de continuidade do viver sereno. Tais rupturas são provocadas por situações desalojadoras e disruptivas, que são aquelas que, de algum modo, quebram a sensação de continuidade da vida como um fluir sereno e inabalável. Com a criança não parece ser possível pensar que as rupturas no fluir sereno da vida a coloquem no umbral da vida, uma vez que ela ainda não se separou de seus pais, não se enxergando como um ser independente. Já o adolescente inaugura uma subjetividade na qual amplia as fronteiras de si-mesmo, vendo-se como indivíduo, responsável por cuidar de si e do outro.

Então, para ele, as situações desalojadoras parecem se aliar ao amadurecimento emocional.

Para esse nosso protagonista, o que talvez tenha de mais distinto entre a infância e a adolescência seja a qualidade da experiência: o adolescente já não mais se encontra submerso nas promessas infantis: "Na adolescência é diferente. A gente precisa aprender as coisas do mundo. Mas é diferente do adulto. O adulto tem mais responsabilidade." Desse modo, é possível pensar que, assim como o nascimento psíquico da criança não é o mesmo que o nascimento biológico, a adolescência não seja sinônimo de conscientização da condição humana. Ela é, isso sim, a abertura de uma possibilidade, que pode ser, ou não, atualizada.

Carlos

Com 17 anos, prepara-se para cursar vestibular para direito. É filho de pais engenheiros e morou alguns anos em Macau, China.

Para Carlos existe uma diferença marcante entre a criança e o adolescente: a criança não tem muita idéia da vida e, por isso mesmo, faz tudo que lhe dá vontade, sem se preocupar com o outro, ou com o que faz. Já o adolescente tem uma idéia do que seja a vida, começando a se preocupar. Afirma: "Quando você é criança, não se preocupa com o que está fazendo. Você está se ferrando (...) Quando você é maior, você já tem uma preocupação social."

Antes de ter que pensar, ressalta Carlos, ele fazia tudo que queria na vida. Suas preocupações eram mais ligadas a si mesmo, a como se sairia nos exames, à busca de uma nova namorada. O divórcio dos pais teve, para ele, uma função de fazê-lo pensar, de se questionar sobre o que estava acontecendo, de ficar atônito com o desmoronar de sua sensação de segurança e fluidez da vida: "Minha única preocupação era jogar bola (...) Depois do divórcio, foi chato... eu olhava para as pessoas e via cada besteira."

Para esse jovem, o adolescente típico não tem muito com o que se preocupar, a não ser com diversão. Porém, Carlos não se via como um adolescente típico. Ele parecia fazer parte daquele grupo de adolescentes que, confrontado com a possibilidade de reinstalar-se no mundo ou continuar alheio a essa conquista, acaba seguindo a primeira opção.

Os adolescentes, como os percebe Carlos, são extremamente susceptíveis a variações de humor: tudo pode provocar grande tristeza ou alegria. "A adolescência é o tempo dos extremos", afirma o jovem, e é vivida com grande insegurança. Finalmente, conclui o jovem, "é próprio do adolescente questionar muito, revidar. O problema disso é que nem sempre ele dispõe de argumentos convincentes". E isso pode ser difícil, uma vez que é chamado a ocupar um lugar na vida.

A partir do que a narrativa de Carlos me sugere, chego à discussão teórica do que compreendo como a reinstalação do si-mesmo. Como já foi dito anteriormente, assim como a instalação do si-mesmo é uma possibilidade virtual, podendo ou não acontecer, o mesmo parece acontece com a reinstalação do si-mesmo. Na verdade nada parece ser determinante nessa reinstalação, uma vez que ela é somente uma possibilidade, podendo ser, ou não, vivenciada. Reinstalar o si-mesmo pode ser entendido como um processo no qual, finalmente, o indivíduo se percebe como isolado dos pais e da família, compreendendo-se como um ser de cuidado, habitando num mundo, sendo-junto-aos-outros, num movimento constante de escoamento no tempo.

A reinstalação do si-mesmo parece-me ser um processo continuado, que se inaugura com o rompimento dos absolutos da infância e se estende pela vida inteira. Contudo, a adultície parece se inaugurar com a percepção da condição de precariedade humana. Na verdade, nada parece ser determinante nessa reinstalação do si-mesmo, uma vez que ela é somente uma possibilidade, podendo ser, ou não, vivenciada. Reinstalar o si-mesmo pode ser entendido como um processo no qual, finalmente, o indivíduo se percebe como isolado dos pais e da família, compreendendo-se como um ser de cuidado, habitando num mundo, sendo-junto-aos-outros, num movimento constante de escoamento no tempo.

São as capacidades de brincar, de agir criativamente e de inventar o mundo marcos de saúde no processo de amadurecimento humano. Assim, reinstalar-se no mundo talvez seja o mesmo que poder imprimir uma marca pessoal na vida, uma vez que agora o indivíduo é capaz de criar a si e ao mundo, a partir do que de mais próprio ele pode ter: sua condição de humanidade. A maturidade poderia, então, ser compreendida como a possibilidade de tomar a vida nas próprias mãos, cuidar de si enquanto um ser de possibilidades, mortal, que se escoa no tempo.

Amanda

Com 16 anos, Amanda faz parte da classe média de São Paulo. Seus pais são profissionais liberais, e ela é a primogênita de dois filhos.

Amanda foi a primeira adolescente a ser entrevistada. Sua narrativa foi essencial para a construção deste trabalho, me dando "pistas" para estudar a adolescência. Então, se comecei este estudo com ela, trago-a também para fechá-lo.

Amanda viveu a entrada na adolescência com um grande susto: "De repente, deu um estalo: como vai ser meu futuro?" Percebe que tem um futuro aberto, a ser construído no dia-a-dia. As responsabilidades colocaram-se para ela com um peso e gravidade bem maiores do que na infância. Sua sensação é de que tinha um monte de coisas para falar, mas não conseguia dizer nada. Tanto ela quanto as pessoas a percebiam como criança, enquanto suas idéias não eram mais infantis. Parecia existir um descompasso entre uma imagem de criança e um emergir de uma nova pessoa: "Eu me sentia assim: tinha medo do que eu poderia ser como adolescente." Hoje se sente parte do mundo, considerando-se responsável pela sociedade, embora com uma responsabilidade pequena. Para Amanda esta seria uma diferença básica entre a criança e o adolescente: o nível de responsabilidades.

Amanda sente-se dividida entre seus dois lados, o infantil e o maduro: "Às vezes eu estou na reunião do 'grupo', mas eu estou num daqueles dias criança, de gostar de bagunçar, e eu não consigo ficar ali. Ou então acontece ao contrário: eu estou com o pessoal fazendo bagunça, e eu acho um saco..." Isso lhe dá um sensação grande de desarrumação interna, e ela precisa ficar sozinha, talvez para encontrar seu centro.

A jovem sabe da sua necessidade de solidão: "Meu quarto é meu mundo." Contudo, somente se sente segura na sua solidão, ao saber que sua família está por perto e que pode contar com ela. Quando não consegue resolver alguma coisa, Amanda pede socorro aos pais. Na verdade, eles são uma espécie de estepe emocional para ela. Porém, ela necessita de um espaço para experimentar-se independentemente deles.

Enquanto Amanda se encanta por ter voz ativa enquanto adolescente, também se refere a essa época da sua vida como um período no qual ainda é cuidada, recebendo da família o que necessita para viver. Ao mesmo tempo, atribui à adultície um maior peso de responsabilidade. Imagina como um dos prazeres que a idade adulta lhe trará a independência e a possibilidade de fazer o que quiser. Contudo, o ter que trabalhar para sustentar-se e o ter que lidar com as dificuldades adultas ao mesmo tempo a assustam.

A "pista" que Amanda me oferece para compreender fenomenologicamente a adolescência, como um momento possibilitador da reinstalação do si-mesmo, ocorre quando ela dá a perceber que vive um momento existencial distinto da infância. A maior diferença entre a infância e a adolescência se coloca, então, como um modo peculiar de perceber, de compreender a própria vida e as relações consigo, com o mundo e com as coisas. Tal percepção gerou, em mim, uma luz que iluminou um caminho para se construir este trabalho. Ao mesmo tempo, tanto minha experiência relacionada com a adolescência quanto a reflexão que vinha fazendo sobre o tema pareciam convergir para um mesmo ponto: a reinstalação do si-mesmo como uma possibilidade virtual, colocada a partir da adolescência.

DESCREVENDO FENOMENOLOGICAMENTE A EXPERIÊNCIA DE SER ADOLESCENTE

Beatriz, Maíra, Adney, Carlos e Amanda narraram suas experiências de serem adolescentes. Com peculiaridades nítidas, todos eles me parecem falar de um tempo e de um lugar que me remete à compreensão da adolescência como um momento existencial possibilitador da reinstalação do si-mesmo. Todos os colaboradores diziam da transformação que estavam vivendo nas suas subjetividades, mas cada um de absolutamente particular. Porém, ao mesmo tempo, e com uma qualidade excepcionalmente similar, todos diziam estar experienciando uma outra forma de se ver no mundo. Cada um deles parecia estar reencenando uma conquista ímpar: ao relatarem esse outro modo de se ver no mundo, apontavam uma experiência que os aproximava do sentido de uma reinstalação de si-mesmo no mundo.

Trazido por essa nova subjetividade, que aos poucos se constrói nos adolescentes, o cuidado de ser afirma-se como uma das principais tarefas a serem assumidas. E é disso que os sujeitos estão a falar o tempo todo. Eles dizem dos sustos que levam nesse processo de adolescer, do que lhes é mais difícil e custoso, mas também falam das delícias e prazeres que experienciam.

Todos eles viveram experiências desalojadoras que me pareceram, no mínimo, questionar a idéia de um viver fluídico e sem quebras no seu desenrolar sereno. Provavelmente essas vivências favoreceram um confronto com a condição humana, ontológica, de fragilidade e precarie-

dade. A partir daí, uma possibilidade torna-se emergencial: a reinstalação do si-mesmo, que aproxima o homem de um amadurecimento psíquico e emocional e um tomar as rédeas da vida nas próprias mãos.

Ao fim deste trabalho, depois de muitos estudos, reflexões e, contando com a passagem do tempo, algumas (in)conclusões se me revelam. Em primeiro lugar, sinto-me confortável em afirmar a existência da adolescência como um fenômeno construído sócio-históricamente. Assim, compreendo-a como uma ocorrência totalmente entremeada pela história, pela cultura, pelos valores sociais, pelas condições financeiras, tendo, portanto, um sentido contextualizado na realidade vivida. Assim, a idéia de uma adolescência natural, universal, que se mostrasse igual no seu acontecer, em todos os tempos e lugares, é questionada, indagada, negada.

Em segundo lugar, questiono a existência de algum universal no acontecer da adolescência. O acontecer da adolescência, enquanto fenômeno, poderia ser pensado como universal se tomado como um acontecimento fisiológico. Mas o homem ultrapassa esse caráter de fisiologia, por ser um ser social e histórico. Então, parece-me que o limite fisiológico é ultrapassado pelo social, já que o homem é um ser de relação, um ser-com, o que significa afirmar que ele ultrapassa o limiar imposto pela fisiologia, pura e simplesmente.

Se a adolescência não pode ser pensada somente a partir de uma ocorrência da maturidade física, o que mais deve ser olhado? A idade cronológica? Também ela é importante para esta análise, mas extremamente insuficiente. Neste trabalho pude mostrar como a idade cronológica não define a adolescência, seja na sua inauguração, duração ou término.

Contudo, surge uma nova possibilidade de pensar esse problema: a adolescência pode ser delimitada pela ocorrência de rituais de iniciação, que servem como limites claros e precisos entre a infância, a adolescência e a adultície. Contudo, mais uma vez, percebo que também eles não servem como resposta à busca que venho fazendo. Os rituais vêm mudando com o tempo, e, o mais importante a ser dito, não têm o mesmo sentido para todos os jovens, em todos os segmentos sociais. Desse modo, não podem ser tomados como marcos definidores para a compreensão da adolescência.

A partir das narrativas de meus jovens colaboradores, me foi possível perceber uma experiência comum a todos eles: a busca de uma subjetividade mais própria. Daí, nova derivação: todos os meus sujeitos estavam vivendo um processo de reinstalação do si-mesmo, vendo-se, e ao mundo, de um modo muito diferenciado da criança que ainda são. Aqui encontro uma possibilidade de compreender a adolescência: um fenômeno engendrado na história, universalizado na possibilidade da re-instalação do si-mesmo.

A adolescência, como a compreendo, é um acontecer no qual o ser humano pode abrir-se à possibilidade de reinstalar-se no mundo, de ver-se a si, e ao mundo, de um modo mais próprio, maduro, independente. A adolescência inaugura esse processo de reinstalação do si-mesmo, mas ele continua pela vida afora, sempre indo e voltando, num movimento de espiral que se inicia ainda antes do nascimento e segue até seu completar-se, que se dá na morte. Enquanto a adolescência inaugura a possibilidade dessa nova subjetividade, a adultície parece coroá-la. Mais

uma vez nego a idade cronológica para fazer essa delimitação entre tais idades desenvolvimentais. Não parece ser a idade etária que determina a maturidade. Parece mais ser uma disposição na vida, um assumir da própria existência, com suas tragédias... e comédias.

A adolescência, como a compreendo e apresento neste trabalho, desentranha um segundo processo de instalação do si-mesmo, daquele tipo que possibilita ao homem confrontar-se com sua finitude, com sua fragilidade e precariedade, com seu mundo inóspito e inseguro. A adultez seria, então, um momento existencial de assumir tal condição humana e vivê-la o mais propriamente possível, dentro da impropriedade do mundo cotidiano.

REFERÊNCIAS BIBLIOGRÁFICAS

ABERASTURY, A; et al. **Adolescência**. Trad. Suzana Ballve. Porto Alegre: Artes Médicas, 1983.

ABERASTURY, A; KNOBEL, M. **Adolescência normal**. Trad. Suzana Ballve. Porto Alegre: Artes Médicas, 1981.

ABRAMO, HW. **Cenas juvenis – punks e darks no espetáculo urbano**. São Paulo: Página Aberta, 1994.

ARIÈS, P. **A História social da criança e da família**. Trad. Dora Flaksman. Rio de Janeiro: Guanabara, 1978.

BADINTER, E. **Um amor conquistado – o mito do amor materno**. Rio de Janeiro: Saraiva, 1985.

BENJAMIN, W. **Obras escolhidas** (vols. 1, 2 e 3). São Paulo: Brasiliense, 1993.

BLOSS, P. **Adolescência – uma interpretação psicanalítica**. Trad. Waltensir Dutra. São Paulo: Martins Fontes, 1994.

BOCK, AM. **Adolescência e orientação profissional: uma concepção crítica**. São Paulo: PUC, 1997. [Mimeo.]

BOM MEIHY, JCS. **Canto de morte Kaiowá – história oral de vida**. São Paulo: Loyola, 1991.

BORNHEIN, G. O sujeito e a norma. In: NOVAES, A; AMARAL, J (org). **Ética**. São Paulo: Companhia das Letras, 1992.

BOSS, M. **Angústia, culpa e libertação**. Trad. Bárbara Spanoudis. São Paulo: Livraria Duas Cidades, 1988.

CHASSAING, JL. Mais tarde é agora! Ensaios sobre a adolescência. In: CORRÊA, A. I. **Mais tarde é agora!** Salvador: Ágalma, 1996 p. 41-50.

CLÍMACO, A. **Repensando as concepções da adolescência**. [Dissertação de Mestrado]. São Paulo: PUC-SP, 1991.

CRITELLI, DM. **Analítica do sentido – uma aproximação e interpretação do real**. São Paulo: Brasiliense, 1996.

CROUZET-PAVAN, E. Uma flor do mal: os jovens na Itália medieval. In: LEVI, G; SCHMITT, JC. **História dos jovens** (vol. 2). Trad. Paulo Neves, Nilson Moulin, Maria Lúcia Machado. São Paulo: Companhia das Letras, 1996.

DRAWIN, C. Psicologia: dialética da fragmentação. In: Conselho Federal de Psicologia. **Quem é o psicólogo brasileiro**. São Paulo: Edicon, 1988.

EISENSTATD, SN. **De geração em geração**. São Paulo: Perspectiva, 1976.

ERIKSON, E. **Infância e sociedade**. Trad. Gildásio Amado. Rio de Janeiro: Zahar, 1971.

_____. **Identidade, juventude e crise**. Trad. Álvaro Cabral. Rio de Janeiro: Zahar, 1976.

FERREIRA, BW. **Adolescentes diante do mundo atual: identidade profissional e ideológica**. [Tese de Doutorado.] Rio Grande do Sul: PUC-RS, 1992.

FREUD, A. **Psicanálise para pedagogos**. Lisboa: Moraes, 1973.

_____. **O ego e os mecanismos de defesa**. Rio de Janeiro: Civilização Brasileira, 1974.

FROEMING, LS. De o eu é um outro a um outro eu: a amizade como laço social. In: ASSOCIAÇÃO PSICANALÍTICA DE PORTO ALEGRE, **Adolescência: entre o passado e o futuro**. Porto Alegre: Artes e Ofícios, 1997. p. 113-120.

GADAMER, H. **Verdade e método – traços fundamentais de uma hermenêutica filosófica**. Trad. Flávio Paulo Meurer. Petrópolis: Vozes, 1977.

HEIDEGGER, M. **O fim da filosofia ou a questão do pensamento**. Trad. de Ernildo Stein. São Paulo: Duas Cidades, 1972.

HUERRE, P. **A adolescência como herança – de uma geração a outra.** Trad. Maria Celeste Marcondes. Campinas: Papirus, 1998.

KNOBEL, M; ABERASTURY, A. **Adolescência normal.** Porto Alegre: Artes Médicas, 1981.

_____. O pensamento e a temporalidade na psicanálise da criança e adolescência e o tratamento psicanalítico do adolescente. In: ABERASTURY. **Adolescência.** Porto Alegre: Artes Médicas, 1983.

LEVI, G; SCHMITT, JC. **História dos jovens** (vols. 1 e 2). Trad. Cláudio Marcondes, Nilson Moulin, Paulo Neves e Maria Cláudia Machado. São Paulo: Companhia das Letras, 1996.

MOFFATT, A. **Terapia de crise – uma terapia temporal do psiquismo.** Trad. Beatriz Romano Tragtenberg. São Paulo: Cortez, 1982.

MUUSS, R. **Teorias da adolescência.** Tradução Instituto Wagner de Idiomas. Belo Horizonte: Interlivros, 1966.

OSÓRIO, LC. **Adolescente hoje.** Porto Alegre: Artes Médicas, 1989.

OZELLA, S. **Adolescência e orientação profissional: uma concepção crítica.** São Paulo: PUC-SP, 1997. [Mimeo.]

PERROT, M. A juventude operária. Da oficina à fábrica. In: LEVI, G; SCHMITT, JC. **História dos jovens** (vol. 2). Trad. Paulo Neves, Nilson Moulin e Maria Lúcia Machado. São Paulo: Companhia das Letras, 1996.

PESSANHA, J. **Por uma nova topologia da sanidade.** IV Colóquio Heidegger, São Paulo, 1998.

QUEIRÓS, MI. Relatos orais: do "indizível" ao "dizível". In: MORAES, O. (org.) **Experimentos com histórias de vida.** São Paulo: Vértice, Rev. dos Tribunais, 1988.

RILKE, RM. **Alguns poemas** e **Cartas a um jovem poeta.** (Clássicos de Ouro). Rio de Janeiro: Ediouro, 1997.

RUFINO, R. Fragmentos em torno da epopéia do sujeito sob a operação do adolescer. In: CORRÊA, AI. **Mais tarde é agora! Ensaios sobre a adolescência.** Salvador: Ágama-Psicanálise, 1996. p. 78-100.

SANTOS, BR. **A emergência da concepção moderna da infância e adolescência – mapeamento, documentação e reflexões sobre as principais teorias.** [Dissertação de Mestrado.] São Paulo: PUC-SP, 1996.

SCHINDLER, N. Os tutores da desordem: rituais da cultura juvenis nos primórdios da era moderna. In: LEVI, G; SCHMITT, JC. **História dos jovens** (vol. 1). Trad. Cláudio Marcondes, Nilson Moulin, Paulo Neves. São Paulo: Companhia das Letras, 1996.

SCHMIDT, ML. **A experiência de psicólogas na comunicação de massa.** [Tese de Doutorado.] São Paulo: USP, 1991.

SCHNAPP, A. A imagem dos jovens na cidade grega. In: LEVI, G; SCHMITT, JC. **História dos jovens** (vol. 1). Trad. Cláudio Marcondes, Nilson Moulin, Paulo Neves. São Paulo: Companhia das Letras, 1996.

WINNICOTT, DD. **O brincar e a realidade.** Trad. Jayme Salomão. Rio de Janeiro: Imago, 1975.

_____. **A criança e seu mundo.** Trad. Álvaro Cabral. Rio de Janeiro: Guanabara Koogan, 1982.

_____. **O ambiente e os processos de maturação – estudos sobre a teoria do desenvolvimento emocional.** Trad. Irineu Cavalcante. Porto Alegre: Artes Médicas, 1983.

_____. **O gesto espontâneo.** Trad. Luís Carlos Borges. São Paulo: Martins Fontes, 1990a.

_____. **Natureza humana.** Trad. Davi Litman Bogomoletz. Rio de Janeiro: Imago, 1990b.

_____. **Holding e interpretação.** Trad. Sônia Maria Barros. São Paulo: Martins Fontes, 1991.

_____. **A família e o desenvolvimento individual.** Trad. Marcelo Brandão Cipolla. São Paulo: Martins Fontes, 1993.

_____. **Os bebês e suas mães.** Trad. Jefferson Luís Camargo. São Paulo: Martins Fontes, 1994a.

_____. **Explorações psicanalíticas – D. W. Winnicott.** Trad. José Otávio Abreu. Porto Alegre: Artes Médicas, 1994b.

_____. **Privação e delinqüência.** Trad. Álvaro Cabral. São Paulo: Martins Fontes, 1994c.

_____. **Tudo começa em casa.** Trad. Paulo Sandler. São Paulo: Martins Fontes, 1996.

_____. **Pensando sobre crianças.** Trad. Maria Adriana Veronese. Porto Alegre: Artes Médicas, 1997.

QUESTÕES COMENTADAS

1) É possível pensar a adolescência como tendo a mesma expressão em todos os tempos e em todos os lugares?

R: A adolescência não pode ser pensada como um fenômeno único em todos os tempos e lugares. É possível perceber, ao longo da história, como a adolescência se modifica nos diferentes espaços geográficos, assim como nos distintos tempos históricos. As vivências dos jovens assumem modelos díspares, de acordo com seus contextos sócio-históricos. É necessário, portanto, esclarecer a importância da contextualização histórica para compreender a adolescência, seu significado, funções e características.

Até mesmo a adolescência brasileira contemporânea mostra peculiaridades a partir das diferentes perspectivas de classes sociais, de gênero, de contextos culturais e regionais, da idade cronológica, dentre outros. Assim, pode-se pensar a adolescência como um fenômeno histórico e social, com distintos matizes culturais, vivida de modo singular por pessoas diferentes.

Compreende-se a adolescência como um fenômeno social, como um momento já significado socialmente. Portanto, ao definir a adolescência, seja de qual adolescência falo, dou a ela um significado social, fruto de uma interpretação da realidade. É possível, então, pensar de modo claro e seguro que a adolescência existe enquanto fenômeno construído historicamente. Assim, para realmente compreender o modo de ser e viver do adolescente, é necessário saber a que adolescente me refiro, contextualizando-o no seu tempo e no seu espaço.

Na busca de encontrar algo peculiar ao fenômeno da adolescência, deparo-me com o "sentido de conquista e o reconhecimento de si", citado por Eisenstadt (1976), assim como o "poder dispor de si mesmo", referido por Platão. Tanto a conquista quanto o reconhecimento de si, enquanto experiências vividas, são historicamente determinados. O que talvez possa dizer de uma universalidade seja o sentido dessa busca de reconhecimento de si como um outro, diferente e múltiplo, uma vez que o processo de tomar posse da própria existência somente pode ser na e pela história.

"Se não sabes aonde vais, lembra-te de onde viestes", afirma um provérbio do Benim, apontando para a importância da história na delimitação e no formato da experiência. Assim, "quaisquer que sejam as analogias, as semelhanças nos seus destinos, cada ser humano, pela primeira vez na sua existência, terá de se constituir como sujeito particular, diferenciado dos outros" (HUERRE, 1998, p. 21). E parece ser mesmo esse o destino de cada um dos jovens deste trabalho: ser por si-mesmo.

Para Beatriz, a criança não percebe, ou não está preparada para perceber, a ausência de sentido na vida, ou, pelo menos, a ausência de um sentido *a priori* para o viver humano. Então, vive uma vida que lhe parece plena, segura e fluídica. Já o adolescente, ele não mais parece habitar essa segurança infantil, uma vez que percebe existir uma quebra no acontecer humano. É dessa quebra, dessa ruptura, que Beatriz trata no seu depoimento.

Talvez o que mais distinga a adolescência da adultície seja não mais somente olhar para a condição de ser humano, mas reconhecê-la como tal e viver a partir dela. Desse modo, cuidar da própria vida inclui saber de si como humano, saber do mundo como inóspito, saber da vida como ciclo finito, apropriar-se do próprio viver. Cuidar de si pode ser compreendido como aliar-se à solidão, aliar-se à angústia, saber de si, dos seus pares e do mundo.

2) Como a crise da adolescência é vista a partir do referencial psicanalítico, em especial das teorias de Anna Freud, Aberastury e Knobel?

R: A distinção marcante entre a infância e a adolescência seria feita pela diferença de percepção: enquanto a criança não está ligada nas coisas do mundo, não sendo, por isso mesmo, muito marcada por ele, o adolescente faz-se diferente por perceber as coisas no ar, pescar as coisas que estão acontecendo ao seu redor e dentro de si mesmo, e isso o marca de um modo muito especial. Essa mudança na qualidade da percepção de ser e de

estar no mundo parece acontecer aos poucos, gradativamente. O adolescente sai de um lugar confortável da infância, para um lugar nenhum. Aos poucos, se encaminha para um espaço outro, construído por ele mesmo. É disso que Ruffino[2] (1996) fala a seguir:

> Não que ele (o adolescente) nada possa narrar e nem que deixe de perfazer um processo. Mas, para que o enfrente, ele precisa continuar no turbilhão. Para isso, ele não descansa em lugar algum (...) O lugar do adolescente é estar fora de lugar. (p. 83)

Na discussão teórica apresentada percebo que Anna Freud considera a entrada na adolescência uma quebra do sossego e tranquilidade da infância e o início de novas crises psíquicas. Aproxima a compreensão da adolescência com crises, e parece perceber nestas um sentido de patologia. Contudo, dentro da perspectiva que venho defendendo neste trabalho, as crises devem ser tidas como uma possibilidade em aberto, seja de criação e saúde, seja de patologia e empobrecimento psíquico. A adolescência poderia, mesmo, ser considerada um cruzamento de caminhos entre o íntimo e o social: "a adolescência é um lugar das passagens, dos encontros, das possibilidades, das aberturas e dos fechamentos" (CHASSAING, 1996, p. 43).[3]

Beatriz, Maíra, Adney, Carlos e Amanda falam de outros conflitos que não os edípicos, como cruciais aos seus adolesceres e, assim, fogem da caracterização da adolescência como um momento de crises, causadas por uma recapitulação dos conflitos edípicos. Na verdade, é mesmo a condição humana de fragilidade, são os medos, as dúvidas, as incertezas, os desalojamentos e a compreensão da finitude que se entranham nas suas narrativas. Agora, é a reinstalação do si-mesmo que me aparece como figura, nesse fundo do fenômeno do adolescer. Desse modo, os narradores deste trabalho me chegam como indivíduos que, intimados a cuidarem de suas existências, são retirados da segurança e completude infantil e lançados no mundo, num eterno e intransferível ter que cuidar de ser.

Já Aberastury não se concentra na recapitulação do Édipo quando tenta compreender a adolescência. Assim como ela, acredito que a adolescência está para além do Édipo. Na minha perspectiva, ela inaugura uma nova subjetividade, reinstala o si-mesmo, que é muito mais amplo do que a resolução edípica, abrangendo campos outros além da sexualidade. Entrar no mundo dos adultos, fato tão desejado quanto temido, significa para o adolescente a perda definitiva de sua condição de criança e pode levar a vivências de lutos, tanto pelos jovens quanto por seus pais. Contudo, enfatizo a crise como um des-equilíbrio que, em si, nada tem de patológico. Desejo desmistificar a idéia de que toda crise seja negativa. Na verdade, ela pode ser a porta de entrada para a construção do novo, mais criativo e real. A crise que pode acontecer na adolescência pode trazer consigo o germe da inovação, e muito mais do que sofrimentos e do-

---

[2] Rodolfo Ruffino, *Fragmentos em torno da epopéia do sujeito sob a operação do adolescer*, 1996.
[3] Jean Louis Chassaing, *Mais tarde é agora*, 1996.

res, embora eles possam estar juntos. Segundo Chassaing (1996), "Krisis é o momento-decisivo, momento-pivô quanto às possibilidades, onde vão se reencontrar o biológico e a linguagem, o público e o privado" (p. 43).

Knobel descreve o adolescimento humano de modo muito fenomênico. Enquanto descrição do que ocorre em nível dos lutos e dos sintomas da "síndrome de normal-anormalidade", merece destaque. Questiono, contudo, o sentido de patologização que parece perpassar a terminologia que ele usa, pois, assim fazendo, ele continua a atribuir à adolescência a pecha de doença ou de momento problemático do desenvolvimento.

Na verdade, a noção de crise que alinha as teorias de Hall, Anna Freud, Aberastury e Knobel aponta para um desvio da normalidade que não posso aceitar, uma vez que parece ocultar uma crise que está para além da psicológica e emocional. A crise, como a entendo, deve ser vista como uma fratura na continuidade do ser, e não como uma conseqüência mecânica de um fato ocorrido no passado. Desse modo, compreendo a crise na adolescência como uma quebra e descontinuidade na linearidade da vida, e do tempo cronológico, assim como Moffat (1982) e Boss (1988). Assim, ela deve ser brindada como uma possibilidade de rompimento com a construção de um sujeito mecânico e objetificado. Deve ser brindada como uma possibilidade de tomar a vida nas próprias mãos, em comunhão com os outros. Portanto, não deveria ser evitada, nem considerada patológica.

3) Como se pode compreender a reinstalação do si-mesmo, possibilitada pelo advento da adolescência?

R: A partir do que já disse, faço novas considerações: do mesmo modo que a maturidade psíquica não é o mesmo que idade cronológica, posso afirmar que a adolescência, vista como fenômeno existencial, também não é determinada por ela. Ao mesmo tempo, a adolescência também tem proximidade com o fenômeno da puberdade, mas não se confunde com ele. Portanto, adolescência e puberdade não são a mesma coisa, assim como a adolescência não é sinônimo de reinstalação do si-mesmo.

A adolescência, para a perspectiva winnicottiana, pode ser compreendida como uma reencenação de fases anteriores, embora com peculiaridades próprias, assim como uma experiência a ser repetida no futuro. Além disso, toda a movimentação do desenvolvimento emocional aponta para uma integração do ser, um amadurecimento dos instintos e um enriquecimento da personalidade.

A constituição do ser humano é, toda ela, atravessada por uma tendência à integração do ser, busca contínua e conquista precária, sempre estando por ser acabada. Na verdade, o homem herda a tendência de amadurecimento, e é esta capacidade que melhor o define enquanto homem. Apesar de parecer contraditório, é possível pensar na existência de uma tendência universal da espécie humana, que se atualiza na história e via cultura.

Desse modo, a linha de vida do ser humano seria marcada por uma tendência à busca de uma continuidade e integração do ser. A natureza humana é, portanto, um temporalizar-se, uma vez que cada indivíduo está destinado a amadurecer, a unificar-se e a responder por seu ser, no seu tempo, que ocorre entre

dois fins: o nascimento e a morte. Ocorre que, embora inata, a tendência à integração e continuidade do ser pode jamais vir a se atualizar, uma vez que a passagem do tempo não é suficiente para isso. Trata-se, na verdade, de uma tendência, e não de uma determinação a ser cumprida. Desse modo, o processo de viver, de se tornar real e habitar num mundo também real pode falhar. Estar vivo, e tornar-se real, pode jamais vir a acontecer, negando a virtualidade da sua natureza.

Além da tendência inata à integração, o ser humano necessita contar com um ambiente suficientemente bom para se instalar no mundo. O processo de amadurecimento humano se inicia ainda durante a gestação e somente termina com a morte. Pode ser compreendido como um caminhar que se inicia com uma dependência absoluta da mãe, passando por estágios de gradual desadaptação, ou dependência relativa, indo até uma independência também relativa, uma vez que o homem precisa do outro para ser.

Quando o bebê tem condições de viver no interior da sua psique, quando ele tem um dentro e um fora, e tem mundos interno e externo, é possível falar de instalação do si-mesmo. E somente quem pôde instalar-se no mundo pode, na adolescência, reinstalar-se.

Para que se reinstale o si-mesmo, parece ser necessário que aconteça uma quebra na ilusão de continuidade do viver sereno. Tais rupturas são provocadas por situações desalojadoras e disruptivas, que são aquelas que, de algum modo, quebram a sensação de continuidade da vida como um fluir sereno e inabalável. Elas introduzem uma noção, mais, ou menos, clara, da condição humana de inospitalidade e incerteza no mundo, quebrando a certeza de segurança e serenidade absolutas, deixando no seu lugar o gosto travoso do estar lançado no mundo e do ter que cuidar de ser, tarefa humana, intransferível e inadiável. Desse modo, parecem ser essas situações que confrontam o homem com sua condição de mortalidade e de tudo que daí se origina.

Com a criança não parece ser possível pensar que as rupturas no fluir sereno da vida a coloquem no umbral da vida, do qual falei há pouco, uma vez que ela ainda não se separou de seus pais, não se enxergando como um ser independente. Já o adolescente inaugura uma subjetividade na qual amplia as fronteiras de si-mesmo, vendo-se como indivíduo, responsável por cuidar de si e do outro. Então, para ele, as situações desalojadoras parecem se aliar ao amadurecimento emocional.

O que talvez tenha de mais distinto entre a infância e a adolescência seja a qualidade da experiência: o adolescente já não mais se encontra submerso nas promessas dos absolutos infantis. E essa condição está para além de determinações cronológicas, físicas ou ritualísticas. Ela me sugere ter relação com um desvelamento da condição de humano e com uma aproximação de si-mesmo.

O adolescente, na sua marcha em direção à maturidade, necessita da assistência adequada dos pais, através de suas tarefas cotidianas. Amigos também são importantes nessa idade. Nesse momento, a amizade é "algo da essência da ética, da constituição do sujeito e do social, e não alguma coisa que aparece deslocada" (FROEMMING, 1997:115). Mas, apesar disso, o adolescente é um ser solitário. Ele está sozinho na busca de ser, e isso é sinal de saúde, uma vez que está construindo seu eu privado, que não necessita, e não pode, ser compartilhado.

É possível compreender a adolescência como um momento existencial processual, onde se re-instala o si mesmo, onde se inaugura uma nova subjetividade, que se construirá no sentido da maturidade? Na verdade, é assim que penso a adolescência: um processo no qual se inaugura uma nova subjetividade, mais própria, em que se perde a inocência dos absolutos infantis e se cai na vida real, oscilando entre a angústia da finitude e a impropriedade do cotidiano. Nessa perspectiva, a adolescência nunca é totalmente superada, uma vez que a integração como pessoa nunca é totalmente completa. Porém, ela parece trazer consigo a possibilidade de um reinstalar-se psíquico no mundo.

Desse modo, segundo minha compreensão, a adolescência é um momento fundante na busca de um lugar próprio para uma instalação no mundo: lugar este multifacetado, fragmentado e com uma marca própria. Então, parece tornar-se possível pensar a adolescência como um momento existencial processual, em que se reinstala o si mesmo, em que se inaugura uma nova subjetividade, que se construirá no sentido da maturidade. É assim que penso a adolescência: um processo no qual se inaugura uma nova subjetividade, mais própria, em que se perde a inocência dos absolutos infantis e se cai na vida real, oscilando entre a angústia da finitude e a impropriedade do cotidiano.

4) Fenomenologicamente, como seria possível se pensar a adolescência?

R: Como já foi dito anteriormente, assim como a instalação do si-mesmo é uma possibilidade virtual, podendo ou não se dar, o mesmo parece acontecer com a reinstalação do si-mesmo. Por ocasião da adolescência, quando a certeza dos absolutos se torna questionável, coloca-se a possibilidade de reinstalar-se no mundo, o que significa ver a vida de um modo diferente, ver-se também de outra maneira, perceber-se como mundano. É como se agora o indivíduo percebesse que é um ser de cuidado, e que cabe a ele cuidar da própria existência. E esse cuidar é como tomar posse da própria vida, fazendo escolhas e assumindo responsabilidades por elas. Quem não tem essa consciência pode passar toda a sua existência seguindo modas, acompanhando os ditames da mídia, totalmente distante do que de mais próprio o ser humano pode ter. Ao agir desse modo, embora pense não estar fazendo escolhas, o indivíduo está: escolhe perder-se no cotidiano.

O adolescente pode se arriscar na vida quando conta com um chão seguro, pronto para ser usado, quando necessário. Os atos agressivos dão um limite ao si-mesmo, reorganizando-o. E a fé na indestrutibilidade do ambiente suficientemente bom, o valor da confiança na permanência dos objetos, a possibilidade de reparar os buracos feitos no ambiente são importantes para o crescimento emocional do adolescente. Parece ser o sentimento de culpa, produzido pelo confronto com sua agressividade compulsiva, que leva o jovem a tentar um equilíbrio entre o amor e o ódio. Não existe um caminho determinado *a priori* que possa conduzir a um crescimento saudável, já que o modo de ser de cada indivíduo

é muito peculiar. Entretanto, os adolescentes sentem-se mais confiantes nesse processo quando os pais, ou a sociedade mais ampla, não lhes impõem soluções, respeitando o modo de ser de cada um. A capacidade de lidar com os conteúdos internos e de se responsabilizar pelos seus efeitos requer um ambiente que tenha possibilitado a efetivação do alicerce pessoal, de um si-mesmo verdadeiro ao longo do tempo.

O indivíduo inicia um processo, cheio de idas e vindas, entre a infância e a maturidade, no qual se reinstala no mundo. Nesse processo de descobertas, perdas, aprendizagens, prazeres e des-prazeres, o adolescente constrói-se como indivíduo que, lançado no mundo, um ser-aí, tem que cuidar de si, do outro e do mundo. A adolescência também parece possibilitar um avizinhamento da precariedade do existir humano e do habitar num mundo inóspito. Contudo, ela não determina essa conscientização, somente a possibilita, pois que diz de uma virtualidade.

Ao falar de propriedade e identidade, não pretendo afirmar que o indivíduo seja uno, ou mesmo idêntico a si mesmo. Na verdade, o ser humano é um, dentre muitos. Ele é permeado pelo estranho, pelo diferente, pelas múltiplas possibilidades, e isso o retira da compreensão de ser uma unidade coesa e íntegra. Desse modo, no momento em que o indivíduo começa a perceber que não existem seguranças fundantes, que a vida é cheia de sobressaltos e rupturas no seu fluir, que o ser humano é inseguro e sua estabilidade é precária, que o que lhe é mais próprio diz respeito à sua condição de finitude, que sua busca da continuidade do ser é ininterrupta, que sua integração de si está sempre exposta ao desfazimento, ele inicia uma despedida da infância e da ilusão dos absolutos, que se perdem nessa descoberta. Então, a partir daí, ele parece adentrar na adolescência.

A maturidade poderia, então, ser compreendida como a possibilidade de tomar a vida nas próprias mãos, cuidar de si enquanto um ser de possibilidades, mortal, que se escoa no tempo. É o assumir dessa perspectiva da condição humana que marca a maturidade. E ela parece trazer consigo o que é mais importante: a possibilidade de deixar uma marca pessoal no mundo.

O ser humano não tem saída: está condenado a cuidar da própria vida e a lidar com sua condição precária de estar sempre se construindo, nunca se completando nesse processo, a não ser na morte. A integração nunca se fecha por ser uma conquista precária. Assim, ela jamais pode ser alcançada na sua totalidade. O que falta sempre ao homem é o seu fim, sua morte. Mas, paradoxalmente, quando a tem, ele não mais é. Na verdade, "somos apenas a casca e a folha. A grande morte que está em torno de nós, essa é a fruta e em torno dela tudo gira" (RILKE, 1997).

Trazido por essa nova subjetividade, que aos poucos se constrói nos adolescentes, o cuidado de ser afirma-se como uma das principais tarefas a serem assumidas. E é disso que os sujeitos estão a falar o tempo todo. Eles dizem dos sustos que levam nesse processo de adolescer, do que lhes é mais difícil e custoso, mas também falam das delícias e prazeres que experienciam.

Todos eles viveram experiências desalojadoras que me pareceram, no mínimo, questionar a idéia de um viver fluídico e sem quebras no seu desenrolar sereno. Provavelmente essas vivências favoreceram um confronto com a condição humana, ontológica, de fragilidade e precariedade. A partir daí, uma possibilidade torna-se emergencial: a reinstalação do si-mesmo, que aproxima o homem de um amadurecimento psíquico e emocional e um tomar as rédeas da vida nas próprias mãos.

A adolescência, como a compreendo, é um acontecer, no qual o ser humano pode abrir-se à possibilidade de reinstalar-se no mundo, de ver-se a si, e ao mundo, de um modo mais próprio, maduro, independente. A adolescência inaugura esse processo de reinstalação do si-mesmo, mas ele continua pela vida afora, sempre indo e voltando, num movimento de espiral, que se inicia ainda antes do nascimento e segue até seu completar-se, que se dá na morte. Enquanto a adolescência inaugura a possibilidade dessa nova subjetividade, a adultície parece coroá-la. Mais uma vez nego a idade cronológica para fazer essa delimitação entre tais idades desenvolvimentais. Não parece ser a idade etária que determina a maturidade. Parece mais ser uma disposição na vida, um assumir da própria existência, com suas tragédias... e comédias.

Quando penso a adolescência como reinstalação do si-mesmo, ressalto o caráter de virtualidade que essa possibilidade encerra. O homem, e seu acontecer no tempo e no espaço, parece ser uma possibilidade em aberto, sem fundamentos fundantes, sem determinações aprioristicas. Ele é um ser que, sendo lançado no mundo, num tempo compreendido entre seus dois fins – o nascimento e a morte –, tem que cuidar de si, do seu mundo, dos outros. Assim, essa possibilidade de reinstalação do si-mesmo é, somente, uma possibilidade que se abre na adolescência, mas que, tal qual a instalação psíquica, pode falhar no seu acontecer. A partir dessa perspectiva de compreensão da adolescência que ofereço, muitos homens podem envelhecer sem adolescerem e re-instalarem-se no mundo. No lugar do si-mesmo reinstalado no mundo, entranham-se o cotidiano, a total e completa improprie-

dade. Desse modo, é impossível perceber que somente "sobre a base da inospitalidade do mundo e de nossa ontológica liberdade, podemos nos distanciar do que vivemos (...)" (CRITELLI, 1996, p. 18-19), e que os preconceitos, embora tenham nos constituído como pessoas, não são nós, nem somos eles. E vivemos como se fôssemos o que a sociedade determina... Porém, o sentido de ser sempre é relativo e provisório. A verdade de ser, também ela é múltipla e transitória.

A adolescência, como a compreendo e apresento neste trabalho, desentranha um segundo processo de instalação do si-mesmo, daquele tipo que possibilita ao homem confrontar-se com sua finitude, com sua fragilidade e precariedade, com seu mundo inóspito e inseguro. A adultez seria, então, um momento existencial de assumir tal condição humana e vivê-la o mais propriamente possível, dentro da impropriedade do mundo cotidiano.

Uma compreensão fenomenológica da adolescência precisa, então, partir de uma perspectiva de pluralidade, de precariedade, de transformação. Como diria Heidegger (1972), "(...) nada do que é, à medida que aparece, existe no singular. Tudo o que é próprio para ser percebido por alguém. Não o homem, mas os homens é que habitam este planeta. A pluralidade é a lei da Terra" (p. 66). Desse modo, a leitura compreensiva que faço dos depoimentos de meus colaboradores, todas as reflexões teóricas que venho fazendo desde o início deste trabalho, minha busca de aproximar-me fenomenologicamente da experiência de ser adolescente de meus sujeitos, é somente uma forma de aproximar-me do fenômeno da adolescência. Não proponho uma verdade única, mas transitória, incompleta, precária e parcial. Apesar disso, uma verdade, que espero possa contribuir com os estudos sobre o desenvolvimento humano.

CAPÍTULO XXII

ADOLESCÊNCIA: REFLEXÕES ATUALIZADAS

Elaine T. Dal Mas Dias

INTRODUÇÃO

Acolher a proposta de reflexão sobre a produção de uma tese ou dissertação, com o objetivo de apresentar e orientar aqueles que atuam ou pretendem atuar no campo das ciências psicológicas, está ligado aos caminhos educativos que este texto pode oferecer.

A compreensão de que a educação cumprirá seu "papel emancipatório exercendo-se como mediação efetiva dos resultados do conhecimento para a significação e orientação da prática humana responsável pela configuração da própria existência dos homens" (SEVERINO, 2005, p. 38) auxilia e justifica a apresentação de resultados de pesquisas, por facilitar a interlocução ou a aproximação propiciada por sua veiculação.

A tese de Doutorado que defendi no IPUSP, em 2001, intitulada *Adolescência: entre o passado e o futuro, a experiência*, propõe a compreensão desse período da existência humana desvinculada das conceituações tradicionais que patologizam, discriminam, estigmatizam e excluem a experiência vivida.

Este trabalho objetivou duvidar das sobre/determinações – situações de dominação, influência e/ou pré-determinação marcadas com precisão e permanentemente ativas – que passam a verdades absolutas que se cristalizam, consolidam conceitos geradores de preconceitos e inviabilizam a possibilidade de uma adolescência desprovida do turbilhão problemático e devastador que costumeiramente a caracteriza. A representação da adolescência está atravessada por conceituações desenvolvimentistas e normatizantes que a isolam e discriminam.

A valorização do vivido se configurou como ponto de ancoragem, e a obra de Walter Benjamin, como referência teórica. Aventurei-me no entrelaçamento e articulação entre as conceituações de idéia, origem, história, narrativa e experiência propostas pelo filósofo e a desconstrução reificada de adolescência, definida como universal e sustentada por teorizações que se oferecem como critério. O conjunto teórico benjaminiano é intrincado e misterioso. Suas nuances se evidenciam e se ocultam a cada leitura e releitura textual, marcando e interrogando o leitor. Empregar esse complexo corpo de conhecimentos foi desafiador, especialmente por me lançar num mundo desconhecido. Procurei correção e rigor ao empregá-lo.

DESENVOLVIMENTO DA TEMÁTICA

Estudar a adolescência se configurou como caminho durante o curso de graduação em Psicologia. Chamavam-me atenção as conceituações que destacavam a experiência como força de conhecimento e de orientação. Os relatos desses trabalhos apontavam ausência de conflitos e turbulências, a importância dos ritos que colaboravam nessa passagem e a valorização dada às conquistas cotidianas que aproximavam adultos e adolescentes.[1]

A vida profissional me encaminhou ao serviço público, no qual pude constatar as representações dirigidas à adoles-

---

[1]Ressaltam-se os estudos antropológicos e sociológicos da década de 1930, desenvolvidos por Margareth Mead e Ruth Benedict.

cência, aos sujeitos que a viviam, e a apropriação feita das teorias psicológicas. Surpreendia-me a desconsideração da individualidade que não distinguia, mas destacava peculiaridades como problemas, apontando para a média generalizante.

Um chamamento interior me reportava à rememoração das minhas experiências juvenis,[2] por se configurarem como significativas e dotadas de sentido, encaminhando-me a trafegar a contrapelo: a desconstrução do mito pela análise das experiências e das conceituações tradicionais da adolescência.

A proposta de pesquisa partiu da associação desse conjunto de situações que derivavam da minha existência, experiência, observação e análise do tratamento dispensado aos adolescentes em sociedade, representada pelas instituições formadoras e pelos estudiosos da área. A temática demarcada circunscreveu a investigação ao acolhimento dos saberes e das vivências de jovens que viviam sua adolescência.

O estudo da constituição social do indivíduo nas formulações de Peter Berger e Thomas Luckmann e a identidade como metamorfose elaborada por Antonio da Costa Ciampa compuseram a proposta de alteração do olhar dirigido aos adolescentes.

Sem pretender a elaboração de mais uma teoria sobre adolescência, busquei alcançar os vestígios da origem desse período conflituoso, articulando as afinidades internas das conceituações consagradas e propondo uma atenção diferenciada à adolescência. Por esse caminho, posso compreender que a história vista como regra a ser seguida cancela a imortalidade dos feitos e das ações humanas, determina a perda da sabedoria e impede a imprevisibilidade do futuro, dado seu caráter preventivo ou corretivo. De modo semelhante, ao se isolar o tempo no presente e no discurso do agora se nega o direito ao acaso e à dúvida e se impede que se faça outra coisa para além do que é esperado.

A adolescência ainda figura em muitos segmentos do cenário social como regra de comportamento indubitavelmente inadequado, dificultando questionamentos que discutam a diversidade. Digo ainda pois desde a Antiguidade esse momento é observado e estudado como difícil, fato que marca seu advento com expectativas de transtornos e poucas vezes como momento de desenvolvimento e conhecimento. Mas, contrariamente ao que se infere ou se determina sobre os adolescentes, quando lhes são

dadas oportunidades, narram suas experiências com vigor e paixão, mostrando que são e estão atentos às situações da cotidianidade e à repercussão desses fatos.

Os recortes, mesmo que descontextualizados, auxiliam a composição da imagem histórica de período problemático.

Benjamin (1993) mostra que a narrativa não se explica, "ela conserva suas forças e depois de muito tempo ainda é capaz de se desenvolver" (p. 204). Nelas, o "contexto psicológico da ação não é imposto ao leitor. Ele é livre para interpretar a história como quiser, e com isso o episódio narrado atinge uma amplitude que não existe na informação" (p. 203), facilitando o despertar de surpresas, reflexões, sentimentos e dos próprios sujeitos.

Sobre a Adolescência e os Adolescentes

A adolescência torna-se centro das atenções no início do século XX e se constitui "num 'problema' social, cujos contornos escapavam do que se podia fazer no âmbito privado de criação" (SANTOS, 1996, p. 152). Cria-se uma *cultura adolescente*, e a ciência passa a tratar esse período como especial, quando a transmissão de normas e regras sociais parece não ter mais efeitos sobre alguns grupos juvenis.

A Psicologia ganha nova conformação, e os aspectos afetivo-emocionais da adolescência recebem atenção e divulgação privilegiadas, salientando-se como período específico de instabilidades, crises de humor, dificuldades com as figuras parentais, busca incessante pela identidade, distanciamento do mundo adulto, entre outras descrições.

A extensa produção científica sobre o tema expressa as observações distanciadas e avaliativas do comportamento adolescente, mesmo vindas daqueles que pretendiam sua descaracterização.

As concepções remontam ao Egito antigo, passam pela Grécia antiga, Idade Média, Renascimento, era moderna e chegam até hoje com semelhanças interessantes. Apresentarei algumas dessas noções, definições e/ou conceituações para demonstrar como o adolescente era visto ou entendido, iniciando pela apresentada por Aristóteles (s/d) em *Arte retórica*, denominada "Caracteres dos jovens", no qual o jovem é retratado por intermédio de comportamento manifesto associado à hierarquia dos eventos desenvolvimentais, que o distinguia dos demais membros do grupo social.

---

[2] Os termos adolescente e jovem são usados sem diferenciação.

O *caráter da juventude* vem sendo reproduzido há séculos[3] e apresentado pela exposição julgadora e valorativa dos comportamentos, invariavelmente classificados como inadequados, dos sentimentos considerados incontroláveis, da aproximação intensa entre iguais e da sexualidade escancarada.

As descrições da juventude na Idade Média enfatizam a inadequação do comportamento fundamentada nos preceitos religiosos cristãos. Segundo Crouzet-Pavan (1996, p. 206), ricos e pobres organizavam jogos juvenis e infringiam as regras cristãs e sociais movidos pela impaciência e pela recusa em aceitar imposições. Mostra o autor que "a única verdadeira definição da juventude parece então se situar nessas representações que o século XV reforça. Diante dos *giovani*, a sociedade inteira teme o parricídio". Via-se na juventude a capacidade de liberação incontrolável de impulsos e de avançar sobre a sociedade indefesa e isenta de responsabilidades.

A apresentação da adolescência realizada pela observação e descrição dos comportamentos permite visualizar os indícios da cristalização da imagem desse grupo social, como sugerem as palavras aristotélicas: "propensos aos desejos e capazes de fazer o que desejam. [...] São coléricos, irritadiços e geralmente deixam-se arrastar por impulsos. Domina-os a fogosidade; porque são ambiciosos, não toleram serem desprezados, e indignam-se quando se julgam vítimas de injustiça" (ARISTÓTELES, s/d, p. 127-128).

No século XV, o sentimentalismo adolescente foi naturalizado, predispondo o jovem a sacrifícios e à dedicação amorosa.

A infância e adolescência no século XVIII são objeto de exaustivas análises e recomendações educativas visando ao desenvolvimento pleno e sadio, das quais as conclusões e caracterizações apresentadas por Rousseau (1968) deram a forma e a configuração às conceituações contemporâneas – inclusive quanto à perda da identidade infantil e à precursora identificação dos lutos fundamentais. Ressaltam as transformações e mudanças de atitudes classificadas como reprováveis e maléficas, e mostraram que o resultado é um indivíduo insubjugável.

A livre expressão de sentimentos e sentidos parece atingir o adulto, que reage com autoridade e julgamento para o controle do adolescente, tentando reconduzi-lo a um caminho de mão única.

No processo de socialização, a "pessoa estigmatizada aprende e incorpora o ponto de vista dos normais, adquirindo, portanto, as crenças da sociedade mais ampla em relação à identidade e uma idéia geral do que significa possuir um estigma particular" (GOFFMAN, 1988, p. 41). A transmissão constante do comportamento e das atitudes juvenis parece que estigmatizou a adolescência e determinou sua apropriação. A questão da normalidade/anormalidade aplica-se também ao se verificar a desconfiança pelo afastamento da norma e pela busca do tipo ideal.[4]

O século XIX privilegiou os aspectos biológicos, e o XX foi denominado o século da adolescência.

S. Hall, em 1904 nos Estados Unidos, inaugura o inexplorado campo da Psicologia da adolescência, definindo-a como período conturbado, tempestuoso e tenso. Os comportamentos considerados inaceitáveis se caracterizariam, por similaridade, às fases históricas arcaicas da humanidade e deveriam ser tolerados por pais e professores por serem indispensáveis ao desenvolvimento social.

A teoria assim formulada daria ao adulto, por intermédio da ciência, a ilusão do controle e do poder na natureza e na própria espécie. Essa leitura de adolescência mereceu a análise de muitos estudiosos, foi seguida por uns, contestada por outros, e objeto de estudo de várias pesquisas, dentre as quais se destaca a empreendida por Gallatin, em 1975.

A autora condensa a teoria de Hall nas dimensões da experiência, na ampliação do contexto social no qual ocorre o desenvolvimento e na sexualidade compreendida como "evento de proporções quase que cataclismáticas [...] capaz de invadir totalmente o adolescente, tornando-o o primeiro candidato à delinqüência e à depravação" (GALLATIN, 1989, p. 148). A autora considera que a mitificação se concentrou no binômio adolescência-sexualidade e observa: "a afirmação de que a sexualidade provoca grandes conflitos durante a adolescência parece ser exagerada. Mas há pouca dúvida de que os adolescentes se preocupam e são perturbados pelo sexo – e aparentemente o mesmo ocorre com os adultos" (p. 157).

As transformações promovidas pelo conturbado século XX alteraram e abalaram os saberes e as certezas a respeito do humano. A sexualidade, colocada como objeto obscuro

<hr/>

[3]Edgar Morin (1969) destaca que o "esboço do adolescente surge na Antiguidade com o efebo ateniense e, sobretudo, o personagem Alcebíades, este 'paleo-beatinik', esse James Dean ático, que quebrava à noite as estátuas sagradas e embarcava para a aventura siciliana" (p. 159).

<hr/>

[4]Cf. Lígia A. Amaral, 1993, p. 129.

da existência carregava, e em muitos ambientes ainda carrega, um significado de proibição e culpa que era transferido ao jovem, na tentativa do não-reconhecimento de desejos.

No ano de 1928, E. Spranger apresenta uma distinta visão de adolescência, não apenas por indicar a importância de se oferecer compreensão ao jovem, mas especialmente por mostrar que esta deve partir da recordação da própria historicidade. Leva em consideração a influência dos fatos da vida na determinação da constituição da subjetividade e aponta a rememoração da vivência como sustentação compreensiva.

Nas décadas de 1920 e 1930 são produzidas as mais importantes séries de pesquisas sociológicas sobre juventude, destacando-se as da Escola de Chicago, que estuda os comportamentos desviantes de jovens de estratos sociais inferiores, com atenção às *street gang boys*, que viviam "a maior parte de seu tempo nas ruas, fora dos espaços institucionais adequados a uma socialização 'sadia'" (ABRAMO, 1994, p. 10), desenvolvendo comportamentos inadequados vinculados quase sempre à criminalidade. "As questões da delinqüência, por um lado, e da rebeldia e da revolta, por outro, permanecem como chaves na construção da problematização da juventude" (op. cit.).

Na ebulição desses fatos se intensificam os estudos, e nas décadas de 1940 e 1950 A. Freud (1974) dedica-se ao estudo da puberdade, à formação do caráter e do esforço despendido no estabelecimento do equilíbrio interno. Suas descrições dos comportamentos e atitudes transitam entre valorações pejorativas e surpresas diante das condutas, aparentemente contraditórias: "são excessivamente egoístas, considerando-se o centro do universo e o único objeto de interesse e, entretanto, em tempo algum de sua vida ulterior são capazes de tanta abnegação e dedicação" (Ibid., p. 117-118). Excluída a possibilidade de um equilíbrio estável nesse período, justificam-se medidas pedagógicas e educativas, ficando os direitos reivindicatórios qualificados e estigmatizados como *arroubos de juventude*.

D. Winnicott (1994), em 1961, explica a adolescência como decorrente da imaturidade do indivíduo e da falta de experiências, e qualifica o isolamento como uma característica marcante que colabora com as reflexões, as descobertas e os ensaios de novas atitudes. As necessidades desses momentos se apresentam como caminho de exploração de sentidos. Consoante Spranger, a experiência e a compreensão estão presentes em suas formulações que tratam do mundo interno e do fator ambiental, considerados decisivos e fundamentais para o desenvolvimento. Empreendendo

uma crítica ao adulto e à sociedade, por suas flagrantes demonstrações de irritação, ressentimento e intolerância contra os jovens, acredita que "devemos encarar o desafio, e não tentar curar uma coisa que é essencialmente sadia" (WINNICOTT, 1997, p. 127).

No ano de 1964, A. Bandura e B. Adelson publicam trabalhos posicionando-se contra a compreensão estereotipada da adolescência. Bandura (1972) ataca incisivamente as postulações de período necessariamente turbulento e difícil, mostrando que os comportamentos desviantes decorrem da aprendizagem inadequada dos padrões sociais e não do momento de vida. Adelson (1964) considera que a persistência do mito da rebeldia é devido à leitura romântica realizada por cientistas e à parcialidade e ao preconceito dos especialistas.

Referendadas por um extenso conjunto de pesquisas, as conclusões dos autores parecem atribuir aos pais e aos filhos certa incapacidade no manejo e controle de comportamentos que resultariam na sua inadequação. Visando à aprendizagem como meio de encaminhamento da normatividade, compreende-se a rejeição da rotulação.

Em 1968, no livro *Identidade-juventude e crise*, E. Erikson vê a adolescência como um regenerador vital no processo de evolução social e o adolescente como alguém capaz de oferecer sua lealdade e energia tanto à conservação daquilo que considera verdadeiro como à correção revolucionária do que perdeu o seu significado. Nesse sentido, assim como Winnicott, preocupa-se com as atribuições e caracterizações, a difusão de conceitos científicos e a apropriação popular. O forte vínculo à noção de doença como contraposição à normalidade presente em suas conceituações revela o pensamento de especialista e especialidade praticado à época, destacando-se a denominada *crise de identidade*.

Deutsch, em 1967, desenvolve uma compreensão psicanalítica da origem, da natureza e das metas das formações grupais adolescentes, na interseção de dois saberes: o psicológico e o sociológico. Entende que o adolescente se defronta com um mundo interior de conflitos que devem ser resolvidos e que sua relação com o mundo exterior necessita ser estabilizada.

Os trabalhos realizados até essa época são reflexos do conservadorismo epistemológico e da consideração de ciência psicológica em tratar o diferente como doente e anormal. A perpetuação dessas conotações marcou as décadas seguintes, e elas foram amplamente utilizadas como forma de encontrar respostas e justificativas para as atitudes e as manifestações adolescentes.

A. Aberastury e M. Knobel, em 1970, apresentam o resultado de vários anos de estudos em instituições argentinas no livro *Adolescência normal*. Esse trabalho rapidamente configurou-se como referência, principalmente pela proposição dos lutos fundamentais – pelo corpo infantil, pela identidade e papéis infantis e pelos pais da infância,[5] a respeito dos quais Knobel (1985) assinala que são "verdadeiras perdas de personalidade, vão acompanhados por todo o complexo psicodinâmico do luto normal e em ocasiões, transitória e fugazmente, adquirem as características do luto patológico" (p. 10). Em outra composição mostra a necessidade de desprendimento entre filhos e pais, movimento que pode ser dificultado ou facilitado pelas condições familiares e culturais caso não sejam compreendidas as flutuações entre as necessidades de dependência e de independência dos jovens. Conclui afirmando que "as dificuldades do adulto para aceitar a maturação intelectual e sexual da criança é que o leva a qualificar a adolescência de idade difícil, esquecendo de apontar que é difícil para ambos, filhos e pais" (ABERASTURY et al., 1990, p. 17). Acentua que o conflito é "demasiado chamativo, ainda que só tenham assinalado até agora os aspectos ingratos do crescimento, deixando de lado a felicidade e a criatividade plenas que caracterizam também o adolescente" (op. cit.).

Os autores, mesmo considerando a adolescência vinculada à patologia, oferecem um apontamento para outra perspectiva, pela abertura de espaço na consideração da intersubjetividade como que atravessando na manifestação desse fenômeno como crise e permitindo a interposição de ensaios de outros olhares questionadores.

Blos (1996), num ensaio de 1971, estende o conceito de ambiente facilitador à adolescência, introduzido por Winnicott, preconizando a necessidade de estruturas sociais que acolham o jovem, e, nessa perspectiva, desloca da família o lócus da adolescência difícil. A apatia e o caos, a rebelião e a violência, a alienação e o desafeto "são as conseqüências sintomáticas de um mau funcionamento no processo metabólico social, cujo funcionamento saudável é essencial para a manutenção do crescimento do organismo e seu ambiente, produtivamente unidos" (BLOS, 1996, p. 25). Retoma a questão da intersubjetividade e da estranheza encoberta nos adultos, timidamente apontadas por Aberastury.

O tecido social ganha destaque, implicando o amparo ao adolescente. A acentuação das transformações sociais impeliu os especialistas para o estreitamento em apontar apenas para processos internos, quando o mundo cotidiano explodia em complexidade.

Nesse quadro se configura a perspectiva humanista, e Morato (1974) distingue a adolescência como um fenômeno existencial, compreendendo que esse estágio de desenvolvimento "consiste em uma totalidade de experiências subjetivas com um sentido específico para o indivíduo, sobre si e sobre seu ambiente." (p. 82). Contudo, ao mesmo tempo em que os jovens querem dar um sentido para sua existência, experienciando suas próprias vidas,

> a ênfase do mundo tecnológico atual na produção, especialização, instrumentação e mecanização afetou, em muito, a busca de identidade do adolescente. Embora a configuração da sociedade tenha mudado (padrão de vida estável, oportunidades de emprego para pessoas especializadas), o sistema de valores tem continuado ainda o mesmo da época do início da industrialização. (Ibid, p. 84)

Destituído do reconhecimento social que uma comunidade agricultora e artesanal promovia, o adolescente dos anos 1970 e 1980 viu ampliar-se o período de moratória, ou latência social, para sua realização como indivíduo e cidadão e aumentada a necessidade de tempo para estudo como formação.

A subjetividade e a intersubjetividade penetram na tessitura das construções teóricas e paulatinamente influenciam os olhares científicos, abrindo espaços para o vivido como força de conhecimento.

Em 1975, Gallatin publica o livro *Adolescência e individualidade: uma abordagem conceitual da Psicologia da adolescência*. Nele, a autora discute, entre outros aspectos, o papel desempenhado pela sexualidade na determinação de período instável e crítico, que, juntamente com outras ocorrências – relacionamento tenso entre pais e filhos, o grupo de pares, a rebeldia –, acredita ter colaborado para sua mitificação. Apresenta extensa lista de trabalhos atestando, contrariamente ao esperado, o compartilhamento de ideais, a satisfação pela convivência e poucas confrontações graves entre os adolescentes e seus pais, mantendo as noções de normalidade-anormalidade e de desenvolvimento em vigor à época de cada estudo. A investigação de Gallatin abre espaço para indagações quanto às sobre/

---

[5]Jean-J. Rousseau é apontado como precursor da identificação desses lutos.

determinações da ciência e da sociedade no tocante à normatização para o pertencimento e a inclusão.

No percurso da historiografia da Psicologia da adolescência, os anos 1990 trouxeram novas propostas de compreensão presentes em aportes teóricos que imprimiram novos rumos ao conhecimento da adolescência, sobremaneira em sua relação com elementos socioculturais. É possível dizer que perseguiram os rastros assinalados por Gallatin e Aberastury.

Na esteira dessa outra ordem, a proposição de Ruffino (1993) é interessante, pois considera a adolescência produto do impacto pubertário e da intensificação de exigências sociais sobre o jovem em vias de deixar a infância. Considera que o desaparecimento dos ritos e cerimônias, ou a transformação da vida social pela perda de sua eficácia de entronização, o impeliu a adolescer. Ou seja, a adolescência, por ter sido destituída de um lugar social definido e legitimado, passa a constituir um problema e uma dificuldade que incomoda a harmonia social por não admitir ter patrocinado esse estado. Nesse contexto, a adolescência é pensada como um trabalho psíquico, mais do que uma etapa etária.

Meira (1997) encontra, na clínica, a alegria de viver essa fase. Refere-se a relatos de jovens que dizem da ausência de lutos, melancolia, depressão, e expressam o prazer de ser adolescentes. A análise dos discursos revela um momento especial, no qual "as metáforas não são mais brincadas, mas jogadas em palavras, refrões, dizeres, poesias, músicas, gestos, gírias. Jogos que falam do sujeito que ali se consolida em sua estrutura psíquica, tendo deixado cair os véus imaginários que o prendiam ao infantil do olhar" (p. 156). A violência que explode no cotidiano entre os adolescentes é justificada como "*exacerbação narcísica*" de nossa sociedade contemporânea, representada pelas gangues e pelos videogames.

Paulatinamente, os especialistas passam a ouvir a juventude por intermédio de sua própria voz e a descobrir que é possível se viver a adolescência como qualquer outro período da existência. Os conflitos e angústias perpassam a pessoa por toda a sua vida e não apenas na juventude.

As leituras da adolescência na virada do século XX mostram distanciamento das conceituações julgadoras e valorativas que marcaram os anos iniciais de estudo; passam de uma caracterização naturalista fixada para uma contextualização dinâmica. O referencial teórico, em muitos casos, mantém a marca da normatividade, como se depreende da pesquisa de Blasco (1997), que enfatiza a necessidade de aprofundamento do conhecimento do que

é normal e patológico, procurando identificar padrões de crescimento saudável, com o objetivo final da Psicologia evolutiva. Em certo sentido, apesar de recentes, mantêm a ciência psicológica atrelada ao outro como estranho.

Oliveira e Costa (1997) constatam, após a imersão no universo juvenil em busca das circunstâncias em que os adolescentes manifestam seus dilemas cotidianos, a ausência de conflitos capazes de justificar "a existência de um estado permanente de angústia e tensão. Não foram identificados temas de grande dramaticidade, ao contrário do que poderia supor o estereótipo popular da adolescência" (p. 102).

O impacto das análises parece ter surpreendido seus autores, pois ao final do trabalho sugerem a necessidade de outras "pesquisas, com diferentes amostras, (...) investigando-se aspectos desenvolvimentais que poderiam explicar essa real ou aparente calmaria" (OLIVEIRA & COSTA, 1997, p. 103), como se a ocorrência desse fenômeno fosse impossível. A indicação sugere mais do que a replicação da pesquisa para confirmação dos dados: parece lançar dúvidas sobre a veracidade dos resultados.

Bock (1997), consoante a teoria sócio-histórica, considera que a constituição dos indivíduos ocorre pelo intercâmbio das relações sociais e pelas transformações culturais, e que a adolescência deve ser compreendida nessa inserção e pelas condições sociais que a constroem. Sob essa ótica, podemos entender que os resultados do trabalho desenvolvido por Oliveira e Costa representam um conjunto de circunstâncias que formam o grupo pesquisado e que deve ser investigado em outros grupos sociais para comparação.

Pacheco e cols. (1999) estudam o comportamento de adolescentes de nível sociocultural médio e baixo em termos de habilidades sociais. As maiores ocorrências de comportamentos inadequados foram relativas às habilidades de iniciar relacionamento interpessoal, expressão de sentimentos e solicitação de mudanças no comportamento do outro, que se justificam por serem habilidades pouco exigidas na infância. Os autores propõem que, em sendo essas habilidades aprendidas, fossem realizados programas de treinamento para pais na prevenção de distúrbios psicossociais, desqualificando o valor que a experiência gradativamente confere, antecipando-se com medidas corretivas e assemelhando-se às propostas da década de 1950, quando o foco se fazia no treinamento adequado.

O estrangeiro que o adolescente abriga atravessa a perspectiva de acolhimento e afasta do convívio aquele que não é igual, obrigando-o ao pertencimento ao grupo de iguais, mas trazendo consigo as representações e marcas assimiladas do social.

Guareschi (1999) estuda "como os alunos e alunas de uma escola em uma comunidade pobre – uma favela – constroem e transformam suas identidades de gênero" (p. 81) pelo "ficar". As conclusões revelam "que, devido às tradicionais relações patriarcais e a alguns estereótipos de gênero sobre o comportamento das meninas nos relacionamentos amorosos, os meninos levam mais vantagens com o 'ficar' do que as meninas" (Ibid., p. 84). Os valores sociais e morais dos meninos diante das meninas que *ficam* são diferentes daquelas com as quais namoram, evidenciando o incômodo ainda causado por aqueles que subvertem as regras morais e de valor determinadas socioculturalmente.

A mudança das mentalidades redirecionou o interesse dirigido ao comportamento inadequado para especificidades da saúde mental e física (FERRARI et al., 2006; FERREIRA, 2006), da educação básica (SPOSITO, 2002; SOUZA & CHECCHIA, 2005) e superior, da adição às drogas (PAULONE & CANDIOTI, 2006), entre outros, iluminando outros ângulos e revelando novos aspectos que encaminham políticas públicas dirigidas à adolescência, indicadas como necessárias por A. Aberastury na década de 1980, e ampliando os espaços questionadores sobre a implicação da sociedade na constituição do cidadão e da subjetividade adolescente.

Identidade Acontecente

O caráter intersubjetivo[6] do cotidiano está posto nas ininterruptas trocas e transmissões de significados que acontecem no curso da socialização, oficializado de geração para geração, constituem o indivíduo, configurando sua identidade, e produzem um tipo especial de pessoa.

O relacionamento com a ordem sociocultural é mediado pela família e pela escola, e o indivíduo só pertencerá efetivamente à sociedade quando interiorizar, por intermédio de identificações, os fenômenos sociais objetivados e dotados de sentido.

Nessa perspectiva, a personalidade é vista como um processo que implica a dialética entre a identificação pelos outros significativos e a auto-identificação, entre a identidade objetivamente atribuída e a identidade subjetiva-

mente apropriada, que atua como uma entidade reflexa que espelha as atitudes aprendidas e incorporadas, mantidas e reforçadas na realidade pelo uso da mesma linguagem (BERGER & LUCKMMAN, 1974).

As experiências e vivências apreendidas do mundo social e cultural, paulatinamente, edificam o mundo interior que pode estar em acordo ou oposição ao mundo exterior, marcando a subjetividade. Esta pode ser compreendida como síntese identificadora das idéias, significados e emoções abstraídos do meio, que auxiliam a formação da identidade e favorecem a ressignificação das experiências coletivas.

A linguagem apresenta-se como base e instrumento do acervo coletivo e oferece os meios para que novas experiências sejam incorporadas ao conjunto das existentes, tornando-as acessíveis e passíveis de serem compartilhadas. Esse compartilhamento, contudo, corre o risco de ser reificado.[7]

A adolescência está reificada e transformada em sobre/determinação, pois houve uma tipificação socialmente atribuída e apreendida em grande medida negativamente; sua legitimação se efetiva na transmissão lingüística e no conjunto de fundamentos científicos, que a fixa como facticidade. O discurso contínuo e persistente de época de instabilidades e crises identitárias parece encaminhar o adolescente à assunção desse papel.

Ciampa (1993) amplia a compreensão de identidade ao descortinar sua dimensão política, vendo-a "imbricada tanto na atividade produtiva de cada indivíduo quanto nas condições sociais e institucionais onde esta atividade ocorre" (LANE, 1993, p. 3); entende-a como um processo a que nomeia metamorfose, que permite a articulação da diferença e da igualdade.

A sociedade, ao engendrar modos de categorização de seus membros, predicou a adolescência e a submeteu a "um traço estático que define o ser" (CIAMPA, 1993, p. 135). A cada nova predicação, "[...] interiorizamos aquilo que os outros nos atribuem de tal forma que se torna algo nosso [...]" (Ibid., p. 131); isso dificulta o alcance da "condição de ser-para-si e vai ocultar a verdadeira natureza da identidade como metamorfose, gerando o que será chamado identidade-mito" (Ibid., p. 140), impossibilitando o *ser-mesmo* e constituindo uma identidade pressuposta.

---

[6]O termo pode ser usado sob dois aspectos: a partir de um conceito transcendental que não envolve as noções de sujeito e reciprocidade; e a partir de um conceito empírico que seria bem o fruto da relação entre sujeito e objeto. Emprega-se, neste trabalho, o segundo aspecto.

[7]Berger & Luckmann (1974, p. 122) definem reificação como a "apreensão dos fenômenos humanos como se fossem coisas, isto é, em termos não-humanos ou possivelmente super-humanos", que estaria presente na adolescência.

A adolescência como identidade coloca-se como pressuposição que traz uma marca que a reconhece e identifica. É uma identidade miticamente posta e determinada como crítica e problemática. É metamorfose não-aceita, temerosamente esperada, submetida e subjugada à mesmice, que obriga o sujeito a desempenhar o papel de aborrescente, escamoteando a emancipação, desarticulando a diferença e homogeneizando as condições individuais. "A mesmice de mim é pressuposta como dada permanentemente e não como re-posição de uma identidade que uma vez foi posta" (CIAMPA, 1993, p. 164).

Nessa perspectiva, o adolescente desempenha o papel que lhe é atribuído socialmente e identifica-o como *identidade-mito*, que o coisifica, trazendo na cientificidade a resolução de algo que lhe é próprio. Por nosso viés, trata-se de apreendê-lo em sua desocultação como sujeito na *identidade acontecente*, que caminha no sentido da emancipação. Nesse sentido, essa identidade é singular, desempenhando papéis diversificados, ao tentar desvelar as nuances do sistema social e refletir acerca das condições para o convívio em sociedade. Tal configuração aponta a procura de transformações e constituição de alterização[8] da *identidade pressuposta* para o desenvolvimento de uma outra identidade.

Ouvir a história do adolescente permite a descontrução do sobre/determinado e o encontro de sua temporalidade, sua sociabilidade e sua historicidade. Implica elaborar a experiência de emancipação em metamorfose, agir singularmente pela possibilidade de ser e de fazer-se outro para quem o ouve.

Idéia, Origem, História, Narrativa e Experiência

Walter Benjamin observa que a representação se apresenta como universal e particular, como ordem das idéias e ordem dos fenômenos, ocorrendo entre ambos uma relação especial, pois longe dos fenômenos as idéias são vazias, e os fenômenos longe das idéias dispersam-se por não poderem se agrupar em unidades significativas. Nesse sentido, ficam entregues ao pensamento abstrato que as destrói em sua particularidade.

As idéias não servem para o conhecimento dos fenômenos, que, por sua vez, não podem servir como critério para a existência das idéias, que adquirem vida somente quando os extremos passam a circundá-las, apresentando um sentido constelar. Não é possível também a aceitação de determinadas idéias como capazes da apreensão conceitual do objeto. O importante é conseguir o exemplar, visar ao paradigmático, ainda que só seja possível encontrá-lo num simples fragmento.

As idéias localizam-se na linguagem e, como produto coletivo, perpetuam o significado de seus conteúdos. "Mais precisamente: na dimensão nomeadora da linguagem, em contraste com sua dimensão significativa e comunicativa" (ROUANET, 1984, p. 16).

O conceito surge nesse contexto como mediador para salvar os fenômenos e representar as idéias. Por meio da análise e dissecação dos fenômenos, procura eliminar sua caracterização pronta e o seu pertencimento à ordem do ideal. O conjunto de conceitos, diz Benjamin (1984), representa uma idéia e a atualiza como a configuração daqueles conceitos; são suas interpretações objetivas. Contudo, "a mera absorção das coisas pelo conceito, ao contrário, nem lhes daria um caráter verdadeiramente universal – pois só a idéia é universal – nem teria o poder de redimi-las, pois elas se perderiam no pseudo-universal da média" (p. 14). Nesse sentido, os estaria homogeneizando e ignorando as diferenças entre seus elementos, que, no entanto, são necessários para a manutenção de sua integridade.

Conforme a ótica de Rouanet (1984), a categoria de origem deve ser interpretada em sua ligação com o conceito de *estrutura*, pois para Benjamin as idéias se originam de configurações objetivas dotadas de uma estrutura. A origem é uma categoria histórica na medida em que se origina, e a-histórica quando vista em sua estrutura, que, por sua vez, tem uma organização interna que, quando posta à mostra, permite a identificação do meio em que a idéia surgiu.

A análise estrutural permite, por meio da identificação das afinidades internas, decifrar a pré e a pós-história como tendências que aludem ao tempo, mas que em si são intemporais. Uma investigação historicista, considerando apenas os encadeamentos cronológicos, só poderia descobrir o antes e o depois, mas não a pré e a pós-história. Na perspectiva estrutural, pelo contrário, não são encadeamentos que contam, e sim as afinidades internas, qualquer que seja a distância que separa as duas épocas.

---

[8] Emprego o termo *alterização* no mesmo sentido que Antonio da Costa Ciampa (1993): "com esse termo, alterização, se quis expressar a idéia de uma mudança significativa – um salto qualitativo – que resulta de um acúmulo de mudanças quantitativas, às vezes insignificantes, invisíveis, mas graduais e não radicais. Assim, o que se está considerando é a conversão de mudanças quantitativas em mudanças qualitativas" (p. 184).

Gagnebin (1994) acentua a importância da ligação entre a noção de origem e a filosofia da história de Benjamin, principalmente na tangência com o papel do historiador dialético, que "deve libertar o objeto histórico do fluxo da história contínua, salvando-a, sob a forma de um objeto-mônada"[9] (BENJAMIN, 1984, p. 21), e permitindo sua interpretação em termos de estrutura.

O tempo histórico deve ser apreendido como intensidade e não como cronologia. Assim, "articular historicamente o passado não significa conhecê-lo 'como ele de fato foi'. Significa apropriar-se de uma reminiscência, tal como ela relampeja no momento de um perigo" (BENJAMIN, 1993, p. 224).

A *história*[10] deve aparentar-se como a prática do colecionador que coleta, separa e expõe os elementos, diferentemente daquela do historiador que busca a relação causal entre os acontecimentos do passado. História e temporalidade não são, portanto, negadas, mas se encontram, "concentradas no objeto: relação intensiva do objeto com o tempo, do tempo no objeto, e não extensiva do objeto no tempo, colocado como por acidente num desenrolar histórico heterogêneo à sua constituição" (GAGNEBIN, 1994, p. 13). A pesquisa é fixada no fenômeno para "preservá-lo do esquecimento e da destruição cujas explicações já prontas são formas correntes" (Ibid., p. 12), diferenciando-se dos métodos que se esforçam por classificá-los segundo valores de representatividade paradigmática ou de média estatística, com o intuito epistemológico e teológico da *salvação*.

A adolescência colocada sob tais perspectivas poderá ser observada diferentemente pelo adulto e pela sociedade? Procurando-se uma outra ligação entre o passado e o presente, poderíamos ter um outro futuro na compreensão da adolescência?

Parece-me que as relações entre passado, presente e futuro oferecem a condição de encontro e de *salvação* da adolescência ao considerar o estado de crise, conflito, tormenta e turbulência como uma idéia, tendo os fenômenos servido de critério.

O distanciamento da *historiografia dominante* permite a desconstrução do mito da adolescência, e as propostas benjaminianas referentes às *afinidades internas* e à *narração*

da *historiografia dominante* possibilitam uma outra leitura do fenômeno. Entendo que os autores focalizados e cujas descrições e definições valorativas e repetitivas realizadas por meio de *estratégias discursivas* ressaltei determinaram a apreensão da adolescência como objeto concentrado na história e no tempo, apresentada por conceituações universalizantes – nomeada Psicologia da adolescência e inaugurada como fenômeno no século XX.

O termo *aborrescente* é marcante. Sua utilização indica *outro nível de significação* da adolescência que a descaracteriza caracterizando-a e perpetuando a sobre/determinação que se configura como destrutiva.

O Significado e o Sentido da Experiência, a Narrativa e a Pesquisa

A adolescência é uma construção sócio-histórica surgida na modernidade pela ausência, ou ineficácia, de elementos sociais sustentadores, presentes nas sociedades pré-capitalistas ou nas sociedades primitivas (SANTOS, 1996; RUFFINO, 1993; BOCK, 1997).

O compartilhamento de experiências, a continuidade educacional que se realizava pela tradição, pela transmissão da experiência e pelo fazer facilitavam a incorporação de fatos e ocorrências do cotidiano à experiência individual e coletiva.

No prosseguimento à busca pela experiência autêntica, em 1939, Benjamin diferencia experiência (*Erfahrung*), entendida como "real ou acumulada, sem intervenção da consciência" (BENJAMIN, 1995, p. 146), de vivência (*Erlebnis*), "experiência vivida, evento assistido pela consciência" (op. cit.). Dessa distinção, apreende-se que a experiência relaciona-se ao trabalho da *memória involuntária* e que "só se pode tornar componente da *mémoire involuntaire* aquilo que não foi expresso e conscientemente vivenciado, aquilo que não sucedeu ao sujeito como vivência" (Ibid., p. 108).

Schmidt e Mahfoud (1993) mostram que a "experiência é memória, enquanto capacidade de recordar e evocar, que constitui um enriquecimento de saberes; é ainda presença ativa do passado em nós, como dinamismo e princípio de ação" (p. 295).

A experiência adolescente contém o desejo que a maturidade parece transformar em mera vivência: "*Erlebnis* e *Erfahung* trazem consigo diferentes temporalidades da experiência" (MATOS, 1992, p. 146). Como expressa Morato (1999), a "experiência, como resgate histórico de

---

[9]Para Walter Benjamin (1984), a idéia de mônada significa "que cada idéia contém a imagem do mundo" (p. 70).
[10]Jeanne M. Gagnebin (1994) mostra que o termo *história* foi retomado por Benjamin, do grego que significa "pesquisa, informação, relatório, um termo que designa atividade de exploração e de descrição do real sem a pretensão de explicá-lo" (p. 12).

acontecimentos vividos, ressalta a origem e o passado, não como causa, mas como fruto do desencadeamento de um processo do que é presente" (p. 62).

O relato oral, como via de acesso à experiência, é o caminho no qual viaja o sonho, deixando nesse percurso os vestígios de desejos, angústias, ambições e frustrações; é a via que permite a amarração de pontos desconectados e distanciados entre o sonhar e o viver; é o encontro do saber com o não-saber, do aprofundamento com a superficialidade, da concretude com a transcendência, revelando os meandros de histórias vividas que se imbricam. E o narrador está presente no mundo contemporâneo, impondo o silêncio e a descoberta, engendrando o outro/ ouvinte em sua tessitura e conectando o individual ao coletivo, trançando e trazendo para o presente as passagens vividas. É aquele que trata a experiência, a sua e a do outro, com o respeito do conhecimento angariado no compartilhamento, no convívio, no fazer cadenciado e entregando-se ao esquecimento.

A escuta da experiência individual abre a possibilidade de compreensão do coletivo. E a escuta da narrativa do adolescente abriu a possibilidade da compreensão do quadro social que o cerca – suas influências, facilitações, interdições, entre outros – e das experiências que vive.

O encontro com jovens que aceitaram narrar suas vidas possibilitou-me compreender o que é e como é ser adolescente e confirmou a disponibilidade para o diálogo, a exposição de sentimentos sem restrições e sem medo de julgamento. Senti-me acolhida e acolhendo.

Assumindo a postura de ouvinte e acolhedora da experiência, procurei interferir pouco nos relatos para facilitar sua livre condução, esquecendo-me de mim para, cada vez mais, ser preenchida pelas histórias narradas, visando ao modo de ser adolescente (BOSI, 1983).

As narrativas foram submetidas à apreciação dos narradores, que também foram informados da possibilidade da modificação e/ou complementação da transcrição, caso considerassem necessário. Alguns adolescentes complementaram suas narrativas; outros avaliaram a transcrição e, dando-se por satisfeitos, nada alteraram; e outros, ainda, não se dispuseram a um segundo contato. Respeitei a vontade expressa de cada um.

A (DES)CONSTRUÇÃO DO MITO

Duvidar da verdade das assertivas conceituais sobre a adolescência me impeliu a ouvir as vozes que poderiam evidenciar caminhos de uma outra compreensão. Na associação entre minhas experiências e as narrativas das experiências dos adolescentes/acolhedores, vislumbrei a possibilidade da desconstrução desse período como exclusivo de conflitos sobre/determinado por teorias regularizadoras e explicativas.

O significado do vocábulo adolescência parece ter contribuído para a prevalência de sua imagem e representação. Assim, *adolescere* tem o sentido de crescer até a maturidade, insinuando irresponsabilidade, além de apontar para a imaturidade. E *addolescere*, que indica adoecer, enfermar, sugerindo uma conexão, que ficou fortemente enraizada, entre saúde e doença.

Muitas das referências sobre a adolescência estão ancoradas nas atribuições da linguagem, fundamentadas em *idéias*, refletindo observações distanciadas, julgadoras e paralisantes do comportamento juvenil, que interditam a leitura das experiências significativas dotadas de sentido que ocorrem no momento em que o indivíduo vivencia esse período.

Destaquei primeiramente, dentre as descrições da juventude, a realizada por Aristóteles, por figurar em inúmeros trabalhos sobre a adolescência e pela representatividade e influência de suas proposições e, possivelmente, por germinar a *idéia* de adolescência como período crítico.

Contrariamente às indicações de W. Benjamin, os fenômenos – comportamentos manifestos dos adolescentes – serviram de critério para a existência da *idéia* e esta para o conhecimento dos fenômenos, marcando, entre eles, uma relação de *causalidade* e *pseudo-universalidade*. Revela-se, nesse contexto, o caráter *intemporal* dessa *idéia*, ou seja, independentemente da época, do momento, do período e do motivo, o jovem é visto como problemático, intolerante, inconstante, violento, *aborrescente*.

A Psicologia da adolescência, como ciência capaz de explicá-la, concentrou-se inicialmente nas observações distanciadas, nas descrições e nas caracterizações prontas do comportamento juvenil, patenteadas por interpretações objetivantes e julgadoras, na relação saúde-doença, referendadas pelas teorias normalizadoras e desenvolvimentistas. Nesse sentido, estreitou a apreensão de seu objeto às manifestações expressas e aos relatos de conflito e turbulência, repercutindo a *idéia*, inviabilizando sua *abertura para o futuro* e determinando, metaforicamente, sua *morte*. Houve uma *mera absorção das coisas pelo conceito* em busca da universalidade, mas que foi perdida na *pseudo-universalidade da média, homogeneizando-as e ignorando suas diferenças.*

A *investigação historicista* e *cronológica* da adolescência teve como propósito dar a conhecer as *afinidades internas* das conceituações que ressaltam a alternância de papéis desempenhados pelos adolescentes, *condição em si ambivalente*, que se encontra iluminada pela *idéia universalizante* e *imanente* de crise e turbulência, que se mostra na relação entre tempo e história, no sentido *história-destino*, dificultando toda e qualquer tentativa de mudança, transformação e abertura.

A história apreendida cronologicamente não está sendo negada, pois cada época produziu seu adolescente típico e até idealizado: o atleta, o parricida, o revolucionário, o irresponsável. A *origem* está na "própria vida histórica, como aquela época a concebia" (ROUANET, 1984, p. 34).

A exigência de rememoração do passado não implica, apenas, a sua restauração, mas pede uma transformação do presente. Desse modo, a obtenção de uma outra compreensão da adolescência pode favorecer esse processo, que só ocorrerá se nos despregarmos daquilo que está posto e voltarmos nosso olhar para a experiência vivida.

Os estudos e pesquisas que procuram escapar à *história-destino* não são tão enfáticos e categóricos em suas afirmações e propostas teóricas quanto aqueles que a tomam como diretriz. A experiência ainda é timidamente destacada como produtora de sentido e transmissora de conhecimento.

A singularidade de cada experiência narrada aponta para o ser *acontecente*, aludindo para o futuro de forma *incompleta* e *inacabada*. Permite entender o jovem como alguém que desconhece o mundo novo que tem pela frente e que deverá aprender a viver nele, construindo sua história e se constituindo.

A intersubjetividade revela-se no cotidiano e na troca constante de significados entre os homens. A linguagem tem a propriedade de resgatar esses significados e a sua simbologia, *apresentando-os como elementos objetivamente reais*, que são transmitidos, utilizados e reutilizados, configurando e reificando o mundo e, até mesmo, o próprio homem. A adolescência reificada perde seu sentido existencial.

A petrificação visa à ocultação do *verdadeiro caráter da identidade*, tendo como destino a prevalência do autoritarismo. A ciência e os especialistas, ao colocarem-se distanciados e visando ao *por sobre*, parcializaram a compreensão do existir humano adolescente, mostrando-se epistemologicamente conservadores. A crise, o sofrimento, o luto ou

o conflito, talvez, sejam correspondentes da não-aceitação da diferença, do diferente e do estrangeiro.

A família tem na perda do poder e do controle o deslocamento do lugar que o papel de pai outorga. O autoritarismo de muitos pais parece patenteado pela atualização de sua própria adolescência, fato que pode obstar a aproximação afetiva, a compreensão, e incrementar a tensão e acentuar o mutismo do jovem.

A juventude dos filhos marca o envelhecimento dos pais. Contudo, as narrativas apresentadas e as pesquisas recentes mostram a influência e a importância que os pais têm para os filhos. Os jovens vêem o mundo com feições novas, e para os pais isso é um retorno, um filme reprisado. As vozes narradoras o sinalizam: "É bom o contato com o adulto porque eles orientam a gente. Às vezes, a gente faz uma coisa errada, eles conversam e orientam o que a gente tem que fazer, o que a gente pode e não pode fazer." Ou, como descreveu um dos jovens: "As dúvidas, a gente pode tirar na escola. Eu posso tirar dúvidas em casa também, com meus pais."

Um aspecto interessante a ser destacado nas narrativas foi a diferença das atitudes dos pais que pertencem a segmentos sociais superiores, já que parecem mais compreensivos e menos intransigentes, principalmente quanto ao comportamento feminino.

O adolescente, como *identidade acontecente*, sabe-se pertencendo, mas duvida desse pertencimento que muitas vezes não o aceita, não o escuta ou não lhe dá atenção. Procura por refúgio na homogeneização do grupo de iguais, formando e criando novos nichos de pertencimento, que por sua vez serão também discriminados, mas que lhes oferece, mesmo que momentaneamente, a continência de ser, para ser e emancipar-se, *alterizando-se*.

A compreensão da adolescência aqui buscada não se restringe à feminina, porém foram as jovens que se apresentaram em maior número e focalizaram mais amplamente suas experiências, permitindo e facilitando encadeamentos. Esse fato poderia estar apontando para uma dificuldade maior de adolescentes do sexo masculino em se expor numa narrativa, ou para a inibição diante de um adulto desconhecido, ou porque a socialização do menino ainda é de outra ordem e está resguardada na tradição da magnitude masculina, aspecto que também poderia justificar o cerceamento exercido sobre a sexualidade da jovem.

O conjunto das experiências narradas transmite a defrontação com o desconhecido, e as sensações e emoções experimentadas indicam um caminho nebuloso recheado de receios e temores que deve ser desvendado e não parece configurar-se como crítico, fato também atestado por outras pesquisas.

Os sentimentos e afetos que se presentificam nessa etapa da vida diferem substancialmente dos sentidos na infância, e esse desvelamento encanta e deslumbra, impelindo à busca e delineando um caminhar absolutamente aventureiro. O mundo transforma-se e é transformado, intensificando o colorido das vivências e deixando para trás os matizes infantis que serão guardados nas dobras do esquecimento.

A aventura adolescente surpreende e singulariza-se na pluralidade. Como fase boa da vida revela-se a melhor, que deixa seu traço e que pode ser retomada pouco tempo depois ou muitos anos mais tarde, como experiência dotada de sentido. Algo foge e escapa às definições e teorizações sobre a adolescência. Há muito mais a ser descoberto e ouvido do que o meramente descrito, que ultrapassa a *identidade pressuposta* e determina as relações entre jovens e sociedade. Contudo, importa assinalar que a tensão focalizada nessas relações pode ser independente da adolescência e decorrente da própria constituição social, que, na modernidade, perdeu a capacidade de *saber-dizer*, *saber-ouvir* e

saber-fazer, que se defende por trás da máscara chamada "*experiência*", revelando-se na **sobre/determinação**.

Sobre/determinação. Etimologicamente, **sobre** é decorrente do latim *super*, que significa *posição acima, em cima ou por cima, em posição superior e distante, em lugar superior, superioridade*. E **determinação** decorre do latim *determinatione*, que tem o sentido de *ordem superior, decisão*. Ambas impõem uma destinação opressora, subjugada e destrutiva, decorrente de uma posição superior ou de um lugar superior. Mas **sobre** e **determinação** estão separadas por um traço que as atravessa obliquamente. Tal qual o pensamento benjaminiano, em "*Einbahnstrasse*" – rua de mão única –, "que é uma contramão, um lugar de choques e desencontros, rua na qual o destino não está previsto, rua na qual as coisas podem ter qualquer sentido ou sentido algum" (MATOS, 1987).

Essa separação reveste-se, ainda, de um outro sentido. Sua transversalidade busca destacar o **sobre** e apresentar sua condição de abertura e transposição. Visa à construção, vislumbra o inusitado e não vê nada como duradouro. Coloca-se na encruzilhada da vida, não como dúvida, mas como posição estratégica que permite divisar o entorno. Nessa perspectiva, assemelha-se à adolescência e aos adolescentes.

REFERÊNCIAS BIBLIOGRÁFICAS

ABERASTURY, A; KNOBEL, M. **Adolescência normal**. Trad. Suzana MG. Ballve. Porto Alegre: Artes Médicas, 1985.

ABRAMO, HW. **Cenas juvenis**. São Paulo: Página Aberta, 1994.

ADELSON, J. The mystique of adolescence. **Psychiatry**, n.27, pp. 1-5, 1964.

AIRÈS, P. **História social da criança e da família**. Trad. Dora Flaksman. Rio de Janeiro: Zahar, 1978.

AMARAL, LA. **Conhecendo a deficiência (em companhia de Hércules)**. São Paulo: Robe, 1995.

ARISTÓTELES. **Arte retórica e Arte poética**. Trad. Antônio Pinto de Carvalho. Rio de Janeiro: Ediouro, s.d.

BANDURA, A. The stormy decade: fact or fiction? In: ROGERS, D. **Issues in adolescent psychology**. NY: Appleton-Century-Crofts, 1972.

BENJAMIN, W. **Obras escolhidas**. Trad. Sergio P. Rouanet. São Paulo: Brasiliense, 1993, v. 1.

_____. **Obras escolhidas**. Trad. Rubens R. Torres e José Carlos M. Barbosa. São Paulo: Brasiliense, 1994. v. 2.

BERGER, PL; LUCKMANN, T. **Construção social da realidade: tratado de sociologia do conhecimento**. Trad. Floriano de Souza Fernandes. Petrópolis: Vozes, 1974.

BLASCO, J. **Adolescência e educação**. Aportaciones VII Congresso de INFAD, ponencia "Adolescencia: dimensión afectivo-emocional", 1997.

BLOS, P. **Transição adolescente**. Trad. Maria R. Hohmeister. Porto Alegre: Artes Médicas, 1996.

BOCK, AM. **Adolescência e orientação profissional: uma concepção crítica**. Mesa-redonda. São Paulo: Pontifícia Universidade Católica de São Paulo, 1997, (mimeo).

BOSI, E. **Memória e sociedade, lembranças de velhos**. São Paulo: T. A. Queiroz, 1983.

CIAMPA, AC. **A estória do Severino e a história da Severina, um ensaio de Psicologia social**. São Paulo: Brasiliense, 1993.

_____. Identidade. In: LANE, S. T; CODO, W. (org.). **Psicologia social, o homem em movimento**. São Paulo: Brasiliense, 1989.

COUTO, K. Teens do Mercosul. In: ASSOCIAÇÃO PSICANALÍTICA DE PORTO ALEGRE. **Adolescência: entre o passado e o futuro**. Porto Alegre: Artes e Ofícios, 1997.

CROUZET-PAVAN, E. Uma flor do mal: os jovens na Itália medieval. In: LEVI, G; SCHMITT, JC. **História dos jovens**.

Trad. Paulo Neves, Nilson Moulin, Maria Lúcia Machado. São Paulo: Companhia das Letras, 1996.

DOLTO, F. **A causa adolescente**. Trad. Julieta Leite. Rio de Janeiro: Zahar, 1974.

ERIKSON, EH. **Identidade, juventude e crise**. Trad. Álvaro Cabral. Rio de Janeiro: Zahar, 1972.

FERRARI, RAP; THOMSON, Z; MELCHIOR, R. Atenção à saúde dos adolescentes: percepção dos médicos e enfermeiros das equipes da saúde da família. São Paulo: **Cadernos de Saúde Pública**, 22(11): 2491-2495, nov. 2006.

FERREIRA, MA. Educação em saúde na adolescência: grupos de discussão como estratégia de pesquisa e cuidado-educação. São Paulo: **Texto & contexto enfermagem**; 15(2): 205-211, abr. -jun. 2006.

FREUD, A. **O ego e os mecanismos de defesa**. Trad. Álvaro Cabral. Rio de Janeiro, Civilização Brasileira (1ª edição americana, 1946), Coleção Corpo e Espírito, 1974.

GAGNEBIN, JM. **História e narração em Walter Benjamin**. Campinas: Perspectiva/Unicamp, 1994.

GALLATIN, JE. **Adolescência e individualidade: uma abordagem conceitual da Psicologia da adolescência**. Trad. Antonio Carlos A. Pereira e Rosane A. Pereira. São Paulo: Harbra, 1986.

GOFFMAN, E. **Estigma**. **Notas sobre a manipulação da identidade deteriorada**. Trad. Márcia BML Nunes. Rio de Janeiro: Guanabara, 1988.

GUARESCHI, N. O "ficar": novas perspectivas nas relações de gênero de meninas e meninos. Porto Alegre: **PSICO**, v. 30, n. 2, p. 81-94, 1999.

LANE, ST. Prefácio. In: CIAMPA, AC. **A estória do Severino e a história da Severina, um ensaio de Psicologia social**. São Paulo: Brasiliense, 1993.

LOPARIC, Z. Winnicott e o pensamento metafísico. **Psicologia-USP**. São Paulo: v. 6, n. 2, p. 39-61, 1995.

MATOS, O. *Einbahnstrasse*, a rua de mão única de Walter Benjamin. **Folha de São Paulo**, São Paulo: 21 nov. 1987, p. A-32.

_____. **Memória e história. A terceira idade**. São Paulo: SESC, ano 4, n. 6, out./1992.

MEIRA, AMG. Jogos da adolescência. In: ASSOCIAÇÃO PSICANALÍTICA DE PORTO ALEGRE. **Adolescência: entre o passado e o futuro**. Porto Alegre: Artes e Ofícios, 1997.

MORATO, HTP. **Humanistic approaches in groups with adolescents**. Dissertação (Mestrado). Department Psychology, University of Utah. Salt Lake City: Utah, 1974. 110p.

_____. **Eu-supervisão: em cena uma ação buscando significado sentido**. São Paulo, 1989. 266p. Tese (Doutorado), Instituto de Psicologia, Universidade de São Paulo.

MORIN, E. **Cultura de massas no século XX**. Trad. Maura R. Sardinha. São Paulo: Forense, 1969.

OLIVEIRA, CA; COSTA, AE. Categorias de conflitos no cotidiano de adolescentes mineiros. **Psicologia: reflexão e crítica**. Porto Alegre: v. 10, n. 1, pp. 98-110, 1997.

PACHECO, J; TEIXEIRA, MA; GOMES, WB. Estilos parentais e desenvolvimento de habilidades sociais na adolescência. **Psicologia: Teoria e Pesquisa**. Brasília: v. 15, n. 2, pp. 117-126, 1999.

PAULONE, I; CANDIOTI, CA. Consumo de sustancias adictivas en adolescentes escolarizados. **Archivos Argentinos de Pediatria** Buenos Aires: 104(3):227-233, jun. 2006.

ROUANET, SP. Prefácio. In: BENJAMIN, W. **Origem do drama barroco alemão**. Trad. Sergio P. Rouanet. São Paulo: Brasiliense, 1984.

ROUSSEAU, JJ. **Emílio ou da educação**. Trad. Sergio Milliet. São Paulo: Difel, 1968.

RUFFINO, R. Sobre o lugar da adolescência na teoria do sujeito. In: RAPPAPORT, CR. **Adolescência, abordagem psicanalítica**. São Paulo: EPU, 1993.

SANTOS, BR. **A emergência da concepção moderna de infância e adolescência**. São Paulo, 1996. 230p. Dissertação (Mestrado), Departamento de Ciências Sociais, Antropologia – Pontifícia Universidade Católica de São Paulo.

SCHMIDT, MLS; MAHFOUD, M. Halbwachs: memória coletiva e experiência. **Psicologia USP**. São Paulo: v. 4, n. 1/2, pp. 285-297, 1993.

SEVERINO, AJ. Conhecimento, subjetividade e ideologia. **Revista Educação e Subjetividade**: subjetividade e modernidade. Faculdade de Educação, Pontifícia Universidade Católica de São Paulo – PUC-SP, ano I, n.1. São Paulo: EDUC, 2005.

SOUZA, MPR; CHECCHIA, AK. **Repensando o lugar do conhecimento psicológico nas políticas públicas para a adolescência em saúde, saúde mental e educação**. São Paulo: Faculdade de Educação da Universidade de São Paulo, 2005.

SPOSITO, MP. **Juventude e escolarização** (1980-1998). Brasília, DF: Mec/Inep/Comped, 2002.

SPRANGER, E. **Psicología de la edad juvenil**. Trad. (do alemão) Jose Gaos. Madrid: Revista de Occidente, 1954.

WINNICOTT, DD. **Privação e delinqüência**. Trad. Álvaro Cabral. São Paulo: Martins Fontes, 1994.

_____. **A família e o desenvolvimento individual**. Trad. Marcelo B. Cipolla. São Paulo: Martins Fontes, 1997.

QUESTÕES COMENTADAS

1) Por que desconstruir as tradicionais conceituações sobre a adolescência? Quais as conseqüências dessa desconstrução?

R: A desconstrução da adolescência como período necessariamente conflituoso desloca e desvia a atenção da manifestação do comportamento para a condição de indivíduo-sujeito que habita o adolescente. O deslocamento e o desvio evitam a interdição do ser e facilitam olhar esse período da vida como desvelador do devir na medida em que a sobre/determinação se apresenta menos rígida e menos intensa.

A compreensão da adolescência desvinculada do preconceito e do julgamento de valor aproxima o adulto do jovem e o jovem do adulto, possibilitando uma convivência harmônica, prazerosa e produtiva que terá reflexos especiais na família e na escola. Na família, ao amenizar a ansiedade e angústia dos pais pela passagem desse momento que pode ser interpretado como decorrente do desenvolvimento e do crescimento, e durante o qual se abre ao descobrimento do novo e de um mundo novo. E na escola, ao favorecer a produtividade, a aprendizagem e a criatividade que se articulam como conhecimento.

2) O que é narrativa da experiência e de que maneira auxilia a compreensão do adolescente?

R: Para Benjamin (1993) a verdadeira narrativa tem um caráter utilitário, que traz em si mesma um ensinamento moral, uma questão prática ou indicação de conduta. "A informação subjacente ao relato do narrador concerne a uma experiência antiga e pacientemente retransmitida" (GAGNEBIN, 1993, p. 59). Mas a figura do narrador desapareceu na modernidade, perdendo-se com ele a capacidade de ouvir o outro e de se aprender com esse outro.

Ouvir o adolescente não resgata o narrador tradicional, mas auxilia a compreensão do sujeito habitado pela adolescência e por desalojar o adulto do seu lugar de autoridade e de saber assumidos, muitas vezes, por pais e professores.

A criança, ao caminhar em direção ao crescimento, necessita ser escutada em suas descobertas, em suas dúvidas e também em seus conflitos, mas a perda da capacidade de ouvir afasta o adulto daquele que necessita de sentido e norte. As conceituações tradicionais mostram o afastamento do adolescente, mas, ao seguirmos as indicações de Benjamin, temos um caminhar a contrapelo: o homem se distanciou da comunidade de ouvintes.

As narrativas da experiência, diferentemente das narrativas presentes nas sociedades agricultoras, trazem à luz os rumos juvenis, seus afetos e os sentimentos envolvidos, suas necessidades e suas dificuldades, abrindo espaço para o acolhimento, a escuta, a continência e o aprendizado.

3) Qual distinção entre adolescência e adolescência compreendida como *identidade acontecente*?

R: Primeiramente a *identidade acontecente* não é uma nova proposta de caracterização da adolescência. É a proposição de um olhar e de um entendimento. Um modo de ver e conviver com um período da vida que pode ser tão tranqüilo quanto a infância, a vida adulta ou a velhice, ou tão turbulento quanto a infância a vida adulta e a velhice. É uma maneira de compreender o jovem como alguém que se constitui e se transforma no convívio e nas relações, cotidianamente; que tem um crescimento constante e rápido, que produz inovações, defrontações e confrontações e que não permite um entendimento endurecido e petrificado, fundado, apenas e tão-somente em normatizações e na patologia. A identidade acontecente é caminho que pode ser *rua de mão única* ou *caminhar a contrapelo*, mas que traz a marca da singularidade e da subjetividade.

CAPÍTULO XXIII

VIOLÊNCIA JUVENIL E SUBJETIVIDADE: UMA REFLEXÃO ACERCA DA TEMÁTICA*

*Célia Maria Souto Maior de Souza Fonseca*** · *Henriette Tognetti Penha Morato**** ·
*Albenise de Oliveira Lima****

INTRODUZINDO A TEMÁTICA

É do domínio comum que, na contemporaneidade, a violência juvenil tem assumido proporções alarmantes, não apenas no Brasil como em diversas partes do mundo. Em nosso país, deparamo-nos com uma realidade em que a violência, nas suas mais variadas formas de expressão, tem estado presente em nosso dia-a-dia, fazendo parte, por vezes, dos modelos de identificação de muitos de nossos jovens, servindo-lhes, inclusive, de padrão de conduta e forma de auto-afirmação.

Fazemos parte de uma cultura que convive, condescendentemente, com um cenário em que jovens e crianças perambulam, sem rumo, pelas ruas de nossas cidades. Os atos de violência que daí advêm são compreendidos, facilmente, no domínio da banalidade e do lugar-comum, perdendo, gradativamente, o caráter de extraordinário e de brutal que lhes é inerente.

As preocupações com a violência têm extrapolado o domínio das ciências e, não raro, têm se transformado em objeto de discussão das famílias, dos governos e dos diversos meios de comunicação. Por outro lado, não obstante a divulgação que a mídia faz acerca dos números da violência no Brasil, sentimos progredir uma espécie de passividade crescente em nossa população diante do que esses dados possam representar. Enquanto sociedade, é como se estivéssemos perdendo, lentamente, a capacidade de nos indignarmos diante do absolutamente cruel. Será

que estamos presenciando a instalação de um processo de banalização da crueldade, espécie de *patologia social*, a se instalar, a passos largos, em nosso contexto de nação?

Em tal cenário, não é raro vermos que atos de violência facilmente se transformem em valores a serem incorporados por nossos adolescentes, servindo-lhes, inclusive, de balizadores de suas condutas e forma de auto-afirmação; a esse respeito, merece destaque o surgimento, em várias regiões do país, de casos de jovens ateando fogo em mendigos, semelhantemente ao que se verificou no emblemático episódio de Brasília.

Permanece viva em nossa memória a lembrança do ocorrido na madrugada de 19 de abril de 1997, quando quatro rapazes de classe média, moradores daquela cidade, atearam fogo e queimaram vivo um índio da tribo dos Pataxós. Galdino Jesus dos Santos, como era denominado, havia ido à capital federal participar das comemorações oficiais pelo dia nacional no índio. Como se não bastasse a gravidade do crime cometido, um outro aspecto, igualmente grave, merece ser considerado. Tais jovens, quando questionados pela imprensa acerca do ato praticado, em tom surpreso e descomprometido, simplesmente responderam aos jornalistas: "*Não sabíamos que era um índio; pensávamos que fosse um mendigo.*" Seria um mendigo menos digno que um índio e, por essa razão, passível de ser queimado vivo? Diante da resposta dos jovens, ficamos a nos perguntar: que estranhos elementos estamos produzindo, enquanto sociedade, capazes de gerar modos de subjetivação tão singulares?!... Mais grave, porém, é o fato de que gestos como esses não pararam de acontecer. Pelo contrário, têm se agravado em frieza e brutalidade. Passados dez anos, no início de 2007, um outro crime, igualmente emblemático e envolvendo jovens, deixou estarrecida a população brasileira. Dessa feita,

---

*Extraído de Fonseca, CMSMS, 2002.
**Pesquisadora principal.
***Orientadoras da pesquisa.

a vítima é uma criança: o menino João Hélio. Vítima de um assalto, o garoto permanece preso ao cinto de segurança do carro de sua mãe e, barbaramente, é arrastado por diversas ruas do Rio de Janeiro, vindo a falecer em seguida, vítima implacável de uma violência que desconhece limites.

Se nos detivermos numa análise mais acurada dos gestos desses jovens violentos, sejam eles de Brasília, do Rio de Janeiro ou de tantas outras cidades brasileiras, que matam não apenas o outro, mas a si mesmos e aos seus ideais, vamos perceber que a questão é extremamente complexa e demanda reflexões. Basta observarmos a maneira como a nossa sociedade tem se relacionado com seus filhos, sejam eles índios, negros, pobres, idosos, jovens e crianças ao longo dos quinhentos anos de nossa história. Seria essa maneira menos violenta?!...

Portanto, estudar a violência juvenil revelou-se mais complexo do que havíamos inicialmente imaginado. Tornou-se imprescindível, portanto, entender esse jovem violento de forma contextualizada. Vimos que era preciso considerá-lo enquanto sujeito instalado em sua cultura, inserido em uma sociedade de característica marcadamente violenta. Assim, partindo para a interlocução com os teóricos por nós consultados, encontramos nas palavras de Levisky (1997) uma síntese do pensamento que estávamos construindo a esse respeito:

> (...) a sociedade brasileira tem vivido um tipo de violência passiva, fruto da repressão e da castração cujas origens datam de épocas coloniais, caracterizadas por uma mentalidade escravocrata e coronelista. (...) Esta violência passiva se expressa pela negligência, pela desfaçatez, pela corrupção, pela indiferença, pelo fenômeno de fazer vista grossa, que são reveladores de um clima de conivência refletora de uma violência estrutural de nossa organização social e psicológica, com profunda desvalorização das relações humanas, do ser e do viver. (LEVISKY, 1997, p. 24)

Portanto, estudar o adolescente violento implica uma incursão por nossa história e um diálogo com a família contemporânea.

CULTURA BRASILEIRA E VIOLÊNCIA: REPERCUSSÕES NO ADOLESCENTE CONTEMPORÂNEO

A cultura brasileira esteve, desde muito tempo, profundamente marcada por uma postura polarizada, em que se teve, de um lado, o aventureiro e dominador português e de outro, o nativo indefeso, passível de dominação.

Como nos diz Boff (2000), nossos modelos de identificação estiveram sempre mais vinculados ao português dominador, ao poderoso e ao bem-sucedido. Estariam associados ao conquistador que aqui chegou como um verdadeiro invasor. Ocupou a terra, submeteu os índios e construiu, não uma nação forte e independente, mas uma parada obrigatória, de grande interesse comercial, transformada, posteriormente, na longínqua colônia pronta a enriquecer a falida corte portuguesa; dominador este que roubou, até o esgotamento, o ouro das entranhas de nossa terra, as suas pedras preciosas, o pau-brasil, madeira nobre que, como nos lembra Calligaris (1996), por fim serviria de inspiração ao nome da bela terra conquistada – BRASIL.

Guardaria, pois, a palavra BRASIL uma espécie de mensagem subjacente de exploração e de desrespeito, a se perpetuar ao longo de nossa história? Estariam gravadas, em suas entranhas de nação, as marcas da exploração que moldaram o seu nascimento e que delas não conseguiu se libertar até os nossos dias?

Ficamos a nos perguntar se esses fatos históricos não se teriam transformado numa espécie de estigma da exploração e do desrespeito que vemos, até o momento, impregnar o mais simples dos nossos atos!... Não estaria essa história representada no abandono de nossos jovens e crianças, no desrespeito que temos para com a natureza, na maneira pouco cuidadosa com que lidamos com o bem comum e com tudo que é público em nosso país? Em cada um desses gestos vemos formas violentas de lidar com a vida, como se eles, em última instância, estivessem sempre a evocar uma possibilidade de destruição e morte.

Analisando a violência juvenil, não poderíamos deixar de considerar essas questões que atravessam a subjetividade desses jovens e que, de alguma forma, são oriundas das peculiaridades históricas do nosso país. Precisávamos enfatizar a importância de ser membro de uma família que interage com a cultura, com o econômico e com o social. Também não poderíamos deixar de considerar as características desse homem contemporâneo que, vivendo um desamparo em excesso – aqui denominado *excedido* –, apresenta-se carente de reconhecimento, a quem lhe faltam as referências mínimas de estar no mundo e de ser sujeito. Homem que tem a sua subjetividade firmada no desrespeito aos seus valores e na negação de sua humanidade, condição que se apóia nos movimentos de alienação que o afastam de si mesmo e de seus semelhantes e que estimulam as mais diversas formas de crueldade e de violência para com o outro.

Certamente que esse cenário de desrespeito aos valores do homem e à sua humanidade mostra-se como um acolhedor ambiente para todo tipo de relação descartável e utilitária. Aí também encontra acolhida o "ficar" do jovem contemporâneo que, para muitos deles, assume o caráter de um contato superficial e passageiro. A esse respeito, Peres (1999, p. 4) nos diz: "Nesse particular, é interessante observarmos o uso do verbo **ficar** para significar, não um estado de permanência, mas a transitoriedade de um contato afetivo-sexual." Acreditamos ser também esse ambiente de desrespeito e descartabilidade que tem dado lugar ao descaso para com a infância e juventude que vemos hoje no Brasil. Foi nele também que a fome conquistou espaço e que se deu guarida não apenas à miséria, mas, do mesmo modo, a toda sorte de chacinas sem reparação, que, impunemente, vemos proliferar, diariamente, diante de nossos olhos.

Em face de tudo isso, certamente seria superficial de nossa parte estudarmos a violência juvenil sem uma incursão pela cultura e sem um diálogo com a família, por serem ambas construtoras do campo de forças em que se constitui a subjetividade do adolescente violento, objeto de nosso estudo.

Em nosso trabalho, focalizamos a violência juvenil a partir do olhar de representantes da cultura brasileira, aqui retratados por um juiz, uma jornalista e membros de duas famílias, sendo que em uma o filho foi vítima de ato de violência e na outra foi autor. Com isso buscamos compreender de que maneira a família, enquanto parte constitutiva da cultura brasileira, estaria contribuindo para a formação desse campo de forças em que se produz a subjetividade desse adolescente violento.

Procuramos não perder de vista o fato de que cada época guarda consigo formas próprias de a humanidade expressar sua problemática e de elaborar os seus sintomas. Isso nos obriga, como pesquisadores, a ampliar o nosso olhar a limites cada vez mais abrangentes.

Sabemos que são muitas as formas que o comportamento do homem assume em virtude das transformações por que passa o mundo contemporâneo. Algumas das configurações apresentadas, tais como uma subjetividade marcada essencialmente pelo consumo e pelo individualismo, ao lado de uma supervalorização da ciência e da racionalidade, podem, para alguns, ser vistas como efeitos da crise do projeto da modernidade. Na tentativa de explicá-las, alguns estudiosos falam na exacerbação do moderno, caracterizando o nosso tempo como o da *hipermodernidade*; outros usam o termo *pós-moderno* para englobar as novas constelações que adotam o histórico e o social em suas múltiplas vertentes na atualidade. Independentemente da forma como poderíamos melhor denominar todas essas mudanças, a verdade é que as repercussões dessas ondas de transformação têm incidido tanto na família enquanto grupo constituído quanto nos indivíduos que a constituem.

Para o estudo da família, fomos buscar, primordialmente, no pensamento de Rojas (1998) os elementos necessários a uma maior compreensão do assunto. Para a referida autora, a família encontra-se situada numa cultura com características definidas e regras próprias, sensível às influências advindas dos acontecimentos históricos de seu tempo, dialogando e interagindo com seus membros, influenciando-os e sendo por eles influenciada.

Encontramos a família como uma estrutura que sofre influências tanto do social quanto dos paradigmas teóricos que influenciam o pensamento contemporâneo, mostrando-se aberta e incompleta, sujeita a sofrer as mais diversas modificações tanto em seu interior quanto em suas fronteiras. Nesse jogo de forças em que se constitui, ganham espaço o imprevisível e a incerteza, conduzindo hoje, cada vez mais, pais e educadores ao terreno da dúvida e do desconhecido.

O dentro e o fora já não se apresentam como limites claros e definidos para a família contemporânea. Seus contornos são fluidos e permeáveis. O dentro influencia o fora, o fora interfere no dentro, gerando uma dinâmica complexa e permanente, com repercussão direta na constituição da subjetividade de seus membros.

Portanto, é com essa face mutante que a família contemporânea se nos apresenta. Em articulação permanente com a cultura, ela se faz e se refaz, modificando-se a si e a seus membros a cada nova situação que lhe é apresentada.

Ainda segundo Rojas (1998), deparamo-nos com o redimensionamento da família tradicional. Se antes pai, mãe e filhos formavam o ideal social de transmissão dos valores culturais, o mesmo já não ocorre na atualidade. Hoje, o casamento é transitório, o amor e o laço conjugal são marcados pela provisoriedade. A função primordial da família, a de mediadora, encontra-se francamente ameaçada, o que a expõe, ainda mais, a profundas modificações.

Não obstante todas as transformações a que foi submetida, a família contemporânea mantém configuração própria e apresenta-se, como nunca, interligada à ampla rede da cultura. Vemos hoje, mais que ontem, o mundo social competindo fortemente com a família, chegando mesmo a se constituir numa possibilidade geradora de vínculos e de pertinências, o que tem interferido de modo particular na produção da subjetividade de seus membros.

Em nosso estudo, estivemos atentas ao fato de não nos deixarmos conduzir por análises de cunho modelar e naturalizante que advoguem uma desestruturação familiar, considerada por alguns típica da família contemporânea. Vimos também que culpar a família pelos desencontros experimentados por seus membros certamente não seria a postura mais adequada. Alguns até afirmam que a família brasileira vive hoje posição incômoda quanto ao repasse de valores a seus membros. Até entendemos essa posição; todavia, não podemos perder de vista o fato de que os pais de hoje foram os jovens de ontem, oriundos de uma época marcada por profundas transformações sociais, culturais, políticas e religiosas, cujas conseqüências se deixam refletir, claramente, na relação que esses pais vêm a estabelecer com seus filhos.

Sabemos que cada momento da cultura é marcado por formas de relação entre os homens, diferenciadas e peculiares, com repercussão direta ou indireta no tipo e na qualidade dos vínculos a serem mantidos com seus semelhantes. Por sua vez, a nossa época tem sido marcada pelo progresso tecnológico, cujos desdobramentos repercutem, de forma marcante, sobre a organização das famílias e sobre os vínculos estabelecidos.

Neste estudo, buscamos o diálogo com diversos interlocutores, atentando para suas falas e explicações, muito mais no sentido de dividir com eles nossas dúvidas e incertezas do que de buscar respostas precisas para nossas inquietações.

É bem verdade que nunca se falou tanto na crise da família, no papel da mulher no lar e no exercício da paternidade como nos nossos dias. O modelo de família patriarcal já não se impõe como único, e muitos outros começaram a se configurar. Pais e educadores perderam antigas referências que os norteavam em matéria de educação e no tipo de vínculo que deveriam estabelecer com seus filhos e educandos. Os filhos, por sua vez, incomodados e desalojados por todas essas mudanças que os afetam, debatem-se, clamam por socorro, agridem, matam, morrem.

A mídia não se cansa de estampar manchetes envolvendo adolescentes em crimes chocantes e inexplicáveis, o que tem nos levado às mais variadas indagações. Ficamos a nos perguntar: seriam essas estranhas condutas tentativas

bizarras de o adolescente violento se fazer notar? Estaria ele, estranhamente, pedindo para ser cuidado? A violência lhe serviria como recurso extremo ao seu silencioso pedido de socorro?

Sabemos que a adolescência se caracteriza como a fase da vida em que o indivíduo se abre ao recebimento do novo, podendo ser esse novo formado tanto por elementos construtivos quanto por fatores perturbadores e destrutivos. São múltiplas as interações que ele pode estabelecer com a sociedade da qual faz parte e onde vai buscar os novos modelos de identificação, necessários aos seus processos de subjetivação. Diríamos ainda que se trata de alguém vulnerável e suscetível às influências do meio sociocultural e que vai buscar, dentro e fora do núcleo familiar, aspectos que deseja agregar à sua realidade e com os quais precisa aprender a lidar. A partir daí, incorpora, desenvolve e transforma valores, na busca de seu modo próprio de ser e de pensar.

Sendo a adolescência, por excelência, um tempo de possibilidades e de inauguração de novas formas de subjetivação, poderíamos entender a violência juvenil como uma dessas possibilidades de "expressão de si"? Como tem se constituído a subjetividade desse jovem que vive, além de suas próprias inquietações, todas as turbulências impostas pelo mundo contemporâneo? Seria a violência a linguagem que o adolescente encontrou para se comunicar? Sendo assim, tentar decodificar essa linguagem revela-se uma tarefa estimulante e desafiadora a todo aquele que opte por realizá-la. Para tanto, não podemos lançar um olhar retilíneo sobre a questão, e sim focalizá-la em alguns de seus pontos mais significativos. Talvez devamos transformar o nosso olhar numa espécie de facho de luz que, de maneira oscilante, possa focalizar a questão em alguns dos múltiplos aspectos reveladores da experiência desses adolescentes.

Na tentativa de compreender essa violência enquanto modo de subjetivação e na estrita relação com o universo familiar, posicionamo-nos, como pesquisadoras, com um *ouvido a ouvir* o relato dos participantes, enquanto representantes diretos da cultura a falar do fenômeno, e, com o outro, voltamo-nos para nós mesmos, na tentativa de ouvi-lo em nós, para, só então, partirmos para a compreensão desse 'fenômeno-objeto' de nossa inquietação.

É por razão dessa ordem que optamos por trabalhar com depoimentos enquanto testemunhos da experiência e constituintes da narrativa. Segundo Morato e Schmidt (1999):

A narrativa se apresenta como o registro da experiência, na medida em que abriga a elaboração dos dados diversos que se sedimentam e desdobram ao longo do tempo de uma vida. Plural e única, a narrativa amalgama a sabedoria e o desconhecido, o refletido e o vivido, o lembrado e o esquecido. (MORATO e SCHMIDT, 1999, p. 124-125)

Os depoimentos contemplando a narrativa são a expressão daqueles que, de alguma forma, estiveram em contato com a violência do adolescente contemporâneo. Em nossa pesquisa, eles expressam a experiência singular de um juiz da Vara da Infância e da Juventude, de uma jornalista e de representantes de duas famílias cujos filhos adolescentes foram, respectivamente, vítima e agente de ato de violência. Aí reside a importância de ouvirmos tais pessoas, já que é a experiência vivida por cada uma delas que legitima a sua fala e dá sentido ao nosso trabalho. Desse modo, nosso estudo pretendeu privilegiar conteúdos trazidos pelos depoimentos prestados por nossos entrevistados, além das contribuições prestadas pelos teóricos por nós consultados. Nessas fontes, buscamos encontrar as possíveis articulações a serem estabelecidas entre a família, a cultura e a produção de subjetividades violentas.

A seguir, pinçaremos recortes dessas falas na medida em que venham enriquecer a nossa compreensão acerca do assunto. Todavia, não podemos deixar de enfatizar a certeza que temos de que a realidade é sempre muito mais complexa, multifacetada e contraditória que qualquer abordagem teórica possa circunscrever. Entretanto, esperamos que essa certeza não nos impeça de iluminar algumas das dimensões do problema, neste ou em qualquer outro estudo que venhamos a realizar sobre o assunto.

FAMÍLIA, ADOLESCÊNCIA E VIOLÊNCIA: O QUE PENSAM NOSSOS INTERLOCUTORES A RESPEITO?

Se a família interfere e sofre interferência do mundo que a rodeia, na medida em que idéias e conceitos tradicionais passam por redefinições; se a própria reestrutura do trabalho, os avanços tecnológicos, a redefinição do poder, a legalização do divórcio, e até mesmo a maior longevidade humana, trouxeram inúmeras alterações à dinâmica familiar; se o conjunto desses fatores tem contribuído para

que novos estilos de vida e de organização familiar se constituam, o resultado é que tudo isso tem produzido efeito revolucionário sobre a ilusão de um contorno familiar fechado e estável a que estavam acostumados os membros da família dos meados do século XX.

Ainda nos referindo aos diversos fatores de transformação, vimos que a crescente participação da mulher no mercado de trabalho também contribuiu para que uma nova dinâmica familiar se estabelecesse. Por estar menos presente no lar, ela passou a partilhar com terceiros, o mais precocemente possível, a educação dos filhos. A babá, a escola e até mesmo a mídia assumem o lugar desse terceiro, não sem riscos e sem conseqüências negativas, mas apresentando-se como a alternativa possível. Por força das circunstâncias, a família acaba sendo levada a compartilhar, como nunca antes verificado, com todos os canais de comunicação com que se depara. Nesse corolário, a televisão passa a ocupar lugar de destaque por se apresentar, com muita freqüência, questionando e pondo em risco valores preservados e transmitidos pela família durante anos. Assim, poderíamos dizer que tais canais de comunicação estariam dividindo com a família um papel que, por muito tempo, foi predominantemente assumido por ela. Um grande vazio entre pais e filhos pode se evidenciar nesse momento. A esse respeito fala-nos a jornalista por nós entrevistada: "É como se, em especial a televisão, tivesse virado realmente a babá dessas crianças e jovens; de certa forma, assumindo o papel da mãe e do pai, no sentido de dizer o que é certo e o que é errado."

Seja para fugir de uma violência presente em nossas ruas, por falta de opção de lazer ou mesmo por ausência de mecanismos capazes de poupar as pessoas dos efeitos magnéticos da publicidade, a verdade é que significativa parcela do povo brasileiro, em especial as crianças e os adolescentes, passa a maior parte de seu tempo livre diante da televisão. Lamentamos e muito nos inquieta essa constatação, por sabermos que se trata de uma televisão pouco interessada pelas causas sociais e de educação, e sim, em sua maioria, comprometida com os escusos interesses da publicidade. Juntamente com a família, a televisão também funciona como transmissora de ideais e modelos identificatórios, além de atuar como propagadora de valores e de significados de mundo, o que dá origem a novas constituições subjetivas. Novamente nos fala a jornalista por nós entrevistada:

O fato de a mulher ter saído para trabalhar junto com o marido, e, em termos de educação não haver substituto na família para ela, de alguma forma contribuiu para o surgimento de uma violência civil. Primeiro em casa, e essa desobediência depois foi passada para outros espaços sociais, entre eles a própria escola... a escola começou a desenvolver um papel que era antes um papel da família. Se não era a mãe quem o desempenhava, era o pai, o avô, a avó. Existia uma figura familiar em casa, o que é menos presente hoje... Houve um agravamento em relação a isso, na medida em que essas crianças e esses adolescentes ficaram, em muito, à mercê da própria mídia.

Nesse sentido, pode-se dizer que as mudanças que influenciaram a redefinição do papel da mulher foram marcantes para a transformação da família. Dentre as mais significativas, destacaríamos a revolução sexual, a busca de igualdade entre os sexos, a maior participação do homem nas atividades domésticas, a partilha do poder masculino, entre outras. Por conseqüência, acabaram por repercutir sobre o tradicional papel de pai e de mãe que conhecíamos até então. Identificamos, com muita freqüência, uma incerteza e certa desorientação por parte dos pais, em especial no que se refere à comunicação e ao modo de como educar seus filhos. A esse respeito, o pai por nós entrevistado, cujo filho foi autor de ato de violência, fala-nos de suas dificuldades como pai:

> Sou pai e confesso: eu não sei o que fazer; não sei como educar meus filhos. As influências são tantas que fogem ao nosso controle. Deveria ser criada uma escola preparatória para pais. Acho que precisamos aprender como ser pai. Precisamos enfrentar essas situações que nos pegam de surpresa. Nesse sentido me sinto solitário, perdido... é, perdido...

Aliadas à ação dos vários agentes aqui mencionados, capazes de enfraquecer as relações familiares, somem-se a eles a diminuição da influência da religião, a debilidade das regras sociais, a globalização da comunicação, o que impõe modelos massificados e trazidos de outras culturas, capazes de provocar mudanças significativas na função parental e no funcionamento da família como um todo. As conseqüências daí advindas acabam por repercutir na constituição da subjetividade dos indivíduos, possibilitando o aparecimento de novas formas de subjetivação.

Essas mudanças se tornaram preocupantes na medida em que os vínculos afetivos passaram a sofrer profundas alterações, seja por sua falta ou escassez, acentuando, significativamente, o processo de individualização, já tão evidente na contemporaneidade. Na fala de um dos pais entrevistados, vemos o fechamento em si mesmo a que ele se submeteu em nome do trabalho, preterindo, conseqüentemente, a educação dos filhos, as questões relativas à família e os vínculos que porventura viesse a estabelecer com seus membros. "Vivo para o meu trabalho... acho que dedico mais horas ao meu trabalho do que à minha família. A verdade é que larguei um pouco a educação dos meus filhos..."

Em face de tudo isso, pode-se dizer que os pais também são vítimas de um esmagador processo de desrespeito ao humano. Carregam sobre seus ombros o peso de uma contemporaneidade desprovida de valores humanitários, regida por uma mentalidade consumista e utilitária, em que as pessoas não valem pelo que são e sim pelo que possuem.

Se sairmos da dimensão familiar e passarmos para a esfera pública, também vamos encontrar a inconsistência de nossas leis e a debilidade de nossas autoridades, que, descomprometidas com a causa pública e com o bem comum, criam no jovem a ilusão da onipotência e da falta de limites. Reforçam-se assim o desrespeito ao outro e a possibilidade de se dispor desse outro como mero objeto de consumo, capaz de nos atender em nossos desejos, quaisquer que sejam eles, inclusive ao preço máximo de se tirar uma vida. É nessa perspectiva utilitária e desumana de ver o outro que se abrem os espaços para as várias formas de violência que vemos hoje eclodir.

A propósito dessa desvalorização da vida e do humano, o juiz por nós entrevistado brinda-nos com a seguinte reflexão:

> A gente está desvalorizando o ser humano, a vida, o homem. Você permitir que uma criança morra de fome dentro de sua própria cidade!... Ouvimos, muitas vezes, que é problema do governo, que não é para dar o peixe, é para ensinar a pescar, mas, primeiro, levante o indivíduo que está morrendo!

Partindo de constatações como essas, ficamos a nos perguntar se a violência juvenil a que nos referimos não apontaria para o desamparo em que vivem esses adolescentes e para o seu desespero diante de tudo isso. Não seria essa condição que os levaria a utilizar-se da violência como uma espécie de tentativa última, reflexo de sua procura por cuidado? Em seus atos, esses adolescentes também não estariam denunciando a fragilidade de nossas leis, a certeza da impunidade e a ausência de limites em que vivemos todos nós?

Analisando a violência juvenil, várias outras formas de violência desvelam-se diante de nossos olhos, presentes no menor gesto e em todos os segmentos de nossa sociedade. Lamentavelmente, tal constatação só confirma a gravidade do problema e aponta para a ameaça permanente em que isso tudo se constitui, não apenas para o adolescente, enquanto ser desejante, imaturo e em busca de afirmação, mas para a família e para a sociedade brasileira como um todo.

Em meio a essas duras constatações, ressalte-se o risco de se deixar vazio um espaço relacional a ser estabelecido entre a família e seus filhos. Esse vazio, nas suas mais diversas formas de expressão, quando não adequadamente preenchido por vínculos que estimulem positivamente o indivíduo, pode contribuir para que ligações perversas e tumultuadas possam se estabelecer entre jovens desassistidos e indivíduos perversos e oportunistas.

Talvez, em sua tentativa de preencher o vazio deixado em seu processo de subjetivação, o adolescente possa lançar mão de comportamentos diversos, algo que se materialize na expressão daquilo que lhe falta, seja adoecendo física ou mentalmente, usando drogas, praticando atos de violência ou fazendo quaisquer outras extravagâncias que acabem por mutilá-lo ou, até mesmo, levá-lo à morte do corpo e do espírito.

Tais reflexões evocam nossa co-responsabilidade social enquanto cidadãos, enquanto profissionais. É preciso participar do processo de educação de nossos jovens e crianças, numa ação conjunta e responsável junto às famílias e à sociedade. A esse respeito, fala-nos novamente o juiz:

Se houvesse um compromisso social de cada um de nós, enquanto profissionais, enquanto professores, agentes de saúde, onde quer que estejamos. Nós deveríamos ter uma leitura diferente, não só em relação à criança e ao adolescente, mas em relação à coisa pública também. Em todo o mundo a coisa pública é a coisa de todos nós. É uma coisa minha também. Só no Brasil é que a coisa pública é coisa de ninguém. O Brasil faz uma leitura completamente diferente da coisa pública. Então, quebra-se, destrói-se, faz-se o que quer e bem entende, porque é do povo, é do público mesmo. É uma questão de civilidade. Nós somos formadores de

opinião, nós que tivemos uma estrutura societária e familiar mais generosa ou menos nociva, precisamos mudar esse hábito a partir de nós mesmos; precisamos respeitar, ensinar...

Em suma, poderíamos dizer que o mundo contemporâneo trouxe inúmeras alterações à organização e ao funcionamento da família. Certamente que ela se ressente todas as vezes que os movimentos da contemporaneidade dificultam a manutenção dos vínculos por ela estabelecidos com seus membros. Tal situação é capaz de gerar distanciamento afetivo e solidão, o que contribui para um processo de subjetivação cada vez mais empobrecido e individualizado, cujas conseqüências incidem sobre suas fronteiras, tornando-as difusas, permeáveis e, por conseguinte, vulneráveis aos mais diversos tipos de ataques e influências.

Se, como já dissemos em outro momento deste estudo, a família se constitui num dado momento histórico e sob certas circunstâncias a serem por ela assimiladas e repassadas a seus membros; se a sociedade com a qual ela estabelece sua interlocução e busca suas referências vive hoje na impropriedade da ética e da moral... onde haveria de buscar valores e pressupostos a lhe servirem de parâmetro no exato momento de sua constituição e naquilo que repassaria a seus filhos?

Os filhos, por sua vez, chamados a fazer escolhas de toda ordem, sejam profissionais, pessoais ou familiares, como fazê-las, se lhes faltam ideais e valores sólidos em que se apoiar? Como esse adolescente pode se tornar depositário do reconhecimento de uma sociedade que o ignora e o violenta no mais insignificante de seus direitos de cidadão? Buscando uma imagem ilustrativa para a questão, poderíamos dizer que faltam, ao adolescente de hoje, boas razões pelas quais deveria lutar. Em épocas passadas, lutar pela volta da democracia pôde representar um ideal a ser perseguido pela juventude brasileira. Que causa ideal ou utópica teria ela hoje como lema capaz de levá-la a combater o bom combate? Lutar pela volta da solidariedade, pelo respeito à humanidade do homem ou pela volta dos ideais de paz e de boa convivência social? Certamente que sim, porém, além dessas, o adolescente de hoje necessita de outras tantas razões para lutar, para dar sentido às suas vidas, sob pena de serem muito poucos os soldados em nossas frentes de combate.

Finalmente, tentando entender a violência como um modo de subjetivação do adolescente, à luz do estudo da família contemporânea, não poderíamos deixar de reafirmar os tantos embates psicossociais que instituem o adolescente violento, como também aqueles que, ao mesmo tempo, são instituídos por ele. Faz-se necessário considerarmos a existência de influências outras que extrapolam os limites da família e se embrenham pelos emaranhados da cultura e do social. É preciso que se compreenda, ainda, a dimensão da angústia que esse adolescente é levado a experimentar cada vez que tem de enfrentar tais embates; e mais, não podemos esquecer que a passagem ao ato violento pode, muitas vezes, representar a única linguagem audível de que dispõe esse adolescente para falar ao mundo daquilo que o afeta: algumas vezes ouvida, outras não...

VIOLÊNCIA E DESAMPARO: UMA ARTICULAÇÃO POSSÍVEL?

Falar no desamparo do homem contemporâneo é ter a certeza de interlocução garantida. Muito se tem escrito a esse respeito.

Amparados em Heidegger (1995), poderíamos dizer que a condição de desamparo do homem é a sua própria condição humana. Buscando a psicanálise, apoiadas em Laplanche e Pontalis (1970), o sentido de desamparo reflete o estado de impotência do bebê, inteiramente dependente de outra pessoa para satisfação de suas necessidades.

Tomando por um lado uma visão filosófica e por outro uma visão psicológica, ambas parecem apontar para o desamparo como expressão da condição de fragilidade humana. E se a tudo isso se somar a situação de desamparo do homem contemporâneo, que vive a experiência de submissão a uma cultura utilitária e mercantilista?

Nessa perspectiva, o abandono concreto em que vivem muitos de nossos adolescentes não estaria escancarando o desamparo existencial no qual estamos todos mergulhados enquanto condição humana?

No entanto, é preciso ressaltar que não vivemos nessa condição o tempo todo. Em alguns momentos ela se agudiza e se apresenta como uma força muito grande que chamamos de "crise" e onde uma reconfiguração da subjetividade pode ocorrer. O que dizer, no entanto, dos inúmeros adolescentes brasileiros que teriam de enfrentar situações de confronto com o desamparo que nossa própria cultura lhes impõe? Em nossa reflexão, somos levados a novas articulações.

O tema do desamparo nos conduz à questão do narcisismo. Nesse sentido, Birman (2000, p. 27) nos diz que,

na atualidade, presenciamos a "uma auto-exaltação desmesurada da individualidade no mundo do espetacular fosforescente", o que implica a crescente "volatização da solidariedade". Para o autor, a solidariedade seria o correlato de relações humanas fundamentadas na alteridade; mas, para que isso ocorresse, seria necessário o reconhecimento do "outro na diferença e na singularidade, atributos da alteridade". E não é isso o que presenciamos. As relações interpessoais têm sido marcadas pelo crivo do interesse econômico e da possibilidade de ascensão que elas possam oferecer. A esse respeito, fala-nos o autor:

> O que justamente caracteriza a subjetividade na cultura do narcisismo é a impossibilidade de poder admirar o outro em sua diferença radical, já que não consegue se descentrar de si mesma. (...) o sujeito da cultura do espetáculo encara o outro apenas como um objeto para seu usufruto. (...) o outro lhe serve apenas como um instrumento para o incremento da auto-imagem, podendo ser eliminado como um dejeto quando não mais servir para essa função abjeta. (BIRMAN, 2000, p. 24-25)

Para o autor, a cultura do narcisismo e a sociedade do espetáculo se configuram como um dos cenários propícios à explosão da violência que hoje presenciamos, inclusive facilitando o surgimento de configurações inéditas e de formas diversas assumidas na constituição da subjetividade. Nesse sentido, refere-se a uma espécie de tentativa de ressurgimento de práticas neonazistas, reafirmando o desrespeito ao outro e a dificuldade de reconhecê-lo em sua diferença.

À GUISA DE PRÉ (IN)-CONCLUSÃO

Na tentativa de melhor entender a violência juvenil e de responder aos tantos questionamentos que nos fazemos acerca do assunto, percorremos um longo caminho. Buscamos teorias, colhemos depoimentos, dialogamos com os temas que neles emergiram, arriscamos interpretá-los, e o que vimos desvelar-se diante de nós? Uma família fragilizada que não cuida adequadamente de seus filhos? Uma mídia descomprometida com a ética e com a moral, interessada apenas nos índices de audiência e na propaganda do produto que mais vende? Uma sociedade indiferente ao grave problema da exclusão social? Políticos preocupados apenas com seus próprios interesses?

Uma política educacional que não atende às camadas mais necessitadas da população?

Certamente que todas essas questões foram trazidas, de alguma forma, não apenas por nossos entrevistados como também pelos vários teóricos por nós consultados; todavia, sabemos que o fenômeno da violência juvenil não se explicaria a partir de um mero "sim" que porventura respondêssemos a cada uma dessas questões. Deparamo-nos com uma complexa realidade, em que uma temática se liga à outra, numa tal interdependência e entrelaçamento de circunstâncias que acaba por funcionar como cenário propício à manifestação da violência juvenil.

Vimos que não seria o caso de buscarmos culpados diretos. De nada adiantaria, por exemplo, culpar os pais pela violência de seus filhos. Eles também se encontram situados numa sociedade que não se responsabiliza por seus filhos, todos nós, seus cidadãos.

O tema é complexo e pede novas reflexões. Será que não deveríamos refletir um pouco mais acerca de nossa desresponsabilidade social, em que ficamos a atribuir ao outro a autoria ou a culpa por certos atos, isentando-nos sempre de uma responsabilidade coletiva? Não estaria tal conduta sendo reforçada por uma educação que não faz críticas e por uma cultura que tende a encarar tudo como "natural"? Achar que a violência que explode nas ruas não nos diz respeito aponta para a necessidade de um repensar urgente de nossa educação. A ela cabe a missão de preservar e de formular novos valores sociais e humanitários. A família, por sua vez, já não estaria sofrendo as inadequações da educação e da cultura vigentes, por ser ela fruto de toda essa produção?

Essa angústia coletiva, experimentada por todos nós, já não seria uma espécie de sintoma socioeconômico, alimentado por uma mentalidade que valoriza o ter, cultivado pela cultura do narcisismo e do interesse individual? Reduzindo ao indivíduo, e à forma individualista de lidar consigo e com os outros, não estaríamos esquecendo a condição humana que é exatamente a da interpenetrabilidade e, por conseguinte, a do singular no coletivo e a do coletivo no singular?

Tentar compreender a violência juvenil é, também, tratar do desamparo do homem contemporâneo, que, desrespeitado em sua humanidade, tem sido submetido a um grande mal-estar. Por fim, será que poderíamos dizer que, por vivenciar esse mal-estar e por lhe faltar uma forma de reconhecimento outra, a violência se oferece ao adolescente como uma possibilidade? Se boa ou má não é o caso de julgarmos aqui. Interessa-nos, todavia, entendê-

la enquanto a alternativa que se mostrou possível, e que se oferece ao jovem como uma possibilidade para lidar com o seu desamparo.

CONSIDERAÇÕES FINAIS

Dados a sua complexidade e o entrelaçamento da teia que se constrói ao seu redor, a análise da violência juvenil tem nos levado às mais variadas reflexões. Entendida como modo de subjetivação, não pretendemos colocá-la em julgamento e, sim, buscar as articulações que se façam necessárias à sua maior compreensão. Nesse sentido, é preciso puxar os fios da teia que tentamos tecer neste trabalho. Invocando nossos depoentes, vimos que na fala de todos eles, em maior ou menor proporção, falar sobre violência juvenil é pensar na *Família* contemporânea, em suas dificuldades e descompromissos; é olhar a *Mídia* e seus escusos interesses econômicos; é observar a *Sociedade* que, indiferente e egoísta, tem se acostumado com a injustiça social, até mesmo como defesa contra a angústia que tudo isso gera no cidadão; e, finalmente, refletir acerca da *Educação*, que, apesar de sua importância, se mostra limitada em seu alcance e inoperante em sua ação.

Em face de todo esse cenário, não é difícil tentarmos articular violência e desamparo. São dificuldades de toda ordem, que, ao incidirem sobre o homem de nossos dias, se transformam num fardo insuportavelmente pesado. São problemas vividos na família, no social e no político que, somados, são capazes de gerar profundos mal-estares e problemática cujas fissuras são perfeitamente articuláveis com condutas extravagantes e patologias diversas. Tudo isso parece guardar estreita relação com o desamparo com que o homem contemporâneo parece custear a sua ânsia de liberdade como forma de enfrentar os imperativos de nossa atualidade. Assim, nesse sentido, violência poderia ser vista como a negação do outro, e, desamparo, enquanto a condição que advém da possibilidade de ser negado e de não ser reconhecido enquanto sujeito ético.

E especificamente a violência juvenil? Seria ela a própria expressão desse mesmo mal-estar vivido pela juventude? Seria o seu clamor por uma família cujos vínculos estabelecidos por ela melhor expressassem a arte de cuidar de seus próprios filhos? Representaria também um grito de revolta desse jovem contra governantes que o excluem das estatísticas assistenciais, que desviam os recursos destinados à sua educação e saúde, que lhe negam o direito à segurança e o respeito à sua integridade física e moral?

Seria ela, ainda, a expressão de revolta desse jovem contra um tempo que transforma o outro em objeto descartável, vendido a qualquer preço pela publicidade?

Por tudo isso, poderíamos dizer que vivemos a experiência do caos. Quiçá ao homem contemporâneo não lhe reste só experimentar a negatividade do caos, mas que lhe seja possibilitada a oportunidade de vivenciá-lo em sua positividade. Se abrirmos espaço a essa segunda possibilidade, estaremos contribuindo para o nascimento de um novo modo de subjetivação, na base da abertura para o outro e, portanto, para o caos em toda a sua processualidade.

Buscar compreender a violência juvenil em sua complexa manifestação revelou-se para nós uma experiência marcada por tristezas e duras constatações. Demo-nos conta de que não poderíamos separar violência estrutural, própria de uma nação cuja história foi marcada por desrespeito e submissão, de outras que chamaríamos de conjunturais, enquanto resultantes de relações interpessoais e, como tal, dependentes da estrutura social e da cultura. A injustiça, a exclusão social, a concentração de renda, a corrupção fazem do Brasil um país doente. No entanto, se nos debruçarmos na espreita de seu povo, vamos encontrar uma gente extraordinariamente corajosa, criativa e versátil, cuja capacidade de superação das dificuldades provoca inveja em qualquer cidadão do mundo. É como se, enquanto nação, encarnasse a dupla face do caos. Somos perigo, mas, ao mesmo tempo, somos possibilidade.

Por tudo isso, não seria difícil associarmos violência a desamparo, na atualidade, e, muito menos, na realidade brasileira. Se ao adolescente é negada a oportunidade de sustentação de uma subjetividade bem constituída, a violência se oferece como uma possibilidade. Portanto, o estudo da violência, ao longo de nosso trajeto, nos colocou frente a frente não apenas com o desamparo do adolescente, mas, também, com a condição humana de desamparo.

Desamparo, exclusão social, desrespeito, corrupção, cultura do narcisismo, sociedade do espetáculo e muito mais. E a Violência? Por acaso destoaria dessa seqüência, se a colocássemos, ao final, como uma conseqüência imediata desses tantos fenômenos, reiterados como condição imposta ao adolescente brasileiro? Pouco importa. É preciso que acreditemos no caráter intrinsecamente processual de sua subjetividade. Faz-se necessário entendê-lo em sua luta interna e nas diversas formas de expressão que tem usado para falar de seu mal-estar de homem contemporâneo, inquieto e desamparado.

Se estudando a violência muito se revelou como dúvida e incerteza, pelo menos uma certeza nós temos: por piores que sejam as circunstâncias, a vida pede passagem. Ignorarmos o seu apelo significa deixarmos-nos abater pela destrutividade do caos, considerando-o apenas em sua negatividade. No jogo de forças que constituem a vida, o caos é perigo ao mesmo tempo em que possibilidade. Em sua trajetória, poderíamos dizer que o nosso adolescente, semelhante à fênix, estaria, através da violência, procurando ressurgir das cinzas? Não estaria ele encarnando o caos em suas múltiplas possibilidades?

Finalmente, poderíamos acrescentar a tudo isso que o adolescente violento, objeto de nossas inquietações, é mais vítima que agressor, dado o grau de desamparo que a própria idade lhe confere. Seria essa fragilidade etária uma (in)conclusão satisfatória? Poderíamos compreender a magnitude e complexidade da violência juvenil apenas considerando que o agressor também é uma vítima da organização social contemporânea? Ou poderíamos encaminhar algumas outras considerações, partindo dessa perspectiva inclusiva de trânsito das posições da subjetividade na fragmentação do social desestabilizante que se evidencia na contemporaneidade? Ousamos tentar, e vimos que tudo isso que discutimos até então faz parte dessa condição de desamparo, condição essa também refletida na sociedade, enquanto criação humana que é. Portanto, vimos criador e criatura, violentos e desamparados, à mercê do caos de si mesmos e de sua produção de sentido.

REFERÊNCIAS BIBLIOGRÁFICAS

BIRMAN, J. **Mal-estar na atualidade. A psicanálise e as novas formas de subjetivação**. Rio de Janeiro: Civilização Brasileira, 2000.

BOFF, L. **Depois de 500 anos. Que Brasil queremos?** Petrópolis: Vozes, 2000.

CALLIGARIS, C. **Hello Brasil! Notas de um psicanalista europeu viajando ao Brasil.** São Paulo: Escuta, 1996.

DEBORD, G. **La Societé du spectable**. Paris: Gallimard, 1992.

FONSECA, CMSMS. **Subjetividade, família e violência: repercussões no adolescente contemporâneo**. Dissertação (Mestrado em Psicologia clínica) – Universidade Católica de Pernambuco. Recife: Fasa, 2002.

HEIDEGGER, M. **Ser e tempo**. 5ª ed. Petrópolis: Vozes, 1995.

LAPLANCHE, J; PONTALIS, JB. **Vocabulário da psicanálise**. São Paulo: Livraria Martins Fontes, 1970.

LASCH, C. **A cultura do narcisismo**. Rio de Janeiro: Imago, 1998.

LEVISKY, DL. **Adolescência e violência**. São Paulo: Casa do Psicólogo, 1997.

MORATO, HTP; SCHMIDT, MLS. Aprendizagem significativa e experiência: um grupo de encontro em instituição acadêmica. In: MORATO, HTP. (org.). **Aconselhamento psicológico centrado na pessoa. Novos desafios**. São Paulo: Casa do Psicólogo, 1999.

PERES, UT. **O desamparo do homem contemporâneo**. Palestra proferida no V Fórum Brasileiro de Psicanálise e Desamparo. Recife: coord. CPP, 09.09.1999.

ROCHA, Z. A questão da diferença e do sujeito no horizonte filosófico da crítica da racionalidade moderna. In: **SÍNTESE. Revista de Filosofia**, Belo Horizonte, 1994, v. 21, p. 439-477.

ROJAS, MC. Realidad psíquica, vincular y social. Funciones del lazo familiar. In: **Malestar en los vínculos** – Psicoanálisis de las Configuraciones Vinculares. Buenos Aires: Revista de la Asociación Argentina de Psicología y Psicoterapia de Grupo, marzo, 1998.

ROLNIK, S; GUATTAR, F. **Micropolítica – cartografias do desejo**. Petrópolis: Vozes, 1993.

QUESTÕES COMENTADAS

1) Na perspectiva dos depoentes por nós entrevistados neste estudo, onde estariam situadas as principais causas da violência juvenil em nosso país?

R: Nossos entrevistados elencaram quatro principais aspectos a serem considerados como facilitadores dessa explosão da violência juvenil que vemos acontecer em nosso país. São elas:

a) Em primeiro lugar, eles apontam para a FAMÍLIA, com suas dificuldades e descompromissos.

b) A MÍDIA também aparece como facilitadora de uma cultura da violência, no sentido de que se move em função de interesses escusos de uma economia de mercado.

c) A SOCIEDADE, ao se mostrar indiferente e egoísta, tem se acostumado com a injustiça social, até mesmo como defesa contra a angústia que tudo isso gera no cidadão.

d) Finalmente, a EDUCAÇÃO, que, apesar de sua importância, se mostra limitada em seu alcance e inoperante em sua ação.

2) Analisando a violência juvenil, o que poderíamos chamar de aspectos estruturais e aspectos conjunturais da violência no Brasil?

a) Os aspectos estruturais são aqueles próprios de uma nação cuja história foi marcada, desde o seu nascimento, por atos de desrespeito e submissão. Desrespeitou-se a vida, em todas as suas formas: humana, animal, vegetal. Foi assim que, desde cedo, aqui se devastou, se matou, se desrespeitou em nome de Deus e da corte portuguesa.

b) Os aspectos conjunturais são aqueles resultantes das relações interpessoais e, como tal, dependentes da estrutura social e da cultura. Aí se abre espaço para o tão propalado "jeitinho brasileiro", que nada mais é, no dizer de Roberto da Matta, que uma forma de "navegação social", num país em que as leis não são feitas para todos.

3) No estudo da violência juvenil, como articular violência e desamparo?

R: O estudo da violência juvenil nos colocou diante não apenas do desamparo do adolescente mas também da própria condição humana de desamparo.

Se ao adolescente é negada a oportunidade de sustentação de uma subjetividade bem constituída, por todas as razões analisadas em nosso trabalho, a violência se oferece como uma possibilidade, linguagem última, espécie de grito de socorro em meio a tanto desamparo.

Em sendo assim, o adolescente é mais vítima que agressor, dado o grau de desamparo que a própria idade lhe confere, no que fica extremamente mais difícil, se somado à desresponsabilidade social, política e familiar para com ele, tão apontada por nossos interlocutores ao longo de nosso trabalho.

CAPÍTULO XXIV

ADOLESCENTES EM SITUAÇÃO DE ACOLHIMENTO INSTITUCIONAL: UM ESTUDO SOBRE ABANDONO*

*Severino Ramos Lima de Souza*** · *Henriette Tognetti Penha Morato*** · *Cristina Maria Souza Brito Dias****

INTRODUÇÃO

Há aproximadamente duas décadas temos nos dedicado ao trabalho de atenção psicológica a crianças e adolescentes abandonados em uma instituição pública no estado de Pernambuco. Ao longo desses anos, o contato direto com essa população foi aprofundando dúvidas, incertezas e inquietações a respeito de tudo o que compunha a nossa prática profissional: nosso modo de ser, nosso modo de fazer, de pensar, sentir... Mas, por outro lado, aguçou o desejo e a coragem para mergulharmos nesse mar sem fim de dúvidas e incertezas para tentarmos, nesse mergulho, visualizar alguma possibilidade de ancoragem.

Com essa intenção, entre os anos de 1999 e 2001 resolvemos ingressar no Programa de Mestrado em Psicologia Clínica da Universidade Católica de Pernambuco (Unicap), que estava sendo inaugurado naquele ano. A nossa pesquisa se encaminhou no sentido de compreender a experiência de adolescentes abandonados e institucionalizados diante do desligamento institucional.

Isso porque, em nossa prática, a grande maioria das crianças que são abrigadas tendo como motivo o abandono familiar não é beneficiada pelos Programas de Colocação em Família Substituta (Guarda, Tutela e Adoção); assim, permanecem na instituição até que sejam viabilizadas as

condições para dela se desligarem, tornando-se independentes dos cuidados por ela dispensados. Desse modo, o abrigamento como Medida de Proteção, que, conforme o Estatuto da Criança e do Adolescente (ECA), deve ser adotado em caráter excepcional e provisório, para a maioria das crianças e adolescentes nessa condição passa a assumir um caráter de longa permanência.

Invariavelmente, essas crianças e adolescentes trazem em suas histórias de vida a marca indelével da violência e da exclusão social, sendo mais uma vez violentados em seu direito à convivência familiar e comunitária. Entregá-los aos cuidados de um abrigo é uma atitude paradoxal na medida em que, por um lado, se pretende preservar e proteger seus direitos, e, por outro, indica que seus direitos fundamentais não foram respeitados, culminando com o abrigamento.

Toda criança e adolescente abrigados numa instituição representam uma denúncia a respeito da precariedade e ineficiência das políticas públicas e das redes sociais de amparo às suas famílias. Por sua vez, estas paulatinamente vêm sendo vitimadas por processos acelerados de pauperização e empobrecimento, promovendo, em decorrência, sua maior miserabilidade, "obrigando-as" a se defrontar com situações extremas em que o mínimo necessário à sobrevivência humana inexiste.

Compreendemos que, historicamente, as questões que envolvem o abandono de crianças e adolescentes são por demais complexas, não se reduzindo apenas à falta de recursos materiais, embora esse seja um fator significativo e, em alguns casos, determinante. Também culpar os pais e a família, além de descaracterizar a amplitude da questão, parece ser um modo de não nos incluirmos e

*Texto condensado de Souza, SRL. **Um estudo sobre a experiência de adolescentes institucionalizados frente ao desligamento institucional**. Dissertação de Mestrado em Psicologia Clínica. Recife: Universidade Católica de Pernambuco, 2001.
**Pesquisador principal.
***Orientadoras da pesquisa.

não nos responsabilizarmos, por isso, como sujeitos, como cidadãos e como sociedade.

Diante de tudo isso, nos cabe questionar a respeito do que, efetivamente, temos realizado e do que se apresenta como possibilidade de atuação e intervenção profissional. Para tanto, consideramos que toda e qualquer ação profissional, sobretudo nesse contexto, deve ter como horizonte o desenvolvimento da autonomia e da independência daqueles para quem voltamos nosso fazer, em nosso caso, crianças e adolescentes em situação de acolhimento institucional.

OS CAMINHOS DA PESQUISA

É por essa perspectiva que o caminho que tomamos para o desenvolvimento da pesquisa foi escutar os próprios adolescentes em situação de acolhimento institucional. Seus depoimentos e testemunhos nos pareceram ser a melhor referência para, de forma crítica, mergulharmos em nossos questionamentos e inquietações a respeito do nosso fazer profissional.

Recortes Teóricos

Quando iniciamos a pesquisa, tínhamos clareza dos objetivos aos quais nos propusemos; porém, não tínhamos, de antemão, um arcabouço teórico pronto, antes do início do nosso contato com o campo onde realizaríamos a coleta dos "dados". As questões que discutimos ao longo do nosso estudo só foram se delineando com maior clareza a partir desse contato. No entanto, foram as falas dos adolescentes que apontaram e indicaram os aspectos a serem aprofundados teoricamente.

Uma das questões que emergiu foi a necessidade de compreender o que se compreendia por *abandono*, uma vez que o universo com o qual estávamos entrando em contato era atravessado pela experiência de abandono, do desamparo e da exclusão social. Desse modo, tecemos algumas reflexões sobre **abandono de crianças enquanto prática social**, sob o ponto de vista histórico, e o **abandono como desamparo existencial**.

Como **prática social**, os autores que utilizamos (ARIÉS, 1981; MARCÍLIO, 1998; ROCHA, 2000; SILVA, 1997) apontaram que o abandono de crianças não é um fenômeno recente. Em todas as épocas da história da humanidade tem se observado a prática da exposição de bebês, sobretudo nas sociedades ocidentais, desde os tempos mais

remotos até nossos dias. Historicamente foi uma prática amplamente aceita, ou pelo menos, tolerada, particularizando-se quanto a intensidade, motivações e modos de cuidado, conforme cada época e lugar.

Nessa retrospectiva histórica, merecem destaque os sistemas da "Roda dos Expostos" e das "amas-de-leite". Os bebês eram deixados na "Roda", que era um dispositivo de madeira, de forma cilíndrica e com uma divisória no meio, fixado no muro ou na janela da instituição. Algumas dessas crianças eram encaminhadas para as amas-de-leite, as quais, em sua maioria, eram remuneradas por estarem recebendo uma criança enjeitada para amamentar e cuidar.

Em virtude do alto índice de mortalidade infantil durante a vigência desses sistemas de assistência à criança enjeitada, com o passar dos anos, com os avanços tecnológicos advindos com a Revolução Industrial e com a mudança de mentalidade a partir dos princípios higienistas no âmbito da medicina, aos poucos essas instituições foram sendo extintas.

No Brasil, conforme Silva (1997), podemos identificar cinco momentos que caracterizam a história da infância, cada um correspondendo a uma postura político-científica e filosófica. Todos eles traduziram-se na edição de leis que estabeleceram alguns parâmetros para a assistência à infância e à juventude, a seguir relacionados:

1. Filantrópico (1500–1874): período caracterizado pela implantação do modelo português centralizado nas Santas Casas de Misericórdia, onde, posteriormente, foram instaladas as Rodas dos Expostos; o período de internação de crianças não era prolongado porque elas eram encaminhadas para famílias beneméritas que as criavam e as mantinham como agregados.

2. Filantrópico-Higienista (1874–1922): em função da intensa imigração estrangeira para o Brasil e da necessidade do controle das doenças epidêmicas e da ordenação dos espaços públicos nesse período, o parecer médico era o critério no tratamento dos assuntos referentes ao amparo às crianças; surgiram as amas-de-leite, que eram contratadas e pagas para encaminhamento das crianças enjeitadas, criando-as, oferecendo-as a outras famílias ou enterrando-as, quando faleciam.

3. Assistencial (1924–1964): durante esse período, ocorreram a aprovação do primeiro código de menores, a desativação da casa dos expostos, a criação e regulamentação do juizado de menores e de todas as

instituições auxiliares, configurando o Estado como responsável legal pela tutela da criança órfã e abandonada; com isso houve uma diminuição do abandono anônimo e da mortalidade das crianças expostas, acentuando-se, porém, a tutela sobre os expostos até os 18 anos de idade; a tônica do atendimento da criança já internada passou a ser o oferecimento de uma oportunidade para trabalhar.

4. Institucional Pós-64 (1964–1990): criaram-se, em nível federal, a Funabem e, no nível dos estados, a Febem, ambas inspiradas na Doutrina de Segurança Nacional, e em 1979 foi promulgado um novo código de menores; verificaram-se, também, a introdução do militarismo dentro dos internatos e o encaminhamento de ex-menores para o serviço militar e para o trabalho em órgãos públicos.

5. Desinstitucionalização (1990 – ?): a nova Constituição Federal estabeleceu diversos dispositivos legais objetivando coibir as arbitrariedades do Estado sobre o cidadão; nesse sentido, com a regulamentação do artigo 227, originou-se o Estatuto da Criança e do Adolescente (ECA), transferindo a tutela da criança e do adolescente para a sociedade civil, através da criação dos Conselhos Tutelares. No entanto, ainda permanece a parcela de poder e responsabilidade do Poder Judiciário através da criação dos Juizados da Infância e da Juventude e a subordinação dos conselhos tutelares a eles. Dentre os vários avanços que representou o ECA destaca-se a concepção da criança e do adolescente como sujeitos de direitos, vindo a abrigar sob sua tutela não apenas a criança em situação de risco, mas "toda pessoa em fase de desenvolvimento", até os 18 anos de idade (SILVA, 1997, p. 34-36).

No tocante à compreensão do sentido de **abandono como desamparo existencial**, a possibilidade foi aberta pelo campo da própria pesquisa. Desse modo, inicialmente a ela nos reportaremos, a fim de posteriormente encaminhar as reflexões que dela se originaram.

A pesquisa foi realizada em uma das Unidades de Abrigo da Fundação da Criança e do Adolescente (Fundac-PE), destinada à população infanto-juvenil de ambos os sexos, destituídos do poder familiar ou em processo de destituição. A estrutura física dessa instituição era constituída por cinco casas-lares, caracterizando-se pelo atendimento em pequenos grupos e pela preservação dos laços afetivos entre irmãos, como preconiza o ECA, assemelhando-se ao funcionamento de um lar, onde todos, orientados pela "larista"

(educadora social ou mãe social), participavam de todas as tarefas domésticas, de acordo com suas capacidades.

A participação nas atividades da casa, o fato de possuírem um quarto, uma cama, seu próprio vestuário, objetos pessoais e o estímulo ao estabelecimento de vínculos afetivos apresentavam-se como possibilidade às crianças e adolescentes, ali acolhidos, de experienciarem sentimentos de posse e de pertencimento enquanto pessoas singulares. Assim, contribuíam para o processo de (re)constituição de suas identidades.

Outra questão fundamental quanto ao funcionamento da Unidade de Abrigo onde ocorreu a pesquisa diz respeito à abertura para o "mundo externo". Todas as necessidades no âmbito da saúde, educação, cultura e lazer eram realizadas fora da Unidade, mediante a utilização dos recursos e serviços disponíveis na própria comunidade local, bem como através das redes públicas de saúde e de educação.

É interessante observar que o Plano Nacional de Promoção, Proteção e Defesa do Direito de Crianças e Adolescentes à Convivência Familiar e Comunitária, promulgado em dezembro de 2006, recomenda exatamente os critérios aqui descritos anteriormente como norteadores para o funcionamento dos abrigos. Vale ressaltar que a instituição onde ocorreu a pesquisa já funcionava nessa modalidade desde o início dos anos 80.

Descrever brevemente o espaço institucional onde se desenvolveu a pesquisa nos auxiliará na compreensão da vivência/experiência dos adolescentes que colaboraram conosco, bem como dos temas por eles levantados, uma vez que esse espaço se constituiu, para eles, como referência de "habitação". Afinal,

> (...) a casa, a morada, a habitação, tem como o próprio mundo uma natureza pré-objetal e não utensiliar: ela é como uma parte do mundo, mas exatamente aquela parte em que podemos nos sentir relativamente abrigados (...) algo equivalente à moradia de onde podemos contemplar a uma certa distância as coisas "lá fora" (...); onde podemos cozinhar e nos alimentar sossegados, onde podemos gerar e criar uma família e receber a visita de estranhos, onde podemos tratar dos nossos males e, mais que tudo, repousar. (FIGUEIREDO, 1995, p. 45-46)

Como nossa intenção era compreender a experiência de adolescentes em situação de acolhimento institucional, julgamos que o melhor caminho era escutá-los em seus depoimentos/narrativas a partir de uma pergunta disparadora/motivadora de suas falas acerca de suas vidas na instituição. Através dessa metodologia, observamos que, à medida que os adolescentes contavam suas experiências de estarem vivendo em uma instituição, muitas coisas eram mobilizadas: sentimentos, emoções, lembranças, projetos de vida, fantasias, entre outras. Pois, por assim dizer, a alma da narrativa é o vivido, que é sempre algo muito pessoal, que se inscreve na experiência particular de cada indivíduo.

Para Benjamin (1985), essa experiência é pessoal e singular; todavia, ao mesmo tempo, por ocorrer no contexto das relações dos homens entre si e destes com o mundo, coletiva e plural. Já Gadamer (1999), quando aborda o conceito de vivência, alude que toda vivência se caracteriza pelo imediatismo, pela insubstituibilidade e pela inesgotabilidade de significados, integrando-se ao todo da vida que nela já se faz presente.

De qualquer forma, segundo Morato e Schmidt (1999, p. 124-125), a

> narrativa se apresenta como o registro da experiência, na medida em que abriga a elaboração dos dados diversos que se sedimentam e transbordam ao longo do tempo de uma vida. Plural e única, a narrativa amalgama a sabedoria e o desconhecido, o refletido e o vivido, o lembrado e o esquecido.

À medida que intencionamos lidar com a experiência vivida dos adolescentes em situação de acolhimento institucional, a fenomenologia se apresentou como o caminho mais adequado. A atitude fenomenológica implica, necessariamente, *"voltar às coisas mesmas"* no modo como elas se dão, buscando apreendê-las em seu modo próprio de dar-se: precário, provisório, fluido, mutável, transitório e, por isso, complexo. É o modo da "re-velação": a cada mirada, aquilo que se mostra mostra-se diferentemente; a cada momento que nos aproximamos tiramos o véu que a envolve, mas, quase que imediatamente, volta a se "re-velar".

Por essa ótica, trabalhamos com seis depoimentos, colhidos junto aos adolescentes que se dispuseram a colaborar com a pesquisa. A escolha dos sujeitos colaboradores foi norteada pelos seguintes critérios: adolescentes normais, dos pontos de vista físico e mental; sem vínculos ou contato com familiares; que não tivessem sido abrigados em outras instituições; e que estivessem abrigados há pelo menos cinco anos.

Antes da coleta dos depoimentos, conversamos com cada um dos adolescentes visando esclarecer o porquê de estarmos ali, os objetivos e a importância da colaboração deles na pesquisa. Esse contato preliminar foi importan-

tíssimo, não apenas pelas questões éticas que envolvem os procedimentos de uma pesquisa, mas, sobretudo, em nosso caso, possibilitou estabelecermos um vínculo facilitador para que os depoimentos fossem oferecidos do modo mais espontâneo possível. Necessariamente, considerando os objetivos do nosso estudo, iríamos mobilizar aspectos muito pessoais e particulares, carecendo, portanto, do mínimo de confiança quanto ao uso que iríamos fazer daquilo que eles iriam nos contar. Somente após essa conversa partimos para a coleta/gravação dos depoimentos.

Como provocação à fala dos adolescentes, perguntávamos a cada um deles: *"Como é para você viver neste abrigo?"*

Durante suas falas, nossas intervenções limitaram-se à necessidade de conhecer mais ou compreender melhor o que estava sendo dito pelo depoente. Desse modo, foram incorporadas no texto literalizado.

A literalização, por sua vez, é um recurso utilizado na pesquisa fenomenológica em que o pesquisador aparece como alguém que se inclui e, fazendo parte "do que quer saber e do que ele pode ver", se oferece como testemunha àquilo que lhe é dito pelo depoente. Orientando-se pelo relato, sem alterar as falas e o sentido das mesmas, os vícios de linguagem, concordâncias e tempos verbais são corrigidos, utilizando-se de pontuações gráficas para expressar o ritmo da fala do depoente e, assim, poder permitir a leitura do leitor chamando por sua própria interpretação.

Mais ainda, ao término da literalização, apresenta-se um texto *transcriado*, exatamente pelo amálgama da experiência do depoente com a interpretação do pesquisador. Nesse sentido, Critelli (1996, p. 134) nos diz que "o interrogador do real deve dispor a si mesmo como alguém a quem deve também voltar sua interrogação. Esse mesmo real que ele quer conhecer só chega a ser, inclusive, pelo seu olhar".

Por fim, de posse dos depoimentos já transcriados, procedemos à elaboração da nossa compreensão acerca dos mesmos, buscando pontuar na fala dos sujeitos o(s) significado(s) emergente(s) da sua experiência.

SOBRE OS DEPOIMENTOS: NOSSAS REFLEXÕES

Buscando compreender os depoimentos, foi possível encontrar três temáticas nas falas dos adolescentes. Foram elas que nos permitiram ancorar nossas reflexões na consideração dos seguintes aspectos: *o acolhimento, o desabrigamento* e *os projetos.*

O Acolhimento

A instituição onde se desenvolveu a pesquisa possui um modo de funcionamento que possibilita aos adolescentes sentirem-se acolhidos e cuidados. A proximidade das relações estabelecidas na instituição parece fundamentar o modo como os adolescentes a ela se referiram, levando-os a experienciarem-na como se fosse uma família que cuida e acolhe:

> "Eles são para mim uma família... porque cuidaram bem de mim... me receberam bem... Isso me faz ficar emocionada."

Relatar o sentimento de que, para eles, a instituição é *"como se fosse uma família"* parece ser um modo de expressarem a experiência de se sentirem acolhidos por ela. Esse acolhimento é mediado pelos educadores e educadoras, os quais aparecem nos depoimentos como figuras significativas que, na vida dos adolescentes, vêm substituir as funções das figuras parentais. No entanto, os próprios adolescentes sabem e relatam que os agentes institucionais não são, de fato, sua família, no sentido estrito dos laços de consangüinidade e parentesco. Mas, para eles, é como se fossem.

> "Então, aqui é como conviver numa casa... numa família... Aqui, tenho pai... tenho irmãos... tenho mãe... É uma casa."

> "Não posso dizer que eles sejam meus pais... Mas... tenho que respeitá-los como se fossem... porque me criaram desde pequeno."

Acreditamos que se sentir acolhido e aceito, como revelaram os depoimentos, é básico e fundamental para a constituição desses adolescentes enquanto sujeitos e cidadãos, porque resgata, entre outras coisas, o sentimento de pertencimento a um grupo, a uma comunidade e a uma coletividade. Nessa direção, ser acolhido podia, inclusive, possibilitar a ressignificação das experiências de abandono por eles experienciadas. Aliás, todo ser humano carece de acolhimento.

As falas dos adolescentes nos indicaram que o que conta, efetivamente, é a qualidade dos vínculos, que para eles, através de sua experiência, caracterizam o sentimento de família. Desse modo, podemos pensar que não são apenas os laços de parentesco e consangüinidade que determinam a vivência do sentimento de família. Ariés (1981) já apontava para isso. Talvez o que eles denominaram *família* tenha sido o sentimento de pertencer a um grupo no qual viveram a experiência de acolhimento e cuidado.

Nessa medida, a instituição pode se configurar como um espaço de crescimento e desenvolvimento biopsicossocial para aqueles que "dependem" dos seus cuidados, como alternativa à família. Como nos diz Marin (1999, p. 112),

> A instituição pode ser um espaço alternativo para o processo de identificação da criança, desde que não se camufle como uma família. Parece ser sua função, desde que a família não tenha condições para assumir seus filhos, colocar-se como um espaço para que as crianças possam realizar suas necessidades, encontrando um suporte adequado para o desenvolvimento biopsicossocial.

Todavia, a "segurança" proporcionada pelo acolhimento está, a todo momento, sendo ameaçada pelas experiências de perda e de separação. Essa instabilidade, por sua vez, constitui o movimento da existência mesma, por nos lançar à condição humana mais radical que é o não-pertencimento ao mundo: o desamparo.

O Desabrigamento

Como dissemos anteriormente, o abrigamento deve ser adotado em caráter excepcional e provisório. Nessa perspectiva, todo trabalho institucional precisa visar à criação de situações para a efetivação do *desabrigamento* daqueles que estão, temporariamente, sob seus cuidados.

Para aqueles que não possuem qualquer referência familiar, a permanência na instituição torna-se mais prolongada, fazendo com que o processo de desligamento seja mais difícil e experienciado por eles com muita ambigüidade.

Por um lado,

> "... sinto-me feliz por saber que vou embora daqui... porque aqui... a gente não tem muita liberdade... para sair para onde quiser... chegar à hora que quiser..."

Por outro,

> "... é muito chato saber que vou sair daqui... Aqui é o único lugar que tenho..."

"... me sinto muito mal... triste... porque vou deixar as pessoas de quem gosto..."

Essas falas foram reveladoras das profundas inquietações que os afligem. Nas experiências dos adolescentes, o desligamento institucional precipita a angústia existencial de saberem-se acolhidos, amparados pela instituição, mas tendo que encarar e passar pela experiência da separação. A segurança que imaginavam ter sob a tutela institucional parece, agora, ter se transformado em incertezas e dúvidas, traduzidas pelos questionamentos em torno do que fazer quando deixarem a instituição.

"Eu não sei como sobreviver... Não estou confuso agora... mas quando chegar a hora... ter que ir embora... Poxa! O que é que eu vou fazer?"

Isso nos faz pensar em o quanto eles se sentem amedrontados e temerosos diante da situação de desabrigamento por perceberem que, dentre as várias possibilidades, uma delas seria não conseguirem dar conta de suas vidas sozinhos sem o apoio institucional. Poderia revelar uma possível falta de confiança em si mesmos, como se estivessem se sentindo incapazes de conduzir suas próprias vidas diante da perspectiva de futuro. Isso nos leva a pensar no modo como a instituição tem se conduzido no atendimento às demandas dos seus adolescentes.

Compreendemos que é com toda boa vontade que os agentes institucionais se empenham e se preocupam em oferecer o melhor para os adolescentes. Porém, o desejo de a tudo querer suprir, em face das demandas apresentadas pelos adolescentes, poderia estar encaminhando os jovens a comportamentos tendentes à passividade, ao comodismo, podendo, inclusive, gerar sentimento de incapacidade para gerirem suas próprias vidas, com autonomia e independência, comprometendo assim todo o processo de desabrigamento.

Como assinala Marin (1999, p. 48-49),

Se acreditarmos que é a partir da falta de ser que o sujeito pode manifestar seu apelo, viver seu desejo, orientar-se e fazer a sua própria história, é preciso deixar surgir esse espaço da falta. Não se deve preencher totalmente a criança, mas também permitir que ela questione sua origem, fale de seu abandono, entenda quem, no momento, está ocupando os lugares de proteção e apoio e, ao mesmo tempo, de limite e ordem e para onde deve seguir seu destino (qual o futuro possível colocado para

ela). Estas são possibilidades de lhe dar condições para ser um sujeito autônomo.

A situação proporcionada pelo desabrigamento conduz os adolescentes a pensarem e a refletirem sobre qual direcionamento irão dar às suas vidas. Porém, apresentam dúvidas por não confiarem em si mesmos como capazes de poderem se cuidar.

As experiências narradas pelos adolescentes apontam para a necessidade de que as instituições não percam de vista cuidarem dos jovens na perspectiva do desabrigamento. Pois, se durante a permanência no abrigo não for provocada e discutida a possibilidade de fazer escolhas, de tomar decisões, responsabilizando-se por elas, o adolescente, possivelmente, não terá condições para autogerir-se. Autonomia é processo, é construção. É um exercício diário que exige tomada de decisões e posicionamentos.

Na experiência dos adolescentes, o desligamento institucional precipita a angústia existencial encoberta pelo acolhimento experienciado por eles. Na verdade, esse momento os desaloja do "sonho de segurança" que a vida na instituição possibilitou ao buscar preencher, ilusoriamente, todas as suas necessidades.

Dessa forma, o desligamento é situação para que o jovem possa deparar-se e aventurar-se em outras possibilidades, inclusive com a sua própria liberdade, como um desafio posto ao se questionarem "o que fazer" quando deixarem a instituição.

Os Projetos

Paradoxalmente, a situação de desabrigamento, vivida pelos adolescentes como precariedade e desamparo, apresenta-se também como possibilidade de conduzi-los à reflexão a respeito de suas vidas, dos seus projetos e de perspectivas quanto ao futuro.

O desejo de ter uma casa foi expresso por todos os adolescentes colaboradores. Possivelmente a casa signifique, para eles, o lugar de abrigo, de proteção, de acolhimento, em contraposição à rua, referida por eles como hostil, violenta e ruim.

E mais, a experiência de acolhimento pela instituição foi referida como básica para todo o período de abrigamento, permitindo-lhes experienciar pertencimento. Nesse sentido, retomando o sentido de *habitar* e de *habitação* como lugar próprio para si mesmo, como anteriormente mencionado, "*ter casa*" seria uma expressão do cuidar de si para além do cuidado recebido na instituição.

Desse modo, a casa, o trabalho e o estudo apareceram como aspectos fundamentais em seus projetos futuros. Seu sentido e significados na vida dos adolescentes poderiam implicar a assunção de contornos bastante acentuados por simbolizarem, para eles, a realização do desejo de não ficarem desamparados e desprotegidos.

> "Quando sair daqui... gostaria de ir para uma casa que desse para mim e meu irmão morar... e ser muito feliz."

> "O que a gente queria quando sair daqui é ter um emprego... para a gente não sofrer lá fora..."

A consciência que eles mostraram possuir acerca das dificuldades que iriam enfrentar fez com que se mostrassem bastante realistas em suas pretensões futuras. É a consciência das limitações concretas, por eles experienciadas, que norteia o modo de como pensam organizar-se quando deixarem a instituição.

Olhar para o futuro como forma de conduzir os jovens a olharem para o tempo em que permaneceram institucionalizados abre-se como uma re-vista, pela qual as oportunidades que não foram por eles aproveitadas poderiam chamá-los à responsabilidade sobre si mesmos e sobre suas reais possibilidades quanto ao futuro, após o desligamento. No entanto, tudo aponta a como eles se inseriram em um contexto de aprendizagens que levarão consigo.

> "Saindo daqui... vou levar algumas aprendizagens... vou levar os cursos que fiz... a responsabilidade que todo mundo aqui me dá... Tudo isso que aprendi aqui... tenho que mostrar lá fora."

CONCLUINDO

Algumas questões nos parecem importantes trazer como reflexão acerca do modo de como estamos cuidando dos adolescentes em situação de acolhimento institucional a partir daquilo que por eles foi colocado em seus depoimentos, no sentido de mobilizarmos uma discussão acerca das práticas institucionais, considerando as diretrizes propostas pelo Plano Nacional de Promoção, Proteção e Defesa dos Direitos de Crianças e Adolescentes à Convivência Familiar e Comunitária.

Reconhecidamente, para os adolescentes em situação de acolhimento institucional, os educadores são as pessoas com as quais, no momento, podem contar, porque, como eles mesmos pontuam, são aqueles que deles cuidam. Por conseguinte, acreditamos que esses educadores são perso-

nagens que, junto aos adolescentes e aos demais atores institucionais, protagonizam uma proposta sociopedagógica visualizada e encarnada no conjunto das práticas institucionais das quais são co-autores e coadjuvantes, simultaneamente. Desse modo, faz-se necessária uma breve reflexão/discussão em torno do papel desses educadores junto aos adolescentes.

Na situação de acolhimento institucional, todo educador é um cuidador na medida em que ele é aquele que cuida. Equivale dizer que ele, no conjunto das práticas institucionais, é quem, diretamente, cumpre a missão institucional de acolher, proteger e cuidar. Isso não é uma tarefa fácil. Por conseguinte, faz-se necessária uma atenção especial acerca das condições que estão sendo colocadas para o educador desempenhar sua função. Dentre essas condições consideramos fundamentais a oportunidade para o cuidado com o cuidador e a formação permanente e continuada. Como a instituição está fazendo isso? Ou, como criar essas condições? Esses são questionamentos que demandam investimento institucional caso se pretenda levá-los a sério, efetivamente.

Por outro lado, a instituição não precisa fazer de conta de que é uma família, no sentido burguês de família nuclear. As referências que os adolescentes poderão vir a estabelecer dependerão da qualidade dos vínculos promovidos pela e na dinâmica institucional. Nessa perspectiva, MARIN (1999) nos lembra que "esta instituição deve garantir desde os trâmites legais até o resgate dos direitos mínimos à vida: alimentação, saúde, afeto, sociabilidade, lazer, cultura, tudo o que foi arrancado dessa criatura" (p. 14). Essa é, como compreendemos, a função de toda e qualquer instituição para crianças e adolescentes abandonados e/ou em situação de vulnerabilidade social.

Como dissemos anteriormente, o trabalho institucional deve ter como objetivo precípuo desenvolver a autonomia e a independência naqueles que estão sob seus cuidados. É ilusório pensarmos que a instituição suprirá todas as suas necessidades. Daí a urgência em se investir nesses aspectos desde o momento de ingresso na instituição, sobretudo no que tange ao protagonismo juvenil e à elaboração de projetos de vida. Porém esse caminho só se tornará consistente na medida em que incluir as incertezas, as inseguranças, os insucessos e a angústia, próprios de quem se põe a caminho. Não é buscando suprir todas as faltas e carências promovidas pelo abandono (até porque não é possível) que iremos construir projetos de vida junto com os adolescentes.

Entrar em contato com a angústia existencial parece ser o caminho que nos conduz à apropriação de si mesmo. No entanto, essa apropriação só se torna possível na medida em que falamos e contamos nossa versão sobre nós mesmos. Narrando e compartilhando nossas histórias, percebemos quem somos, o que queremos e o que desejamos. Não foi sem razão que em nossa pesquisa escolhemos o caminho da narrativa. Temos clareza de que ela possibilita a reconstrução e apropriação da história pessoal e coletiva, pondo, desse modo, em andamento a própria experiência de existir.

REFERÊNCIAS BIBLIOGRÁFICAS

BENJAMIN, W. **Magia e técnica, arte e política**. São Paulo: Brasiliense, 1985. (Obras Escolhidas, v. I.)

CRITELLI, DM. **Analítica do sentido: uma aproximação e interpretação do real de orientação fenomenológica**. São Paulo: Educ - Brasiliense, 1996.

FIGUEIREDO, LCM. **Revisitando as Psicologias: da epistemologia na ética das práticas e discursos psicológicos**. São Paulo: Educ; Petrópolis: Vozes, 1995.

GADAMER, H. **Verdade e método: traços fundamentais de uma hermenêutica filosófica**. 3ª ed. Petrópolis: Vozes, 1999.

MARIN, LSK. **Febem, família e identidade: o lugar do outro**. 2ª ed. São Paulo: Escuta, 1999.

MORATO, HTP; SCHMIDT, MLS. Aprendizagem significativa e experiência. In: MORATO, HTP. (org). **Aconselhamento psicológico centrado na pessoa: novos desafios**. São Paulo: Casa do Psicólogo, 1999. p. 115-128.

QUESTÕES COMENTADAS

1) Como prática social, que considerações podem ser levantadas a respeito do abandono de crianças?

R: Historicamente, as questões que envolvem o abandono de crianças e adolescentes são muito complexas, não se reduzindo apenas à falta de recursos materiais.

Alguns autores apontaram que o abandono de crianças não é um fenômeno recente. Em todas as épocas da história da humanidade tem se observado a prática da exposição de bebês, sobretudo nas sociedades ocidentais, desde os tempos mais remotos até nossos dias. Foi uma prática amplamente aceita ou, pelo menos, tolerada, particularizando-se quanto a intensidade, motivações e modos de cuidado conforme cada época e lugar. Merecem destaques os sistemas da "Roda dos Expostos" e das "amas-de-leite". No Brasil, de modo particular, podem-se identificar cinco momentos que caracterizam a história da infância, cada um correspondendo a uma postura político-científica e filosófica, traduzindo-se na edição de leis que estabeleceram alguns parâmetros para a assistência à infância e à juventude, a saber: Filantrópico (1500–1874), Filantrópico-Higienista (1874–1922), Assistencial (1924–1964), Institucional Pós-64 (1964–1990) e Desinstitucionalização (1990–?).

2) Em que medida a fenomenologia pode servir de suporte metodológico para a pesquisa?

R: Trabalhar com depoimentos/narrativas implica lidar com a experiência vivida dos sujeitos que, inevitavelmente, mobilizará sentimentos, emoções, lembranças, projetos de vida, entre outros. Pois a alma da narrativa é o vivido, que é sempre algo muito pessoal. Nessa medida, a fenomenologia se apresenta como um caminho possível, uma vez que a atitude fenomenológica implica "voltar às coisas mesmas", no modo como elas se dão, buscando apreendê-las em seu modo próprio de dar-se: precário, provisório, fluido, mutável, transitório e, por isso, complexo.

3) No processo de pesquisa, o que caracteriza o recurso da literalização?

R: A literalização é um recurso utilizado na pesquisa fenomenológica em que o pesquisador aparece como alguém que se inclui e fazendo parte "do que quer saber e do que ele pode ver", como testemunha daquilo que lhe é dito pelo depoente. Sem alterar as falas e o sentido delas, corrigiram-se os vícios de linguagem, concordância e tempos verbais, utilizando-se das pontuações gráficas para expressar o ritmo da fala do depoente e, assim, poder permitir a leitura do leitor com sua própria interpretação. É um texto transcriado exatamente pelo amálgama da experiência do depoente com a interpretação do pesquisador.

4) Qual a importância/papel do educador no conjunto das práticas institucionais junto à criança e ao adolescente em situação de acolhimento institucional?

R: Reconhecidamente, para os adolescentes, os educadores são as pessoas com as quais podem contar, porque eles são quem deles cuidam. São eles que, junto às crianças e aos adolescentes e aos demais atores institucionais, protagonizam a proposta sociopedagógica, visualizada e encarnada nas práticas institucionais das quais são co-autores e coadjuvantes, simultaneamente. Equivale dizer que o educador é quem, diretamente, cumpre a missão institucional de acolher, proteger e cuidar. Por isso, faz-se necessário, por parte da instituição, uma atenção especial para com a figura do educador, dando oportunidades/promovendo situações/condições para dele cuidar, bem como a formação permanente e continuada.

CAPÍTULO XXV

VINDO E INDO

Marina de Ulhôa Flosi Mendes

APRESENTAÇÃO

Este texto[1] faz parte do material que utilizo como reflexão, desde 2003, com alunos do Curso de Especialização em Psicologia Jurídica do Instituto Sedes Sapientiae. Deriva de estudo e pesquisa que consta em minha Dissertação de Mestrado, *Ouvindo o pai jovem no contexto da Psicologia Judiciária*, realizada no Lefe, sob orientação da Prof. Dra. Henriette Morato. O trabalho, além de pretender dar voz aos jovens pais, leva a uma reflexão sobre a atuação do psicólogo no contexto institucional forense (MENDES, 2000).

No Instituto Sedes Sapientiae, na qualidade de professora, subcoordenadora do curso, e como profissional com experiência prática atuando há aproximadamente duas décadas em uma Vara da Infância e Juventude (VIJ) da cidade de São Paulo, foi-me solicitado que preparasse uma aula sobre Abandono e Acolhimento.

Se, por um aspecto, parecia um tema objetivo e pontual – abordando aspectos legais e o trabalho que realizo com famílias e crianças que, em muitos casos, "trocam de mãe" no seu percurso existencial – por outro parecia vago e desafiador, provavelmente porque eu precisaria rever formas de *abandono e acolhimento* que, indubitavelmente, são da existência humana. Implicaria refletir, principalmente, sobre a decorrente angústia de separação e/ou perda sofrida por essas crianças e a impotência com a qual, em muitas situações, o profissional psicólogo judiciário se depara.

Posteriormente, em busca de um rumo mais conhecido e objetivo, motivador do pedido da tarefa, portanto menos existencial e pessoal, empenhei-me em iniciar a redação, com foco nas Medidas Protetivas e inserção de crianças em família biológica ou de apoio. Nesse contexto, optei por localizar o trabalho institucional, refletir sobre o Estatuto da Criança e do Adolescente (ECA) e conceitos de família e abordar a pesquisa que realizei com pais jovens que pleiteavam um contato com seus filhos sem necessariamente assumir a guarda legal dos mesmos, o que me levou, de certo modo, a pensar sobre abandono de mitos e preconceitos e acolhimento de novas perspectivas.

Espero que as idéias, registros e informações possam ser úteis àqueles que se interessam pela menoridade.

O TRABALHO INSTITUCIONAL

Crianças e adolescentes em situação de risco social, que necessitam de uma medida legal de proteção, assim como familiares e/ou responsáveis por elas são atendi-

---

[1]Embora *a priori* "vindo e indo" possa parecer algo destituído de afeto, sem rosto, que remete a uma situação maquinal, que lembra um pêndulo de relógio, algo inerte ou, simplesmente, se movimentando de cá para lá, representa a angústia de uma psicóloga judiciária que se propõe a questionar valores, mitos, crenças, papel profissional, para repensar o sentido do trabalho que ocorre envolvendo crianças e jovens e suas famílias. Estes comparecem às Varas da Infância e têm seus destinos lá definidos pelo magistrado, a partir do estudo psicossocial.

dos e ouvidos nas Varas da Infância e da Juventude.[2] Entrevistam-se adultos que negligenciam e/ou maltratam, que não cuidam, seja intencionalmente, seja por falta de percepção das necessidades do outro ou incapacidade para cuidar, e ainda aqueles que, preparados emocionalmente ou não, querem cuidar, pretendendo legitimar sua atitude através de um pedido de guarda, para ter a criança sob sua responsabilidade até atingir a maioridade, ou adotando-a. De modo geral, são recebidos por uma equipe interprofissional composta por assistentes sociais e psicólogos que fornecem ao juiz seu parecer técnico sobre o caso. Esse parecer integra o processo, subsidiando o magistrado na tomada de decisão sobre o futuro dos pequenos e jovens em situação de risco pessoal e social.

Algumas pessoas solicitam providências judiciais, comparecendo espontaneamente ou sendo intimadas; outros, contra sua vontade, podem comparecer conduzidos coercitivamente. De modo geral, a clientela encontra-se envolvida em algum procedimento judicial, iniciado para atender aos interesses jurídicos de proteção à criança ou adolescente.

Os clientes não buscam o setor de Psicologia visando orientação ou atendimento específico dessa área. Alguns consideram a intervenção mais como função burocrática que retarda o processo do que algo com sentido específico. Contudo, dependendo do desenvolvimento do trabalho, podem estabelecer um vínculo de confiança com o profissional, passando a ver o psicólogo como representante de seus direitos ou desejos naquele lugar jurídico. A maioria, contudo, pelo menos no primeiro contato de rotina, não

rejeita explicitamente o atendimento, ao qual as pessoas chegam visivelmente angustiadas ante a situação nova de se verem envolvidas em um problema na área da Justiça. Serem acolhidas, ouvidas e não julgadas tem um sentido significativo, apesar do medo. Freqüentemente, buscam passar uma boa imagem ao profissional do judiciário. Os questionamentos costumam ocorrer nos atendimentos posteriores, quando não há percepção clara da proposta de intervenção preventiva;[3] caso contrário, aceitam e contribuem.

Em relação à medida jurídica de guarda, quem a requer pode já estar convivendo e assumindo há tempo o lugar e a função de cuidador, seja direto ou indireto, das crianças ou adolescentes sob sua responsabilidade de fato ou pretender assumi-la. Esta, conforme a finalidade, respeita a filiação de origem (guarda em si ou a guarda como fato).

Tem-se desde situações nas quais pais maltratam seus filhos, quando se identifica que a melhor medida é o afastamento dos mesmos, passando-lhes a responsabilidade a terceiros, até crianças ou adolescentes que permanecerão aos cuidados diretos dos pais, mas que necessitam de atendimento médico em convênio dos avós, vindo assim o documento suprir e resolver problemas de outras alçadas. Vem, ainda, para suprir a falta eventual dos pais ou responsáveis, como, por exemplo, criança e adolescentes cujos pais residem longe dos mesmos, etc. (art. 33 § 2.º), não sendo, portanto, como muitos juristas vêem, uma medida de proteção "aos órfãos e abandonados" (NOGUEIRA, 1996; SZNICK, 1993), a menos que entendamos tal expressão como uma metáfora aos cuidados dispensados por alguns pais[4].

Eventualmente o guardião é parente, aquele com laços consangüíneos com a criança ou o adolescente; muitas

[2]Na VIJ atribui-se poder a uma autoridade para fazer cumprir determinada categoria de leis. Administrativamente, pertence ao Tribunal de Justiça, e, portanto, faz parte do Poder Judiciário, cuja função precípua é aplicar a lei e julgar, principalmente, os conflitos de interesses, o que se dá por intermédio do processo. Está localizada na administração do Estado como Juízo de Direito de Primeira Instância. Seu objeto, portanto, é *fazer justiça* através do julgamento, sem a ocorrência de erro. Dessa forma, parte-se do princípio de que existe uma verdade a ser desvelada, seguindo o princípio da "binariedade", nas quais as realidades são "ou isso ou aquilo", pautadas em uma solução unilateral e única o que difere sobremaneira de uma leitura psicológica de um fato ou situação. Nesse contexto, *fazer cumprir a lei*, tem-se como atores concretos, os profissionais: **Juiz de Direito**, responsável último pelo trabalho; **Promotor de Justiça**, cuja atuação nos feitos referentes às crianças e aos adolescentes é obrigatória e representa o Ministério Público; os do **Cartório – escreventes,** que em primeiro plano, cumprem as ordens judiciais, remetem os autos ao setor técnico e expedem mandados para os atendimentos; o escrivão-diretor, oficiais de justiça e fiéis; **Voluntários** (antigo comissariado), nomeados pelo Juiz; e **Assistentes Sociais e Psicólogos,** que compõem as Seções Técnicas. Tem-se, ainda, os agentes institucionais – a clientela e o público – e o contexto institucional. Vale lembrar que, na VIJ, pelo fato de os profissionais/atores integrarem a instituição maior judiciária, estes são vistos por aqueles pelo estigma de julgamento, o que pode levar a criança, o adolescente ou o adulto envolvido no processo a se ver na posição de réu, dependendo de seu contexto cultural, algo a ser discutido em outro trabalho.

[3]O psicólogo jurídico tradicionalmente atua atrelado aos processos jurídicos. Participo de um grupo no qual se busca ter não somente uma prática profissional a serviço das instituições jurídicas, repassando o parecer ao jurista, mas voltada à cidadania. Acreditamos na possibilidade de um exercício profissional de ajuda e intervenção à clientela, de modo que o trabalho não seja estigmatizante e de controle social. A este, nomeio socioclínico.

[4]Weber e Kossobudzki (1996) remetem a duas formas de abandono de crianças: aquelas abandonadas por desaparecimento ou morte dos pais, as fisicamente órfãs, e aquelas órfãs emocionais e espirituais, cujos pais estão vivos, mas psicologicamente ausentes. Discriminam que na orfandade emocional existe uma incapacidade da mãe em atender seus filhos e na orfandade espiritual existe uma decisão dos pais em não os atender e abandoná-los de fato. Citando Simpson, dizem as autoras "mães vivas, mas fisicamente ausentes provocam uma ferida em seus filhos que tende a embaralhar os sentimentos da criança, sendo que os órfãos físicos ou biológicos são poupados desta situação" (p. 39). E continuam: "a maioria das pessoas sobrevive a separações breves e temporárias, porém, provocam medo que causa marcas em sua vida. E se na infância, principalmente nos primeiros seis anos de vida, formos privados da mãe que necessitamos e ansiamos, podemos ter cicatrizes emocionais tão profundas quanto as causadas a um indivíduo a quem se ateia fogo" (p. 40).

vezes é vizinho, padrinho ou madrinha, aparentado ou não, o que não reflete o ideal de família composta pelos pais e seus descendentes que cuidam de seus filhos como concebido pelos legisladores. Nem sempre é aquele que conta com recursos econômicos para ter uma vida economicamente tranqüila; o foco da avaliação são as condições propiciadoras do desenvolvimento da criança ou adolescente e a relação de afeto estabelecida. Observamos em alguns guardiães movimentos de solidariedade no cuidado com as crianças.

Em relação a adolescentes/mães e, às vezes, também, à criança, a guarda é solicitada por requerentes[5] com o objetivo de prestar uma colaboração momentânea a amigos ou conterrâneos ("assinar o papel para a moça sair do hospital e para a criança não ir para a Febem" – imaginário comum, apesar de não corresponder à realidade). Dessa forma, não necessariamente desempenham o papel de guardiães a despeito de manterem ou não uma relação afetiva posterior mais estreita com as adolescentes. Alguns, geralmente do sexo feminino, vêm com o propósito de assumir de fato a responsabilidade pela criança, pois consideram a mãe adolescente irresponsável e imatura para assumir o filho. Nesses casos, normalmente são os avós maternos, ou seja, a linhagem materna que solicita a guarda do neto. Atualmente, ainda que em menores proporções, os avós paternos também vêm solicitando a medida de guarda. Em ambas as situações, a medida pode resultar em futura disputa de guarda.

Até recentemente, se eventualmente o pai da criança considerasse a mãe adolescente irresponsável e imatura para assumir o filho, a guarda teria seu argumento apoiado na figura de sua mãe (avó paterna), como se o homem, embora pai, mas por ser do sexo masculino, não estivesse autorizado a cuidar, avaliar e denunciar uma situação insatisfatória para o próprio filho. Seria esse um olhar preconceituoso da instituição?

Desse modo, a clientela do Judiciário é composta principalmente pela população feminina, excluindo-se as crianças e adolescentes. É o universo feminino que normalmente é ouvido e acompanhado pela equipe técnica. Mas, e o masculino?

Foi durante a fase inicial de minha Dissertação de Mestrado que pude perceber como os pais ficam excluídos. Assim, no desenvolvimento do trabalho institucional, busquei resgatar a figura do homem nas entrevistas com as mulheres, principalmente a dos pais das crianças atendidas na Vara, buscando, posteriormente, localizá-los e ouvi-los. O olhar de pesquisadora incrementou a reelaboração de minhas condutas e atitudes como psicóloga do Judiciário, abrindo espaço para tornar-me, também, sujeito e objeto da própria pesquisa (BOSI, 1994). Posso dizer que, como comunidade de destino, contexto judiciário e questões psicológicas unem-me, de um modo especial, ao entrevistado, à pesquisa e à minha experiência profissional.

Deixando os adultos e pensando no trabalho institucional específico com crianças e adolescentes, o questionamento que se impõe é o seu destino, caso o parecer psicológico não contemple a melhor solução para eles e para o grupo que se propõe a acolhê-los. Permanecerá em situação instável, de **ir e vir,** sem ninho para se assentar? Após denúncia, por exemplo, voltará à companhia dos pais ou responsáveis? Será adotada? Abrigada? Que expectativa se traduz do ECA[6] quanto ao princípio da convivência familiar?

O ECA – PROTEÇÃO E A LEI

Título I, Das Disposições Preliminares,

Art. 4. "**É dever da família, da comunidade, da sociedade em geral** e do Poder Público assegurar, com absoluta prioridade, a efetivação dos direitos referentes à vida, à saúde, à alimentação, à educação, ao esporte, ao lazer, à profissionalização, à cultura, à dignidade, ao respeito, à liberdade e convivência familiar e comunitária."

Percebe-se que a expectativa em relação à família é que tenha recursos não apenas socioeconômicos mas afetivos, de modo a ser capaz de cuidar e proteger:

Art. 5. "Nenhuma criança ou adolescente será objeto de qualquer forma de violência, negligência, discriminação, exploração, crueldade e opressão, punido na forma da lei qualquer atentado, por ação ou omissão, aos seus direitos fundamentais."

A partir do ECA, se assegura um lugar privilegiado à família:

Título II, Dos Direitos Fundamentais, Capítulo III, Do Direito à Convivência Familiar e Comunitária.

Art. 19. "**Toda criança ou adolescente tem o direito a ser criado e educado no seio de sua família** e, excepcio-

---

[5]Principalmente os do sexo masculino.

[6]O ECA se configura como o conjunto de regras máximas sobre a proteção à criança e ao adolescente, servindo como normatizador principalmente para quem atua na área da Justiça.

nalmente, em família substituta, assegurada a convivência familiar e comunitária...",

Ou seja, desde que esta assuma o lugar de cuidadora.
Art. 22. "**Aos pais incumbe o dever de sustento, guarda e educação dos filhos menores,** cabendo-lhes ainda, no interesse destes, a obrigação de cumprir e fazer cumprir as determinações judiciais."
Se a família não tiver condições de se incumbir do dever de sustento, prevê o ECA:
Art. 23. "**A falta ou a carência de recursos materiais não constitui motivo suficiente para a perda ou a suspensão do poder familiar.**"
Ficam protegidas as famílias carentes economicamente, devendo as mesmas, **obrigatoriamente, ser incluídas em programas oficiais de auxílio,** um dos diferenciadores do ECA em relação ao antigo Código de Menores (CM)[7]. Assim, pelo ECA, entende-se que criança abandonada, negligenciada, não-cuidada, não-protegida, **pode ser** fruto de famílias abandonadas, negligenciadas, que não receberam cuidados, não foram protegidas, sendo elas próprias necessitadas de atenção por parte da sociedade e/ou do Estado. Essa atenção diferenciada, entretanto, não pode estigmatizá-las, colocando-as em situação de menos valia. A legislação as coloca como titulares do direito de cuidados que as capacitem para o dever de cuidar, de si e de sua prole, desmistificando a polaridade assistencialista na qual um dá e o outro recebe.

Título II, Das Medidas de Proteção, Capítulo I, Disposições Gerais
Art. 98. "As medidas de proteção à criança e ao adolescente são aplicáveis sempre que os direitos reconhecidos na lei forem ameaçados ou violados por ação ou omissão da sociedade ou do Estado; por falta, omissão ou abuso dos pais ou responsável; em razão de sua conduta."
Art. 101. "Verificada qualquer das hipóteses previstas no art. 98, a autoridade competente poderá determinar, dentre outras, o abrigo[8] da criança em entidade como medida provisória e excepcional; e/ou sua colocação em família substituta."

O ECA situa, portanto, a família como célula estrutural da sociedade e reforça a importância do vínculo familiar como fundamental no desenvolvimento da criança e adolescente, em consonância com as teorias psicológicas. Sendo a lei um elemento normatizador e controlador social, da família espera que os adultos (pai/mãe) amorosamente ensinem à criança e ao adolescente em que condições e medida seus desejos podem ser expressos, transformando-os em pessoas capazes de atuar nas relações estabelecidas, com o máximo possível de sociabilidade e prazer; ou seja, da família espera-se que seja um formador de comportamento social aceitável à boa convivência. Observamos uma revalorização da instituição família, principalmente da família natural,[9] na passagem do Código de Menores para o ECA. O paradigma da proteção integral consagrado pela Constituição Federal e pelo ECA atribui à família o atendimento das necessidades das crianças e jovens, inclusive as afetivas, com espaço para companheirismo e para as relações de dar e receber amor, atitudes estas que deveriam ser universais e conseqüência natural da própria família. Seria a família social gerando amor parental.

Assim, da visão idealizada prevalece a noção de família como base de relações afetivas amorosas que se perpetuam na reprodução, além da noção de ponto-chave da estrutura social, principal instrumento normativo da sociedade, célula básica que mantém um determinado modo de produção e que sustenta seus valores.[10] Dentre esses, sustenta o parâmetro que família é uma unidade socioeconômica organizada e sustentáculo social.

Portanto, interessa ao Direito regulamentar e organizar juridicamente as relações de afeto na família, principalmente através do casamento, do qual decorrem importantes conseqüências, inclusive patrimoniais.

Historicamente, família é tema de interesse do Direito, assim como de outras ciências, por representar um núcleo econômico e de reprodução.[11] Seus conflitos de interesse

---

[7]O mote no CM era a criança em *situação irregular* perante a lei. O CM foi considerado um conjunto de leis que dava margem a uma visão classista, segmentária e segregacionista da sociedade no que tange à família e à menoridade. Já o ECA busca tornar a criança sujeito de direitos, desfazendo a idéia de "menor de idade" como menor de importância.
[8]Parágrafo Único: "O abrigo é utilizável como forma de transição para a colocação em família substituta, não implicando privação de liberdade".
[9]Entende-se por família natural a comunidade formada pelos pais ou qualquer deles e seus descendentes (ECA, art. 25).
[10]Santos e Adorno (2002), referindo-se a Lévi-Strauss, pontuam que parentesco é marca da cultura, pois tem a capacidade de criá-la e expressá-la.
[11]No Capítulo III – O Pano de Fundo Histórico sobre a Contextualização das Relações entre Pais e Filhos, na Dissertação de Mestrado *Ouvindo o pai jovem no contexto da Psicologia Judiciária* (MENDES, 2000), busco conhecer, com base nos aspectos histórico-culturais, que ética perpassou a história das sociedades ocidentais, no que se refere a ser pai. Parto da compreensão de que o homem é um ser no mundo que capta e responde àquilo que se apresenta. Nesse percurso, penso espelhar como a família se organizou em função do poder econômico-político e demográfico, vislumbrando possíveis atitudes de pais para com os filhos, mudanças na instituição casamento, assim como as transformações do poder cuidar masculino, visando compreender se espelham os valores éticos vigentes.

são atendidos pela Vara da Família (VF) e a clientela precisa ser representada por advogados. O psicólogo judiciário é convocado pelo juiz para atuar como perito desse no processo. É matéria da Vara de Família a partilha de bens dos casamentos desfeitos, sem ou com litígio, assim como a decisão quanto à guarda dos filhos, alimentos, regulamentação de visita, etc.

Não é desse tipo de guarda de filhos que tramita na Vara de Família que pretendo abordar, embora tradicionalmente seja por essa via que tal matéria venha sendo debatida, com vasta literatura sobre o tema.

Pretendo enfocar precipuamente a guarda requerida nas Varas da Infância e da Juventude, não necessariamente pelos pais[12] da criança, e sim por um adulto.[13]

A guarda, nas VIJ, muitas vezes, destina-se a regularizar situações preexistentes que, sem ela, se configurariam como situação irregular, do ponto de vista jurídico.

O que leva o guardião de fato a solicitá-la pode ser desde esbarrar com uma necessidade externa, muitas vezes emergencial, como interna. Da necessidade externa, é comum acontecer de o guardião se deparar com a precisão do documento em casos de viagem, em situação que envolve internação ou desinternação hospitalar ou inserção em convênio médico, matrícula escolar, necessidade de providenciar documentação pessoal da criança ou do jovem, entre outros, ou seja, o mobilizador é algo concreto, específico e determinado. Considero necessidade interna situações de insegurança decorrentes de conflito entre os adultos cuidadores, como por exemplo um dos genitores pretender ter seu filho de volta contra a vontade de quem o estava cuidando.

Assim, a guarda vem atender a diversas situações, também motivadas por várias razões como, por exemplo, encarceramento ou hospitalização dos pais, hospitalização de adolescentes quando dão à luz e não têm representante legal (pais ausentes),[14] falecimento dos pais, alcoo-

lismo, drogadição, deficiência ou transtornos emocionais dos mesmos ou da criança, negligência, abandono, violência sexual, física ou psicológica por parte dos familiares, falta de condições socioeconômicas/habitacionais da família, decepção entre o casal quanto a seu relacionamento amoroso, fortalecer familiares que assumem informalmente as crianças/adolescentes e que se vêem contra os pais, entre outros.[15]

Existe a guarda com caráter transitório, de estágio (situação peculiar), considerada uma medida necessária e preparatória, do ponto de vista jurídico, para a tutela ou a adoção. É concedida enquanto se aguarda o desfecho dos trâmites processuais, que incluem a avaliação do ponto de vista psicossocial dos envolvidos na medida (ECA, art. 33, § 1.º), além da manifestação do Ministério Público (promotor de Justiça/curador de menores).

Do ponto de vista psicológico, penso que não importa tanto se a medida requerida se refere à guarda de fato ou peculiar. Importa, caso a caso, a avaliação da dinâmica familiar, como a criança está inserida ou como irá se inserir, e se os pretendentes à guarda têm capacidade emocional para o que se propõem, o que pode ser avaliado observando-se, por exemplo, como lidam com situações adversas, como lidam com o outro, entre outras.

Assim, de modo geral, importa avaliar se o candidato à guarda reúne condições emocionais para assumir ou continuar assumindo a criança e/ou adolescente, de modo a proporcionar-lhes, um desenvolvimento com qualidade afetiva. O que está em foco é a atenção ao bem-estar e ao equilíbrio emocional da criança e/ou adolescente. Nesse sentido, a qualidade das relações cotidianas é prioritária ao tempo de permanência ou pretensão final, adotá-la ou permanecer com ela por um tempo determinado.

---

[12]Normalmente os pais só pleiteiam a guarda nas VIJ em situação de emergência, alegando vitimização física, psicológica ou sexual, quando alegam que os filhos correm risco por estarem sendo maltratados, negligenciados, abusados por aquele que detém a guarda, constituindo o procedimento na VIJ medida de proteção, e não de composição da lide, como na disputa de guarda, que se caracteriza pelo conflito de interesses.

[13]Maior de 18 anos que se obriga a prestar assistência material, moral e educacional a criança ou adolescente (ECA, art. 33).

[14]De acordo com o Código Civil, Art. 5, "São absolutamente incapazes de exercer pessoalmente os atos da vida civil os menores de 16 anos"; e no Art. 6, "São incapazes, relativamente a certos atos, ou à maneira de exercê-los os maiores de 16 e os menores de 21 anos".

[15]No Tribunal de Justiça, recentemente iniciaram-se pesquisas e levantamentos de dados dos casos atendidos. Pesquisa realizada nos Estados Unidos, Califórnia, aponta que, em 130 crianças colocadas sob guarda de terceiros, 49,2% (64) eram do sexo feminino e 50,8% (66) do sexo masculino. Quanto à idade (em anos): até 1,00 ano, 8,5% (11); 1,01 anos ± 2,00, 29,2% (38); 2,01 ± 3,00, 30,0% (39); 3,01 ou mais, 32,3% (42). Quanto à raça: afro-americanos 74,0% (94); branca 11,8% (15); raça misturada 11,0% (14); latino 3,1% (4). Razões para a colocação da criança sob guarda de terceiros (mais de uma pode ter sido citada): negligência 93,8% (122); abuso de substâncias 88,5% (115); doença mental/incapacidade ou invalidez desenvolvida 7,0% (9); abandono 56,2% (73); cumprindo pena 14,6% (19); abuso por parte de irmãos 51,5% (67); abuso físico 5,4% (7); abuso sexual 0,8% (1); vitimização psicológica 0,8% (1); morte de criança 0,8% (1); outras situações 16,0% (20).

Como a grande maioria dos processos que tramitam na VIJ refere-se ao pedido de guarda, ou se inicia por essa medida, essa é a maior demanda jurídica concedida.

Ainda conforme o ECA, tanto na guarda como em outras medidas jurídicas, a criança ou adolescente deve ser previamente ouvido e sua opinião devidamente considerada (art. 28 § 1.º). Na Vara na qual atuo, é função da equipe técnica, assistente social e/ou psicólogo, ouvi-los, assim como aos adultos envolvidos. Procura-se desenvolver uma forma de escuta e de olhar que incluam nuances de seus afetos e pensamentos, de modo a poder esclarecê-los e ajudá-los. Busca-se entender a clientela, conhecer seus modos de pensar e agir para direcionar o acompanhamento do caso e os encaminhamentos que se façam necessários, sem perder a referência de que as decisões devem ser tomadas na defesa dos direitos da criança e do adolescente, e não na defesa de valores pessoais dos técnicos ou do interesse dos adultos envolvidos.

FAMÍLIA: OS PAIS

Jones (1993), citado por Motta (2001), enfoca a figura da mãe para pensar qual seria o ponto chave da estrutura social. Lembra o autor que a sobrevivência de qualquer sociedade, não importa o quão moderna ela seja, depende do fato de as mulheres tornarem-se mães, valorizando o feminino.[16]

Assim, ao se trabalhar família, pensa-se, primordialmente, na figura da mãe, muitas vezes alijando o pai do contexto.

Meyer[17] (2002), ocupado com a constituição subjetiva humana, amplia a perspectiva biológica e social na figura feminina enquanto reprodutora da sociedade, e, por outras vias, aborda a questão da reprodução da cultura. Pontua que a própria mãe não começa e termina na figura física e psicológica dela mesma:

A mãe é tudo o que ela recebeu de sua família de origem, isto é, a percepção do pai que a mãe passa para a criança é uma percepção a partir da sua experiência com o universo masculino. A sua experiência pode ser de extrema rivalidade ou pode ser de entrega, de passividade, entre outros. Ou seja, uma mãe sozinha pode representar toda a família. (p. 31)

Quanto aos filhos, Meyer lembra que o nascimento do bebê, produto da situação gerada pela formação de um par, já vem fazendo parte das fantasias dos pais e é "moldado" por eles. Com a chegada da criança surge uma nova dinâmica, relativa a suas próprias exigências, tanto físicas como psíquicas. A assimetria do poder, antes vinculada à fase de o casal ter que aprender a viver um com o outro, fica vinculada a situação triangular na qual haverá pressão pela dupla parental, com o intuito de garantir que o recém-chegado seja cúmplice na satisfação das fantasias inconscientes dos pais.

E continua: "Numa família, portanto, a criança poderá tornar-se o recipiente ou o continente de aspectos inaceitáveis dos pais, e, portanto, descartados por eles", correndo o risco de serem colocados em situação de risco e ou abandono.[18]

Observa-se que famílias, principalmente na figura da mãe, vivenciam conflitos entre o ideal e o possível. Mães que se vêem na iminência de entregar seus filhos a terceiros também os vivem, até porque é delas que se espera que cuidem dos

---

[16]Atualmente, com o desenvolvimento das ciências, até essa noção pode ser questionada e quem sabe, no futuro, tornar-se algo do universo romântico.

[17]Meyer, psicanalista, diz que o indivíduo nasce em uma família e desse evento a cria e recria, constituindo-se nela os relacionamentos humanos e a experiência central da continuidade da vida. Advoga a idéia de que a presença de patologia na família está relacionada com o grau com que os membros familiares são capazes de efetivamente manter internalizados seus conflitos intrapsíquicos. O autor parte do referencial kleiniano cujo conceito central é a noção da existência de um mundo interno habitado por objetos internos. Diz o autor: "A vida psíquica pode ser vista como resultante do estabelecimento e desenvolvimento, no interior da pessoa, de

uma 'assembléia' de objetos. É uma vida que adquire expressão enquanto manifestação da natureza intrínseca desses objetos em si; enquanto manifestação do modo pelo qual são tratados; do modo como se deixam tratar e do modo como se tratam mutuamente; enquanto manifestação tanto de seu diálogo recíproco quanto daquele com os objetos do mundo exterior" (2002, p. 12). Nesse contexto, família é considerada *um caso especial de intercâmbio* de relações objetais. A dinâmica familiar seria a expressão do entrelaçamento das várias relações objetais inter-relacionadas, entendida como uma organização. Constata o autor que os pacientes passam a ser a própria unidade familiar; como tal, a família pode ser vista como o ponto de encontro dos funcionamentos individual, grupal e institucional e como instituição com vitalidade própria. Para Shine (2002) em *Conflito familiar transformado em litígio processual*, o casamento é o momento inaugural da nova família, no que diz respeito aos filhos. É o momento no qual indivíduos de origem familiar distinta decidem, de comum acordo, formar um lar, deixando suas famílias de origem, fazendo os arranjos os mais diversos possíveis. Citando Pincus e Dare (1981), Shine, partindo igualmente do referencial psicanalítico, dá ênfase à dimensão inconsciente que se faz presente nas motivações que levam as pessoas a se escolherem para casar. Diz que o que dá sentido particular a uma união conjugal é o "contrato secreto", um acordo inconsciente, no qual pessoas esperam algo do outro, coisas impossíveis, contraditórias, e loucas, das quais o outro nem tem conhecimento. Se a expectativa não for atendida, as pessoas ficam frustradas, aborrecidas e deprimidas, surgindo os conflitos.

[18]Comentário de minha autoria.

filhos. Experimentam sentimentos ambivalentes, o que é observado principalmente entre aquelas que não atenderam os pré-requisitos esperados pela sociedade ocidental para a maternidade: idade adulta (recursos para o cuidar), casamento e recursos financeiros independentes (SZYMANSKI, s/d; MOTTA, 2001; SOMMERVILLE, 1982).

Na avaliação e acompanhamento dos casos no Judiciário, questiono a idéia de família que permeia o imaginário de quem lida com a lei e trabalha na interseção entre o direito e as ciências humanas. Tais questões ganham relevância quando a disfunção[19] não emerge a olho nu.

Partindo do princípio de que perceber e avaliar a afetividade faz parte de um universo que pode se tornar pessoal, individual; que depende não apenas da capacidade intelectiva, teórica de cada um, mas, principalmente, afetiva; que esse modo de perceber pode sofrer influência de características de personalidade do próprio avaliador, como, por exemplo, potencial amoroso, emocional, capacidade de tolerância, expectativas motivadas por vivências passadas, entre outros; como nos posicionamos diante das adversidades e singularidades do trabalho? Como devemos trabalhar em conjunto com a equipe interdisciplinar? Devemos buscar um resultado final único? Como podemos colaborar, e em que posição somos avaliadores em um universo que busca verdades únicas e decisivas? Qual família o profissional estaria usando por parâmetro? A sua? A de seus pais? A da mídia, divulgada nas novelas?

Lembrando que o psicólogo judiciário é aquele que, especialista nas relações afetivas, irá ouvir e avaliar famílias diante de um pedido não apenas de guarda, mas também de destituição do poder familiar, tutela ou adoção, reforço o questionamento: que modelo de família terão?[20] A que se referem quando usam o "famoso" chavão *família estruturada*? A partir de que referencial estariam analisando a família?

Entendendo que "estruturada" é uma qualidade atribuída que implica muitas variáveis e nuances; que a família é uma microssociedade influenciada pela crise de valores, algo mutante; que, para se "rotular", ou melhor, diagnosticar, uma família como patológica é preciso se ter claro o referencial que se tem de saúde e que finalidade se tem ao transformá-la em uma questão clínica; que o mais significativo no nosso trabalho como psicólogos jurídicos é a dinâmica estabelecida entre os adultos e as crianças sob sua responsabilidade e que sentido os membros dão a ela, deixo estas questões, que têm cunho valorativo e ético, e retorno para o tema família, resvalando em sua dinâmica.

A história, a literatura e a arte bem mostram quão intrincadas e complexas são as relações na família, o que redunda em eclosão de conflitos,[21] tornando, talvez, a família estruturada um mito tão idealizado quanto o do amor materno ou o do jovem pai como um ser irresponsável.[22]

---

[19]Atualmente existe um grupo que vem repensando a expressão "família estruturada" e substituindo-a por "família funcional ou disfuncional".

[20]Szymanski (s/d), ouvindo famílias de um bairro da periferia de São Paulo, concluiu que o que leva uma família se estabelecer e se definir como tal é "a decisão de algumas pessoas conviverem assumindo o compromisso de uma ligação duradoura entre si, incluindo uma relação de cuidado entre os adultos e deles para com as crianças que aparecerem nesse contexto" (p. 7). Mantém-se como determinante da existência de família o elo psíquico estabelecido entre seus membros. A definição popular engloba as mais variadas formas de família, desde o que é social e tradicionalmente esperado (famílias nucleares, conjugais, monogâmicas, casamento indissolúvel, entre outras), até as famílias alternativas e/ou diferentes que retratam a diversidade e proliferação de arranjos familiares com dinâmicas conjugais distintas e peculiares (homossexuais, as chefiadas por mulheres, as só de mulheres, as que as relações de parentesco não são consangüíneas, entre outras). A autora constatou que, embora exista um conceito próprio do que é família, por

parte da população, o qual é continente a uma variedade de formas de organização, as pessoas ficavam divididas entre as formas de viver família que lhes era dada como modelo ("família estruturada" ou normativa) e aquela que elas escolhiam em virtude das dificuldades que passavam. Sua ambigüidade era tanto mais intensa quanto mais a realidade vivenciada, com todas suas dificuldades de ordem material e relacional, se distanciava do modelo proposto pelas instituições e mídia (família pensada e família vivida).

[21]É notória, na família, a necessidade de se exercer um constante exercício de aprendizagem para conviver com as diferenças, respeitar os limites do outro e ter os próprios respeitados, a humildade para reconhecer seus erros e defeitos.

[22]Conforme Robinson (1988, p. 22), existe no imaginário popular a idéia de que são os adolescentes, basicamente, os interessados em gratificação sexual. Se o par engravida, "os rapazes que são suficientemente preocupados (ou tolos) para permanecer por perto, muitas vezes são forçados a subir ao altar, pelo pai da noiva e por sua espingarda". Esse e outros mitos são registrados desde 1940, segundo levantamento do autor. Para ROBINSON (1988), os mitos referentes à paternidade precoce mais freqüentemente encontrados e que se destacaram nos diferentes contextos sociológicos, sobrepondo-se nas décadas do século XX, são: o mito do supergaranhão: é esperto, *bom de conversa* e diz entender mais sobre sexo e sexualidade do que a maioria dos jovens adolescentes (predominou durante e no período pós-guerra, nos anos 40, quando os temas freudianos influenciavam); o mito do Don Juan: explora sexualmente jovens adolescentes insuspeitas e desamparadas, tirando vantagem delas (também nascido nos anos 40, refere-se ao homem que tem a ilusão de ser um indivíduo especial, a quem é permitido propagar a espécie indiscriminadamente, sem senso de responsabilidade); o mito do macho: sente-se psicologicamente inadequado, não tem controle interno e tem necessidade psicológica de provar sua masculinidade (predominante nos anos 50); o mito do Sr. Cabeça Fria: tem um relacionamento superficial e casual com a jovem e poucos sentimentos emocionais a respeito de sua gravidez (é o mais freqüente dos mitos e apareceu no contexto dos anos 60, quando os pais solteiros eram tidos como portadores de problemas psicossociais, imaturos socialmente, irresponsáveis e necessitados de provar masculinidade); o mito do Pai Fantasma: ausente e raramente envolvido no apoio e criação de seus filhos, deixa sua parceira e filho cuidarem-se por si, estando preocupados apenas com o prazer pessoal (esses pais jovens solteiros são vistos como impulsivos e tendo pouco controle dos impulsos, assim como dificuldades em formar relacionamentos duradouros e significativos).

PAIS JOVENS: MENTALIDADES, PRECONCEITOS E O PROFISSIONAL PSICÓLOGO NA ENTREGA DE UM FILHO A TERCEIROS[23]

Subentende-se que pais que têm seus filhos na faixa etária de 30 anos são maduros e pertencem ao grupo de pais responsáveis e cuidadores. Imagina-se que a criança foi desejada e que os pais se programaram para assumi-la com responsabilidade. Não existem, no Brasil, pesquisas que revelem a idade dos pais que entregam seus filhos a terceiros.

Pesquisando em processos jurídicos, observei que o pai é bastante esquecido, principalmente quando se tem uma criança que não é fruto de uma relação estável. Duas vertentes delinearam-se: os pais cuidavam ou eram negligentes, eram incluídos ou excluídos; que ética perpassava os costumes dos pais e dos psicólogos judiciários? Instalou-se, desse modo, uma dupla via de reflexão que abarca os dois aspectos, cuidado e ética, no que se refere ao pai e à Psicologia no judiciário.

Foi possível perceber que ambos estávamos identificados com a narrativa dominante produtora de mitos, preconceitos e estigmas. Dentre esses, faz parte a idéia de que o pai jovem é irresponsável por ter gerado filhos fora de um relacionamento amoroso estável, legal e socialmente reconhecido, e que, portanto, é ou será um pai ausente, não-merecedor de ser ouvido em suas pretensões parentais. No contraponto, existe uma certa tradição de respeitabilidade em relação ao pai provedor. Mas, considerando que jovens que vêm de família abastada ou nas condições em que ele mesmo seja o provedor, raramente a situação chega à VIJ, seja porque não assumem a criança, não havendo o que reclamar, seja porque os conflitos são resolvidos em outras esferas que não a judicial, são aqueles não bem-sucedidos economicamente que são colocados em segundo plano.

Se, evidentemente, não se enquadra nesses critérios, sendo um cuidador responsável, sem a co-parceria da mãe de seus filhos, e tendo filhas, corre o risco de ser

visto como um potencial abusador sexual, pensamento reforçado pela literatura crítica que apresenta a questão da agressão sexual como um problema que envolve o gênero masculino (AZEVEDO & GUERRA, 1988). Tal pensamento é alimentado, segundo MATOS (1995), pelo fato de o homem trazer, na constituição de sua identidade, um processo de sexualização de suas relações afetivas, diferente do das mulheres.

No contexto preconceituoso, pode não se perguntar se o jovem está sendo considerado negligente em si, ou se é considerado negligente por não ter assumido legalmente a criança, ou, ainda, por não querer permanecer com os filhos. Assim como mãe cuidar não é regra, pai ausente também não é.

As regras sociais parecem confundir *gestar com criar*, concluindo que o homem, *por não gestar, não é capaz de cuidar*. Se formos mantenedores da regra de que a mulher é destinada à maternidade e o homem ao prover, nesse contexto todos perdem.

Desse modo, é necessário não apenas que seja revista a postura do psicólogo, mas também que a própria sociedade reveja sua cosmovisão. Como grupo profissional, não deveríamos perder de vista nosso papel específico; por ele, podemos tanto restringir, como perpetuar certas regras do contexto social. Desse modo, precisamos estar atentos para não generalizar, lembrando sempre a particularidade de cada caso, abrindo espaço para a diversidade, para cada experiência, situação ou momento que é único, e que, de certo modo, traça uma certa regularidade no tempo. Não há regras estritas a serem seguidas, mas é preciso evitar a contaminação do atendimento por valores e crenças desenvolvidos culturalmente, bem como avaliar o efeito gerado em nós pelo atendimento, o que reproduzimos quando estamos com o outro. Apenas ouvindo e valorizando cada relato, atendo-se à relação que buscam estabelecer conosco, e considerando o sentido específico de cada comportamento, é possível desenvolver um trabalho ético.

Os diferentes modos pelos quais a clientela pode ver o profissional também influenciam seu modo de agir e o desenvolvimento das entrevistas. Ora, somos vistos como "mãe cuidadora", principalmente quando o cliente experimenta ser acolhido, reconhecido, ouvido e entendido, sem ser julgado e criticado, quando as idéias de culpa tendem a diminuir; ora, como "pai autoritário", detentor de poder, aquele que regulamenta, estabelece a ordem e a lei dos costumes. Partindo dessas expectativas, podemos nos perguntar que uso fazemos delas, onde nos colocamos, de que lugar falamos, o que e com que objetivo.

---

[23]Esse texto faz parte da conclusão de minha Dissertação de Mestrado, no qual me baseei em depoimentos colhidos no meu local de trabalho. Procurei considerar que, em alguma medida, a participação dos pais na pesquisa, nos moldes de ter um espaço a serem acolhidos e ouvidos por um representante da instituição judiciária, poderia estar marcada como é, como lugar regulador de normas de conduta.

De acordo com LASCH (1991), datam do final do século XIX as seguintes formulações: o homem é um produto exclusivo da sociedade e da cultura; a sociedade consiste de uma rede de relações interpessoais; padrões intricados de interdependência se revelam na diferenciação das funções sociais. O homem moderno enfrenta o mundo sem a proteção de reis, padres, ou de qualquer outra figura paterna mais ou menos benevolente:

> (...) Incapaz de internalizar a autoridade, entretanto, ele projeta os impulsos proibidos para o exterior e transforma o mundo em pesadelo. As autoridades, inevitavelmente moldadas no pai dividido, apresentam-se como incompetentes ou malévolas. Conseqüentemente, o indivíduo esforça-se em ignorá-lo. (p. 227)

Pelo prisma da necessidade de ignorar os aspectos malévolos em nós mesmos, pois trazê-los à luz significaria entrar em contato com a dor e com a angústia, agimos no sentido de manter a ordem. Neste contexto cindido, tendemos a alimentar os pares estabelecidos e ordenados, nos quais, em uma dupla parental, um cuida e o outro provê.

Tal mentalidade sustenta a cisão e o pensamento moldado por oposição. Como derrubá-lo é difícil, trabalhoso, angustiante, pois frente ao novo e desconhecido corremos o risco de nos deparar com o caos, com o nada, com o vazio, permanecemos no conhecido e na postura que pode proporcionar certo *status*.

O psicólogo judiciário pode manter-se como um "pai autoritário", dono de um saber científico, respaldando-se e defendendo-se na conduta de perito, ou, no pólo oposto, colocar-se na postura de um "pai incompetente", de um lugar onde nada é possível, além de fornecer seu parecer e avaliação ao juiz. O que, na formação do psicólogo, favoreceria a postura de *pai castrador* ou *pai incompetente*, ou ainda de *mãe cuidadora*, alimentando outro tipo de cisão? Quanto os vários campos teóricos não estariam gerando identificações com uma polaridade ou outra?

Sem reis e sem padres, sem uma teoria pronta e benevolente que possa auxiliar, o profissional psicólogo parece sentir-se desamparado e "amarrado" ao conhecido, o que vem se provando insatisfatório. Entretanto, derrubar teorias existentes e propor novas também é difícil.

De qualquer modo, por parte da clientela, somos percebidos como autoridade, e de maneira contraditória. Essa visão, segundo Lasch, é algo da atualidade das famílias, mas teve sua origem nos primórdios da própria família, já que ela faz a mediação entre a sociedade e o indivíduo.

Também a relação com a vida, nas famílias, vem se provando insatisfatória. Os pais buscam teorias conhecidas, sem questionamento. O depoimento de dois dos jovens ouvidos na pesquisa mostra como se respaldam enquanto provedores. Nesse contexto, o trabalho assume uma dimensão especial. Parafraseando BOSI (1994, p. 471), "ele é um emprego, não só como fonte salarial, mas também como lugar na hierarquia de uma sociedade feita de classes e de grupos de *status*". Um deles acaba desejando o mesmo para sua filha: "Hoje não me arrependo de ter assumido a menina, ela é inteligente, daqui a pouco está trabalhando também".

No contraponto, não se deve ignorar que, não sendo provedor, torna-se pai ausente, o que, segundo LASCH (1991), é uma característica estrutural das famílias da década de 90, levando o imaginário popular a relegá-lo a segundo plano (p. 228).[24]

Tendo em mente essas idéias, e pensando o lugar de autoridade e de possibilitador de se trabalhar a alteridade, decorrente do lugar que o psicólogo ocupa, volto a questionar-me a que ética esse profissional se submete e o que poderia propor.

De minha experiência como profissional da saúde, pude perceber que os casos e problemáticas apresentados não diferem dos que atendemos no judiciário, podendo as intervenções assemelhar-se, embora divergindo o modo como os sujeitos nos percebem. Considerando também que essa visão difere de acordo com a dinâmica psicológica de cada um, de como vivenciam e vivenciaram os personagens de sua história de vida, será tanto em um como no outro profissional que irão projetar suas condições emocionais. Penso que tanto o profissional da saúde como os técnicos do judiciário poderiam desenvolver programas educacionais que visassem incluir e valorizar o jovem a tornar-se um pai cuidador; estes poderiam ser localizados através das jovens gestantes que são atendidas nos serviços médicos.

Entretanto, desejar apenas transformar o jovem em um *pai bom e cuidador* pode parecer uma proposta ingênua, não-condizente com a dinâmica psicológica

---

[24] O autor refere-se à realidade norte-americana, mas podemos notar que não difere da nossa, brasileira.

que envolve os seres humanos. Se existe uma evidente necessidade de pares se complementarem, mantendo o *status quo,* dada a dificuldade de se viver o não-conhecido, como lidar com tais questões? De um modo geral, conforme a literatura, não se leva em consideração que, caso o pai jovem receba algum tipo de apoio ou orientação, pode se enriquecer emocionalmente, convertendo sua relação com os filhos numa experiência recíproca de desenvolvimento. Mas lanço um desafio: como trabalhar tais questões?

Da proposta ao grupo e à sociedade, volto, novamente, o olhar para a compreensão individual dos pais jovens a quem me propus acolher, recolher e ouvir, objeto primeiro da pesquisa. Pautando-me, antes, na visão fenomenológica na qual o homem é o cuidado, sendo este inerente à condição humana, independentemente de qualquer conotação moral ou qualitativa que se dê ao termo, apresento sua experiência com a família e de ser pai.

A Entrega de um Filho a Terceiros: Uma Pesquisa com Pais Jovens

Interessada em desvelar o pai jovem que se aproxima informalmente do filho, sem ignorar, contudo, que muitos se afastam da criança, e no resgate de sua figura nos atendimentos que realizo como psicóloga judiciária, procurei ouvir o homem nascido a partir da metade da década de 70. A princípio, esse período foi escolhido levando-se em conta que pertenciam a essa faixa etária os parceiros sexuais das jovens adolescentes, nos processos pesquisados a partir de 94,[25] quando iniciei o presente estudo. Partindo do referencial teórico fenomenológico, busquei, inicialmente, ouvir, acolher e compreender a experiência de ser pai daqueles que concordaram em participar da pesquisa. Significava investigar como essa experiência adquire sentido para eles e, a partir das reflexões por mim empreendidas, trazer à luz o que se encontrava encoberto.

A pesquisa transcorreu em três momentos. O primeiro aconteceu com o estudo nos autos, pretendendo, antes, apropriar-me do tema para depois conduzir a pesquisa; no segundo, recolhi, aleatoriamente, dez depoi-

mentos[26] entre os jovens cujas mães de seus filhos estavam sendo acompanhadas pelo setor de Psicologia da VIJ; no terceiro, selecionei os três depoimentos da experiência do pai jovem que apresentavam, espontaneamente em seus relatos, aspectos de sua experiência que dialogavam com as questões que iam se configurando. Para dar-lhes liberdade para expressar-se sobre sua vida, em conexão com os fatos narrados, foi-lhes pedido que me **contassem sobre sua experiência de ser pai.** Colocava-me apenas quando o tema suscitava algo que eu quisesse compreender melhor, dada a escuta clínica na qual me pautava para buscar desvelar o velado. Nesse processo, um fato despertou meu interesse. Nem todos os pais ouvidos pleiteavam a guarda da criança para si; contudo, na entrevista de rotina do acompanhamento do processo, diziam buscar a convivência com o filho sem que, necessariamente, do ponto de vista legal, tivessem reconhecido a paternidade. Diziam-se preocupados em dar atenção ao filho e que participavam de seu desenvolvimento, embora não necessariamente morassem juntos. Dessa forma, tocada por esse modo de ser pai, tive despertado meu interesse em conhecer a experiência deles e buscar, nos seus relatos, subsídios para compreender melhor a exclusão no processo jurídico e de inclusão ou exclusão na relação parental. A princípio, parecia-me que sua vivência manifestava-se nos cuidados oferecidos à criança, apontando para a capacidade de ser com o outro, de colocar-se no lugar do outro.

Desse modo, estabeleceu-se, na prática, uma conversa em que pesquisa e reflexão caminhavam juntas. Posteriormente, foram realizadas entrevistas de *follow-up* com os três sujeitos, com o objetivo de apresentar-lhes o depoimento comentado.

Os jovens ouvidos não haviam sido intimados judicialmente para comparecerem em juízo, e, sim, compare-

---

[25]Nos 21 primeiros processos estudados, iniciados em 1994, constatei que a maioria dos homens, pais dos filhos das adolescentes, estava na faixa entre 17 e 26 anos.

[26]Quando escolhi esse procedimento de colheita para ouvir os pais, percebi que o nome *depoimento* estava sendo empregado com sentido diverso daquele empregado no contexto judiciário. Neste, o depoimento é entendido como modo de realizar interrogações, cujo objetivo é estabelecer a verdade dos fatos. Utilizo-me, como Schmidt (1990), do termo *depoimento* pretendendo abordar "o momento de contato do pesquisador com uma esfera circunscrita da experiência do narrador" (p. 73). Schmidt baseia-se em Pereira de Queiroz (1988, p. 21 apud Schmidt, 1990) que diz que o depoimento em ciência social perde a conotação jurídica "para significar o relato de algo que o informante efetivamente presenciou, experimentou, ou de alguma forma conheceu, podendo assim certificar". Interessava-me obter algo que não se encontrava documentado sob nenhuma outra forma; visava conhecer o impacto subjetivo da experiência de ser pai jovem, e o depoimento parecia ser o instrumento para captá-lo.

ceram voluntariamente, quando foram convidados a participar da presente pesquisa. Em relação à pesquisa propriamente dita, pude perceber por parte dos jovens (e de seus familiares, quando tomavam conhecimento da mesma), salvo raras exceções, interesse e disposição para participar. Demonstravam interesse em transmitir suas experiências, o que parecia fazê-los se sentirem valorizados.

Concordando em participar da pesquisa, ofereceram seus depoimentos e recolhi suas próprias falas, acreditando que só eles poderiam relatar essa sua experiência. Esse foi o modo de entrar em contato com a vivência de paternidade desses homens, a partir de seu próprio ponto de vista, dando-me a conhecer seus estilos e, conseqüentemente, o modo pelo qual o mundo a eles se apresentava.

Paralelamente, significava, também, poder repensar meu cotidiano profissional, agora com outra ótica: mostrava como minha própria experiência se revela através de seus depoimentos, pois abriam a possibilidade de resgatar a figura do pai nos atendimentos que realizo como psicóloga forense. Descortinava-se, também, a relação vivida por esses pais com a Vara da Infância e Juventude: como eram excluídos ou como preferiam excluir-se dos atendimentos realizados pela equipe técnica judiciária.

Com essas considerações, adotei como norte da pesquisa as experiências humanas e seu significado.

Ao ouvir os pais que são acompanhados pela equipe técnica do Foro, levei em consideração o lugar no qual estava inserida, ou seja, a instituição, o Judiciário. Esse lugar poderia induzir as pessoas a apresentar idéias moralistas ou genéricas, imaginando ser isso que eu pudesse querer ou esperar ouvir deles. Também considerei que corria o risco de ser vista por eles como figura de autoridade e poder, e que, portanto, iria ouvi-los para avaliá-los, o que se daria por meio de algum teste oral, interpretado a partir dos dados da entrevista sobre o conhecimento que tinham do papel de pai. Para contornar esse problema, procurei esclarecer e retomar o objetivo da investigação, buscando estabelecer um contexto amistoso e de confiabilidade com os sujeitos da pesquisa. Procurei ficar atenta ao novo e vigilante quanto à necessidade de ouvir os pais.

Parafraseando Morato, busquei "chulear",[27] entrelaçar, estabelecer relações entre o depoimento e minhas crenças,

minhas leituras e os pressupostos teóricos, os quais havia consultado na primeira fase da pesquisa, quando procurei entrar em contato com a literatura existente.

Apresentava-me como psicóloga judiciária da VIJ, caso não me conhecessem previamente, e, também, como pesquisadora de outra instituição, na qual seria apresentado o resultado do trabalho.[28] Foi-lhes explicado ser a participação na entrevista uma situação independente da avaliação processual. Da mesma forma, foi enfatizado que os dados colhidos não fariam parte dos pareceres a serem anexados aos autos. Com tal cuidado, objetivava evitar que dessem seus depoimentos partindo de um prisma cuja tendência fosse contar experiências gerais, construídas por uma representação ideal e baseadas no temor da avaliação pelo pesquisador.

Apresentando os Pais

Os três pais jovens ouvidos, portanto, não haviam diretamente pleiteado a guarda da criança para si. Marcelo não aparecia na história dos atendimentos, tendo sido praticamente excluído – nem citado pelos familiares, nem lembrado pela equipe técnica por um longo período de tempo, até porque, em termos legais, não reivindicava nada. Renê chegou exaltado, reivindicando um filho recém-nascido, de quem tinha sido duplamente excluído da paternidade – pela genitora, que inclusive havia entregado a criança para adoção sem ao menos participar a ele, e também pela equipe, que, partindo da experiência cotidiana na qual os homens parecem ter pouco interesse e disponibilidade para com o filho, já procurava um casal para adotar a criança. Marcos, timidamente, escondia-se atrás de sua companheira, apesar de ter recebido o incentivo do advogado para não se excluir da situação; ou seja, foi levado a incluir-se por um terceiro, como se para ele não houvesse um lugar a reivindicar, ou fosse próprio do mundo não poder se incluir, e, conseqüentemente, tendo que se excluir.

Comum aos três o fato de, apesar de ser-lhes proposto que me contassem sobre a experiência de ser pai, ocuparem parte significativa do espaço oferecido tecendo queixas das mães de seus filhos, relatando condutas negligentes

---

[27]Expressão utilizada nos grupos com os orientandos, quando no seu modo próprio de ser tão carinhoso, Henriette buscava explicar-nos a proposta fenomenológica.

[28]Apresentei-lhes o Termo de Compromisso, para ciência da pesquisa e anuência ao uso que eventualmente seria dado ao conteúdo do depoimento. De minha parte, comprometia-me a seguir os critérios éticos necessários e previstos em lei, assim como sigilo e preservação de sua identidade. Ficou estabelecido que, caso desistissem de participar da pesquisa, a qualquer momento a autorização poderia ser anulada, sem alteração quanto ao andamento processual do caso em juízo.

das mesmas para com seu filho (Marcelo e Renê) e sobre comportamentos de outros, considerados irresponsáveis. Marcos trouxe os próprios deslizes e como vem investindo para mudar. Entretanto, podia constatar que nenhum dos processos envolvendo seus filhos ou companheira tinha como medida inicial ser processo verificatório, em função de suspeita ou constatação de um quadro de vitimização sofrido pela criança por parte da mãe; muito ao contrário, tinham se originado por diferentes medidas. Renê e Marcos passaram a ter seus filhos como clientes da VIJ após o nascimento da segunda criança; e Marcelo, após o pedido de tutela referente à mãe adolescente de sua filha, cujos pais haviam falecido.

Faço um breve relato dos casos, incluindo suas histórias, o contexto e circunstâncias de sua vinda ao Foro, como forma de situar o jovem e as condições do depoimento.

Marcelo: O Pai "Pãe"

Selecionei para a apresentação inicial Marcelo[29], que se tornou pai aos 17 anos. Acompanhei Sônia, mãe de sua filha, de maio de 1995 a abril de 1999. Na época, Sônia estava com 15 anos. Aos 8 anos, sua mãe faleceu, e em abril daquele ano, seu pai. A filha do jovem casal, a quem denominarei Fernanda, na ocasião tinha 1 ano e 4 meses. Marcelo e Sônia tinham sido colegas de escola, e a criança era fruto de relacionamento amoroso passageiro entre eles. Quando a adolescente engravidou, ela e Marcelo residiram por curto período de tempo na companhia do pai da jovem. Quando Fernanda estava com 8 meses de idade, após briga entre o casal, Marcelo voltou a residir com sua família de origem. Contudo, com a morte do pai, os tios paternos de Sônia solicitaram a tutela da adolescente e foram orientados a assumir a guarda de Fernanda, visto que ela não poderia responder pela menina, por não ter atingido a maioridade. A jovem concordava em ter sua tia como tutora, mas dizia ter tido dificuldade para aceitar tal situação, pois acreditava que, com a morte do pai, "seria totalmente livre e independente dos pais" (*sic*), o que não ocorreria na companhia da tia. No sonho da total liberdade, não tinha planos para a filha, nem no sentido de se ocupar da criança nem de entregá-la aos cuidados de terceiros.

Até então, não houve nenhum movimento de minha parte para incluir Marcelo no atendimento, mesmo porque o que estava em questão era a tutela da jovem. Quanto a Fernanda, permaneceria na companhia da mãe sob a responsabilidade da tutora.

A tia dizia temer o desempenho materno da jovem, visto que sua mãe era muito agressiva com ela; portanto, tinha medo de que ela repetisse com a criança o que havia vivenciado com a mãe. Tais preocupações da tia, somadas aos conflitos que foram se estabelecendo entre a dupla, justificavam o acompanhamento do caso pela equipe técnica da VIJ. Tivemos aproximadamente 9 encontros[30] entre maio de 95[31] e março de 97. O foco principal dos atendimentos era mediar os conflitos entre a jovem e a tia[32].

Posteriormente, a adolescente solicitou sua emancipação. Desistiu da companhia da tutora, passando a residir na casa deixada pelo pai. Entregou sua filha aos cuidados da avó paterna da criança, sob Termo de Guarda, alegando ter receio de que a tutora pudesse, no futuro, impedi-la de reassumir a menina, estabelecendo-se, assim, uma disputa de guarda. Interessante notar que mesmo o fato de a criança estar na companhia da avó paterna não suscitou a lembrança e o interesse de incluir o pai nos atendimentos. Apenas com o desenvolver deste trabalho de pesquisa, a existência de Marcelo chamou minha atenção. A guarda havia sido concedida à avó paterna sem que tivéssemos[33] nos dado conta de que esta tinha um filho, que era o pai da criança e maior de idade; ou seja, em nenhum momento foi cogitado que ele poderia ter assumido legalmente a responsabilidade pela menina desde o início, em vez da avó paterna.

Por que não havia ele reivindicado a guarda da filha para si, em vez de deixá-la a cargo de sua mãe? Desta forma, curiosa, convidei-o para fazer o depoimento de sua experiência e, aproximadamente seis meses após, para o *follow-up*.

---

[29]Pseudônimo por ele escolhido. Todos os nomes próprios ou de lugares foram trocados visando à preservação da identidade e privacidade das pessoas citadas.

[30]Inicialmente os encontros foram quinzenais, para o grupo familiar (tios, primas, filhas da tutora). Nesses atendimentos, evidenciaram-se as mágoas e ressentimentos que o grupo tinha, ainda decorrentes da morte do pai da jovem. O grupo familiar atribuía a morte do tio querido aos poucos cuidados dispensados pela adolescente diretamente, tanto a ele quanto aos seus bens materiais. Por sua vez, a jovem mostrava-se ressentida e ambivalente. Sônia, aparentando estar sem parâmetros, ficava em dúvida se devia submeter-se aos conselhos da tia, a quem o grupo familiar esperava que respeitasse e admirasse, ou se lhe virava as costas, atendendo aos seus impulsos, desejos e sentimentos.

[31]A tutela foi deferida em junho de 95.

[32]Além da mediação, foram encaminhados para atendimento psicológico fora do sistema judiciário.

[33]A equipe técnica como um todo.

Remeto-me a essa história de atendimento da adolescente, pois foi durante o mesmo que me dei conta de que estava tão presa à medida jurídica, à tutela, e à resolução que o caso requeria, buscando um acordo e melhor comunicação entre as partes envolvidas no processo, que me esquecera dessa pessoa, até então sem voz, que era o pai da filha da adolescente.

A adolescente teve o segundo filho, que veio a falecer com poucos meses de idade. Posteriormente teve uma menina, que entregou para adoção. Em 2000, Fernanda estava na companhia paterna, e o processo foi arquivado.

Inicialmente, a escolha quanto a apresentar o depoimento de Marcelo, para abrir os relatos dos jovens, aparentou ter sido aleatória. Posteriormente, no entanto, fui percebendo que existiam razões para tal, difíceis de serem comunicadas, principalmente se buscasse uma ordem de importância. Vamos a elas.

Ao ser convidado a participar da pesquisa, perguntou-me se eu queria saber como ele se sentia "sendo um pãe" – numa analogia ao fato de ele cuidar da filha no lugar da mãe, o que talvez tenha criado em mim a expectativa de que ele se dispunha a contar-me os aspectos emocionais da relação, ainda, pautando-me na idéia preconcebida de que à mulher caberia cuidar destes aspectos. Posteriormente, pude perceber que a analogia tinha o sentido de reafirmar a ideologia de que quem deve cuidar da criança é a mulher.

Outra razão, talvez mais afetiva de minha parte, dizia respeito ao fato de eu estar acompanhando a adolescente, mãe de sua filha, há algum tempo, conforme relatei anteriormente. Presenciava, nesse atendimento, o que a literatura registra sobre mães adolescentes: que elas têm filhos seguidamente, abandonam os estudos e perpetuam a pobreza. A literatura constata o fato, porém não aprofunda as questões subjetivas. Ainda segundo a literatura, essas mães por vezes delegam as crianças aos cuidados de terceiros e/ou entregam-nas para adoção, quando não encontram respaldo familiar ou do companheiro. Sem ter conseguido encontrar com ela o sentido para essas experiências dolorosas, assistia à repetição de algo que eu gostaria de colaborar para que fosse diferente, mas tal desejo foi em vão. Nesse contexto, Marcelo surgia como a questão subjetiva destoante dos dados apresentados pela literatura científica, apontando para uma possível saída. Sônia não pensou em entregar Fernanda para adoção, concordando em entregá-la à avó paterna. Teria ela percebido o interesse de "pãe" de Marcelo?

RENÊ: O PAI REIVINDICADOR

"Os pais não ligarem para os filhos é uma invenção das mulheres. Tiro por mim."[34]

Apresento o depoimento de Renê, 24 anos, pseudônimo escolhido por ele[35]. Era pai de três meninos: Atílio, Antônio e Alberto.

Conheci Renê no Foro, quando compareceu acompanhado da cunhada e dos padrinhos de Antônio, para que estes assumissem a guarda de Alberto. Apresentava-se como pai da criança, e era a segunda vez que comparecia ao Foro para tratar de assunto referente a esse filho. Eu estava, nesse dia, atendendo casos no plantão. Neste são entrevistados pelo psicólogo e pelo assistente social os que chegam para atendimento sem agendamento prévio.

Lendo as peças dos autos, verifiquei que Fátima, mãe de seu filho e sua ex-companheira, dera à luz dias antes. Ela havia comparecido ao Foro espontaneamente, logo após ter saído da maternidade, para entregar a criança para adoção. Verbalizava não reunir condições socioeconômicas para permanecer com o filho. Foi ouvida em audiência quanto às suas pretensões e destituída do poder familiar. A criança havia permanecido na maternidade e a VIJ estava fazendo contato com um dos casais cadastrados para adotá-la.

Anteriormente, Fátima tinha pretendido entregar Antônio em adoção, já havendo, portanto, processo na VIJ em nome dessa criança, que foi entregue, sob termo de guarda, a outra pessoa, que, posteriormente, pude identificar como sendo a avó de Renê.

Renê estava bastante apreensivo no primeiro encontro comigo e absolutamente convicto de ser o pai da criança. Tinha sido orientado pelo corpo técnico do hospital, onde a criança se encontrava, a provar em juízo ser o pai e solicitar autorização judicial para retirar o bebê da maternidade. A instituição estava informada da situação jurídica da criança, com a mãe destituída do poder familiar, e aguardava a visita de algum pretendente à adoção, selecionado pelo Foro. Com o comparecimento do pai à VIJ, foi cancelada a entrega da criança ao casal que pretendia adotá-la. A cunhada e os compadres, que solicitavam a guarda da criança, diziam querer ajudá-lo, cuidando de seu filho para que não o perdesse.

---

[34]Transcrito de seu depoimento.
[35]Conforme seu relato, esse foi o prenome que escolheu para seu primeiro filho, embora o tenha registrado como Atílio. Considera o nome bonito e assim gostaria de se nomear.

Após entrevistas – parte do trabalho como psicóloga judiciária para oferecer uma avaliação psicológica da situação ao magistrado –, apresentei-me como pesquisadora. Convidei-o, nesse primeiro contato, a dar seu depoimento sobre a experiência de ser pai. Atendendo à sugestão dele, combinamos o encontro na casa de seus compadres, onde seu filho iria permanecer.

Renê é alto, tem os cabelos lisos e a pele escura. É descendente de índio por parte paterna (neto). No dia combinado, Renê me aguardava ansioso e estava impecavelmente bemvestido, diferente da pessoa que havíamos, eu e a assistente social, entrevistado no Foro. Durante a entrevista, seu filho encontrava-se no carrinho de bebê, e diversas vezes ele parou o depoimento para atender a criança, quando pude perceber que era extremamente cuidadoso, atencioso e afetuoso com o recém-nascido. Desempenhava espontânea e desembaraçadamente os cuidados do filho.

MARCOS: O SILENCIOSO PAI APAIXONADO

Como último depoimento, selecionei Marcos,[36] que se tornou pai aos 19 anos. Marcos tem dois filhos, Marcos e Alice, frutos de relacionamentos diferentes. O processo na VIJ teve início em outubro de 1998, em função da segunda criança, Alice, que na época estava com 1 ano e quatro meses. Os avós maternos de Alice haviam comparecido ao Foro solicitando o Termo de Guarda da menina, alegando que Maria, a mãe da criança, havia "fugido" de casa para unir-se a Marcos, que se encontrava em paradeiro ignorado. Nesse sentido, tinha abandonado a criança na companhia deles há 20 dias. Os pais de Maria temiam que, se a filha voltasse, provavelmente quereria levar a criança em sua companhia, com o que eles não concordavam. Quanto a Marcos, aparecia nos relatos dos pais como irresponsável e vilão, alegando que era usuário de drogas e estelionatário e precisava ser afastado do convívio com Alice. Difamando-o, afirmavam ser ele devedor a muitas pessoas, o que os deixava incertos quanto à segurança da neta.

Dado o relato inicial de que os pais tinham abandonado a criança e desaparecido, foi concedido aos avós maternos de Alice o documento de guarda e sugerido o acompanhamento do caso pela equipe técnica.[37]

Um mês após, o jovem casal compareceu ao Foro, colocando-se contra o pedido dos avós maternos e guardiães, que os estariam impedindo de ver a filha. Marcos, timidamente, disse-nos haver deixado o uso de drogas. Traba-

lhava como motoboy e estava contando com o apoio de sua família de origem. O casal nos contou estar se empenhando para reorganizar a vida a dois, ou melhor, a três, reassumindo a guarda da criança. Marcos estava pagando as dívidas contraídas em função das drogas.

Os atendimentos no setor técnico prosseguiram visando uma intermediação dos conflitos familiares entre os avós maternos e os pais da criança. Nesse contexto, Marcos foi convidado a dar seu depoimento *sobre a experiência de ser pai* em um desses atendimentos, quando me apresentei, também, como pesquisadora. Escolhi seu depoimento, em razão de ter percebido sua dificuldade para colocar-se pessoalmente, deixando Maria defender o interesse de reaver a filha.

Ele, diferentemente de René, preferiu comparecer ao Foro. Marcos chegou no horário previsto, aparentando entusiasmo em participar e ser ouvido. Veio acompanhado de Maria, que aguardou em outro ambiente.

ALGUNS COMENTÁRIOS

Descrevo algumas das experiências comuns aos três, ao se aproximarem dos filhos: dois deles relatam o fato de terem, no momento de crise, procurado e recebido apoio da religião, para aproximar-se da criança;[38] outros referem terem recebido apoio socioeconômico de familiares; terem necessidade de corresponder às expectativas familiares; terem vivenciado uma relação afetiva positiva com a família, o que, provavelmente, os leva a valorizar seu sentido, desejando perpetuá-lo para os filhos – tal experiência se deu, em especial, com as figuras femininas da família de origem (mãe, avós, irmãos);[39] já com os próprios pais,[40] não tiveram um relacionamento tão próximo e de admiração.[41]

Da experiência familiar, dois dos jovens apresentam um outro modo de o homem se ocupar com o cuidado

---

[36]O pseudônimo escolhido por ele é o nome de seu primeiro filho.
[37]Psicólogo e assistente social.

[38]René não apenas se refere à vinda do filho como *uma graça divina* como considera ter reassumido a segunda filha, que estava legalmente sob a responsabilidade dos avós, como revelação e resultado de fé. A religião teve peso significativo para que retomasse a esperança perdida, assim como para influenciá-lo a ter condutas mais responsáveis, abandonando, a princípio, o consumo de drogas.
[39]A mãe assume um papel preponderante, provendo as necessidades familiares através de seu próprio trabalho.
[40]A experiência relatada corresponde aos estudos de Gersick (1975, apud SOUZA, 1994) que, pesquisando o relacionamento familiar de homens que reivindicavam a guarda dos filhos, verificou que descreviam uma relação distante com o próprio pai, ocorrendo admiração e proximidade com a mãe. No contraponto, Souza (1994) observou que homens que reivindicam a guarda dos filhos relatam bom relacionamento com o pai.
[41]Diferentemente da relação com a mãe, referem-se a pais pouco amorosos, com dificuldade para expressar afeto, negligentes, ausentes e às vezes alcoolistas, daí o empenho das mães para suprir o fracasso paterno.

de outros, dessa vez na figura do avô das crianças, a quem confiaram seus filhos. Tal possibilidade pode ter contribuído para que assumissem outro modo de ser com outro, proporcionando uma passagem para o próprio cuidar.

Desse modo, já desde o momento de angústia pela notícia da gravidez até à ameaça de perda concreta, representada pelo judiciário, os pais ouvidos acabaram procurando apoio entre os próprios familiares, para em co-parceria, poderem permanecer como cuidadores, buscando por meio deles a possibilidade de usufruir da experiência emocional de ser pai, preservando sua criança.[42]

Também comum a esses três jovens pais é a fragilidade dos vínculos amorosos com as companheiras. Dois deles tinham um vínculo superficial com a mãe de seu filho, enquanto o outro tinha não só o sentido de família bastante idealizado, como também o do relacionamento a dois, esperando que não houvesse conflitos, nem angústia, desde que cada um realizasse sua parte.

Diante de tal idealização, ocorre a cisão entre o que é e o que deveria ser uma mulher. Assim, a instabilidade observada nos relacionamentos parece ser decorrente do fato de que as mulheres concretas com quem viveram não correspondiam ao feminino idealizado, não favorecendo, também, o seu ser masculino, também idealizado. Desse modo, constatam que a mãe de seu filho não corresponde a um modelo único e acabado de ser. Da crise decorrente da idealização frustrada, partem para outros modos de idealização, percorrendo o caminho das drogas ou da religião. Concomitantemente à religião, eles abrem-se à experiência de ter uma postura mais ativa em relação aos filhos, em busca de assumir responsabilidades. Marcelo busca na ex-companheira algum desses modelos idealizados e se frustra ao não o encontrar, atribuindo ao psicólogo judiciário a responsabilidade e culpa quando não ocorre a transformação da moça, a contento. Frustrado, passa a considerar o atendimento psicológico jurídico como "*frescura*". Permanece na expectativa de que a mãe de seu filho cuide amorosamente da criança.

Já quanto ao nascimento dos filhos, dois foram frutos de uma relação fortuita. Numa persistiu a dúvida, até um determinado momento, sobre a paternidade da criança, visto que o jovem não acreditava na integridade moral da companheira. Aquele que diz que planejou os filhos

também vivenciou conflitos na vinda do segundo filho. Podemos nos questionar, por que sua companheira veio a rejeitar esse segundo filho?

O homem cuidar do filho é solução para o fracasso do casal. Ele sofre ao constatar que a mãe de seu filho é negligente[43] com os cuidados do mesmo e assume uma postura mais ativa para proteger o filho, apenas na iminência de perdê-lo.

Os dois pais mais novos descrevem conflitos entre dar atenção aos filhos e a seus próprios interesses e aparentam buscar uma solução intermediária para, de modo justo, administrá-los.

Um, apesar de assumir como seu o primeiro filho, atendendo, antes, aos valores familiares que incorporam a noção de que *homem tem que assumir o que faz,* registra-o em seu nome, expressa o desejo de se aproximar dele, mas, de fato, delega-o à responsabilidade do avô materno da criança, que o assume, enquanto ele se afasta do convívio, mantendo pouco contato com o menino; da segunda filha, envolvido afetivamente com a companheira, mostra uma postura mais ativa, embora se apóie nela para ser sua porta-voz. O outro ora delega a criança a sua mãe, ora a assume, mantendo a mesma postura ambivalente de quando recebeu a notícia de que seria pai, lembrando mais a atitude de um *irmão* do que, propriamente, de um pai. Nesse sentido, poderíamos dizer que se uma jovem, inconscientemente, deseja dar um filho à sua mãe (TAKEUTI, s/d; SERRU-RIER, 1993), o jovem nutriria fantasia semelhante. Espera do técnico a reversão das atitudes maternas, o que reafirma a mentalidade de que cuidar dos filhos é da responsabilidade e obrigação maternas. Frustrado, traz queixas que ilustram como ele nutre a esperança de que nós, psicólogos judiciários, transformemos *a mãe ruim de sua filha em uma mãe boa e cuidadosa, livrando-o dessa responsabilidade.* E o terceiro delega aos familiares, mantendo a expectativa de que a mãe de seus filhos volte a conviver com ele.

SOUZA (1994), ouvindo casais em outro contexto sociocultural, constatou que mesmo homens que assumiram a guarda de seus filhos não espelhavam um novo padrão de equilíbrio entre homem e mulher e realização familiar. No depoimento desses jovens, pode-se perceber que trazem o envolvimento com a vida doméstica, no

---

[42]Esta observação confirma a literatura sobre paternidade adolescente, segundo a qual o apoio dos adultos é fator decisivo para o jovem assumir ou não a criança (LIRA, citado por Viana, 1999; GRAVELLE e PETERSON, 1992; PLECK e PLECK, 1997).

[43]Transcrevo a visão dos jovens, trazidas nos seus depoimentos, sobre suas companheiras (MENDES, 2000). Nesta dissertação, as jovens são tidas como negligentes, pela experiência emocional deles, o que não significa que eu compartilhe, a princípio, com esta avaliação, visto que não foram necessariamente avaliadas por mim. Assim, no decorrer destas considerações, pauto-me pelo olhar deles.

intuito de cobrir a incompetência da mulher, mais do que pelo interesse por compartilhar dessa atividade com ela. Conforme vem ocorrendo na revolução de costumes, para esses jovens as tarefas domésticas já não são mais empecilho. Mas permanece a ideologia de que quem cuida é a mãe, cabendo a eles prover condições materiais para que esse cuidado aconteça. Assim, o cuidar direto das crianças é visto como atributo feminino, não sendo, portanto, responsabilidade masculina. Nesse contexto, mulheres que não cuidam, principalmente dos filhos pequenos, são vistas como "monstros", já que não estariam cumprindo com a obrigação feminina.

Nessas condições, quando o homem cuida, amplia-se o masculino, não ocorrendo um conflito entre aspectos tidos culturalmente como femininos ou masculinos. Permanecem servos da máxima pela qual sua responsabilidade é prover materialmente, já que o cuidado dos filhos é realizado indiretamente desse modo.[44] Se o homem não é capaz de prover, é desqualificado e desconsiderado pelas mulheres, mães adolescentes e as responsáveis por elas. Na dupla parental, quando um fracassa em sua parte, o outro tem que fazer alguma coisa, quando se descortina o universo marcado pela relação de gênero. Ou seja, o homem ou a mulher só desempenha a parte contrária se o outro é um fracasso. Na iminência de não prover, não lhe é facilitada a aproximação ao filho, como pudemos constatar na história de um deles. Desse modo, precisou empenhar-se, defendendo seu direito de reconhecer a paternidade do terceiro filho. Por suas colocações, percebi, ainda, que tinham a expectativa de colaborar com o estudo, embora não possamos descartar a intenção de impressionar-nos positivamente a favor deles em um eventual *problema com a justiça*.

Desse modo, mesmo os jovens permanecem servos de um pensar e agir, apesar de serem, geralmente, dessa fase de desenvolvimento humano os que encabeçam movimentos de mudança. Não é resultado de uma escolha inicial sua cuidar dela, no sentido do vínculo positivo maior com a criança, mas emerge da narrativa dominante na qual se identifica que a responsabilidade pelas crianças é das mulheres, enquanto prover é seu modo de cuidar.

O técnico, no judiciário, por sua vez, acaba complementando esse duplo olhar sobre a condição humana ouvindo apenas a mulher nas avaliações e acompanhamento do caso. Alimenta, ainda, a identificação popular com essa narrativa.

A servidão, entretanto, não é apenas dos pais e dos técnicos do judiciário, mas da sociedade como um todo. É evidente que é necessária uma transformação social e educacional nas famílias, visando à mudança da mentalidade de que a mulher é destinada à maternidade e ao pai é destinado o prover, modificando-se o modo como os pares se complementam. A vida vem mostrando que nessa equação todos perdem. Não é apenas da experiência judiciária que os homens se excluem ou são excluídos, mas na própria saúde, como pontuei neste trabalho.

Para encerrar, vale assinalar o quanto teorias psicológicas foram responsáveis por alimentar a visão e respectivas regras de que quem cuida é a mãe. Entretanto, simplesmente tirando-se da mãe essa regra, corre-se o risco de que ninguém cuide, como é a queixa desses jovens: "As mulheres de hoje só querem saber de gandaiar." Na realidade, parece que ninguém quer cuidar, todos podem cuidar, mas ninguém quer fazê-lo. Não cuidar como modo de cuidar é uma possibilidade que se configura.

Eu havia me perguntado o que faz um jovem pai aproximar-se assumindo seu filho e em que situações ele se exclui ou se sente excluído pela instituição judiciária. Ouvindo Marcelo, vejo que acaba se conformando com o fato de a mãe de sua filha não colaborar economicamente porque "a menina está crescendo, é inteligente e logo poderá trabalhar". Ou seja, trazer da cultura que a mulher pode trabalhar fora para ajudar no orçamento doméstico não parece estar incorporando a nova mentalidade de que o homem pode gratificar-se com a experiência emocional junto aos filhos. Isso mostra que, se por um lado o jovem ainda é servo de valores culturais, da desvalorização dos aspectos afetivos, colocando-se e valorizando-se por ser uma máquina de produção tirando dela sua identidade existencial, por outro nós também somos servos da instituição se o trabalho se pauta na cultura de fazermos um diagnóstico situacional da clientela, apenas oferecendo somente o relatório, sem intervenção, ao juiz para julgar o caso. Talvez deixemos de ser servos do sistema se rejeitarmos esse papel assumido no passado, algo entre advogados e assistentes sociais *malformados*, prestadores de serviço ao judiciário, meros observadores do ***vir e ir*** das crianças e adolescentes. Impõe-se um novo jeito de servir à mudança de mentalidade do poder cuidar, partindo de novos pressupostos da Psicologia social clínica, de modo a atingirmos outros objetivos que possam abranger os pais jovens no reconhecimento e na valorização de seus aspectos emocionais que ainda estão projetados como algo da feminilidade.

---

[44]Perante a lei, agem dentro dos padrões culturais de que é a mulher a cuidadora da criança e que proporcionará a ela uma *família estruturada*.

REFERÊNCIAS BIBLIOGRÁFICAS

AZEVEDO, MA; GUERRA, V. **Pele de asno não é só história**. São Paulo: Roca, 1988.

BOSI, E. **Memória e sociedade: lembranças de velhos**. 3.ª ed. São Paulo: Companhia das Letras, 1994.

CURY, M. (org.). **Estatuto da Criança e do Adolescente comentado**. São Paulo: Malheiros, 1992.

DOBRIANSKYJ, LNW; KOSSOBUDZKI, LHM. Perdas e danos: as conseqüências da institucionalização e do abandono. In: **Filhos da solidão – institucionalização, abandono e adoção**. Curitiba: Governo do Estado do Paraná, 1996 (cap. 3).

ENOUT, R. Convivência familiar – reflexões. In: MELO JR, S. A. (org.) **Infância e cidadania**. São Paulo: Inor Adopt, 2002.

GRAVELLE, K; PETERSON, L. **Teenage fathers**. New York: Julian Messner, 1992.

LASCH, C. **Refúgio num mundo sem coração**. Rio de Janeiro: Paz e Terra, 1991. p. 28-29.

MATOS, DMS. A experiência de ser pai de uma mulher. Dissertação (Mestrado). Instituto de Psicologia, Universidade de São Paulo, São Paulo, 1995.

MENDES, MUF. **Ouvindo o pai jovem no contexto da Psicologia judiciária: reflexões de uma psicóloga**. Dissertação (Mestrado). Instituto de Psicologia, Universidade de São Paulo. São Paulo, 2000.

MEYER, L. A família do ponto de vista psicanalítico. In: AGOSTINHO, ML; SANCHEZ, T. M. (org.). **Família: conflitos, reflexões e intervenções**. São Paulo: Casa do Psicólogo, 2002.

MOTTA, MAP. **Mães abandonadas: a entrega de um filho em adoção**. São Paulo: Cortez, 2001.

PLECK, EH; PLECK, JH. Fatherhood ideals in the United States: historical dimensions. In: LAMB, M. (org.). **The role of the father in child development**. New York: John Wiley & Sons, 1997.

ROBINSON, BE. **Teenage fathers**. Massachusetts: Lexington Books, 1988.

SANTOS, RA; ADORNO, RC. Um ensaio sobre família e suas intersecções. In: Agostinho, ML; Sanchez, TM. (orgs.). **Família: conflitos, reflexões e intervenções**. São Paulo: Casa do Psicólogo, 2002.

SCHMIDT, MLS. **A experiência de psicólogas na comunicação de massa**. Tese (Doutorado). Instituto de Psicologia, Universidade de São Paulo, São Paulo, 1990.

SERRURIER, C. **Elogio às mães más**. São Paulo: Summus, 1993.

SOMMERVILLE, CJ. **The rise and fall of childhood**. Beverly Hills: Sage, 1982.

SOUZA, RM. **Paternidade em transformação: o pai singular e sua família**. Tese (Doutorado). Psicologia Clínica, Pontifícia Universidade Católica de São Paulo, São Paulo, 1994.

SZNICK, V. **Adoção**. São Paulo: Livraria Editora Universitária de Direito, 1993.

SZYMANSKI, H. **Trabalhando com famílias**. São Paulo: IEE – PUC/CBIA, n. 1, março 1992 (Caderno de Ação nº 1).

TAKEUTI, AD. **A adolescente está ligeiramente grávida: e agora?** São Paulo: Iglu, s/d.

VIANA, A. Filhos cedo demais. **Veja**, São Paulo, v. 32, n. 42, p. 110, 20 out. 1999.

QUESTÕES COMENTADAS

1) Como se dá o atendimento institucional pelo psicólogo jurídico nas Varas da Infância e da Juventude? Existe um cliente privilegiado pela equipe técnica?

R: Sim, o cliente privilegiado é a *criança e/ou o adolescente* em situação de risco social ou pessoal que necessita de uma medida de proteção, independentemente de sua idade, raça, atitudes ou condição social. O Estatuto da Criança e do Adolescente (ECA, arts. 19, 22 e 23) chama a atenção para o atendimento às famílias, assim como teorias psicológicas registram a necessidade das crianças de ter uma família para que tenham um desenvolvimento emocional saudável, preferencialmente a família de origem. Concomitantemente, à criança como cliente privilegiado, à sua família ou ao cuidador é dada especial atenção. O atendimento institucional geralmente é realizado por uma equipe interprofissional, composta por assistentes sociais e psicólogos, que fornecem ao juiz seu parecer técnico sobre o caso. Esse parecer integra

o processo, subsidiando o magistrado na tomada de decisão sobre o futuro dos pequenos e jovens em situação de risco pessoal e social. Algumas pessoas solicitam providências judiciais, comparecendo espontaneamente ou sendo intimadas; outros, contra sua vontade, podem comparecer conduzidos coercitivamente. De modo geral, a clientela encontra-se envolvida em algum procedimento judicial, iniciado para atender aos interesses jurídicos de proteção à criança ou adolescente (processo verificatório de maus-tratos, guarda, adoção, tutela, destituição do poder familiar, etc.). Os clientes não buscam o setor de Psicologia visando orientação ou atendimento específico dessa área. Alguns consideram a intervenção mais como função burocrática que retarda o processo do que algo com sentido específico. Contudo, dependendo do desenvolvimento do trabalho, podem estabelecer um vínculo de confiança com o profissional, passando a ver o psicólogo como representante de seus direitos ou desejos naquele lugar jurídico. A maioria, contudo, pelo menos no primeiro contato de rotina, não rejeita explicitamente o atendimento, ao qual as pessoas chegam visivelmente angustiadas ante a situação nova de se verem envolvidas em um problema na área da justiça. Serem acolhidas, ouvidas e não julgadas tem um sentido significativo, apesar do medo. Freqüentemente, buscam passar uma boa imagem ao profissional do judiciário. Os questionamentos costumam ocorrer nos atendimentos posteriores, quando não há percepção clara da proposta de intervenção preventiva ou protetiva; caso contrário, aceitam e contribuem. Entrevistam-se adultos que negligenciam e/ou maltratam, que não cuidam, seja intencionalmente, seja por falta de percepção das necessidades do outro ou incapacidade para cuidar, e ainda aqueles que, preparados emocionalmente ou não, querem cuidar, pretendendo legitimar sua atitude através de um pedido de guarda, para ter a criança sob sua responsabilidade até atingir a maioridade, ou adotando-a. Assim, trabalha-se com e para a clientela e com e para a magistratura, fornecendo subsídios para uma decisão na qual se incluam as necessidades afetivas e o bem-estar das crianças e adolescentes envolvidos.

2) Existe discriminação de gênero nos atendimentos realizados pela equipe técnica?

R: Quanto à discriminação de gênero nos atendimentos realizados, esse foi um dos pontos abordados em minha Tese de Mestrado, em 2000: como os pais ficavam excluídos. Nela constatei que a clientela adulta do judiciário era composta principalmente pela população feminina, exceção feita às crianças e adolescentes. Era o universo feminino normalmente ouvido e acompanhado pela equipe técnica, realidade não muito diferente da dos dias de hoje, embora atualmente seja algo a que a equipe técnica, de modo geral, está mais atenta. Busca-se, com as mulheres, resgatar a figura do homem, principalmente a dos pais das crianças atendidas na Vara, para, posteriormente, localizá-los e ouvi-los. De minha parte, posso dizer que, como comunidade de destino, contexto judiciário e questões psicológicas uniram-se, de modo especial, ao entrevistado, à pesquisa e à minha experiência profissional. Da parte da sociedade, percebo que a mentalidade vem mudando, embora até recentemente, se eventualmente o pai da criança considerasse a mãe adolescente irresponsável e imatura para assumir o filho, a guarda, na maioria dos casos, tinha seu argumento apoiado na figura de sua mãe (avó paterna), como se o homem, embora pai, mas por ser do sexo masculino, não estivesse autorizado a cuidar, avaliar e denunciar uma situação insatisfatória para o próprio filho.

3) Questiona-se, na avaliação técnica, que modelo e idéia de família o profissional tem internalizado.

R: Meyer (2002), psicanalista de família, diz que o indivíduo nasce em uma família e desse evento a cria e recria, constituindo-se nela os relacionamentos humanos e a experiência central da continuidade da vida. Advoga a idéia de que a presença de patologia na família está relacionada ao grau com que os membros familiares são capazes de efetivamente manter internalizados seus conflitos

intrapsíquicos. Referindo-se às figuras familiares, ocupado com a constituição subjetiva humana, aborda a questão da reprodução da cultura. Pontua que a própria mãe não começa e termina na figura física e psicológica dela mesma. "A mãe é tudo o que ela recebeu de sua família de origem, isto é, a percepção do pai que a mãe passa para a criança é uma percepção a partir da sua experiência com o universo masculino. A sua experiência pode ser de extrema rivalidade ou pode ser de entrega, de passividade, etc. Ou seja, uma mãe sozinha pode representar toda a família" (p. 31).

O ECA situa a família como célula estrutural da sociedade e reforça a importância do vínculo familiar como fundamental no desenvolvimento da criança e adolescente, em consonância com as teorias psicológicas. Sendo a lei um elemento normatizador e controlador social, da família espera-se que o adulto (pai/mãe), e, principalmente, a figura da mãe, amorosamente ensine à criança e ao adolescente em que condições e medida seus instintos podem ser expressos, transformando-os em pessoas capazes de atuar nas relações estabelecidas com o máximo possível de sociabilidade e prazer; ou seja, da família espera-se que seja uma formadora de comportamento social aceitável à boa convivência. Observamos uma revalorização da instituição família, principalmente da família natural, na passagem do Código de Menores para o ECA. O paradigma da proteção integral consagrado pela Constituição Federal e pelo ECA atribui à família o atendimento das necessidades das crianças e jovens, inclusive as afetivas, com espaço para companheirismo e para as relações de dar e receber amor, atitudes estas que deveriam ser universais e conseqüência natural da própria família. Seria a família social gerando amor parental. Assim, da visão idealizada prevalece a noção de família como base de relações afetivas amorosas que se perpetuam na reprodução, além da noção de ponto chave da estrutura social, principal instrumento normativo da sociedade, célula básica que mantém um determinado modo de produção e que sustenta seus valores. Ao operador do direito interessa regulamentar e organizar juridicamente as relações de afeto na família, principalmente através do casamento, do qual decorrem importantes conseqüências, inclusive patrimoniais. Desse modo, historicamente, família é tema de interesse do direito, assim como de outras ciências, por representar um núcleo econômico e de reprodução. Seus conflitos de interesse são atendidos pela Vara da Família (VF), e a clientela precisa ser representada por advogados. O psicólogo judiciário é convocado pelo juiz para atuar como perito desse no processo. É matéria da Vara de Família a partilha de bens dos casamentos desfeitos, sem ou com litígio, assim como a decisão quanto à guarda dos filhos, alimentos, regulamentação de visita, etc. Entretanto, não é da avaliação desse tipo de guarda de filhos e problemática familiar que tramita na Vara de Família que estou focada, embora tradicionalmente seja por essa via que tal matéria venha sendo debatida, com vasta literatura sobre o tema. Preocupo-me precipuamente com a avaliação de famílias, requerida nas Varas da Infância e da Juventude, cujos conflitos e dinâmicas costumam ser de outra alçada. Existem desde famílias que pretendem adotar até famílias que não estão podendo permanecer com seus filhos. Na equipe em que trabalho, procura-se desenvolver uma forma de escuta e de olhar que inclua nuances de seus afetos e pensamentos, e ainda de seu universo cultural, de modo a poder esclarecê-los e ajudá-los. Busca-se entender a clientela, conhecer seus modos de pensar e agir para direcionar o acompanhamento do caso e os encaminhamentos que se façam necessários, sem perder a referência de que as decisões devem ser tomadas na defesa dos direitos da criança e do adolescente, e não na defesa de valores pessoais dos técnicos ou do interesse dos adultos envolvidos. Surge a questão: como são avaliadas as famílias? Serão avaliadas por um profissional que, mesmo querendo ser isento, pode se deixar influenciar por sua própria experiência de família, sua história de vida, que deveria ser trabalhada, elaborada e distanciada para não contaminar sua leitura e avaliação. Espera-se, como de qualquer outro profissional da psicologia ou que trate diretamente com o público, que questione, esteja atento na avaliação técnica, a que modelo e idéia de família tem internalizado; assim como que identifique seus mitos, preconceitos e estigmas. Essa é uma questão ética a ser considerada e trabalhada por aqueles que lidam com famílias e crianças, em abrigos, nos Conselhos Tutelares, etc.

4) Que expectativa têm profissionais no que se refere a pais jovens que entregam filhos a terceiros?

R: De modo geral, quando se pensa em pais, apesar de a experiência cotidiana apontar para uma realidade diversa, subentende-se que aqueles que concretizam a paternidade depois dos 30 anos são "maduros" e pertencem um grupo de pessoas responsáveis e cuidadoras. Imagina-se que a criança foi desejada e que os pais se programaram para assumi-la com responsabilidade. Não existem, no Brasil, pesquisas que revelem a idade dos pais que entregam seus filhos a terceiros. Na década de 90, pesquisando processos jurídicos, observei que o pai, independentemente da faixa etária, era bastante esquecido, principalmente quando se tinha uma criança que não era fruto de uma relação estável. Na época, delinearam-se duas vertentes: os pais cuidavam ou eram negligentes, eram incluídos ou excluídos? Surgiu a questão: que ética perpassava os costumes dos pais e dos psicólogos judiciários? Instalou-se, desse modo, uma dupla via de reflexão abarcando os dois aspectos, cuidado e ética, no que se refere ao pai e à Psicologia no judiciário. Havia a idéia preconcebida de que o pai jovem era irresponsável por ter gerado filhos fora de um relacionamento amoroso estável, legal e socialmente reconhecido, e que, portanto, era ou seria, no futuro, um pai ausente, não-merecedor de ser ouvido em suas pretensões parentais. No contraponto, existia uma certa tradição de respeitabilidade em relação ao pai provedor. Mas, considerando que jovens que vinham de família abastada ou nas condições em que ele mesmo fosse o provedor, raramente chegava à VIJ, seja porque não assumiam a criança, não havendo o que reclamar, seja porque os conflitos estavam sendo resolvidos em outras esferas que não a judicial, eram aqueles não bem-sucedidos economicamente os colocados em segundo plano. Se, evidentemente, não se enquadrassem nesses critérios, sendo cuidadores responsáveis, sem a co-parceria da mãe de seus filhos, e tendo filhas, em qualquer faixa etária, os homens corriam o risco de serem vistos como potenciais abusa-

dores sexuais, pensamento reforçado pela literatura crítica, que apresenta a questão da agressão sexual como um problema que envolve o gênero masculino (AZEVEDO & GUERRA, 1988). Na ocasião, optei por colher, a partir do prisma da fenomenologia, depoimentos de pais jovens sobre sua experiência de ser pai. Fui observando que, no contexto preconceituoso, podia não se perguntar se o jovem estava sendo considerado negligente em si, ou se era considerado negligente por não ter assumido legalmente a criança, ou, ainda, por não querer permanecer com os filhos. Constatei que, assim como mãe cuidar não era regra, o que vinha da experiência empírica do trabalho cotidiano na Vara, pai ausente também não era. Parecia que, das regras sociais, se confundia *gestar com criar*, concluindo que o homem, *por não gestar, não era capaz de cuidar*. Concluí que, se fôssemos mantenedores da regra de que a mulher é destinada à maternidade e o homem ao provimento, nesse contexto todos perderiam. Era necessário rever a postura não apenas do psicólogo, mas também da própria sociedade em sua cosmovisão. Constatei na prática que, como profissionais, não deveríamos perder de vista nosso papel, que tanto podia restringir como perpetuar certas regras do contexto social. Era preciso estar atentos para não generalizar, lembrando sempre a particularidade de cada caso, abrindo espaço para a diversidade, para cada experiência, situação ou momento que é único, e que, de certo modo, traça uma certa regularidade no tempo. Ao longo dos últimos 20 anos de trabalho direto com a clientela ou por meio de orientação a supervisionandos que desenvolvem atividades em instituições, percebo que não há regras estritas a serem seguidas, mas é preciso evitar a contaminação do atendimento por valores e crenças desenvolvidos culturalmente, bem como é necessário avaliar o efeito gerado em nós pelo atendimento e o que reproduzimos quando estamos com o outro. Apenas ouvindo e valorizando cada relato, atendo-nos à relação que buscam estabelecer conosco, e considerando o sentido específico de cada comportamento, é possível desenvolver um trabalho ético. Temos a tendência a agir no sentido de manter a "ordem" e o conhecido, ao culturalmente estabelecido; a alimentar os pares estabelecidos e ordenados, como no caso de uma família, a dupla parental, em que um cuida e o outro prove. Tal mentalidade sustenta a cisão e o pensamento moldado por oposição. Como derrubá-lo é difícil, trabalhoso, angustiante, pois diante do novo e do desconhecido corremos o risco de nos deparar com o caos, com o nada, com o vazio, permanecemos no conhecido e na postura que pode proporcionar certo *status*. *Sem reis e sem padres*, sem uma teoria pronta e benevolente que possa auxiliar, o profissional psicólogo parece sentir-se desamparado e "amarrado" ao conhecido, o que vem se provando insatisfatório. Entretanto, derrubar teorias existentes e propor novas também é difícil. Também a relação com a vida, nas famílias, vem se provando insatisfatória. Os pais buscam teorias conhecidas, sem questionamento. O depoimento de dois dos jovens ouvidos na pesquisa mostra como se respaldam enquanto provedores, quando o trabalho assume uma dimensão especial. Parafraseando BOSI (1994, p. 471), "ele é um emprego, não só como fonte salarial, mas também como lugar na hierarquia de uma sociedade feita de classes e de grupos de *status*".

Um deles acaba desejando o mesmo para sua filha: "Hoje não me arrependo de ter assumido a menina, ela é inteligente, daqui a pouco está trabalhando também". No contraponto, não se deve ignorar que, não sendo provedor, torna-se pai ausente, o que, segundo LASCH (1991), foi uma característica estrutural das famílias da década de 90, levando o imaginário popular a relegá-lo a segundo plano (p. 228).

De minha experiência como profissional da saúde, pude perceber que os casos e problemáticas apresentados não diferem dos que atendemos no judiciário, podendo as intervenções assemelhar-se, divergindo, embora, o modo como os sujeitos nos percebem. Considerando também que essa visão difere de acordo com a dinâmica psicológica de cada um, de como vivenciam e vivenciaram os personagens de sua história de vida, será tanto em um como no outro profissional que irão projetar suas condições emocionais. Penso que tanto o profissional da saúde como os técnicos do judiciário poderiam desenvolver programas educacionais que visassem incluir e valorizar esse jovem a tornar-se um pai cuidador; estes poderiam ser localizados através das jovens gestantes que são atendidas nos serviços médicos. Entretanto, desejar apenas transformar o jovem em um *pai bom e cuidador* pode parecer uma proposta ingênua, não-condizente com a dinâmica psicológica que envolve os seres humanos. Se existe uma evidente necessidade de pares se complementarem, mantendo o *status quo,* dada a dificuldade de se viver o não-conhecido, como lidar com tais questões? De um modo geral, conforme a literatura, não se leva em consideração que, caso o pai jovem receba algum tipo de apoio ou orientação, pode se enriquecer emocionalmente, convertendo sua relação com os filhos numa experiência recíproca de desenvolvimento. Da pesquisa realizada e respectiva reflexão, foi possível perceber que ambos, psicóloga e clientela, estávamos identificados com a narrativa dominante produtora de mitos, preconceitos e estigmas. Significou, também, poder repensar meu cotidiano profissional, agora com outra ótica: abriu-se a possibilidade de resgatar a figura do pai nos atendimentos que realizo como psicóloga forense. Descortinou-se, também, a relação vivida por esses pais com a Vara da Infância e da Juventude: como eram excluídos ou como preferiam excluir-se dos atendimentos realizados pela equipe técnica judiciária.

CAPÍTULO XXVI

Uma Intervenção pela Perspectiva Fenomenológica Existencial e Sociopsicodramática, como Possibilidade de Modalidade Prática em Psicologia Clínica

*Suely Emília de Barros Santos · Henriette Tognetti Penha Morato**

Ao receber o convite para publicar um capítulo[1] no livro da coleção "Série em Psicologia", senti uma mistura de prazer e orgulho que me fez acreditar ser capaz de escrevê-lo. Com o passar dos dias, vi-me imobilizada diante da minha própria Dissertação de Mestrado, uma vez que a solicitação deste capítulo era uma reflexão sobre ela. Um dia surgiu uma idéia: se o nosso trabalho se situa na fenomenologia, vou ao fenômeno tal como se apresenta, ou seja, peguei o vídeo da oficina sociopsicodramática, que foi a modalidade de intervenção/investigação clínica utilizada na pesquisa, e fiquei cinco horas assistindo, revivendo, pois estava atrás do sentido de toda aquela história, hoje, para mim.

Buscava estar aberta para permanecer diante do fenômeno da experiência de ser ex-esposa, bem como atender ao seu apelo. Sentia-me, novamente, afetada por todas aquelas mulheres que espontaneamente narravam a intimidade das suas vivências; assim, por todas aquelas histórias, a experiência me tocava. Era um momento singular. Não parei aí. Fui assistir à gravação da minha defesa. Rever o caminhar de dois anos que se resumiram, instantaneamente, numa apresentação de 40 minutos, e mais a troca com a banca, levou-me a novas emoções, sensações. Cada contato mostrava um pedacinho dessa história que é

minha, de todas aquelas mulheres participantes, e, agora, de todos/as convidados/as. Assim, encontrei-me implicada com essa proposta de escrever este capítulo, e após esse momento aceitei vivamente iniciar este texto, juntamente com Henriette, esperando narrar a história que se re-velou no decorrer da pesquisa.

Este foi um trabalho artesanal, ou seja, um ofício realizado pelas mãos de todos/as que, de certa forma, nos tocaram, nos carregaram, nos apertaram, nos acarinharam, nos apontaram, nos seguraram, nos pararam, ou seja, tudo aquilo que as mãos humanas puderam simbolizar para nós.

A tônica fundamental da pesquisa sobre "A experiência de ser ex-esposa: uma oficina sociopsicodramática como intervenção para problematizar a ação clínica" foi olhar a experiência como foco de todo o trabalho tecido. Em sendo assim, o primeiro capítulo foi dedicado à narrativa da experiência da pesquisadora, pois não é possível pesquisar a experiência sem se ver/sentir implicada nela.

Por esse prisma, partindo de uma perspectiva pessoal, ou seja, de inquietações vividas pela pesquisadora na sua experiência de ser ex-esposa, e de uma perspectiva de uma prática profissional, na qual como psicoterapeuta acompanhava algumas clientes que vivenciavam esse lugar de ser ex-esposa, alguns questionamentos clínicos começaram a se apresentar: Ser ex-esposa é um lugar de des-alojamento? Esse lugar de ex-esposa implica a construção de um novo etos pessoal e social? Qual é o sentido que cada cliente dá à experiência de ser ex-esposa? Surgiu, então, através da

---

*Orientadora da pesquisa.

[1]Este capítulo é fruto da Dissertação de Mestrado da autora principal, sob o título: *A experiência de ser ex-esposa: uma oficina sociopsicodramática como intervenção para problematizar a ação clínica*, apresentada ao Programa de Mestrado em Psicologia Clínica da Unicap, 2004.

experiência, uma questão que pôs a pesquisa em movimento: **"Como mulheres contemporâneas experienciam ser ex-esposas?"**

Ao iniciar uma procura bibliográfica sobre o tema em questão, deparamo-nos com um grande silêncio científico sobre a ex-esposa e, em especial, sobre a dimensão existencial de ser ex-esposa. Entretanto, encontrou-se uma fala recorrente na literatura sobre temas transversais relacionados ao âmbito cultural, como: família, configurações familiares, filhos de pais separados, divórcio, entre outros. Lançando-nos num caminho temático desconhecido, mas experiencialmente conhecido, aceitamos, então, nos papéis de pesquisadora e orientadora, o desafio de realizar uma pesquisa clínica sobre o revelar da dimensão existencial de ser ex-esposa, pelo âmbito cultural, e sua ressonância na Psicologia clínica, com destaque para uma ação psicológica numa perspectiva fenomenológica existencial.

O inquietar-se é próprio do humano, e indagações passaram a se fazer presentes quando essa ausência teórica se manifestou. Foi preciso abertura para percorrer, no segundo capítulo, um grande mosaico de subtítulos, tais como contemporaneidade, família, configurações familiares, crise, o espaço de surgimento da ex-esposa, que pudessem compor outros horizontes, configurações e significações para a incompletude que se apresentava agora como possibilidade de tecer significações diante do inédito do existir, expressando o ser-criador/a.

Partindo dos modos de endereçamento das teias de relações humanas contemporâneas e das estruturas de sedimentação científico-tecnológica ao processo de articulação constitutiva, surgiram questões provocadoras para um lançar-se numa caçada em direção a outras significações, e, assim, perguntamos: que outras configurações sociais e familiares, além das tradicionais, expressam o projeto civilizacional da contemporaneidade? Como esses modelos e ideais de família, que também estão em processo de transição, compõem e afetam a nossa própria subjetividade? Quais os modos de ser ex-esposa que se expressam nessas teias relacionais?

Surgiu uma brecha que revelava ser possível olhar a experiência de ser ex-esposa pelo âmbito cultural, pois os processos de subjetivação são produzidos no entrecruzamento com o contexto sócio-histórico, não sendo mais possível pensar o sujeito sem interrogar a dimensão da cultura em que ele está inserido. A mulher ex-esposa se faz presente na tessitura das relações humanas contemporâneas, uma vez que ela se mostra no fenômeno de ser-com-outros. Entretanto, no fenômeno das interações humanas,

cabe perguntarmos quais os modos de pertencimento aos grupos sociais e familiares vivenciados pela ex-esposa?

É, portanto, nesse campo social que a ex-esposa tenta fazer a marcação de seu protagonismo, pois a família, sendo o palco de outras configurações, e de outros vínculos nutriciais, torna-se cenário para o aparecimento/desaparecimento do ser ex-esposa.

No terceiro capítulo, ao refletir sobre psicodrama, teoria dos papéis, condição humana e ação clínica, foi lançado um olhar para o cuidado na ação clínica psicológica para a ex-esposa. Ressaltamos, porém, que, da mesma forma que fizemos no dia da defesa, enfocaremos os capítulos quarto e quinto da dissertação por eles guardarem os registros da experiência de ser ex-esposa.

Contaremos, então, como foi o construir de uma pesquisa clínica, numa perspectiva fenomenológica existencial, com a narrativa (BENJAMIN, 1985) em cena. Na pesquisa ilustrativa, foi possível compreender que as fontes mais apropriadas para falar de experiência são os depoimentos das próprias sujeitos/narradoras. Desse modo, a experiência de ser ex-esposa foi a-colhida por meio de histórias contadas dramática e oralmente.

Nesta pesquisa, a narrativa foi vista como "um dizer no fazer situado" do ser humano. Esse sentido foi construído a partir da visão de Walter Benjamin (1985, p. 205, aspas do autor), que diz:

> A narrativa, [...] é ela própria, num certo sentido, uma forma artesanal de comunicação. Ela não está interessada em transmitir o "puro em si" da coisa narrada como uma informação ou um relatório. Ela mergulha a coisa na vida do narrador para em seguida retirá-la dele. Assim se imprime na narrativa a marca do narrador, como a mão do oleiro na argila, no vaso.

Desse ponto de vista, pesquisar não é "coleta de informações", mas o narrar de uma história vivida. À luz dessa perspectiva metodológica, o sentido de pesquisa por meio da narrativa é sempre um sentido implicado, pois é *estar a todo instante num movimento de afetação e reflexão*. Como diria Moreno (1992), o pesquisador é co-ator, ele faz parte de todo o movimento de uma pesquisa. Assim, não dá para vê-lo de fora, apenas como observador do seu tema de estudo.

Ao iniciar um percurso pela oficina sociopsicodramática, ressaltamos que, a partir de sua experiência pessoal, o olhar da pesquisadora se dirigia constantemente para um fenômeno subjetivo, presente na contemporaneidade, a saber, a experiência de ser ex-esposa. Tendo isso em vista, passou ela a escutar histórias sobre a experiência de ser ex-esposa, nos contextos por onde transitava, prestando atenção às tramas relacionais/conjugais que se apresentavam no "palco da vida", e desse modo iniciaram-se os encontros com as ex-esposas (sujeitos/narradoras) que foram protagonistas nesta pesquisa.

Falar de um trabalho sociopsicodramático já pressupõe uma intervenção grupal. O trabalho foi desenvolvido com um microgrupo (seis mulheres), um grupo fechado (5h de trabalho com todas presentes) e um grupo homogêneo, pois todas já haviam vivido uma relação/situação conjugal, bem como heterogêneo, quanto às variadas situações da experiência de ser ex-esposa.

O termo oficina foi visto no sentido da presença da arte do fazer, tendo como referência Jordão (1999, p. 331): "É fazendo, é aprendendo que eu me torno pertinente a um grupo, é refazendo que eu posso retornar o ritmo da vida." Já a nomeação sociopsicodramática levou em consideração, de um lado, que o fator aglutinador das sujeitos/narradoras foi o fato de que todas vivenciavam a experiência de ser ex-esposa, podendo ser então um sociodrama, e, por outro lado, as variadas situações dessa experiência apontavam, também, para considerar um psicodrama. Desse modo, a **Oficina Sociopsicodramática** surgiu como modo possível para **a-colher**[2] a expressão da narrativa da experiência das sujeitos/narradoras, ou seja, como uma modalidade de intervenção/investigação clínica que a-colhe os depoimentos narrados.

Os recursos sociopsicodramáticos – as técnicas – foram usados não como instrumentos, mas no sentido de *techné* (HEIDEGGER, 2002), isto é, um modo de expressão da experiência de ser ex-esposa, para a criação de sentido. Refletindo sobre o caminho das técnicas que foram utilizadas durante a oficina, podemos dizer que a técnica não é um instrumento, mas sim um outro modo de expressão; ela acontece não como um fim, mas como um recurso disponível para expressão do vivido, dadas a condição e a necessidade apresentadas em qualquer situação de realização humana.

TECENDO A EXPERIÊNCIA DE SER EX-ESPOSA

O aquecimento inespecífico foi realizado com a técnica da construção de máscara. Na teoria psicodramática, o tema da máscara traz implícito **o mascaramento/desmascaramento, o ocultamento/desocultamento** presente em toda relação humana (REÑONES, 2004). A máscara, então, se apresentou como uma possibilidade de criar um espaço para falar de intimidades, ao mesmo tempo em que "protegia" as sujeitos/narradoras, para avançarem nesse território da experiência. No encontro com as seis sujeitos/narradoras, a construção da máscara, que expressava como cada uma delas se apresentava como ex-esposa, revelou expressões que suscitaram questionamentos:

- Será um modo de socialmente pintar-se para disfarçar sofrimentos que estão tatuados em cada corpo/rosto?
- Será aquela que aparentemente encontra-se "feliz" e no "corre-corre" do dia-a-dia torna-se publicamente invisível numa sociedade do espetáculo?
- Será que aceita a invisibilidade pública para mostrar-se/ocultar-se no avesso de seu sofrimento?

A partir desse momento, para contarmos o sentido da experiência de ser ex-esposa, escolhemos alguns recortes no encontro com as sujeitos/narradoras[3] na oficina sociodramática, e os apresentaremos descrevendo em alguns momentos a imagem construída por cada uma delas e/ou as suas narrativas.

Na imagem, Brisa coloca-se em pé, e com os braços para trás. Olhando para Brisa, perguntamos: esconde algo atrás de si, do outro lado? Em seu diálogo de apresentação Brisa nos contou:

> **D** – Mais alguma coisa lhe chama atenção?
> **Brisa** – Agora sim! Pelo que eu fiz... e como coloquei! [...] o que não está aparecendo... ficou bem para trás [...] Que seriam as duas coisas vermelhas... que seriam o resto do meu rosto... e uma parte amarelada que seria o sol para mim!
> **D** – Então?... Essa parte ficou para trás! O vermelho seria o quê? [...]
> **Brisa** – [...] o vermelho para mim representa muita cor! Vida!!! Então seria [...] em relação ao casamento... eu já estou vermelha! [...] eu já estou ficando livre dessa história!!! [...] Só que ficou para

---

[2]Termo cunhado pela autora principal, para expressar o "**cuidar do escutar/dizer**" da experiência de ser ex-esposa.

[3]Todos os nomes utilizados nesta pesquisa são fictícios.

trás! Talvez não seja ainda o momento de estar na frente como eu imaginava! Eu quero a tinta para botar para a frente!!! Principalmente aquele sol. Quero botar na testa!!! [...] eu imaginava que já estava vindo para a frente!!! É um incômodo saber que ainda está atrás!

[...]

D – Mais alguma coisa experimenta nesse lugar... além de estar limitada?... da falta de ar?... do incômodo?

Brisa – A falta de movimento!...

A falta de movimento diz de um drama existencial? A paralisia de Brisa parecia afetar o grupo, e, ao entrar em relação com ela, o grupo primeiro tentou modificá-la e depois ficou em uma distância tão próxima que parecia tanto imobilizá-la mais quanto impedir a sua visibilidade. Por isso indagamos aqui: é o receio de serem tocadas que as leva a modificá-la? Estará presente aqui o preconceito social que impede a visibilidade do outro?

Quando em sua apresentação, Flora ocupou o seu lugar, seus braços pareciam contidos e nos fez questionar: será sua con-tensão* a maneira de referir-se ao preconceito social? Flora falou de como se sentia:

Flora – De início eu fiquei [...] meio inibida! [...] Todas olhando para você... e eu aqui parada... [...] meio presa... me senti um pouco inibida!

D – Quando você está nesse lugar de ex-esposa... as pessoas olham para você?

Flora – Olham!! [...] No início da separação... eu me importava muito! [...] com medo do julgamento! [...] Ah!!! Por mais que a gente não queira... ainda é criticada por ser ex-esposa... ou separada! As pessoas ainda hoje em dia... embora numa proporção pequena... ainda olham de uma forma questionadora talvez! O que aconteceu? Por que está só? Por que não deu?

Com Cristal entrando em cena, levantamos mais uma questão: uma experiência de ser-no-sofrimento-do-não-ser-si-mesma?

D – Que nome você dá para essa imagem?

Cristal – Alegria e tristeza! O lado esquerdo... ele para mim... não está muito feliz! Ele está um pouco triste!

D – E o outro lado?

Cristal – Esse lado amarelo... não sei! É querendo buscar um pouco mais... alegria! Até o próprio sorriso... eu considero que está um pouco falso!... [...] Nesse momento... não estou muito feliz! [...] E esse sorriso atualmente... é só mesmo uma satisfação! Aquela mão ali é reserva... carência...

No aquecimento específico, lançamos a questão provocadora: "**Como é, para cada uma de vocês, ser ex-esposa hoje?**" Após uma narrativa oral, trabalhamos com a narrativa dramática, através da técnica de construção de imagens com tecidos e da técnica do espelho.

A consigna dada a Luara foi que ela mostrasse com os tecidos como era Luara na presença e na ausência do ex-marido. As suas imagens expressaram distintos modos de ser ex-esposa na co-existência. A primeira imagem parecia um rolo compressor obliterado por duas pedras. Luara, comentando a imagem, disse:

Luara – [...] a Luara na presença... [...] como o tule... ele é áspero... [...] E é dessa forma que eu devolvo! Eu acho que sou áspera também... por conta do medo!! Eu acho que é insegurança!! E... eu dobrei... enrolei... porque é... justamente como eu me sinto... atada!!! Eu acho que eu não tenho força ainda... para... eu não sei se é força física!! Mas é força para reverter!... Eu não queria me sentir assim!

Já na segunda imagem, Luara se mostrou como um ser a desabrochar e falou:

Luara – E a Luara sem ele... é a Luara rosa... a Luara alegre... a Luara livre... a Luara suave... a Luara leve... A Luara que tem brilho!!! A Luara que não tem aspereza!

Solicitamos a Brisa que mostrasse com os tecidos a "mudança interior" que ela falava ter acontecido a partir do momento em que começou a ser ex-esposa. A imagem de Brisa provocou a seguinte questão: uma abertura para a mostração de seu próprio desalojamento? Brisa comentou sobre sua imagem:

Brisa – [...] antes... eu me achava uma pessoa alegre... com uma coisa mais definida... com uma coisa mais fortalecida!! [...] hoje... eu me vejo... meio enrolada... triste... meio confusa com tudo!!...

---

*No presente texto a palavra con-tensão expressa a manutenção da tensão muscular como forma própria de reagir a determinada situação.

Meio indefinida!!! [...] e aí hoje... [...] eu sinto a presença da solidão!! Que antes eu não sentia!

Chamou atenção em Cristal o seu esforço em "esconder" o tecido que ela colocou representando "o sujeito com quem convivi".[4] Suas ações e imagem instigam: será um ocultar que re-vela?

Cristal – A cor rosa representa o meu ex-casamento! Eu não gosto de rosa [...] se pudesse ter entrado mais ainda... eu teria entrado ali!!! Então... representa o sujeito com quem convivi! O preto... que está embaixo... a base... é a minha pessoa! [...] Teve o momento... que eu estava muito bem... [...] o tule... por ser um pouquinho áspero... eu coloco o momento... de estar me sentindo um pouco rude com as pessoas! Querendo um momento de solidão... e ao mesmo tempo... [...] querendo estar junto da... das pessoas! E o verde... representa a esperança! Uma busca! Continuidade! Agora... vi que tudo isso... está ocultando a minha felicidade! Eu não estou conseguindo me mostrar!

Estará presente na imagem de Clara, do seu primeiro casamento, o ideário das conservas culturais?[5]

Clara – Ali é o meu primeiro casamento! E... eu vejo... era muita imaturidade... era muita infantilidade! Eu escolhi duas cores... bem infantis! Bem... que retrata... um menino e uma menina!... e sustentado por uma fantasia das famílias! É assim que eu vejo! E... foi muito fantasioso!

Após esses des-velamentos pessoais, prosseguimos a oficina, e a ação dramática apareceu como uma possibilidade de releitura da experiência de ser ex-esposa, com a mostração do tema protagônico:[6] "a busca de ser si mesmo", ou seja, a narrativa dramática re-velou o fenômeno da experiência de ser ex-esposa: a busca de ser si mesma. Trabalhamos nessa etapa com as técnicas de construção de imagem coletiva com tecidos, do espelho e de expressão corporal. Clara, no momento da construção,

sugeriu ao grupo a criação de uma imagem que revelasse a presença da singularidade e da pluralidade:

Clara – Cada uma tem sua história... cada uma tem seu jeito! [...] Trazendo o movimento da gente!... a angústia!

Quando viu a imagem no espelho, ela disse:

Clara – Agora o que a gente percebeu... é que tem em comum esse encontro com a gente! Cada uma está se buscando! Que foi simbolizado com esse pano branco no centro! Mas a gente percebe que cada uma tem uma história! Cada uma tem uma trajetória!... Mas... parece que a gente precisou romper... para poder buscar esse encontro com a gente!!!

No momento em que o corpo entrou em cena, mudou, também, a forma de relação entre algumas sujeitos/narradoras e a busca de ser si mesma. Com isso foram se desvelando os impedimentos de ordem existencial, na busca de ser si mesma. Brisa pode ser uma exemplaridade na revelação desses empecilhos:

Brisa – Eu me senti muito incomodada! Eu não conseguia me mexer! A vontade... o tempo todo que eu tinha... olhando aquela imagem... era querendo fazer o que eu tinha dito! Pegar e levantar! Só que eu não consegui! Me incomodou profundamente! Porque... desde a hora [...] que eu vi aquela imagem fechada... fiquei olhando! e o tempo todo... a minha vontade... foi pegar... e subir a imagem! Mexer... levantar! E em nenhum momento eu consegui!

Acompanhando esses impedimentos, houve uma ressonância sintônica do grupo, protagonizada por Cristal, quando escolheu a imagem fechada, em forma de feto, em detrimento da imagem aberta, em pé, desabrochada, para representar a busca de ser si mesma:

Cristal – É ESSA! A primeira forma para mim!! A partir do momento que a gente ainda está nessa busca para dentro!
Mel – É! Eu pensei nessa forma também!
Luara – Exatamente!
Cristal – Para mim é essa! Porque se a gente desabrochar agora... está muito rápido!!!
Mel – Eu também não pensaria nisso... agora não!!

---

[4] Referindo-se à pessoa com quem foi casada.
[5] Para Moreno, a conserva cultural "é a matriz, tecnológica ou não, em que uma idéia criadora é guardada para sua preservação e repetição" (1978, p. 175).
[6] O texto, o assunto ou roteiro criado e desenvolvido no acontecer da ação dramática (ALVES, 1999).

Cristal – Eu não entraria nisso não!!!... Eu... particularmente!

Foi ainda Cristal quem apresentou, tanto em sua ação quanto em seu comentário no compartilhar, uma expressão viva da dificuldade em abrir-se ao encontro de si mesma, quando passou muito tempo imobilizada diante da imagem do ego-auxiliar que estava no lugar da busca de ser si mesma:

> **Cristal** – as pessoas estavam querendo muito que houvesse movimentação [...] **se alguém mexer ali... eu vou avançar!!! Eu não vou deixar!!!** Porque o momento... é para ficar ali ainda! E quando eu abracei... eu vi que estava sendo egoísta... Porque por mim... eu tinha ficado com ela até o fim! Com ela ali! Mas não... tinha o outro que está querendo que ela desabrochasse! **Mas eu vou tentar impedir que ela desabroche!!!** o momento seria mesmo de introspecção... dessa busca interior!!

Diante dessas cenas humanas apresentadas no palco sociopsicodramático, passamos a compor uma rede (in)acabada que se mostrou como cenário para tecer sentido sobre a experiência de ser ex-esposa.

Pudemos perceber que a dimensão existencial da experiência de ser ex-esposa se revelou na ambigüidade em direção à encarnação do ser si-mesmo. A ambigüidade foi utilizada, no sentido de um modo de ser na impessoalidade (HEIDEGGER, 2002).

Pudemos ver na fala de Flora a presença desse humor (ambigüidade), que tem a pretensão de saber seguramente sobre algo:

> **Flora** – [...] e quando eu saí de casa naquela madrugada... eu falei: "Eu não volto mais aqui! PARA MIM ACABOU!" [...] cheguei na primeira audiência da separação... e disse à juíza... [...] "Eu não quero nada com esse homem!!! Eu não quero terapia nenhuma!! Se eu tiver que fazer alguma coisa com ele... eu prefiro morrer!!" Então... a partir daí... eu comecei a caminhar numa nova vida! E EU TENHO O DIREITO DE ESCOLHA! Apesar de que esse momento para mim está difícil! Mas eu acho que é essa sensação de liberdade... de escolha... que eu sei que... com o tempo... isso vai se adequando... **Com o tempo... isso vai melhorando... vai voltando até o normal!**

Ser ex se mostrou, então, como um modo *próprio* de sempre ser lançado, o que implica encontrar-se na dimensão de sua própria finitude, seu poder ser pro-jeto. A dimensão da finitude apareceu na experiência de ser ex-esposa, com o final da relação/situação conjugal. Cristal expressou a dificuldade nessa relação com a dimensão da finitude:

> **Cristal** – Eu gosto de tudo a longo prazo... e **eu acredito no eterno...** certo?... até que me provem o contrário! Apesar das minhas relações não darem certo... eu continuo acreditando que o eterno existe!! Pode durar... e pode dar certo! Que desgasta... desgasta... natural mesmo! A gente vai envelhecendo! Por que as nossas relações não desgastariam?? Mas não a ponto de romper!! Porque eu acredito que elas podem durar!... Elas podem ser eternas!!! Então... a minha dificuldade hoje... é essa... é a durabilidade!!... Conquistar hoje... uma relação... que eu acredito que vai ser eterna... me põe medo!!... Porque geralmente as pessoas... principalmente do sexo oposto... não estão com essa visão!!

Ser ex-esposa na contemporaneidade apareceu, pois, com uma subjetivação bifronte. De um lado, é viagem cambiante à queda na transitoriedade, é lançar-se a ser uma **mesma outra**.[7] Por outro, é um chamado à estabilidade, via representação social, a um retorno à **outra mesma**.[8]

No cenário sociocultural, o fantasma da finitude apareceu como ameaça anunciada. *A experiência de ser ex-esposa* é acompanhada por vivências de rupturas, ao mesmo tempo em que se faz um movimento de busca por estabilidade. Flora revelou em seu comentário sobre a imagem coletiva com os tecidos tanto a vivência de rupturas quanto a busca pela estabilidade:

> **Flora** – a gente precisou quebrar... muitas coisas... no sentido de quebrar principalmente o casamento... para poder compreender algumas coisas! Mas no fundo... todas nós estamos com necessidade... estamos tendendo a entrar dentro de si!! Entrar cada uma dentro de si!... Para buscar lá dentro de si... essa paz... essa tranqüilidade... esse reencontro.

---

[7] O novo.
[8] A repetição.

Podemos ver na narrativa de Brisa e Clara que a experiência de ser ex-esposa na contemporaneidade também se mostra como um território de desalojamento e solidão:

> **Brisa** – [...] logo em seguida à separação... mudou minha estrutura... Eu me vejo de uma forma diferente! Porque antes... eu me sentia uma pessoa mais forte!... E... hoje... eu me acho uma pessoa mais frágil... uma coisa que mexe muito comigo... E... é uma coisa que eu tenho questionado... Eu não era uma pessoa depressiva... Muito pelo contrário!!... E hoje eu sou!... Qualquer coisa eu fico triste... fico depressiva!!!

> **Clara** – Acho que a gente cria estratégias para lidar com a solidão! [...] Agora... eu acho que é uma solidão... a solidão existencial! Eu não consigo localizar em alguém! Eu acho que é da condição! Da condição de você ser sozinho!!!

De modo surpreendente, em pleno século XXI, ser ex-esposa é ainda ocupar um lugar de preconceito social:

> **D** – Essa forma de ver... eu sou sempre a errada!... a responsável!... você também viveu isso nesse lugar de ex-esposa?

> **Cristal** – Assim que terminou a relação... sim!!! [...] a sensação que eu tive... a leitura que eu fiz... é como se existisse uma **cartilha... para as pessoas funcionarem e darem certo!** E de repente... eu tivesse pulado alguma página... e isso fez tudo desmoronar!

E Flora reafirmou a presença do preconceito social:

> **Flora** – Pensava que as pessoas da sociedade iam me criticar... família muito tradicional... não aceitava a separação!! Minha própria **mãe dizia que mulher separada... era mulher prostituída... na sociedade!!** Então... tudo isso dificultou!! E isso... me tornava muito insegura! [...] **eu tinha medo do julgamento das pessoas...** eu dizia: "Eu vou sair... vou dizer não... eu não quero mais!... Ou porque não o amo... ou porque ele me agride... mas o que vão pensar de mim? O que a sociedade vai dizer?" Eu tinha muito medo... de ser tachada... como quem não agüenta mais... como uma mulher... que não deu outra chance... apesar de eu ter dado milhões de chances!

Ser ex-esposa na contemporaneidade primeiro revelou-se como o negativo da ordem, ou seja, o avesso da esposa.

Como negativo da ordem, de um lado, ocorre uma "inclusão precária, instável, marginal" (MARTINS, 1997, p. 26). Portanto, deve ser rejeitada, pois ocupa um lugar que *não lhe foi dado por si mesma*. Mel revelou, em sua narrativa, a presença da inclusão precária:

> **Mel** – Infelizmente hoje... **existe ainda o preconceito!** [...] teve uma festa no meu prédio! [...] Aí foi eu... minha mãe... meu filho e a babá! Aí eu olhava para as mesas... todo mundo casado! O marido... a esposa... os filhos comendo com os pais na mesa... E... há um preconceito! Não chegaram para mim para perguntar: "olha... cadê o marido?" Mas na hora... é com o olhar que passa!! [...] Passa preconceito! Principalmente depois que eu falei... Ave Maria!... eu vou para a boate ainda hoje! Aí pronto! Foi que todo mundo quase me matava! Enfim... é o preconceito!! Existe! A gente está em pleno século XXI... mas... de achar que você... por não ser casada... você é livre! Você está com um... com outro... não é bem assim!!

Por outro lado, vive-se uma invisibilidade pública (COSTA, 2004), ou seja, um desaparecimento psicossocial, pois ocupa um lugar daquela que *ainda não é*: lugar que é um **não-lugar**. Na narrativa de Clara, a presença explícita de uma "cegueira psicossocial" – a invisibilidade pública:

> **Clara – Eu estava visivelmente insatisfeita!** E percebendo que eu comecei a me interessar por outras pessoas... E também... aquela coisa culpada da mulher manter outro tipo de relação! Então... eu não conseguia! Eu preferi romper... para poder viver o que eu estava sentindo... que não era o que eu estava sentindo pelo primeiro ex-marido... A gente terminou de forma difícil... Foi muito complicado... foi muito conturbado... **Ninguém entendia nada... Porque as pessoas achavam que eu não estava persistindo... que eu devia continuar... que era só uma crise... que desse jeito... eu não iria levar nada por muito tempo...** A família... pai, mãe, tios, padrinhos... o grupo todo... todo mundo muito envolvido com aquilo... E apesar disso... eu sabia que aquelas coisas que eles me diziam... pesavam muito... Eu me enchia de culpa!

Nesse cenário, a ex-esposa encontra-se des(instalada), "fora de casa". Em sendo assim, não consegue: sentir-se em si mesma, sentir-se como si mesma, sentir-se em casa. Instala-se uma busca por um etos – morada. Isto é, habitar no modo de ser, tanto ser en-raizamento quanto ser em navegação. Brisa revelou esse ser des(instalado):

Brisa – Ser ex-esposa foi uma mudança de vida!! Mudança completa... [...] **não tenho total liberdade...** de fazer as coisas que eu gosto... porque querendo ou não... eu moro na casa dos meus pais... moro com mais dois irmãos... Então não tenho um quarto só para mim... Apesar de que... quando eu estava casada... você dividia... mas... é diferente de você ser casada... você ter a sua casa... você poder coordenar... lógico... junto com o outro... mas você coordenar! E lá... na casa dos meus pais... eu não tenho... E... como eu disse... juntou outras coisas que eu perdi... não estar na área de Psicologia... financeiramente isso pesa! Então... isso é o que envolve... o que eu estou passando hoje...

Além disso, ser ex-esposa na contemporaneidade pode, também, ser visto como a descontinuidade da ordem, ou seja, acolher-se projetada no/para o avesso do avesso. Por essa via a ex-esposa, ao ver-se desinstalada das antigas referências – ser-dessa-casa, poderá apropriar de si mesma como estrangeira para si mesma – não-ter-casa-ainda. Isso implica uma aprendizagem mestiça (SERRES, 1993) – ser uma mesma outra.

Desse modo, ser-em-dimensão-mestiça é ver-se tatuada. Ser ex, agora, é presentificar-se existencialmente no trânsito do vivido: um lugar mestiço entre o passado e o futuro. Flora mostrou como é encontrar-se nesse lugar mestiço:

Flora – Esse tecido aqui... grosso... cheio de nós! E isso era meu casamento! Eu estava envolvida nesses nós [...] porque foi uma fase de vida muito ruim [...] nós... que eu achava... que não ia conseguir desatar nunca! Aí passei para cá... coloquei um tecido mais áspero... ainda interligado a ele... que é a relação de meus filhos ainda... ligada a essa relação! E eu aqui! Um pouquinho ligada aos meninos... mas não a ele mais...

D – Isso é o que é estar de fora... que você diz?
Flora – É o estar de fora!... o pano mole... me sentindo livre! Uma coisa forte! É como eu dizia sempre... que eu via as coisas... igual a quando você vê uma televisão em preto-e-branco... e depois você passa a ver uma televisão colorida!!

Ao olhar a experiência de ser ex-esposa como um estar em situação de trânsito, com inúmeras possibilidades de vir-a-ser, já não podemos mais reconhecê-la como um papel social, cristalizada em uma representação social.

Na teoria dos papéis de Moreno (1978), a noção de complementariedade é fundamental para a existência de um papel social. Surpreendentemente, nesta pesquisa não apareceu a delimitação de um papel complementar para a ex-esposa. Quando a interação se dá na relação ex-esposa/ex-esposo, essa mulher continua presa ao papel social de esposa: não-posto, ainda, sob-rasura. Mel expressou em sua fala, ao comentar sobre sua imagem com tecidos:

Mel – o incômodo... que eu falei tanto!! É justamente... aquilo preto... [...] eu não escolhi uma peça branca... mais clara... porque também ainda estou ligada! Peguei o roxo... porque existe esta ligação! É isso que justamente... gera esse incômodo! É essa minha ligação com ele! Que a gente tem que ter... por conta do nosso filho! E eu coloquei o pano dele dobrado... porque... ele não cresceu! Enquanto eu buscava a minha melhora em todos os sentidos... **ele não cresce!! Até hoje continua do mesmo jeito!** E no meu caso... eu coloquei um pouco mais alto... porque é o meu crescimento! Eu sou essa! Embora não esteja mais clara por conta desse meu incômodo! Meu incômodo está no fato.... de eu estar ligada ali com o preto! **No vínculo que ainda existe!** E... o pano está mais alto... porque eu consegui superar muita coisa na minha vida!! Eu cresci profissionalmente... conquistei muitas coisas... e o que... me fez separar dele... não foi o vínculo... o sentimento... e sim... o fato dele não crescer... que me incomodava muito!! [....] por isso que coloquei eu mais alto... e ele mais baixo!

Entretanto, quando a interação se dá em um outro lugar, ela (a ex-esposa) passa a jogar com esse outro, outros papéis sociais, como de amante, amiga, inimiga etc. Clara narrou essa mudança, ao comentar sua imagem com tecidos, do segundo casamento:

Clara – Esse envolvimento... é a necessidade que eu tenho de me sentir... dessa amizade com ele! [...] Eu quero ele na minha vida... mas eu não quero ser casada com ele! **Eu quero a amizade!** Eu digo a ele sempre! Eu gosto da figura humana dele! Eu gosto de quem é João! João assim... a atitude dele! Eu gosto de coisas dele! Agora para conviver comigo não! Eu não admiro! Eu não consigo admirar!

Já quando a interação se dá colocando os filhos como o elo que complementa esse "suposto" papel de ex-esposa há uma inadequação, e um sofrimento na relação mãe/filho. Vejamos o que Mel nos relatou:

>**Mel** – Ele tem pavor de ir lá em casa... para pegar meu filho para sair! Eu que tenho que ir... deixar o menino na casa da minha mãe... Ele vai lá... pega! Parece uma mercadoria! [...] quando foi sábado... ele disse: "Eu vou pegar".... e mandou chamar a babá... querendo enrolar meu filho! Aí eu disse: **"Olha!... Sobe para falar comigo!... Seu filho tem mãe!"** Ele disse: "Olha!... se for para subir... se for para pegar ele aí... eu não vou não!" Aí... o menino junto de mim... todo prontinho... que ele adora o pai! "Quer dizer que você não vai sair com ele hoje?" "Não!... vou não. Se for para pegar ele aí... eu não vou não!" Quer dizer... a minha fantasia... a cabeça do menino... não é? Então... **comecei a ficar com ódio!** Bati o telefone na cara dele! Desliguei...

Mas, quais as repercussões de toda essa caminhada na clínica psicológica? É sabido que o teatro foi um inspirador para o Projeto Socionômico de Moreno (1889-1974). Porém, diferentemente do teatro tradicional, Moreno criou com o teatro espontâneo, o psicodrama e o sociodrama, o teatro do **não-pronto** (REÑONES, 2004). Entretanto, o nascimento de uma forma estética de narrar a **experiência em dimensão humana** foi no teatro tradicional, com a tragédia grega.

A experiência foi vista, nesta pesquisa, no sentido de abertura/transitar por aquilo que acontece na ação de projetar-se. Essa ação, segundo Loraux (1992), busca desvelar a condição humana, que se mostra como o patos[9] em ação. A clínica pode ser, então, compreendida como uma ação de inclinar-se ao trágico da condição humana.

Nesse sentido, a oficina sociopsicodramática surgiu como uma possibilidade de que a existência humana fosse enunciada em sua singularidade e universalidade pela ação dramática, revelando o patos como nervura do sentir *do ser*, por meio do **papel** jogado no palco sociopsicodramático. Papel para Moreno (1978, p. 27) é a "forma de funciona-

mento que o indivíduo assume no momento específico em que reage a uma situação específica, na qual outras pessoas ou objetos estão envolvidos", ou seja, é como cada **um-com-os-outros** se mostra nas suas relações.

Entretanto, olhando o papel no palco terapêutico, como um dizer da condição humana, apontamos para uma outra possibilidade de sentido: o jogo de papéis, no modo de intervenção pelo psicodrama ou pelo sociodrama, possibilita que o próprio acontecer da cena dramática já se realize como uma ação clínica, tanto para o protagonista quanto para o público, sem necessidade de intervenção direta do diretor. Flora retratou essa possibilidade:

>**Flora** – Na hora que a gente retrata as coisas... que a gente fala determinadas coisas... é como se eu estivesse falando para você mesmo!! [...] não é falando para o grupo... é falando para você! [...] até você se assusta... com as coisas que você está dizendo!!! [...] Assim... de ter me sentido totalmente fora dessa relação... e conseguir me ver fora desse processo todo...

Desse modo, o teatro terapêutico apresenta-se como uma ação clínica ocorrendo no próprio acontecer de uma ação encenada por/como papel, uma intervenção de cuidado daqueles que padecem no cotidiano descuidado, um agir clínico que solicita sensibilidade à disposição afetiva. Estou falando da presença da intersubjetividade numa ação clínica. Ao final da pesquisa, vimos-vendo o sociopsicodrama como uma modalidade de intervenção/investigação clínica que visa não à busca de resultado, treinamento ou aplicação de técnicas, mas a um sociopsicodrama da experiência. Por isso, através dele, pode-se fazer uma possível leitura para a experiência de ser ex-esposa, a saber, a vivência da ambigüidade que se mostra entre a busca pela estabilidade e o ser pro-jeto, revelando o ser em trânsito como possibilidade de vir a ser a mesma outra. Ao fechar das cortinas, surgiu a possibilidade de recriar a questão, pois "A verdadeira passagem ocorre no meio" (SERRES, 1993, p. 12). Assim, apareceu uma outra tonalidade de ressonância e problematização: **Como a escuta clínica cuida do ser-em-trânsito do ser-sofrente?**

E quem falou que tem um final? Apenas agora há um lugar de onde se pode falar sobre a experiência de ser ex-esposa. Mas, uma *mesma* outra questão continua reverberando.

---

[9]O que se sofre (LORAUX, 1992).

REFERÊNCIAS BIBLIOGRÁFICAS

ALVES, LFR. O protagonista e o tema protagônico. In: ALMEIDA, WC (org.). **Grupos: a proposta do psicodrama**. São Paulo: Ágora, 1999, p. 89-100.

BENJAMIN, W. **Magia e técnica, arte e política**. São Paulo: Brasiliense, 1985.

COSTA, FB. **Homens invisíveis: relatos de uma humilhação social**. São Paulo: Globo, 2004.

HEIDEGGER, M. **Ser e tempo**. 12ª ed. Petrópolis: Vozes, 2002.

JORDÃO, MP. Oficinas em Aconselhamento: um processo em andamento. In: MORATO, HTP (org.). **Aconselhamento psicológico centrado na pessoa: novos desafios**. São Paulo: Casa do Psicólogo, 1999. p. 331-334.

LORAUX, N. A Tragédia grega. In: NOVAES, A (org.). **Ética**. São Paulo: Companhia das Letras – Secretaria Municipal de Cultura, 1992. p. 17-34.

MARTINS, JS. **Exclusão social e a nova desigualdade**. São Paulo: Paulus, 1997.

MORENO, JL. **Psicodrama**. 2ª ed. São Paulo: Cultrix, 1978.

_____. **Quem sobreviverá? Fundamentos da sociometria, psicoterapia de grupo e sociodrama**. Goiânia: Dimensão Editora, 1992. v. 1.

REÑONES, AV. **O imaginário grupal: mitos, violência e saber no teatro de criação**. São Paulo: Ágora, 2004.

SERRES, M. **Filosofia mestiça: le tiers – instruit**. Rio de Janeiro: Nova Fronteira, 1993.

QUESTÕES COMENTADAS

1) O que leva esta pesquisa a ser vista como uma pesquisa clínica, numa perspectiva fenomenológica existencial?

R: Começamos dizendo que as inquietações surgiram, desde o início desta pesquisa, a partir de uma experiência pessoal, profissional, social. Percorrendo a dissertação, é possível perceber, claramente, que iniciamos pela narrativa da experiência da própria pesquisadora, pois não é possível pesquisar a experiência sem se ver/sentir implicada nela; depois transitamos, a partir de questionamentos clínicos que começaram a aparecer, um caminho em busca de uma bibliografia, que, em sua ausência, não foi vista como obstáculo, mas como possibilidade de tecer sentido diante do inédito do existir, expressando o ser-criador/a.

Assim, na caminhada de seguir a questão desta pesquisa, deparamo-nos com temas transversais, os quais sinalizavam ser possível integrá-los nessa andança, pois falavam sobre configurações familiares atuais: olhar para o "lócus" de nascedouro da mulher ex-esposa. O fenômeno subjetivo da experiência de ser ex-esposa entrecruzava-se, assim, com o contexto sócio-histórico. Apareceu, então, a possibilidade de realizar uma pesquisa clínica sobre o revelar da dimensão existencial de ser ex-esposa, pelo âmbito cultural, e sua ressonância na Psicologia clínica, com destaque para uma ação psicológica.

Mas, ainda não era possível parar por aí. Foi num encontro com a teoria dos papéis, a condição humana e a ação clínica que olhamos a clínica como atitude, um inclinar-se ao outro/a. A partir de então, lançamos um olhar para o cuidado na ação clínica psicológica para a ex-esposa. Agora poderíamos estar-com as sujeitos/narradoras da pesquisa: um encontro entre orientadora-pesquisadora-sujeitos/narradoras, no qual estávamos abertas para permanecer diante do fenômeno da experiência de ser ex-esposa, bem como atender ao seu apelo, deixando-nos ser levadas pelas incertezas da questão. Só assim foi possível construirmos um sentido de toda aquela história.

Numa perspectiva fenomenológica existencial, transitamos por diversos contextos – experiencial, intelectual, social, cultural – em que a questão "como a mulher contemporânea experiencia ser ex-esposa?" nos guiava. Como pesquisa clínica, nossa atitude de inclinação ao outro colocava-nos no terreno do cuidado.

2) Como se deu a escolha por realizar uma pesquisa com a narrativa em cena?

R: Ao escolhermos construir uma pesquisa com a experiência em foco, compreendemos que as fontes mais apropriadas para falar de experiência eram os depoimentos das próprias sujeitos/narradoras. Desse modo, fomos buscar esse olhar em Walter Benjamin.

Como abraçamos o desafio de utilizarmos a oficina sociopsicodramática como modalidade de intervenção/investigação clínica, a experiência de ser ex-esposa foi a-colhida por meio de histórias contadas dramaticamente e oralmente. Aqui percebemos que integramos a dimensão humana da ação-fala.

Foi por essa articulação que encontramos abertura para transitarmos pela experiência de ser ex-esposa, pois desse ponto de vista pesquisar não é "coleta de informações", mas o narrar de uma história vivida.

3) O que nos levou a a-colher as experiências das sujeitos/narradoras através do sociopsicodrama?

R: Novamente vamos retornar às nossas histórias. Essa modalidade faz parte do cotidiano pessoal e profissional da pesquisadora. A orientadora da pesquisa já tinha transitado pelo psicodrama. Entretanto, como é a questão que nos guia como pesquisadora e orientadora, aceitamos juntas esse desafio de, nessa caminhada, nos encontrarmos como parceiras para criar um modo de a-colher as experiências das sujeitos/narradoras, ressignificando, inclusive, as nossas próprias experiências com o psicodrama. Integramos a narrativa tão conhecida pela orientadora e o sociopsicodrama, tão próximo da pesquisadora.

Desse modo, na metodologia, o grupo foi o nosso foco, pois falar de um trabalho sociopsicodramático já pressupõe a presença do grupo. Mas foi, também, levar em consideração, de um lado, que o fator aglutinador das sujeitos/narradoras ocorreu pelo fato de que todas vivenciavam a experiência de ser ex-esposas, podendo ser então um sociodrama, e, por outro lado, as variadas situações dessa experiência apontavam, também, para considerar-se como psicodrama.

4) Nessa nova reconstrução, como ocorreu a utilização dos recursos sociopsicodramáticos?

R: Foram as técnicas. Gostamos do nome re-curso, pois é pôr em curso o fenômeno vivenciado, criando a possibilidade da expressão de um sentido – experiência.

As técnicas foram usadas não como instrumentos, mas no sentido de *techné* (HEIDEGGER, 2002), isto é, um modo de expressão da experiência de ser ex-esposa, para a criação de sentido. Por isso, é bom ressaltarmos que as técnicas que foram utilizadas durante a oficina não foram vistas como instrumentos, mas sim como um modo de expressão; elas acontecem não como um fim, mas como um recurso disponível para expressão do vivido. Podemos, então, dizer que eram os movimentos expressados pelas sujeitos/narradoras que conduziam a presentificação da técnica. Todas as técnicas (a da máscara, a do espelho, a da construção de imagens, a da expressão corporal, a do solilóquio), a que recorremos durante a oficina sociodramática estiveram à mão para dizer de uma experiência.

5) Como se deu a revelação do fenômeno da experiência de ser ex-esposa?

R: A narrativa dramática apareceu como uma possibilidade de releitura da experiência de ser ex-esposa. O palco sociopsicodramático mostrou-se como um contexto de abertura para a mostração do tema protagônico (a revelação do fenômeno).

Foi vivendo as narrativas dramáticas e faladas que as sujeitos/narradoras se encontraram com o fenômeno da experiência de ser ex-esposas, tal como se apresentava para aquele grupo: "a busca de ser si mesmo".

Desse modo, o teatro terapêutico mostrou-se como uma ação clínica ocorrendo no próprio acontecer de uma ação encenada por/como papel. Portanto, um sociopsicodrama da experiência, bem distinto de busca de resultado, treinamento ou aplicação de técnicas.

CAPÍTULO XXVII

GESTALT-TERAPIA:
QUESTÕES EM ABERTO

Patrícia Wallerstein Gomes · Marígia Ana de Moura Aguiar*

[...] Contudo, mais de quarenta anos após seu *debut*, a Gestalt-terapia ainda perambula pelas estradas laterais da Psicologia e da psicoterapia contemporâneas. Quase todo mundo escutou falar, mas poucas pessoas têm alguma noção do que realmente é, mesmo nos grupos profissionais onde se ensina e pratica a psicoterapia. Muitos fatores, institucionais e culturais, podem estar implicados no ato de impedir a Gestalt-terapia, a despeito de sua promessa original, de tomar um lugar mais significativo na evolução da psicoterapia. Mas não se pode negar que, quase desde o início, a Gestalt-terapia foi conivente com o enfraquecimento da sua própria voz entre o número crescente de terapias contemporâneas que clamam, tanto pela atenção profissional, quanto pública... (FROMM & MILLER apud PERLS, HEFFERLINE & GOODMAN, 1997, p. 17)

APRESENTANDO A QUESTÃO[1]

O fato de a Gestalt-terapia ser considerada uma abordagem de psicoterapia inconsistente, frágil e sem referencial teórico sólido tem sido motivo de preocupação nossa há um longo tempo. Tal visão acerca da Gestalt leva, inevitavelmente, a questionamentos sobre sua seriedade, e, por ser percebida apenas como um conjunto de técnicas,

há uma concepção equivocada de que, assim, é mais fácil de ser exercida.

Durante nosso percurso como Gestalt-terapeuta e professora de Gestalt-terapia, já se configuraram vários movimentos, desde tentar provar que a abordagem de referência adotada tem suporte teórico consistente até ignorar as críticas e "tocar a prática profissional em frente". A princípio a intenção era organizar e sistematizar teoricamente a Gestalt-terapia, demonstrando sua consistência. Sem perceber, o critério de ciência utilizado era o desprezado por esta abordagem e pela própria Psicologia na atualidade, ou seja, a necessidade de comprovação de cientificidade, via dicotomia teoria × prática, fonte fértil para discussão sobre o que seria considerado científico no campo dessa ciência.

Uma abordagem de psicoterapia não pode prescindir do intelectual nem do vivencial, pois não há nem pode haver tal distinção no humano. Isso parece óbvio. Entretanto, essa constatação não é suficiente para livrar a Gestalt-terapia de **mal-ditos**[2] que cercam sua consistência teórica, inclusive pela constatação de que "a forma teórica é a que domina todas as demais na cultura ocidental moderna", conforme atesta Figueiredo (1996, p. 1).

É importante, entretanto, considerar que "a teoria é útil quando recua para a posição de fundo" (Ibid, p. 91), uma vez que, ao ser somada à prática, confunde-se

---

* Orientadora da pesquisa.
[1]Texto revisado e condensado baseado na Dissertação de Mestrado de mesmo título, defendida em 2001 na Universidade Católica de Pernambuco.

[2]O recurso de separar as palavras por hífen objetiva chamar a atenção para a sua relevância no texto (e no contexto). As em negrito, pelo mesmo motivo.

perante nosso objeto de estudo, o homem. Evidentemente a "razão" de que trata a Psicologia não é apenas a mera intelectualização. Trata-se de uma razão organísmica que permeia, e não apenas permite a tarefa pensante, embora também o faça. Porém, a forma limitada e limitante de compreensão do mundo, aliada à necessidade de ordenar as coisas, acabou por fazer o homem desprezar o conhecimento que, por advir da experiência pessoal, é origem, destino e contexto de significação de toda teoria. Sabe-se que a razão e a emoção andam juntas, e cobra-se das abordagens psicológicas que assim as compreendam.

Entretanto, a Gestalt-terapia não expressou com clareza o que considera ciência, nem se ocupou em traduzir-se, e, apesar de considerar fundamental a articulação ciência-arte (ou teoria-prática), também não esclarece tal compreensão, que pode ser exposta pela idéia de que a arte é uma das inúmeras formas possíveis de compreensão e reflexão da vida, expressando a parte-todo que nos constitui e nos faz conhecer.

Uma das questões não-esclarecidas (aqui denominadas, propositalmente, **mal-ditos)** mais freqüentes da Gestalt-terapia, a falta de teorização, pode ser compreendida pela sua própria história. Como abordagem psicoterapêutica, teve início na década de 40, tendo sido criada, inicialmente, por Fritz e Laura Perls, psicanalistas alemães. Entretanto, sua divulgação e sedimentação nos Estados Unidos ocorreram numa época de efervescência social e cultural, em que movimentos como o dos *hippies* e de contracultura lutavam pelo resgate da liberdade humana, ameaçada pelas guerras mundiais e pelos conflitos entre religiões e raças. Dessa forma, mais que aceita, essa abordagem teve um lugar de destaque, em função da preocupação e do cuidado com valores humanos esmagados pelos graves conflitos existentes, além do fato de que, como forma pragmática de psicoterapia, "buscava (...) fazer o necessário e importante para o 'funcionamento' da sociedade que não podia parar de produzir, vender e consumir para garantir sua hegemonia" (MORATO, 1999, p. 67).

Provavelmente, se seu desenvolvimento tivesse ocorrido na Europa, o percurso tivesse sido outro, uma vez que, apesar de a prática terapêutica surgir para atender à demanda social, havia um zelo maior em se refletir, ao invés de apenas pôr em prática formas mais "eficazes" de psicoterapia.

O cenário atual brasileiro já reconhece que, para além da necessidade de curar nossos sofrimentos, é necessário compreendê-los e aos seus motivos, aplacar suas causas, inserindo-os em seus contextos. Não é apenas o resultado que parece importante, mas o percurso que leve até ele.

Com esse respaldo, profissionais da Gestalt-terapia pensam **e** praticam essa abordagem apontando a possibilidade de multiplicar os olhares, considerando teoria **e** prática.

Existe a semente de compreensão de que teorizar é apenas escolher uma das formas de expressar a experiência, sem desconsiderar que, ao fazê-lo, recorta-se esta última, caindo-se na imperfeição. Também já se sabe que se vive **a** e **na** teoria e que esta permeia e modifica a experiência, ou melhor, o homem é sua rede de significações, sendo, este e o mundo, imbricados. Não há uma **relação** teoria-vida, mas uma **constituição** mútua. O que é experienciado precisa ser articulado com um campo de sentidos. E mais: para certas experiências, que não encontram lugar no nosso mundo de sentidos, faz-se necessário que se reconheçam outros sentidos estranhos até então, que acolham a nova experiência. Mas, como semente, a integração germina em uns terrenos, não vingando em outros. Portanto, há tanto quanto o chamamento à integração quanto a supervalorização do racional.

Na busca da forma de pensar o ser "como um todo", reflete-se, obrigatoriamente, que a existência é anterior a qualquer forma de reflexão e que nenhuma teoria dá conta do que seja a experiência. A vida é sempre mais, mas o ato de compreender – quando vivo – amplia a vida.

Paixão e pensamento, emoção e razão, corpo e mente, desde há muito se evitaram. Os primeiros, menos rígidos, transitavam nos campos vastos da arte, enquanto os últimos, bem mais sensatos, alojavam-se nas salas organizadas da ciência. Era tenso o corredor que os interligava, e essa tensão garantiria o equilíbrio vital, caso possibilitasse a visitação mútua e facilitasse a percepção do paradoxo: essas formas de aparência oposta, sendo múltiplas, são igualmente unas, tal qual o movimento da vida. O que ocorreu, porém, foi um isolamento, uma separação improdutiva.

As relações entre teoria (conhecimento representacional) e prática (conhecimento tácito ou experiencial):

> Podem ser concebidas, aproximadamente, como relações entre figura e fundo. Embora o fundo esteja fora de foco e possa passar em grande parte despercebido – é como se não fosse visível – sabemos que é esta apreensão não temática do fundo que garante as possibilidades de formação e significação das figuras. (FIGUEIREDO, 1996, p. 8)

Uma figura só é bem percebida se contextualizada ao fundo, até porque é lá que se irá procurá-la. Essa constatação faz lembrar o desperdício existente no ato de "levantar bandeiras" de movimentos que se considerem isolados ou capazes de dar conta da vida, sozinhos. Dessa feita, não cabe mais apoiar ciência **ou** arte, razão **ou** emoção, mente **ou** corpo.

Lamentavelmente, essa ação absurda é ainda praticada, apontando como uma das razões para tal a necessidade de aprisionamentos a portos seguros, pelo temor da própria dissolução, quando não é possível suportar a insegurança e indefinição da vida. A tirania da razão com o intuito de dominar os impulsos – aparentemente contraditórios – de vida e de morte aparece como possível salvadora. Nessa ilusão convincente de segurança, a teoria perde a prática de vista e, deixando de enervá-la, provoca sua necrose. A prática vai na contramão, atropelando a teoria. Criam-se verdadeiros times, defensores leais de um dos lados. Uns pensam, criticam, teorizam, esclarecem. Outros vivem, experienciam, transcendem, libertam-se. A teoria parece a responsável pelo pensar e pelo refletir, enquanto a prática ocupa-se do agir, do fazer, do experienciar.

É nítido o movimento atual de diálogo entre as diferentes formas de conhecimento da cultura ocidental. Entretanto, por vezes, ainda existe uma forma de comportar-se como se ainda se estivesse na época em que viveram Fritz e Laura Perls, período em que **ou** se pensava **ou** se vivia, tanto por questões de valores pessoais quanto por apelos sociais.

Refletir a tensão necessária entre a teoria e a prática é questão complexa e delicada, requerendo ainda mais cuidado quando se trata de uma ciência única, mas com múltiplas facetas, como é o caso da Psicologia. Há que se compreender a unidade múltipla e diversa da proposta, visto que a tentativa de unificação eclética, além de impossível, seria fatal, caso ocorresse.

> A comunidade psicológica a rigor não existe: não há entre aqueles que dizem fazer Psicologia (teórica ou prática) a unanimidade de objetivos e critérios que permita essa forma de redução da diversidade. Penso que, ao invés da unificação e da fragmentação, cumpre assumir a unidade contraditória do projeto. (FIGUEIREDO, 1991, p. 204)

Figueiredo (1991) organiza o pensamento psicológico em matrizes, situando a Gestalt-terapia no campo das vitalistas e naturistas, subconjunto das românticas e pós-

românticas. Assim, ele esclarece o troca-troca que ocorreu entre as diversas Psicologias:

> Tudo o que fora excluído pelas matrizes cientificistas é recolhido pelo conjunto de atitudes e perspectivas intelectuais que estou denominando de vitalismo naturista: o qualitativo, o indeterminado, o criativo, o espiritual etc. Trocam-se os sinais, mas permanece a divisão entre razão e vida. Os vitalistas tomam partido: são a favor da vida e contra a razão. (FIGUEIREDO, 1991, p. 32)

Ao se admitir que uma área de conhecimento seja definida pelos critérios que adota, isto é, pelo que considera ou despreza, surpreendo-me ao perceber que esta vai além, *descartando* os não-interesses. Tal constatação é muito bem explicitada por Perls, quando define a Gestalt-terapia como a psicoterapia do óbvio.

Certamente o óbvio a que Fritz se refere é aquele aludido pelo pensamento fenomenológico, que sugere que o que aparece (o óbvio, o superficial) contém o todo (que pode ser contido), incluindo o que de mais profundo pode existir, o que maior importância deve ter, a "figura" (sem desconsiderar a relação desta com o fundo e sem esquecer que nada contém o todo). Tirado tal contexto, entretanto, fica-se com a definição do senso comum que tem o óbvio (ou superficial) como o sem importância, o desprezível, o fútil. Por desprezar o conhecimento racional e tradicional, para Fritz, portanto, é irrelevante ser ou não compreendido.

Ainda ao referir-se à Gestalt-terapia como "terapia do óbvio", Fritz expõe sua coragem e ousadia, aliadas à não-preocupação com os mal-entendidos (os **mal-ditos**) que aqui possa provocar. E vai além, quando se coloca como redescobridor e não criador dessa abordagem. Karwowski (2005) retrata muito bem tal postura de Perls, quando afirma:

> Nunca é demais lembrar o pensamento de Perls ao dizer que não é o inventor da Gestalt-terapia, uma vez que essa é tão velha quanto o próprio mundo. Aparentemente simples, essa admissão não retira os méritos de criação dos ombros de um dos pensadores mais originais e geniais da Gestalt para colocá-la como um processo que foi simplesmente identificado e nomeado pelo humano. Gestalt não é meramente uma teoria ou conceito, é a descrição de um processo da natureza. (p. 63)

Nessa afirmação, Fritz acredita e defende que a visão integradora da unidade organismo-meio da Gestalt-terapia é tão arcaica quanto o mundo ou a vida, e que a dicotomia é inútil e equivocada. Porém, não consegue sair da dicotomia, possivelmente por questões de ordem pessoal no tocante à figura de Freud, que o levam a contestar a Psicanálise, ignorando a necessidade de respaldar sua crítica ou apenas de considerar que conhecimentos outros coexistem e precisam coexistir, naturalmente. Sem perceber, se contradizia quanto à sua noção de unidade.

É importante ressaltar que Fritz, enquanto psicanalista, sentia-se revendo e contribuindo para a teoria e o método de Freud, tendo, inclusive, escrito um trabalho intitulado "Resistências orais". Esse manuscrito, aperfeiçoado, transformou-se no seu primeiro livro, *Ego, fome e agressão*. A primeira edição, publicada na África do Sul, em 1942, traz como subtítulo: "Uma revisão da teoria e do método de Freud". Em 1947, é publicado em Londres (onde as idéias de Freud não constituíam uma hegemonia) e, imaginamos que por esse motivo, manteve esse subtítulo.

Já em 1969, quando o livro é publicado nos EUA, local que urgia por rupturas dos modelos vigentes, o subtítulo é substituído por "o início da Gestalt-terapia" (PERLS, 2002). Tardiamente publicado na língua portuguesa, apenas em 2002, *Ego, fome e agressão* volta a trazer como subtítulo: "Uma revisão da teoria e do método de Freud", possivelmente porque "a cultura contemporânea tece a trama da pluralidade e da interdisciplinaridade, produzindo a experiência do desmoronamento dos saberes isolados e supostamente auto-suficientes" (PERLS, 2002, p. 15). Dessa feita, percebemos o rompimento de Perls com a psicanálise como um grande caminho percorrido, devido à rejeição de Freud e seus seguidores às idéias revolucionárias de Fritz, sendo o livro referido apenas um marco. "O alcance do rompimento com os freudianos foi percebido quando entregou a Maria Bonaparte, amiga e discípula de Freud, o manuscrito dessa obra" (LOFFREDO, 1994, p. 29).

Perls comenta que ela lhe teria sugerido renunciar ao título de psicanalista, uma vez que não acreditava mais na teoria da libido. Fritz criticou a psicanálise, expondo que uma abordagem científica não poderia ser baseada numa "profissão de fé". Mais uma vez, o que o movia era a separação entre a emoção (fé) e a razão (ciência).

Assumindo não ser mais psicanalista, e partindo para a construção, e muito mais para a *divulgação* da sua nova abordagem, ele escreve, juntamente com Paul Goodman e Ralph Hefferline, um texto despreocupado, intitulado simplesmente "Gestalt-terapia", apresentando a teoria. A sua ordem mor era "perca a cabeça e retome os sentidos",

algo que sugere uma provocação ao estilo racional de Freud e dos demais psicanalistas da época. Novamente, à busca de integração, acaba por reforçar a distinção.

A falta de preocupação com a articulação teoria-prática, por parte de Fritz Perls, chegou às raias do descaso para com a psicoterapia por ele proposta, inclusive delegando tarefas a outros profissionais, entre os quais Paul Goodman, intelectual bastante preocupado e competente no que diz respeito à prática pedagógica, mas sem experiência no campo da psicoterapia. De acordo com Loffredo (1994, p. 34):

> Para publicar seu manuscrito que necessitava ser modificado para um inglês mais legível, Perls recorreu a Goodman e pagou-lhe uma quantia para realizar o trabalho. Goodman teria percebido a falta de uma teoria coerente no manuscrito e teve permissão de Perls para articulá-la. Isto se transformou na segunda parte do livro.

O livro referido, *Gestalt-terapia*, foi considerado a "bíblia" dessa abordagem psicoterapêutica, sendo originalmente dividido em duas partes: a primeira, teórica e explicativa, e a segunda, experiencial e experimental. Quando de sua publicação, por razões comerciais, as partes foram invertidas, sendo a parte experimental apresentada como o carro-chefe do livro, por tratar-se de um manual do tipo "faça você mesmo", bastante aceito pela população americana da época, que clamava por respostas rápidas, eficazes e individualistas.

Fritz Perls acabou por considerar coerente a disposição dos capítulos do livro, uma vez que, segundo ele, para se compreender a teoria seria necessária uma "atitude gestaltista" e esta poderia ser conseguida facilmente com a ajuda do manual. Era-lhe difícil compreender a unidade do projeto; impossível, portanto, o projeto como unidade.

Por considerar que o foco da psicoterapia teria que ser a experienciação não-reflexiva, Perls descuidou da sua explicitação teórica, não deixando claro o que era essa "terapia não-teorizante". Melhor dizendo, a Gestalt-terapia é não-intelectualizante na sua prática, visto que o terapeuta não teoriza com o cliente sobre a vida deste, mas, sim, o auxilia a (re)encontrar o sentido. Porém, essa atitude não deve perpassar o consultório e chegar às salas de aula, sob o risco de, em isso ocorrendo, fragilizar a abordagem. Hoje, após longo caminho percorrido, a teoria é percebida como indiscutivelmente presente por saber-se não-possível um saber experiencial desarticulado de um campo de sentidos.

Persiste ainda, entretanto, a dificuldade em explicitar essa base, uma vez que é necessário reorganizar-se um saber, juntando as partes do que foi concebido separada e displicentemente.

Além da recusa em contestar Freud teoricamente (pois seu método era não-teórico), Perls, expulso da comunidade psicanalítica e refugiado do nazismo na África do Sul, torna-se ausente do cenário intelectual. Sugerindo razões para a escassez de material publicado por Perls sobre Gestalt-terapia, Fagan & Shepherd (1971, p. 10) expõem:

> O Doutor Perls, que com a assistência de sua esposa, Laura, é responsável pelo início e primeiros progressos da Gestalt-terapia, trabalhou, inicialmente, em relativo isolamento profissional, na África do Sul, e demonstrou pouco interesse em criar uma escola de terapia como tal. A Gestalt-terapia, com sua ênfase no aqui-e-agora, no imediatismo da experiência e na expressividade não-verbal, e sua evitação de perífrases ou abuso do computador mental, é propensa a corrigir as nossas tendências para a prolixidade e abstrações, mais do que a encorajar a manipulação de palavras necessárias à redação de livros. Assim, a maioria dos gestalt-terapeutas inclina-se mais a fazer do que a dizer.

Por conta desse "fazer sem dizer" e, principalmente, sem escrever, a Gestalt-terapia foi passada aos psicólogos e psicoterapeutas através da tradição de treinamentos práticos nos institutos de **adestramento**[3] e, tanto quanto ocorreu ao psicodiagnóstico (AUGRAS, 1981, p. 8):

> De modo por assim dizer artesanal, do mestre para o aprendiz, longe do quadro acadêmico. Desta maneira, corre-se o risco de perder de vista o referencial científico geral, valorizando a autoridade do mestre, esquecendo-se das revisões críticas. De um treinamento geralmente bem-intencionado, chega-se à transmissão ritualista de uma soma de receita.

Enfocando a influência fundamental de Perls, ressalta-se que a Gestalt-terapia só foi reconhecida como nova abordagem terapêutica em 1963, quando dos treinamentos

práticos dirigidos por ele no Esalen Institute, em Big Sur, na Califórnia. Com seu trabalho itinerante, Fritz divulga rapidamente essa abordagem, sem o cuidado com a importante tarefa de aprofundá-la e sistematizá-la. A co-fundadora da Gestalt-terapia, Laura Perls, mais preocupada com a questão metodológica e com a explicitação da teoria, classifica duas vertentes da abordagem:

> Há o intuitivo e o experiencial de um lado, o teórico de outro; há o estilo de Perls, e a preocupação em se apontar que a Gestalt-terapia não se restringe a ele; há o trabalho episódico e o trabalho de longa duração; e há tentativas de se sanar os mal-entendidos espalhados por aí. (LOFFREDO, 1994, p. 38)

Sua necessidade de teoria assumida junto com sua facilidade em estabelecer contatos genuínos aponta a integração contida na sua forma de abordar o humano. Compreendemos fundamental o papel de Laura Perls à formulação da Gestalt-terapia, e, a não ser pela extrema necessidade de Fritz de ser a "estrela maior" dessa abordagem, nada justifica o seu papel secundário no desenvolvimento da abordagem.

Muito já se refletiu desde os Perls, na direção da compreensão da Gestalt-terapia enquanto uma abordagem de psicoterapia que, como tal, possui uma visão de homem e mundo e, como conseqüência natural, um método de trabalho. Nessa linha, Loffredo (1994, p. 74) ainda enfatiza que:

> Nesta filosofia está a concepção de homem, das relações humanas e, dela oriunda, da relação terapeuta-cliente que fundamentam a Gestalt-terapia, propiciando uma estrutura de 'conjunto', formando uma Gestalt, pois um leque só é montado através do ponto comum que une os segmentos.

E continua:

> A Gestalt-terapia é uma modalidade de psicoterapia existencial, enquanto uma forma característica de reflexão sobre a existência humana. Tem em comum, com as outras de mesma linhagem, a concepção do homem como ser-no-mundo, como ser-em-relação, numa dialética na qual cria e é criado nesta relação, num vir-a-ser, que nunca se completa, um movimento contínuo alimentado por um conjunto de potencialidades, sempre em

---

[3]Adestramento era o termo utilizado, à época, nos Estados Unidos como sinônimo de treinamento.

aberto, que caracteriza o eterno projeto que é o existir humano. (LOFFREDO, 1994, p. 76)

A Gestalt-terapia já está sendo **dita**. Entretanto, **mal-ditos** ainda persistem, muitas vezes sobrepondo-se aos esforços por desfazê-los. Nossa intenção é refletir sobre a Gestalt-terapia a partir da posição de **herdeiras,** levantando questões nem sempre simples de serem respondidas, por vezes mesmo sem resposta. A ser **mal-dita**, quem a **mal-diz,** e sob que perspectiva lança sua crítica? Qual é exatamente a **mal-dição** a que estamos nos referindo? Ela sempre foi **mal-dita**? O que leva os profissionais a escolherem a Gestalt-terapia como abordagem de referência, sendo esta **mal-dita**? E quem a transmite, como lida com a **mal-dição**? Certamente tais questões não serão todas referidas neste trabalho, cujo papel pode ser o de estimular e ampliar a reflexão.

Apesar de árdua, a tarefa instiga e convida a um passeio, contando e ouvindo histórias, refletindo, procurando sentidos.

Compreendendo a Gestalt-terapia concebida por Fritz e Laura Perls, com suas nuanças, paradoxos e interpretações, buscamos resgatar sua criação, apontando sua importância como **pais**. Tal busca é referendada e constituída diante do contexto da época em que viveram e conceberam essa abordagem. Nesse percurso, embora aponte suas tendenciosidades, concebemos sua inevitabilidade, por serem oriundas das suas histórias pessoais.

Inserindo-nos como herdeiras dessa abordagem, refletindo o que qualificamos de **herança mal-dita,** buscamos compreender possíveis motivos para tal **mal-dição,** esperando contribuir na continuidade do seu processo de transmissão. Como **herdeiras** e transmissoras dessa abordagem, consideramos importante comentar que, ao repassar a Gestalt-terapia, especialmente no espaço acadêmico, assim o fazemos organizando esse conhecimento, realizando uma espécie de mapeamento, em que explicitamos tanto as influências quanto a origem e os constructos teóricos da Gestalt-terapia. É necessário, assim pensamos, organizar esta forma de pensamento facilitando sua transmissão.

Ao iniciar, o primeiro movimento que surge é o da explicitação. Explicitados a abrangência e o objetivo da tarefa pretendida, faz-se mister esclarecer os termos, no sentido de utilizá-los com propriedade, sabedoras dos riscos que a dubiedade contém em si.

A **precisão** aqui referida é a da definição, do resumo, da exatidão. Pontuando e delimitando nossos interesses, não se pode deixar, no entanto, de ter a clareza de que estes poderão suscitar polêmicas e discussões acerca da nossa argumentação. Não desconsideramos, entretanto, que são argumentos pessoais, constituindo não apenas o contexto pessoal/profissional, mas também se referindo ao cenário de inserção sociocultural. Pontuamos ainda a necessidade de advertir que, quando afirmamos que nossa posição teórico-prática nos constitui, queremos óbvia e necessariamente esclarecer que, nessa via de mão dupla, também é nosso papel intransferível igualmente constituí-las. O processo, inacabável e inatingível, torna-se inevitável. **Precisar** é aqui utilizado no sentido de precisão, clareza e delimitação, não podendo ser traduzido por necessário. Somos levadas a essa utilização do termo também pela compreensão de que para alguns seguidores dessa abordagem teorizar a Gestalt-terapia é compreendido como ferir um dos seus princípios básicos, qual seja, o "falar sobre".

O termo **herança** é utilizado como "origem, legado, recebido de gerações anteriores" (FERREIRA, 1986, p. 338) e, assim compreendido, abre o campo a críticas e atualizações, evitando a ingênua, não pouco perigosa, possibilidade de destruição da tradição.

Por fim, não é nosso interesse propor a teorização como mera incursão intelectual-racional, nem também considerar a prática simples execução e aplicação da teoria. Nesse sentido, Figueiredo (1996, p. 94) referenda:

> Minha sugestão é que as relações entre conhecimentos tácitos e conhecimentos explícitos, entre experiências e discursos representacionais devem ser mantidas num nível ótimo de tensão. Isto implica na não coincidência, ou seja, a teoria não deveria coincidir com a prática (...).

E diz ainda:

> (...) não se trata de pensar apenas a proximidade e a complementaridade entre teorias e práticas, mas de pensar suas diferenças: manter a tensão é deixar que a prática seja um desafio à teoria e que a teoria coloque problemas para a prática. (FIGUEIREDO, 1996, p. 8)

Seguindo a mesma linha, Amatuzzi (1999)[4] afirma que "viver é pesquisar", afirmando também que "pesquisar é viver". Apesar da incerteza do que vem primeiro, de uma

---

[4]Nota extraída das aulas da disciplina Pesquisa em Psicologia Clínica, ministrada pelo Professor Doutor Mauro Amatuzzi, no Mestrado em Psicologia Clínica da Unicap, em fevereiro/1999.

coisa nos asseguramos: vivemos. Daí, fácil e naturalmente damo-nos conta de que, necessariamente, pesquisamos.

Comentando a fundamentação teórico-prática da Gestalt-terapia, esclarecemos como compreendemos a função de **herdeiros**, que, a nosso ver, são mobilizados, principalmente, pela responsabilidade na manutenção e transmissão da **herança.** Especificamente no caso da Gestalt-terapia, uma função importante do herdeiro é encontrar um sentido da teoria na prática, e atualizar a prática pela via também teórica. Apesar de óbvio que teoria e prática em sua origem são indivisíveis, a limitação humana as aparta na intenção de compreendê-las e captar seu sentido. Contar a história de vida de Fritz e Laura Perls constitui, necessariamente, apenas uma versão, sendo, portanto, limitada, posto que única.

A Gestalt-terapia é uma construção originariamente a quatro mãos, mas seus criadores foram cada um por um caminho: ele divulgando, ela aprofundando. Fritz e Laura Perls repassam à sua abordagem toda diferença pessoal, transparecendo suas diferenças fundamentais. Ela, exigente e estudiosa, deixa-nos o lastro, o gosto pelo pensar. Ele, ávido por vida, presenteia-nos com a coragem e a ousadia de um agir. Ambos, tão juntos e tão separados, plantaram e espalharam as sementes da Gestalt-terapia, tanto pela busca de compreensão da relação homem-mundo quanto pelo desenvolvimento de um método de trabalho que os auxilie, homem e mundo, a viver com maior respeito e harmonia.

A parte construída por cada um dos Perls recobre-se de sentido quando remetida às suas histórias pessoais. Mais uma vez, observa-se a impossibilidade de compreensão de uma obra sem a articulação constante ao seu contexto. Esta se constitui a tarefa que se segue.

A FALA DO LUGAR DOS PAIS

Fritz Perls: O Pai-Viajante[5]

Filho de um pai ausente, física e emocionalmente, e de uma mãe culta, esclarecida, mas submissa, aos 8 de julho de 1896, em Berlim, num bairro tipicamente judeu, nasce Frederick Salomon Perls. Freqüenta óperas, museus e teatros com sua mãe, tendo acesso irrestrito à vasta biblio-

teca do seu avô materno. O contato com a figura paterna é mínimo, não tendo seu pai interesse ou cuidado em esconder-lhe o desprezo que sentia por sua pessoa. Sua ausência física era justificada e respaldada pela natureza de seu trabalho como comerciante de vinhos, que o obrigava a viajar bastante. Quanto à ausência de afeto...

Aos três anos de idade a família muda-se para um bairro não-judeu no centro de Berlim. Essa sua primeira perda do sentimento de pertencimento irá se expressar nitidamente em todo o decorrer da sua vida, em que as mudanças são constantes, tanto para fugir à perseguição nazista quanto pela sua própria falta de apego a lugares ou pessoas.

Criança solitária, Fritz, ainda muito pequeno, monta peças de teatro em casa. Sua paixão pela dramatização influenciou fortemente a Gestalt-terapia, posto que esta possibilitou sua comunicação, socialização e sentimento de integração a um grupo. Daí sua sensibilidade à linguagem corporal humana e sua proposta de psicoterapia para um homem que não é apenas mental.

Ao entrar na adolescência, vem à tona toda sua revolta, sendo expulso de várias escolas. Torna-se ótimo aluno ao ingressar num "colégio alternativo", que valoriza aptidões individuais, sendo estimulado no seu talento teatral. Essa aceitação e reconhecimento são vitais para o seu posterior aproveitamento escolar e desenvolvimento intelectual, bem como o estimulam a trabalhar em teatro, profissionalmente.

Quando do início da Primeira Guerra Mundial, em 1914, Fritz, então estudante de medicina, contava com 21 anos. Desejando servir à sua pátria, oferece-se como voluntário da Cruz Vermelha. Seu temperamento irrequieto não demora a levá-lo às trincheiras. Suporta bem os ferimentos físicos, ao contrário do que sente com relação ao anti-semitismo dos oficiais alemães. O sentimento de ser injustiçado pelo pai, presente durante a infância e a adolescência, é agora revivido, reforçando sua revolta. É insuportável para Fritz ser discriminado pelos alemães, seu próprio povo e pelo qual voluntariamente lutava.

O ataque viria anos depois, quando da Segunda Guerra Mundial. Fritz, novamente por vontade, luta na guerra. Dessa vez, **contra os alemães**.

Pouco depois, em 1920, Perls gradua-se médico neuropsiquiatra. Muito jovem ainda, mas profundamente marcado pela vida, vincula-se à *Bauhaus*, grupo de intelectuais revolucionários que luta por uma vida menos rígida e mais humana. Ocupando-se intensamente com as lutas político-sociais, convive com gente que, como ele, é vítima de abandono e injustiça. Exigindo o respeito ao outro,

---

[5]Viajante é um termo elaborado e utilizado por Benjamin, W., In: *O narrador: considerações sobre a obra de Nikolai Leskov*. v. 1. São Paulo: Brasiliense, 1985 (Obras Escolhidas). É usado para referir-se às pessoas que se preocupam em divulgar suas idéias, estabelecendo sempre contatos com outras pessoas e lugares.

lutando pela igualdade social, acalenta e acalma seus medos e angústias. Sua enorme carência afetiva, entretanto, exige que suas opiniões sejam sempre consideradas e suas decisões jamais contestadas.

Possivelmente sem se dar conta, sua brava luta pelo extermínio da rigidez e estabelecimento do diálogo é travada de forma exageradamente rígida e à base de um quase monólogo.

Ciente de suas dificuldades de relacionamento, impotente para alterá-las, Fritz submete-se, durante vários anos, a processos de análise pessoal, num vasto e largo percurso, acompanhado sempre pelos melhores e mais famosos psicanalistas de sua época.

Em 1926, sendo analisado então por Karen Horney, transfere-se de Berlim para Frankfurt, seguindo seu ímpeto nômade. Essa mudança lhe proporciona o contato com Kurt Goldstein, médico vanguardista, formulador da teoria organísmica de compreensão da personalidade. Os dois trabalham juntos num instituto de tratamento de soldados portadores de lesões cerebrais, e Fritz, encontrando em Goldstein apoio para o desenvolvimento de um trabalho integrado (mente/corpo), canaliza toda sua energia e esforço para os cuidados a esses soldados. O constante estado de ocupação de Fritz, sua irrequieta forma de ser, levam-nos a crer que buscava, desenfreadamente, paz interior.

Além da realização profissional, é também em Frankfurt, e através de Kurt Goldstein, que ele conhece Laura Posner, sua futura esposa e parceira na construção da Gestalt-terapia. Inicia, por volta desse período, seu processo de análise didática, exigência para atuar como psicanalista.

A década de 30 foi movimentada para Perls. Casa-se com Laura, nasce seu primeiro filho, uma menina. Envolve-se num movimento antinazista que, não sendo bem-sucedido, o obriga a fugir às pressas para Amsterdã. Longe da família e sem dinheiro, enfrenta novamente uma vida dura e cruel, solitária e perseguida. Só tempos depois, quando se acalma a perseguição nazista aos judeus, consegue trazer Laura e a filha para junto de si. É como se a "profecia do abandono" o perseguisse.

Passados dois anos, encontra apoio para instalar-se na África do Sul, organizando finalmente sua família junto com Laura e a filha do casal, Renate. Juntos, criam o primeiro instituto sul-africano de psicanálise, em Johannesburgo. É um tempo muito propício financeiramente. A família Perls vive de forma "burguesa", com conforto e segurança. Porém, Fritz não consegue aproveitar dessa opulência junto com Laura e Renate. A exemplo dos velhos

tempos, seu divertimento é solitário. Tendo como *hobby* pilotar seu próprio avião, adere ao já conhecido estilo perigoso de viver, agora por pura opção.

Laura engravida do segundo filho do casal, Steve. Fritz declara-se radicalmente contra a gravidez, sugerindo sua interrupção. Não aceitando a imposição do marido, Laura resolve assumir a maternidade mesmo sem o seu apoio. Um filho homem: Fritz não agüentaria...

Incompetente para as relações afetivas e amorosas, o solitário Perls participa, em 1936, de um congresso internacional de psicanálise, em Praga. Ávido de reconhecimento intelectual, visto ser a única forma de contato que ele sabia buscar, apresenta nesse encontro um trabalho que considera uma contribuição à teoria psicanalítica.[6]

Sua expectativa de ser aplaudido, vendo reconhecidos seu empenho, dedicação e competência, é grosseiramente frustrada. Seu trabalho é ignorado e/ou censurado pelos colegas psicanalistas. Sua tentativa de contato pessoal com Freud – o mestre – é desastrosa. Repete-se o ciclo: o pai, poderoso, despreza o filho, que, na vã ilusão, o supunha agora acessível e disponível a suprir-lhe as faltas.

Havia uma Laura sempre à espreita querendo controlar seus desejos, dando-lhe um filho não-solicitado. E havia um Freud ladeado por fiéis discípulos, fazendo as vezes de censor, criticando-lhe o pensamento e a produção intelectual. Estava cercado. Precisava escapar, inclusive dele próprio.

Não concordando com o regime de *apartheid* vigente na África do Sul, a família Perls transfere-se para os Estados Unidos, instalando-se em Nova York. Data dessa época o início do seu convívio com Paul Goodman, intelectual americano anarquista, figura polêmica e por demais importante para a abordagem gestáltica, principalmente na área da educação – Gestaltpedagogia.[7]

Apesar de já estar caminhando a passos largos rumo à construção de uma nova psicoterapia, as marcas do nefasto contato com Freud perseguem-no até o fim da vida. Perls dedica-se, desde lá, a contrapor-se ao "ex-mestre", não podendo fazer uma distinção do que concordava/discordava na teoria psicanalítica. Vive, agora, uma briga interna com Freud, que, além de vitalícia, extrapola nitidamente o campo do profissionalismo. Não era das idéias daquele que ele discordava: o desprezo e o abandono lhe eram

---

[6] Ver observações no corpo deste texto sobre o livro *Ego, fome e agressão*.
[7] Ver, no corpo deste texto, questões referentes à publicação do livro *Gestalt-terapia*.

impossíveis de suportar, a ponto de cegá-lo diante da sua implicação e implicância com esse "outro pai".

Entre 1946 e 1956, vários institutos de Gestalt-terapia foram criados por Perls nos Estados Unidos, ficando o de Nova York sob a orientação e administração de Laura e Goodman. Muitos Gestalt-terapeutas foram treinados nessa época. Fritz agora começa a ser reconhecido como o criador da Gestalt-terapia.

E o fantasma de Freud? Este jamais deixou de persegui-lo. A psicoterapia que ele praticava, diferentemente da de Laura, era uma contraposição clara à psicanálise. Melhor dizendo, a Freud. Acreditamos que, por medo e raiva de Freud, sentindo-se humilhado perante ele e toda uma comunidade de psicanalistas, Fritz precisava negar Freud e sua psicanálise, muito mais do que se afirmar e à sua Gestalt-terapia.

Em 1962, e até 1964, Fritz Perls vagueia pelo mundo, acompanhado apenas de uma forte crise pessoal. Nessa época, passa dois meses num mosteiro budista no Japão e um mês num *kibutz* em Israel. Lança mão de todos os recursos a que tem acesso, usando diversos tipos de drogas, bebidas e tudo que pudesse "tirá-lo da angústia". As experiências transcendentais e psicodélicas não o satisfazem, e ele retoma o vigor pessoal para continuar a lida.

Radica-se no Esalen Institute (Big-Sur/Califórnia), promovendo seminários de demonstração e formação em Gestalt-terapia. Torna-se célebre por volta de 1968, já aos 75 anos de idade. Seus alardeantes treinamentos, todos filmados, transformam-se no livro *Gestalt-terapia explicada*, publicado em 1969.

Fritz consegue ainda alimentar um sonho: fundar uma comunidade gestáltica. Uma espécie de *gestalt-kibutz*, que, segundo ele, funcionaria melhor do que qualquer psicoterapia. Agora, na maturidade, é chegada a hora. Ele está disposto a parar, ou, quem sabe, talvez não consiga mais vislumbrar um caminho para trilhar.

Muda-se para o Canadá, cria a comunidade. Reina pleno e absoluto, impondo suas leis. Vive, enfim, tranqüilo, como que sugado pelas suas fantasias, seus sonhos de criança. Em 14 de março de 1970, aos 77 anos, morre o velho Fritz, vítima de um enfarte do miocárdio. A necrópsia acusa também um câncer de pâncreas, doença cuja existência ele nunca soube em vida. O nômade morre "em trânsito", quando de uma viagem a passeio pela Europa.

Da sua vida muito falou. Que fez, porém, do sentimento infinitamente grande de desamparo e desassossego que o acompanhava desde sempre? De Freud sempre falou muito mal, até escreveu. E onde lançou a tristeza e a

decepção pela impossibilidade de um encontro com esse pai **escolhido**? Talvez, e é bem provável, sua frustração haja sido depositada na rejeição a qualquer forma de teorização acerca de seus feitos. A certeza, esta não nos cabe tê-la. Algo, porém, permanece vivo: não conseguia Fritz Perls passar despercebido, aonde quer que fosse ou estivesse.

Laura Perls: A Mãe-Artesã[8]

Em 1905, na Alemanha, nasce Laura Posner. Filha querida de uma família protetora e encorajadora, Laura é educada segundo os critérios da burguesia, porém gozando de um incontestável respeito às suas escolhas e de um total estímulo ao desenvolvimento de seus valores mais próprios.

Com nítido interesse nas artes, Laura freqüentava aulas de piano desde os cinco anos de idade, sendo, aos 18, pianista profissional. Além do piano, dedicava-se também à dança moderna. Considerada bastante ousada, situa-se como uma "desbravadora". Seus feitos artísticos encontram o equilíbrio no seu desenvolvido nível intelectual.

Um dos seus maiores atos de insubordinação é o ingresso na universidade, onde se graduou em direito. Nessa época em que as mulheres não freqüentavam a escola, Laura não apenas o fez como foi a laureada de sua turma, além de ser a única mulher de toda a universidade. A essa época cursava direito, e só depois se tornaria psicanalista. Sua inteligência brilhante, aplaudida e incentivada pelos pais, a fez poliglota, dominando com maestria o latim, o grego, o francês e o inglês, além do alemão, sua língua-mãe. Conhecendo a diversidade, e sendo sensível, torna-se escritora.

Esse talento, no início de sua vida encarado como distração, virá a ser fundamental para a organização e divulgação escrita da Gestalt-terapia.

Interessada pelo sofrimento humano, Laura opta por praticar a psicanálise. Estudante dedicada, é aluna de mestres como Kurt Goldstein, Martin Buber e Paul Tilich. Sua tese de doutoramento é na área da "Psicologia da forma" (Escola Clássica da Gestalt), tendo estudado diretamente com Kurt Wertheimer, principal representante desse importante movimento. Quando aluna de Goldstein, é apresentada a Fritz Perls, então seu assistente, num curso que ambos freqüentavam. Enquanto

---

[8]Artesã é um termo elaborado e utilizado por Benjamin, W. In: *O narrador: considerações sobre a obra de Nikolai Leskov.* v. 1. São Paulo: Brasiliense, 1985 (Obras Escolhidas). Refere-se àquele que se preocupa em aprofundar seus estudos e contribuições, não dando importância à divulgação.

Laura conhece a teoria organísmica desenvolvida por Kurt Goldstein, estudando-a profundamente, Fritz a pratica, apropriando-se dela dessa outra forma. Ambos, sem ao menos se conhecerem, faziam percurso semelhante, cada qual por um caminho bem diverso.

Em 1930, quatro anos após seu primeiro encontro, Fritz e Laura se casam. Mais um ato de rebeldia da agora Laura Perls, não-compreendido, mas, a despeito de todos os outros, respeitado. Era difícil para seus pais aceitar como pessoas com interesses tão diferentes, com uma compreensão de mundo e de vida tão dessemelhante, pudessem vir a se unir. Seria a tensão que atrai e une os opostos ou os ilude com a possibilidade de completude?

Curiosamente, a mulher ousada e corajosa aquieta-se, acomodando-se aos papéis de esposa, dona de casa e mãe. Laura dedica-se à família, não exigindo de Fritz que assuma seu lugar como pai e marido. A sensibilidade de Laura a faz perceber a incompetência emocional de Fritz e a sua impotência perante a família que eles estavam constituindo. Ele não havia conhecido a clareza na definição dos papéis familiares, e ela o respeitava na sua limitação. Para Laura, que tinha modelos claros de família, era natural exercer o papel de mãe. Apesar disso, a relação dela com Fritz não parece haver sido muito definida, deixando campo livre a especulações. Estava ela, agora, retornando ao seu lugar de mulher, de onde jamais deveria ter saído? Seria esse processo que fazia com que Laura Perls se contentasse em ser a sombra de um marido famoso?

Não fica claro o que motiva Laura a submeter-se à desconsideração de Fritz. É referido, em nível especulativo, que os grandes escritos da Gestalt-terapia sejam de sua autoria, embora quando publicados exibam Fritz como único autor. *Ego, fome e agressão*, já referido anteriormente, tem dois capítulos de autoria de Laura, tendo isso sido exposto quando o livro foi publicado na África. Quando sai uma nova edição, agora nos Estados Unidos, seu nome é omitido por orientação de Fritz.

Grande perda para a Gestalt-terapia essa omissão a Laura, pois, certamente, seus escritos em muito contribuiriam para melhor compreensão dessa abordagem. Seus textos são reconhecidamente importantes para a comunidade gestáltica, pecando apenas pela escassez. Despreocupada em "se mostrar", Laura desenvolve uma Gestalt-terapia da relação, do contato e do suporte. Porém, difícil aceitar, nos bastidores. Além do profundo nível de suas reflexões e das incontestáveis contribuições teóricas à Gestalt-terapia, ela põe em prática esses conceitos nas suas relações, principalmente com Fritz, demonstrando compreender a sua insaciável necessidade de "estar no palco" e ser reconhecido. Enquanto ele viveu, ela o *acompanhou*, de forma silenciosa e marcante.

Sempre quieta, Laura viveu o que pregou, criou raízes, deixou marcas. Viajou pouco, preferindo ficar a maior parte da sua vida em Nova York, onde firmou o lastro para a sustentação da Gestalt-terapia, com seu jeito manso e acolhedor e seu olhar perspicaz e compreensivo.

Sua importância para a Gestalt-terapia custou a ser explicitada, embora já reconhecida, possivelmente em respeito à sua escolha por ficar "por trás das cortinas", apenas assumindo seu papel num discreto e modesto "palco", após a morte de Fritz.

Permitimo-nos alguns questionamentos: Laura compreendia Fritz, respeitando-o em suas necessidades, que incluíam desprezá-la? Ou apenas tolerava suas carências?

Após a morte dele, ela assume o comando da Gestalt-terapia. Teria ocultado permanentemente essa vontade por não querer competir com ele? Qual o seu lado legítimo? A mulher submissa escondeu a intelectual assumida ou esta última foi acorrentada pela outra?

Laura Perls parece ter vivido o seu avesso. De tudo o que investiu na sua formação, pouco se fez conhecer ou desejou mostrar. É de surpreender mais uma vez que, agora que lhe é apontada a possibilidade da grande revelação, não abra mão de ser senhora de sua palavra. Ou de seu silêncio.

Laura Perls viveu vinte anos a mais que o velho Fritz, vindo a falecer em 1990, aos 85 anos. "Artesã" que foi, optou por passar os últimos dias da sua vida na pequena cidade alemã onde havia nascido, como que para fechar com precisão o ciclo da vida.

O Lugar dos Pais:[9] Contexto e Organização da Gestalt-terapia

A Psicologia é uma ciência por demais jovem, trazendo em sua origem paradoxos, contradições e dicotomias, no que se refere tanto ao seu papel de estudiosa dos fenômenos psíquicos quanto ao seu campo prático de atuação, compreendido e definido por Figueiredo (1993) como um campo de dispersão teórica. Sendo o resgate histórico uma excelente forma de compreensão de um conhecimento, discutimos a Gestalt-terapia tomando como referência sua origem, organização e divulgação, no percurso

---

[9]Lugar, aqui, tem dois sentidos diferentes e complementares: o contexto de origem da Gestalt-terapia (localização temporoespacial) e o papel de Fritz e Laura Perls na organização da "família".

desse cenário maior. Morato (1993, p. 62) auxilia nessa compreensão, quando afirma:

> A história da Psicologia até meados da década de trinta percorria dois caminhos paralelos: enquanto **ciência** (teoria), estado dos fenômenos psíquicos (introspeccionismo) e do comportamento (behaviorismo), mantinha um status acadêmico; enquanto **aplicação** (prática), desenvolvimento e uso de testes psicológicos (psicometria).

O tratamento e a intervenção eram atribuídos especificamente ao médico, o que deixava a Psicologia numa posição bastante desconfortável: estudava e compreendia o comportamento humano, mas não podia agir sobre ele. Cada vez mais consciente de que a teoria e a prática precisavam caminhar juntas, a Psicologia denuncia a impossibilidade da neutralidade científica e da não-contaminação do sujeito pelo objeto, exigindo agir **com** o homem e não apenas **sobre** o homem.

O que se percebe é que a tentativa de aplicabilidade da Psicologia ainda estava bastante apartada da sua teorização. Quando a Psicanálise começa a ser exercida, vislumbra-se uma possibilidade de interseção da teoria com a prática, ou seja, é a prática que, clamando pela teoria, a origina e alimenta, dela igualmente se nutrindo. Nesse período, estudiosos da Psicologia preocupavam-se em tematizar os acontecimentos advindos da prática clínica, sendo a teoria a parte fundamental na formação dos seus profissionais. Tendo agora as atenções voltadas para a teoria e para a explicação teórica dos acontecimentos advindos da clínica, a Psicologia é novamente chamada a um outro lugar, visto que o panorama cultural passa a ser o pós-guerra. A destruição do mundo, do homem e de seus valores incita o homem a buscar outras formas de cuidar do próprio homem.

Com esse pano de fundo, a forma irreverente e ousada da Gestalt-terapia, mais que aceita e compreendida, era exigida e necessária. Não sem intenção, essa abordagem é referida pelo seu criador como anarquista e holística. O "clima" do momento era o da revolução de costumes, de desacato aos padrões vigentes e de criação de novos valores, adequados às exigências impostas pela nova sociedade. O mundo clamava por liberdade com seus movimentos *hippie* e de contracultura, numa tentativa de destruir a destruição, sem ao menos saber como nem ter motivações para. Pelos paradoxos que o mundo vivia, seria mais que esperada a importância atribuída pela sociedade a essa abordagem psicoterápica e à sua visão progressista de individuação e respeito ao humano:

> Nas sociedades do pós-guerra, a situação de destruição do mundo apontava a necessidade de construção de nova ordem social, política e econômica, tanto concretamente quanto de valores. Urgia redimensionar sua cultura e seu passado, fragilizados e desiludidos pela destruição (...) Sociedades e pessoas precisavam se reconstruir. (MORATO, 1999, p. 73)

Além da natural receptividade a esse estilo de pensar e agir, a forma como foi divulgada a Gestalt-terapia por Fritz Perls contribuiu fortemente para sua rápida disseminação e aceitação pelo público, ávido por novidades e condescendente com tudo aquilo que agisse a seu favor, especialmente o que assim o fizesse de forma clara e explícita.

Fritz Perls viveu a vida com a clareza da sua simplicidade e finitude. Sua psicoterapia haveria de ser a "abordagem do óbvio", como ele próprio costumava defini-la, primando por dedicar-se à realidade humana, a parte (ou todo?) que nos é constitutiva e constituinte e cuja exposição dilacera, por ser "carne viva", imponderação e incoerência e que, por isso mesmo, é negada, disfarçada ou maquiada por grande parte das pessoas. Perls, contrariando o ansiado "bem-estar" que esses artifícios poderiam vir a trazer, afirmou a vida com sua falta de exatidão e precisão, desprezando a vil necessidade humana de desperdício do humano.

Perls e a sua Gestalt-terapia são acusados de trabalharem apenas com as aparências, o banal. O óbvio, contra-argumentaria, é banal, pois banal é a vida, a experiência humana. O óbvio-banal é o que se nos aparece, o possível de ser visto. E continuaria: o visível e o "nem tanto" se confundem no final. Estaria Fritz Perls apenas tentando "segurar a vida"? Óbvias as suas definições, simples sua maneira de narrá-las. O suficiente para causar estranheza, provocar desconfianças, trazer descrenças, **mal-ditos**.

A Gestalt-terapia de Laura Perls, mais silenciosa, não contemplava explicitamente nem demonstrava acalentar os anseios da humanidade neste então conturbado mundo. O óbvio se delineia: a Gestalt-terapia construída por cada um dos Perls se reveste de sentido quando remetida ao contexto de suas vidas e da percepção individual do contexto maior. Nada de novo: nossos textos são construídos num contexto, fora do qual deixam de ser. Há uma intenção e um interesse em cada texto humano. E é por isso que o "escritor" se coloca num lugar estratégico no momento em que vai narrá-lo, assumindo, tanto no plano público quanto no privado, o seu **lugar.**

A NARRATIVA DOS FILHOS[10]

Sobre o Processo da Narrativa

Ao caracterizar Fritz como viajante e Laura como artesã, atribuímo-lhes o papel de narradores – conforme formulação de Benjamin, 1985 –, tendo a Gestalt-terapia nos chegado quase que completamente via relato oral.

A **re-vista** denuncia a necessidade de des-velamento da Gestalt-terapia, cuja via escolhida é a da narrativa. A cultura ocidental, com sua forma ainda positivista de pensar, é exigente, considerando científico o que seja comprovável, explicável, justificável. Conhecimentos que não se adaptem a esses moldes são invalidados ou, no mínimo, desrespeitados. O que era justo não cabe na nova medida. Apesar de ainda cobrar exatidão e especialização, a proposta da sociedade atual já inclui a premência de diálogo com outros campos do saber, pela consciência de que nenhuma forma de conhecimento, sozinha, dá conta da complexidade do Homem.

O convite de Benjamin parece ser a assunção de atitude de distanciamento e contemplação para com o narrador e sua admirável habilidade. Embutidas na arte do narrar estariam a arte e a ciência em eterna posição de contemplação e prestígio à diferença, a saudável manutenção da multiplicidade. Narrar algo seria a simples continuação do viver, transpondo agora ao âmbito público o que antes fora exclusivo do privado. Trata-se de trocar com o outro, "intercambiar experiências", nas palavras de Benjamin (1985, p. 198).

A narrativa é uma reprodução da própria vida, sendo o ato de narrar um ato vivo. Narrar é contar algo a alguém que ouve de forma atenta e/ou casual. Passar a experiência pressupõe tê-la vivido, e, para Benjamin, há dois grupos de "viventes" que representam com plenitude a narrativa: o viajante, cujo representante arcaico é o marinheiro, e o sedentário, primariamente conhecido como artesão. Essas pessoas passam suas experiências às outras, sendo sua marca "ter-se ido" ou "ter ficado".

O que foi aventurar-se traz consigo a diversidade, a pluralidade, a novidade. O que ficou aprofundou, aprendeu

tradições, as transformou. Apesar de haverem percorrido caminhos opostos, virão a trabalhar, viajante e sedentário, na mesma oficina, esta representando a (in)completude do viver.

Ao paradoxo dos opostos, Benjamin (1985, p. 199) esclarece que o mestre sedentário já foi um aprendiz migrante e reforça ainda que:

> a extensão real do reino narrativo, em todo o seu alcance histórico, só pode ser compreendida se levarmos em conta a interpenetração desses dois tipos arcaicos.

Benjamin (1985) refere-se ao viajante e ao sedentário como duas grandes famílias de narradores, tão distintas entre si quanto necessárias. Porém, ele explicita a importância da interpenetração posterior de ambos os tipos, pondo-os a trabalhar numa mesma oficina.

A arte de narrar, dessa feita, fora iniciada pelos viajantes e aperfeiçoada pelos sedentários. A importância de um não se sobrepõe à do outro, visto que são, na verdade, múltiplos e unos simultaneamente.

O vivido-narrado é, assim, construído na relação homem-mundo, esta refletindo a aceitação sem aprisionamento. O homem aceita o mundo, mas não se faz submisso. Ao contrário, usufrui o que lhe é dado, sem abrir mão das escolhas.

Ao narrar sua aceitação do mundo, o homem o faz pela via do senso prático e da dimensão utilitária da narrativa. O que é transmitido por ter sido experienciado vai agir naquele indivíduo que ouve como um "conselho", servindo-lhe na sua vida concreta, na mundaneidade cotidiana.

O "conselho" é, para Benjamin, tecido no contexto do diálogo, tendo ambos os dialogantes exposto suas histórias, autorizando o parceiro à sugestão da continuidade. As falas surgidas **do, no** e **para** o diálogo são produzidas **durante** o mesmo, vindas sempre impregnadas do que foi verdadeiramente escutado da fala do outro. O conselho, pois, não é uma informação externa, uma norma preestabelecida ou uma fala pronta, vez que é construído no momento exato da relação. Ele é, isso sim, a própria existência dos dialogantes.

Aconselhar não é responder a uma pergunta, pois sequer esta existe. Aconselhar é continuar a conversa, compreendendo seu objetivo, respeitando seu ritmo. E, por haver sido gerado no próprio diálogo, o conselho é algo que surpreende, tendo como característica a ausência de explicação. O conselho, por si só, já é explicação. Essa pecu-

---

[10]Filhos aqui se referem aos profissionais que exercem a Gestalt-terapia tanto na clínica quanto na academia, a partir da referência que os Perls são os pais e a referida abordagem, a herança por eles deixada.

liaridade é mais bem compreendida quando esclarecida a diferença que Benjamin (1985, p. 203) expõe acerca da narrativa e da informação. Na narrativa, diz ele:

> O extraordinário e o miraculoso são narrados com a maior exatidão, mas o contexto psicológico da ação não é imposto ao leitor. Ele é livre para interpretar a história como quiser, e com isso o episódio narrado atinge uma amplitude que não existe na informação.

A narrativa mantém sua força através do tempo, suscitando a curiosidade e o espanto, aliados à liberdade de reflexão e interpretação. Já a informação só é valorizada quando nova e apenas "vive neste momento, precisando entregar-se inteiramente a ele e, sem perda de tempo, tem que se explicar nele" (BENJAMIN, 1985, p. 204).

A informação paga o preço da explicação verificável, enquanto a narrativa preocupa-se não com a exatidão cronológica dos fatos, mas com a força com que estes se inserem no fluxo da vida. Sempre há vidas pulsando. Sempre há algo a ser narrado.

CONSIDERAÇÕES FINAIS: À BUSCA DE DES-VELAR A MAL-DIÇÃO[11]

A Gestalt-terapia é uma abordagem psicoterapêutica que privilegia a unidade da vida, a vida como unidade. Tendo sido criada por Fritz e Laura Perls, carrega em si muito de cada um, o respeito à multiplicidade, à diferença. A abordagem deixa claro o paradoxo do existir, tanto quanto a dificuldade humana de perceber a vida enquanto transitória e incerta. Há, explicitamente, no bojo da Gestalt-terapia tanto o apelo à completude quanto a certeza da incapacidade humana por consegui-la.

Fritz Perls, viajante por escolha e contingência, lança as sementes do seu vivido ao longo das suas viagens. De forma a (se) complementar, aprende e ensina, deixando sabedoria onde pensava ir apenas buscá-la. Esse andarilho trabalhava artesanalmente na matéria-prima da vida, tendo como pressuposto a confiança daqueles que o ouviam. Analisado à luz da concepção de narrador de Benjamin, que defende que o prazer de quem ouve é poder acoplar o seu sentido ao narrado, Fritz não haveria de fundamentar o que narrava, pois não tiraria do outro o gosto da livre inter-

pretação, o poder de inserção de fundamentos próprios do ouvinte. Seguindo ainda essa trilha, é lícito afirmar que tinha ele a sabedoria dos narradores, consciente do reducionismo existente nas explicações.

Entretanto, isso é inegável e esperado, a ausência de explicitação ou esclarecimento, deixando livre o campo da interpretação, gera, naturalmente, compreensões ilimitadas do que é narrado. Das formas de compreensão da Gestalt-terapia, uma nos chega como sendo um **mal-dito**. Certamente, é óbvio, essa é apenas **uma** das formas de interpretação, permitida e estimulada pela própria forma de narrar escolhida por Fritz Perls, sendo por isso utilizada. Para ilustrar esse pensamento, utilizamo-nos do que diz Naranjo (s.d.):

> A singularidade da Gestalt-terapia não consiste numa teoria da personalidade ou da neurose. Nem sequer, já que se mencionou isto, consiste numa teoria. É uma criação essencialmente não-verbal, uma maneira de abordar as pessoas na situação terapêutica, que se desenvolveu através da compreensão da experiência e da intuição, e continua sendo transmitida não-verbalmente.[12]

A concepção da Gestalt-terapia como "*nem sendo uma teoria*" causa-nos estranheza, por saber que "*uma maneira de abordar as pessoas na situação terapêutica*" necessariamente é respaldada por uma forma de compreensão desse homem no seu sofrimento. Não nos causa espanto, entretanto, quando nos aprofundamos na leitura dos livros e demais escritos de Perls, onde ele explicita tal descaso.

A superfície a que ele se refere é aquela que inscreve no corpo as vivências mais profundas, quase nunca dizíveis. Preocupando-se com o óbvio, o aparente, o aqui-e-agora, remete-nos ao homem enquanto ser responsável, não mais com a ilusão do domínio único, nem com a pretensão de ser o centro. A "teia invisível" em que vive esse homem é clara para Perls. Não há a quem delegar a nossa parte nesse jogo, nem há como acharmo-nos os únicos jogadores. A vida é o próprio jogo, e nele as regras existem apenas como garantia ilusória, e, paradoxalmente, joga-se em grupo de forma solitária. O ganhar e o perder também são revestidos de contradições, e quase nunca é possível distingui-los.

A idéia da Gestalt-terapia como desprovida de fundamentação teórica consistente tem como uma das possíveis

---

[11]O termo se refere às deturpações endereçadas à Gestalt-terapia, seja por profissionais ou por leigos (daquilo que se "fala mal").

[12]Tal texto não foi publicado, tendo sido disponibilizado pelo próprio autor.

explicações o repúdio de Perls à psicanálise (ou, mais exatamente, a Freud). Ao ter seu intento negado, o de contribuir com a teoria freudiana, ele parte para atacá-la, acusando seu criador de haver elaborado uma teoria obsoleta e inoperante. A ele era clara a unidade da vida, atribuindo seu pertencimento a uma "outra ordem" que não a da mera intelectualização, do pensar desconectado do sentir, que ele julgava existente na maneira como Freud a compreendia. Era ousado o objetivo da sua prática psicoterápica. E, por estar convencido de que teorizar se confundia com intelectualizar, e que este quando desconectado do sentir e do agir era desperdício de vida, Fritz Perls acabou por tender ao inevitável: ao não suportar a dicotomia teoria/prática não apenas já a admitia como a estava exercendo. Sem se dar conta de que toda compreensão é limitada e limitante, pretendia que sua abordagem terapêutica fosse completa e onipotente. Critica todas as outras psicoterapias por estarem de "mãos dadas" com outras fontes de conhecimento, portanto falhas, perdendo de vista o fato de que a Gestalt-terapia já havia se unido à ausência de teorização, sendo apenas um outro tipo de aliança. Para Tellegen (1984, p. 33):

> Ele era essencialmente um homem de intuição e ação, um perpétuo rebelde em busca de algo em que pudesse acreditar. Como teórico, lhe faltou o fôlego para uma elaboração mais consistente de suas intuições.

À sua falta de fôlego para elaborar teoricamente a Gestalt-terapia, o contraponto de Laura Perls, que brilhantemente reflete e aprofunda essa abordagem. Fritz afirma a Gestalt-terapia como uma abordagem completa e eficiente, mas o que divulga é apenas um arsenal de técnicas eficazes à conscientização. Mais uma vez evidencia-se sua contradição, pois, ao tomar partido, aparta o indivisível.

O contexto histórico em que viveu Fritz Perls justifica a sua pressa em divulgar suas descobertas ao máximo de pessoas no mínimo de tempo. Judeu que era, vagou pelo mundo fugindo do nazismo, sem o engano das certezas. Porém, sua preocupação em rechaçar toda forma teorizante de compreensão da vida, crença sua enquanto **narrador**, findou por deixar obscuros suas idéias e conceitos.

Ao referir que a preocupação da Gestalt-terapia é com a "*superfície mais exterior, o óbvio*", ele finda por transparecer uma apologia à prática e um repúdio à teorização. É célebre sua frase "*perca a cabeça e recobre os sentidos*", que, compreendida fora do contexto, insere sua abordagem no campo das "não-profundas", aquelas que têm por objetivo

auxiliar o homem na superação dos banais entraves do seu dia-a-dia. Teorização, para Fritz, era sinônimo de intelectualização ou uso excessivo da mente e desperdício do que fosse corporal ou relacionado aos sentidos.

A dicotomia objetividade/subjetividade, bem como a pretensão de ambas de dar conta da vida e do homem, é limitada e limitante. Por isso, ao citar o viajante, Benjamin refere-se àquele que opta por conhecer o mundo, escolhendo também o momento de voltar e fixar residência, repassando, agora, o que aprendeu mundo afora, à busca também de trocar conhecimentos que complementem o seu. Porém, Fritz Perls, indo à vida, mais parece tentar fugir de si mesmo. Vai por não suportar ficar.

Um outro conhecimento nos é oferecido por Laura, a artesã, o contraponto. Ficando em "casa", responsabiliza-se pela criação e educação dos filhos que teve no casamento com Fritz, e pela Gestalt-terapia, "filha" gerada na união profissional com o marido. A desbravadora que estudou num tempo em que o saber era proibido às mulheres e que lutou sempre por igualdade social aquieta-se e incorpora o acomodar-se próprio da relação homem-mundo, aquele que acalma e acalenta, posto que ciente da inevitabilidade do turbilhão que é a vida. Artista no seu ofício, essa mulher compreende e busca articular teoricamente a abordagem psicoterápica criada por ela, seu marido e colaboradores, buscando cada vez mais as raízes que a fundamentam e dão sentidos. Preocupando-se em explicitar as bases da Gestalt-terapia, segue um outro caminho, valorizando e primando pela discrição. Transitando por veredas outras, torna possível o nosso acesso a uma outra face dessa criação.

Considerando Fritz **viajante** e Laura **artesã**, teríamos um momento em que ele, trazendo o saber das terras longínquas, haveria de juntar-se a ela, agora detentora de um saber aperfeiçoado pelos anos de "sedentarismo". Chegando de viagem, Fritz demonstra não haver se aquietado para escutar o que Laura tinha a dizer, nem tampouco contado a ela o que vivera mundo afora. Cada qual, viajante e artesã, viveu o que achou que era o seu lado, a sua parte. E, por sermos herdeiras, nosso papel é ouvir o narrado, continuar o processo, com a compreensão de que a construção não há de se esgotar.

A Gestalt-terapia nos foi narrada. Não havendo, no sentido benjaminiano, **informações** a receber, partimos à busca do meu sentido, o que nos permite e instiga o ir adiante, construindo e reconstruindo a herança. Fritz e Laura cumpriram aquilo que se atribuíram como suas tarefas, não havendo sentido em cobranças. Vivendo seus todos, ensinam-nos a escolher, assumir, fazer. E é essa consciência que agora nos impulsionou e impulsiona a compreender e atualizar a parte – tão árdua quanto prazerosa – que nos pertence desse legado. As trocas já estão sendo feitas. A forma escolhida está sendo a de **dizer** a Gestalt-terapia, transmitindo e explicitando seus conceitos, buscando encontrar as origens dos **mal-ditos**, considerando, é importante reforçar, que tais **mal-ditos** assim se constituem uma ótica particular, de acordo com nossa forma de interpretar a narrativa de Fritz Perls. É o encontro do viajante com o artesão, na oficina deste último, que, como **herdeiras**, nos sentimos dando oportunidade com constância, tanto quando discutimos a Gestalt-terapia enquanto transmissoras desse conhecimento como também quando a praticamos na clínica psicológica. E, por estar lidando com **herança,** a re-vista denuncia que o tempo abre lacunas e abismos que clamam por um olhar, a despeito dos nossos desejos de evitá-los ou ignorá-los.

Em sendo algo construído, qual o objetivo do construtor? Em se herdando algo, o que fazer com o que se recebeu sem haver construído? Havia uma intenção no construtor. Haveria conjuntamente uma expectativa desse que construiu para com aquele que foi presenteado com a sua obra? Teriam os construtores o direito de exigir que seus **herdeiros** fingissem girar no mesmo ritmo, ignorando o abismo voraz que se abre entre estes e aqueles?

Aparentemente simples e cômodo, o ato de **herdar** nem sempre é visto com os olhos da passividade e da ganância. Agrava-se a questão quando o que se **herda** é algo que escapa aos padrões do que é mais facilmente aceito e considerado no campo de inserção dos herdeiros. Assim é a **herança** deixada por Fritz e Laura Perls. De uma riqueza inestimável, provoca em nós, **herdeiras**, simultaneamente, alívio e desconforto, prazer e aflição, por seu percurso incerto, seu chamamento à incerteza da vida.

Trabalhando com os olhos voltados para um só lugar, Fritz e Laura deixam sua marca na construção. Ela, exigente e estudiosa, doa-nos o lastro, o gosto pelo pensar. Ele, ávido por vida, presenteia-nos com a coragem e a ousadia de um agir. O jeito de ser dos dois é repassado à Gestalt-terapia, estimulando-nos a imprimir também nossas peculiaridades à então nossa Gestalt-terapia.

Ao tempo em que as idéias apontam, Laura as reflete enquanto Fritz as divulga. Por vezes, parecendo ignorar os mal-entendidos e, conseqüentemente, **mal-ditos** que pairam sobre a nova abordagem, segue adiante. Por outras, provocando ele próprio o aparecimento de distorções, aquieta-se para divertir-se com elas. Ao **pai**, o palco, as

luzes, as atenções, mesmo que críticas. À **mãe**, a discrição, a invisibilidade, a busca por um sentido. A nós, como **herança**, a divergência entre o conteúdo e a forma, entre o mostrar-se e o ocultar-se. A nós, ainda, a confusão entre a utilização do método da abordagem na sua prática clínica e na transmissão do seu conhecimento. Como tarefa pretendida, desfazer a confluência existente entre o criador e a criatura, entre Fritz e *sua* Gestalt-terapia, distinguir o fazer do dizer o que e como se faz. Como legado, eternos questionamentos, inúmeras dúvidas, insegurança e algo grandioso e infinito a executar, tal e qual definiria Fritz: um eterno e constante fluxo, sempre tentado, nunca alcançado.

Herança complexa que demanda luta árdua e estimulante para sua apropriação. Parafraseando Veloso (1977), esta pode ser definida como "construção em ruína". Essa Gestalt-terapia que nos ensina que *o que ainda não é já não é mais* encoraja-nos a correr o risco de afirmar **maldições** referindo as possíveis origens. A opção feita não é a de destruir a Gestalt-terapia, mas de **dizê-la**. Isso, por si só, já é um estímulo. E um alívio.

Explicitando-se os **mal-ditos**, acreditamos estar **dizendo** a Gestalt-terapia. Isso posto, cria-se uma linguagem comum de suporte a essa abordagem psicoterápica, um dialeto que una os **irmãos**. Explicitando seus **mal-ditos**, buscando razões que nos levem a compreender seu surgimento, auxilia-nos na tarefa de trazer a Gestalt-terapia de volta a um lugar do qual nunca deveria ter saído, ou seja, o campo de dispersão do saber, e não uma técnica a mais que pode ser facilmente acoplada a outras abordagens psicoterápicas.

É impossível se negar a necessidade de teorização da prática, pois, caso contrário, reforçar-se-ia a dicotomia teoria/prática, perdendo-se de vista a relação constitutiva homem-mundo. A Gestalt-terapia é **dita**, pelos seguidores de Fritz, como ateorizante, como afirma Stevens (1988, p. 17), referindo-se a um livro que escreveu sobre essa abordagem:

> Este livro se refere à consciência ou conscientização (*awareness*),[13] e como se pode explorá-la, expandi-la e aprofundá-la. A maior parte do livro consiste em experiências que solicitam de você focalizar sua consciência em certas direções e ver o que consegue descobrir [...].

---

[13]*Awareness* é a tomada de consciência além das fronteiras cognitivas.

A nós, **herdeiras** que acreditamos na abordagem prática sustentada por uma teoria, **dizer** a Gestalt como ateórica aparece como **mal-dição**.

Contamos que a tarefa haja sido alcançada, a intenção de "fazer uma proposta sobre a continuidade de uma estória que neste instante está a se desenrolar" (BENJAMIN, 1985, p. 63).

Reiteramos, assumindo o risco de uma repetição, que esta é nossa forma de interpretação dessa *herança*, e que compreendemos que as questões referidas fazem parte da história da construção da Gestalt-terapia. Hoje, sabe-se, a clínica possui um saber que nunca será totalmente teorizado. Isso, paradoxalmente, não nega sua fundamentação.

REFERÊNCIAS BIBLIOGRÁFICAS

AUGRAS, M. **O ser da compreensão**. Petrópolis: Vozes, 1981.

BENJAMIN, W. **O narrador**: considerações sobre a obra de Nikolai Leskow. São Paulo: Brasiliense, 1985. (Obras Escolhidas, v. 1.)

FAGAN, J; SHEPHERD, IL. (org.). **Gestalt-terapia: teoria, técnicas e aplicações**. Rio de Janeiro: Zahar, 1971.

FIGUEIREDO, LCM. **Matrizes do pensamento psicológico**. Petrópolis: Vozes, 1991.

_____. **Revisitando as Psicologias: da epistemologia à ética nas práticas e discursos psicológicos**. São Paulo: Educ; Petrópolis: Vozes, 1996.

GOMES, PW. **Gestalt-terapia: herança em revista**. Dissertação (Mestrado) em Psicologia Clínica – Universidade Católica de Pernambuco, Recife: Fasa, 2001.

KARWOWSKI, SL. **Gestalt-terapia e contemporaneidade: contribuições para uma construção epistemológica da teoria e da prática gestáltica**. Campinas: Livro Pleno, 2005.

LOFFREDO, AM. **A cara e o rosto: ensaios sobre Gestalt-terapia**. São Paulo: Escuta, 1994.

MORATO, HTP. **Aconselhamento psicológico centrado na pessoa: novos desafios**. São Paulo: Casa do Psicólogo, 1999.

NARANJO, C. **La vieja e novisima Gestalt**. Santiago-Chile: Quatro Vientos Editorial, [s.d.].

PERLS, F. **Ego, fome e agressão: uma revisão da teoria e do método de Freud**. São Paulo: Summus, 2002.

PERLS, FS; HEFFERLINE, R; GOODMAN, P. **Gestalt-terapia**. São Paulo: Summus, 1997.

STEVENS, JO (org.). **Isto é gestalt: coletânea de artigos sobre Gestalt-terapia**. São Paulo: Summus, 1977.

TELLEGEN, TA. **Gestalt e grupos: uma perspectiva sistêmica**. São Paulo: Summus, 1984.

VELOSO, C. Fora da ordem. In: **Circuladô de fulô**. São Paulo: Polygram, 1971.

ZINKER, JC. **A busca da elegância em psicoterapia: uma abordagem gestáltica com casais, famílias e sistemas íntimos**. São Paulo: Summus, 2001.

QUESTÕES COMENTADAS

1) Por estar inserida na matriz humanista, a Gestalt-terapia defende a idéia de uma essência humana?

R: Não. A Gestalt-terapia surgiu com o movimento humanista e nele busca uma inspiração quanto à valorização do humano. No entanto, não procura uma essência ou natureza. O essencialismo é fruto de uma visão fenomenológica husserliana que, apesar de Perls não admitir enquanto base, influenciou a formação dessa abordagem de psicoterapia. No entanto, a Gestalt-terapia compartilha com Husserl apenas a preocupação com o fenômeno em si, sem buscar causas últimas ou essências. O homem, aqui, é compreendido como ser-em-relação, construindo-se nos encontros com os outros. Portanto, não existe um *a priori*, já que o sujeito continua "sendo" em um constante movimento. Ao referir-se à Gestalt-terapia enquanto abordagem fenomenológica e existencial, Loffredo (1994) assim a situa:

> A Gestalt-terapia é uma modalidade de psicoterapia existencial, enquanto uma forma característica de reflexão sobre a existência humana. Tem em comum com outras de mesma linhagem a concepção do homem como ser-no-mundo, como ser-em-relação, numa dialética na qual cria e é criado nesta relação, num vir-a-ser, que nunca se completa, um movimento contínuo, alimentado por um conjunto de potencialidades, sempre em aberto, que caracteriza o eterno projeto que é o existir humano. (LOFFREDO, 1994, p. 76)

Compreendendo o homem enquanto devir, afasta a necessidade racionalista de encontrar e, conseqüentemente, atribuir-lhe uma essência. Nesse contexto, vislumbrar o sujeito enquanto o ser em construção e lugar de possibilidades seria uma das principais propostas da Gestalt-terapia.

2) A Gestalt-terapia é uma abordagem antipsicanalítica?

R: Esse talvez seja um dos principais "mal-ditos" da Gestalt-terapia. Perls era psicanalista atuante na África do Sul, tendo fundado o primeiro instituto sul-africano de psicanálise, juntamente com sua esposa, Laura Perls. Seu foco de estudo, então, era a proposta de analisar as resistências orais. Ao apresentar seu trabalho em um congresso internacional (1936), é duramente criticado pelos colegas psicanalistas, inclusive pelo próprio Freud, que alegavam a impossibilidade de existência de tal conceito. Segundo eles, todas as resistências seriam anais.

Desapontado com a rejeição, porém ainda considerando-se psicanalista, Perls transforma seu manuscrito em um livro – *Ego, fome e agressão: uma revisão da teoria e do método de Freud* –, e, nessa obra, estabelece as bases daquela que viria a ser a Gestalt-terapia. Por ter essa filiação à psicanálise e por criticar tanto a teoria quanto a prática, Perls foi estigmatizado como antipsicanalista, tendo seus seguidores contribuído para reforçar tal imagem, pois usavam dela como "arma" contra o imperialismo psicanalítico.

De fato a Gestalt-terapia faz críticas ao modelo psicanalítico, em especial ao determinismo de alguns postulados. No entanto, não a rejeita, nem tem como base o seu questionamento. A Gestalt-terapia enxerga a psicanálise enquanto possibilidade de cuidado com o outro, e não como verdade absoluta, e quem sabe essa posição tenha sido a maior fonte de insatisfação de Freud e seus seguidores diante dela. Em suma, não é objetivo abalar as estruturas de nenhuma outra abordagem, mas sim admitir todas elas enquanto caminhos para a tentativa de compreensão do sujeito.

3) É possível pensar em uma Gestalt-terapia científica?

R: Do ponto de vista de uma ciência ocidental positivista, que busca a explicação, justificação e comprovação dos fenômenos, a Gestalt-terapia nunca se tornará ciência. Entretanto, tomando-se como referencial outro paradigma de ciência que possibilite e estimule o contato e diálogo entre os diversos campos do conhecimento, admitindo-se que nenhum conhecimento isolado dá conta de compreender o fenômeno humano, a Gestalt-terapia se apresenta como possibilidade de ciência e caminho ao entendimento. A Gestalt-terapia se aproxima muito mais do paradigma da arte que do da ciência tradicional, pois, segundo Zinker (2001):

> As artes criativas do teatro, da dança, da literatura, da poesia, da pintura, da escultura, da arquitetura são mais do que simples metáforas para o testemunho, a articulação e a participação da interação humana viva. O aspecto criativo de testemunhar a vida e realizar este trabalho é uma posição, uma perspectiva, uma resposta visceral, motora e intuitiva. (ZINKER, 2001, p. 30)

Assim, perceber novos e frutíferos caminhos para a reflexão da psicoterapia auxilia para que no encontro de diversos saberes se construam outras possibilidades de compreender e, efetivamente, atuar com os fenômenos humanos.

ÍNDICE ALFABÉTICO

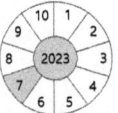